उर्दू-हिन्दी शब्दकोश

(देवनागरी लिपि में)

डॉ. सच्चिदानन्द शुक्ल की अन्य पुस्तकें

1. *हिन्दी शब्दकोश*
2. *संक्षिप्त हिन्दी शब्दकोश*
3. *वस्तुनिष्ठ सामान्य हिन्दी*
4. *हिन्दी भाषा की आधुनिक प्रामाणिक वर्तनी*

यूनीकॉर्न

उर्दू-हिन्दी शब्दकोश

(देवनागरी लिपि में)

(विभिन्न विषयों जैसे- साहित्य, अध्यात्म, पत्रकारिता, न्याय, प्रशासन, कृषि, राजस्व, तहसील आदि से सम्बन्धित शब्दों का प्रचुर मात्रा में संयोजन)

शब्द संकलन व सम्पादन

डॉ. सच्चिदानन्द शुक्ल

एम.ए., पी-एच.डी. (हिन्दी), साहित्य रत्न (संस्कृत)

ज़हीर हसन क़ुद्दूसी

एम.ए., एम-फिल

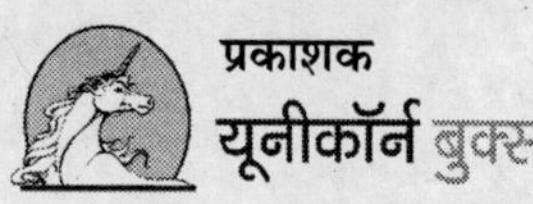

F-2/16, अंसारी रोड, दरियागंज, नई दिल्ली-110002
☎ 23275434, 23262683, 23250704 • फैक्स: 011-23257790
ईमेल : info@unicornbooks.in • वेबसाइट : www.unicornbooks.in

शाखा : मुंबई
23-25, जाओबा वाड़ी, ठाकुरद्वारा, मुंबई-401002
☎ 022-22010941, 022-22053387
E-mail: rapidex@bom5.vsnl.net.in

ISBN : 978-81-7806-308-9
(उर्दू-हिन्दी शब्दकोश)

संस्करण : अक्टूबर 2015

मुद्रकः परम ऑफसेटर्स, ओखला, नई दिल्ली-110020

भूमिका

उर्दू कोई स्वतन्त्र भाषा नहीं है। यह हिन्दी का ही एक ऐसा रूप है, जिसमें प्रायः अरबी, फ़ारसी, तुर्की आदि की ही अधिकांश संज्ञाएँ और विशेषण आदि रहते हैं। स्वयं 'उर्दू' शब्द तुर्की भाषा का है, जिसका मूल अर्थ है- लश्कर या छावनी का बाजार। बाद में इस 'उर्दू' शब्द का प्रयोग ऐसे बाजारों के लिए भी होने लगा, जिसमें सब प्रकार की वस्तुएँ बिकती थीं। उर्दू भारत में ही तुर्कों द्वारा उत्पन्न एक व्यावहारिक बोलचाल की भाषा है। भारत की अन्य-अन्य विशेषताओं और विलक्षणताओं में एक यह उर्दू भी है।

'भाषा' का मुख्य लक्षण है- 'क्रिया'। और, उर्दू एक ऐसी भाषा है, जो अपनी स्वतन्त्र और निजी क्रियाओं से रहित है। इसीलिए यह कहा जाता है कि 'उर्दू' कोई स्वतन्त्र भाषा नहीं है, फिर भी यह 'भाषा' मानी जाती है। इसके अनेक कारण हैं। प्रथम तो इसकी एक स्वतन्त्र लिपि है, जो अरबी और फ़ारसी लिपियों के योग से बनी है। द्वितीय यह कि उत्तर-भारत के कुछ विशेष प्रदेशों की न्यायालयों की भाषा है। इसी से इसे स्वतन्त्र भाषा का दर्जा प्राप्त है।

'उर्दू' का आरम्भ लश्करों (फ़ौजों) और बाजारों में बोली जाने वाली मिश्रित भाषा से हुआ था, किन्तु आगे चल कर उसे मुसलमान बादशाहों, नवाबों और सरदारों आदि का आश्रय मिला और उसमें अरबी-फ़ारसी कविताओं के अनुकरण पर पर्याप्त कविताएँ होने लगीं और वह राजदरबारों तथा महलों में बोली जाने लगी।

'उर्दू' वर्णमाला में ऋ, घ, छ, झ, ठ, ढ, थ, ध, भ और ष नहीं आते। इसीलिए इस कोश में इन अक्षरों (वर्णों) से आरम्भ होने वाले शब्द नहीं दिये गये हैं। इनके अतिरिक्त 'ट' और 'ड' के सूचक वर्ण तो हैं, किन्तु इन वर्णों से आरम्भ होने वाले शब्दों का अभाव है। दो शब्दों से मिले यौगिक शब्द भी बहुत कम हैं। इस कोश में उपयुक्त शब्दों से बनने वाले यौगिक शब्दों को भी यथास्थान, यथासम्भव स्थान दिया गया है, जिससे यह कोश विशेष बन पड़ा है और जिज्ञासुओं के लिए उपयोगी हो गया है।

इस कोश में शब्द के आरम्भ में तो शब्दों के प्रचलित रूप दिये गये हैं और कोष्ठक में जहाँ व्युत्पत्ति बतायी गयी है, वहाँ यथासाध्य शुद्ध रूप देने का प्रयास किया गया है।

अरबी फ़ारसी के शब्दों को देवनागरी लिपि में लिखने में एक और कठिनाई होती है। हिन्दी में ऐसे बहुत शब्द प्रायः अक्षरों के नीचे बिन्दी (नुक्ता) लगाकर लिखे जाते हैं, जैसे- क़ानून, महफ़ूज आदि। किन्तु मुद्रण में कहीं-कहीं संयुक्त अक्षरों के नीचे नुक्ता (बिन्दी) लगाना कठिन हो जाता है। उदाहरणार्थ- मुद्रण में बिन्दी (नुक्ता) लगा हुआ 'ग' अर्थात् 'ग़' तो होता है, किन्तु आधा 'ग़' अर्थात् 'ग़्' बिन्दी लगा हुआ नहीं होता। इसीलिए 'इग्लाम' आदि लिखने के लिए कठिनाई होती है और युक्ति लगाकर 'ग्' के नीचे बिन्दु (नुक्ता) लगाकर 'ग़्' लिखना पड़ता

है। यही स्थिति लगभग क़, ख़, घ, फ, ज़ के साथ भी है। बहुत से फाण्टों में नीचे नुक्ता लगाने पर वह उस वर्ण के साथ न लगकर अगल-बगल या नीचे लग जाता है। अतः अभी कम्प्यूटर के कुंजीपटल में सुधार की आवश्यकता है।

एक बात और ! इस शब्दकोश में दिये गये मुख्य शब्द के साथ व्युत्पत्ति वाले कोष्ठक में उसका शुद्ध रूप दे दिया गया है, साथ ही यौगिक (संयुक्त) शब्दों के साथ भी ऐसा किया गया है। उदाहारणार्थ- उर्दू के 'नज़ारा' शब्द के आगे, अरबी का शुद्ध रूप 'नज़्ज़ार:' तो दिया गया है, तथा 'नज़ाराबाजी' शब्द में व्युत्पत्ति वाले कोष्ठक में मात्र 'अ॰ नज़ारा + फ़ा॰ बाजी' भी लिखा गया है। इसका आशय है कि 'नज़ारा' तो अरबी का शब्द है और 'बाजी' फ़ारसी का।

इस कोश में कुछ शब्द ऐसे हैं, जो अरबी भाषा के हैं और अरबी में उनका स्वतन्त्र अर्थ होता है, किन्तु वे शब्द फ़ारसी में भी प्रचलित हैं और फ़ारसी में उनका अर्थ एकदम अलग, अरबी वाले अर्थ से भिन्न होता है। ऐसे शब्द आरम्भ में तो एक ही स्थान पर लिखे गये हैं, किन्तु जहाँ पर एक भाषा का अर्थ समाप्त हो जाता है, वहाँ फिर से संज्ञा, विशेषण आदि लिखकर व्युत्पत्ति वाले कोष्ठक में मूल भाषा का संकेत कर दिया गया है। इससे यह स्पष्ट हो जायेगा कि इस शब्द का अरबी भाषा में अमुक अर्थ है और फ़ारसी भाषा में अमुक अर्थ है।

किसी भाषा के जीवित होने के लक्षणों में से एक लक्षण यह भी है कि वह दूसरी भाषाओं के शब्दों को लेकर अपनी भाषा की प्रवृत्ति के अनुरूप बना सके। यह बात अरबी, फ़ारसी और उर्दू में भी अनेक स्थानों पर पायी जाती है। अरबी ने तुर्की, यूनानी, इब्रानी आदि भाषाओं के अनेक शब्द ग्रहण किये हैं और उन्हें अपने अनुसार ढाल लिया है। फ़ारसी भाषा से भी कुछ शब्द लेकर अरबी ने कुछ शब्द बनाये हैं। शब्दों के व्युत्पत्ति वाले कोष्ठकों में इस प्रकार का उल्लेख यथासम्भव कर दिया गया है।

इसी प्रकार फ़ारसी वालों ने भी अरबी के कुछ शब्दों को ग्रहण कर अपने साँचे में ढाला है। अरबी के कुछ शब्दों में फ़ारसी के प्रत्यय भी लगे हुए दिखायी पड़ते हैं। कुछ शब्द ऐसे भी हैं, जो फ़ारसी और संस्कृत में समान रूप से लिखे और बोले जाते हैं और उनके अर्थ भी समान ही होते हैं। जैसे कि- संस्कृत भाषा का 'कमल' और फ़ारसी भाषा का 'कमल'। कुछ शब्द ऐसे भी हैं, जिनके फ़ारसी और संस्कृत शब्दों में कुछ तनिक ही अन्तर होता है, जैसे- 'हफ़्ता' (फ़ा॰) और सप्ताह (सं॰) इसका कारण यही है कि दोनों शब्दों का मूल एक ही है।

शुद्ध हिन्दी के कुछ शब्दों को उर्दू वालों ने ऐसा रूप दे दिया है कि देखने में वे अरबी-फ़ारसी के प्रतीत होते हैं, जैसे- हिन्दी 'देग' से उर्दू 'देग़', हिन्दी 'कन्नौज' से उर्दू 'कन्नौज'। संस्कृत के 'सम्मुख' को उर्दू वालों ने सरमुख' बना लिया है और इस शब्द का प्रयोग प्रायः उर्दू वाले ही करते हैं। जिस प्रकार हिन्दी में 'देशज' शब्द होते हैं, उसी प्रकार उर्दू में भी कुछ 'देशज' शब्द हैं। उसका भी व्यवहार प्रायः उर्दू वाले ही करते हैं और प्रायः ऐसे रूप में करते हैं कि साधारणतः वे अरबी-फ़ारसी के ही प्रतीत होते हैं। जैसे- हवेली, रकाब और रफ़ी आदि।

इसी प्रकार अरबी-फ़ारसी के कुछ शब्द ऐसे भी हैं, जिनसे हिन्दी वालों ने शब्द बना लिये हैं और उनका प्रयोग अधिकतर हिन्दी वाले ही करते हैं। जैसे- 'नज़र' शब्द से 'नज़रहाया' और 'नफ़र' शब्द से 'नफ़री'। इस प्रकार के शब्दों को भी इस कोश में स्थान दिया गया है।

इस शब्दकोश में 'वर्तनी' का निर्धारण करने में कुछ विशेष दिक्कतें आयी हैं। एक शब्द है- 'इन्क़ार'। यह अरबी का शब्द है। इसका उच्चारण अरबी भाषा में 'इन्क़ार' ही होता है, किन्तु हिन्दी या उर्दू में प्रायः 'इंकार' या 'इनकार' रूप में लिखा जाता है। इनकार शब्द का उच्चारण तो प्रायः ठीक है, किन्तु 'इंकार' उच्चारण अशुद्ध है, क्योंकि इसका उच्चारण हलन्त् 'न्' के रूप में नहीं होता है।

इसी प्रकार 'इन्फ़िकाक' शब्द है, जो अरबी भाषा का शब्द है और उर्दू में 'इंफकाक' रूप में लिखा जाता है। अरबी भाषा का एक अन्य शब्द है- 'इन्कसार'। इसी प्रकार अन्य बहुत से शब्द हैं, जिन्हें उर्दू-फ़ारसी लिपि में लिखते समय, देवनागरी लिपि में किस रूप में अपनाया जाये, यह एक कठिनाई थी।

संस्कृत भाषा के नियमानुसार 'क' वर्ग (क, ख, ग, घ, ङ) में तथा 'च' चर्ग (च, छ, ज, झ, ञ) और 'ट' वर्ग में (ट, ठ, ड, ढ, ण) में अनुस्वार की मात्रा के लिए पंचम वर्ण (यथा ङ्, ञ्, ण्) के ह्रस्व (हलन्त रूप) का प्रयोग होना चाहिए, किन्तु अन्य विदेशी शब्दों के लिए उसका क्या रूप हो, इस विषय में विद्वानों में अब भी मतभेद है। इस कोश में शब्दों का रूप लिखने में संस्कृत भाषा के ही नियम का पालन किया गया है। केवल 'क' वर्ग और 'च' वर्ग में ही अनुस्वार (ं) का प्रयोग किया गया है। इसके अतिरिक्त य, व, र, ल, श, स और ह पर भी अनुस्वार (ं) की मात्राएँ लगायी गयी हैं, क्योंकि यह नियम अब सुविधा की दृष्टि से सर्वमान्य हो गया है।

चन्द्रबिन्दु का भी यथास्थान अवश्य ही प्रयोग किया गया है, किन्तु कोष्ठकों में अरबी-फ़ारसी आदि के शब्दों को उनके उच्चारण के अनुरूप ही लिखा गया है। उदाहरण के लिए एक शब्द है– 'इंकशाफ'। यह उर्दू भाषा में प्रयुक्त होता है। इसका अरबी भाषा में उच्चारण है- 'इन्किशाफ़'। इसका उच्चारणगत रूप तो अरबी भाषा के रूप में कोष्ठक में 'इन्किशाफ़' ही लिखा गया है, किन्तु उर्दू भाषा के शब्द रूप में 'इंकशाफ़' लिखा गया है। इसी प्रकार अनेक शब्द हैं।

अरबी-फ़ारसी-तुर्की आदि भाषाओं में भी बहुत से शब्दों में विसर्ग (:) के चिह्न हैं, जिन्हें कोष्ठक में यथानुसार लिखा गया है। इससे उक्त शब्दों की भाषागत प्रकृति का ज्ञान होता है। इन शब्दों का प्रयोग प्रायः 'आकारान्त' शब्दों के लिए हुआ है। जैसे- कफ़चा पु० (फ़ा० कफचः), क़बाला- पु० (अ० क़बालः), कबीरा पु० (अ० कबीरः), क़बीला पु० (अ० क़बीलः), कमीना पु० (फ़ा० कमीनः)।

इसी प्रकार हलन्त शब्दों का भी भाषागत उच्चारण व लेखन में खूब प्रयोग हुआ है। उदाहरणार्थ- बहर (बह्र), कहर (कह्र), कहव (कह्व), कहत (कह्त), हम (ह्म), हन (ह्न), हय (ह्य) आदि।

प्रस्तुत शब्दकोश में शब्दों से बनने वाले मुहावरों, शब्दों के योग से बनने 'पदों' का भी यथास्थान भरपूर प्रयोग किया गया है, जिससे यह शब्दकोश विद्यार्थियों, लेखकों, जिज्ञासुओं एवं अन्यों के लिए अत्यन्त उपयोगी बन पड़ा है। उर्दू-हिन्दी के अन्य शब्दकोशों में पदों का उल्लेख प्रायः नहीं दिया गया है, किन्तु इस शब्दकोश में दिया गया है।

प्रस्तुत शब्दकोश में विभिन्न विषयों जैसे- साहित्य, आयुर्वेद, ज्योतिष, पारिभाषिक, पत्रकारिता, ज्ञान-विज्ञान, प्रशासन, कृषि, न्याय, तहसील, आदि से सम्बन्धित शब्दों को प्रचुर

मात्रा में संग्रहीत किया गया है, जिसके कारण इन विषयों की जानकारी देने के लिए यह 'कोश' एक आदर्श कोश है। कहने का तात्पर्य यह कि इस लघु शब्दकोश में 'गागर में सागर' भरने का प्रयास किया गया है, जो देवनागरी लिपि में उर्दू सीखने वाले तथा अन्य सभी वर्गों जैसे- विद्यार्थियों, शिक्षकों, पत्रकारों, शोधार्थियों एवं सम्पादकों के लिए विशेष उपयोगी सिद्ध होगी।

देवनागरी लिपि में प्रस्तुत इस उर्दू-हिन्दी शब्दकोश को स्तरीय और मानक बनाने का भरसक प्रयास किया गया है। मानव स्वभाव से ही त्रुटियों का पुतला है। अतः इस शब्दकोश में लाख चेष्टा करने पर भी त्रुटियों का रह जाना कोई आश्चर्य की बात नहीं है। विद्वान् और अध्यापकगण उन त्रुटियों की ओर ध्यान दिलायेंगे, तो उनका सुधार अगले संस्करण में अवश्य किया जायेगा। यह शब्दकोश आपके हाथों में प्रस्तुत करते हुए मुझे अत्यन्त प्रसन्नता हो रही है।

यूनीकार्न बुक्स के प्रकाशक डा० अशोक गुप्ता की उत्कण्ठा और इच्छा के फलस्वरूप यह शब्दकोश आपके समक्ष प्रस्तुत करते हुए, उनको धन्यवाद देना कोरी परम्परा ही होगी।

गणेश चतुर्थी   डॉ. सच्चिदानन्द शुक्ल
19 सितम्बर, 2012   *सम्पादक*

शब्दकोश प्रयोग विधि

अक्षरक्रम–

कोश में आदि अक्षरक्रम वही रखा गया है, जो देवनागरी वर्णमाला का है–अ आ इ ई उ ऊ ए ऐ ओ औ क ख ग घ ड. च छ ज झ ञ ट ठ ड ढ ण त थ द ध न प फ ब भ म य र ल व श ष स ह

विशेष–

1. अं/अँ, अः को पृथक से अक्षर न मानकर इन्हें अ में ही सम्मिलित किया गया है।

2. ङ ञ ण से एकाध शब्द आरम्भ होता है, अतः इन्हें यथास्थान यथोचित सम्मान दिया गया है।

अन्य अक्षर क्रम इस प्रकार रखा गया है–

अं/अँ, अः, अक, अख, अग, अघ, अछ, अज, अझ, अट, अठ, अड, अढ, अत, अथ, अद, अध, अन, अप, अफ, अब, अभ, अम, अय, अर, अल, अव, अश, अष, अस, अह। इस क्रम के अनन्तर उस आदि अक्षर के साथ मात्राएँ लगने का क्रम इस प्रकार होगा, यथा–का कि की कु कू कृ के कै को कौ। मात्राओं के उपरान्त संयुक्त अक्षर अपने क्रम से होंगे, यथा–क्क, क्ख, क्च, क्त, क्थ, क्न, क्प, क्म, क्य, क्र, क्ल, क्व, क्श, क्ष, क (क्ष) क्स। जैसा कि आपको विदित है–क्ष त्र ज्ञ संयुक्ताक्षर हैं, अतः क्ष को क के साथ, त्र को त के साथ तथा ज्ञ को ज के साथ रखा जा रहा है।

अर्थ स्पष्टीकरण वाक्यांश, वाक्यप्रयोग, पदबन्ध आदि का सहारा लिया गया है। शब्द प्रविष्टि के उपरान्त, जिस भाषा से वह शब्द आया है, उस भाषा का संक्षेप में संकेत इस प्रकार किया गया है–संस्कृत (सं०), अरबी (अ०), फ़ारसी (फ़ा०), अँग्रेजी (अँ०), रूसी (रू०), तुर्की (तु०) तथा फ्रांसीसी (फ्रां०) आदि।

प्रस्तुत कोश में प्रत्येक शब्द हेतु व्याकरणिक कोटि का संकेत यथास्थान किया गया है। स्त्री०, पु० लिखकर संज्ञा के भेद स्पष्ट किये गये हैं।

संक्षेप एवं संकेत चिह्न

(व्याकरणिक संक्षेप चिह्न, भाषा-स्रोत एवं विषय-संक्षेप चिह्न)

फ्रें०	फ्रेंच
मुहा०	मुहावरा
पु०	पुल्लिंग
स्त्री०	स्त्रीलिंग
अव्य०	अव्यय
अँ०	अँग्रेजी
हि०	हिन्दी
सं०	संस्कृत
फ़ा०	फ़ारसी
क्रि०	क्रिया
वि०	विशेषण
अ०	अरबी
पुर्त०	पुर्तगाली
तु०	तुर्की
रू०	रूसी
क्रि०वि०	क्रिया विशेषण
देश०	देशज

अनुक्रम

अक्षर	पृष्ठांक
अ	13
आ	27
इ	36
ई	50
उ	52
ऊ	56
ए	57
ऐ	58
ओ	60
औ	60
क/क़	61
ख/ख़	88
ग/ग़	102
घ	118
च	119
छ	125
ज/ज़	125
झ	156
ट	156
ठ	157

अक्षर	पृष्ठांक
ड	157
ढ	157
त	158
थ	179
द	180
ध	195
न	195
प	213
फ/फ़	228
ब	241
भ	259
म	259
य	300
र	306
ल	321
व	332
श	340
स	358
ह	389
परिशिष्ट	409

अ

अंगबी स्त्री० *(फ़ा०)* शहद; मधु।

अंगार[1] प्रत्य० *(फ़ा०)* चाहने या सोचने वाला।

अंगार[2] पु० *(फ़ा०)* रेखाचित्र; खाका; अधूरा चित्र; हर अधूरी वस्तु; उपन्यास; कहानी; लेख; हिसाब-किताब का रजिस्टर।

अंगल्यून स्त्री० *(फ़ा०)* इंजील; बाइबिल; ईसाइयों का धार्मिक ग्रन्थ।

अंगुश्त पु० *(फ़ा०)* उँगली; नर अँगूठा।

पद रचना- ***अंगुश्तनुमा-*** *जिसकी ओर उँगली उठे; बदनाम।* ***अंगुश्तनुमाई-*** *बदनामी; लांछन।*

अंगुश्तपेच पु० *(फ़ा०)* वचन; प्रतिज्ञा; दस्तावेज।

अंगुश्ते जिनूहार वि० *(फ़ा०)* पराजित; वशीभूत।

अंगुश्तो पु० *(फ़ा०)* घी और शक्कर डालकर चूर की हुई रोटी; मलीदा; चूरमा।

उंगुश्तरी स्त्री० *(फ़ा०)* अँगूठी।

अंगुश्ताना पु० *(फ़ा०)* लोहे या पीतल की टोपी जो सिलाई के समय दर्जी अँगुली के बचाव के लिए पहनते हैं; तीरन्दाजी के समय अँगुलियों पर सींग या हड्डी की बनी हुई अँगूठी पहनते हैं।

अंगेज़ प्रत्य० *(फ़ा०)* उठाने वाला; उभारने वाला। जैसे- दर्द अंगेज अर्थात् दर्द उत्पन्न करने वाला; पीड़ाजनक।

अंगेज़ा पु० *(फ़ा० अंगेज़ः)* कारण; सबब।

अंगूर पु० *(फ़ा०)* एक प्रसिद्ध लता या उसका फल जो पकने पर बहुत मीठा होता है; द्राक्षा; दाख; (हि०) भरते हुए घाव के लाल दाने।

पद रचना- ***अंगूर की टट्टी-*** *वह मचान या टाट जिस पर अंगूर की बेल चढ़ाते हैं।* ***अंगूर की बेल-*** *वह लता जिसमें अंगूर फलते हैं; द्राक्षा लता।*

मुहा० ***अंगूर खट्टे होना-*** *किसी वस्तु का अपनी पहुँच से बाहर होना; प्रयास में सफल न होने पर किया जाने वाला बहाना।* ***अंगूर तड़कना/फटना-*** *भरते हुए घाव का झिल्ली (पपड़ी) फट जाना।* ***अंगूर बाँधना या भरना-*** *घाव में लाल दाने उठ आना; घाव का भरने लगना।*

अंगूरबानी स्त्री० *(फ़ा०)* अंगूर की खेती का काम।

अंगूरी वि० *(फ़ा०)* अंगूर का बना हुआ; अंगूर के रंग का; हलका हरा रंग जो अंगूर के रंग से मिलता-जुलता है।

अंजब वि० *(अ०)* बहुत अधिक शुद्ध रक्त वाला; कुलीनतम; दासीपुत्र; लौण्डा-बच्चा।

अंजल वि० *(अ०)* बड़ी-बड़ी आँखों वाला; विशाल नेत्र वाला।

अंजस वि० *(अ०)* बहुत अधिक अपवित्र; बहुत ही गन्दा।

अंजबार पु० *(फ़ा०)* दवा के काम आने वाला एक पौधा।

अंजा वि० *(अ०)* जिसके माथे के दोनों ओर के बाल झड़ गये हों।

अंजाम पु० *(फ़ा०)* अन्त; समाप्ति; पूर्ति; फल; नतीजा।

मुहा० ***अंजाम को पहुँचाना-*** *पूरा करना।* ***अंजाम देना-*** *पूरा करना।* ***अंजाम पाना-*** *पूरा होना।*

अंजुम पु० *(अ० नज्म का बहु०)* सितारे; तारे।

अंजुमन पु० *(फ़ा०)* सभा; समिति; मजलिस; महफिल।

अंजीदा वि० *(फ़ा० अंजीदः)* घायल; जख्मी।

अंजीर पु० *(फ़ा०)* गूलर की जाति का एक फल; गूलर का पेड़।

अन्दर अव्य० *(फ़ा०)* भीतर का; भीतरी।

अन्दरून पु० *(फ़ा०)* भीतर; अन्दर; जठर; पेट।

अन्दरूनी वि० *(फ़ा०)* आन्तरिक; भीतरी; मानसिक; रूही।

अन्दलीब स्त्री० *(अ०)* बुलबुल।

अन्दाख़्ता वि० *(फ़ा०)* फेंका हुआ; छितराया हुआ; छोड़ा हुआ; त्यक्त।

अन्दाज़ पु० *(फ़ा०)* ढंग; अदा; अटकल। वि० फेंकने वाला (संज्ञा के अन्त में) जैसे- तीरन्दाज, गोलन्दाज।

पदरचना- ***अन्दाज़ पीटी-*** *नाज पर इतराने वाली स्त्री।*

मुहा० *अन्दाज उड़ा लेना- किसी की शैली, तर्ज या ढंग की नकल करना।*

अन्दाज़न अव्य० *(फ़ा०)* अटकल से; लगभग; अनुमानतः।

अन्दाज़ा पु० *(फ़ा०)* अटकल; अनुमान।

अन्दाम पु० *(अ०)* शरीर; बदन; जिस्म।

अन्दामे निहानी स्त्री० *(फ़ा०)* स्त्री का गुप्तांग; भग; योनि।

अन्दीक अव्य० *(फ़ा०)* आशा है; उम्मीद है।

अन्दीदा वि० *(फ़ा० अन्दीदः)* चकित; हैरान; स्तब्ध।

अन्दीदनी वि० *(फ़ा०)* अचम्भे के योग्य।

अन्देश वि० *(फ़ा०)* चिन्ता करने वाला, ध्यान रखने वाला, (यौगिक) शब्दों के अन्त में, जैसे- दूरअन्देश। *(फ़ा० अन्देशः)* सोच; चिन्ता; शक; आशंका; खतरा; हानि; दुविधा।

अन्देशानाक वि० *(फ़ा०)* चिन्ताजनक। पु० अन्देशा।

अन्दोह पु० (फ़ा०) दुःख; रंज; खटका।

पदरचना- *अन्दोहनाक- दुःखद।*

अन्दोहगीं वि० *(फ़ा०)* दुःखी; रंज में पड़ा हुआ।

अम्ब वि० *(फ़ा० सं० अम्ब)* आम; रसाल।

अम्बर पु० *(अ०)* बहुमूल्य सुगन्धित पदार्थ, जो मछली के मुँह से द्रवित होता है और दवा के काम में आता है।

अम्बरी वि० *(अ०)* जिसमें अम्बर जैसी सुगन्ध हो।

अम्बरे सारा पु० *(अ०+फ़ा०)* विशुद्ध अम्बर; हृदय की शक्तिवर्द्धक औषध-द्रव्य।

अम्बाग स्त्री० *(अ०)* सौतन; सौत।

अम्बार पु० *(फ़ा०)* ढेर; राशि।

अम्बार ख़ाना पु० *(अ० अम्बार+फ़ा० ख़ानः)* वह भण्डार जहाँ सामानों का ढेर रहता है; मालगोदाम।

अंसार पु० *(अ० नस्र का बहु०)* सहायता करने वाले; सहायकगण; मदीने के वे लोग जिन्होंने हज़रत मुहम्मद साहब को और उनके साथियों को अपने घरों में ठहराया था और उनकी सहायता की थी।

अंसारी वि० *(अ०)* अरब देश की अंसार जाति का व्यक्ति; अंसार का वंशज; आधुनिक समय में जुलाहों की एक उपाधि।

अम्बारी स्त्री० *(अ०)* मण्डपनुमा हौदा।

अम्बोह पु० *(फ़ा०)* भीड़; मजमा।

अकसर वि० *(अ० अक्सर)* बहुत अधिक। अव्य० अधिकतर, प्रायः, बहुधा। वि० अकेला; बिना किसी को साथ लिये।

अक़दस वि० *(अ० अक़्दस)* पवित्र; श्रेष्ठ।

अकबर पु० (अ०) प्रतिष्ठित; बहुत श्रेष्ठ; एक मुगल सम्राट।

अकबरी वि० *(अ०)* अकबर का चलाया हुआ।

अक़बाल पु० *(अ० अक़्बाल)* धर्मोचित बातें।

अकराम पु० *(अ०)* अनुग्रह; कृपा।

अकलखुरा *(हि०+फ़ा०)* अकेला खाने वाला; स्वार्थी।

अकसर *(अ० अक्सर)* अधिकतर; बहुधा; प्राय; अमूमन। वि० अकेला।

अकसीर स्त्री० *(अ० अक्सीर)* कीमिया; वह दवा जिससे सस्ती धातु से सोना बनाया जा सके; रोग-विशेष की अचूक गुणकारी दवा। वि० अचूक; अव्यर्थ।

अक़ीक पु० *(अ०)* लाल रंग का एक मूल्यवान पत्थर।

अक़ीका पु० *(अ० अक़ीकः)* मुसलमान बच्चों का मुण्डन और नामकरण-संस्कार, जिसमें बकरी की कुर्बानी होती है।

अक़ीद वि० *(अ०)* दृढ़; मज़बूत; पुख़्ता।

अक़ीदत स्त्री० *(अ०)* श्रद्धा।

पदरचना- *अक़ीदत मन्द। वि० श्रद्धालु।*

अक़ीदा पु० *(अ० अक़ीदः)* धर्म; मत; पन्थ; श्रद्धा; विश्वास।

अक़ीब वि० *(अ०)* पीछे आने वाला; अनुगामी; अनुयायी।

अक़ील स्त्री० *(अ०)* बुद्धिमान; अक्लमन्द; ऊँट का पाँव बाँधने की रस्सी।

अक्कास पु० (अ०) अक्स उतारने वाला; फोटोग्राफर।

अक्कासी स्त्री० *(अ०)* फोटो खीचने का कार्य।

अक़्द पु० *(अ०)* विवाह; पाणिग्रहण; ग्रन्थि; वचन; प्रतिज्ञा; निकाह।

अक़्दनामा पु० *(अ० अक़्द+फ़ा० नामः)* विवाह का इक़रारनामा।

अक़्दबन्दी स्त्री० *(अ० अक़्द+फ़ा० बन्दी)* क़रार करना; निश्चय करना; विवाह-सम्बन्ध स्थापित करना।

अक़्दे अनामिल पु० *(अ०)* अँगुलियों पर हिसाब लगाने की एक विधि।

अक़्दे नमकीं पु० *(अ० अक़्दे+फ़ा० नमकीं)* शिया मुस्लिमों की विवाह पद्धति जो थोड़े समय के लिए होती है।

अक़्दे सानी पु० *(अ०)* दूसरा विवाह; पुनर्विवाह।

अक़्बल वि० *(अ०)* बहुत योग्य; बड़ा विद्वान्; भेंगा जिसे एक वस्तु दो दिखती है।

अक्मल वि० *(अ०)* बहुत योग्य; सर्वांगपूर्ण।

अक़्दस वि० *(अ०)* परम पवित्र।

अक़्दह वि० *(अ०)* अत्यन्त दूषित; व्यंग करने वाला।

अक्रम वि० *(अ०)* दानशील।

अक्राम पु० *(अ० करम का बहु०)* कृपाएँ।

अक़्ल[1] स्त्री० *(अ०)* बुद्धि; समझ।

पदरचना- *अक़्लमन्द-* *चतुर, बुद्धिमान।* ***अक़्ल की दुम-*** *मूर्ख।* ***अक़्ल हैवानी-*** *पशु बुद्धि।* ***अक़्ले इनसानी-*** *मनुष्य-बुद्धि।*

मुहा० *अक़्ल आना-* *समझ होना।* ***अक़्ल औंधी होना-*** *बेअक़्ल होना।* ***अक़्ल का क़ुसूर होना-*** *अक़्ल की कमी होना; बुद्धि का दोष होना।* ***अक़्ल का काम न करना-*** *कुछ समझ में न आना।* ***अक़्ल का चक्कर में आना-*** *हैरान होना चकित होना।* ***अक़्ल का चरने जाना-*** *बुद्धि या समझ का जाना।* ***अक़्ल का चिराग गुल होना-*** *अक्ल जाती रहना।* ***अक़्ल का दुश्मन-*** *मूर्ख।* ***अक़्ल का पुतला-*** *बहुत बुद्धिमान।* ***अक़्ल का पूरा-*** *मूर्ख; बुद्धू।* ***अक़्ल का फ़तूर-*** *अक़्ल की कमी।* ***अक़्ल की पुड़िया-*** *बुद्धिमती।* ***अक़्ल के घोड़े उड़ाना-*** *तरह-तरह की कल्पना करना।* ***अक़्ल के तोते उड़ जाना-*** *होश टिकाने न रहना।* ***अक़्ल के नाख़ून लेना-*** *समझ कर बात करना।* ***अक़्ल के पीछे लट्ठ लिये फिरना-*** *मूर्खता के काम करना।* ***अक़्ल के बख़िये उधेड़ना-*** *बुद्धि नष्ट करना।* ***अक़्ल ख़र्च करना-*** *समझ को काम में लाना।* ***अक़्ल देना-*** *समझाना।* ***अक़्ल पर पत्थर पड़ना/अक़्ल पर परदा पड़ना-*** *अक़्ल जाती रहना।* ***अक़्ल मारी जाना-*** *हतबुद्धि होना।* ***अक़्ल सठियाना-*** *बुद्धि नष्ट होना।* ***अक़्ल से बाहर होना-*** *समझ में न आना।*

अक्ल[2] पु० *(अ०)* खाना; भोजन।

पदरचना- *अक्ल-व-शुर्ब-* *खाना-पीना।*

अक़्लमन्द वि० *(अ०अक्ल+फ़ा० मन्द)* समझदार; बुद्धिमान।

अक़्लमन्दी स्त्री० *(अ० अक्ल+फ़ा० मन्दी)* समझदारी; बुद्धिमत्ता।

अक़्ली वि० *(अ०)* अक्ल के लायक।

अक्स पु० *(अ०)* परछाही; चित्र; फोटो।

मुहा० *अक्स उतारना-* *हूबहू चित्र बनाना।* ***अक्स लेना-*** *किसी चित्र पर महीन कागज़ रख कर ख़ाका लेना।*

अक्सर क्रि०वि० *(अ०)* प्रायः; बहुधा।

अक्सरियत स्त्री० *(अ०)* बहुमत; प्राथमिकता।

अक्सी वि० *(अ०)* छाया सम्बन्धी।

पदरचना- *अक्सी तस्वीर-* *छायाचित्र।*

अक्सीर स्त्री० *(अ०)* रसायन; रामबाण औषधि।

अख़्नी स्त्री० *(अ०)* गोश्त का शोरबा; रसा।

अख़बार पु० *(अ०)* समाचार-पत्र।

पदरचना- *अख़बार नवीस-* *अख़बार लिखने वाला।* ***अख़बार नवीसी-*** *पत्रकारिता।*

अख़बारी वि० *(अ०+फ़ा०)* समाचार-पत्र सम्बन्धी।

अख़रना अ०क्रि० *(अ०)* खलना; बुरा लगना।

अख़रावट स्त्री० *(अ०)* वर्णमाला; क्रमशः एक-एक अक्षर से शुरू होने वाली कविता; जायसीकृत एक काव्य ग्रन्थ।

अख़रोट पु० *(अ०)* एक गरीदार फल।

अख़लाक़ पु० *(अ०)* शिष्टता; सौजन्य; शिष्टाचार।

अख़लाक़ी वि० *(अ०)* शिष्टाचार-सम्बन्धी।

अख़लाक़े आलिया पु० *(अ० अख़्लाके आलियः)* सत्त्वगुण; अच्छे गुण; उच्चकोटि का शिष्टाचार।

अख़लाक़े रदीया पु० *(अ० अख़्लाके रदीयः)* तमो गुण; बुरे गुण।

अख़लात पु० *(अ० अख़्लात)* खिल्त का बहु०, धातुएँ; वात-पित्त; कफ और रक्त।

अख़ीर पु० *(अ०)* अन्त; समाप्ति; मौत का समय।

अख़ीरी वि० *(अ०)* अन्तिम।

अख़्ख़ाह अव्य० *(अ०)* आश्चर्यसूचक उद्गार।

अख़्ज़ पु० *(अ०)* ग्रहण करने या पकड़ने का भाव।

मुहा० *अख़्ज़ करना-* *ग्रहण करना; अर्थ या नतीजा निकालना; बात से बात निकालना।*

अख़्तर पु० *(अ०)* तारा; झण्डा।

पदरचना- ***अख़्तर शुमार-*** *ज्योतिषी।* ***अख़्तर शुमारी-*** *जन्मपत्री बनाना; बेसब्री से रात काटना।*

मुहा० ***अख़्तर चमकना-*** *नसीब जागना; भाग्योदय होना।*

अख़्तियार पु० *(अ०)* अधिकार।

अख़्तियारात पु० *(अ०)* अख़्तियार का बहु०।

अगर अव्य० *(फ़ा०)* यदि; जो।

पदरचना- ***अगरचे-*** *यद्यपि।*

मुहा० ***अगर-मगर करना-*** *तर्क करना; आगा-पीछा सोचना; टाल-मटोल करना।*

अगरी स्त्री० *(फ़ा०)* बुरी बात।

अग़ल-बग़ल क्रि०वि० *(फ़ा०)* इधर-उधर; आस-पास।

अगोरदार पु० *(हि० अगोर+ फ़ा० दार)* पहरेदार; देखभाल करने वाला।

अज़ग़ैबी वि० *(फ़ा० अज़+ अ० ग़ैबी)* दैवी; आकस्मिक।

अज़दहा पु० *(फ़ा०)* अजगर (एक विषहीन विशालकाय साँप)।

अज़ अव्य० *(फ़ा०)* से; साथ।

पदरचना- ***अज़ख़ुद-*** *स्वयं; ख़ुद ब ख़ुद।*

अजनबी[1] वि० *(फ़ा०)* अपरिचित; अनजान; परदेशी।

अजनबी[2] वि० *(फ़ा०)* नवलेखन में प्रचलित शब्द जो व्यक्ति की अपनी विशेषता के कारण, उसे वर्तमान समाज में अपरिचित बना देती है।

अजब वि० *(अ०)* विचित्र; अनोखा। पु० अचरज; अचम्भा।

अजम पु० *(अ०)* अरब देश से भिन्न देश, विशेषतः ईरान, तूरान; वे लोग जो अरब के न हों।

अज़मत स्त्री० *(अ०)* बड़ाई; बुज़ुर्गी; गौरव; चमत्कार।

अज़माइश स्त्री० *(फ़ा०)* परीक्षा; जाँच; परख; कोशिश; चेष्टा।

अज़माना/आज़माना स्त्री० *(फ़ा०)* परीक्षा करना; जाँच करना; कोशिश करना; चेष्टा करना।

अजमी वि० *(अ०)* अजम का। पु० अजम का रहने वाला, ईरानी, तूरानी आदि।

अज़ रुए इंसाफ अव्य० *(फ़ा०)* न्यायतः, न्याय के अनुसार।

अजल[1] स्त्री० *(अ०)* मृत्यु; समय; काल; वक़्त।

अज़ल[2] वि० *(अ०)* वह समय जिसकी शुरुआत न हुई हो; अनादि काल; सृष्टि के पूर्व का काल।

अजल गिरफ़्ता वि० *(अ० अजल+ फ़ा० गिरफ़्ता)* जो मौत के मुँह हों; मरणासन्न।

अजल रसीदा वि० *(अ० अजल+ फ़ा० रसीदः)* जिसकी मौत आ गयी हो; मृतप्राय।

अजली वि० *(अ०)* अनादिकाल से सम्बद्ध; अनादिकाल वाला; सृष्टि की रचना के समय का।

अज़ सर ता पा वि० *(फ़ा०)* सिर से पाँव तक; सर्वथा; नितान्त; पूर्णतः।

अज़हद वि० *(फ़ा० अज़+अ० हद)* असीम; अपार; बेहद; अत्यधिक; बहुत ज्यादा।

अज़ाब पु० *(अ०)* पापों का वह दण्ड जो यमलोक में मिलता है; यातना; पीड़ा; दुःख।

अज़ाबुल क़ब्र पु० *(अ०)* क़ब्र के भीतर का अज़ाब, जो मुसलमानों के अनुसार 'मुनूकर और नकीर' नामक दो फरिश्तों द्वारा होता है।

अज़ा स्त्री० *(अ०)* शोक; मातम; मातमपुर्सी।

पदरचना- ***अज़ाखाना-*** *वह मकान जहाँ मातम किया जाये, मर्सिये पढ़े जायें या ताज़िया रखा जाये।* ***अज़ादार-*** *मातम करने वाला।* ***अज़ादारी-*** *मातम करना, मातम मनाना।*

अज़ाज़ील पु० *(अ०)* शैतान।

अज़ान/अज़ाँ स्त्री० *(अ०)* नमाज़ के समय की सूचना जो मस्जिद की छत या दूसरी ऊँची जगह पर खड़े होकर दी जाती है; बाँग।

अज़ाय पु० *(अ०)* पाप के बदले में मिला हुआ दुःख; गुनाह की सजा; पीड़ा; झंझट, बखेड़ा।

पदरचना- ***अज़ाय के फरिश्ते-*** *वे फरिश्ते जो पापियों को दण्ड देने के लिए नियुक्त हैं।*

मुहा० ***अज़ाय मोल लेना-*** *अकारण कष्ट या झंझट में पड़ना।*

अजायब पु० *(अ०)* अद्भुत, अनोखी वस्तुओं का संग्रह (अजीब का बहु०)।

पदरचना- ***अजायब ख़ाना/घर-*** *कला तथा पुरातत्त्व सम्बन्धी वस्तुओं, विविध प्रकार के पशु-पक्षियों (जीवित तथा मृत) और भाँति-भाँति के परिधानों, हथियारों, बर्तनों आदि के संग्रह एवं प्रदर्शन का स्थान।*

अज़ीज़[1] वि० *(फ़ा०)* प्रिय; प्यारा। पु० निकट सम्बन्धी; मिश्र के प्राचीन बादशाहों की उपाधि।

पदरचना- ***अज़ीज़दार-*** *दोस्त; रिश्तेदार।* ***अज़ीज़दारी-*** *दोस्ती; रिश्तेदारी।*

मुहा० ***अज़ीज करना-*** *प्यारा जानना।* ***अज़ीज़ जानना/रखना-*** *कद्र करना, प्यारा समझना/चाहना।* ***अज़ीज़ होना-*** *प्यारा होना।*

अजीज़[2] वि० *(अ०)* नामर्द; नपुंसक; क्लीब।

अज़ीज़ तरीन वि० *(अ० अज़ीज़+फ़ा० तरीन)* बहुत ही प्यारा; बहुत अधिक प्रिय; प्रियतम।

अज़ीज़ी स्त्री० *(अ०)* बड़ाई; दोस्ती; इज़्ज़त।

अजीब वि० *(अ०)* विचित्र; आश्चर्यजनक, अनोखा; निराला।

अजीब तर वि० *(अ० अजीब+फ़ा० तर)* बहुत ही विचित्र; बहुत ही अद्‌भुत; बहुत ही अनोखा।

अजीबोग़रीब वि० *(फ़ा०)* अद्‌भुत; विचित्र; अनोखा।

अजूबा पु० *(अ०)* अनोखी व अचरज में डालने वाली वस्तु। वि० अज़ीब।

अज़ीम वि० *(अ०)* महान्; बहुत बड़ा; विशाल; विस्तृत।

अज़हर[1] वि० *(अ० अज्हर)* जिसे दिन में न दिखायी देता हो; दिनान्ध।

अज़हर[2] वि० *(अ०)* यश कीर्ति से मुख की उज्ज्वलता; बहुत अधिक प्रकाशमान; मिस्र का प्राचीन विश्वविद्यालय।

अज़हर[3] वि० *(अ० अज्हर)* बहुत अधिक स्पष्ट; बहुत ही साफ़।

अज़हर मिनश्शम्स वि० *(अ० अज्हर मिनश्शम्स)* सूर्य से भी अधिक स्पष्ट और उज्ज्वल; सर्वविदित; सबको जाहिर।

अड़ंगेबाज़ पु० *(हि० अड़ंगा+फ़ा० बाज़)* रुकावट डालने वाला।

अड़ंगेबाज़ी स्त्री० *(हि० अड़ंगा+फ़ा० बाज़ी)* रुकावट डालना।

अतर पु० *(अ०)* इत्र, सेण्ट।

अतरदान वि० *(अ० अतर+फ़ा० दान)* इत्र रखने का पात्र।

अतलस पु० *(अ०)* एक प्रकार का रेशमी वस्त्र।

अता पु० *(अ०)* दान; बख़्शीश।

पदरचना- ***अतानामा-*** *दानपत्र।* ***अताबख़्श -*** *उदार, सखी।*

मुहा० ***अता करना/फरमाना-*** *मिलना।*

अताई वि० *(अ०)* जिसने ख़ुद सीखा हो; जो बिना गुरु के बताये काम करे; चतुर, चालाक, दक्ष; अनाड़ी; जिसे ईश्वर की देन के रूप में कोई विद्या प्राप्त हो।

पदरचना- ***अताई नुस्ख़ा-*** *फ़कीरी नुस्ख़ा; इधर-उधर से सीखा हुआ नुस्खा।*

अतालीक़ पु० *(अ०)* शिक्षक, गुरु।

अत्तार पु० *(अ०)* इत्र बेचने वाला; यूनानी दवाएँ बनाने व बेचने वाला।

अत्तारी स्त्री० *(अ०)* इत्र बेचने का काम।

अदद पु० *(अ०)* संख्या; अंक।

अदन पु० *(अ०)* अरब सागर का एक बन्दरगाह; इस्लाम धर्म के अनुसार एक बाग।

अदना पु० *(अ०)* छोटा; तुच्छ।

अदब पु० *(अ०)* विनय, शिष्टाचार; बड़ों का सम्मान; साहित्यशास्त्र, वाङ्मय।

पदरचना- ***अदब क़ायदा-*** *विनीत या शिष्ट व्यवहार।*

अदब लिहाज़ पु० *(फ़ा०)* सम्मान करना।

मुहा० ***अदब करना-*** *सम्मान करना।* ***अदब की जगह-*** *वह व्यक्ति या वस्तु जिसका अदब करना जरूरी है।*

अदबियत स्त्री० *(अ०)* साहित्यिकता।

अदबी वि० *(अ०)* साहित्यिक।

अदम पु० *(अ०)* अभाव, अनस्तित्व; अनुपस्थिति; परलोक।

पदरचना- ***अदम तामील-*** *समन आदि का तामील (स्वीकार) न होना।* ***अदम पैरवी-*** *मुकदमें में किसी फरीक पक्ष (वादी और प्रतिवाद) की ओर से जरूरी कार्रवाई का न होना।* ***आदम वाक़फ़ीयत-*** *अज्ञान, गैर जानकारी।* ***अदम सबूत-*** *प्रमाण का अभाव।*

अदबीयत स्त्री० *(अ०)* साहित्यिक प्रवाद; साहित्यिकता।

अदबीयात स्त्री० *(अ०)* साहित्य-सम्बन्धी पुस्तकें आदि।

अदल-बदल/अदला-बदली स्त्री० *(अ०)* हेर-फेर, परिवर्तन।

अदा स्त्री० *(अ०)* देना, चुकाना, पूरा करना; *(फा०)* हाव-भाव, मोहक चेष्टा; ढंग; तर्ज।

पदरचना- ***अदाकार-*** *अभिनेता।* ***अदायगी-*** *भुगतान, चुकता करना।*

अदाई स्त्री० *(अ०)* अदा करने या चुकाने की क्रिया। वि० चालबाज।

अदाए क़र्ज पु० *(अ०)* ऋण शुद्धि; कर्ज की बेबाकी।

अदाए ख़ास स्त्री० *(फ़ा० अदाए+अ० ख़ास)* पद्धति विशेष; ख़ास तर्ज़।

अदाकार वि० *(फ़ा०)* अभिनेता; अभिनेत्री।

अदालत पज़ोह वि० *(अ० अदालत+फ़ा० पज़ोह)* न्यायनिष्ठ; न्यायप्रिय।

अदालते आलिया स्त्री० *(अ० अदालते आलियः)* उच्च न्यायालय; हाईकोर्ट।

अदालते खफ़ीफ़ा स्त्री० *(अ० अदालते खफ़ीफ़ः)* अल्प वाद न्यायालय; स्माल काज़ कोर्ट।

अदालते दीवानी स्त्री० *(अ० अदालते+फ़ा० दीवानी)* व्यवहारालय; लेन-देन और रुपये-पैसे के न्याय से सम्बन्धित न्यायालय; व्यवहार न्यायालय।

अदालते-फ़ौजदारी स्त्री० *(अ० अदालते+फ़ा० फ़ौजदारी)* दण्ड न्यायालय; वह न्यायालय जहाँ अपराधों के इस्तिग़ासे होते हैं।

अदालते मातहत स्त्री० *(अ०)* अधीन न्यायालय।

अदालते माल स्त्री० *(अ०)* राजस्व न्यायालय; माल गुज़ारी, लगान और खेती सम्बन्धी न्यायालय।

अदालते-मुजाज़ स्त्री० *(अ०)* अधिकृत न्यायालय, जिसे किसी मामले के सुनने और निर्णय करने का अधिकार हो।

अदालते मुराफ़आ स्त्री० *(अ० अदालते मुराफ़अः)* पुनर्विचारालय; अदालते अपील।

अदावत स्त्री० *(अ०)* शत्रुता; वैर; दुश्मनी।

अदावतन वि० *(अ०)* शत्रुता से; दुश्मनी से।

अदावत पेशा वि० *(अ० अदावत+फ़ा० पेशः)* जिसका काम हरेक से शत्रुता रखना हो।

अदावते क़ल्बी स्त्री० *(अ०)* दिली शत्रुता; बहुत अधिक शत्रुता।

अदावते फ़ितरी स्त्री० *(अ० अदावते फ़ित्री)* पैदायशी शत्रुता; प्राकृतिक वैर जैसे साँप और नेवले में वैर।

अदाशनास वि० *(फ़ा०)* यह समझने वाला कि इस समय उसका स्वामी क्या चाहता है।

अदीब वि० *(अ०)* साहित्यकार; कलाकार।

अदीम[1] वि० *(अ०)* अप्राप्य; नायाब।

अदीम[2] पु० *(अ०)* कच्चा और बदबूदार चमड़ा, धरातल; पृथ्वी की सतह; खाना; भोजन।

अदीमज़्ज़ुहा पु० *(अ०)* सूर्यास्त के पश्चात् का समय।

अदीमुन्नज़ीर वि० *(अ०)* अनुपम; अद्वितीय; बेमिसाल; अनुपमेय।

अदायगी स्त्री० *(अ०+फ़ा०)* चुकता करना; भुगतान।

अदालत स्त्री० *(अ०)* न्यायालय।

अदालती वि० *(अ०)* अदालत-सम्बन्धी; मुकदमे से सम्बन्धित।

अदावत स्त्री० *(अ०)* शत्रुता; दुश्मनी; बैर।

अदावती वि० *(अ०)* शत्रुता रखने वाला; द्वेष से किया गया।

अदूल पु० *(अ०)* न्याय, इंसाफ।

पदरचना- ***अदूल परवर-*** *इंसाफ करने वाला।*

अदूले हुक्म पु० *(अ०)* अवज्ञाकारी; आज्ञा न मानने वाला।

अदूल पु० *(अ०)* न्याय; इंसाफ; न्यायकर्ता; गवाही के लिए सच्चा व्यक्ति।

अदूलपर्वर वि० *(अ०+फ़ा०)* न्यायप्रिय।

अनक़रीब अव्य० *(अ०)* जल्दी, शीघ्र; करीब-करीब; पास; प्रायः।

अनल बर्क़ पद *(अ०)* मैं बिजली हूँ।

अनल बह पद *(अ०)* मैं समुद्र हूँ।

अनल लाह पद *(अ०)* मैं ईश्वर हूँ।

अनल हक़ पद *(अ०)* मैं सत्य हूँ; मैं सदाक़त हूँ; मैं ब्रह्मा हूँ; मैं खुदा हूँ; अहम् ब्रह्मास्मि।

अना अव्य० *(अ०)* मैं।

अनानीयत स्त्री० *(अ०)* अहंवाद; खुदी की यह भावना कि जो कुछ हूँ, बस मैं ही हूँ।

अनार पु० *(फ़ा०)* एक दानेदार मीठा फल; आतिशबाजी; अन्याय; छप्परों को जोड़ने वाली रस्सी।

अनीक़ वि० *(अ०)* अद्भुत; आश्चर्यजनक; सुन्दर; मनोरमा।

अनीद वि० *(अ०)* लड़ाकू; झगड़ालू; उद्दण्ड।

अनीन पु० *(अ०)* चीख़ना; चिल्लाना।

अनीफ़ वि० *(अ०)* तेज; खुरदरा; झगड़ालू; दुरुस्त।

अनीस वि० *(अ०)* मित्र; सखा; दोस्त।

अनीसून स्त्री० *(अ०)* एक प्रकार की सौंफ जो दवा के काम आती है।

अफ़ग़ान वि० *(फ़ा० अफ़्गान)* अफ़ग़ानिस्तान का निवासी।

अफ़ग़ानी वि० *(फ़ा०)* अफ़ग़ानिस्तान का; अफ़ग़ानिस्तान का सिक्का।

अफ़ग़ानिस्तान पु० *(फ़ा०)* भारत की पश्चिमोत्तर सीमा पर अवस्थित एक देश।

अफ़ज़ल वि० *(फ़ा०)* श्रेष्ठ; उत्तम।

अफज़ूँ वि० *(फ़ा०)* फाज़िलः बचा या उबरा हुआ।

अफ़ज़ूनी स्त्री० *(फ़ा० अफ़्ज़ूनी०)* बढ़ने की क्रिया; वृद्धि; प्रचुरता; बहुतायत।

अफ़तार पु० *(फ़ा० इफ़्तार)* रोज़ा की दावत।

अफ़ताली पु० *(फ़ा०)* पड़ाव पर पहले से जाकर आराम का प्रबन्ध करने वाला कर्मचारी।

अफ़नाना अ०क्रि० *(फ़ा०)* ऊब जाना; घबराना; साँस रुकने जैसा अनुभव करना।

अफ़यून स्त्री० *(अ०)* अफीम।

अफ़यूनी वि० *(अ०)* अफ़ीमची।

अफरना अ०क्रि० *(अ०)* जी भर के खाना; अघाना, पेट फूलना; ऊबना।

अफरा पु० *(अ०)* पेट फूलने का रोग; अपच या वायु विकार से पेट का फूलना।

अफ़रा-तफ़री स्त्री० *(फ़ा०)* गड़बड़; गोलमाल; उतावली या व्याकुलता के कारण होने वाली भूल या गड़बड़; बदहवासी; आतंक।

अफ़राज़ वि० *(फ़ा० अफ़्राज)* शोभा आदि बढ़ाने वाला।

अफ़राज़ी स्त्री० *(फ़ा० अफ़्राजी)* बढ़ाने की क्रिया।

अफ़राद स्त्री० पु० *(अ० अफ़्राद, फर्द का बहु०)* सूची; पत्रक; पत्र।

अफ़रीदी पु० *(फ़ा०)* भारत की पश्चिमोत्तर सीमा पर रहने वाली एक पठान जाति।

अफ़रोख़्ता वि० *(फ़ा० अफ़्रोख्तः)* उग्र रूप में आया हुआ; भड़का हुआ; प्रज्वलित करता हुआ।

अफ़रोज़ प्रत्य० *(फ़ा० अफ़्रोज)* जलाने वाला; रौशन करने वाला; उज्ज्वलकारी; वृद्धिकारी।

अफ़सा पु० *(फ़ा० अफ़्सा)* अभिचारक; मायावी; जादूगर।

अफ़सा पु० *(फ़ा० अफ़्सा)* आख्यायिका; कहानी।

अफ़साना गो पु० *(फ़ा० अफ़्सानः गो)* कहानियाँ कहने वाला।

अफ़साना नवीस वि० *(फ़ा० अफ़्सानः नवीस)* कहानियाँ लिखने वाला; उपव्यास लेखक।

अफ़साना निगार वि० *(फ़ा० अफ़्सानः निगार)* उपन्यास या कहानी लेखक।

अफ़लाक पु० *(अ० अफ़्लाक)* फ़लक का बहु०।

अफ़लातून पु० *(फ़ा०)* प्राचीन यूनान का एक प्रमुख विद्वान् तथा दार्शनिक; प्लेटो।

अफ़वा/अफ़वाह स्त्री० *(फ़ा०)* बेसिर-पैर की बातें; गप्प; उड़ती खबर; किंवदन्ती।

अफ़सर पु० *(फ़ा० अफ़्सर)* प्रधान अधिकारी; हाकिम; सरदार।

पदरचना- *अफ़सर-ए-आला-* *सर्वोच्च अधिकारी।*

अफ़सरी स्त्री० *(फ़ा० अफ़्सरी)* अफ़सर के पद पर कार्य करना; प्रधानता; अधिकार।

अफ़साना पु० *(फ़ा०)* कहानी, आख्यान; उपन्यास।

पदरचना- *अफ़साना नवीस/निगार-* *कहानी लेखक, उपन्यासकार।*

अफ़सूँ पु० *(फ़ा०)* जादू; मोहन-वशीकरण विद्या।

पदरचना- *अफ़सूँगर-* *जादूगर।*

अफ़सोस पु० *(फ़ा० अफ़्सोस)* दुःख; खेद; पछतावा।

अफ़ीफ़ वि० *(अ०,स्त्री० अफ़ीफ़ा)* दुष्कर्मों से बचने वाला; सदाचारी।

अफ़ीम स्त्री० *(फ़ा०)* पोस्ते के डौंड का गोंद जो नशे और दवा के काम आता है।

अफ़ीमची/अफ़ीमी स्त्री०वि० *(फ़ा०)* अफ़ीम खाने का अभ्यस्त।

अफ़ू पु० *(अ० अफ़्व)* क्षमा करना; माफी देना।

अफ़ूनत स्त्री० *(अ० उफ़्नत)* बदबू; सड़ायँध; दुर्गन्ध।

अब पु० *(अ०)* बाप, पिता।

अबख़रा पु० *(अ०)* भाप; बुखार का बहुवचन।

अबतर वि० *(फ़ा०)* बिगड़ा हुआ; बुरा; खराब; चौपट।

अबतरी स्त्री० *(फ़ा०)* बिगड़ी हालत; अवनति; खराबी।

अबद स्त्री० *(अ०)* अनन्त या असीम होने का भाव; अनन्तता।

अबदन क्रि०वि० *(अ०)* सदा; हमेशा।

अबदी वि० *(अ०)* सदा बना रहने वाला; अमर या अविनश्वर।

अबयात स्त्री० *(अ० अब्यात, बैत का बहु०)* शेरों या कविताओं का समूह; फ़ारसी कविता का एक छन्द।

अबर पु० *(फ़ा० अब्र)* मेघ; बादल।

अबरस वि० *(फ़ा०)* चितकबरा। पु० चितकबरा घोड़ा; चितकबरा रंग।

अबरा वि० *(फ़ा० अब्रा)* ऊपर का पल्ला; उपल्ला; न खुलने वाली गाँठ; उलझन। वि० निर्बल; कमजोर।

अबराज़ पु० *(अ० अब्राज़)* प्रकट करना; रहस्य खोलना।

अबरी वि० *(फ़ा० अब्री)* बादल जैसी धारियोंवाला; रंगदार; धब्बादार। स्त्री० एक तरह का रंगदार कागज जो जिल्द के ऊपर लगाया जाता है; मार्बल; एक तरह का पत्थर; एक प्रकार की लाख की रँगाई।

अबरू स्त्री० *(फ़ा० अब्रू)* भौंह।

मुहा० *अबरू पर/में बल आना-* *क्रुद्ध होना; त्यौरी चढ़ना।* ***अबरू पर मैल न आना-*** *(आघात आदि का) असर न होना; अविचलित रहना।*

अबरेशन पु० *(फ़ा०)* कच्चा रेशम; रेशम के कीड़े का कोया।

अबलक़/अबलख़ वि० *(अ०)* सफेद-काला; सफेद और लाल रंग का; चितकबरा। पु० ऐसे रंग का घोड़ा।

अबलखा स्त्री० *(फ़ा०)* एक चिड़िया।

अबवाब पु० *(अ०)* मालगुज़ारी या लगान पर लगने वाला अतिरिक्त कर; गाँव के व्यापारी आदि से जमींदार को मिलने वाला कर।

अबस अव्य० *(अ०)* बेकार; व्यर्थ। वि० निरर्थक; बे फायदा; जो अपने वश में न हो।

अबहार पु० *(अ० अब्हार, बह्र का बहु०)* समुद्र; नदी आदि।

अबा पु० *(अ०)* अंगे के ढंग का एक पहनावा जो उससे अधिक लम्बा होता है; गाउन; लबादा।

अबादान वि० *(फ़ा०)* आबाद; सम्पन्न; भरा-पूरा।

अबादानी स्त्री० *(फ़ा०)* आबाद होने की अवस्था।

अबियात स्त्री० *(अ० बेंत का बहु०)* बेतों।

अबाबील स्त्री० *(फ़ा०)* एक छोटी चिड़िया जो प्रायः खण्डहरों में अपना घोसला बनाती है।

अबीर पु० *(अ०)* वह लाल रंग जिसे हिन्दू होली खेलने के काम में लाते हैं; गुलाल।

अबीरी वि० *(अ०)* अबीर के रंग का।

अबू पु० (अ०) बाप; पिता।

अब्क़र पु० *(अ०)* भूत-प्रेत और जिन्नों आदि का एक कल्पित नगर।

अब्करी वि० *(अ०)* बहुत बढ़िया और अद्‌भुत वस्तु, जिसे मनुष्य न बना सके बल्कि जिन्नों या भूतों ने बनाया हो; उम्दा और नफ़ीस कपड़ा; हर उत्तम और अद्‌भुत वस्तु।

अब्जद पु० *(अ०)* अरबी वर्णमाला के 25 वर्ण; अरबी वर्णमाला; वर्णों से अंकों का काम लेने की प्रणाली।

पदरचना- *अब्जदरख़्वा-* *वर्णमाला पढ़ने वाला; नौसिखुआ।*

अब्द पु० *(अ०)* दास; सेवक।

अब्दाल पु० *(अ० बदील का बहु०)* धार्मिक व्यक्ति, एक प्रकार के मुसलमान वली या महात्मा; मुहम्मद साहब के उत्तराधिकारी।

अब्बा पु० *(अ०)* बाप, पिता।

अब्बाजान पु० (अ०) पिताजी।

अब्बास पु० *(अ०)* मुहम्मद साहब के चाचा; एक पौधा जिसकी जड़ और फूल दवा के काम में आते हैं।

अब्बासियाँ पु० (अ०) हज़रत अब्बास की सन्तान वाले।

अब्बासी वि० *(अ०)* अब्बास के रंग का लाल। वि० मिस्र देश की एक कपास।

अब्र पु० *(फ़ा०,सं० अभ्र)* बादल; घटा।

अब्रू स्त्री० *(फ़ा०)* आबरू; इज़्ज़त।

अब्रूकमाँ वि० *(फ़ा०)* जिसकी और धनुष जैसी मेहराबदार हो; सुन्दर भौंहों वाली सुन्दरी।

अब्रूकशीदा वि० *(फ़ा० अब्रूकशीदः)* जिसकी भौहें तनी हों; संकुचित भौंह।

अब्रे ग़लीज़ पु० *(फ़ा० अब्रे+अ० ग़लीज़)* काली घटा; घनघोर घटा।

अब्रेनैसाँ पु० *(फ़ा०)* चैत के माह का बादल, जिसके लिए प्रसिद्ध है कि उसकी हर बूँद मोती बन जाती है।

अब्रे बहार पु० *(फ़ा०)* बसन्त ऋतु का मेघ।

अब्रेबाराँ पु० *(अ०)* बरसता हुआ बादल; वर्षाकाल का बादल; द्रोण मेघ।

अब्लक़ा स्त्री० *(अ० अब्लकः)* मैना की तरह एक पक्षी।

अम (म्म) पु० *(अ०)* चाचा; पिता का भाई।

अमजद वि० *(अ० अम्जद)* बड़ा और विशेष; पूज्य।

अमन पु० *(अ०)* शान्ति; रक्षा।

अमल पु० *(अ०)* कार्य; व्यवहार; कृत्य।

अमलदारी स्त्री० *(अ० अमल+फ़ा० दारी)* राज; राजक्षेत्र।

अमला स्त्री० *(फ़ा०)* लक्ष्मी; आँवला।

अमलारा वि० *(अ०)* नशा करने वाला; नशे में मस्त।

अमली वि० *(अ०)* व्यावहारिक; कामकाजी; नशेबाज। स्त्री० इमली; एक झाड़दार वृक्ष।

पदरचना- ***अमली जामा पहनना-*** *कार्य रूप देना।*

अमान स्त्री० *(अ०)* सुरक्षा; हिफ़ाज़त; शान्ति।

अमानतदार वि० *(अ० अमानत+फ़ा० दार)* जिसके पास कोई धरोहर रखी हो; न्यासधारी; सत्यनिष्ठ; ईमानदार।

अमानत स्त्री० *(अ०)* धरोहर थाती; थाती रखना; पैमाइश का काम; अमीन का पद; अमन।

पदरचना- ***अमानतखाता-*** *बैंक या कोठी का वह खाता जिसमें अमानती धन रखा जाये।*

अमानतनामा पु० *(अ० अमानत+फ़ा० नामः)* वह पत्र जिस पर लिखा हो कि अमुक वस्तु, अमुक व्यक्ति को अमानत के तौर पर दी गयी है।

अमानी स्त्री० *(अ०)* लगान की वह वसूली जिसमें फसल के विचार से रियायत हो; वेतन पर नौकरों से काम कराना।

अमारी स्त्री० *(अ०)* हाथी का हौदा।

अमीन वि० *(अ०)* अमानत रखने वाला; विश्वसनीय। पु० एक दीवानी कर्मचारी जो बँटवारे, पैमाइश आदि का कार्य करता है।

अमीर पु० *(अ०)* अधिकारी; सरदार; रईस; धनी व्यक्ति, वि० धनवान।

अमीरज़ादा पु० (अ०) धनिक का पुत्र।

अमीरज़ादी स्त्री० (अ०) धनिक की पुत्री।

अमीर-उल-उमरा पु० *(अ०)* अमीरों का सरदार।

अमीराना वि० *(अ० अमीरानः)* अमीरी दिखलाने या जताने वाला।

अमीरी स्त्री० *(अ०)* दौलतमन्दी।

अमीरुलबहर वि० *(अ० अमीरुल बह्र)* नौसेनापति।

अमीरुल मोमिनीन वि० *(अ०)* मोमिनों का; ईमान वालों का सरदार; मुहम्मद की एक उपाधि।

अमीरुल अस्कर पु० *(अ०)* सेनापति; सिपहसालार।

अमीरुल उमरा पु० *(अ०)* अमीरों का अमीर; बहुत बड़ा अमीर।

अमीरे कारवाँ पु० *(अ० अमीरे+फ़ा० कारवाँ)* यात्रीदल का अध्यक्ष।

अमीरे नह्ल वु० *(अ०)* हजरत अली की उपाधि।

अम्मा स्त्री० *(अ०)* माता; माँ।

अम्मामा पु० *(अ०)* एक तरह का साफ़ा जिसे मुसलमान बाँधते हैं।

अम्मारा[1] वि० *(अ० अम्मारः)* पाप की ओर प्रवृत्त करने वाला; बहुत हुक्म मानने वाला।

अम्मारा[2] पु० *(अ०)* जहाज़ों का बेड़ा।

अम्लज पु० *(अ०)* आँवला।

अम्मारी स्त्री० *(अ०)* हौदा; महफ़िल।

अमूद पु० *(अ०)* सीधी खड़ी लकीर; खम्भा।

अमूम वि० *(अ० उमूम)* साधारण; आम (सामान्य)।

अमूमन क्रि०वि० *(अ० उमूमन)* साधारणतः, आमतौर पर, प्रायः।

अम्मी स्त्री० *(अ०)* माँ, माता।

अयाँ वि० *(अ०)* प्रकट, खुला, ज़ाहिर।

अयानत स्त्री० *(अ०)* सहायता; मदद।

अय्यार वि० *(अ०)* बहुत अधिक चालाक; जासूस; धूर्त; वंचक; छली।

अय्यारी वि० *(अ०)* चालाकी; धूर्तता; जासूसी का कार्य।

अय्याश वि० *(अ०)* भोग-विलास और अच्छे खाने-पीने का शौकीन; व्यभिचारी।

अय्यूब पु० *(अ०)* एक पैगम्बर जो सहनशील और ईश्वरनिष्ठ थे।

अयाल पु० *(फ़ा०)* घोड़े या सिंह की गर्दन के बाल। (अ०) बाल-बच्चे, कुटुम्ब।

पदरचना- *अयालदार-* *बालबच्चों वाला।*

अरक़[1] पु० *(अ०)* जल; दवाओं का खींचा हुआ पानी; मदिरा; शराब; पसीना।

अरक़[2] स्त्री० (अ०) अनिद्रा; जागरण; बेख्वबी।

अरक़[3] पु० (तु०) दुर्ग; कोट; किला।

अरक़गीर पु० *(अ० अरक़+फ़ा० गीर)* अर्क खींचने का भभका।

अरक़रेजी पु० *(अ० अरक़+फ़ा० रेजी)* ऐसा परिश्रम जिसमें पसीना आ जाये; घोर परिश्रमी।

अरकान पु० *(अ० रुक्न का बहु०)* प्रधान कार्यकर्ता; वे लोग जिन पर किसी कार्य का दारोमदार हो; उर्दू छन्दों के मात्रा रूप अक्षर।

पदरचना- *अरकाने दौलत/सल्तनत-* *राज्य के आधार स्तम्भ, मन्त्री, सरदार आदि।*

अरगजा पु० *(फ़ा० अर्गजः)* एक सुगन्धित लेप; उबटन।

अरगजी वि० *(फ़ा०)* अरगजा जैसी सुगन्ध वाला। पु० अरगजा जैसा मिलता-जुलता पीला रंग।

अरग़नून पु० *(फ़ा०)* एक विलायती बाजा।

अरग़नी स्त्री० *(अ०)* वस्त्र टाँगने की रस्सी; बाँस आदि।

अरग़वान पु० *(फ़ा०)* गहरे लाल रंग का एक फूल; लाल रंग।

अरगाना अ०क्रि० *(फ़ा०)* अलग होना; चुप्पी साधना।

अरज़ल वि० *(अ०)* बहुत रजील या कमीना; नीच; नीची जाति का। पु० वह घोड़ा जिसके तीन पाँव सफेद या एक ही रंग के हों।

अरज़ाँ वि० *(फ़ा०)* सस्ता। वि० अरजानी।

अरज़ाल पु० *(फ़ा०)* कमीने, नीच लोग। रज़ील का बहुवचन।

अरज़ी स्त्री० *(अ०)* दरख़्वास्त; प्रार्थना-पत्र।

अरदाबा पु० *(फ़ा०)* दला हुआ अन्न; भरता।

अरब पु० *(फ़ा०)* अरब का निवासी; वह देश जहाँ मुहम्मद साहब का जन्म हुआ था।

अरदास स्त्री० *(फ़ा० अर्ज़दाश्त)* प्रार्थना; भेंट; नजर।

अरफ़ा पु० *(अ०)* अरबी ज़िलहिज्ज माह का नवाँ दिन, जिस दिन हज होता है।

अरफ़ात पु० *(अ०)* मक्के से नौ कोस पर वह मैदान जहाँ हाजी लोग हज के दिन एकत्र होते हैं और दोपहर व शाम की नमाज़ पढ़ते हैं।

अरबा वि० *(अ० अर्बा)* चार।

पदरचना- *हद्दअरबा-* *चौहद्दी; सीमा।*

अरबाब पु० *(अ०, अर्बाब, 'रब्ब' का बहु०)* स्वामी; मालिक; ज्ञाता या कर्ता।

पदरचना- *अरबाबे चमन-* *उपवनवादी।* ***अरबाबे मयखाना-*** *मयखाने के लोग।* ***अरबाबे सुखन-*** *कवि लोग।*

अरवाह स्त्री० *(अ०, रूह का बहु०)* आत्माएँ; फरिश्ते।

अरमग़ान पु० (फा० अर्मग़ान) भेंट; उपहार।

अरमान पु० *(फ़ा०)* लालसा; इच्छा; कामना।

मुहा० *अरमान निकलना-* *इच्छा/कामना का अपूर्ण रह जाना।* ***अरमान निकालना-*** *इच्छा/ कामना की पूर्ति होना।*

अरसा पु० *(अ०)* समय; अवधि; मैदान; देर; बहुत दिन; मुद्दत।

अराक़ पु० *(अ०)* अरब देश; अरबी घोड़ा।

अराज़ी स्त्री० *(अ०)* जमीन; धरती (अर्ज़ का बहुवचन अब एक वचन में प्रयुक्त)

अराबची पु० *(फ़ा०)* गाड़ीवान।

अराबा पु० *(अ०)* गाड़ी, रथ, तोप लादने की गाड़ी; जहाज पर एक ओर एक बार तोप दागना।

अरायज़ नवीसी स्त्री० *(अ० अरायज़+फ़ा० नवीसी)* कचहरी के लिए अर्जी लिखना।

अरारूट/अरारोट पु० *(अ०)* एक प्रसिद्ध पौधा जिसके कन्द को कूटकर आटा बनाया जाता है।

अरी पु० *(अ०)* मधु; शहद।

अरीक़ा[1] पु० *(अ० अरीकः)* सिंहासन; तख्त; राजमंच।

अरीक़ा[2] पु० *(अ० अरीकः)* अभिमान; गर्व; स्वभाव; तबीयत; ऊँट का कौहान।

अरीज़ा पु० *(अ० अरीजः)* प्रार्थना पत्र; दरख्वास्त।

अरीज़ा गुज़ार वि० *(अ० अरीज़ः+फ़ा० गुज़ार)* प्रार्थना करने वाला; प्रार्थना-पत्र देने वाला; प्रार्थी; पत्र भेजने वाला।

अरीज़ा निगार वि॰ *(अ॰ अरीज़ः+फ़ा॰ निगार)* पत्र लिखने वाला; पत्र लेखक।

अर्क़ पु॰ *(अ॰)* रस; किसी चीज का भभके से खींचा हुआ रस; पसीना।

अर्क़गीर पु॰ *(अ॰)* पगड़ी के नीचे की टोपी; जीन के नीचे रखा जाने वाला नमदे का टुकड़ा या कम्बल।

अर्क़नाना पु॰ *(अ॰)* पुदीने का अर्क़ जो सिरका मिलाकर खींचा गया हो।

अर्क़ बादियान पु॰ *(अ॰)* सौंफ का अर्क।

अर्कान पु॰ *(अ॰ रुक्न का बहु॰)* सदस्य लोग; मेम्बरान।

अर्काने दौलत पु॰ *(अ॰)* राज्य के प्रमुख पदाधिकारी; बड़े-बड़े ओहदेदार।

अर्क़म पु॰ *(अ॰)* काला साँप जिसकी पीठ पर सफ़ेद चित्तियाँ होती हैं।

अर्ज़[1] पु॰ *(फ़ा॰)* सम्मान; प्रतिष्ठा; इज्जत; पद, ओहदा; आदर।

अर्ज़[2] पु॰ *(फ़ा॰)* मूल्य; दाम।

अर्ज़[3] पु॰ *(अ॰)* निवेदन; प्रार्थना; चौड़ाई।

पदरचना- ***अर्ज़ इरसाल-*** *खज़ाने में रुपया जमा करने का चालान।* *अर्ज़दाश्त-लिखित प्रार्थना-पत्र।* ***अर्ज़ मारूक-*** *निवेदन, प्रार्थना।* ***अर्ज़हाल-*** *निवेदन।*

अर्ज़क़ वि॰ *(अ॰)* नीला, नील वर्ण का।

पदरचना- ***अर्ज़क-चश्म-*** *वह जिसकी आँखे नीली हों।*

अर्ज़गुज़ार वि॰ *(अ॰ अर्ज़+फ़ा॰ गुज़ार)* प्रार्थना करने वाला; प्रार्थी।

अर्ज़बेगी पु॰ *(अ॰ अर्ज़+फ़ा॰ बेगी)* बादशाह के सामने प्रार्थनाएँ और प्रार्थियों को प्रस्तुत करने वाला व्यक्ति।

अर्ज़दास्त वि॰ *(अ॰ अर्ज़+फ़ा॰ दास्त)* याचिका।

अर्ज़मन्द वि॰ *(फ़ा॰)* सम्पन्न और अच्छे पद पर प्रतिष्ठित।

अर्ज़ाँ वि॰ *(फ़ा॰)* सस्ता; अव्य- उससे।

अर्ज़ानी स्त्री॰ *(फ़ा॰)* सस्ती; सस्तापन; मन्दी।

अर्ज़ी स्त्री॰ *(अ॰)* प्रार्थना-पत्र; दरखास्त।

पदरचना- ***अर्ज़ीदावा-*** *दीवानी या माल के मुकदमें में वादी पक्ष का प्रार्थना-पत्र।* ***अर्ज़ीनवीस-*** *अर्ज़ी लिखने वाला।* ***अर्ज़ी नालिश/अर्ज़ीपरम्मत-*** *आवेदन पत्र की कोई भूल ठीक करने या कोई बात बढ़ाने के लिए दिया जाने वाला प्रार्थना-पत्र।*

अर्दली पु॰ *(अ॰)* चपरासी।

अरूज़ पु॰ *(अ॰)* पिंगल; छन्द शास्त्र।

अरूज़ी वि॰ *(अ॰)* जो छन्दशास्त्र का अच्छा ज्ञाता हो।

अरूफ़ वि॰ *(अ॰)* धैर्यवान।

अरूस अव्य॰ *(अ॰)* दूल्हा; वर; दुल्हन; वधू।

अरूसी वि॰ *(अ॰)* विवाह; निकाह; विवाह-सम्बन्धी।

अरूसुल विलाद पु॰ *(अ॰)* ऐसा नगर जो दुल्हन की तरह सजा हो।

अर्बा[1] वि॰ *(अ॰)* चार, चार की संख्या।

अर्बा[2] पु॰ *(अ॰)* शुद्ध जाति का अरब।

अर्बाअ पु॰ *(अ॰)* स्थानसमूह; मकानों का समूह।

अर्बाबे अक़्ल पु॰ *(अ॰)* बुद्धिवाले; विद्वान् लोग; पढ़े लिखे लोग।

अर्बाबे इल्म पु॰ *(अ॰)* विद्यावाले।

अर्बाबे कमाल पु॰ *(अ॰)* गुणवान लोग।

अर्बाबे कलम पु॰ *(अ॰)* लेखकगण; साहित्यकार वर्ग।

अर्बाबे फ़न पु॰ *(अ॰)* कलाकार लोग; शिल्पकार वर्ग।

अर्बाबे वफ़ा पु॰ *(अ॰)* प्रेमीजन; भक्तगण।

अर्बाबे शऊर पु॰ *(अ॰)* शिष्टजन।

अर्बाबे हुज्जत पु॰ *(अ॰)* न्यायशास्त्र जानने वाले; नैय्यायिक।

अरमान पु॰ *(तु॰ अर्मान)* इच्छा; ख़्वाहिश; उत्कण्ठा।

अर्श[1] पु॰ *(अ॰)* तख्त; छत; आकाश; इस्लाम के अनुसार आठवीं बिहिश्त या सर्वोच्च स्वर्ग; ऊन कातने की चर्खी।

मुहा॰ (दिमाग) *अर्श पर होना-* *अपने को बहुत बड़ा समझना।* ***अर्श से फर्श तक-*** *आकाश से धरती तक।*

अर्श[2] पु॰ *(अ॰)* युद्ध; झगड़ा; लड़ाई।

अर्शद वि॰ *(अ॰)* सीधा रास्ता पाने वाला; वह शिष्य जिस पर गुरु ने सबसे अधिक परिश्रम किया हो।

अर्शा पु॰ *(अ॰)* घर की छत; जहाज की छत।

अर्शी वि॰ *(अ॰)* अर्श से सम्बन्ध रखने वाला; अर्श पर रहने वाला।

अर्शे आज़म पु० *(अ०)* ईश्वर के सिंहासन का स्थान।

अर्शे सानी पु० *(अ०)* कुर्सी; वह स्थान जहाँ तारे हैं।

अर्सा पु० *(अ० अर्सः)* क्षेत्र; मैदान; समय; अन्तर; फासला; शतरंज की बिसात।

अर्सागाह स्त्री० *(अ० अर्सः+फ़ा० गाह)* रणक्षेत्र; मैदानेजंग।

अर्स-ए-जंग पु० *(अ० अर्स+ फ़ा० जंग)* रणभूमि; युद्धक्षेत्र।

अर्स-ए-ज़ीस्त पु० *(अ० अर्स+फ़ा० ज़ीस्त)* जीवन का; जिन्दगी का समय।

अर्स-ए-दराज़ पु० *(अ० अर्स+ फ़ा० दराज़)* लम्बासमय; दीर्घकाल।

अर्स-ए-हश्र पु० *(अ०)* कयामत (प्रलय) का मैदान; जहाँ सब मृतक एकत्र हों वह मैदान।

अर्सलाँ पु० *(तु०)* सिंह; व्याघ्र; दास; गुलाम।

अल उप० *(अ० अल्)* एक प्रत्यय जो शब्दों के पहले लगकर उस पर जोर देता है। जैसे- अलग़रज।

अलक़त पु० *(अ०)* काट देना; रद्द कर देना; न मानना।

पदरचना- ***अलक़त क़िस्सा-*** *सारांश; खुलासा यह कि।* ***अलक़त ग़रज-*** *निदान; चुनांचे।*

अलकतरा पु० *(अ०)* काले रंग का गाढ़ा द्रव जो लकड़ी आदि रंगने के काम आता है (कोलतार)।

अलक़ाब पु० *(अ० अल्क़ाब)* उपाधि; पदवी; प्रशस्ति पत्र।

अलकिस्सा क्रि०वि० *(अ० अल्+ फ़ा० किस्सः)* सारांश; संक्षेप।

अलकोहल पु० *(अ०)* सुरासार; स्पिरिट।

अलगनी स्त्री० *(अ०)* वस्त्र टाँगने के लिए रस्सी या बाँस।

अलग़रज क्रि०वि० *(अ०)* तात्पर्य यह कि

अलग़रजी वि० *(अ० अल+ फ़ा० ग़रजी)* लापरवाह। वि० लापरवाही।

अलगागुज़ारी स्त्री० *(अ०)* अलग-अलग करने की क्रिया।

अलगौझा पु० *(फ़ा०)* अलगाव; बँटवारा।

अलग़ोजा पु० *(अ०)* एक तरह की बाँसुरी।

अलफ़ पु० *(अ०)* घोड़े का पिछली टाँगों के बल खड़ा होना।

अलफ़ा पु० *(अ०)* बिना बाँह का ढीला-ढाला कुरता जिसे प्रायः मुसलमान फकीर पहना करते हैं। (स्त्री० अलफ़ी)

अलबत्ता अव्य० *(अ०)* बेशक; निःसन्देह; हाँ।

अलबी-तलबी स्त्री० *(अ०)* अत्यन्त कठिन उर्दू या अरबी-फ़ारसी आदि विदेशी भाषाएँ; अस्पष्ट बात या बोली।

अलबेला वि० *(अ०)* सुन्दर; अनूठा; बाँका; मनमौजी। पु० नारियल का हुक्का। स्त्री० अलबेली।

अ़लम[1] पु० *(अ०)* दुःख; क्लेश; ग़म।

अलम[2] पु० *(अ०)* झण्डा; निशान; माला।

पदरचना- ***अलमनाक-*** *दुःखमय।* ***अलमबरदार-*** *झण्डा उठानेवाला।*

अलमस्त वि० *(अ०)* मस्त; मतवाला; मौजी; बेफिक्र।

अलमारी स्त्री० *(पुर्त०)* पुस्तक आदि रखने के लिए लोहे, लकड़ी आदि का बना ढाँचा; दीवाल में बनी ऐसी ही रचना।

अलमास पु० *(फ़ा०)* हीरा।

अललखुसूस क्रि०वि० *(अ०)* खास करके; विशेष रूप में।

अलस्सबाह अव्य० *(अ०)* प्रातःकाल; भोर; तड़के।

अललहिसाब अव्य० *(अ०)* बिना हिसाब किये।

मुहा० ***अललहिसाब देना-*** *पावने का हिसाब किये बिना कुछ रकम दे देना।*

अलवान पु० *(अ०)* एक तरह का ऊनी शाल।

अलविदा अव्य० *(अ०)* विदा होते समय कहा जाने वाला एक पद- 'अच्छा, अब चलते हैं। स्त्री० रमजान माह का आखिरी शुक्रवार (अलविदा की नमाज़)।

अलहदगी स्त्री० *(अ०)* बिलगाव; अलगाव।

अलहदा वि० *(अ०)* अलग; जुदा।

अलहदी वि० *(अ०)* आलसी; सुस्त; काहिल।

अल्लम-गल्लम पु० *(फ़ा०)* निरर्थक; फालतू।

अल्हड़ वि० *(फ़ा०)* भोला; उद्धत; मनमौजी; गँवार।

अलहनियाँ वि० *(अ०)* अकर्मण्य; अलहदी।

अलहिया स्त्री० *(अ०)* एक रागिनी।

अलहेरी पु० *(अ०)* एक ही कूबड़ वाला ऊँट।

अला[1] अव्य० *(अ०)* सावधान; होशियार; खबरदार।

अला[2] स्त्री० *(अ०)* सम्मान; उच्चता; बुलन्दी।

अला[3] अव्य० *(फ़ा०)* सम्बोधन सूचकशब्द; ऐ!, आय; हे!।

अला[4] अव्य० *(अ०)* ऊपर; पर।

अलाई वि० *(अ०)* आलसी, काहिल। पु० घोड़े की एक जाति।

अलामत स्त्री० *(अ०)* चिह्न; पहचान; लक्षण; निशानी।

अलाय-बलाय स्त्री० *(अ०)* अनिष्ट; विपत्ति।

अलनाहक अव्य० *(अ०)* बेकार; व्यर्थ।

अलानिया अव्य० *(अ०)* खुले खजाने; डंके की चोट; चुनौतीपूर्ण; ललकारपूर्ण।

अलाव पु० *(फ़ा०)* तापने के लिए जलायी हुई आग।

अलावा अव्य० *(फ़ा०)* सिवा; अतिरिक्त।

अल्लाती वि० *(अ०)* वह भाई-बहन जो अलग-अलग माँ की सन्तान हों, किन्तु पिता एक ही हो अर्थात्- सौतेला।

अल्लामा वि० *(अ०)* बड़ा आलिम; महापण्डित। स्त्री० लड़ाकी; झगड़ालू।

अल्लाह पु० *(अ०)* परमेश्वर; खुदा।

पदरचना- ***अल्लाहताला-*** *परमेश्वर।* ***अल्लाह-अल्लाह-*** *विस्मय और श्लाघासूचक उद्गार।* ***अल्लाह आमीन-*** *खुदा सलामत रखे।*

अली पु० *(अ०)* मुसलमानों के चौथे खलीफा, मुहम्मद साहब के दामाद और इमाम हुसेन के पिता।

अलीका पु० *(अ० अलीकः)* घोड़े को दाना खिलाने का तोबड़ा।

अलीफ़ वि० *(अ०)* मित्र; सखा; दोस्त, एक जैसे स्वभाव वाले; प्रेममात्र; महबूब।

अलीम[1] वि० *(अ०)* कष्ट जनक; दुःखद; पीड़ा देने वाला; दर्दनाक।

अलीम[2] वि० *(अ०)* सब कुछ जानने वाला; सर्वज्ञ; महाज्ञानी; ईश्वर का एक नाम।

अलील वि० *(अ०)* बीमार।

अव्वल वि० *(अ०)* पहला; प्रथम; सर्वश्रेष्ठ। पु० आदि; आरम्भ।

पदरचना- ***अव्वल आना-*** *प्रथम आना; आगे रहना*

अव्वलन क्रि०वि० *(अ०)* प्रथमतः।

अवाम पु० *(अ०)* बहु० आम लोग; जनता।

अवामी क्रि० *(अ०)* सामान्य; सार्वजनिक।

अवारज़ा पु० *(फ़ा०)* खतियौनी; जमाखर्च की बही; रोज़नामचा।

अवेस्ता स्त्री० *(फ़ा०)* पारसियों की मूल धर्मपुस्तक।

अशरा पु० *(अ०)* मुहर्रम का दसवाँ दिन।

अशाअत स्त्री० *(अ०)* प्रकाशन; प्रचार।

अशरफ़ वि० *(फ़ा०)* बहुत शरीफ; उच्च।

अशरफ़ी स्त्री० *(फ़ा०)* सोने का सिक्का; मुहर।

मुहा० ***अशर्फियाँ लुटें और कोयलों पर छापा-*** *कीमती वस्तु की अवहेलना करके बेकार वस्तु की कद्र करना।*

अशराफ़ पु० *(फ़ा० शरीफ़ का बहुवचन)* भले और प्रतिष्ठित लोग।

असग़र वि० *(अ०)* बहुत छोटा।

असबाब पु० *(अ० सबब का बहु०)* कारण; आवश्यक सामग्री; चीज; वस्तु; मुसाफिर के साथ का सामान।

असमत स्त्री० *(अ० अस्मत)* पवित्रता, निष्पापता; सतीत्व।

असमत फ़रोश वि० (अ० अस्मत फ़रोश) व्याभिचारिणी।

अस्मत-फ़रोशी- स्त्री० *(अ०)* सतीत्व-विक्रय; व्यभिचार।

अल्हजा पु० *(अ०)* इधर-उधर की बात; गप्प।

असर पु० *(अ०)* छाप; प्रभाव; गुण; फल।

असर अन्दाज़ वि० *(अ० असर+फ़ा० अन्दाज़)* प्रभावित करने वाला।

असरअन्दाज़ी स्त्री० *(अ० असर+फ़ा० अन्दाज़ी)* प्रभावित करना।

असर पज़ीर वि० *(अ० असर+फ़ा० पज़ीर)* जो प्रभावित हुआ।

असर पज़ीरी स्त्री० *(अ० असर+फ़ा० पज़ीरी)* प्रभाव पड़ना।

असराफ़ पु० *(अ० इस्राफ़)* ख़र्च; व्यय।

असरार पु० *(अ० अस्रार)* भेद; रहस्य।

असहाब पु० *(अ० अस्हाब)* साहब का बहु०।

असल वि० *(अ०)* वास्तविक; खरा।

असला क्रि०वि० *(अ० अस्ला)* बिलकुल; जरा भी; कुछ भी; कदापि; हरग़िज।

असलह पु० *(अ० अस्लिहः)* हथियार; शस्त्र।

असलह ख़ाना पु० *(अ० अस्लह+फा० ख़ानः)* शस्त्र रखने का घर; शस्त्रागार।

असलियत स्त्री० *(अ०)* असल बात; वास्तविकता; जड़; मूल तत्त्व।

असली वि० *(अ०)* सच्चा; शुद्ध; ख़ालिस। पु० शहद।

असवद वि० *(फ़ा० अस्वद)* काला।

असवब वि० *(अ० अस्वब)* सही; शुद्ध।

असा पु० *(अ०)* डण्डा; सोंटा; चाँदी या सोना मढ़ा सोंटा।

पदरचना- *असा-ए-शाही-* *राजदण्ड।* ***असाबरदार-*** *राजा, दूल्हे आदि की सवारी के आगे राजदण्ड लेकर चलने वाला।*

असामी पु० *(अ०)* नाम; नामसूची; (इस्म- नाम का बहुवचन); पद; नौकरी; काश्तकार; कर्जदार, ग्राहक; मुलजिम; आदमी।

असालत स्त्री० *(अ०)* असलियत; खरापन; कुलीनता; जड़।

असालतन अव्य० *(अ०)* स्वयं, खुद; वकालतन का उल्टा।

असाला स्त्री० *(अ०)* चनसुर नामक पौधा।

असास पु० *(अ०)* माल- असबाब; चीज-वस्तु।

असासा पु० *(अ०)* घर-गृहस्थी में काम आने वाली वस्तुएँ।

असीम वि० *(अ०)* दोषी; अपराधी।

असीर वि० *(अ०)* बन्दी; कैदी।

असीरी स्त्री० *(अ०)* कैद।

असील वि० *(अ०)* कुलीन; शुद्ध रक्तवाला; शरीफ; नेक; असल।

असीलत स्त्री० *(अ०)* पैतृक अधिकार; मौरूसी कब्जा।

अस्कर पु० *(अ०)* लश्कर; सेना।

अस्करी पु० *(अ०)* सैनिक; सिपाही।

अस्तबल पु० *(अ०)* अश्वशाला; तबेला।

अस्तर पु० *(अ०)* सिले कपड़े, जूते आदि के भीतर की तह।

अस्तरकारी स्त्री० *(फ़ा०)* दीवार पर पलस्तर लगाना; कपड़े में अस्तर लगाना। भितल्ला; अँतरौटा; नीचे का रंग।

अस्तुरा पु० *(फ़ा०)* उस्तरा; दाढ़ी-बाल छीलने का चाकू।

अस्मत स्त्री० *(अ०)* स्त्री की इज्जत; आबरू।

मुहा० *अस्मत पर हाथ लगाना-* *इज़्ज़त लूटना।*

अस्र[1] पु० (अ०) काल; युग; उम्र; दिन का चौथा पहर।

पदरचना- *अस्र की नमाज-* *शाम की नमाज।*

अस्र[2] पु० *(अ०)* तलवार पर लोहे की धारियाँ; मुहम्मद साहब की हदीस का वर्णन।

अस्ल पु० *(अ०)* जड़; मूल; बीज; सच्चाई; मूल धन; मूल वस्तु; नमक का उल्टा। वि० अस्ली।

अस्लह वि० *(अ०)* सदाचारी; परमयुद्ध।

अस्लिहा पु० *(अ०)* हथियार; शस्त्र।

अस्ली वि० *(अ०)* मौलिक; खालिस; खरा; सच्चा।

अस्लीयत स्त्री० *(अ०)* वस्तुस्थिति; सच्ची स्थिति या रूप; जड़।

अहकाम पु० *(अ०)* आज्ञाएँ; आदेश।

अहद पु० *(अ० अह्द)* प्रतिज्ञा; काल; राजत्व।

अहदनामा पु० *(अ० अह्दनामा)* प्रतिज्ञापत्र; इकरारनामा।

अहदे अतीक पु० *(अ०)* प्राचीनकाल; पुराना समय।

अहदे जदीद पु० *(अ०)* आधुनिकाल; नया जमाना।

अहदेज़र्री पु० *(अ०+फ़ा०)* स्वर्ण युग; बहुत ही अच्छा जमाना; सुखद समय।

अहदे संग पु० *(अ० अहदे+फ़ा० संग)* प्रस्तर युग; पाषाणकाल।

अहदे हाज़िर पु० *(अ०)* आधुनिककाल।

अहदे हुकूमत पु० *(अ०)* शासनकाल।

अहदी वि० *(अ०)* आलसी; सुस्त; प्रतिज्ञा करने वाला; प्रण पर डटे रहने वाला। पु० वह सैनिक जिससे असाधारण आवश्यकता के समय ही काम लिया जाये (अकबर की सेना की एक श्रेणी)।

पदरचना- *अहदीख़ाना-* *आलसियों के रहने की जगह।*

अहबाब पु० *(अ०)* मित्र; हबीब का बहु०।

अहम वि० *(अ०)* बहुत जरूरी; महत्त्वपूर्ण।

अहमक़ वि० *(अ०)* जडमति; मूर्ख; नासमझ।

अहमक़ाना वि० *(अ०)* मूर्खतापूर्ण; मूर्खतापूर्ण विचार।

अहमियत स्त्री० *(अ०)* महत्त्व; गम्भीरता।

अहराम पु० *(अ०)* पुरानी इमारतें; मिस्र के पिरामिड (हरम-पुरानी इमारत का बहु०)।

अहरिमन पु० *(अ०)* पारसियों के पाप और अन्धकार का देवता; शैतान।

अहवाल पु० *(अ०)* वृत्तान्त; समाचार, हाल (हाल का बहु०)।

अहल वि० *(अ०)* योग्य; अधिकारी, पात्र।

अहल कार पु० *(अ० अहल+फ़ा० कार)* कर्मचारी।

अहलिया स्त्री० *(अ०)* पत्नी; घरवाली।

अहलीयत स्त्री० *(अ०)* योग्यता; पात्रता।

अहसान पु० *(अ०)* उपकार; एहसान।

आ

आँ सर्व० *(फ़ा०)* वह।

पदरचना- ***आँ कि-*** *वह जो।*

आँकड़ेबाज़ पु० *(हि० आँकड़े+फ़ा० बाज़)* हर बात में आँकड़ों पर जोर देने वाला।

आँकड़ेबाज़ी स्त्री० *(हि० आँकड़े+फ़ा० बाज़ी)* हर बात में आँकड़ों पर जोर देना।

आइदा पु० *(फ़ा० आइदः)* परम्परा; रिवाज; उपकार।

आइन्दा वि० *(फ़ा० आइन्दः)* आनेवाला; भविष्य। अव्य० आगे।

आँब पु० *(फ़ा० सं० आम्र)* आम का वृक्ष या फल।

आईन पु० *(अ०)* विधान; कानून; नियम; परम्परा; तरीका; पद्धति।

पदरचना- ***आईने-अकबरी-*** *फ़ारसी का एक प्रसिद्ध ग्रन्थ जिसमें अकबर के राज्य-प्रबन्ध का वर्णन है।* ***आईने सल्तनत/हुकूमत-*** *शासन- विधान।*

आईन दाँ वि० *(फ़ा०)* कानून जानने वाला; विधानज्ञ; वकील।

आईन बन्दी स्त्री० *(फ़ा०)* कमरे में झाड़ू आदि लगाना; फर्श में पत्थर आदि की जुड़ाई।

आईन साज़ वि० *(फ़ा०)* विधान बनाने वाला।

आईना[1] पु० *(फ़ा०)* दर्पण; शीशा; किवाड़ का दिलहा।

मुहा० ***आईना में मुँह देखना-*** *अपनी योग्यता समझ लेना।*

आईना[2] पु० *(फ़ा०+आईनः)* दर्पण; आदर्श; वि० स्पष्ट; साफ़।

आईनी कि० *(फ़ा०)* वैध; विधानसम्मत; नियमबद्ध।

आईमा पु० *(अ०)* दान में मिली हुई भूमि जिसका कर न देना पड़े।

आउर्द[1] पु० *(फ़ा०)* 'आमद' का उल्टा, (कविता में) सोचकर लाया जानेवाला भाव; कठिन कल्पना।

आउर्द[2] वि० *(फ़ा०)* लाया हुआ; कृपापात्र।

आक़ वि० *(अ०)* माता-पिता का विरोध या द्रोह करने वाला।

मुहा० ***आक़ करना-*** *पुत्र को उत्तराधिकार से वंचित करना।*

आक़नामा पु० *(अ० आक़+फ़ा० नामा)* वह लेख जिसके अनुसार कोई व्यक्ति अपने अयोग्य पुत्र को उत्तराधिकार से वंचित करता है।

आक़बत स्त्री० *(अ०)* मृत्यु या प्रलय के बाद का काल; परलोक।

पदरचना- ***आक़बत सन्देश-*** *अग्रसोची; दूरन्देश; नतीजे का विचार करने वाला।*

मुहा० ***आक़बत बिगड़ना-*** *परलोक बिगड़ना।* ***आक़बत में दिया दिखाना-*** *परलोक में काम आना।*

आक़बती-लंगर पु० *(अ०)* एक तरह का लंगर जो संकट के समय डाला जाता है।

आक़रक़रहा पु० *(अ०)* एक प्रसिद्ध औषधि; अकरकरा।

आक़ा[1] पु० *(तु०)* मलिक; स्वामी।

आक़ा[2] पु० *(तु०)* बड़ा भाई; अग़ज।

आक़बत स्त्री० *(अ० आकिबत)* यमलोक; अन्त।

आक़िल वि० *(अ०)* अक्ल रखनेवाला; समझदार।

आक़िलख़ानी पु० *(अ०)* एक प्रकार का कत्थई रंग।

आख़ता वि० *(फ़ा० आख़्ता)* बधिया।

आख़ता बेगी वि० *(फ़ा०)* बधिया करने वाला।

आख़िज़ वि० *(अ०)* लेने वाला; ग्रहण करने वाला; पढ़ने वाला, उद्धृत करने वाला।

आख़िर पु० *(फ़ा०)* अन्त; समाप्ति; सीमा; परिणाम। वि० अन्त का; पिछला। अव्य० अन्त में; आखिर को; अवश्य; भला; मगर।

पदरचना- ***आखिरकार-*** *अन्त में; अन्ततः।*

आख़िरत स्त्री० *(अ०)* परलोक (बनना-बिगड़ना)।

आखिर-उल-जमाँ पु० *(अ०)* समय का अन्त।

आख़िरी वि० *(अ०)* अन्तिम; सबसे पीछे का।

आख़ून पु० *(तु०, आखुन्द)* शिक्षक; गुरु; उस्ताद।

आख़ोर पु० *(फ़ा०)* पानी पीने का स्थान; चौपायों के चारा खाने का स्थान; सार; चरनी, उनके आगे की घास, उनके दिल्के से बचा चारा; रद्दी; निकम्मी वस्तु; कूड़ा।

आख़्ता वि० *(फ़ा० आख़्तः)* जिसके अण्डकोश चीर कर निकाल लिये गये हों; बधिया।

आगही स्त्री० *(फ़ा०)* ज्ञान; ज्ञानकारी।

पदरचना- ***ज़ौके आगही-*** *ज्ञान का आनन्द।*

आग़ा पु० *(तु०)* बड़ा भाई; अग्रज; साहब; महाशय; मालिक; स्वामी; काबुल के मुसलमानों की एक उपाधि।

आग़ाज़ पु० *(अ०)* शुरू; आरम्भ; शुरुआत।

आगाह वि० *(फ़ा०)* सचेत; सावधान।

आगाही स्त्री० *(फ़ा०)* पहले से मिलने वाली सूचना; जानकारी; परिचय; ज्ञान।

आग़ोश स्त्री० *(फ़ा०)* गोद; आलिंगन।

आग़ोश कुशा वि० *(फ़ा०)* जिसने गोद फैला रखी हो।

आग़ोशी स्त्री० *(फ़ा०)* गोद में लेना; गले लगाना।

आज[1] पु० *(फ़ा०)* हाथी दाँत।

आज[2] स्त्री० *(फ़ा०)* लोभ; लालच।

आज़म वि० *(अ० अज़म)* बहुत बड़ा; महान्।

आज़मा वि० *(फ़ा०)* आज़माने वाला।

पदरचना- ***सब्र-आज़मा-*** *धैर्य को आज़माने वाला।*

आज़माइश स्त्री० *(फ़ा०)* परीक्षा; जाँच; परख; कोशिश; चेष्टा।

आज़माइशी वि० *(फ़ा०)* परीक्षा के लिए किया गया; परीक्षार्थ।

आज़माना स०क्रि० *(फ़ा०)* जाँच करना; परीक्षा के लिए प्रयोग करना।

आज़मूदा वि० *(फ़ा०)* आजमाया हुआ; परीक्षित।

आज़मूदाकार वि० *(फ़ा०)* अनुभवी; चतुर; चालाक।

आज़ा पु० *(अ० आअज़ा अज़्रू या अज़ो का बहु०)* वि० आज़ाई- शरीर के अंग और जोड़।

आज़ाए-तनासुल पु० *(अ०)* पुरुषेन्द्रिय; लिंग; शिश्न।

आज़ाए-रईसा पु० *(अ०+ आज़ाए रईसः)* शरीर के मुख्य अंग जैसे- हृदय, मस्तिष्क, यकृत आदि।

आज़ाद पु० *(फ़ा०)* बेफ़िक्र, स्वतन्त्र; स्वाधीन; निडर; निर्भय।

आज़ाद तब्अ वि० *(फ़ा० आज़ाद+अ० तब्अ)* स्वतन्त्रता प्रिय।

आज़ाद मिज़ाज वि० *(फ़ा० आजाद+अ० मिज़ाज)* मनमौजी; स्वेच्छाचारी।

आज़ादगी स्त्री० *(फ़ा०)* आजादी; स्वतन्त्रता।

आज़ादानी वि० *(फ़ा०)* आजादीपूर्वक; स्वतन्त्रतापूर्वक।

आज़ादान वि० *(फ़ा०)* स्वतन्त्र; स्वतन्त्रता पूर्ण।

आज़ादी स्त्री० *(फ़ा०)* स्वतन्त्रता; रिहाई; छुटकारा।

आज़ार[1] पु० *(फ़ा०)* दुःख; कष्ट; बीमारी; रोग।

आज़ार[2] प्रत्य० *(फ़ा०)* दुःख देने वाला; सताने वाला।

आज़ार तलब वि० *(फ़ा० आज़ार+अ० तलब)* जिसे कष्टों में रहना अच्छा लगता हो; दुःखप्रिय।

आज़ार देह वि० *(फ़ा०)* कष्ट देने वाला; कष्टदायी।

आज़ारिन्दा वि० *(फ़ा० आजारिन्दः)* सताया हुआ; दुःख पहुँचाया हुआ; पीड़ित; दुःखित।

आज़ाल पु० *(अ० अज़ल का बहु०)* मौत के समय; मौतें।

आजिज़ वि० *(अ०)* दीन; विनयी; परेशान; तंग।

मुहा० ***आजिज़ आना-*** *तंग आना; ऊब जाना।*

आजिज़ी स्त्री० *(अ०)* लाचारी; अशक्तता; हीनता।

आज़िम वि० *(अ०)* अज़म या इरादा करने वाला; विचार करने वाला।

आज़िर वि० *(अ०)* उज्र करने वाला; क्षमा माँगने वाला।

आज़िल[1] वि० *(अ०)* मृत्युलोक; संसार; दुनिया।

आज़िल[2] वि० *(अ०)* जिसमें विलम्ब हो; परलोक।

आजिल[3] वि० *(अ०)* जल्दी करने वाला; जल्दबाज।

आज़िला स्त्री० *(अ०)* मृत्युलोक; संसार।

आज़ीना पु० *(फ़ा० आज़ीनः)* छेनी; टाँकी; पत्थर आदि छीलने का हथियार।

आज़ीश स्त्री० *(फ़ा०)* अग्नि; आग।

आज़ूका पु० *(फ़ा०)* जीविका।

आज़ूर वि० *(फ़ा०)* लालची; लोभी।

आज़्दा पु० *(फ़ा० आज़्दः)* झुर्री; निशान; कोई नोकदार वस्तु चुभाना।

आज़्मा वि० *(फ़ा०)* आजमाने वाला।

आज़्माइन्दा वि० *(फ़ा० आज़्माइन्द:)* परीक्षा करने वाला।

आज़्माइश स्त्री० *(फ़ा०)* परीक्षा; जाँच; परख।

आज़्मूदा वि० *(फ़ा० आज़्मूद:)* परखा हुआ; जाँचा हुआ।

आज़्मूद:कार वि० *(फ़ा०)* अनुभवी; कार्यसिद्ध।

आज़्मूदनी वि० *(फ़ा०)* परीक्षा के योग्य; परीक्षणीय।

आजी स्त्री० *(अ०)* दादी; पितामही।

आज़ुर पु० *(फ़ा०)* फारसी वर्ष का नवाँ महीना।

आज़ुर्दगी स्त्री० *(फ़ा०)* अप्रसन्नता; नाराज़गी; मानसिक क्लेश।

आज़ुर्दा पु० *(फ़ा०, आज़ुर्द)* सताया हुआ; दुःखी; चिन्तित।

आत पु० *(तु०)* घोड़ा; अश्व।

आतिफ़ वि० *(अ०)* कृपा करने वाला; अनुग्रह करने वाला।

आतिरफ़ स्त्री० *(फ़ा०)* अग्नि; आग; प्रकाश; क्रोध; गुस्सा।

आतिश स्त्री० *(फ़ा०)* आग।

पदरचना- ***आतिश वदा-*** *बहुत गरम मकान।* ***आतिश-ख़ाना/आतिशगाह-*** *अग्निपूजकों (पारसियों) का अग्नि-मन्दिर (अग्नि जलाये रखने का स्थान)।*

मुहा० ***आतिश का परकाला-*** *बहुत चलता हुआ तेज आदमी।*

आतिशअंगेज़ वि० *(फ़ा०)* आग लगाने वाला।

आतिशकदा पु० *(फ़ा० अतिश+कद:)* वह मन्दिर जिसमें पवित्र अग्नि प्रतिष्ठित हो।

आतिशज़दगी स्त्री० *(फ़ा०)* आग लगाना; अग्निकाण्ड।

आतिशज़ना पु० *(फ़ा०+ आतिशज़न:)* कुकनुस नामक काल्पनिक पक्षी; चकमक पत्थर।

आतिशदान पु० *(फ़ा०)* अँगीठी; जिसमें आग रखते हैं।

आतिशपरस्त पु० *(फ़ा०)* अग्निपूजक।

आतिशबज़ाँ वि० *(फ़ा०)* आग का पुतला।

आतिशमिज़ाज वि० *(फ़ा०)* आग बरसाने वाला। भाव० आतिशबाजी।

आतिशमिज़ाज वि० *(फ़ा०)* बहुत तेज या गरम स्वभाव वाला।

आतिशक स्त्री० *(फ़ा०)* गरमी की बीमारी; उपदंश।

आतिशी वि० *(फ़ा०)* आतिश या आग से सम्बन्ध रखने वाला।

आतिशी शीशा पु० *(फ़ा०)* वह शीशा जिस पर सूर्य की किरणें पड़ने से आग उत्पन्न होती है।

आतू स्त्री० *(फ़ा०)* अध्यापिका; शिक्षिका।

आदत[1] स्त्री० *(अ०)* स्वभाव; प्रकृति, अभ्यास।

आदत[2] पु० *(अ०)* अस्त्र; हथियार।

आदतन क्रि०वि० *(अ०)* आदत या अभ्यास के कारण।

आदम पु० *(अ०)* इस्लाम धर्म के प्रथम पैगम्बर (अवतार); जो सम्पूर्ण मनुष्य जाति के आदि पुरुष माने जाते हैं।

आदमख़ोर पु० *(अ० आदम+फ़ा० खोर)* वह जो मनुष्यों को खाता हो; मनुष्य-भक्षक।

आदमज़ाद पु० *(अ० आदम+फ़ा० ज़ाद)* वह जो मनुष्य से उत्पन्न हुआ हो; मानवजाति।

आदमी पु० *(अ०)* आदम की सन्तान; मनुष्य; मानव जाति।

आदमीयत स्त्री० *(अ०)* मनुष्यता; मनुष्यत्व।

आदा पु० *(अ० अद् का बहु०)* शत्रुलोग।

आदात स्त्री० *(अ० आदत का बहु०)* अभ्यास; स्वभाव; तौर-तरीका।

आदाद स्त्री० *(अ० अदद का बहु०)* अंक।

आदाब पु० *(अ० अदब का बहु०)* अच्छे ढंग का शिष्टाचार; अभिवादन; सलाम; बन्दगी।

आदिम वि० *(अ०)* सर्वप्रथम उत्पन्न; पहला।

आदिल वि० *(अ०)* अदल या न्याय करनेवाला; न्यायशील।

आन[1] स्त्री० *(अ०, सं० आणि)* मर्यादा; गौरव; ठसक, अकड़; हठ; दुहाई।

आन[2] पु० *(अ०)* क्षण; लहजा।

मुहा० ***आन की आन में-*** *बात की बात में।*

आदी वि० *(अ०)* अभ्यस्त; आदत।

आनन-फ़ानन क्रि०वि० *(अ०)* तत्काल; अचानक; एकाएक।

आपस वि० *(अ०)* एक दूसरे का; परस्पर।

आपसदारी स्त्री० *(अ० आपस+फ़ा० दारी)* परस्पर निकट का सम्बन्ध; भाईचारा।

आपस का पु० *(अ०)* सम्बन्धियों, मित्रों के बीच का।

मुहा० ***आपस में गिरह पड़ना-*** *मनमुटाव होना।*

आपसी वि० *(अ०)* आपस में होने वाला; पारस्परिक।

आपा स्त्री० *(तु०)* बड़ी बहन; जीजी।

आफ़ वि० *(अ०)* क्षमा करने वाला।

आफ़त स्त्री० *(अ०)* विपत्ति; कष्ट; दुःख; मुसीबत के दिन।

मुहा० ***आफ़त उठाना-*** *दुःख सहना; विपत्ति भोगना; हलचल मचाना।* ***आफ़त खड़ी करना-*** *विपदा उपस्थित करना।* ***आफ़त मचाना-*** *ऊधम करना; दंगा करना।* ***आफ़त का परकाला-*** *किसी काम को तेजी से करने वाला; कुशल।*

आफ़तज़दा वि० *(फ़ा० आफ़तज़दः)* मुसीबत का मारा।

आफ़तनसीब वि० *(फ़ा० आफ़त+अ० नसीब)* जिसके भाग्य में विपत्तियाँ ही विपत्तियाँ हों।

आफ़ते नागहानी स्त्री० *(फ़ा०)* अचानक पड़ने वाली विपत्ति।

आफ़ताब पु० *(फ़ा०, आफ़्ताब)* सूरज; सूर्य; धूप।

आफ़ताबा पु० *(फ़ा०, आफ़्ताबः)* पानी रखने का टोटीदार लोटा।

आफ़ताब आसार वि० *(अ० आफ़ताब+फ़ा० आसार)* जिसमें सूर्य जैसा प्रताप हो; जिसमें सूर्य जैसा जलाल हो।

आफ़ताबगीर पु० *(फ़ा०)* छज्जा; छाता।

आफ़ताब परस्त वि० *(फ़ा०)* सूर्यपूजक, गिरगिट।

आफ़ताब परस्ती स्त्री० *(फ़ा०)* सूर्य की पूजा करना।

आफ़ताब सवार वि० *(फ़ा०)* बहुत तड़के उठने वाला।

आफ़ताबी वि० *(फ़ा० आफ़्ताबी)* धूप में सुखाकर बनायी गयी औषध आदि; सूरज का; सूरजमुखी का फूल; स्त्री० एक प्रकार की आतिशबाजी।

आफ़ताबे लबे बाम पु० *(फ़ा०)* डूबने के करीब; मरने के करीब; सूरजमूखी का फूल।

आफ़ताबे सरे शाम पु० *(फ़ा० आफ़ताबे+अ० सरेशाम)* सन्ध्या समय का सूरज; डूबता हुआ सूरज; वह व्यक्ति जिसका सम्मान उठ जाये।

आफ़ताबे हश्र पु० *(फ़ा० आफताबे+अ० हश्र)* महाप्रलय काल का सूर्य, जो बहुत निकट होगा।

आफ़री[1] वि० *(फ़ा०, आफ़्री)* प्रशंसनीय।

पदरचना- ***ज़ुरअत-आफरीं-*** *प्रशंसनीय साहस।*

आफ़री[2] विस्मय *(फ़ा०)* शाबाश।

आफ़रीदगार पु० *(फ़ा०, आफ़्रीदगार)* सृष्टिकर्ता; ईश्वर।

आफ़रीदा वि० *(फ़ा०, आफ़्रीदः)* उत्पन्न; ज्ञात।

आफ़रीन वि० *(फ़ा०, आफ़्रीं)* शाबाश; वाह-वाह, धन्य हो।

आफ़रीनश स्त्री० *(फ़ा०, आफ़्रीनिश)* सृष्टि करना; उत्पन्न करना।

आफ़ाक़ पु० *(अ०, उफ़ुक़ का बहु०)* क्षितिज; संसार।

आफ़ात स्त्री० *(अ०, आफ़त का बहु०)* आफतें; मुहीबतें; विपत्तियाँ।

आफ़ियत स्त्री० *(अ०)* आराम; सुख-चैन; कुशल मंगल।

पदरचना- ***ख़ैर आफ़ियत-*** *कुशल-मंगल।*

आब पु० *(फ़ा० सं० अप्)* पानी; जल। स्त्री० चमक; तड़क-भड़क; कान्ति; शोभा; रौनक; छवि; तलवार का पानी; इज्जत; प्रतिष्ठा।

आबकार पु० *(फ़ा०)* मदिरा बेचने वाला।

आबकारी स्त्री० *(फ़ा०)* वह स्थान जहाँ शराब बनायी जाती हो या बेची जाती हो; शराबखाना; मादक वस्तुओं से सम्बन्ध रखने वाला सरकारी विभाग।

आबख़ाना पु० *(फ़ा०)* शौच त्याग करने का स्थान; पाखाना घर।

आबख़ोर पु० *(फ़ा०)* घाट; किनारा; तट।

आबख़ोरद पु० *(फ़ा०)* अन्न-जल; खाने-पीने की वस्तु।

आबख़ोरा पु० *(फ़ा०, आबख़ोरः)* पानी पीने का कुल्हड़; पुरवा।

आबगीना पु० *(फ़ा०, आबगीनः)* दर्पण; शीशा; हीरा; पानी पीने का गिलास या कटोरा।

आबगीर पु० *(फ़ा०)* पानी का गड्ढा; तालाब।

आबजोश पु० *(फ़ा०)* माँस आदि का शोरबा; रसा; एक प्रकार का मुनक्का।

आबताब स्त्री० *(फ़ा०)* चमक-दमक; रौनक; शोभा; वैभव।

आबदस्त पु० *(फ़ा०)* पानी से हाथ-पैर धोना; मलत्याग के बाद जल से गुदा धोना; पानी छूना।

आबदान पु० *(फ़ा०)* पानी रखने का बर्तन; तालाब।

आबदाना पु० *(फ़ा० आबदानः)* अन्न-पानी; जीविका; रोजी-रोटी रहने का संयोग।

आबदार पु० *(फ़ा०)* पानी रखने वाला नौकर। वि० चमकदार; जिसमें चमक हो।

आबदारी स्त्री० *(फ़ा०)* चमक-दमक; शोभा; आबदार का पद।

आबदीदा वि० *(फ़ा०, आबदीदः)* जिसकी आँखों में आँसू भरे हों; अश्रुपूर्ण।

आबनाए पु० *(फ़ा०)* जलडमरू-मध्य।

आबनूस पु० *(फ़ा०, वि० आबनूसी)* एक प्रसिद्ध वृक्ष, जिसकी लकड़ी काली, बहुत मजबूत और भारी होती है।

आबनूसी वि० *(फ़ा०)*, आबनूस के रंग जैसा गहरा काला।

आबपाशी स्त्री० *(फ़ा०)* खेत में पानी देना; सिंचाई; पानी का छिड़काव करना।

आबरवाँ पु० *(फ़ा०, आबेरवाँ)* बहता हुआ पानी। स्त्री० एक प्रकार की महीन और बढ़िया मलमल।

आबरू स्त्री० *(फ़ा०)* इज्जत; प्रतिष्ठा।

आबला पु० *(फ़ा०, आब्लः)* फफोला; छाला।

आबशार पु० *(फ़ा०)* पानी का झरना; सोता; जलप्रपात।

आबहवा स्त्री० *(फ़ा०, आबोहवा)* जलवायु; मौसम; ऋतु।

आबाद वि० *(फ़ा०)* बसा हुआ; सब प्रकार से सुखी।

आबादकार पु० *(फ़ा०)* परती जमीन को बसाने वाला।

आबादान वि० *(फ़ा०)* बना हुआ; भरा-पूरा; उन्नत; समृद्धि।

आबादानी स्त्री० *(फ़ा०, आबाद)* बसा हुआ; आबादी।

आबादी स्त्री० *(फ़ा०)* बस्ती; जनसंख्या; मर्दुमशुमारी।

आबान पु० *(फ़ा०)* फ़ारसी वर्ष का आठवाँ महीना।

आबा-व-इजदाद पु० *(अ०)* बाप-दादा; पूर्वज; पुरखे; कुल; वंश।

आबिद पु० *(अ०)* इबादत या पूजा करने वाला; पूजक; भक्त।

आबिदा स्त्री० *(अ०, आबिदः)* तपस्विनी।

आबिस्तगी स्त्री० *(फ़ा०)* गर्भवती होना।

आबिस्ता वि०स्त्री० *(फ़ा०)* गर्भवती।

आबी वि० *(फ़ा०)* पानी या जल-सम्बन्धी; एक प्रकार की रोटी।

आबे-अंगूरी पु० *(फ़ा०)* अंगूर की बनी शराब।

आबे-इशरत पु० *(फ़ा० आबे+ अ० इशरत)* शराब; मदिरा।

आबे-कौसर पु० *(फ़ा०)* बहिश्त या स्वर्ग की कौसर नामक नदी का जल, जो सबसे अच्छा और स्वादिष्ट माना जाता है।

आबेखिज़ पु० *(फ़ा०)* अमृत।

आबेबक़ा पु० *(फ़ा०)* मदिरा।

आबेबाराँ पु० *(फ़ा०)* वर्षा का जल।

आबेरवाँ पु० *(फ़ा०)* बहता हुआ पानी।

आबेशोर पु० *(फ़ा०)* खारा पानी; समुद्र का पानी।

आबेसुर्ख़ पु० *(फ़ा०)* शराब; मदिरा; मद्य।

आबेहयात पु० *(फ़ा०)* अमृत

आबेहराम पु० *(फ़ा० आबे+ अ० हराम)* अपवित्र और न पीने लायक पानी; शराब; मदिरा।

आबोताब स्त्री० *(फ़ा०)* चमक-दमक; तेजी।

आबोदाना पु० *(फ़ा०)* भोजन-पानी; जीने का अन्न-पानी।

आबोहवा स्त्री० *(फ़ा०)* हवा-पानी; मौसम; वातावरण।

आम वि० *(अ०)* साधारण; मामूली; जनता; प्रसिद्ध; व्यापक।

पदरचना- ***आमतौर पर-*** *सामान्यतः।* ***आम-दरबार-*** *खुला दरबार जिसमें सभी जा सकते हैं।* ***आमफ़हम-*** *जो सबकी समझ में आ जाये, सुबोध।* ***आमराय-*** *लोकमत।* ***आम लोग-*** *जन साधारण।*

आमद स्त्री० *(फ़ा०)* आगमन; आना; आमदनी।

आमदनी स्त्री० *(फ़ा०)* आय; प्राप्ति; आनेवाला धन; व्यापार की वस्तुएँ जो अन्य देशों से अपने देश में आयें।

आमदोख़र्च पु० *(फ़ा०)* आमदनी और खर्च।

आमदोरफ़्त स्त्री० *(फ़ा०)* जनसाधारण के समझने योग्य; आसान।

आमादगी स्त्री० *(फ़ा०)* आमादा या तैयार होना; तत्परता।

आमादा वि० *(फ़ा०, आमादः)* भाव० आमादगी- तैयार; उद्यत; तत्पर; सन्नद्ध।

आमाल पु० *(अ०, अमल का बहु०)* कार्य; क्रियाकलाप; आचरण।

आमालनामा पु० *(अ० आमाल+फ़ा० नामः)* चरित्रपंजी।
आमास पु० *(फ़ा०)* सूजन; शोथ।
आमिन वि० *(अ०)* निर्भय; निडर; जो डरे नहीं।
आमिना स्त्री० *(अ० आमिनः)* निर्भय स्त्री; हजरत मुहम्मद साहब की माँ का नाम।
आमिर वि० *(अ०)* हुक्म देनेवाला। पु० हाकिम; अधिकारी।
आमिल पु० *(अ०)* अमल या पालन करने वाला; हाकिम; अधिकारी; कारीगर; जादू-टोना करने वाला।
आमीन पद *(अ०)* ईश्वर करे ऐसा ही हो; तथास्तु; ईश्वर हमारी रक्षा करे।
आमेज़ वि० *(फ़ा०)* मिला हुआ; युक्त।
आमेज़ना स०क्रि० *(फ़ा०)* मिलाना।
आमेज़िश स्त्री० *(फ़ा०)* मिलाने की क्रिया; मिलाना; मिश्रण।
आमोख़्ता पु० *(फ़ा०, आमोख्तः)* पढ़ा हुआ पाठ।
आम्मा वि० *(अ०, आम्मः)* सार्वजनिक; सबके लिए; प्रसिद्ध; मशहूर।
आयत स्त्री० *(अ०)* निशान; चिह्न; संकेत; कुरान की कोई आयत (टुकड़ा)।
आयद वि० *(फ़ा०)* प्रवृत्त; प्रयुक्त होने योग्य।
आयन्दा वि० *(फ़ा०, आयन्दः)* आइन्दा; फिर कभी; भविष्य में।
आया[1] योजक *(फ़ा०)* क्या; जैसे- आप बतलाएँ कि आया आप जायेंगे या नहीं। (प्रश्नवाचक)।
आया[2] स्त्री० *(पुर्त०)* बच्चों की देख-रेख करने वाली स्त्री; दाई; धाय।
आर पु० *(अ०)* शरम; लज्जा; प्रतिष्ठा; बदनामी।
आरज़ी[1] पु० *(अ० आरिजः)* बीमारी; रोग।
आरज़ी[2] वि० *(अ०)* अस्थायी; अल्पकालिक।
आरज़ू स्त्री० *(फ़ा०, आर्ज़ू)* इच्छा; कामना; चाहत; विनती।
आरज़ूमन्द- वि० *(फ़ा० आर्ज़ूमन्द, भाव० आर्ज़ूमन्दी)* आरजू या कामना रखने वाला; इच्छुक।
आरज़ू-मिन्नत- स्त्री० *(फ़ा० आर्ज़ू+अ० मिन्नत)* इच्छुक; कामी; अभिलाषी।
मुहा० *आरज़ू ख़ाक में मिलाना-* *इच्छाओं पर पानी फेर देना।*

आरद/आरा[1] पु० *(फ़ा०)* आरा; लकड़ी चीरने का औजार।
आरा[2] प्रत्यय० *(फ़ा०)* सजानेवाला; शोभा बढ़ाने वाला (यौगिक शब्दों के अन्त में, जैसे- जहानआरा, रोशनआरा आदि।)
आराइश स्त्री० *(फ़ा०)* सजाना; सजावट; श्रृंगार।
आराइशी वि० *(फ़ा०)* सजावट के काम में आने वाला।
आराई स्त्री० *(फ़ा०, आराइश)* सजाने की क्रिया; सजावट।
आराकश पु० *(फ़ा०)* आरा चलाने वाला; उपासक।
आराज़ियात स्त्री० *(अ० अराज़ी का बहु०)* जमीनें, खेती-बारी।
आराज़ी स्त्री० *(अ०, अर्ज़ का बहु०)* जमीन; भूमि; वह भूमि जिस पर कृषि कार्य होता है।
आराबा पु० *(फ़ा०, आराबः)* बैलगाड़ी; छकड़ा।
आराम पु० *(फ़ा०)* चैन; सुख; विश्राम; चंगापन।
आरामगाह स्त्री० *(फ़ा०)* आराम करने की जगह; विश्राम गृह।
आरामतलब वि० *(फ़ा०)* विलासप्रिय; सुस्त; निकम्मा।
आरास्तगी स्त्री० *(फ़ा०)* सजावट; सज्जा।
आरास्ता वि० *(फ़ा०, आरास्तः)* सजाया हुआ; सुसज्जित।
आरिज़ पु० *(अ०)* गाल। वि० घटित होने वाला, जैसे- मर्ज आरिज़ हुआ; बाधक; रोकनेवाला।
आरिज़ा पु० *(अ०)* रोग; बीमारी; क्लेश।
आरिज़ी वि० *(अ०)* आकस्मिक; अस्थायी; चन्दरोजा।
आरिन्दा वि० *(फ़ा०, आरिन्दः)* लानेवाला। पु० मज़दूर; भारवाहक।
आरिफ़ वि० *(अ०, स्त्री० आरिफ़ा, बहु० उरफ़ा)* जानने या पहचानने वाला; सन्तोष करने वाला। पु० साधु-महात्मा।
आरिफ़ाना वि० *(अ० आरिफ+फ़ा० आना)* भक्तों के लिए उचित।
आरियत स्त्री० *(अ०)* कोई चीज कुछ समय के लिए उधार माँगना।
आरियतन क्रि०वि० *(अ०)* मँगनी के तौर पर; माँगकर।
आरियती वि० *(अ०)* अस्थायी।
आरिया स्त्री० *(अ०)* ककड़ी जैसा एक फल।
आरी वि० *(अ०)* नंगा; खाली; रिक्त; थका हुआ। पु० वह गद्य जिसमें न अनुप्रास हो और न शब्द; सब एक वजन के हों।

आरे-बले पु० *(फ़ा०)* हाँ-हाँ कहना, पर काम न करना; टाल-मटोल।

आर्ज़ू स्त्री० *(फ़ा०)* मनोकामना; इच्छा।

आल[1] स्त्री० *(अ०)* लड़की की सन्तान; नाती आदि; सन्तान-वंशज; वंश; कुल।

आल[2] स्त्री० *(फ़ा०)* लालरंग; खेमा; एक प्रकार की शराब।

आलत स्त्री० *(अ०)* औज़ार आदि उपकरण; पुरुषेन्द्रिय।

आल तम्ग़ा पु० *(तु०)* किसी को पुश्त दर पुश्त के लिए कोई जागीर दे देना।

आलन वि० *(अ०)* बहुत अधिक स्पष्ट।

आलपिन स्त्री० *(पुर्त०)* लोहे की सूई जैसी पतली कँटिया; पिन।

आलम[1] पु० *(अ०)* दुनिया; संसार; अवस्था; दशा; जनसमूह।

आलम[2] वि० *(अ०)* बहुत अधिक कष्ट देने वाला।

आलम अफ़रोज़ वि० *(अ० आलम+फ़ा० अफ़्रोज़)* संसार को प्रकाशित करने वाला।

आलम आरा वि० *(अ० आलम+फ़ा० आरा)* संसार को सुसज्जित करने वाला।

आलम आराई स्त्री० *(अ० आलम+फ़ा० आराई)* संसार की सजावट और शृंगार।

आलम आश्कार वि० *(अ० आलम+फ़ा० आश्कार)* विश्वविदित; संसार भर में जाहिर या प्रकट।

आलमगीर वि० *(अ० आलम+फ़ा० गीर)* विश्वव्यापी; संसार में फैला हुआ; विश्वविजयी; संसार को जीतने वाला।

आलम आशना वि० *(अ० आलम+फ़ा० आश्ना)* सारे संसार से परिचित; सबका मित्र; सर्वप्रिय।

आलम आशनाई स्त्री० *(अ० आलम+फ़ा० आश्नाई)* सारे संसार का परिचित होना; सारे संसार से परिचित होना।

आलम ताब वि० *(अ० आलम+फ़ा० ताब)* सारे संसार को प्रकाशित करने वाला।

आलम फ़रेब वि० *(अ० आलम+फ़ा० फ़रेब)* विश्व मोहन; सारे संसार को मोहित करने वाला।

आलमनक पु० *(पुर्त०)* तिथिपत्र; पंचांग।

आलमारी स्त्री० *(पुर्त०)* अलमारी।

आलमी वि० *(अ०)* सांसारिक; संसार निवासी।

आलमे अज्जाम पु० *(अ०)* मर्त्यलोक; भूलोक; दुनिया, संसार।

आलमे अर्वाह पु० *(अ०)* आत्माओं के रहने का लोक; स्वर्ग; परलोक।

आलमे अलवी पु० *(अ०)* परलोक; स्वर्ग।

आलमे असबाब पु० *(अ० आलमे+फ़ा० अस्बाब)* जहाँ हर कार्य के लिए कोई कारण अवश्य हो; जगत्, दुनिया।

आलमे आब पु० *(अ० आलमे+फ़ा० आब)* वह स्थान जहाँ पानी ही पानी हो; मद्यपान की अवस्था।

आलमे क़ुदुस पु० *(अ०)* स्वर्ग; सुरलोक।

आलमे कौनोफ़साद पु० *(अ०)* वह जगत् जहाँ चीजें पैदा होती रहें और मिटती रहें- अर्थात् संसार।

आलमे खयाल पु० *(अ०)* कल्पना जगत्।

आलमे ख़ाक पु० *(अ० आलमे+फ़ा० ख़ाक)* मृत्युलोक; संसार।

आलमे ख़्वाब पु० *(अ० आलमे+फ़ा० ख़्वाब)* स्वप्न जगत; स्वप्न की अवस्था; नींद की हालत।

आलमे ग़ैब पु० *(अ० आलमे+फ़ा० ग़ैब)* अदृश्य जगत्; वह लोक जो हमें दिखायी नहीं देता।

आलमे ज़बरूत पु० *(अ०)* ब्रह्मलोक; वह लोक जहाँ केवल ईश्वर होता है।

आलमे ज़ाहिर पु० *(अ०)* वह संसार जो दिखता है; प्रत्यक्ष जगत्।

आलमे तसव्वुर पु० *(अ०)* वह संसार जहाँ प्रेमी अपनी प्रेमिका के ध्यान में पहुँच जाता है।

आलमे नासूत पु० *(अ०)* मनुष्य लोक; इहलोक; दुनिया।

आलमे फ़ानी पु० *(अ०)* नश्वर जगत; नाशवान जगत्।

आलमे बक़ा पु० *(अ०)* वह लोक जिसका कभी नाश नहीं होता।

आलमे बर्ज़ख़ पु० *(अ०)* स्वर्ग और नरक के बीच का लोक।

आलमे मलकूत पु० *(अ०)* जहाँ केवल फरिश्ते रहते हैं; देवलोक।

आलमे माना पु० *(अ०)* वह अवस्था या दशा जिसका अनुभव न किया जा सके।

आलमे मिसाल पु० *(अ०)* वह जगत जो परलोक के अन्तर्गत है और जिसमें संसार की प्रत्येक वस्तु ज्यों की त्यों मौजूद है।

आलमे लौहो क़लम पु० *(अ०)* आसमान; वह लोक जहाँ ईश्वर का सिंहासन है।

आलमे वुजूद पु० *(अ०)* जीवन की अवस्था; अस्तित्व।

आलमे सुग़्रा पु० *(अ०)* मनुष्य का शरीर जिसमें सूक्ष्म रूप में वह सब कुछ है, जो संसार में है।

आलमे-ख़्वाब पु० *(अ० आलमे+फ़ा० ख़्वाब)* निन्द्रित अवस्था।

आलमे-ग़ैब पु० *(अ०)* परलोक।

आलमे-बाला पु० *(अ०)* स्वर्ग; बहिश्त।

आलमे-सिफ़ली स्त्री० *(अ०)* पृथ्वी; संसार।

आला पु० *(अ०, आलः)* औजार; उपकरण। वि० *(अ० अअला)* सबसे बढ़िया; श्रेष्ठ।

आलाइश स्त्री० *(फ़ा०)* शरीर में रहने वाला मल और दूषित पदार्थ।

आलाईदा वि० *(फ़ा०)* लिथड़ा हुआ; सना हुआ।

आलात पु० *(अ०, आलः का बहु०)* दुःख; रंज।

आलातेजंग पु० *(अ० आलाते+फ़ा० जंग)* युद्ध के शस्त्रास्त्र।

आलिफ़ वि० *(अ०)* स्नेह करने वाला।

आलिम[1] वि० *(अ०)* इल्मवाला; विद्वान्; पण्डित।

आलिम[2] वि० *(अ०)* कष्ट देने वाला; दुखदायी।

आलिमाना वि० *(अ०, आलिमानः)* आलिमों या विद्वानों जैसा।

आलिमुलग़ैब वि० *(अ०)* अन्तर्यामी; परोक्षवेत्ता।

आलिमे कुल वि० *(अ०)* सब कुछ जानने वाला; सर्वज्ञ।

आलिमे बाअमल पु० *(अ०)* ऐसा विद्वान् जिसका आचार व्यवहार विद्वानों जैसा हो, उसने जो कुछ पढ़ा हो, उसी के अनुसार उसका आचरण हो।

आलिमे बेअमल पु० *(अ० आलिमे+फ़ा० बेअमल)* ऐसा विद्वान् जिसका आचरण विद्वानों के आचरण के विरुद्ध हो।

आली वि० *(अ०)* बड़ा; उच्च; श्रेष्ठ; मान्य। स्त्री० गीली; तर; नम।

आलीक़द्र वि० *(अ०)* बहुत बड़े रुतबे वाला; महामहिम।

आली ख़ानदान वि० *(अ० आली+फ़ा० ख़ानदान)* बहुत ऊँचे वंश वाला; उच्च कुल; कुलीनतम।

आली ज़र्फ़ वि० *(अ०)* बड़े दिलवाला; विशाल हृदय।

आलीजाह वि० *(अ०)* बड़े रुतबे वाला; महामान्य; बड़े आदमियों के लिए सम्बोधन वाक्य।

आली दिमाग़ वि० *(अ०)* बड़ी सूझवाला; उच्च बुद्धि वाला।

आलीजनाब वि० *(अ०)* उच्च पद पर होने वाला; बहुत श्रेष्ठ।

आलीशान वि० *(फ़ा०)* भव्य; महान्।

आली हज़रत वि० *(अ०)* उच्चपद पर होने वाला; परमश्रेष्ठ (व्यक्ति)।

आलुफ़्ता पु० *(फ़ा०, आलुफ़्तः)* स्वतन्त्र प्रकृति का व्यक्ति; बाहरी व्यक्ति; पराया; गैर।

आलूचा पु० *(फ़ा०, आलूचः)* पेड़ जिसका फल पंजाब आदि में ज्यादा खाया जाता है; इस पेड़ का फल; मोटिया बादाम।

आलूदगी स्त्री० *(फ़ा०)* अपवित्रता; मलिनता; गन्दगी; लिथड़ा या लथपथ करना।

आलूदा वि० *(फ़ा०, आलूदः)* युक्त; लिप्त।

पदरचना- *ख़्वाब-आलूदा- स्वप्नमय; स्वप्निल।*

आलूदा दामन वि० *(फ़ा० आलूदः दामन)* अपराधी; दोषी।

आले हवा पु० *(अ०)* हज़रत फ़ातिमा, हज़रत अली और इमाम हसन व हुसेन।

आलू बुख़ारा पु० *(फ़ा०)* आलूचा नामक वृक्ष का सुखाया हुआ फल।

आवाज़ स्त्री० *(फ़ा०)* शब्द; नाद; ध्वनि; बोली; वाणी; स्वर।

मुहा० ***आवाज़ उठाना-*** *विरुद्ध कहना।* ***आवाज़ बैठना-*** *कफ़ के कारण स्वर का साफ़ न निकलना; गला बैठना।* ***आवाज़ देना-*** *जोर से पुकारना।*

आवाज़ा पु० *(फ़ा०, आवाज़ः)* नामवरी; प्रसिद्धि; ताना; व्यंग्य; जनश्रुति; अफवाह।

मुहा० ***आवाज़ा कसना-*** *व्यंग्य करना।*

आवारगी स्त्री० *(फ़ा०)* आवारापन; शोहदपन।

आवारज़ा पु० *(फ़ा०)* जमाख़र्च बही; रोज़नामचा।

आवारा पु० *(फ़ा०, आवारः)* बेकार में इधर-उधर घूमनेवाला; निकम्मा; उठल्लू; दुश्चरित्र; बदमाश; लुच्चा।

आवारागर्द वि० *(फ़ा०, आवारः+अ० गर्द)*; भाव० आवारागर्दी।

आवुद वि० *(फ़ा०)* जो प्राकृतिक नहीं; आगन्तुक; बनावटी; नकली।

आवर्द[1] वि० *(फ़ा०)* लाया हुआ।

आवर्द[2] स्त्री० *(फ़ा०)* आमद का उलटा, वह विचार जो कविता में सोचकर लाया गया हो, मस्तिष्क में तत्काल न आया हो।

आवर्दनी वि० *(फ़ा०)* लाने योग्य।

आवुर्दा वि० *(फ़ा०, आवुर्दः)* लाया हुआ; कृपापात्र।

आवेज़ाँ[1] वि० *(फ़ा०)* लटकता या झूलता हुआ।

आवेज़ा[2] पु० *(फ़ा०, आवेज़ः)* कानों में पहनने का एक प्रकार का लटकन; कान का गहना।

आश स्त्री० *(फ़ा०)* माँस; भोजन।

आशकार वि० *(फ़ा०)* प्रकट; जाहिर।

आशना पु० *(फ़ा०, आश्ना)* मित्र; दोस्त; यार; जार; प्रेमी या प्रेमिका। वि० परिचित; ज्ञात।

पदरचना- ***निगाहें-आशना-*** *परिचित दृष्टि।*

आशनाई स्त्री० *(फ़ा०, आश्नाई)* मित्रता; दोस्ती; परिचय; जान-पहचान; स्त्री और पुरुष में होने वाला अवैध सम्बन्ध।

आशिक़ पु० *(अ०)* इश्क या प्रेम करने वाला; प्रेमी; अनुरक्त।

आशिक़-मिज़ाज वि० *(अ०-भाव० आशिकमिज़ाजी)* जिसके मिज़ाज या स्वभाव में ही आशिकी हो; हमेशा इश्क या प्रेम करने वाला; विलासी।

आशिक़ाना वि० *(अ० आशिक़ से फ़ा० आशिकानः)* आशिकों जैसा प्रेमपूर्ण।

आशिक़ी स्त्री० *(अ०)* आशिक होने की क्रिया या भाव; आसक्ति।

आशियाँ/आशियाना पु० *(फ़ा०, आशियानः)* पक्षी का घोंसला; बसेरा; घर।

आशुफ़्तगी स्त्री० *(फ़ा०)* दुर्दशा; घबराहट; विकलता; बेचैनी।

आशुफ़्ता वि० *(फ़ा०, आशुफ्तः)* दुर्दशाग्रस्त; घबराया हुआ; विकल (प्रेमी)।

आशोब पु० *(फ़ा०)* घबराहट; विकलता; सूजन; उपद्रव।

आश्कार वि० *(फ़ा०)* प्रत्यक्ष; खुला हुआ; स्पष्ट; प्रकाशित।

आश्कारा क्रि०वि० *(फ़ा०)* खुलेआम; सबके सामने।

आसाइश स्त्री० *(फ़ा०)* आराम; सुख; आनन्द।

आसवीन स्त्री० *(फ़ा०)* आस्तीन।

आसमान पु० *(फ़ा० आसमाँ)* अन्तरिक्ष; आकाश; गगन; नभ।

मुहा० ***आसमान के तारे तोड़ना-*** *अनहोनी बात कर देना।* ***आसमान छूना-*** *बहुत तरक्की करना।* ***आसमान छाँकना/ताकना-*** *घमण्ड करना।* ***आसमान टूटना-*** *अचानक भारी विपत्ति आना।* ***आसमान दिखाना-*** *विरोधी को चित कर देना।* ***आसमान पर उड़ना/चढ़ना-*** *घमण्ड में इतराना।* ***आसमान पर चढ़ाना-*** *अत्यधिक प्रशंसा करना।* ***आसमान पर थूकना-*** *बड़े आदमी को निन्दित करने के प्रयास में स्वयं ही निन्दित होना।* ***आसमान सिर पर उठा लेना-*** *बहुत शोर/ऊधम/कोलाहल मचाना।* ***आसमान से गिरना/टपकना-*** *स्वयं उपस्थित हो जाना।* ***आसमान से बातें करना-*** *अत्यन्त ऊँचे उठ जाना; उन्नति होना।*

आसमानी वि० *(फ़ा०)* आसमान का; आकाशीय; आसमान के रंग का; दैवी।

पदरचना- ***आसमानी किताब-*** *आसमान से आयी हुई किताब, जैसे- बाइबिल, कुरान आदि।*

आसरा पु० *(फ़ा०)* सहारा; आशा; भरोसा; उम्मीद।

आसा पु० *(अ०)* राजा की सवारी व बारात में चोबदार के हाथ में सोने या चाँदी का डण्डा; एक राग।

आसान वि० *(फ़ा०)* सहज; सरल।

आसानियत/आसानी स्त्री० *(फ़ा०)* सरलता; सुगमता।

आसाम वि० *(अ० असम का बहु०)* पाप; गुनाह; अपराध।

आसामी पु० *(अ०, असामी)* पापी लोग; कास्तकार।

आसार पु० *(अ० असर का बहु०)* निशान; चिह्न; लक्षण; इमारत की नींव; दीवार की चौड़ाई।

आसिम वि० *(अ०)* सद्गुणी; सदाचारी; सुशील।

आसिया स्त्री० *(फ़ा०)* आटा पीसने की चक्की।

आसी वि० *(अ०)* गुनहगार; पापी; अपराधी; मुजरिम।

आसीमा वि० *(फ़ा०, आसीमः)* चकित; भौंचक्का।

आसूदगी स्त्री० *(फ़ा०)* सुख और शान्ति; सम्पन्नता; तुष्टि।

आसूदा वि० *(फ़ा०, आसूदः)* सुखी और सम्पन्न; बेफिक्र; निश्चिन्त; शीत।

आसूदा ख़ातिर वि० *(फ़ा० आसूदः+अ० ख़ातिर)* जिसका मन भर गया हो; परितृप्त।

आसूदा हाल वि० *(फ़ा० आसूदः+अ० हाल)* धन धान्य से परिपूर्ण।

आसेब पु० *(फ़ा०)* भूत-प्रेत; विपत्ति कष्ट; हानि; क्षति।

आसेबज़दा वि० *(फ़ा० आसेबजदः)* जिसे जिन्न या प्रेत का खलल हो; प्रेतबाधा ग्रस्त।

आसेबे बाद पु० *(फ़ा०)* चक्रवात; बवण्डर।

आस्तर पु० *(फ़ा०)* दोहरे कपड़े में नीचे वाला कपड़ा।

आस्ताँ/आस्तान पु० *(फ़ा०)* चौखट; दहलीज; देहरि; ड्योढी; किसी ऋषि का आश्रम या वली की ख़ानक़ाह।

आस्ताने यार पु० *(फ़ा०)* प्रेमिका के मकान की चौखट; प्रेमिका का निवास स्थान।

आस्माँ क़द्र वि० *(फ़ा० आस्माँ+अ० क़द्र)* बहुत ऊँची पदवीवाला; प्रतिष्ठित।

आस्माँ रस वि० *(फ़ा०)* आकाश तक पहुँचने वाला; गगनस्पर्शी।

आस्माँ शिगाफ़ वि० *(फ़ा०)* आकाश को फाड़ देने वाला; गगनभेदी।

आस्तीन स्त्री० *(फ़ा०)* पहनने के कपड़े का वह भाग जो बाँह को ढकता है।

मुहा० ***आस्तीन का साँप-*** *वह व्यक्ति जो मित्र बनकर शत्रु हो।*

आहंग पु० *(फ़ा०)* विचार; इरादा; उद्देश्य; ढंग, तरीका; संगीत।

आह स्त्री० *(अ०)* कष्ट सूचक निःस्वास।

पदरचना- ***आहे गरीबाँ-*** *गरीबों की आह।*

मुहा० ***किसी की आह पड़ना-*** *किसी की आह का दुखद प्रभाव पड़ना।*

आहट स्त्री० *(अ०)* किसी के आने-जाने, बात करने, हिलने-डुलने से उत्पन्न हुई मन्द ध्वनि।

मुहा० ***आहट पाना/मिलना-*** *किसी के बात करने/आने की सूचना मिलना।* ***आहट लेना-*** *टोह या थाह लेना।*

आहन पु० *(फ़ा०)* लोहा।

आहनगर पु० *(फ़ा०)* लोहे का काम करने वाला; लोहार।

आहन रुबा पु० *(फ़ा०)* चुम्बक पत्थर।

आहनी वि० *(फ़ा०)* लोहे का।

आहनीं अज़्म स्त्री० *(फ़ा०)* लोहे की तरह दृढ़ निश्चयी।

आहिरा स्त्री० *(अ०, आहिरः)* कुलटा; व्यभिचारिणी।

आहिल वि० *(अ०)* पति विहीना; अविवाहिता; विधवा।

आहिस्तगी स्त्री० *(फ़ा०)* धीमापन; कोमलता; धीरे-से।

आहिस्ता क्रि०वि० *(फ़ा०)* धीमे से; धीरे।

आहू पु० *(फ़ा०)* हिरन।

आहूचश्म वि०, स्त्री० *(फ़ा०)* हिरन जैसी चंचल आँखों वाली; मृगनयनी।

इ

इंक़िज़ा स्त्री० *(अ०)* समाप्ति।

पदरचना- ***इंक़िज़ाए मीआद-*** *बदला; प्रतिशोध।*

इंज़ाज[1] पु० *(अ०)* प्रतिज्ञा पूरी करना; किसी की ज़रूरत पूरी करना।

इंज़ाज[2] पु० *(अ०)* पकाना; फल को पाल आदि से पकाना; शरीर की दूषित धातुओं का दवा द्वारा पकाना।

इंज़ाम पु० *(अ०)* सजाना; सँवारना; व्यवस्थित करना; विभूषित करना।

इंज़ार[1] पु० *(अ०)* मोहलत देना; छुट्टी देना।

इंज़ार[2] पु० *(अ०)* डराना; त्रास देना; डरना; खौफ़ खाना।

इंजाल पु० *(अ०)* नीचे उतरना; नीचे उतारना; स्त्री-प्रसंग या स्वप्न में वीर्यपात होना।

इंजास पु० *(अ०)* अपवित्र करना; गन्दा करना।

इंजाह पु० *(अ०)* इच्छा पूरी करना; इच्छा पूरी होना।

इंजाहे मराम पु० *(अ०)* मनोकामना सिद्ध होना, मनोरथ पूर्ति।

इंजिज़ाब पु० *(अ०)* जज़्ब होना; आत्मसात् होना; आकृष्ट होना; खिंचना।

इंज़िबात पु० *(अ०)* दृढ़ता; मज़बूती; नियमबद्धता।

इंजिमाद पु० *(अ०)* जमजाना; जमकर ठोस होना।

इंज़िमाम पु० *(अ०)* जुड़ना; सटना; मिश्रित होना; मिलना।

इंज़ियाग़ पु० *(अ०)* वास्तविकता को छोड़कर झूठ की ओर झुकना।

इंजिला पु० *(अ०)* चमकना; प्रकाशमान होना; घर या देश से बाहर निकलना; बादल का छँटना; कष्ट का दूर होना।

इंजिलाब पु० *(अ०)* आकृष्ट होना; खिंचना।

इंज़िवा पु० *(अ०)* एकान्त वासी होना; एकान्त में।

इज़िहाक़ पु० *(अ०)* नष्ट होना; बरबाद होना।

इंजीर पु० *(अ०)* एक प्रसिद्ध फल।

इंजील स्त्री० *(अ०)* ईसाइयों की धर्मपुस्तक, बाइबिल।

इन्तक़ाअ पु० *(अ० इन्तिक़ाअ)* मुँह फेर लेना।

इन्तक़ाज़ पु० *(अ०इन्तिक़ाज़)* प्रतिज्ञा आदि भंग करना।

इन्तक़ाद पु० *(अ० इन्तिक़ाद)* नक़द लेना; भूसे में से अनाज के दाने अलग करना; जाँचना-परखना; आलोचना करना।

इन्तकाफ़ पु० *(अ० इन्तिकाफ़)* किसी वस्तु का घृणास्पद होना।

इन्तक़ाम पु० *(अ०, इन्तिक़ाम)* बदला; प्रतिशोध।

इन्तक़ामाना वि० *(अ० इन्तिक़ाम+ फ़ा० ना)* दुश्मनी से भरा हुआ।

इन्तक़ाल पु० *(अ० इन्तिक़ाल)* इस लोक से दूसरे लोक में जाना; मरण; मृत्यु।

इन्तक़ाले अराज़ी पु० *(अ० इन्तिक़ाले अराज़ी)* जमीन का हक दूसरे के पास चले जाना।

इन्तक़ाले ज़िहनी पु० *(अ० इन्तिक़ाले ज़िह्नी)* कुछ सोचते हुए कुछ अन्य सोचने लगना; कर्तव्य विमूढ़ता।

इन्तक़ाश पु० *(अ० इन्तिक़ाश)* साकार होना, काँटा निकालना; मोचने से बाल उखाड़ना।

इन्तक़ास पु० *(अ० इन्तिकास)* उलटा होना; औधा होना।

इन्तख़ाबे जुदागाना पु० *(अ० इन्तिख़ाबे+ फ़ा० जुदागानः)* ऐसा चुनाव जो साम्प्रदायिक आधार पर हो अर्थात् जिसमें मुसलमान मुसलमानों को, हिन्दू हिन्दुओं को, ईसाई ईसाइयों को वोट दें; पृथक निर्वाचन।

इन्तख़ाबे मख़लूत पु० *(अ० इन्तिख़ाबे मख़लूत)* वह चुनाव जिसमें सब मिल कर वोट दें; संयुक्त निर्वाचन।

इन्तख़ाब पु० *(अ०, इन्तिख़ाब)* चुनाव; निर्वाचन; अच्छे अंश छाँट कर अलग करना; पसन्द; पटवारी के खाते की नक़ल जिसमें खेत के मालिक और जोतने वाले का विवरण रहता है।

इन्तजा पु० *(अ० इन्तिजा)* किसी को हमराज बनाना।

इन्तज़ाअ पु० *(अ० इन्तिजाअ)* उखड़ना; अस्त-व्यस्त होना; विप्लव होना।

इन्तज़ाए सल्तनत पु० *(अ० इन्तिज़ाए-सल्तनत)* राज्य में उथल-पुथल होना; विप्लव होना।

इन्तज़ाब पु० *(अ० इन्तिज़ाब)* प्रतिष्ठित होना; श्रेष्ठ होना।

इन्तज़ाम पु० *(अ०, इन्तिज़ाम)* प्रबन्ध; बन्दोबस्त; व्यवस्था।

इन्तज़ामकर पु० *(अ० इन्तिजाम+ फ़ा० कर)* प्रबन्ध करने वाला; व्यवस्थापक।

इन्तज़ामी वि० *(अ०)* प्रबन्ध-सम्बन्धी।

इन्तजार पु० *(अ० इन्तिजार)* प्रतीक्षा।

इन्तताह पु० *(अ० इन्तिताह)* गाय-भैंस आदि का किसी को सींग मारना।

इन्तदाब पु० *(अ० इन्तिदाब)* किसी काम के लिए बुलाना; अपना प्रतिनिधि बनाना।

इन्तफ़ा[1] पु० *(अ० इन्तिफ़ा)* नष्ट करना; नष्ट होना।

इन्तफ़ा[2] पु० *(अ० इन्तिफ़ा)* आग का बुझना; चिराग गुल होना।

इन्तफ़ाख़ पु० *(अ०)* पेट फूलना; किसी चीज में हवा भरना।

इन्तफ़ाश पु० *(अ०)* मवेशियों को बिना रखवाले के रात में चरागाह में छोड़ देना।

इन्तबाअ पु० *(अ० इन्तिबाअ)* छपना; मुद्रित होना; कोई चित्र या लेख दूसरी चीज पर ज्यों का त्यों उतरना।

इन्तबाक़ पु० *(अ० इन्तिबाक़)* एक-दूसरे में मिलना; जुड़ना।

इन्तबाश पु० *(अ० इन्तिबाश)* नंगा करना; कपड़े उतारना; क़ब्र में से मुर्दे का कफन उतार लेना; कफ़न चुराना।

इन्तबाह पु० *(अ० इन्तिबाह)* चेतावनी देना।

इन्तमास पु० *(अ० इन्तिमास)* लुप्त होना; गायब होना।

इन्तयाअ पु० *(अ० इन्तियाअ)* समस्या का हल होना; प्रवाहित होना; बहना।

इन्तलाक पु० *(अ० इन्तिलाक)* जाना; गमन करना।

इन्तवा पु० *(अ० इन्तिवा)* लिपटा हुआ होना।

इन्तशार पु० *(अ०, इन्तिशार)* इधर-उधर फैलना; बिखरना; परेशानी; दुर्दशा।

इन्तसाक़ पु० *(अ० इन्तिसाक़)* व्यवस्था ठीक करना; क्रमबद्ध करना।

इन्तसाख़ पु० *(अ० इन्तिसाख़)* किसी लेख आदि की नकल लेना।

इन्तसाफ़ पु० *(अ० इन्तिसाफ़)* न्याय पाना; न्याय के अनुसार काम होना; आधा-आधा होना; आधा पाना।

इन्तसाब पु० *(अ० इन्तिसाब)* समर्पण; किसी के नाम समर्पित करना।

इन्तसाम पु० *(अ० इन्तिसाम)* सुगन्ध लेना; खुशबू सूँघना।

इन्तसाल पु० *(अ० इन्तिसाल)* वंश का आगे चलना; वंश वृद्धि।

इन्तसाह पु० *(अ० इन्तिसाह)* हित की बात सुनना; नसीहत मानना।

इन्तहा स्त्री० *(अ०, इन्तिहा)* चरम सीमा; समाप्ति; अन्त; फल; परिणाम।

इन्तहाई वि० *(अ० इन्तिहाई)* अत्यधिक।

इन्तक़ाम पु० *(अ० इन्तिकाम)* बदला; प्रतिशोध

इन्तहाज़[1] पु० *(अ० इन्तिहाज़)* फुरसत पाना; अवसर मिलना; काबू पाना; बस में लाना।

इन्तहाज़[2] पु० *(अ० इन्तिहाज़)* कूच करना; प्रस्थान करना।

इन्तहापसन्द वि० *(अ० इन्तिहा+फ़ा० पसन्द)* हर काम को उसकी अन्तिम सीमा में पसन्द करना; क्रान्ति और हिंसा द्वारा देश में इंकलाब लाने का सिद्धान्त मानने वाला।

इन्तहापसन्दी स्त्री० *(अ० इन्तिहा+फ़ा० पसन्दी)* क्रान्ति द्वारा देश में इंकलाब लाने का सिद्धान्त मानना।

इन्तहाब पु० *(अ० इन्तिहाब)* डाके आदि में लुट जाना; बरबाद हो जाना।

इन्तहार पु० *(अ० इन्तिहार)* हाँफना; काँपना।

इन्तहाल पु० *(अ० इन्तिहाल)* किसी दूसरे की कविता या लेख अपना कहना या बताना।

इल्दारा पु० *(अ०)* कुआँ; कूप।

इन्द अव्य० *(अ०)* पास; करीब।

इन्दज़्ज़ुरूरत वि० *(अ०)* आवश्यकता पड़ने पर; जब ज़रूरत हो, तब।

इन्दत्तलब वि० *(अ०)* माँगने के समय; जब माँगा जाये; एक प्रकार का ऋणपत्र जिसमें जिस समय माँगा जाये, उसी समय रुपया देना ज़रूरी है।

इन्दत्तहक़ीक़ वि० *(अ०)* जाँच के समय; जाँच के अनुसार।

इन्दन्नास वि० *(अ०)* आम जनता की राय में; सर्व साधारण के नज़दीक।

इन्दल्लाह वि० *(अ०)* ईश्वर के नज़दीक; खुदा के यहाँ।

इन्दक़ाक़ पु० *(अ०)* कूटा जाना; कूटना।

इन्दफ़ाअ पु० *(अ० इन्दिफ़ाअ)* दूर होना; दफ़ा होना; निराकरण होना।

इन्दबाग़ पु० *(अ० इन्दिबाग)* चमड़ा पकाना और रंगना।

इन्दमाज पु० *(अ० इन्दिमाज)* घुसना; निकलना; किसी जगह मज़बूती से खड़ा होना।

इन्दमाल पु० *(अ०, इन्दिमाल)* घाव का भरना; अच्छा होना; सुधार।

इन्दराज पु० *(अ०, इन्दिराज)* प्रविष्टि।

इन्दिया पु० *(अ०, इन्दियः)* विचार; अभिप्राय।

इन्दोख़्ता वि० *(फ़ा०)* मिला हुआ; प्राप्त। पु० प्राप्ति; लाभ।

इम्फ़क़ाक़ पु० *(अ०, इम्फ़िक़ाक़)* मुक्ति; आजादी।

इम्फ़ाज पु० *(अ०)* जारी करना; प्रचलित करना; रवाना करना; भेजना।

इम्फ़िसाल पु० *(अ०)* मुकदमे का फैसला; निर्णय।

इंशा स्त्री० *(अ०)* लेख आदि लिखना; लेखन क्रिया; लेखनशैली।

इंशाद पु० *(अ०)* कविता सुनाना; शेर पढ़ना।

इंशा-अल्लाह-तआला क्रि०वि० *(अ०)* यदि ईश्वर ने चाहा तो।

इंशा-परदाज़ पु० *(अ० इंशा+फ़ा० परदाज)* लेखक।

इंशा-परदाज़ी स्त्री० *(अ० इंशा+फ़ा० परदाज़ी)* लेख आदि लिखने की क्रिया।

इंशिक़ाक़ पु० *(अ०)* फट जाना; तड़कना, सन्देह होना; दरकना।

इंशिराह पु० *(अ०)* हृदय का खुल जाना; चित्त की प्रसन्नता।

इंशिराहे क़ल्ब पु० *(अ०)* हृदय का इस प्रकार विकसित होना कि सारी बातें ज्ञात हो जायें।

इंस पु० *(अ०)* मनुष्य वर्ग (इस शब्द का एक वचन नहीं है)।

इंसा पु० *(अ०)* भुला देना।

इंसाक़ पु० *(अ०)* नियम और दस्तूर बनाना; किसी वस्तु को नियम के अन्तर्गत लाना।

इंसदाद पु० *(अ०, इंसिदाद)* रोकने के लिए किया जाने वाला काम; रोकथाम; निवारण।

इंसराम पु० *(अ०, इंसिराम)* कटना; अलग होना; पूर्णता या समाप्ति को पहुँचना; व्यवस्था; पहुँच।

इंसाफ़ पु० *(अ०)* न्याय; फैसला; निर्णय।

इंसाफ़न वि० *(अ०)* न्यायतः; न्याय के अनुसार।

इंसाफ़ पसन्द वि० *(अ० इंसाफ़+फ़ा० पसन्द)* न्याय की बात कहने वाला; न्यायप्रिय।

इंसाफ़ पसन्दी स्त्री० *(अ० इंसाफ़+फ़ा० पसन्दी)* न्यायप्रियता; न्याय की बात पसन्द करना; पक्षपात न करना।

इंसकाब पु० *(अ० इंसिकाब)* पानी गिरना; बहुत रोना।

इंसदादे जुर्म पु० *(अ० इंसिदादे जुर्म)* जुर्मों का रुक जाना, चोरियाँ डकैतियाँ आदि न होना।

इंसबाग़ पु० *(अ० इंसिबाग़)* रंग चढ़ना; रंगीन होना; रंगा जाना।

इंसबाब पु० *(अ० इंसिबाब)* पानी या किसी पतली चीज का रिसना या टपकना।

इंसयाक पु० *(अ० इंसियाक़)* बहना; प्रवाहित होना; रवाँ होना।

इंसराफ़ पु० *(अ० इंसिराफ़)* फिरना; लौट आना।

इंसराम पु० *(अ० इंसिराम)* कटना; कटकर अलग होना; समाप्त होना; पूरा होना।

इंसलाक पु० *(अ० इंसिलाक)* एक चीज का दूसरी चीज में प्रवेश करना; घुस जाना।

इंसलाब पु० *(अ० इंसिलाब)* नष्ट होना; खो जाना; गुम हो जाना।

इंसहाक पु० *(अ० इंसिहाक)* घिसा जाना।

इंसी पु० *(अ०)* मनुष्य; सीधी ओर, दाहिनी तरफ; शरीर का भीतरी अवयव।

इंसदाद पु० *(अ० इंसिदाद)* रोकथाम; निवारण।

पदरचना- *इंसिदारे जरायम-अपराधों की रोकथाम।*

इआदत स्त्री० *(अ०)* दोहराना; रोगी को देखने व हाल पूछने के लिए उसके पास जाना।

इआनत स्त्री० *(अ०)* मदद; सहायता; दया; कृपा; अनुग्रह।

इक़्तदार पु० *(अ०, इक़्तिदार)* अधिकार; सामर्थ्य; शक्ति।

इक़्तबास पु० *(अ०, इक़्तिबास)* प्रज्वलित करना; जलाना; किसी से ज्ञान प्राप्त करना; किसी का लेख बिना अनुमति के उद्धृत करना।

इक़्तवास पु० *(अ० इक़्तिवास)* छिपकर बैठना।

इक़्यास पु० *(अ० इक़्यास)* अनुकरण करना, पैरवी करना; अनुमान करना।

इक़्तराज़ पु० *(अ० इक़्तिराज़)* उधार लेना; कर्ज़ लेना।

इक़्तवा पु० *(अ० इक़्तिवा)* बीमारी में किसी अंग को दाग़ना।

इक़्तशाफ़ पु० *(अ० इक़्तिशाफ़)* प्रकट होना; ज़ाहिर होना।

इक़्तसाब पु० *(अ० इक़्तसाब)* उपार्जन; कमाना।

इक़्तसाबे इल्म पु० *(अ० इक़्तिसाबे इल्म)* विद्योपार्जन; ज्ञान प्राप्त करना।

इक़्तसाबे ज़र पु० *(अ० इक़्तिसाबे+फ़ा० ज़र)* धनोपार्जन; रुपया कमाना।

इक्तसाबे फ़न पु० *(अ० इक़्तिसाबे फ़न)* कोई शिल्प या हुनर प्राप्त करना।

इक़्तसार पु० *(अ० इक़्तिसार)* कम करना; छोटा करना; ऐसी इबारत लिखना जिसमें शब्द बहुत हों और अर्थ कम।

इक़्तसास पु० *(अ० इक़्तिसास)* खून का बदला लेना; प्रतिहिंसा करना।

इक़तसाम पु० *(अ० इक़तिसाम)* विभाजन; बँटवारा।

इक़दाम पु० *(अ०, इक्दाम)* प्रयास; चेष्टा; प्रयत्न।

इक़दामे क़तल पु० *(अ० इक़्दामे क़त्ल)* मार डालने के लिए आगे बढ़ना; हत्या की तैयारी करना।

इक़दाह पु० *(अ० इक़्दाह)* ऐब करना; निन्दा करना।

इक़दिश पु० *(तु० इक्दिश)* प्रेयसी; महबूबा; वह व्यक्ति जिसकी माँ हिन्दुस्तानी और बाप तुर्की हो; वह घोड़ा जिसकी माँ तुर्की हो और बाप अरबी हो।

इकबारगी क्रि०वि० *(फ़ा०, यकबारगी)* एक साथ; अचानक; एकाएक; एकदम से; सहसा।

इक़बाल पु० *(अ०, इक़्बाल)* किस्मत; भाग्य; प्रताप; धन-सम्पति; दौलत; कबूल करना; मानना; स्वीकार।

इक़बालिया पु० *(अ०)* स्वीकारात्मक।

इक़बालमन्द वि० *(अ० इक्बाल+फ़ा० मन्द)* प्रतापशाली।

इक़बाली वि० *(अ० इक़्बाली)* अपराध स्वीकार करने वाला।

इक़बाले जुर्म पु० *(अ० इक़्बाले जुर्म)* अपराध करने और दोषी होने की स्वीकारोक्ति।

इकराम पु० *(अ०, इक्राम)* प्रदान; बख्शिश; पुरस्कार।
पदरचना- *इनाम व इकराम-* *पारितोषिक व पुरस्कार।*

इक़रार पु *(अ० इक़्रार)* प्रतिज्ञा; वचन; वादा।

इक़रारनामा पु० *(अ०, इक़्रार+फ़ा०, नामः)* वह पत्र या कागज जिस पर किसी प्रकार का इक़रार और उसकी शर्तें लिखी हों; प्रतिज्ञापत्र।

इक़रारी वि० *(अ०, इक़्रारी)* इक़रार सम्बन्धी; इक़रार करने वाला; अपना अपराध स्वीकार करने वाला।

इक़तरफ़ा पु० *(अ० इक्तरफ़ा)* काफ़ी समझना; सन्तुष्ट रहना।

इक़लीद स्त्री० *(अ० इक़्लीद)* कुंजी; ताली।

इक़लीदिस स्त्री० *(अ० इक़्लीदिस)* रेखागणित; ज्यामिति।

इक़लीमिया स्त्री० *(अ० इक्लीमिया)* रूपा मक्खी; चाँदी का मैल; सोना मक़्खी; सोने का मैल।

इक़सार पु० *(अ० इक़्सार)* बहुत कहना; बहुत करना।

इक़सास पु० *(अ० इक़्सास)* प्रतिहिंसा; खून के बदले जान लेना।

इक़साम पु० *(अ० इक़्साम)* विभाजन; बँटवारा; हिस्से लगाना।

इक़सीर स्त्री० *(अ० इक्सीर)* रसायन; कीमिया। वि० अचूक; अमोघ।

इक़सीरी वि० *(अ० इक़्सीरी)* कीमियागर; रसायन बनाने वाला।

इख़ाज़ा पु० *(अ० इख़ाजः)* तड़ाग; तालाब; जलाशय; पोखर।

इख़तार पु० *(अ० इख्तार)* स्वयं को जोखिम में डालना।

इख़्तबार पु० *(अ० इख़्तिबार)* खबर लेना; परीक्षा करना।

इख़्तमार पु० *(अ० इख़्तिमार)* ख़मीर उठाना; औषधियों आदि को पानी आदि में भिगोकर रखना ताकि सड़कर उनका ख़मीर उठ जाये।

इख़तताम पु० *(अ०, इख़्तिताम)* खात्मा; अन्त; समाप्ति।

इख़तफ़ा पु० *(अ०, इख़्तिफा)* छिपाना।

इख़त्यास पु० *(अ०)* पवित्रता; सरलता; हार्दिक पवित्रता।

इख़फ़ाय पु० *(अ०)* छिपाना; गोपन।

इख़राज पु० *(अ०, इख़्राज, ख़र्च का बहु०)* ख़र्च; व्यय।

इख़लास पु० *(अ०, इख़्लास)* दोस्ती; मित्रता; सच्चा प्रेम।

इख़लासमन्द वि० *(अ० इख़लास+फ़ा० मन्द)* शुद्ध हृदय; मिलनसार।

इख़तराअ पु० *(अ०, इख़्तिराअ)* कोई नयी बात पैदा करना; ईजाद; आविष्कार।

इख़्तलाज पु० *(अ०, इख़्तिलाज)* दिल की धड़कन।

इख़्तलात पु० *(अ०, इख़्तिलात)* मेलजोल; घनिष्ठता; प्रेम।

इख़्तलाफ़ पु॰ *(अ॰, इख़्तिलाफ़)* खिलाफ होने का भाव; विरोध; बिगाड़; अनबन।

इख़्तसार पु॰ *(अ॰, इख़्तिसार)* संक्षेप; खुलासा।

इख़्तमाम पु॰ *(अ॰ इख़्तिमाम)* समाप्ति।

इख़्तयार पु॰ *(अ॰ इख़्तियार)* अधिकार; अधिकार क्षेत्र; सामर्थ्य; प्रभुत्व; स्वत्व; काबू।

इख्तयारी वि॰ *(अ॰ इख़्तियारी)* जो अपने प्रभुत्व में हो; ऐच्छिक।

इख़्तियारे समाअत पु॰ *(अ॰)* मुकदमा सुनने का अधिकार।

इख़्तयाल पु॰ *(अ॰ इख़्तियाल)* अवज्ञा; उद्दण्डता; ख्याल रखना।

इख़्तराअ पु॰ *(अ॰ इख़्तिराअ)* ऐसी चीज बनाना, जो पहले न हो; अविष्कार।

इख़्तराआत पु॰ *(अ॰ इख़्तिराआत)* नये-नये आविष्कार।

इख़्तराई वि॰ *(अ॰ इख़्तिराई)* अविष्कार से सम्बन्धित; मनगढ़त; कल्पित; फ़र्जी।

इख़्तलात पु॰ *(अ॰ इख़्तिलात)* मैत्री; प्रेम-व्यवहार; चुम्बन-आलिंगन।

इख़्तलाल पु॰ *(अ॰ इख़्तिलाल)* विघ्न; विकार; कुव्यवस्था; गड़बड़ी।

इख़्तलाले हवास पु॰ *(अ॰ इख़्तिलाले हवास)* बुद्धि विकार; मतिभ्रम; पागलपन।

इख़्फ़ाए जुर्म पु॰ *(अ॰)* अपराध करके उसे छिपाना।

इख़्फ़ाए राज पु॰ *(अ॰ इख़्फ़ाए+फ़ा॰ राज)* भेद छिपाना।

इख़्सा पु॰ *(अ॰)* अण्डकोश निकालना; ख़स्सी करना।

इख़्तिलात पु॰ *(अ॰)* अनुराग; मेलजोल; चुम्बन; आलिंगन।

इख़्तसार पु॰ *(अ॰ इख़्तिसार)* भेद; अन्तर; विरोध; अनबन।

इख़्राज पु॰ *(अ॰)* लेना; ग्रहण करना; वह तालाब जो जंगल में हो।

इग़माज़ पु॰ *(अ॰ इग़्माज़, वि॰ इग्माज़ी)* ध्यान न देना; उपेक्षा।

इग़लाम पु॰ *(अ॰, इग़्लाम)* अप्राकृतिक रूप से लड़कों के साथ लौण्डेबाजी करना।

इग़लामी वि॰ *(अ॰, इग़्लाम)* लौण्डेबाजी करने वाला।

इग़वा पु॰ *(अ॰, इग़्वा)* बहकाना; भ्रम में डालना।

इग़ारत स्त्री॰ *(अ॰)* लूटना; बरबाद करना; दौड़ना; भागना।

इग़ासत स्त्री॰ *(अ॰)* किसी दुखी की बात सुनना; न्याय करना।

इग़्जा[1] पु॰ *(अ॰)* किसी को लड़ाई पर उकसाना; बहकाना; बरगलाना।

इग़्जा[2] पु॰ *(अ॰)* ध्यान न देना।

इग्ज़ाल पु॰ *(अ॰)* चरखा चलाना; सूत कातना।

इग़्तज़ाब पु॰ *(अ॰ इग़्तिज़ाब)* किसी को गुस्सा दिलाना।

इग़्तफ़ार पु॰ *(अ॰ इग़्तिफ़ार)* मोक्ष; मुक्ति।

इग़्तशाश पु॰ *(अ॰ इग़्तिशाश)* हलचल; आन्दोलन।

इग़्तसाब पु॰ *(अ॰ इग़्तिसाब)* किसी का सामान गायब करना।

इग़्मा पु॰ *(अ॰)* बेहोश करना; अचेत कर देना।

इग़्माज़ पु॰ *(अ॰)* किसी का अपराध अनदेखी करना।

इग़्माम पु॰ *(अ॰)* घटा छाना; बादल घिरना।

इग़्रा पु॰ *(अ॰)* उत्तेजित करना; भड़काना।

इग़्राक़ पु॰ *(अ॰)* बढ़ा-चढ़ाकर बात कहना; अतिशयोक्ति कहना।

इग़्राम पु॰ *(अ॰)* मार डालना; दण्ड वसूल करना।

इग़्ला पु॰ *(अ॰)* भाव बढ़ाना; महँगा सामान खरीदना।

इग़्लाक़ पु॰ *(अ॰)* दरवाज़ा बन्द करना; मुश्किल बनाना।

इग़्लात पु॰ *(अ॰)* गलती करना।

इग़्लाल पु॰ *(अ॰)* द्वेष रखना।

इजतनाब पु॰ *(अ॰, इजतिनाब)* परहेज करना; बचना; दूर रहना; नफरत; संयम।

इजतमाअ पु॰ *(अ॰, इज्तिमाअ)* इकट्ठा होना; जमा होना।

इज़तराब पु॰ *(अ॰, इज़्तिराब)* घबराहट; विकलता; बेचैनी।

इजतहाद पु॰ *(अ॰, इज्तिहाद)* जहद का बहु॰; कोई नयी बात निकालना।

इज़दिहाम पु॰ *(फ़ा॰, इज़्दिहाम)* बहुत बड़ी भीड़; जनसमूह।

इजमाअ पु० *(अ०, इज्माअ)* इकट्ठा होना; एकमत होना।

इजमाल पु० *(अ०, इज्माल)* बिखरी हुई चीजों को मिलाकर इकट्ठा और ठीक करना; संक्षेप करना; किसी जमीन आदि पर होने वाला बहुत-से लोगों का सम्मिलित अधिकार।

इजमालन अव्य० *(अ०)* संक्षेप में।

इजमाली वि० *(अ०, इज्माली)* बहुत से लोगों का मिला-जुला।

इज़हाक पु० *(अ० इज़्हाक)* छलकना; घास जमना; हँसाना; ऐसी बात कहना जिससे हँसी आये।

इज़हात पु० *(अ० इज़्हात)* नपुंसक; क्लीब; नामर्द।

इज़हाब पु० *(अ० इज़्हाब)* ऊपर से सोना चढ़ाना।

इज़हार[1] पु० *(अ० इज़्हार)* प्रकट होना; न्यायालय में वादी-प्रतिवादी का बयान।

इज़हार[2] पु० *(अ० इज़्हार)* दीपक जलाना; रोशन करना।

इज़हार[3] पु० *(अ० इज़्हार)* जोर से बोलना; व्यक्त करना।

इज़हाल पु० *(अ० इज़्हाल)* सतर्क न होना; बेख़बर होना।

इजरा स्त्री० *(अ०, इज्रा)* जारी करना; प्रचलित करना; कार्य का निष्पादन।

पदरचना- ***इजराए-डिग्री-*** *डिगरी का निष्पादन।*

इज़राईल पु० *(अ०, अज़्राईल)* प्राण लेने वाले फरिश्ते का नाम; मृत्यु के देवदूत।

इजराय पु० *(अ०)* जारी करना; होना; काम में लाना।

इजलाल पु० *(अ०, इज्लाल)* बुजुर्गी; बड़प्पन; प्रतिष्ठा; सम्मान।

इजलास पु० *(अ०, इज्लास)* न्यायालय; कचहरी; अधिवेशन; सभा; कचहरी का काम करने के लिए बैठना।

इज़हार पु० *(अ०, इज़्हार)* जाहिर या प्रकट करना; वर्णन करना; वक्तव्य; बयान।

इज़ा अव्य० *(अ०)* जब; जिस समय; आकस्मिक।

इज़ाअत स्त्री० *(अ०)* नष्ट करना; बरबाद करना।

इजाज़त स्त्री० *(अ०)* अनुमति; आदेश; स्वीकृति।

इजाज़तनामा पु० *(अ० इजाज़त+फ़ा० नामा)* आज्ञापत्र; अनुमति पत्र।

इज़ाफ़त स्त्री० *(अ०)* वस्तु का दूसरी वस्तु के साथ सम्बन्ध स्थापित करना; अपना काम ईश्वर पर छोड़ना; कारण देना।

इजाबत स्त्री० *(अ०)* स्वीकृति; मानना; मंजूरी; स्वीकार; मलत्याग करना।

इज़ाफ़ा पु० *(अ०, इज़ाफ़ः)* अधिकता; वृद्धि।

इज़ाफ़ी वि० *(अ०)* ऊपर से बढ़ाया हुआ।

इजाबत स्त्री० *(अ०)* प्रार्थना स्वीकार करना; शौच।

इज़ार स्त्री० *(फ़ा०)* पाजामा।

इज़ारबन्द पु० *(फ़ा०)* नाड़ा जो पाजामे के नेफे में डाला जाता है, जिससे उसे कमर में बाँध लेते हैं।

मुहा० ***इज़ारबन्द का ढीला-*** *हर स्त्री से सम्भोग के लिए तैयार रहने वाला।*

इजारा पु० *(अ०, इजारः)* किसी वस्तु को किराये पर देना, ठेका।

इजारादार पु० *(अ० इजारः+फ़ा० दार)* वह जिसने कोई जमीन ठेके पर ली हो; पट्टेदार; काश्तकार; ठेकेदार।

इजारानामा पु० *(अ० इजारः+फ़ा० नामा)* वह काग़ज़ जिस पर ठेके या पट्टे की शर्तें लिखी हों।

इज़ाला पु० *(अ०)* नष्ट करना; न रहने देना; दूर करना।

पदरचना- ***इज़ालै बिक करना-*** *कुमारी का कौमार्य नष्ट करना।* ***इज़ालै हैसियते उरफी-*** *मानभंग होना; इज़्ज़त जाना।*

इज़्ज़ स्त्री० *(अ०)* मान।

पदरचना- ***इज़्ज़ व आह-*** *प्रतिष्ठा और वैभव।*

इज़्ज़त स्त्री० *(अ०)* मान-मर्यादा; प्रतिष्ठा; सम्मान।

इज़्तिराब पु० *(अ० इज़्तराब)* बेचैनी; व्याकुलता; अधीरता।

इज़्ज़तदार वि० *(अ० इज़्ज़त+फ़ा० दार)* प्रतिष्ठित व सम्मानित।

इज़्न पु० *(अ०)* मालिक का अपने गुलाम को व्यापार की आज्ञा देना; विवाह में वर व वधू की परस्पर स्वीकृति।

पदरचना- ***इज़्न आम-*** *मुरदे की नमाज पढ़ने के बाद लोगों को अपने-अपने घर जाने की परवानगी।* ***इज़्ननामा-*** *वसीयतनामा।*

इतमाम पु० *(अ० इत्माम)* समाप्त करना; खत्म करना।

इतमामे हुज्जत पु० *(अ० इत्मामे हुज्जत)* किसी को अन्तिम बार भला-बुरा समझा देना।

इतमिनान/इतमीनान पु० *(अ० इत्मीनान)* तुष्टि; सन्तुष्टि; विश्वास; सान्त्वना; तसल्ली।

इतमीनानी वि० *(अ० इत्मीनानी)* विश्वस्त; विश्वास करने योग्य।

इतराफ़ स्त्री० *(अ० इत्राफ़, तरफ का बहु०)* ओर; तरफ; दिशा; आस-पास की दिशाएँ।

इतलाक़ पु० *(अ०, इत्लाक़)* तोड़ना; मुक्त करना; प्रयुक्त करना; लगाना; तलाक़ देना।

इताअत स्त्री० *(अ०)* ताबेदारी करना; हुक्म मानना; आज्ञापालन।

इताब पु० *(अ०)* कोप; अप्रसन्नता; डाँट-फटकार।

इताअत गुज़ार वि० *(अ० इताअत+फ़ा० गुज़ार)* आज्ञाकारी।

इताअत मन्द वि० *(अ० इताअत+फ़ा० मन्द)* आज्ञाकारी।

इताअत शिआर वि० *(अ० इताअत+फ़ा० शिआर)* आज्ञाकारी।

इताद पु० *(अ०)* सामान; उपकरण; तैयारी।

इताबत स्त्री० *(अ०)* सुगन्धित करना; शरीर को पवित्र करना।

इताबतनामा पु० *(अ० इताबत+फ़ा० नामः)* वह पत्र जिसमें क्रोध प्रकट किया गया हो।

इत्तक़ा[1] पु० *(अ० इत्तिका)* संयम; इन्द्रिय निग्रह।

इत्तका[2] पु० *(अ० इत्तिका)* भरोसा करना; सहारा ढूँढ़ना।

इत्तक़ान पु० *(अ० इत्तिकान)* दृढ़ करना; मजबूत करना।

इत्तकार पु० *(अ० इत्तिकार)* घोंसला बनाना।

इत्तकाल पु० *(अ० इत्तिकाल)* भरोसा करना; सहारा पकड़ना।

इत्तख़ाज़ पु० *(अ० इत्तिख़ाज़)* ग्रहण करना; लेना।

इत्तजार पु० *(अ० इत्तिजार)* व्यापार करना; कारोबार करना।

इत्तज़ाह पु० *(अ० इत्तिज़ाह)* प्रकाशित होना; रौशन होना।

इत्तफ़ाक़ पु० *(अ० इत्तिफ़ाक़ बहु० इत्तिफ़ाक़ात)* आपस में मिलना; एकता; संयोग।

इत्तफ़ाक़ात पु० *(अ० इत्तिफ़ाक़ात)* आकस्मिक होने वाली घटनाएँ।

इत्तफ़ाकन क्रि०वि० *(अ० इत्तिफ़ाकन)* संयोग से; अचानक।

इत्तफ़ाक़िया वि० *(अ० इत्तिफ़ाक़ियः)* सहसा; अचानक।

इत्तफ़ाकी वि० *(अ० इत्तिफ़ाकी)* संयोग से होने वाला; अचानक होने वाला।

इत्तबाअ पु० *(अ० इत्तिबाअ)* अनुकरण; पैरवी; संयुक्त; मिला-जुला।

इत्तला स्त्री० *(अ० इत्तिलः)* सूचना।

इत्तलाई वि० *(अ० इत्तिलाई)* सूचना से सम्बद्ध।

इत्तलाअन क्रि०वि० *(अ०)* सूचना के तौर पर।

इत्तलानामा पु० *(अ०, इत्तिला+फ़ा० नामः)* वह पत्र जिसके द्वारा कोई सूचना दी जाये; सूचना-पत्र।

इत्तसाक़ पु० *(अ० इत्तिसाक़)* क्रमबद्ध करना; एकत्र होना; ठीक होना।

इत्तसाख पु० *(अ० इत्तिसाख)* मैला होना; दूषित होना।

इत्तसाफ़ पु० *(अ० इत्तिसाफ़)* प्रशंसा करना; किसी विशेष गुण का अधिकारी समझना।

इत्तसाम पु० *(अ० इत्तिसाम)* चिह्न बनाना; अंकित करना; निशान करना।

इत्तसाल पु० *(अ०, इत्तिसाल)* संयुक्त या संलग्न होना; मिलना; किसी काम का लगातार होना; सम्बन्ध; लगाव।

इत्तहाद पु० *(अ०, इत्तिहाद)* एकता; मित्रता; दोस्ती।

इत्तहादी वि० *(अ०)* एकतामूलक।

इत्तहाम पु० *(अ०, इत्तिहाम)* तोहमत लगाना; दोष लगाना; व्यर्थ बदनाम करना; भ्रम में डालना।

इत्तिला स्त्री० *(अ०, इत्तिलाअ)* खबर; सूचना; विज्ञप्ति।

इत्तिलाकुनिन्द वि० *(अ०)* सूचना देने वाला।

इत्र पु० *(अ०)* फूलों की सुगन्धि का सार; पुष्पसार।

इत्रदान पु० *(अ० इत्र+फ़ा० दान)* इत्र रखने का पात्र।

इत्रयात पु० *(अ०)* सुगन्धित वस्तुएँ।

इत्रीफ़ल पु० *(अ०)* एक यूनानी अवलेह जिसमें हरड़; बहेडा और आँवला होता है; त्रिफला का मुरब्बा।

इत्रीयत स्त्री० *(अ०)* सुगन्ध; खुशबू।

इदख़ाल पु० *(अ०, इद्ख़ालः)* दाखिला होने या करने का भाव; जमा करने की क्रिया या भाव; प्रस्तुतिकरण।

इदग़ाम पु० *(अ०)* किसी चीज को बिना चबाये खाना; घोड़े के मुँह में लगाम देना; किसी अक्षर का दूसरा अक्षर में मिलकर एक होना।

इदजान पु० *(अ०)* जोर की वर्षा होना।

इदनाफ़ पु० *(अ० इद्नाफ़)* सूरज का अस्त होने के करीब होना।

इदबार पु० *(अ०)* बदकिस्मती; दुर्भाग्य; दरिद्रता।

इदलाज पु० *(अ० इद्लाज)* रात में सैर करना; रात का पहला भाग व्यतीत होना।

इदराक स्त्री० *(अ०, इद्राक)* समझ; अक्ल; बुद्धि।

इद्दत स्त्री० *(अ०)* गिनती, गणना; विधवाओं और परित्यक्ताओं के लिए निश्चित समय, जिसके पूर्व वे विवाह न कर सकें।

इदारा पु० *(अ० इदारः)* संस्था; सभा; कार्यालय; विभाग।

इदारए मिज़ामी पु० *(अ०)* सैन्य विभाग।

इदारत स्त्री० *(अ०)* सम्पादन।

इदारिया पु० *(अ० इदारियः)* सम्पादकीय लेख।

इनकार पु० *(अ०, इन्कार)* अस्वीकार; मना करना।

इनकारी वि० *(अ० इन्कारी)* नकारात्मक; अस्वीकृति सूचक।

इनकिशाफ़ पु० *(अ० इन्किशाफ़)* खुलना; प्रकट होना; पता लगना।

इनकिसार पु० *(अ० इन्किसार)* नम्रता; विनय।

इनफ़िकाक पु० *(अ० इन्फ़िकाक)* जुदा होना; सम्पत्ति का छूटना।

इनफ़िसाल पु० *(अ० इन्फ़िसाल)* जुटा होना; निर्णीत होना।

इनसान पु० *(अ० इन्सान)* मनुष्य; आदमी।

इनसानियत स्त्री० *(अ० इन्सानियत)* मनुष्यता; आदमीयत।

इनसानी वि० *(अ० इन्सानी)* मनुष्य सम्बन्धी; मनुष्य जैसा।

इनसाफ पु० *(अ० इन्साफ)* न्याय।

इनसिदाद पु० *(अ०, इन्सिदाद)* रोकथाम; निवारण।

इनहदाम पु० *(अ०, इन्हिदाम)* गिरना; ढहना; मटियामेट होना।

इनहराफ पु० *(अ०, इन्हिराफ)* टेढ़ा होना; दूर या अलग होना; विरोधी होना; बगावत; विद्रोह।

इनहसार पु० *(अ०, इन्हिसार)* चारो ओर से घेरा जाना; बन्धन।

इनाद पु० *(अ०)* वैर; शत्रुता; दुश्मनी।

इनान स्त्री० *(अ०)* लगाम; बाग।

इनाबत स्त्री० *(अ०)* पश्चात्ताप पूर्वक ईश्वर की ओर प्रवृत्त होना।

इनाम पु० *(अ०, इन्आम)* पुरस्कार, उपहार, बख्शिश।

पदरचना- ***इनाम इकराम-*** *इनाम जो कृपापूर्वक दिया जाये।*

इनामदार पु० *(अ० इनाम+फ़ा० दार)* वह जिसे माफ़ी की ज़मीन मिली हो।

इनायत स्त्री० *(अ०)* दूसरे के कार्य के लिए कष्ट भोगना। स्त्री० कृपा; दया; मेहरबानी।

इंअफाल पु० *(अ०)* पश्चात्ताप।

पदरचना- ***अर्क़-इंअफाल-*** *पश्चात्ताप के आँसू।*

इंक़ज़ा पु० *(अ०, इंकिजा)* समाप्ति।

इंक़लाब पु० *(अ०, इन्किलाब)* जमाने का उलट-फेर, समय का फेर; बहुत बड़ा परिवर्तन; कान्ति।

इंकलाबी वि० *(अ०, इन्किलाबी)* क्रान्तिकारी।

इंकशाफ़ पु० *(अ०, इन्किशाफ़)* रहस्य आदि खुलना; उद्घाटन।

इंकसार पु० *(अ० इन्किसार)* नम्रता; दीनता; आज़िजी।

इंकिसाम पु० *(अ० इन्किसाम)* बँटवारा; विभाजन।

इंजमद पु० *(अ०, इंजिमद)* जमने की क्रिया; जल आदि का जमना।

इंज़ाल पु० *(अ०)* स्खलन; वीर्यपात।

इफ़ततााह पु० *(अ०, इफ़्तिताह)* शुरू या जारी करना; खोलना।

इफ़तिराक़ पु० *(अ०, इफ़्तिराक)* फूट; विलगाव; पृथकता।

इफ़रात स्त्री० *(अ०, इफ़्रात)* बहुत अधिकता; विपुलता। वि० बहुत अधिक।

इफ़लास पु० *(अ०, इफ़्लास)* दरिद्रता; गरीबी।

इफ़लाह पु० *(अ०, इफ़्लाह)* भलाई; उपकार।

इफ़शा वि० *(फ़ा०, इफ़्शा)* प्रकट; जाहिर।

पदरचना- *इफ़्शाए राज-* *रहस्य का उद्‌घाटन।*

इफ़ाक़त/इफ़ाफ़ा स्त्री०पु० *(अ०, इफ़ाक़ः)* रोग आदि में कमी होना।

इफ़्तख़ार पु० *(अ०, इफ़्तिख़ार)* फ़ख्र या अभिमान करना; प्रतिष्ठा; इज्जत।

इफ़्तरा पु० *(अ०, इफ़्तिरा)* झूठा कलंक; तोहमत।

इफ़्तराक़ पु० *(अ०, इफ़्तिराक़)* अलग होना; पृथक् होना।

इफ़्तार पु० *(अ०)* दिनभर रोज़ा रखने या उपवास करने के बाद सन्ध्या को कुछ खाना; जलपान।

इफ़्तारी स्त्री० *(अ०)* रोज़ा खोलने या इफ़्तार करने के समय खायी जाने वाली चीजें।

इफ़्तताह पु० *(अ० इफ़्तिताह)* उद्‌घाटन; अनुष्ठान; आरम्भ।

इफ़्तताहिया पु० *(अ० इफ़्तिताहियः)* सम्पादकीय लेख; अग्रलेख; एडीटोरियल।

इफ़्तदा पु० *(अ० इफ़्तिदा)* प्राणों के बदले माल देना; किसी के प्राण लेने पर उसके वारिसों को धन देकर राज़ी कर लेना।

इफ़्तरार पु० *(अ० इफ़्तिरार)* दाँत निकलना; दाँत चमकाना।

इफ़्तराश पु० *(अ० इफ़्तिराश)* निन्दा करना; खोज-खबर लेना।

इफ़्तरास पु० *(अ० इफ़्तिरास)* किसी चिह्न से किसी वस्तु को पहचानना; गरदन तोड़ना; मार डालना।

इफ़्तराह पु० *(अ० इफ़्तिरः)* हर्षित होना; खुश होना।

इफ़्तराक स्त्री० *(अ० इफ़्तिराक)* फूट; विग्रह; पृथकता।

इफ़्फ़त स्त्री० *(अ०)* बुरे कामों से बचना; सदाचार; परस्त्री-गमन या पर-पुरुष गमन से बचना।

इबरत स्त्री० *(अ०, इब्रत)* बुरे काम से मिलने वाली शिक्षा; नसीहत।

इबरत-अंगेज़ वि० *(अ०, इब्रत+फ़ा० अंगेज)* जिससे कुछ शिक्षा मिले।

इबरा पु० *(अ०, इब्रा)* छोड़ना; बरी करना।

इबरानामा पु० *(अ० इब्रः+फा० नामः)* वह पत्र जिसके अनुसार कोई छोड़ा या बरी किया जाये।

इबलाग़ स०क्रि० *(अ०, इब्लाग़)* पहुँचाना; भोजन।

इबलीस पु० *(अ०, इब्लीस)* शैतान।

इबहाम पु० *(अ०, इब्हाम)* चुपके से कहना; दरवाजा बन्द करना।

इबा स्त्री० *(अ०)* अस्वीकृति; घृणा; नफरत।

इबाद पु० *(अ० अब्द का बहु०)* सेवकगण; दास लोग; गुलाम।

इबादतगाह स्त्री० *(अ० इबादत+फ़ा० गाह)* पूजा-प्रार्थना करने का स्थान।

इबादतगुज़ार वि० *(अ० इबादत+फ़ा० गुज़ार)* बहुत अधिक प्रार्थना करने वाला तपस्वी; तपशील।

इबादत स्त्री० *(अ०)* ईश्वर की उपासना; पूजा।

इबादतख़ाना पु० *(अ० इबादत+फ़ा० खानः)* पूजा घर; मन्दिर।

इबारत स्त्री० *(अ०)* लेख; मजमून; लेखशैली; स्त्री० उर्वरता; उपजाऊपन।

इबारत-आराई स्त्री० *(अ०)* शब्दचित्रण।

इब्तिदा स्त्री० *(अ०)* आरम्भ; शुरू; प्रारम्भ।

पदरचना- *अपीले इब्तिदा-* *आरम्भिक अपील; उद्‌गम।*

इब्तिसाम पु० *(अ०)* हँसना; मुस्कराना; फूल का खिलना।

इब्न पु० *(अ०)* बेटा; पुत्र।

इब्नत स्त्री० *(अ०)* बेटी; पुत्री; कन्या।

इब्राहिम पु० *(अ०)* यहूदियों के आदिपुरुष और पैगम्बर(इन्हें नमरूद ने आग में जलाना चाहा, किन्तु वह आग उनके लिए फूलों बाग बन गया)।

इब्राहीमी पु० *(अ०)* इब्राहिम लोदी का सिक्का।

इमकान पु० *(अ०, इम्कान)* हो सकने की अवस्था या भाव; सम्भावना; शक्ति-सामर्थ्य।

पदरचना- *हत्तुल इमकान-* *यथासाध्य; यथासम्भव।*

इमदाद स्त्री० *(अ०)* मदद; सहायता।

इमदादी वि० *(अ०)* मदद से चलने वाला।

इमरती स्त्री० *(अ०)* जलेबी जैसी एक मिठाई।

इमरोज क्रि०वि० *(फ़ा०, इम्रोज)* आज के दिन; आज।

इमला पु० *(अ०, इम्लः)* शब्दों को उनके ठीक रूप में और शुद्ध लिखना; वर्ण विचार।

इमलाक पु० *(अ०, इम्लाक)* सम्पत्ति; जायदाद; भू-सम्पत्ति।

पदरचना- *इमलाक गैरमनकूला-* *अचल सम्पत्ति। **इमलाक मनकूला-** चल सम्पत्ति*

इमशब क्रि०वि० *(अ०, इम्शब)* आज की रात।

इमसाक पु० *(अ०, इम्साक)* बन्द करना; स्तम्भन।

इमाद पु० *(अ०)* पथ-प्रदर्शक; नेता; मुसलमानी धर्मशास्त्र का ज्ञाता और विद्वान; धार्मिक नेता।

इमसाल क्रि०वि० *(अ०, इम्साल)* इस वर्ष।

इमाम पु० *(अ०)* नेता; वह जो नमाज पढ़ाता हो।

इमाम-ज़ामिन पु० *(अ०)* संरक्षक।

पदरचना- *इमामजामिन का रुपया-* *वह रुपया जो इमामज़ामिन के नाम पर किसी विदेश जाने वाले के हाथ में इसलिए बाँधा जाता है कि वह सब विपत्तियों से बचा रहे।*

इमामत स्त्री० *(अ०)* नेतृत्व; नमाज़ पढ़ाने का काम।

इमामदस्ता पु० *(अ० इमाम+फ़ा० दस्ता)* दवा आदि कूटने के काम में आने वाला एक खरल।

इमामबाड़ा पु० *(अ० इमाम+हि० बाड़ा)* वह स्थान जहाँ मुसलमान ताजिये दफन करते हैं या मुहर्रम का उत्सव मनाते हैं।

इमारत[1] स्त्री० *(अ०)* बड़ा और पक्का मकान; भवन।

इमारत[2] स्त्री० *(अ०)* वह प्रदेश जो किसी अमीर के शासन में हो; शासन; राज्य; अमीरी; वैभव; सम्पन्नता; शानशौकत।

इमारती वि० *(अ०)* इमारत के काम आने वाली।

इम्काँ/इम्कान पु० *(अ०)* सम्भावना।

पदरचना- *आलमे इम्कान-* *सम्भावना।*

इम्तनाअ पु० *(अ०, इम्तिनाअ)* मना करना; मनाही।

इम्तनाई वि० *(अ०, इम्तिनाई)* मनाही से सम्बन्ध रखने वाला। जैसे- **हुक्म इम्तनाई-** मनाही की आज्ञा।

इम्तहान पु० *(अ०, इम्तिहान)* परीक्षा।

इम्तयाज़ पु० *(अ० इम्तियाज़)* तमीज़ करना; गुण-दोष का विचार; विवेक; विशेषता; भेदभाव।

इम्दाद स्त्री० *(अ०)* मदद या सहायता करना; वह धन जो सहायता के रूप में दिया जाये।

इम्बसात पु० *(अ० इम्बिसात)* प्रसन्नता; आनन्द; फूल आदि का खिलना।

इरक़ान पु० *(अ०, इर्क़ान)* लेखन कार्य।

इरफ़ान पु० *(अ०, इर्फ़ान)* बुद्धि; विवेक; ज्ञान; विज्ञान।

इरम पु० *(अ०)* वह स्वर्ग जो शद्दाद ने इस लोक में बनाया था; स्वर्ग; बहिश्त।

इरशाद पु० *(अ०, इर्शाद)* हिदायत करना; रास्ता बतलाना; आदेश; हुक्म।

पदरचना- *हस्बे इरशाद-* *आदेशानुसार।*

इरसाल पु० *(अ०, इर्साल)* प्रेषण; भेजने की क्रिया; रवाना करना।

इराक़ पु० *(अ०, वि० इराकी)* अरब का एक प्रदेश; वर्तमान में अरब का एक देश।

इरादत स्त्री० *(अ०)* इरादा; मंशा; भावना।

इरादतन क्रि०वि० *(अ०)* जानबूझकर।

इरादा पु० *(अ०, इरादः)* विचार; संकल्प।

इराफ़ पु० *(अ०)* स्वर्ग और नरक के बीच का लोक।

इर्तकाब पु० *(अ०, इर्तिकाब)* ग्रहण करना; पसन्द करके ले लेना; पाप करना।

इर्तबात पु० *(अ०, इर्तिबात)* मेलजोल; दोस्ती।

इर्दगिर्द क्रि०वि० *(अ०)* आस-पास; चारो ओर; इधर-उधर।

इर्शाद पु० *(अ०)* आदेश; पथ प्रदर्शन; हिदायत।

इर्साल पु० *(अ०)* भेजना; लगान पहुँचाना।

इलज़ाम पु० *(अ०, इल्ज़ाम)* दोष; अपराध; अभियोग; दोषारोपण।

इलतजा स्त्री० *(अ०, इल्तिजा)* प्रार्थना; विनय; निवेदन।

इलतफ़ात स्त्री० *(अ०, इल्तिफ़ात)* दया; कृपा; प्रवृत्ति; अनुराग।

इलमास पु० *(फ़ा०, इल्मास)* हीरा।

इलहाक़ पु० *(अ०, इल्हाक़)* सम्मिलित करना; मिलाना।

इलहान पु० *(अ० लहन का बहु०)* उत्तम स्वर; संगीत; गाना।

इलहाम पु० *(अ०, इल्हाम)* मन में ईश्वर की ओर से कोई बात प्रकट होना; देववाणी; आकाशवाणी।

इलाक़ा पु० *(अ०, इलाकः)* क्षेत्र; प्रदेश।

पदरचना- *इलाकाए अदालत-* *न्यायालय का अधिकार क्षेत्र।*

इलाज पु० *(अ०)* चिकित्सा; औषध; उपाय; तरकीब।

इलावा क्रि०वि० *(अ०, इलावः)* सिवा; अतिरिक्त।

इलायची स्त्री० *(अ०)* एक प्रकार का फल जिसके दाने दवा के काम आते हैं।

इलाह पु० *(अ०)* ईश्वर।

इलाही पु० *(अ०)* ईश्वर; परमात्मा।

पदरचना- *इलाही तौबा-* *हे ईश्वर! पापों से हमारी रक्षा करो।*

इलाहीगज़ पु० *(अ० इलाही+फ़ा० गज़)* बादशाह अकबर का चलाया हुआ एक प्रकार का गज़ जो 33 इंच लम्बा होता था और इमारत बनाने के काम में नाप के लिए लिया जाता था।

इलाहीयात स्त्री० *(अ०)* ईश्वरीय बातें या वस्तुएँ; अध्यात्म।

इलाही सन् पु० *(अ०)* बादशाह अकबर का चलाया हुआ सन्।

इलयास पु० *(अ०)* एक पैगम्बर जो हज़रत खिज्र के भाई थे।

इल्ज़ाम पु० *(अ०)* दोषारोप; अभियोग।

इल्तजा स्त्री० *(अ०, इल्तिज़ा)* प्रार्थना; विनय; निवेदन।

इल्तबास पु० *(अ०, इल्तिबास)* जटिल; पेचीदापन; दो शब्दों का उच्चारण तो एक जैसा होना, किन्तु अर्थ भिन्न-भिन्न होना।

इल्तमास पु० *(अ०, इल्तिमास)* निवेदन; प्रार्थना।

इल्तवा पु० *(अ०, इल्तिवा)* स्थगित होना; रुक जाना।

इल्म पु० *(अ०)* ज्ञान; जानकारी; विद्या; विज्ञान।

इल्मदाँ पु० *(अ० इल्म+फ़ा० दाँ)* इल्म या विद्या जानने वाला; विज्ञानवेत्ता।

इल्मियत स्त्री० *(अ०)* विद्वत्ता; पाण्डित्य।

इल्मी वि० *(अ०)* विद्या-सम्बन्धी।

इल्मे-अख़लाक़ पु० *(अ०)* सभ्यता का विज्ञान; नीतिशास्त्र।

इल्मे-अदब पु० *(अ०)* साहित्य।

इल्मे-इलाही पु० *(अ०)* ब्रह्मविद्या; अध्यात्म।

इल्मे-उरूज़ पु० *(अ०)* छन्द शास्त्र।

इल्मे-कयाफ़ा पु० *(अ०)* सामुद्रिक शास्त्र।

इल्मे-कीमिया पु० *(अ०)* रसायनशास्त्र विद्या।

इल्मे-ग़ैब पु० *(अ०)* परोक्ष विद्या, अध्यात्म; ज्योतिष।

इल्मे-जिमादात पु० *(अ०)* धातु विद्या; खनिज विज्ञान।

इल्मे-तबई पु० *(अ०)* पदार्थ विज्ञान विद्या।

इल्मे-तवारीख पु० *(अ०)* इतिहास विद्या।

इल्मे-दीन पु० *(अ०)* धर्मशास्त्र।

इल्मे-नबातात पु० *(अ०)* ज्योतिष-शास्त्र।

इल्मे-फ़िक्क़ह पु० *(अ०)* मुसलमानी धर्मशास्त्र।

इल्मे-बहस पु० *(अ०)* तर्कशास्त्र विद्या।

इल्मे-मजलिस पु० *(अ०)* समाज में व्यवहार करने की विद्या, सभा-चातुरी।

इल्मे-मन्तिक़ पु० *(अ०)* न्यायशास्त्र।

इल्मे-मादनियात पु० *(अ०)* खनिज विद्या।

इल्मे-मूसीकी पु० *(अ०)* संगीत शास्त्र।

इल्मे-हिन्दसा पु० *(अ०)* गणित विद्या।

इल्मे-हैयत पु० *(अ०)* खगोल विद्या।

इल्लत स्त्री० *(अ०)* कारण; सबब; अभियोग; बुरी आदत; दोष; अपराध; बुरी आदत; दोष; कमी; रद्दी।

इल्लती वि० *(अ०, इल्लत)* जिसे कोई बुरी आदत लगी हो।

इल्ला योज० *(अ०)* परन्तु; लेकिन; नहीं तो; अतिरिक्त।

इल्लिल्लाह पद *(अ०)* हे ईश्वर! सहायता कर।

इवज वि० *(अ०, एवज़)* स्थानापन्न; बदले में।

इशरत स्त्री० *(अ०, इश्रत)* आनन्द; मंगल; सुख; भोग।

पदरचना- *ऐश व इशरत-* *भोग और आनन्द।*

इशवा पु० *(फ़ा०, इश्वः)* नाज़-नखरा; चोचला; अदा।

इशा स्त्री० *(अ०)* रात का पहला प्रहर।

पदरचना- *इशा की नमाज़-* *वह नमाज़ जो रात के पहले प्रहर में पढ़ी जाती है।*

इशाअत स्त्री० *(अ०)* प्रचार; प्रकाशन।

इशारत स्त्री० *(अ०)* इशारा या संकेत करना।

इशारतन क्रि०स्त्री० *(अ०)* इशारे या संकेत से।

इशारा पु० *(अ०, इशारः)* सैन; संकेत; संक्षिप्त कथन; सूक्ष्म आधार; गुप्त प्रेरणा।

इश्क़ पु० *(अ०)* मुहब्बत; प्रेम; चाह।

इश्क़े पेचाँ पु० *(अ० इश्क़+फ़ा० पेचाँ)* एक बेल जो पेड़ों से लिपट जाती है।

इश्क़े मजाज़ी पु० *(अ०)* मानव प्रेम; भौतिक प्रेम, सांसारिक प्रेम।

इश्के हक़ीक़ी पु० *(अ०)* ईश्वर-प्रेम; ईश्वर भक्ति।

इश्तराक पु० *(अ० इश्तिराक)* भागीदारी; समानता; साम्यवाद; कम्युनिज्म।

इश्तराकी वि० *(अ० इश्तिराकी)* साम्यवादी विचार को मानने वाला।

इश्तराकीयत स्त्री० *(अ० इश्तिराकीयत)* साम्यवाद।

इश्रत स्त्री० *(अ०)* सुख; चैन; आनन्द; भोग-विलास।

इश्रत अंजाम वि० *(अ० इश्रत+ फ़ा० अंजाम)* वह कार्य जिसका अन्त आनन्दमय हो।

इश्रतकदा पु० *(अ० इश्रत+ फ़ा० कदः)* रंगभवन; ऐशमहल।

इश्रते इमरोज़ स्त्री० *(अ० इश्रते+ फ़ा० इमरोज़)* वह सुख जो आज प्राप्त हो; सांसारिक सुख।

इश्रते फ़र्दा स्त्री० *(अ० इश्रत+ फ़ा० फ़र्दा)* वह सुख जो कल मिलेगा अर्थात् पारलौकिक सुख।

इश्रते फ़ानी स्त्री० *(अ०)* वह सुख जो क्षणिक हो; थोड़े दिनों का सुख अर्थात् सांसारिक सुख।

इश्राक़ पु० *(अ०)* चमकना; उज्ज्वल होना; सूर्योदय के पश्चात् का समय।

इश्राक़ी वि० *(अ०)* प्राचीन वैज्ञानिकों का दल अथवा व्यक्ति जो आत्मशक्ति द्वारा दूर बैठे हुए पठन-पाठन करता था। ये लोग यूनान देश के थे।

इश्क़बाज पु० *(अ० इश्क़+ फ़ा० बाज)* इश्क़ करने वाला; आशिक; प्रेमी।

इश्क़बाजी स्त्री० *(अ० इश्क़+ फ़ा० बाजी)* प्रेम करना; व्यभिचार करना।

इश्क़िया वि० *(अ०, इश्क़)* प्रेम-सम्बन्धी।

इश्तबाह पु० *(अ०)* सन्दिग्ध; जिस पर शक हो।

इश्तराक पु० *(अ०, इश्तिराक)* हिस्सा; साझा; शिरकत।

इश्तहार स्त्री० *(अ०, इश्तिहार)* विज्ञापन; सूचना; नोटिस।

इश्तहारी वि० *(अ०)* जिसका इश्तहार निकला हो।

इश्तिआल पु० *(अ०)* भड़कना; प्रज्वलित होना।

इश्तिराक पु० *(अ०)* शिरकत; साझा

इश्तिहा स्त्री० *(अ०)* भूख; इच्छा।

इश्तियाक़ पु० *(अ०)* शौक; उत्कण्ठा; लालसा।

इश्तिआलक़ पु० *(अ०)* शौक; विशेष लालसा; अनुराग।

इस्तीला पु० *(अ०)* किसी पर विजय पाना।

इस्तीलाद पु० *(अ०)* सन्तान होने की इच्छा करना।

इस्तीलाफ़ पु० *(अ०)* किसी से प्रेम की इच्छा करना।

इस्तीसाक़ पु० *(अ०)* दृढ़ता चाहना; मज़बूत बनाने की इच्छा करना।

इस्तीसाल पु० *(अ०)* जड़ से उखाड़ फेंकना; उन्मूलन; समूल विनाश।

इस्तेजाब पु० *(अ०)* आश्चर्य प्रकट करना।

इस्तेजाल पु० *(अ०)* किसी बात में शीघ्रता चाहना; जल्दी करना।

इस्तेताफ़ पु० *(अ०)* दयादृष्टि चाहना; मेहरबानी चाहना; किसी का दिल मुट्ठी में लेना।

इस्तेदाद पु० *(अ०)* योग्यता; विद्वत्ता।

इस्तेबाद पु० *(अ०)* दास बनाना; गुलामी में लेना।

इस्ना अशर वि० *(अ०)* बारह; द्वादश; बारह इमाम।

इस्ना अशारी वि० *(अ०)* बारह इमामों को मानने वाला; शिया मुस्लिम।

इस्नान पु० *(अ०)* बगल (काँखों) से दुर्गन्ध आने का रोग; गन्दी बग़ल (काँख)।

इस्फन्दयार पु० *(फ़ा०)* ईरान का एक बहुत वीर बादशाह, जिसे रुस्तम ने अन्धा करके मारा था।

इस्फन्दार पु० *(फ़ा०)* ईरानी बारहवाँ महीना।

इसपन्द/इसबन्द पु० *(फ़ा०, इस्बन्द)* काला दाना नामक बीज जो प्रायः भूत-प्रेत आदि भगाने के लिए जलाते हैं।

इसबात पु० *(अ०, इस्बात)* प्रमाणित या सिद्ध करने की क्रिया।

इसमाईली पु० *(अ०)* शिया मुसलमानों का एक वर्ग।

इसराईल पु० *(अ०, इस्राईल)* याकूब पैगम्बर का एक नाम।

इसराईली पु० *(अ०)* यहूदी; याकूब के वंशज।

इसराफ़ पु० *(अ०, इस्राफ़)* अपव्यय, फिजूल खर्ची।

इसराफ़ील पु० *(अ०, इस्राफ़ील)* वह फरिश्ता जो कयामत के दिन तूर या नरसिंहा बजायेगा।

इसरार पु० *(अ०, इस्रार)* हठ; आग्रह।

इसलाह पु० *(अ०)* सुधारना; गलती ठीक करना; संशोधन।

इसहाक पु० *(अ०)* इस्लाम आदि धर्मों के पैगम्बर जो इब्राहिम के बेटे थे।

इसहाल पु० *(अ०, इस्हाल)* बार-बार पाखाना होना; दस्त आना।

इसारत स्त्री० *(अ०)* इशारा; संकेत।

इसियाँ पु० *(अ०)* गुनाह; अपराध; पाप।

इस्क़ात पु० *(अ०)* गिराना; पतन करना। जैसे- इस्काते हमल- गर्भपात; पेट गिराना।

इस्तआनत स्त्री० *(अ०)* सहायता; मदद।

इस्तआरा पु० *(अ०, इस्तआरः)* रूपक नाम का अर्थालंकार।

इस्तक़बाल पु० *(अ०, इस्तिक़बाल)* स्वागत; आगवानी; व्याकरण में भविष्यत काल।

इस्तक़रार पु० *(अ०, इस्तिक़रार)* स्थिर होना; ठहरना; सुख से रहना; निश्चित करना; पक्का करना।

इस्तक़लाल पु० *(अ०, इस्तिक़लाल)* दृढ़ता; मजबूती; पुष्टि; धैर्य; दृढ़ निश्चय; अध्यवसाय।

इस्तक़ामत स्त्री० *(अ०, इस्तिकामत)* दृढ़ता; मजबूती; स्थिरता; ठहराव; सरलता।

इस्तख़ारा पु० *(अ०, इस्तिखारः)* ईश्वर से मंगल कामना करना और किसी विषय में मार्ग दिखाने को कहना; शकुन विचार।

इस्तग़फ़ार पु० *(अ०, इस्तिग़फ़ार)* दया या क्षमा के लिए प्रार्थना करना; त्राण चाहना।

इस्तग़ासा पु० *(अ०, इस्तिग़ासः)* फरियाद; न्याय की प्रार्थना; अभियोग; दावा।

इस्तदलाल पु० *(अ०, इस्तिदलाल)* दलील; तर्क।

इस्तदुआ स्त्री० *(अ०, इस्तिदुआ)* विनती; निवेदन; प्रार्थना।

इस्तफ़सार पु० *(अ०, इस्तिफ़सार)* हाल पूछना; प्रश्न करना।

इस्तफ़हाम पु० *(अ०, इस्तिफ़हाम)* पूछना; दरयाफ़्त करना।

इस्तमरार पु० *(अ०, इस्तिम्रार)* स्थायित्व; निरन्तर रहने वाला अधिकार।

इस्तमरारी वि० *(अ०, इस्तिम्रारी)* स्थायी।

इस्तराहत स्त्री० *(अ०, इस्तिराहत)* आराम; सुख।

इस्तस्ना स्त्री० *(अ०, इस्तिस्ना)* वह जो किसी प्रकार अलग हो; अपवाद; अस्वीकार; न मानना।

इस्तहक़ाक पु० *(अ०, इस्तिहक़ाक)* हक; अधिकार; स्वत्व।

इस्तहकाम पु० *(अ०, इस्तिहकाम)* मजबूती; दृढ़ता; पुष्टि; समर्थन।

इस्तादगी स्त्री० *(फ़ा०)* खड़े होने की क्रिया; उत्थान।

इस्तादा वि० *(फ़ा०, इस्तादः)* खड़ा हुआ।

इस्तिंजा पु० *(अ०)* पानी से धोकर अशुद्धि दूर करना; मूत्रत्याग के बाद लिंग को जल या मिट्टी के ढेले से पोंछना।

इस्तिरदाद पु० *(अ०)* रद्द करने की क्रिया।

इस्तिलाह स्त्री० *(अ०, बहु० इस्तिलाहत)* किसी शब्द का साधारण अर्थ से भिन्न और विशेष अर्थ में प्रयुक्त होना; परिभाषा।

इस्तिलाही वि० *(अ० इस्तिलाह)* परिभाषा सम्बन्धी; पारिभाषिक।

इस्तीफ़ा पु० *(अ०)* नौकरी छोड़ना; पदत्याग; त्यागपत्र।

इस्तीसाल पु० *(अ०)* जड़ से उखाड़ना; नष्टकरना; उन्मूलन।

इस्तेदाद *(अ०, इस्तिअदाद)* सामर्थ्य; शक्ति; विद्या सम्बन्धी योग्यता, ज्ञान; दक्षता; निपुणता।

इस्तेमाल पु० *(अ०, इस्तअमाल)* प्रयोग; उपयोग।

इस्तेमाली वि० *(अ०, इस्तअमाली)* इस्तेमाल/प्रयोग किया हुआ; पुराना; काम में लाया जाने वाला; प्रचलित।

इस्तेहक़ाक पु० *(अ०)* हक; अधिकार; दावा।

इस्तेहकाम पु० *(अ०)* पुष्टिकरण; पुष्टि।

इस्पग़ोल पु० *(फ़ा०)* एक पौधे के गोल बीज जो दवा के काम आते हैं; इसबगोल।

इस्म पु० *(अ०)* नाम; संज्ञा (व्याकरण में)

इस्मत स्त्री० *(अ०)* पातिव्रत्य; सतीत्व; अस्मत शब्द भी प्रचलित है।।

इस्मतदर वि० *(अ० इस्मत+ फ़ा० दर)* सतीत्वहरण करने वाला; बलात्कारी।

इस्मतदारी स्त्री० *(अ० इस्मत+ फ़ा० दारी)* सतीत्वहरण; बलात्कार।

इस्मतफ़रोश वि० *(अ० इस्मत+ फ़ा० फ़रोश)* इस्मत बेचने वाली; वेश्या।

इस...

इस्मवार वि० *(अ० इस्म+फ़ा० वार)* एक-एक नाम के साथ किया हुआ विवरण आदि।

इस्मेअदद पु० *(अ०)* संख्यावाचक विशेषण।

इस्मे-आज़म पु० *(अ०)* ईश्वर का नाम जिसके उच्चारण से शैतान और भूत-प्रेत दूर रहते हैं।

इस्मे-ज़मीर पु० *(अ०)* व्याकरण में सर्वनाम।

इस्मे-जलाली पु० *(अ०)* ईश्वर का नाम।

इस्मे-फ़रज़ी पु० *(अ० इस्मे+ फ़ा० फर्जी)* कल्पित नाम।

इस्मे-फ़ायल पु० *(अ०)* व्याकरण में कर्ता।

इस्मे-सिफ़त पु० *(अ०)* व्याकरण में विशेषण।

इस्लाम पु० *(अ०वि०, इस्लामी)* ईश्वर के मार्ग में प्राण देने को तैयार होना; मुसलमानों का मत या धर्म; मुसलमान होना।

इस्लाह स्त्री० *(अ०)* किसी लेख, काव्य या इसी प्रकार के दूसरे कार्यों में किया जाने वाला सुधार; गाल और ठोड़ी पर के बाल।

पदरचना- *इस्लाह बनाना-* *हजामत बनाना।*

ई

ई सर्व० *(फ़ा०)* यह; यह वस्तु; यह व्यक्ति।

ईंचुनी अव्य० *(फ़ा०)* इस प्रकार; ऐसे।

ईआज़ पु० *(अ०)* संकेत करना; इशारा करना; आदेश देना।

ईआद पु० *(अ०)* वचन देना; वादा करना।

ईक़ाअ पु० *(अ०)* घटित करना; युद्ध में घसीटना।

ईक़ाज़ पु० *(अ०)* नींद से उठाना; जगाना।

ईक़ाद पु० *(अ०)* चिराग जलाना; बत्ती जलाना।

ईक़ान पु० *(अ०)* निश्चय; यक़ीन; किसी बात पर दृढ़ विश्वास।

ईक़ाफ़ पु० *(अ०)* ठहराना; रोकना; पदच्युत करना।

ईकार पु० *(अ०)* बोझ लादना; भारी करना।

ईकाल पु० *(अ०)* भोजन कराना; आलोचना करना।

ईक़ास पु० *(अ०)* जड़ से उखाड़ना।

[illegible] पु० *(अ०)* खराब होना; दूषित होना।

[illegible] गरम करना; खौलाना; औंटाना।

[illegible] पीड़ा; तकलीफ़।

ईजाज़ पु० *(अ०)* संक्षिप्त करना; बड़े लेख को छोटा करना।

ईजाद स्त्री० *(अ०)* नयी बात पैदा करना; आविष्कार।

ईजादी वि० *(अ०)* आविष्कारक।

ईजादे बन्दा स्त्री० *(अ० ईजादे+फ़ा० बन्दः)* मनगढ़ंत; कपोल-कल्पित।

ईजादेही स्त्री० *(अ० ईजा+फ़ा० देही)* कष्ट देना; दुःख पहुँचाना।

ईजान वि० *(अ०)* यज्ञ कराने वाला।

ईजाब पु० *(अ०)* प्रस्ताव; प्रार्थना।

पदरचना- *ईजाब व क़बूल-* *प्रार्थना और उसकी स्वीकृति।*

ईजार पु० *(अ०)* किराये पर उठाना।

ईज़ार साँ वि० *(अ० इज़ार+ फ़ा० साँ)* कष्ट देने वाला; तकलीफ़ देने वाला।

ईज़ार सानी स्त्री० *(अ० इजार+ फ़ा० सानी)* कष्ट देना; तकलीफ पहुँचाना।

ईजाल पु० *(अ०)* भय दिखलाना।

ईजास पु० *(अ०)* भयभीत होना।

ईज़ाह पु० *(अ०)* प्रकाशित करना, स्पष्ट करना।

ईता पु० *(अ०)* पाँव तले रौंदना।

ईताअ पु० *(अ०)* फल का वृक्ष में पकना।

ईतान[1] पु० *(अ०)* आगमन; आना।

ईतान[2] स्त्री० *(अ०)* किसी दूसरे देश को अपना देश बनाना; प्रवास।

ईतिनाफ़ पु० *(अ०)* नये सिरे से कोई काम करना।

ईतिमान पु० *(अ०)* अमानतदार बनाना।

ईतिमार पु० *(अ०)* परस्पर परामर्श करना; आज्ञापालन; काम बनाना।

ईतिलाक़ पु० *(आ०)* चमकना; प्रकाशमान होना।

ईतिलाफ़ पु० *(अ०)* एकत्र होना; मेलजोल होना; दोस्ती होना।

ईज़िद पु० *(फ़ा०)* ईश्वर।

ईज़िदी वि० *(फ़ा०)* ईश्वरीय।

ईद स्त्री० *(अ०)* मुसलमानों का एक प्रसिद्ध त्यौहार; प्रसन्नता और आनन्द का दिन; शुभ दिन।

मुहा० *ईद का चाँद होना-* *बहुत कम दिखायी पड़ना।*

ईद-उल-ज़ुहा स्त्री० *(अ०)* मुसलमानों का बकरीद नामक त्यौहार।

ईद-उल-फ़ित्र पु० *(अ०)* ईद नामक सिवइयों का त्यौहार।

ईदगाह स्त्री० *(अ० ईद+फ़ा० गाह)* वह विशेष स्थान जहाँ ईद के दिन सब मुसलमान एकत्र होकर नमाज पढ़ते हैं।

ईदिया पु० *(अ०)* ईद या दूसरे त्यौहारों पर एक-दूसरे के यहाँ भेजी जाने वाली भेंट या सौगात।

ईदी स्त्री० *(अ०)* ईद के दिन दिया जाने वाला उपहार या पुरस्कार।

ईदे क़ुरबाँ स्त्री० *(अ०)* वह ईद जो हज की खुशी में मनायी जाती है और जिसमें कुरबानी होती है; बक़रीद।

ईदैन स्त्री० *(अ०)* दोनों ईदें।

ईफ़ा पु० *(अ०)* वचन का पालन; भुगतान; देना; चुकाना।

पदरचना- *ईफाए-कौल-* *वचन का पालन।*

ईन स्त्री० *(अ० ऐना का बहु०)* काली आँखों वाली स्त्रियाँ।

ईनक अव्य० *(अ०)* यह; समीपवर्ती।

ईनत अव्य० *(फ़ा०)* साधु-साधु; वाह-वाह; ओहो; बहुत अज़ीब, विचित्र।

ईनास पु० *(अ०)* अभ्यस्त होना; जानना; सुनना; देखना।

ईफ़ा पु० *(अ०)* वचन पूरा करना; प्रतिज्ञा पालन।

ईफ़ाअ पु० *(अ०)* लड़के का वयस्क होना; ऊँचा होना।

ईफ़ाए अह्द पु० *(अ०)* वचन या प्रतिज्ञा का पालन।

ईफ़ाए कौल पु० *(अ०)* बात का पालन, वचन निभाना।

ईफ़ाए वादा पु० *(अ० ईफ़ाए वादः)* प्रतिज्ञा का पालन।

ईफ़ाल पु० *(अ०)* रोगमुक्त होना; जल्दी आना।

ईबा पु० *(अ०)* संकेत; इशारा।

ईबास पु० *(अ०)* सुखाना।

ईमाँ पु० *(अ०)* ईमान का लघु रूप।

ईमाँ फ़रोश वि० *(अ० ईमा+फ़ा० फ़रोश)* बेईमानी करने वाला; ईमान बेचने वाला।

ईमाँ फ़रोशी स्त्री० *(अ० ईमाँ+फ़ा० फ़रोशी)* ईमान बेचना; बेईमानी करना।

ईमा पु० *(अ०)* इशारा; संकेत।

ईमान पु० *(अ०)* धर्म सम्बन्धी विश्वास; अच्छी नीयत; धर्म; सत्य।

मुहा० *ईमान का सौदा-* *खरा व्यवहार।* ***ईमान की कहना-*** *सच कहना।* ***ईमान ठिकाने न रहना-*** *धर्म पर दृढ़ न रहना।* ***ईमान डिगना-*** *नीयत में खामी आना।* ***ईमान देना-*** *धर्म छोड़ना।* ***ईमान बिगड़ना/ईमान में फ़र्क आना-*** *धर्म में निष्ठा न रहना।* ***ईमान लाना-*** *किसी मत या धर्म में अटूट विश्वास रखना।*

ईमानदार पु० *(अ० ईमान+फ़ा० दार)* धर्म पर विश्वास रखने वाला; आस्तिक बुद्धि; सत्य व न्याय का पालन करने वाला।

ईमानदारी स्त्री० *(अ० ईमान+फ़ा० दारी)* ईमानदार होने की क्रिया या भाव।

ईमान दारान वि० *(अ० ईमान+फ़ा० दारानः)* ईमानदारों जैसा।

ईमान फ़रोश वि० *(अ० ईमान+फ़ा० फ़रोश)* जो अपना ईमान बेच दे; बेईमान, गद्दार।

ईमान फ़रोशी स्त्री० *(अ० ईमान+फ़ा० फ़रोशी)* ईमान बेचना; बेईमानी करना; गद्दारी।

ईमान बिलग़ैब पु० *(अ०)* बिना देखे किसी बात पर विश्वास; अनदेखे ईश्वर पर निष्ठा।

ईमाने कामिल पु० *(अ०)* पक्का धर्म विश्वास।

ईयल पु० *(अ०)* बारहसिंहा; हिरण की एक जाति।

ईयास पु० *(अ०)* निराश करना; नाउम्मीद करना।

ईर पु० *(अ०)* यात्री दल; काफ़िला, जिस जानवर पर अनाज लादा जाये।

ईराँ पु० *(फ़ा०)* ईरान का लघु रूप।

ईरा पु० *(अ०)* आग जलाना; चिमटे से आग जलाना।

ईराक[1] पु० *(अ०)* वृक्ष में से हरे पत्ते फूटना; कोंपल निकलना।

ईराक[2] पु० *(अ०)* एक देश।

ईराद पु० *(अ०)* लागू करना; आपत्ति करना।

ईरान पु० *(फ़ा०)* फारस देश।

ईरानी पु० *(फ़ा०)* ईरान देश क वासी; ईरान की भाषा। वि० ईरान का।

ईरास[1] पु० *(अ०)* पेड़ के पत्ते पीले होना।

ईरास[2] पु० *(अ०)* अपना उत्तराधिकारी बनाना।

ईर्मान पु० *(अ०)* जो बिना बुलाये किसी दावत में जाये; लज्जा; पश्चाताप; अफ़सोस।

ईर्सा स्त्री० *(अ०)* इन्द्रधनुष; सौसन नामक औषध की जड़।

ईल[1] पु० *(तु०)* वर्ष; वशीभूत; अनुकूल।

ईल[2] पु० *(तु०)* ईश्वर; खुदा।

ईला पु० *(अ०)* दान देना; शपथ खाना।

ईलाक़ात पु० *(तु०)* तुर्कों के रहने के मकान, उनकी खेती आदि।

ईलाज पु० *(अ०)* एक वस्तु को दूसरी वस्तु के भीतर घुसेड़ना।

ईलाद पु० *(अ०)* बच्चा पैदा करना।

ईलाफ़ पु० *(अ०)* अभ्यस्त होना; रुष्ट होना।

ईलाम पु० *(अ०)* दुखित करना।

ईलिया पु० *(तु०)* बहुत सच्चा।

ईवा पु० *(अ०)* आबाद करना; स्थान देना।

ईवान पु० *(फ़ा०)* महल; भवन; परिषद; कौंसिल।

ईवाने ज़ेरीं पु० *(फ़ा०)* निम्न सदन; लोअर हाउस।

ईवाने बाला पु० *(फ़ा०)* राजभवन; राजद्वार; शाही महल।

ईश पु० *(अ०)* गुप्तचर; जासूस।

ईशा पु० *(अ० ईश:)* चैन और सुख का जीवन।

ईशाअ पु० *(अ०)* पेड़ में से कलियाँ निकलना।

ईस[1] पु० *(अ०)* सफ़ेद ऊँट; जिनकी सफ़ेदी में लालिमा हो।

ईस[2] पु० *(अ०)* पेड़ों का झुण्ड; भीड़।

ईसाद पु० *(अ०)* पर्दा डालना; छिपाना; ढकना; दरवाजा बन्द करना।

ईसानफ़स वि० *(अ०)* जिसकी फूँक से मृतक जी उठें; मुर्दों को जीवन प्रदान करने वाला।

ईसानफ़सी स्त्री० *(अ०)* मृतकों को जीवित करना।

ईसवी वि० *(अ०)* ईसा सम्बन्धी; ईसा का।

ईसा पु० *(अ०)* एक प्रसिद्ध सन्त जो ईसाई धर्म के प्रवर्तक थे।

ईसाई पु० *(अ०)* ईसा के चलाये धर्म को मानने वाला; क्रिस्तान।

ईसार पु० *(अ०)* ग्रहण करना; बड़प्पन; त्याग और तपस्या; स्वार्थ त्याग; स्वार्थ त्याग; दूसरे के लिए स्वयं हानि सहना।

ईसार पेशा वि० *(अ० ईसार+ फ़ा० पेश:)* जो दूसरों के लिए अपना हित त्याग दें; स्वार्थ त्याग।

ईसाल पु० *(अ०)* पहुँचाना; भेजना।

ईसाले सवाब पु० *(अ०)* मृतकों की आत्मा के लिए क़ुरान पढ़ना या खाना खिलाने का सवाब पहुँचाना।

ईहाम पु० *(अ०)* भ्रान्ति; भ्रम।

उ

उक़द पु० *(अ० 'उक़्द:' का बहु०)* ग्रन्थियाँ; गाँठें।

उक़बा पु० *(अ०, उक़्बा)* सृष्टि का अन्तिमकाल; परलोक।

उक़ला[1] पु० *(अ० उक़्ल:)* बाँध; रोक।

उक़ला[2] पु० *(अ०, उक़्ल:, अक़ील का बहु०)* बुद्धिमान लोग।

उक़ाबीन पु० *(अ०)* लोहे के काँटे।

उक़ाबैन पु० *(अ०)* दो लम्बी लकड़ियाँ जिन पर अपराधी को लटकाते थे।

उक़ाब पु० *(अ०)* गिद्ध पक्षी; गरुड़ पक्षी।

उक़्दा- स्त्री० *(अ०, उक़्द:)* गिरह; गाँठ; गूढ़ विषय; कठिन समस्या, जो जल्दी समझ में न आये

उक़्दा-कुशा वि० *(अ० उक़्द:+फ़ा० कुशा)* कठिन समस्या का समाधान करने वाला; ईश्वर का एक विशेषण।

उख़्त स्त्री० *(अ०, बहु० उख्यात)* बहन।

उख़्दूद पु० *(अ०)* लम्बी-लम्बी खोहें या गुफाएँ।

उख़्रवी वि० *(अ०)* परलोक सम्बन्धी; अदन का।

उख़्रा स्त्री० *(अ०)* आखिरी; अन्तिम।

उख़ुवत स्त्री० *(अ०)* भाईचारा; बन्धुत्व।

उग़ुल पु० *(तु०)* लड़का; बालक।

उग़्लूता पु० *(अ० उग्लूत:)* भ्रम; धोखा वाली बात।

उचुब वि० *(तु०)* विस्तृत।

उज़्बक *(तु०, उज़्बक)* मूर्ख; उजड्ड; गँवार।

उजबेक पु॰ *(तु॰)* तातारियों की एक जाति।

उजरत स्त्री॰ *(अ॰, उज्रत)* बदला; एवज; मजदूरी।

पदरचना- ***उजरते नक़्ल-नकल; प्रतिलिपि।***

उजलत[1] स्त्री॰ *(अ॰, उज्लत)* शीघ्रता; जल्दी।

उज़लत[2] स्त्री॰ *(अ॰)* एकान्तवास; एकान्त।

उज़्म पु॰ *(अ॰)* बड़प्पन; बुजुर्गी।

उज़्मा पु॰ *(अ॰, अजीम का बहु॰)* बुजुर्ग या बड़े लोग।

उजाक़ पु॰ *(तु॰)* चूल्हा; अँगीठी।

उज़ाज पु॰ *(अ॰)* खारा पानी; कड़वा नमक।

उज़ाद पु॰ *(अ॰)* दरवाजे में बगल की लकड़ी।

उज़ाब पु॰ *(अ॰)* आश्चर्य; विस्मय।

उज़ाम पु॰ *(अ॰ अज़ीम का बहु॰)* बड़े लोग; महान् व्यक्ति।

उजाला/उजालत पु॰ *(अ॰ उजालः)* वह वस्तु जो तुरन्त लायी जा सके।

उजुन पु॰ *(अ॰)* कान; श्रवणेन्द्रिय।

उजूबा वि॰ *(अ॰ उजूबः)* विलक्षण; अद्‌भुत; विचित्र।

उजूरा पु॰ *(अ॰ उजूरः)* मजदूरी; पारिश्रमिक।

उज्ज़ पु॰ *(अ॰)* कटिदेश; चूतड़।

उज्जा[1] पु॰ *(अ॰ उज्जः)* आमलेट।

उज़्ज़ा[2] पु॰ *(अ॰)* अरब की एक प्राचीन मूर्ति जिसकी पूजा होती थी।

उज़्ज़ाम पु॰ *(अ॰ अज़ीम का बहु॰)* बड़े लोग।

उज़्न पु॰ *(अ॰)* कान।

उज्ब पु॰ *(अ॰)* अहंकार; अभिमान।

उज़्म[1] पु॰ *(अ॰)* निश्चय; संकल्प; इरादा।

उज़्म[2] पु॰ *(तु॰)* अंगूर; द्राक्षा।

उज्र पु॰ *(अ॰)* आपत्ति; एतराज; विवशता; मजबूरी।

उज्रत स्त्री॰ *(अ॰)* मजदूरी; पारिश्रमिक।

उज्रदार स्त्री॰ *(अ॰ उज्र+फ़ा॰ दार)* आपत्तिकर्ता; क़ानूनी आपत्ति करने वाला।

उज्रदारी वि॰ *(अ॰ उज्र+फ़ा॰ दारी)* आपत्तिकर्ता; किसी के मुकाबले अपने हक के लिए प्रार्थना करना।

उज़्रा पु॰ *(अ॰)* वज़ीफ़ा; वृत्ति।

उज्रेज़नाँ पु॰ *(अ॰ उज्र+फ़ा॰ ज़नाँ)* मासिक धर्म।

उज्रेलंग पु॰ *(अ॰ उज्रे+फ़ा॰ लंग)* ऐसा विरोध जिसे मानने में सन्देह हो।

उज़्लत[1] स्त्री॰ *(अ॰)* बात-बच्चों से विरक्त होकर ईश्वर-भजन में लगना; एकान्तवास करना।

उज्लत[2] स्त्री॰ *(अ॰)* शीघ्रता; जल्दी। इसका शुद्ध उच्चारण 'इल्लत' है, किन्तु उर्दू में 'उज़्लत' ही बोलते हैं।

उज़्व पु॰ *(अ॰)* अवयव; अंग; शरीर का कोई भाग।

उज़्हूक वि॰ *(अ॰)* वह जिस पर सब हँसें।

उत्तू पु॰ *(फ़ा॰)* कपड़े पर छपाई करने का लोहे का ठप्पा। वि॰ मत्त; नशे में चूर।

पदरचना- ***उत्तूकश/उत्तूगर-*** *उत्तू पर काम करने वाला।*

मुहा॰ ***उत्तू करना-*** *इतना मारना कि शरीर पर दाग पड़ जायें।*

उत्लत स्त्री॰ *(अ॰)* निकम्मापन; बेकारी।

उताक़ पु॰ *(तु॰)* घर; मकान; कोठा; कमरा।

उताक़ा पु॰ *(तु॰ उताक़ः)* कलगी।

उतारिद पु॰ *(अ॰)* बुधग्रह।

उताश स्त्री॰ *(अ॰)* प्यास की बीमारी।

उतास स्त्री॰ *(अ॰)* छींके आने का रोग; छींक।

उतुल पु॰ *(अ॰)* बहुत खाने वाला; कड़ी आवाज वाला; अत्याचारी।

उतुव्व वि॰ *(अ॰)* अभिमान; घमण्ड; उदण्डता; हद से गुजरना, बहुत बूढ़ा होना।

उत्बः पु॰ *(अ॰)* अरब का एक व्यक्ति।

उत्बा पु॰ *(अ॰)* आज्ञा; मर्जी।

उत्रुज पु॰ *(अ॰)* नींबू।

उत्रूबा पु॰ *(अ॰ उत्रूबः)* आनन्ददायक वस्तु; बाजा-गाजा आदि मनोरंजन के साधन।

उत्रूश वि॰ *(अ॰)* बधिर; बहरा।

उदबा पु॰ *(अ॰ अदीब का बहु॰)* साहित्य सेवी लोग।

उदूलहुक्मी स्त्री॰ *(अ॰)* आज्ञा न मानना; अवज्ञा करना।

उद्दत स्त्री॰ *(अ॰)* *तत्परता; तैयारी; बनावट।*

उद्वा पु॰ *(अ॰ उद्वः)* दूर का स्थान; नदी का किनारा।

उद्वान पु॰ *(अ॰)* शत्रुता; दुश्मनी; अत्याचार; जुल्म।

उदूल पु॰ *(अ॰)* मार्गच्युत होना; विमुख होना; अवहेलना।

उनवान पु० *(अ०, उन्वान)* शीर्षक; प्रस्तावना; भूमिका।

उन्क़ा पु० *(अ०)* एक कल्पित पक्षी; अप्राप्य; दुष्प्राप्य।

मुहा० उन्क़ा होना- *अलभ्य/अदृश्य हो जाना।*

***उन्नाब** पु० (अ०) एक प्रकार का बेर जो औषधि के काम आता है।*

उन्नाबी पु० *(अ०)* एक प्रकार का गहरा लाल रंग।

उंस पु० *(अ०)* प्यार; प्रेम।

उनसा पु० *(अ० अनीस का बहु०)* मित्रगण; दोस्त।

उनास पु० *(अ० उंसा का बहु०)* माताएँ; स्त्रियाँ।

उनुक़ स्त्री० *(अ०)* गरदन; गला; ग्रीवा।

उनूद पु० *(अ०)* सत्य के प्रतिकूल कार्य करना; युद्ध करना; लड़ना।

उनूस पु० *(अ०)* लड़की का बालिग होकर, बिना पति के बहुत दिनों तक घर में बैठना।

उंसर पु० *(अ०)* मूल तत्त्व।

उंसरी वि० *(अ०)* मूलतत्त्व सम्बन्धी।

उफ़ विस्मय *(अ०)* दुःख या कष्टसूचक शब्द; आश्चर्यसूचक शब्द।

मुहा० उफ़ तक न करना- *कष्ट पहुँचने पर भी चुप रहना; चुपचाप सहन करना।*

उफ़नत स्त्री० *(अ०)* दुर्गन्ध।

उफ़ान स्त्री० *(अ०)* उबाल; जोश खाकर ऊपर उठना।

उफ़ाल स्त्री० *(अ०)* लम्बा डग।

उफ़ुक़ पु० *(अ०)* आकाश का किनारा; क्षितिज।

उफ़्ताँ व खेज़ाँ क्रि०वि० *(फ़ा०)* बहुत कठिनता से उठते-बैठते हुए; गिरते-पड़ते।

उफ़्ताद स्त्री० *(फ़ा०)* विपत्ति; मुसीबत; दुर्घटना।

उफ़्तादा वि० *(अ०, उफ़्तादः)* खाली पड़ा हुआ; विपत्तिग्रस्त; मुसीबत का मारा।

उबाब पु० *(अ०)* छुहारे के पेड़ का पत्ता; पानी की प्रचण्ड बाढ़; ऊँचाई; आरम्भ।

उबूर पु० *(अ०)* किसी रास्ते से होकर जाना; नदी, समुद्र आदि को पार करना।

पदरचना- उबूर दरियाए शोर- *द्वीपान्तर; कालापानी।*

उमक़ पु० *(अ०, उमुक़)* गहराई; गम्भीरता।

उमरा पु० *(अ०, अमीर का बहु०)* धनिक; सरदार; सामन्त।

उमूमियत स्त्री० *(अ०)* साधारणतया; सामान्यतः।

उमूर पु० *(अ०, अम्र का बहु०)* विषम।

पदरचना- उमूरे अहम्- *आवश्यक विषय।*

उम्दगी स्त्री० *(अ०)* उम्दा होने का भाव; अच्छाई।

उम्दा वि० *(अ०, उम्दः)* अच्छा; बढ़िया, उच्च कोटि का।

उम्म स्त्री० *(अ०)* माता; माँ।

उम्म-उल-सिबियाँ स्त्री० *(अ०)* बच्चों की माता; शैतान की पत्नी; एक प्रकार का मिरगी का रोग।

उम्मत स्त्री० *(अ०)* किसी धर्म विशेषतः पैगम्बरी धर्म के मानने वाले समस्त अनुयायी। जैसे- मुसलमान; यहूदी।

पदरचना- छोटी उम्मत- *वर्णसंकर जाति; नीच जाति।*

उम्मती पु० *(अ०)* किसी पैगम्बरी धर्म का अनुयायी।

उम्महातेसिफ़्ली स्त्री० *(अ०)* पंचभूत।

उम्माल पु० *(अ० आमिल का बहु०)* कर्मचारी वर्ग।

उम्मी पु० *(अ०)* वह जिसका पिता बचपन में मर गया हो और उसका पालन-पोषण केवल माता या दाई ने किया हो।

उम्मीद स्त्री० *(फ़ा०)* आशा; भरोसा; आसरा।

उम्मीदवार पु० *(फ़ा०)* आशा रखने वाला; प्रत्याशी।

उम्मुल किताब स्त्री० *(अ०)* कुरान; सूराए-फातिहा।

उम्मुल उलूम स्त्री० *(अ०)* व्याकरण।

उम्मुल ख़बाइस स्त्री० *(अ०)* सारी बुराइयों की माँ अर्थात् शराब।

उम्मुल जराइम स्त्री० *(अ०)* सारे अपराधों की माँ 'दरिद्रता'।

उम्मेमिल्दम स्त्री० *(अ०)* मौत की माँ 'क्षयरोग'।

उम्र स्त्री० *(अ०)* अवस्था; जीवनकाल; आयु।

उम्रा पु० *(अ०)* हज करने वालों की एक इबादत, मक्के से तीन कोस पर 'तनूईम' नामक स्थान पर नमाज पढ़कर, वापस आकर काबे का दर्शन करते हैं।

उम्रकैद पु० *(अ०)* आजीवन कारावास।

उम्रतबई स्त्री० *(अ०)* मनुष्य का स्वाभाविक जीवन काल जो अरबवासियों में 120 वर्ष माना जाता था।

उयून पु० *(अ० ऐन का बहु०)* चश्मे; सोते; आँखें; नेत्र समूह।

उयूब पु० *(अ० ऐब का बहु०)* बहुत से दोष।

उयूल स्त्री० *(अ०)* संन्यास; फ़क़ीरी; निर्धनता।

उर्यांनवीस वि० *(अ० उर्यी+फ़ा० नवीस)* अश्लील लेख लिखने वाला।

उर्यानी स्त्री० *(अ०)* नग्नता; अश्लीलता; फक्कड़पन।

उर्यानी पसन्द वि० *(अ०+फ़ा०)* जिसे अश्लीलता पसन्द हो।

उरदाबेगनी स्त्री० *(अ०)* वह स्त्री जो राजमहलों में सशस्त्र होकर पहरा दे।

उरफ़ा पु० *(अ० आरिफ़ का बहु०)* ब्रह्मज्ञानी लोग।

उराजा पु० *(अ०)* वह वस्तु जो यात्री विदेश से लाकर उपहार के रूप में मित्रों को दे।

उरात पु० *(अ० आरी का बहु०)* नग्न लोग; नंगे।

उरुज्ज पु० *(अ०)* चावल।

उरियाँ वि० *(अ०)* नंगा; नग्न।

उरियानी स्त्री० *(फ़ा०)* नंगापन; नग्नता।

उरूज पु० *(अ०)* ऊपर की ओर चढ़ना; उत्थान; उन्नति; शीर्षबिन्दु; विकास।

उरूस पु० *(अ०)* दूल्हा। स्त्री० दुलहिन।

उरूसी स्त्री० *(अ०)* निकाह की पद्धति से होने वाला विवाह।

उरेब वि० *(फ़ा०)* टेढ़ा; तिरछा; धूर्ततापूर्ण; चालाकी का।

उर्दक स्त्री० *(तु०)* मुर्गाबी; एक प्रसिद्ध जल पक्षी।

उर्दक परानी स्त्री० *(तु० उर्दक+फ़ा० परानी)* ठठोली; उपहास; मसखरी।

उर्दी पु० *(फ़ा०)* फ़ारसी वर्ष का दूसरा महीना।

उर्दू स्त्री० *(तुर्की)* लश्कर या छावनी का बाजार; वह बाजार जहाँ सब तरह की वस्तुएँ बिकती हों; हिन्दी भाषा का वह रूप जिसमें अरबी-फ़ारसी-तुर्की आदि भाषा के शब्द अधिक हों और जो फ़ारसी लिपि में लिखी जाये।

उर्दू-ए-मुअल्ला स्त्री० *(तु० उर्दू+अ० मुअल्ला)* लश्कर की छावनी; कचहरी या राजदरबार की भाषा; उच्च कोटि की और परिष्कृत उर्दू भाषा।

उर्फ पु० *(अ०)* उपनाम।

उर्फी वि० *(अ०)* प्रसिद्ध; मशहूर।

उलाक़ पु० *(तु०)* गधा; खर; रासभ।

उलाचुक़ पु० *(तु०)* जंगली व्यक्तियों की झोंपड़ी, जो बालों से बनायी जाती है।

उलुश पु० *(तु०)* अमीरों के आगे का बचा हुआ भोजन जो नौकरों का हक होता है; किसी ऋषि या सन्त का जूठन जो प्रसाद के रूप में खाया जाता है; प्रसाद; भोग।

उलुस पु० *(तु०)* राष्ट्र; कौम; जाति-बिरादरी।

उल्का पु० *(तु० उल्क:)* देश; राष्ट्र।

उवैस पु० *(अ०)* मुसलमान सन्त जो यमन देश के 'करन' गोत्र के थे।

उशाक़ पु० *(तु०)* बिना दाढ़ी मूँछ का सुन्दर लड़का।

उश्र वि० *(अ०)* दसवाँ भाग, 1/10 अंश।

उसूल पु० *(अ० अस्ल का बहु०)* जड़ें; सिद्धान्त; नियम।

उसूलन वि० *(अ०)* नियमानुसार।

उस्क़ुफ़ पु० *(अ०)* ईसाइयों का धार्मिक नेता।

उस्क़ुफ़े आजम पु० *(अ०)* सबसे बड़ा पादरी।

उस्ता पु० *(फ़ा०)* पारसियों की एक धार्मिक पुस्तक।

उस्तुक़्स पु० *(अ०)* तत्त्व; पंचभूत।

उस्तुख्वाँ पु० *(फ़ा०)* हड्डी; अस्थि।

उस्तुख्वाँदार वि० *(फ़ा०)* दृढ़; मजबूत; स्थिर; कायम।

उस्तुर्लाब पु० *(अ०)* एक यन्त्र जिससे ग्रहों आदि की नाप होती है।

उस्तूरा पु० *(अ० उस्तूर:)* कहानी; आख्यायिका।

उस्तूल पु० *(अ०)* युद्धपोत; जंगी जहाज।

उस्बूअ पु० *(अ०)* सप्ताह; हफ्ता।

उस्मान पु० *(अ०)* मुसलमानों के तीसरे खलीफ़ा।

उर्स पु० *(अ०)* विवाह आदि अवसरों पर होने वाला भोजन; वह भोजन जो किसी की मरण-तिथि पर लोगों को दिया जाये; मरणतिथि पर होने वाला उत्सव। (फातिहाख्वानी और मजलिस)

उलफ़त स्त्री० *(अ०, उल्फ़त, वि० उल्फ़ती)* प्रेम; प्यार; मुहब्बत; दोस्ती; मित्रता।

उलबी वि० *(अ०)* स्वर्ग या आकाश से सम्बन्ध रखने वाला।

उलमा पु० *(अ०, उल्मा, आलिम का बहु०)* विद्वान् लोग।

उलुग़ पु० *(तु०)* महामुरुष; बड़ा बुजुर्ग।

उलूम पु० *(अ०, इल्म का बहु०)* विद्याएँ; ज्ञान।

उलूमे अक्ली पु० *(अ०)* वे विद्याएँ जिनका सम्बन्ध बुद्धि व तर्क से है।

उलूमे नक़्ली पु० *(अ०)* वे विद्याएँ जिनका सम्बन्ध बुद्धि से नहीं, बल्कि पुस्तक में लिखे को मानने से हैं, जैसे- धर्म सम्बन्धी विद्याएँ।

उल्-उल्-अज़्म वि० *(अ०)* हौसले मन्द; साहसी।

उल्-उल्-अज़्मी स्त्री० *(अ०)* ऊँचा हौसला; बड़ा साहस।

उशबा पु० *(फ़ा०, उशबः)* खून साफ करने की एक प्रसिद्ध दवा।

उश्तूर पु० *(फ़ा०)* ऊँट।

उसलूब पु० *(अ०, उस्लूब)* तरीका; ढंग।

उसूल पु० *(अ०)* सिद्धान्त; नियम; कायदा।

उस्तख़्वाँ पु० *(फ़ा०)* हड्डी; हाड़; अस्थि।

उस्तुरा पु० *(फ़ा०, उस्तुरः)* बाल मूँडने का औजार; छुरा।

उस्तवा पु० *(फ़ा०, इस्तिवा)* समतल होने का भाव, बराबरी।

उस्तवार वि० *(फ़ा०, उस्तुवार)* पक्का; दृढ़; मजबूत।

उस्तवारी स्त्री० *(फ़ा०, उस्तुवारी)* दृढ़ता, मजबूती, सरलता।

उस्ताद पु० *(फ़ा०)* गुरु; शिक्षक; अध्यापक।

उस्तादी स्त्री० *(फ़ा०)* शिक्षक की वृत्ति; गुरुआई; चालाकी, धूर्तता; विज्ञता।

उस्तानी स्त्री० *(फ़ा०+हि०)* गुरुआनी; शिक्षिका।

उस्तुरलाब स्त्री० *(यू०)* नक्षत्रों को मापने का एक यन्त्र।

उस्तुवार वि० *(फ़ा०)* स्थायित्व।

उस्तून पु० *(अ०)* खम्भा।

उसमान पु० *(अ०)* मुहम्मद के चार साथियों में से एक जो उमर की शहादत के बाद खलीफा (तीसरे) चुने गये।

उसमानिया पु० *(अ०)* उसमान से चला हुआ तुर्क राजवंश।

उहूद पु० *(अ० अहद का बहु०)* प्रतिज्ञाएँ; वचन; वादे।

उह्दूसा पु० *(अ० उह्दूसः)* कहानी; आख्यान; किस्सा।

उस्बत पु० *(अ०)* हथियार और सामान।

उहदा पु० *(अ०)* पद; स्थान।

उहदेदार पु० *(अ० उहदे+फ़ा० दार)* पदधारी; पदाधिकारी।

ऊ अव्य० *(फ़ा०)* वह।

ऊक़िया पु० *(अ० उक़ियः)* आधी छटाक से कुछ अधिक की एक तौल।

ऊक़ियानूस पु० *(अ०)* अटलाण्टिक महासागर।

ऊज पु० *(अ०)* एक बहुत ही लम्बा व्यक्ति, जो हज़रत आदम के ज़माने में पैदा हुआ और हज़रत मूसा के ज़माने तक साढ़े तीन हज़ार वर्ष जीवित रहा। इसके पिता का नाम 'ऊक़' था।

ऊद पु० *(अ०)* अगर नामक सुगन्धित लकड़ी; बरबत नामक बाजा।

ऊदबिलाव पु० *(अ०)* नेवले की शक्ल का एक जल-थल जीव। वि० मूर्ख; बुद्धू।

ऊदनवाज़ पु० *(अ० ऊदन+फ़ा० वाज़)* बाजा बजाने वाला।

ऊदसोज़ पु० *(अ० ऊद+फ़ा० सोज़)* ऊद नामक लकड़ी सुलगाने का पात्र।

मुहा० ***ऊदबिलाव की ढेरी-*** *कभी न समाप्त होने वाला झगड़ा।*

ऊदा वि० *(अ०)* अगर नामक लकड़ी से सम्बन्धित।

ऊदासोज पु० *(अ० ऊदा+फ़ा० सोज)* वह पात्र जिसमें रखकर सुगन्धि के लिए 'अगर' जलाते हैं।

ऊदी वि० *(अ०)* ऊद का; ऊद के रंग का।

पदरचना- *ऊदीसेम- केवाँच।*

ऊर वि० *(फ़ा०)* नग्न; नंगा।

ऊरी स्त्री०, वि० *(फ़ा०)* नंगापन।

ऊस स्त्री० *(अ०)* बकरी की एक जाति।

ए

ए अव्य० *(फ़ा०)* ए; अयि; बुलाने का एक सम्बोधन।

एआदा पु० *(अ० एआदः)* दोहराना; पुनरावृत्ति; लौटना; वापस आना।

एआदए शवाब पु० *(अ० एआदए+फ़ा० शबाब)* युवावस्था की पुनः वापसी; बूढ़े का जवान बनना।

एआनत स्त्री० *(अ०)* सहायता; मदद।

एआनते मुजरिमाना स्त्री० *(अ० एआनते+फ़ा० मुज़्रिमानः)* अपराध करने में सहायता; अवैध सहायता।

एक-ब-एक अव्य० *(फ़ा०)* अचानक; सहसा।

एक बारगी क्रि०वि० *(फ़ा०)* एक ही बार में; बिलकुल।

एकबाल पु० *(अ०)* स्वीकार; हामी; प्रताप; सौभाग्य।

एकरार पु० *(अ०)* स्वीकार; वादा।

पदरचना- ***एकरारनामा-*** *स्वीकृतिपत्र*

एकाएक क्रि०वि० *(फ़ा०)* अचानक; सहसा।

एकसाँ/एकसार वि० *(फ़ा०)* एक समान।

एकसाला वि० *(फ़ा०)* एकवर्षीय; एक वर्ष में होने वाला।

एजाज़[1] पु० *(अ०)* चमत्कार; करिश्मा; अलौकिक शक्तिसूचक कार्य।

एजाज़[2] पु० *(अ०)* सम्मान; प्रतिष्ठा; राज्य या किसी बड़ी सभा की ओर से कोई महत्त्वपूर्ण काम सौंप कर सम्मान देना।

एजाज़े ईसवी पु० *(अ०)* मृतकों को जीवित करने का चमत्कार।

एजाब पु० *(अ०)* अभिमान करना; घमण्ड करना; घमण्ड; हर्ष।

एजाल पु० *(अ०)* शीघ्रता करना; जल्दी करना।

एज़ाज़ी वि० *(अ०)* कोई काम जो सम्मान के लिए हो; अवैतनिक कार्य।

एतक़ाद पु० *(अ०, एतिक़ाद)* पक्का विश्वास; पूरा एतबार।

एतक़ाफ पु० *(अ०, एतिक़ाफ)* संसार से सम्बन्ध छोड़कर मसज़िद में एकान्तवास करना।

एतज़ाज़ पु० *(अ० एतिज़ाज़)* प्यारा होना।

एतज़ाम पु० *(अ० एतिज़ाम)* संकल्प करना; दृढ़ प्रतिज्ञ होना; इरादा पक्का करना।

एतसाम पु० *(अ० एतिसाम)* संयम; इन्द्रियनिग्रह।

एबक पु० *(तु०)* दास; गुलाम; दूत; प्रेमपात्र।

एमन वि० *(फ़ा०)* सुरक्षित; अभय; निडर।

एमनी स्त्री० *(फ़ा०)* सुरक्षा; भयहीनता; निडरपन।

एतदाल पु० *(अ०, एतिदाल)* मध्यम मार्ग; संयम; परहेज।

एतना पु० *(अ०,)* सहानुभूति दिखलाना; दया करना।

पदरचना- ***बे-एतना-*** *सहानुभूति का अभाव; उदासीनता; लापरवाही।*

एतबार पु० *(अ०)* विश्वास; भरोसा; साख।

एतबारी वि० *(अ०)* जिस पर विश्वास किया जाये; विश्वसनीय।

एतमाद पु० *(अ०, एतिमाद; वि०, एतमादी)* विश्वास; भरोसा।

एतराज़ पु० *(अ०, एतिराज़, बहु० एतराज़ात)* आपत्ति; हस्तक्षेप।

एतराफ़ पु० *(अ०, एतिराफ़)* इकरार करना; मानना।

एतवार पु० *(अ०)* रविवार।

एता पु० *(अ०)* देना; प्रदान करना; पुरस्कार।

एताक़ पु० *(अ०)* दास को मुक्त करना; अपने बन्धन से छोड़ना।

एताश पु० *(अ०)* प्यासा करना।

एराक पु० *(अ०)* इराक नामक देश।

एराकी वि०पु० *(अ०)* इराक देश का वासी।

एराफ़ पु० *(अ०)* जहाज का पेंदा।

एराब पु० *(अ०)* जेर, जवर, पेश की मात्राएँ या उनके चिह्न।

एलची पु० *(तु०)* पत्रवाहक; राजदूत।

एला पु० *(तु०)* ऊँचा करना; प्रसार करना; फैलाना।

एलाम पु० *(अ०)* ज्ञान बताना।

एलाल पु० *(अ०)* बीमार करना।

एलानिया पु० *(अ०)* घोषणा के रूप में; खुले आम।

एलानेजंग पु० *(अ० एलाने+फ़ा० जंग)* युद्ध की घोषणा।

एलायची स्त्री० *(अ०)* इलायची।

एवज़ अव्य० *(अ०)* जो किसी के बदले या स्थान पर हो; स्थानापन्न। पु० प्रतिफल।

पदरचना- ***एवज़ मुआवज़ा***-*अदला बदली; प्रतिहार।* ***एवज़ी*** *किसी के एवज़ में या स्थान पर काम करने वाला; स्थानापन्न।* ***एहतमास-*** *प्रयास; कोशिश; प्रबन्ध; निरीक्षण; इन्तजाम; देखरेख; अधिकार-क्षेत्र।*

एवास पु० *(अ०)* शत्रु को कठिनाई में डाल देना।

एशाँ अव्य० *(फ़ा०)* यह लोग; यह सब।

एशाश पु० *(अ०)* दूसरे के घर में इस इरादे से जाये कि वह घबरा कर घर छोड़कर भाग जाये।

एसार पु० *(अ०)* लड़की का बालिग होना; बादल का बरसने के करीब होना।

एहक़ाक़ पु० *(अ०)* अधिकार प्रमाणित करना; ठीक जानना।

एहक़ाक़े हक़ पु० *(अ०)* सच्ची बात साबित करना।

एहज़ान पु० *(अ०)* दुखित करना।

एहज़ार पु० *(अ०)* उपस्थित करना; घोड़े दौड़ाना।

एहतक़ान पु० *(अ० एहतिक़ान)* पिचकारी लगाना; सूई लगाना; एनिमा लगाना।

एहतक़ार[1] पु० *(अ० एहतिक़ार)* तिरस्कार करना।

एहतकार[2] पु० *(अ० एहतिकार)* इस विचार से अन्न एकत्र करना कि भाव तेज होने पर बेचा जायेगा।

एहतराज़ पु० *(अ०, एहतिराज़)* अलग या दूर रहना; बचना; परहेज करना; घृणा करना।

एहतराम पु० *(अ०, एहतिराम)* आदर; सम्मान।

एहतशाम पु० *(अ०, एहतिशाम)* प्रतिष्ठा; वैभव; शान-शौकत।

एहतसाब पु० *(अ०, एहतिसाब)* हिसाब लगाना; गणना करना; प्रजारक्षा; परीक्षा; आज़माइश करना।

एहतिमाम पु० *(अ०)* प्रबन्ध; इन्तजाम; आयोजन; निगरानी।

एहतिमाल पु० *(अ०)* सम्भावना; आशंका; आदेश; शक; सन्देह।

एहतिमाली वि० *(अ०)* संदिग्ध।

एहतियाती वि० *(अ०)* खतरे से बचने के लिए किया जाने वाला, बचाव सम्बन्धी; हिफाजती।

पदरना- ***एहतियाती कार्रवाई***-*सम्भावित खतरे से बचने के लिए की गयी कार्रवाई।* ***एहतिलाम-*** *स्वप्न में वीर्यपात; स्वप्नदोष।* ***एहतियाज़-*** *हाजत या आवश्यकता होना।* ***एहतियात-*** *गुनाह या पाप से बचाना; परहेज करना; सचेत रहने की क्रिया; सर्तकता; चौकसी।* ***एहतियातन-*** *एहतियात के विचार से; सतर्कता के विचार से।*

एहमाल पु० *(अ०)* ध्यान न देना; उपेक्षा करना।

एहमाली वि० *(अ०)* ध्यान न देने वाला; निकम्मा; सुस्त।

एहराम[1] पु० *(अ०)* हाजियों का वस्त्र, दो चादरें जो बिना सिली हुई एक बाँधी और एक ओढ़ी जाती हैं।

एहराम[2] पु० *(अ०)* बहुत बूढ़ा होना; परम वृद्धत्व।

एहलाक पु० *(अ०)* प्राण ले लेना; मार डालना।

एहलील पु० *(अ०)* मूत्र की नली; स्त्री के दूध की नली।

एहलीजज पु० *(अ०)* हर्रे; हरड़ा।

एहसा पु० *(अ०)* गणना करना; सीमित करना।

एहसान पु० *(अ०)* नेकी; उपकार; कृतज्ञता।

एहसानफ़रामोश पु० *(अ० एहसान+फ़ा० फरामोश)* कृतघ्न, धोखेबाज।

एहसानफ़रामोशी स्त्री० *(अ० एहसान+फ़ा० फरामोशी)* कृतघ्नता।

एहसानमन्द वि० *(अ० एहसान+फ़ा० मन्द)* उपकार मानने वाला, कृतज्ञ।

एहसास पु० *(अ०)* अनुभव; अनुभूति; ज्ञान।

एहाता पु० *(अ०)* घेरा; चहारदीवारी से घेरी हुई जगह; प्रान्त, प्रेसीडेंसी।

ऐ अव्य० *(अ०)* अयि; हे।

ऐक़ पु० *(अ०)* रोके रखना।

ऐज़न पु० *(अ०)* जैसा ऊपर है वैसा ही; वही; उक्त।

ऐजाज़[1] पु० *(अ०, इअजाज़)* परेशान करना; आजिज़ करना; चमत्कार।

ऐजाज़[2] स्त्री० *(अ०, इअजाज़)* इज्जत; सम्मान; आदर।

ऐत पु० *(अ०)* गरदन का लम्बा होना।

ऐताम पु० *(अ० यतीम का बहु०)* अनाथ बच्चे।

ऐदाद स्त्री० *(अ०, अअदाद, अदद का बहु०)* संख्याएँ।

ऐन स्त्री० *(अ०, सं० अयन)* आँख; नेत्र वि० *(अ०)* ठीक; उपयुक्त; सटीक; बिलकुल; पूरा-पूरा।

ऐन-ब-ऐन अव्य० *(अ०)* हूबहू; ज्यों का त्यों।

ऐनउल्माल पु० *(अ०)* मूलधन; पूँजी; लाभ; भूमिकर।

ऐनक स्त्री० *(अ०)* आँखों पर लगाने वाला चश्मा।

ऐनवक्त क्रि०वि० *(अ०)* ठीक समय पर।

ऐब पु० *(अ०, बहु० अयूब)* दोष; अवगुण; बुराई; खराबी।

ऐबा पु० *(अ० ऐबः)* चमड़े का थैला; कपड़ा रखने का पात्र।

ऐब गो वि० *(अ० ऐब+फ़ा० गोई)* दोष निकालने वाला।

ऐबक पु० *(फ़ा०)* प्रिय; दास या सेवक; दूत, हरकारा।

ऐबगोई स्त्री० *(अ० ऐब+फ़ा० गोई)* दूसरों की निन्दा करना।

ऐबजो वि० *(अ० ऐब+फ़ा० जो)* दूसरों के दोष ढूँढ़ने वाला।

ऐबजोई स्त्री० *(अ० ऐब+फ़ा० जोई)* दूसरों के ऐब ढूँढना।

ऐबदार वि० *(अ०)* जिसमें दोष हों।

ऐबपोश पु० *(अ० ऐब+फ़ा० पोश)* दूसरे के दोषों को छिपाना।

ऐबी वि० *(अ०, ऐब)* जिसमें कोई दोष हों।

ऐब चीं वि० *(अ० ऐब+फ़ा० चीं)* छिद्रान्वेषी।

ऐबस वि० *(अ०)* बहुत अधिक सूखा।

ऐम[1] पु० *(अ०)* प्यासा होना; तृप्त होने की इच्छा होना।

ऐम[2] पु० *(अ०)* सफेद साँप।

ऐमन वि० *(अ०)* बहुत कल्याणकारी।

ऐमा अव्य० *(फ़ा०)* अब; इस समय; मिथ्या; अनर्थ।

ऐमान पु० *(अ०)* अनेक शपथें।

ऐमाल पु० *(अ०, अमल का बहु०)* कार्यसमूह; कार्रवाइयाँ।

ऐमालनामा पु० *(अ०+फ़ा०)* वह बही जिसमें लोगों के भले और बुरे कार्य लिखे जायें।

ऐयाम पु० *(अ०, यौम का बहु०)* दिन; ऋतु।

ऐयार पु० *(अ०)* बहुत बड़ा धूर्त और चालाक; वह जो वेश बदल कर चालाकी से काम करे।

ऐयारी स्त्री० *(अ०)* ऐयार का काम या पेशा; धूर्तता।

ऐयाश पु० *(अ०)* वह जो बहुत ऐश करे; कामुक; लम्पट।

ऐयाशी स्त्री० *(अ०)* भोग-विलास; कामुकता, लम्पटता।

ऐयिम वि० *(अ०)* बिना पति की स्त्री; विधवा; बिना स्त्री का पति; रँडुआ; विधुर।

ऐयूक पु० *(अ०)* एक तेज़ और चमकदार तारा।

ऐर[1] पु० *(अ०)* शिश्न; लिंग।

ऐर[2] पु० *(अ०)* जंगली गधा।

ऐराक पु० *(अ०)* इराक देश का घोड़ा।

ऐराफ़ पु० *(अ०)* एक दीवार जिसे मुसलमान स्वर्ग और नरक के बीच में मानते हैं।

ऐराब पु० *(अ०, इअराब)* अरबी लिपि में अ, इ, उ के सूचक चिह्न या मात्राएँ, जो अक्षरों के ऊपर-नीचे लगती हैं।

ऐरा-गैरा वि० *(अ०)* इधर-उधर; बाहरी; अजनबी।

ऐला स्त्री० *(अ० ऐलः)* संन्यास; फक़ीरी।

ऐलान पु० *(अ०, इअलान)* राजाज्ञा; घोषणा; मुनादी।

ऐलाम पु० *(अ०, अअलाम)* घोषणा।

पदरचना- ***ऐलामनामा-*** *घोषणापत्र।*

ऐवान पु० *(फ़ा०)* राजप्रासाद; महल।

ऐवाने ज़ेरीं पु० *(फ़ा०)* निम्न सदन।

ऐवाने बाला वि० *(फ़ा०)* उच्च सदन।

ऐश पु० *(अ०)* आराम; चैन; भोगविलास।

पदरचना- ***ऐश व इशात-*** *भोग-विलास।*

ऐश तलब वि० *(अ० ऐश+फ़ा० तलब)* भोग-विलास की इच्छा वाला।

ऐश तलबी स्त्री० *(अ० ऐश+फ़ा० तलबी)* भोग-विलास की इच्छा।

ऐश मंजिल स्त्री० *(अ०)* रंगभवन; ऐश करने की जगह।

ऐस[1] पु० *(अ०)* भेड़िये का बकरियों के झुण्ड को नाश करना; विनाश; बरबादी।

ऐस[2] पु० *(अ०)* निराशा; नाउम्मीद।

ऐसर वि० *(अ०)* सरल।

ऐसार पु० *(अ०)* धनवान या सम्पन्न होना।

ओ अव्य० *(फ़ा०)* वह।

ओ योजक *(फ़ा०)* और, जैसे- मशरिक-ओ मग़रिब अर्थात् पूर्व और पश्चिम।

ओफ़ अव्य० *(अ०)* उफ़; थकान या हताशापूर्ण उद्‌गार।

ओहदा पु० *(अ०, ओहदः)* पद; दर्जा; पदवी।

ओहदादार पु० *(अ० ओहदः+फ़ा० दार)* किसी अच्छे पद पर कार्य करने वाला।

ओहदाबरा वि० *(अ० ओहदः+फ़ा० बरः)* जिम्मेदारी पूरी करने वाला।

ओहदाबराई स्त्री० *(अ० ओहदः+फ़ा०)* जिम्मेदारी की पूर्ति।

औ

औइया पु० *(अ० बिआ का बहु०)* बरतन; भाण्डे।

औक़र वि० *(अ०)* बहरा; बधिर।

औक़स वि० *(अ०)* छोटी गरदन वाला; ऐसा सामान जिसके बढ़ने पर ज़कात न देना पड़े।

औका वि० *(अ०)* कृपण; कंजूस।

औक़ात स्त्री० *(अ०, वक्त का बहु०)* वक्त; समय; सामर्थ्य; मर्यादा।

मुहा० *औक़ात बसर करना-* *समय व्यतीत करना; निर्वाह करना; जीविका चलाना।*

औक़ातबसरी स्त्री० *(अ० औक़ात+फ़ा० बसरी)* समय व्यतीत करना; जीविका का साधन।

औक़ाफ़ पु० *(अ०, वक्फ़ का बहु०)* वे सम्पत्तियाँ जो समर्पित हैं।

औज[1] पु० *(अ०)* वक्रता; टेढ़ापन।

औज[2] पु० *(अ०)* शीर्ष बिन्दु; सबसे ऊँचा पद; ऊँचाई।

औज़ह वि० *(अ०)* अत्यन्त स्पष्ट; बिलकुल साफ़।

औज़ाअ पु० *(अ०)* मनुष्यों के समूह।

औज़ान पु० *(अ०, वजन का बहु०)* तौल; बाट।

औज़ार पु० *(अ०)* वे यन्त्र जिनसे लोहार-बढ़ई आदि अपना कार्य करते हैं।

औताद पु० *(अ०)* खूँटियाँ; खूँटे।

औतान पु० *(अ० वतन का बहु०)* जन्मभूमियाँ।

औतार पु० *(अ०)* धनुष की डोरी, वाद्ययन्त्रों के तार।

औद पु० *(अ०)* लौटना; वापसी; पलटना।

औन वि० *(अ०)* सहायक; मददगार।

औबाश पु० *(अ०)* कमीना; लुच्चा, बदमाश; आवारा।

औबाशी स्त्री० *(अ०)* लुच्चापन; आवारगी।

औरंग पु० *(फ़ा०)* राजसिंहासन; बुद्धि; छल-कपट; दीपक।

औरंगजेब पु० *(फ़ा०)* जिससे सिंहासन की शोभा हो; एक प्रसिद्ध मुगल बादशाह।

औरंगनशीं वि० *(फ़ा०)* सिंहासनारूढ़।

और पु० *(अ०)* काना पन; एक आँख का होना।

औरत स्त्री० *(अ०)* नारी; महिला; जाया; भार्या; पत्नी; जोरू; स्त्री के गुप्तांग; वह हर चीज़ जिसे देखने से लज्जा आये।

औरताना स्त्री० *(अ०)* ज़नाना; औरतों जैसा।

औराक़ पु० *(अ०, वर्क का बहु०)* औरतें।

औरात स्त्री० *(अ० औरत का बहु०)* स्त्रियाँ; औरतें; पुरुष या स्त्री के गुप्तांग।

औरेब पु० *(अ०)* तिरछापन; टेढ़ापन; कपड़े की तिरछी काट; चाल।

औल पु० *(अ०)* पालन-पोषण करना; दान; उपहार।

औला वि० *(अ०)* सबसे बढ़कर; श्रेष्ठ।

औलातर वि० *(अ० औला+फ़ा० तर)* उत्तमतर; श्रेष्ठतर।

औलातरीन वि० *(अ० औला+फ़ा० तरीन)* बहुत ही उत्तम; बहुत ही उचित।

औसतुल-हाल वि० *(अ०)* ऐसा व्यक्ति जो न बहुत अमीर हो और न बहुत गरीब।

औलाद स्त्री० *(अ०)* सन्तान; वंशज; नस्ल।

औला-दौला वि० *(अ०)* लापरवाह; मौजी; मस्त।

औवल/अव्वल वि० *(अ०)* सर्वश्रेष्ठ।

औवलन वि० *(अ०)* सबसे पहले; सर्वप्रथम।

औलिया पु० *(अ०, वली का बहु०)* सन्त और महात्मा लोग।

औसत स्त्री० *(अ०)* बराबर का परता; सम्पूर्ण का बराबर भाग।

औसतन क्रि०वि० *(अ०)* औसत के हिसाब से।

औसती वि० *(अ०)* औसत।

औसान पु० *(अ०)* शान्ति; समझ; होश-हवास।

मुहा० ***औसान खता होना-*** *होश-हवास उड़ जाना।*

औसाफ़ पु० *(अ०, वस्फ का बहु०)* गुण; खासियत; खूबी।

औसाफ़े हमीदा पु० *(अ०)* अच्छे और प्रशंसनीय गुण।

औसिया पु० *(अ० वसीयत का बहु०)* उत्तराधिकारी लोग।

औहद वि० *(अ०)* अद्वितीय; अनुपम

औहाम पु० *(अ० ब्रह्म का बहु०)* भ्रान्तियाँ, धोखे।

क/क़

कंगूरा पु० *(फ़ा०, कंगूरः)* शिखर; चोटी; किले की दीवार में थोड़ी-थोड़ी दूर पर बने हुए ऊँचे स्थान, जहाँ से खड़े होकर सिपाही लड़ते हैं; कंगूरे के आकार का छोटा रवा।

कंज पु० *(अ०)* कोश; निधि; खजाना।

क़ंज़फ़ीर पु० *(अ०)* वृद्धा स्त्री; बूढ़ी औरत।

कंज़े मख़फ़ी पु० *(अ० कंजे मख़्फ़ी)* जमीन के भीतर दबा हुआ ख़जाना।

कज कुलाह वि० *(फ़ा०)* टेढ़ी टोपी पहनने वाला; प्रेमपात्र; शासक।

क़ज़ा पु० *(अ०)* तिनका; घास-फ़ूस; आँख में तिनका पड़ जाना।

क़ज़ाए मुअल्लक़ स्त्री० *(अ०)* आकस्मिक मृत्यु।

क़ज़ाए मुब्रम स्त्री० *(अ०)* निश्चित मृत्यु।

क़ज़ाकन्द पु० *(फ़ा०)* एक प्रकार का कोट, जिसमें कच्चा रेशम लपेटा जाता है, जिससे उस पर तलवार का प्रहार बेअसर होता है।

क़ज़ाया पु० *(अ०)* आदेश; खबरें; झगड़े।

क़ज़्ग़ान स्त्री० *(तु०)* बड़ी डेगची; कड़ाही।

कतमे-अदम पु० *(अ०)* वह स्थान जहाँ उत्पत्ति से पूर्व जीवात्मा रहती है।

क़दग़न पु० *(तु०)* मनाही का हुक्म; प्रतिबन्ध, निषेधाज्ञा।

क़दग़नची पु० *(तु०)* रोकने वाला; मना करने वाला।

क़दबानू स्त्री० *(फ़ा०)* गृहस्वामिनी; घर-गृहस्थी वाली।

क़न्द पु० *(फ़ा०)* चीनी; शक्कर; जमायी हुई चीनी। वि० बहुत मीठा।

कन्दन पु० *(फ़ा०)* खोदना; खोदर; बेल-बूटे बनाना।

कन्दा वि० *(फ़ा०, कन्दः)* खोदा हुआ; खोद कर बेलबूटों के रूप में बनाया हुआ; छीला हुआ।

कन्दाकार वि० *(फ़ा०, कन्दःकार)* खोदकर बेल बूटे बनाने वाला।

क़न्दील स्त्री० *(अ०)* मिट्टी, अबरक या काग़ज आदि की बनी हुई लालटेन जिसका मुँह ऊपर होता है; दीपक।

कअब पु० *(अ०)* किसी अंक को उसी अंक से दो बार गुणा करने से आनेवाला गुणनफल; घन; ल०चौ० और मोटाई का विस्तार; जुआ खेलने का पासा।

कअर पु० *(अ०)* गहराई; गम्भीरता; खाड़ी; गड्डा।

कज पु० *(फ़ा०)* टेढ़ापन; वक्रता; ऐब। वि० टेढ़ा; वक्र। जैसे- कजकुलाही- टेढ़ी टोपी।

पदरचना- ***कजअब्रू-*** *जिसकी भौंहे टेढ़ी (कमान जैसी) हों।* ***कज-अदा-*** *बेमरौवत; बेवफा।* ***कजफ़हम-*** *उलटी समझवाला; नासमझ।* ***कज-रफ्तार-*** *टेढ़ा चलने वाला; कुटिल।*

कजक पु० *(फ़ा०)* हाथी हाँकने का अंकुश।

कजकोल/कचकोल पु० *(फ़ा०)* मुसलमान फकीरों का भिक्षापात्र; वह पुस्तक जिसमें दूसरों की उक्तियों का संग्रह हो।

कजखुल्क़ वि० *(फ़ा०, भाव- कजखुल्क़ी)* कठोर स्वभाव वाला; खराब मिजाज़ का।

कजनिहाद वि० *(फ़ा०, भाव- कजनिहादी)* दुष्ट स्वभाव वाला।

कजफ़हम वि० *(फ़ा०, भाव- कजफ़हमी)* प्रत्येक बात का उल्टा अर्थ लगाने वाला।

कजबहस स्त्री० *(फ़ा० कज+अ० बहस)* व्यर्थ हुज्जत या बहस करने वाला; कठहुज्जती।

कजबीं वि० *(फ़ा०, भाव०, कजबीनी)* प्रत्येक बात को टेढ़ी या बुरी दृष्टि से देखने वाला।

कजमिज़ाज वि० *(फ़ा० कज+अ० मिज़ाज)* टेढ़े स्वभाव वाला।

कजरफ़्तार वि० *(फ़ा०)* टेढ़ा-मेढ़ा चलने वाला; वक्र गतिवाला।

कजरफ़्तारी/कजरवी स्त्री० *(फ़ा०)* टेढ़ी-मेढ़ी चाल; वक्र गति।

कज़लबाश पु० *(तु०)* सैनिक; योद्धा; भाग्य; किस्मत।

कज़ा स्त्री० *(अ०)* ईश्वरीय आदेश; नियति; भाग्य; मृत्यु; कर्तव्यपालन; निर्णय या न्याय करना।

पदरचना- *क़ज़ा व क़दर-* *भाग्य; किस्मत।*

कज़ा-ए-इलाही स्त्री० *(अ०)* स्वाभाविक मृत्यु।

कज़ा-ए-नागहानी स्त्री० *(अ० कजाए+ फ़ा० नागहानी)* आकस्मिक मृत्यु।

क़ज़ा-ए-हाजत स्त्री० *(अ०)* मलमूत्र आदि का त्याग।

क़ज़ात स्त्री० *(अ०)* काजी का कार्य या पद; झगड़ा; टण्टा।

क़ज़ारा क्रि०वि० *(फ़ा०)* अचानक; सहसा; संयोग से; इत्तिफाक से।

क़ज़ा व क़द्र स्त्री० *(अ०)* भाग्य; किस्मत; भाग्य व सामर्थ्य के देवदूत।

कजावा पु० *(फ़ा०, कजावः)* ऊँट के पीठ की काठी।

क़ज़िर वि० *(अ०)* अपवित्र; गन्दा।

क़ज़िया पु० *(अ०, कजीयः)* विवादास्पद विषय; झगड़ा; मुकदमा; व्यवहार।

पदरचना- *कजिया दलाल-* *झगड़ा लगाने वाला।*

मुहा० *क़ज़िया पाक होना-* *विवाद का अन्त होना।*

कजी स्त्री० *(फ़ा०, कज)* टेढ़ापन; वक्रता; दोष।

क़ज़ीब पु० *(अ०)* वृक्ष की शाखा; तलवार; कोड़ा; लिंगेन्द्रिय।

क़ज़्ज़ाक पु० *(तु०)* एशियायी रूस की एक तुर्क जाति जो वीरता के लिए प्रसिद्ध है; डाकू; लुटेरा।

क़ज़्ज़ाकी स्त्री० *(तु०)* लुटेरापन। वि० - लुटेरों जैसा।

कड़ाकेदार वि० *(हि० कड़ाके+ फ़ा० दार)* जबरदस्त।

कड़ाबीन स्त्री० *(तु०)* कमर से बाँधने की एक छोटी बन्दूक।

क़त पु० *(अ०)* कोई चीज विशेषतः कलम की नोक तिरछी करना; कलम का अगला भाग; कागज का मोड़।

क़तअ पु० *(अ०)* खण्ड; भाग; काटना।

पदरचना- *कता-बुरीद-* *काट-छाँट; बनावट; तराश।*

क़तअन क्रि०वि० *(अ०, क़त्अन)* हरगिज; कदापि।

क़तई वि० *(अ०)* अन्तिम; आखिरी; पक्का; बिना शर्त का।

क़तईगज़ क्रि०वि० *(अ०)* बिलकुल। पु० *(अ० क़तई+ फ़ा० ग़ज़)* दर्जियों का गज़।

कतखुदा पु० *(फ़ा०)* घर का मालिक। वि० विवाहित।

कतखुदाई स्त्री० *(फ़ा०)* विवाह; शादी।

क़तग़ीर/कतज़न पु० *(अ० क़त+ फ़ा० गीर)* हड्डी या लकड़ी का वह टुकड़ा जिस पर रखकर कलम का खत काटते हैं।

कतबा पु० *(अ०, कत्बः)* लेख।

क़तरा पु० *(अ०, कत्रः, बूँद बहु० कत्रात)* टुकड़ा; खण्ड।

क़तल पु० *(अ०, क़त्ल)* हत्या; वध।

क़तला पु० *(अ०, कत्ला)* टुकड़ा; खण्ड; फाँक।

क़ता वि० *(अ०, क़तअ)* कटा या काटा हुआ। स्त्री० *(अ०, क़तअ)* विभाग; खण्ड; बनावट; शैली; ढंग।

पदरचना- *कतादार-* *अच्छी बनावट का।*

कताइब पु० *(अ०, कतीब का बहु०)* सेनाएँ; फौजें।

क़ता-कलाम पु० *(अ०, क़तअ+ फ़ा० कलाम)* बात काटना; किसी को बोलने से रोककर स्वयं कुछ कहने लगना।

क़तादार वि० *(अ० क़ता+ फ़ा० दार)* जिसकी बनावट अच्छी हो।

क़तान पु० *(फ़ा०)* अलसी नामक पौधा; एक प्रकार की बहुत महीन मलमल; एक प्रकार का रेशमी कपड़ा।

क़तानज़र क्रि०वि० *(अ०)* अलावा; अतिरिक्त

क़तार स्त्री० *(अ०, क़ितार)* पंक्ति; श्रेणी।

क़तारा पु० *(फ़ा०, कितारः)* कटार; खंजर; गन्ने की एक किस्म।

क़तील वि० *(अ०)* जो कत्ल कर दिया हो या मार डाला गया हो।

क़त्तमा स्त्री० *(अ०, कत्तामः)* बहुत विलासिनी औरत; दुश्चरित्र; पुंश्चली; छिनाल; कुलटा।

क़त्ताल वि० *(अ०)* बहुत से लोगों को मार डालने वाला।

क़त्ल पु० *(अ०)* हत्या; वध।

पदरचना- *कत्ल की रात-* *वह रात जिसके सबेरे हसन और हुसैन मारे गये थे; मुहर्रम की नवीं तारीख।*

क़त्लगाह स्त्री० *(अ० क़त्ल+फ़ा० गाह)* वह स्थान जहाँ लोग क़त्ल किये जायें या फाँसी पर चढ़ाये जाते हों।

क़त्लेआम पु० *(अ०)* सर्वसाधारण का वध; जनसंहार।

क़त्लेअम्द पु० *(अ०)* सोच-विचार कर किया हुआ वध।

क़द पु० *(अ०)* ऊँचाई; डील-डौल।

पदरचना- ***क़दे आदम-*** *डील-डौल।* ***पस्ताकद-*** *नाटा; ठिगना।*

क़द आवर/क़द्दावर वि० *(अ० क़द+फ़ा० आवर)* लम्बे कद वाला; लम्बा।

कदखुदा पु० *(फ़ा०, कतखुदा)* घर का मालिक; गृहस्वामी।

कदखुदाई स्त्री० *(फ़ा०)* विवाह; शादी।

कदम पु० *(अ०, बहु०, अक़दाम)* पैर; पाँव।

पदरचना- ***सब्ज़क़दम-*** *वह जिसके कहीं जाने पर खराबी ही खराबी हो; जिसका पौरा अच्छा न हो।* **मुहा०** ***क़दम उठाना-*** *तेज चलना; उन्नति करना।* ***क़दम चूमना-*** *अत्यन्त आदर करना।* ***क़दम छूना-*** *प्रणाम करना; शपथ खाना।* ***क़दम बढ़ाना-*** *तेज चलना।* ***क़दम-ब-क़दम चलना-*** *अनुकरण करना; उन्नति करना।* ***क़दम रंजा फरमाना-*** *पदार्पण करना।* ***क़दम रखना-*** *प्रवेश करना।*

क़दमचा पु० *(अ० क़दम+फ़ा०, चः प्रत्यय)* पाखाने आदि में बना हुआ पैर रखने का स्थान।

क़दमबाज़ वि० *(अ० क़दम+फ़० बाज़)* वह घोड़ा जो कदमताल चले।

क़दमबोस वि० (अ०) बड़ों के पैर चूमने वाला।

क़दमबोसी स्त्री० (अ०) बड़ों के पैर चूमना; बड़ों की सेवा में उपस्थित होना।

क़दमरसूल पु० *(अ०)* रसूल या मुहम्मद साहब के पदचिह्न।

क़दम-शरीफ़ पु० *(अ०)* शुभचरण; अशुभ चरण (व्यंग्य)।

क़दर स्त्री० *(अ०, क़द्र)* मान; प्रतिष्ठा; बड़ाई।

पदरचना- ***क़दर-मंजिलत-*** *प्रतिष्ठा और उत्तम स्थिति।*

क़दरदाँ वि० *(अ०, कद्रदाँ)* कद्र करने वाला; गुणग्राहक।

क़दरदानी स्त्री० *(अ०, कद्र+फ़ा०, दानी)* कद्र जानना या करना; गुण ग्राहकता।

क़दर-शनास वि० *(अ० कद्र-शिनास, भाव० कद्र-शनासी)* कद्र समझने वाला; गुण ग्राहक।

क़दरे वि० *(अ०, कद्रे)* किसी क़दर; थोड़ा-सा; अल्प।

क़दरे-क़लील वि० *(अ०, क़द्रे-क़लील)* थोड़ा-सा; अल्प।

क़दह पु० *(अ०)* प्याला।

पदरचना- ***क़दहे-शराब-*** *शराब का प्याला, भिक्षापात्र; जिरह; खण्डन।*

क़दा पु० *(फ़ा०, कदः)* मकान; घर; शाला (यौगिक शब्दों के अन्त में), जैसे- बुतक़दा; मैक़दा।

क़दामत स्त्री० *(अ०)* क़दीम या पुराना होने का भाव।

क़दावर वि० *(फ़ा०)* ऊँचे कदवाला।

क़दीम वि० *(अ०)* पुराना; पुरातन।

क़दीमी वि० *(अ०)* पुराना; पुरातन।

कदूरत स्त्री० *(अ०)* गन्दापन; मैलापन; मनमुटाव; वैमनस्य।

क़दूम पु० *(अ०)* वह जो तलवार लेकर किसी का सामना करे।

कद्द स्त्री० *(अ०)* हठ; आग्रह; कष्ट; कठिनाई; प्रयास; द्वेष।

कद्दव पु० *(अ०)* कीचड़; पंक।

कद्दी पु० *(फ़ा०)* हठी; जिद करने वाला।

कदीर वि० *(अ०)* बलवान; शक्तिशाली।

कद्दू पु० *(फ़ा०)* कुम्हड़ा नामक तरकारी।

कद्दावर वि० *(फ़ा०)* लम्बा तड़ंगा।

कद्दूकश पु० *(फ़ा०)* लोहे; पीतल आदि की छेददार चौकी जिस पर कद्दू को रगड़कर उसके महीन टुकड़े करते हैं।

क़दे-आदम वि० *(अ०)* आदमी के बराबर ऊँचा; पुरसा भर।

क़द्र स्त्री० *(अ०)* प्रतिष्ठा; बड़ाई।

कन वि० *(फ़ा०)* खोदनेवाला (प्रायः यौगिक शब्दों के अन्त में आता है), जैसे- गोरकन; कानकन।

क़न्धार पु० *(फ़ा०)* अफ़गानिस्तान का एक नगर और प्रदेश।

क़न्धारी वि० *(फ़ा०)* कन्धार में उत्पन्न; क़न्धार में उपजा हुआ; कन्धार देश का घोड़ा।

कनआन पु० *(अ०)* हज़रत नूह के पुत्र का नाम जो काफिर था; एक प्राचीन नगर का नाम जहाँ हज़रत याकूब रहते थे।

क़नाअत स्त्री० *(अ०)* सन्तोष; सब्र।

क़नात स्त्री० *(तु०)* मोटे कपड़े की वह दीवार जिससे किसी स्थान को घेर कर आड़ (परदा) करते हैं।

क़नाती वि० *(तु०)* कनात से बनाया हुआ।

पदरचना- ***क़नाती-मस्जिद-*** *कनात खड़ी करके नमाज पढ़ने के लिए बनाया हुआ स्थान।*

क़नादील स्त्री० *(अ०, क़िन्दील का बहु०)* कन्दीलें।

कनीज़ स्त्री० *(फ़ा०)* दासी; सेविका।

कन्नाद पु० *(अ०)* हलवाई।

कन्नास पु० *(अ०)* जल्लाद।

कफ़[1] पु० *(फ़ा०)* झाग; फेन; श्लेष्मा।

कफ़[2] स्त्री० *(अ०, कफ्फ)* हाथ की हथेली; पैर का तलवा।

मुहा० ***कफ़े अफ़सोस मलना-*** *पछता कर हाथ मलना।*

कफ़गीर पु० *(फ़ा०)* कलछी।

कफ़चा पु० *(फ़ा०, कफचः)* साँप का फन; कलछी।

कफ़न पु० *(अ०)* वह कपड़ा जिसमें मुर्दा लपेट कर दफन किया जाता है या जलाया जाता है।

पदरचना- ***कफ़न काठी-*** *शवगाह।* ***कफ़न खसोट-*** *शव पर लपेटा हुआ कपड़ा तक उतार लेने वाला।* ***कफ़नचोर-*** *वह जो कब्र खोदकर मुर्दे का कफ़न चुराये, भारी चोर, दुष्ट व्यक्ति।* ***कफ़न-दफ़न-*** *अन्त्येष्टि का प्रबन्ध।*

मुहा० ***कफ़न को कौड़ी न होना या न रहना-*** *अत्यन्त दरिद्र होना।* ***कफ़न को कौड़ी न रखना-*** *जो कमाना वह सब खा लेना।* ***कफ़न सर से बाँधना-*** *मरने के लिए तैयार होना।* ***कफ़न फाड़कर बोलना-*** *बहुत जोर से चिल्ला करके बोलना।*

कफ़नाना स०क्रि० *(अ०)* मुर्दे को कफ़न में लपेटना। अ०क्रि० कफ़न में ढक जाना।

क़फ़नी स्त्री० *(फ़ा०)* बिना आस्तीन का वह कपड़ा जो मुसलमान मुर्दे के गले में डालते हैं; साधुओं के पहनने का बिना बाँह का कपड़ा।

कफ़रा पु० *(अ०, काफ़िर का बहु०)* काफ़िर लोग।

कफ़श पु० *(फ़ा०)* जूता।

पदरचना- ***कफ़श बरदार-*** *जूते ढोनेवाला तुच्छ सेवक; तुच्छ व्यक्ति।*

क़फ़स पु० *(अ०)* पिंजरा जिसमें पक्षी रखे जाते हैं; शरीर का पंजर; शरीर।

कफ़ाबन्द स्त्री० *(अ०)* कुश्ती का एक दाँव-पेच।

कफ़ालत स्त्री० *(अ०)* जमानत; जिम्मेदारी।

पदरचना- ***कफ़ालत बिन माल-*** *जायदाद की जमानत।*

कफ़ालत नामा पु० *(अ० कफ़ालत+फ़ा०, नामः)* जमानतनामा।

क़फ़से उंसुरी पु० *(अ०)* पंचभूत; मनुष्य का शरीर।

कफ़ा[1] पु० *(अ०)* सिर के बल गिरना; औंधा गिरना; फिराना; लौटाना।

क़फ़ा[2] पु० *(अ०)* सिर के पीछे का भाग; गुद्दी।

कफ़ाक पु० *(अ०)* अनुमान; दिन भर के गुजर की जीविका।

कफ़ीना पु० *(अ०)* जहाज के फर्श पर लगे काठ के तख्ते।

कफ़ील पु० *(अ०)* जमानत करने वाला; ज़ामिन।

कफ़ेपाई स्त्री० *(फ़ा०)* जूता।

कफ़्फ़ारा पु० *(अ०, कफ़्फ़ारः)* पापों का प्रायश्चित।

क़फ़ाहीर पु० *(फ़ा०)* सुन्दर और प्रियदर्शन मुख।

कफ्ता वि० *(फ़ा० कफ्तः)* फटा हुआ; विदीर्ण।

कफ़्तार पु० *(फ़ा०)* बिज्जू; बिल्ली के बराबर एक काला जन्तु जो मृत मनुष्य का माँस खाता है।

कफ़्श पु० *(फ़ा०)* जूता; उपानह; पादत्राण।

कफ़्शे-पा स्त्री० *(फ़ा०)* जूता।

क़बक[1] स्त्री० *(अ०)* क़ब्र।

क़बक़[2] पु० *(तु०)* लौकी; कद्दू; कुम्हड़ा।

क़बक़ अन्दाज वि० *(तु० क़बक़+फ़ा० अन्दाज)* बहुत अच्छा निशाने बाज।

क़बक़ अन्दाजी स्त्री० *(तु० क़बक़+फ़ा० अन्दाजी)* अच्छा निशाना लगाना।

कबद स्त्री० *(अ०)* कठोरता; सख्ती।

कबस पु० *(अ०)* गड्ढे में मुँह के बल गिरना।

कबरिस्तान पु० *(अ०, कब्रिस्तान)* वह स्थान जहाँ मुर्दे दफनाये जाते हैं।

कबल वि० *(अ०, क़िब्ल)* पहले का। क्रि०वि० पहले; पूर्व में।

क़बा पु० *(अ०)* एक प्रकार का लम्बा, ढीला पहनावा।

क़बाइर पु० *(अ०, कबीर का बहु०)* बड़े-बड़े पाप; महा पातक।

कबाब[1] पु० *(फ़ा०)* सीकों पर भुना हुआ माँस।

क़बाब[2] स्त्री० *(फ़ा०)* मिर्च की जाति की एक लिपटने वाली झाड़ी जिसके गोल फल कड़वे और ठण्ढे होते हैं।

कबाब चीनी स्त्री० *(फ़ा०)* शीतल चीनी।

कबाबा पु० *(अ० कबाबः)* जमानत करना; बिक्री का काग़ज़।

कबाबी पु० *(फ़ा०)* वह जो कबाब बनाता या बेचता हो; माँसाहारी। वि० कबाब सम्बन्धी।

क़बायल पु० *(अ०, क़बीला का बहु०)* परिवार के लोग; बाल बच्चे।

क़बायली पु० *(अ०)* किसी कबीले या पश्चिमी पाकिस्तान की उत्तर-पश्चिमी सीमा पर रहने वाली जनजाति का व्यक्ति।

क़बाला पु० *(अ०, क़बालः)* वह दस्तावेज जिसके द्वारा कोई सम्पत्ति दूसरे के अधिकार में चली जाये, विक्रयपत्र।

पदरचना- ***क़बाला-ए-नीलाम-*** *नीलाम लेने वाले को नीलाम अधिकारी से मिलने वाला प्रमाण-पत्र।* ***क़बाला-नवीस-*** *क़बाला लिखने का पेशा करने वाला।* ***कबालादार-*** *जिसके पास किसी सामान का कबाला हो।*

क़बाहत स्त्री० *(अ०)* बुराई; खराबी; दिक्कत।

कबीर वि० *(अ०)* बड़ा; श्रेष्ठ।

कबीरा पु० *(अ०, कबीरः)* बहुत बड़ा पाप।

क़बील वि० *(अ०)* जाति; वर्ग का मनुष्य; समुदाय।

क़बीला पु० *(अ०, कबीलः)* समूह; गिरोह; एक पूर्वज के सभी वंशजों का समूह; एक खानदान के सब लोगों का वर्ग; जोरू; पत्नी।

क़बीसा वि० *(अ०, कबीसः)* बीच में पड़ने वाला।

पदरचना- ***साले कबीसा-*** *वह वर्ष जिसमें अधिक मास हो।*

क़बीह वि० *(अ०)* बुरा; खराब।

क़बीह सूरत वि० *(अ०)* बुरी सूरत वाला; कुरूप।

कबूतर पु० *(फ़ा०)* एक पक्षी; कपोत।

कबूतर ख़ाना पु० *(फ़ा०)* कबूतरों के रहने का स्थान; ऐसा स्थान जहाँ लोग आते-जाते रहते हों।

कबूतर दम पु० *(फ़ा०)* खूब खींच कर लिया गया चुम्बन; प्रगाढ़ चुम्बन।

कबूतरबरपा पु० *(फ़ा०)* ऐसा कबूतर जिसके पैरों में पंख होते हैं और वह अच्छी तरह उड़ नहीं सकता।

कबूद वि० *(फ़ा०)* नीला आसमानी। पु० नीला रंग, नीलकण्ठी; बंसलोचन।

कबूदी वि० *(फ़ा०)* नीला आसमानी।

क़बूल वि० *(अ०, क़ुबूल)* स्वीकार; अंगीकार; मंजूर।

क़बूलसूरत वि० *(अ०)* सुन्दर आकृतिवाला।

क़बूलियत स्त्री० *(अ०)* वह दस्तावेज जो पट्टे की स्वीकृति में ठेका लेने वाले या पट्टा लिखने वाले को लिख दे; कबूलनामा।

क़बूली[1] स्त्री० *(अ०, क़बूलः)* स्वीकार करने की क्रिया या भाव; चने की दाल और चावल की एक प्रकार की खिचड़ी।

कबूली[2] स्त्री० *(अ०)* चने की दाल का पुलाव।

कब्क पु० *(फ़ा०)* चकोर पक्षी।

कब्करफ़्तार वि० *(फ़ा०)* चकोर की तरह सुन्दर चाल से चलने वाला।

क़ब्ज़ पु० *(अ०)* मल का रुकना; मलावरोध।

क़बज़्-ए-क़ुदरत पु० *(अ० क़ब्ज-ए-क़ुद्रत)* दैवी शक्ति; अधिकार; बाबू।

क़ब्ज़े रूह स्त्री० *(अ०)* शरीर से प्राणों का निकलना।

क़ब्ज़-उल-वसूल पु० *(अ०)* प्राप्ति का सूचक पत्र; रसीद।

क़ब्जा पु० *(अ०, कब्ज़ः)* मूठ; दस्ता; भोग; अधिकार; किवाड़ या सन्दूक में जड़े जाने वाले लोहे या पीतल की चद्दर के बने हुए दो चौखूँटे टुकड़े।

मुहा० ***क़ब्जे पर हाथ डालना-*** *तलवार खीचने के लिए मूठ पर हाथ ले जाना।*

कब्ज़ादारी स्त्री० *(अ० कब्ज़ा+फ़ा० दारी)* कब्जा होने की अवस्था।

क़ब्ज़ियत स्त्री० *(अ०)* मल का पेट में रुकना; कोष्ठबद्धता।

क़ब्त पु० *(अ०)* अपमानित करना।

क़ब्ल क्रि०वि० *(अ०)* पहले; पूर्व।

क़ब्र स्त्री० *(अ०)* वह गड्ढा जिसमें मुर्दे दफन किये जायें; उसके ऊपर रखा हुआ पत्थर या चबूतरा। **मुहा०** ***क़ब्र का अज़ाब-*** *पापी को कब्र में मिलने वाला दुःख।* ***क़ब्र का मुँह झाँक आना-*** *मरते-मरते बचना।* ***अपनी क़ब्र खोदना-*** *अपने नाश का उपाय करना।* ***क़ब्र में पाँव लटकना-*** *मृत्यु का समय करीब होना।* ***क़ब्र से उठकर आना-*** *नवजीवन पाना।*

क़ब्र परस्त वि० *(अ०+फ़ा०)* फ़कीरो/पीरों की क़ब्र पर फूल चढ़ाने, दीप जलाने, सफाई करने और चादर चढ़ाने वाला।

क़ब्रिस्तान पु० *(अ० कब्र+फ़ा० स्तान)* जहाँ बहुत-सी कब्रें हो; जहाँ मुर्दे गाड़े जाते हों।

कमंगर स्त्री० *(फ़ा०, कमान गर)* कमान या धनुष बनाने वाला।

कमंगरी स्त्री० *(फ़ा०, कमान गरी)* धनुष या कमान बनाने का पेशा; हड्डी बैठाने का काम।

कम वि० *(फ़ा०)* थोड़ा; अल्प।

कमअक़्ल वि० *(फ़ा०)* अल्पबुद्धि; मूर्ख।

कमख़ाब पु० *(फ़ा०)* एक प्रकार का रेशमी कपड़ा।

क़मची स्त्री० *(तु०)* पतली लटकने वाली छड़ी; बाँस आदि की पतली टहनी; पंजा लड़ाने का एक प्रकार जिसमें उँगलियाँ टूट जाती हैं।

कमज़र्फ़ वि० *(फ़ा०)* ओछा; कमीना।

कमज़ात वि० *(फ़ा०)* नीच; कमीना।

कमतर वि० *(फ़ा०)* कम की अपेक्षा कुछ और कम; अल्पतर।

कमतरीन पु० *(फ़ा०)* बहुत ही तुच्छ सेवक। वि० बहुत ही कम।

कमन्द स्त्री० *(फ़ा०)* फन्दा; लम्बी रस्सी जिससे गोह नामक जन्तु के कमर में बाँधकर ऊँची दीवारों पर चढ़ा जाता था।

कम नसीब वि० *(फ़ा० कम+अ० नसीब)* बद किस्मत।

कम नसीबी स्त्री० *(फ़ा० कम+अ० नसीबी)* भाग्य हीनता।

कमनिगाही स्त्री० *(फ़ा०)* अल्प दृष्टि।

कमबख़्त वि० *(फ़ा०)* अभागा।

कमबख़्ती स्त्री० *(फ़ा०)* अभाग्य; दुर्भाग्य।

कमयाब वि० *(फ़ा०)* जो कम मिलता हो; दुष्प्राप्य।

कमर[1] पु० *(फ़ा०)* शरीर का मध्य भाग जो पेट और पीठ के नीचे और पेडू तथा चूतड़ के ऊपर होता है; कटि।

मुहा० ***कमर कसना या बाँधना-*** *तैयार होना चलने की तैयारी करना।* ***कमर टूटना-*** *निराश होना।*

क़मर[2] पु० *(अ०)* चन्द्रमा; चाँद।

क़मर तल्अत वि० *(अ०)* चाँद जैसी प्रभा वाला।

क़मर दर अक़रब वि० *(अ० कमर+फ़ा० अक़्ब)* चन्द्रमा का वृश्चिक राशि में होना, जो अत्यन्त अशुभ माना जाता है।

क़मर पैकर वि० *(अ० क़मर+फ़ा० पैकर)* चाँद जैसे सुन्दर व गोरे शरीर वाला।

कमरबन्द पु० *(फ़ा०)* एक लम्बा कपड़ा जिसे कमर में बाँधते हैं; पेटी; नाड़ा; कटिबद्ध; लैस।

कमरबन्दी स्त्री० *(फ़ा०)* किसी काम के लिए कमर कसना; तैयारी।

कमर शिकस्ता वि० *(फ़ा० कमर शिकस्तः)* जिसकी कमर टूट गयी हो; जिसका सहारा छिन गया हो।

कमरी[1] स्त्री० *(फ़ा०)* एक प्रकार की कुरती; कम्बल।

क़मरी[2] वि० *(अ०)* क़मर या चन्द्रमा सम्बन्धी; चन्द्रमा का।

क़मरी[3] वि० *(अ०)* चाँद से सम्बन्ध रखने वाला; चान्द्रमास।

कमरू वि० *(फ़ा०)* बदसूरत, जो किसी पद पर न जँचे।

कमरे कोह स्त्री० *(फ़ा०)* पहाड़ का मध्य; पहाड़ की गुफ़ा।

क़मरैन पु० *(अ०)* चाँद और सूरज।

कम-व-कास्त वि० *(फ़ा०)* किसी बात में कम और किसी बात में कुछ अधिक।

कमसखुन वि० *(फ़ा०, भाव० कमसखुनी)* कम बोलने वाला; अल्पवयस्क।

कमसिन वि० *(फ़ा० कम+अ० सिन)* कम आयुवाला; नाबालिग।

कमसिनी स्त्री० *(फ़ा० कम+अ० सिनी)* कम उम्री; बाल्यावस्था।

कमाँ स्त्री० *(फ़ा०)* कमान; धनुष।

कमात पु० *(अ०)* कुकुरमुत्ता।

कमान स्त्री० *(फ़ा०)* धनुष; इन्द्रधनुष; मेहराब; मल्लखम्भ की एक कसरत।

पदरचना- ***कमानगर-*** *कमान बनाने वाला।* ***कमानचा-*** *छोटी कमान; सारंगी बजाने का छड़ी, धुनकी।* ***कमानदार-*** *मेहराबदार; कमान बाँधने वाला।* ***कमानुपुश्त-*** *कुबड़ा।* ***कमाने-अजू-*** *जिसकी भँवे कमान (धनुष) जैसी हों।*

मुहा० ***कमान खींचना-*** *तीर फेंकने के लिए धनुष की डोर को अपनी ओर खींचना।* ***कमान चढ़ाना-*** *क्रोध में होना।*

कमानचा पु० *(फ़ा०, कमानचः)* छोटी कमान या धनुष; एक प्रकार का बाजा; मेहराबदार छत; बड़ी इमारत के साथ छोटा कमरा या मकान।

कमानी स्त्री० *(फ़ा०)* धातु का लचीला तार या पत्तर जो दाब पड़ने पर दब जाये; एक प्रकार की चमड़े की पेटी जो आँत उतरने पर कमर में बाँधी जाती है।

कमाल पु० *(अ०)* परिपूर्णता; निपुणता; कुशलता; अनोखा कार्य; चमत्कार; कारीगरी।

कमालात पु० *(अ० कमाल का बहु०)* बहुत से गुण; खूबियाँ।

कमाले फ़न पु० *(अ०)* कला की निपुणता।

कमाला पु० *(अ०)* अभ्यास के लिए लड़ी जाने वाली कुश्ती।

कमालियत स्त्री० *(अ०)* कमाल का भाव; पूर्णता; दक्षता।

कमा हक़्क़ा क्रि०वि० *(अ०)* जैसाकि वास्तव में है; उचित रूप में।

कमी स्त्री० *(फ़ा०)* न्यूनता; दोष; त्रुटि; गलती।

क़मीज़ स्त्री० *(अ०, क़मीस)* एक प्रकार का कुरता।

कमीन स्त्री० *(अ०)* शिकार की ताक में छिपकर बैठना; छिपकर बैठने का स्थान।

कमीनगाह स्त्री० *(अ० कमीन+फ़ा० गाह)* वह स्थान जहाँ शिकार की ताक में कोई छिपकर बैठता है।

कमीना पु० *(फ़ा०, कमीनः)* नीच; ओछा; क्षुद्र।

कमीनापन पु० *(फ़ा०, कमीनः+हि०, पन)* नीचता; ओछापन।

कमीम वि० *(अ०)* सूखी तरकारी।

कमीस स्त्री० *(अ०)* एक विशेष प्रकार का कुर्ता; कमीज।

क़मुर्ग़ा पु० *(तु० क़मुर्गः)* शिकार गाह।

क़मूस पु० *(अ०)* बहुत गहरा कुआँ; शब्दकोश।

कमोबेश वि० *(फ़ा०)* थोड़ा-बहुत; कम या अधिक।

कमोबेशी स्त्री० *(फ़ा०)* कम होना या अधिक होना, घटती-बढ़ती।

कम्मह वि० *(अ०)* जन्मान्ध होना।

कम्मास वि० *(अ०)* गोताखोर; डुबकी लगाने वाला।

कम्मून पु० *(अ०)* ज़ीरा।

कम्मूनी वि० *(अ०)* दवा आदि जिसमें जीरा भी मिला हो।

कयाँ पु० *(फ़ा०, 'कय' का बहु०)* सम्राट (ईरान में चार बादशाह हुए है— कैकाऊस, कैखुस्रो, कैकुबाद और केलोहास्प)।

कयानी वि० *(फ़ा०)* ऐसी अद्भुत वस्तु जो सम्राटों के योग्य हो।

क़याफ़ा पु० *(अ०, क़याफ़ः)* आकृति; सूरत; शक्ल।

क़याफ़ाशिनास वि० *(अ० कयाफ़ा+फ़ा० शिनास)* आकृति देखकर मन के भाव को समझने वाला।

क़याफ़ाशिनासी स्त्री० *(अ० कयाफ़ा+फ़ा० शिनासी)* किसी की आकृति देखकर ही उसके मन के भाव को समझ लेना।

क़याम पु० *(अ०)* ठहराव; ठिकाना; ठहरने का स्थान, निश्चय; स्थिरता।

क़यामत स्त्री० *(अ०)* मुसलमानों, ईसाइयों और यहूदियों के अनुसार सृष्टि का वह अन्तिम दिन, जब सब मुर्दे उठकर खड़े होंगे और ईश्वर के सामने उनके कर्मों का लेखा रखा जायेगा; प्रलय; हलचल; खलबली।

पदरचना- ***क़यामत का-*** *गजब का।* ***क़यामत की घड़ी-*** *प्रलय काल, घोर संकट काल।*

मुहा० ***क़यामत बरपा करना-*** *मुसीबत लाना; क्रोध करना।*

क़यास पु० *(अ०)* अनुमान; अटकल; सोच-विचार; ध्यान।

क़यासी वि० *(अ०)* अनुमान किया हुआ; अनुमानित।

क़यूम वि० *(अ०, कय्यूम)* स्थायी; दृढ़; ईश्वर का एक विशेषण।

कर पु० *(फ़ा०)* शक्ति; बल; वैभव।
पदरचना- *कर-व-फर- शान-शौकत।*

करख़्त पु० *(फ़ा०, भाव०, करख़्ती)* कड़ा; कठोर। पु० वह अंग जो सुन्न हो जाये।

करख़्तगी स्त्री० *(फ़ा०)* कठोरता; कर्कशता; सख़्ती।

कर्गदन पु० *(फ़ा०)* गैंडा।

कर्गस पु० *(फ़ा०)* गिद्ध; उक़ाब।

कर्गह पु० *(फ़ा०)* कपड़ा बुनने का यन्त्र; करघा।

कर्ज़ *(अ०)* ऋण; उधार।

कर्ज़दार वि० *(अ० कर्ज़+फ़ा० दार)* कर्ज/ऋण लेने वाला।

करदा वि० *(फ़ा०, कर्दः)* किया हुआ; जिसने किया हो।

करनाई स्त्री० *(फ़ा०)* तुरही।

करनफ़ुल पु० *(अ०, करन्फुल)* लौंग; लवंग; कान का आभूषण।

क़रनबीक़ पु० *(अ०)* अर्क खींचने का छोटा भभका।

करबला पु० *(अ०, कर्बलः)* अरब देश में वह स्थान जहाँ अली के छोटे लड़के हुसैन मारे गये और दफनाये गये थे; वह स्थान जहाँ मुसलमान मुहर्रम में ताजिये दफन करते हैं।

करबूस पु० *(अ०)* घोड़े की जीन में हथियार लटकाने के लिए बाँधी गयी पट्टी।

करम पु० *(अ०)* कृपा; अनुग्रह; उदारता।

करमकल्ला पु० *(फ़ा०, करमकल्लः)* एक प्रकार की गोभी, बन्दगोभी; पत्तागोभी।

करमगुस्तर वि० *(अ० करम+फ़ा० गुस्तर)* कृपालु; दयालु।

करमगुस्तरी स्त्री० *(अ० करम+फ़ा० गुस्तरी)* दया; कृपा।

करिश्मा पु० *(फ़ा०, करश्मः)* अद्भुत कार्य; मन्त्र ताबीज; नाज-नखरा; आँखों और भौंहों का संकेत।

क़रहा पु० *(अ०, कर्हः)* घाव; जख्म।

कराँ[1] पु० *(फ़ा०)* छोर; किनारा; सीमा; पराकाष्ठा।

करा[2] पु० *(फ़ा०)* वर्षा का रुका हुआ पानी; वि० पतली जाँघों वाला।

करा[3] पु० *(अ०)* शयन का आरम्भ; सोने की तैयारी।

क़रा[4] पु० *(तु०)* काला रंग।

क़रा[5] पु० *(अ०)* सिर के बाल गिरना।

क़राइन पु० *(अ० क़रीन का बहु०)* सभ्यताएँ; शिष्टाचार।

क़राक़िर पु० *(अ० क़र्क़ का बहु०)* पेट की गुड़गुड़ाहट।

क़रातीस पु० *(अ० क़िर्तास का बहु०)* काग़ज़ के तख़्ते; बहुत से काग़ज़।

करात पु० *(अ०)* चार ग्रेन की एक पाश्चात्य तौल।

क़राबत स्त्री० *(अ०)* करीब या समीप होने का भाव; सामीप्य; निकटता; निकट का सम्बन्धी; रिस्तेदारी।

क़राबतदार वि० *(अ० क़राबत+फ़ा० दार)* रिश्तेदार; नातेदार; सगोत्र; स्वजन।

क़राबते क़रीबा स्त्री० *(अ० क़राबते क़रीबः)* बहुत ही करीब की रिश्तेदारी।

क़राबतदारी स्त्री० *(अ० क़राबत+फ़ा० दारी)* रिस्तेदारी; सम्बन्ध होना।

क़राबती वि० *(अ०)* जिसके साथ निकट का सम्बन्ध हो।

क़राबा पु० *(अ०, कराबः)* शीशे का वह बड़ा बर्तन जिसमें अर्क आदि रखते हैं।

कराबाकश वि० *(अ० कराबः +फ़ा० कश)* शराबी; मद्यप।

क़राबादीन स्त्री० *(अ०)* वह पुस्तक जिसमें यूनानी व आयुर्वेद, सम्बन्धी दवाएँ और नुस्ख़े लिखे रहते हैं।

क़राबीन स्त्री० *(तु०)* चौड़े मुँह की पुरानी बन्दूक; कमर में बाँधने की एक प्रकार की छोटी बन्दूक।

करामत[1] स्त्री० *(अ०)* बड़प्पन; महत्ता; बुजुर्गी; अद्भुत कार्य।

करामत[2] स्त्री० *(अ०)* करामत का बहु०।

करामात स्त्री० *(अ०)* चमत्कार।

करामाती वि० *(अ०)* जो करामात दिखलावे; अद्भुत कार्य करने वाला।

क़रार पु० *(अ०)* स्थिरता; ठहराव; धैर्य; धीरज; वाद; प्रतिज्ञा; सन्धि।

क़रारदाद पु० *(अ० क़रार+फ़ा० दाद)* लेने-देने के सम्बन्ध में होने वाला निश्चय।

क़रारेवाक़ई क्रि०वि० *(अ०)* वास्तविक रूप में; वस्तुतः।

क़रारी वि॰ *(अ॰)* निश्चित किया हुआ; ठहराया हुआ।

क़राव पु॰ *(तु॰)* घुड़सवार; पहरेदार; बन्दूक से शिकार करने वाला; सेना के आगे चलने वाले सिपाही जो शत्रु का समाचार संग्रह करते हैं।

कराहत/कराहियत स्त्री॰ *(अ॰)* अप्रसन्नता; नापसन्द, घृणा या नफरत।

क़रिया पु॰ *(अ॰, अकरियः)* गाँव।

क़रीन वि॰ *(अ॰)* पास; निकट; संगत।

क़रीना पु॰ *(अ॰, क़रीनः)* ढंग; तर्ज, शऊर; सलीका, तरतीब; क्रम।

क़रीब वि॰ *(अ॰)* निकटस्थ; नज़दीक; पास।

क़रीबन अव्य॰ *(अ॰)* लगभग।

क़रीबी वि॰ *(अ॰)* निकट सम्बन्धी।

क़रीबुलमर्ग वि॰ *(अ॰)* आसन्न मृत्यु।

करीम वि॰ *(अ॰, बहु॰ किराम)* करम (दया) करने वाला; दयालु; उदार। पु॰ ईश्वर का एक विशेषण।

करीमी स्त्री॰ *(अ॰)* दया; करम; ईश्वरी माया।

करीमुन्नफ्स वि॰ *(अ॰)* सदाचारी, पुण्यामा।

करीह वि॰ *(अ॰)* जिसे देखकर घृणा हो; घृणित।

पदरचना- ***करीह मंज़र-*** *भद्दा; कुरूप।*

करोली स्त्री॰ *(तु॰)* शिकार का पीछा करना; एक प्रकार का छुरा जिससे जानवरों का शिकार करते हैं या शत्रु को मारते हैं।

कर्ज़[1] पु॰ *(फ़ा॰)* गैण्डा।

क़र्ज़[2] पु॰ *(अ॰)* ऋण; उधार।

क़र्ज़दार पु॰ *(अ॰ कर्ज़+फ़ा॰ दार)* वह जो किसी से ऋण/क़र्ज़ ले।

क़र्ज़ी वि॰ *(अ॰)* कर्ज़ के रूप में लिया हुआ।

कर्द पु॰ *(फ़ा॰)* काम; कार्य।

कर्दना वि॰ *(फ़ा॰)* करने योग्य।

कर्दगार पु॰ *(फ़ा॰)* करने वाला अर्थात् ईश्वर।

कर्दा वि॰ *(फ़ा॰)* किया हुआ।

क़र्न पु॰ *(अ॰)* दस से 120 वर्षों तक का समय; युग।

कर्ना स्त्री॰ *(अ॰, सं॰, करनाल)* एक प्रकार की बड़ी तुरही; भोंपू।

कर्पास पु॰ *(फ़ा॰, सं॰ कर्पट)* मोटा कपड़ा।

कर्बला पु॰ *(फ़ा॰)* जहाँ इमाम हुसैन शहीद हुए थे।

कर्बलाई वि॰ *(फ़ा॰)* कर्बला की यात्रा करने वाला।

कर्र पु॰ *(अ॰)* शत्रुओं को पीछे हटाना; वैभव; शान।

कर्रार वि॰ *(अ॰)* शत्रुओं को परास्त करने वाला; विजयी। पु॰ मुहम्मद साहब की एक उपाधि।

क़लन्दर पु॰ *(फ़ा॰)* एक प्रकार के मुसलमान साधु और त्यागी सूफी सन्त; मस्त और स्वतन्त्र व्यक्ति; रीछ और बन्दर नचाने वाला व्यक्ति (मदारी)।

पदरचना- ***मर्दे-कलन्दर-*** *स्वतन्त्र व्यक्ति।*

कलन्दरा पु॰ *(फ़ा॰)* एक प्रकार का रेशमी वस्त्र।

क़लन्दरी वि॰ *(फ़ा॰)* खूँटी; खूँटा।

क़लई स्त्री॰ *(अ॰)* राँगा; राँगे का पतला लेप जो बर्तनों आदि पर लगाते हैं।

मुहा॰ ***क़लई खुलना-*** *वास्तविक रूप का प्रकट होना।*

क़लईगर पु॰ *(अ॰ क़लई+फ़ा॰ गर)* जो क़लई या राँगे का लेप चढ़ाता हो।

क़लक़ पु॰ *(अ॰, क़ल्क़)* बेचैनी; गबराहट; दुःख; खेद।

क़लगी स्त्री॰ *(तु॰ क़ल्गी)* शुतुरमुर्ग आदि चिड़ियों के पंख जिन्हें पगड़ी पर लगाते हैं; मोती या सोने का एक गहना; सिर पर की चोटी; इमारत का शिखर; लावनी नृत्य का ढंग।

कलम्ब पु॰ *(फ़ा॰)* कलन्दर का; कलन्दर सम्बन्धी।

कलदार पु॰ *(फ़ा॰)* कल (मशीन) से ढला हुआ सिक्का।

कलपुर्जे पु॰ *(फ़ा॰)* मशीन और उसके पुर्जे।

कलफ़ पु॰ *(अ॰, सं॰, कल्प)* वह पतली लेई जो कपड़ों पर उनकी तह कड़ी करने और बराबर करने के लिए लगायी जाती है; माँड़ी; चेहरे पर का काला धब्बा; झाँई।

क़लम स्त्री॰ *(अ॰, सं॰, कलम)* लेखनी; पेन।

पदरचना- ***तेगे क़लम-*** *क़लम रूपी तलवार।*

मुहा॰ ***क़लम चलाना-*** *लिखना।* ***क़लम तोड़ना-*** *लिखने की हद करना; अनूठी बात कहना; किसी पेड़ की टहनी को दूसरी जगह बैठने या दूसरे पेड़ में पैबन्द लगाने के लिए काटना; रवा; दाना; सिर के वे बाल जो कानों के पास होते हैं।*

क़लम-अन्दाज़ वि० *(अ० क़लम+फ़ा० अन्दाज़)* जो लिखने में छूट गया हो।

क़लमकश वि० *(अ० क़लम+फ़ा० कश)* कलम से लिखने वाला; लेखक।

क़लमकार पु० *(अ० क़लम+फ़ा० कार)* नक्काशी आदि करने वाला।

क़लमकारी स्त्री० *(अ० क़लम+फ़ा० कारी)* क़लम से नक्काशी करना, बेल-बूटे बनाना।

क़लमज़द वि० *(अ० क़लम+फ़ा० ज़द)* कलम से काटा हुआ; रद्द; निरस्त।

क़लमतराश पु० *(अ० कलम+फ़ा० तराश)* कलम बनाने का चाकू।

क़लमदस्त वि० *(अ० क़लम+फ़ा० दस्त)* कलम से लिखने वाला; लेखक; चित्रकार।

क़लमदान पु० *(अ० क़लम+फ़ा० दान)* कलम-दवात रखने का डिब्बा।

क़लमबन्द वि० *(अ० क़लम+फ़ा० बन्द)* लिखा हुआ; लिखित।

क़लमरौ स्त्री० *(अ० क़लम+फ़ा० रौ)* राज्य; सल्तनत।

कलमा पु० *(अ०, कल्मः)* वाक्य; बात, वह वाक्य जो इस्लाम धर्म का मूलमन्त्र है।

पदरचना- ***कलमा-ए-खैर-*** *अच्छी भली बात, साधारण प्रशंसा।* ***कलमागो-*** *क़लमा पढ़ने वाला। (मुसलमान)*

मुहा० ***कलमा पढ़ना-*** *इस्लाम धर्म स्वीकार करना। (किसी का)* ***कलमा पढ़ना/भरना-*** *(किसी का) भक्त, अनुगत, प्रेमी, प्रशंसक होना।* ***कलमा पढ़ाना-*** *इस्लाम में दीक्षा देकर मुसलमान बनाना।* ***कलमे का शरीक-*** *सहधर्मी, धर्मबन्धु मुसलमान।*

कलमात पु० *(अ०, कल्मात)* 'कलमा' का बहु०।

क़लमी वि० *(अ०)* कलम से लिखा हुआ; क़लम काट कर लगाया हुआ (पौधा या वृक्ष आदि)।

कलाँ वि० *(फ़ा०)* बड़ा; दीर्घ आकार।

क़लाबाजी स्त्री० *(फ़ा०)* सिर नीचे करके उलट जाना; कलैया मारना।

कलाम पु० *(अ०)* कुरान का वाक्य; वचन, कथन; वादा; प्रतिज्ञा।

कलामुल्लाह पु० *(अ०)* ईश्वर की वाणी; क़ुरआन।

कलारा पु० *(अ०)* कौआ; काक।

कलाल पु० *(अ०)* ग्लानि; पछतावा।

कलावा पु० *(फ़ा०, कलावः, सं० कलापक)* सूत का लच्छा जो तकले पर लिपटा रहता है; हाथी की गरदन।

क़लिया पु० *(अ०, क़लियः)* भूनकर पकाया हुआ रसेदार माँस।

क़लियान पु० *(फ़ा०)* एक प्रकार का हुक्का।

क़लीच पु० *(फ़ा०)* तलवार; खड्ग।

कलीद स्त्री० *(फ़ा०)* कुंजी; चाभी।

कलीम वि० *(अ०)* कहने वाला; वक्ता।

पदरचना- ***कलीम उल्लाह-*** *वह जो ईश्वर की बातें कहता हो; हजरत मूसा।*

कलील[1] वि० *(अ०)* सुस्त; शिथिल; मादा; भोथरा।

क़लील[2] वि० *(अ०)* थोड़ा; अल्प।

कलीसा पु० *(यू०, इकलीसिया से, फ़ा०, कलीस)* यहूदियों और ईसाइयों का प्रार्थना मन्दिर; गिरजाघर आदि।

क़ल्क़ान स्त्री० *(तु०)* ढाल।

क़ल्तबान पु० *(फ़ा०)* अपनी स्त्री को दूसरे के पास भेज कर उसकी कमाई खाने वाला; भँडुआ।

क़ल्पाक़ स्त्री० *(तु०)* टोपी; कुलाह।

क़ल्फ़ः पु० *(अ०)* जिसका खतना न हो।

क़ल्ब पु० *(अ०)* हृदय; दिल।

पदरचना- ***क़ल्बे मुज़्तर-*** *दुःखी और विकल हृदय; सेना का मध्य भाग; किसी वस्तु का मध्य भाग; बुद्धि; खोटी चाँदी या सोना।*

क़ल्बसाज़ पु० *(अ० क़ल्ब+फ़ा० साज़)* खोटे या नकली सिक्के बनाने वाला।

क़ल्बसाज़ी स्त्री० *(अ० क़ल्ब+फ़ा० साज़ी)* खोटे या नकली सिक्के बनाना।

क़ल्बी वि० *(अ०, कल्ब)* हृदय-सम्बन्धी; नकली; झूठा।

कल्ला[1] अव्य० *(अ०)* सत्य है; यथार्थ है; ठीक है।

कल्ला[2] पु० *(फ़ा०, कल्लः)* गाल के अन्दर का अंश; जबड़ा; जबड़े के नीचे गले तक का स्थान; स्वर; आवाज़; सिर (भेड़ों आदि का)।

क़ल्लाब वि० *(अ०)* छली; वंचक; धोखेबाज।

क़ल्लाबी स्त्री० *(अ०)* छल; दगाबाजी; धोखेबाजी।

क़ल्लाश पु० *(तु०)* नीच; कमीना; निर्धन; कंगाल।

क़ल्लास पु० *(अ०)* बाढ़ पर आयी हुई नदी; समृद्ध; मालामाल।

क़ल्लाँच पु० *(तु०)* निर्धन; गरीब; दरिद्र।

कल्लातोड़ वि० *(फ़ा० कल्ला+हि० तोड़)* कल्ले तोड़ने वाला; जबरदस्त; बलवान।

कल्लादराज़ वि० *(फ़ा०)* बहुत चिल्लाने वाला; बहुत बढ़-चढ़ कर बोलने वाला।

कलेजा पु० *(अ०)* प्राणियों के शरीर का एक भीतरी अंग जो सीने के अन्दर बायीं ओर रहता है और जिससे पित्त बनता है तथा दूषित रक्त साफ़ होता है; यकृत; जिगर।

मुहा० ***कलेजा उछलना-*** *हर्ष, उद्वेग, आशंका आदि से दिल धड़कना।* ***कलेजा कटना-*** *विष आदि से आँतों में छेद होना; दिल को चोट पहुँचना; खूनी दस्त आना।* ***कलेजा कबाब होना-*** *दिल जलना; सन्ताप होना।* ***कलेजा काँपना-*** *दिल दहलना; डर से काँप जाना।* ***कलेजा काढ़ना/निकालना-*** *वेदना पहुँचाना।* ***कलेजाखाना-*** *पीड़ा पहुँचाना।* ***कलेजा खिलाना-*** *प्रियवस्तु दे देना; स्वागत-सत्कार करना।* ***कलेजा छलनी होना-*** *व्यंग्य से कष्ट होना।* ***कलेजा ठण्ढा होना-*** *मन को शान्ति मिलना।* ***कलेजा थाम कर रह जाना-*** *बिना आह किये वेदना सह लेना।* ***कलेजा पत्थर का करना-*** *दुख सहने के लिए जी कड़ा रखना।* ***कलेजे से लगाना-*** *अति प्रेम करना।*

कलेजी स्त्री० *(अ०)* कलेजे का माँस।

क़वानीन पु० *(अ० कानून का बहु०)* कानूनों।

क़वाम[1] पु० *(अ०)* शीरा; चाशनी।

क़वाम[2] पु० *(अ०)* सत्यता; सच्चाई।

क़वायद पु० *(अ० कायदा का बहु०)* कायदे; नियम; व्यवस्था; व्याकरण; सेना के युद्ध नियमों का अभ्यास।

क़वायद गाह स्त्री० *(अ० कवाइद+फ़ा० गाह)* परेड करने का मैदान; सेना का व्यायाम स्थल।

क़वायद दाँ वि० *(अ० कवाइद+फ़ा० दाँ)* परेड सीखा हुआ व्यक्ति; किसी कार्य के नियमों से परिचित।

कवाइफ़ पु० *(अ० कैफ़ियत का बहु०)* हालात; समाचार; घटनाएँ; समस्याएँ।

कवाइब स्त्री० *(अ० काइब का बहु०)* वे स्त्रियाँ जिनके स्तन कड़े हों।

कवाइबे अंजुम स्त्री० *(अ०)* सप्तर्षि मण्डल।

क़वाइम पु० *(अ० क़ाइम का बहु०)* मनुष्य के हाथ-पैर; चूल्हे आदि पाये।

क़वाफ़िल पु० *(अ०, क़ाफ़िला का बहु०)* यात्रियों के दल; पतली कमर के घोड़े।

क़वी वि० *(अ०)* बलवान; शक्तिशाली।

क़वीउलजुस्सा वि० *(अ० कवीउलजुस्सः)* मजबूत डील-डौल का; हृष्ट-पुष्ट; मोटा ताजा।

क़वीपुश्त वि० *(अ० कवी+फ़ा० पुश्त)* जिसकी सुरक्षा कोई बड़ा व्यक्ति करे।

क़वीम वि० *(अ०)* सीधा; सरल; मजबूत।

कबुर्गा पु० *(तु० कवुर्गः)* बड़ा नक्कारा; धौंसा।

क़बुर्मा पु० *(तु० कबुर्मः)* शोरबेदार गोश्त।

कव्वा पु० *(अ०, कव्वः)* दीवार का छेद चाहे वह आर-पार हो; झरोखा।

कव्वात पु० *(अ०)* भेड़-बकरियों के झुण्ड का चरवाहा।

क़व्वाल पु० *(अ०)* कव्वाली गाने वाला।

क़व्वाली स्त्री० *(अ०)* एक प्रकार का भक्ति गीत जो सूफियों की मजलिसों में होता है; कव्वालों का पेशा।

कव्वास वि० *(अ०)* धनुष या कमानें बनाने वाला।

कश वि० *(फ़ा०)* खींचने वाला; आकर्षक, जैसे-दिलकश। पु० खिंचाव; हुक्के या चिलम का दम; फूँक।

क़शक स्त्री० *(फ़ा०)* रेखा।

क़शक़ा स्त्री० *(फ़ा०, कश्कः)* माथे पर लगाया जाने वाला टीका।

कशफ़[1] पु० *(फ़ा०)* कछुआ।

क़शफ़[2] पु० *(अ०)* सरूज की धूप में मुँह स्याह हो जाना; दरिद्रता और उपवास से मुँह की शोभा चले जाना।

क़शकोल पु० *(फ़ा०, कश्कोल)* फक़ीरों का भिक्षा पात्र; खप्पर।

कशनीज़ पु० *(फ़ा०, कश्नीज़)* धनिया।

कशमकश स्त्री० *(फ़ा०)* खींचातानी; धक्कम-धक्का; आगा-पीछा; असमंजस; दुविधा; संघर्ष।

कशाँ प्रत्य० *(फ़ा०)* खींचते हुए, जैसे- मूकशाँ- बाल पकड़ कर खींचते हुए।

कशाँ-कशाँ प्रत्य० *(फ़ा०)* खींचते हुए; जबरजस्ती।

कशाकश स्त्री० *(फ़ा०)* खींचा-खींची; संघर्ष।

कशावर्ज़ पु० *(फ़ा०)* किसान।

कशावर्ज़ी स्त्री० *(फ़ा०)* खेती; किसानी।

कशिश स्त्री० *(फ़ा०)* खिंचाव; रोचकता; रुझान।

कशिशे इश्क़ स्त्री० *(फ़ा० कशिशे+अ० इश्क़)* प्रेम का आकर्षण; प्रेम का जज्बा।

कशीद स्त्री० *(फ़ा०)* अर्क खींचना।

कशीदः कमर वि० *(फ़ा०)* झुकी हुई कमर वाला।

कशीदगी स्त्री० *(फ़ा०)* मनमुटाव; वैमनस्य।

कशीदा पु० *(फ़ा०, कशीदः)* कपड़े, सूई और तागे से बनाये हुए बेलबूटे। वि० खिंचा हुआ; आकृष्ट।

कशीश पु० *(तु०)* ईसाइयों का धर्मगुरु, पादरी।

क़श्का पु० *(अ०)* तिलक।

कश्ती स्त्री० *(फ़ा०)* नौका; एक प्रकार की चौड़ी थाली।

कश्तीवान पु० *(फ़ा०)* नाव चलाने वाला; मल्लाह।

कश्तीबानी स्त्री० *(फ़ा०)* नाव चलाना।

कश्नीज़ पु० *(फ़ा०)* धनिया।

कश्फ़ स्त्री० *(फ़ा०)* सामने या ऊपर से परदा हटाना; ईश्वरीय प्रेरणा।

कश्फ़ी वि० *(फ़ा०)* खुला हुआ; स्पष्ट।

कश्वर स्त्री० *(फ़ा०)* नाव चलाने वाला; मल्लाह।

कस पु० *(फ़ा०)* व्यक्ति; मनुष्य; साथी; सहायक; मित्र।

पदरचना- ***कस-व-नाकस-*** *छोटे-बड़े सभी।*

कसक स्त्री० *(फ़ा०)* रुक-रुक कर होने वाली पीड़ा; अभिलाषा (जैसे- दिल की कसक पूरी नहीं हो पायी)।

कसगर पु० *(फ़ा०)* मिट्टी का बर्तन बनाने वाली एक जाति; कुम्हार।

क़सद पु० *(फ़ा०, कस्द)* संकल्प।

क़सब पु० *(अ०)* कमाना; व्यवसाय; पेशा।

क़सबा पु० *(अ०, क़स्बः)* छोटा शहर।

क़सबात पु० *(अ०)* कसबे (कसबा का बहु०)

कसबाती वि० *(अ०)* नगरवासी; नगर का।

कसबिन/कसबी स्त्री० *(अ०)* वेश्या; व्यभिचार से जीविका चलाने वाली।

पदरचना- ***कसबी खाना-*** *वेश्यालय।*

क़सम स्त्री० *(अ०)* शपथ; सौगन्ध।

मुहा० ***कसम उतारना-*** *शपथ का प्रभाव दूर करना; किसी काम को नाम मात्र के लिए करना।* ***क़सम देना/दिलाना-*** *किसी कसम द्वारा बाध्य करना।* ***क़सम खाने को-*** *नाम मात्र को।*

कसर स्त्री० *(अ०, कस्र)* कमी; न्यूनता; घाटा; हानि; दोष; विकार; वैर; मनमुटाव।

मुहा० ***कसर निकालना-*** *बदला लेना।* ***कसर करना/रखना-*** *कमी रखना।* ***कसर खाना-*** *घाटा सहना।* ***कसर निकलना-*** *घाटा पूरा होना।*

कसरत स्त्री० *(अ०, कस्रत)* अधिकता; ज्यादती; व्यायाम।

पदरचना- ***कसरते राय-*** *बहुमत।*

कसरती वि० *(अ०, कस्रत)* व्यायाम करने वाला।

कसरा पु० *(अ०, कस्रः)* जेर या इकार का निशान।

कसल पु० *(अ०)* रोगी होने की अवस्था; बीमारी; थकावट।

कसलमन्द वि० *(अ० कसल+फ़ा० मन्द)* बीमार; रोगी; थका हुआ।

कसरहट्टा पु० *(अ०)* कसेरों की हाट।

क़साई पु० *(अ०, क़स्साब)* बधिक; बूचड़ वि० निर्दय; बेरहम।

कसाफ़त स्त्री० *(अ०)* मोटाई; भद्दापन; गन्दगी।

क़साबा पु० *(अ०, क़साबः)* स्त्रियों के सिर पर बाँधने का रूमाल।

क़सामत स्त्री० *(फ़ा०)* क़सम खिलाने का काम।

कसालत स्त्री० *(अ०)* सुस्ती; शिथिलता।

क़सावत स्त्री० *(अ०)* बेरहमी; कठोरता; सख्ती।

क़सीदा[1] वि० *(अ०, क़सीदः)* खिंचा हुआ; अप्रसन्न। पु० वह कविता या ग़ज़ल जिसमें किसी की प्रशंसा या निन्दा, उपदेश या ऋतु का वर्णन हो।

क़सीदा[2] पु० *(फ़ा०)* कपड़े पर बेल बूटे बनाने का काम।

क़सीदाकारी स्त्री० *(अ० क़सीदा+फ़ा० कारी)* बेलबूटे काढ़ने का काम।

क़सीदारख़्वाँ वि० *(अ० क़सीदा+फ़ा० रख़्वाँ)* क़सीदा पढ़ने वाला; चापूलस।

क़सीदेदार वि० *(फ़ा०)* बेलबूटे वाला; बेलबूटे बनाने वाला।

कसीफ़ वि० *(अ०)* मोटा; स्थूल; भद्‌दा; बेढंगा; मैला।

कसीर[1] वि० *(अ०)* छोटा; वामन; बौना।

कसीर[2] वि० *(अ०)* अधिक; प्रचुर; बहुत।

कसीर[2] वि० *(अ०)* टूटा हुआ; खण्डित।

कसीर-उल-औलाद वि० *(अ०)* जिसके बहुत सन्तान हों।

कसीरुज़्ज़ौजात पु० *(अ०)* जिसकी बहुत-सी पत्नियाँ हों।

कसीरुत्तहम्मुल वि० *(अ०)* जिसमें धैर्य बहुत हो।

कसीरुलअख़्लाक़ वि० *(अ०)* जो बहुत सुशील और मिलनसार हो।

कसीरुलअत्फ़ाल वि० *(अ०)* वह व्यक्ति जिसकी सन्तानें बहुत हों।

कसीरुल अफ़्कार वि० *(अ०)* जिसे बहुत चिन्ता हो।

कसीरुल अलाइक़ वि० *(अ०)* जो पूरी तरह दुनियादारी या मायाजाल में फँसा हो।

कसीरुलइल्म वि० *(अ०)* जो बहुत बड़ा विद्वान् हो।

कसीरुल क़ामत वि० *(अ०)* बौना; वामन।

कसीरुलख़ैर वि० *(अ०)* बहुत बड़ा दानी।

कसीरुलमाना वि० *(अ०)* वह शब्द, वाक्य या शेर जिसके बहुत से अर्थ हों।

कसीरुलवुक़ूअ वि० *(अ०)* ऐसी घटना जो प्रायः घटित होती है।

कसीरुश्शार वि० *(अ०)* जिसके शरीर पर बहुत बाल हों।

कसीरुश्शह्वत वि० *(अ०)* जिसमें कामवासना का आधिक्य हो; घोर विषयी; अति कामी।

कसीरुस्समर वि० *(अ०)* ऐसा वृक्ष जिसमें फल बहुत आते हों।

क़सील पु० *(अ०)* अधपका जौ।

कसीस पु० *(अ०)* सुखाया हुआ कीमा; छुहारे की मदिरा।

कसीह वि० *(अ०)* विवश; लाचार।

कसूस पु० *(अ०)* अमर बेल।

क़सूर पु० *(अ०, क़ुसूर)* दोष; अपराध।

क़सूरमन्द वि० *(अ० क़सूर+फ़ा० मन्द)* दोषी; अपराधी।

क़सूरवार वि० *(अ०, क़ुसूर + फ़ा०, वार)* दोष या अपराध करने वाला।

कसे वि० *(फ़ा०)* कोई (व्यक्ति)।

कसेरा पु० *(अ०)* बर्तन बनाने व बेचने वाला।

कसेरिन स्त्री० *(अ०)* बर्तन बनाने व बेचने वाली।

क़स्द पु० *(अ०)* इरादा; संकल्प।

पदरचना- *क़स्दे ख़ुदकुदी-आत्महत्या का संकल्प।*

क़स्दन क्रि०वि० *(अ०)* जानबूझ कर; विचारपूर्वक।

कस्ब पु० *(अ०)* पैदा करना; उपार्जन; कला; वेश्यावृत्ति।

पदरचना- ***कस्बेज़र-*** *धन का उपार्जन करना।*

क़स्बा पु० *(अ०, क़स्बः; बहु० क़स्बात)* साधारण गाँव से बड़ी और शहर से छोटी बस्ती; बड़ा गाँव।

क़स्बाती स्त्री० *(अ०, क़स्बः)* क़स्बे या छोटे शहर में रहने वाला।

कस्बी वि० *(अ०)* पेशा करने वाली। स्त्री० वेश्या; रण्डी।

कस्बे इल्म पु० *(अ०)* विद्या प्राप्त करना।

कस्बे कमाल पु० *(अ०)* कोई गुण प्राप्त करना।

कस्बे ज़र पु० *(अ० क़स्बे+फ़ा० ज़र)* रुपया कमाना; धनोपार्जन।

कस्बे हुनर पु० *(अ० क़स्बे+फ़ा० हुनर)* कोई शिल्प या कला सीखना।

क़स्म पु० *(अ०)* बाँटना; दान करना।

क़स्मत स्त्री० *(अ०)* हिस्से लगाना; हिस्से बाँटना।

क़स्मिया क्रि०वि० *(अ०, कस्मियः)* कसम खाकर; शपथपूर्वक।

क़स्साम वि० *(अ०)* बाँटने वाला; भाग्य लिखने वाला।

क़स्सामे अज़ल पु० *(अ०)* मनुष्य की उत्पत्ति के समय उसका भाग्य लिखने वाला ईश्वर।

क़स्सार वि० *(अ०)* कपड़े धोने वाला; धोबी।

क़स्र पु० *(अ०)* न्यूनता; कमी; प्रासाद; महल।

क़स्सास वि० *(अ०)* क़सम या शपथ खानेवाला; विभाजक।

क़स्साव पु० *(अ०)* पशुओं को जबह (मारने) करने वाला; कसाई।

क़स्सावी स्त्री० *(अ०)* जल्लाद का पेशा।

कस्सी स्त्री० *(अ०)* ज़मीन नापने की रस्सी; ज़मीन की नाप।

कह स्त्री० *(फ़ा०, काह का संक्षिप्त रूप)* सूखी घास।

कहकशाँ स्त्री० *(फ़ा०)* आकाशगंगा।

क़हक़हा पु० *(फ़ा०)* जोर की हँसी; ठहाका; अट्टहास।

कहगिल स्त्री० *(फ़ा०)* दीवार में लगाने का मिट्टी का गारा।

क़हत पु० *(अ०, कह्त)* दुर्भिक्ष; अकाल; बड़ा अभाव।

क़हतज़दा पु० *(अ० क़हत+फ़ा० ज़दा)* अकाल का मारा; बहुत भूखा।

क़हतसाली स्त्री० *(अ०)* अकाल; दुर्भिक्ष।

क़हबा स्त्री० *(अ०, कहबः)* दुश्चरित्रा; वेश्या; पुंश्चली।

क़हर पु० *(अ०, कह्र)* विपत्ति; आफत; दुःख।

क़हरी वि० *(अ०)* क़हर करने वाला; आफत लाने वाला।

क़हरन क्रि०वि० *(अ०)* बलपूर्वक; जबरदस्ती।

कहरुबा पु० *(फ़ा०)* एक प्रकार का गोंद, जिसे कपड़े आदि पर रगड़ कर यदि घास या तिनके के पास रखें, तो उसे चुम्बक की तरह पकड़ लेता है।

क़हवा पु० *(अ०, कह्वः)* एक पेड़ का बीज जिसके चूरे को चाय की तरह पीते हैं; काफी।

कहालत स्त्री० *(फ़ा०)* काहिली; सुस्ती; आलस।

कही पु० *(फ़ा०)* वे सैनिक जो सेना के आगे चलकर पड़ाव के लिए घोड़ों के दाना-घास का प्रबन्ध करते हैं।

कहूल वि० *(अ०)* अधेड़ उम्र वाला।

क़ाअ पु० *(अ०)* लम्बी-चौड़ी ज़मीन जो समतल भी हो।

क़ाआन वि० *(तु०)* न्यायशील राजा; आदिल बादशाह।

क़ाइद[1] वि० *(अ०)* नेता; फ़ौज का सरदार; सेनाध्यक्ष।

क़ाइद[2] वि० *(अ०)* बैठा हुआ। स्त्री० वह स्त्री जो रजोधर्म और जनन से फ़ारिग हो। पु० वह खजूर जिस तक हाथ पहुँच जाये।

क़ाइद[3] वि० *(अ०)* छली; वंचक; धूर्त; मक्कार।

क़ाइदए-कुल्लीया पु० *(अ० क़ाइदए कुल्लीयः)* वह नियम जो सब पर लागू हो।

काइन[1] वि० *(अ०)* उपस्थित होने वाला; उत्पन्न होने वाला।

काइन[2] पु० *(तु०)* देवर; पत्नी का भाई (साला)।

काइनात स्त्री० *(अ०)* ब्रह्माण्ड; संसार।

काइफ़ वि० *(अ०)* चेहरा देखकर हाल बताने वाला ज्योतिषी।

काऊस पु० *(फ़ा०)* कैकाऊस; ईरान का सम्राट (पहलवान योद्धा रुस्तम इसी का नौकर था)।

काक[1] पु० *(फ़ा०)* एक प्रकार की रोटी।

क़ाक[2] वि० *(फ़ा०)* सूखा; दुर्बल; कमजोर।

काकरेज पु० *(फ़ा०)* बैगनी; काले व लाल रंग का।

काकरेजा पु० *(फ़ा०)* काकरेज़ रंग का कपड़ा।

काकरेजी वि० *(फ़ा०)* गहरा नीला या काला रंग।

काकुल स्त्री० *(फ़ा०)* कनपटी पर लटकते हुए लम्बे बाल; जुल्फें।

क़ाक़ुलतैन स्त्री० *(अ०)* छोटी-बड़ी दोनों इलायची।

काकुले परीशाँ स्त्री० *(फ़ा०)* बिखरे हुए बाल।

काकुले पेचाँ स्त्री० *(फ़ा०)* घुँघराले बाल।

काख़ पु० *(फ़ा०)* महल; वर्षा।

पदरचना- ***काख़-ए-उमरा-*** *अमीरों के महल।*

काग़ पु० *(फ़ा०)* अग्नि; पशुओं की जुगाली; शोरगुल।

काग़ज़ पु० *(फ़ा०)* सन, रूई, पटुए आदि को सड़ाकर बनाया हुआ महीन पत्र, जिसपर अक्षर लिखे या छापे जाते हैं।

पदरचना- ***काग़ज़-पत्र-*** *लिखे हुए काग़ज; प्रामाणिक लेख।*

मुहा० ***काग़ज़ काला करना-*** *व्यर्थ का कुछ लिखना।* ***काग़ज़ की नाव-*** *क्षण भंगुर वस्तु; न टिकने वाली चीज।* ***काग़ज़ी घोड़े दौड़ाना-*** *लिखा-पढ़ी करना।*

काग़ज़गर वि० *(अ० काग़ज़+फ़ा० गर)* काग़ज़ बनाने वाला।

काग़ज़ात पु० *(अ०, काग़जः का बहु०)* काग़ज-पत्र।

काग़ज़ी वि० *(फ़ा०)* काग़ज़ का बना हुआ; जिसका छिलका काग़ज की तरह पतला हो; काग़ज़ पर लिखा हुआ।

काग़ज़ेज़र पु० *(अ०+फ़ा०)* प्रामेसरी नोट; काग़ज़ की मुद्रा (नोट)।

काग़द पु० *(अ०)* काग़ज।

काचक पु० *(फ़ा०)* खोपड़ी की हड्डी।

काचार पु० *(फ़ा०)* घर का सामान; गृह सामग्री।

क़ाज़ स्त्री० *(तु०)* बत्तख की जाति का एक पक्षी; सोना।
काज़[1] पु० *(फ़ा०)* झोपड़ी।
काज[2] अव्य० *(फ़ा०)* काश; ईश्वर करे।
क़ाज़ा पु० *(फ़ा०, क़ाज़:)* वह गड्ढा जिसमें शिकारी शिकार की ताक़ में छिपकर बैठते हैं।
क़ाज़िए चर्ख़ पु० *(अ० क़ाजिए+ फ़ा० चर्ख़)* बुध ग्रह।
क़ाज़िब पु० *(अ०)* झूठ बोलने वाला। वि० झूठा।
काज़िम वि० *(अ०)* क्रोध न करने वाला; धैर्यवान्।
क़ाज़ियुल हाजात पु० *(अ०)* कामनाएँ पूरी करने वाला; ईश्वर।
क़ाज़ी पु० *(अ०)* मुसलमानों के धर्म और रीति-नीति के अनुसार न्याय की व्यवस्था करने वाला अधिकारी।

पदरचना- ***क़ाज़ी-उल-कुज्जात-*** *काजियों का अफ़सर।*

मुहा० ***क़ाज़ी जी की दाढ़ी तबर्रुक में गयी-*** *किसी अच्छी चीज का योंही समाप्त हो जाना।* ***क़ाज़ीजी दुबले क्यों, शहर के अन्देशे से-*** *ऐसी बातों की चिन्ता में घुलना जिनका अपने से सम्बन्ध न हो।*

काजीरा पु० *(फ़ा० काजीरः)* कुसुम का फूल।
क़ाज़ूरा स्त्री० *(अ०)* अपवित्रता; नापाकी; गन्दगी।
कात पु० *(फ़ा०)* खुरासान का एक नगर; एक चावल; कत्था।
काजू पु० *(अ०)* एक पेड़ व उसका फल, जिसकी गिरी मेवे के तौर पर खायी जाती है।
क़ातअ वि० *(अ०, कातिअ)* काटने वाला।
कातिब पु० *(अ०)* लिखने वाला; लेखक; मुंशी; मुहर्रिर।
क़ातिउत्तरीक़ पु० *(अ०)* लुटेरा।
क़ातिएबाह पु० *(अ० क़ातिए+ फ़ा० बाह)* वीर्यनाशक पदार्थ।
क़ातिन वि० *(अ०)* किसी स्थान पर ठहरा हुआ।
कातिबे अज़ल पु० *(अ०)* भाग्य लेखक; ईश्वर।
क़ातिम वि० *(अ०)* काला; स्याह।
क़ातिर पु० *(तु०)* खच्चर।
क़ातिल वि० *(अ०)* क़त्ल या हत्या करने वाला; हत्यारा; प्रेमिका के लिए प्रयुक्त होने वाला एक विशेषण।
क़ातिलाना वि० *(अ० कातिल+ फ़ा० आना)* जानलेवा हमला।
क़ादिर वि० *(अ०)* सर्वशक्तिमान।
कादिर दस्त वि० *(अ० कादिर+ फ़ा० दस्त)* जिसका हाथ किसी काम में मँजा हुआ हो।
क़ादिस पु० *(अ०)* बड़ी नौका; स्टीमर।
क़ादिर मुतलक पु० *(अ०)* परमात्मा का नाम; सर्वशक्तिमान।
कान स्त्री० *(फ़ा०)* 'खान' जिससे धातुएँ निकलती हैं; खदान।
क़ानअ वि० *(अ०)* सन्तोष करने वाला; सन्तोषी।
कानकन पु० *(फ़ा०)* खान में काम करने वाला मजदूर।
क़ानून[1] पु० *(अ०, बहु० क्वानीन)* राज्य में शान्ति रखने का नियम; राज नियम; विधि।
कानून[2] स्त्री० *(फ़ा०)* भट्ठी; चूल्हा; अँगीठी।
क़ानूनगो पु० *(अ० क़ानून+ फ़ा० गो)* माल विभाग का एक कर्मचारी जो पटवारियों के काग़जों की जाँच करता है।
क़ानूनदाँ पु० *(अ० कानून+ फ़ा० दाँ)* कानून जानने वाला; विधिवेत्ता।
क़ानूनदानी स्त्री० *(अ० कानून+ फ़ा० दानी)* कानून का ज्ञान।
क़ानूनन क्रि०वि० *(अ०)* कानून के अनुसार; विधानतः।
क़ानून शिकनी स्त्री० *(अ० कानून+ फ़ा० शिकनी)* कानून को न मानना; सविनय अवज्ञा।
क़ानून साज़ वि० *(अ० कानून+ फ़ा० साज़)* कानून बनाने वाला; विधायक; कानून बनाने वाली विधायिका।
कानूने अव्वल पु० *(अ० कानून+ फ़ा० अव्वल)* एक तुर्की महीना, जो पूस में पड़ता है।
कानूने आखिर पु० *(अ०)* एक तुर्की महीना जो 'माघ' मास के लगभग पड़ता है।
क़ानूने जंग पु० *(अ० कानूने+ फ़ा० जंग)* लड़ाई का कानून; युद्ध विधान।
क़ानूने ताज़िरात पु० *(अ०)* सज़ा का कानून; दण्ड विधान।
क़ानूने फ़ित्रत पु० *(अ०)* प्राकृतिक नियम।

क़ानूने विरासत पु० *(अ०)* उत्तराधिकारी का कानून।

क़ानूने शहादत पु० *(अ०)* गवाही लिये जाने का कानून; साक्षी-विधान।

क़ानूने हिसस पु० *(अ०)* किसे कितना मिले, इसका कानून।

क़ानूनी वि० *(अ०)* कानून-सम्बन्धी; कानून का।

कानूनियाँ वि० *(अ०)* कानून छाँटने वाला; हुज्जत करने वाला।

क़ाने वि० *(अ०)* जो कुछ मिल जाये, उसी पर सन्तुष्ट रहने वाला; आत्म सन्तोषी।

काने ज़र स्त्री० *(फ़ा०)* सोने की खान; स्वर्णकार।

काने नमक स्त्री० *(फ़ा०)* नमक की खान; बहुत ही सलोना और सुन्दर व्यक्ति।

काने मलाहत स्त्री० *(अ० काने+फ़ा० मलाहत)* अति लावण्यवती सुन्दरी।

क़ापी पु० *(तु०)* दरवाजा; द्वार।

क़ापू पु० *(तु०)* दरवाजा; द्वार।

कापूची वि० *(तु०)* द्वारपाल; दरबार; ड्योढ़ीदार।

क़ाफ़ पु० *(अ०)* एक कल्पित पर्वत जो संसार के चारों ओर माना जाता है। कहा जाता है कि परियाँ इसी पर्वत पर रहती हैं; कृष्ण सागर के पास एक बहुत बड़ा पर्वत; अरबी-फ़ारसी वर्णमाला का एक अक्षर।

क़ाफ़-ता-क़ाफ़ वि० *(फ़ा०)* सारा संसार; सारी दुनिया।

क़ाफ़िया पु० *(अ०, काफ़ियः)* अन्त्यानुप्रास; तुक।

मुहा० ***क़ाफ़िया तंग करना-*** *हैरान, परेशान करना।* ***क़ाफ़िया मिलाना-*** *तुक मिलाना।*

क़ाफ़िर पु० *(अ०)* मुसलमानों के अनुसार उनसे भिन्न धर्म मानने वाला; ईश्वर को न माननेवाला; नास्तिक; निर्दय व दुष्ट व्यक्ति; एक देश का नाम जो अफ़्रीका में है, उस देश के निवासी।

क़ाफ़िराना वि० *(फ़ा०)* क़ाफिरों जैसा।

काफ़िरे-नेमत पु० *(अ०)* कृतघ्न; एहमान फरामोश।

काफ़िल वि० *(अ०)* जामिन।

क़ाफ़िला पु० *(अ०, क़ाफ़िलः)* कहीं जाने वाले यात्रियों का समूह।

काफ़िला सालार पु० *(अ० काफ़िला+फ़ा० सालार)* यात्री दल का नेता।

काफ़ी वि० *(अ०)* जितना आवश्यक हो; पर्याप्त; पूरा।

काफ़ूर पु० *(अ०, सं०, कर्पूर)* कपूर; कर्पूर।

मुहा० ***काफ़ूर होना-*** *उड़ जाना; अदृश्य हो जाना।*

काफ़ूरी वि० *(अ०)* कपूर सम्बन्धी; कपूर के रंग का, स्वच्छ और पारदर्शी।

काफ़ूरी शमा स्त्री० *(अ०)* कपूर बत्ती जो जलायी जाती है।

क़ाब स्त्री० *(तु०)* बड़ी तश्तरी या थाली; थाल।

काबर वि० *(तु०)* चितकबरा; पु० दोमट जमीन।

काबतैन पु० *(अ०, कआबः का बहु०)* मक्का और जेरूसलम के दोनों पवित्र मस्जिदें या काबे; दो पाँसों से खेला जाने वाला एक जुआ।

क़ाबलियत स्त्री० *(अ०, क़ाबिलीयत)* योग्यता; पाण्डित्य।

काबा पु० *(अ०, कआबः)* अरब देश के मक्का शहर का एक स्थान जहाँ मुसलमान हज करने जाते हैं।

क़ाबिज़ वि० *(अ०)* अधिकार रखनेवाला; जिसका कब्जा हो; क़ब्ज़ियत पैदा करने वाला मलरोधक।

क़ाबिल वि० *(अ०)* लायक; योग्यता।

पदरचना- ***क़ाबिले इनाम-*** *इनाम के क़ाबिल।* ***क़ाबिले एतबार-*** *विश्वास के योग्य।* ***क़ाबिले एतराज-*** *आपत्ति के योग्य।* ***क़ाबिले बरदाश्त-*** *सहन के योग्य।*

क़ाबिलाना वि० *(अ० क़ाबिल+फ़ा० आना प्रत्यय)* विद्वत्तापूर्ण; दक्षतापूर्ण।

क़ाबिलीयत स्त्री० *(अ०)* योग्यता।

क़ाबिले अदा वि० *(अ०)* जिसका चुकाया जाना जरूरी हो।

क़ाबिले आज़माइश वि० *(अ० क़ाबिले अज्माइश)* जिसकी परीक्षा जरूरी हो।

क़ाबिले इन्तकाल वि० *(अ० क़ाबिले इन्तिकाल)* वह सम्पत्ति और जायदाद जो बेची या हस्तान्तरित हो सके।

क़ाबिले इन्तख़ाब वि० *(अ० क़ाबिले इन्तिख़ाब)* वे मज़मून आदि जो किसी पुस्तक में सम्मिलित करने के लिए चुने जा सकें।

काबीन पु० *(फ़ा०)* वह धन जो पति विवाह के समय पत्नी को देना मंजूर करता है (मेहर)।

काबीना पु० *(अ०)* मन्त्रिमण्डल; कैबिनेट।

कामा पु० *(फ़ा० कामः सं० काम)* कामना; इच्छा; उद्देश्य।

काबुक पु० *(फ़ा०)* वह दरबा या ख़ाना जिसमें पक्षी विशेषतः कबूतर रखे जाते हैं।

काबुली वि० *(अ०)* काबुल का; काबुल का रहने वाला।

क़ाबू पु० *(तु०)* वश; अधिकार, इख़्तियार।

क़ाबूची पु० *(तु०)* द्वारपाल; दरबान; तुच्छ व्यक्ति।

काबूस पु० *(अ०)* डरावना-भयंकर सपना।

काम पु० *(फ़ा०, सं० काम)* उद्देश्य; कामना; इच्छा; अभिप्राय।

कामगार वि० *(फ़ा०)* जिसकी इच्छा पूरी हो गयी हो; सफल; भाग्यवान।

क़ामत स्त्री० *(अ०)* कद; आकार।

पदरचना- ***क़द व क़ामत-*** *आकार-प्रकार।*

कामदार पु० *(हि० काम+फ़ा०, दार)* व्यवस्थापक; प्रबन्धकर्ता, कर्मचारी। वि० जिस पर किसी तरह का विशेषतः कारचोबी का काम किया हो।

काम-ना-काम क्रि०वि० *(फ़ा०)* लाचारी की हालत में; विवश होकर; मजबूरी में।

कामयाब/कामरान वि० *(फ़ा०)* जिसका स्वार्थ सिद्ध हो; सफल।

कामयाबी/कामरानी स्त्री० *(फ़ा०)* उद्‌देश्य की सिद्धि; सफलता।

कामिल वि० *(अ०; बहु० कमला)* पूरा; सम्पूर्ण; पूर्ण, समूचा।

पदरचना- ***कामिले फन-*** *किसी ज्ञान या कला में निपुण।*

क़ामूस पु० *(अ०)* समुद्र; सागर; शब्दकोश।

क़ायज़ा पु० *(अ०, क़ायज़ः)* नियम; दस्तूर; रीति; ढंग; विधि; विधान; क्रम; व्यवस्था।

क़ायदा दाँ वि० *(अ० क़ायदा+फ़ा० दाँ)* नियम-कानून जानने वाला।

कायनात स्त्री० *(अ०)* सृष्टि; जगत्; संसार।

पदरचना- ***पयामे क़ायनात-*** *सृष्टि का सन्देश; महत्त्व।*

क़ायम वि० *(अ०, क़ाइम)* ठहरा हुआ; स्थिर; निश्चित, स्थापित।

क़ायम मिज़ाज वि० *(अ०)* जिसका मिज़ाज ठहरा हुआ हो; शान्त स्वभाव वाला।

क़ायम मुक़ाम वि० *(अ०)* किसी के स्थान पर काम करने वाला; स्थानापन्न। पु० प्रतिनिधि।

क़ायमा पु० *(अ०, क़ाइमः)* खम्भा; पाया।

क़ायल वि० *(अ०, काइल)* जो तर्क-वितर्क से सिद्ध बात मान ले; कबूल करने वाला; किसी बात या सिद्धान्त को मान लेने वाला।

मुहा० ***क़ायल करना-*** *किसी से कोई बात मनवा लेना।* ***क़ायल माकूल करना-*** *मनवा लेना।* ***कायल होना-*** *मान लेना; निरुत्तर होना।*

क़ायली स्त्री० *(अ०)* लज्जा; ग्लानि; आलाय।

कार[1] पु० *(फ़ा०, सं० कार्य)* काम; कार्य। प्रत्यय- करने वाला; कर्ता-जैसे- जफ़ाकार, पेशकार, काश्तकार।

क़ार[2] पु० *(अ०)* गहराई; गम्भीरता।

क़ार[3] पु० *(तु०)* बर्फ़, ओस।

कार[4] पु० *(फ़ा०)* कार्य; उद्यम; पेशा; कला।

कार[5] स्त्री० *(प०)* राल; तारकोल।

कारआजमूदा वि० *(फ़ा०)* अनुभवी।

कारआमद वि० *(फ़ा०)* काम में आने वाला; उपयोगी।

कारकरदा वि० *(फ़ा०, कारकदः)* जिसने अच्छी तरह काम किया हो; अनुभवी।

कारकुन पु० *(फ़ा०)* इन्तजाम करने वाला; कारिन्दा।

कारख़ाना पु० *(फ़ा०, कारख़ानः)* वह स्थान जहाँ व्यापार के लिए कोई वस्तु बनायी जाती हो; शिल्पशाला; उद्योगशाला; कार्यालय।

कारख़ानादार पु० *(फ़ा०)* किसी कारखाने का मालिक।

कारख़ास पु० *(फ़ा०)* ख़ास काम; विशेष कार्य।

कारख़ैर पु० *(फ़ा०)* शुभ कार्य; पुण्य का काम।

कारगर वि० *(फ़ा०)* अपना काम या प्रभाव दिखलाने वाला; प्रभावशाली, जैसे- दवा कारगर हो गयी।

कारगाह स्त्री० *(फ़ा०)* कोई काम करने का स्थान; कार्यालय; कारख़ाना।

पदरचना- ***कारगहे-शीशागरी-*** *शीशे का कारखाना।*

कारगुज़ार वि० *(फ़ा०)* अपने कर्तव्य का भलीभाँति पालन करने वाला।

कारगुज़ारी स्त्री० *(फ़ा०)* कर्तव्यपालन; कार्य पटुताः होशियारी।

कारचोब पु० *(फ़ा०)* लकड़ी का वह चौखटा जिस पर कपड़ा तान कर ज़रदोज़ी का काम किया जाता है; ज़रदोज़ी या कसीदे का काम करने वाला।

कारचोबी वि० *(फ़ा०)* ज़रदोज़ी का। स्त्री० जरदोजी।

कारज़ार पु० *(फ़ा०)* युद्ध; लड़ाई।

कारतूस पु० *(फ़ा०)* बन्दूक आदि में रखकर चलायी जाने वाली धातु की गोली।

कारद स्त्री० *(फ़ा०, कादी)* चाकू; छुरी।

कारदाँ वि० *(फ़ा०)* किसी काम को अच्छी तरह जानने वाला; दक्ष; कुशल।

कारदानी स्त्री० *(फ़ा०)* काम करने की कुशलता; अनुभव।

क़ारन पु० *(फ़ा०)* रुस्तम के समय का एक पहलवान।

कारनामा पु० *(फ़ा०, कारनामः)* किसी के किये हुए कार्यों का विवरण।

कारपरदाज़ पु० *(फ़ा० कारपर्दाज़)* काम करने वाला, प्रबन्धकर्ता; कारिन्दा।

कारपरदाज़ी स्त्री० *(फ़ा० कारपर्दाज़ी)* अच्छा काम करके दिखलाना; कारिन्दा का काम या पद।

कारफ़रमा वि० *(फ़ा० कारफ़र्मा)* प्रभावकारी; असरकारी।

कारफ़रमाई स्त्री० *(फ़ा० कारफ़र्माई)* आज्ञानुसार काम करना।

कारबन्द वि० *(फ़ा०)* काम करने वाला; आज्ञाकारी।

कारबरारी स्त्री० *(फ़ा०)* काम का पूरा होना।

कारबार पु० *(फ़ा०)* काम-काज; व्यापार; व्यवसाय; जो कुछ काम करना हो।

कारवाँ पु० *(फ़ा०)* यात्रियों का दल या समूह; काफिला।

कारवाँ सराय स्त्री० *(फ़ा०)* कारवाँ या यात्रियों के ठहरने का स्थान; सराय; धर्मशाला।

कारसाज़ वि० *(फ़ा०)* कार्य बनाने या सँवारने वाला जैसे- अल्लाह बड़ा कारसाज़ है।

कारसाज़ी स्त्री० *(फ़ा०)* काम बनाना या सँवारना; भीतर या छिपी हुई कार्रवाई; चालाकी।

कारामद वि० *(फ़ा०)* काम आने लायक; उपयोगी।

क़ारिक़ पु० *(अ०)* क़ुर्क़ी करने वाला।

क़ारिज़ पु० *(अ०)* ऋण देने वाला; ऋणदाता।

कारिन्दा पु० *(फ़ा०, कारिन्दः)* दूसरे की ओर से कार्य करने वाला कर्मचारी; गुमाश्ता।

कारिस्तानी/कारस्तानी स्त्री० *(फ़ा०)* कृत्य; कार्रवाई; चालबाजी।

कारी[1] वि० *(फ़ा०)* जो अपना काम ठीक तरह से कर दिखलाये; प्रभावशाली; घातक।

क़ारी[2] पु० *(अ०)* पढ़नेवाला (विशेषतः कुरान पढ़ने वाला)।

कारीगर पु० *(फ़ा०)* धातु, पत्थर, लकड़ी आदि से रचना करने वाला व्यक्ति; शिल्पकार।

कारीगरी स्त्री० *(फ़ा०)* काम करने की कला; निर्माण कला।

क़ारूँ पु० *(अ०, कारून)* एक बहुत बड़ा धनवान जो हजरत मूसा का चचेरा भाई और बहुत बड़ा कंजूस माना जाता है।

कारूनी स्त्री० *(अ०)* घोड़ों की एक जाति।

क़ारूरा पु० *(अ०, कारूरः)* मसाने के आकार की शीशी जिसमें पेशाब रख कर हकीम को दिखलाते हैं; मूत्र; पेशाब।

मुहा० ***क़ारूरा मिलना-*** *बहुत अधिक मेलजोल होना।*

कार्रवाई स्त्री० *(फ़ा०)* काम; कृत्य; कार्य तत्परता; चाल।

कारोबार पु० *(फ़ा०)* कार्य व्यापार।

कारोबारी वि० *(फ़ा०)* व्यापारी।

क़ाल पु० *(अ०)* उक्ति; कथन, डींग; शेखी।

कालबुद पु० *(फ़ा०)* शरीर; तन; बदन; वह ढाँचा जिस पर रखकर मोची जूता सीते हैं।

क़ाल-मक़ाल स्त्री० *(अ०)* बहुत बड़ी चालाकी या लम्बी-चौड़ी बात; कहासुनी; तकरार।

क़ालिब पु० *(अ०)* लकड़ी आदि का वह ढाँचा जिस पर रखकर टोपी या पगड़ी तैयार की जाती है; शरीर; देह; ढाँचा; साँचा।

क़ालीन स्त्री० *(तु०)* मोटे धागों का बुना हुआ मोटा और भारी बिछावन, जिसमें बेल-बूटे कढ़े होते है; ग़लीचा।

कालुम स्त्री० *(फ़ा०)* वह स्त्री जो विवाहित हो पर जिसका पति मर गया हो या दुखी हो; दिल से परित्यक्ता।

कालेव वि० *(फ़ा०)* निस्तब्ध; उद्विग्न; पागल; परेशान।

कालेह वि० *(अ०)* कटु स्वभाव वाला।

कावा पु० *(फ़ा०)* घोड़े को वृत्त या दायरे में चक्कर देना।

पदरचना- ***कावाबाज-*** *चक्कर लगाने वाला, छापामार।* ***कावाबाजी-*** *जहाँ मौका मिले छापा मारते रहना।*

कावली स्त्री० *(फ़ा०)* वेश्या; गणिका; रण्डी।

कावाक वि० *(फ़ा०)* खोखला।

काविन्दा वि० *(फ़ा० काविन्दः)* खोदने वाला।

काविश स्त्री० *(फ़ा०)* प्रयत्न; अनुसन्धान; तलाश; खोज; दुश्मनी; वैर; शत्रुता।

काश[1] विस्मय *(फ़ा०)* ईश्वर ऐसा करें; ऐसा हो जाये (प्रार्थना और आकांक्षा सूचक)।

काश[2] स्त्री० *(तु०)* फल आदि का कटा हुआ टुकड़ा; फाँक।

काशाना पु० *(फ़ा०, काशानः)* झोंपड़ा; कुटी; घर; मकान।

काशिफ़ वि० *(अ०)* प्रकट या स्पष्ट करने वाला।

क़ाशुक़ पु० *(तु०)* छोटा चम्मच; चमसा

क़ाशूर वि० *(अ०)* अशुभ; मनहूस; अपशकुनी।

काश्त स्त्री० *(फ़ा०)* खेती; कृषि; जमींदार को कुछ वार्षिक लगान देकर उसकी जिम्मेदारी पर खेती का स्वत्व।

पदरचना- ***खुदकाश्त-*** *निजी जोत।*

काश्तकार पु० *(फ़ा०)* किसान; खेतिहर।

काश्तकारी स्त्री० *(फ़ा०)* खेती-बारी; किसानी; किसान का हक़।

काश्तनी वि० *(फ़ा०)* कृषि योग्य भूमि।

कासागर वि० *(अ० कासः +फ़ा० गर)* प्याले बनाने वाला; कुम्हार।

कासागरी स्त्री० *(अ० कासा+फ़ा० गरी)* प्याले बनाने का काम।

कासाबाज़ वि० *(अ० कासः+फ़ा० बाज)* छली; वंचक; कपटी।

कासाबाज़ी स्त्री० *(अ० कासः +फ़ा० बाज़ी)* धोखेबाज़ी; मक्कारी।

कास[1] पु० *(फ़ा०)* बड़ा नगाड़ा; धौंसा।

कास[2] पु० *(अ०)* शराब पीने का प्याला।

कासए गदाई पु० *(अ० कासए+फ़ा० गदाई)* भिक्षा पात्र।

कासए सर पु० *(अ० कासए+फ़ा० सर)* खोपड़ी; कपाल।

कासनी स्त्री० *(फ़ा०)* एक पौधा जिसकी जड़, डण्ठल और बीज दवा के काम आते हैं; एक प्रकार का नीला रंग जो कासनी के फूल की तरह होता है।

कासा पु० *(फ़ा०)* प्याला; कटोरा।

क़ासिद[1] पु० *(अ०)* इरादा करने वाला; पत्रवाहक; हरकारा।

कासिद[2] वि० *(अ०)* खोटा; जाली; अप्रचलित।

कासिफ़ वि० *(अ०)* छिपाने वाला; दुर्दशाग्रस्त।

क़ासिम पु० *(अ०)* बाँटने वाला; विभाजक।

क़ासिर वि० *(अ०)* जिसमें कोई कमी या त्रुटि हो; असमर्थ।

क़ासी[1] वि० *(अ०)* सख्त दिल; कठोर हृदय वाला।

क़ासी[2] वि० *(अ०)* बात की तह तक पहुँचने वाला।

कास्ता वि० *(फ़ा० कास्तः)* घटा हुआ।

कास्तनी वि० *(फ़ा०)* घटने योग्य; कम करने योग्य।

कास्नी स्त्री० *(फ़ा०)* दवा का एक पौधा, जिसके हरे पत्ते अर्क के रूप में पीये जाते हैं।

क़िज़िल वि० *(तु०)* रक्त; लाल; सुर्ख।

क़िज़िल अर्सलान पु० *(तु०)* लाल रंग का व्याघ्र; लाल शेर; एक बादशाह की उपाधि।

क़िज़िल बाश पु० *(तु०)* लाल टोपी वाला सैनिक; ईरान के बादशाह शाह इस्माइल सफ़वी ने अपनी तुर्की सेना को लाल टोपी पहनायी थी और उनका नाम क़िज़िलबाश रखा था।

काह[1] स्त्री० *(फ़ा०)* सूखी हुई घास; तिनका।

क़ाह[2] पु० *(अ०)* आज्ञाकारिता।

काहकशाँ स्त्री० *(फ़ा०, कहकशाँ)* आकाशगंगा।

क़ाह क़ाह पु० *(फ़ा०)* अट्टहास; ठहाका लगाकर हँसना।

क़ाहिर वि० *(अ०)* कहर या जुल्म ढाने वाला; अत्याचारी। पु० विजेता।

काहिल वि० *(अ०)* सुस्त; आलसी।

काहिली स्त्री० *(अ०)* सुस्ती; आलस्य।

काहिश स्त्री० *(फ़ा०)* ह्रास; कमी; न्यूनता।

काही वि० *(फ़ा०)* घास के रंग का; कालापन लिये हुए हरा।

काहू पु० *(अ०)* गोभी की तरह का एक पौधा, जिसके बीज दवा के काम आते हैं।

कि योज० *(फ़ा०, सं०, किम्)* एक योजक शब्द जो कहना; देखना आदि क्रियाओं के बाद उनके विषय-वर्णन के पहले आता है; तत्क्षण इतने में; या अथवा; क्योंकि; जैसाकि।

कुंग वि० *(फ़ा०)* मोटा ताज़ा; हृष्ट-पुष्ट; शक्तिशाली; बलवान; छुहारों का गुच्छा

किज़्ब पु० *(अ०)* झूठ; मिथ्या; गप; असत्य।

क़िज़्बान पु० *(अ० कज़ीव का बहु०)* डालियाँ; लिंग।

क़िता पु० *(अ०, कित्अः)* खण्ड; टुकड़ा; जमीन का टुकड़ा; ऐसी जमीन पर बना हुआ मकान; एक प्रकार की कविता जिसमें दो चरणों से कम न हों, मतला न हो और सम चरणों में अनुप्रास हो।

क़िताफ़ पु० *(अ०)* अंगूर और दूसरे फलों के पकने का समय, जब वे तोड़े जा सकें।

किताब स्त्री० *(अ०)* ग्रन्थ; पुस्तक।

पदरचना- ***किताबे क़वाइद-*** *नियमावली।*

किताबत स्त्री० *(अ०)* लिखना।

पदरचना- ***ख़त किताबत-*** *पत्र-व्यवहार।*

किताबा पु० *(अ०, किताबः)* लेख।

किताबी वि० *(अ०)* किताब या पुस्तक सम्बन्धी; पुस्तक जैसा।

किताबुल्लाह स्त्री० *(अ०)* कुरान शरीफ़।

किताबे-इलाही स्त्री० *(अ०)* मुस्लिमों की धर्म पुस्तक; कुरान।

किनाल स्त्री० *(अ०)* मारकाट; हत्या।

किनायतन क्रि०वि० *(अ०)* इशारे से; संकेत द्वारा।

किनाया पु० *(अ०, किनायः)* इशारा; संकेत।

किनार[1] स्त्री० *(फ़ा०)* बगल; चूमना और गले लगाना। पु० *(फ़ा०, किनारः)* किनारा; बगल; पार्श्व।

पदरचना- दर ***किनार-*** *एक तरफ; जैसे- खाना-पीना दर किनार एक पान तक न दिया।*

किनार[2] स्त्री० *(अ०)* पंक्ति; श्रेणी; किनारा।

पदरचना- ***किनारदार-*** *जिसमें किनारी हो।* ***किनार-पेंच-*** *दरी के ताने के दोनों ओर लगी हुई डोरियाँ।*

किनारा पु० *(फ़ा०, किनारः)* अधिक लम्बाई और कम चौड़ाई वाली वस्तु के वे दोनों भाग जहाँ चौड़ाई समाप्त होती है; लम्बाई के बल की कोर; नदी या जलाशय का तट, तीर।

मुहा० ***किनारे लगना-*** *समाप्ति पर पहुँचना; समाप्त होना।* ***किनारा खींचना-*** *दूर होना।* ***किनारे न जाना-*** *अलग रहना।* ***किनारे बैठना-*** *अलग होना; छोड़ कर दूर हटना।*

किनाराकश वि० *(फ़ा०, भाव०, किनाराकशी)* अलग या दूर रहने वाला; कुछ सम्बन्ध न रखने वाला।

किनारी स्त्री० *(फ़ा०, किनारः)* सुनहला या रूपहला गोटा जो कपड़ों के किनारे पर लगाया जाता है।

किन्न पु० *(अ०)* पहनने के वस्त्र; पोशाक।

क़िन्नब स्त्री० *(अ०)* भाँग; घोंट-छान कर पीने वाली एक पत्ती।

क़िन्नीना स्त्री० *(अ० क़िन्नीनः)* मदिरा रखने का पात्र।

क़िन्या पु० *(अ०)* पूँजी।

क़िन्व पु० *(अ०)* फलों के गुच्छे।

किफ़ायत स्त्री० *(अ०)* काफ़ी या अलम् होने का भाव; कमखर्ची; थोड़े में काम चलाना; बचत।

किफ़ायती वि० *(अ०)* कम खर्च करने वाला; सम्हाल कर खर्च करने वाला।

क़िबला पु० *(अ०, क़िब्लः)* पश्चिम दिशा जिस ओर मुख करके मुसलमान नमाज पढ़ते हैं; मक्का; पूज्य व्यक्ति; पिता।

क़िबला-आलम पु० *(अ०, क़िब्लः-ए-आलम)* ध्रुवतारा; मुसलमान बादशाहों के प्रति सम्बोधन का शब्द; पूज्य या बड़े भाई के लिए सम्बोधन।

क़िबलागाह पु० *(अ० क़िबला+फ़ा० गाह)* पश्चिम दिशा को बताने वाला एक यन्त्र जिसका व्यवहार जहाज़ों पर अरब मल्लाह करते थे; दिग्दर्शक-यन्त्र।

किब्र पु० *(अ०)* बड़प्पन; बुजुर्गी; बड़ाई; वृद्धावस्था।

किब्रिया स्त्री० *(अ०)* महत्ता; बड़प्पन; बुजुर्गी।

क़िमार पु० *(अ०)* वह बाजी या खेल जिसमें धन की हार-जीत का खेल हो; जुआ; द्यूत।

क़िमारख़ाना पु० *(अ० क़िमार+फ़ा०, खानः)* जुआ खेलने की जगह; जुआघर।

क़िमारबाज़ पु० *(अ० क़िमार+फ़ा० बाज़)* जुआरी।

क़िमारबाज़ी स्त्री० *(अ० किमार+फ़ा० बाजी)* द्यूत क्रीड़ा; जुआ।

क़िमाश स्त्री० *(तु०)* ढंग; प्रकार; ताश की गड्डी।

क़ियाम पु० *(अ०)* अस्थायी निवास।

क़ियामत स्त्री० *(अ०)* महाप्रलय।

क़ियास पु० *(अ०)* अटकल; विचार; अनुमान।

क़िरअत स्त्री० *(अ०)* अच्छी तरह पढ़ना, विशेषतः कुरान पढ़ना।

क़िरतास पु० *(अ०, किर्तास)* काग़ज।

किरदार स्त्री० *(फ़ा०, किर्दार)* कार्य; काम; ढंग; शैली; आचरण; चरित्र।

क़िरमिज़ पु० *(अ०)* एक प्रकार का लाल रंग।

क़िरमिज़ी पु० *(अ०)* लालरंग में रंगा। वि० उक्त रंग का।

किरायेदार पु० *(अ० किराये+ फ़ा० दार)* किराया देकर रहने वाला।

क़िरात[1] स्त्री० *(अ०)* पठन; पढ़ना।

क़िरात[2] स्त्री० *(अ०)* एक बहुत छोटा व पुराना सिक्का; जवाहरात तौलने का एक बाट।

क़िरान पु० *(अ०)* किसी ग्रह का किसी राशि में पहुँचना; संक्रमण; कुछ शुभ संयोग या अवसर।

पदरचना- ***साहब-ए-क़िरान***- *वह जिसका जन्म किसी शुभ अवसर या मुहूर्त में हुआ हो; भाग्यवान; सौभाग्यशाली।*

किराम वि० *(अ०)* करीम का बहु०।

किराया पु० *(अ०, किरायः)* वह दाम जो दूसरे की कोई वस्तु काम में लाने के बदले उसके मालिक को दिया जाये; भाड़ा।

किरायानामा पु० *(अ०, किरायः+फ़ा०, नामः)* किरायेदार और मकान मालिक के बीच लिखा हुआ पत्र या दस्तावेज।

किरिश्मा पु० *(फ़ा०, किरिश्मः)* चमत्कार।

किर्दगार पु० *(फ़ा०)* सृष्टि का कर्ता; विधाता; परमात्मा।

किर्म पु० *(फ़ा०)* कीड़ा; कीट।

पदरचना- ***किर्म-खुर्दा***- *जिसे कीड़े चाट गये हों; कीड़ों का खाया हुआ।*

किलक स्त्री० *(फ़ा०, किल्क)* अन्दर से पोली लकड़ी; एक प्रकार का नरकट जिसकी कलम बनती है।

क़िला पु० *(अ०, कल्अः)* दुर्गः; गढ़; कोट।

क़िलाबन्दी- स्त्री० *(फ़ा०)* मोर्चाबन्दी; व्यूह रचना।

मुहा० ***क़िला फतह करना***- *किला जीत लेना।* ***क़िला बाँधना***- *शतरंज के किले में बादशाह को शह पड़ने से बचाना।* ***हवाई क़िला बनाना***- *व्यर्थ कल्पना करना।*

क़िलेदार पु० *(अ० क़िले+ फ़ा० दार)* दुर्गपति; गढ़पति; कोटपति।

क़िल्लत स्त्री० *(अ०)* कम होने का भाव; अभाव; कमी; न्यूनता; कठिनता; दिक्कत।

किलिक स्त्री० *(फ़ा०)* कलम बनाने के लिए नरकट की जाति का एक पौधा।

किलीच पु० *(तु०)* तलवार; खड्ग।

किलीद स्त्री० *(फ़ा०)* कुंजी; ताली।

किलीदे-कामरानी स्त्री० *(फ़ा०)* सफलता की कुंजी।

किलीदे बहिश्त स्त्री० *(फ़ा०)* स्वर्ग की कुंजी; पुण्य कर्म।

किलीसा पु० *(फ़ा०)* ईसाइयों का चर्च।

किलीसिआई वि० *(फ़ा०)* ईसाई।

क़िल्लत स्त्री० *(अ०)* न्यूनता; कमी; अभाव।

क़िवाम पु० *(अ०)* शहद के समान गाढ़ा किया हुआ अवलेह।

किशमिश स्त्री० *(फ़ा०)* सुखाई हुई छोटी अंगूर।

किशमिशी वि० *(फ़ा०)* जिसमें किशमिश हो; किशमिश के रंग का।

किश्त स्त्री० *(अ०)* खेत; शतरंज में बादशाह का किसी मोहरे की घात में पड़ना।

किश्तज़ार पु० *(फ़ा०)* खेत।

किश्ती पु० *(फ़ा०, कश्ती)* नौका; एक प्रकार की थाली।

किश्तीवान पु० *(फ़ा०, कश्तीवान)* मल्लाह।

किश्न पु० *(अ०)* छाल; छिलका; भूसी।

किश्वर पु० *(फ़ा०)* देश।

पदरचना- ***किश्वर सतानी***- *देश जीतना।*

किसरा पु० *(फ़ा०, खुसरो का अरबी रूप)* नौशेरवाँ की एक उपाधि; फ़ारस के बादशाहों की उपाधि।

क़िसास पु० *(अ०)* हत्या का बदला चुकाने के लिए किसी की हत्या करना।

क़िस्त स्त्री० *(अ०, बहु० अक़सात)* कई बार करके ऋण देना या चुकाने का भाव।

क़िस्तबन्दी स्त्री० *(अ० किस्त+फ़ा० बन्दी)* थोड़ा-थोड़ा करके कई बार में रुपया अदा करने का ढंग।

क़िस्तवार क्रि०वि० *(फ़ा०)* किस्तों में; हर किस्त पर।

किस्बत स्त्री० *(अ०)* पहनने के कपड़े; वह थैली जिसमें हज्जाम उस्तरे और कैंची आदि रखता है।

क़िस्म स्त्री० *(अ० बहु० अक़्साम)* प्रकार; भेद; भाँति; तरह; ढंग; तर्ज; चाल।

क़िस्मत स्त्री० *(अ०)* प्रारब्ध; भाग्य; नसीब; तकदीर।

मुहा० ***क़िस्मत आज़माना-*** *किसी कार्य को यह सोच कर करना कि उसमें सफलता होती है या नहीं।* ***क़िस्मत चमकना या जागना-*** *भाग्य प्रबल होना।* ***क़िस्मत फूटना-*** *भाग्य बहुत मन्द हो जाना।*

क़िस्मत आज़माई स्त्री० *(अ० क़िस्मत+फ़ा० आज़माई)* भाग्य की परीक्षा।

क़िस्मतवर वि० *(अ० क़िस्मत+फ़ा० वर)* भाग्यवान; सौभाग्यशाली।

क़िस्सा पु० *(अ०, किस्सः)* कथा; कहानी; आख्यान; वृत्तान्त; समाचार; हाल।

क़िस्सा-कोताह क्रि०वि० *(अ० क़िस्सा+फ़ा० कोताह)* संक्षेप में यह कि, तात्पर्य यह कि।

क़िस्साख्वाँ पु० *(अ० क़िस्सा+फ़ा० ख्वाँ)* वह जो लोगों को किस्से-कहानियाँ सुनाता हो।

क़िस्साख़्वानी स्त्री *(अ० क़िस्सा+फ़ा० ख्वानी)* दूसरों को किस्से-कहानियाँ सुनाने का कार्य।

कीं अव्य० *(फ़ा०)* कि यह।

कीना पु० *(फ़ा०, कीनः)* द्वेष; शत्रुता; वैर; दुश्मनी।

कीनावर वि० *(फ़ा०)* मन में शत्रु भाव रखने वाला।

कीपा पु० *(तु०)* एक प्रकार का पुलाव जो बकरी की आँतों में भरकर पकाया जाता है।

कीसे फ़िदा पु० *(अ० कीसे+फ़ा० फ़िदा)* शत्रुओं से घिर जाने पर भागते समय रुपया फेंक देना ताकि शत्रु उसे बटोरने में लग जायें और पीछा न करें।

क़ीफ स्त्री० *(अ०)* वह चोंगी जिसके द्वारा तंग मुँह के बर्तन में तेल आदि डालते हैं; कीप।

क़ीमत स्त्री० *(अ०)* दाम; मूल्य।

क़ीमती वि० *(अ०)* अधिक मूल्य का; बहुमूल्य।

क़ीमा पु० *(अ०, कीमः)* बहुत छोटे-छोटे टुकड़ों में कटा गोश्त।

कीमिआ स्त्री० *(अ०)* रासायनिक क्रिया; रसायन।

कीमियागर पु० *(अ० कीमिआ+फ़ा० गर)* रसायन बनाने वाला; रासायनिक परिवर्तन में कुशल।

कीमुख़्त पु० *(फ़ा०, वि० कीमुख्ती)* घोड़े या गधे का चमड़ा।

क़ीरात पु० *(अ०)* चार जौ की तौल।

क़ील पु० *(अ०)* वचन; वार्ता।

कीसा पु० *(अ० कीसः)* थैली; जेब; पाकेट।

कीसा तराश वि० *(अ० क़ीसा+फ़ा० तराश)* जेब कतरा; पाकेटमार।

कुंज पु० *(फ़ा०, सं० कुंज)* एकान्त स्थान।

कुंजद पु० *(फ़ा०)* तिल; अन्न।

कुंजा क्रि०वि० *(फ़ा०)* कहाँ; किस जगह।

कुंजिश्क स्त्री० *(फ़ा०)* चिड़ा नामक पक्षी; स्तब्ध; मन्द।

कुन्दएपा पु० *(फ़ा०)* एक मोटी और भारी लकड़ी जिसमें अनेक छेद होते हैं, जिसमें अपराधी के हाथ-पाँव डाल दिये जाते हैं।

कुन्दज़हन वि० *(अ० कुन्द+फ़ा०+ज़हन)* मन्दबुद्धि।

कुन्दपीर स्त्री० *(फ़ा०)* बहुत बूढ़ी औरत।

कुन्दुलान पु० *(तु०)* वह बड़ा खेमा जो बादशाह के दरवाजे पर लगाया जाता है।

कुन्दा पु० *(फ़ा० कुन्दः सं० स्कन्ध)* लकड़ी का बड़ा, मोटा और बिना चीरा हुआ टुकड़ा; बन्दूक का चौड़ा पिछला भाग; वह लकड़ी जिसमें अपराधी के पैर ठोंके जाते हैं; लकड़ी की बड़ी मोंगरी जिससे कपड़ों की कुन्दी की जाती है।

पदरचना- ***कुन्दए नातराश-*** *निरामूर्ख; पूरा बेवकूफ।*

क़ुक़नुस पु० *(यू०, क़ुक़्नुस)* एक कल्पित पक्षी जो बहुत मधुर गाता है और जिसके गाने से आग लग जाती है।

क़ुच पु० *(तु०)* नर भेड़ जिसके सींग होते हैं।

क़ुज़ह पु० *(अ०)* वह फ़रिश्ता जो बादलों पर नियन्त्रण करता है; इन्द्र।

कुजा अव्य० *(फ़ा०)* कहाँ; किस स्थान पर।

क़ुज़ात पु० *(अ० क़ाज़ी का बहु०)* निकाह पढ़ाने वाले।

क़ुज़ुर स्त्री० *(अ०)* अपवित्रता; गन्दगी।

कुतका पु० *(तु०, कुत्कः)* मोटा और बड़ा डण्डा; पुरुष की इन्द्रिय।

कुतबा पु० *(अ०, कुत्बः)* लेख।

क़ुतास पु० *(तु०)* पहाड़ी गाय; सुरा गाय की पूँछ जिससे मोरछल बनता है।

कुतुब पु० *(अ०, किताब का बहु०)* किताबें।

कुतुबखाना पु० *(अ० कुतुब+फ़ा०, खानः)* किताबों की दुकान; पुस्तकालय।

कुतुब फ़रोश पु० *(अ० कुतुब+फ़ा० फ़रोश)* पुस्तक विक्रेता।

पदरचना- *क़ुतुब मीनार-* *दिल्ली की एक मीनार जो कुतुबुद्दीन ऐबक की बनवायी हुई है।* ***क़ुतुबशाही-*** *दक्षिण भारत के पाँच बहमनी राज्यों में से एक जिसकी राजधानी गोलकुण्डा थी।* ***क़ुतुबशुमाली-*** *उत्तरी ध्रुव।* ***क़ुतुब साहब की लाट-*** *कुतुब मीनार के पास गड़ी हुई लोहे की लाट, जो पृथ्वीराज की बनवायी मानी जाती है।*

कुतुब फ़रोशी स्त्री० *(अ० कुतुब+फ़ा० फ़रोशी)* पुस्तक बेचने का काम।

क़ुत्न स्त्री० *(अ०)* रूई।

क़ुत्ब पु० *(अ०)* ध्रुवतारा; वह कीली जिस पर कोई चीज घूमती हो; नायक; नेता; सरदार।

क़ुत्बनुमा पु० *(अ० क़ुत्ब+फ़ा० नुमा)* कुतुबनुमा; दिग्दर्शक यन्त्र।

क़ुत्र पु० *(अ०)* वृत्त का व्यास या मध्य रेखा।

कुदरत स्त्री० *(अ०, क़ुद्रत)* प्रकृति; माया; ईश्वरीय शक्ति; प्रभुत्व; इख्तियार; कारीगरी; रचना।

कुदरती वि० *(अ०, कुद्रती)* प्राकृतिक; स्वाभाविक; ईश्वरीय।

कुदसिया वि० *(अ०, कुदसियः)* पवित्र; शुद्ध।

कुदसी वि० *(अ०, कुद्सी)* पवित्र; पाक।

पदरचना- *आलमे कुद्सी- पवित्र लोक; देवलोक।*

कुद्दस वि० *(अ०)* पवित्र; शुद्ध।

कुदूरत स्त्री० *(अ०)* मैलापन; रंजिश; द्वेष।

कुन वि० *(फ़ा०)* करने वाला (प्रायः यौगिक शब्दों के अन्त में लगता है) जैसे- कारकुन।

कुनह[1] स्त्री० *(फ़ा०)* तत्त्व; तथ्य; बारीकी; सूक्ष्मता। (जैसे- बात-बात में कुनह निकालना)।

कुनह[2] स्त्री० *(अ०, कीनः ; वि०, कुनही)* द्वेष; मनोमालिन्य; पुराना वैर।

कुन्नियत स्त्री० *(अ०)* कुल या वंश का नाम; कुल नाम; नाम का वह रूप जिसमें नामी का वंश भी सूचित होता है। जैसे- अबुल हसन- हसन का पुत्र।

कुफ़्फ़ार पु० *(अ०)* काफ़िर का बहु०।

कुफ़्त स्त्री० *(फ़ा०)* गहरी चिन्ता; अफ़सोस; दुःख।

कुफ़्र पु० *(अ०)* ईश्वर को न मानकर बहुत-से देवी-देवताओं की उपासना करना; इस्लाम की आज्ञाओं के विरुद्ध आचरण।

मुहा० *कुफ़्र का फतवा देना-* *किसी को अधर्मी होने की व्यवस्था देना।* ***किसी का कुफ़्र तोड़ना-*** *किसी को अपने अनुकूल करना।*

क़ुफ़्ल पु० *(अ०)* ताला।

क़ुबूल वि० *(अ०)* कबूल।

क़ुब्बा पु० *(अ०, कुब्बः)* गुम्बद; कलश।

कुमक स्त्री० *(तु०, कुमुक)* सहायता; मदद; पक्षपात; तरफदारी।

कुमकी स्त्री० *(तु०)* सिखायी हुई हथिनी, जिससे हाथियों को पकड़ने में सहायता ली जाती है।

क़ुमकुमा पु० *(अ०, कुक्कुमा)* एक प्रकार का तंग मुँह का छोटा लोटा; काँच के बने हुए पोले व छोटे गोले।

कुमरी स्त्री० *(अ०, कुम्री)* पण्डुक जाति की एक चिड़िया।

क़ुमार बाज़ पु० *(अ० कुमार+फ़ा० बाज़)* जुआरी।

कुमार बाज़ी स्त्री० *(अ० कुमार+फ़ा० बाज़ी)* जुआरीपन।

कुम्मत/कुम्मैद पु० *(तु०)* घोड़े का एक रंग जो स्याहीनुमा लाल रंग का होता है; इस रंग का घोड़ा।

क़ुरआ पु० *(अ०, कुरअ)* जुआ खेलने या रमल आदि फेंकने का पासा; किसी बात का निर्णय करने के लिए उठायी जाने वाली गोली।

कुरए अर्ज़ पु० *(अ०)* भूगोल; भूमण्डल।

कुरए आतश पु० *(अ० कुरए+फ़ा० आतश)* अग्निमण्डल।

कुरए आफताब पु० *(अ० कुरए+फ़ा० आफ्ताब)* सूर्यमण्डल।

कुरए आब अव्य० *(अ० कुरए+फ़ा० आब)* सारी पृथ्वी पर फैला हुआ जल।

कुरए आसमान पु० *(अ० कुरए+फ़ा० आस्माँ)* आकाशमण्डल।

कुरए जम्हरीर पु० *(अ० कुरए+फ़ा० जम्हरीर)* वह वायुमण्डल जो बहुत ठण्ढा है।

कुरए नार पु० *(अ०)* अग्निमण्डल।

कुरए फ़लक पु० *(अ०)* आकाश मण्डल।

कुरए बाद पु० *(अ० कुरए+फ़ा० बाद)* वायुमण्डल।

कुरए माह पु० *(अ० कुरए+फ़ा० माह)* चन्द्रमण्डल।

कुरगा पु० *(तु० कुरगः)* बड़ा नगाड़ा; घौसा।

क़ुरम साक़ पु० *(तु०)* जो अपनी पत्नी की कमाई खाता है।

कुर्द पु० *(तु०)* तुर्कों की एक खानाबदोश जाति जो प्रायः जंगलों में रहती है और बहुत बहादुर होती है।

कुर्दक पु० *(फ़ा०)* बहुत मोटा ताज़ा और बलवान व्यक्ति।

कुर्दिस्तान पु० *(तु० कुर्द+फ़ा० इस्तान)* कुर्दों के रहने का स्थान।

क़ुर्नक़ पु० *(तु०)* दास; नौकर; दासी।

क़ुर्नासपु० *(अ०)* पिशाच; राक्षस; देव; पहाड़ की चोटी।

क़ुरबान[1] पु० *(अ० कुर्बान)* बलि; न्यौछावर।

क़ुरबान[2] पु० *(फ़ा० कुर्बान)* गले में पहनने की पेटी जिसमें धनुष लटकाया जाता है।

कुरबानी स्त्री० *(अ० कुर्बानी)* किसी देवता के लिए पशु का वध करके भेंट चढ़ाना; त्याग; किसी बड़े काम के लिए जान न्यौछावर करना।

क़ुरक़ वि० *(तु०, कुक़्र)* रोका हुआ; जब्त।

क़ुरक़ी स्त्री० *(तु०, कुर्क़ी)* कर्ज़दार या अपराधी की जायदाद का ऋण या जुरमाने की वसूली के लिए सरकार द्वारा जब्त किया गया कार्य।

कुरता पु० *(अ०, कुर्ता+स्त्री०, कुरती)* एक प्रसिद्ध पहनावा जो सिर में डाल कर पहना जाता है।

क़ुरतास पु० *(अ०, किर्तास)* काग़ज़।

क़ुरबतपु० *(अ०, कुर्बत)*पास होना; सामीप्य; नज़दीकी।

क़ुरबान वि० *(अ०, कुर्बान)* जो निछावर या बलिदान किया गया हो।

मुहा० क़ुरबानजाना- *निछावर होना; बलि जाना।*

क़ुरबानगाह स्त्री० *(अ०, कुर्बान+फ़ा०, गाह)* कुरबानी करने का स्थान; बलिवेदी।

क़ुरबानी स्त्री० *(अ०, कुर्बानी)* बलिदान।

कुरसी स्त्री० *(अ०, कुर्सी)* एक प्रकार की ऊँची चौकी जिसमें पीछे की ओर सहारे के लिए पटरी लगी रहती है; वह चबूतरा जिसके ऊपर इमारत बनायी जाती है; पीढ़ी; पुश्त।

कुरसीनामा पु० *(अ०, कुर्सी+फ़ा०, नामः)* लिखी हुई वंश परम्परा; वंशवृक्ष।

कुरहा पु० *(अ०, कुर्हः)* वह घाव जिसमें मवाद पड़ गया हो।

कुरआन/कुरान पु० *(अ०, क़ुर्आन)* मुसलमानों का धर्मग्रन्थ।

क़ुरानी वि० *(अ०)* क़ुरान से सम्बद्ध; कुरान को मानने वाला।

कुरीज़ स्त्री० *(फ़ा०)* पक्षियों का पुराने पंख झड़ना और नये पंख निकलना।

क़ुरुत पु० *(तु०)* दही; दधि।

क़ुरुती पु० *(तु०)* एक प्रकार का दलिया जिसमें सूखा दही डाला जाता है।

क़ुरुने ऊला पु० *(अ०)* इस्लाम का प्रारम्भिक काल।

क़ुरुने ख़ालिया पु० *(अ० ख़ालियः)* पिछले युग गुज़रे हुए जमाने।

क़ुलफ़ा पु० *(अ० क़ुल्फ़ः)* बिना खतना के शिश्न का अग्रभाग।

कुल्फ़त स्त्री० *(अ०)* कष्ट; दुःख; तकलीफ़।

क़ुरैश पु० *(अ०)* अरब का एक कबीला या वर्ग; मुहम्मद साहब इसी कबीले के थे।

क़ुरैशी वि० *(अ०)* कुरैश कबीले का।

कुर्क़ वि० *(अ०)* जब्त।

कुर्क़-अमीन पु० *(अ०)* वह सरकारी कर्मचारी जो अदालत की आज्ञानुसार जायदाद की कुर्की करता है।

कुर्क़ी स्त्री० *(तु०)* किसी डिग्री आदि में जायदाद आदि की जब्ती।

क़ुर्नास पु० *(अ०)* राक्षस; पिशाच।

क़ुर्ब पु० *(अ०)* नज़दीकी; सामीप्य; निकट या पास होना।

पदरचना- *क़ुर्ब व जवार-* *आस-पास के स्थान या प्रदेश।*

क़ुर्बत स्त्री० *(अ०)* निकट सम्बन्ध; निकटता; सहवास।

कुर्र-ए-अर्ज़ पु० *(अ०)* पृथ्वी का गोला; पृथ्वी।

कुर्रत स्त्री० *(फ़ा०)* प्रसन्नता; खुशी।

पदरचना- *कुर्रत-उल-ऐन-* *आँखों का ठण्ढा होना; खुशी।*

कुर्रम पु० *(तु०)* अपनी पत्नी से व्यभिचार कराने वाला; वेश्याओं का दलाल; भडुआ।

कुर्रा पु० *(अ०, कुर्रः)* गेंद की तरह गोल चीज; क्षेत्र।

क़ुर्स पु० *(अ०)* सूर्यबिम्ब; टिकिया; बटी; अरब देश का चाँदी का छोटा सिक्का।

कुरसी नशीं वि० *(अ० कुर्सी+फ़ा० नशीं)* पदस्थ; पदासीन।

क़ुल[1] पु० *(अ०)* कुरान का वह सूरा पढ़ना जो 'कुल हो अल्लाह' से आरम्भ होता है। यह उर्स के अन्त में पढ़ा जाता है।

कुल[2] पु० *(अ०)* समस्त; सब; सारा।

पदरचना- *कुल जमा-* *सब मिलाकर।*

कुलक़ुल स्त्री० *(अ०)* कुलकुल शब्द जो जल आदि उड़ेलने के समय होता है।

कुलचा पु० *(फ़ा०, कुलीचः)* एक प्रकार की छोटी रोटी; एक प्रकार की मिठाई।

कुलज़म पु० *(अ०, कुल्जम)* लाल सागर या अरब की खाड़ी।

कुलफ़त स्त्री० *(अ०, कुल्फ़त)* सन्ताप; चिन्ता; फिक्र।

पदरचना- *कुलफ़ते गम-* *गम का सन्ताप।*

कुलफ़ा पु० *(अ०, कुल्फ़)* एक प्रकार का साग।

कुल-मुख़्तार पु० *(फ़ा०)* वह जिसे सब बातों का पूरा अधिकार दिया गया है।

कुलंग पु० *(फ़ा०)* एक प्रकार का सारस पक्षी; क्रौंच पक्षी।

कुलाँच स्त्री० *(तु०, कुल्लाच)* कूदने की क्रिया; कुदान।

क़ुलाबा पु० *(अ०, कुल्लाबः)* लोहे का वह उपकरण जिससे किवाड़ बाजू से जकड़ा रहता है; पायजा; मोरी।

कुलाल पु० *(फ़ा०)* कुम्हार।

कुलाह स्त्री० *(फ़ा०)* टोपी; राजमुकुट।

क़ुली पु० *(तु०)* बोझ ढोने वाला; मज़दूर।

कुलूख पु० *(फ़ा०)* मिट्टी का ढेला।

कुल्फ़ी स्त्री० *(अ०)* पेंच; टीन आदि का चोंगा जिसमें दूध आदि भरकर बर्फ जमाते हैं; उपर्युक्त प्रकार से जमा हुआ दूध, मलाई या कोई शर्बत।

क़ुल्बा पु० *(अ०, कुल्बः)* हल; जिससे खेत जोतते हैं।

कुल्लहुम क्रि०वि० *(अ०)* कुल; बिलकुल।

कुल्लियात पु० *(कुल्लियत का बहु०)* किसी ग्रन्थकार या कवि की समस्त कृतियों का संग्रह।

क़ुली पु० *(तु०)* गुलाम; मोटिया; सिर पर बोझ ढोने वाला मजदूर।

पदरचना- *क़ुली कबारी-* *निम्न श्रेणी के लोग।*

कुल्ली वि० *(अ०)* कुल; सब; पूरा। स्त्री० समष्टि।

क़ुव्वत स्त्री० *(अ०)* शक्ति; बल।

कुशा वि० *(फ़ा०)* खेलने या फैलाने वाला (जैसे- दिलकुशा)।

कुशादगी स्त्री० *(फ़ा०)* खुला और लम्बा-चौड़ा होना; विस्तार।

कुशादा वि० *(फ़ा०, कुशादः)* खुला हुआ; विस्तृत।

कुश्त स्त्री० *(फ़ा०)* मार डालना; हत्या।

कुश्ता वि० *(फ़ा०, कुश्तः)* जो मार डाला गया हो; निहत।

पदरचना- *सितम-कुश्ता-* *अत्याचार का मारा हुआ।*

कुश्ती स्त्री० *(फ़ा०)* दो व्यक्तियों का परस्पर एक दूसरे को बल पूर्वक पछाड़ने या पटकने के लिए लड़ना; मल्लयुद्ध।

कुश्तीबाज़ पु० *(फ़ा०)* कुश्ती लड़ने वाला।

कुश्तीखून पु० *(फ़ा०)* मारकाट; खूँरेजी।

कुस स्त्री० *(फ़ा०)* भग; योनि, स्त्री की गुप्तेन्द्रिय।

कुसूफ़ पु० *(अ०)* दुर्दशाग्रस्त होना, ग्रहण।

क़ुसूर स्त्री० *(अ०, कस्र का बहु०)* खता; गलती; जुर्म।

कुहन वि० *(फ़ा०)* पुराना।

पदरचना- ***दाग़े-कुहन-*** *पुराना दाग।* ***नक़्शे क़ुहन-*** *पुराने निशान।*

कुहसीर पु० *(फ़ा०, कुह्सीर)* पर्वतमाला; पहाड़ी स्थान।

कुहल पु० *(अ०, कुह्ल)* अकाल का वर्ष; सुरमा।

कू पु० *(फ़ा०)* गली; कूचा।

पदरचना- ***कू-ब-कू-*** *गली-गली; इधर-उधर।*

कूए पु० *(फ़ा०)* गली; कूचा।

कूच पु० *(फ़ा०)* प्रस्थान; रवानगी।

मुहा० ***कूच कर जाना-*** *मर जाना।* ***देवता कूच कर जाना-*** *होश-हवास जाते रहना।* ***कूच बोलना-*** *प्रस्थान करना; धावा बोलना।*

कूचा पु० *(फ़ा०, कूचः)* कुछ छोटा रास्ता; गली।

पदरचना- ***कूचागर्द-*** *गलियों में मारा-मारा फिरना; आवारा।*

कूज़ वि० *(फ़ा०)* टेढ़ा; वक्र।

पदरचना- ***कूज़-पुश्त-*** *कुबड़ा।*

कूज़ा पु० *(फ़ा०, कूजः)* मिट्टी का घड़ा; कुल्हड़; मटके में जमायी गयी अर्द्ध गोलाकार मिश्री।

कूदक पु० *(फ़ा०, बहु० कूदकीन)* लड़का; बच्चा।

कून स्त्री० *(फ़ा०)* गुदा।

कूनी वि० *(फ़ा०)* गुदा मैथुन कराने वाला।

कूरची पु० *(तु०)* हथियारबन्द सिपाही; सशस्त्र सैनिक।

कूतिंज़ पु० *(यूना०)* एक प्रकार का उदर शूल।

क़ूवत स्त्री० *(अ०, कुव्वत)* ताक़त; बल; शक्ति; सामर्थ्य।

पदरचना- ***क़ूवते-जिस्मानी-*** *शरीर की शक्ति।* ***कूवते-बाजू-*** *बाहुबल।* ***कूवते-बाह-*** *रतिशक्ति।* ***कूवत-ए-रूहानी-*** *आध्यात्मिक शक्ति।* ***कूवते हाज़िमा-*** *स्त्री० पाचनशक्ति।*

केर पु० *(फ़ा०)* पुरुषेन्द्रिय; शिश्न; लिंग।

क़ै स्त्री० *(अ०)* वमन; उल्टी।

क़ैची स्त्री० *(तु०)* बाल, कपड़े आदि कतरने का औजार।

क़ैतून स्त्री० *(तु०)* एक प्रकार की सुनहरी डोरी जो कपड़ों पर टाँकी जाती है।

क़ैद स्त्री० *(अ०)* बन्धन; अवरोध; कारावास।

क़ैदखाना पु० *(अ० क़ैद+फ़ा०, खानः)* कारागार; बन्दीखाना।

क़ैदतनहाई स्त्री० (अ०) वह कैद जिसमें क़ैदी एक कोठरी में अकेला रखा जाता है; कालकोठरी की सज़ा।

क़ैद-बा-मुशक़्क़त स्त्री० (अ०) सपरिश्रम कारावास; कड़ी सज़ा।

क़ैद-सख़्त स्त्री० (अ०) कड़ी सजा।

क़ैद-महज़ स्त्री० (अ०) सादी सज़ा।

क़ैदी पु० (अ०) जिसे कैद की सज़ा दी गयी हो; बन्दी।

क़ैन पु० *(अ०)* लोहार।

कैनूनत स्त्री० *(अ०)* उत्पत्ति; पैदाइश; सृष्टि।

क़ैफ़ पु० (अ०) नशा; आनन्द।

क़ैफ़र पु० (फ़ा०) बुराई का बदला।

क़ैफ़ियत स्त्री० (अ०) समाचार; हाल, विवरण; ब्यौरा।

मुहा० ***क़ैफ़ियत तलब करना-*** *कारण पूछना; विवरण माँगना।*

कैफ़ी वि० *(अ०)* मदमत्त; मदहोश; बेसुध।

कैफ़र स्त्री० *(अ०)* बुराई का बदला; प्रत्युपकार।

कैमूस पु० *(अ०)* भोजन आदि के कारण शरीर में उत्पन्न होने वाला रस।

कैबर स्त्री० *(अ०)* लोहे के तीर का फल।

कैयाद वि० *(अ०)* बहुत बड़ा धूर्त; बहुत बड़ा छली।

कैयादी स्त्री० *(अ०)* छल करना; दग़ाबाज़ी।

कैयाल वि० *(अ०)* नापने वाला।

क़ैयूम वि० *(अ०)* नित्य; ईश्वर का एक नाम।

क़ैयूर वि० *(अ०)* अज्ञात वंश; वर्ण संकर।

क़ैरूती स्त्री० *(अ०)* मोम से बनायी गयी एक मालिश की दवा।

कैवान पु० *(अ०)* शनिग्रह; सातवाँ आसमान जिसमें शनिग्रह का निवास माना जाता है।

क़ैस[1] पु० *(अ०)* अरब का एक प्रेमी, जो 'लैला' नामक युवती पर मुग्ध था। लोग उसे मजनूँ कहते थे।

कैस[2] पु० *(अ०)* दाँतों का जड़ से निकल जाना।

क़ैसर पु० *(अ०)* बादशाह; सम्राट।

पदरचना- ***क़ैसरे हिन्द-*** *भारत सम्राट।* ***क़ैसरे पदक-*** *एक पदक जो भारत की ब्रिटिश सरकार की ओर से सम्मानार्थ प्रदान किया जाता था।* ***क़ैसरा-*** *साम्राज्ञी।*

क़ैसरी वि० *(अ०)* बादशाही; राज्य।

क़ैसूर पु० *(अ०)* एक नगर जहाँ 'कपूर' प्रसिद्ध है।

कैहाँ पु० *(फ़ा०)* संसार; समय; जमाना।

कोकब पु० *(फ़ा०)* तारा।

कोकलताश पु० *(तु०)* दूध-भाई; (एक ही दाई का दूध पीने वाले दो बच्चे एक-दूसरे के कोकलताश कहलाते हैं।)

कोचक वि० *(फ़ा०)* छोटा।

कोचक दिल वि० *(फ़ा०)* नरम दिल।

कोचक दिली स्त्री० *(फ़ा०)* नरम दिली।

कोचकी स्त्री० *(फ़ा०)* छोटाई; लघुता।

कोका पु० *(फ़ा०, कौकः)* दूध-भाई।

कोख़ पु० *(फ़ा०)* बिना रोशनदान का झोपड़ा; एक घास जिससे चटाई बनाते हैं।

कोतल पु० *(तु०, कुतल)* सजा-सजाया घोड़ा जिस पर कोई सवार न हो; स्वयं राजा का घोड़ा; वह घोड़ा जो जरूरत के वक्त के लिए साथ रखा जाता है। वि० जिसे कोई काम न हो; खाली।

कोतह वि० *(फ़ा०)* थोड़ा; छोटा; तंग।

पदरचना- ***कोतह अन्देश-*** *अदूरदर्शी जो आगे की बात न सोच सके, अल्पबुद्धि।* ***कोतहकद-*** *नाटा; ठिंगना।* ***कोतह गर्दन-*** *जिसकी गर्दन छोटी हो।* ***कोतह नज़र-*** *अदूरदर्शी।*

कोताह वि० (फ़ा०) छोटा; कम।

कोताह-अन्देश वि० (फ़ा०) अदूरदर्शी।

कोताह-गरदन वि० (फ़ा०) जिसकी गरदन छोटी हो; धूर्त; धोखेबाज; मक्कार।

कोताही स्त्री० *(फ़ा०)* छोटाई; कमी; त्रुटि।

कोतल गारद पु० *(तु०)* फौजी छावनी का वह स्थान, जहाँ हर समय फौज रहती है।

कोतवाल पु० *(अ०)* नगर का पुलिस अधिकारी।

कोतवाली स्त्री० *(अ०)* कोतवाल का दफ्तर; कोतवाल का पद।

कोफ़्त स्त्री० *(फ़ा०)* कष्ट; पीड़ा; दुःख।

कोफ़्ता पु० *(फ़ा०, कोफ़्तः)* कूटा हुआ माँस; कीमा; कूटे हुए माँस का बना हुआ एक प्रकार का कबाब। वि० जिसके दिल को सदमा पहुँचा हो।

कोब प्रत्य० *(फ़ा०)* कूटने वाला; पीटने वाला।

कोबा पु० *(फ़ा०, कोबः)* काठ की मुगरी जिससे कोई चीज कूटते या पीटते हैं।

कोबाकारी स्त्री० *(फ़ा०)* मुँगरी से कूटने की क्रिया।

कोर[1] वि० *(फ़ा०)* अन्धा; नमकहराम।

कोर[2] स्त्री० *(अ०)* हथियार; अस्त्र।

क़ोरची पु० *(फ़ा०)* अस्त्रागार का अधिकारी।

कोरनिश स्त्री० *(तु०, कुरनुश से फ़ा०)* झुककर सलाम या बन्दगी करना।

कोरनिशात स्त्री० *(तु०)* कोरनिश का बहु०।

कोरबख़्त वि० *(फ़ा०)* अभागा; बदकिस्मत।

कोरमग़्ज़ वि० *(फ़ा०)* मन्दबुद्धि।

क़ोरमा पु० *(तु०, कोरमः)* भुना हुआ माँस जिसमें शोरबा बिलकुल नहीं होता।

कोराना क्रि०वि० *(फ़ा०, कोर)* अन्धों की तरह वि० अन्धों जैसा।

कोरी स्त्री० *(फ़ा०)* अन्धापन।

कोरोकर वि० *(फ़ा०)* अन्धा और बहरा।

कोशिश स्त्री० *(फ़ा०)* प्रयत्न; उद्योग; चेष्टा।

कोस पु० *(फ़ा०, कूस)* बड़ा नगाड़ा।

कोह पु० *(फ़ा०)* पहाड़; पर्वत।

कोहकन पु० *(फ़ा०)* पहाड़ खोदने वाला; फरहाद का उपनाम जिसने शीरीं के प्रेम में बे-सतून नामक पहाड़ खोदकर नहर बनायी थी।

कोहकनी स्त्री० *(फ़ा०)* पहाड़ खोदना; बहुत अधिक परिश्रम करना।

कोहन वि० *(फ़ा०, कुहन)* पुराना (यौगिक शब्दों के आरम्भ में) जैसे- कोहन साल- वृद्ध।

कोहना वि० *(फ़ा०, कूहनः)* पुराना; प्राचीन।

कोहनूर पु० *(फ़ा०, कोहेनूर)* प्रकाश का पर्वत; एक प्रसिद्ध और बहुत बड़ा हीरा।

कोहराम पु० *(अ०, कुह्नाम)* हाहाकार; रोना-पीटना; विलाप; शोरगुल।

कोहसार पु० *(फ़ा०, कुह्सार)* पर्वतमाला।

कोहान पु० *(फ़ा०)* ऊँट की पीठ पर का डिल्ला या कूबड़।

कोहिस्तान पु० *(फ़ा०)* पहाड़ी; पर्वतीय।

कोहिस्तानी वि० *(फ़ा०)* पहाड़; पर्वतीय।

कोही वि० *(फ़ा०)* पहाड़ी; पर्वतीय; पर्वत का।

कोहेकाफ़ पु० *(अ०)* काकेशिया का एक पहाड़।

कोहेतूर पु० *(अ०)* वह पहाड़ जिस पर हजरत मूसा को अल्लाह के दर्शन हुए थे।

कोहिल पु० *(अ०)* नर शाही बाज।

कौकब पु० *(अ०)* बड़ा और चमकता हुआ तारा।

कौदन पु० *(अ०)* दुबला-पतला और मरियल घोड़ा। वि० मूर्ख; बेवकूफ।

कौन पु० *(अ०)* सत्य; अस्तित्व; प्रकृति; विश्व।

पदरचना- ***कौन व मकान-*** *संसार; सृष्टि।*

कौनेन पु० *(अ० कौन का बहु०)* दोनों लोक अर्थात् इहलोक और परलोक।

क़ौम स्त्री० *(अ०, बहु० अक़वाम)* वर्ण; जाति; राष्ट्र।

क़ौमा फ० *(अ० कौमः)* नमाज में खड़े होने की अवस्था।

क़ौमियत स्त्री० *(अ०)* जाति; कौम।

क़ौमी वि० *(अ०)* जातीय; राष्ट्रीय।

कौर[1] पु० *(अ०)* समृद्धि; बढ़ती।

कौर[2] पु० *(अ०)* बिना आहट के पंजों के बल चलना।

कौरा पु० *(अ० कौरः)* निर्जन और वीरान स्थान।

क़ौल पु० *(अ०, बहु० अक़वाल)* कथन; वाक्य; प्रतिज्ञा; वचन; वादा।

क़ौवाल पु० *(अ०)* कौव्वाली गाने वाला; कौव्वाली गवैया।

क़ौव्वाली स्त्री० *(अ०)* सूफियाना गज़ल या गीत; संगीत में एक राग।

क़ौस-ए-क़ज़ह स्त्री० *(अ०)* इन्द्रधनुष।

कौसर पु० *(अ०)* बहुत बड़ा दाता; जन्नत या स्वर्ग की एक नहर का नाम।

ख/ख़

ख़ंजर पु० *(अ०)* कटार।

ख़ंजर ज़न वि० *(अ० ख़ंजर+ फ़ा० ज़न)* खंजर भोंकने वाला।

ख़ंजर ज़नी स्त्री० *(अ० ख़ंजर+ फ़ा० ज़नी)* छुरा भोंकना।

ख़ंजर बकफ़ वि० *(अ० ख़ंजर+ फ़ा० बकफ़)* मारने के लिए हाथ में ख़जर लिये हुए।

ख़ंजरी स्त्री० *(अ०)* एक प्रकार की छोटी डफली।

ख़न्दह ज़न वि० *(फ़ा०)* हँसी उड़ाने वाला।

ख़न्दए ज़ेरेलब स्त्री० *(फ़ा०)* मन्दहास्य; मुस्कुराहट।

ख़जार पु० *(अ०)* बहुत-सा पानी मिला दूध; नयी तरकारी।

ख़जालत स्त्री० *(अ०)* लज़्ज़ा; शर्म; पश्चाताप।

ख़ज़िम वि० *(अ०)* तेज़ तलवार; बहादुर व्यक्ति।

ख़ज़िर पु० *(अ०)* हरियाली; हरी डाली।

ख़न्दक स्त्री० *(अ०)* शहर या किले के चारों ओर की खाई।

ख़न्दाँ[1] वि० *(फ़ा०)* हँसने वाला; हँसता हुआ।

खन्दा[2] पु० *(फ़ा०)* खोदने वाला।

ख़न्दा[3] पु० *(फ़ा०, खन्दः)* मुस्कुराहट; हँसी।

ख़न्दा-पेशानी वि० *(फ़ा०)* हँसमुख।

ख़न्दालब वि० *(फ़ा०)* जिसके होठों पर मुस्कराहट हो; मुस्कुराता हुआ।

ख़न्दी स्त्री० *(फ़ा०, खन्दः)* दुश्चरित्रा स्त्री; कुलटा।

ख़जआ पु० *(अ०)* एक पाँव का लँगड़ा।

ख़ज़ख़ज़ पु० *(अ० ख़ज़्खज़ः)* हस्त मैथुन।

ख़जल पु० *(अ० ख़ज्ल)* लज्जा; शर्म।

ख़जलत ज़दा वि० *(अ० ख़जलत+ फ़ा० ज़दः)* लज्जित; शर्मिन्दा।

ख़ज़फ़ पु० *(अ०)* ठीकरा; ईंट या खपरैल टुकड़ा।

ख़जांची/ख़ज़ानची पु० *(फ़ा०)* खजाने का अधिकारी; कोषाध्यक्ष।

ख़ज़ाना पु० *(अ०, खज़ानः)* वह स्थान जहाँ धन या अन्य कोई चीज़ संग्रह करके रखी जाये; धनागार।

ख़जिल वि० *(फ़ा०)* लज्जित; शर्मिन्दा।

ख़बीस[1] वि० *(अ०)* विनोद प्रिय, हँसमुख।

ख़बीस[2] पु० *(अ०)* घी और खजूर से बना एक भोजन।

ख़बीस[3] वि० *(अ०)* शरीर; बहुत बड़ा पापी; भूत-प्रेत।

ख़जीना पु० *(फ़ा०)* खजाना; कोष।

ख़ज़ी वि० *(अ०)* बदनाम; निन्दित।

ख़ज़ीज़ पु० *(अ०)* बरसात की अधिकता से भीगी हुई भूमि।

ख़त्त/ख़त पु० *(अ०, बहु० खुतूत)* पत्र; चिट्ठी; चिह्न; लिखावट; नयी उगती दाढ़ी-मूँछों के रोयें या बाल।

पदरचना- ***ख़तकश-*** *वह आला जिससे बढ़ई लकड़ी चीरने के लिए उस पर निशान लगाते हैं।* ***ख़तकशी-*** *चित्र या निशान बनाने के लिए रेखाएँ खींचना।* ***ख़ातो-किताबत-*** *पत्र-व्यवहार; चिट्ठी-पत्री।* ***ख़त व ख़ुतूत-*** *चिट्ठी-पत्री।* ***ख़त (ते) गुलामी-*** *सेवा का प्रतिज्ञा-पत्र।* ***ख़त-नस्तालीक़-*** *सुन्दर गोल अक्षरवाली लिखावट जिसमें उर्दू लिपिवाली भाषाएँ प्रायः लिखी या छापी जाती हैं।* ***ख़त शिकस्त/शिकस्ता-*** *(उर्दू-फ़ारसी की) घसीट लिखावट।*

मुहा॰ ***ख़त की पेशानी-*** *पत्र लिखने में ऊपर छोड़ी गयी खाली जगह।* ***ख़त खींचना-*** *लकीर खींचना; काटना।* ***ख़त निकलना-*** *दाढ़ी के बाल निकलना/उगना।* ***ख़त-बनाना-*** *हजामत बनाना; दाढ़ी और कनपटी के बाल उस्तरे से ठीक करना।*

ख़तना पु॰ *(अ॰, ख़त्नः)* लिंग के अगले भाग का बढ़ा हुआ चमड़ा काटने की रस्म; सुन्नत; मुसलमानी।

ख़तम वि॰ *(अ॰, ख़त्म)* पूर्ण; समाप्त।

मुहा॰ ***ख़तम करना-*** *मार डालना; समाप्त करना।*

ख़तमी स्त्री॰ *(अ॰, ख़त्मी)* गुलखैरू की जाति का एक पौधा, जिसकी पत्तियाँ दवा के काम आती हैं।

ख़तर पु॰ *(अ॰)* भय; डर।

ख़तरनाक वि॰ *(अ॰)* भीषण; भयानक; डरावना।

ख़तरा पु॰ *(अ॰, ख़तरः)* डर; भय; खौफ; आशंका।

ख़ता स्त्री॰ *(अ॰, ख़िता)* कसूर; अपराध; भूल; गलती, धोखा। पु॰ तुर्किस्तान और तूरान के बीच का एक नगर।

ख़तापोश वि॰ *(अ॰ ख़ता+फ़ा॰ पोश)* किसी के पाप व अपराध पर परदा डालने वाला।

ख़तापोशी स्त्री॰ *(अ॰ ख़ता+फ़ा॰ पोशी)* अपराधों पर परदा डालना; छिपाने वाला।

ख़ताफ़ पु॰ *(अ॰)* देव; राक्षस; पिशाच।

ख़तावार पु॰ *(अ॰ ख़ता+फ़ा॰ वार)* अपराधी; दोषी।

ख़तीआ पु॰ *(अ॰)* धनुष चलाने वालों की अँगूठी।

ख़तीब पु॰ *(अ॰)* खुतबा पढ़ने वाला; लोगों को सम्बोधन करके कुछ कहने वाला।

ख़तीबा स्त्री॰ *(अ॰ खतीबः)* भाषण देने वाली स्त्री।

ख़तीर वि॰ *(अ॰)* महान्; श्रेष्ठ।

ख़ते इस्तिबा पु॰ *(अ॰)* भूमध्य रेखा।

ख़तेजदी पु॰ *(अ॰)* मकर रेखा।

ख़ते नक्शा पु॰ *(अ॰)* अरबी लेखन शैली।

ख़ते नस्तालीक़ पु॰ *(अ॰)* फ़ारसी के साफ, गोल और सुन्दर अक्षर।

ख़तेमुतवाजी पु॰ *(अ॰)* समानान्तर रेखा।

ख़तेमुमास पु॰ *(अ॰)* सम्पात रेखा।

ख़ते-मुस्तदीर पु॰ *(अ॰)* गोलरेखा।

ख़ते-शिकस्ता पु॰ *(अ॰ ख़ते+फ़ा॰ शिकस्ता)* फ़ारसी की बहुत घसीट और खराब लिखावट।

ख़ते-सरतान पु॰ *(अ॰)* कर्क रेखा।

ख़तो-किताबत स्त्री॰ *(अ॰)* पत्राचार।

ख़दंग पु॰ *(फ़ा॰)* तीर; केकड़ा; चनार का पेड़।

ख़दंगी स्त्री॰ *(फ़ा॰)* तीर; बाण।

ख़दशा पु॰ *(अ॰, खदशः)* अन्देशा; डर।

ख़दीब पु॰ *(फ़ा॰)* खुदावन्द; मालिक; बहुत बड़ा बादशाह; मिश्र के बादशाहों की उपाधि।

ख़दीज वि॰ *(अ॰)* वह शिशु जो समय से पहले उत्पन्न हो किन्तु सर्वांगपूर्ण हो।

ख़दीजा स्त्री॰ *(अ॰)* मुहम्मद साहब की पहली पत्नी, जो इस्लाम ग्रहण करने वाली पहली स्त्री और फातिमा की माँ थी।

ख़दीन वि॰ *(अ॰)* मित्र; दोस्त; प्रेमपात्र; माशूक।

ख़नाज़ीर पु॰ *(अ॰, खिंजीर का बहु॰)* कण्ठमाला नामक रोग।

ख़न्नास पु॰ *(अ॰)* भूत-प्रेत; शैतान।

ख़फ़ पु॰ *(अ॰)* गला घोटना; मार डालना।

ख़फ़क़ान पु॰ *(अ॰ वि॰ खफक़ानी)* दिल की धड़कन का रोग; पागलपन।

ख़फ़क़ानी वि॰ *(अ॰)* वहमी; जो धड़कन का रोगी हो।

ख़फ़गी स्त्री॰ *(फ़ा॰)* अप्रसन्नता; नाराज़गी; गला घोटने का भाव।

ख़फ़ा वि॰ *(अ॰)* अप्रसन्न; नाराज, रुष्ट; क्रुद्ध। स्त्री॰ खिफा- छिपाने की क्रिया या भाव; दुःख।

ख़फ़ी वि॰ *(अ॰)* गुप्त; मद्धिम।

ख़फ़ीफ़ वि॰ *(अ॰)* थोड़ा; कम; हलका; तुच्छ; छोटा; लज्जित; शर्मिन्दा।

ख़फ़ीफ़ा स्त्री० *(अ०, ख़फ़ीफ़ः)* एक प्रकार की छोटी दीवानी अदालत।

ख़फ़ीर वि० *(अ०)* मार्ग प्रदर्शन; रहनुमा।

ख़बर स्त्री० *(अ०)* समाचार; वृत्तान्त; हाल; सूचना; जानकारी; पता; खोज।

ख़बरगीर वि० *(अ० ख़बर+ फ़ा० गीर, भाव०, खबरगीरी)* जासूस; भेदिया; संरक्षक।

ख़बरदार वि० *(अ० ख़बर+ फ़ा० दार)* होशियार; सजग; सतर्क।

ख़बरदारी वि० *(अ० ख़बर+ फ़ा० दारी)* सावधानी; होशियारी।

ख़बर दिहन्दा वि० *(फ़ा०)* सूचना देने वाला।

ख़बर-रसाँ पु० *(अ० ख़बर+ फ़ा० रसाँ)* खबर पहुँचाने वाला, हरकारा।

मुहा० ***ख़बर उड़ाना-*** *चर्चा फैलना, अफवाह होना।* ***ख़बर लेना-*** *सहानुभूति दिखलाना; सजा देना।*

ख़ब्त पु० *(अ०)* पागलपन; सनक; झक्क।

ख़ब्ती पु० *(अ०)* सनकी; पागल।

ख़ब्तुल हवास वि० *(अ०)* खब्ती, जिसके होश हवास ठिकाने न हों।

खब्बा वि० *(अ०)* बायें हाथ से काम करने वाला।

ख़ब्बाज़ वि० *(अ०)* रोटी पकाने वाला; नानबाई।

ख़ब्बाज़ी स्त्री० *(अ०)* रोटी पकाने का काम।

ख़म[1] पु० *(अ०)* वक्रता; टेढ़ापन; झुकाव; दबना; हारना।

मुहा० ***ख़म ठोंकना-*** *लड़ने के लिए ताल ठोंकना।* ***ख़म ठोंक कर-*** *जोर देकर।*

ख़म[2] पु० *(अ०)* शराब; मद्य; सुरा।

ख़मजदा वि० *(फ़ा० खमजदः)* भागा हुआ।

ख़म-दर-ख़म वि० *(फ़ा०)* पेचीदा; उलझन पूर्ण।

ख़मदार वि० *(फ़ा०)* झुका हुआ; टेढ़ा।

ख़मियाज़ा पु० *(फ़ा०, ख़म्याजः)* शिथिलता के समय अंग तोड़ना; बुरे काम का फल।

ख़मीदगी स्त्री० *(फ़ा०)* झुका हुआ; टेढ़ा।

ख़मीदा वि० *(फ़ा०, खमीदः, भाव० ख़मीदगी)* झुका हुआ; टेढ़ा; वक्र।

ख़मीर पु० *(अ०)* गूँथे हुए आटे का सड़ाव; गूँथ कर उठाया हुआ आटा।

ख़मीरा पु० *(अ०, खमीरः)* औषधियों आदि का गाढ़ा शरबत; एक प्रकार का पीने का तम्बाकू।

ख़मीरी वि० *(अ०, ख़मीर)* जिसमें ख़मीर मिला हो। स्त्री० एक प्रकार की रोटी जो ख़मीर उठाये गये आटे से बनती है।

ख़म्सा वि० *(अ०, खम्सः)* पाँच; पाँच चरणों की एक प्रकार की कविता।

ख़यानत स्त्री० *(अ०)* दूसरे की धरोहर को अनुचित रूप से अपने काम में लाना; विश्वासघात।

ख़य्यात पु० *(अ०)* दरजी।

ख़य्याम पु० *(अ०)* वह जो खेमे बनाता हो।

ख़यारैन पु० *(अ०)* ककड़ी और खरबूजे के बीज जो दवा के काम आते हैं।

ख़याल *पु० (अ० ख़्याल) ध्यान; एक प्रकार का राग; मनोवृत्ति; स्मरण; याद; स्मृति।*

मुहा० ***ख़याल रखना-*** *ध्यान रखना; देखते-भालते रहना।* ***ख़याल से उतरना-*** *भूल जाना।* ***ख़याल बाँधना-*** *कल्पना करना।* ***ख़याल में न लाना-*** *परवाह न करना।* ***ख़याल में समाना-*** *हर वक्त याद करना।* ***ख़याल में लाना-*** *सोच-विचार करना।*

ख़याल आराई स्त्री० *(अ० ख्याल+ फ़ा० आराइ)* कविता रचने के लिए मजमून की तलाश; चिन्तन।

ख़याल बन्दी स्त्री० *(अ० ख़्याल+ फ़ा० बन्दी)* अनेक कल्पनाएँ करना; कविता की रचना करना।

ख़यालात पु० *(अ०)* ख़याल का बहु० ख़यालों।

ख़याली वि० *(अ०)* ख़याल सम्बन्धी; कल्पित।

पदरचना- ***ख़याली पुलाव-*** *मन से गढ़ी हुई बात।* ***ख़याली मज़मून-*** *मन से सोचा हुआ।*

मुहा० ***ख़याली पुलाव पकाना-*** *कल्पना के महल खड़े करना; अनहोनी बातें सोचना।*

ख़र पु० *(फ़ा०, सं० खर)* गधा; गर्दभ।

ख़रक पु० *(अ०)* लज्जित; मूर्खता।

ख़रख़शा पु० *(फ़ा०, ख़रख़शः)* झगड़ा; बखेड़ा, लड़ाई; आशंका; डर।

ख़रगाह स्त्री० *(फ़ा०)* खेमा।

ख़रगोश पु० *(फ़ा०)* खरहा (जिसके गोश-कान गधे-खर) जैसे हों।

ख़रचोब पु० *(फ़ा०)* सितार नामक वाद्य की लकड़ी।

ख़र्च पु० *(फ़ा०)* किसी चीज का किसी काम में लगाना; व्यय।

ख़रचना/खर्चना वि० *(फ़ा०, खर्चः)* खर्च करना; व्यय करना।

ख़रची/ख़र्ची स्त्री० *(फ़ा०, खर्चः)* व्यभिचार के एवज में कुलटा या वेश्या को मिलने वाला धन।

ख़र्चीला वि० *(फ़ा०)* बहुत व्यय करने वाला।

ख़र्राच वि० *(फ़ा०)* बहुत खर्च करने वाला।

ख़रतूम पु० *(अ०)* हाथी की सूँड़।

ख़रदल पु० *(अ०)* राई।

ख़रदिमाग़ वि० *(फ़ा०)* गधों जैसी बुद्धि वाला; मूर्ख।

ख़रनफ़्स वि० *(फ़ा०)* जिसकी लिंगेन्द्रिय बहुत बड़ी हो; लम्पट; दुराचारी; कामुक।

ख़रबूजा पु० *(फ़ा०, ख़रबूजः)* ककड़ी की जाति का एक गोल फल।

ख़रमरती स्त्री० *(फ़ा०)* दुष्टता; पाजीपन; शरारत।

ख़रमोहरा पु० *(फ़ा०, खरमुहरः)* कौड़ी; कपर्दिका।

ख़रसंग पु० *(फ़ा०)* भारी पत्थर; प्रतिद्वन्द्वी।

ख़राज पु० *(अ०)* लगान; राजस्व।

ख़र्रात पु० *(अ०)* खराद का काम करने वाला, खरादी।

ख़र्राती स्त्री० *(अ०)* खरादी का व्यवसाय या पेशा।

ख़राद पु० *(फ़ा०)* एक औजार जिस पर चढ़ाकर लकड़ी या धातु की सतह चिकनी व सुडौल की जाती है।

ख़राब वि० *(अ०)* बुरा; निकृष्ट; दुर्दशाग्रस्त, पतित।

ख़राबा पु० *(अ०, ख़राबः)* विनाश; बरबादी; खराबी।

ख़राबी स्त्री० *(अ०)* बुराई; दोष; अवगुण; दुरवस्था।

ख़रावात स्त्री० *(अ०)* मदिरालय; कुलटा स्त्रियों का अड्डा।

ख़राश स्त्री० *(फ़ा०)* खरोंच; रगड़।

पदरचना- ***दिलख़राश-*** *हृदय विदारक।*

ख़रास स्त्री० *(फ़ा०, ख़रीस)* आटा पीसने की चक्की।

ख़रीता पु० *(अ०, ख़रीतः)* थैली; जेब; वह लिफाफा जिसमें आज्ञापत्र आदि भेजे जायें।

ख़रीद स्त्री० *(फ़ा०)* मोल लेने की क्रिया; क्रय।

पदरचना- ***ख़रीद-फ़रोख़्त-*** *क्रय-विक्रय; खरीदी हुई चीज।* ***ज़र ख़रीद-*** *वह चीज जो धन देकर खरीदी गयी हो और जिस पर पूर्ण स्वामित्व हो।*

ख़रीददार/ख़रीदार पु० *(फ़ा०)* खरीदने या मोल लेने वाला; ग्राहक।

ख़रीददारी/ख़रीदारी स्त्री० *(फ़ा०)* खरीदने की क्रिया या भाव।

ख़रीदना स०क्रि० *(फ़ा०, ख़रीद)* मोल लेना; क्रय करना।

ख़रीफ़ स्त्री० *(अ०)* वह फसल जो आषाढ़-सावन में बोयी जाती है और कार्तिक-अगहन तक काट ली जाये।

ख़रीफ़ी वि० *(अ०)* खरीफ़- सम्बन्धी; सावनी।

ख़रोश पु० *(फ़ा०)* कोलाहल; शोर।

पदरचना- ***जोश व ख़रोश-*** *बहुत आवेश और उत्साह।*

ख़र्च पु० *(फ़ा०)* व्यय; उपभोग; इस्तेमाल।

ख़र्ज पु० *(अ०)* चमड़े का मोजा सीना।

ख़र्त पु० *(अ०)* लकड़ी पर रन्दा मारकर चिकना करना।

ख़र्फ़ पु० *(अ०)* फल बीनना; मेवा चुनना।

ख़र्या पु० *(अ०)* खरगोश का बच्चा।

ख़र्राच वि० *(फ़ा०)* खूब खर्च करने वाला; उदार; अपव्ययी; फजूलखर्च।

ख़र्राद पु० *(फ़ा०)* खराद का काम करने वाला।

ख़लअत स्त्री० *(अ०)* राजसी वस्त्र।

ख़लक पु० *(अ०)* जीव-जगत का संसार; सृष्टि।

ख़लजान पु० *(अ०)* चिन्ता; फिक्र; विकलता; बेचैनी।

ख़लद पु० *(अ०)* हृदय; दिल।

ख़लल पु० *(अ०)* रोक; बाधा; हस्तक्षेप।

पदरचना- ***ख़लले दिमाग़-*** *दिमाग़ खराब होना।*

खलल-अन्दाज वि० *(अ० ख़लल+फ़ा० अन्दाज)* खलल या बाधा डालने वाला; बाधक।

ख़लवत स्त्री० *(अ०, ख़ल्वत)* शून्य या निर्जन स्थान; एकान्त स्थान।

ख़लवतख़ाना पु० *(अ०, खल्वत+फा०, ख़ानः)* वह शून्य या निर्जन स्थान जहाँ मन्त्रणा आदि हो; स्त्रियों के रहने या सोने का स्थान।

ख़लवती पु० *(अ०, खल्वती)* वह जो एकान्तवास करता हो।

ख़ला पु० *(अ०)* ख़ाली स्थान; आकाश; पाखाना; शौचालय। पु० *(फ़ा० ख़लः)* नाव खेने का पतवार या डाँडा।

ख़लायक स्त्री० *(अ०, ख़ल्कः का बहु०)* सृष्टि के समस्त प्राणी।

ख़लास पु० *(अ०)* छुटकारा; मोक्ष; वीर्यपात; गिरा हुआ।

ख़लासी स्त्री० *(अ०, खलासः)* छुटकारा; मुक्ति; जहाज पर काम करने वाला मजदूर; तोप चलाने वाला तोपची।

ख़लिश स्त्री० *(फ़ा०)* चुभन; खटक; रंजिश; वैर।

ख़लीक़ वि० *(अ०)* सुशील; सज्जन; मिलनसार।

ख़लीज़ स्त्री० *(अ०)* समुद्र का वह टुकड़ा जो तीन ओर से स्थल से घिरा हो; खाड़ी।

ख़लीता पु० *(फ़ा०)* थैली; जेब।

ख़लीफ़ा पु० *(अ० ख़लीफ़ः बहु० खुल्फ़ा)* उत्तराधिकारी; वारिस; मुहम्मद साहब के उत्तराधिकारी जो समस्त मुसलमानों के सर्वप्रधान नेता माने जाते हैं; दर्जियों और हज्जामों आदि की उपाधि। वि० बहुत चतुर और धूर्त।

ख़लील पु० *(अ०)* मित्र; दोस्त।

ख़लीश स्त्री० *(अ०)* कसक; पीड़ा; चिन्ता; आशंका; चुभना; गड़ना।

ख़ूलूक पु० *(अ०)* सुगन्ध।

ख़लेरा वि० *(अ० ख़ालू या ख़लः)* खाला या खालू से सम्बन्ध वाला। जैसे- खलेरा भाई- मौसेरा भाई।

ख़ल्क़ स्त्री० *(अ०)* सृष्टि; मानवजाति; समस्त मनुष्य।

पदरचना- ख़ल्क़े ख़ुदा- *ईश्वर की रची हुई सृष्टि।*

ख़ल्त पु० *(अ०)* मिलना-जुलना; मिश्रण।

ख़ल्तमल्त वि० *(तु०)* मिला-जुला।

ख़ल्फ़ पु० *(अ०)* कुपूत।

ख़ल्लाक़ पु० *(अ०)* ईश्वर।

ख़वातीन स्त्री० *(अ० ख़ातून का बहु०)* महिलाएँ।

ख़वास पु० *(अ० ख़ास का बहु०)* रईसों और राजाओं का विशेष सेवक।

ख़वासी स्त्री० *(अ०)* खवास का काम या पद; हाथी के हौदे के पीछे का स्थान जहाँ खवास बैठता है।

ख़शख़श स्त्री० *(फ़ा०)* पोस्ते का दाना।

ख़श्म पु० *(फ़ा०)* क्रोध; गुस्सा।

ख़श्मगीं वि० *(फ़ा०)* गुस्से में भरा हुआ; कुद्ध।

ख़श्मनाक वि० *(फ़ा०)* गुस्से में भरा हुआ; क्रुद्ध।

ख़स स्त्री० *(फ़ा०)* गाँडर नामक घास की जड़ जो सुगन्धित होती है।

पदरचना- *खस व खशाक-* *कूड़ा-करकट।*

ख़सम पु० *(अ०, खस्मः)* शत्रु; स्वामी; मालिक; पति; शौहर।

ख़सरा पु० *(अ०, ख़स्रः)* पटवारी का एक कागज जिसमें प्रत्येक खेत का नम्बर व रकबा आदि लिखा रहता है; हिसाब-किताब का कच्चा चिट्ठा। पु० एक प्रकार की खुजली; चेचक।

ख़सलत स्त्री० *(अ०, ख़स्लत)* प्रकृति; स्वभाव; आदत।

ख़साँदा पु० *(फ़ा०, ख़साँदः)* औषधियों का काढ़ा; क्वाथ।

ख़सायल पु० *(अ० ख़सलत का बहु०)* आदतें।

ख़सारत स्त्री० *(अ०)* हानि; पथ-भ्रष्टता।

ख़सारा पु० *(अ०, ख़सारः)* घाटा; हानि; नुकसान।

ख़सासत स्त्री० *(अ०)* दुष्टता; अयोग्यता; कृपणता।

ख़सी पु० *(अ०)* वे पशु जिनके अण्डकोश निकाल लिये गये हों; बधिया; हिंजड़ा; नपुंसक; बकरी का नर बच्चा; वह स्त्री जिसकी छातियाँ (चूचक) छोटी हों।

ख़सीस वि० *(अ०)* दुष्ट; बुरा; अयोग्य; कृपण; कंजूस।

ख़सूर वि० *(अ०)* दिवालिया; जिसे घाटा हुआ हो।

ख़स्तगी स्त्री० *(फ़ा०)* शिथिल होने का भाव; शिथिलता।

ख़स्ता वि० *(फ़ा०, खस्तः)* टूटा हुआ; भग्न; दबाने से जल्दी टूट जाने वाला; घायल; दुःखी; खिन्न।

ख़स्ताजान पु० *(फ़ा०)* दुःखी प्रेमी।

ख़स्ताजानी स्त्री० *(फ़ा०)* दुःख।

ख़स्ताहाल वि० *(फ़ा०)* दुर्दशाग्रस्त।

ख़स्ताहाली स्त्री० *(फ़ा०)* दरिद्रता; गरीबी।

ख़ाँ पु० *(फ़ा०)* खान; मुसलमानों में एक जाति।

ख़ाइन वि० *(अ०)* खयानत करने वाला; किसी का रुपया या धन खा जाने वाला; बेईमान।

ख़ाक स्त्री० *(फ़ा०)* धूल; मिट्टी। वि० तुच्छ; कुछ नहीं।

पदरचना- ***ख़ाके-पा-***चरणरज। ***ख़ाके वतन-*** *वतन की खाक (मिट्टी)।*

ख़ाकनाए स्त्री० *(फ़ा०)* स्थल-डमरू मध्य।

ख़ाकरोब पु० *(फ़ा०)* झाड़ू देने वाला; भंगी; चमार।

ख़ाकरोबी स्त्री० *(फ़ा०)* झाड़ू लगाने का काम।

मुहा० ***कहीं पर ख़ाक उड़ना-*** *बरबादी होना; उजाड़ होना।* ***ख़ाक उड़ाना या छानना-*** *मारा-मारा फिरना।* ***ख़ाक में मिलना-*** *बरबाद होना; मिट्टी में मिलना; मर जाना।*

ख़ाकज़ाद वि० *(फ़ा०)* मिट्टी से उत्पन्न; मनुष्य और अन्य प्राणी।

ख़ाकसार वि० *(फ़ा०)* विनम्र; विनीत (बोलने वाला इस शब्द का प्रयोग स्वयं के लिए करता है)।

ख़ाकसारी स्त्री० *(फ़ा०)* विनम्रता।

ख़ाकसी स्त्री० *(फ़ा०)* खूब कलाँ नामक एक वनस्पति का दाना जो दवा के काम आता है।

ख़ाका पु० *(फ़ा०, ख़ाकः)* चित्र आदि का नक्शा; ढाँचा।

मुहा० ***ख़ाका उड़ाना-*** *उपहास करना।*

ख़ाक़ान पु० *(तु०)* चीनी और चीनी तुर्किस्तान के बादशाहों की पुरानी उपाधि; बादशाह।

ख़ाकी वि० *(फ़ा०)* मिट्टी के रंग का; भूरा; बिना सींचा हुआ खेत। पु० मनुष्य।

ख़ाके अंगेख़्ता स्त्री० *(फ़ा०)* पृथ्वी; भूगोल।

ख़ाके फ़रामोशाँ स्त्री० *(फ़ा०)* समाधि क्षेत्र; कब्रिस्तान।

ख़ाके मुरक्कब स्त्री० *(फ़ा० ख़ाके+अ० मुरक्कब)* प्राणिवर्ग, वनस्पति वर्ग और पाषाण वर्ग का समाहार।

खाग पु० *(फ़ा०)* मुर्गी का अण्डा।

ख़ागीना पु० *(फ़ा०, ख़ागीनः)* सूखा अण्डा; अण्डों की बनी रोटी या तरकारी।

ख़ाज़ना स्त्री० *(फ़ा०)* पत्नी की बहन; साली।

ख़ाजिन पु० *(फ़ा०)* खजांची; कोषाध्यक्ष।

ख़ातम पु० *(अ०)* मुहर; मुहर वाली अँगूठी।

ख़ातिम स्त्री० *(अ०)* ख़त्म करने वाला।

ख़ातिमा पु० *(अ०, ख़ातिमः)* खत्म होना; समाप्ति।

पदरचना- ***ख़ातिमा बिल ख़ैर-*** *सकुशल समाप्ति।*

ख़ातिर स्त्री० *(अ०)* आदर; सम्मान; सत्कार।

पदरचना- ***किसी की ख़ातिर-*** *किसी के लिए; किसी के वास्ते।* ***किस ख़ातिर-*** *किस लिए।*

ख़ातिरख़्वाह वि० *(अ०)* जैसा चाहिए वैसा; मनवांछित।

ख़ातिरजमा स्त्री० *(अ०, खातिर जमअ)* सन्तोष; इत्मीनान; तसल्ली।

ख़ातिर-तवाज़ा स्त्री० *(अ०, ख़ातिर तवाजअ)* आदर-सत्कार; आवभगत।

ख़ातिरदार पु० *(अ० ख़ातिर+फ़ा० दार)* स्वागत-सत्कार करने वाला।

ख़ातिरदारी स्त्री० *(अ० ख़ातिर+फ़ा० दारी)* स्वागत-सत्कार; आवभगत।

ख़ातिरन क्रि०वि० *(अ०)* ख़ातिर या लिहाज से।

ख़ातून स्त्री० *(तु०)* भले घर की स्त्री; भद्र महिला।

पदरचना- ***ख़ातूने ख़ाना-*** *गृहस्वामिनी; गृहिणी।*

ख़ातूने फ़लक स्त्री० *(तु० ख़ातूने+अ० फ़लक)* सूर्य; सूरज।

ख़ातूने महफ़िल स्त्री० *(तु० ख़ातूने+अ० महफ़िल)* सबके सामने आने वाली और सबसे मिलने वाली स्त्री; सोसायटी गर्ल।

खातूने मग़्मा स्त्री० *(तु०)* सूर्य; सूरज।

ख़ादिम पु० *(अ०, बहु० ख़दम)* ख़िदमत करने वाला; सेवक; मुसलमानी धर्मस्थान का पुजारी या अधिकारी।

ख़ादिमा स्त्री० *(अ०)* दासी; परिचारिका; नौकरानी।

ख़ादिमुल ख़ुद्दाम वि० *(अ०)* नौकरों का नौकर; बहुत ही तुच्छ।

ख़ान पु० *(तु०)* फ़ारस के तथा पठान सरदारों की उपाधि; अनेक गाँवों का मुखिया या सरदार।

ख़ान-ए-खुदा पु० *(फ़ा०)* मसजिद।

ख़ानक़ाह स्त्री० *(अ०)* मुसलमान साधुओं के रहने का स्थान।

ख़ानख़ानाँ पु० *(अ०)* सरदारों का सरदार; बहुत बड़ा सरदार। (यह उपाधि अकबर ने अपने संरक्षक व सेनापति बैरम खाँ तथा उसके बेटे अब्दुर्रहीम को दी थी)।

ख़ानगी वि० *(फ़ा०)* निज का; आपस का; घरेलू। स्त्री० बहुत थोड़ा-सा धन लेकर व्यभिचार करने वाली वेश्या।

ख़ानदान पु० *(फ़ा०)* कुल; वंश; परिवार।

ख़ानदानी वि० *(फ़ा०)* ऊँचे ख़ानदान का; पुश्तैनी; पैतृक।

ख़ानम स्त्री० *(तु०)* ख़ान की स्त्री; भले घर की स्त्री; भद्र महिला।

खानमाँ पु० *(फ़ा०)* घर-गृहस्थी का असबाब (सामान)।

ख़ानसामाँ पु० *(फ़ा०)* वह जो खाना बनाता हो; मुसलमान रसोइया; बावर्ची।

ख़ाना पु० *(फ़ा०, ख़ानः)* घर; मकान; विभाग; कोठा।

ख़ानाख़राब वि० *(फ़ा०)* जिसका घर उजड़ गया हो; अभागा; आवारा; लफंगा।

ख़ानाख़राबी स्त्री० *(फ़ा०)* खाना बरबादी।

ख़ानाजंगी स्त्री० *(फ़ा०)* गृहयुद्ध।

ख़ानाज़ाद पु० *(फ़ा०, ख़ानः ज़ाद)* वह जो किसी दूसरे के घर में उत्पन्न हुआ या पला हो।

ख़ानातलाशी स्त्री० *(फ़ा० ख़ानः तलाशी)* किसी खोयी हुई वस्तु या चुरायी हुई चीज के लिए घर के अन्दर छानबीन करना।

ख़ानादामाद पु० *(फ़ा०)* ससुराल में रहने वाला दामाद; घर जँमाई।

ख़ानादारी स्त्री० *(फ़ा०, खानःदारी)* गृहस्थी का प्रबन्ध या कार्य।

ख़ानानशीन वि० *(फ़ा०, ख़ानःनशीं)* जो सब काम छोड़ कर चुपचाप घर में बैठा रहे।

ख़ानापुरी वि० *(फ़ा०, खानःपुरी)* किसी चक्र या सारिणी कोष्ठकों में यथास्थान संख्या या शब्द आदि लिखना।

ख़ानाबदोश वि० *(फ़ा०, ख़ानःबदोश)* अपनी गृहस्थी का सारा सामान कन्धे या सिर पर रख कर इधर-उधर घूमने वाला; जिसका घर-बार न हो।

ख़ानाशुमारी स्त्री० *(फ़ा०)* किसी बस्ती के घरों या मकानों की गणना।

ख़ानासाज़ वि० *(फ़ा०)* घर में बना हुआ। पु० खाना बनाने वाला।

ख़ानासियाह वि० *(फ़ा०, ख़ानः सियाह)* अभागा।

ख़ानासोज़ वि० *(फ़ा० ख़ानःसोज)* घर को बरबाद करने वाला।

ख़ानोमाँ पु० *(फ़ा०)* घर-गृहस्थी का सामान।

ख़ाम वि० *(फ़ा०)* बिना पका हुआ; कच्चा; खराब।

ख़ाम-अक़्ली स्त्री० *(अ० ख़ाम+ फ़ा० अक़्ली)* नासमझी; अनुभवहीनता।

ख़ामख़याली स्त्री० *(फ़ा०)* व्यर्थ के विचार।

ख़ामख़ा क्रि०वि० *(फ़ा०, ख़ामख़्वाह)* व्यर्थ; बेकार।

ख़ामदस्त वि० *(फ़ा०)* अनभ्यस्त; अपव्ययी।

ख़ामपारा वि०स्त्री० *(फ़ा० ख़ामपारः)* वह स्त्री जो छोटी अवस्था से ही पुरुष से समागम करने लगी हो; दुश्चरित्र; पुंश्चली।

ख़ामा पु० *(फ़ा०, खामः)* कलम।

ख़ामादान पु० *(फ़ा०)* कलमदान।

ख़ामी स्त्री० *(फ़ा०)* कच्चापन; कच्चाई; खराबी; त्रुटि।

ख़ामोश वि० *(फ़ा०)* चुप; मौन; शान्त।

ख़ामोशी स्त्री० *(फ़ा०)* मौन; चुप्पी; शान्ति।

ख़ायन वि० *(अ०)* ख़यानत करने वाला; किसी धरोहर को अपने काम में लाने वाला।

ख़ायफ़ वि० *(अ०)* कायर; डरपोक।

ख़ाया पु० *(फ़ा०, खायः)* मुर्गी का अण्डा; अण्डकोश।

ख़ाया बरदार वि० *(फ़ा०)* बहुत अधिक चापलूसी और तुच्छ सेवाएँ करने वाला।

ख़ार पु० *(फ़ा०)* कण्टक; दाढ़ी-मूँछ; ईर्ष्या।

मुहा० *ख़ार-ख़ार- मन में द्वेष रखना।*

ख़ारदार वि० *(फ़ा०)* काँटोंवाला; कँटीला। पु० एक प्रकार का सालन।

ख़ारपुश्त वि० *(फ़ा०)* साही नामक जन्तु जिसके शरीर पर बड़े-बड़े काँटे होते हैं।

ख़ार-व-ख़स पु० *(फ़ा०)* कूड़ा-करकट।

ख़ारा पु० *(फ़ा०)* कड़ा पत्थर; एक प्रकार का रेशमी कपड़ा।

ख़ारिफ पु० *(फ़ा०)* ख़जूर; छुहारा; फ़ारस की खाड़ी का एक टापू।

ख़ारिज वि० *(अ०)* बाहर किया हुआ; अस्वीकृत; जिस मुकदमे की सुनवाई न हो।

ख़ारिजन क्रि०वि० *(अ०)* ऊपर से; बाहर से; किंवदन्ती के अनुसार।

ख़ारिजा वि० *(अ०, खारिजः)* बाहर निकाला या अलग किया हुआ; दूसरे राष्ट्र का।

ख़ारिजी पु० *(अ०)* वह जो किसी समाज या सम्प्रदाय से अलग हो जाये; वे मुसलमान जो अली को खलीफ़ा नहीं मानते; सुन्नी मुसलमानों के लिए शिया मुसलमानों द्वारा प्रयुक्त होने वाला उपेक्षा या घृणासूचक शब्द।

ख़ारिश/ख़ारिश्त स्त्री० *(फ़ा०)* खुजली रोग।

ख़ारिशी वि० *(फ़ा०)* खुजली रोग से पीड़ित।

ख़ाल पु० *(अ०)* मुख आदि पर का काला गोल निशान; तिल; मस्सा।

ख़ाल-ख़ाल अव्य० *(फ़ा०)* बहुत विरल; कहीं-कहीं।

ख़ालसा पु० *(अ०, खालिसः)* वह जमीन जिस पर राज्य का अधिकार हो; सिक्का।

ख़ाला स्त्री० *(अ०,)* माँ की बहन; मौसी।

ख़ालाज़ाद वि० *(अ०, खालःजाद)* मौसेरा।

ख़ालिक पु० *(अ०)* सृष्टिकर्ता; ईश्वर।

ख़ालिक़ कुल पु० *(अ०)* ब्रह्माण्ड की हर वस्तु उत्पन्न करने वाला; सर्व स्रष्टा; ईश्वर।

ख़ालिद वि० *(अ०)* हमेशा रहने वाला; अनश्वर; इस्लाम का एक प्रसिद्ध सेनापति।

ख़ालिस वि० *(अ०)* जिसमें कोई दूसरी वस्तु न मिली हो; शुद्ध; विशुद्ध।

खालिसाना अव्य० *(अ०)* नेकनीयती से; शुद्ध; निःस्वार्थ भाव से।

ख़ाली वि० *(अ०)* जिसके अन्दर का स्थान शून्य हो; जो भरा न हो; रीता; रिक्त; जिसमें कुछ न हो। **पदरचना- *ख़ाली पेट-*** *बिना कुछ खाये-पिये।* **मुहा० *हाथ ख़ाली होना-*** *हाथ में रुपया-पैसा न होना; निर्धन।* ***निशाना या वार ख़ाली जाना-*** *वार निष्फल होना।*

ख़ालू पु० *(अ०)* माँ का बहनोई; मौसा।

ख़ावन्द/ख़ाविन्द पु० *(अ०)* पति; स्वामी; मालिक।

ख़ावार पु० *(फ़ा०)* पूर्व दिशा।

ख़ाविन्दी स्त्री० *(फ़ा०)* स्वामी का भाव या गुण; पतित्व; कृपा; अनुग्रह।

ख़ाशाक पु० *(फ़ा०)* कूड़ा-करकट।

ख़ास वि० *(अ०)* विशेष; मुख्य; प्रधान; विशुद्ध।

ख़ासकर क्रि०वि० *(अ० ख़ास+फ़ा० कर)* विशेषतः; विशेष रूप से।

ख़ासगी स्त्री० *(अ०, ख़ास+फ़ा०, गी)* राजा की वह दासी जो रखैल हो।

ख़ासदान पु० *(अ० ख़ास+फ़ा० दान)* पानदान; पनडब्बा।

ख़ासनवीस पु० *(अ० ख़ास+फ़ा० नवीस)* किसी बड़े आदमी या राजा का व्यक्तिगत लेखक।

ख़ास-बरदार पु० *(अ० ख़ास+फ़ा० बरदार)* वह जो किसी राजा या बड़े सरदार के अस्त्र-शस्त्र आदि लेकर चलता है।

ख़ास-महाल पु० (अ०) वह जमीन्दारी जिसका प्रबन्ध सरकार स्वयं करती हो।

ख़ासा पु० *(अ०, ख़ासः)* बड़े आदमियों का भोजन; एक प्रकार की बढ़िया मलमल; वह अस्तबल जिसमें बादशाह की पसन्द के घोड़े-हाथी आदि रहते हों; भरपूर; पूरा।

ख़ास्तई पु० *(फ़ा०)* कबूतर का एक रंग।

ख़ास्तगार वि० *(फ़ा०)* इच्छुक; प्रार्थी।

ख़ास्सा पु० *(अ०)* गुण विशेष; स्वभाव।

ख़ासियत स्त्री० *(अ०)* प्राकृतिक गुण; विशेषता।

ख़िज़ाँ स्त्री० *(फ़ा०)* हेमन्त ऋतु; पतझड़ ऋतु; पतन के दिन।

ख़िज़ाब पु० *(अ०)* सफेद बालों को काला रंगने की दवा।

ख़िज़ालत स्त्री० *(अ०)* शर्मिन्दगी; लज्जित होना।

ख़िज़्र पु० *(अ०)* एक प्रसिद्ध पैगाम्बर जो वनों और जल के स्वामी तथा भूले-भटकों के मार्गदर्शक माने जाते हैं; मार्गदर्शक; नेता।

ख़िज़्र सूरत वि० *(अ०)* जो देखने में हज़रत खिज़्र की भाँति सहृदय एवं दयालु हो।

खिताब पु० *(अ०)* पदवी; उपाधि; सम्बोधन।

ख़िताबी वि० *(अ०)* जिसे खिताब मिला हो।

ख़ित्ता पु० *(अ०, ख़ित्तः)* जमीन का टुकड़ा; प्रदेश।

ख़ित्बत स्त्री० *(अ०)* सगाई; मँगनी।

ख़िदमत स्त्री० *(अ०, ख़िद्मत)* सेवा।

ख़िदमतगार पु० *(अ० ख़िदमत+फ़ा० गार, भाव० खिदमतगारी)* खिदमत करने वाला; सेवक; टहलुआ।

ख़िदमतगुज़ार वि० *(अ०, खिद्मत+फ़ा०, गुजारः)* सेवा से गुजारा करने वाला सेवक।

ख़िदमती पु० *(अ०)* सेवक; भृत्य; नौकर।

ख़िफ़्फ़त स्त्री० *(अ०)* लाज; शर्म; अप्रतिष्ठा; अपमान।

ख़िफ़्फ़क वि० *(अ०)* निकृष्ट; दूषित; खराब।

ख़िबा पु० *(अ०)* तम्बू।

ख़िब्रत स्त्री० *(अ०)* परीक्षा; आजमाइश; बुद्धिमत्ता; होशियारी।

ख़िमार स्त्री० *(अ०)* ओढ़नी; दुपट्टा।

ख़ियात स्त्री० *(अ०)* सूई; बोरा सीने की सूई।

ख़ियातत स्त्री०/पु० *(अ०)* सिलाई का पेशा।

ख़ियानत स्त्री० *(अ०)* ग़बन; अपहरण।

ख़ियानते मुजरिमान स्त्री० *(अ० ख़ियानते+फ़ा० मुज्रिमान)* चालाकी से किसी का धन हथिया लेना।

ख़ियार पु० *(अ०)* ख़ीरा; एक फल।

ख़ियारक पु० *(फ़ा०)* जाँघ की जड़ में निकलने वाला फोड़ा।

ख़ियारजा पु० *(अ० ख़ियार+फ़ा० जा)* ककड़ी।

ख़ियार शम्बर पु० *(अ०)* अमलतास।

ख़ियावाँ पु० *(फ़ा०)* क्यारी, रविश।

खिरामे नाज़ स्त्री० *(फ़ा०)* इठलाती हुई चाल।

ख़िरक़ा स्त्री० *(अ०, ख़िरक़ः)* फकीरों के ओढ़ने की गुदड़ी।

पदरचना- ***ख़िरकापोश-*** *भिखमंगा; साधु और त्यागी।*

ख़िर्क़ वि० *(अ०)* विनोदी; हँसोड़, शूरवीर।

ख़िर्क़ा पु० *(अ० खिर्कः)* गुड्डी; फटा-पुराना वस्त्र; किसी पीर या वली के शरीर से उतरा हुआ वस्त्र।

ख़िरद स्त्री० *(फ़ा०)* बुद्धि; चतुराई।

ख़िरदमन्द वि० *(फ़ा०)* बुद्धिमान; अक्लमन्द।

ख़िर्निक पु० *(अ०)* खरगोश का बच्चा।

ख़िरस पु० *(फ़ा०)* रीछ; भालू।

ख़िराज *(अ०)* राज-कर; राजस्व।

ख़िराजी वि० *(अ०, ख़िराज से फ़ा०)* राजस्व-सम्बन्धी; जिस पर राजस्व कर लगता हो या जो लगान देता हो।

पदरचना- ***ख़िराज़े अकीदत-*** *स्त्री० श्रद्धांजलि।*

ख़िराम स्त्री० *(फ़ा०)* चलना; गति।

पदरचना- ***ख़िरामेजाम-*** *शराब का दौर चलना; धीरे-धीरे अदा से चलना।*

ख़िरामाँ वि० *(फ़ा०)* मस्तानी चाल से चलने वाला।

पदरचना- ***ख़िरामाँ-ख़िरामाँ-*** *मस्ती की चाल चलना।*

ख़िर्मन पु० *(अ०)* खलिहान।

ख़िर्मने माह पु० *(फ़ा०)* चन्द्रमण्डल; चन्द्र घेरा।

ख़िर्स पु० *(फ़ा०)* भालू; रीछ।

ख़िलअत स्त्री० *(फ़ा०)* वह वस्त्र जो राजा की ओर से सम्मान के रूप में मिलता है।

ख़िलक़त स्त्री० *(अ०)* सृष्टि।

ख़िलजी पु० *(अ०)* पठानों की एक जाति; भारत का एक पठान राजवंश।

ख़िलवत स्त्री० *(अ०)* शून्य या निर्जन स्थान; एकान्त।

ख़िलाफ़ वि० *(अ०)* विरुद्ध; उलटा, विपरीत।

पदरचना- ***ख़िलाफ़ दस्तूर/ख़िलाफ़ मामूल-*** *प्रचलित प्रणाली या नियमों के विपरीत।*

ख़िलाफ़गोई स्त्री० *(अ० ख़िलाफ+फ़ा० गोई)* झूठ बोलना; मिथ्यावादिता।

ख़िलाफ़त स्त्री० *(अ०)* ख़लीफ़ा का पद या भाव; उत्तराधिकार; समस्त मुसलमान बादशाहों पर होने वाला ख़लीफ़ा का अधिकार।

ख़िलाफ़-वर्ज़ी स्त्री० *(अ० ख़िलाफ़+फ़ा० वर्ज़ी)* आज्ञा आदि की अवहेलना; अवज्ञा; अनुचित आचरण।

ख़िलाफ़ते राशिदा स्त्री० *(अ० ख़िलाफ़ते राशिदः)* हज़रत मुहम्मद के चार खलीफ़ाओं का समय और उनकी खिलाफ़त।

ख़िलाफ़े उम्मीद पु० *(अ० ख़िलाफ़े+फ़ा० उम्मीद)* आशा के विपरीत; जिसकी आशा न हो।

ख़िलाफ़े क़ाइदा पु० *(अ० ख़िलाफ़े क़ाइदः)* नियम विरुद्ध; अवैध।

खिलाफ़े क़यास पु० *(अ० ख़िलाफ़े क़ियास)* अनुमान से परे।

ख़िलाफ़े तहज़ीब पु० *(अ० ख़िलाफ़े तहज़ीब)* सभ्यता के विरुद्ध; अश्लील।

ख़िलाफ़े दस्तूर पु० *(अ० ख़िलाफ़े+फ़ा० दस्तूर)* परम्परा के विरुद्ध।

ख़िलाफ़े मर्ज़ी पु० *(अ०)* इच्छा के विरुद्ध।

ख़िलाफ़े मिज़ाज पु० *(अ०)* स्वभाव के विरुद्ध।

ख़िलाफ़े मौज़ूअ पु० *(अ०)* विषयान्तर; अप्रासंगिक।

ख़िलाफ़े शान पु० *(अ०)* मर्यादा के विरुद्ध।

ख़िलाल पु० *(अ०)* दो वस्तुओं के बीच का अन्तर; मैत्री।

ख़िलाले मौदा पु० *(अ० ख़िलाले माइदः)* सिवइयाँ।

ख़िलाश पु० *(अ०)* रास्ते की कीचड़; पंक।

ख़िलास पु० *(अ०)* खरा; विशुद्ध; श्रेष्ठ; चाँदी।

ख़िलाल पु० *(अ०)* खेल आदि में होने वाली हार; धातु का वह टुकड़ा जिससे दाँत खोदते हैं; अन्तर; दूरी।

ख़िल्क़त स्त्री० *(फ़ा०)* उत्पन्न या सृजन करना; प्राकृतिक संगठन; जनसमूह।

ख़िल्क़ी वि० *(अ०)* प्राकृतिक; जन्मजात; पैदाइशी।

ख़िल्त पु० *(अ०)* शरीर के अन्दर का कफ; प्रकृति।

खिल्ली स्त्री० *(अ०)* हँसी-मजाक; पान का बीड़ा।

पदरचना- *खिल्लीबाज-* *मजाक उड़ाने वाला।*

मुहा० खिल्ली उड़ाना- किसी का मजाक उड़ाना; उपहास करना।

ख़िश्त स्त्री० *(अ०)* ईंट।

ख़िस्तक स्त्री० *(फ़ा०)* छोटी ईंट; चौबगला।

ख़िश्य पु० *(अ०)* क्रोध; गुस्सा;

ख़िश्ती स्त्री० *(अ०)* ईंटों का बना हुआ मकान आदि।

ख़िसाँदा पु० *(फ़ा०, खिसाँदः)* दवाओं का काढ़ा; क्वाथ।

ख़िसारा पु० *(अ०, ख़सारः)* हानि; क्षति।

ख़िस्सत स्त्री० *(अ०)* कृपणता; कंजूसी।

ख़ीरा वि० *(फ़ा०, खीरः, सं०, खीरमी)* ढीठ; बेहया, चकित; अन्धकारमय।

खुजस्ता वि० *(फ़ा० खुजस्तः)* कल्याणमय; मुबारक।

खुजस्तापै वि० *(फ़० खुजस्तः पै)* जिसका आगमन कल्याणमय हो।

खुजस्ताराय वि० *(फ़ा० खुजस्ता+अ० राय)* जिसकी सलाह शुभ हो।

खुज़ाआ पु० *(अ० खुजाअः)* किसी वस्तु से कटा हुआ खण्ड या टुकड़ा; अरब का एक वंश।

खुज़ाबील वि० *(अ०)* असत्य; गलत।

खुज़ारा पु० *(अ० खुज़ारः)* नदी; सरिता; दरिया।

खुज़्रूफ़ वि० *(अ०)* युद्ध में फुर्ती से लड़ने वाला। स्त्री० युद्ध कुशल।

ख़ुतार पु० *(अ०)* खेत से घास-फूस साफ करना।

ख़ुतुबा पु० *(अ०, ख़ुत्बः)* तारीफ़; प्रशंसा; वह धार्मिक व्याख्यान जो जुमे या ईद की नमाज के बाद इमाम खड़ा होकर देता है और अन्त में उस समय जो खलीफा होता है, उसके लिए दुआ की जाती है।

ख़ुत्तामा स्त्री० *(अ०, ख़ुत्तामः)* दुश्चरित्रा स्त्री; कुलटा।

खुद क्रि०वि० *(फ़ा०)* स्वयं; आप।

खुद-आराई स्त्री० *(फ़ा०)* अपनी शोभा या मान आदि स्वयं बनाने का प्रयास करना।

खुदक पु० *(फ़ा०)* मन में उत्पन्न होने वाले भ्रम और विचार।

खुदकरदा वि० *(फ़ा०, खुदकर्दः)* अपना किया हुआ।

खुदकाम वि० *(फ़ा०)* स्वार्थी; मतलबी।

खुदकामी स्त्री० *(फ़ा०)* स्वच्छन्दता निरंकुशता।

खुदकाश्त स्त्री० *(फ़ा०)* वह जमीन जिसे उसका मालिक स्वयं जोते-बोये।

खुदकुश वि० *(फ़ा०)* आत्महत्या करने वाला।

खुदकुशी स्त्री० *(फ़ा०)* आत्महत्या।

खुदग़रज़ वि० *(फ़ा०, भाव०, खुदग़रज़ी)* स्वार्थी; मतलबी।

खुद्दार वि० *(फ़ा०)* स्वाभिमानी।

खुद्दारी स्त्री० *(फ़ा०)* स्वाभिमान; आत्मगौरव।

पदरचना- *शाने-खुद्दारी-* *स्वाभिमानी।*

खुदपरस्त वि० *(फ़ा०, भाव० खुदपरस्ती)* स्वार्थी, मतलबी।

खुदपरस्ती स्त्री० *(फ़ा०)* आत्मपूजा; स्वयं को ही सब कुछ समझने का भाव।

खुदपसन्द वि० *(फ़ा०, खुदपसन्दी)* स्वयं को बहुत अच्छा समझने वाला।

खुद-ब-खुद क्रि०स्त्री० *(फ़ा०)* स्वतः; आपसे आप।

खुद-मुख़्तार वि० *(फ़ा०, भाव०, खुदमुख़्तारी)* स्वतन्त्र; आजाद।

खुद सिताई स्त्री० *(फ़ा०)* अपनी प्रशंसा स्वयं करना।

खुदा पु० *(फ़ा०)* ईश्वर; परमात्मा।

पदरचना- *खुदा-न-ख़ास्ता-* *ईश्वर न करें।* ***खुदा लगती-*** *बिलकुल सच बात।* ***खुदा का क़हर/खुदा का गज़ब-*** *खुदा का कोप।* ***खुदा का कारखाना-*** *संसार; दुनिया।* ***खुदा का घर-*** *स्वर्गलोक।*

*मुहा० **ख़ुदा के घर जाना**- मर जाना। **ख़ुदा को दरमियान देना**- ईश्वर को साक्षी बनाना। **खुदा-खुदा करके**- बड़ी कठिनाई से। **खुदा ख़ैर करे**- ईश्वर कुशल करे। **खुदा गंजे को नाखून न दे**- ईश्वर ओछे को धन या अधिकार न दे। **ख़ुदा-न-ख़ास्ता**- ईश्वर न करे। **खुदा हाफ़िज**- ईश्वर रक्षक है।*

ख़ुदाई स्त्री० *(फ़ा०)* सृष्टि; संसार; खुदा की रचना।

ख़ुदाई-रात स्त्री० *(फ़ा० ख़ुदाई+हि० रात)* एक प्रकार का उत्सव जिसमें मुसलमान स्त्रियाँ रात भर जाग कर खुदा को याद करती हैं।

ख़ुदा का घर *(फ़ा० ख़ुदा+हि० घर)* मसजिद।

ख़ुदाताला पु० *(फ़ा०)* ईश्वर।

ख़ुदादाद वि० *(फ़ा०, भाव०, ख़ुदापरस्ती)* ईश्वर की उपासना करने वाला; आस्तिक; दयालु।

ख़ुदाया सम्बोधन *(फ़ा०)* हे ईश्वर!

ख़ुदायगाँ पु० *(फ़ा०)* स्वामी; मालिक; राजा; बादशाह।

ख़ुदा न ख़ास्ता अव्य० *(फ़ा० खवास्तः)* खुदा न करे; ईश्वर न करे; एक आशीर्वाद का वाक्य।

ख़ुदापरस्त वि० *(फ़ा०)* खुदा को मानने वाला।

ख़ुदापरस्ती स्त्री० *(फ़ा०)* खुदा में निष्ठा रखने वाला।

ख़ुदावन्द पु० *(फ़ा०)* मालिक; स्वामी; बहुत बड़े लोगों के लिए सम्बोधन।

ख़ुदावन्दी स्त्री० *(फ़ा०)* ईश्वरता; खुदाई।

ख़ुदाशनास वि० *(फ़ा०)* ब्रह्मज्ञानी; न्यायवान्।

ख़ुदाशनासी स्त्री० *(फ़ा०)* ब्रह्मज्ञान; दयालुता; न्याय।

ख़ुदाहाफ़िज़ पद *(फ़ा०)* खुदा तुम्हारी रक्षा करे (प्रायः विदा होने के समय यह कहा जाता है।)

ख़ुदी स्त्री० *(फ़ा०)* खुद; स्वयं (अहं) का भाव; आपा।

पदरचना- ***असरारे ख़ुदी**- अहं का रहस्य; स्वार्थ परता; स्वार्थीपना।*

ख़ुनक स्त्री० *(फ़ा०, ख़ुनुक)* ठण्ढा।

ख़ुनकी स्त्री० *(फ़ा०, ख़ुनुकी)* शीतलता; ठण्ढक।

ख़ुनूसा पु० *(फ़ा०, ख़ुन्सः)* वह कल्पित व्यक्ति जिसके बारे में कहा जाता है कि वह छः महीने पुरुष और छः महीने स्त्री रहता है।

ख़ुफ़िया वि० *(अ०, ख़ुफ़ियः)* छिपा हुआ; गुप्त। क्रि०वि० गुप्त रूप से।

ख़ुफ़ियानवीस वि० *(अ० ख़ुफ़िया+फ़ा० नवीस, भाव०, ख़ुफ़ियानवीसी)* गुप्त रूप से समाचार लिखकर भेजने वाला।

ख़ुफ़्तः वि० *(फ़ा०)* सोया हुआ; सुप्त।

ख़ुदअः पु० *(अ०)* नीचता; दुष्टता।

ख़ुम पु० *(फ़ा०)* घड़ा; मटका।

पदरचना- ***ख़ुमे.ग़ैर**- अदृश्य लोक का मटका; मद्य रखने का पात्र।*

ख़ुमकदा पु० *(अ०, ख़ुम+फ़ा०, कदः)* मधुशाला।

ख़ुमरा पु० *(अ०, स्त्री०, ख़ुमरी)* एक प्रकार के मुसलमान फकीर। स्त्री *(अ०)* खजूर के पत्तों की छोटी चटाई जिस पर नमाज पढ़ते हैं।

ख़ुमार पु० *(फ़ा०)* मद; नशा; नशा उतरने के समय की हलकी थकावट; रातभर जागने से होने वाली थकावट।

ख़ुमार-आलूदा वि० *(अ० ख़ुमार+फ़ा० आलूदा)* खुमार से भरा हुआ।

ख़ुमे अफ़लातून पु० *(अ० ख़ुमे+फ़ा० अफ़्लातून)* वह मटका जिसमें अफ़लातून (प्लेटो) को मरते समय बन्द करके पहाड़ की खोह में रख दिया गया था।

ख़ुमे ईसा पु० *(अ० ख़ुमे+फ़ा० ईसा)* वह घड़ा जिसमें चाहे जिस रंग का कपड़ा डाला जाये, हज़रत ईसा की दुआ से वह काला या सफ़ेद निकलता था।

ख़ुमे मय पु० *(फ़ा०)* शराब की मटकी।

ख़ुम्र स्त्री० *(अ०)* शराब; मद्य।

ख़ुर पु० *(फ़ा०)* सूर्य; सूरज।

ख़ुरज़ी स्त्री० *(फ़ा०, ख़ुर्जी)* घोड़े; बैल आदि पर सामान रखने का झोला; बड़ा थैला।

ख़ुरदा पु० *(फ़ा०, ख़ुर्दः)* छोटी-मोटी चीज, छोटा सिक्का; रेजगारी। वि० खुदरा; चुट-फुट।

ख़ुरदाफ़रोश पु० *(फ़ा०, ख़ुर्दः फरोश)* फुटकर चीजें बेचने वाला।

ख़ुरफ़ा पु० *(अ०, ख़ुर्फः)* कुलफ़ा नामक साग।

ख़ुरमा पु० *(फ़ा०, ख़ुर्मः)* छुहारा; एक प्रकार की मैदे की मिठाई।

ख़ुरशीद पु० *(फ़ा० ख़ुर्शीद)* सूर्य।

ख़ुराक स्त्री० *(फ़ा०)* भोजन; पौष्टिक भोजन।

ख़ुराकी स्त्री० *(फ़ा०, ख़ुराक)* भोजन का खर्च।

खुराफ़ात स्त्री॰ *(अ॰)* बेहूदा और खराब बात; गाली-गलौज; झगड़ा-बखेड़ा।

खुरासान पु॰ *(फ़ा॰, वि॰, खुरासानी)* फ़ारस का एक प्रान्त जो अफगानिस्तान के पश्चिम में है।

खुरासानी वि॰ *(फ़ा॰)* खुरासान शहर का। पु॰ खुरासान का रहने वाला। स्त्री॰ खुरासान की बोली।

खुरूज पु॰ *(अ॰)* विद्रोह; बगावत; क्रान्ति।

खुरूजुल मक़अद पु॰ *(अ॰)* बच्चों को काँच निकलने का रोग; गुदाभ्रंश।

खुरूर पु॰ *(अ॰)* गिरना; गिर पड़ना; खर्राटे लेना।

खुर्ख़ जीवन पु॰ *(फ़ा॰ खुर्ख़+अ॰ जीवन)* एक शैतान जो स्त्रियों से सम्भोग करने के लिए उनके शरीर में प्रवेश कर जाता है।

खुर्ज़ी पु॰ *(फ़ा॰)* गधे या घोड़े की पीठ का एक थैला।

खुर्तूम पु॰ *(फ़ा॰)* हाथी की सूँड; तेज नशेवाली मदिरा; कौम का सरदार।

खुरूस पु॰ *(फ़ा॰)* मुरगा; कुक्कुट।

खुर्द वि॰ *(फ़ा॰)* छोटा।

पदरचना- ***खुर्द व कलाँ-*** *छोटे और बड़े सब।*

खुर्दबीन स्त्री॰ *(फ़ा॰, खुर्दबीं)* सूक्ष्म दर्शक यन्त्र।

खुर्दबुर्द पु॰ *(फ़ा॰)* अनुचित रूप से प्राप्त किया हुआ धन; अपव्यय; धन का नाश। वि॰ नष्ट; अपहत।

खुर्दमहल पु॰ *(अ॰ खुर्द+फ़ा॰ महल)* वह महल जिसमें रखेली स्त्रियाँ रहती हों; रखैल स्त्री।

खुर्दसाल वि॰ *(फ़ा॰) (स्त्री॰ खुर्दसाली)* अल्पवयस्क; छोटी उमर का।

खुर्दा वि॰ *(फ़ा॰, खुर्दः)* खाया हुआ (जैसे- किर्मखुर्दा- कीड़ों का खाया हुआ।)

खुर्दी स्त्री॰ *(फ़ा॰)* छोटापन।

खुर्रम वि॰ *(फ़ा॰)* ताजा सींचा हुआ; प्रसन्न; बहुत खुश।

खुर्रमी स्त्री॰ *(फ़ा॰)* प्रसन्नता; खुशी।

खुलासा वि॰ *(अ॰, खुलासः)* खुला हुआ; अवरोध रहित; साफ-साफ; स्पष्ट। पु॰ संक्षिप्त विवरण; सारांश।

खुलूस पु॰ *(अ॰)* सरलता और निष्कपटता; सच्चाई; निष्ठा

खुलूअ पु॰ *(अ॰)* अपने पति से तलाक की इच्छा।

खुल्क़ पु॰ *(अ॰)* सुशीलता; सज्जनता।

खुल्द पु॰ *(अ॰)* बहिस्त; स्वर्ग।

पदरचना- ***खुल्दे दरीं-*** *ऊपर का स्वर्ग।*

खुश वि॰ *(फ़ा॰)* प्रसन्न; मगन; आनन्दित।

पदरचना- ***खुश व खुर्रम-*** *प्रसन्न और आनन्दित।*

खुशअतवार वि॰ *(फ़ा॰)* जिसका तौर-तरीका बहुत अच्छा हो।

खुश-अमल वि॰ *(अ॰ खुश+ फ़ा॰ अमल)* उत्तम आचरण वाला; सदाचारी।

खुश-असलूब वि॰ *(फ़ा॰)* सुडौल; सब तरह ठीक।

ख़ुश-इलहान वि॰ *(फ़ा॰, ख़ुश इल्हान, भाव॰, खुश-इलहानी)* जिसका स्वर बहुत मधुर हो; अच्छा गाने वाला।

खुशक़दम वि॰ *(अ॰ खुश+ फ़ा॰ कदम)* जिसके आने पर घर में खुशहाली आये; जिसका घर में पदार्पण शुभ हो।

ख़ुशक़िस्मत वि॰ *(अ॰ ख़ुश+ फ़ा॰ क़िस्मत)* सौभाग्यशाली।

खुशकिस्मती स्त्री॰ *(अ॰ ख़ुश+ फ़ा॰ किस्मती)* सौभाग्य।

खुशख़त वि॰ *(फ़ा॰)* सुन्दर अक्षर लिखने वाला। पु॰ सुन्दर लिखावट।

खुशख़बर वि॰ *(फ़ा॰)* शुभ समाचार।

खुशख़बरी स्त्री॰ *(फ़ा॰)* शुभ समाचार।

खुशखुल्क़ वि॰ *(फ़ा॰, भाव॰, खुशखुल्क़ी)* अच्छा स्वभाव वाला।

खुशगवार वि॰ *(फ़ा॰)* अच्छा लगने वाला; रुचिकर; प्रिय।

खुशगुलू वि॰ *(फ़ा॰)* जिसका स्वर बहुत सुरीला हो।

खुशजायक़ा वि *(फ़ा॰)* स्वादिष्ट।

खुशतबा वि॰ *(फ़ा॰, खुश+ अ॰, तब्अ)* प्रसन्नदिल।

खुशदाम्न स्त्री॰ *(फ़ा॰)* सास; पत्नी की माता।

खुशनवीस वि॰ *(फ़ा॰, भाव॰, खुशनवीसी)* सुन्दर अक्षर लिखने वाला।

खुशनसीब वि॰ *(फ़ा॰, भाव॰ खुशनसीबी)* भाग्यवान; किस्मतवर।

खुशनुमा वि॰ *(फ़ा॰, भाव॰, खुशनुमाई)* जो देखने में भला लगे; सुन्दर, खूबसूरत।

खुशनूद वि० *(फ़ा०)* प्रसन्न; सन्तुष्ट।

खुशनूदी स्त्री० *(फ़ा०)* प्रसन्नता।

खुशनूदी मिज़ाज पु० *(फ़ा०)* तबीयत की प्रसन्नता।

खुशबयान वि० *(फ़ा०, भाव०, खुशबयानी)* सुन्दर वर्णन करने वाला।

खुशबू स्त्री० *(फ़ा०)* सुगन्ध।

खुशबूदार वि० *(फ़ा०)* उत्तम गन्ध वाला; सुगन्धित।

खुशमिज़ाज वि० *(फ़ा०, भाव०, खुशमिज़ाजी)* जिसका स्वभाव बहुत अच्छा हो; प्रसन्नचित्त।

खुशरंग वि० *(फ़ा०)* जिसका रंग बहुत सुन्दर हो; सुन्दर रंग के शरीर वाला।

खुशहाल वि० *(फ़ा०)* सुखी; सम्पन्न।

खुशामद स्त्री० *(फ़ा०)* प्रसन्न करने के लिए झूठी प्रशंसा; चापलूसी।

खुशामद-पसन्द वि० *(फ़ा०)* चापलूसी पसन्द करने वाला; खुशामदी।

खुशी स्त्री० *(फ़ा०)* आनन्द; प्रसन्नता।

मुहा०. *खुशी का सौदा-* *ऐसा काम जो स्वेच्छा से किया जाये।* ***खुशी से फूल उठना-*** *अति प्रसन्न होना।*

खुश्क वि० *(फ़ा०)* जो तर न हो; शुष्क; सूखा।

खुश्कसाली स्त्री० *(फ़ा०)* वह वर्ष जिसमें वर्षा न हो और अकाल पड़े।

खुश्का स्त्री० *(फ़ा०, खुश्कः)* पकाया हुआ चावल; भात।

खुश्की स्त्री० *(फ़ा०)* सूखापन; नीरसता।

खुसर पु० *(फ़ा० खुसुर)* श्वसुर; ससुर।

खुसुर ख़ाना[1] वि० *(फ़ा०, खुस्रख़ानः)* बादशाहों का; शाही; राजकीय।

खुसुर ख़ाना[2] पु० *(फ़ा० खुसुर ख़ानः)* ससुराल।

खुसरू पु० *(फ़ा०, खुस्रो)* बादशाह; सम्राट।

खुसिया पु० *(अ०, खुसियः)* अण्डकोश।

खुसिया-बरदार वि० *(अ० खुसिया+फ़ा० बरदार, भाव०, खुसिया बरदारी)* बहुत अधिक खुशामद और तुच्छ सेवाएँ करने वाला।

खुसूफ़ पु० *(अ०)* जमीन में धँसना; चन्द्रग्रहण।

खुसूमत स्त्री० *(अ०)* शत्रुता; दुश्मनी।

खुसूसन क्रि०वि० *(अ०)* खासतौर पर; विशेष रूप से; विशेषतः।

खुसूसियत क्रि०वि० *(अ०, खुसूसियत)* विशेषता।

ख़ूँ पु० *(अ०)* स्वभाव। पु० *(फ़ा०)* खून; रक्त; लहू।

ख़ूँख्वार वि० *(फ़ा०, भाव०, ख़ूँख्वारी)* खून पीने वाला; पशुओं को खाने वाला पशु।

ख़ूँबहा पु० *(फ़ा०)* वह धन जो किसी की हत्या होने पर व्यक्ति के सम्बन्धियों को दिया जाये।

ख़ूँरेज़ पु० *(फ़ा०)* खून बहाने वाला; रक्तपान करने वाला।

ख़ूँरेजी स्त्री० *(फ़ा०)* खून बहाना; रक्तपान करना।

ख़ू स्त्री० *(फ़ा०)* आदत; स्वभाव।

ख़ूक पु० *(फ़ा०)* सुअर।

ख़ूगर वि० *(फ़ा०)* जिसे किसी बात की आदत पड़ गयी हो; अभ्यस्त।

ख़ून पु० *(फ़ा०)* यौगिक में 'खूँ' रूप होता है। रक्त; रुधिर।

पदरचना- *ख़ून नाहक-* *बिना कारण किया गया खून या हत्या।*

मुहा० *ख़ून उबलना या खौलना-* *क्रोध से शरीर लाल होना, क्रोध बढ़ना/चढ़ना।* ***ख़ून सफेद होना-*** *सौजन्यता समाप्त हो जाना।* ***ख़ून सिर पर चढ़ना या सवार होना-*** *किसी को मार डालने या इसी प्रकार का अन्य अनिष्ट करने पर उद्यत होना।* ***ख़ून पीना-*** *मार डालना।* ***ख़ून का प्यासा होना-*** *वध करने का इच्छुक होना।*

ख़ून-आलूदा वि० *(फ़ा०, ख़ूनआलूदः)* ख़ून से भींगा या भरा हुआ।

ख़ूनी वि० *(फ़ा०)* मार डालने वाला; हत्यारा; घातक; अत्याचारी।

ख़ूब वि० *(फ़ा०)* अच्छा; भला; उत्तम।

ख़ूबसूरत वि० *(अ०)* सुन्दर; रूपवान।

ख़ूबसूरती स्त्री० *(अ० खूब+फ़ा० सूरती)* सुन्दरता।

ख़ूबकलाँ स्त्री० *(फ़ा०)* फ़ारस की एक घास के बीज।

ख़ूबतर वि० *(फ़ा०)* बहुत अच्छा।

ख़ूबरू वि० *(फ़ा०)* सुन्दर; खूबसूरत। स्त्री० प्रियतमा।

ख़ूबरूई स्त्री० *(फ़ा०)* सुन्दरता; भाव० खूबसूरती।

ख़ूबाँ पु० *(फ़ा०)* सुन्दर स्त्रियाँ; सुन्दर नायिकाएँ।

पदरचना- *शहे-ख़ूबाँ-* *सुन्दरियों की रानी।*

ख़ूबानी स्त्री० *(फ़ा०)* ज़रदालू नामक फल।

ख़ूबी स्त्री० *(फ़ा०)* भलाई; अच्छाई; गुण; विशेषता।

ख़ूर वि० *(फ़ा०)* खाने-पीने वाला। स्त्री० भोजन।

ख़ूरा पु० *(फ़ा०, ख़ूर:)* कुष्ठ; कोढ़ रोग।

ख़ूराक स्त्री० *(फ़ा०, ख़ुराक)* भोजन; खाना।

ख़ूरिश स्त्री० *(फ़ा०)* खाने-पीने की सामग्री।

ख़ूलंजान पु० *(अ०)* पान की जड़।

ख़ेमा पु० *(अ०, खेम:)* तम्बू; डेरा।

ख़ेमागाह पु० *(अ० ख़ेमा+फ़ा० गाह)* वह स्थान जहाँ बहुत से तम्बू लगे हों।

ख़ेमादोज़ पु० *(अ० ख़ेमा+फ़ा० दोज़)* खेमा बनाने वाला।

ख़ेश वि० *(फ़ा०, ख़्वेश)* अपना- पु० सम्बन्धी रिस्तेदार।

पदरचना- *ख़ेश-व-अक़ारिब-* *रिश्ते-नाते के लोग।*

ख़ेश तन पु० *(फ़ा०)* स्वतः; अपने आप; खुद।

ख़ेशदार वि० *(फ़ा०)* जो स्वयं को विपत्त्यिों से बचाकर जीवनयापन करे।

ख़ेशाबन्द पु० *(फ़ा०)* अपने रिश्तेदार; स्वजन।

ख़ैबर पु० *(अ०)* भारत और अफगानिस्तान के बीच पड़ने वाला एक दर्रा, उस दिशा से भारत का मुख्य प्रवेशद्वार है।

ख़ैयात पु० *(अ०)* कपड़े सीने वाला; दरजी।

ख़ैयाम पु० *(अ०)* खेमा (टैण्ट) सीने वाला; फारसी का एक प्रसिद्ध कवि उमरख़ैयाम।

ख़ैर स्त्री० *(फ़ा०)* कुशल क्षेम।

ख़ैर-आफ़ियत भाव० *(फ़ा०)* कशल।

ख़ैर-अन्देश वि० *(अ० ख़ैर+फ़ा० अन्देश)* भाव० खैरख्वाही; शुभचिन्तक; हितैषी; अच्छा सोचने वाला।

ख़ैरबाद पद *(फ़ा०)* कुशल हो; कुशल रहे (यह पद प्रायः विदाई के समय कहते हैं)।

ख़ैरमक़दम पु० *(अ०)* शुभागमन; स्वागत (प्रायः किसी के आने पर कहते हैं।)

ख़ैरात स्त्री० *(अ०)* दान-पुण्य।

ख़ैराती वि० *(अ०)* खैरात सम्बन्धी; खैरात या दान का।

ख़ैराद पु० *(फ़ा०)* वह औज़ार जिस पर चढ़ाकर लकड़ी या धातु की चीजें चिकनी और सुडौल की जाती है; खराद।

ख़ैरियत स्त्री० *(फ़ा०)* कुशल-क्षेम; राजीखुशी, भलाई।

ख़ैल पु० *(अ०)* झुण्ड; गिरोह, समूह।

ख़ैला स्त्री० *(फ़ा०)* फूहड़ स्त्री।

ख़ैलापन पु० *(फ़ा० ख़ैला+हि० पन)* फूहड़पन।

ख़ोकन्द पु० *(तु०)* उज़बक (तुर्किस्तान) का एक नगर।

ख़ोगीर पु० *(फ़ा०)* वह मोटा कपड़ा जिसके ऊपर रखकर घोड़े की जीन कसते हैं।

पदरचना- *खोगीर की भर्ती-* *व्यर्थ की और रद्दी चीजें।*

खोज स्त्री० *(फ़ा०)* खोजने/तलाशने की क्रिया; अन्वेषण; शोध; लीक; पदचिह्न।

खोज चिह्न स्त्री० *(फ़ा०)* तेजरोशनी फेंकने वाला।

खोजमिटा वि० पु० *(फ़ा०)* जिसका नामोनिशान न रह गया हो; एक गाली।

मुहा० *खोज ख़बर लेना-* *हाल-चाल पूछना; पता लेना।* ***खोजमारना-*** *लीक या पदचिह्न मिटा देना।* ***खोजमिटाना-*** *नाम-निशान मिटा देना।*

ख़ोजा पु० *(फ़ा०, ख्वाज:)* वह जो महलों में सेवा करने के लिए हिजड़ा बनाया गया हो।

खोजी/खोजू वि० *(फ़ा०)* खोज करने वाला; अन्वेषक।

ख़ोद पु० *(फ़ा०)* युद्ध में पहनने का लोहे का टोप; शिरस्त्राण।

ख़ोर वि० *(फ़ा०, ख़ूर)* खाने वाला (यौगिक शब्दों के अन्त में) जैसे- नशाखोर।

ख़ोल पु० *(फ़ा०)* गिलाफ़; कोश; म्यान; बेंठन।

ख़ोलंजन पु० *(फ़ा०)* पान की जड़।

ख़ोश ए अंगूर पु० *(फ़ा०)* अंगूर का गुच्छा।

ख़ोश ए गन्दुम पु० *(फ़ा०)* गेहूँ की बालों का गुच्छा।

ख़ोशए चर्ख़ स्त्री० *(फ़ा०)* कन्या राशि।

ख़ोशए पर्वी पु० *(फ़ा०)* कृतिका नक्षत्र।

ख़ोशा पु० *(फ़ा०, ख़ोश:)* अनाज की बाल; छोटे-छोटे फलों आदि का गुच्छा।

ख़ौद स्त्री० *(अ०)* कोमल; मृदुल और कोमल स्त्री।

ख़ोशीदा वि० *(फ़ा०)* सूखा हुआ; सुखाया हुआ।

ख़ोशीदनी वि० *(फ़ा०)* सूखने योग्य; सुखाने के योग्य।

ख़ौ स्त्री० *(फ़ा०)* लकड़ी की पाड़, जिस पर बैठकर राजगीर मकान बनाते हैं; एक घास।

ख़ौक़ पु० *(अ०)* कान के कुण्डल का घेरा।

ख़ौख़ पु० *(अ०)* आड़ू नामक फल; शफ़्तालू नामक फल।

ख़ौज़[1] पु० *(अ०)* शत्रुता; दुश्मनी।

ख़ौज़[2] पु० *(अ०)* गहन विचार।
  पदरचना- ***गौख ख़ौज़***-*चिन्तन और गम्भीर विचार।*
ख़ौफ़ पु० *(अ०)* डर; भय।
ख़ौफ़ज़दा वि० *(अ० ख़ौफ़+फ़ा० जदः)* भयभीत; डरा हुआ।
ख़ौफ़ज़दगी स्त्री० *(अ० ख़ौफ़+फ़ा० जदगी)* भयभीत होना।
ख़ौफनाक वि० *(फ़ा०)* भयानक; भयंकर; डरावना।
ख़ौफ़े जाँ पु० *(अ० ख़ौफ़े+फ़ा० जाँ)* जान जाने का डर; प्राण जाने का भय।
ख़ौश स्त्री० *(अ०)* नितम्ब; कटिदेश; चूतड़; भाला मारना; व्याह करना; लेना; पकड़ना।
ख़ौस[1] पु० *(अ०)* धोखा देना; दग़ा करना; खोटा होना।
ख़ौस[2] पु० *(अ०)* आँखों का धँस जाना; आँखों का गढ़े में चले जाना।
ख्वाँ प्रत्य० *(फ़ा०)* पढ़ने वाला।
ख़्वाँदा वि० *(फ़ा०)* पढ़ा हुआ; शिक्षित।
ख़्वाजा[1] पु० *(तु०)* मालिक; सरदार; कुछ मुसलमान जमातों की पदवी; हिजड़ा; खोजा जाति।
ख़्वाजा[2] स्त्री० *(फ़ा० ख्वाजः)* इच्छा; ख्वाहिश।
ख़्वाजागर वि० *(फ़ा० ख्वाजः गर)* चाहने वाला; इच्छुक।
ख़्वाजाताश वि० *(तु० ख्वाजः ताश)* एक ही स्वामी के दास जो आपस में ख्वाजाताश कहलाते हैं।
ख़्वान पु० *(फ़ा०)* बड़ी थाली या तश्तरी जिसमें भोजन करते हैं; खाने से भरा थाल।
ख़्वान्दगी स्त्री० *(फ़ा०)* पढ़ाई; परिषद में किसी कानून की पढ़ाई।
ख़्वान्दनी स्त्री० *(फ़ा०)* पढ़ने योग्य।
ख़्वानपोश पु० *(फ़ा०)* तश्तरी या थाली के ऊपर ढकने का कपड़ा।
ख़्वानी स्त्री० *(फ़ा०)* पढ़ने की क्रिया या भाव।
ख़्वाब पु० *(फ़ा०)* स्वप्न।
ख़्वाबआलूदा वि० *(फ़ा०)* जिसमें नींद भरी हो।
ख़्वाबगाह स्त्री० *(फ़ा०)* सोने का स्थान; शयनागार।
ख़्वाबीदा वि० *(फ़ा०, ख़्वाबीदः)* सोया हुआ; सुप्त।
ख़्वाबे परीशाँ पु० *(फ़ा०)* उचटती हुई नींद; ऐसी नींद जो बार-बार उचट जाये; ऐसा स्वप्न जिसका फल न जाना जा सके।
ख़्वाबे सैयाद पु० *(फ़ा० ख़्वाबे+अ० सैयाद)* बनावटी नींद; छल; धोखा; फरेब की नींद।
ख़्वार वि० *(फ़ा०)* जलील; बेइज्जत; तबाह; परेशान।
ख़्वारी स्त्री० *(फ़ा०)* जिल्लत; बेइज्जती; ख़राबी; बर्बादी।
ख़्वाल पु० *(अ०)* भोजन।
ख़्वालागर वि० *(फ़ा०)* रसोइया।
ख़्वास्त स्त्री० *(फ़ा०)* इच्छा; कामना।
ख़्वास्तगार वि० *(फ़ा०, भाव० ख़्वास्तगारी)* किसी बात की इच्छा या आकांक्षा रखने वाला; इच्छुक।
ख़्वास्तनी वि० *(फ़ा०)* चाहने योग्य; माँगने योग्य।
ख़्वास्ता वि० *(फ़ा०)* चाहा हुआ; मनवांछित।
ख़्वाह अव्य० *(फ़ा०)* चाहे; अथवा; या।
ख़्वामख़्वाह अव्य० *(फ़ा०)* चाहे या बिना चाहे; मजबूरन।
ख़्वाहिश[1] स्त्री० *(फ़ा०)* बहन।
ख़्वाहिश[2] स्त्री० *(फ़ा०)* इच्छा; चाह; अभिलाषा; आकांक्षा।
ख़्वाहिशज़ादा पु० *(फ़ा०)* भानजा; बहन का बेटा।
ख़्वाहिशमन्द वि० *(फ़ा०)* इच्छुक; अभिलाषी।

ग/ग़

गंग स्त्री० *(फ़ा०)* गंगा नदी।
गंगो-जमन स्त्री० *(फ़ा०)* गंगा और यमुना।
गंज[1] पु० *(फ़ा०)* खज़ाना; कोष; ढेर; राशि; अटाला; गल्ले या सब्जी की मण्डी; हाट।
गंज[2] पु० *(अ०)* आँख या भौंह का संकेत।
गंज[3] पु० *(अ०)* बहुत अधिक दुःख।
गंजदान पु० *(फ़ा०)* कोषागार; जहाँ धन गड़ा हो।
गंजबख़्श वि० *(फ़ा०)* ख़जाना बाँटने या देने वाला; बहुत बड़ा दाता; एक मुसलमान सन्त की उपाधि।
गंजिन्दा वि० *(फ़ा० गंजिन्दः)* समाने वाला; प्रवेश करने वाला।
गंजीना पु० *(फ़ा०, गंजीनः)* खज़ाना; कोश।
गंजीदनी वि० *(फ़ा०)* समाने योग्य; प्रवेश योग्य।
गंजीन ए ज़र पु० *(फ़ा०)* केवल सोने का खज़ाना; स्वर्ण निधि।
गंजीफ़ा पु० *(फ़ा०, गंजीफ़ः)* एक खेल जो आठ रंगों के 96 पत्तों से खेला जाता है।

गंजे इलाही पु० *(फ़ा०)* कुरान।

गंजे क़ारून पु० *(अ० गंजे+फ़ा० क़ारून)* कारूँ का ख़ज़ाना जो चार लाख चालीस हजार बोरी भरा था और जिसमें से एक पैसा भी वह ईश्वर के नाम पर खर्च नहीं करता था। अन्त में हज़रत मूसा के शाप से वह अपनी सम्पत्ति सहित पृथ्वी में धँस गया।

गंजेगाव पु० *(फ़ा०)* जमशेद की निधियों में से एक निधि का नाम जो एक किसान को मिला था।

गंजेबादावर्द पु० *(फ़ा०)* इस ख़जाने को हवा लेकर आयी थी अतः यह नाम पड़ा।

गंजे शहीदाँ पु० *(फ़ा०)* कब्रिस्तान का समाधि-क्षेत्र जहाँ बहुत से शहीद दफ़न हों।

गंजे शायगाँ पु० *(फ़ा०)* रूम देश के कैसर ने परवेज के भय से अपना धन जहाजों में भर कर एक द्वीप में भेजा था। हवा के प्रतिकूल होने से वह परवेज के ही देश में पहुँच गया। चूँकि यह बहुत बड़ा खजाना था और बिना परिश्रम के मिला था, इस कारण इसे 'गंजे शायगाँ' कहते हैं।

गंजूर वि० *(फ़ा०)* खज़ाने का मालिक।

गन्द स्त्री० *(फ़ा०)* दुर्गन्ध; बदबू।

गन्दगी स्त्री० *(फ़ा०)* बदबू; मैलापन; मलीनता; नापाकी; अपवित्रता; अशुद्धता; मल।

गन्दा वि० *(फ़ा०, गन्दः)* मैला; मलिन; नापाक; अशुद्ध; घिनौना; घृणित।

गन्दीदा वि० *(फ़ा०, गन्दीदः)* दुर्गन्धयुक्त; बदबूदार।

गन्दुम पु० *(फ़ा०, सं०, गोधूम)* गेहूँ।

मुहा० *गन्दुमनुमा जौफरोश-* *पहले गेहूँ दिखला कर उसके बदले जौ तौलने वाला; बहुत बड़ा धूर्त।*

गज़न्द पु० *(फ़ा०)* कष्ट; तकलीफ; हानि; नुकसान।

गज़ पु० *(फ़ा०)* लम्बाई नापने की एक नाप जो सोलह गिरह या तीन फुट की होती है; लोहे या लकड़ी की वह छड़ जिससे पुराने ढंग की बन्दूक में बारूद भरी जाती थी; एक प्रकार का तीर।

ग़ज़क स्त्री० *(फ़ा०)* वह चीज जो शराब पीने के बाद मुँह का स्वाद बदलने के लिए खायी जाती है; चाट; तिल पपड़ी; तिलशकरी; नाश्ता; जलपान।

ग़ज़नवी वि० *(फ़ा०, ग़ज़्नवी)* गजनी नगर का निवासी।

ग़ज़नफ़र पु० *(अ० ग़जन्फ़र)* शेर; बाघ।

ग़ज़ब पु० *(अ०)* कोप; रोष; गुस्सा; विलक्षण बात।

मुहा० *ग़ज़ब का-* विलक्षण; अपूर्व; आश्चर्य।

ग़ज़बनाक वि० *(अ०, ग़ज़ब+फ़ा०, नाक)* बहुत गुस्से में भरा हुआ; बहुत क्रुद्ध।

ग़ज़बी वि० *(अ०, ग़ज़ब)* क्रोधी और दुष्ट।

ग़ज़ल स्त्री० *(अ०, बहु० ग़ज़लियात)* फ़ारसी और उर्दू में एक प्रकार की कविता, जिसमें एक ही वज़न और काफ़िए के अनेक शेर होते हैं और प्रत्येक शेर का विषय प्रायः एक-दूसरे से स्वतन्त्र होता है।

ग़ज़ल गो वि० *(अ० ग़ज़ल+फ़ा० गो)* वह शायर जो गज़ल पढ़ता है।

ग़ज़लगोई स्त्री० *(अ० ग़ज़ल+फ़ा० गोई)* ग़ज़ल कहना।

ग़ज़लसरा वि० *(अ०+फ़ा०)* ग़जल सुनाने वाला।

ग़ज़वात पु० *(अ० ग़ज़्व का बहु०)* इस्लाम धर्म की परिभाषा में वे लड़ाइयाँ, जिनमें मुहम्मद साहब साथ में थे।

ग़ज़ा[1] पु० *(अ०)* धर्मयुद्ध; मज़हबी युद्ध।

गज़ा[2] प्रत्य० *(फ़ा०)* खाने वाला; हानि पहुँचाने वाला।

ग़ज़ा[3] पु० *(अ०)* बेर जैसा एक वृक्ष, जिसकी लकड़ी बहुत देर तक जलती रहती है।

ग़ज़ाला पु० *(अ० ग़ज़ालः)* हिरन का बच्चा; मृगशावक; सूरज।

ग़ज़ाला चश्म वि० *(अ० ग़ज़ाला+फ़ा० चश्म)* हिरन के बच्चों जैसी सुन्दर और बड़ी-बड़ी आँखों वाला/वाली; मृगशावक नयनी।

ग़ज़ाल पु० *(अ०)* हिरन का बच्चा; मृगशावक; सूर्य, सूरज।

ग़ज़ाल चश्म वि० *(अ०+फ़ा०)* मृगनयनी।

गज़िन्दा[1] वि० *(फ़ा० गज़िन्दः)* काटने वाला; काटखाने वाला।

ग़ज़िन्दा[2] वि० *(फ़ा० ग़ज़िन्दः)* बच्चों की भाँति चूतड़ों के बल घिसट-घिसट कर चलने वाला।

गज़िन्दगी स्त्री० *(फ़ा०)* काटने या डँसने का भाव।

ग़ज़ीर[1] वि० *(अ०)* हर चीज जो बहुत हो जैसे- बहुत अधिक वर्षा; बहुत अधिक पानी वाला कुआँ; बहुत आँसुओं वाली आँख।

ग़ज़ीर[2] वि० *(अ०)* हर वह पदार्थ जो हरा और कोमल हो।

गज़ी स्त्री० *(फ़ा०)* एक प्रकार का मोटा देशी कपड़ा; खादी।

ग़ज़ूब वि० *(अ०)* बहुत अधिक क्रुद्ध।

ग़ज़्ज़ाल वि० *(अ०)* रस्सी बनाने व बेचने वाला।

गत स्त्री० *(अ०)* गति; हालत; बुरीगति; ढंग; रूप; सितार आदि पर बजाया जाने वाला राग का सरगम; नृत्य में विशेष अंग चेष्टा।

मुहा० ***गत बजाना-*** *सितार आदि पर राग का सरगम बजाना।* ***गत बनाना-*** *दुर्दशा करना; खूब मरम्मत करना।*

ग़तीम पु० *(अ०)* महासागर।

ग़तूस वि० *(अ०)* वह शूर व्यक्ति जो युद्ध या आपत्ति के समय सबसे आगे बढ़े।

ग़त्तास पु० *(अ०)* पनडुब्बी; एक जलपक्षी।

ग़दक़ पु० *(अ०)* बहुत अधिक पानी।

ग़दर पु० *(अ०, ग़द्रः)* हलचल; खलबली; उपद्रव; बलवा; बग़ावत; विद्रोह।

गदा[1] पु० *(फ़ा०)* भिक्षुक; भिखमंगा।

ग़दा[2] पु० *(अ०)* आनेवाला कल।

गदागर वि० *(फ़ा०)* भिक्षुक; फ़क़ीर।

गदागरी स्त्री० *(फ़ा०)* भिक्षा वृत्ति; भीख माँगने का काम।

पदरचना- ***गदा-ए-बेहया-*** *निर्लज्ज; भिखमंगा।*

गदाई स्त्री० *(फ़ा०)* भिक्षावृत्ति। वि० नीच; क्षुद्र।

ग़दीर[1] वि० *(अ०)* धोखेबाज़।

ग़दीर[2] पु० *(अ०)* वह पानी जो नदी में बाढ़ आने पर नदी से निकल कर कहीं जमा हो जाये, ऐसे पानी के जमा होने का स्थान; जलाशय।

ग़दूर वि० *(अ०)* कृतघ्न; बेवफ़ा; गद्दारी करने वाला।

ग़द्वा पु० *(अ०, ग़द्वः)* प्रातःकाल और सूर्योदय के बीच का समय; सन्ध्या।

ग़द्दार वि० *(अ०)* विद्रोही; बेवफ़ा, विश्वासघाती।

ग़द्दारी स्त्री० *(अ०)* ग़द्दार होने की अवस्था; बाग़ीपन।

ग़नी पु० *(अ०)* बहुत बड़ा धनवान; परम स्वतन्त्र।

ग़नीम पु० *(अ०)* शत्रु; दुश्मन; डाकू; प्रतिद्वन्द्वी।

ग़नीमत स्त्री० *(अ०, बहु० ग़नायम)* लूट का माल; मुफ्त का माल; सन्तोष की बात।

ग़नूदगी स्त्री० *(फ़ा०)* ऊँघने की क्रिया या भाव; ऊँघ।

गप स्त्री० *(फ़ा०)* व्यर्थ की बातचीत; बकवाद; अफ़वाह।

गपबाज़ वि० *(फ़ा०)* गप्पें हाँकने का काम; गप्पे हाँकने वाला।

गफ़ वि० *(फ़ा०)* घना; गाढ़ा; ठोस; घनी बुनावट।

ग़फ़लत स्त्री० *(अ०, ग़फ़्लती)* बेखबरी; सावधानी का अभाव; भूल-चूक।

ग़फलती वि० *(अ०, ग़फ़्लत)* लापरवाह; बेखबर; असावधान।

ग़फ़ीर पु० *(अ०)* वह जो छिपाता हो; बहुत भारी भीड़।

पदरचना- ***जम्मे ग़फ़ीर-*** *बहुत बड़ा जनसमूह; बहुत भारी भीड़।*

ग़फ़ूर वि० *(अ०)* क्षमा करने वाला; ईश्वर का एक विशेषण।

ग़फ़्फ़ार वि० *(अ०)* बहुत बड़ा दयालु; ईश्वर का एक विशेषण।

ग़फ़्स वि० *(अ०)* मोटे दल का दलदार; मोटा घना (कपड़ा आदि)।

ग़बन पु० *(अ०)* किसी दूसरे के सौंपे हुए माल को खा लेना।

ग़ब्बास पु० *(अ०)* गोताख़ोर; पनडुब्बा।

ग़बी वि० *(अ०)* मन्दबुद्धि; कुन्द ज़ेहन।

गब्बर वि० *(अ०)* घमण्डी; हठी।

गब्र पु० *(फ़ा०)* वह जो अग्नि की उपासना करता हो; अग्निपूजक।

ग़म पु० *(अ०)* दुःख; शोक।

ग़म-आशना पु० *(अ० ग़म+फ़ा० आशना)* दुःख का प्रेमी।

ग़मकदा पु० *(अ०, गम+फ़ा०, कदः)* वह घर जहाँ ग़म छाया हो; दुःख भरा संसार।

ग़मख़ोर वि० *(अ० ग़म+फ़ा० ख़ोर)* ग़म खाने वाला, सहनशील।

ग़मख़ोरी भाव० *(अ० ग़म+फ़ा० ख़ोरी)* सहनशीलता।

ग़मगी वि० *(अ० ग़म+फ़ा० गी)* दुखी; रंजीदा; उदास।

ग़मज़ा पु० *(अ०, गमजः)* प्रेमिका का नख़रा और हावभाव।

ग़मी स्त्री० *(अ०)* शोक की अवस्था; शोक; मृत्यु।

ग़मेदिल पु० *(अ० ग़मे+फ़ा० दिल)* दिल का ग़म; मनस्ताप।

ग़म्माज पु० *(अ०)* चुगलखोर; निन्दक।

ग़म्माज़ी स्त्री० *(अ०)* चुगली; जासूसी।

ग़यास स्त्री० *(अ०)* सहायता; मुक्ति; छुटकारा।

गय्यूर वि० *(अ०)* ईर्ष्या करने वाला; आन रखने वाला।

ग़र प्रत्य० *(फ़ा०)* एक प्रत्यय जो शब्दों के अन्त में लगाकर करने या बनाने का अर्थ देता है, जैसे- शीशागर, कलईगर। क्रि०वि० यदि; जो, अगर।

ग़रक़ वि० *(अ०)* डूबा हुआ; निमग्न; नष्ट; बरबाद।

गरगर पु० *(फ़ा०)* ईश्वर के नामों में से एक जिसका अर्थ है- सभी वस्तुओं का निर्माता।

ग़रक़ाब वि० *(अ०)* डूबा हुआ। पु० गहरा पानी; पानी का भँवर।

ग़रक़ी स्त्री० *(अ० ग़र्क़)* बाढ़; जलप्लावन।

ग़रग़ज पु० *(अ०)* हाथियों के आने-जाने का बना चौड़ा रास्ता; किले का बुर्ज; वि० बड़ा एवं शक्तिशाली।

गरचे योज० *(फ़ा०)* अगरचे; यद्यपि।

ग़रज़ स्त्री० *(अ० बहु० अग़राज़)* आशय; प्रयोजन; मतलब; आवश्यकता; जरूरत; चाह; इच्छा; उद्देश्य। योज० निदान; आखिरकार; मतलब यह कि; सारांश यह कि।

पदरचना- ***अल्-ग़रज़-*** *तात्पर्य यह है कि।*

ग़रज़-आशना वि० *(अ० ग़रज़+ फ़ा० आशना)* मतलब का यार।

ग़रज़मन्द वि० *(अ० ग़रज़+ फ़ा० मन्द, भाव० ग़रज़मन्दी)* स्वार्थी।

ग़रज़ी वि० *(अ०)* जरूरतमन्द।

गरदन स्त्री० *(फ़ा० गर्दन)* धड़ और सिर को जोड़ने वाला; ग्रीवा।

मुहा० ***गरदन उठाना-*** *विरोध करना।* ***गरदन काटना-*** *मार डालना।* ***गरदन मारना-*** *सिर काटना।* ***गरदन में हाथ देना-*** *गरदन पकड़ कर बाहर कर देना।* ***गरदन उड़ाना/उतारना-*** *खून/कतल करना।* ***गरदन ऐंठी रहना-*** *घमण्ड में चूर रहना।* ***गरदन झुकना-*** *लज्जित होना; हार मान लेना।* ***गरदन न उठना-*** *शर्मिन्दा होना; सब कुछ बर्दाश्त करना।* ***गरदन नापना-*** *गरदन पकड़ कर बाहर निकालना।* ***गरदन पर छुरी फेरना-*** *घोर अन्याय करना।* ***गरदन पर जूआ रखना-*** *बहुत बड़ा काम सौंपना।* ***गरदन पर होना-*** *जिम्मेदार होना।* ***गरदन फँसना-*** *वश में होना।* ***गरदन मरोड़ना-*** *मार डालना।*

गरदना पु० *(फ़ा० गरदन+हि० आ प्रत्य०)* मोटी गरदन; गरदन पर किया गया वार।

गरदनी स्त्री० *(फ़ा० गर्दन)* घोड़े को ओढ़ाने का कपड़ा; कुश्ती का एक पेंच; गले में पहनने की हँसली।

गरदा पु० *(फ़ा०)* धूल।

गरदान स्त्री० *(फ़ा० गर्दान)* घूमना; मुड़ना; लौटना। पु० वह कबूतर जो घूम-फिर कर अपने ही स्थान पर आता हो। वि० घूम-फिर कर एक ही स्थान पर आने वाला।

गरदानना स०क्रि० *(फ़ा० गर्दान)* लपेटना; दोहराना; शब्द के रूपों की पुनरावृत्ति करना; कुछ समझना।

गरदी स्त्री० *(फ़ा० गर्दी)* घूमना-फिरना; भारी परिवर्तन; क्रान्ति; दुर्भाग्य।

गरदूँ पु० *(फ़ा० गर्दूं)* आकाश; आसमान; छकड़ा; गाड़ी।

गरनाल स्त्री० *(फ़ा०)* चौड़े मुँह की तोप; घनसाल।

ग़रब पु० *(अ० गर्ब)* पश्चिम; सूर्य का अस्त होना।

ग़रबी वि० *(अ० गर्बी)* पश्चिमी।

गरम वि० *(फ़ा० गर्म)* जलता हुआ; तप्त; उष्ण।

गरम जोशी स्त्री० *(फ़ा०)* प्रेम या अनुराग का आधिक्य।

गरम बाज़ारी स्त्री० *(फ़ा०)* मँहगाई; भाव में तेजी।

गरमा पु० *(फ़ा० गर्मा)* ग्रीष्म ऋतु।

गरमाई स्त्री० *(फ़ा० गर्माई)* शरीर को गरम करने वाली पौष्टिक वस्तु; गरमी।

गरमागरमी स्त्री० *(फ़ा०)* अनबन का भाव; आवेशपूर्ण कहासुनी।

गरमाना अ० *(फ़ा० गर्म)* गरम होना; गुस्सा होना, पशु का मस्त होना; मैथुन के लिए तैयार होना।

गरमाबा पु० *(फ़ा० गर्माबः)* गरम जल से स्नान।

गरमी स्त्री० *(फ़ा० गर्मी)* उष्णता; ताप; जलन, तेजी; उग्रता; प्रचण्डता; आवेश, गुस्सा; उमंग; जोश; कड़ी धूप; आतशक; फिरंग रोग।

गरमीदाना पु० *(फ़ा०)* अम्भौरी; पित्ती; घमौरियाँ।

गरमी निकालना क्रि० *(फ़ा०)* सम्भोग करना; क्रोध उतारना; मन शान्त करना।

गराँ वि० *(फ़ा०)* भारी; महँगा; अधिक मूल्य का; कीमती।

ग़राँख़ातिर वि० *(फ़ा०)* अप्रिय; नागवार।

ग़राँबहा वि० *(फ़ा०)* बहुमूल्य; बेशकीमत।

गराँमाया वि० *(फ़ा० गराँमायः)* बहुमूल्य; अधिक दामों का; श्रेष्ठ।

गराँसर वि० *(फ़ा० भाव० गराँसरी)* अभिमानी; घमण्डी।

गराँजान वि० *(फ़ा०)* जो जल्दी न मरे; सख़्त जान; सुस्त; आलसी; निकम्मा।

गरानी स्त्री० *(फ़ा०)* मँहगाई।

गरामी वि० *(फ़ा०)* प्रसिद्ध; नामी। जैसे- नामी गरामी- प्रसिद्ध व्यक्ति।

ग़राइब वि० *(अ० ग़रीब, 'अद्भुत' का बहु०)* विलक्षण; अद्भुत।

ग़रारा पु० *(फ़ा० ग़रारः)* कुल्ला; कुल्ली; ढीला।

पदरचना- ***ग़रारेदार-*** *बहुत ढीली मोहरी का (पायजामा)।*

ग़रीक़ वि० *(अ०)* डूबा हुआ; मग्न।

पदरचना- ***ग़रीक़-रहमत-*** *ईश्वर की कृपा में निमग्न।*

ग़रीज़ स्त्री० *(अ०)* प्रकृति; स्वभाव; सहनशीलता।

ग़रीज़ी वि० *(अ०)* प्राकृतिक; स्वाभाविक।

ग़रीब वि० *(अ०)* निर्धन; कंगाल; दरिद्र; दीन-हीन।

ग़रीबख़ाना पु० *(अ० ग़रीब+फ़ा० ख़ाना)* अपने घर के बारे में कहा जाता है।

ग़रीबपरवर वि० *(अ० गरीब+फ़ा० परवर)* गरीबों का पालन करने वाला।

ग़रीबाना वि० *(फ़ा० गरीबानः)* गरीबों जैसा।

ग़रीबी स्त्री० *(अ० ग़रीब)* दरिद्रता; कंगाली।

मुहा० ***ग़रीब की जोरू सबकी भौजाई-*** *गरीब पर हर कोई मजाक कर सकता है।* ***गरीबी में आटा गीला-*** *मुश्किल में और मुश्किल आना।*

ग़रूर पु० *(अ० गुरूर)* अभिमान; घमण्ड।

ग़रेब पु० *(फ़ा०)* कोलाहल।

गरेब/गरेबान पु० *(फ़ा० गरेबाँ)* कुरते आदि में गले पर का भाग; कोलाहल।

गरोह पु० *(फ़ा० गुरोह)* झुण्ड; जत्था।

ग़र्क़ वि० *(अ०)* डूबा हुआ; मग्न; तल्लीन; विचारमग्न।

गर्द स्त्री० *(फ़ा०)* धूल; खाक; राख।

पदरचना- ***गर्द-गुबार-*** *धूल मिट्टी।* ***गर्देमलाल-*** *मन की मैल।* ***गर्दे सफ़र-*** *मार्ग की धूल।*

मुहा० ***किसी की गर्द को न पाना-*** *किसी के मुकाबले कुछ भी न होना।*

गर्दख़ोर वि० *(फ़ा०)* जो गर्द या मिट्टी आदि पड़ने से जल्दी मैला या खराब न हो।

गर्दाबाद वि० *(फ़ा०)* गर्द से भरा हुआ; उजाड़; वीरान; टूटा-फूटा; ध्वस्त।

गर्दिश स्त्री० *(फ़ा०)* घुमाव; चक्कर; विपत्ति।

मुहा० ***गर्दिश में आना-*** विपत्ति में पड़ना।

गर्दिशे-ज़माना स्त्री० *(फ़ा०)* ज़माने का चक्कर।

गर्दू पु० *(फ़ा०)* आकाश; आसमान।

ग़र्ब पु० *(अ०)* पश्चिम; सूर्य का अस्त होना।

ग़म पु० *(अ०)* शोक; क्षोभ; मनस्ताप; कष्ट; क्लेश; चिन्ता।

ग़म अंगेज़ वि० *(अ० ग़म+फ़ा० अंगेज़)* शोकप्रद; शोक बढ़ाने वाला; खेद जनक।

ग़मकदा पु० *(अ० ग़म+फ़ा० क़दा)* वह घर जहाँ शोक हो; जहाँ शोकग्रस्त लोग रहते हैं।

ग़मकश वि० *(अ० ग़म+फ़ा० कश)* दुःख सहने वाला; क्लेश उठाने वाला।

ग़मी स्त्री० *(अ०)* ग़म से सम्बन्धित।

गर्ममिज़ाज वि० *(फ़ा०)* क्रोधी।

गर्मागर्मी स्त्री० *(फ़ा०)* बातचीत में होने वाली उग्रता।

गर्मी स्त्री० *(फ़ा०)* गरमी।

गर्मीला वि० *(फ़ा० गर्मी+हि० 'ला' प्रत्य०)* जोशीला।

ग़र[1] पु० *(अ०)* चुग्गा; सिलवट; दरार।

ग़र[2] स्त्री० *(फ़ा०)* व्यभिचारिणी; कुलटा।

ग़र्रा पु० *(अ० ग़र्रः)* अकड़; घमण्ड; शेखी।

ग़लत वि० *(अ०)* जो ठीक न हो; जो उचित न हो; जो नियमतः ठीक न हो।

ग़लतनामा पु० *(अ०)* अशुद्धियत।

ग़लतबयानी स्त्री० *(अ०)* किसी की बात ग़लत ढंग से बताना।

ग़लतफ़हमी स्त्री० *(अ० ग़लत+फ़ा० फ़हमी)* भ्रम में कुछ का कुछ समझना।

ग़लतबीं फ़ा० *(अ० ग़लत+फ़ा० बीं)* जो दूसरों की गलतियाँ ही देखता रहता हो; छिद्रान्वेषी।

ग़लती स्त्री० *(अ०)* उचित रीति से कार्य न करने की अवस्था; नियम-रीति-व्याकरण आदि की दृष्टि से होने वाली भूल; अशुद्धि; गणना सम्बन्धी मूल।

ग़लबा पु० *(अ० ग़ल्बः)* प्रभुत्व; प्रधानता; अधिकता।

ग़लीज़ वि० *(अ०)* मोटा; दलदार, गन्दा; मलीन, पु० मल; विष्टा।

ग़ल्ब पु० *(अ०)* विद्रोही होना; बागी होना; उदण्ड होना।

ग़ल्बा पु० *(अ०)* वह स्थान जहाँ बहुत घने पेड़ हो; झुण्ड की लड़ाई; दो गुटों में आपसी मारकाट।

ग़ल्म पु० *(अ०)* कामातुर होना; तेज चलना।

ग़ल्मा पु० *(अ० ग़ल्मः)* कामवासना की तीव्रता।

ग़ल्ला[1] पु० *(फ़ा० ग़ल्लः)* पशुओं का समूह; झुण्ड।

ग़ल्ला[2] पु० *(अ० ग़ल्लः)* फल-फूल, अनाज आदि की उपज; अनाज आदि की ढेरी।

गल्लावान पु० (फ़ा०) गड़ेरिया; भेड़ें चराने वाला।

ग़लीचा पु० *(फ़ा०)* ऊन की मोटी चादर।

ग़जीज़ वि० *(अ०)* अपवित्र; नापाक; गँदला; मैला।

गलेबाज़ वि० *(हि० गले+ फ़ा० बाज़)* बहुत अधिक बातें करने वाला; अत्यधिक तानें (सुर) लेने वाला।

गलेबाज़ी[1] स्त्री० *(हि० गले+ फ़ा० बाज़ी)* बढ़-चढ़ कर बातें करने की क्रिया; गाते समय ताने (आलाप) लेना।

गल्लेबाजी[2] पु० *(फ़ा०)* पशुओं का पालना और चराना।

गव पु० *(फ़ा०)* गर्त; गड्ढा; योद्धा; पूज्य व्यक्ति।

गवज़्न पु० *(फ़ा०)* बारहसिंगा।

गवार प्रत्य० *(फ़ा० गुवार)* अच्छा लगने वाला; प्रिय। जैसे- खुशगवार।

गवारा *(फ़ा० गुवारः)* सहने योग्य; अंगीकार करने योग्य।

गवाह पु० *(फ़ा० गुवाह)* वह व्यक्ति जिसने किसी घटना को साक्षात् देखा हो।

गवाही स्त्री० *(फ़ा० गुवाही)* साक्षी का प्रमाण; साक्षी।

गवाहे ऐनी पु० *(अ० गवाहे+फ़ा० ऐनी)* वह गवाह जिसके समक्ष कोई घटना घटी हो; चश्मदीद गवाह।

गवाहे हासिया पु० *(अ० गवाहे+ फ़ा० हासियः)* वह गवाह जिसके हस्ताक्षर किसी गवाही के दस्तावेज पर हों।

गवी वि० *(अ०)* गुमराह; राह से मटका हुआ; मार्ग भ्रष्ट।

ग़व्वास वि० *(अ०)* गोताखोर; गोता लगाकर समुद्र से मोती आदि निकालने वाला।

ग़व्वासी स्त्री० *(अ०)* गोताखोरी का काम।

गश[1] वि० *(फ़ा०)* सुन्दर; हसीन; नाज से इठलाकर चलने वाला/वाली।

ग़श[2] पु० *(अ०)* बेहोशी; मूर्च्छा।

पदरचना- ***ग़श आना/खाना-*** *मूर्च्छित होना।*

ग़श्त पु० *(फ़ा०)* टहलना; घूमना; भ्रमण; पहरे के लिए किसी गली में चारों ओर घूमना।

गश्ती वि० *(फ़ा०)* घूमने वाला। पु० गश्त करने वाला; पहरेदार।

ग़सब पु० *(अ०)* बलपूर्वक किसी की वस्तु ले लेना; अपहरण; बेइमानी से किसी का धन खा जाना।

ग़स्साल पु० *(अ०)* वह जो मुर्दे को गुस्ल या स्नान कराता हो।

ग़श्न पु० *(अ०)* लकड़ी या तलवार आदि से मारना।

ग़सक़ स्त्री० *(अ०)* रात्रि का प्रारम्भिक अँधेरा; मोटा और निकृष्ट अन्न।

ग़सक पु० *(फ़ा०)* खटमल।

ग़सफ़ स्त्री० *(अ०)* रात का अँधेरा।

ग़सयान पु० *(अ०)* जी मितलाना।

ग़सर पु० *(अ०)* जो तिनका आदि हवा से उड़कर आँख में गिरे।

ग़सस पु० *(अ०)* निवाले (ग्रास/कौर) का गले में अटक जाना।

ग़साक़ पु० *(अ०)* गन्दी और बदबूदार चीज़, जैसे- पवि; मवाद; मल; बिष्टा।

ग़सिर वि० *(अ०)* गुप्त काम।

ग़सील वि० *(अ०)* घुला हुआ; शुद्ध।

ग़सीस पु० *(अ०)* सड़े-गले न खाने लायक छुहारे।

ग़स्क पु० *(अ०)* आँख की ज्योति का चले जाना।

गहगीर पु० *(फ़ा०)* वह घोड़ा जो अपनी पीठ पर सवार न होने दे।

ग़हब स्त्री० *(अ०)* असावधानी; अज्ञान; विस्मृति।

गहवारा पु० *(फ़ा० गहवारः)* पालना; झूला; हिण्डोला।

गहवारा जुबाँ वि॰ *(फ़ा॰ गहवारः जुबाँ)* पालना झुलाने वाला/वाली।

गहवारा जुँबानी स्त्री॰ *(फ़ा॰ गहवारः जुबानी)* पालना झुलाने का काम।

गहरेबाज़ वि॰ *(हि॰ गहरे+फ़ा॰ बाज़)* तेजी से चलने वाला; तेजी से चलाने वाला।

गहरेबाज़ी स्त्री॰ *(हि॰ गहरे+फ़ा॰ बाज़ी)* इक्के-ताँगे को बहुत तेज दौड़ाना।

गाँ अव्य॰ *(फ़ा॰)* गान का लघु रूप।

ग़ाइत पु॰ *(अ॰)* नीची और लम्बी-चौड़ी भूमि; विष्टा; मल; पाखाना

गायदा वि॰ *(फ़ा॰ गाईदः)* जिसके साथ सम्भोग किया गया हो।

ग़ाक़ पु॰ *(अ॰)* ज़लकौआ।

ग़ागा पु॰ *(फ़ा॰)* पोदीना।

गाज[1] पु॰ *(फ़ा॰)* हरी घास; कतरनी।

गाज़[2] पु॰ *(फ़ा॰)* स्थान; जगह।

गाजा[1] पु॰ *(फ़ा॰ गाजः)* झूला; शिकारी के छिपने का स्थान; पहाड़ी की चोटी पर का मकान।

ग़ाज़ा[2] पु॰ *(फ़ा॰ गाजः)* मुँह पर मलने का एक प्रकार का चूर्ण।

ग़ाज़िफ़ वि॰ *(अ॰)* खुशहान; नाजुक दिल।

ग़ाज़िया स्त्री॰ *(अ॰)* पाचन शक्ति; हजम करने की शक्ति।

ग़ाज़िर पु॰ *(अ॰)* बहुत अच्छा कमाया हुआ चमड़ा; तड़के अपने काम से निकल जाने वाला।

ग़ाज़ी[1] पु॰ *(अ॰)* वह जो काफ़िरों या विधर्मियों पर विजय प्राप्त करे; योद्धा।

ग़ाज़ी[2] वि॰ *(फ़ा॰)* नट; कलाबाजी दिखाने वाला।

गाज़ी[3] पु॰ *(फ़ा॰)* केवड़ा नामक एक प्रसिद्ध फूल।

ग़ाज़ीमर्द पु॰ *(अ॰)* ग़ाज़ी; घोड़ा।

ग़ाज़ीमियाँ पु॰ *(अ॰)* सुलतान महमूद के भतीजे सैयद सालार जो मुसलमानों में बहुत बड़े पीरों के समान पूजे जाते हैं।

गाजुर पु॰ *(फ़ा॰)* कपड़ा धोने वाला; धोबी।

ग़ादिफ़ पु॰ *(अ॰)* नाव चलाने वाला; नाविक; मल्लाह।

ग़ादिया पु॰ *(अ॰ गादियः)* प्रातःकाल का बादल; सवेरा।

ग़ादिर वि॰ *(अ॰)* कृतघ्न; बेवफ़ा।

गान प्रत्य॰ *(फ़ा॰)* एक प्रत्यय जो फारसी के संख्यावाचक शब्दों के अन्त में लगकर 'गुणित' या 'बार' का अर्थ देता हैं। जैसे- दोगान- दूना।

गाना प्रत्य॰ *(फ़ा॰ गानः)* किसी संख्या के अन्त में आकर 'वाला' का अर्थ देता है, जैसे- 'चहार गानः' अर्थात् चार वाला।

ग़ानिज पु॰ *(अ॰)* कण्ठ; वह स्थान जहाँ से स्वर निकलता है।

ग़ानिया स्त्री॰ *(अ॰ ग़ानियः)* वह स्त्री जो अपनी सुन्दरता और यौवन के कारण आभूषण आदि से बेनियाज हो; वह सुन्दर जवान स्त्री जिसे पुरुष की इच्छा न हो।

ग़ानी वि॰ *(अ॰)* जिसे कोई इच्छा न हो; समृद्ध; धनवान।

ग़ाफ़िर वि॰ *(अ॰)* छिपाने वाला; असावधान; आलसी।

ग़ाफ़िल वि॰ *(अ॰)* बेसुध, बे-खबर; असावधान।

ग़ाफ़िस स्त्री॰ *(अ॰)* एक वनौषधि।

ग़ाबित वि॰ *(अ॰)* किसी की अवनति की इच्छा करने वाला।

ग़ाबिन वि॰ *(अ॰)* काम में आलसी।

ग़ाबिर वि॰ *(अ॰)* आने वाला; जाने वाला; बरसने वाला।

ग़ाबा पु॰ *(अ॰ ग़ाबः)* शेर की माँद; जंगल।

ग़ाम[1] पु॰ *(फ़ा॰)* कदम; पग।

गाम[2] प्रत्य॰ *(फ़ा॰)* चलने वाला। जैसे- तेजगाम- तेज चलने वाला।

ग़ायत वि॰ *(अ॰)* बहुत अधिक; अत्यन्त; चरम सीमा का; असाधारण। स्त्री॰ चरमसीमा।

ग़ायब वि॰ *(अ॰)* लुप्त; अन्तर्धान; अदृश्य; खोया हुआ।

ग़ायबाना क्रि॰स्त्री॰ *(ग़ायबानः)* पीठ पीछे; अनुपस्थिति में।

ग़ार[1] प्रत्य॰ *(फ़ा॰)* करने वाला; कर्ता (यौगिक शब्दों के अन्त में लगता है) जैसे- खिदमतग़ार, सितमग़ार, गुनहग़ार।

ग़ार[2] पु॰ *(अ॰)* गहरा गड्ढा; गुफा; कन्दरा।

ग़ारत वि॰ *(अ॰)* नष्ट; बरबाद। पु॰ लूटपाट; विनाश।

ग़ारतगर वि० *(अ० ग़ारत+फ़ा० गर, भाव० ग़ारतगरी)* लूटपाट करने वाला; लुटेरा; विनाश करने वाला।

ग़ारतगाह स्त्री० *(अ० ग़ारत+फ़ा० गाह)* लूटमार करने का स्थान; वह स्थान जहाँ लुटने का भय हो।

गारतीदा वि० *(फ़ा० गारतीदः)* लूटमार किया हुआ; नष्ट किया हुआ।

ग़ारिक़ वि० *(अ०)* डूबने वाला; निमज्जित।

ग़ारिज़ स्त्री० *(अ०)* थोड़ा दूध देने वाली ऊँटनी।

ग़ारिब वि० *(अ०)* ऊँट की गरदन और कोहान के बीच का भाग; ऊँट के दोनों कन्धों के बीच का स्थान।

ग़ारिम वि० *(अ०)* वह ऋणी जो अपना ऋण दे न सके।

ग़ारिस वि० *(अ०)* वृक्ष लगाने वाला; वृक्षारोपक।

ग़ारीक़ून पु० *(अ०)* एक औषधि।

गाल[1] पु० *(फ़ा०)* एक अन्न; छल-फरेब; सियार।

ग़ाल[2] पु० *(अ०)* वह नीची जमीन जिसमें पेड़ बहुत हो।

गालिया पु० *(फ़ा० गालियः)* कई सुगन्धित पदार्थों को मिलाकर बनाया हुआ एक सुगन्धित द्रव्य।

गालियाम वि० *(फ़ा० गालियःम)* सुगन्धित बाल।

ग़ालिब वि० *(अ०)* जबरदस्त; बलवान; दूसरों को दबाने या दमन करने वाला; विजयी; जिसकी सम्भावना हो।

ग़ालिबन क्रि०वि० *(अ०)* बहुत सम्भव है कि; सम्भवतः।

ग़ालिबाना वि० *(फ़ा० ग़ालिब+अ० आनः)* शक्तिशालियों जैसा।

गाली वि० *(अ०)* अपनी सीमा से आगे बढ़ जाने वाला।

ग़ालीचा पु० *(फ़ा० ग़ालीचः)* एक प्रकार का बहुत मोटा बुना हुआ बिछौना जिसपर रंग-बिरंगे बेल बूटे बने रहते है; कालीन।

ग़ालीदा[1] वि० *(फ़ा० गालीदः)* लुढ़का हुआ; लुढ़काया हुआ।

गालीदा[2] वि० *(अ० गालीदः)* जो अलग हो गया हो; निवृत्त।

ग़ालीन पु० *(तु०)* कालीन; गलीचा।

गाव स्त्री० *(फ़ा० सं० गो)* गौ; गाय; साँड; बैल।

गाव अम्बर पु० *(फ़ा० गाव+अ० अम्बर)* गाय जैसा एक समुद्री पशु।

गाव आहन पु० *(फ़ा०)* हल का फाल।

गावकुशी स्त्री० *(फ़ा०)* गोवध; गो हत्या।

गावकून वि० *(फ़ा०)* मूर्ख; बेवकूफ।

गाव खरास स्त्री० *(फ़ा०)* वह चक्की जिसमें बैल आदि चलें।

गावख़ाना पु० *(फ़ा० गावखानः)* मवेशियों का बाड़ा।

गावखुर्द वि० *(फ़ा०)* नष्ट-भ्रष्ट; विनष्ट।

गावचश्म वि० *(फ़ा०)* गाय जैसी आँखों वाला। पु० एक फूल।

गाव-ज़बान स्त्री० *(फ़ा०)* एक बूटी जो फ़ारस में होती है।

गावतकिया पु० *(फ़ा० गावतक्यः)* बड़ा तकिया जिसे कमर तक लगाकर लोग फर्श पर बैठते हैं; मसनद।

गावदी वि० *(फ़ा०)* मूर्ख; बेवकूफ।

गावदुम वि० *(फ़ा०)* जो ऊपर से बैल की पूँछ की तरह पतला होता आया हो; चढ़ाव-उतार वाला; ढालुवाँ।

गावमेश स्त्री० *(फ़ा०)* भैंस; महिष।

गावशीर पु० *(फ़ा०)* एक प्रकार का गोंद।

गावेगदूँ पु० *(फ़ा०)* वृष राशि।

गावे सिफ़ाली पु० *(फ़ा०)* शराब का मटका।

ग़ासिया पु० *(अ० ग़ाशियः)* घोड़े का जीनपोश।

गाह स्त्री० *(फ़ा०)* जगह; स्थान (यौगिक शब्दों के अन्त में। जैसे- इबादतगाह- प्रार्थना का स्थान)।

गाहे-ब-गाहे क्रि०वि० *(फ़ा०)* कभी-कभी।

ग़िचक स्त्री० *(फ़ा०)* सारंगी; एक बाजा।

ग़िजा स्त्री० *(अ०)* भोजन; खाद्य-पदार्थ।

ग़िज़ाई वि० *(अ०)* भोजन-सम्बन्धी।

ग़िज़ाए रूहानी स्त्री० *(अ०)* आत्मा का भोजन; अच्छी आवाज़।

ग़िज़ाए लतीफ़ स्त्री० *(अ०)* शीघ्र पच जाने वाला भोजन।

ग़िज़ाज़ पु० *(अ०)* भीख माँगना; भिक्षाटन।

ग़िता वि० *(अ०)* कुलीन; शरीफ़; बुजुर्ग; बहादुर।

गिद्दीर वि० *(अ०)* नमकहराम; कृतघ्न।

ग़िना[1] पु० *(अ०)* समृद्धि; दौलतमन्दी।

ग़िना[2] पु० *(अ०)* गान; गाना।

ग़िज़ाफ़ पु० *(फ़ा०)* झूठी बात; व्यर्थ की बात; डींग; शैखी।

पदरचना- ***लाफ़ ग़िज़ाफ़-*** *व्यर्थ की डींग।*

ग़िमामा पु० *(अ० गिमामः)* पशु के मुँह पर चढ़ाने की थैली।

गिमीज पु० *(फ़ा०)* पेशाब; मूत्र।

ग़िम्द पु० *(फ़ा०)* तलवार या छुरी।

ग़ियार पु० *(अ०)* धर्म चिह्न जो हर समय पास रहे। जैसे- जनेऊ; सलीब या यहूदियों का पीला कपड़ा।

ग़ियास पु० *(अ०)* दुःख और विपत्ति में मदद करना। वि० दुःख और कष्ट के समय सहायता करने वाला।

गियाह स्त्री० *(फ़ा०)* हरी घास।

गिरजा पु० *(पुर्त०)* ईसाइयों का प्रार्थना-मन्दिर।

गिरजाघर पु० *(पुर्त०)* ईसाइयों का प्रार्थना घर।

गिरदा पु० *(फ़ा० गिर्दः)* गोल टिकिया; चक्र; एक प्रकार का पकवान; गोल थाली या तश्तरी; तकिया।

गिरदाब पु० *(फ़ा०)* पानी का भँवर।

गिरदावर पु० *(फ़ा०)* घूमनेवाला; घूम-घूम कर काम की जाँच करने वाला।

गिरदाबरी स्त्री० *(फ़ा०)* जाँच का कार्य या पद।

गिरफ़्त स्त्री० *(फ़ा० गिरिफ़्तः)* पकड़ने की क्रिया या भाव; पकड़; आपत्तिजनक बात।

गिरफ्ता वि० *(फ़ा० गिरफ्तः)* पकड़ा हुआ; पंजे में फँसा हुआ।

गिरफ़्तार क्रि० *(फ़ा० गिरिफ़्तार)* जो पकड़ा, कैद किया या बाँधा गया हो; कसा हुआ; ग्रस्त।

गिरफ़्तारी स्त्री० *(फ़ा० गिरिफ़्तारी)* गिरफ्तार होने का भाव; गिरफ्तार होने की क्रिया।

गिरवी वि० *(फ़ा०)* बन्धक; धरोहर; रेहन।

गिरवीदा वि० *(फ़ा० गिरवीदः)* मोहित; लुभाया हुआ; आसक्त।

गिरह स्त्री० *(फ़ा०)* गाँठ; ग्रन्थि; दो पोरों के जोड़ का स्थान; एक गज का सोलहवाँ भाग; कलाबाजी; कलैया।

गिरहकट पु० *(फ़ा० गिरह+हि० कट)* जेब या गाँठ में बँधा हुआ माल काट लेने वाला; पाकेटमार।

गिरहदार वि० *(फ़ा०)* जिसमें गिरह या गाँठे हों; गँठीला।

गिरहबाज़ पु० *(फ़ा०)* एक जाति का कबूतर जो उड़ते-उड़ते उलट कर कलैया खा जाता है।

गिराँ वि० *(फ़ा०)* कीमती; बहुमूल्य; महँगा; भारी।

पदरचना- ***कोहे-गिराँ-*** *बहुत बड़ा पहाड़।*

गिराँवारी स्त्री० *(फ़ा०)* बोझ।

गिरानी स्त्री० *(फ़ा०)* महँगी; पेट का भारीपन।

गिरामी वि० *(फ़ा०)* पूज्य; बुजुर्ग, प्रसिद्ध और पूज्य; महान्।

पदरचना- ***नामी-गिरामी-*** *बहुत प्रसिद्ध।*

ग़िरार पु० *(अ०)* आचार-व्यवहार; तौर-तरीका; घाटा; मूर्खता।

ग़िरास पु० *(अ०)* पेड़ लगाने का समय।

गिरिफ़्ता वि० *(फ़ा० गिरिफ्तः)* लिया हुआ; पकड़ा हुआ।

गिरिफ्ताज़न वि० *(फ़ा० गिरिफ्ताजः)* दूर की हाँकने वाला।

गिरिया[1] पु० *(फ़ा० गिरियः)* रोना-धोना; रूलाई।

पदरचना- ***गिरिया व जारी-*** *रोना-धोना, रोना-कलपना।*

गिरिया[2] वि० *(फ़ा०)* जो रोता हो; रोनेवाला।

गिरो पु० *(फ़ा० गिरौ)* शर्त; गिरवी; रेहन

गिर्द क्रि०वि० *(फ़ा०)* आस-पास; चारो ओर।

पदरचना- ***इर्द-गिर्द-*** *चारो ओर।* ***गिर्द-व-नवाह-*** *आस-पास के स्थान।*

गिर्दबाद पु० *(फ़ा०)* हवा का बगूला; बवण्डर; वायुचक्र।

गिर्दवालिश पु० *(फ़ा०)* लम्बा गोल तकिया; गाव तकिया।

गिर्दावर वि० *(फ़ा०)* घूम-घूम कर कार्यों का निरीक्षण करने वाला।

गिर्दावरी स्त्री० *(फ़ा०)* गिरदावर का काम और पद।

गीन प्रत्य० *(फ़ा०)* शब्द के अन्त में आकर 'युक्त' का अर्थ देता है, जैसे- ग़मगीन- शोकयुक्त।

गीपा पु० *(फ़ा०)* एक प्रकार का पुलाव।

गीरा पु० *(फ़ा०)* लोहे का शिकंजा।

गीरख़ स्त्री० *(फ़ा०)* पुस्तक रखने की रेहल।

ग़ीरत स्त्री० *(अ०)* होड़; खून के बदले में दिया हुआ धन।

गीरमाल वि० *(फ़ा०)* टूटी हुई हड्डी जोड़ने वाला; अंगर्दक।

गीराई स्त्री० *(फ़ा०)* गिरफ्त; पकड़।

गीरिन्दा वि० *(फ़ा० गिरिन्दः)* पकड़ने वाला।

गिल स्त्री० *(फ़ा०)* मिट्टी; मृत्तिका।

गिलकार वि० *(फ़ा० भाव० गिलकारी)* गारा या पलस्तर करने वाला व्यक्ति।

गिलगिला वि० *(फ़ा०)* गीला और नरम; करुणा आदि के कारण रोमांचित।

गिलम स्त्री० *(फ़ा०)* ऊन का चिकना कालीन; मोटा और कोमल गद्दा। वि० मुलायम।

ग़िलमाँ पु० *(अ० गिल्माँ, 'गुलाम' का बहु०)* वे सुन्दर बालक जो बहिस्त में धर्मात्माओं की सेवा और भोग के लिए रहते हैं।

गिलहिकमत स्त्री० *(फ़ा०)* शीशी आदि को आग पर चढ़ाने से पहले उस पर गीली मिट्टी चढ़ाना या गीली मिट्टी से उसका मुँह बन्द करना।

गिला पु० *(फ़ा० गिलः)* उलाहना; शिकायत; शिकवा; निन्दा; उपालम्भ।

गिलागुज़ार वि० *(फ़ा०)* उलाहना देने वाला; शिकायत करने वाला।

ग़िलाज़त स्त्री० *(अ०)* गन्दगी; गन्दापन; मल; विष्ठा

ग़िलाफ़ पु० *(अ०)* कपड़े की बड़ी थैली जो तकिये या लिहाफ आदि के ऊपर चढ़ा दी जाती है; खोल; बड़ी रजाई।

गिलाबा पु० *(फ़ा० गिल+आबः)* इमारत-निर्माण के काम में आने वाला गारा या गीली मिट्टी।

ग़िलाला पु० *(अ०)* वह कुर्ता जो कवच के नीचे पहनते हैं।

गिली वि० *(फ़ा०)* मिट्टी का बना हुआ; मिट्टी से सम्बन्धित।

गिलीम पु० *(फ़ा०)* एक प्रकार का ऊनी पहनावा; कम्बल।

ग़िल्लीम वि० *(अ०)* कामातुर; कामुक।

गीं प्रत्यय *(फ़ा०)* एक प्रत्यय जो शब्दों के अन्त में लगाकर प्रभावित या पूर्ण आदि का अर्थ देता है। जैसे- ग़मगीं- दुःखी। सुरमगीं- जिसमें सुरमा लगा हो। शर्मगीं- लज्जाशील।

ग़ीज पु० *(अ०)* कली; गुच्छा।

गीती स्त्री० *(फ़ा०)* दुनिया; संसार।

गीदी वि० *(फ़ा०)* कायर; डरपोक; मूर्ख; बेवकूफ; निर्लज्ज; नपुंसक।

ग़ीबत स्त्री० *(अ०)* अनुपस्थिति; गैरहाजिरी; चुगली।

गीर वि० *(फ़ा०)* पकड़ने, लेने या रखने वाला। जैसे- जहाँगीर, आलमगीर।

ग़ील पु० *(अ०)* जंगल; पेड़ों का झुण्ड।

गुंग पु० *(फ़ा०)* गूँगापन; मौनता। वि० गूँगा; मूक।

गुंगमहल पु० *(फ़ा० गुंग+अ० महल)* वह मकान जिसे अकबर ने केवल गूँगों के लिए बनवाया था, इस अनुभव के लिए कि बड़े होकर इनके बच्चे कौन-सी भाषा बोलते हैं, किन्तु वे अपने माता-पिता की भाँति गें-गें ही करते रहे।

ग़ुंचा पु० *(फ़ा० ग़ुंचः)* कली; कलिका।

ग़ुंचादहन वि० *(फ़ा० ग़ुंचःदहन)* कली जैसे सुन्दर और छोटे मुँहवाला/वाली।

ग़ुंचए नाशिगुफ़्ता पु० *(फ़ा०)* अधखिली कली।

ग़ुंज पु० *(अ०)* हावभाव।

गुंजा पु० *(अ० गुंजः)* कली।

गुंजान वि० *(फ़ा०)* घना; गहन।

गुंजाइश स्त्री० *(फ़ा०)* अटने या समाने की जगह; अवकाश; समाई; सुभीता।

गुंजान वि० *(फ़ा०)* घना; सघन।

गुज़र पु० *(फ़ा०)* निकास; गति; पैठ; पहुँच; प्रवेश; निर्वाह; कालक्षेप।

गुज़रना अ०क्रि० *(फ़ा० गुज़र)* बीतना; कटना; व्यतीत होना; पहुँचना; पेश होना।

गुज़र-बसर पु० *(फ़ा०)* जीवनयापन; कालक्षेप; निर्वाह।

गुज़रान स्त्री० *(फ़ा०)* निर्वाह।

गुज़री स्त्री० *(फ़ा० गुज़र)* वह बाजार जो प्रायः तीसरे पहर, सड़कों के किनारे लगता है।

गुज़श्ता वि० *(फ़ा० गुजश्तः)* बीता हुआ; गत; व्यतीत; भूत।

गुज़ाफ़ स्त्री० *(फ़ा०)* भद्दी और वाहियात बात।
पदरचना- *लाफ़-व-गुज़ाफ़-* *डींग भरी बातें।*

गुज़ार वि० *(फ़ा०)* देने वाला, जैसे- मालगुज़ार; करने वाला- जैसे- खिदमतगुजार। (यौगिक शब्दों के

अन्त में प्रयुक्त होता है) पु० *(फ़ा०)* वह स्थान जहाँ से होकर लोग आते-जाते हैं- जैसे- घाट, रास्ता आदि।

गुज़ारना सं०क्रि० *(फ़ा० गुज़रः)* बिताना; काटना; पहुँचाना; पेश करना।

गुज़ारा पु० *(फ़ा० गुजारः)* गुजर-निर्वाह; वह वृत्ति जो जीवन-निर्वाह के लिए दी जाये; किराया लेने का स्थान।

गुज़ारिश स्त्री० *(फ़ा०)* निवेदन; प्रार्थना।

गुज़ारिशनामा पु० *(फ़ा० गुज़ारिश नामः)* प्रार्थना-पत्र; दरख़्वास्त।

गुज़ारिशपिज़ीर वि० *(फ़ा०)* प्रार्थना स्वीकार करने वाला।

गुज़ाश्त स्त्री० *(फ़ा०)* घटाने या निकालने की क्रिया; दान की हुई या माफ़ी ज़मीन।

गुज़ाश्तनी वि० *(फ़ा०)* छोड़ने योग्य; त्याज्य।

गुंजिश्क स्त्री० *(फ़ा०)* गौरैया।

गुंजीदा वि० *(फ़ा० गुंजीदः)* चुना हुआ; छाँटा हुआ।

गुज़ीदनी वि० *(फ़ा०)* चुनने योग्य; छाँटने योग्य।

गुज़ीं वि० *(फ़ा०)* पसन्द करने वाला।

पदरचना- ***गोशा-गुज़ीं***-*एकान्त पसन्द करने वाला।*

गुज़ीर पु० *(फ़ा०)* बचाव; छुटकारा; उपाय; साधन, चारा, वश।

गुज़ीरी स्त्री० *(फ़ा०)* चिकित्सा; उपचार; इलाज।

गुतात पु० *(अ०)* प्रातःकाल; प्रातःकाल की सफेदी; रात का अँधेरा।

गुदाख़्ता वि० *(फ़ा०)* पिघला हुआ; द्रवीभूत।

गुदाख़्तगी स्त्री० *(फ़ा०)* पिघलाव।

गुदाख्तनी वि० *(फ़ा०)* पिघलने योग्य; पिघलाने योग्य।

गुदाज़ वि० *(फ़ा०)* मोटा; स्थूल; कोमल; दयालुता भरा हृदय; पिघलाने या द्रवित करने वाला- जैसे- दिलगुदाज- हृदय द्रावक।

गुदाज़ाँ वि० *(फ़ा०)* पिघलता हुआ।

ग़ुदाफ पु० *(अ०)* काले और लम्बे बाल; काला क़ौआ; बहुत पंखों वाला गिद्ध।

गुदूद पु० *(अ०)* गिलटी; ग्रन्थि।

ग़ुनचगी स्त्री० *(फ़ा० गुंचगी)* कली होने की अवस्था या भाव।

गुनचा पु० *(फ़ा० गुंचः)* कली; कलिका।

गुनचा-दहन वि० *(फ़ा० गुंचः दहन)* जिसका मुख गुलाब की कली के समान सुन्दर हो।

गुनाह पु० *(फ़ा०)* पाप; दोष; कसूर; अपराध।

मुहा० ***गुनाह-बे-लज़्ज़त***- *ऐसा दुष्कर्म जिसमें कोई आनन्द या सिद्धि न हो।*

गुनाहगार वि० *(फ़ा०)* गुनाह करने वाला; अपराधी।

गुनाहगारी स्त्री० *(फ़ा०)* पापकर्म।

गुनाहे कबीरा पु० *(फ़ा० गुनाहे+अ० कबीरः)* महापाप; बड़ा पाप।

गुनाहे सग़ीरा पु० *(फ़ा० गुनाहे+अ० सगीरः)* छोटा गुनाह; छोटा पाप।

ग़ुनूज पु० *(अ०)* हावभाव।

ग़ुनूदा वि० *(फ़ा० गुनूदः)* जिसकी आँखों में नींद भरी हो; उनींदा।

ग़ुनूदगी स्त्री० *(फ़ा०)* तन्द्रा; आलस।

ग़ुन्ना पु० *(अ० गुन्नः)* वह 'न' जो नाक में पढ़ा जाये- अनुस्वार; वह अक्षर जिस पर अनुस्वार हो।

ग़ुन्यत स्त्री० *(अ०)* धनाढ्यता; अमीरी।

गुन्ना पु० *(अ०, गुन्नः)* अनुस्वार।

गुन्नी स्त्री० *(अ०)* रस्सी का कोड़ा।

गुफ़्त स्त्री० *(फ़ा०)* कथन।

गुफ़्तगू स्त्री० *(फ़ा०)* चर्चा; बातचीत; वार्तालाप।

गुफ़्ल वि० *(अ०)* वह व्यक्ति जो किसी काम का न हो।

ग़ुफ़ान पु० *(अ०)* मोक्ष; सद्‌गति; क्षमा।

गुफ़ार पु० *(अ०)* दाढ़ी के दोनों ओर के बाल; पिण्डली के बाल।

गुफ़्ता वि० *(फ़ा० गुफ्तः)* कहा हुआ।

गुफ़्तार स्त्री० *(फ़ा०)* बातचीत; बोलने वाला।

ग़ुफ़ूल पु० *(अ०)* भूलना; विस्मृति; बेख़बरी।

ग़ुब पु० *(अ०)* बाढ़ पर आयी नदी; नीची भूमि।

ग़ुबार पु० *(अ०)* गर्द; धूल; मन में दबा हुआ क्रोध, दुख या द्वेष आदि।

ग़ुबार आलूदा वि० *(अ० गुबार+फ़ा० आलूदा)* धूल में भरा हुआ; धूल धूसर।

ग़ुबारा पु० *(अ० गुब्बारः)* वह थैली जिसमें गरम हवा या हलकी गैस भर कर आकाश में उड़ाते हैं।

ग़ुबारे ख़ातर पु० *(अ०)* मन की मलीनता; रंजिश।
गुम वि० *(फ़ा०)* गुप्त; छिपा हुआ; अप्रसिद्ध; खोया हुआ।
गुमकर्दा वि० *(फ़ा०)* भटका हुआ।
गुमज़दा वि० *(फ़ा० गुमज़दः)* भूला या खोया हुआ; गुमराह।
गुमनाम वि० *(फ़ा०)* जिसका नाम कोई न जानता हो; अज्ञात; जिसमें किसी का नाम न हो।
गुमराह वि० *(फ़ा०, भाव० गुमराही)* जो रास्ता भूल गया हो; अच्छे मार्ग से विचलित या हटा हुआ।
गुमशुदगी स्त्री० *(फ़ा०)* गुमशुदा होने की अवस्था या भाव; खो जाना।
गुमान पु० *(फ़ा०)* अनुमान; कयास; घमण्ड; अहंकार; गर्व; लोगों की बुरी धारणा; बदगुमानी।
गुमानी वि० *(फ़ा०)* घमण्डी; अभिमानी।
गुमाने क़वी पु० *(फ़ा० गुमाने+अ० क़वी)* ऐसा शुबहा जो यक़ीन के हद तक पहुँच जाये।
गुमाने बद पु० *(फ़ा०)* किसी की ओर से बुरा विचार।
ग़ुमाम पु० *(अ०)* जुकाम।
ग़ुमार पु० *(अ०)* प्रचुरता; जमाव।
ग़ुमारिन्दा वि० *(फ़ा० गुमारिन्दः)* नियुक्त करने वाला।
गुमार्दनी वि० *(फ़ा०)* नियुक्ति के योग्य।
गुमाश्ता वि० *(फ़ा० गुमाश्तः)* बड़े व्यापारी की ओर से चीजें खरीदने और बेचने पर नियुक्त प्रतिनिधि।
गुमाश्तगी पु० *(फ़ा०)* गुमाश्ते का काम।
गुम्बद पु० *(फ़ा०)* गोल और ऊँची छत।
ग़ुमूज़ पु० *(अ०)* बात का गुप्त और समय से बाहर होना।
गुरजी पु० *(फ़ा० गुर्जी)* गुर्ज या जार्जिया नामक देश का निवासी; सेवक; नौकर; कुत्ता।
गुरदा पु० *(फ़ा० गुर्दः, सं० गोदी)* शरीर के अन्दर कलेजे के पास का एक अंग; साहस; हिम्मत।
गुरफ़ा पु० *(अ० गुर्फः)* छत के ऊपर का कमरा; बँगला; खिड़की; झरोखा।
गुरफ़ानशीं वि० स्त्री० *(अ० गुर्फः+फ़ा० नशीं)* झरोखे में बैठने वाली।
गुरफ़िश स्त्री० *(अ०)* डराना; धमकाना।
ग़ुरबत स्त्री० *(अ० ग़ुर्बत)* विदेश में निवास; अधीनता; नम्रता; दरिद्रता।
गुरबा[1] स्त्री० *(फ़ा०)* बिल्ली; बिडाल।
ग़ुरबा[2] पु० *(अ० गरीब का बहु०)* गरीब लोग।
गुर्सनगी स्त्री० *(फ़ा०)* भूख।
ग़ुराब पु० *(अ०)* कौवा; एक प्रकार की नौका।
ग़ुरूब पु० *(अ०)* किसी तारे, विशेषतः सूर्य का अस्त होना।
ग़ुरूर पु० *(अ०)* अभिमान; गर्व; घमण्ड।
गुर्ग पु० *(फ़ा०)* भेड़िया।
पदरचना- ***गुर्ग आशनाई-*** *कपटपूर्ण मिलता।*
गुरेख़्ता वि० *(फ़ा० गुरेख्तः)* भागा हुआ; पलायित।
गुरेख़्तगी वि० *(फ़ा०)* भागने योग्य।
गुरेज़[1] पु० *(फ़ा०)* बचाव; उपेक्षा; नफ़रत।
गुरेज़[2] स्त्री० *(फ़ा०)* भागना; बचना; दूर रहना; नफ़रत; कविता में एक विषय छोड़कर दूसरे विषय का वर्णन करने लगना।
गुरेज़ी स्त्री० *(फ़ा०)* बुद्धिमत्ता; धूर्तता; मक्कारी।
गुर्ज़ पु० *(फ़ा०)* गदा; सोंटा।
गुर्ज़ा पु० *(अ० गुर्जः)* साँप का बड़ा और फैला हुआ फन। वि० भयानक; खतरनाक।
गुर्ज़ बरदार वि० *(फ़ा०)* गुर्ज़ से लड़ने वाला।
गुर्द पु० *(फ़ा०)* मल्ल; पहलवान; योद्धा।
गुर्नीक़ पु० *(अ०)* गोरा चिट्टा कोमलांग युवक।
ग़ुर्रए शव्वाल पु० *(अ०)* शव्वाल माह की पहली तारीख अर्थात् ईद का दिन।
गुर्रिश स्त्री० *(फ़ा)* गुर्राहट; आतंक; भय।
गुर्स स्त्री० *(फ़ा०)* भूख; प्यास।
ग़ुर्बत स्त्री० *(अ०)* परदेश; दरिद्रता; कंगाली।
ग़ुर्बतज़दा वि० *(अ० ग़ुर्बत+फ़ा० ज़दा)* प्रवासी; निर्धन; कंगाल।
ग़ुर्रा पु० *(अ० गुर्रः)* घोड़े के माथे का सफेद दाग; लाख के रंग का घोड़ा; श्रेष्ठ वस्तु; चान्द्रमास की पहली तिथि; उपवास, दास या दासी।
मुहा० ***ग़ुर्रा बताना-*** *बिना कुछ दिये टाल देना।*
गुल[1] पु० *(फ़ा०)* फूल; पुष्प; गुलाब।
पदरचना- ***मौसमे गुल-*** *बहार, बसन्त।*
मुहा० ***गुल खिलना-*** *विचित्र घटना होना; बखेड़ा खड़ा होना।* ***चिराग गुल करना-*** *दीपक बुझाना।* ***चिराग गुल होना-*** *मृत्यु हो जाना।*

गुल[2] पु० *(अ० गुलगुल)* पक्षियों का कलरव; शोर; हल्ला।

गुल[3] पु० *(अ० गुल्ल)* हँसुली।

गुलअफ़्शाँ वि० *(फ़ा०)* फूलों की वर्षा करने वाला।

गुलअब्बास पु० *(फ़ा० गुल+अ० अब्बास)* एक पौधा जिसमें लाल या पीले रंग के फूल खिलते हैं; गुलाब बाँस।

गुलक़न्द पु० *(फ़ा०)* मिश्री या चीनी में मिला कर धूप में पकायी गयी गुलाब के फूलों की पंखुड़ियाँ जिनका व्यवहार प्रायः दस्त साफ लाने के लिए होता है।

गुलकारी स्त्री० *(फ़ा०)* बेल-बूटे का काम।

गुलखन पु० *(अ०)* आग जलाने की भट्ठी; पत्थर।

गुलगश्त पु० *(फ़ा०)* बाग में घूमकर टहलना।

गुलगीर पु० *(फ़ा०)* चिराग की बत्ती या गुलाब छाँटने की कैंची।

गुलगूँ वि० *(फ़ा०)* गुलाब के रंग का; गुलाबी।

गुलगूना पु० *(फ़ा० गुलगून:)* वह चूर्ण जो स्त्रियाँ सुन्दरता बढ़ाने के लिए मुँह पर लगाती हैं।

गुलचेहरा वि० *(फ़ा० गुलचेहर:)* जिसका मुख गुलाब के समान सुन्दर हो।

गुलचीं वि० *(फ़ा०)* फूल चुनने वाला; माली; तमाशा देखने वाला।

गुलज़ार पु० *(फ़ा०)* बाग़; बग़ीचा। वि० हराभरा, शोभायुक्त।

पदरचना- ***गुलज़ारे हस्ती-*** *संसार रूपी वाटिका।*

गुलदस्ता पु० *(फ़ा० गुलदस्त:)* सुन्दर फूलों या पत्तियों का एक में बँधा समूह या गुच्छा।

गुलदान पु० *(फ़ा०)* गुलदस्ता रखने का पात्र।

गुलदार पु० *(फ़ा०)* एक प्रकार का सफेद कबूतर; एक प्रकार का कशीदा; बिल्ली की प्रजाति का एक हिंसक जानवर।

गुलदुम पु० *(फ़ा०)* बुलबुल पक्षी।

गुलनार पु० *(फ़ा०)* अनार का फूल; अनार के फूल जैसा गहरा लाल रंग।

गुलपाशी स्त्री० *(फ़ा०)* फूलों की वर्षा।

गुलफ़ाम वि० *(फ़ा०)* जिसका रंग गुलाब के फूल जैसा हो; बहुत सुन्दर; सुकुमार।

गुलबकावली स्त्री० *(फ़ा० गुल+सं० बकावली)* हल्दी की जाति का एक पौधा जिसमें सुन्दर, सफेद सुगन्धित फूल लगते हैं।

गुलबदन पु० *(फ़ा०)* एक प्रकार का धारीदार रेशमी कपड़ा। वि० जिसका शरीर गुलाब के फूलों के समान सुन्दर व कोमल हो; परम सुन्दर।

गुलबर्ग पु० *(फ़ा०)* गुलाब की पत्ती।

गुलबाज़ी स्त्री० *(फ़ा०)* वह कील जिसका सिरा गोल होता है; फुलिया।

गुलरूख/गुलरू वि० *(फ़ा०)* जिसका चेहरा गुलाब की तरह हो; बहुत सुन्दर।

गुलरोज़ पु० *(फ़ा०)* फुलझड़ी नाम की आतिशबाजी।

गुललाला पु० *(फ़ा० गुलाल:)* एक प्रकार का पौधा; इस पौधे का फूल।

गुलशन पु० *(फ़ा०)* बाग; उद्यान।

गुलशब्बो स्त्री० *(फ़ा०)* लहसुन से मिलता-जुलता एक छोटा पौधा; रजनीगन्धा; सुगन्धरा।

गुलाब पु० *(फ़ा०)* एक कँटीला झाड़ या पौधा, जिसमें बहुत सुन्दर, सुगन्धित फूल लगते हैं।

गुलाबपाशा पु० *(फ़ा०)* झारी के आकार का एक लम्बा पात्र, जिसमें गुलाब जल भर कर छिड़कते हैं।

गुलाबपाशी स्त्री० *(फ़ा०)* गुलाब जल छिड़कने की क्रिया।

गुलाबी वि० *(फ़ा०)* गुलाब के रंग का; गुलाब-सम्बन्धी; गुलाब जल से बनाया हुआ।

ग़ुलाम पु० *(अ०)* मोल लिया हुआ दास; खरीदा हुआ नौकर; साधारण सेवक।

ग़ुलाम गरदिश पु० *(अ० ग़ुलाम+फ़ा० गर्दिश)* खेमे के आस-पास का वह स्थान जिसमें नौकर रहते हैं; महल आदि के सदर फाटक में अन्दर की ओर बनी छोटी दीवार, जिसके कारण बाहर के आदमी फाटक खुला रहने पर भी अन्दर के लोगों को नहीं देख सकते।

ग़ुलामचापार पु० *(अ० ग़ुलामचा+फ़ा० पार)* डाकिया।

ग़ुलामज़ादा पु० *(अ० ग़ुलाम+फ़ा० जाद:)* दासी का पुत्र।

ग़ुलाम माल पु० *(अ० ग़ुलाम+फ़ा० माल)* कम्बल; बढ़िया व सस्ती चीज।

ग़ुलामी स्त्री० *(अ०)* गुलामी का भाव; दासता; सेवा; नौकरी; पराधीनता; परतन्त्रता।

गुलिस्ताँ पु० *(फ़ा०)* बाग़; वाटिका; बागीचा।

गुलू पु० *(फ़ा०)* गला।

पदरचना- ***गुलू-ए-तिश्ना-*** *प्यासा गला।* ***जेबे गुलू-*** *गले की शोभा, स्वर।*

गुलूबस्ता वि० *(फ़ा० गुलूबस्तः)* जिसका स्वर बैठ गया हो।

गुलूबुरीदा वि० *(फ़ा० बुरीदः)* जिसका गला कट गया हो।

गुलूख़लासी स्त्री० *(फ़ा०)* बन्धन मुक्ति; छुटकारा।

गुलूबन्द पु० *(फ़ा०)* वह लम्बी और प्रायः एक बालिश्त चौड़ी पट्टी जो सरदी से बचने के लिए सिर, गले या कानों पर लपेटते हैं; गले का एक गहना।

गुलेचश्म पु० *(फ़ा०)* आँख की फुल्ली।

गुलेर अना पु० *(फ़ा०)* एक प्रकार का बढ़िया गुलाब; प्रेमिका का वाचक शब्द या विशेषण; वह फूल जो अन्दर से लाल और बाहर से पीला हो।

गुलेल स्त्री० *(अ० गुलूलः)* मिट्टी की गोली जिसको गुलेल से फेंककर चिड़ियों का शिकार किया जाता है।

ग़ुसल पु० *(अ० ग़ुसुल या ग़ुस्ल)* नहाना; स्नान।

गुस्ताख़ाना क्रिवि० *(फ़ा० गुस्ताखानः)* गुस्ताखी से।

गुसार वि० *(फ़ा०)* खाने वाला; सहन करने वाला, जैसे- ग़मगुसार; दूर करने वाला (यौगिक शब्दों के अन्त में)।

ग़ुसून पु० *(फ़ा०)* शाखाएँ; डालियाँ।

ग़ुसूसा पु० *(अ० गुसूसः)* दुर्बल होना; दुबला होना।

गुस्तर्दनी वि० *(फ़ा०)* बिठाने योग्य; फैलाने योग्य।

गुस्तर प्रत्य० *(फ़ा०)* फैलाने वाला; देने या व्यवस्था करने वाला।

गुस्तरी स्त्री० *(फ़ा० गुस्तर)* बिछौना।

पदरचना- ***हंगामा गुस्तरी-*** *बिछौने का हँगामा।*

गुस्ताख़ वि० *(फ़ा०)* बड़ों का संकोच न रखने वाला; धृष्ट; अशालीन; अशिष्ट।

गुस्ताख़ी स्त्री० *(फ़ा०)* धृष्टता; ढिठाई; अशिष्टता; बेअदबी।

ग़ुसलख़ाना पु० *(अ० ग़ुस्ल+ फ़ा० ख़ाना)* स्नानागार; नहाने का घर।

ग़ुसले मैयत पु० *(अ० ग़ुस्लेमैयत)* मृत व्यक्ति के शव को कराया जाने वाला स्नान।

ग़ुसले सेहत पु० *(अ० ग़ुस्लेसेहत)* रोग मुक्त होने पर किया जाने वाला स्नान; आरोग्य-स्नान।

ग़ुस्सा पु० *(अ० ग़ुस्सः)* कोप; क्रोध; रिस।

मुहा० ***ग़ुस्सा उतरना या निकलना-*** *क्रोध शान्त होना।* ***ग़ुस्सा उतारना-*** *क्रोध में जो इच्छा हो उसे पूरा करना; अपने क्रोध का फल चखाना।* ***ग़ुस्सा चढ़ना-*** *क्रोध का आवेश होना।*

ग़ुस्सावर वि० *(अ० गुस्सा+फ़ा० वर)* क्रोधी।

गुहर पु० *(फ़ा०)* मोती।

गूँ प्रत्य० *(फ़ा०)* रंगवाला- जैसे- गुलगूँ-गुलाब के रंग का।

ग़ूक पु० *(फ़ा०)* मेढक; मण्डूक।

गूगिर्द स्त्री० *(फ़ा०)* गन्धक।

गूगिर्द अहमर स्त्री० *(फ़ा० गूगिर्द+अ० अहमर)* लाल गन्धक जिससे रसायन बनता है; ऐसा व्यक्ति जो सर्वगुण सम्पन्न हो और जिसका मिलना दुर्लभ हो।

गूच पु० *(तु०)* नर भेड़।

ग़ूता पु० *(अ० गूतः)* गोता; डुबकी (शुद्ध उच्चारण यही है, किन्तु उर्दू में 'गोतः' बोलते हैं)।

गूदा पु० *(तु० गूदः)* शरीर; देह।

गून पु० *(फ़ा० गूनः)* वर्ण; रंग।

गूना पु० *(फ़ा० गूनः)* वर्ण; रंग, प्रकार; भाँति; तरह; तौर-तरीका; रंग-ढंग।

गूनागून वि० *(फ़ा०)* रंग-बिरंगी; चित्र-विचित्र।

गूनाब पु० *(फ़ा०)* मुख पर लगाने वाला चूर्ण।

गूनिया पु० *(फ़ा०)* एक तिकोना यन्त्र जिससे राजगीर इमारत की सीध नापते हैं।

ग़ूल पु० *(अ०)* जंगल में रहने वाले एक प्रकार के देव; राक्षस; भूत।

ग़ूले बियाबान पु० *(अ० ग़ूले+ फ़ा० बियाबाँ)* जंगल में फिरने वाले भूत-प्रेत; बैताल आदि।

ग़ूले बियाबानी पु० *(अ० ग़ूले+ फ़ा० बियाँबानी)* जंगल का भूत।

गेज वि० *(फ़ा०)* उद्विग्न; परेशान; अस्त-व्यस्त।

पदरचना- ***ग़मे गेती-*** *संसार का दुःख।* ***गेती आरा-*** *संसार की शोभा बढ़ाने वाला।*

गेती स्त्री० *(फ़ा०)* दुनिया; संसार।

गेती अफ़्रोज वि० *(फ़ा०)* संसार को ज्योतिर्मय करने वाला।

गेती आरा वि० *(फ़ा०)* संसार को सजाने और सँवारने वाला।

गेती नवर्द वि० *(फ़ा०)* संसार में फिरने वाला।

गेती पैमा वि० *(फ़ा०)* विश्व पर्यटक।

गेसू पु० *(फ़ा०)* जुल्फ; बालों की लट।

पदरचना- ***गेसू-ए-दिलदार-*** *प्रेयसी के केश।*

गेसू दराज़ वि० *(फ़ा०)* दासी पुत्र; पुच्छल तारा।

गेसू बुरीदा वि० *(फ़ा० गेसू बुरीदः)* जिसके बाल कटे हों; निर्लज्ज।

गेव पु० *(फ़ा०)* ईरान का एक बहुत बड़ा योद्धा जो 'गोदर्ज' का पुत्र था।

गेवा पु० *(फ़ा० गेवः)* एक प्रकार का जूता; किर्मिच का जूता।

गै पु० *(अ०)* निराशा; गुमराही; नरक में एक स्थान।

ग़ैज़[1] पु० *(अ०)* बहुत अधिक; भीतरी क्रोध; अमर्ष।

ग़ैज़[2] पु० *(अ०)* अधूरे दिनों का उत्पन्न शिशु; पृथ्वी में धँसना; भाव का मन्दा होना।

ग़ैजा पु० *(अ० गैजः)* जंगल।

ग़ैज़ो ग़ज़ब पु० *(अ०)* बहुत ही क्रोध या गुस्सा।

ग़ैन पु० *(अ०)* बादल; प्यास; अँधेरा।

ग़ैब वि० *(अ०)* अनुपस्थित; अदृश्य; परोक्ष।

ग़ैबत स्त्री० *(अ०)* किसी के पीठ पीछे की जाने वाली निन्दा; चुगली।

ग़ैबदाँ वि० *(अ० गैब+फ़ा० दाँ)* परोक्ष या अदृश्य जगत् की बात को जानने वाला।

ग़ैबा पु० *(अ०)* तूणीर; तरकश; बाण रखने का थैला।

ग़ैम पु० *(अ०)* बादल; प्यास; आँख की भीतरी गरमी।

ग़ैयाफ़ वि० *(अ०)* जिसकी दाढ़ी बहुत घनी और लम्बी हो।

ग़ैबानी स्त्री० *(अ० ग़ैब)* निर्लज्ज य दुश्चरित्रा स्त्री०; भारी बला; बड़ी आपत्ति।

ग़ैबी वि० *(अ०)* परोक्ष सम्बन्धी।

ग़ैर वि० *(अ०)* अन्य; दूसरा; अजनबी; बाहरी; पराया; विरुद्ध; अर्थवाची या निषेध वाचक शब्द। जैसे- गैरवाजिब; गैर मामूली; गैर मनकूला; गैर मुमकिन।

ग़ैर अहम वि० *(अ०)* महत्वहीन; मामूली।

ग़ैर आईनी वि० *(अ० ग़ैर+फ़ा० आईनी)* अवैध; कानून के विरुद्ध।

ग़ैरकार आमद वि० *(अ० गैरकार+फ़ा० आमद)* स्वाभिमानी; खुद्दार।

ग़ैर आबाद वि० *(अ० ग़ैर+फ़ा० आबाद)* जो बसा न हो; जो जोता-बोया न हो।

ग़ैर मनकूला वि० *(अ०)* जिसे एक स्थान से उठाकर दूसरे स्थान पर न ले जाया जा सके; स्थिर; अचल; स्थावर।

ग़ैर मनकूह वि० *(अ०)* अविवाहित (पुरुष)।

ग़ैर मनकूहा वि० *(अ०)* अविवाहित (स्त्री)।

ग़ैर मशरूत वि० *(अ०)* बिना शर्त का।

ग़ैर महदूद वि० *(अ०)* असीमित।

ग़ैर मामूल वि० *(अ०)* असाधारण।

ग़ैर मुतनाज़ा वि० *(अ०)* निर्विवाद।

ग़ैर मुनासिब वि० *(अ०)* अनुचित।

ग़ैर मुमकिन वि० *(अ०)* असम्भव; नामुमकिन।

ग़ैरमुल्की वि० *(अ०)* विदेशी; दूसरे देश का।

ग़ैरवाजिब वि० *(अ०)* अनुचित।

ग़ैरहाज़िर वि० *(अ०)* अनुपस्थित।

गैर हाज़िरी स्त्री० *(अ०)* अनुपस्थिति।

ग़ैर ज़िम्मेदार वि० *(अ०)* अनुत्तरदायी; दायित्वहीन।

ग़ैरत स्त्री० *(अ०)* लज्जा; स्वाभिमान।

ग़ैरतदार वि० *(अ० ग़ैरत+फ़ा० दार)* स्वाभिमानी; खुद्दार।

ग़ैर तनख़्वाहदार वि० *(अ० ग़ैरत+फ़ा० तनख़्वाहदार)* जो बिना वेतन के काम करे; अवैतनिक।

गैरतमन्द वि० *(अ० ग़ैरत+फ़ा० मन्द)* जिसे गैरत हो; लज्जाशील; स्वाभिमानी।

ग़ैरियत स्त्री० *(अ०)* बेगानापन; परायापन।

गेहान पु० *(फ़ा०)* संसार।

गो[1] योज० *(फ़ा०)* कहने वाला। अव्य० यद्यपि।

गो[2] पु० *(फ़ा० सं० गौ)* पोलो की गेंद।

गोइन्दा पु० *(फ़ा० गोइन्दः)* बोलने वाला; वक्ता; गुप्तचर; भेदिया; जासूस।

गोई स्त्री० *(फ़ा०)* कहने की क्रिया; कथन। जैसे- साफ़गोई- स्पष्ट कथन।

ग़ोक पु० *(फ़ा०)* मेंढक।

गोज़[1] पु० *(फ़ा०)* अधोवायु।

गोज़[2] पु० *(फ़ा० गूज़)* पाद; अपान वायु। पु० अखरोट; चिलगोजा।

गोज़े शुतुर पु० *(फ़ा०)* मिथ्या और बेकार बात।

ग़ोता पु० *(अ० ग़ोतः)* डूबने की क्रिया; डुब्बी।

मुहा० ***ग़ोता खाना-*** *धोखे में आना;* ***गोता मारना-*** *डुबकी लगाना; डूबना।*

ग़ोताख़ोर वि० *(अ० ग़ोता+फ़ा० ख़ोर)* पानी में डुबकी लगाने वाला।

गोमगो वि० *(फ़ा०)* जिसका अर्थ स्पष्ट न हो; गोल; जिसका न कहना ही अच्छा हो।

गोया क्रि०वि० *(फ़ा०)* मानो; माने। वि० बोलने वाला।

गोयाई स्त्री०वि० *(फ़ा०)* बोलने की शक्ति।

गोर[1] स्त्री० *(फ़ा०)* कब्र; समाधि।

पदरचना- ***गोर-ए-ग़रीबाँ-*** *वह स्थान जहाँ विदेशी या गरीब लोगों के मुर्दे दफ़नाए जाते हों।* ***गोर व कफ़न-*** *मृतक की अन्त्येष्टि क्रिया।* ***दर-गोर-*** *जहन्नुम में जाये।* ***जिन्दादर-गोर-*** *जीवित अवस्था में ही मृतक के समान।*

ग़ोर[2] पु० *(फ़ा०)* कन्धार के पास के एक देश का नाम।

गोरकन पु० *(फ़ा०)* क़ब्र खोदने वाला।

गोरख़र पु० *(फ़ा०)* गधे की जाति का एक जंगली पशु।

गोरखाना पु० *(फ़ा० गोरगानः)* कब्र; समाधि।

गोरपरस्त वि० *(फ़ा०)* क़ब्र पूजने वाला; मुसलमानों का वह सम्प्रदाय जो महात्माओं की कब्रों का सम्मान करता है और उन पर चिराग जलाकर फूल आदि चढ़ाता एवं चिराग जलाता है।

गोरिस्तान पु० *(फ़ा०)* क़ब्रिस्तान।

ग़ोरी वि० *(फ़ा०)* ग़ोर देश का निवासी। स्त्री० तश्तरी; रिकाबी; थाली।

ग़ोल[1] स्त्री० *(अ०)* समूह; झुण्ड; गिरोह।

गोल[2] पु० *(तु०)* वह सेना जिसके साथ उसका सेनापति हो।

गोल[3] वि० *(फ़ा०)* मूर्ख; अनाड़ी।

ग़ोलक स्त्री० *(फ़ा०)* वह सन्दूक या थैली जिसमें धन संग्रह किया जाये; गुल्लक।

गोला पु० *(फ़ा० गोलः)* गोलाकार पिण्ड; तोप का गोला।

गोलाबारी स्त्री० *(फ़ा० गोलःबारी)* गोलों का बरसना, गोलों की वर्षा।

गोश पु० *(फ़ा०)* कान।

गोशगुज़ार वि० *(फ़ा०)* कहा हुआ।

मुहा० ***गोश गुज़ार करना-*** *निवेदन करना; सुनाना।*

गोशए इंज़िवा पु० *(अ० गोशए+फ़ा० इंज़िवा)* एकान्त; निर्जन।

गोशए तनहाई पु० *(फ़ा०)* एकान्त; निर्जन।

गोशए कमान पु० *(फ़ा० गोशए कमाँन)* धनुष की डोरी।

गोश-ए-चश्म पु० *(फ़ा०)* आँख का कोना।

गोशगिराँ वि० *(फ़ा०)* जिसे ऊँचा सुनायी देता हो; बधिर; बहरा।

गोश ता गोश वि० *(फ़ा०)* इधर से उधर तक।

गोशदार वि० *(फ़ा०)* बात सुनने के लिए कान लगाने वाला; निरीक्षक; निगहबान।

गोशदारी स्त्री० *(फ़ा०)* निरीक्षण; देखरेख।

गोशमाल वि० *(फ़ा०)* कान उमेठने वाला।

गोशमाली स्त्री० *(फ़ा०)* कान उमेठना; लड़कों या छोटे नौकरों को सजा देने के लिए उनके कान मलना।

गोशमाही पु० *(फ़ा०)* घोंघा; सीप।

गोशज़द वि० *(फ़ा०)* कानों तक पहुँचा हुआ; सुना हुआ।

गोशमाली स्त्री० *(फ़ा०)* कान उमेठना; ताड़ना; चेतावनी देना।

गोशवारा पु० *(फ़ा० गोश+वारः)* खंजन नामक पेड़ का गोंद; कान का बाला; बड़ा मोती जो सीप में होता है; पगड़ी का आँचल; कलगी; सिरपेंच आदि।

गोशा पु० *(फ़ा० गोशः)* कोना; अन्तराल; एकान्त स्थान; तरफ; दिशा; धनुष की दोनों नोकें; धनुष कोटि।

गोशानशीन वि० *(फ़ा० भाव० गोशानशीनी)* एकान्त में रहने वाला; परदेश में रहने वाली (स्त्री)।

गोश्त पु० *(फ़ा०)* माँस।

ग़ोश्तख़ोर पु० *(फ़ा०)* गोश्त खाने वाला; माँस भक्षी।

गोश्तख़ोरी स्त्री० *(फ़ा०)* माँसाहारी।

गोसाला पु० *(फ़ा० गोसालः; सं० गोशाला)* गाय का बछड़ा; गोवत्सल।

गोसालाए फ़लक पु० *(फ़ा० गोसालाए+अ० फ़लक)* वृष राशि।

गोस्पन्द स्त्री० *(फ़ा०)* बकरी।

ग़ौग़ा पु० *(फ़ा०)* शोरगुल; कोलाहल।

ग़ौग़ाई वि० *(फ़ा०)* शोर या कोलाहल मचाने वाला, व्यर्थ का; झूठ-मूठ का।

ग़ौज़ स्त्री० *(पु०)* संकल्प; इरादा; निश्चय।

ग़ौर पु० *(अ०)* सोच-विचार; चिन्तन; ख्याल; ध्यान।

पदरचना- ***ग़ौर परदाश्त-*** *देखरेख; पालन-पोषण।*

ग़ौरतलब वि० *(अ०)* विचार करने योग्य; विचारणीय।

ग़ौरो ख़ोज़ पु० *(अ०)* सोच विचार; बहुत आधिक सोच।

ग़ौरोपरदाख़्त स्त्री० *(अ० ग़ौरो+फ़ा० पर्दाख़्त)* देख रेख; पालन-पोषण।

ग़ौल पु० *(अ०)* दु:ख; रंज; अचानक पकड़ लेना।

ग़ौस पु० *(अ०)* वह मुसलमान सन्त जो वली से बड़ा होता है। वि० दुहाई सुनने वाला; न्यायकर्ता।

ग़ौबास पु० *(अ०)* गोताख़ोर; पनडुब्बा।

ग़ौवासी स्त्री० *(अ०)* गोताखोरी

गौहर पु० *(फ़ा०)* किसी वस्तु की प्रकृति; मोती; रत्न; जवाहिरात; बुद्धिमत्ता।

गौहर अफ़शाँ वि० *(फ़ा० गौहर अफ्शाँ)* मोती बिखेरने वाला; ऐसी मीठी बातें करना मानों मोती बिखर रहे हों।

गौहर अफ़शानी स्त्री० *(फ़ा०)* मोती बिखेरना; मीठी-मीठी बातें करना।

गौहर फ़रोश वि० *(फ़ा० गौहर फ़रोश)* मोती बेचने वाला; पारखी के समक्ष अपने गुणों का प्रदर्शन करने वाला।

गौहरफ़रोशी स्त्री० *(फ़ा०)* मोती बेचना; गुणों का प्रदर्शन करना।

गौहर बार वि० *(फ़ा०)* मोती बरसाने वाला; रोते हुए मोतियों जैसे आँसू गिराने वाला।

गौहर बारी स्त्री० *(फ़ा०)* मोती लुटाना; आँसू बहाना; गुणग्राही; जौहरी।

गौहर शनास वि० *(फ़ा०)* मोती की परख करने वाला; गुणग्राही; जौहरी।

गौहरशनासी स्त्री० *(फ़ा०)* मोती की परख; गुणों की परख।

गौहरसंज पु० *(फ़ा०)* जौहरी; आलोचना या समीक्षा करने वाला।

गौहर संजी स्त्री० *(फ़ा०)* मोती तौलना; गुणों की परख करना; अच्छी कविता करना।

गौहर ताबाँ पु० *(फ़ा०)* बहुत अच्छी चमक देने वाला मोती।

गौहरे दन्दाँ पु० *(फ़ा०)* मोतियों जैसे दाँत।

गौहरे यकता पु० *(फ़ा०)* वह मोती जो सीप में एक ही होता है, अतः बड़ा और मूल्यवान होता है।

घ

घपलेबाज़ वि० *(हि० घपला+फ़ा० बाज़)* घपला करने वाला; अव्यवस्था करने वाला।

घपलेबाज़ी स्त्री० *(हि० घपला+फ़ा० बाज़ी)* घपला (अव्यवस्था) करने की अवस्था; अव्यवस्थापन।

घमख़ोर वि० *(हि० घम+फ़ा० खोर)* जो धूप सह सके; धूप खाने वाला।

घुड़सवार पु० *(हि० घोड़ा+फ़ा० सवार)* घोड़े पर सवार व्यक्ति; अश्वारोही।

घुड़सवारी स्त्री० *(हि० घोड़ा+फ़ा० सवारी)* घोड़े पर सवार होने की क्रिया।

घूँसेबाज पु० *(हि० घूँसा+फ़ा० बाज़)* मुक्केबाजी के खेल में भाग लेने वाला; मुक्केबाज।

घूसखोर वि० *(हि० घूस+फ़ा० खोर)* रिश्वत खाने वाला।

घूस खोरी स्त्री० *(हि० घूस+फ़ा० खोरी)* रिश्वत लेने की क्रिया या भाव।

च

चंग स्त्री० *(फ़ा०)* डफ के आकार का एक बाजा; हाथी का अंकुश; बड़ी गुड्डी; पतंग।
*मुहा० **चंग चढ़ना**- खूब जोर होना। **चंग पर चढ़ाना**- इधर-उधर की बातें करके अपने अनुकूल बनाना; मिजाज बढ़ा देना।*

चंग नवाज़ वि० *(फ़ा०)* डफली या चंग बजाने वाला।

चंग नवाज़ी स्त्री० *(फ़ा०)* चंग या डफली बजाने का काम।

चंगलूक वि० *(फ़ा०)* जिसके हाथ-पाँव टेढ़े हों।

चंगुल पु० *(फ़ा०)* चिड़ियों या पशुओं का टेढ़ा पंजा; हाथ के पंजों की वह स्थिति जो अँगुलियों से किसी वस्तु को उठाने या लेने के समय होती है।
*मुहा० **चंगुल में फँसना**- काबू में होना।*

चण्डू पु० *(अ०)* अफीम का किवाम जिसे नशे के लिए तम्बाकू की तरह पीते हैं।
पदरचना- *चण्डूखाना- चण्डू पीने का स्थान। चण्डूबाज- चण्डू पीने वाला।*
*मुहा० **चण्डूखाने की गप**- झूठी बेतुकी बात।*

चन्द वि० *(फ़ा०)* थोड़े से; कुछ।

चन्दरोज़ा वि० *(फ़ा० चन्दरोजः)* थोड़े दिनों का; अस्थायी।

चन्दाँ[1] क्रि०वि० *(फ़ा०)* इतना; इस मात्रा में; इतनी देर में।

चन्दा[2] पु० *(फ़ा० चन्दः)* वह थोड़ा-थोड़ा धन जो कई आदमियों से किसी कार्य के लिए लिया जाये; उगाही; किसी सामयिक पत्र या पुस्तक आदि का दैनिक, साप्ताहिक, मासिक या वार्षिक मूल्य।

चन्दावल पु० *(फ़ा०)* वे सैनिक जो सेना के पीछे रक्षा के लिए चलते हैं।

चन्दे अव्य० *(फ़ा०)* थोड़ा-सा; थोड़ी देर में।

चक़्मक़ पु० *(तु०)* एक प्रकार का कड़ा पत्थर, जिस पर चोट पड़ने से बहुत जल्दी आग निकलती है।

चकमा पु० *(फ़ा०)* दूसरी तरफ ध्यान हटाकर दिया गया धोखा; भुलावा देना।

चक़्माक़ पु० *(तु० चक्माक़)* चक़्मक पत्थर।

चक़्माक़ी वि० *(तु०)* जिसमें चकमक लगा हो। स्त्री० वह बन्दूक जिसमें बारूद में आग देने के लिए चक़्मक़ लगा हो।

चख़ स्त्री० *(फ़ा०)* लड़ाई; झगड़ा, शोर; कोलाहल। वि० खराब; बुरा; दुष्ट।

चख़चख़ स्त्री० *(फ़ा०)* कहासुनी; लड़ाई-झगड़ा।

चग़ताई वि० *(फ़ा०)* चंगेज खाँ के बेटे चग़ताई खाँ से चला हुआ मंगोलवंश, जिसमें बाबर आदि हुए।

चगत्ता पु० *(तु०)* चग़ताई (चंगेजखाँ का बेटा)

चतर पु० *(फ़ा० सं० छत्र)* छत्र; छाता; छतरी।

चनार पु० *(फ़ा०)* एक प्रकार का वृक्ष जिसकी पत्तियों की उपमा मेंहदी लगे हाथों से दी जाती है।

चप वि० *(फ़ा०)* बायाँ; वाम; अभाग्य का सूचक।
पदरचना- ***चप व रास्त**- बायें और दाहिने।*

चपक़ुलश स्त्री० *(तु०)* तलवार की लड़ाई; शोरगुल; कोलाहल; जनसमूह; भीड़; कठिनता; असमंजस।

चपत स्त्री० *(तु०)* तमाचा; थप्पड़।
पदरचना- *चपतगाह- खोपड़ी। **चपतबाज़ी**- मनोविनोद के लिए किसी को चपत लगाना।*
*मुहा० **चपत बैठना/लगना**- नुकसान होना।*

चपरास स्त्री० *(फ़ा० चप व रास्त)* दफ्तर या मालिक का नाम खुदे पीतल आदि की वह छोटी पेटी जो चौकीदार, अरदली आदि पहनते हैं; बिल्ला; बैज।

चपरासी पु० *(फ़ा०)* चपरास धारण करने वाला, अर्दली।

चपात स्त्री० *(फ़ा०)* चपत; तमाचा।

चपाती स्त्री० *(फ़ा० सं० चर्परी)* छोटी-पतली रोटी; फुलका।

चपार पु० *(फ़ा० चापार का लघु)* डाक; डाकिया।

चपोरास्त पु० *(फ़ा०)* दाये-बायें; इधर-उधर; दोनों ओर।

चप्पा पु० *(फ़ा० चप्पः)* जो बायें हाथ से सारा काम करे।

चफ़ाला पु० *(फ़ा० चपालः)* सेना; फौज; पक्षियों का झुण्ड।

चफ़ीदा वि० *(फ़ा० चफीदः)* चिपकने वाला।

चफ़्त स्त्री० *(फ़ा०)* अंगूर आदि की टट्टी; बाँस की खपच्चियों से बनी हुई चौकोर टट्टी।

चफ़्सीदा वि० *(फ़ा० चफ़्सीदः)* चिपका हुआ।

चमचा पु० *(तु० चम्मचः)* एक प्रकार की छोटी कलछी; चिमटा; चम्मच।

चमन पु० *(फ़ा०)* हरी क्यारी; वाटिका; फुलवारी; छोटा बगीचा; रौनक की जगह।

पदरचना- *चमने-इश्क़-* *इश्क की वाटिका।*

चमन आरा वि० *(फ़ा०)* बाग़ को सँवारने और सजाने वाला; माली।

चमनआराई स्त्री० *(फ़ा०)* बाग़ सजाने का काम।

चमनिस्तान पु० *(फ़ा०)* पुष्पवाटिका; हरियाली और फूलों से शोभित स्थान।

चम्बर पु० *(फ़ा०)* चिलम के ऊपर का ढकना; चिलमपोश।

चर प्रत्य० *(फ़ा०)* चरने वाला, जैसे- 'काहचर' घास चरने वाला।

चरख़ा पु० *(फ़ा० चर्ख़ः)* घूमने वाला गोल चक्कर; लकड़ी का एक यन्त्र जिसकी सहायता से ऊन, कपास या रेशम आदि को कातकर सूत बनाते हैं; कूएँ से पानी निकालने का रहँट; सूत लपेटने की गराड़ी।

चरख़ी स्त्री० *(फ़ा० चर्ख़ः)* पहिये की तरह घूमने वाली कोई वस्तु; छोटा चरखा; कपास ओटने की चरखी; एक प्रकार की आतिशबाजी।

चरपूज़ वि० *(फ़ा० चर्पूज़)* बहुत निम्न कोटि का; हलका; मूर्ख; मूढ़।

चरबा पु० *(फ़ा० चर्बः)* प्रतिमूर्ति; नक़ल; खाका।

चरबी स्त्री० *(फ़ा० चर्बी)* एक पीला, चिकना, गाढ़ा पदार्थ जो प्राणियों के शरीर में और बहुत से पौधों व वृक्षों में भी पाया जाता है; मेद; वसा।

मुहा० *चरबी चढ़ना-* *मोटा होना।* ***चरबी छाना-*** *बहुत मोटा हो जाना; मदान्ध हो जाना।*

चमाँ वि० *(फ़ा०)* इठलाकर चलने वाला।

चमान पु० *(फ़ा०)* पेशाब-पाखाने के कीड़े।

चमिन्दा वि० *(फ़ा० चमिन्दः)* इठलाते हुए टहलने वाला।

चामेश स्त्री० *(फ़ा०)* लचक; इठलाहट।

चमी वि० *(फ़ा०)* जो भौतिक न हो; मानसिक।

चमीन पु० *(फ़ा०)* पेशाब; पाख़ाना; मल-मूत्र।

चमोख़म पु० *(फ़ा०)* हाव-भाव।

चरा अव्य० *(फ़ा०)* क्यों; किसलिए; किस कारण। पु० चरागाह; पशुओं के चरने का स्थान।

चराग़ पु० *(फ़ा०)* दीपक; दिया।

चराग़ान पु० *(फ़ा० चराग का बहु०)* बहुत से दियों का एक साथ जलना; दीपोत्सव।

चरागाह स्त्री० *(फ़ा०)* वह मैदान या भूमि, जहाँ पशु चरते हों; चरनी; चरी।

चरिन्दा पु० *(फ़ा० चरिन्दः)* चरने वाला; जानवर; पशु।

चर्मी वि० *(फ़ा०)* चमड़े का बना हुआ।

चर्मे आह पु० *(फ़ा०)* हिरन का चमड़ा।

चलपची स्त्री० *(फ़ा०)* हाथ धोने का एक विशेष पात्र।

चलाली पु० *(फ़ा०)* छीका।

चश प्रत्य० *(फ़ा०)* चखनेवाला।

चशक स्त्री० *(फ़ा०)* चखावट।

चशीदनी वि० *(फ़ा०)* चखने योग्य।

चश्पर पु० *(फ़ा०)* पाँव का चिह्न।

चशीदा वि० *(फ़ा० चशीदः)* चखा हुआ।

चश्म स्त्री० *(फ़ा०)* नेत्र; आँख।

पदरचना- *चश्मे-बद-दूर-* *ईश्वर बुरी नज़र से बचाये।*

चश्मक स्त्री० *(फ़ा०)* चश्मा; ऐनक; आँख से इशारा करना; लड़ाई-झगड़ा; कहा-सुनी; चाकसू नामक दवा।

चश्मदीद वि० *(फ़ा०)* आँखों देखा; प्रत्यक्ष दर्शी।

चश्मदीद गवाह पु० *(फ़ा०)* प्रत्यक्षदर्शी गवाह।

चश्मनुमाई स्त्री० *(फ़ा०)* डराना-धमकाना; आँखें दिखाना।

चश्मपोशी स्त्री० *(फ़ा०)* दोषों की ओर ध्यान न देना; किसी के दुष्कर्मों के प्रति उपेक्षा बरतना।

चश्मा पु० *(फ़ा० चश्मः)* कमानी में जड़ा हुआ शीशे या पारदर्शी पत्थर के तालों का जोड़ा, जो आँखों पर दृष्टि बढ़ाने या ठण्ढक रखने के लिए पहना जाता है; ऐनक; पानी का सोता या झरना।

चश्मागाह स्त्री० *(फ़ा० चश्मःगाह)* सोते या झरने का स्थान।

चश्माज़ार पु० *(फ़ा० चश्मःजार)* जहाँ चश्मे ही चश्मे हों।

चस्पाँ वि० *(फ़ा०)* चिपका हुआ।

चस्पीदगी स्त्री० *(फ़ा०)* चिपकाने की क्रिया, भाव या मजदूरी।

चस्पीदा वि० *(फ़ा० चस्पीदः)* चिपका हुआ या चिपकाया हुआ।

चह स्त्री० *(फ़ा०)* चाह (कुआँ) का संक्षिप्त रूप।

चहबच्चा पु० *(फ़ा० चाह+बच्चः)* पानी भर कर रखने का छोटा गड्ढा या हौज; धन गाड़ने या छिपाकर रखने का छोटा तहखाना।

चहलक़दमी स्त्री० *(फ़ा० चेहरल-क़दमी)* धीरे-धीरे टहलना या घूमना।

चहार वि० *(फ़ा०)* चार, तीन और एक।

चहारदाँग स्त्री० *(फ़ा०)* चारों दिशाएँ।

चहारशम्बा पु० *(फ़ा०)* बुधवार

चहारुम वि० *(फ़ा०)* चौथाई; चौथा।

चहारुमी वि० *(फ़ा०)* चौथा।

चाऊश पु० *(फ़ा०)* सेना या काफ़िले के आगे चलने वाला।

चाक[1] पु० *(फ़ा०)* कटा या फटा हुआ स्थान। वि० फटा हुआ।

चाक़[2] वि० *(तु०)* स्वस्थ; निरोग।

पदरचना- चाक़-चौबन्द- *हट्टा-कट्टा और स्वस्थ; सब तरह से ठीक।*

चाक-चाक वि० *(फ़ा०)* टुकड़े-टुकड़े; पुर्जे-पुर्जे।

चाकर पु० *(फ़ा०)* दास; भृत्य; सेवक; नौकर।

चाकरी स्त्री० *(फ़ा०)* नौकरी; दासता; सेवा।

चाके गिरीबाँ पु० *(फ़ा०)* कुरते आदि के गले की फटन।

चाके जिगर पु० *(फ़ा०)* हृदय का घाव; प्रेम का जख़्म।

चाके दामन पु० *(फ़ा०)* दामन की फटन जो प्रेम के आवेग में फाड़ा जाता है।

चाके राँ पु० *(फ़ा०)* रान (जाँघों) की फटन; भग-योनि की दरार।

चाक़ू पु० *(तु०)* छुरी।

चाच पु० *(फ़ा०)* रूसी तुर्किस्तान का एक प्राचीन नगर जो अब ताशकन्द कहलाता है। यहाँ का धनुष बहुत बढ़िया होता था।

चाची वि० *(फ़ा०)* ढँढोरिया; चाच की बनी हुई वस्तु विशेष धनुष।

चादर स्त्री० *(फ़ा०)* कपड़े का लम्बा-चौड़ा टुकड़ा जो बिछाने या ओढ़ने के काम में आता है; हल्का ओढ़ना, चौड़ा दुपट्टा; किसी धातु का बड़ा चौखूँटा पत्तर; पानी की चौड़ी धार जो कुछ ऊपर से गिरती है; फूलों की राशि जो किसी पूज्य स्थान पर चढ़ायी जाती है।

चादरबरदोश वि० *(फ़ा०)* कन्धे पर चादर डाले हुए।

चादरे आब स्त्री० *(फ़ा०)* पानी की सतह।

चादरे महताब स्त्री० *(फ़ा०)* सफेद चादर जैसी बिछी हुई चाँदनी।

चाप पु० *(फ़ा०)* छाप; मुद्रण; छापा।

चापची वि० *(फ़ा०)* छापने वाला; मुद्रक।

चाबुकसवार पु० *(फ़ा०)* अच्छा घुड़सवार।

चाबुकी स्त्री० *(फ़ा०)* निपुणता; होशियारी। पु० तेज घोड़ा।

चाम पु० *(फ़ा०)* पहाड़ी की घाटी।

चामक़/चामग़ पु० *(तु०)* गहरा कुआँ।

चामा पु० *(फ़ा० चामः)* कविता; काव्य; शेर; गजल।

चामागो वि० *(फ़ा० चामःगो)* कविता करने वाला; कवि; शायर।

चामिन्दा वि० *(फ़ा० चामिन्दः)* पेशाब करने वाला।

चामीदा वि० *(फ़ा० चामीदः)* जिसने पेशाब किया हो।

चामीदनी वि० *(फ़ा०)* पेशाब करने योग्य।

चापलूस वि० *(फ़ा० चाप्लूस)* खुशामदी; लल्लो-चप्पो करने वाला; चाटुकार।

चापलूसी स्त्री० *(फ़ा० चाप्लूसी)* खुशामद, चाटुकारी।

चापाती स्त्री० *(फ़ा०)* चपाती; रोटी।

चाबुक पु० *(फ़ा०)* कोड़ा; हण्टर; सोंटा; जोश दिलाने वाली बात।

चाबुक जत वि० *(फ़ा०)* कोड़े मारने वाला।

चाबुकज़नी स्त्री० *(फ़ा०)* कोड़े मारने की क्रिया; कोड़े की मार।

चाबुकदस्त वि० *(फ़ा० भाव० चाबुकदस्ती)* दक्ष, चतुर; फुरतीला।

चाबुक दस्ती स्त्री० *(फ़ा०)* कारीगरी में कुशलता।

चाय स्त्री० *(फ़ा०)* एक पौधे के पत्तियों का काढ़ा जो दूध और चीनी के साथ पीने का चलन अब सर्वत्र है; चाय का उबला हुआ पानी।

चार वि० *(फ़ा० चहार 'चार' का संक्षिप्त रूप)* पु० चारा (वश) का संक्षिप्त रूप।

चार आईना पु० *(फ़ा०)* एक प्रकार का कवच या ज़िरह बख़्तर।

चारजामा पु० *(फ़ा० चारजामः)* एक प्रकार की ज़ीन।

चारगाह पु० *(फ़ा०)* एक रागिनी; आदमी का शरीर जो आग, पानी, वायु और मिट्टी- इन चार तत्त्वों से बना है।

चारज़बाँ वि० *(फ़ा०)* बातूनी; वाचाल।

चार ज़ानू पु० *(फ़ा०)* पालथी मारकर बैठने की स्थिति।

चारदह वि० *(फ़ा०)* चौदह; चतुर्दश।

चारदहुम वि० *(फ़ा०)* चौदहवाँ; चतुर्दश।

चार दीवार स्त्री० *(फ़ा०)* रात्रि; निशा।

चारदीवारी स्त्री० *(फ़ा०)* घर, कोठी आदि के घेरे की दीवार।

चारुक़ पु० *(तु०)* जंगली तुर्कों के पहनने की एक प्रकार की जूती।

चारुमी वि० *(फ़ा०)* चौथा; चौथे का।

चार-नचार क्रि०वि० *(फ़ा०)* विवश होकर; लाचारी की हालत में।

चारपा पु० *(फ़ा०)* चौपाया।

चारबेख़ स्त्री० *(फ़ा०)* चार वनौषधियों की जड़ कासनी; सौंफ; करफ्स और अंगूर की जड़।

चारमग्ज़ पु० *(फ़ा०)* अख़रोट तथा चार अन्य वनस्पतियों के बीज जो दवा के काम आते हैं।

चारमेख़ स्त्री० *(फ़ा०)* अपराधी को सज़ा देने का एक तरीका जिसमें चार खूँटियाँ गाड़कर उसके हाथ-पाँव बाँध दिये जाते थे।

चारमौजा पु० *(फ़ा० चारमौजः)* भँवर; जलावर्त्त।

चारशम्बा पु० *(फ़ा० चारशम्बः)* बुधवार।

चारशाना वि० *(फ़ा० चारशानः)* मोटा-ताजा; हष्ट-पुष्ट।

चारसू पु० *(फ़ा०)* वह बाज़ार जिसमें चारों तरफ रास्ते हों।

चारा पु० *(फ़ा० चारः)* उपाय; तदबीर; तरकीब; वश; अधिकार।

चारागर वि० *(फ़ा०)* चिकित्सक; वैद्य; डाक्टर।

चारागरी स्त्री० *(फ़ा० चारःगरी)* चिकित्सा; इलाज।

चाराजोई स्त्री० *(फ़ा० चारः जोई)* कोशिश, प्रयास; प्रयत्न।

चाल पु० *(फ़ा०)* गर्त; कुआँ; चकोर पक्षी; जूए का दाँव; वह घोड़ा जिसके लाल और सफेद बाल मिले हुए हों।

चालाक वि० *(फ़ा०)* व्यवहार कुशल; चतुर; दक्ष; धूर्त; चालबाज।

चालाकी स्त्री० *(फ़ा०)* चतुराई; व्यवहार-कुशलता; दक्षता; पटुता; धूर्तता; चालबाजी; युक्ति।

चालाक दस्त वि० *(फ़ा०)* जिसके हाथ में बहुत फुर्ती हो; उचक्का।

चालाक दस्ती स्त्री० *(फ़ा०)* काम की तेजी; हाथ की सफ़ाई; उचक्का गिरी।

चालाकी स्त्री० *(फ़ा०)* धूर्तता; ठगी; बेईमानी।

चालिश स्त्री० *(फ़ा०)* आक्रमण; धावा; चढ़ाई।

चालीक पु० *(फ़ा०)* गिल्ली-डण्डे का खेल।

चावली पु० *(फ़ा०)* सूप; छाछ।

चावीदा वि० *(फ़ा०)* चबाया हुआ।

चाश वि० *(तु०)* भूसा से निकाला हुआ गल्ला।

चाशनी स्त्री० *(फ़ा० चाश्नी)* चीनी, मिश्री या गुड़ को आँच पर चढ़ाकर गाढ़ा और मधु के समान लसीला किया हुआ रस।

चाश्त स्त्री० *(फ़ा०)* सूर्योदय के एक पहर के बाद का समय। जैसे- चाश्त की नमाज़; सबेरे का जलपान।

चाह पु० *(फ़ा०)* कुआँ; कूप।

पदरचना- चाहकन- *कुआँ खोदने वाला।*

चाही स्त्री० *(फ़ा०)* वह ज़मीन जो कुएँ के पानी से सींची जाती है।

चाहेजनख़दाँ पु० *(फ़ा०)* ठोढ़ी या चिबुक का गड्ढा।

चाहे नख़्शब पु० *(फ़ा०)* तुर्किस्तान का एक नगर 'ग़ार', जहाँ से उस समय के प्रसिद्ध वैज्ञानिक हकीम इब्ने मुक़न्ना ने एक कृत्रिम चन्द्रमा उदय किया था, जो चारों ओर बारह-बारह मील तक रोशनी देता था और दिन में ग़ार में छिप जाता था।

चिंगेज़ पु० *(तु०)* हलाकू खाँ का दादा, जो 12वीं शती में हुआ था और बहुत अत्याचारी था।

चिंगेज़ नज़ाद वि० *(तु० चिंगेज़+फ़ा० नज़ाद)* उजबक़ वंश के लोग।

चि अव्य० *(फ़ा०)* क्या; कि।

चिक[1] पु० *(फ़ा०)* बकरे का कसाई; माँस विक्रेता।

चिक़[2] स्त्री० *(तु०)* बाँस या सरकण्डे की तीलियों का बना हुआ, झिर्रीदार परदा; चिलमन।

चिकन[1] स्त्री० *(फ़ा० चिकन)* एक प्रकार का महीन सूती कपड़ा जिस पर उभरे हुए बूटे बने रहते हैं।

चिकन[2] पु० *(फ़ा०)* मुर्गे का माँस।

चिकाँ वि० *(फ़ा०)* टपकता हुआ; टपकाने वाला।

चिगूनगी स्त्री० *(फ़ा०)* क्या है, क्यों है, कैसा है- यह भाव।

चिज़िक स्त्री० *(फ़ा०)* साही; एक काँटेदार जन्तु।

चिरकीं वि० *(फ़ा०)* मैला; गन्दा।

चिरा क्रि०वि० *(फ़ा०)* क्यों; किसलिए।

चिराग़ पु० *(फ़ा० चराग़)* दीपक, दीया।

पदरचना- ***चिराग जले-*** *दिया जलने के समय।* ***चिराग दान-*** *दीवट, दीपाधार, शमादान।* ***चिरागे सहरी-भोर-*** *का बुझता हुआ दिया।*

मुहा० चिराग़ उफ़ करना- *चिराग बुझाना।* ***चिराग़ गुल पगड़ी गायब-*** *निगाह झपकते ही माल का गायब हो जाना।* ***चिराग तले अँधेरा-*** *पण्डित के घर मूर्खतापूर्ण व्यवहार।* ***चिराग दिखाना-*** *रास्ते में या सामने रोशनी करना।*

चिराग़दाँ पु० *(फ़ा०)* दीयट; जिस पर दीपक रखा जाता है।

चिरागपा वि० *(फ़ा०)* जिसका मुँह नीचे हो गया हो; औंधा; वह घोड़ा जो अपने दोनों अगले पैर ऊपर उठा ले।

चिरागाँ पु० *(फ़ा०)* चिरागों की कतार; दीपों की पंक्ति।

पदरचना- ***जशने चिरागाँ-*** *दीप समारोह; दीपावली।*

चिराग़ी स्त्री० *(फ़ा० चिराग़)* वह धन जो किसी के मज़ार पर चिराग़ जलाने के साथ मुल्ला, मुज़ाविर आदि को दिया जाता है।

चिराग़ेसहरी पु० *(फ़ा०)* सवेरे का दीपक जिसके बुझने में विलम्ब न हो; वह जो मृत्यु के समीप पहुँच चुका हो।

चिर्क स्त्री० *(फ़ा०)* मल; गन्दगी, मवाद; पीब।

चिर्मी वि० *(फ़ा० सं० चर्म; वि० चिर्मी)* चमड़ा; चर्म।

चिल वि० *(फ़ा०)* चालीस; मूर्ख। पु० चीड़ का पेड़।

चिलग़ोजा पु० *(फ़ा० चिलगोजः)* एक प्रकार का मेवा; चीड़ या सनोवर का फल।

चिलता पु० *(फ़ा०)* एक तरह का कवच।

चिलम स्त्री० *(फ़ा० चिलिम)* कटोरी के आकार का नालीदार एक मिट्टी का बरतन, जिस पर तम्बाकू जलाकर उसका धुआँ पीते हैं।

चिलमची स्त्री० *(तु०)* देग के आकार का एक बरतन, जिसमें हाथ धोते और कुल्ली आदि करते हैं।

चिलमन स्त्री० *(फ़ा०)* बाँस की फट्टियों का परदा; चिक।

चिल्ला पु० *(फ़ा० चिल्लः)* चालीस दिन का समय; चालीस दिन का बँधेज या किसी पुण्य काम का नियम; स्त्रियों के लिए प्रसव में चालीस दिन का समय।

मुहा० ***चिल्ला बाँधना-*** *चालीस दिन का व्रत करना।* ***चिल्ला खींचना-*** *चालीस दिन एकान्त में बैठकर ईश्वर की उपासना करना।*

चीं[1] स्त्री० *(फ़ा०)* चेहरे पर पड़ने वाली शिकन या बल; बिगड़ना; नाराज होना।

ची[2] प्रत्य० *(तु०)* 'वाला'। शब्द के अन्त में आकर अर्थ देता है, जैसे- तोपची।

चीख़ स्त्री० *(फ़ा०)* चिल्लाने की आवाज; चिल्लाहट।

चीख़ना अ०वि० *(फ़ा०)* चिल्लाना; शोर मचाना।

चीज़ स्त्री० *(फ़ा०)* वस्तु; पदार्थ; द्रव्य; आभूषण; गहना; गाने की चीज़; वस्तु; विलक्षण वस्तु; महत्त्व की वस्तु।

चीज़मीज़ स्त्री० *(फ़ा०)* न्यून; थोड़ा; अल्प।

चीज़लीज़ स्त्री० *(फ़ा०)* पूँजी; सरमाया; सामर्थ्य।

चीदा वि० *(फ़ा० चीदः)* चुना हुआ; बढ़िया।

चीना पु० *(फ़ा० चीनः)* वे अन्न के दाने जो पक्षी खाते है।

चीनिन्द वि० *(फ़ा०)* चुनने वाला।

चीने अब्रू स्त्री० *(फ़ा०)* भौंहों का तनाव; क्रोध आना।

चीरादस्त वि० *(फ़ा० चीरःदस्त)* अत्याचारी; जबर्दस्त।

चीरादस्ती स्त्री० *(फ़ा० चीरःदस्त)* अत्याचार; जबरदस्ती।

चीराबन्द वि० *(फ़ा० चीरःबन्द)* पगड़ी बाँधने वाला। स्त्री० वह वेश्या पुत्री जो अभी कुमारी हो।

चीराबन्दी स्त्री० *(फ़ा० चीरःबन्दी)* पगड़ी बाँधना।
चीरगी स्त्री० *(फ़ा०)* वीरता; बहादुरी; जबरदस्ती; अन्याय।
चीलदो पु० *(तु०)* पुरस्कार; इनाम।
चीस्त अव्य० *(फ़ा०)* क्या है?
चीस्ताँ स्त्री० *(फ़ा०)* पहेली; बुझौवल।
चुक़न्दर पु० *(फ़ा०)* गाजर की तरह का एक कन्द, जिसकी तरकारी बनती है।
चुग़द पु० *(फ़ा० चुग्द)* उल्लू; मूर्ख व्यक्ति।
चुग़ल पु० *(तु० चुग़ुल)* चुग़ली करने वाला; पीठ पीछे दूसरों की निन्दा करने वाला।
चुग़लख़ोर पु० *(अ० चुग़ुलख़ोर)* दूसरों की चुगली करने वाला।
चुग़लख़ोरी स्त्री० *(अ० चुग़ुलख़ोरी)* दूसरों की निन्दा या शिकायत करने वाला।
चुग़ली स्त्री० *(तु० चुग़ुली)* दूसरे की निन्दा जो उसकी अनुपस्थिति में की जाये।
चुनाँ वि० *(फ़ा०)* इस प्रकार का; ऐसा।
पदरचना- *चुना-चुनी या चुनीं-चुनाँ करना*-*आपत्ति करना; उज़्र करना; बढ़-बढ़ कर बातें करना।*
चुनाँचे क्रि०वि० *(फ़ा०)* जैसा कि; उदाहरण स्वरूप; इसलिए; इस वास्ते।
चुनाग़ पु० *(तु०)* घोड़े की काठी; ज़ीन।
चुनिन्दा/चुनीदा वि० *(फ़ा०)* चुना हुआ; छँटा हुआ; बढ़िया।
चुनीं वि० *(फ़ा०)* इस प्रकार का; ऐसे; इस तरह।
चुनीदा अव्य० *(फ़ा० चुनीदः)* ऐसा; इस प्रकार का; ऐसे; इस तरह; यूँ।
चुफ़्त वि० *(फ़ा०)* मोटा-ताज़ा; चर्बीला; फुर्तीला; तेज; मोटा; दलदार।
चुमाक़ पु० *(तु०)* षट्कोण; लोहे की गदा; शिश्न।
चुर्बक पु० *(फ़ा०)* असत्य; व्यंग्य; अश्लीलता; लज्जा।
चुलाब पु० *(तु०)* भात; पके हुए सादे चावल।
चुलिस्ताँ पु० *(तु०)* वह जंगल जिसमें पानी और पेड़ न हों।
चुली स्त्री० *(फ़ा०)* कायरता; क्लीबता; भीरुता।
चुलूक स्त्री० *(फ़ा०)* गाड़ी; धतूरा।
चुवाक स्त्री० *(फ़ा०)* पूरा; घी में पकी पूड़ी।
चुस्त वि० *(फ़ा०)* कसा हुआ; जो ढीला न हो; संकुचित; तंग; जिसमें आलस्य न हो; तत्पर; फुर्तीला; चतुर।
पदरचना- *चुस्त व चालाक*- *फुर्तीला और चतुर।*
चुस्ता पु० *(फ़ा०)* बकरी या भेड़ के बच्चे का आमाशय; बड़ी आँत का अन्तिम भाग।
चुस्ती स्त्री० *(फ़ा०)* फुर्ती; तेज़ी; कसावट; तंगी; दृढ़ता; मज़बूती।
चूँ क्रि०वि० *(फ़ा०)* इसलिए; इस वास्ते; अगर।
चूँकि क्रि०वि० *(फ़ा०)* इस कारण से; कि; क्योंकि, इसलिए कि।
चूज़ पु० *(फ़ा०)* वह शिकारी पक्षी का बच्चा जिसने अभी शिकार करना न सीखा हो।
चूज़ा पु० *(फ़ा० चूजः)* मुरगी का बच्चा; नवयुवक; नवयुवती।
चूज़ा रुब स्त्री० *(फ़ा०)* चील पक्षी।
चे अव्य०पु० *(फ़ा० चेह)* क्या।
चख़ पु० *(फ़ा०)* वह व्यक्ति जिसकी पलकें झड़ गयी हों; चौंधा।
चेगूना अव्य० *(फ़ा० चे-गूनः)* किस प्रकार; किस तरह।
चेचक स्त्री० *(फ़ा०)* शीतला माता नामक रोग।
पदरचना- *चेचक-रू*- *जिसके मुँह पर शीतला के दाग हों।*
चेहरा पु० *(फ़ा० चेहरः)* शरीर का ऊपरी गोल अंग जिसके आगे के भाग में मुँह, आँख आदि रहते हैं।
मुहा० *चेहरा उतरना*- *लज्जा, शोक, चिन्ता, रोग आदि के कारण चेहरे का तेज जाते रहना।* ***चेहरा होना*-** *फौज में नाम लिखना।*
चेहरा कुशा वि० *(फ़ा० चेहरः कुशः)* मुँह से परदा उठाने वाला।
चेहरा कुशाई स्त्री० *(फ़ा० चेहरः कुशाई)* मुँह खोलना; किसी चित्र पर से परदा उठाने की रसम।
चेहरा ख़ेज़ वि० *(फ़ा० चेहरः ख़ेज़)* स्वच्छ; साफ़; प्रकाशित।
चेहरानवीस वि० *(फ़ा० चेहरःनवीस)* हुलिया लिखने वाला।
चेहरानवीसी स्त्री० *(फ़ा० चेहरःनवीसी)* हुलिया लिखने का काम।
चेहरापरदाज़ वि० *(फ़ा० चेहरःपर्दाज़)* चित्रकार।

चेहरापरदाज़ी स्त्री० *(फ़ा० चेहरःपर्दाजी)* चित्रकारी का काम।

चेहल्लुम पु० *(फ़ा०)* किसी के मरने के दिन से चालीसवाँ दिन। वि० चालीसवाँ।

चो अव्य० *(फ़ा०)* जो; अगर; यदि; जब; जिस समय।

चोख़ोदनी वि० *(फ़ा०)* फिसलने योग्य।

चोख़ीदा वि० *(फ़ा०)* फिसला हुआ।

चोग़ा पु० *(तु० चूग़ा)* पैरों तक लटकता हुआ एक ढीला पहनावा; लबादा।

चोब स्त्री० *(फ़ा०)* शामियाना खड़ा करने का बड़ा खम्भा; नगाड़ा या ताशा बजाने की लकड़ी; सोने या चाँदी से मढा हुआ डण्डा; छड़ी।

चोबक स्त्री० *(फ़ा०)* छोटा डण्डा; नक्कारा बजाने की लकड़ी।

चोबक जन वि० *(फ़ा०)* नक्कारा बजाने वाला।

चोबकी वि० *(फ़ा०)* चोबदार; दण्डधारी।

चोबख़्वार वि० *(फ़ा०)* लकड़ी खाने वाला कीड़ा; दीमक।

चोबचीनी स्त्री० *(फ़ा०)* एक औषधि जो एक लता की जड़ है।

चोबदस्ती स्त्री० *(फ़ा०)* हाथ में रखने की छड़ी।

चोबदार पु० *(फ़ा०)* वह नौकर जिसके पास चौब या आसा रहता है; प्रतिहार; द्वारपाल।

चोबा पु० *(फ़ा० चोबः)* बाण; तीर; कील।

चोबे तरीक़ स्त्री० *(अ० चोबे+ फ़ा० तरीक़)* जनता को किसी बात से रोकने के लिए कर्मचारियों का डण्डा।

चोबे तालीम स्त्री० *(फ़ा० चोबे+अ० तालीम)* पढ़ाने वाले (शिक्षक) की छड़ी।

चोबे मुहस्सिल स्त्री० *(फ़ा० चोबे+अ० मुहास्सिल)* चुंगी आदि वसूल करने का डण्डा।

चोबे शिगाफ़ स्त्री० *(फ़ा०)* चिरी हुई लकड़ी की दरार में दी जाने वाली फच्चर।

चोशिन्दा वि० *(फ़ा० चोशिन्दः)* चूसने वाला।

चोशीदा वि० *(फ़ा० चोशीदा)* चूसा हुआ।

चोशीदगी स्त्री० *(फ़ा०)* चूसने का भाव।

चोशीदनी वि० *(फ़ा०)* चूसने के योग्य।

चौगानी पु० *(फ़ा०)* वह घोड़ा जो पोलो के खेल के लिए सधा हो।

चौगानबाज़ी स्त्री० *(फ़ा०)* चौगान खेलना।

चौगिर्द क्रि०वि० *(हि० चौ+फ़ा० गिर्द)* चारों ओर।

चौगोशा वि० *(हि० चौ+फ़ा० गोशा)* जिसके चार कोने हों; चौकोर।

चौगोशिया स्त्री० *(हि० चौ+ फ़ा० गोशिया)* एक प्रकार की चौकोर टोपी।

चौतेरा पु० *(फ़ा०)* मकान के आगे का फर्श-चबूतरा।

चौपान पु० *(फ़ा०)* भेड़ बकरियाँ (पशुओं को) चराने का काम।

चौपानी स्त्री० *(फ़ा०)* जानवर चराने का काम।

चौबी वि० *(फ़ा०)* एक खेल जिसमें लकड़ी के बल्ले से गेंद पर प्रहार करते हैं, चौगान खेलने का मैदान।

चौसिन्दा वि० *(फ़ा० चौसिन्दः)* चिपकने वाला।

चौसीदा वि० *(फ़ा० चौसीदः)* चिपका हुआ।

चौसीदनी पु० *(फ़ा०)* चिपकने के लायक।

छ

छक्केबाज़ वि० *(हि० छक्का+फ़ा० बाज़)* अत्यधिक चालबाज, अत्यन्त धूर्त।

छक्केबाज़ी स्त्री० *(हि० छक्का+ फ़ा० बाजी)* धूर्तता।

छज्जेदार वि० *(हि० छज्जा+ फ़ा० दार)* जो किनारा आगे को निकाला हुआ हो; आगे को निकाला हुआ किनारा।

छल्लेदार वि० *(हि० छल्ला+ फ़ा० दार)* मण्डलाकार घेरे वाला; जो छल्लों से युक्त हो।

छेददार वि० *(हि० छेद+फ़ा० दार)* जिसमें सुराख हो।

ज/ज़

जंग[1] पु० *(फ़ा०)* लड़ाई; युद्ध; समर।

ज़ंग[2] पु० *(फ़ा०)* लोहे पर लगने वाला मुरचा; पीतल का छोटा घण्टा; हब्शियों के देश का नाम।

ज़ंगआज़मा वि० *(फ़ा० ज़ंगआज़्मा)* युद्ध का अनुभवी; युद्ध कुशल; युद्धरत।

जंगआज़माई वि० *(फ़ा० ज़ंगआज्माई)* युद्ध में लगा हुआ।

जंगआलूदा वि० *(फ़ा० जंगआलूदः)* जिसमें मुरचा लगा हो, मुरचा लगा हुआ।

ज़ंगआलूदगी स्त्री० *(फ़ा०)* मोरचा (जंग) लग कर खराब हो जाना।

जंगख़्वाह वि० *(फ़ा०)* लड़ाई का इच्छुक।

जंगगाह स्त्री० *(फ़ा०)* युद्ध का मैदान; रणक्षेत्र।

जंगजू वि० *(फ़ा०)* लड़ाकू; योद्धा।

जंगजूई स्त्री० *(फ़ा०)* लड़ाकापन।

जंग ना आज़मूद वि० *(फ़ा० जंग ना आज्मूद)* जिसे युद्ध का अनुभव न हो।

जंगपसन्द वि० *(फ़ा०)* युद्ध प्रिय।

जंगपसन्दी स्त्री० *(फ़ा०)* युद्ध और रक्तपात पसन्द करना।

जंगल पु० *(फ़ा०)* वन; अरण्य, अटवी।

जंगली वि० *(फ़ा०)* जंगल में होने या रहने वाला; असभ्य; अशिष्ट।

ज़ंगार पु० *(फ़ा०)* ताँबे का कसाव; तूतिया; एक दवा जो ताँबे का कसाव है।

जंग़ारी वि० *(फ़ा०)* नीले रंग का; बाँध; मेड़।

जंगी[1] वि० *(अ०)* जंग या युद्ध सम्बन्धी; जंगी जहाज; बहुत बड़ा; विशालकाय।
पदरचना- ***जंगी जवान-*** *लम्बे-चौड़े आकार वाला।* ***जंगी बेड़ा-*** *युद्ध पोतों का समूह।*

जंगी[2] पु० *(अ०)* हब्शी।

ज़ंगी नज़ाद वि० *(फ़ा०)* हब्शी नसल का; हब्शी।

ज़ंगुला पु० *(फ़ा०)* झाँझ; बड़े मजीरे; घुँघरू।

जंगे आज़ादी स्त्री० *(फ़ा०)* देश को पराधीनता से मुक्त करने की लड़ाई।

जंगेज़रगरी स्त्री० *(फ़ा०)* दिखावटी युद्ध; कूटयुद्ध; शीतयुद्ध।

जंगे बर्री स्त्री० *(फ़ा० जंगे+अ० बर्री)* खूनी युद्ध; मैदान का युद्ध।

जंगे बहरी स्त्री० *(फ़ा० जंगे+अ० बह्री)* समुद्री पोतों का युद्ध।

जंगे हवाई स्त्री० *(फ़ा० जंगे+अ० हवाई)* वायु युद्ध; हवाई जहाज़ों का युद्ध।

ज़ंचक स्त्री० *(फ़ा०)* व्यभिचारिणी; कुलटा।

ज़ंज पु० *(अ०)* जंग; युद्ध।

ज़ंज बार पु० *(अ०)* पूर्वी अफ्रीका का एक समुद्री तट।

ज़ंजबील स्त्री० *(अ०)* सोंठ; सूखा हुआ अदरक।

ज़ंजी वि० *(अ०)* हब्शी।

जंजीर[1] स्त्री० *(फ़ा०)* साँकल; कड़ियों की लड़ी; बेड़ी; किवाड़ की कुण्डी।

जंजीर[2] पु० *(फ़ा०)* गले में पहनने की सिकड़ी; एक प्रकार की जंजीरदार सिलाई।

ज़ंजीरख़ाना पु० *(फ़ा० ज़ंजीर ख़ानः)* कारावास; जेलखाना।

ज़ंजीरगर वि० *(फ़ा०)* ज़ंजीर बनाने वाला।

ज़ंजीरगुतिस्ता वि० *(फ़ा० जंजीरगुतिस्तः)* स्वच्छन्द; स्वतन्त्र; आजाद।

ज़ंजीरदार वि० *(फ़ा०)* सम्बन्ध रखने वाला; अनुयायी।

ज़ंजीरफ़रसा वि० *(फ़ा० जंजीर फर्सा)* ज़ंजीर को रगड़ने वाला।

ज़ंजीरबान वि० *(फ़ा०)* जेल का अध्यक्ष; जेलर।

ज़ंजीरमू वि० *(फ़ा०)* घुँघराले बालों वाला (वाली)।

ज़ंजीरसोज़ वि० *(फ़ा०)* बन्धनों को तोड़ देने वाला।

जंजीरा पु० *(फ़ा० जंजीरः)* गले में पहनने की सिकड़ी; एक प्रकार की जंजीरदार सिलाई; तरंग; तार।

ज़ंजीरी[1] वि० *(फ़ा०)* जंजीर में बँधा हुआ; बन्दी।

ज़ंजीरी[2] वि० *(फ़ा०)* कलाई में पहनने वाला गहना।

ज़ंजीरेआहन स्त्री० *(फ़ा०)* लोहे की जंजीर।

ज़ंजीरे जुनूँ स्त्री० *(फ़ा० ज़ंजीरे+अ० जुनूँ)* वह जंजीर जो पागल व्यक्ति को पहनायी जाती है।

जंज़बील स्त्री० *(अ०)* सुखायी हुई अदरक; सोंठ; स्वर्ग की एक नहर का नाम।

ज़न्द[1] पु० *(फ़ा०)* प्राचीन ईरानी आर्यों की भाषा जो वैदिक संस्कृत से बहुत मिलती है। पारसियों का धर्म ग्रन्थ।

ज़न्द[2] वि० *(फ़ा०)* बड़ा; महान्; चकमक; अग्नि प्रस्तर।

ज़न्द[3] पु० *(फ़ा०)* पहुँचा; कलाई।

जन्दा वि० *(फ़ा०)* महान्; बड़ा; अज़ीम।

ज़का[1] स्त्री० *(अ०)* बढ़ना; विकास; फलना-फूलना।

ज़का[2] स्त्री० *(अ०)* बुद्धि; समझ; विवेक; तमीज़।

ज़ईफ़ वि० *(अ०)* दुर्बल; कमजोर; वृद्ध।

ज़ईफ़-उल-अक़्ल वि० *(अ०)* दुर्बल बुद्धि वाला; कम अक्ल।

ज़ईफ़-उल-एतक़ाद वि० *(फ़ा०)* जो सहज में एक बात को छोड़कर, दूसरी बात पर विश्वास कर ले।

ज़ईफ़ी स्त्री० *(अ०)* दुर्बलता; कमजोरी; बुढ़ापा।

ज़ईम पु० *(अ०)* नेता; रहनुमा।

ज़क स्त्री० *(अ०)* हार; पराजय; हानि; घाटा; पराभव; लज्जा।

ज़क़न पु० *(अ०)* ठोढी; ठुड्डी।

पदरचना- चाहेज़क़न- *ठोढी पर का गड्डा।*

ज़क़न्द स्त्री० *(फ़ा०)* छलाँग; चौकड़ी।

ज़क़न्दना अ०वि० *(फ़ा०)* छलाँग मारना; झपटना।

ज़क़न्दनि स्त्री० *(फ़ा०)* दौड़धूप; उलझन।

ज़कर पु० *(अ०)* पुरुष की इन्द्रिय; लिंग।

ज़कात स्त्री० *(अ०)* वार्षिक आय का चालीसवाँ अंश जो दान-पुण्य में व्यय करना प्रत्येक मुसलमान का परम कर्तव्य कहा गया है।

ज़काती पु० *(अ०)* ज़कात वसूलने वाला।

ज़कावत स्त्री० *(अ०)* बुद्धि की प्रखरता; बुद्धिमत्ता।

ज़कावते हिस स्त्री० *(अ०)* संवेदन शक्ति का बढ़ जाना।

ज़की[1] वि० *(अ०)* बुद्धिमान।

ज़की[2] वि० *(अ०)* पवित्र; शुद्ध; निस्पृह।

ज़कीउलहिस वि० *(अ०)* जिसकी संवेदन शक्ति बढ़ जाये।

ज़कीक स्त्री० *(अ०)* धीमी चाल।

ज़कीया स्त्री० *(अ०)* बुद्धिमती; प्रतिभावान स्त्री।

ज़कूम पु० *(फ़ा०)* थूहड़ का पेड़।

ज़ख़म पु० *(फ़ा०)* घाव।

मुहा० *ज़ख़म खाना-* *चोट लगना।* ***ज़ख़म पर नमक छिड़कना-*** *दुःखी व्यक्ति को और दुःखी करना।* ***ज़ख़म हरा होना-*** *बीते हुए दुःख का पुनः स्मरण हो जाना।*

ज़ख़मी वि० *(फ़ा०)* घायल।

ज़ख़ाम वि० *(अ०)* बड़े डील डौल वाली वस्तुएँ।

ज़ख़ामत स्त्री० *(अ०)* मोटाई; स्थूलता; पुस्तक आदि की मोटाई।

ज़ख़ीम वि० *(अ०)* मोटा; स्थूल; बड़ा या भारी।

ज़ख़ीरा पु० *(अ० ज़ख़ीरः)* वह स्थान जहाँ एक ही प्रकार की बहुत-सी चीजों का संग्रह हो; कोषागार; संग्रह; ढेर।

ज़ख़ीराअन्दोज़ वि० *(अ० ज़ख़ीरा+फ़ा० अन्दोज)* अनाज आदि को संग्रह करने वाला।

ज़ख़ीर-ए-अमल पु० *(अ०)* परलोक के लिए पाप-पुण्य का संचय।

ज़ख़ीर-ए-आख़िरत पु० *(अ०)* परलोक में काम आने वाले कर्म अर्थात् जप-तप आदि का संचय।

ज़ख़्ख़ार[1] वि० *(अ०)* अपार; जिसका ओर-छोर न मिले; मौजे मारती हुई नदी।

ज़ख़्ख़ार[2] वि० *(फ़ा०)* घोर शोर करने वाला।

जख़ीरेबाज़ पु० *(अ० जख़ीरा+फ़ा० बाज़)* जमाख़ोर।

जख़ीरेबाज़ी स्त्री० *(अ० जख़ीरा+फ़ा० बाज़ी)* जमाख़ोरी।

ज़ख़्म पु० *(फ़ा०)* घाव; क्षत; आघात।

मुहा० *ज़ख़्म ताज़ा या हरा हो जाना-* *बीते हुए कष्ट का स्मरण हो जाना।*

ज़ख़्मा वि० *(फ़ा० जख्मः)* बाजा बजाने का सामान।

ज़ख़्मी वि० *(फ़ा०)* घायल; आहत।

ज़ख़्मीदिल वि० *(फ़ा०)* जिसका हृदय प्रेम में घायल हो।

ज़ग़न स्त्री० *(फ़ा० ज़गन्द)* उछल कर एक स्थान से दूसरे स्थान पर जाना; चौकड़ी भरना; उछल-कूद; चील पक्षी।

जगह स्त्री० *(फ़ा० जायगाह)* स्थान; मौका; अवसर; पद; ओहदा; नौकरी।

ज़चगी स्त्री० *(फ़ा०)* प्रसव; प्रसूतावस्था।

ज़च्चा स्त्री० *(फ़ा० ज़च्चः)* वह स्त्री जिसे हाल ही में बच्चा हुआ हो।

ज़च्चाख़ाना पु० *(फ़ा०)* प्रसूति घर, वह घर जिस में बच्चा पैदा हो।

जज़बात पु० *(अ०)* भावना; भावना का बहाव।

जज़्र पु० *(अ० जज्रः)* वर्गमूल।

जज़्र व मद *(अ०)* समुद्र का ज्वार-भाटा।

जज़ा स्त्री० *(अ०)* बदला; प्रतिकार; परिणाम; परलोक में मिलने वाला पुण्यफल; प्रतिफल।

जज़ाक अल्लाह पद *(अ०)* ईश्वर तुम्हें इसके शुभफल दें; शाबाश; बहुत अच्छे।

जज़ायर पु० *(अ० जज़ीरः का बहु०)* टापू; द्वीप।

जज़िया पु० *(अ० जज़ियः)* दण्ड; एक प्रकार का कर जो मुस्लिम राज्यों में गैर-मुस्लिमों पर लगता था।

जज़ीरा पु० *(अ०)* द्वीप।

जज़ीरानुमा पु० *(अ०)* वह स्थल जो तीन ओर जल से घिरा हो।

जज़ील वि० *(अ०)* दृढ़; सुन्दर; उत्तम; श्रेष्ठ।

जज़्ब पु० *(अ०)* आकर्षण; खींचना; शोषण; सोखना।

जज़्ब-ए-इश्क पु० *(अ०)* प्रेम का आकर्षण।

जज़्बा पु० *(अ० जज़्बः)* आवेश; जोश; भावना।

पदरचना- *जज़्बा-ए-पैदाइश-* *पैदा होने की भावना।* ***जज़्बा-बाहमी-*** *पारस्परिक भाव।*

जज़्बात पु० *(अ० जज़्बः का बहु०)* भावनाएँ।

जज़्बाती वि० *(अ०)* भावना सम्बन्धी; भावुक।

जज़्बातीयत स्त्री० *(अ०)* भावुकता।

जज़्म पु० *(अ०)* अरबी लिपि में वह चिह्न (◌ْ) जो किसी अक्षर पर यह सूचित करने के लिए लगाया जाता है कि यह हलन्त या हल (स्वर सहित) है।

जज़्र पु० *(अ०)* काटना, नदी या समुद्र के पानी का घटना; गणित में घनमूल।

जत्थेदार पु० *(हि० जत्थे+फ़ा० दार)* संगठित दल का नेता; सिख धर्म का ओहदा।

जत्थेबन्द वि० *(हि० जत्था+फ़ा० बन्द)* दल में संगठित।

जत्थेबन्दी स्त्री० *(हि० जत्था+फ़ा० बन्दी)* जत्था बनाना; दलबन्दी।

जद[1] पु० *(अ०)* पिता का पिता (दादा); माता का पिता (नाना); सौभाग्य; सम्पन्नता।

ज़द[2] स्त्री० *(फ़ा०)* मार; चोट; वह वस्तु जिस पर निशाना लगाया जाये; लक्ष्य; हानि-नुकसान।

ज़दगी स्त्री० *(फ़ा०)* मारने या लगाने की क्रिया। जैसे- आतिश ज़दगी; वि० मारने के काबिल।

ज़दन पु० *(फ़ा०)* मारना; आघात करना; खाना-पीना; खोलना; फेंकना।

जदल पु० *(अ०)* लड़ाई; युद्ध।

जदवार स्त्री० *(अ०)* निर्विषी नामक औषधि।

ज़दा वि० *(फ़ा० ज़दः)* जिस पर आघात या चोट लगे। यह प्रायः प्रत्यय के रूप में शब्दों के अन्त में लगता है। जैसे- ग़मज़दा, खौफ़ज़दा आदि।

जदी पु० *(अ०)* बकरी का बच्चा; मकर राशि।

जदीद वि० *(अ०)* नया; नवीन; आधुनिक।

ज़दोकोब स्त्री० *(अ० ज़द+फ़ा० कोब)* मारपीट।

जद्द स्त्री० *(अ०)* प्रयास; कोशिश।

जद्दा स्त्री० *(अ० जद्दः)* दादी; नानी; अरब का एक प्रसिद्ध नगर।

जद्दी वि० *(अ०)* बाप-दादा का; पैतृक।

जद्दोजेहद स्त्री० *(अ० जद्दो+फ़ा० जेहद)* संघर्ष; दौड़धूप; प्रयास।

ज़न स्त्री० *(फ़ा० बहु० ज़नान)* स्त्री; औरत; जोरू; पत्नी।

ज़नख पु० *(फ़ा०)* ठोड़ी; चिबुक।

ज़नखदाँ पु० *(फ़ा०)* ठोड़ी पर गड्ढा।

ज़नख़ा पु० *(फ़ा. ज़नख़ः)* वह जिसके हाव-भाव औरतों जैसे हों; हिजड़ा।

ज़नमुरीद वि० *(फ़ा०)* अपनी पत्नी का भक्त।

जनाज़ा पु० *(अ० जनाज़ः)* शव; लाश; अरथी या वह सन्दूक जिसमें लाश को रखकर दफनाने या जलाने ले जाते हैं।

ज़नानख़ाना पु० *(फ़ा०)* स्त्रियों के रहने का स्थान; अन्तःपुर।

ज़नाना वि० *(फ़ा० ज़नानः)* स्त्रियों का; निर्बल; डरपोक। पु० हिजड़ा।

ज़नानी वि०स्त्री० *(फ़ा०)* स्त्रियों से सम्बन्ध रखने वाली।

जनाब पु० *(अ०)* किसी बड़े या पूज्य व्यक्ति का द्वार; बड़ों के लिए आदरसूचक शब्द; महाशय; श्रीमान्।

पदरचना- *जनाबे मन-* *मेरे मान्य महोदय।*

जनाबत स्त्री० *(अ०)* मैथुन के बाद स्नान की आवश्यकता; अशुचि

जनाबा स्त्री० *(अ०)* श्रीमती (सम्बोधन) जनाबेआली-श्रीमान्; महोदया।

जनीन पु० *(अ०)* वह बच्चा जो गर्भ में ही हो; भ्रूण।

जनून पु० *(अ०)* पागलपन; उन्माद।

जनूनी पु० *(अ०)* पागल; उन्मादी।

जनूब पु० *(अ०)* दक्षिण दिशा।

जनूबी वि० *(अ०)* दक्षिण का; दक्षिणी।

ज़नोफर्ज़न्द पु० *(अ०)* स्त्री और पुत्र।

जन्द पु० *(फ़ा०)* जरथुस्र का बनाया हुआ पारसियों का धर्मग्रन्थ।

ज़न्न पु० *(अ०)* धारणा; गुमान; खयाल।

जन्नत स्त्री० *(अ०)* स्वर्ग; बहिश्त।

जन्नती वि० *(अ०)* जन्नत या स्वर्ग-सम्बन्धी; स्वर्ग में रहने वाला या स्थान पाने वाला।

जन्नी वि० *(अ०)* काल्पनिक; भ्रमपूर्ण; कल्पित।

ज़फ़र पु० *(अ०)* जीत; प्राप्ति; लाभ।

ज़फ़रयाब वि० *(अ० ज़फ़र+ फ़ा० याब)* विजयी; विजेता; सफलता पाने वाला।

जफ़ा स्त्री० *(फ़ा०)* सख्ती; कड़ाई; जुल्म; अत्याचार; विपत्ति; संकट।

जफ़ाकश वि० *(फ़ा०)* विपत्तियाँ और कष्ट सहने वाला।

जफ़ाकार वि० *(फ़ा०)* अत्याचार करने वाला; जालिम।

जफ़ाकेश वि० *(फ़ा०)* जिसकी प्रकृति में अत्याचार हो; बहुत बड़ा अत्याचारी।

जफ़ापरवर वि० *(फ़ा०)* अत्याचारों को बढ़ावा देने वाला।

जफ़ातलबी स्त्री० *(फ़ा०)* अत्याचार सहने की शक्ति।

ज़फ़ीर/ज़फ़ील स्त्री० *(अ०)* मुँह से निकाली जाने वाली सीटी की आवाज; सीटी।

जफ़ीरी स्त्री० *(अ०)* सीटी का शब्द; वह चीज जिससे सीटी बजायी जाये।

ज़बर वि० *(अ०)* बलवान; बली; ताकतवर; मजबूत; श्रेष्ठ; उच्च।

ज़बरजंग वि० *(अ०)* बहुत बड़ा बलवान।

ज़बरजद पु० *(अ०)* पुखराज नामक रत्न।

जबरन क्रि०वि० *(अ० जब्रन)* जबरदस्ती; बलात्।

ज़बरदस्त वि० *(अ० ज़बर+फ़ा० दस्त)* बलवान; बली, शक्तिशाली, दृढ़।

ज़बरदस्ती स्त्री० *(अ० ज़बर+ फ़ा० दस्ती)* अत्याचार; सीनाजोरी; ज्यादती।

जबल पु० *(अ०, बहु० जिबाल)* पर्वत; पहाड़।

ज़बह पु० *(अ० ज़िबह)* गला रेत कर प्राण लेने की क्रिया।

जबहा पु० *(अ०)* माथा; पेशानी।

ज़बाँज़द वि० *(फ़ा०)* वह बात जो सब लोगों की जुबान पर हो; प्रचलित; प्रसिद्ध।

ज़बाँदराज़ वि० *(फ़ा० भाव० ज़बाँदराज़ी)* बहुत बढ़-चढ़ कर बातें करने वाला; जो मुँह में आये बक देने वाला; अनुचित बातें करने वाला।

ज़बान स्त्री० *(फ़ा०)* जीभ; जिह्वा; बात; बोल; प्रतिज्ञा; वादा; भाषा; बोलचाल।

पदरचना- ***बेज़बान-*** *बहुत सीधा।* ***बरजबान-*** *कण्ठस्थ।*

मुहा० ***ज़बान खींचना-*** *धृष्टतापूर्ण बातें करने के लिए कठोर दण्ड देना।* ***ज़बान पर आना-*** *मुँह से निकलना।* ***ज़बान में लगाम न होना-*** *सोच समझ कर न बोलना।* ***ज़बान हिलाना-*** *मुँह से शब्द निकालना।* ***जुबान खुलना-*** *बोलने में समर्थ होना।* ***ज़बान खुलवाना-*** *अप्रिय बात करने को विवश करना।* ***ज़बान खोलना-*** *कुछ बोलना; शिकायत करना।* ***ज़बान चलना-*** *बराबर कुछ न कुछ बोलते रहना।* ***ज़बान चलाना-*** *जल्दी-जल्दी बातें कहना; अनुचित बातें कहना।* ***ज़बान चलाने की रोटी खाना-*** *खुशामद करके जीविका चलाना।* ***ज़बान में खुजली होना-*** *लड़ने-झगड़ने को जी करना।* ***ज़बान हारना-*** *वचनबद्ध होना; प्रतिज्ञा करना।* ***ज़बान हिलाना-*** *बोलने की चेष्टा करना।*

ज़बानी वि० *(फ़ा०)* जो केवल जबान से कहा जाये, किया न जाये; मौखिक; मुँह से कहा हुआ।

जबाँबन्दी स्त्री० *(फ़ा०)* लिखा हुआ वक्तव्य आदि।

जबीं स्त्री० *(अ०)* माथा; मस्तक।

पदरचना- ***चीं-व-जबीं-*** *माथे पर पड़ा हुआ शिकन या बल।*

जबीना पु० *(अ०)* माथा; उच्च शिखर।

पदरचना- ***जबीने-कोह-*** *पहाड़ का माथा, अर्थात् शिखर।*

जबी फ़रसा वि० *(फ़ा० जबी फ़सा)* जमीन पर माथा टेक कर सलाम करने वाला; बहुत ही दीनता प्रकट करने वाला।

ज़बीब पु० *(अ०)* सूखा हुआ अंगूर; किशमिश; मुनक्का।

ज़बीया स्त्री० *(अ०)* मृगी; हिरनी।

जबीरा स्त्री० *(अ०)* हड्डी पर बाँधने की लकड़ी।

ज़बीहुल्लाह पु० *(अ०)* हज़रत इस्माईल की उपाधि, जिन्हें उनके पिता ने ईश्वर की आज्ञा से कुर्बानी देनी चाही थी।

ज़बीहा पु० *(अ० ज़बीहः)* वह पशु जो नियमानुसार ज़बह किया गया हो और जिसका माँस खाने योग्य हो।

ज़बूँ वि० *(फ़ा०)* निकृष्ट; दूषित; खराब।
ज़बूँहाल वि० *(फ़ा० ज़बूँ+ अ० हाल)* दुर्दशाग्रस्त; बदहाल।
ज़बूँहाली स्त्री० *(फ़ा० ज़बूँ+ अ० हाली)* दुर्दशा; बदहाली।
ज़बून वि० *(फ़ा०)* बुरा; खराब।
ज़बूर स्त्री० *(अ०)* हजरत दाऊद का लिखा हुआ ग्रन्थ।
ज़ब्त वि० *(अ०)* वह जिसे सरकार ने अपने कब्जे में किया हो।
ज़ब्ती स्त्री० *(अ०)* ज़ब्त होने की क्रिया या भाव।
ज़ब्ते अश्क पु० *(अ० ज़ब्ते+ फ़ा० अश्क)* आँसू रोकना।
ज़ब्ते आह पु० *(अ० ज़ब्ते+ फ़ा० आह)* आह रोकना; मुँह से आह न निकलने देना।
ज़ब्ते ग़म पु० *(अ० ज़ब्ते+ फ़ा० गम)* कष्ट और दुःख प्रगट न होने देना।
जब्रेमशीयत पु० *(अ०)* दैव की ज़बरदस्ती; भाग्य का हठ।
जब्रोतअद्दी स्त्री० *(अ०)* अत्याचार और अन्याय।
ज़ब्ल पु० *(अ०)* घोड़े और गधे की लीद।
जब्बार वि० *(फ़ा०)* जब्र या जबरदस्ती करने वाला। पु० ईश्वर का एक नाम।
जब्र पु० *(अ०)* जबरदस्ती; बल प्रयोग, अत्याचार।
जब्रन क्रि०वि० *(अ०)* बलपूर्वक; जबरदस्ती।
जब्री वि० *(अ०)* जबरदस्ती करने वाला।
ज़बह पु० *(अ०)* गला रेत कर जान लेना।
मुहा० *ज़बह करना-* *बहुत तकलीफ देना।*
जबरिया अव्य० *(अ० जब्रीया)* मजबूर करके; जबरदस्ती। पु० मुसलमानों का एक वर्ग, जो मानता है कि मनुष्य अपने कर्मों में सर्वथा नियति या ईश्वरेच्छा के अधीन है।
ज़मज़म पु० *(अ० ज़म्ज़म)* मक्के के पास का एक कुआँ, जिसे मुसलमान बहुत पवित्र मानते हैं; इस कुएँ का पानी।
ज़मज़मा पु० *(अ० ज़म्ज़मः)* संगीत; गाना बजाना।
ज़मज़मी स्त्री० *(अ०)* वह पात्र जिसमें मुसलमान ज़मज़म नामक कूएँ का पवित्र जल भर कर लाते हैं।
जमन स्त्री० *(फ़ा०)* यमुना नदी।
जमबील स्त्री० *(फ़ा० जम्बील)* फकीरों, साधुओं आदि की भिक्षा रखने की थैली।
जमल पु० *(अ०)* ऊँट
जमशेद पु० *(फ़ा०)* ईरान का एक प्राचीन शासक।
जमहूर पु० *(अ० जम्हूर)* जनसमूह; राष्ट्र।
पदरचना- *सुलतानी-ए-ज़म्हूर- प्रजा का शासन।*
जमहूरी वि० *(अ० जम्हूरी)* वह राज्य जहाँ प्रजातन्त्र हो।
ज़माँ[1] पु० *(अ०)* जमाना; युग; समय।
जमा[2] वि० *(अ० जमूअ)* संग्रह किया हुआ; जो अमानत के रूप में किसी के खाते में रखा गया हो।
जमा ख़र्च पु० *(अ० जमा+ फ़ा० ख़र्च)* आय और व्यय।
जमाखाता पु० *(अ० जमा+ हि० खाता)* वह खाता जिसमें रुपया जमा हो।
जमाख़ोर पु० *(अ० जमा+ फ़ा० ख़ोर)* अवैध माल रखने वाला।
जमा मार पु० *(अ० जमा+ फ़ा० मार)* दूसरे का माल हजम कर लेने वाला।
जमात स्त्री० *(अ० जमाअत)* मनुष्यों का समूह; गिरोह या जत्था; कक्षा; श्रेणी; दरजा।
जमाती वि० *(अ०)* सहपाठी।
जमाद[1] पु० *(अ० जिमाद)* वह पदार्थ जो निर्जीव हो और बढ़ न सकता हो। जैसे- पत्थर, खनिज पदार्थ आदि।
ज़माद[2] पु० *(अ०)* शरीर पर लगाया जाने वाला मरहम या लेप।
जमादात स्त्री० *(अ० जिमाद का बहु०)* खनिज द्रव्य, पत्थर आदि।
जमादार स्त्री० *(अ० जमअ+ फ़ा० दार)* सिपाहियों या पहरेदारों का प्रधान।
जमादारिन स्त्री० *(अ० जमा+ फ़ा० दार, हि० 'इन' प्रत्यय)* जमादार की पत्नी।
जमादारी स्त्री० *(अ० जमा+ फ़ा० दारी)* जमादार का कार्य या पद।
जमादी-उल-अव्वल पु० *(अ०)* अरब वालों का पाँचवाँ चान्द्रमास जो मुहर्रम से पहले पड़ता है।
ज़मान-ए-क़दीम पु० *(अ०)* प्राचीन काल।
ज़मान-ए-गुज़श्ता पु० *(अ०)* भूतकाल।
जमान-ए-जदीद पु० *(अ०)* आधुनिक काल।
जमान-ए-हाल पु० *(अ०)* वर्तमान काल।
ज़मान-ए-दराज़ पु० *(अ० जमान ए+ फ़ा० दराज़)* लम्बा समय; दीर्घकाल।

ज़मान-ए-माक़्बले तारीख़ पु० *(अ०)* वह समय जब इतिहास नहीं लिखा जाता था; पूर्वकाल; पूर्वेतिहासिक काल।

ज़मान-ए-माज़ी पु० *(अ०)* गुजरा हुआ समय; भूतकाल।

ज़मान-ए-मुसीबत पु० *(अ०)* विपत्ति काल; आफतों का समय।

ज़मान-ए-जाहिलियत पु० *(अ०)* मूर्खता का काल; इस्लाम के अनुसार धर्म के पूर्व का समय।

ज़मानत स्त्री० *(अ०)* वह जिम्मेदारी जो जबानी या कोई काग़ज़ लिखकर या कुछ रुपया जमा करके ली जाती है।

ज़मानतदार पु० *(अ० ज़मानत+फ़ा० दार)* वह जो किसी की जमानत ले।

ज़मानतन क्रि०वि० *(अ०)* ज़मानत के रूप में।

ज़मानतनामा पु० *(अ० ज़मानत+फ़ा० नामा)* वह पत्र जिस पर किसी की ज़मानत का उल्लेख हो।

ज़माना पु० *(अ० ज़मानः)* समय; काल; वक्त; बहुत अधिक समय; मुद्दत; प्रताप या सौभाग्य का समय; दुनिया; संसार; जगत।

मुहा० ***ज़माना उलटना-*** *समय का अचानक बदल जाना।* ***ज़माना देखना-*** *अनुभव प्राप्त करना।* ***ज़माना देखे होना-*** *अनुभवी होना।* ***ज़माना पलटना/बदलना-*** *अच्छे दिन से बुरे या बुरे दिन से अच्छे दिन आना।* ***ज़माने की गर्दिश-*** *समय का उलट-फेर।*

ज़माना साज़ वि० *(अ० ज़माना+फ़ा० साज़)* जो लोगों का रंग-ढंग देख कर व्यवहार करता हो; अवसरवादी; धूर्त।

जमाल पु० *(अ०)* बहुत सुन्दर रूप; सौन्दर्य; खूबसूरती।

जमालगोटा पु० *(अ०)* एक पौधा जिसका बीज अत्यन्त रेचक होता है।

जमालिस्तान पु० *(अ० जमाल+फ़ा० इस्तान)* सुन्दरियों का लोक; सौन्दर्य लोक।

जमाली वि० *(अ०)* परम रूपवान (ईश्वर का एक विशेषण), रूप सम्बन्धी।

जमालियात पु० *(अ०)* सौन्दर्य सम्बन्धी बातें।

जमिस्ताँ पु० *(फ़ा०)* जाड़े की ऋतु।

जमिस्तानी वि० *(फ़ा०)* जाड़े वाला; शरद ऋतु वाला।

ज़मीं स्त्री० *(फ़ा०)* ज़मीन।

जमीअ वि० *(अ०)* कुल; सब।

ज़मीन स्त्री० *(फ़ा०)* पृथ्वी; पृथ्वी का वह ऊपरी भाग जिस पर लोग रहते हैं; भूमि; धरती।

मुहा० ***ज़मीन आसमान एक करना-*** *बहुत बड़े-बड़े उपाय करना।* ***ज़मीन-आसमान का फरक़-*** *बहुत अधिक अन्तर।* ***ज़मीन देखना-*** *गिर पड़ना; पटका जाना; नीचा देखना।* ***ज़मीन-आसमान के कुलाबे मिलाना-*** *बहुत बड़ी-बड़ी बातें सोचना; बहुत बड़े-बड़े प्रयास करना।*

ज़मींदार पु० *(फ़ा०)* ज़मीन का मालिक; भूमि का स्वामी।

ज़मींदारी स्त्री० *(फ़ा०)* ज़मींदार की वह ज़मीन, जिसका वह मालिक हो; ज़मींदार का पद।

ज़मींदोज़ वि० *(फ़ा०)* जो गिरकर जमीन के बराबर हो गया हो; ज़मीन पर गिरा हुआ; जमीन के नीचे का। पु० एक प्रकार का खेमा।

ज़मीनी वि० *(फ़ा०)* ज़मीन या भूमि सम्बन्धी।

ज़मीमा पु० *(अ० ज़मीमः)* परिशिष्ट; अतिरिक्त पत्र; क्रोड पत्र।

ज़मीर स्त्री० *(अ०)* मन; अन्तःकरण; विवेक।

जमील वि० *(अ०)* बहुत सुन्दर; रूप सम्पन्न; खूबसूरत।

जमीला वि०,स्त्री० *(अ०)* सुन्दरी।

ज़मुर्रद पु० *(फ़ा०)* पन्ना नामक रत्न।

ज़मुर्रदी वि० *(फ़ा०)* पन्ने के रंग का नीलापन लिये।

जमैयत स्त्री० *(अ०)* मन की शान्ति या सन्तोष; सेना; फौज; परिषद; संस्था।

जमैयतुल-उलेमा स्त्री० *(अ०)* मुसलमान आलिमों की सभा या परिषद।

ज़म्बील स्त्री० *(फ़ा०)* थैली; विशेषतः वह थैली जिसमें फकीर लोग भीख में मिली चीजें रखतें हैं।

जम्बूरक स्त्री० *(तु०)* एक प्रकार की बड़ी बन्दूक; एक प्रकार की तोप जो प्रायः ऊँटों पर से चलायी जाती थी।

ज़म्बूरची पु० *(फ़ा०)* वह जो जम्बूर (तोप) चलाता हो।

ज़म्बूरा पु० *(फ़ा०)* जालीदार कपड़ा।

जम्म वि० *(अ०)* बहुत अधिक बड़ा; सब; समस्त।

जर[1] पु० *(अ०)* खींचना।

ज़र[2] पु० *(फ़ा०)* सोना; स्वर्ण; धन; दौलत; रुपया।

ज़रकोब पु० *(फ़ा०)* सोने तथा चाँदी के पत्तर बनाने वाला; वरकसाज़।

ज़रखरीद वि० *(फ़ा०)* धन देकर खरीदा हुआ; क्रीत।

ज़रख़ेज़ वि० *(फ़ा०)* उर्वर; उपजाऊ (भूमि)।

ज़रख़ेजी स्त्री० *(फ़ा०)* जमीन का उपजाऊ होना।

ज़रगर पु० *(फ़ा०)* स्वर्णकार; सुनार।

ज़रगरी स्त्री० *(फ़ा०)* स्वर्णकार का काम; सुनारी।

जरगा पु० *(तु० जर्गः)* जनसमूह; भीड़; पठानों का दल या वर्ग जो जाति के रूप में होता है; इस प्रकार के दलों की सार्वजनिक सभा।

ज़रग़ूनी स्त्री० *(अ०)* एक यूनानी दवा।

ज़रतुश्त पु० *(फ़ा०)* प्राचीन पारसी धर्म के प्रवर्तक और जेन्द अवेस्ता के रचयिता।

ज़रतुश्ती वि० *(फ़ा०)* ज़रतुश्त का; ज़रतुश्त प्रवर्तित।

ज़रद वि० *(फ़ा० ज़र्द)* पीला।

ज़रदक पु० *(फ़ा०)* पीलू पक्षी।

ज़रदा पु० *(फ़ा० ज़र्दः)* चावलों का बनाया हुआ एक प्रकार का व्यंजन; पान में खाने की एक सुगन्धित तम्बाकू; पीले रंग का घोड़ा।

ज़रदार वि० *(फ़ा०)* धनवान; सम्पन्न; अमीर।

ज़रदालू पु० *(फ़ा०)* खूबानी।

ज़रदोज़ी पु० *(फ़ा०)* वह दस्तकारी जो कपड़ों पर सलमे-सितारे आदि से की जाती है।

ज़रदोस्त वि० *(फ़ा०)* केवल धन को सबसे अधिक प्रिय समझने वाला।

ज़रनिगार वि० *(फ़ा०)* जिस पर सोने का पानी चढ़ा हो या सोने का काम किया गया हो।

ज़रपरस्त वि० *(फ़ा०)* धन का लोभी; धनलोलुप।

ज़रब[1] स्त्री० *(अ० ज़ब)* आघात; चोट।

मुहा० ***ज़रब देना-*** *चोट लगाना; पीटना।*

जरब[2] स्त्री० *(अ०)* खुजली; ख़ारिश।

जरब[3] पु० *(अ०)* सफ़ेद शहद।

जरब[4] पु० *(अ०)* पेट का एक रोग जिसमें कभी दस्त होने लगते हैं, कभी बन्द हो जाते हैं।

ज़रबफ़्त पु० *(फ़ा०)* वह रेशमी कपड़ा जिसमें बेलबूटे कढ़े हों।

ज़रबान पु० *(अ०)* हृदय की धड़कन।

ज़रबी वि० *(अ०)* शहदवाली वस्तु।

जरबीला वि० *(अ०)* भड़कीला; चमक-दमक वाला।

जरबुल मसल स्त्री० *(अ०)* कहावत; लोकोक्ति।

जरम पु० *(अ०)* उपचार; इलाज; उपाय; तदवीर।

जरयान पु० *(अ०)* प्रवाह; बहाव; प्रमेह; धातुस्राव का रोग।

जरयाने ख़ून पु० *(अ० जरयान+फ़ा० खून)* शरीर से रक्त का स्राव।

जरयाने तम्स पु० *(अ०)* मासिक धर्म का रक्त अधिक मात्रा में आना।

जरयाने मनी पु० *(अ०)* वीर्य का स्राव; वीर्य का पतला होकर मूत्र के साथ निकलना।

ज़रर पु० *(अ०)* चोट; आघात; नुकसान।

ज़रर रसी स्त्री० *(अ० जरर+फ़ा० रसी)* हानि पहुँचना।

ज़रर रसीदा वि० *(अ० जरर+फ़ा० रसीदा)* हानि पहुँचा हुआ।

ज़रर रसाँ वि० *(अ० जरर+फ़ा० रसाँ)* चोट पहुँचाने वाला।

ज़रर रसानी स्त्री० *(अ० ज़रर+फ़ा० रसानी)* चोट पहुँचाना।

जरस पु० *(अ०)* घण्टा; घड़ियाल।

जरसी स्त्री० *(अ०)* गरम कुर्ती; बनियान।

ज़ररेज़ वि० *(फ़ा०)* सोना बरसाने वाला; अतिदानी।

ज़ररेज़ी स्त्री० *(फ़ा०)* सोना बरसाना।

ज़रा क्रि०वि० *(अ०)* तनिक; थोड़ा।

ज़राअत स्त्री० *(अ० ज़िराअत)* खेती-बारी; कृषिकर्म।

ज़राअत पेशा पु० *(अ० ज़िराअत+फ़ा० पेशः)* खेतीबारी से जीविका निर्वाह करने वाला; खेतिहर।

ज़राअती वि० *(अ० ज़िराअती)* जोता-बोया गया खेत; फसल; पैदावार।

जराइद पु० *(अ० जरीदः का बहु०)* समाचार-पत्र।

ज़राइफ़ पु० *(अ० ज़रीफ़ का बहु०)* मनोरंजन की बातें।

ज़राए पु० *(अ० ज़रीअः का बहु०)* साधन; जरिया।

ज़राफ़ पु० *(फ़ा० ज़िराफ़)* ऊँट की जाति का एक पशु जिसके शरीर पर धारियाँ होती हैं।

ज़राफत स्त्री० *(अ०)* परिहास; मसखरी; मजाक; अक्लमन्दी; बुद्धिमत्ता।

ज़राफ़त अंगेज़ वि० *(अ० ज़राफ़त+फ़ा० अंगेज़)* मनोरंजन पैदा करने वाला।

ज़राफ़त आमेज़ वि० *(अ० जराफ़त+फ़ा० आमेज़)* परिहासपूर्ण।

जराफ़त निगार वि० *(अ० जराफ़त+फ़ा० निगार)* हास्य लेखक।

जराफ़त निगारी स्त्री० *(अ० जराफ़त+फ़ा० निगारी)* हास्य लेख लिखना।

जराफ़त पसन्द वि० *(अ० जराफ़त+फ़ा० पसन्द)* परिहास प्रिय।

जराफ़त पसन्दी स्त्री० *(अ० जराफ़त+फ़ा० पसन्दी)* मनोरंजन या परिहास की बातों का अच्छा लगना।

ज़राफ़तन क्रि०वि० *(अ०)* मज़ाक के रूप में; हँसी में।

ज़राब पु० *(फ़ा०)* सोने का पानी; पीले रंग की मदिरा।

ज़rारत स्त्री० *(अ०)* हानि पहुँचाना।

ज़रायम पु० *(अ० 'जुर्म' का बहु०)* अनेक प्रकार के अपराध।

ज़रायम-पेशा पु० *(अ० ज़रायम+फ़ा० पेशा)* वे लोग जो चोरी-डाके आदि से अपनी जीविका चलाते हों।

ज़रासीम पु० *(अ०)* कीटाणु।

जरासीम कुश वि० *(अ० जरीसीम+फ़ा० कुश)* कीटनाशक दवा।

जराह पु० *(अ० जर्राह)* घाव को चीर-फाड़ करने वाला।

जराहत स्त्री० *(अ०)* (इस शब्द का उच्चारण 'जिराहत; है, किन्तु उर्दू में दोनों प्रकार से बोलते हैं।) चीरफाड़; शल्य क्रिया।

जराहत खुर्दा वि० *(अ० जराहत+फ़ा० खुर्दः)* घायल; जख्मी।

जराहत नसीब वि० *(अ०)* घायल होने का ही नसीब।

ज़रिया पु० *(अ०)* साधन; कारण; लगाव; हेतु सम्बन्ध

जरिश्क पु० *(फ़ा०)* एक पौधा जो दवा के काम आता है; दारूहल्दी।

जरी[1] वि० *(अ०)* बहादुर; वीर।

ज़री[2] वि० *(फ़ा०)* सोने का बना हुआ; स्वर्णिम।

जरीद पु० *(अ०)* पत्रवाहक; गुप्तचर; जासूस।

जरीदिल वि० *(अ० जरी+फ़ा० दिल)* साहसी; निर्भीक।

जरीदा वि० *(अ० जरीदः)* अकेला। पु० समाचार-पत्र।

जरीदानिगार वि० *(अ० जरीदा+फ़ा० निगार)* पत्रकार; अखबार नवीस।

जरीदा निगारी स्त्री० *(अ० जरीदः निगारी)* पत्रकारिता।

ज़रीफ़ पु० *(अ०)* परिहास या मजाक करने वाला; हँसोड़; दिल्लगी बाज; ठठोल; बुद्धिमान; अक्लमन्द।

ज़रीफ़ मिज़ाज स्त्री० *(अ० ज़रीफ+फ़ा० मिज़ाज)* विनोद प्रिय।

ज़रीफ़ाना वि० *(फ़ा० ज़रीफ़+अ० आना)* हास्य पूर्ण; मनोविनोद से भरा हुआ।

ज़रीब स्त्री० *(अ०)* खेत या जमीन को नापने की जंजीर।

ज़रीबकश वि० *(अ० ज़रीब+फ़ा० कशी)* वह जो जमीनों को नापता-जोखता हो।

ज़रीबकशी स्त्री० *(अ० ज़रीब+फ़ा० कशी)* जमीन को नापने की क्रिया; पैमाइश।

ज़रीबा स्त्री० *(अ० ज़रीबः)* स्वभाव; आदत; तलवार की तीक्ष्णता। वि० तलवार से घायल।

ज़रीबाफ़ पु० *(फ़ा०)* ज़री के कपड़े आदि बुनने वाला।

ज़रीबी वि० *(अ०)* ज़रीब से नापा हुआ।

ज़रीम[1] वि० *(अ०)* जड़ से काटा हुआ।

ज़रीम[2] वि० *(अ०)* जला हुआ; दग्ध।

जरीमा पु० *(अ० जरीमः)* पाप; गुनाह; दोष; अपराध।

ज़रीर वि० *(अ०)* अन्धा; अशक्त।

ज़रीरा पु० *(अ० जरीरः)* पाप; गुनाह।

जरीश पु० *(अ०)* पकाया हुआ दलिया।

जरीस वि० *(अ०)* बहुत भूखा; क्षुधातुर।

जरीह स्त्री० *(अ०)* क़ब्र; समाधि।

ज़रीया पु० *(अ० जरीअः)* सम्बन्ध; लगाव; कारण।

ज़रूर वि० *(अ० ज़ुरूर)* आवश्यक; दरकारी; अनिवार्य। क्रि०वि० अवश्य; निश्चयपूर्वक।

ज़रूरत स्त्री० *(अ० ज़ुरूरत)* आवश्यकता; प्रयोजन।

ज़रूरतन अव्य० *(अ०)* आवश्यकतावश।

ज़रूरतमन्द वि० *(अ०)* जिसे आवश्यकता हो।

ज़रूरियात स्त्री० *(अ०)* आवश्यक वस्तुएँ या क्रियाएँ।

ज़रूरी वि० *(अ० ज़ुरूर)* जिसके बिना काम न चले; जो अवश्य होना चाहिए।

ज़रे अमानत पु० *(फ़ा०)* धरोहर में रखा हुआ।

ज़रे अस्ल पु० *(फ़ा०)* मूलधन जिस पर ब्याज चलता हो।

ज़रे क़ल्ब पु० *(फ़ा० ज़र+अ० क़ल्ब)* खोटा सिक्का; सोना या चाँदी।

ज़रे ख़ालिस पु० *(फ़ा० ज़र+अ० ख़ालिस)* खरा सिक्का; सोना या चाँदी।

ज़रे गुल पु० *(फ़ा०)* पराग; पुष्प रज।

ज़रे नक़द पु० *(फ़ा० ज़र+अ० नक़्द)* नकद रुपया; कैश।

ज़रे नाविक़ पु० *(फ़ा० ज़र+अ० नाविक़)* नौकर; दास; पशु आदि।

ज़रे जाफ़री पु० *(फ़ा०)* बिलकुल शुद्ध सोना।

ज़रे ज़ामिनी पु० *(फ़ा०)* जमानत में रखा हुआ धन।

ज़रे तावान पु० *(फ़ा०)* हानि के बदले में दिया जाने वाला धन; क्षतिपूर्ति।

ज़रे नक़द वि० *(फ़ा० ज़रेनक्द)* अग्रिम (पेशगी) दिया जाने वाला धन।

ज़रे पेशगी पु० *(फ़ा०)* अग्रिम धन; एडवांस धन।

ज़रे फ़ाज़िल पु० *(फ़ा० ज़रे+अ० फ़ाज़िल)* अतिरिक्त धन; लेने या देने से अधिक रुपया।

ज़रे महलूल पु० *(फ़ा० ज़रे+अ० महलूल)* पानी के रूप में पिघला हुआ सोना।

ज़रे मुआवज़ा पु० *(फ़ा० ज़रे+अ० मुआवजः)* मुकदमे आदि में डिग्री का उचित रुपया।

ज़रे मुनाफ़ा पु० *(फ़ा० ज़रे+अ० मुनाफअः)* व्यापार में लाभ का रुपया।

ज़रे मुतालबा पु० *(फ़ा० मुतालबः)* वह धन जो किसी से पाना हो; बकाया रुपया।

ज़रेसफ़ेद पु० *(फ़ा०)* चाँदी।

ज़रेसुर्ख पु० *(फ़ा०)* सोना।

ज़रेबर्क पु० *(अ०)* तड़क-भड़क वाला; भड़कीला; चमकीला।

ज़रो गौहर पु० *(फ़ा०)* सोना और मोती।

ज़रो जवाहिर पु० *(फ़ा० जरो+अ० जवाहिर)* सोना और रत्न।

ज़र्अ[1] स्त्री० *(अ०)* शक्ति; बल; हाथ से नापना।

ज़र्अ[2] पु० *(अ०)* गाय; बकरी आदि का धन।

ज़र्क़[1] वि० *(अ०)* छल; असत्य।

ज़र्क़[2] स्त्री० *(अ०)* पक्षी का बीट।

ज़र्क़ बर्क वि० *(अ०)* चमकीला; भड़कदार।

ज़र्क़ा स्त्री० *(अ०)* नीली आँखों वाली स्त्री।

जर्गा पु० *(तु० जर्गः)* दल; समूह; गोत्र; वंश।

ज़र्ग़ब पु० *(फ़ा०)* एक प्रकार का चमड़ा।

ज़र्गूनी स्त्री० *(अ०)* एक यूनानी दवा।

ज़र्द[1] वि० *(फ़ा०)* पीला।

ज़र्द[2] पु० *(अ०)* निवाला निगलना; गला घोंटना।

ज़र्दक स्त्री० *(फ़ा०)* गाजर; पीला कन्द।

ज़र्द गोश पु० *(फ़ा०)* छली; धूर्त; मक्कार।

ज़र्द चश्म पु० *(अ०)* बाज और उसकी जाति का एक शिकारी पक्षी।

ज़र्दचोब स्त्री० *(फ़ा०)* हल्दी।

ज़र्दरू वि० *(फ़ा०)* जिसका मुँह पीला पड़ गया हो; लज्जित।

ज़र्दा[1] पु० *(फ़ा० ज़र्दः)* एक प्रकार के मीठे चावल।

ज़र्दा[2] स्त्री० *(फ़ा० ज़र्दः)* पीलापन; अण्डे के भीतर का पीला भाग; पीलिया; स्वर्णमुद्रा।

ज़र्दी स्त्री० *(फ़ा०)* पीलापन; अण्डे के भीतर का पीला अंश।

ज़र्नब स्त्री० *(फ़ा०)* एक दवा; तालीस पत्र।

ज़र्नीख़ स्त्री० *(फ़ा०)* हड़ताल; एक औषधि।

ज़र्फ पु० *(अ०)* बरतन; पात्र।

जर्फ़ीयत स्त्री० *(फ़ा०)* पात्रता; योग्यता।

ज़र्फ़े आब पु० *(अ० ज़र्फ़े+फ़ा० आब)* पानी रखने का बरतन।

ज़र्फ़े जमाँ पु० *(अ०)* समय सूचक संज्ञा। जैसे- प्रातः सन्ध्या।

ज़र्फ़े मकाँ पु० *(अ०)* स्थान सूचक संज्ञा। जैसे- घर या पाठशाला।

ज़र्फ़े मय पु० *(अ० ज़र्फ़े+फ़ा० मय)* शराब का पात्र।

ज़र्फ़े शीर पु० *(अ० ज़र्फ़े+फ़ा० शीर)* दूध रखने का बरतन।

ज़र्ब स्त्री० *(अ०)* हलकी चोट।

ज़र्ब-उल-मसल स्त्री० *(अ०)* कहावत; लोकोक्ति। वि० जो सब लोगों की जुबान पर हो; प्रसिद्ध।

ज़र्ब ख़ाना पु० *(अ० ज़र्ब+फ़ा० ख़ानः)* टकसाल। जहाँ रुपया ढलता है।

ज़र्बत स्त्री० *(अ०)* आघात; चोट।

ज़र्बात स्त्री० *(अ० ज़र्बत का बहु०)* आघातें; चोटें।

ज़र्बे ख़फ़ीफ़ स्त्री० *(अ०)* जिसमें हड्डी आदि न टूटे, ऐसी चोट।

ज़र्बेदस्त स्त्री० *(फ़ा० ज़र्बे+अ० दस्त)* हाथ से की गयी चोट; थप्पड़।

ज़र्बे पा स्त्री० *(फ़ा० ज़र्बे+अ० पा)* पाँव की ठोकर; पदाघात।

ज़र्बे फ़तह स्त्री० *(अ० फ़त्ह)* जीत की खुशी में बजने वाला बाजा।

ज़र्बे लाज़िब स्त्री० *(अ०)* वह चोट जो ठीक होने पर भी उसका निशान शेष रहे।

ज़र्बे शमशीर स्त्री० *(अ० ज़र्बे+फ़ा० शम्शीर)* तलवार का घाव।

जर्र पु० *(अ०)* खींचना; अपराधी को पकड़ कर न्यायालय में ले जाना।

पदरचना- ***जर्रेसक़ील-*** *भारी बोझ खींचने की विद्या।*

ज़र्रतात स्त्री० *(अ०)* एक ही पुरुष से व्याही गयी दो स्त्रियाँ।

ज़र्रा[1] पु० *(अ० जर्रः)* बहुत छोटा टुकड़ा; खण्ड; अणु।

ज़र्रा[2] स्त्री० *(अ०)* व्याह कर लायी गयी सौतन।

ज़र्रा नवाज़ वि० *(अ० जर्रः+फ़ा० नवाज़)* छोटों पर दया करने वाला।

ज़र्राअ स्त्री० *(अ०)* कष्ट; आपत्ति; नुकसान।

ज़र्राक़ वि० *(अ०)* जिसके मन में कुछ और हो और मुँह में कुछ और।

ज़र्राद वि० *(अ०)* जिरह बख्तर (कवच) बनाने वाला।

ज़र्राफ़ वि० *(अ०)* बहुत बड़ा हँसोड़; प्रतिभाशाली।

ज़र्राब पु० *(अ०)* सिक्के ढालने वाला; वह जो जरब लगाता हो।

ज़र्रार वि० *(अ०)* वीर; बहादुर; विशाल सेना आदि।

ज़र्रारा पु० *(अ०)* अत्यन्त विषैला बिच्छू।

जर्राह पु० *(अ०)* चीर-फाड़ करने वाला।

ज़र्राही स्त्री० *(अ०)* जर्राह का काम।

ज़र्री वि० *(फ़ा०)* सोने का; सुनहरा।

जर्रे सक़ील पु० *(अ०)* भारी बोझ खींचने व उठाने की क्रिया।

ज़लक[1] स्त्री० *(अ० जल्क़)* हाथ से लिंग रगड कर वीर्यपात करना; हस्तक्रिया।

ज़लक़[2] वि० *(अ०)* साफ और चौरस मैदान।

ज़लकी वि० *(अ०)* हस्तमैथुन करने वाला।

ज़लजला[1] वि० *(अ०)* क्रोधी; बिगड़ैल।

ज़लज़ला[2] पु० *(अ० ज़ल्ज़लः)* भूकम्प; भूचाल; भूडोल।

जलजलाना अ०क्रि० *(अ०)* नाराज होना।

जलसा पु० *(अ०)* उत्सव; समारोह; अधिवेशन।

जलाल[1] पु० *(अ०)* तेज प्रकाश; प्रभाव; आतंक।

जलाल[2] पु० *(अ०)* बादल की छाया; छायेदार स्थान।

जलाल[3] पु० *(अ०)* गुमराही; पाप; गुनाह।

ज़लालत[1] स्त्री० *(अ०)* अपमान; बेइज्जती।

ज़लालत[2] स्त्री० *(अ०)* श्रेष्ठता; महत्ता; बुजुर्गी।

जलालत मआब वि० *(अ०)* श्रेष्ठता युक्त; अतिश्रेष्ठ।

जलालते शान स्त्री० *(अ०)* व्यक्तित्व की महत्ता।

जलालिया पु० *(अ० जलालियः)* वह जो ईश्वर के जलाली रूप का उपासक हो; एक प्रकार के फकीर।

जलाली वि० *(अ०)* जलालवाला; तेजयुक्त; भीषण; विकराल; ईश्वर का एक विशेषण।

पदरचना- ***इस्मे जलाल-*** *ईश्वर का एक नाम जो उसके क्रोधात्मक रूप का सूचक है; कुरान की वे आयतें जो मन्त्ररूप में काम में लायी जाती हैं।*

जलावतन वि० *(अ०)* देश से निकाला हुआ; निर्वासित।

जलावतनी स्त्री० *(अ०)* देश-निकाला; निर्वासन।

जली वि० *(अ०)* प्रकट; स्पष्ट; उज्ज्वल। स्त्री० वह लिपि जिसमें अक्षर मोटे, सुन्दर और स्पष्ट हों।

जलील[1] वि० *(अ०)* बड़ा; प्रतिष्ठित; पूज्य।

पदरचना- ***जलील-उल-क़द्र-*** *बहुत प्रतिष्ठित और मान्य।*

जलील[2] वि० *(अ०)* तुच्छ; बेकदर; अपमानित; जिसने नीचा देखा हो; जिसका अपमान हुआ हो।

जलीलुलक़द्र वि० *(अ०)* महान् प्रतिष्ठा वाला।

जलीस वि० *(अ०)* पास बैठने वाला; पार्श्ववर्ती।

ज़लूम वि० *(अ०)* अत्याचारी।

जलूस पु० *(अ०)* प्रदर्शन; प्रचार हेतु निकलने वाला व्यक्तियों का समूह; ठाट-बाट; सजावट की अवस्था।

जल्द क्रि०वि० *(फ़ा०)* शीघ्र; चटपट; तेजी से।

जल्दबाज वि० *(फ़ा०)* जो किसी काम में बहुत शीघ्रता करता हो।

जल्दी स्त्री० *(फ़ा०)* शीघ्रता; फुरती।

जल्ल वि० *(अ०)* श्रेष्ठ; महान्।

जल्लाद पु० *(अ०)* वधिक; क्रूर व्यक्ति; राजाज्ञा से दण्डित व्यक्ति को फाँसी देने वाला कर्मचारी।

जल्लादी वि० *(अ०)* वध करने वाला। स्त्री० जल्लाद का पेशा।

जल्वत स्त्री० *(अ०)* स्वयं को सबके सामने प्रकट करना।

जल्वा/जलवा पु० *(अ० जल्वः)* तड़क-भड़क; शोभा; वधू का अपने पति के सामने पहले-पहल मुँह दिखलाना।

जल्वागाह/जलवागाह स्त्री० *(अ० जल्वा+फ़ा० गाह)* वह स्थान जहाँ बैठकर कोई अपना जलवा दिखलाये; संसार।

जल्सा/जलसा पु० *(अ० जल्सः)* आनन्द या उत्साह का समारोह; सभा; समिति; अधिवेशन।

जव पु० *(अ०)* अन्तरिक्ष; जमीन और आकाश के बीच की जगह।

जवाँ वि० *(फ़ा०)* जवान का संक्षिप्त रूप; युवा; वीर; बहादुर।

जवाँ दौलत वि० *(फ़ा० जवाँ+अ० दौलत)* बहुत धनी।

जवाँबख़्त वि० *(फ़ा०)* भाग्यवान; किस्मतशाली।

जवाँ मर्ग वि० *(फ़ा०)* जो युवावस्था में मर जाये।

जवाँ मर्गी स्त्री० *(फ़ा०)* जवानी की मृत्यु; युवावस्था की मृत्यु।

जवाँमर्द वि० *(फ़ा०)* शूरवीर; साहसी।

जवाँमर्दी स्त्री० *(फ़ा०)* वीरता; बहादुरी; साहस।

जवाज़ पु० *(अ०)* धार्मिक सिद्धान्तों या नियमों आदि के अनुकूल होने का भाव; वैधानिकता।

जवानाना वि० *(फ़ा० जवानानः)* जवानों जैसा।

जवानी स्त्री० *(फ़ा०)* यौवन; तरुणाई; युवावस्था।

मुहा० ***जवानी उतरना या चढ़ना-*** *यौवन का उतार या चढ़ाव होना।*

जवाब पु० *(अ०)* उत्तर; बदला चुकाने के उद्देश्य से किया गया कार्य (जैसे- ईंट का जवाब पत्थर से देना) किसी प्रश्न या सवाल का हल या उत्तर; नकारात्मक आदेश। जैसे- उसे नौकरी से जवाब दे दिया गया।

जवाब तलब वि० *(अ०)* जवाब माँगने लायक।

जवाब तलबी स्त्री० *(अ०)* जवाब माँगा जाना।

जवाबदार वि० *(अ० जवाब+फ़ा० दार)* जवाब देने वाला; उत्तरदायी।

जवाब सवाल पु० *(अ०)* प्रश्नोत्तर; बहस।

जवाबी वि० *(अ०)* जवाब सम्बन्धी; जो जवाब दिये जाने योग्य हो।

जवायद पु० *(अ० ज़ायद का बहु०)* आवश्यकता से अधिक वस्तुएँ; जरूरत से अधिक चीजें।

जवार पु० *(अ०)* आस-पास का स्थान।

जवारिश स्त्री० *(फ़ा०)* पेट के रोगों की एक स्वादिष्ट यूनानी दवा।

ज़वाल पु० *(अ०)* अवनति; उतार; घटाव; जंजाल, आफ़त।

ज़वाल आबाद वि० *(अ० ज़वाल+फ़ा० आबाद)* संसार; दुनिया; जगत।

ज़वाल आमादा वि० *(अ० ज़वाल+फ़ा० आमादः)* पतनोन्मुख; नश्वर।

ज़वाल पिज़ीर वि० *(अ० ज़वाल+फ़ा० पिज़ीर)* पतनशील।

जवासीस पु० *(अ० जासूस का बहु०)* गुप्तचरों का समूह।

जब्व पु० *(अ०)* अन्तरिक्ष; वायुमण्डल।

ज़ब्वार वि० *(अ०)* तीर्थयात्री।

जव्वाला पु० *(अ० जव्वालः)* बहुत अधिक चक्कर खाने वाली वस्तु।

जवाहर पु० *(अ० जवाहिर)* रत्न।

जवाहिर पु० *(अ० जौहर का बहु०)* रत्नमणि।

जवाहिरात पु० *(अ०)* अनेक तरह के रत्नों का समूह।

ज़विल अर्हाम पु० *(अ०)* कृपावान; दयालु।

ज़विलक़ुर्वी पु० *(अ०)* रिश्तेदार; स्वजन।

ज़विलफ़राइज़ पु० *(अ०)* तीर्थयात्री।

जश्न पु० *(फ़ा०)* उत्सव; समारोह; जलसा; आनन्द; हर्ष।

जश्ने अज़ीम पु० *(फ़ा० जश्न+अ० अज़ीम)* बहुत बड़ा समारोह।

जश्ने अरूस पु० *(फ़ा० जश्न+अ० अरूस)* विवाहोत्सव।

जश्ने आज़ादी पु० *(फ़ा०)* स्वतन्त्र होने की खुशी या समारोह।

जश्ने चरागाँ पु० *(फ़ा० जश्न+अ० चरागाँ)* दीपावली का समारोह; किसी खुशी में दीपोत्सव।

जश्ने जम्हूरियत पु० *(फ़ा० जश्न+अ० जम्हूरियत)* गणतन्त्र महोत्सव।

जश्ने ताजपोशी पु० *(फ़ा०)* राज्याभिषेक का उत्सव।

जश्ने नौरोज़ पु० *(फ़ा०)* नव वर्षोत्सव।

जश्ने फ़तह पु० *(फ़ा० जश्न+ अ० फ़त्ह)* विजय प्राप्ति की खुशी।

जश्ने विलादत पु० *(फ़ा० जश्ने+अ० विदालत)* जन्मोत्सव।

जश्ने सालगिरह पु० *(फ़ा०)* वर्षगाँठ की खुशी का उत्सव।

जश्ने सीमी पु० *(फ़ा०)* पचास वर्षों की आयु पुरी होने पर मनाया जाने वाला उत्सव; रजतोत्सव (आज कल इसे 'स्वर्ण जयन्ती' कहते हैं)।

जश्ने सुलह पु० *(फ़ा० जश्न+अ० सुल्ह)* दो राष्ट्रों में सन्धि होने पर उत्सव।

जस पु० *(अ०)* चूना।

जसद पु० *(अ०)* शरीर; देह; जिस्म।

जसदी वि० *(अ०)* शरीर से सम्बन्ध रखने वाली वस्तु।

जसदे ख़ाकी पु० *(अ० जसद+फ़ा० ख़ाकी)* मिट्टी से बना शरीर; तुच्छ और नाशवान शरीर।

जस्त स्त्री० *(फ़ा०)* उछाल; उफान।

जस्ता वि० *(फ़ा० जस्तः)* कूदा हुआ।

जस्ता-जस्ता वि० *(फ़ा० जस्तः जस्तः)* कहीं-कहीं से; (विशेषतः पुस्तक पढ़ने के लिए प्रयोग होता है)।

जस्तोख़ेज़ स्त्री० *(फ़ा०)* दौड़धूप; कोशिश; प्रयास।

जस्त्र पु० *(अ०)* पुल; सेतु।

जसामत स्त्री० *(अ०)* मोटा या स्थूल होना; शरीर का आकार-प्रकार।

जसारत स्त्री० *(फ़ा०)* दृढ़ता; साहस; हिम्मत; वीरता।

जसीम वि० *(अ०)* भारी जिस्म वाला; मोटा ताजा, स्थूल।

ज़ह पु० *(फ़ा०)* प्रसव; बच्चा जनना।

पदरचना- *दर्देज़ह- प्रसवकाल की पीड़ा।*

जहद स्त्री० *(अ०)* प्रयत्न; उद्योग; परिश्रम; मेहनत।

ज़हदान पु० *(फ़ा०)* वीर्य; भ्रूण।

ज़हन पु० *(अ०)* दिमाग; मस्तिष्क।

ज़हनियत स्त्री० *(अ०)* मानसिकता।

जहन्नुम पु० *(अ०)* नरक; दोज़ख।

मुहा० *जहन्नम में जाये- नरक में जाये।*

जहन्नुमी वि० *(अ०)* नारकी; दोज़खी।

ज़हब पु० *(अ०)* सोना।

ज़हमत स्त्री० *(अ० ज़िहमत)* विपत्ति; मुसीबत; आफत; झंझट; बखेड़ा।

जहला पु० *(अ० जहलः, जाहिल का बहु०)* मूर्ख गण।

ज़हर[1] पु० *(अ० जह्र)* पिछला भाग; पीठ; ऊपरी या बाहरी भाग।

ज़हर[2] पु० *(अ० जह्र)* ज़ोर की ऊँची आवाज।

ज़हर[3] पु० *(फ़ा० ज़ह्र)* विष; गरल।

ज़हरआगी वि० *(फ़ा० ज़ह्रआगी)* विषैला; विषाक्त।

ज़हरआब पु० *(फ़ा० जह्रआब)* विष मिला हुआ पानी।

ज़हर आमेज़ वि० *(फ़ा० ज़ह्र आमेज़)* विष मिला हुआ।

ज़हर-आलूदा वि० *(फ़ा० ज़ह्र+ आलूदः)* जिसमें ज़हर मिला हो; जहरीला; विषाक्त।

ज़हर-क़ातिल पु० *(फ़ा० ज़ह्र क़ातिल)* प्राणघातक विष।

ज़हर ख़न्द पु० *(फ़ा०)* खिसियानी हँसी; झेंप की हँसी।

ज़हर खुरानी स्त्री० *(फ़ा० जह्रखुरानी)* विष खिलाना; किसी को जहर खिला कर मार डालना।

ज़हर खुर्दा वि० *(फ़ा० ज़ह्र खुर्दः)* जिसने जहर खाया हो।

ज़हर ख़ूरी स्त्री० *(फ़ा० जह्र खूरी)* ज़हर खाकर आत्महत्या करना।

ज़हर गिया वि० *(फ़ा० जह्र गिया)* एक विषैली घास।

ज़हर ताब वि० *(फ़ा० जह्रताब)* जहर में बुझा तीर।

ज़हरदार वि० *(फ़ा० ज़ह्रदार)* जिसमें जहर हो; विषाक्त।

ज़हर दारू स्त्री० *(फ़ा० जह्रदारू)* विष की दवा।

ज़हर दुम वि० *(फ़ा० जह्रदुम)* जिसकी पूँछ में विष हो; बिच्छू।

ज़हर नवा वि० *(फ़ा० जह्र नवा)* कटु भाषी; विष भरी कड़वी बातें कहने वाला।

ज़हरनोशी स्त्री० *(फ़ा० जह्रनोशी)* विष पीना; कड़वी बात सहन करना।

ज़हर बा वि० *(फ़ा० जह्रबा)* विष मिला हुआ भोजन; शत्रु को मारने के लिए भोजन में विष देना।

ज़हरबाद पु० *(फ़ा० जह्रबाद)* एक प्रकार का भयंकर और ज़हरीला फोड़ा।

ज़हरमार वि० *(फ़ा० ज़ह्रमार)* विष का प्रभाव नष्ट करने वाला; विषनाशक।

ज़हरमोहरा पु० *(फ़ा० ज़ह्रमुहरः)* एक काला पत्थर जिसमें साँप का विष दूर करने का गुण होता है; हरे रंग का एक विषहर पत्थर।

मुहा० *ज़हर उगलना-* *मर्म भेदी या कटु बात कहना।* ***ज़हर का घूँट पीना-*** *क्रोध को मन में दबाये रखना।* ***ज़हर का बुझाया हुआ-*** *बहुत अधिक उपद्रवी या दुष्ट।*

ज़हरा स्त्री० *(अ० ज़ह्रः)* गोरी स्त्री।

ज़हरीला वि० *(फ़ा० ज़ह्र+हि० ईला)* जिसमें जहर हो, विषाक्त।

जहल पु० *(अ० जह्ल)* अज्ञान; बेवकूफी, असभ्यता; अशिष्टता।

जहली वि० *(अ० ज़ह्ली)* झगड़ालू; झक्की।

जहाँ पु० *(फ़ा०)* जहान; संसार; दुनिया।

जहाँआरा वि० *(फ़ा०)* जो संसार की शोभा हो।

जहाँआफ़री वि० *(फ़ा० जहाँआफरीं)* सृष्टिकर्ता।

जहाँ गर्द वि० *(फ़ा०)* संसार में भ्रमण करने वाला।

जहाँगीर वि० *(फ़ा०)* संसार को वश में करने वाला; विश्व विजयी।

जहाँदार पु० *(फ़ा०)* राजा; सम्राट।

जहाँदीदा पु० *(फ़ा० जहाँ+दीदः)* वह जो संसार के सब ऊँच-नीच देख चुका हो; बहुत अनुभवी।

जहाँपनाह पु० *(फ़ा०)* वह जो सारे संसार को शरण दे।

जहाँबानी स्त्री० *(फ़ा०)* शासन कर्म; हुकूमत

जहाज़ पु० *(अ०)* समुद्र में चलने वाली बड़ी नाव; समुद्री पोत।

जहाज़राँ पु० *(अ० जहाज़+फ़ा० राँ)* यान चालक; पोत चालक।

जहाज़रानी स्त्री० *(अ० जहाज़+फ़ा० रानी)* जहाज़ चलाने का काम।

जहाज़ी वि० *(अ०)* जहाज़ से सम्बन्ध रखने वाला। पु० वह जो जहाज़ चलाना जानता हो; नाविक।

जहाज़े आबी पु० *(अ० जहाज़े+फ़ा० आबी)* जलयान।

जहाज़े बहरी पु० *(अ०)* समुद्र में चलने वाला जहाज़।

जहाज़े हवाई पु० *(अ०)* वायुयान।

ज़हादत स्त्री० *(अ०)* संयम; निग्रह।

जहाद पु० *(अ० जिहाद)* वह युद्ध जो धर्म के लिए किया जाए।

जहादी वि० *(अ० जिहादी)* धर्म की लड़ाई लड़ने वाला।

जहान पु० *(फ़ा०)* संसार; दुनिया।

पदरचना- *जहाने फ़रनी-* *नश्वर संसार।* ***जहाने बाकी-*** *शाश्वत संसार।*

ज़हानत स्त्री० *(अ०)* प्रतिभा; सूझबूझ।

जहाने फ़ानी पु० *(फ़ा० जहाने+अ० फानी)* नश्वर संसार; मृत्युलोक।

जहाने बाक़ी पु० *(फ़ा० जहाने+अ० बाकी)* शाश्वत संसार; परलोक; नाश न होने वाली दुनिया।

ज़हाब पु० *(अ०)* प्रस्थान।

जहालत स्त्री० *(अ०)* अज्ञान।

ज़हीन वि० *(अ०)* बुद्धिमान; समझदार।

ज़हीर[1] पु० *(अ०)* सहायक; मददगार।

जहीर[2] वि० *(अ०)* ऊँची व जोर आवाज में बोलने वाला।

ज़हीर[3] वि० *(अ०)* उज्ज्वल; खिला हुआ; पुष्पों से लदा वृक्ष।

ज़हीर[4] स्त्री० *(अ०)* पेचिश; अतिसार; आँव।

ज़हीरे काज़िब स्त्री० *(अ०)* झूठी पेचिश।

ज़हीरे सादिक़ स्त्री० *(अ०)* सच्ची पेचिश।

जहूक वि० *(अ०)* बहुत हँसने वाला; चौड़ा और खुला हुआ मार्ग।

जहूदी पु० *(फ़ा०)* यहूदी।

जहदे जहीद पु० *(अ०)* पूरी कोशिश।

ज़हमत स्त्री० *(अ० जह्मत)* कष्ट; तकलीफ; दुःख।

ज़हूर पु० *(अ० ज़ुहूर)* जाहिर या प्रकट होने की क्रिया; प्रकाशन; उत्पन्न या आरम्भ होना।

मुहा० *ज़हूर में आना-* *प्रकट होना; ज़ाहिर होना।*

ज़हूरा पु० *(अ० जहूरः)* प्रताप; इकबाल; प्रकाश।
ज़हे विस्मय० *(फ़ा०)* वाह; धन्य। जैसे- **ज़हे किस्मत-** धन्य भाग्य।
जहेज़ पु० *(अ०)* वह धन-सम्पत्ति जो विवाह में कन्यापक्ष की ओर से वर को दी जाती है; दहेज।
जहद पु० *(अ० जह्द)* शक्ति; बल; प्रयत्न; दुःख।
जाँ स्त्री० *(फ़ा० जान)* जान; प्राण।
जाँकन वि० *(फ़ा०)* प्राणों पर संकट लाने वाला; भीषण; विकट।
जाँनिवाज़ वि० *(फ़ा०)* प्राणों पर दया करने वाला, दयालु।
जाँनिसार वि० *(फ़ा०)* अपने प्राण न्योछावर करने वाला।
जाँपनाह वि० *(फ़ा०)* प्राणरक्षक।
जाँफिज़ा पु० *(फ़ा०)* अमृत।
जाँफिशानी स्त्री० *(फ़ा०)* बहुत अधिक परिश्रम; किसी काम के लिए जान तक लड़ा देना।
जाँ-ब-लब वि० *(फ़ा०)* जिसके प्राण होठों तक आ गये हों, मरणासन्न; मरणोन्मुख।
जाँबाज वि० *(फ़ा०)* बहुत अधिक परिश्रम करने वाला; जान पर खेल जाने वाला।
जाँसोज वि० *(फ़ा०)* जान को जलाने वाला।
जाइज़ा पु० *(अ० जाइजः)* जायज़ा; अनुमान।
ज़हरा वि० *(अ० जह्रा)* गोरे रंग की स्त्री।
ज़हरे मार पु० *(फ़ा० जह्रेमार)* साँप के काटे का विष; साँप की विष थैली से निकाला हुआ विष।
जाँ आज़ार वि० *(फ़ा०)* सताने वाला; दुखदायी।
जाँ आंज़ारी स्त्री० *(फ़ा०)* अत्याचार; जुल्म।
जाँ आफ़री वि० *(फ़ा० जाँ आफ़्री)* मानव शरीर में प्राण डालने वाला; ईश्वर।
जाँ-आहन वि० *(फ़ा०)* निपुणता; बेरहमी; शूर; वीर।
जाँनबाज वि० *(फ़ा०)* प्राणों को आनन्द देने वाला; मनोरम।
जाँनिसार वि० *(फ़ा०)* प्राण न्यौछावर कर देने वाला; समय पड़ने पर दूसरे के लिए जान की बाजी लगा देने वाला।
जाँनिसारी स्त्री० *(फ़ा०)* समय पड़ने पर प्राण तक दे देना।
जाँपेश अव्य० *(फ़ा०)* इससे पहले।
जाँबख़्श वि० *(फ़ा०)* मरने से बचाने वाला।
जाँबख़्शी स्त्री० *(फ़ा०)* प्राणदान; मरने से बचाना।
जाँबर वि० *(फ़ा०)* जिन्दा रह जाने वाला।
जाँबलब वि० *(फ़ा०)* जिसके प्राण होठों तक आ गये हों; मृतप्राय; आसत्र मृत्यु।
जाँबहक़ वि० *(फ़ा० जाँ+अ० बहक़)* मृत।
जाँबाद अव्य० *(फ़ा०)* इसके पश्चात्।
जाँसिताँ वि० *(फ़ा०)* प्राणघातक; जान ले लेने वाला।
जाँसितानी स्त्री० *(फ़ा० जाँ+अ० सितानी)* प्राण लेना; अत्याचार करना।
जाँसिपार वि० *(फ़ा०)* किसी को अपनी जान का मालिक बना देने वाला।
जाँसोख़्ता वि० *(फ़ा० जाँसोख़्तः)* दग्ध हृदय; प्रेमी।
जा[1] स्त्री० *(फ़ा०)* स्थान; जगह।
ज़ा[2] प्रत्य० *(फ़ा०)* उत्पादन; पैदा करने वाला।
ज़ाइक़ वि० *(अ०)* चखने वाला।
ज़ाइक़ा पु० *(अ० जाइक़ः)* स्वाद; रस; प्रतिकार।
ज़ाइक़ा चश वि० *(अ० ज़ाइकः+फ़ा० चश)* मजा चखने वाला; सज़ा भोगने वाला।
ज़ाइक़ादार वि० *(अ० ज़ाइक़ः+फ़ा० दार)* स्वादिष्ट; सुस्वादु; मज़ेदार।
जाइचा पु० *(फ़ा०)* जन्म कुण्डली; जन्मपत्री।
ज़ाइद वि० *(अ०)* अधिक; प्रचुर; अतिरिक्त।
ज़ाइद-अज़-उम्मीद वि० *(अ० ज़ाइद-अज़+फ़ा० उम्मीद)* जितनी आशा हो उससे अधिक; आशातीत।
ज़ाइदा[1] वि० *(फ़ा० ज़ाइदः)* जन्मा हुआ; उत्पन्न।
ज़ाइदा[2] पु० *(अ० ज़ाइदः)* शरीर के किसी स्थान का बढ़ा हुआ माँस; बढ़ी हुई वस्तु।
ज़ाइदुलउम्र वि० *(अ०)* बड़ी उम्र वाला; वयोवृद्ध।
ज़ाइदुलवस्फ़ वि० *(अ०)* जिसमें बहुत अधिक गुण हों।
ज़ाइब वि० *(अ०)* पिघलने वाला; पिघला हुआ।
ज़ाइर वि० *(अ०)* अत्याचार करने वाला।
ज़ाइरात स्त्री० *(अ०)* ज़ियारत करने वाली स्त्रियाँ।
ज़ाइरीन पु० *(अ०)* ज़ियारत करने वाले पुरुष।
ज़ाइल[1] वि० *(अ०)* उत्पन्न करने वाला; स्रष्टा; ईश्वर।

ज़ाइल[2] वि० *(अ०)* नष्ट; बरबाद; समाप्त।

जाई वि० *(फ़ा०)* स्थान सम्बन्धी। स्त्री० जूही का फूल।

जाईदनी वि० *(फ़ा०)* जन्म लेने योग्य।

ज़ाकिर वि० *(अ०)* जिक्र या उल्लेख करने वाला।

जाए[1] वि० *(अ०)* नष्ट; बरबाद; व्यर्थ; बेकार।

जाए[2] वि० *(अ०)* क्षुधातुर; भूखा।

जाए[3] स्त्री० *(फ़ा०)* 'जा' का यौगिक रूप।

जाए अमन स्त्री० *(अ० जाए+फ़ा० अम्न)* शान्ति और सुकून का स्थान।

जाए आफ़ियत स्त्री० *(अ० जाए+फ़ा० आफियत)* रक्षा और शान्ति का स्थान।

जाए क़ियाम स्त्री० *(अ० जाए+फ़ा० कियाम)* ठहरने का स्थान।

जाए गाह स्त्री० *(फ़ा०)* जगह; स्थान।

जाए ज़रूर स्त्री० *(अ० जाए+फ़ा० ज़ुरूर)* सण्डास; शौचालय।

जाएदाद स्त्री० *(फ़ा०)* भू-सम्पत्ति।

जाएदादे ग़ैर मनक़ूल स्त्री० *(फ़ा० जाएदादे+अ० मन्कूल)* स्थावर सम्पत्ति।

जाएदादे ग़ैर मरहूना स्त्री० *(फ़ा० जाएदादे+अ० मर्हूनः)* गिरवी रहित सम्पत्ति।

जाएदादे मकफ़ूला स्त्री० *(फ़ा० जाएदादे+अ० मक्फ़ूलः)* बन्धक या गिरवी सम्पत्ति।

जाएदादे मनक़ूला स्त्री० *(फ़ा० जाएदादे+अ० मन्क़ूलः)* वह सम्पत्ति जो इधर-उधर हटायी जा सके।

जाएदादे मौक़ूफ़ा स्त्री० *(फ़ा०+अ० मौक़ूफ़ः)* किसी विशेष कार्य के लिए उत्सर्गित सम्पत्ति।

जाएदीगर स्त्री० *(अ०)* अन्य स्थान; दूसरी जगह।

जाए नमाज़ स्त्री० *(फ़ा० जाए+अ० नमाज)* नमाज़ पढ़ने का स्थान।

जाए पनाह स्त्री० *(फ़ा०)* बचाव का स्थान; सुरक्षा का स्थान।

ज़ाक स्त्री० *(फ़ा०)* फिटकरी।

ज़ाख़िल पु० *(फ़ा०)* थूहड़ का पेड़।

ज़ाग पु० *(अ०)* कौआ; काक।

ज़ाग़चश्म वि० *(फ़ा०)* कंजी आँखों वाला; नीलाक्ष।

ज़ाग ज़बाँ वि० *(फ़ा०)* जिसका कोसना तत्काल लग जाये।

ज़ाग़दिल वि० *(फ़ा०)* निर्दय; निष्ठुर; बेरहम।

ज़ाग़नोल पु० *(फ़ा०)* कुदाल; लोहे का एक यन्त्र।

ज़ाग़पा पु० *(फ़ा०)* व्यंग्य; कटाक्ष।

ज़ागर पु० *(तु०)* चिड़ियों का पोटा।

जागीर स्त्री० *(फ़ा०)* राज्य की ओर से मिली हुई भूमि या प्रदेश सरकार की ओर से मिला ताल्लुका।

जागीरदार पु० *(फ़ा०)* वह जिसे जागीर मिली हो; जागीर का मालिक; अमीर; रईस।

जागीरी स्त्री० *(फ़ा०)* जागीरदार होने की अवस्था; अमीरी; रईसपन। वि० जागीर सम्बन्धी; जागीर का।

ज़ागूत पु० *(अ०)* एक रोग जिसमें रोगी ऐसा अनुभव करता है जैसे कोई प्रेत उसका गला घोंट रहा है।

ज़ाग़े आबी पु० *(फ़ा०)* जलकौआ; पनडुब्बी।

ज़ाग़े कमाँ पु० *(फ़ा०)* सींग के काले टुकड़े जो धनुष के दोनों सिरों पर लगाये जाते हैं।

ज़ाग़े कोही पु० *(फ़ा०)* पहाड़ी कौआ; द्रोण काक।

ज़ाज़ स्त्री० *(अ०)* फिटकरी; स्फटिक।

ज़ाज़ख़ा वि० *(फ़ा०)* मिथ्यावादी; गप्पी।

ज़ाज़ख़ाई स्त्री० *(फ़ा०)* मुखरता; वाचालता।

जाजम स्त्री० *(तु० जाजिम)* फर्श पर बिछाने की रंगीन और बूटेदार चादर।

जाज़रूर पु० *(फ़ा०)* मलत्याग करने का स्थान; पाखाना घर; शौचागार।

जाज़िब वि० *(फ़ा०)* जज्ब करने या सोखने वाला; आकर्षक।

जाज़िबा स्त्री० *(अ०)* आकर्षण शक्ति; खींचने वाली शक्ति।

जाज़िबीयत स्त्री० *(अ०)* आकर्षण।

जाज़िबे तवज्जुह वि० *(अ० तवज्जोह)* चित्ताकर्षक; चित्त (मन) को अपनी ओर खीचने वाला/वाली।

जाज़िबे नज़र वि० *(अ०)* दृष्टि को अपनी ओर खींचने वाला।

जाजिम[1] स्त्री० *(तु०)* दोसूती मोटा बिछाने वाला कपड़ा; बिछावन।

जाज़िम[2] वि० *(अ०)* दृढ़ निश्चयी।

ज़ाजिर[1] वि० *(अ०)* झिड़कने वाला; डाँट-डपट करने वाला।

ज़ाजिर[2] वि० *(अ०)* आतुर; व्याकुल।

जाज़े वि० *(अ०)* अधीर; बेसब्र।

ज़ात[1] स्त्री० *(अ०)* जाति; कुल; वंश; व्यक्तित्व; अस्तित्व; स्वयं; खुद।

ज़ात[2] स्त्री० *(अ०)* वस्तु का स्वरूप; स्वभाव; देह; व्यक्ति।

ज़ातपरस्त पु० *(अ० ज़ात+फ़ा० परस्त)* जातिवादी।

ज़ातपरस्ती स्त्री० *(अ० ज़ात+फ़ा० परस्ती)* जातिवादिता।

ज़ाती वि० *(अ०)* व्यक्तिगत; अपना; निज का।

ज़ातुररिया पु० *(अ० जातुर्रियः)* निमोनिया।

जातुलइमाद वि० *(अ०)* बहुत से खम्भों वाला भवन; बहुत बड़ा प्रासाद।

ज़ातुलकुर्सी वि० *(अ०)* आसमानी शकलों में से एक जो औरत की तरह है।

ज़ातुल जम्ब पु० *(अ०)* पसली का दर्द।

ज़ातुलबुरूज पु० *(अ०)* राशियों वाला आकाश; सबसे बड़ा आकाश।

ज़ातुल बैन पु० *(अ०)* दो व्यक्तियों का मामला निबटाने वाला; बिचौलिया; दलाल।

ज़ातुस्सद् पु० *(अ०)* अन्तर्यामी; दिलों की बात जानने वाला।

ज़ाद[1] प्रत्य० *(अ०, सं० जात)* उत्पन्न; जन्मा हुआ। जैसे- आदमज़ाद- आदम से उत्पन्न; आदमी। पु० *(अ०)* भोजन।

ज़ाद[2] पु० *(फ़ा०)* खाद्य सामग्री; पीढ़ी; वंश; नसल *(प्रत्य०)* उत्पन्न, जैसे- खानःजाद- घर में उत्पन्न होने वाला।

जाद[3] स्त्री० *(अ०)* चोटी; वेणी।

ज़ादए ख़ाक पु० *(फ़ा०)* धन-दौलत; सोना-चाँदी।

जादए मुस्तकीम पु० *(अ०)* सीधा रास्ता; सरल मार्ग।

ज़ादबूम स्त्री० *(अ०, सं० जात भूमि)* जन्मभूमि।

ज़ादराह पु० *(अ०)* मार्गव्यय; रास्ते का खर्च; यात्रा-भत्ता।

जादह पु० *(फ़ा० जादः)* पगदण्डी; मार्ग।

ज़ादा[1] वि० *(फ़ा० ज़ादः)* यौगिक शब्दों के अन्त में। जैसे- शहज़ादा; अमीरज़ादा; हरामजादा आदि।

जादा[2] पु० *(अ० जादः)* पगदण्डी।

पदरचना- *जादा-ए-तलब-* *प्रेम मार्ग।*

जादा[3] स्त्री० *(अ०)* चोटी; वेणी; घुँघराले बाल।

जादापैमा वि० *(फ़ा०)* पथिक; राहगीर।

जादिल वि० *(अ०)* लड़ने वाला; योद्धा; वाद-विवाद करने वाला।

जादू पु० *(फ़ा०)* वह आश्चर्यजनक कार्य जिसे लोग अलौकिक और अमानवीय समझते हों; इन्द्रजाल; तिलस्म।

मुहा० *जादू जमाना-* *जादू का प्रयोग या प्रभाव दिखलाना।*

जादूकुश वि० *(फ़ा०)* जादूगरों का वध करने वाला।

जादूगर पु० *(फ़ा०)* जादू दिखलाने वाला; इन्द्रजाली।

जादूगरी स्त्री० *(फ़ा०)* जादू दिखाने की कला; जादू का खेल।

जादू नज़र वि० *(फ़ा०)* जिसकी आँखों में जादू हो; जिसकी आँखों में मोहिनी हो।

जादूबयाँ वि० *(अ० जादू+फ़ा० बयाँ)* जिसकी बातचीत में मोहिनी हो; जो अपने वक्तव्य और भाषण से सबको मोहित कर ले।

ज़ादे उक़्बा पु० *(अ० ज़ादे+फ़ा० उक़्बा)* परलोक पाने के लिए अच्छे कर्म; सदाचार।

ज़ादे राह पु० *(फ़ा०)* मार्ग का भोजन; पाथेय।

जान स्त्री० *(फ़ा०)* प्राण; जान; प्राण वायु।

पदरचना- *जाने जहाँ-* *विश्व की जान अर्थात् प्रेयसी।*

मुहा० *जान आँखों में आना-* *आसन्न मरण होना।* ***जान आना-*** *मन स्थिर होना।* ***जान का गाहक-*** *जान का दुश्मन।* ***जान की खैर मनाना-*** *प्राणरक्षा होना।* ***जान की तरह रखना-*** *बहुत सम्हाल कर रखना; तनिक भी कष्ट न होने देना।* ***जान की पड़ना-*** *जान की चिन्ता लगना।* ***जान के लाले पड़ना-*** *जान बचाना कठिन हो जाना।* ***जान को जान न समझना-*** *तकलीफ़ की परवाह न करना।* ***जान चुराना-*** *काम में जी चुराना।* ***जान छूटना-*** *छुटकारा मिलना।* ***जान देना-*** *किसी पर आसक्त होना।* ***जान निसार करना-*** *प्राणोत्सर्ग करना,*

अत्यधिक प्रेम करना। ***जान पर आ बनना-*** *जान जाने का खतरा होना।* ***जान पर खेलना-*** *साहस या वीरता का काम करना।* ***जान बची तो लाखों पाये-*** *मरने से बचे यही लाभ है।* ***जान से बेजार होना-*** *जीने से ऊब जाना।* ***जान से हाथ धोना-*** *मरना।* ***जान है तो जहान है-*** *दुनिया का सब साथ जिन्दगी के साथ है।*

जान-आफ़रीन पु० *(फ़ा० जाँआफ़रीं)* सृष्टि करने वाला; जीवन देने वाला।

जानदार वि० *(फ़ा०)* जिसमें जीवन हो; सजीव।

जानबख़्शी स्त्री० *(फ़ा०)* पूर्णरूप से क्षमा कर देना; प्राणदण्ड से मुक्त कर देना।

जानमाज़ स्त्री० *(फ़ा०)* वह छोटी दरी आदि जिस पर बैठकर नमाज़ पढ़ते है।

जानवर पु० *(फ़ा०)* प्राणी; पशु; जन्तु; हैवान; पशुओं जैसा आचरण करने वाला।

जानशीन वि० *(फ़ा०)* उत्तराधिकारी; वारिस।

जाँना पु०स्त्री० *(फ़ा०)* माशूक; प्रिय या प्रिया।

जानिब स्त्री० *(अ०)* ओर; तरफ; दिशा; पक्ष।

पदरचना- ***जानिबे मंज़िल-*** *मंजिल की ओर।*

जानिबदार वि० *(अ० जानिब+फ़ा० दार)* पक्षपाती; तरफदार।

जानिब दारी स्त्री० *(अ० जानिब+फ़ा० दारी)* तरफदारी; पक्षपात।

जानिबैन पु० *(अ०)* दोनों पक्ष; उभय पक्ष।

ज़ानिया स्त्री० *(अ० ज़ानियः)* व्यभिचारिणी।

जानी[1] वि० *(फ़ा०)* जान से सम्बन्ध रखने वाला; जान का। जैसे- जानी दुश्मन- जान लेने वाला दुश्मन। जानीदोस्त- परम मित्र। स्त्री० प्राण प्यारी, पु० प्राण प्यारा।

ज़ानी[2] पु० *(अ०)* व्यभिचारी; बदचलन; पापी।

जानी[3] वि० *(फ़ा०)* जान का; प्राणों का; घनिष्ठ; गहरा।

जानी[4] वि० *(अ०)* पापी; गुनहगार-मुजरिम; दोषी।

ज़ानू पु०स्त्री० *(फ़ा० सं० जानु)* घुटना।

जानू पोश पु० *(फ़ा०)* वह कपड़ा जो खाना खाते समय घुटनों पर डाला जाता है।

ज़ानू बज़ानू वि० *(फ़ा०)* घुटने से घुटना मिलाकर बैठना; एक पंक्ति में बराबर बैठना।

जाने जहाँ पु० *(फ़ा०)* संसार का प्राण; ईश्वर।

जाने जा पु० *(फ़ा०)* प्राणाधार; ईश्वर।

जाने मन पु०स्त्री० *(फ़ा०)* मेरे प्राण (सम्बोधन)।

जानोईमान पु० *(अ० जान+फ़ा० ईमान)* जान और ईमान; जीवन और धर्म।

ज़ाफ़[1] स्त्री० *(अ०)* मूर्च्छा; बेहोशी; चक्कर।

ज़ाफ़[2] पु० *(अ०)* किसी को जान से मार डालना।

ज़ाफ़त स्त्री० *(अ०)* प्रीतिभोज; दावत।

जाफ़र पु० *(अ० ज़ूआफ़र)* बड़ी नदी; नद।

ज़ाफ़रान पु० *(अ० ज़ूआफ़रान)* केसर।

जाफ़रानी वि० *(अ० ज़ूआफ़रानी)* जाफ़रान या केसर सम्बन्धी।

ज़ाफ़री स्त्री० *(अ० ज़ूआफ़री)* चीरे हुए बाँसों की बनायी हुई टट्टी या परदा।

जाबा पु० *(अ०)* तूणीर; तरकश।

जा-ब-जा वि० *(फ़ा०)* जगह-जगह; यदा-कदा; जहाँ-तहाँ।

ज़ाबित वि० *(अ०)* जब्त करने वाला; सहनशील; संयमी; स्वामी; मालिक।

ज़ाबित-ए-दीवानी पु० *(अ० जाबितए+फ़ा० दीवानी)* दीवानी अदालत का कानून।

ज़ाबित-ए-फ़ौजदारी पु० *(अ० जाबितए+फ़ा० फौजदारी)* फ़ौजदारी अदालत का कानून।

जाबिर वि० *(फ़ा०)* ज्यादती करने वाला; अत्याचारी।

ज़ाबेह पु० *(अ०)* वह जो ज़बह करे; कसाई; बूचड़।

ज़ाब्तगी स्त्री० *(अ०)* नियमानुकूल होने का भाव; नियमानुकूलता।

ज़ाब्ता पु० *(अ० ज़ाबितः)* नियम; कायदा; व्यवस्था; कानून।

जाब्ता-दीवानी पु० *(फ़ा०)* सर्व साधारण के परस्पर आर्थिक व्यवहार से सम्बन्ध रखने वाला कानून।

जाब्ता फौजदारी पु० *(अ०)* दण्डनीय अपराधों से सम्बन्ध रखने वाला कानून।

जाम[1] पु० *(फ़ा०)* प्याला; कटोरा; मद्य पीने का पात्र।

ज़ाम[2] पु० *(अ०)* विचार; ख्याल; धारणा; गुमान।

जामए एहराम पु० *(अ० जामए+फ़ा० एह्राम)* वह चादर जो हाजी लोग हज के समय बाँधते हैं।

जामए ग़ूक पु० *(फ़ा०)* काई जो पानी पर जम जाती है।

जामए फ़तह पु० *(फ़ा० जामए+अ० फत्ह)* वह कपड़ा जिस पर मन्त्र आदि लिखे होते हैं और लड़ाई के दिन विजय-प्राप्ति के लिए पहना जाता है।

जामए सूरत पु० *(फ़ा० जामए+अ० सूरत)* वह कपड़ा जिस पर चित्र बने हों।

जामगी स्त्री० *(फ़ा०)* तोप में आग देने का पलीता; बन्दूक का तोड़ा।

जाम ग़ूल वि० *(तु०)* पापात्मा; बुरी आत्मा।

जामबकफ़ वि० *(फ़ा०)* हाथ में शराब का प्याला लिये हुए।

जाम बलब वि० *(फ़ा०)* शराब पीता हुआ।

जामाकन पु० *(फ़ा० जामःकन)* स्नानागार का वह कमरा जहाँ कपड़े उतार कर लुंगी बाँधी जाती है।

जामाज़ेब वि० *(फ़ा० जामःजेब)* वह व्यक्ति जिसके शरीर पर कपड़े शोभा दें।

जामज़ेबी स्त्री० *(फ़ा०)* शरीर पर कपड़ों का शोभा देना।

जामदानी स्त्री० *(फ़ा०)* एक प्रकार का कढ़ा हुआ फूलदार कपड़ा।

जामा वि० *(अ० जामूआ)* जमा करने वाला; कुल; सब। पु० *(फ़ा० जामः)* पहनावा; कपड़ा; बुरका; चुननदार घेरे का एक प्रकार का पहनावा।
मुहा० ***जामे से बाहर होना***- *अत्यन्त क्रोध करना।*

जामादर वि० *(फ़ा०)* शोक की अधिकता या पागलपन से अपने कपड़े फाड़ने वाला।

जामादरी स्त्री० *(फ़ा० जामःदरी)* पागलपन अवस्था में अपने शरीर का कपड़ा फाड़ना।

जामातलाशी स्त्री० *(फ़ा०)* पहने हुए कपड़ों की तलाशी।

जामावार पु० *(फ़ा० जामःवार)* एक प्रकार का बढ़िया वस्त्र।

जामिआ स्त्री० *(अ० जामिअः)* विश्वविद्यालय।

जामिईयत स्त्री० *(अ०)* योग्यता; विद्वत्ता।

जामिउल-उलूम पु० *(अ०)* विद्याओं का भण्डार; इनसाइक्लोपीडिया।

जामि-उल-कमालात वि० *(अ०)* जिसमें बहुत से गुण हों; बहुगुण सम्पन्न।

जामि-उल-मतफ़र्रिक़ीन पु० *(अ०)* वियोगियों को मिलाने वाला।

जामि-उल-लुग़ात पु० *(अ०)* ऐसा शब्दकोश जिसमें किसी भाषा के शब्दों का पूर्ण संग्रह हो।

जामिद वि० *(फ़ा०)* जमा हुआ। पु० व्याकरण के अनुसार वह शब्द जिसकी कोई व्युत्पत्ति न हो; देशज।

जामिद-उल-अक़्ल वि० *(अ०)* जिसकी बुद्धि कुन्द हो; मन्दमति।

ज़ामिन पु० *(अ०)* वह जो किसी की जमानत करे।

ज़ामिनी वि० *(अ०)* ज़मानत करने वाला; ज़मानत।

जामे-जम/जामे जमशेद/जामे जहाँनुमा पु० *(फ़ा०)* एक कल्पित प्याला। (कहते हैं कि ईरान के एक राजा ने एक ऐसा बड़ा प्याला बनवाया था, जिससे बैठे-बैठे सारे संसार की सब घटनाओं का तुरन्त पता चल जाता था।)

ज़ामी[1] वि० *(अ०)* पिपासु; प्यासा।

जामी[2] वि० *(फ़ा०)* मद्यप; शराबी।

जामूस पु० *(अ०)* भैंसा।

जामूसा स्त्री० *(अ० जामूसः)* भैंस।

जामे वि० *(अ०)* संगह करने वाला; सम्पादन करने वाला; सम्पादक; व्यापक; बहुत ही विस्तृत।

जामे आली पु० *(फ़ा० जामे+अ० आली)* बहुत बड़ा प्याला।

जामे बातिल पु० *(अ०)* गलत धारणा; भ्रम; वहम।

जामेमय पु० *(फ़ा०)* शराब का प्याला।

जामे सिफाली पु० *(फ़ा०)* मिट्टी का कुल्हड़।

जामेह वि० *(अ०)* उदण्ड; विद्रोही; बागी।

जामेवार पु० *(फ़ा०)* बेल-बूटेदार दुशाला; बेल-बूटे छपी हुई छींट।

जाय स्त्री० *(फ़ा०)* जगह; स्थान।

ज़ायका पु० *(अ० ज़ाइकः)* खाने-पीने की चीजों का स्वाद।

ज़ायचा पु० *(फ़ा० ज़ाइचः)* जन्मपत्री।

जायज़ वि० *(अ०)* उचित; मुनासिब; वैध।

जायज़ा पु० *(अ० जाइजः)* परीक्षा; जाँच-पड़ताल।

ज़ायद वि० *(अ०)* जो ज्यादा हो; अधिक; निरर्थक; व्यर्थ का।

जायदाद स्त्री० *(फ़ा०)* भूमि; धन या सामान आदि जिस पर किसी का अधिकार हो; सम्पत्ति।

ज़ायर पु० *(अ० ज़ाये)* यात्री; पाथिक।

जायल वि० *(अ०)* नष्ट; बरबाद।

जाया *(अ०)* विराट; विशाल; मिटने वाला।

जार[1] पु० *(अ०)* वह जो आकर्षण करता हो; पड़ोसी।

ज़ार[2] पु० *(फ़ा०)* स्थान।

जार[3] वि० *(तु०)* समुदाय; जनसमूह; ढिंढोरा; मुनादी।

ज़ार[4] वि० *(फ़ा०)* क्षीण; दुबला-पतला; दीन-दुखी।

जार[5] वि० *(अ०)* हानिकर; नुकसान देह।

जारची पु० *(तु०)* मुनादी करने वाला।

ज़ार-ज़ार वि० *(फ़ा०)* बहुत अधिक; फूट-फूटकर रोना।

ज़ारनाली स्त्री० *(फ़ा०)* बहुत व्याकुल होकर रोना।

ज़ारो नज़ार वि० *(फ़ा०)* दुबला-पतला; दुर्बल; कमजोर।

ज़ारिब वि० *(अ०)* मारने वाला; आघातक; प्रहारक।

जारिहा पु० *(अ० जारिहः)* दासी; वह दासी जिससे उसका स्वामी सहवास करे; नौका।

जारी[1] वि० *(अ०)* बहता हुआ; प्रवाहित; चलता हुआ।

ज़ारी[2] स्त्री० *(फ़ा०)* रोना-धोना; रुदन; ताजिए के सामने गाया जाने वाला गीत।

जारीदा वि० *(फ़ा०)* रोया हुआ।

जारीशुदा वि० *(अ० जारी+फ़ा० शुदा)* जारी किया हुआ; प्रचलित।

जारूब पु० *(फ़ा०)* झाड़ू; बुहारी।

जारूब कश पु० *(फ़ा०)* वह जो झाड़ू देता हो।

ज़ारोनालाँ वि० *(फ़ा०)* दुःखी और रोता हुआ।

जाल[1] पु० *(अ० ज़ूअल, सं० जाल)* फरेब; धोखा; झूठी कार्रवाई।

जाल[2] वि० *(फ़ा०)* सफेद बालों वाला; बूढ़ा पुरुष।

जालसाज़ पु० *(अ० ज़ूआल+फ़ा० साज़)* वह जो दूसरों को धोखा देने के लिए किसी प्रकार की झूठी कार्रवाई करे।

जालसाजी स्त्री० *(अ० ज़ूआल+फ़ा० साजी)* नकली दस्तावेज बनाना।

जालिफ़ पु० *(अ०)* महामारी।

जालिब वि० *(अ०)* ग्रहण करने वाला; अपनी ओर खींचने वाला।

ज़ालिम वि० *(अ०)* अत्याचार करने वाला।

ज़ालिमाना वि० *(अ० जालिम+हि० आना)* अत्याचार पूर्ण।

ज़ालिमे अज़लम वि० *(अ०)* बहुत बड़ा अत्याचारी।

जालिस वि० *(अ०)* बैठने वाला; बैठा हुआ।

जालिया पु० *(अ० जाल+हि० 'इया' प्रत्यय)* जाल साजी करने वाला।

जाली[1] वि० *(अ० ज़ूअली)* नकली।

जाली[2] वि० *(अ०)* शुद्ध करने वाला; चमकाने वाला।

जालीनोस पु० *(अ०)* एक प्रसिद्ध यूनानी हकीम।

ज़ालूक पु० *(फ़ा०)* गुलेल में चलाने का गुल्ला; बन्दूक में चलाने की गोली।

जालून पु० *(अ०)* एक अति अत्याचारी शासक जिसे हजरत दाऊद की आज्ञा से 'तालून' ने मारा था।

जाले वि० *(अ०)* निर्लज्ज; बेहया।

जावर्स पु० *(फ़ा०)* बाजरा।

जाविदाँ क्रि०वि० *(फ़ा०)* सदा; हमेशा। वि० सदा रहने वाला; अमर।

जाविदानी स्त्री० *(फ़ा०)* सदा बने रहने की अवस्था, अमरता।

ज़ाविया पु० *(अ० जावियः)* कोण; कोना।

जावेद वि० *(फ़ा०)* सदा बना रहने वाला; स्थायी।

जासूस पु० *(फ़ा०)* गुप्त रूप से किसी बात विशेषतः अपराध आदि का पता लगाने वाला; भेदिया; गुप्तचर; मुखबिर।

जासूसी स्त्री० *(अ०)* गुप्त रूप से किसी बात का पता लगाना; गुप्तचरी।

जाह पु० *(अ०)* ऊँचा पद; रुतबा; प्रतिष्ठा; इज्जत।

जाहपरस्त वि० *(फ़ा०)* प्रतिष्ठा पाने का इच्छुक; केवल प्रतिष्ठित लोगों का भक्त।

जाहपरस्ती स्त्री० *(फ़ा०)* प्रतिष्ठा-प्राप्ति की इच्छा।

ज़ाहिफ वि० *(अ०)* हँसोड़; हँसने वाला।

ज़ाहिद पु० *(अ०)* दुष्कर्मों से बचकर ईश्वर की उपासना करने वाला; जितेन्द्रिय या संयमी व्यक्ति।

ज़ाहिदा स्त्री० *(अ० जाहिदः)* तपस्विनी; साध्वी; संयम-नियम का पालन करने वाली।

ज़ाहिदे खुश्क पु० *(अ० जाहिदे+फ़ा० खुश्क)* ऐसा नीरस जिसके हृदय में तनिक भी उदारता न हो।

ज़ाहिर वि० *(अ०)* जो सबके सामने हो; प्रकट; प्रकाशित; खुला हुआ; जाना हुआ; ज्ञात।

ज़ाहिरदार वि० *(अ० जाहिर+फ़ा० दार)* दिखावट; ऊपरी तड़क-भड़क; बनावटी; दिखौआ।

ज़ाहिरा/जाहिरन क्रि०वि० *(अ०)* ऊपर से देखने में।

ज़ाहिरी वि० *(अ०)* ऊपर से प्रकट होने वाला।

जाहिरो बातिन पु० *(अ०)* अन्दर और बाहर; मन और मुख; जुबान और दिल।

जाहिल वि० *(अ०)* मूर्ख; अज्ञानी; नासमझ; अनपढ़; निरक्षर।

जाहिली स्त्री० *(अ०)* मूर्खता।

जाहिले मुत्लक़ वि० *(अ०)* जो कुछ भी न जानता हो; निपट मूर्ख; बिलकुल बे-पढ़ा-लिखा।

जाहो जलाल पु० *(अ०)* शानो-शौकत; रोब-दाब; प्रभाव।

जाहो मनसब/जाहो हशम पु० *(अ० जाहो मन्सब)* पदवी और प्रतिष्ठा।

जिन्दगानी स्त्री० *(फ़ा०)* जिन्दगी; जीवन।

जिन्दगी स्त्री० *(फ़ा०)* जीवन; जीवनकाल; आयु।

ज़िन्दाँ[1] पु० *(फ़ा०)* कैदखाना; बन्दीगृह।

ज़िन्दा[2] वि० *(फ़ा० जिन्दः)* जीवित; जीता हुआ।

ज़िन्दा दरगोर वि० *(फ़ा० ज़िन्दःदरगोर)* जिसका जीवन मुर्दों जैसा नीरस और व्यर्थ हो।

ज़िन्दादिल वि० *(फ़ा० ज़िन्दःदिल)* सदा प्रसन्न रहने वाला; सहृदय; रसिक; हँसमुख; शौकीन।

ज़िन्दादिली स्त्री० *(फ़ा० ज़िन्दःदिली)* सहृदयता; हँसोड़पन; रसिकता।

जिन्दाबाद पद *(फ़ा० जिन्दःबाद)* सदा जिन्दा रहे।

जिन्दाबाश वि० *(फ़ा० ज़िन्दःबाश)* आयुष्मान हो; बड़ी उम्र मिले; शाबाश; धन्यवाद।

ज़िन्द-ए-जावेद पु० *(फ़ा०)* जो सदा जीवित रहे; जो कभी न मरे।

ज़िक्र पु० *(फ़ा०)* चर्चा; प्रसंग; एक प्रकार का जप।

ज़िक्रे ख़फ़ी पु० *(अ०)* ऐसा जप जो मन में किया जाये; उपांशु।

ज़िक्रे ख़ैर पु० *(अ०)* शुभ चर्चा; अच्छा जिक्र; किसी बड़े व्यक्ति की याद और उसकी चर्चा।

ज़िक्रे ग़ैर पु० *(अ०)* अन्य चर्चा; दूसरी चर्चा।

ज़िक्रे जहर पु० *(अ०)* ऐसा जप जो बोलकर हो; वाचिक।

जिगर पु० *(फ़ा०)* कलेजा; चित्त; मन; जीव; साहस, हिम्मत।

जिगर कावी स्त्री० *(फ़ा०)* कड़ा परिश्रम; कठोर मेहनत।

जिगर ख़राश वि० *(फ़ा०)* बहुत अधिक दुःख देने वाला।

जिगर ख़्वारा वि० *(फ़ा० जिगर ख़्वारः)* दुःख देने वाला।

जिगर ख़्वारी स्त्री० *(फ़ा०)* दुःख; शोक।

जिगर गोशा पु० *(फ़ा० जिगर गोशः)* जिगर का टुकड़ा अर्थात् पुत्र।

जिगर सोख़्ता वि० *(फ़ा० जिगर सोख़्तः)* दिलजला।

जिगर सोख़्तगी स्त्री० *(फ़ा०)* हृदय का दग्ध होना।

जिगरबन्द पु० *(फ़ा०)* हृदय; फुफ्फुस; पुत्र।

जिगर सोज़ वि० *(फ़ा०)* दुःखदायी।

जिगरसोज़ी स्त्री० *(फ़ा०)* दिल जलाना; सहानुभूति दिखलाना।

जिगरी वि० *(फ़ा०)* दिली; भीतरी; अत्यन्त घनिष्ठ।

जिज़बिज़ वि० *(फ़ा०)* अप्रसन्न; नाराज; कष्ट।

जिच्च स्त्री० *(फ़ा०)* बेबसी; तंगी; मजबूरी।

ज़िद[1] स्त्री० *(अ०)* प्रयास। वि० जिद्दी- जिद करने वाला।

ज़िद[2] स्त्री० *(अ०)* हठ; अकड़; विपरीत; उल्टा।

ज़िदा प्रत्य० *(फ़ा०)* साफ या परिमार्जित करने वाला।

ज़िदाइश स्त्री० *(अ०)* सफ़ाई; चमक।

जिद्दत स्त्री० *(अ०)* अनोखापन; नवीनता; आविष्कार।

ज़िद्दैन पु० *(अ०)* परस्पर दो विरोधी वस्तुएँ, जैसे- आग और पानी।

ज़िदिआना अ०क्रि० *(अ० ज़िद+हि० आना)* ज़िद करना। स०क्रि० ज़िद करने में प्रवृत्त करना।

जिद्दन क्रि०वि० *(अ०)* जिद्द करते हुए; हठ करते हुए।

जिदाबदी स्त्री० *(अ० जिद+ हि० बदी)* प्रतियोगिता, होड़।

जिदार स्त्री० *(अ०)* भीत्ति; दीवार।

ज़िदाल पु० *(अ०)* युद्ध; समर।

ज़िदालो क़िताल पु० *(अ०)* लड़ाई और रक्तपात; खून-खराबा।

जिद्दी वि० *(अ०)* दुराग्रही।

जिद्दोजहद स्त्री० *(अ०)* पराक्रम और प्रयास।

जिन्न पु० *(अ०, बहु० जिन्नात)* भूत-प्रेत।

ज़िनाँ पु० *(अ०)* परस्त्रीगमन; व्यभिचार।

ज़िनाकार पु० *(अ० जिना+फ़ा० कार)* परस्त्रीगमन करने वाला।

ज़िनाकारी स्त्री० *(अ० जिना+फ़ा० कारी)* व्यभिचार।

जिनान स्त्री० *(अ० जन्नत का बहु०)* जन्नतें; बागों का समूह।

जिनायत स्त्री० *(अ०)* पाप; गुनाह।

ज़िन्नत स्त्री० *(अ०)* आरोप; लांछन।

जिन्नात पु० *(अ० जिन्न बहु०)* बहुत से जिन्न; जिन्नों की जाति।

जिन्नी पु० *(अ०)* जिन्न का; जिन्न सम्बन्धी; एक जिन्न।

ज़िन्हार स्त्री० *(फ़ा०)* शरण; पनाह; त्राण। अव्य कदापि; हरगिज़।

ज़िन्हार ख़्वार वि० *(फ़ा०)* प्रतिज्ञा भंग करने वाला।

ज़िन्हारी वि० *(फ़ा०)* शरण चाहने वाला; शरणार्थी।

ज़िना-बिल-जब्र स्त्री० *(अ०)* किसी स्त्री के साथ उसकी इच्छा के विरुद्ध और बलपूर्वक सम्भोग करना।

जिंस स्त्री० *(अ० बहु० अजनास)* प्रकार; किस्म; भाँति; चीज; वस्तु; द्रव्य; सामग्री; अनाज; गल्ला; रसद।

जिंसख़ाना पु० *(अ० जिंस+फ़ा० ख़ाना)* भण्डार; भाण्डागार।

जिंस वार पु० *(अ० जिंस+फ़ा० वार)* हर एक जिंस के विचार से अलग-अलग। पु० पटवारियों का कागज जिसमें वे खेतों में बोये गये अनाजों के नाम लिखते हैं।

ज़िफ़ाफ़ पु० *(अ०)* दूल्हन को दूल्हे के घर भेजना।

ज़िफ़्त स्त्री० *(फ़ा०)* चीड़ वृक्ष का गोंद।

ज़िफ़्दे पु० *(अ०)* मेंढक।

जिबस क्रि०वि० *(फ़ा०)* पूर्णरूप हो।

ज़िबस वि० *(फ़ा०)* बहुत अधिक।

ज़िबह पु० *(अ० ज़िब्ह)* जिसका वध किया गया हो।

ज़िबा पु० *(अ० ज़बी का बहु०)* हिरनों का समूह।

जिबायत स्त्री० *(अ०)* धन एकत्र करना; टैक्स इकट्ठा करना।

ज़बहे अक्बर पु० *(अ० ज़िब्हे अक्बर)* वह बकरा जो हज़रत इस्माईल के बदले जिबह हुआ।

ज़बहे अज़ीम पु० *(अ० जिब्हे अज़ीम)* हजरत इमाम हुसैन की शहादत।

जिबाल पु०बहु० *(फ़ा०)* पर्वत; पहाड़।

जिब्राईल पु० *(फ़ा०)* एक फरिश्ते या देवदूत का नाम।

ज़िब्रीक़ान पु० *(अ०)* सम्पूर्ण चन्द्र (पूर्णिमा)।

ज़िब्ल पु० *(अ०)* घोड़े या गधे की लीद।

जिबाले रासियात पु० *(अ०)* ऊँचे-ऊँचे और बड़े-बड़े पहाड़।

जिबाह स्त्री० *(अ०)* माथे; ललाट।

जिबिल्लित स्त्री० *(अ०)* प्राकृतिक; स्वभाव।

जिबिल्ली वि० *(अ०)* प्राकृतिक; स्वाभाविक।

जिब्त पु० *(अ०)* प्रत्येक वह वस्तु जो ईश्वर के अलावे पूजी जाये।

ज़िब्र स्त्री० *(अ०)* पुस्तक; किताब।

ज़िब्रा स्त्री० *(अ०)* एक पुस्तक; एक पत्र।

ज़िमन पु० *(अ० जिम्न)* भीतरी भाग का अंश; खण्ड, दफा; प्रसंग; विषय।

ज़िमनी वि० *(अ० जिम्नी)* गौण; तुच्छ।

जिमाअ पु० *(अ०)* स्त्री-प्रसंग; सम्भोग।

जिमाउलइस्म पु० *(अ०)* मद्यपान; शराब खोरी।

जिमाद[1] पु० *(अ० जुम्द का बहु०)* ऊँची और कठोर भूमि।

ज़िमाद[2] पु० *(अ०)* प्रलेप; अंग विशेष पर दवा का लेप।

ज़िमाम[1] पु० *(अ०)* प्रतिष्ठा; इज्जत; स्वत्व; हक।

ज़िमाम स्त्री० *(अ०)* ऊँट की नकेल।

ज़िमामे हुकूमत स्त्री० *(अ०)* शासन की बागडोर; शासन-सूत्र।

ज़िमार[1] पु० *(अ०)* खोया हुआ सामान, जिसके मिलने की आशा न हो।

ज़िमार[2] स्त्री० *(अ० जम्र: का बहु०)* हज की एक प्रथा जिसमें शैतान को कंकरियाँ मारते हैं।

जिमाल पु० *(अ० जमल का बहु०)* बहुत-से ऊँट।

ज़िम्न पु० *(अ०)* प्रसंग; विषय; बात का सिलसिला।

ज़िम्नन वि० *(अ०)* किसी प्रसंग में आयी हुई चर्चा।

ज़िम्नी वि० *(अ०)* किसी मुख्य विषय के अन्तर्गत वाला; गौण।

ज़िम्मा पु० *(अ० ज़िम्मः)* इस बात का भार ग्रहण करना कि कोई बात या कोई काम अवश्य होगा और यदि न होगा तो उसका दोष भार ग्रहण करने वाले पर होगा; दायित्वपूर्ण प्रतिज्ञा; जवाबदेही; सुपुर्दगी; देखरेख।

ज़िम्मादार/जिम्मेदार पु० *(अ० जिम्मः+फ़ा० दार)* उत्तरदायी।

ज़िम्मादारी/जिम्मेदारी स्त्री० *(अ० जिम्मः+फ़ा० दारी)* उत्तरदायित्व।

जिम्मी पु० *(अ०)* वे काफिर और अन्य धर्मी जिन्हें मुस्लिम राज्यों में शरण दी गयी हो, जो जज़िया टैक्स देते हैं।

ज़ियाँ[1] पु० *(फ़ा०)* हानि; नुकसान।

जियाँ[2] वि० *(फ़ा०)* फाड़ खाने वाला; हिंसक।

ज़िया[3] स्त्री० *(अ०)* सूर्य का प्रकाश; प्रकाश; रोशनी।

ज़ियाँकार वि० *(फ़ा०)* घाटा पहुँचाने वाला; कदाचारी।

जियाँकारी स्त्री० *(फ़ा०)* घाटा; कदाचार।

ज़ियागुस्तर वि० *(अ० जिया+फ़ा० गुस्ता)* प्रकाश फैलाने वाला।

ज़ियादा वि० *(अ० जियादः)* अधिक; मात्रा से आधी।

ज़ियादाखोर वि० *(अ० जियादः +फ़ा० खोर)* बहुत खाने वाला।

ज़ियादागो वि० *(अ० जियादः +फ़ा० गो)* मुखर; वाचाल; मिथ्यावादी; गप्पी।

ज़ियाफ़त स्त्री० *(अ०)* बड़ी दावत जिसमें बहुत से लोगों को भोजन कराया जाता है।

ज़ियारत स्त्री० *(अ०)* दर्शन; तीर्थ दर्शन।

ज़ियारती वि० *(अ०)* ज़ियारत के लिए जाने वाला यात्री।

जिरह[1] स्त्री० *(अ० जरह या जुरह)* हुज्जत; ऐसी पूछताछ जो किसी से कही हुई बातों की सत्यता के लिए कही जाये।

ज़िरह[2] स्त्री० *(फ़ा० जिरिह)* लोहे की कड़ियों से बना कवच; वर्म; बख्तर।

ज़िरह पोश पु० *(फ़ा०)* कवचधारी।

ज़िराअ पु० *(अ०)* एक हाथ की माप; सातवाँ नक्षत्र-पुनर्वसु।

ज़िराअत स्त्री० *(अ०)* कृषि; खेती।

ज़िराअतपेशा वि० *(अ० जिराअत+फ़ा० पेशः)* कृषक; किसान।

ज़िराब पु० *(अ०)* नर का मादा पर चढ़ना।

ज़िरार पु० *(अ०)* एक-दूसरे को हानि पहुँचाना; मक्के की एक मसजिद जिसमें मुहम्मद साहब के शत्रु बैठकर परामर्श करते थे।

जिराहत स्त्री० *(अ०)* घाव; ज़ख्म; आघात; चीरफ़ाड़; शल्यक्रिया।

जिरियान पु० *(अ०)* जल आदि का बहना; सुजाक नामक रोग।

जिरिश्क स्त्री० *(फ़ा०)* एक खट्टा फल जो चने के आकार का होता है और सुखाकर दवा के काम आता है।

ज़िर्ग़ाम पु० *(अ०)* सिंह; शेर; व्याघ्र।

ज़िर्निख़ स्त्री० *(अ०)* हड़ताल।

जिर्म स्त्री० *(अ०)* शरीर; बदन; निर्जीव पदार्थ का पिण्ड।

ज़िर्फ़ीन पु० *(अ०)* शृंखला; जंजीर; दरवाजे की साँकल।

जिर्यान पु० *(अ०)* शुक्र प्रमेह; मूत्र शुक्र।

ज़िल पु० *(अ०)* छाया; परछाई।

जिला[1] स्त्री० *(अ० जिलः)* चमक-दमक; साफ करके चमकाने की क्रिया; हथियारों की चमक।
मुहा० ***जिला देना-*** *साफ करके चमकाना।*

ज़िला[2] पु० *(अ०)* जनपद।

जिलाकार स्त्री० *(अ० जिला+फ़ा० कार)* किसी चीज को चमकाकर साफ करने वाला।

ज़िलादार वि० *(अ० ज़िला+फ़ा० दार)* किसी ज़िले का अफसर या प्रधान कर्मचारी।

ज़िलाधिकारी पु० *(अ० ज़िला+सं० अधिकारी)* जिला मजिस्ट्रेट।

जिलेदारी स्त्री० *(अ० ज़िला+फ़ा० दारी)* जिलेदार का काम या पद।

जिलेबी पु० *(फ़ा०)* एक मिठाई।

जिलौ पु० *(तु०)* कोतल घोड़ा जो सरदारों व राजाओं की सवारी के काम आता है।

जिलौख़ाना पु० *(तु० जिलौ+फ़ा० खानः)* अश्वशाला; घोड़ों को बाँधने का स्थान।

जिलौदार पु० *(तु० जिलौ+फ़ा० दार)* श्रेष्ठ घोड़े का स्वामी।

जिलौरेज वि० *(तु० जिलौ+फ़ा० रेज)* तेज घोड़ा दौड़ाने वाला।

जिल्क़ादः स्त्री० *(अ० जिल्कआद)* इस्लामी ग्यारहवाँ चान्द्रमास।

जिल्द स्त्री० *(अ०)* खाल; चमड़ा; ऊपर का चमड़ा; त्वचा; किताब के ऊपर लगाया गया दफ्ती का टुकड़ा।

जिल्दबन्द/जिल्दसाज़ वि० *(अ० जिल्द+फ़ा० साज़)* वह जो किताबों की जिल्द बाँधता हो; जिल्द बाँधने वाला।

जिल्दसाज़ी स्त्री० *(अ० जिल्द+फ़ा० साज़ी)* पुस्तक की जिल्दें बनाने का काम।

जिल्दौ पु० *(तु०)* पुरस्कार; इनाम।

जिल्फ़ वि० *(अ०)* जो भीतर से खाली हो; छूँछा।

जिल्बाब स्त्री० *(अ०)* चादर।

ज़िल्ल पु० *(अ०)* छाया। जैसे- जिल्ले इलाही- ईश्वर की छाया या कृपा; विचार; खयाल; गरमी की अधिकता; रात का अन्धकार।

ज़िल्लत[1] स्त्री० *(अ०)* अनादर; अपमान; तिरस्कार; बेइज्जती।

मुहा० *जिल्लत उठाना या पाना-* *अपमानित होना; तुच्छ ठहरना।*

ज़िल्लत[2] स्त्री० *(अ०)* गुमराही; मार्ग से भटकने की क्रिया।

ज़िल्लत आमेज़ वि० *(अ० ज़िल्लत+फ़ा० आमेज़)* अपमान जनक।

ज़िल्लुल्लाह पु० *(अ०)* ईश्वर की छाया; अच्छा शासक।

ज़िल्लेजमीं पु० *(अ० ज़िल्ले+फ़ा० जमीं)* रात्रि; निशा।

ज़िल्ले हुमा पु० *(अ० ज़िल्ले+फ़ा० हुमा)* हुमा पक्षी की छाया, जिसके पड़ने से मनुष्य राजा हो जाता है।

ज़िश्त वि० *(फ़ा०)* निकृष्ट; खराब; बुरा।

ज़िश्तआमाल वि० *(अ० जिश्त+फ़ा० आमाल)* दुराचारी; बदचलन।

ज़िश्ती वि० *(फ़ा०)* निकृष्टता; खराबी।

ज़िल्हिज पु० *(अ०)* इस्लामी बारहवाँ चान्द्रमास।

जिस्म पु० *(अ०)* शरीर; काया।

पदरचना- *जिस्मे फानी-* *नश्वर देह।*

जिस्मी/जिस्मानी वि० *(अ०)* जिस्म-सम्बन्धी; शारीरिक।

जिस्मीयत स्त्री० *(अ०)* स्थूलता; घनत्व।

जिस्मेख़ाकी पु० *(अ० जिस्मे+फ़ा० ख़ाकी)* मिट्टी का बना हुआ शरीर; नश्वरदेह; मानव शरीर।

जिस्मे तालीमी पु० *(अ०)* लम्बाई-चौड़ाई और मोटाई।

जिस्मे फ़ानी पु० *(अ०)* नश्वर शरीर।

ज़िस्र पु० *(अ०)* सेतु; पुल।

ज़िह स्त्री० *(फ़ा०)* धनुष के किनारे; साधु; धन्य।

ज़िहगीर स्त्री० *(फ़ा०)* अँगुलित्राण; दस्ताना।

ज़िहन[1] स्त्री० *(अ०)* कारण; वजह।

ज़िहन[2] पु० *(अ० ज़िह्न)* समझ; बुद्धि।

मुहा० *ज़िहन खुलना-* *बुद्धि का विकास होना।* ***ज़िहन लड़ाना-*** *खूब सोचना।* ***ज़िहन नशीन होना-*** *ध्यान में बैठना; समझ में आना।*

ज़िहनी वि० *(अ० ज़िह्नी)* मानसिक बौद्धिक; दिमागी।

ज़िहनीयत स्त्री० *(अ० ज़िह्नीयत)* स्वभाव; प्रकृति।

ज़िहमत स्त्री० *(अ० ज़िह्मत)* असह्य दुर्गन्ध।

जिहाज़ पु० *(अ०)* व्याह का दहेज; मृतक का सामान (कफ़न आदि); यात्रा की सामग्री; पाथेय।

जिहाद पु० *(अ०)* धर्मयुद्ध।

ज़ी[1] स्त्री० *(फ़ा०)* 'जीन' का लघुरूप जो समास में प्रयुक्त होता है। अव्य० इससे।

ज़ी[2] उप० *(अ०)* एक उपसर्ग जो संज्ञा से पहले आकर 'वाला' का अर्थ देता है, जैसे- जीअक्ल-अक्ल वाला।

ज़ीआबरू वि० *(अ० ज़ी+फ़ा० आबरू)* प्रतिष्ठित; सम्मानित।

ज़ी-इख़्तियार वि० *(अ०)* जिसे अधिकार प्राप्त हो; जो किसी के अधीन न हो; खुद मुख़्तार; स्वाधीन।

ज़ी-इस्तेदाद वि० *(अ०)* विद्वान्; योग्य; शिक्षित; पढ़ा-लिखा।

ज़ीक स्त्री० *(अ०)* संकीर्णता; तंगी; मानसिक कष्ट; कठिनता; अड़चन।

ज़ीक-उल नफ़्स पु० *(अ०)* श्वास रोग; दमा।

ज़ीक़ाद पु० *(अ०)* अ़रब वालों का ग्यारहवाँ चान्द्रमास।

ज़ीक़ुन्नफ़स पु० *(अ०)* दमे की बीमारी।

जीग़ा पु० *(फ़ा० ज़ीग़ः)* पगड़ी में बाँधने का एक रत्न जड़ित आभूषण।

ज़ीज स्त्री० *(फ़ा०)* ज्योतिष की पुस्तक।

ज़ीजाह वि० *(अ०)* बड़े पद या प्रतिष्ठा वाला।

ज़ीन पु० *(फ़ा०)* घोड़े की पीठ पर रखने की गद्दी; चारजामा; काठी; एक प्रकार का मोटा सूती कपड़ा।

ज़ीनत स्त्री० *(फ़ा०)* शोभा; श्रृंगार; सजावट।

ज़ीनत कदा पु० *(अ० ज़ीनत+फ़ा० कदः)* सुसज्जित मकान; प्रेमिका का निवास स्थान।

ज़ीनतदिह वि० *(अ० ज़ीनत+फ़ा० दिह)* शोभा बढ़ाने वाला।

जीनते आग़ोश स्त्री० *(अ० ज़ीनत+फ़ा० आग़ोश)* गोद में बैठा हुआ; गोद में बैठकर गोद की शोभा बढ़ाने वाला।

ज़ीनते बज़्म स्त्री० *(अ० ज़ीनते+फ़ा० बज़्म)* अपनी योग्यता से सभा को सुशोभित करने वाला।

ज़ीनपोश पु० *(फ़ा०)* घोड़े के ज़ीन के नीचे बिछाने का कपड़ा।

ज़ीन सवारी स्त्री० *(फ़ा०)* घोड़े की पीठ पर की जाने वाली सवारी।

जीनसाज़ पु० *(फ़ा०)* ज़ीन बनाने वाला।

ज़ीनहार क्रि०वि० *(फ़ा०)* हरगिज; कदापि।

ज़ीना पु० *(फ़ा०)* सीढ़ी; सोपान।

जीफ़ा पु० *(फ़ा०)* मरा हुआ पशु; मृत।

जीफ़ाख़्वार वि० *(अ० जीफ़ा+फ़ा० ख़्वार)* मुरदा खाने वाला।

ज़ीफ़हम वि० *(अ०)* बुद्धिमान; मेधावी; प्रतिभाशाली।

ज़ीबक पु० *(अ०)* पारा।

ज़ीबाल वि० *(अ०)* जिसके पंख हों; पक्षी; मान्य; प्रतिष्ठित।

ज़ीमर्तबन वि० *(अ०)* बड़े रुतबे वाला; सम्मानित।

ज़ीर स्त्री० *(फ़ा०)* संगीत आदि में बहुत मन्द या धीमा स्वर।

ज़ीरक वि० *(फ़ा०)* बुद्धिमान; समझदार।

ज़ीरूह वि० *(अ०)* प्राणी; जीवधारी।

ज़ीरोबम पु० *(फ़ा०)* स्वर का उतार-चढ़ाव।

जीवा पु० *(फ़ा० जीवः)* पारा।

ज़ीस्त स्त्री० *(अ०)* जिन्दगी; जीवन।

ज़ीस्तनी वि० *(फ़ा०)* जीने के लायक; जिसका जीना जरूरी हो।

ज़ीहशम वि० *(अ०)* जिसके पास नौकर-चाकर हों; वैभव से सम्पन्न।

ज़ीहिस वि० *(अ०)* खुद्दार; स्वाभिमानी।

ज़ीहैसियत वि० *(अ०)* प्रतिष्ठित; धनी; अच्छी हैसियत वाला।

ज़ीहोश वि० *(अ०)* जो होश में हो; बुद्धिमान; दूरदर्शी।

जुन्द पु० *(अ०)* सेना; फौज।

जुन्दबेदस्तर पु० *(फ़ा०)* एक समुद्री ऊदबिलाव के अण्डकोश से बना रस जो दवा के काम आता है।

जुन्दी पु० *(अ०)* सैनिक।

ज़ुआफ़ पु० *(अ०)* विष के कारण होने वाली मृत्यु।

ज़ुका स्त्री० *(अ०)* सूर्य; प्रातःकाल।

ज़ुकाम पु० *(अ०)* सरदी से होने वाली एक बीमारी जिसमें नाक और मुँह से कफ़ निकलता है।

जुग़रात पु० *(अ०)* दही; दधि।

जुग़राफ़िया पु० *(अ० जुग्राराफियः)* भूगोल।

ज़ुगाल पु० *(फ़ा०)* बुझा हुआ अंगारा; कोयला।

ज़ुग़्ता पु० *(अ०)* संकोच; तंगी; कठोरता; सख्ती।

जुग्रात पु० *(फ़ा०)* दही; दधि।

जुज़ पु० *(अ०)* टुकड़ा; खण्ड; कागज के पन्ने जिसमें छपने पर 8, 12 या 16 पृष्ठ होते हैं।

जुजदान पु० *(अ० ज़ुज+फ़ा० दान)* पुस्तकें आदि बाँधने का कपड़ा; बस्ता।

जुज़बन्दी स्त्री० *(अ० ज़ुज+फ़ा० बन्दी)* पुस्तकों की वह सिलाई जिसमें प्रत्येक जुज़ या फार्म अलग-अलग सिया जाता है।

जुज़रसी स्त्री० *(अ० जुज+फ़ा० रसी)* कमखर्च करना; कंजूसी; कृपणता।

ज़ुजाज पु० *(अ०)* काँच; शीशा।

जुज़ाम पु० *(अ०)* कोढ़ रोग।

जुज़ामी पु० *(अ०)* कोढ़ी।

जुदा वि० *(फ़ा०)* पृथक्; अलग; भिन्न; निराला।

जुदाई स्त्री० *(फ़ा०)* जुदा होने का भाव; विछोह; वियोग।

जुदागाना वि० *(अ० जुदागानः)* अलग-अलग।
जुदै पु० *(अ०)* उत्तरी ध्रुवतारा।
जुद्री स्त्री० *(अ०)* शीतला रोग; चेचक।
जुन्नार पु० *(अ०)* वह पवित्र डोरा जो पारसी कमर में बाँधे रहते हैं; यज्ञोपवीत; जनेऊ।
जुन्नारदार पु० *(अ० जुन्नार+फ़ा० दार)* यज्ञोपवीतधारी; हिन्दू।
जुन्नून पु० *(अ०)* हजरत यूनुस की उपाधि, जिसे मछली निगल गयी थी।
जुन्नैद पु० *(अ०)* बगदाद के बहुत बड़े सन्त।
जुफ़ाफ़ पु० *(अ०)* वर और वधू का प्रथम समागम। **पदरचना-** ***काबे ज़ुफ़ाफ-*** *सुहागरात।*
जुफ़्त पु० *(फ़ा०)* जोड़ा; युग्म।
जुफ़्तक पु० *(फ़ा०)* चकवा-चकई; सुर्खाब पक्षी का जोड़।
जुफ़्तफ़रोश वि० *(फ़ा०)* जूते बेचने वाला।
जुफ़्तसाज़ वि० *(फ़ा०)* जूते बनाने वाला।
जुफ़्ता पु० *(फ़ा० जुफ्तः)* शिकन; बल; रेखा; कपड़े के सूतों का अपने स्थान से हट-बढ़ जाना; जिस्ता।
जुफ्ती स्त्री० *(अ०)* पशु-पक्षियों आदि की सम्भोग क्रिया।
जुफ़्र पु० *(अ०)* नाखून।
जुबाना पु० *(अ०)* सोलहवाँ नक्षत्र विशाखा।
जुबाब स्त्री० *(अ०)* मक्खी।
जुबुन पु० *(अ०)* पनीर।
जुबूल पु० *(अ०)* क्षीणता; दुर्बलता।
जुब्दा पु० *(अ०)* सार; तत्त्व; मक्खन; शिरोमणि।
जुब्दतुलहुकमा पु० *(अ०)* चिकित्सकों में सर्वश्रेष्ठ; वैज्ञानिकों में सर्वश्रेष्ठ।
जुब्बा पु० *(अ० जुब्बः)* फकीरों का एक प्रकार का लम्बा पहनावा।
जुब्र पु० *(अ०)* ग्यारहवाँ नक्षत्र पूर्वा फाल्गुनी।
जुमरा पु० *(अ० जुम्रः)* जनसमूह, भीड़; सेना; फौज।
जुमलगी स्त्री० *(फ़ा०)* कुल या सबका भाव।
जुमला पु० *(अ० जुम्लः)* पूरा वाक्य; कुल जोड़; सारी जमा। वि० कुल; सब।
जुमा पु० *(अ० जुमअः)* शुक्रवार।
जुमादल उख़्रा पु० *(अ०)* इस्लामी छठा महीना।
जुमादलऊला पु० *(अ०)* इस्लामी पाँचवाँ महीना।
जुमान पु० *(अ०)* मोती; मोती के आकार की चाँदी की घुंडियाँ।
जुमाम पु० *(अ०)* बरतन का पानी से लबालब भर जाना।
जुमुख़्त पु० *(फ़ा०)* कसैला स्वाद।
जुमुर पु० *(अ०)* दुबलेपन से पेट का पीठ से चिपक जाना।
ज़ुमुर्रुद पु० *(फ़ा०)* हरे रंग का रत्न; पन्ना।
जुमूद पु० *(अ०)* जम जाना (पानी आदि का); ठप हो जाना।
जुमूर पु० *(अ०)* दुबलापन; क्षीणता।
जुमूद पु० *(अ०)* गतिरोध; खिन्नता; उदासी।
जुमेरात स्त्री० *(अ० जुमअः रात)* बृहस्पतिवार।
जुम्बिश स्त्री० *(फ़ा०)* हिलना- डुलना; गति; चाल; हरकत; काँपना; कम्प।
जुम्हूर पु० *(अ०)* जनता; जनसाधारण।
जुम्हूरियत स्त्री० *(अ०)* जनतन्त्र; गणतन्त्र।
जुम्हूरी वि० *(अ०)* सार्वजनिक।
जुरअत/जुर्रत स्त्री० *(अ० जुर्अत)* साहस; हिम्मत।
जुराफ़ा पु० *(अ० जुर्राफ़ः)* अफ्रीका का एक ऊँचा पशु जिसकी गर्दन बहुत लम्बी होती है।
जुरूफ़ पु० *(अ० जर्फ का बहु०)* बर्तन-भाँडे।
जुरूरी वि० *(अ०)* आवश्यक।
जुर्अतमन्द वि० *(अ०)* धृष्ट; साहसी।
जुर्म पु० *(अ० बहु० जरायम)* वह कार्य जिसके दण्ड का विधान राजनियम में हो; अपराध।
जुर्म-ना-कर्दा वि० *(अ० जुर्म+फ़ा० कर्दा)* जिसने जुर्म न किया हो।
जुर्माना पु० *(फ़ा० जुर्मानः)* वह दण्ड जिसके अनुसार अपराधी को कुछ धन देना पड़े; अर्थदण्ड।
जुर्रत स्त्री० *(अ० जुर्अत)* धृष्टता; साहस।
जुर्रा[1] स्त्री० *(अ० जुर्रा)* ज्वार (एक मन्त्र)।
जुर्रा[2] पु० *(फ़ा० जुर्रः)* नर बाज़; श्येन।
जुर्रा[3] स्त्री० *(अ०)* सौतन।
जुर्राब स्त्री० *(तु०)* पायताबा; पैरों में पहनने का मोजा।
जुर्रीयत स्त्री० *(अ०)* सन्तान; बाल-बच्चे; पिछलगू।

जुरूह पु० *(अ०)* भ्रमर के आकार का एक लाल रंग का विषैला कीड़ा जिसके पंखों पर काली बुन्दकियाँ होती हैं। यह दवा के काम आता है और शरीर में छाला डालता है।

जुर्वा पु० *(अ० जुर्वः)* चोटी; ऊँचा स्थान; सर्वश्रेष्ठ।

जुर्ह पु० *(अ०)* घाव; ज़ख्म।

जुलकअदा पु० *(अ०)* अरब वालों का ग्यारहवाँ चान्द्रमास।

जुलाब पु० *(अ० जुल्लाब)* रेचन; दस्त; रेचक औषध; दस्त लाने वाली दवा।

जुलाल वि० *(अ०)* शुद्ध; स्वच्छ; निथरा हुआ जल।

जुलूस पु० *(अ०)* किसी उत्सव की यात्रा; धूमधाम की सवारी।

जुलूसी वि० *(अ०)* जुलूस सम्बन्धी।

जुल्फ़ स्त्रीं० *(फ़ा०)* सिर के लम्बे बाल जो पीछे की ओर लटकते हैं; बालों की लट।

पदरचना- *हम ज़ुल्फ़-* *साली का पति; साढ़ू; प्रेमिका का दूसरा प्रेमी; रक़ीब।*

जुल्फ़कार स्त्री० *(अ० जुल्फ़िकार)* हजरत अली की तलवार का नाम।

जुल्म पु० *(अ०)* अत्याचार; अन्याय।

जुल्मत स्त्री० *(अ०)* अन्धकार; अँधेरा।

जुल्म-रसीदा वि० *(अ० जुल्म+फ़ा० रसीदः)* जिस पर जुल्म हुआ हो; अत्याचार पीड़ित।

जुल्मी वि० *(अ० ज़ुल्म)* जुल्म करने वाला; जालिम; अत्याचारी।

जुल्ला पु० *(अ० जुल्लः)* सायबान।

जुलैखा स्त्री० *(अ०)* मिस्र के राजा 'अज़ीज़ा' की स्त्री जो हज़रत यूसुफ़ पर मुग्ध हो गयी थी।

जुल्क़र्नेन पु० *(अ०)* सम्राट सिकन्दर की उपाधि जिसके दोनों कन्धों पर बालों की लटें पड़ी रहती थीं।

जुल्जनाह पु० *(अ०)* हज़रत इमाम हुसेन का घोड़ा जो बहुत तेज चलने के कारण 'परों वाला' घोड़ा कहलाता था।

जुल्जलाल पु० *(अ०)* तेज और प्रताप वाला अर्थात् ईश्वर।

जुल्फ़बदोश वि० *(फ़ा०)* कन्धों पर बाल बिखेरे हुए।

जुल्फ़ीन स्त्री० *(फ़ा०)* शृंखला; जंजीर।

ज़ुल्फुनून वि० *(अ०)* बहुत-से गुणों का ज्ञाता।

जुवार पु० *(अ०)* पड़ोस; आस-पास; चारों ओर।

जुशा स्त्री० *(अ०)* डकार; उद्गार।

जुस्त/जुस्तजू स्त्री० *(फ़ा०)* तलाश; अन्वेषण; ढूँढ; खोज।

जुस्सा पु० *(अ० जुस्सः)* बदन; शरीर; तन।

जुहद पु० *(अ०)* संसार के सब सुखों का त्याग।

जुहरा स्त्री० *(अ० जुह्रः)* शुक्र ग्रह।

जुहराजबीं वि० *(अ० जुह्रः+फ़ा० जबीं)* उज्ज्वल; ललाट; चन्द्रमुखी।

जुहरानवा वि० *(अ० जुह्रः+फ़ा० नवा)* बहुत सुन्दर और मधुर स्वर वाली।

जुह्हाल पु० *(अ० जाहिल का बहु०)* जाहिल लोग।

जुहर पु० *(अ० जुह्र)* दिन ढलने का समय; तीसरा प्रहर।

जुहल पु० *(अ०)* शनि ग्रह।

जुहा पु० *(अ०)* जलपान का समय।

पदरचना- *ईद-उल-जुहा-* *बक़रईद नामक त्यौहार।*

जुहूर पु० *(अ०)* आविर्भाव; प्रकट।

पदरचना- *जुह की नमाज-* *तीसरे पहर की नमाज़।*

जू[1] स्त्री० *(फ़ा० जूए)* नदी; दरिया।

जू[2] उप० *(अ०)* वाला के अर्थ में आता है। जैसे- 'जू-माना' अर्थात् अनेक अर्थ वाला।

जूअ स्त्री० *(अ०)* भूख; क्षुधा।

जूउलअर्ज़ स्त्री० *(अ०)* जमीन की भूख; राज्य विस्तार की भूख।

जूउलबक़र स्त्री० *(अ०)* एक रोग जिसमें जितना भी खाया जाये, भूख नहीं जाती।

जएखू स्त्री० *(फ़ा०)* रक्त की नदी।

जूऐशीर स्त्री० *(फ़ा०)* दूध की नहर जो फ़रहाद ने शीरीं के लिए निकालना चाहा था।

जूक़ स्त्री० *(तु)* समूह; झुण्ड; गिरोह।

जूक़-दर-जूक़ वि० *(तु० जूक़+फ़ा० दर जूक़)* झुण्ड के झुण्डे।

जू-जसदैन वि० *(अ०)* दो शरीरों वाला; मिथुन राशि वाला; बुध ग्रह, जिसका घर कन्या राशि है।

जू-जुनाबा पु० *(अ०)* वह पुच्छल तारा, जिसकी पूँछ पूरब की ओर हो।

ज़ूज़ुवाबादा पु० *(अ०)* वह पुच्छल तारा जिसकी पूँछ पश्चिम की ओर हो।

ज़ूद[1] क्रि०वि० *(फ़ा०)* शीघ्र; जल्दी।

ज़ूद[2] पु० *(अ०)* दानशीलता; बख्शीश।

ज़ूदअसर वि० *(फ़ा० ज़ूद+अ० असर)* तुरन्त असर करने वाली औषधि।

ज़ूदआशना वि० *(फ़ा०)* बहुत जल्दी घुल-मिल जाने वाला; जल्दी दोस्त बन जाने वाला।

ज़ूदखेज़ वि० *(फ़ा०)* फुरतीला; चुस्त चालाक।

ज़ूदगो वि० *(फ़ा०)* आशुकवि।

ज़ूदगोई स्त्री० *(फ़ा०)* आशु कविता करने की क्रिया।

ज़ूदतर वि० *(फ़ा०)* बहुत जल्दी; शीघ्रतर।

ज़ूदनवीस वि० *(फ़ा०)* जल्दी लिखने वाला।

ज़ूदनवीसी स्त्री० *(फ़ा०)* जल्दी लिखना।

ज़ूद पशेमाँ वि० *(फ़ा०)* अपनी भूल पर जल्दी पछताने वाला।

ज़ूदफ़हम वि० *(फ़ा०)* किसी बात को जल्दी समझने वाला।

ज़ूदबूद वि० *(फ़ा०)* अपार; असीम; अनुचित।

ज़ूदरंज वि० *(फ़ा०)* किसी बात का जल्दी बुरा मानने वाला।

ज़ूद रफ़्तार वि० *(फ़ा०)* शीघ्रगामी; द्रुतगामी।

ज़ूद रफ़्तारी स्त्री० *(फ़ा०)* तेज चलना; शीघ्रगमन।

ज़ूदरस वि० *(फ़ा०)* कुशाग्र बुद्धि।

ज़ूदरंज वि० *(फ़ा०)* जल्दी क्रोधित या दुःखी हो जाने वाला, तुनक मिजाज।

ज़ूदी[1] पु० *(अ०)* वह पहाड़ जिस पर हज़रत नूह की नौका जाकर रुकी थी।

ज़ूदी[2] स्त्री० *(फ़ा०)* शीघ्रता; जल्दी।

ज़ूनाब पु० *(अ०)* फाड़ खाने वाले दरिन्दे; हिंसक प्राणी।

ज़ूफ़ा पु० *(फ़ा०)* एक घास जो दवा के काम आती है।

ज़ूरोमक्र पु० *(फ़ा० ज़ूरो+अ० मक्र)* छल-कपट; वंचकता और ठगी।

ज़ूलान स्त्री० *(फ़ा०)* वह बेड़ी जो बन्दियों को पहनायी जाती है।

ज़ूलुबाब वि० *(अ०)* बुद्धिमान; मेधावी; अक्लमन्द।

ज़ूफ़ुनून वि० *(अ०)* बहुत से फन या विद्याएँ जानने वाला।

ज़ूमानी वि० *(अ० ज़ुलमानैन)* दो अर्थ रखने वाला; द्वयर्थक; श्लेषात्मक।

ज़ूर पु० *(अ०)* झूठापन; मिथ्यात्व; अभिमान; दम्भ।

ज़ेब[1] वि० *(फ़ा०)* शोभा बढ़ाने वाला। स्त्री० शोभा; रौनक।

जेब[2] स्त्री० *(अ०)* पाकेट; थैली।

ज़ेब पु० *(अ०)* भेड़िया।

जेबख़र्च पु० *(अ० जेब+फ़ा० खर्च)* वह ख़र्च जो खाने-पीने के अतिरिक्त अन्य निजी कार्य के लिए होती है।

जेबतराश वि० *(अ० जेब+फ़ा० तराशी)* जेब काटने वाला; पाकेटमार।

जेबतराशी स्त्री० *(अ० जेब+फ़ा० तराशी)* जेब काटना; पाकेटमारी।

ज़ेबा वि० *(फ़ा०)* उपयुक्त; मुनासिब; शोभा देने वाला।

पदरचना- *रुख़े जेबा- सुन्दर मुखड़े वाला।*

ज़ेबाअन्दाम वि० *(फ़ा०)* सुडौल और सुन्दर शरीर वाला/वाली।

ज़ेबाइश वि० *(फ़ा०)* शोभा और सौन्दर्य बढ़ाने वाला।

ज़ेबाक़ामती स्त्री० *(फ़ा० ज़ेब+अ० क़ामती)* शरीर का साँचे में ढला होना; अंगसौष्ठव।

ज़ेबाशमाइल वि० *(फ़ा० ज़ेबा+अ० शमाइल)* जिसका स्वभाव बहुत ही सुन्दर और सुशील हो।

ज़ेबिन्दा वि० *(फ़ा० ज़ेबिन्दः)* अच्छा लगने वाला।

ज़ेबिदा वि० *(फ़ा०)* सुशोभित; सुन्दर।

ज़ेबी वि० *(अ० ज़ेब)* जो जेब में रखा जा सके; बहुत छोटा।

ज़ेबीदनी वि० *(फ़ा०)* शोभा देने योग्य।

ज़ेबोज़ीनत स्त्री० *(फ़ा० ज़ेबी+अ० ज़ीनत)* बनाव-शृंगार।

ज़ेर क्रि०वि० *(फ़ा०)* नीचे। वि० निम्नकोटि का; घटिया।

ज़ेरजामा पु० *(फ़ा० जेरजामः)* पाजामा।

ज़ेरदस्त वि० *(फ़ा०)* मातहत; अधीन; परास्त; पराजित।

ज़ेरपाई स्त्री० *(फ़ा०)* एक प्रकार का हलका जूता।

ज़ेरबन्द पु० *(फ़ा०)* घोड़े के पेट पर बाँधी जाने वाली रस्सी।

ज़ेरबार वि० *(फ़ा०)* ऋण या व्यय आदि के भार से दबा होना; बहुत अधिक व्यय या आर्थिक हानि।

ज़ेरलब क्रि०वि० *(फ़ा०)* बहुत धीरे से कुछ कहना।

ज़ेरे तज़वीज वि० *(फ़ा०)* विचाराधीन।

ज़ेरे साया क्रि०वि० *(फ़ा० जेरे साय:)* किसी की छाया के नीचे; किसी के संरक्षण में।

ज़ेरे हुकूमत वि० *(फ़ा०)* शासनाधीन।

ज़ेरो ज़बर स्त्री० *(फ़ा०)* जमाने का उलट-फेर; संसार का ऊँच-नीच।

ज़ेरा अव्य० *(फ़ा०)* क्योंकि; किसलिए; इसलिए।

ज़ेरख स्त्री० *(फ़ा०)* जमीन के अन्दर नाली।

ज़ेरी वि० *(फ़ा०)* निम्नगत; नीचे वाला।

ज़ेरे असर वि० *(फ़ा० ज़ेरे+अ० असर)* जो किसी के प्रभाव में हो।

ज़ेरे आब वि० *(फ़ा०)* जो जमीन पानी में डूब गयी हो।

ज़ेरे आस्माँ वि० *(फ़ा०)* आकाश के नीचे।

ज़ेरे इस्तेमाल वि० *(फ़ा० ज़ेरे+अ० इस्तेमाल)* प्रयोग में आ रही वस्तु।

ज़ेरे क़दम वि० *(फ़ा० ज़ेरे+अ० कदम)* पाँव तले; सरल; आसान।

ज़ेरे ख़ाक वि० *(फ़ा०)* मिट्टी के भीतर अर्थात् क़ब्र में।

ज़ेरे ग़ौर वि० *(फ़ा० ज़ेरे+अ० ग़ौर)* विचाराधीन।

ज़ेरे तजवीज़ वि० *(फ़ा० ज़ेरे+अ० तजवीज)* निर्णयाधीन।

ज़ेरे तनक़ीद वि० *(फ़ा० ज़ेरे+अ० तन्क़ीद)* जिस पर आलोचना लिखी जा रही हो।

ज़ेरे तसनीफ़ वि० *(फ़ा० ज़ेरे+अ० तस्नीफ़)* जिसकी रचना की जा रही हो।

ज़ेरे तामीर वि० *(फ़ा० ज़ेरे+अ० तामीर)* निर्माणाधीन।

ज़ेरे तालीफ़ वि० *(फ़ा० ज़ेरे+अ० तालीफ़)* जिसका सम्पादन हो रहा हो; जो लिखा जा रहा हो।

ज़ेरेनगीं वि० *(फ़ा०)* शासनाधीन; मातहत देश प्रदेश।

ज़ेरेराँ वि० *(फ़ा०)* काबू में; सवारी में।

ज़ेरे लब वि० *(फ़ा०)* ओठों में; वह बात जो ओठों में हो।

ज़ेरे साया वि० *(फ़ा० ज़ेरेसाय:)* किसी का आश्रित; किसी की छत्रछाया में।

ज़ेवर पु० *(फ़ा०)* आभूषण; गहना।

ज़ेवरात पु० *(अ० ज़ेवर+फ़ा० आत)* बहुत से आभूषण।

जेवा पु० *(फ़ा० जेव:)* पारा।

ज़ेह स्त्री० *(फ़ा० ज़िह)* धनुष की डोरी; किनारा तट, पार्श्व; सिरा।

ज़ेहन पु० *(अ० ज़ेह्न०)* प्रतिभा; बुद्धि, स्मरणशक्ति।

ज़ेहनीयत स्त्री० *(अ० ज़ेहनीयत)* धारणा; विचार; प्रकृति; स्वभाव।

ज़ेहनेरसा पु० *(अ० ज़ेह्न +फ़ा० रसा)* बात की तह तक पहुँचने वाला।

ज़ेहगीर पु० *(फ़ा०)* अंगुलित्राण; दस्ताना।

ज़ैअ पु० *(अ०)* नष्ट होना; मरना।

ज़ैआ स्त्री० *(अ० ज़ैअ:)* व्यापार; उद्योग; खेती की भूमि।

ज़ैग़म पु० *(अ०)* व्याघ्र; सिंह; शेर।

ज़ैग़म शिकार वि० *(अ० ज़ैग़म+फ़ा० शिकार)* सिंह का शिकार करने वाला; बहुत बहादुर।

जैत/जैतून पु० *(अ०)* एक प्रसिद्ध वृक्ष जो पवित्र माना जाता है।

ज़ैद पु० *(अ०)* 'अमुक' व्यक्ति के लिए सम्बोधित शब्द।

ज़ैदी वि० *(अ०)* शिया मुस्लिमों का एक वंश।

ज़ैन स्त्री० *(अ०)* सज्जा; शृंगार; बनावट।

ज़ैनब स्त्री० *(अ०)* हज़रत इमाम हुसैन की बहन, जिन्होंने उनकी शहादत के बाद वीरता से 'मजीद' के शासन की बुराइयों को उजागर किया।

ज़ैफ़[1] पु० *(अ०)* आगन्तुक; अतिथि; मेहमान।

ज़ैफ़[2] पु० *(अ०)* रुपये या अशर्फी का खोटापन।

जैब पु० *(अ०)* कुरते या अचकन आदि का गला; गिरेबान।

जैयद वि० *(अ०)* बलवान; मजबूत; बहुत बड़ा; विशाल; उपजाऊ; अच्छा; बढ़िया।

ज़ैयान पु० *(अ०)* जंगली चमेली; शहद; मधु।

ज़ैल पु० *(अ०)* दामन; पल्ला; नीचे का भाग।

ज़ैलदार स्त्री० *(अ० ज़ैल+फ़ा० दार)* एक निम्नकोटि का राज कर्मचारी।

जैली वि० *(अ०)* अधीनस्थ; मातहत।

जैश पु० *(अ०)* सेना; हाँडी का उबाल; हृदय का वेग।

जैशे मलाइका पु० *(अ० मलाइक:)* फरिश्तों की सेना।

जोइन्दा वि० *(फ़ा० जोइन्द:)* ढूँढ़ने वाला; खोजी; जिज्ञासु।

जोईदा वि० *(फ़ा० जोईद:)* ढूँढ़ा हुआ। खोजा हुआ।

जोइदनी वि० *(फ़ा०)* ढूँढ़ने योग्य; खोजने लायक।

जोग़न स्त्री० *(फ़ा०)* ओखली।

ज़ोफ़ पु० *(अ० ज़ुअफ़)* दुर्बलता; कमजोरी; मूर्च्छा।

ज़ोफ़-उल-अक़्ल पु० *(अ०)* मानसिक दुर्बलता या अशक्तता।

ज़ोफ़े-दिमाग पु० *(अ०)* मानसिक दुर्बलता।

ज़ोफ़ेबरसात पु० *(अ०)* नेत्रों की दुर्बलता; आँखों से कम दिखायी देना।

ज़ोफ़े मेदा पु० *(अ०)* पाचनशक्ति की दुर्बलता।

ज़ोफ़े आसाब पु० *(अ०)* शरीर के पुट्ठों की कमज़ोरी।

ज़ोफ़े इश्तिहा पु० *(अ०)* भूख की कमी।

ज़ोफ़े एतिक़ाद पु० *(अ०)* आस्था की कमी।

ज़ोफ़े क़ल्ब पु० *(अ०)* दिल की कमज़ोरी।

ज़ोफ़े जिगर पु० *(अ०)* यकृत की कमज़ोरी।

ज़ोफ़े नज़र पु० *(अ०)* दृष्टि की कमज़ोरी।

ज़ोफ़े बाह पु० *(अ० ज़ोफ़े+ फ़ा० बाह)* कामशक्ति में कमी।

ज़ोफ़े मसाना पु० *(अ० ज़ोफ़े मसानः)* मूत्राशय की नसों में शिथिलता, जिससे पेशाब जल्दी-जल्दी होता है।

ज़ोफ़े हाजिमा पु० *(अ० ज़ोफ़े हाजिमः)* पाचनशक्ति में कमी।

ज़ोफ़े हाफ़िज़ा पु० *(अ० हाफ़िज़ः)* स्मरण-शक्ति में कमी।

ज़ोम पु० *(अ०)* धारणा; गुमान; अहंकार; घमण्ड।

ज़ोमे-बातिल पु० *(अ०)* कुधारणा; झूठा अहंकार।

जोयाँ वि० *(फ़ा०)* ढूँढ़ने वाला; खोजी।

जोयानीदा वि० *(फ़ा० जोयानीदः)* ढुँढ़वाया हुआ।

ज़ोर पु० *(फ़ा०)* बल; शक्ति; आतंक; प्रयास।

मुहा० (किसी बात पर) ***ज़ोर देना-*** *महत्त्वपूर्ण बताना।* ***ज़ोर मारना या लगाना-*** *बल का प्रयोग करना।*

ज़ोर आज़माई स्त्री० *(फ़ा० ज़ोर आज़्माई)* ज़ोर या ताकत आजमाना; बल परीक्षा।

ज़ोरदार वि० *(फ़ा०)* जिसमें बहुत जोर हो; जोरवाला; प्रचण्ड; तेज; जोशीला।

ज़ोर आज़मा वि० *(फ़ा० ज़ोर आज़्मा)* मुकाबला करने वाला; युद्ध करने वाला।

ज़ोर आज़माई स्त्री० *(फ़ा० ज़ोर आज़्माई)* मुकाबला करना; लड़ना।

ज़ोरमन्द पि० *(फ़ा०)* शक्तिशाली।

ज़ोरमन्दी स्त्री० *(फ़ा०)* शक्तिशालिता।

ज़ोरशिकन वि० *(फ़ा०)* बल तोड़ने वाला; हराने वाला।

ज़ोरशिकनी स्त्री० *(फ़ा०)* बल तोड़ना; हरा देना।

ज़ोरावर वि० *(फ़ा० ज़ोर-आवर)* बलवान; शक्तिशाली।

ज़ोरेबाज़ू पु० *(फ़ा०)* बाहुबल।

ज़ोरोशोर पु० *(फ़ा०)* शोरगुल; उत्साह; तेजी।

जोल पु० *(फ़ा०)* जंगल; मैदान; बियाबान।

जोला पु० *(फ़ा० जोलः)* कपड़ा बुनने वाला; मकड़ी; लूता।

ज़ोलीदा वि० *(फ़ा० जोलीदः)* उलझा हुआ; अस्त-व्यस्त।

ज़ोलीदाबयाँ वि० *(फ़ा०)* उलझी-उलझी बातें करने वाला; अनर्गल व बेतुकी बातें करने वाला।

ज़ोलीदामू वि० *(फ़ा० ज़ोलीदःमू)* उलझे हुए बालों वाला।

ज़ोलीदाहाल वि० *(फ़ा० ज़ोलीदः+अ० हाल)* दुर्दशाग्रस्त; फटेहाल।

जोश पु० *(फ़ा०)* आँच या गरमी के कारण उबलना; उफान; उबाल; उत्तेजना।

मुहा० ***जोश खाना-*** *उबलना; उफनना।* ***जोश देना-*** *पानी के साथ उबालना।* ***ख़ून का जोश-*** *प्रेम का वह वेग जो अपने वंश के किसी मनुष्य के लिए हो।*

जोशज़न वि० *(फ़ा०)* जोश मारने वाला; उबलता हुआ।

जोशज़नी स्त्री० *(फ़ा०)* जोश मारना; उबाल आना।

जोशन पु० *(फ़ा० जौशन)* भुजाओं पर पहनने का गहना; जिरहबख़्तर; कवच।

जोशनबन्द वि० *(फ़ा०)* कवचधारी।

जोशाँ वि० *(फ़ा०)* जोश मारता हुआ; उबलता हुआ।

जोशाँदा पु० *(फ़ा०)* औषधों को उबाल कर तैयार किया हुआ उनका रस या काढ़ा।

जोशानीदा वि० *(फ़ा०)* औटाया हुआ; उबाला हुआ।

जोशिश स्त्री० *(फ़ा०)* उफान; उबाल; तीव्रता; ज़ोर।

जोशिशेदेहन स्त्री० *(फ़ा०)* मुँह आ जाने का रोग।

जोशीदा वि० *(फ़ा० जोशीदः)* औटा हुआ; जोश खोया हुआ।

जोशीला वि० *(फ़ा० जोश+हि० 'इला' प्रत्यय)* जोश से भरा हुआ; ओजपूर्ण।

जोशेअश्क पु० *(फ़ा०)* आँसुओं का ज़ोर; रोने का वेग।

जोशेइश्क़ पु० *(फ़ा० जोशे+ अ० इश्क़)* प्रेम का आवेश; मुहब्बत का जोश।

जोशेख़ूँ पु० *(फ़ा०)* ख़ून का जोश; खानदान का प्रेम; रक्तदोष।

जोशेग़ज़ब पु० *(फ़ा० जोशे+अ० ग़ज़ब)* क्रोध का आवेग।

जोशेजुनूँ पु० *(फ़ा० जोशे+अ० जुनूँ)* उन्माद और पागलपन का जोश।

जोशोख़रोश पु० *(फ़ा०)* उमंग; उत्साह; जोर-शोर।

जोहीदा वि० *(फ़ा० जोहीदः)* वर्षा के वेग से टपकी हुई छत।

ज़ोहरा स्त्री० *(अ०)* शुक्र ग्रह।

ज़ौ[1] स्त्री० *(अ०)* चमक।

जौ[2] पु० *(अ०)* आकाश; आकाश की वायु।

जौआन वि० *(अ०)* क्षुधातुर; बहुत भूखा।

जौक़[1] पु० *(तु० जूक का अरबी रूप)* सेना; फौज; जनसमूह; भीड़।

ज़ौक़[2] पु० *(अ०)* किसी वस्तु से प्राप्त होने वाला आनन्द।

जौक़ेशेर पु० *(अ०)* काव्य रसिकता; कविता करने या समझने की समझ या शौक।

जौकोब वि० *(फ़ा०)* दरदरा कुटा हुआ।

जौक़ोशौक़ पु० *(अ०)* पूरी रुचि और रसिकता।

ज़ौक़े-तसव्वुर पु० *(अ०)* कल्पना का आन्नद।

पदरचना- *जौक़े-नज़र- खोज़ का आनन्द।*

जौज़[1] पु० *(अ० जौज़ः)* युग्म; जोड़ा; पति; शौहर।

जौज़[2] पु० *(अ०)* अखरोट।

जौज़एसानी स्त्री० *(अ०)* दूसरी व्याहता पत्नी।

जौज़न पु० *(फ़ा०)* व्यभिचारक; जादूगर।

जौज़बोया पु० *(अ० जौज़+फ़ा० बोया)* जायफल; जावीफल।

जौज़मासिल पु० *(अ०)* धतूरा।

जौज़र पु० *(अ०)* नीलगाय का बछड़ा।

जौज़ा[1] पु० *(अ०)* मिथुन राशि; तीसरा बुर्ज।

ज़ौजा[2] स्त्री० *(अ० जौज़ः)* पत्नी; जोरू।

ज़ौजियत स्त्री० *(अ०)* विवाहित अवस्था; उत्तमता; भलाई।

ज़ौजेन पु० *(अ०)* पति और पत्नी।

जौद पु० *(अ०)* जोर की वर्षा; दानशीलता।

जौदत स्त्री० *(अ०)* नेकी; अच्छाई; भलाई।

ज़ौपाश वि० *(अ० ज़ौ+ फ़ा० पाश)* रोशन करने वाला; ज्योतिर्मय।

ज़ौपाशी स्त्री० *(अ० जौ+ फ़ा० पाशी)* रौशनी फैलना।

जौफ़ पु० *(अ०)* उदर; पेट; ख़ाली जगह; अवकाश; गड्ढा; विवर।

जौ फ़रोश वि० *(फ़ा०)* जो बेचने वाला।

जौबआ पु० *(अ० जौबअः)* बवण्डर; वातचक्र।

जौबजौ वि० *(फ़ा०)* सम्पूर्ण; समग्र; पूरा।

ज़ौबान पु० *(अ०)* पिघलना।

जौर पु० *(अ०)* अत्याचार; उत्पीड़न; जुल्म।

ज़ौरक़ पु० *(अ०)* छोटी नाव।

जौरब पु० *(अ०)* जुर्राब; मोज़ा।

जौरेबेजा पु० *(अ० जौरे+फ़ा० बेजा)* अकारण और अनुचित अत्याचार।

जौरेबेहद पु० *(अ० जौरे+ फ़ा० बेहद)* बहुत अधिक अत्याचार।

जौलक़ी स्त्री० *(अ०)* साधुओं की मण्डली।

जौलाँ पु० *(फ़ा०)* पाँव में पहनने की बेड़ियाँ।

जौलान पु० *(फ़ा०)* तेजी से इधर-उधर आना-जाना।

जौलानी स्त्री० *(फ़ा०)* तेजी, फुरती; बुद्धि की प्रखरता या तीव्रता।

जौलानीगाह स्त्री० *(फ़ा०)* सेना या फौज के खेलों का मैदान।

जौश पु० *(अ०)* वक्षस्थल; सीना; आधीरात।

जौशन पु० *(अ०)* कवच; जिरहबख्तर।

जौसंग वि० *(फ़ा०)* एक जौ के बराबर वजन।

जौसक़ पु० *(अ०)* प्रासाद; भवन; महल।

जौहर पु० *(अ० बहु० जवाहिर)* रत्न, बहुमूल्य पत्थर; विशेषता; उत्तमता; खूबी; वीरता।

जौहरदार वि० *(अ० जौहर+ फ़ा० दार)* गुणी; वह खरी तलवार जिस पर जौहर हों।

जौहर नाशनास वि० *(अ० जौहर+फ़ा० नाशनास)* जो गुण को न पहचान सके।

जौहर शनास पु० *(अ० जौहर+फ़ा० शनास)* गुण ग्राहक; पारखी।

जौहरी पु० *(अ०)* रत्न परखने या बेचने वाला; किसी वस्तु के गुण-दोषों की पहचान रखने वाला।

जौहरे अन्देशा पु० *(अ० जौहरे+फ़ा० अन्देशः)* कल्पना शक्ति की सूक्ष्मता।

जौहरे आईना पु० *(अ० जौहरे+फ़ा० आईनः)* दर्पण पर पड़ी धारियाँ।

जौहरे फ़र्द पु० *(अ०)* वह सूक्ष्म कण जिसके खण्ड न हो सकें।

जौहरे लतीफ़ पु० *(अ०)* वह सूक्ष्म कण जिसके खण्ड हो सकें।

जौहरे शमशीर पु० *(अ० जौहरे+फ़ा० शम्शीर)* तलवार पर पड़ी हुई बारीक लहरें, जो अच्छे लोहे की पहचान है।

ज़्यादती स्त्री० *(अ० ज़ियादती)* अधिकता; बहुतायत; अत्याचार।

ज़्यादा वि० *(अ० ज़ियादः)* अधिक; बहुत।

ज़्यादातर वि० *(अ० ज़ियादा+फ़ा० तर)* अधिकतर।

ज़्याफ़त स्त्री० *(अ०)* दावत; भोज।

झ

झँझरी दार वि० *(हि० झँझरी+फ़ा० दार)* जालीदार।

झण्डा जहाज़ पु० *(हि० झण्डा+अ० जहाज़)* बेड़े के नायक का जहाज़।

झण्डा बरदार पु० *(हि० झण्डा+फ़ा० बरदार)* झण्डा लेकर चलने वाला।

झगड़ा-फ़साद पु० *(हि० झगड़ा+अ० फ़साद)* लड़ाई-झगड़ा।

झलकदार वि० *(हि० झलक+फ़ा० दार)* चमकदार; चमकीला।

झाड़ू कश पु० *(हि० झाड़ू+फ़ा० कश)* झाड़ू लगाने वाला व्यक्ति।

झाड़ू बरदार पु० *(हि० झाड़ू+फ़ा० बरदार)* झाड़ू देने वाला सेवक।

झालर दार वि० *(हि० झालर+फ़ा० दार)* जिसमें झालर लगी हो।

झूठ बयानी स्त्री० *(हि० झूठ+फ़ा० बयानी)* असत्य बात कहना।

ट

टपकेबाज़ पु० *(हि० टपके+फ़ा० बाज़)* दूसरों को मूर्ख बनाकर ठगने वाला।

टपनामा पु० *(हि० टप+फ़ा० नामा)* समुद्री जहाजों पर तूफानों आदि का लेखा-जोखा रहने वाला रजिस्टर (पंजिका)।

टरकी पु० *(तु०)* एक मुर्गा जिसके गले के नीचे माँस की झालर होती है; एक देश- तुरकी/तुर्की।

टल्लेनवीसी स्त्री० *(हि० टल्ले+फ़ा० नवीसी)* निकम्मे काम; बहानेबाज़ी।

टल्लेबाज़ी पु० *(हि० टल्ले+फ़ा० बाजी)* बहाने बाज़ी।

टाट बाफ़ी स्त्री० *(हि० टाट+फ़ा० बाफ़ी)* टाट बुनने का काम।

टाट जूता पु० *(हि० टाट+फ़ा० जूता)* कामदार जूता।

टिनबन्द वि० *(हि० टिन+फ़ा० बन्द)* जो टिन में बन्द किया गया हो।

टिनबन्दी स्त्री० *(हि० टिन+फ़ा० बन्दी)* टिन में बन्द (पैक) करने का काम।

टिफ़िन दान पु० *(अ० टिफ़िन+फ़ा० दान)* खाना रखने का पात्र।

टिल्लेबाज़ स्त्री० *(हि० टिल्ले+फ़ा० बाज़)* निठल्ला; बहानेबाज़ी।

टीन बन्द वि० *(हि० टिन+फ़ा० बन्द)* डिब्बे में बन्द (पैक)।

टीन साज़ पु० *(हि० टीन+फ़ा० साज़)* टिन (डिब्बे) बनाने वाला।

टीपदार वि० *(हि० टीप+फ़ा० दार)* जो जन्मपत्री बनाता या उस पर टिप्पणी करता हो।

टुकड़ख़ोर वि० *(हि० टुकड़+फ़ा० ख़ोर)* भीख माँग कर खाने वाला।

टुकड़गदा वि० *(हि० टुकड़+फ़ा० गदा)* भिखारी।

टेक बन्दी स्त्री० *(हि० टेक+फ़ा० बन्दी)* जिद्‌द; हठ।

टैंक दस्ता पु० *(हि० टैंक+फ़ा० दस्ता)* टैंक चलाने वाली टुकड़ी।

टैंक सिपाही पु० *(हि० टैंक+फ़ा० सिपाही)* टैंक पर रहने वाला सैनिक।

टोंटीदार वि० *(हि० टोंटी+फ़ा० दार)* जिसमें टोंटी लगी हो।

ठ

ठट्‌ठेबाज़ पु० *(हि० ठट्‌ठे+फ़ा० बाज़)* मजाक बनाने वाला।

ठट्‌ठेबाज़ी वि० *(हि० ठट्‌ठे+फ़ा० बाज़ी)* मजाक बनाने का कार्य या आदत।

ठठेरी बाज़ार पु० *(हि० ठठेरी+फ़ा० बाज़ार)* ठठेरों का बाजार।

ठठोल बाज़ वि० *(हि० ठठोल+फ़ा० बाज़)* हँसी-मज़ाक करने वाला।

ठठोल बाज़ी स्त्री० *(हि० ठठोल+फ़ा० बाज़ी)* हँसी-मज़ाक।

ठाकुरशाही स्त्री० *(हि० ठाकुर+फ़ा० शाही)* ठाकुरों (क्षत्रियों) का राज्य।

ठाठ बन्दी स्त्री० *(हि० ठाठ+फ़ा० बन्दी)* ऐशो-आराम।

ठाकदार वि० *(हि० ठाक+फ़ा० दार)* शानदार; तड़क-भड़क वाला।

ठेकेदार/ठीकेदार पु० *(हि० ठेक+फ़ा० दार)* ठीके पर काम करने वाला व्यक्ति।

ड

डंकदार वि० *(हि० डंक+फ़ा० दार)* डंक वाला। जैसे- डंकदार जन्तु-बिच्छू आदि।

डंकिनी बन्दोबस्त पु० *(हि० डंकिनी+फ़ा० बन्दोबस्त)* स्थायी व्यवस्था।

डण्डा शाही स्त्री० *(हि० डण्डा+फ़ा० शाही)* डण्डे के बल पर राज्य करना।

डफ़ पु० *(अ० दफ़)* लावनी गाने वालों का एक बाजा; चंग।

डफ़ला पु० *(अ० दफ़ला)* डफ बाजा।

डफ़ालची पु० *(अ० दफ़ाल+तु० ची)* डफ बजाने वाला।

डफ़ाली पु० *(अ० डफ़+हि० 'आली' प्रत्यय)* डफ बजाने वाला।

डब्बा बन्द वि० *(हि० डब्बा+फ़ा० बन्द)* डिब्बे में बन्द (पैक)।

डब्बा बन्दी स्त्री० *(हि० डब्बा+फ़ा० बन्दी)* डिब्बा बन्द (पैक) करने का व्यवसाय।

डाक महसूल पु० *(हि० डाक+अ० महसूल)* डाक द्वारा वस्तु भेजने का किराया।

डाकमुंशी पु० *(हि० डाक+अ० मुंशी)* पोस्ट मास्टर।

डाक मुहर स्त्री० *(हि० डाक+फ़ा० मुहर)* डाक विभाग द्वारा पत्र-पार्सल; रसीद आदि पर लगाया जाने वाला ठप्पा।

डाकाज़नी स्त्री० *(हि० डाका+फ़ा० ज़नी)* डाका/लूट करना।

डिज़ाइनी स्त्री० *(अ० दिज़ाइन+हि० 'इनी' प्रत्यय)* डिज़ाइन बनाने वाला कारीगर।

डोलची स्त्री० *(हि० डोल+तु० ची)* छोटी टोकरी; छोटा गोल बर्तन।

डौलदार वि० *(हि० डौल+फ़ा० दार)* सुडौल; सुन्दर।

ड्राइंग काग़ज़ पु० *(अँ० ड्राइंग+फ़ा० काग़ज़)* चित्र बनाने के लिए प्रयोग में आने वाला पन्ना।

ढ

ढँढोरची पु० *(हि० ढँढोर+तु० ची)* ढिंढोरा बजाने/करने वाला।

ढकोसलेबाज़ी स्त्री० *(हि० ढकोसला+फ़ा० बाज़ी)* आडम्बर; पाखण्ड।

ढिलमिल यक़ीन वि० *(हि० ढिलमिल+फ़ा० यक़ीन)* जल्दी विश्वास करने वाला।

ढिलमिल यक़ीनी स्त्री० *(हि० ढिलमिल+अ० यक़ीनी)* अनिश्चितता।

ढेलेबाज़ी स्त्री० *(हि० ढेला+फ़ा० बाज़ी)* ढेला फेंक कर घायल करने की क्रिया।

ढोंग बाज़ी स्त्री० *(हि० ढोंग+फ़ा० बाज़ी)* पाखण्ड; आडम्बर।

त

तंग[1] पु० *(फ़ा०)* घोड़ों की जीन कसने का तस्मा (डोरी/रस्सी)।

तंग[2] वि० *(फ़ा०)* परेशान; हैरान; संकीर्ण; संकुचित; दुःखी; निर्धन।

मुहा० *तंग आना- परेशान होना। तंग करना- आजिज करना, दुःख पहुँचाना, परेशान करना।*

तंग ख़याल वि० *(फ़ा० तंग+अ० ख़याल)* संकीर्ण विचारों वाला।

तंग चरम वि० *(फ़ा० तंग+अ० चरम)* कंजूस; कृपण।

तंगदस्त वि० *(फ़ा०)* दरिद्र; ग़रीब।

तंगदस्ती स्त्री० *(फ़ा०)* पैसे की कमी; गरीबी; अर्थसंकट।

तंगदहन वि० *(फ़ा०)* छोटे मुँह वाला।

तंगदिल वि० *(फ़ा०, भाव० तंगदिली)* संकीर्ण हृदय वाला; कंजूस।

तंग नज़री स्त्री० *(फ़ा०)* क्षुद्र दृष्टिकोण।

तंगबख़्त वि० *(फ़ा०)* बद किस्मत।

तंगहाल पु० *(फ़ा०, भाव० तंगहाली)* जिसकी आर्थिक स्थिति अच्छी न हो।

तंग-हौसला वि० *(फ़ा०, भाव० तंग हौसलगी)* संकीर्ण हृदय।

तंगऐश वि० *(फ़ा० तंग+अ० ऐश)* दरिद्र; कंगाल; खस्ताहाल।

तंगऐशी स्त्री० *(फ़ा० तंग+अ० ऐशी)* दरिद्रता; कंगाली; दीनता।

तंगख़याली स्त्री० *(अ० तंग+फ़ा० ख़याली)* अनुदारता; तंगनज़री।

तंगचश्म वि० *(फ़ा० तंग+अ० चश्म)* कृपण; कंजूस; कमीना।

तंगचश्मी स्त्री० *(फ़ा० तंग+अ० चश्मी)* कृपणता; कंजूसी; कमीनापन।

तंगज़र्फ़ वि० *(फ़ा० तंग+अ० ज़र्फ़)* छोटा बरतन; संकीर्ण पात्र।

तंगज़र्फ़ी स्त्री० *(फ़ा० तंग+अ० ज़र्फ़ी)* बरतन की छोटाई; नीचता।

तंगताब वि० *(फ़ा०)* अशक्त; बलहीन।

तंगताबी स्त्री० *(फ़ा०)* अशक्ति; बलहीनता; कमजोरी।

तंगनाए पु० *(फ़ा०)* तंग और संकुचित स्थान; समाधि; तंग गली।

तंगपोश वि० *(फ़ा०)* चुस्त कपड़े पहनने वाला।

तंगपोशी स्त्री० *(फ़ा०)* चुस्त कपड़े पहनने का शौक।

तंग फ़ुरसत वि० *(फ़ा० तंग+अ० फ़ुर्सत)* जिसके पास समय कम हो।

तंग फ़ुरसती स्त्री० *(फ़ा० तंग+अ० फ़ुर्सती)* समय की कमी।

तंगबख़्त वि० *(फ़ा०)* मन्द भाग्य।

तंगबख़्ती स्त्री० *(फ़ा०)* बदक़िस्मती।

तंगबार वि० *(फ़ा०)* वह व्यक्ति जिसके पास हर कोई न जा सके।

तंगबारी स्त्री० *(फ़ा०)* किसी की पहुँच न होना।

तंगमआश वि० *(फ़ा० तंग+अ० मआश)* निर्धन; कंगाल; कम आमदनी वाला।

तंगमआशी स्त्री० *(फ़ा० तंग+अ० मआशी)* निर्धनता; जीविका की कमी।

तंगसार वि० *(फ़ा०)* बुद्धि की कमी।

तंगसाल वि० *(फ़ा०)* दुर्भिक्ष; अकाल।

तंगवर्जी स्त्री० *(फ़ा०)* मितव्ययी; कमखर्च।

तंगा पु० *(फ़ा० तंगः)* प्रचलित मुद्रा।

तंग़ार पु० *(फ़ा०)* सुहागा; एक दवा।

तंगिएजा स्त्री० *(फ़ा०)* जगह की तंगी।

तंगिएमआश स्त्री० *(फ़ा० तंगिए+अ० मआश)* धन की कमी; आजीविका की कमी।

तंगिएरिज़्क़ स्त्री० *(फ़ा० तंगिए+अ० रिज़्क़)* अन्न की कमी।

तँगिया स्त्री० *(फ़ा० तंग+हि० 'इया' प्रत्य०)* छोटा; तंग; पहनने के कपड़ों पर लगायी जाने वाली तनी।

तंगी स्त्री० *(फ़ा०)* आर्थिक परेशानी या सँकरे होने का भाव; तकलीफ; निर्धनता।

तंगुज़ पु० *(तु०)* शूकर; वराह।

तंज़ पु० *(अ०)* बोली-ठोली; ताना; व्यंग्य।

तंज़आमेज़ वि० *(अ० तंग+फ़ा० आमेज़)* व्यंग्यपूर्ण।

तंज़न वि० *(अ०)* व्यंग्य के रूप में।

तंज निगार वि० *(अ० तंग+फ़ा० निगार)* व्यंग्यपूर्ण लेख लिखने वाला।

तंज निगारी स्त्री० *(अ० तंज+फ़ा० निगारी)* व्यंग्यपूर्ण लेख लिखना।

तंज़ामेज़/तंज़िया वि० *(अ० तंज़+फ़ा० आमेज़)* व्यंग्यपूर्ण; व्यंग्य से भरा हुआ।

तंज़ीम[1] स्त्री० *(अ०)* प्रबन्ध-व्यवस्था।

तंज़ीम[2] स्त्री० *(अ०)* ग्रहों आदि की दशा ज्ञात करना।

तंज़ीर स्त्री० *(अ०)* डराना; भयभीत करना।

तंज़ील स्त्री० *(अ०)* नीचे उतारना; आकाशवाणी; कुरान।

तंज़ीस स्त्री० *(अ०)* अपवित्र करना; गन्दा करना।

तंज़ीह स्त्री० *(अ०)* शुद्धिकरण; शुद्ध करना।

तनतना पु० *(अ० तन्तनः)* आतंक; कोप; घमण्ड।

तन्दुरुस्त वि० *(फ़ा०)* जिसे कोई रोग न हो; नीरोग।

तन्दुरुस्ती स्त्री० *(फ़ा०)* आरोग्यता; स्वस्थता।

तन्दूर पु० *(अ०)* रोटी पकाने की भट्टी जैसी मिट्टी का एक बड़ा गोल चूल्हा

तन्दूरी वि० *(अ०)* तन्दूर में पकी हुई रोटी।

तअज्जुब पु० *(फ़ा०)* आश्चर्य; विस्मय; अचम्भा।

तअद्दुदी स्त्री० *(अ०)* बलप्रयोग; जबरदस्ती; अत्याचार।

तअन पु० *(अ०)* ताना; व्यंग्य।

तअफ़्फ़ुन पु० *(अ०)* दुर्गन्ध; बदबू।

तअब पु० *(अ०)* परिश्रम; कष्ट; थकावट।

तअम्मुक पु० *(अ०)* गम्भीरता; गहरापन; गहराई।

तअम्मुल पु० *(अ०)* क्रियान्वयन; सोच-विचार; देर।

तअय्युन पु० *(अ०)* तैनात या मुकर्रर होना; नियुक्ति।

तअय्युनात पु० *(अ० तअय्युन का बहु०)* नियुक्तियाँ; पहरा देने वाली सेना।

तअर्रुज़ पु० *(अ०)* आपत्ति; उज्र; विरोध; रोकटोक।

तअल्लुक पु० *(अ०)* सम्बन्ध; लगाव।

तअल्लुका पु० *(अ० तअल्लुकः)* बड़ा इलाका; विस्तृत क्षेत्र।

तअश्शुक़ पु० *(अ०)* इश्क या प्रेम करना।

तअस्सुफ़ पु० *(अ०)* पथ-भ्रष्टता।

तअस्सुब पु० *(अ०)* पक्षपात; विशेषतः धार्मिक पक्षपात।

तआल्लुक़ेदार पु० *(अ०)* बड़े इलाके का मालिक।

तआल्लुक़ेदारी स्त्री० *(अ०)* तआल्लुकेदार का पद।

तआम पु० *(अ०)* भोजन; खाद्य-पदार्थ।

तआरुफ़ पु० *(अ०)* जान-पहचान; परिचय।

तआला वि० *(अ०)* सर्वश्रेष्ठ (ईश्वर के लिए प्रयुक्त। जैसे- अल्लाह-तआला, खुदा तआला)।

तआवुन पु० *(अ०)* एक-दूसरे की सहायता करना।

तई[1] अव्य० *(अ०)* इसका प्रयोग व्यक्तियों के सम्बन्ध के, 'प्रति' के अर्थ में होता है। जैसे- आपके तईं; लिए, वास्ते।

तई[2] स्त्री० *(अ०)* उस समय; तब।

तऐयुन पु० *(अ० तअय्युन)* तैनात या नियुक्त करने की क्रिया।

तक़दमा पु० *(अ०)* अनुमान; प्रस्तुत करना; फैसला।

तक़दीम पु० *(अ०)* अग्रता; श्रेष्ठता।

तक़दीर स्त्री० *(अ० तक़्दीर)* भाग्य; प्रारब्ध।

तक़दीर आज़माना भाग्य के भरोसे कोई काम करना।

मुहा० ***तक़दीर का खेल-*** *भाग्य का करिश्मा या खेल।* ***तक़दीर का धनी*** *भाग्यवान।* ***तक़दीर-जागना-*** *भाग्य का उदय होना।* ***तक़दीर फूटना-*** *किस्मत खराब होना।*

तक़दीरी वि० *(अ०)* भाग्य-सम्बन्धी।

तकबीर स्त्री० *(अ०)* अल्लाह का नाम लेना या उसकी बड़ाई करना।

तकब्बुर पु० *(अ०)* अभिमान; घमण्ड; गुरूर।

तकमील स्त्री० *(अ०)* पूरा होना; पूर्णता।

तकरार स्त्री० *(अ० तक़्रार)* किसी बात को बार-बार कहना; विवाद; झगड़ा; टण्टा।

तकरारी वि० *(अ० तक़्रारी)* तकरार या झगड़ा करने वाला; झगड़ालू।

तक़रीब स्त्री० *(अ० तक़्रीब)* करीब या पास होना; सामीप्य; नजदीकी; कोई ऐसा शुभ अवसर जहाँ बहुत से लोग एकत्र हों।

तक़रीबन क्रि०वि० *(अ० तक़्रीबन)* करीब-करीब; प्राय; लगभग।

तकरीम स्त्री० *(अ०)* प्रतिष्ठा करना; सम्मान करना।

तक़रीर स्त्री० *(अ० तक़्रीर)* बातचीत; भाषण।

तक़रीरन क्रि०वि० *(अ० तक्रीरन)* मौखिक रूप से; जबानी; मुँह से कहकर।

तक़रीरी वि० *(अ० तक़्रीरी)* जिसमें कुछ कहने-सुनने की जगह हो; विवादग्रस्त।

तक़र्रुब पु० *(अ०)* निकटता; समीपता; सामीप्य।
तक़र्रुर पु० *(अ०)* नियुक्त।
तक़र्रुरी स्त्री० *(अ०)* नियुक्ति।
तकलीफ़ स्त्री० *(अ० तक्लीफ़)* कष्ट; क्लेश; दुःख।
तकलीफ़देह स्त्री० *(अ० तक्लीफ़+फ़ा० देह)* कष्टप्रद; कष्टकारी; दुःख देने वाला।
तकल्लुफ़ पु० *(अ०)* दिखावटी शिष्टाचार।
तकल्लुफ़ाना वि० *(अ०)* औपचारिक।
तक़वीयत स्त्री० *(अ०)* ताकत पहुँचाना; तसल्ली; आश्वासन; ढाढ़स।
तक़सीम स्त्री० *(अ०)* बाँटना; बँटवारा; एक संख्या से दूसरी संख्या में भाग देना।
तक़सीमी वि० *(अ०)* बँटवारे का; भाग देने का।
तक़सीर स्त्री० *(अ०)* कसूर; अपराध; गुनाह; दोष; भूल।
तक़ाज़ा पु० *(अ० तक़ाज़ः)* ऐसी चीज माँगना जिसके पाने का अधिकार हो; उत्तेजन; प्रेरणा।
तक़ाज़ा-ए-उम्र पु० *(अ०)* उम्र का तक़ाज़ा; उम्र की माँग।
तक़ाज़ाए वक़्त पु० *(अ०)* समय के लिहाज़ से कोई काम करना।
तक़ाज़ाए शदीद पु० *(अ०)* कड़ा तक़ाज़ा।
तक़ाज़ाई पु०वि० *(अ० तक़ाज़)* तक़ाज़ा करने वाला।
तक़ातुर पु० *(अ०)* बूँदा-बाँदी होना; बूँद-बूँद टपकना।
तक़ातुल पु० *(अ०)* एक-दूसरे का वध करना।
तक़ातो पु० *(अ०)* एक-दूसरे को लाँघना; एक रेखा का दूसरी रेखा को काटना।
तक़ादीर पु० *(अ० तक़दीर का बहु०)* तक़दीरें; भाग्य; ईश्वरेच्छाएँ।
तक़ादुम पु० *(अ०)* पुराना होना; पुरानापन।
तकान स्त्री० *(फ़ा०)* झटकना; छोड़ना; हिलाना; थकन; थकावट।
तकाफ़ू पु० *(अ०)* परस्पर बराबर होना; सहगोत्र होना।
तक़ावी स्त्री० *(अ०)* वह धन जो किसानों को बीज खरीदने, कुआँ आदि बनाने के लिए कर्ज़ दिया जाये।
तक़ाबुल पु० *(अ०)* एक-दूसरे के आमने-सामने होना।
तकामुल पु० *(अ०)* पूरा होना।
तक़ारुब पु० *(अ०)* परस्पर समीप होना; निकटता।
तकारुम पु० *(अ०)* परस्मर भेंट या उपहार देना।
तक़ावी स्त्री० *(अ०)* शक्ति देना; वह सरकारी कर्ज जो किसानों को जमीन की दशा सुधारने और अच्छे बैल और बीज आदि के लिए दिया जाता है।
तक़ाबुल पु० *(अ०)* परस्पर वचन देना।
तक़ासुफ़ पु० *(अ०)* दलदार होना; मोटा होना।
तक़ासुम पु० *(अ०)* परस्पर शपथ लेना; परस्पर बाँटना।
तकासुर पु० *(अ०)* प्रचुरता; बहुतायत।
तकिया पु० *(फ़ा० तक्यः)* कपड़े का वह थैला जिसमें रूई आदि भर कर सिरहाने रखते हैं; विश्राम करने का स्थान; आश्रय; सहारा; आसरा; वह स्थान जहाँ कोई मुसलमान फकीर रहता है।
तकियाकलाम पु० *(फ़ा० तक्यः कलाम)* वह शब्द या वाक्यांश जो प्रायः लोगों के मुँह से निकलता है।
तकियादार पु० *(फ़ा०)* तकिये पर रहने वाला फकीर।
तक़ी वि० *(अ०)* धर्मनिष्ठ; परहेजगार; संयमी।
तक़ीया पु० *(अ० तक़ीयः)* कोई बात भय से कही जाये, तथापि उसे कहने या करने को मन न करे।
तक़ईद स्त्री० *(अ०)* कैद करना; रोक लगाना।
तक़्क़ार पु० *(अ०)* बहुत बोलने वाला; भाषण कुशल।
तक्ज़ीब स्त्री० *(अ०)* किसी बात का खण्डन करना।
तक़्तीर पु० *(अ०)* बूँद-बूँद करके टपकाना; अरक खींचना।
तक़्बील स्त्री० *(अ०)* चुम्बन (किसी पदार्थ को चूमना) मनुष्य को नहीं।
तक्मील स्त्री० *(अ०)* किसी काम की पूर्ति में कोई कसर न रखना।
तख़त्ती स्त्री० *(अ०)* दोषारोपण।
तखफ़ीफ़ स्त्री० *(अ०)* कमी; न्यूनता।
तखफ़ीफ़-फ़े स्त्री० *(अ०)* लगान कम करना।
तख़ब्बुत पु० *(अ०)* कुमार्ग पर चलना; प्रेत का सिर पर चढ़कर पागल कर देना।
तख़य्युल पु० *(अ०)* सोचना; विचारना; कल्पना करना; कविता के लिए मजमून तलाश करना।
तख़य्युलात पु० *(अ० तख़य्युल का बहु०)* कल्पनाएँ।

तख़मीनन क्रि०वि० *(अ० तख़्मीनन)* अनुमानतः; प्रायः; लगभग।

तख़मीना पु० *(अ० तख़्मीनः)* अनुमान; अटकल।

तख़मीर स्त्री० *(अ० तख़्मीर)* सड़ाने या खमीर उठाने की क्रिया।

तख़लिया पु० *(अ० तख़्लीयः)* खाली करना; एकान्त; निर्जन।

तख़लीक़ स्त्री० *(तख़्लीक़)* सृजन; उत्पत्ति।

तख़लीस स्त्री० *(तख़्लीस)* छुटकारा; मुक्ति।

तख़ल्लुल पु० *(अ०)* खलल; विरोध; वैमनस्य।

तख़ल्लुस पु० *(अ०)* कवियों का वह उपनाम जो वे अपनी कविताओं में रखते हैं। जैसे- रघुपति सहाय 'फिराक'।

तख़वीफ़ पु० *(अ० तख़्वीफ़)* धमकी; चेतावनी।

तख़सीस स्त्री० *(अ० तख़्सीस)* खास बात; खसुसियत; विशेषता।

तखान पु० *(फ़ा०)* तक्षण; बढ़ई।

तख़ारूज पु० *(अ०)* वारिसों में जायदाद का बँटवारा।

तख़ालुक पु० *(अ०)* वैर; विरोध।

तख़ैयल पु० *(अ०)* कल्पना।

तख़्त पु० *(फ़ा०)* राजा के बैठने का आसन, सिंहासन; तख़्तों की बनी हुई बड़ी चौकी।

तख़्तगाह स्त्री० *(फ़ा०)* राजधानी; राजनगर।

तख़्तनशीं वि० *(अ०)* सिंहासनारूढ़।

तख़्तपोश पु० *(फ़ा०)* तख़्त या चौकी पर बिछाने की चादर; सिंहासन पर बैठना।

तख़्ता पु० *(फ़ा०)* ऊँची चौकी; लकड़ी का कम मोटा, चौकोर टुकड़ा; अरथी; टिकटी; पटरी।

पदरचना- ***तख़्ता-ए-तालीम-*** *वह तख़्ता जिस पर खड़िया से लिखकर विद्यार्थियों को जरूरी बातें समझायी जाती हैं।* ***तख़्ता-ए-मुश्क-*** *अभ्यास करने का तख़्ता।*

मुहा० ***तख़्ता उलट जाना-*** *बरबाद हो जाना, तबाह हो जाना।* ***तख़्ते के तख़्ते स्याह करना-*** *बहुत लिखना।*

तख़्तबन्दी स्त्री० *(फ़ा० तख़्तःबन्दी)* तख़्तों की बनी हुई दीवार।

तख़्ताबन्द वि० *(फ़ा० तख़्तःबन्द)* बन्दी; कैदी; कारावास; लकड़ी की वह खपच्ची जो टूटी हड्डी को जोड़ने के लिए बाँधी जाती है।

तख़्ती स्त्री० *(फ़ा०)* लकड़ी; धातु आदि का छोटा चौकोर टुकड़ा; छोटा तख़्त; पटिया।

तख़्ते आबनूसी पु० *(फ़ा०)* रात्रि; रात।

तख़्ते ख़्वाब पु० *(फ़ा०)* पलंग; चारपाई।

तख़्ते ताऊस पु० *(फ़ा०)* शाहजहाँ का बनवाया एक सिंहासन जिस पर एक रत्नजटित मोर पंख फैलाये बादशाह के सिर पर छाया किये रहता था। नादिरशाह लूट कर इसे ईरान ले गया।

तख़्तेखाँ पु० *(फ़ा०)* वह तख़्त जो कहारों के द्वारा कन्धों पर चलता है और जिस पर बादशाह सैर को जाता है।

तख़्तेशाही पु० *(फ़ा०)* राजसिंहासन; बादशाह के बैठने का तख़्त।

तख़्ते सुलेमानी पु० *(फ़ा० तख़्ते+अ० सुलेमानी)* वह तख़्त या सिंहासन जिस पर बैठकर हज़रत सुलेमान उड़ा करते थे।

तख़्तो ताज पु० *(फ़ा०)* शासन सूत्र; राज्य का भार।

तख़्वीर स्त्री० *(अ०)* शरीर के किसी अंग को दवाओं के द्वारा सुन्न कर देना।

तख़्मीन स्त्री० *(अ०)* अनुमान; अटकल; अन्दाजा।

तख़्मीनन वि० *(अ०)* अनुमानतः; अन्दाज़न।

तख़्मीर स्त्री० *(अ०)* खमीर उठाना।

तख़्मीस स्त्री० *(अ०)* पाँच बनाना; उर्दू शायरी की परिभाषा में शेर के दो मिसरों में तीन मिसरे और जोड़कर पाँच कर देना।

तख़्रिज़ा पु० *(अ० तख़्रिजः)* निकालना; ख़ारिज करना; उर्दू काव्य परिभाषा में किसी तारीखे मिसरे में से कोई कम करना ताकि मिसरे से ठीक अर्थ निकल सके।

तख़्लीक़ स्त्री० *(अ०)* उत्पत्ति करना; सृजन करना।

तख़्लीत स्त्री० *(अ०)* गड़बड़ करना; गडमड करना; किसी मूल ग्रन्थ में कुछ इधर-उधर का जोड़ देना; सच्ची बात में अपनी ओर से कुछ झूठ मिला देना।

तख़्वीफ़ स्त्री० *(अ०)* डराना; धमकाना; आतंक दिखाना; पीड़ा पहुँचाना।

तख़्सीस स्त्री० *(अ०)* विशेषता।

तख़्सीसी वि० *(अ०)* विशेष रूप।

तग स्त्री० *(फ़ा०)* दौड़-भाग; प्रयास; कोशिश। (यह शब्द उर्दू में अकेले नहीं, दूसरे शब्द से मिलकर आता है) जैस- तगौदो।

तग़ज़्ज़ी स्त्री० *(अ०)* सवेरे का भोजन करना।

तग़ज़्ज़ल पु० *(अ०)* ग़ज़ल का रंग।

तग़न्नी स्त्री० *(अ०)* गाना; अलापना; निस्पृह होना।

तग़य्युर पु० *(अ०)* बदलना; पलटना; परिवर्तन होना; क्रान्ति; इनकलाब।

तगर्ग पु० *(फ़ा०)* ओला।

तगल पु० *(फ़ा०)* सेना; फ़ौज।

तग़ल्लुब पु० *(अ०)* ग़बन; अपहरण।

तग़श्शी स्त्री० *(अ०)* छिपाना; पहनना; ओढ़ना।

तग़रीब स्त्री० *(अ० तग़्रीब)* देश निकाला।

तगापो स्त्री० *(फ़ा०)* दौड़-धूप; पैरवी, चिन्ता; उधेड़बुन।

तग़ाफ़ुल पु० *(अ०)* गफ़लत; उपेक्षा; बेरुखी।

पदरचना- ***अन्दाज़े-तग़ाफ़ुल-*** *बेरुखी का ढंग।*

तग़ाबुन पु० *(अ०)* एक-दूसरे को घाटा पहुँचाना।

तग़ामशी स्त्री० *(फ़ा०)* दौड़-धूप; प्रयास; परिश्रम।

तग़ायुर पु० *(अ०)* परस्पर एक-दूसरे से विपरीत होना; विभिन्नता।

तग़ार पु० *(अ०)* वह स्थान जहाँ इमारत के काम के लिए चूने, सुरखी आदि का गारा बनाया जाये।

तग़्रीक़ स्त्री० *(अ०)* डुबोना; ग़र्क करना।

तग़्रीब स्त्री० *(अ०)* देश निकाला।

तग़्रीम स्त्री० *(अ०)* हर्ज़ा (क्षतिपूर्ति) वसूल करना।

तग़्लीक स्त्री० *(अ०)* बाँधना; लपेटना।

तग़्लीज स्त्री० *(अ०)* गाढ़ा करना; सख़्ती करना।

तग़्लीत स्त्री० *(अ०)* ग़लती में डालना।

तग़्लील स्त्री० *(अ०)* सुगन्धित करना।

तग़ैयर पु० *(अ० तग़य्युर)* बहुत बड़ा परिवर्तन; परिवर्तनशीलता।

तज़क्की स्त्री० *(अ०)* पवित्र करना; माल में से दान देना।

तज़क्कुर पु० *(अ०)* स्मरण करना; स्मरण होना।

तजज़्ज़ी स्त्री० *(अ०)* टुकड़े-टुकड़े होना।

तज़ब्जुब पु० *(अ०)* असमंजस; ऊहापोह; सन्देह।

तज़म्मुन पु० *(अ०)* स्वीकार करना।

तज़किरा पु० *(अ० तज़्किरः)* चर्चा; जिक्र।

तजदीद स्त्री० *(अ०)* फिर से नया करना; नवीनता।

तजम्मुल पु० *(अ०)* शृंगार; सजावट; शोभा; शान शौकत; वैभव।

तज़य्युन पु० *(अ०)* सुसज्जित होना; शृंगारित होना।

तजरबा पु० *(अ० तज्रिबः)* वह ज्ञान जो अनुभव से परीक्षा करके प्राप्त किया जाये।

तजरबाकार पु० *(अ० तज्रिबः+फ़ा० कार)* जिसने अनुभव प्राप्त किया हो; अनुभवी।

तजर्रुद पु० *(अ०)* एकान्तवास; ब्रह्मचर्य।

तजल्ली स्त्री० *(अ०)* प्रकट होना; दिव्य ज्योति का दर्शन।

तजल्लीगाह स्त्री० *(अ० तजल्ली+फ़ा० गाह)* रोशनी और प्रकाश का स्थान; सुन्दरियों का स्थान।

तजल्लीरेज वि० *(अ० तजल्ली+फ़ा० रेज)* प्रकाश फैलाने वाला।

तजल्लुम पु० *(अ०)* किसी के अत्याचार पर दुहाई देना और विलाप करना।

तजल्लुल पु० *(अ०)* लड़खड़ाहट।

तजवीज़ स्त्री० *(अ० तज्वीज़)* सम्मति; राय; फैसला; निर्णय; बन्दोबस्त।

तजवीज़सानी स्त्री० *(अ० तज्वीज़सानी)* अभियोग या दावे का पुनर्विचार।

तज़व्वुज पु० *(अ०)* व्याह करना; पति या बीवी बनाना।

तजस्सुस पु० *(अ०)* ढूँढ़ने की क्रिया; तलाश।

तजहीज़ स्त्री० *(अ० तज्हीज़)* विवाह में दहेज आदि की व्यवस्था; लाश को क़फन आदि पहनाना और उसे गाड़ने की सामग्री एकत्र करना।

पदरचना- ***तजहीज़-व-तकफ़ीन-*** *कफन और अन्त्येष्टि-क्रिया की व्यवस्था।*

तजावुज़ पु० *(अ०)* अपने अधिकार क्षेत्र या सीमा से बढ़ जाना; सीमा का उल्लंघन।

तज़्लील स्त्री० *(अ०)* अपमान; तिरस्कार।

तज्वीज़ स्त्री० *(अ०)* विवाह; पाणिग्रहण।

तज़ाउफ़ पु० *(अ०)* दुगुना होना।

तजाहुले आरिफ़ाना पु० *(अ० आरिफानः)* जानबूझ कर अनजान बनना।

तजनीस स्त्री० *(अ०)* एकलिंगता; एक जैसा होना; एकरूपता; हमशकली; एक शब्दालंकार जिसमें किसी 'शेर' में एक जैसे शब्द लगाये जाते हैं, यमक।

तजाहुल पु० *(अ०)* जान-बूझकर अनजान बनना।

ततबीक़ स्त्री० *(अ०)* दो चीजों का सामने रखकर उनकी तुलना करना।

ततरी वि० *(फ़ा०)* तातार देश से सम्बद्ध; तातारियों से सम्बद्ध।

तत्तिमा पु० *(अ० तत्तिमः)* परिशिष्ट।

तदबीर स्त्री० *(अ० तद्बीर)* उपाय; युक्ति; साधन।

तदब्बुर पु० *(अ०)* दूरदर्शिता; काम करने के पूर्व उसका परिणाम सोचना।

तदय्युन पु० *(अ०)* धर्मनिष्ठता।

तदर्व पु० *(फ़ा०)* चकोर पक्षी।

तदाखुल पु० *(अ०)* एक वस्तु का दूसरी वस्तु में प्रवेश होना।

तदाखुले फ़स्लैन पु० *(अ०)* दो ऋतुओं का सन्धिकाल।

तदारूक पु० *(अ०)* भागे हुए अपराधी आदि की खोज या किसी दुर्घटना के सम्बन्ध में जाँच; सजा; दण्ड।

तद्क़ीक़ स्त्री० *(अ०)* बारीक करके कूटना; खूब सोचना-विचारना।

तद्फ़ीन स्त्री० *(अ०)* मुर्दे को ज़मीन में दफ़नाना।

तद्रीज स्त्री० *(अ०)* धीरे-धीरे होना; शनैः-शनैः।

तद्रीस स्त्री० *(अ०)* पढ़ाना।

तन पु० *(फ़ा० सं० तनु)* शरीर; बदन; जिस्म।

तनक़ीद स्त्री० *(अ०)* समीक्षा; आलोचना।

तनक़ीह स्त्री० *(अ० तन्क़ीह)* जाँच; तहकीकात।

तनक़ीहतलब वि० *(अ०)* विचारणीय।

तनख़्वाह स्त्री० *(फ़ा०)* वेतन; मासिक वेतन।

तनख़्वाहदार वि० *(फ़ा०)* वेतन पर काम करने वाला।

तनज़ पु० *(अ० तन्ज़)* बोली-ठोली; ताना; व्यंग्य।

जनज़ीम स्त्री० *(अ० तन्ज़ीम)* बिखरी हुई शक्तियों को एकत्र और व्यवस्थित करना; संगठन।

तनज़ील स्त्री० *(अ०)* आतिथ्य करना।

तनज़्ज़ुल पु० *(अ०)* ह्रास; अवनति; पदच्युति।

तनज़्ज़ुली स्त्री० *(अ०)* पदच्युति; पद से गिरना।

तनजेब पु० *(फ़ा०)* बढ़िया महीन मलमल का कपड़ा।

तन-तनहा क्रि०वि० *(फ़ा०)* अकेला; एकाकी।

तनतना पु० *(अ० तन्तनः)* क्रोधपूर्वक अधिकार का प्रदर्शन; तेज़ी; प्रखरता; अभिमान; घमण्ड।

तनदेह वि० *(फ़ा०)* खूब जी लगाकर काम करने वाला।

तनदेही स्त्री० *(फ़ा० तनदिही)* परिश्रम; मेहनत, प्रयास; कोशिश; चेतावनी।

तनपरवर वि० *(फ़ा०, सं० तनपरवरी)* मात्र अपने शरीर के पालन-पोषण का ध्यान रखने वाला; स्वार्थी; मतलबी।

तनपरस्त वि० *(फ़ा०)* आराम तलब।

तनफ़्फ़ुर पु० *(अ०)* नफरत; घृणा।

तनवीर स्त्री० *(अ० तन्वीर)* रोशनी; प्रकाश।

तनसीख पु० *(अ०)* रद्द करना; निरस्त करना।

तनसीफ़ स्त्री० *(अ० तन्सीफ़)* आधा-आधा करना; दो समान भागों में विभक्त करना; विभाग करना।

तनहा वि० *(फ़ा०)* अकेला; एकाकी।

तनहाई स्त्री० *(फ़ा०)* अकेले होने की स्थिति; अकेलापन।

तना पु० *(फ़ा० तनः)* पेड़ का जड़ से ऊपर का भाग।

तनाज़ा पु० *(अ० तनाज़अ)* बखेड़ा; झगड़ा, शत्रुता।

तनाब स्त्री० *(अ०)* खेमा बाँधने की रस्सी।

तनावर वि० *(फ़ा०)* मोटा-ताज़ा; हृष्ट-पुष्ट; बलवान।

तनावुल पु० *(अ०)* लेना; ग्रहण करना; भोजन करना।

तनासाँ वि० *(फ़ा०)* सुस्त; आलसी।

तनासानी स्त्री० *(फ़ा०)* सुस्ती; आलस्य।

तनासुख पु० *(अ०)* विनाश; एक रूप से दूसरे रूप में जाना; परिवर्तन; एक शरीर छोड़कर दूसरा शरीर धारण करना; आवागमन; पुनर्जन्म।

तनासुब पु० *(अ०)* सब अंगों का अपने उचित और उपयुक्त रूप में होना।

तनासुबे आज़ा पु० *(अ०)* शरीर के अंगों का सुडौलपन।

तनासुल पु० *(अ०)* सन्तान उत्पन्न करना; वंश-परम्परा बढ़ाना; नसल बढ़ाना।

पदरचना- *आज़ाए-तनासुल- पुरुष की इन्द्रिय; लिंग।*

तनीन स्त्री० *(फ़ा०)* भिनभिनाहट; सनसनाहट।

तनूमन्द वि० *(फ़ा०)* मोटा ताजा; हृष्ट-पुष्ट; बलवान।

तनूर पु० *(अ० तन्दूर)* भट्ठी जैसी रोटी पकाने का मिट्टी का एक बड़ा और गोल पात्र; तन्दूर।

तन्नाज़ वि० *(अ०)* इशारों से बातें करने वाला; नाज़-नख़रा करने वाला।

तने तनहा वि० *(फ़ा० तन्हा)* बिलकुल अकेला; एकाकी।

तने बेजाँ वि० *(फ़ा०)* शव; प्राणहीन शरीर।

तनो तोश पु० *(फ़ा०)* शरीर का भारी भरकम पन।

तनोमन्द वि० *(फ़ा०)* स्वस्थ; नीरोग।

तप पु० *(फ़ा०, सं० तप)* ताप; गरमी; ज्वर; बुखार।

तपाँ वि० *(फ़ा०)* तपता हुआ; जलता हुआ; तड़पता हुआ।

तपाक पु० *(फ़ा०)* आवेश; जोश; वेग; तेज़ी; प्रेम; उत्साह।

तपांचा पु० *(फ़ा० तपांचः)* थप्पड़; तमाचा।

तपिश स्त्री० *(फ़ा०, सं० ताप)* गरमी; तपक।

तपीदा वि० *(फ़ा०)* क्षयरोग; ज्वर-खासी का भयंकर रोग।

तपे कुहन स्त्री० *(फ़ा० कुहन)* पुराना बुखार; जीर्ण बुखार।

तपेदरूँ स्त्री० *(फ़ा०)* मनस्ताप।

तपेदिक़ स्त्री० *(फ़ा०)* क्षयरोग; यक्ष्या रोग।

तपेनौबत स्त्री० *(अ० तपे+ फ़ा० नौबत)* बारी से आने वाला ज्वर। जैसे- इकतरा; तिजारी; चौथिया आदि।

तपेमोहरक़ा स्त्री० *(फ़ा० तपे+ अ० मोहरक़ः)* मियादी बुखार; मलेरिया बुखार।

तफ़ स्त्री० *(अ०)* उष्णता; गरमी।

तफ़क़्कुद पु० *(अ०)* खोई हुई चीज की तलाश; अनुकम्पा।

तफ़क्कुर पु० *(अ०)* चिन्तन; मनन।

तफ़क़्कुरात पु० *(अ०)* चिन्ताएँ।

तफ़ज़ील स्त्री० *(अ० तफ़्ज़ील)* श्रेष्ठ मानना या ठहराना; तुलना।

तफ़ज़ीह स्त्री० *(अ० तफ़्ज़ीह)* निन्दा; बुराई।

तफ़ज़्ज़ुल पु० *(अ०)* श्रेष्ठता; बड़प्पन; बड़ाई; बुज़ुर्गी।

तफ़दगी स्त्री० *(फ़ा० तफ़्तगी)* गरमी; उत्साह।

तफ़ता वि० *(फ़ा० तफ़्तः)* बहुत गरम या जला हुआ।

तफ़तीश स्त्री० *(अ० तफ़्तीश)* जाँच-पड़ताल, तहक़ीकात।

तफ़रक़ा पु० *(अ० तफ़्रिक़ः)* अन्तर; फ़र्क़; फासला; दूरी; वियोग; विछोह।

तफ़रका-अन्दाज़ वि० *(अ०)* फूट डालने वाला।

तफ़रका-अन्दाज़ी स्त्री० *(अ०)* फूट डालना।

तफ़रीक़ स्त्री० *(तफ़्रीक़)* बाँटने की क्रिया; बँटवारा; अन्तर; फर्क।

तफ़रीह स्त्री० *(अ० तफ़्रीह)* मनोरंजन; मनबहलाव; दिल्लगी; सैर; हवाखोरी।

तफ़रीहन क्रि०वि० *(अ० तफ़्रीहन)* मनोरंजन के लिए।

तफ़वीज़ स्त्री० *(अ० तफ़्वीज़)* सुपुर्द करना; सौंपना; हस्तान्तरण।

तफ़साँ वि० *(फ़ा० तफ़्साँ)* बहुत अधिक गरम।

तफ़सीर स्त्री० *(अ० तफ़्सीर)* वर्णन; टीका; कुरान की टीका।

तफ़सील स्त्री० *(अ० तफ़्सील)* विस्तृत वर्णन; टीका; कैफियत; ब्यौरा।

तफ़सीली वि० *(अ०)* तफ़सील सम्बन्धी।

तफ़सीलवार वि० *(अ० तफ़सील+ फ़ा० वार)* विस्तारपूर्वक।

तफ़हीम स्त्री० *(अ० तफ्हीम)* प्रबोधन; समझाना- बुझाना।

तफ़ाखुर पु० *(अ०)* फख्र करना; शेखी करना।

तफ़ावत पु० *(अ० तफ़ावुत)* फासला; दूरी; अन्तर।

तफ़ूलियत स्त्री० *(अ०)* बाल्यावस्था; लड़कपन।

तबअ स्त्री० *(अ०)* प्रकृति; तबीयत; ग्रन्थों आदि का संस्करण।

तबक़ पु० *(अ०)* तल; तह; परत; सोने-चाँदी का वरक; बड़ी रकाबी; घोड़ों की एक बीमारी; वह फूल, दीप आदि जो मुसलमान स्त्रियाँ भूत-प्रेत व परियों को समर्पित करती हैं।

तबक़गर पु० *(अ० तबक़+ फ़ा० गर)* सोने-चाँदी आदि के पत्तर बनाने वाला।

तबकचा पु० *(अ० तबक+ फ़ा० चः)* छोटी छोटी रकाबी।

तबक़ज़न स्त्री० *(अ० तबक़+ फ़ा० ज़न)* चपरी लड़ाने वाली स्त्री।

तबक़ातुल अर्ज़ पु० *(अ०)* पृथ्वी की परत।

तबख़ाला पु० *(फ़ा० तबख़ालः)* वह छोटा फफोला जो गरमी से होठों पर निकल आता है।

तबख़्तुर पु० *(अ०)* नाज़ और गर्व से चलना।

तबदील स्त्री० *(अ०)* बदलना; एक स्थान से दूसरे स्थान पर जाना।

तबदीली स्त्री० *(अ०)* कर्मचारी का एक स्थान से दूसरे स्थान पर भेजा जाना; फेर-फार; परिवर्तन।

तबःआज़माई स्त्री० *(अ० तब+फ़ा० आज़माई)* बुद्धिबल की परीक्षा।

तबई वि० *(अ०)* प्राकृतिक; असली।

तबक़ा पु० *(अ० तबक़ः)* खण्ड; विभाग; तह; परत; लोक; तल; आदमियों का गिरोह; श्रेणी।

तबद्दुल पु० *(अ०)* बदला जाना; परिवर्तन।

तबनियत स्त्री० *(अ० तब्नियत)* दत्तक ग्रहण; गोद लेने का कार्य।

तबनियतनामा पु० *(अ० तब्नियत+फ़ा० नामः)* वह पत्र जो किसी को दत्तक लेने के सम्बन्ध में लिखा जाता है।

तबन्नी स्त्री० *(अ०)* दत्तक लेने की क्रिया; दत्तक ग्रहण।

तबर पु० *(फ़ा०)* कुल्हाड़ी के आकार का एक शस्त्र; फरसा।

तबरज़द स्त्री० *(फ़ा०)* कन्द; चीनी; मिश्री।

तबरज़न पु० *(फ़ा०)* कुल्हाड़ी से लड़ने वाला सैनिक; लकड़हारा।

तबर्रा पु० *(अ०)* घृणा; नफरत; वे घृणासूचक वाक्य जो शिया लोग मुहम्मद साहब के पहले तीन ख़लीफ़ाओं के बारे में कहते हैं।

तबरूक पु० *(अ०)* आशीर्वादस्वरूप वस्तु; प्रसाद।

तबरूकन वि० *(अ०)* प्रसाद के रूप में; मंगल के लिए।

तबल पु० *(अ०)* ढोल; नगाड़ा; डंका।

तबलची पु० *(अ० तब्लची)* वह जो तबला बजाता हो; तबलिया।

तबला पु० *(अ० तब्लः)* ताल देने का एक प्रसिद्ध बाजा।

तबलीग़ पु० *(अ० तब्लीग़)* किसी के पास कुछ पहुँचाना; धर्म का प्रचार करना; दूसरों को अपने धर्म में मिलाना।

तबस्सुम पु० *(अ०)* मन्द हास; मुस्कुराहट; कलियों का विकसित होना; खिलना।

तबस्सुर पु० *(अ०)* ध्यानपूर्वक देखना; गौर करना।

तबाअत स्त्री० *(अ०)* मुद्रण; छपाई।

तबाउद पु० *(अ०)* एक-दूसरे से दूर होना।

तबाए स्त्री० *(अ० तबीयत का बहु०)* प्रकृतियाँ; तबीयतें।

तबाक़ पु० *(तु०)* एक प्रकार की बड़ी थाली।

तबाक़ी वि० *(तु०)* एक साथ खाने भर के दोस्त।

तबाख़ पु० *(फ़ा०)* बड़ी एवं काली परात।

तबाख़ी पु० *(फ़ा०)* परात में रखकर सौदा बेचने वाला।

तबाख़ी-कुत्ता पु० *(फ़ा० तबाख़ी+हि० कुत्ता)* ऐसा साथी जो अपना स्वार्थ सिद्ध होने तक साथ दे और दुर्दिन में साथ छोड़ दे; मतलबी यार।

तबादला पु० *(अ० दबादलः)* परिवर्तन; किसी कर्मचारी को एक स्थान से हटाकर दूसरे स्थान पर नियुक्त किया जाना।

तबादुर पु० *(अ०)* परस्पर दौड़ना।

तबादुरे ज़ेहन पु० *(अ०)* तुरन्त ही कोई बात ध्यान में आना।

तबादुल पु० *(अ०)* बदलना; एक वस्तु के स्थान पर दूसरी वस्तु रख देना।

तबायुन पु० *(अ०)* प्रतिकूलता; अन्तर; भेद।

तबाबत स्त्री० *(अ०)* चिकित्सा का पेशा।

तबार पु० *(फ़ा०)* जाति; परिवार।

तबाशीर स्त्री० *(फ़ा०)* बंस लोचन।

तबाह वि० *(फ़ा०)* जो बिलकुल खराब हो गया हो; बरबाद; नष्ट।

तबाहकार वि० *(फ़ा०)* विनाशकारी; तबाही मचाने वाला।

तबाहरोजगार वि० *(फ़ा०)* जमाने की गरदिश का शिकार।

तबाह हाल वि० *(अ० तबाह+फ़ा० हाल)* मुसीबत का मारा।

तबाहकुन वि० *(फ़ा०)* तबाह करने वाला।

तबाही स्त्री० *(फ़ा०)* नाश; बरबादी।

तबीब पु० *(अ०)* चिकित्सक; वैद्य; हकीम।

तबीयत स्त्री० *(अ०)* चित्त; मन; जी; मन की स्थिति।

मुहा० *(किसी पर)* ***तबीयत आना-*** *(किसी पर) प्रेम होना; आशिक होना।* ***तबीयत फड़क उठना-*** *चित्त का उत्साह-पूर्ण और प्रसन्न होना।* ***तबीयत***

लगना- *मन में अनुराग उत्पन्न होना, ध्यान लगा रहना।*

तबीयतदार वि० *(अ० तबीयत+फ़ा० दार)* समझदार; भावुक; रसिक।

तबीई वि० *(अ०)* एक वैज्ञानिक शाखा जिसमें शारीरिक परिवर्तनों और गुणों का वितरण होता है; शरीर धर्मशास्त्र।

तबीख़ पु० *(अ०)* औटाई हुई दवा आदि का पानी।

तबीब पु० *(अ०)* दवा करने वाला; चिकित्सक; वैद्य।

तबीरा पु० *(फ़ा० तबीरः)* नक़्क़ारा; धौंसा; दुन्दुभि, भेरी।

तबीराजन वि० *(फ़ा० तबीरःजन)* नक्कारा बजाने वाला।

तबेला पु० *(अ०)* घुड़साल; अस्तबल।

तब्दील वि० *(अ०)* बदला हुआ; परिवर्तित; जो एक स्थान से हटाकर दूसरे स्थान पर कर दिया गया हो। स्त्री० परिवर्तन; बदला जाना।

तब्दीली स्त्री० *(फ़ा०)* बदले जाने की क्रिया; परिवर्तन।

तब्बाख़ पु० *(अ०)* बावर्ची; रसोइया।

तमंचा पु० *(तु० तमंचः)* छोटी बन्दूक; पिस्तौल; वह लम्बा पत्थर जो दरवाज़ों की बगल में लगाया जाता है।

तमकनत स्त्री० *(अ० तम्कनत)* मान-सम्मान; अभिमान; घमण्ड।

तमअ स्त्री० *(अ०)* इच्छा; लालच।

तमग़ा पु० *(तु० तुम्गः)* पदक; मोहर; राजाज्ञा।

तमद्दुन पु० *(अ०)* नगर में रहना; नगर निवास; नागरिकता; सभ्यता; संस्कृति।

तमन्ना स्त्री० *(अ०)* कामना; इच्छा; ख्वाहिश।

पदरचना- *ज़ख़्मे-तमन्ना-* *इच्छाओं के घाव।*

तमनिकत स्त्री० *(अ०)* इज्जत; प्रतिष्ठा; गौरव।

तम्बाकू पु० *(फ़ा०)* सुरती से बनायी गयी नशीली चीज।

तम्बाकू-फ़रोश पु० *(फ़ा०)* तम्बाकू बेचने वाला।

तम्बू पु० *(फ़ा०)* शामियाना; खेमा।

तम्बूर पु० *(फ़ा०)* एक प्रकार का ढोल।

तम्बूरची पु० *(तु०)* तम्बूर बजाने वाला।

तम्बूरा पु० *(फ़ा०)* सितार जैसा एक बाजा जिसे सुर कायम रखने के लिए बजाते हैं; तानपूरा।

तमर पु० *(अ०)* सूखी खजूर; इमली।

तमर्रुद पु० *(अ०)* उद्दण्डता; विरोध; विद्रोह।

तमसील स्त्री० *(अ० तम्सील)* मिसाल; उदाहरण; उपमा।

तमसीलन क्रि०वि० *(अ०)* मिसाल के तौर पर; उदाहरणार्थ।

तमस्सुक पु० *(अ०)* ऋणपत्र; दस्तावेज।

तमस्ख़ुर पु० *(अ०)* मसखरापन; परिहास।

तमहीद स्त्री० *(अ० तम्हीद)* बिछौना या बिस्तर बिछाना; भूमिका; प्रस्तावना।

तमद्दुन पु० *(अ०)* सभ्यता; नागरिकता।

तमाँचा पु० *(फ़ा० तमान्चः)* थप्पड़; तमाचा।

तमा स्त्री० *(अ० तमअ)* लालच; लोभ; इच्छा।

तमाज़त स्त्री० *(अ०)* धूप की गरमी।

तमादी स्त्री० *(अ०)* किसी बात की अवधि या मियाद खत्म हो जाना।

तमानियत स्त्री० *(अ०)* तसल्ली; इतमिनान; सन्तोष।

तमाम वि० *(अ०)* पूरा; सम्पूर्ण; कुल; समाप्त।

तमामशुद वि० *(अ०)* समाप्त।

तमामी स्त्री० *(फ़ा०)* एक प्रकार का देशी रेशमी कपड़ा।

तमाशबीन पु० *(अ० तमाश+फ़ा० बीन)* तमाशा देखने वाला; वेश्यागामी; ऐय्याश।

तमाशबीनी स्त्री० *(अ०)* ऐय्याशी।

तमाशा पु० *(अ० तमाशः)* वह दृश्य जिसके देखने से मनोरंजन हो; मन को प्रसन्न करने वाला दृश्य।

तमाशाई पु० *(अ० तमाशा से फ़ा०)* तमाशा देखने वाला।

तमाशाकुनाँ वि० *(अ० तमाशा+फ़ा० कुनाँ)* सैर से दिल बहलाता हुआ।

तमाशाख़ानम स्त्री० *(अ० तमाशा+तु० खानम)* हँसने हँसाने वाली औरत; ऐसी स्त्री जिसकी बातें बहुत मनोरंजक हो।

तमाशागर पु० *(अ० तमाशा+फ़ा० गर)* तमाशा दिखाने वाला।

तमाशागाह स्त्री० *(अ० तमाशा+फ़ा० गाह)* वह स्थान जहाँ तमाशा होता है।

तमाशाबीं वि० *(अ० तमाशा+फ़ा० बीं)* तमाशा देखने वाला।

तमासील स्त्री० *(अ०)* मूर्तियाँ; उपमाएँ।

तमासुख स्त्री० *(अ०)* सूरत बिगाड़ देना।

तमीज़ स्त्री० *(अ०)* भले और बुरे को पहचानने की शक्ति; विवेक; पहचान; अदब; कायदा।

तमीज़दार वि० *(अ० तमीज़+फ़ा० दार)* शिष्ट; सभ्य।

तमूज़ स्त्री० *(फ़ा०)* धूप की कड़ी गरमी; जेठ-बैशाख की गरमी।

तम्बान पु० *(फ़ा०)* बहुत ढीली मोहरियों का पायजामा।

तम्बीह स्त्री० *(अ०)* नसीहत; शिक्षा; सीख; चेतावनी।

तम्बूर/तम्बूरा पु० *(अ० तम्बूरः सं० तानपूरा)* तानपूरा नामक एक वाद्य।

तम्बूल/तम्बोल पु० *(फ़ा० सं० ताम्बूल)* पान; ताम्बूल।

तम्माअ वि० *(अ०)* लालची; लोभी।

तय वि० *(अ०)* निर्णीत; निश्चित।

तयम्मुम पु० *(अ०)* पानी के अभाव में नमाज़ पढ़ने से पूर्व मिट्टी से हाथ-मुँह साफ करना; मिट्टी से वजू करना।

तयशुदा वि० *(अ०)* निश्चित; निर्णीत।

तगुज स्त्री० *(फ़ा०)* धूप की कड़ी गरमी।

तयूर पु० *(अ० तैर का बहु०)* चिड़ियाँ; पक्षी समूह।

तय्यार वि० *(अ०)* उद्यत; प्रस्तुत; समाप्त।

तय्यारा पु० *(अ० तय्यारः)* वायुयान।

तय्यारा शिकन स्त्री० *(अ० तय्यारा+फ़ा० शिकन)* वह तोप जो वायुयान को मार गिराये।

तर वि० *(फ़ा०)* भींगा हुआ; गीला; शीतल; ठण्ढा; हरा। एक प्रत्यय जो गुण वाचक शब्दों के अन्त में लग कर दूसरे की अपेक्षा आधिक्य सूचित करता है। जैसे- खुशतर, बेहतर आदि।

पदरचना- ***तर-बतर-*** *बिलकुल भीगा हुआ।* ***तरोताज़ा-*** *हरा और नया।*

तरक पु० *(अ०)* त्याग; छोड़ना।

तरकश पु० *(फ़ा० तर्कश)* बाण रखने का चोगा; तूणीर।

तरकशबन्द वि० *(फ़ा०)* तूणीर धारी।

तरका पु० *(अ० तर्कः)* वह सम्पत्ति जो किसी मरे हुए व्यक्ति के वारिस को मिले।

तरकारी स्त्री० *(फ़ा० तरः कारी)* वह पौधा जिसकी पत्तियाँ, डण्ठल; फल आदि पकाकर खाने के काम आते हैं।

तरकी स्त्री० *(अ०)* फूल की तरह कान का एक गहना।

तरकीब स्त्री० *(अ० तर्कीब)* मिलान; युक्ति; उपाय; तरीका।

तरकीब-बन्द पु० *(अ० तरकीब+फ़ा० बन्द)* एक प्रकार की कविता।

तरक्की स्त्री० *(अ०)* वृद्धि; उन्नति; प्रगति।

तरक़्क़ी पसन्द वि० *(अ० तरक़्क़ी+फ़ा० पसन्द)* उन्नति चाहने वाला; एक साहित्यिक दल जो साम्यवाद को मानता है।

तरक़्क़ी पिज़ीर वि० *(अ० तरक़्क़ी+फ़ा० पिज़ीर)* उन्नति प्राप्त।

तरक़्क़ी याफ़्ता वि० *(अ० तरक़्क़ी+फ़ा० याफ़्ता)* समुन्नत; तरक्की को पहुँचा हुआ।

तरग़ीब स्त्री० *(अ० तर्ग़ीब)* उत्तेजन; उत्तेजित करना; भड़काना; उकसाना; कह-सुन कर अपने अनुकूल करना।

तरज्जी स्त्री० *(अ०)* ऐसी वस्तु मिलने की आशा, जिसकी प्राप्ति सम्भव हो; आशा; उम्मीद।

तरजीह स्त्री० *(अ०)* वरीयता; प्राथमिकता।

तरजुमा स्त्री० *(अ० तर्जुमः)* अनुवाद; भाषान्तर; उल्था।

तरजुमान पु० *(अ० तर्जुमान)* अनुवाद या उल्था करने वाला।

तरजुमानी स्त्री० *(अ०)* अनुवादकला।

तरतीब स्त्री० *(अ० तर्तीब)* वस्तुओं का अपने ठीक स्थानों पर लगाया जाना; क्रम; सिलसिला।

तरतीबवार क्रि०वि० *(अ० तरतीब+फ़ा० वार)* क्रम से; सिलसिलेवार।

तरदस्त वि० *(फ़ा०)* स्फूर्तिवान; चुस्त; फुरतीला; दक्ष।

तर-दामन वि० *(अ० तर+फ़ा० दामन)* अपराधी; पापी।

तरदिमाग स्त्री० *(फ़ा०)* ठण्ढे दिमाग वाला; शान्त व्यक्ति।

तरदीद स्त्री० *(अ०)* रद करना; खण्डन।

तरद्दुद पु० *(अ० बहु० तरद्दुदात)* सोच; फिक्र; अन्देशा; चिन्ता; खटका।

तरन्नुम पु० *(अ०)* स्वर-माधुर्य।

तरफ़ स्त्री० *(अ०)* ओर; दिशा; अलग; किनारा, बगल; पक्ष।

तरफ़ा वि० *(अ०)* ओर का; तरफ का।

तरफ़दार वि० *(अ० तरफ़+फ़ा० दार, भाव० तरफ़दारी)* पक्ष में रहने वाला; पक्षपाती; हिमायती।

तरफ़दारी स्त्री० *(अ० तरफ़+फ़ा० दारी)* पक्षपात; हिमायत; सहायता।

तरफ़्फ़ुह पु० *(अ०)* समृद्धि; सम्पन्नता; खुशहाली।

तरफ़्फ़ो पु० *(अ०)* अपने को सबसे ऊँचा समझना।

तरफ़ैन पु० *(अ० तरफ का बहु०)* दोनों तरफ़ के लोग; दोनों पक्ष।

तरब पु० *(अ०)* प्रसन्नता।

तर-बतर वि० *(फ़ा०)* अधिक भींगा हुआ। जैसे- पानी से तर-बतर।

तरबियत स्त्री० *(अ० तर्बियत)* सिखाने-पढ़ाने और सभ्य बनाने की क्रिया; शिक्षा-दीक्षा।

तरबूज़ पु० *(फ़ा० तरबुज़)* एक प्रकार का गोल बड़ा फल, जो काटने पर लाल रंग का होता है।

तरमीम स्त्री० *(अ० तर्मीम)* संशोधन; सुधार।

तरश्शुह पु० *(अ०)* फुहार; बूँदाबाँदी; प्रकटीकरण।

तरस पु० *(फ़ा० तर्स)* भय; डर; दया; रहम।

मुहा० *(किसी पर)* ***तरस खाना-*** *दया करना; रहम करना।*

तरसाँ स्त्री० *(फ़ा०)* भयभीत; डरा हुआ।

तरह स्त्री० *(अ०)* प्रकार; भाँति; किस्म; तर्ज, प्रणाली।

मुहा० ***तरह देना-*** *जाने देना; ध्यान न देना; जान-बूझ कर उपेक्षा करना।*

तरहदार वि० *(अ० तरह+फ़ा० दार)* बाँका।

तरहदारी स्त्री० *(अ० तरह+फ़ा० दारी)* बाँकपन; सौन्दर्य।

तराज़ स्त्री० *(फ़ा०)* सहमति; रचना क्रिया।

तराज़ू पु० *(फ़ा०)* तुला; तौलने का उपकरण।

तराना पु० *(फ़ा० तरानः)* संगीत; गीत; राग; एक प्रकार का चलता गाना।

तराबोर वि० *(फ़ा० तरा+हि० बोर)* डूबा हुआ; भीगा हुआ; शराबोर।

तरारा पु० *(फ़ा०)* छलाँग; कुलाँच; लगातार गिरने वाली जल की धारा।

मुहा० ***तरारे भरना/मारना-*** *खूब उछल-कूद करना। खूब डींगें हाँकना।*

तरावत स्त्री० *(अ०)* आर्द्रता; नमी; तरावट।

तराविश स्त्री० *(फ़ा०)* टपकना; चूना।

तरावीह स्त्री० *(अ०)* एक विशेष प्रकार की नमाज जो मुसलमान रमज़ान के महीने में अदा करते हैं।

तराश स्त्री० *(फ़ा०)* काटने का ढंग या भाव; काट-छाँट; बनावट; रचना-प्रकार।

तराशना स०क्रि० *(फ़ा० तराश)* काटना; कतरना।

तराशीदा वि० *(फ़ा० तराशीदः)* तराशा हुआ; काटा या कतरा हुआ।

तरिका पु० *(अ० तरिकः)* वह धन सम्पत्ति जो किसी के मरने पर उसके उत्तराधिकारियों को मिलती है।

तरी[1] स्त्री० *(फ़ा० तर)* गीलापन; आर्द्रता; ठण्ढक; वह नीची भूमि जहाँ बरसात का पानी इकट्ठा रहता हो; तराई।

तरी[2] वि० *(अ०)* ताज़ा; हरा-भरा।

तरीक़ पु० *(अ०)* मार्ग; रास्ता।

तरीक़-ए-तालीम पु० *(अ०)* शिक्षा-प्रणाली; पढ़ाने का ढंग।

तरीक़त स्त्री० *(अ०)* रास्ता; मार्ग; आचरण; हृदय की शुद्धता।

तरीक़ा पु० *(अ० तरीकः)* ढंग; विधि; रीति; चाल; व्यवहार।

तरीन प्रत्यय *(फ़ा०)* जो गुणवाचक शब्दों के अन्त में लगकर सबसे आधिक्य सूचित करता है। जैसे- खुशतरीन; बेहतरीन।

तर्क[1] पु० *(अ०)* छोड़ने की क्रिया; परित्याग।

तर्क[2] स्त्री० *(अ०)* वह वाक्य आदि जो छूट जाने के कारण हाशिये पर लिखा गया हो।

पदरचना- ***तर्क मख़ालात-*** *असहयोग।* ***तर्के-अदब-*** *गुस्ताखी।* ***तर्क दुनिया-*** *फकीर हो जाना।*

तर्कह स्त्री० *(अ०)* हँसली की हड्डी।

तर्कीब स्त्री० *(अ०)* ढंग; युक्ति।

तर्कीबे-इस्तेमाल स्त्री० *(अ०)* किसी दवा की सेवन विधि।

तग़ीब स्त्री० *(अ०)* लालच देना; उत्तेजना; प्रेरणा; शौक।

तर्ज़ स्त्री० *(अ०)* प्रकार; किस्म; तरह; रीति; शैली; ढंग।

तर्जीह स्त्री० *(अ० तर्जीह)* वरीयता; प्राथमिकता।

तर्जुमा पु० *(अ०)* अनुवाद; उल्था।

तर्तीब स्त्री० *(अ०)* क्रम।

तर्तीबवार वि० *(अ० तर्तीब+फ़ा० वार)* क्रम से होने वाला; क्रमिक।

तर्रा पु० *(फ़ा० तर्रः)* तरकारी; शाक-भाजी।

तर्रार वि० *(अ० भाव० तर्रारी)* बहुत बोलने वाला; तेज; मुखर; चपल।

पदरचना- *तेज-व-तर्रार-* *चपल और मुखर।*

तर्राह पु० *(अ०)* भवन-निर्माण की विद्या।

तर्स पु० *(फ़ा०)* भय; डर।

तर्सनाक वि० *(फ़ा०)* भयभीत; डरा हुआ।

तर्सा[1] वि० *(फ़ा०)* भयभीत; त्रस्त।

तर्सा[2] पु० *(फ़ा०)* ईसाई; अग्निपूजक; पारसी।

तर्सिंदा वि० *(फ़ा०)* डरने वाला।

तल स्त्री० *(अ०)* ओस; शबनम।

तलक़ीन स्त्री० *(अ० तल्क़ीन)* समझाना-बुझाना; शिक्षा देना।

तलख़ वि० *(फ़ा०)* कड़वा; उग्र; प्रचण्ड।

तलख़ी स्त्री० *(फ़ा०)* कड़वाहट; उग्रता।

तलज़्ज़ुज़ पु० *(अ०)* स्वाद पाना।

तलत स्त्री० *(अ० तलूअत)* चेहरा; आकृति; दर्शन; शोभा।

तलफ़ वि० *(अ०)* नष्ट; बरबाद।

तलफ़ना अ०क्रि० *(फ़ा०)* पीड़ा से व्याकुल होना; छटपटाना।

तलफ़ाना स०क्रि० *(अ०)* तड़पाना; कष्ट देना।

तलफ़ी स्त्री० *(अ०)* विनाश; बरबादी; तबाही।

पदरचना- *हक़्-तलफ़ी-* *किसी को उसके हक़ या अधिकार का उपयोग न करने देना।*

तलफ़्फ़ुज़ पु० *(अ०)* उच्चारण।

तलब स्त्री० *(अ०)* खोज; तलाश; चाह; पाने की इच्छा; माँग; वेतन; बुलावा।

तलबगार वि० *(फ़ा०)* चाहने वाला।

तलबनामा पु० *(अ० तलब+फ़ा० नामः)* सम्मन।

तलबा पु० *(अ० तालिब का बहु०)* विद्यार्थीगण।

तलबाना पु० *(फ़ा० तलबानः)* वह खर्च जो गवाहों को तलब करने के लिए अदालत में दाखिल किया जाता है।

तलबी स्त्री० *(अ०)* बुलाहट; माँग; न्यायालय में सम्मन द्वारा बुलावा।

तलमी स्त्री० *(अ०)* लेखक का अपने ग्रन्थ में किसी कथानक, पारिभाषिक शब्द या कुरान की आयत का उल्लेख करना।

तलाक़ पु० *(अ० तिलाक़)* पति-पत्नी का सम्बन्ध टूटना।

तलाक़त स्त्री० *(अ०)* जबान की तेजी; वाक्य पटुता।

तलाक़ी स्त्री० *(अ०)* परस्पर मिलना; भेंट करना।

तलाक़े बाइन स्त्री० *(अ०)* वह तलाक जिसमें तलाक शुदा स्त्री जब तक दूसरे आदमी से विवाह न कर ले और उसके साथ सहवास न हो जाये, तब तक पहला आदमी उससे विवाह नहीं कर सकता है।

तलाक़े मुग़ल्लज़ा स्त्री० *(अ०)* वह तलाक जिसमें तलाक लिया हुआ पुरुष पुनः तलाक शुदा स्त्री से विवाह नहीं कर सकता।

तलाक़े रजई स्त्री० *(अ०)* वह तलाक जिसमें पुरुष स्त्री से पुनः विवाह कर सकता है।

तलाक़े शिकम स्त्री० *(अ०)* पेट चलना; दस्त आना।

तलाया पु० *(तु०)* रात में पहरा देने वाली सेना।

तलातुम पु० *(अ०)* हिलोर; तूफान।

तलाफ़ी स्त्री० *(अ०)* दोष या अनुचित कृत्य का परिहार; क्षतिपूर्ति।

तलावत स्त्री० *(अ०)* कुरान-शरीफ़ पढ़ना।

तलाश स्त्री० *(तु०)* खोज; अन्वेषण; अनुसन्धान; आवश्यकता; चाह।

तलाशना स०क्रि० *(तु०)* खोजना; ढूँढ़ना।

तलाशी स्त्री० *(तु०)* गुम या छिपायी हुई वस्तु की खोज।

तलौवन पु० *(अ०)* रंग बदलना; छिछोरपन; एक बात पर कायम न रहना; मत-परिवर्तन।

तल्ख़ वि० *(फ़ा०)* कड़वा; अप्रिय; नागवार।

तल्ख़-मिज़ाज़ वि० *(फ़ा०)* जिसका स्वभाव उग्र और कटु हो।

तल्ख़ा पु० *(फ़ा० तल्खः)* पित्ताशय; उबाले हुए चावलों का सत्तू।

तल्ख़ी स्त्री० *(फ़ा०)* कड़वापन, स्वभाव की उग्रता व कटुता।

तवंग़र वि० *(फ़ा०)* धनवान; सम्पन्न।

तवक़्क़ो स्त्री॰ *(अ॰ तवक्कुअ)* आशा; उम्मीद।

तवक़्क़ुफ़ पु॰ *(अ॰)* विलम्ब; देर।

तवक़्क़ुल पु॰ *(अ॰)* ईश्वर पर भरोसा रखना; सांसारिक बातों से मुँह मोड़कर ईश्वर का ध्यान लगाना; सन्तोष।

तवज्जह स्त्री॰ *(अ॰ तवज्जोह)* ध्यान; रुख; कृपादृष्टि।

तवर्रो पु॰ *(अ॰)* संयम।

तवल्लुद वि॰ *(अ॰)* जिसने जन्म लिया हो; उत्पन्न।

तवस्सुल पु॰ *(अ॰)* सम्बन्ध; ज़रिया।

तवाइफ/तवायफ स्त्री॰ *(अ॰)* रण्डी; वेश्या।

तवाज़ा स्त्री॰ *(अ॰)* आदर-सत्कार; सम्मान; दावत।

तवाज़ो स्त्री॰ *(अ॰ तवाज़ुअ)* आदर; मान; आवभगत; मेहमानदारी; दावत।

तवाना वि॰ *(फ़ा॰ तवानः)* बलवान; ताकतवर।

तवाफ़ पु॰ *(अ॰)* मक्के या किसी अन्य पवित्र स्थान की प्रदक्षिणा।

तवाफ़ुक़े लिसानैन पु॰ *(अ॰)* दो विभिन्न भाषाओं के किसी शब्द का एक जैसा होना, बनावट में भी और अर्थ में भी, जैसे- 'फुल्ल' अरबी और संस्कृत दोनों में फूल को कहते हैं।

तवाबिल पु॰ *(फ़ा॰)* गरम मसाले।

तवाम पु॰ *(अ॰)* एक साथ उत्पन्न होने वाले दो बालक; यमज; जुड़वाँ।

तवायफ़ज़ादा स्त्री॰ *(अ॰ तवायफ़+फ़ा॰ ज़ादा)* वेश्यापुत्र।

तवारी स्त्री॰ *(अ॰)* छुपना; गोपन।

तवारीख स्त्री॰ *(अ॰)* इतिहास।

तवारीखी वि॰ *(अ॰)* ऐतिहासिक।

तवालत स्त्री॰ *(अ॰)* लम्बाई; विस्तार; झमेला।

तवाहमात पु॰ *(अ॰)* भ्रम; संशय।

तवेला पु॰ *(अ॰ तवेलः)* अश्वशाला; घुड़साल।

तशक़ीक़ स्त्री॰ *(अ॰ तश्क़ीक़)* शंका में डालना।

तशख़ीस स्त्री॰ *(अ॰)* जाँच-पड़ताल; निश्चय; रोग का निदान; लगान निर्धारित करने की क्रिया।

तशतरी स्त्री॰ *(अ॰ तश्तरी)* प्लेट।

तशद्दुद पु॰ *(अ॰)* कड़ाई; सख्ती; आक्रमण करना।

तशनगी स्त्री॰ *(फ़ा॰ तश्नगी)* प्यास।

तशनीअ स्त्री॰ *(अ॰)* ताना; लानत-मलामत।

तशन्नुज पु॰ *(अ॰)* शरीर के अंगों की ऐठंन।

तशफ़्फ़ी स्त्री॰ *(अ॰)* तसल्ली; सन्तोष।

तशबीह स्त्री॰ *(अ॰ तश्बीह)* उपमा; तुलना।

तशरीफ़ स्त्री॰ *(अ॰ तश्रीफ़)* बुजुर्गी; इज्जत; महत्त्व; बड़प्पन।

मुहा॰ *तशरीफ़ रखना-* *विराजना; बैठना।*

तशरीह स्त्री॰ *(अ॰ तश्रीह)* व्याख्या; टीका।

तशवीश स्त्री॰ *(अ॰ तश्वीश)* चिन्ता; फिक्र, परेशानी।

तश्त पु॰ *(फ़ा॰)* एक प्रकार का बड़ा थाल।

तश्तरी स्त्री॰ *(फ़ा॰)* थाली के आकार का छिछला हलका बरतन।

तश्नगी स्त्री॰ *(फ़ा॰)* प्यास; तृष्णा।

तश्ना वि॰ *(फ़ा॰ सं॰ तृष्णा)* प्यासा।

तसकीन स्त्री॰ *(अ॰)* सान्त्वना; तसल्ली।

तसग़ीर स्त्री॰ *(अ॰ तस्ग़ीर)* छोटा करना; संक्षिप्त करना।

तसदीअ स्त्री॰ *(अ॰ तस्दीअ)* कष्ट; पीड़ा; दिक्कत।

तसदीक़ स्त्री॰ *(अ॰ तस्दीक़)* सही बताना या ठहराना।

तसद्दुक़ पु॰ *(अ॰)* कुर्बानी; भक्ति; दान; खैरात।

तसनीफ़ स्त्री॰ *(अ॰)* ग्रन्थ रचना; साहित्यिक कृति।

तसफ़ीया पु॰ *(अ॰)* परिष्कार; समझौता; फैसला।

तसबीह स्त्री॰ *(अ॰)* माला; सुमिरनी।

तसमा पु॰ *(फ़ा॰)* चमड़े या सूत की चौड़ी पट्टी जो किसी वस्तु को कसने के काम में आती है।

तसरीह स्त्री॰ *(अ॰ तस्रीह)* प्रकट या स्पष्ट करना, व्याख्या।

तसलीम स्त्री॰ *(अ॰)* अभिवन्दना; अंगीकार करने की क्रिया।

तसल्ली स्त्री॰ *(अ॰)* सान्त्वना; शान्ति; धीरज।

तसुल्लुत पु॰ *(अ॰)* पूर्ण अधिकार (विशेषत शासन सम्बन्धी)।

तसव्वुफ़ पु॰ *(अ॰)* सूफ़ीमत।

तसहीफ़ स्त्री॰ *(अ॰ तस्हीफ़)* लिखावट में होने वाली चूक।

तसहील स्त्री॰ *(अ॰ तस्हील)* सरल या सहज करना।

तस्मा पु॰ *(फ़ा॰ तस्यः)* चमड़े का चौड़ा फीता।

तस्मीत पु॰ *(अ॰)* मोती पिरोना; सुन्दर व अच्छी वस्तुओं का संग्रह।

तस्लीम स्त्री॰ *(अ॰)* सलाम करना; किसी बात को स्वीकार करना।

तस्वीर स्त्री॰ *(अ॰)* रंग, कूँची आदि की सहायता से बनायी गयी वस्तुओं की प्रतिकृति; चित्र।

तसव्वुर पु॰ *(अ॰)* कल्पना।

तह स्त्री॰ *(फ़ा॰)* किसी वस्तु की मोटाई या फैलाव जो किसी दूसरी वस्तु के ऊपर हो; परत; नीचे की जमीन; पैदा।

***मुहा॰ तह करना या लगाना-** किसी फैली हुई वस्तु के भागों को समेट कर क्रम से रखना। **तह देना-** हलकी परत चढ़ाना। **तह की बात-** छिपी हुई बात, गुप्त रहस्य। **किसी बात की तह तक पहुँचना-** वास्तविक बात जान लेना। **तहो-बला होना-** विनष्ट होना, उलट-पुलट होना।*

तहक़ीक़ स्त्री॰ *(अ॰ तह्क़ीक़)* जाँच-पड़ताल; खोज; अनुसन्धान; अच्छी तरह जाँचा हुआ।

तहक़ीक़ात स्त्री॰ *(अ॰ तहक़ीक का बहु॰)* किसी विषय की घटना की ठीक-ठीक बातों की खोज।

तहक़ीर स्त्री॰ *(अ॰ तह्कीर)* अपमान; बेइज्जती।

पदरचना- *तहक़ीरे अदालत*-*अदालत की मानहानि।*

तहक्कुम पु॰ *(अ॰)* प्रभुत्व; आधिपत्य; शासन।

तहख़ाना पु॰ *(फ़ा॰ तहख़ानः)* वह कोठरी या घर जो जमीन के नीचे बना हो; तलघर

तहज्जी स्त्री॰ *(अ॰)* वर्तनी; अच्छा-उच्चारण।

तहज़ीब स्त्री॰ *(अ॰)* सभ्यता; संस्कृति; शिष्टाचार।

तहज़ीब-याफ़्ता वि॰ *(अ॰ तहज़ीब+फ़ा॰ याफ्ता)* सभ्यता; शिष्ट।

तहज़ीर स्त्री॰ *(अ॰)* धमकी।

तहज्जुद पु॰ *(अ॰)* एक प्रकार की नमाज जो आधी रात के बाद पढ़ी जाती है।

तहत पु॰ *(अ॰ तह्त)* अधिकार; अधीनता।

तहती वि॰ *(अ॰ तह्त)* निम्नलिखित।

तहत्तुक़ पु॰ *(अ॰)* अपमान; अप्रतिष्ठा।

तहदर्ज़ वि॰ *(फ़ा॰)* ऐसा नया जिसकी तह तक न खुली हो; बिलकुल नया।

तहदेगी स्त्री॰ *(फ़ा॰)* देग के नीचे की वह खुरचन जो उसमें से खाद्य-पदार्थ निकाल लेने के बाद खुरची जाती है।

तहनशीन वि॰ *(फ़ा॰)* तह में या नीचे बैठा हुआ। पु॰ तलछट; गाद।

तहनियत स्त्री॰ *(अ॰)* मुबारकबाद; बधाई।

तहपोश पु॰ *(फ़ा॰)* वह छोटा कपड़ा या जाँघिया जिसे स्त्रियाँ पतली साड़ियों के नीचे या अन्दर पहनती हैं।

तहबन्द पु॰ *(फ़ा॰)* वह कपड़ा जो मुसलमान कमर के चारों ओर लपेटते हैं; तहमद; लुंगी।

तहबाज़ारी स्त्री॰ *(फ़ा॰)* बाजारों आदि में दुकानदारों से लिया जाने वाला जमीन का किराया।

तहमीद स्त्री॰ *(अ॰ तह्मीद)* ईश्वर की बार-बार प्रशंसा करना।

तहमैदानी पु॰ *(फ़ा॰)* मैदान की सतह।

तहम्मुल पु॰ *(अ॰)* सहनशीलता।

तहरीक स्त्री॰ *(अ॰ तह्रीक)* हिलाना-डुलाना; गति देना; उत्तेजित करना; भड़काना; आन्दोलन।

तहरीर स्त्री॰ *(अ॰ तह्रीर)* लिखावट; लिखी हुई बात; लेखशैली।

तहरीरी वि॰ *(अ॰)* लिखा हुआ; लिखित।

तहरीस स्त्री॰ *(अ॰ तह्रीस)* लालच; प्रलोभन; हिलना-डुलना; गति।

तहलका पु॰ *(अ॰ तह्लकः)* मौत; बरबादी; खलबली; हलचल।

तहलील स्त्री॰ *(अ॰ तह्लील)* स्तुतिगान।

तहवील स्त्री॰ *(अ॰ तह्वील)* हवाले करना; सुपुर्दगी; अमानत; खजाना; ज्योतिष में सूर्य या चन्द्रमा का एक राशि से दूसरी राशि में जाना।

तहवीलदार पु॰ *(अ॰ तह्वील+फ़ा॰ दार)* कोषाध्यक्ष; खंजाची।

तहसीन स्त्री॰ *(अ॰ तह्सीन)* प्रशंसा; सराहना; तारीफ।

तहसील स्त्री॰ *(अ॰ तह्सील)* लोगों से रुपया वसूल करने की क्रिया; वसूली; उगाही; वह आमदनी जो लगान वसूल करने से इकट्ठी हो; तहसीलदार का आफिस या कचहरी।

तहसीलदार पु॰ *(अ॰ तह्सील+फ़ा॰ दार)* टैक्स वसूलने वाला; माल के छोटे मुकदमों फैसला करने वाला।

तहसीलदारी स्त्री॰ *(अ॰ तह्सील+फ़ा॰ दारी)* तहसीलदार का पद; तहसीलदार की कचहरी।

तहसीलना स०क्रि० *(अ० तहसील+हि० 'ना' प्रत्यय)* वसूल करना; उगाही करना।

तहारत स्त्री० *(अ०)* पवित्रता; शुद्धता; नमाज से पहले हाथ-पैर और मुँह आदि धोकर शरीर पवित्र करना।

तहाशा पु० *(अ०)* परवाह; डर; भय।

तही वि० *(फ़ा० तिही)* खाली; रिक्त।

तहीदस्त वि० *(फ़ा०)* जिसका हाथ खाली हो; निर्धन; दरिद्र।

तहीमग्ज़ वि० *(फ़ा० तहीमग्ज़ी)* जिसका मग्ज या दिमाग खाली हो; मूर्ख; बेवकूफ।

तहेदिल स्त्री० *(फ़ा०)* हृदय का भीतरी भाग।

तहैया पु० *(अ० तहैयः)* तैयारी; तत्परता।

तहैयुर पु० *(अ० तहय्युर)* आश्चर्य; अचम्भा।

तहोबाला वि० *(फ़ा०)* उलटा-पलटा; विनष्ट; बरबाद।

तहौवर पु० *(अ०)* शीघ्रता; जल्दी; क्रोध; गुस्सा।

ता अव्य० *(फ़ा०)* तक; पर्यन्त।

ताअत स्त्री० *(अ०)* उपासना; ईश्वराधन; सेवा।

ताआत स्त्री० *(अ० 'ताअत' का बहु०)* आराधनाएँ; पूजाएँ।

ताइन वि० *(अ०)* बाण मारने वाला; तीर से घायल करने वाला।

ताइफ़ा पु० *(अ०)* दल; समुदाय; वेश्या और उसके साज-बाज वाले (साजिन्दे)।

ताइब वि० *(अ०)* तौबा करने वाला।

ताइर पु० *(अ०)* वायु में उड़ने वाला; पक्षी; चिड़िया।

ताइरे अर्श पु० *(अ०)* अर्श (ईश्वर का निवास-स्थान) तक उड़ने वाला; जिबरील नामक फ़रिश्ता; आकाशगामी पक्षी।

ताइल पु० *(अ०)* लाभ; फायदा।

ताई पु० *(अ०)* अरब का एक कबीला (वंश) जिसमें हातिम नामक एक व्यक्ति हुआ।

ताईद स्त्री० *(अ०)* पक्षपात; तरफदारी; अनुमोदन; समर्थन।

ताईन स्त्री० *(अ० तआईन)* निश्चय; नियुक्ति।

ताऊन पु० *(अ० तुआऊन)* प्लेग नामक महामारी।

ताऊस पु० *(अ०)* मयूर; मोर।

पदरचना- *तख़्तेताऊस-* *शाहजहाँ का बनवाया हुआ रत्नों का एक प्रसिद्ध मयूराकृति सिंहासन।*

ताक़ पु० *(अ०)* चीजें रखने के लिए दीवार में बना खाली स्थान; आला; ताखा।

मुहा० *ताक़ पर रखना-* *अलग रखना; छोड़ देना।* ***ताक़ भरना-*** *कोई मन्नत पूरी होने पर मसजिदों के ताखों में मिठाइयाँ रखना।*

ताक़त स्त्री० *(अ०)* ज़ोर; बल; शक्ति; सामर्थ्य।

ताक़त-आज़माई स्त्री० *(अ० ताक़त+फ़ा० आज़माई)* शक्ति का प्रयोग; शक्ति परीक्षण।

ताक़तवर वि० *(अ० ताक़त+फ़ा० वर)* बलवान; बलिष्ठ; शक्तिमान।

ताक़ा पु० *(अ० ताक़ः)* कपड़े का थान।

ताकि योजक *(फ़ा०)* जिसमें; इसलिए कि; जिससे।

ताक़ी वि० *(अ० ताक़)* कंजी आँखों वाला; कंजा।

ताकीद स्त्री० *(अ० तुआकीद)* जोर के साथ किसी बात की आज्ञा या अनुरोध; खूब चेताकर कही गयी बात।

ताकीदन क्रि०वि० *(अ०)* ताकीद (चेतावनी) के साथ, आग्रह-पूर्वक।

ताकीदी वि० *(अ०)* ताकीद का; जरूरी; आवश्यक।

ताख़ीर स्त्री० *(अ०)* विलम्ब।

ताख़्त पु० *(फ़ा०)* सेना का आक्रमण; फौज की चढ़ाई।

पदरचना- *ताख़्त-व-ताराज-* *देश और प्रजा आदि का नाश।*

ताख़्ता वि० *(फ़ा० ताख़्तः)* दौड़ा हुआ; भागा हुआ।

ताख़्तो ताराज स्त्री० *(फ़ा०)* बरबादी; विनाश; लूट-खसोट।

ताग़ूत पु० *(अ०)* एक पिशाच; अत्यन्त निर्दय और अत्याचारी व्यक्ति।

ताचन्द अव्य० *(फ़ा०)* कब तक; कहाँ तक।

ताग़ी वि० *(अ०)* विद्रोही।

ताज पु० *(अ०)* बादशाह की टोपी; राजमुकुट।

ताज़क पु० *(फ़ा०)* एक ईरानी जाति; ज्योतिष विषय पर अरबी में लिखा एक ग्रन्थ।

ताज़गी स्त्री० *(फ़ा०)* ताज़ा होने का भाव; ताज़ापन।

ताजदार पु० *(अ० ताज+फ़ा० दार)* वह जिसके सिर पर ताज हो; राजा।

ताज़न पु० *(फ़ा०)* उत्तेजन देने वाली वस्तु।

ताजवर पु० *(फ़ा०)* राजा; बादशाह।

ताजवरी स्त्री० *(फ़ा०)* बादशाहत।

ताज़ा वि० *(फ़ा० ताजः)* तुरन्त बना; सद्यः प्रसूत; जो अभी निकाला गया हो।

ताजिन्दगी क्रि०वि० *(फ़ा०)* आजीवन; उम्रभर।

ताज़ियत स्त्री० *(अ० तूआज़ियत)* मातम पुरसी करना; मृतक सम्बन्धियों को सान्त्वना देना; रोना-पीटना।

ताज़िमत-नामा पु० *(अ० ताज़िमत+फ़ा० नामः)* शोकसूचक-पत्र; मातम पुरसी का ख़त।

ताज़िया पु० *(अ० तूअज़िअः)* बाँस की कमचियों आदि का मकबरे के आकार का मण्डप जिसमें इमाम हुसेन की कब्र होती है, मुहर्रम में शिया मुसलमान इसके सामने मातम करते हैं, तब इसे दफ़न करते हैं।

ताज़ियादारी स्त्री० *(अ० ताजिया+फ़ा० दारी)* ताज़िये बनाने काम; मुहर्रम में मातम करना।

ताज़ियाना पु० *(फ़ा० ताज़ियानः)* चाबुक; कोड़ा; कोड़े लगाने की सजा।

ताजिर पु० *(अ०)* तिजारत करने वाला; व्यापारी, सौदागर।

ताज़ी पु० *(फ़ा०)* अरब देश का घोड़ा; अरब देश का कुत्ता। स्त्री० अरबी भाषा।

ताज़ीक पु० *(फ़ा०)* संकर जाति का घोड़ा।

ताज़ीख़ाना पु० *(फ़ा० ख़ानः)* वह स्थान जहाँ ताज़ी कुत्ते रखे जाते हों।

ताज़ीम स्त्री० *(तूअज़ीम०)* आदर के लिए उठकर सलाम करना।

ताज़ीमी-सरदार पु० *(फ़ा०)* वह सरदार जिसका आदर बादशाह भी करे।

ताज़ीर स्त्री० *(अ०)* दण्ड; सज़ा।

पदरचना- *क़ाबिले-ताज़ीर-* *दण्ड के योग्य।*

ताज़ीरात स्त्री० *(अ० तू आज़ीरात ताज़ीर का बहु०)* सजाएँ, दण्ड।

पदरचना- *ताज़ीराते हिन्द-* *भारतीय दण्ड संहिता।*

ताज़ीरी वि० *(अ०)* दण्ड-सम्बन्धी। जैसे- ताजीरी पुलिस।

तातार पु० *(फ़ा०)* मध्य एशिया का एक देश।

तातारी पु० *(फ़ा०)* तातार देश का निवासी; वहाँ की भाषा। वि० तातार देश का।

तातील स्त्री० *(अ० तूअतील)* छुट्टी का दिन।

तातीलात स्त्री० *(अ० तातील का बहु०)* छुट्टियाँ।

तादाद स्त्री० *(अ० तूअदाद)* संख्या; गिनती।

तादीब स्त्री० *(अ०)* दोष आदि दूर करके सुधारना; भाषा और साहित्य की शिक्षा।

तादीबख़ाना पु० *(अ० तादीब+फ़ा० खानः)* वह स्थान जहाँ किसी के दोषों का सुधार किया जाये।

ताना पु० *(अ० तूआनः)* आक्षेप वाक्य; व्यंग्य।

तानाशाह पु० *(फ़ा०)* एक बादशाह का उपनाम; स्वेच्छाचारी शासक।

तानाशाही स्त्री० *(फ़ा०)* स्वेच्छचारिता।

तानीस स्त्री० *(अ०)* स्त्रीलिंग।

तानेज़नी स्त्री० *(अ० ताने+फ़ा० ज़नी)* व्यंग्य करना।

तानेबाज़ी वि० *(अ० ताने+फ़ा० बाज़ी)* कटाक्ष करना।

ताफ़्ता पु० *(फ़ा० ताफ़्तः)* एक प्रकार का चमकदार रेशमी कपड़ा; धूप-छाँह का रेशमी कपड़ा।

ताबईन पु० *(अ० ताबअ का बहु०)* आज्ञाकारी लोग; वे मुसलमान जिन्होंने मुहम्मद साहब के साथियों से भेंट की हो।

ताब स्त्री० *(फ़ा०)* ताप; गरमी; चमक; आभा; शक्तिसामर्थ्य; मन को वश में रखने की शक्ति।

ताब इक्काँ अव्य० *(अ० ताब+फ़ा० इक्काँ)* यथा सम्भव; यथा शक्ति।

ता-ब-कमर अव्य० *(फ़ा०)* कमर तक।

ताबकुजा अ० *(फ़ा०)* कहाँ तक, कब तक।

ताबख़ाना[1] अव्य० *(फ़ा० ताबखानः)* घर तक; मकान तक।

ताबख़ाना[2] पु० *(फ़ा० ताबखानः)* हम्माम; रोटी पकाने का तन्दूर।

ताबदान पु० *(फ़ा०)* खिड़की; रोशनदान।

ताबदार वि० *(फ़ा०)* चमकदार।

पदरचना- *गेसू-ए-ताबदार-* *चमकीले बाल।*

ताबान वि० *(फ़ा०)* प्रकाशमान; चमकदार; चमकीला।

ताबिस्तान पु० *(फ़ा०)* ग्रीष्म ऋतु; गरमी।

ताबीर स्त्री० *(अ० तूअबीर)* परिणाम; फल।

पदरचना- *ख़्वाबे ताबीर-* *स्वप्न का फल।*

ताबूत पु० *(अ०)* वह सन्दूक जिसमें लाश रखकर गाड़ने ले जाते है; हुसेन के मकबरे की वह प्रतिकृति जिसका जलूस मुसलमान लोग निकालते हैं।

ताबे वि० *(अ० ताबए)* वशीभूत; अधीन; हुक्म का पाबन्द।

ताबेदार पु० *(अ० ताबए+फ़ा० दार, भाव० ताबेदारी)* आज्ञाकारी।

तामअ वि० *(अ०)* लालच करने वाला; लालची; लोभी।

तामीर स्त्री० *(अ० तअमीर)* मकान बनाने का काम।

तामील स्त्री० *(अ० तअमील)* आज्ञा का पालन।

तामीली स्त्री० *(अ०)* आज्ञापालन।

ताम्मुल पु० *(अ० तअम्मुल)* सोच-विचार; आगा-पीछा; दुविधा; असमंजस; सन्देह।

तायफ़ पु० *(अ० ताइफ़)* चारों ओर का घूमना; परिक्रमा; चौकीदारी।

तायफ़ा पु० *(अ० ताइफः)* वेश्याओं और समाजियों की मण्डली; वेश्या; यात्रीदल।

तायब वि० *(अ० ताइब)* तौबा करने वाला। स्त्री० *(अ०)* सहायता; मदद; समर्थन।

तायर पु० *(अ० बहु० तयूर)* वह जो उड़ता हो; पक्षी; चिड़िया।

तार पु० *(फ़ा० सं० तार)* सूत का डोरा; तपी हुई धातु को खींच कर व पीटकर बनाया हुआ तागा। वि० अँधेरा; अन्धकारपूर्ण।

तारक पु० *(फ़ा०)* माँग; सीमन्त; शिरस्त्राण।

तारक़श पु० *(फ़ा०)* धातु का तार बनाने/खींचने वाला।

तारक़शी स्त्री० *(फ़ा०)* धातु के तार बनाने/खींचने का काम।

तारबर्क़ी पु० *(फ़ा०)* बिजली का वह तार जिसकी सहायता से समाचार भेजे जाते हैं।

ताराज़ पु० *(फ़ा०)* लूटमार; विनाश; बरबादी।

तारिक वि० *(अ०)* तर्क करने या छोड़ने वाला; त्यागी।

पदरचना- *तारीक-उल्-दुनिया-* *संसार त्यागी।*

तारी वि० *(अ०)* प्रकट होना; जाहिर होना; ऊपर से आ पड़ना।

तारीक वि० *(फ़ा०)* अन्धकारपूर्ण; अँधेरा; काला; स्याह।

तारीकी स्त्री० *(फ़ा०)* अन्धेरापन; अन्धकार; काला।

तारीख़ स्त्री० *(अ०)* महीने का प्रत्येक दिन; तिथि; नियत तिथि; किसी काम के लिए ठहराया हुआ दिन; इतिहास।

मुहा० *तारीख़ डालना-* *दिन नियत या निश्चित करना।*

तारीखी वि० *(अ०)* ऐतिहासिक।

तारीख़वार क्रि०वि० *(अ०)* तारीखों के क्रम से; कालक्रम से।

तारीफ़ स्त्री० *(अ० तअरीफ़)* लक्षण; परिभाषा; बखान; प्रशसा; गुण।

तारीफ़ी वि० *(अ० तअरीफ़ी)* तारीफ़ सम्बन्धी; प्रशंसनीय।

तारीब स्त्री० *(अ०)* किसी दूसरी भाषा के शब्द को अरबी बनाना।

तारुम पु० *(अ०)* प्रासाद; महल; अट्टालिका।

तारे बर्क़ी पु० *(फ़ा० तारे+अ० बर्क़ी)* बिजली का तार।

तारे बाराँ पु० *(फ़ा०)* बरसात के पानी की झड़ी।

तालअ पु० *(अ०)* भाग्य।

तालबे गोर अव्य० *(फ़ा०)* कब्र के किनारे तक।

तालल्लाह अव्य० *(अ०)* ख़ुदा तरक्की करे।

तालाब पु० *(फ़ा०)* जलाशय; सरोवर।

तालिब वि० *(अ० बहु० तुल्बा)* ढूँढ़ने या तलाश करने वाला; चाहने वाला।

तालीक़ा पु० *(अ० तअलीकः सं० तालिका)* वस्तुओं या सम्पत्ति आदि की सूची।

तालीफ़ स्त्री० *(अ०)* ग्रन्थ की रचना का संकलन; आकृष्ट करना; खींचना।

तालीम स्त्री० *(अ० तअलीम)* अभ्यासार्थ उपदेश; शिक्षा।

तालीम-याफ़्ता वि० *(अ० तालीम याफ़्तः)* शिक्षित।

तालीमे जदीद स्त्री० *(अ०)* नयी शिक्षा; आधुनिक शिक्षा।

तालीमे निस्वाँ स्त्री० *(अ०)* नारी शिक्षा।

तालीमे बालिग़ाँ स्त्री० *(अ०)* प्रौढ़ों की शिक्षा।

तालील स्त्री० *(अ० तअलील)* दलील पेश करना; कारण बतलाना।

ताले पु० *(अ०)* किस्मत; भाग्य।

ताले-वर वि० *(अ० तालअ+फ़ा० वर)* धनी।

तालेह वि० *(अ०)* दुराचारी।

ताल्लुक पु० *(अ०)* सम्बन्ध; लगाव।

ताल्लुका पु० *(अ०)* इलाका; क्षेत्र।

ताल्लुकेदार पु० *(अ० ताल्लुके+फ़ा० दार)* जमींदार।

ताल्लुकेदारी स्त्री० *(अ० ताल्लुके+फ़ा० दारी)* जमींदारी।

तालूत पु० *(अ०)* इसराइली जाति का शासक जो भिश्ती था। उसने जालूत नामक एक अत्याचारी नास्तिक को हजरत दाउद की मदद से मारा था जो उस समय उसकी सेना के सेनापति थे।

ताले पु० *(अ०)* उदय होने वाला; भाग्य; किस्मत।

ताले आज़माई स्त्री० *(अ० ताले+फ़ा० आज़माई)* भाग्य की परीक्षा; प्रयास; कोशिश।

ताले मन्द वि० *(अ० ताले+फ़ा० मन्द)* भाग्यवान।

ताले शनास वि० *(अ० ताले+फ़ा० शनास)* ज्योतिषी।

तालेह वि० *(अ०)* दुराचारी; दुष्प्रकृति।

तावान पु० *(फ़ा०)* वह चीज जो नुकसान भरने के लिए दी जाये।

तावीज़ पु० *(अ० तअवीज़)* यन्त्र-मन्त्र या कवच जो किसी सम्पुट के भीतर रखकर पहना जाये; जन्तर।

तावील स्त्री० *(अ०)* व्याख्या; स्वप्न आदि का शुभाशुभ फल कहना; गलत परिभाषा।

ताश प्रत्य० *(तु०)* संगी; साथी; शरीक; साझेदार।

ताशा पु० *(अ० ताशः)* सुनहरी तारों वाला कपड़ा; चमड़ा मढ़ा हुआ एक प्रकार का बाजा।

तासीर स्त्री० *(अ०)* असर; प्रभाव।

तासीस स्त्री० *(अ०)* नींव; बुनियाद।

तास्सुफ़ पु० *(अ० तअस्सुफ़)* अफसोस; खेद; दुःख।

ताहम क्रि०वि० *(फ़ा०)* तो भी; तिस पर भी; इतना होने पर भी।

ताहिर वि० *(अ०)* शुद्ध; पवित्र।

ताहिरी स्त्री० *(अ०)* एक प्रकार की खिचड़ी।

तिक-व-दौ स्त्री० *(फ़ा०)* दौड़धूप; पैरवी; चिन्ता।

तिक्का पु० *(फ़ा० तिक्कः)* माँस का टुकड़ा; बोटी। पु० *(अ० तिक्कः)* इजारबन्द; नाड़ा।
मुहा० *तिक्का-बोटी-उड़ाना- टुकड़े करना, बोटी-बोटी करना।*

तिजारत स्त्री० *(अ०)* व्यापार; रोजगार।

तिजारती वि० *(अ०)* व्यापारी; रोजगारी।

तितिम्मा पु० *(अ० तितिम्मः)* परिशिष्ट; पूरक अंश।

तिदरा वि० *(हि० 'ति' प्रत्यय+फ़ा० दरा)* तीन दरवाजों वाला। पु० तीन दरों वाला कमरा।

तिनदरी स्त्री० *(हि० तिन+फ़ा० दरी)* तीन दरवाजों वाला कमरा।

तिफ़्ल पु० *(अ० बहु० अतफ़ाल)* बच्चा; बालक; लड़का।

तिफ़्ल मिज़ाज वि० *(अ०)* बच्चों जैसी हरकतें करने वाला।

तिफ़्लाने चमन पु० *(अ० तिफ़्लाने+फ़ा० चमन)* बाग के छोटे पौधे।

तिफ़्ली स्त्री० *(अ०)* बचपन।

तिफ़्लेअश्क पु० *(अ० तिफ़्ले+फ़ा० अश्क)* आँसुओं की बूँदें।

तिफ़्लेआतश पु० *(अ० तिफ़्ले+फ़ा० आतश)* अग्निकण; चिनगारी।

तिफ़्ले शीरख़्वार पु० *(अ० तिफ़्ले+फ़ा० शीरख़्वार)* दूध-मुँहा बच्चा।

तिब्ब स्त्री० *(अ०)* यूनानी चिकित्सा-शास्त्र।

तिबाबत स्त्री० *(अ०)* चिकित्सक का काम या पेशा।

तिब्बी वि० *(अ०)* यूनानी चिकित्सा-सम्बन्धी।

तिब्बे क़दीम स्त्री० *(अ०)* प्राचीन चिकित्सा-पद्धति।

तिब्बे जदीद स्त्री० *(अ०)* नवीन चिकित्सा-प्रणाली।

तिब्यान पु० *(अ०)* प्रकट होना; व्यक्त होना।

तिमुर पु० *(तु०)* लोहा; फौलाद; तैमूर लंग (इस शब्द का उच्चारण तैमूर अशुद्ध है, लेकिन यही बोला जाता है)।

तिमंजिला वि० *(हि० ति+अ० मंजिला)* तीन मंजिल वाला मकान।

तिमाही वि० *(हि० ति+फ़ा० माही)* तीन माह पर होने वाला।

तिरपाल पु० *(अ०)* रोगन चढ़ाया हुआ मोटा कपड़ा; छाजन के नीचे सरकण्डे का मुट्ठा।

तिरयाक़ पु० *(अ० तिर्याक़)* ज़हरमोहरा, जिससे साँप के विष का प्रभाव नष्ट होता है; सभी रोगों की अचूक दवा।

तिलक पु० *(तु०)* सूथन के ऊपर पहनने का बिना आस्तीन का ढीला जनाना कुरता; राजा की ओर से सम्मानार्थ मिलने वाले पहनने के कपड़े;

खिलअत; सिरोपाव; उत्तम; श्रेष्ठ; कीर्ति; शोभा आदि बढ़ाने वाला।

तिला वि० *(फ़ा०)* वह तेल जो नपुंसकता दूर करने के लिए लिंगेन्द्रिय पर मला जाता है।

तिला पु० *(अ०)* सोना; स्वर्ण।

तिलाई वि० *(अ०)* सोने का।

तिलकारी स्त्री० *(अ० तिल+फ़ा० कारी)* किसी वस्तु पर सोने का पानी चढ़ाने का काम।

तिलादानी स्त्री० *(फ़ा०)* वह थैली जिसमें दर्जी या स्त्रियाँ सूई, धागा आदि रखती हैं।

तिलावत स्त्री० *(अ०)* कुरान का पाठ।

तिलिस्म पु० *(अ० यू० टेलिस्मा)* जादू; इन्द्रजाल; करामात; अद्‌भुत या अलौकिक कार्य-व्यापार।

तिलस्मात पु० *(अ०)* जादू; अलौकिक काम।

तिलिस्मी वि० *(अ०)* तिलिस्म सम्बन्धी।

तिल्ला पु० *(फ़ा०)* सोना।

तिश्नगी स्त्री० *(फ़ा०)* प्यास; पिपासा।

तिश्ना पु० *(अ० तिश्नूअ)* व्यंग्य; ताना। वि० *(फ़ा० तिश्नः सं० तृष्णा)* प्यासा।

पदरचना- ***तिश्ना-लब-*** *प्यासा।*

तिहाल स्त्री० *(अ०)* पेट के अन्दर की तिल्ली; प्लीहा।

तिही वि० *(अ०)* रिक्त; खाली।

तीन[1] स्त्री० *(अ०)* मिट्टी।

तीन[2] पु० *(अ०)* इंजीर; एक प्रसिद्ध फल।

तीनत स्त्री० *(अ०)* प्रकृति; स्वभाव; आदत।

पदरचना- ***बद-तीनत-*** *दुष्ट स्वभाव वाला।*

तीमार स्त्री० *(फ़ा०)* बीमार की टहल; सेवा-शुश्रूषा।

तीमारदार वि० *(फ़ा० भाव० तीमारदारी)* रोगी की सेवा-सुश्रूषा करने वाला; सहानुभूति रखने वाला।

तीर पु० *(फ़ा०)* बाण; शर; एक ईरानी माह, जो हिन्दी के हिसाब से सावन (श्रावण) होता है; बुध ग्रह।

पदरचना- ***तीर-ब-हदफ़-*** *ठीक निशाने पर; अचूक।*

तीर-गर वि० *(फ़ा० भाव० तीरगरी)* तीर बनाने वाला।

तीरगी स्त्री० *(फ़ा०)* अन्धकार; अँधेरा।

तीरन्दाज़ वि० *(फ़ा०)* तीर चलाने वाला।

तीरन्दाज़ी स्त्री० *(फ़ा०)* धनुष विद्या।

तीरा वि० *(फ़ा०)* अन्धकारपूर्ण; अँधेरा।

तीरादिल वि० *(फ़ा०)* कलुषित हृदय वाला।

तीराबख़्त वि० *(फ़ा०)* अभाग्य।

तीह पु० *(फ़ा०)* वह भयानक ज़ंगल जहाँ से जाने वाला फिर न लौटे और वहीं मर जाये; वह जंगल जिसमें हजरत मूसा कई हजार व्यक्तियों के साथ चालीस वर्ष तक भटकते रहे।

तिहूज पु० *(फ़ा०)* लवा नामक एक चिड़िया।

तुकमा पु० *(तु० तुकमः)* घुण्डी फँसाने का फन्दा।

तुक्का पु० *(फ़ा०)* फलरहित बाण; बिना फल का बाण।

तुख़्म पु० *(फ़ा०)* बीज; वीर्य।

तुख़्मा पु० *(अ० तुख्मः)* अपच; बदहजमी; संग्रहणी।

तुग़यानी स्त्री० *(तुग्यानी)* नदी आदि की बाढ़।

तुग़रा पु० *(तु० तुग्रा)* एक प्रकार की लेख-प्रणाली जिसके अक्षर पेचीले होते हैं।

तुग़लक पु० *(अ० तुग्लक)* सरदार।

तुज़ुक पु० *(अ०)* शोभा; वैभव; शान; आत्मचरित्र। जैसे- तुजुके जहाँगीरी।

तुनुक वि० *(फ़ा०)* दुर्बल; कमजोर; नाजुक; कोमल, हलका; सूक्ष्म।

तुनुक-मिज़ाज वि० *(फ़ा० भाव० तुनक मिज़ाजी)* बात-बात पर बिगड़ने या क्रोधित होने वाला; चिड़चिड़ा।

तुनुक-हवास वि० *(फ़ा० भाव० तुनक हवासी)* जिसके मन पर किसी बात का बहुत जल्दी प्रभाव पड़े।

तु-तराक़ पु० *(फ़ा०)* तड़क-भड़क; ठसक; बनावट।

तुंग पु० *(फ़ा०)* अनाज आदि रखने का बोरा।

तुन्द वि० *(फ़ा०)* तेज; उग्र; भीषण; विकट; कड़वा; तिक्त।

तुन्दख़ू वि० *(फ़ा०)* जिसका स्वभाव उग्र हो; कड़े दिमाग का।

तुन्दबाद स्त्री० *(फ़ा०)* आँधी।

तुन्दी स्त्री० *(फ़ा०)* तेज़ी; तीक्ष्णता; उग्रता; विकटता।

तुपक़ स्त्री० *(तु०)* तोप।

तुपक़ची स्त्री० *(तु०)* तोप चलाने वाला; तोपची।

तुफ़ पु० *(फ़ा०)* थूक; धिक्कार; लानत।

तुफ़ंग स्त्री० *(फ़ा०)* बन्दूक।

तुफ़ैल पु० *(अ०)* साधन; जरिया।

तुमान पु० *(अ०)* भाईचारा; सेना।

मुहा० ***तुमान बाँधना-*** *सेना एकत्र करना।*

तुरंज़ पु० *(फ़ा०)* चकोतरा नींबू; बिजौरा नींबू; वह बड़ा बूटा जो दुशाले आदि के कोनों पर होता है।

तुरंजबीन पु० *(फ़ा०)* एक प्रकार की चीनी जो ऊँट कटारे के पौधों पर जमती है; नीबू के रस का शर्बत।

तुरफ़त-उल-ऐन पु० *(अ०)* एक बार पलक झपकाना; एक बार पलक झपकाने में जितना समय लगे, उतना समय।

तुरफ़ा वि० *(अ० तुर्फ़ः)* अनोखा; विलक्षण।

तुरबत स्त्री० *(अ० तुर्बत)* कब्र; समाधि।

तुराब पु० *(अ०)* जमीन; मिट्टी; खाक।

तुर्क पु० *(तु०)* तुर्किस्तान का निवासी; तुर्किस्तान देश।

तुर्कज़ादा पु० *(तु० तुर्क+ फ़ा० ज़ादा)* तुर्क का पुत्र; प्रेम पात्र।

तुर्कताज़ स्त्री० *(तु० तुर्क+ फ़ा० ताज़)* लूटमार; लुटेरा; सैनिक।

तुर्कमान पु० *(फ़ा०)* एक जाति का नाम। वि० तुर्कों के समान वीर।

तुर्क सवार पु० *(अ० तुर्क+ फ़ा० सवार)* घुड़सवार; अश्वारोही; तुर्किस्तान का घोड़ा।

तुर्काना वि० *(फ़ा०)* तुर्क जैसा; तुर्क की तरह। पु० तुर्कों का देश; तुर्कों की बस्ती।

तुर्कानी स्त्री० *(फ़ा०)* तुर्क औरतों का ढीला-ढाला पहनावा; तुर्क जाति की स्त्री। वि० तुर्कों जैसी।

तुर्किन स्त्री० *(फ़ा०)* तुर्क जाति की स्त्री।

तुर्की स्त्री० *(तु०)* तुर्किस्तान की भाषा; तुर्किस्तान निवासी; तुर्क।

मुहा० *तुर्की-ब-तुर्की जवाब देना-* *जैसे को तैसा उत्तर देना; पूरा-पूरा उत्तर देना।*

तुर्ब स्त्री० *(फ़ा०)* मूली।

तुर्बत स्त्री० *(अ०)* कब्र; समाधि।

तुर्बुद स्त्री० *(फ़ा०)* एक रेचक जड़।

तुर्रा पु० *(अ० तुर्रः)* घुँघराले बालों की लट, जो माथे पर हो; पंख का फुदना जो पगड़ी में लगाया जाता है; कलगी।

तुर्रेबाज़ पु० *(अ० तुर्रे+ फ़ा० बाज़)* झूठी शान दिखाने वाला।

तुलूअ पु० *(अ०)* सूर्य या किसी नक्षत्र का उदय होना।

तुर्श वि० *(फ़ा०)* खट्टा; अम्ल; कठोर; कड़ा।

तुर्शरू वि० *(फ़ा०)* कड़ी और अनुचित बातें कहने वाला; उग्र स्वभाव वाला।

तुर्शरूई स्त्री० *(फ़ा०)* कठोर और अनुचित बातें कहना।

तुर्शी स्त्री० *(फ़ा०)* खट्टापन; व्यवहार आदि की कठोरता।

तुहमत स्त्री० *(फ़ा०)* बुरी सलाह; आरोप; झूठी बदनामी।

तुहमती वि०पु० *(फ़ा०)* इलजाम लगाने वाला।

तुहूसत स्त्री० *(अ०)* लांछन; कलंक; आरोप।

तूग़ पु० *(तु०)* सेना का झण्डा और निशान।

तूत पु० *(फ़ा०)* एक मीठे फलों वाला पेड़, इसका फल।

तूतिया पु० *(अ०)* नीला थोथा नामक ख़निज द्रव्य।

तूती स्त्री० *(फ़ा०)* छोटी जाति का तोता; कनेरी नामक छोटी चिड़िया; एक धीमी आवाज करने का बाजा जो मुँह से बजता है।

मुहा० *किसी की तूती बोलना-* *किसी की खूब चलती होना या प्रभाव जमना।* ***नक्कारख़ाने में तूती की आवाज-*** *भीड़-भाड़ या शोरगुल में कोई धीमी बात नहीं सुनायी देती।*

तूदा पु० *(फ़ा० तूदः)* टीला; ढूह; खेत की मेड़; सीमा का चिह्न; मिट्टी का वह टीला जिस पर निशाना लगाना सीखते हैं।

तूदाबन्दी स्त्री० *(फ़ा०)* खेतों आदि की हदबन्दी करना।

तूफ़ान पु० *(अ०)* डुबाने वाली बाढ़; ऐसा अन्धड़ जिसमें खूब धूल उड़े, पानी बरसे; विपत्ति; बादल; दोषारोपण।

मुहा० *तूफ़ान उठाना-* *झूठा अभियोग लगाना।*

तूफ़ानी वि० *(अ० तूफ़ान)* बखेड़ा करने वाला; उपद्रवी; फसादी; उग्र; प्रचण्ड।

तूफ़ाने आतश पु० *(अ० तूफ़ाने+ फ़ा० आतश)* आग का तूफ़ान; जोर की आग।

तूफ़ाने आब पु० *(अ० तूफ़ाने+ फ़ा० आब)* बाढ़; सैलाब।

तूफ़ाने बाद पु० *(अ० तूफ़ाने+ फ़ा० बाद)* भयंकर आँधी।

तूफ़ाने बेतमीज़ी पु० *(अ० तूफ़ाने+ फ़ा० बेतमीज़ी)* शोरगुल।

तूबा पु० *(अ०)* स्वर्ग का एक वृक्ष, जिसके फल बहुत ही स्वादिष्ट माने जाते हैं।

तूमार पु० *(अ०)* बात का व्यर्थ विस्तार; बात का बतंगड़।

तूर[1] पु० *(फ़ा०)* 'फिरेदूँ' का बेटा जिसने 'तूरान' बसाया था; महारथी; बहुत बड़ा बहादुर।

तूर[2] पु० *(अ०)* श्याम देश का एक पर्वत (कहते हैं, इसी पर्वत पर हजरत मूसा को ईश्वरीय चमत्कार दिखायी पड़ा था।); सेना।

तूरान पु० *(फ़ा०)* तातार देश; मध्य एशिया जहाँ मंगोल, तुर्क, तातारी आदि जातियाँ रहती हैं।

तूरानी वि० *(फ़ा०)* तूरान देश का निवासी; तुर्क़।

तूल पु० *(अ०)* लम्बाई; विस्तार।

पदरचना- ***तूल कलाम-*** *लम्बी-चौड़ी बातें।* ***तूल तवील-*** *लम्बा-चौड़ा; विस्तृत।*

मुहा० ***तूल खींचना या पकड़ना-*** *बहुत बढ़ जाना; विस्तार का अधिक हो जाना; कहा-सुनी; झगड़ा।*

तूलानी वि० *(अ०)* लम्बा।

तूलुल्बलद पु० *(अ०)* देशान्तर रेखा।

तूलेअमल पु० *(अ०)* मोहजाल।

तूस पु० *(अ०)* एक प्रकार का बढ़िया ऊनी कपड़ा।

तूसी वि० *(अ० तूस)* भूरे रंग का कपड़ा।

तेग़ स्त्री० *(फ़ा०)* एक प्रकार की बड़ी तलवार।

तेग़आज़मा वि० *(फ़ा०)* तलवार चलाने वाला; योद्धा; सिपाही।

तेग़आज़माई स्त्री० *(फ़ा०)* युद्ध; जंग।

तेग़ा पु० *(फ़ा०)* मेहराब; कुश्ती का एक दाँव।

तेग़े अजल स्त्री० *(अ० तेग़े+फ़ा० अजल)* मौत की तलवार।

तेग़े कोह स्त्री० *(फ़ा०)* पहाड़ की चोटी।

तेग़े दुदम स्त्री० *(फ़ा०)* वह तलवार जिसके दोनों ओर धार हो।

तेग़े फ़लक स्त्री० *(फ़ा० तेग़े+अ० फ़लक)* मंगल ग्रह।

तेग़े बुर्रा स्त्री० *(फ़ा०)* अच्छी काट वाली तलवार जिसकी धार बहुत अच्छी हो।

तेज़ वि० *(फ़ा०)* तीक्ष्ण या पैनी धारवाला; जल्दी चलने वाला; तीक्ष्ण; धारदार; तीव्र बुद्धिवाला।

तेज़दस्त वि० *(फ़ा०)* जल्दी काम करने वाला; फुरतीला।

तेज़मिज़ाज वि० *(फ़ा०)* उग्रस्वभाव वाला; क्रोधी।

तेज़ रफ़्तार वि० *(फ़ा०)* तेज चलने वाला; तीव्रता; प्रबलता; शीघ्रता; जल्दी।

तेज़ी स्त्री० *(फ़ा०)* तेज़ होने का भाव।

तेज़ाब पु० *(फ़ा०)* औषध के काम के लिए किसी क्षार पदार्थ का तरल रूप में तैयार अम्ल क्षार जो ज्वलनशील होता है।

तेशा पु० *(फ़ा० तेशः)* बसूला नामक लकड़ी काटने का औजार।

तै पु० *(अ०)* निबटारा; फैसला पूरा करना; पूर्ति।

तैएअर्ज़ पु० *(अ०)* सफर पूरा करना।

तैए लिसान पु० *(अ०)* चुप रहना; अवाक हो जाना।

तैनात वि० *(अ० तअय्युनात)* किसी काम पर लगाया या नियत किया हुआ; नियुक्त।

तैनाती स्त्री० *(तअय्युनात)* नियुक्ति।

तैयार वि० *(अ०)* जो काम में आने के लिए उपयुक्त हो।

तैयारा पु० *(अ०)* वायुयान।

तैयारा बरदार पु० *(अ०+तैयारः+फ़ा० बरदार)* माल वाहक वायुयान।

तैयारा शिकन पु० *(अ०+तैयारः+फ़ा० शिकन)* वह तोप जो हवाई जहाज गिराती है।

तैयारी स्त्री० *(अ०)* तैयार होने की क्रिया; तत्परता; मुस्तैदी; अभ्यास।

तैयिब वि० *(अ०)* पवित्र; शुद्ध।

तैयिबान स्त्री० *(अ०)* सती और साध्वी स्त्रियाँ।

तैर पु० *(अ० बहु० तयूर)* पक्षी; चिड़िया।

तैरान पु० *(अ०)* हवा में उड़ना।

तैश पु० *(अ०)* आवेश; क्रोध।

तैसीर स्त्री० *(अ०)* आसान बनाना।

तोज़ वि० *(फ़ा०)* ढूँढ़ने वाला।

तोता पु० *(फ़ा०)* एक प्रसिद्ध पक्षी; वीर; सुग्गा।

तोदरी स्त्री० *(फ़ा०)* एक प्रकार का कँटीला पौधा, जिसके बीज दवा के काम आते हैं।

तोप स्त्री० *(तु०)* युद्ध में गोलाबारी करने का एक यन्त्र।

तोपख़ाना पु० *(तु० तोप+फ़ा० ख़ानः)* वह स्थान जहाँ तोपें और उनका सारा सामान रहता हो।

तोपची पु० *(तु० तोप+ची प्रत्यय)* तोप चलाने वाला; गोलन्दाज।

तोबरा पु० *(फ़ा० तोबरः)* वह थैली जिसमें से घोड़ा दाना खाता है।

तोबा स्त्री० *(फ़ा० तौबः)* किसी अनुचित कार्य को भविष्य में न करने की शपथपूर्वक प्रतिज्ञा।

मुहा० ***तोबा तिल्ला करना या मचाना-*** *रोते-चिल्लाते तौबा करना।* ***तोबा बुलवाना-*** *पूर्णरूप से परास्त करना।*

तोरा पु० *(तु० तोरः)* वह थाल जिसमें तरह-तरह की माँस की थालियाँ रखकर विवाह के अवसर पर भेंट के रूप में देते हैं।

तोला पु० *(फ़ा०)* पिल्ला।

तोश पु० *(तु०)* छाती; सीना; शारीरिक बल।

तोशक स्त्री० *(तु०)* खोल में रूई आदि भरकर बनाया हुआ नरम व गुदगुदा बिछौना; तकिया।

तोशा पु० *(फ़ा० तोशः)* वह खाद्य-पदार्थ जिसे यात्री मार्ग के लिए अपने साथ रखते है; पाथेय; कलेवा।

तोशादान पु० *(फ़ा०)* वह थैला जिसमें यात्रा के लिए भोजन आदि रखते हैं; कारतूस रखने के लिए सिपाहियों की पेटी।

तोशाख़ाना पु० *(फ़ा० तोशःखानः)* वह बड़ा कमरा या स्थान जहाँ खाने-पीने का सामान रहता है।

तोहफ़गी स्त्री० *(अ० तुहफ़ः+फ़ा० गी)* उत्तमता; अच्छापन।

तोहफ़ा स्त्री० *(अ० तुहफ़ः)* सौगात; उपहार। वि० उत्तम; बढ़िया।

तोहमत स्त्री० *(अ० तुह्मत)* झूठा लगाया गया दोष; झूठा कलंक।

तोहमती वि० *(अ० तुह्मत)* दूसरों पर दोषारोपण करने वाला; कलंक लगाने वाला।

तौ पु० *(फ़ा०)* परत; तह।

तौअन-व-करहन क्रि०वि० *(अ०)* आज्ञा पालन करते हुए; बहुत ही कठिनता से; विवश होकर।

तौअम पु० *(अ०)* एक ही गर्भ से एक साथ उत्पन्न होने वाले दो बच्चे; यमज; जुड़वाँ बच्चे; मिथुन राशि।

तौक़ पु० *(अ०)* हँसुली के आकार का गले में पहनने का एक गहना।

तौक़ी स्त्री० *(अ०)* गले का एक गहना।

तौक़ीर स्त्री० *(अ०)* आदर; सम्मान; प्रतिष्ठा।

तौजा पु० *(अ०)* खेतिहरों को विवाह आदि में खर्च करने के लिए पेशगी में दिया जाने वाला धन; कुछ समय के लिए उधार लिया या दिया हुआ धन।

तौज़ीअ स्त्री० *(अ०)* हिसाब-किताब का चिट्ठा।

तौफ़ीक़ स्त्री० *(अ०)* ईश्वर की कृपा; श्रद्धा; भक्ति; सामर्थ्य; शक्ति।

तौफ़ीर स्त्री० *(अ०)* अधिकता; मुनाफा।

तौबा स्त्री० *(अ० तौबः)* किसी बुरे काम को छोड़ने की प्रक्रिया।

तौर पु० *(अ०)* चाल-ढाल; तरीका; तर्ज; प्रकार, भाँति; तरह; शैली; लक्षण।

मुहा० ***तौर-बे-तौर होना-*** *बुरे लक्षण उत्पन्न होना, अवस्था खराब होना।*

तौर-तरीक़ा पु० *(अ०)* रंग-ढंग; चाल-ढाल।

तौरेत पु० *(इब्रा०)* यहूदियों का प्रधान धर्मग्रन्थ, जो हज़रत मूसा पर प्रकट हुआ था।

तौसन पु० *(फ़ा०)* घोड़ा।

तौसीफ़ स्त्री० *(अ०)* दृढ़ता, समर्थन; पुष्टि।

तौहीद स्त्री० *(अ०)* यह मानना कि एक ही ईश्वर हैं; एकेश्वरवाद।

तौहीन स्त्री० *(अ०)* अप्रतिष्ठा; अपमान; बेइज्जती।

थ

थनदार वि० *(हि० थन+फ़ा० दार)* थन वाला।

थानेदार पु० *(हि० थाने+फ़ा० दार)* थाने का अधिकारी; थानाध्यक्ष।

थानेदारी स्त्री० *(हि० थाने+फ़ा० दारी)* दरोगा का पद एवं पेशा।

थुक्का-फ़ज़ीहत स्त्री० *(हि० थुक्का+फ़ा० फ़ज़ीहत)* धिक्कार और तिरस्कार।

थुड़ दिला वि० *(हि० थुड़+फ़ा० दिला)* थोड़े दिलवाला; बुजदिल; कायर।

थैलीदार पु० *(हि० थैली+फ़ा० दार)* रोकड़ रखने वाला; खजाने से रुपये उठाने वाला।

थैली-बरदार पु० *(हि० थैली+फ़ा० बरदार)* थैली ढोने वाला।

थैलेदार पु० *(हि० थैले+फ़ा० दार)* धनी व्यक्ति।

थोक-खरीदार पु० *(हि० थोक+फ़ा० खरीदार)* थोक में (ज्यादा) माल खरीदने वाला।

थोकदार/थोक फ़रोशपु० *(हि० थोक+फ़ा० दार/फरोश)* थोक में माल बेचने वाला व्यापारी।

द

दंग वि० *(फ़ा०)* विस्मित; चकित; स्तब्ध; हक्का-बक्का।

दंगई वि०,स्त्री० *(फ़ा०)* दंगा करने वाला; फसादी; लड़ाका। स्त्री० दंगा-फसाद।

दंगल पु० *(फ़ा०)* अखाड़ा; मल्लयुद्ध का स्थान; पहलवानों की कुश्ती; बहुत मोटा गद्दा या तोशक; मजमा; समूह।

दंगली वि० *(फ़ा०)* दंगल मारने वाला; दंगल में जाने योग्य; लड़ने या युद्ध करने वाला।

दंगवारा पु० *(फ़ा०)* दंगल मारने वाला; दंगल में जाने योग्य; लड़ने या युद्ध करने वाला।

दंगा पु० *(फ़ा० दंगल)* झगड़ा; बखेड़ा; उपद्रव।

दंगह वि० *(फ़ा०)* दंग करने वाला; अद्‌भुत।

दंगाई पु० *(फ़ा०)* दंगा करने वाला; बलवा करने वाला।

दन्दाँ पु० *(फ़ा० सं० दन्त)* दाँत; दन्द।

दन्दाँदराज़ वि० *(फ़ा०)* लालची; लोभी।

दन्दाँसाज़ पु० *(फ़ा०)* दाँत का डाक्टर; दन्तकार।

दन्दाँशिकन वि० *(फ़ा०)* दाँत तोड़ने वाला; बहुत कड़ा या उग्र।

दन्दाना पु० *(फ़ा० दन्दानः, वि० दन्दानादार)* दाँत के आकार की उभरी हुई वस्तु, जैसे- दाँता; आरे या कंघी का दन्दाना।

दकन पु० *(फ़ा०)* दक्षिणी भू-भाग; दक्षिण; दक्षिणी भारत।

दकनी वि० *(फ़ा०)* दकन का। स्त्री० उर्दू का दक्षिण (हैदराबाद) प्रचलित रूप।

दक़ायक़ स्त्री० *(अ० दक़ीक़ का बहु०)* सूक्ष्मताएँ।

दक़ियानूस पु० *(अ० दक़्यानूस)* एक रोमन सम्राट जो बहुत अत्याचारी था। वि० पुराना प्राचीन; बहुत वृद्ध; पुराने विचारों का।

दक़ियानसी वि० *(अ० दक़्यानूसी)* अत्यन्त प्राचीन; बहुत पुराना; पुराने रूढ़ खयालों जैसा।

दक़ीक़ वि० *(अ० बहु० दक़ायक़)* बारीक; महीन; नाजुक; कोमल; मुश्किल; कठिन।

दक़ीक़ा पु० *(अ० दक़ीक़ः)* बारीकी; सूक्ष्मता; कष्ट; कठिनता; विपत्ति।

मुहा० ***दक़ीक़ बाक़ी न रखना***- *कोई प्रयास बाकी न रखना, सब कुछ कर गुजरना।*

दक्काक पु० *(अ०)* आटा पीसने वाला; कूटने वाला।

दख़ल पु० *(अ० दख़्ल)* अधिकार; कब्जा; हस्तेक्षप, प्रवेश; पहुँच; हाथ डालना।

दख़लअन्दाज़ी स्त्री० *(फ़ा० दख़्लअन्दाजी)* हस्तक्षेप।

दख़लनामा पु० *(अ० दख़्ल+फ़ा० नामः)* वह पत्र जिसमें लिखा हो कि अमुक व्यक्ति को अमुक ज़मीन आदि का दख़ल दिया गया।

दख़लयाबी स्त्री० *(अ० दख़्ल+फ़ा० याबी)* दख़ल या अधिकार पाना।

दख़ील वि० *(अ०)* जिसका दख़ल या कब्जा हो; अधिकार रखने वाला।

दख़ूल पु० *(अ०)* दाखिल होना; अन्दर होना; प्रवेश।

दख़्मा पु० *(फ़ा० दख़्मः)* पारसियों की कुँआनुमा वह इमारत जिसमें वे शव रखते हैं।

दग़दग़ा पु० *(अ० दग़दग़ः)* डर; भय; सन्देह; एक प्रकार की कण्डील।

दग़दग़ाना अ०क्रि० *(अ०)* चमकना; रोशन होना; स०क्रि० रोशन करना।

दग़दग़ाहट स्त्री० *(अ०)* चमक-दमक; तमतमाहट।

दग़ल पु० *(अ०)* छल; कपट; फरेब; हीला; बहाना। वि० दग़ाबाज़; कपटी।

दग़ला पु० *(अ०)* एक लम्बा ढीला पहनावा; लबादा।

दग़वाना स०क्रि० *(अ०)* दागने का काम करवाना, दूसरे को दागने में लगाना।

दग़हा वि० *(अ०)* दागा हुआ; दागदार। पु० मृतक-संस्कार करने वाला।

दग़ाती वि० *(अ०)* दग़ाबाज; धोखा देने वाला।

दग़ा स्त्री० *(अ०)* छल-कपट; धोखा।

दग़ादार/दग़ाबाज़ वि० *(फ़ा०)* धोखा देने वाला; छली; कपटी।

दग़ाबाजी स्त्री० *(फ़ा०)* छल।

दग़ैल वि० *(अ०)* जिसे द़ाग लगा हो; खोटा; दगाबाज।

दज्जाल पु० *(अ०)* मुसलमानों के अनुसार एक करना; बहुत बड़ा काफ़िर जो दज़्ला नदी से

उत्पन्न होकर सारे संसार को अपने वश में कर लेगा और अन्त में मारा जायेगा। वि० काना; एकाक्ष; दुष्ट; पाजी।

ददा स्त्री० *(तु० ददह या ददक)* आया; धाय।

दफ़ स्त्री० *(फ़ा०)* डफ नामक बाजा। पु० जहर; विष; जोश; आवेग; क्रोध; गुस्सा; तेजी; उग्रता।

दफ़अतन क्रि०वि० *(फ़ा०)* अचानक; सहसा; एकायक।

दफ़तर पु० *(फ़ा० दफ्तर)* आफिस; कार्यालय।

दफ़ती स्त्री० *(अ० दफ़्ती)* काग़ज के कई तहों को एक में सटाकर बनाया हुआ गत्ता।

दफ़न पु० *(अ०)* किसी चीज को, विशेषतः मुरदे को जमीन में गाड़ने की क्रिया।

दफ़ा स्त्री० *(अ० दफ़्अ)* किसी अपराध के सम्बन्ध में कानून का नियम या व्यवस्था; धारा; वाद। पु० *(अ० दफः)*।

पदरचना- ***रफ़ा-दफ़ा करना-*** *विवाद आदि समाप्त करना; दूर करना, हटाना।*

मुहा० ***दफ़ा लगाना-*** *अभियुक्त पर किसी दफा के नियमों को स्थापित करना; लगाना।*

दफ़ात स्त्री० *(अ० दफ़ा का बहु०)* धाराएँ।

दफ़ातन क्रि०वि० *(अ०)* अचानक; अकस्मात।

दफ़ातर पु० *(अ०)* दफ्तर का बहु०।

दफ़ादार पु० *(अ० दफ़ा+फ़ा० दार)* फौज़ का वह कर्मचारी जिसकी अधीनता में कुछ सिपाही हों।

दफ़ान पु० *(अ० दफ़्अ)* दूर होना; अलग होना; हटना।

दफ़ायन पु० *(अ०)* दफ़ीना का बहु०।

दफ़ाली पु० *(फ़ा०)* डफला; ताशा; ढोल आदि बजाने वाला।

दफ़ीना पु० *(अ० दफ़ीनः)* गड़ा हुआ धन या खजाना।

दफ़्तर-निगार पु० *(अ० दफ़्तर+फ़ा० निगार)* आफिस में काम करने वाला कर्मचारी; लिपिक; क्लर्क।

दफ़्तरी स्त्री० *(फ़ा०)* वह कर्मचारी जो दफ़्तर के काग़ज़ आदि दुरुस्त करता है और रजिस्टर पर लकीरें खींचता हो; जिल्दसाज़; जिल्ददाब।

दबदबा पु० *(अ० दबदबः)* रोबदाब; आतंक।

दबिस्ताँ पु० *(फ़ा०)* पाठशाला; विद्यालय; मकतब।

दबीज़ वि० *(फ़ा०)* जिसका दल मोटा हो; गाढ़ा; संगीन।

दबीर पु० *(फ़ा०)* लिपिक; लेखक।

दबूर स्त्री० *(अ०)* पश्चिमी हवा; पछुआ।

दम पु० *(फ़ा०)* साँस; श्वास।

पदरचना- ***दम झाँसा-*** *छल-कपट।* ***दम दिलासा या दुमपट्टी-*** *वह बात जो केवल फुसलाने के लिए कही जाये; झूठी आशा।*

मुहा० ***दम अटकना या उखड़ना-*** *साँस रुकना, विशेषतः मरने के समय साँस रुकना।* ***दम खींचना-*** *चुप रह जाना, साँस ऊपर चढ़ना।* ***दम घोंट कर मारना-*** *गला दबा कर मारना; बहुत कष्ट से मारना।* ***दम तोड़ना-*** *अन्तिम साँस लेना।* ***दम फूलना-*** *अधिक परिश्रम के कारण साँस का जल्दी-जल्दी चलना; हाँफना; दमे के रोग का दौरा होना।* ***दम मारना-*** *परिश्रम के कारण थक जाना; विश्राम करना।* ***दम साधना-*** *श्वास की गति को रोकना; चुप होना; मौन रहना; नशे आदि के लिए साँस के साथ धुँआ आदि खींचने की क्रिया।* ***दम मारना या लगाना-*** *गाँजा आदि को चिलम पर रख कर उसका धुँआ खींचना।* ***दम खुश्क होना-*** *दम सूखना।* ***दम नाक में या नाक में दम होना-*** *बहुत तंग या परेशान होना।* ***दम निकलना-*** *मृत्यु होना; मरना।* ***दम देना-*** *धोखा या बहकावा देना।*

दमकदम पु० *(फ़ा०)* जीवन और अस्तित्व।

दमख़म पु० *(फ़ा०)* दृढ़ता; जीवनीशक्ति; तलवार की धार और उसका झुकाव।

दमदमा पु० *(फ़ा० दमदमः)* वह किलेबन्दी जो लड़ाई के समय थैलों में बालू भर कर की जाती है; मोरचा।

दमदार वि० *(फ़ा०)* जिसमें जीवनी शक्ति भरपूर हो; दृढ़; मजबूत।

दम-दिलासा पु० *(फ़ा० दम+हि० दिलासा)* टालने के लिए की जाने वाली बातें।

दमपुख़्त वि० *(फ़ा०)* जो बरतन का मुँह बन्द करके आग में पकाया गया हो।

दम-ब-ख़ुद वि० *(फ़ा०)* बहुत थोड़ी-थोड़ी देर पर; घड़ी-घड़ी; हर समय।

दमबी वि० *(फ़ा०)* ख़ून से सम्बन्ध रखने वाला; खूनी।

दमा वि० *(फ़ा० दमः)* एक प्रसिद्ध रोग जिसमें साँस लेने में बहुत कष्ट होता है, खाँसी आती है और कफ़ बहुत कठिनता से निकलता है।

दमामा पु० *(फ़ा० दमामः)* नगाड़ा; डंका।

दमी स्त्री० *(फ़ा०)* एक प्रकार का छोटा हुक्का।

दमीम वि० *(अ०)* बदशक्ल; भोंडा; कुरूप।

दमेनक़्द क्रि०वि० *(फ़ा०)* बिना किसी को साथ लिये; अकेले।

दयानत स्त्रीं० *(अ० दियानत)* सत्यनिष्ठा; ईमान।

दयानतदार पु० *(अ० दियानत+फ़ा० दार)* ईमानदार; सच्चा।

दयानतदारी स्त्री० *(अ० दियानत+फ़ा० दारी)* ईमानदारी; सत्य निष्ठता।

दयार पु० *(अ० दियार)* प्रवेश।

दर पु० *(फ़ा०)* दरवाजा; द्वार। क्रि०वि० *(फ़ा०)* में, अन्दर।

दर-अन्दाज़ पु० *(फ़ा०)* दो व्यक्तियों में लड़ाई कराने वाला।

दर-अन्दाज़ी स्त्री० *(फ़ा०)* दो व्यक्तियों में लड़ाई कराना।

दर-अस्ल क्रि०वि० *(फ़ा० दर+अ० अस्ल)* वस्तुतः; वास्तव में।

दर-आमद स्त्री० *(फ़ा०)* अन्दर आने की क्रिया; आगमन; विदेश से माल का आना; आयात।

दरकार वि० *(फ़ा०)* आवश्यक; अपेक्षित। स्त्री० आवश्यकता।

दरकिनार क्रि०वि० *(फ़ा०)* एक तरफ; दूर; अलग।

दरख़शाँ वि० *(फ़ा०)* चमकता हुआ; चमकीला।

दरख़्त पु० *(फ़ा०)* पेड़; वृक्ष।

दरख़ास्त स्त्री० *(फ़ा० दरख़्वास्त)* किसी बात के लिए प्रार्थना; निवेदन।

दरख़ास्त-कुनिन्दा पु० *(फ़ा० दरख़्वास्त-कुनिन्दः)* दरख्वास्त देने वाला; निवेदक; प्रार्थी।

दरगाह स्त्री० *(फ़ा०)* चौखट; देहरी; दरबार; कचहरी, किसी धार्मिक प्रसिद्ध पुरुष की समाधि का स्थान; मक़बरा।

दर गुज़र स्त्री० *(फ़ा०)* अनदेखी; क्षमा।

दरगोर विस्मयादिक *(फ़ा०)* कब्र में जाये; दूर हो।

दर-परदा क्रि०वि० *(फ़ा०)* परदे में; छिप कर गुप्त रूप से।

दरपेश क्रि०वि० *(फ़ा०)* आगे; सामने। वि० प्रस्तुत।

दरपेशी स्त्री० *(फ़ा०)* प्रस्तुतीकरण।

दर पै क्रि०वि० *(फ़ा०)* किसी के पीछे; किसी की तलाश में।

दर बदर क्रि०वि० *(फ़ा०)* घर-घर; गली-गली; एक स्थान से दूसरे स्थान पर।

दरबन्द पु० *(फ़ा०)* किला; दरवाजा; पुल; सेतु।

दरबहिश्त स्त्री० *(फ़ा०)* एक प्रकार की मिठाई।

दरबा पु० *(फ़ा०)* कबूतरों और मुरगों के रहने का खानेदार सन्दूक।

दरबान पु० *(फ़ा०)* द्वारपाल, द्वाररक्षक।

दरबानी स्त्री० *(फ़ा०)* दरबान का कार्य या पद।

दरबाब क्रि०वि० *(फ़ा०)* बारे में; विषय में।

दरबार पु० *(फ़ा०)* वह स्थान जहाँ राजा या सरदार अपने आदमियों के साथ बैठते हैं; राजसभा।

दरबारे-आम पु० *(फ़ा० दरबार+अ० आम)* बादशाहों आदि का वह दरबार जिसमें साधारणतः सब लोग सम्मिलित होते हैं।

दरबारे-ख़ास पु० *(फ़ा० दरबार+अ० ख़ास)* बादशाहों आदि का वह दरबार जिसमें केवल विशेष लोग ही सम्मिलित होते है।

दरबारदारी स्त्री० *(फ़ा०)* किसी के यहाँ बार-बार जाकर बैठना और खुशामद करना।

दरबारी स्त्री० *(फ़ा०)* दरबार में बैठने वाला व्यक्ति।

दरमाँ पु० *(फ़ा० दमां)* उपचार; इलाज।

पदरचना- ***फ़िक्रे-दरमाँ***-*इलाज की चिन्ता या तलाश।*

दरमाँदगी स्त्री० *(फ़ा० दर्मान्दगी)* लाचारी; विवशता; विपत्ति।

दरमाँदा वि० *(फ़ा० दरमान्दः)* थका हुआ; शिथिल; जिसके पास कोई साधन न हो; लाचार; बेचारा।

दरमान पु० *(फ़ा०)* चिकित्सा; इलाज; औषध।

दरमाहा पु० *(फ़ा०)* मासिक; वेतन; तनख्वाह।

दरमियान पु० *(फ़ा०)* मध्य; बीच।

दरमियानी वि० *(फ़ा०)* बीच का। पु० दो व्यक्तियों के बीच के झगड़े निपटाने वाला।

दरयाफ़्त स्त्री० *(फ़ा०)* पूछताछ; जाँच।

दरवाज़ा पु० *(फ़ा० दरवाज़ः)* द्वार; मुहाना; किवाड़।

दरवेज़ा पु० *(फ़ा० दरवेजः)* भिक्षावृत्ति।

दरवेश पु० *(फ़ा०)* फक़ीर; भिक्षुक।

दरवेशाना वि० *(फ़ा० दरवेशानः)* फकीरों जैसा।

दरवेशी स्त्री० *(फ़ा०)* फकीरी।

दरसूरत क्रि०वि० *(फ़ा० दर+अ० सूरत)* दशा में; सूरत में; अवस्था में; वास्तव में; सचमुच।

दरहम वि० *(फ़ा०)* तितर-बितर; अव्यवस्थित; क्रुद्ध, नाराज।

दरा पु० *(फ़ा०)* घड़ियाल।

दराज़ वि० *(फ़ा०)* लम्बा; विस्तृत।

पदरचना- ***शबे-दराज़-*** *लम्बी रात; उम्रदराज़।*

दराज़दस्त वि० *(फ़ा०)* अन्यायी, लम्बे हाथ वाला।

दराज़-दस्ती स्त्री० *(फ़ा०)* लम्बा हाथ मारना।

दरामद स्त्री० *(फ़ा०)* आयात; विदेश से आया हुआ माल।

दरिन्दा पु० *(फ़ा० दरिन्दः)* फाड़ खाने वाला जानवर।

दरिया पु० *(फ़ा० दर्या)* नदी; सरिता; समुद्र।

पदरचना- ***दरिया-ए-दिल-*** *दिल का बड़ा।*

दरियाई वि० *(फ़ा० दर्याई)* नदी सम्बन्धी; समुद्र सम्बन्धी। स्त्री० एक प्रकार का रेशमी कपड़ा; पतंग को दूर ले जाकर हवा में छोड़ना।

दरियाई-नारियल पु० *(फ़ा० दरीयाई+हि० नारियल)* एक प्रकार का बड़ा नारियल जिसके खोपड़े संन्यासी या फक़ीर अपने पास रखते हैं।

दरियाए-शोर पु० *(फ़ा०)* समुद्र; कालापानी।

दरियादिल वि० *(फ़ा०)* उदार; दाता।

दरियाफ़्त वि० *(फ़ा०)* जिसका पता लगा हो; ज्ञात; मालूम। स्त्री० ज्ञात करना; पता लगाना; जाँच-पड़ताल।

दरियाबरामद स्त्री० *(फ़ा०)* वह जमीन जो नदी के पीछे हट जाने से निकल आयी हो।

दरी स्त्री० *(फ़ा०)* मोटे सूतों का एक बिछावन; शतरंजी; ईरान की एक प्राचीन भाषा।

दरीख़ाना पु० *(फ़ा० दरीखानः)* वह घर जिसमें बहुत से द्वार हों; बारहदरी; बादशाही दरबार।

दरीचा पु० *(फ़ा० दरीचः)* खिड़की; झरोखा; खिड़की के पास बैठने की जगह।

दरीदा वि० *(फ़ा० दरीदः)* फटा हुआ।

दरीबा पु० *(फ़ा०)* पान का बाजार या सट्टी; वह बाजार जिसमें अनेक वस्तुएँ बिकती हों।

दरून/दरूँ पु० *(फ़ा० दरून)* हृदय।

दरूनी स्त्री० *(फ़ा०)* भीतरी।

दरेग़ पु० *(अ०)* पछतावा; खेद; घृणा; कोर-कसर; कोताही।

दरेस स्त्री० *(अ०)* फूलदार छींट। वि० तैयार होकर; तुरन्त काम में आने वाला।

दरेसी स्त्री० *(अ०)* काट-छाँट कर ठीक करना; सजाना।

दरोग़ पु० *(फ़ा०)* झूठ; असत्य; मिथ्या।

दरोग़गो वि० *(फ़ा०)* झूठ बोलने वाला।

दरोग़गोई स्त्री० *(फ़ा०)* असत्य कथन; झूठ बोलना।

दरोग़ हल्फ़ी पु० *(फ़ा०)* हलफ़ लेकर या कसम खाकर भी झूठ बोलना (विशेषतः न्यायालय में)।

दरोग़ा पु० *(फ़ा०)* थाने का अधिकारी।

दरोदीवार पु० बहु० *(फ़ा०)* दीवारें और दरवाज़े।

दरोबस्त वि० *(फ़ा० दर-व-बस्त)* कुल; पूरा; सब।

दर्क पु० *(अ०)* ज्ञान; समझ; दखल; हस्तक्षेप।

दर्की वि० *(अ०)* ज्ञान-सम्बन्धी।

दर्ज[1] वि० *(फ़ा०)* काग़ज़ पर लिखा हुआ; लिखित।

दर्ज़[2] स्त्री० *(फ़ा०)* दरार; झिरी।

दर्जन वि० *(फ़ा०)* बारह (वस्तुओं) का समाहार।

दर्जा पु० *(फ़ा० दर्जः)* वर्गीकरण; श्रेणी; कक्षा।

दर्जिन स्त्री० *(फ़ा०)* दर्जी की स्त्री।

दर्ज़ी पु० *(फ़ा०)* कपड़े की सिलाई करने वाला।

दर्द पु० *(फ़ा०)* पीड़ा; व्यथा; तकलीफ; दया; करुणा।

दर्द आमेज़/दर्द अंगेज़ वि० *(फ़ा०)* दर्दनाक; दर्द से भरा; पीड़ादायक।

दर्दअफ़्ज़ा वि० *(फ़ा०)* दर्द बढ़ाने वाला।

दर्दनाक वि० *(फ़ा०)* जिसे देख या सुनकर मन में दर्द या करुणा उत्पन्न हो; करुणाजनक।

दर्दमन्द वि० *(फ़ा०)* दुःखी; पीड़ित; सहानुभूति रखने वाला; दयालु; कोमल-हृदय।

दर्दमन्दी स्त्री० *(फ़ा०)* दूसरे के प्रति विपत्ति में होने वाली सहानुभूति; हमदर्दी।

दर्द शरीक वि० *(फ़ा०)* विपत्ति के समय साथ देने और सहानुभूति दिखाने वाला, हमदर्द।

दर्देज़ह पु० *(फ़ा०)* प्रसव की पीड़ा।
दर्देदिल पु० *(फ़ा०)* हृदय की वेदना।
दर्दे शिकम पु० *(फ़ा०)* पेट का दर्द।
दर्दे सर पु० *(फ़ा०)* सिर की पीड़ा; कठिनाई या दिक्कत का काम।
दर्यां पु० *(फ़ा०)* उपचार; इलाज।
दर्रा पु० *(फ़ा० दर्र:)* पहाड़ों के बीच का सँकरा मार्ग; घाटी; मोटा आटा; सड़क आदि पर बिछाने वाली कँकरीली मिट्टी।
दलक़ स्त्री० *(अ० दल्क़)* गुदड़ी।
दलक़ पोश वि० *(फ़ा० दल्क़+अ० पोश)* गुदड़ी पहनने वाला।
दलदल पु०, स्त्री० *(अ०)* कीचड़; पंक; दूर तक गीली जमीन, जिसमें पाँव धँसता चला जाये।
मुहा० दलदल में फँसना- *ऐसी मुसीबत में फँसना, जिससे उबरना मुश्किल हो।*
दलदला वि० *(अ०)* दलदल वाला। स्त्री० दलदली।
दलाल पु० *(अ० दल्लाल)* वह व्यक्ति जो सौदा खरीदने व बेचने में मध्यस्थता करे; बिचौलिया।
दलालत स्त्री० *(अ०)* रास्ता बतलाना; दलील; तर्क।
दलाली स्त्री० *(अ० दल्लाली)* दलाल का काम; वह धन जो दलाल को मिलता है; कमीशन।
दलील स्त्री० *(अ०)* तर्क; युक्ति; बहस; वाद-विवाद।
दलेल स्त्री० *(अ०)* सजा के रूप में करायी जाने वाली कवायद।
दल्लाला स्त्री० *(अ० दल्लाल:)* दलाल। स्त्री० कुटनी; दूती।
दल्व पु० *(अ०)* ज्योतिष में कुम्भ राशि।
दवा स्त्री० *(अ०)* वह वस्तु जिससे कोई रोग या व्यथा दूर हो; औषधि।
दवाख़ाना पु० *(अ० दवा+फ़ा० ख़ाना)* वह स्थान जहाँ दवा मिलती हो; औषधालय।
दवाम पु० *(अ०)* नित्यता। क्रि०वि० हमेशा; सदा; नित्य।
दवामी पु० *(अ०)* जो चिरकाल तक के लिए हो; स्थायी।
दवामी-बन्दोबस्त पु० *(अ० दवामी+फ़ा० बन्दोबस्त)* ज़मीन का वह बन्दोबस्त जिसमें सरकारी माल गुजारी एक ही बार हमेशा के लिए निश्चित हो।
दश्त पु० *(फ़ा०)* जंगल।
दश्ती वि० *(फ़ा०)* जंगल से सम्बन्धित; जंगली।
दश्त नवर्दी स्त्री० *(फ़ा०)* जंगलों और उजाड़ जगहों में मारा-मारा फिरना।
दर्स पु० *(अ०)* पढ़ना; उपदेश; शिक्षा।
दस्र गाह पु० *(अ० दस्र+फ़ा० गाह)* पाठशाला।
दस्त पु० *(फ़ा० सं० हस्त)* पतला पाख़ाना; विरेचन; हाथ।
दस्त-अन्दाज़ वि० *(अ०)* हस्तक्षेप करने वाला।
दस्त-अन्दाज़ी स्त्री० *(फ़ा०)* हस्तक्षेप।
दस्त आमोज़ वि० *(फ़ा०)* हाथों पर सधाया हुआ, पालतू (पशु-पक्षी आदि)।
दस्तक स्त्री० *(फ़ा०)* हाथ से दरवाजे पर खट-खट शब्द करने या खटखटाने की क्रिया।
दस्तक़लम वि० *(फ़ा० दस्त+अ० क़लम)* पढ़ा-लिखा; शिक्षित।
दस्तकार पु० *(फ़ा०)* हाथ से कारीगरी का काम करने वाला।
दस्तकारी स्त्री० *(फ़ा०)* हाथ की कारीगरी; शिल्प।
दस्तकी स्त्री० *(फ़ा०)* वह छोटी बही या कापी जो याददास्त लिखने के लिए हमेशा पास रहे; डायरी; वह दस्ताना जो शिकारी पक्षी पालने वाले हाथ में पहनते हैं।
दस्तख़त पु० *(फ़ा०)* अपने हाथ से लिखा हुआ अपना नाम।
दस्तख़ती वि० *(फ़ा०)* हाथ का लिखा हुआ; हस्ताक्षर किया हुआ; हस्ताक्षरित।
दस्तगरदाँ वि० *(फ़ा० दस्तगर्दां)* फेरी वाले से खरीदा हुआ सामान; उधार लिया हुआ सामान।
दस्तगाह स्त्री० *(फ़ा०)* ताकत; माल-असबाब; सम्पत्ति।
दस्तगीर वि० *(फ़ा०)* विपत्ति के समय हाथ पकड़ने वाला; रक्षक।
दस्तगीरी स्त्री० *(फ़ा०)* विपत्ति के समय हाथ पकड़ना; सहायता।
दस्तदराज़ वि० *(फ़ा०)* जरा-सी बात पर मार देने वाला; उचक्का; हाथलपक।
दस्तनिगार वि० *(फ़ा०)* किसी की मदद या दान की आशा रखने वाला; गरीब; दरिद्र।
दस्त पनाह पु० *(फ़ा०)* कोयला आदि उठाने का चिमटा।

दस्तपाक पु० *(फ़ा०)* हाथ पोंछने का अँगोछा; रूमाल।

दस्तबन्द पु० *(फ़ा०)* हाथ में पहनने का एक प्रकार का जड़ाऊ गहना।

दस्तबख़ैर विस्मय *(फ़ा० दस्त+ अ० बख़ैर)* ईश्वर करे यह हाथ पकड़ना शुभ हो; हमारे इस हाथ रखने का फल शुभ हो।

दस्त-ब-दस्त क्रि०वि० *(फ़ा०)* हाथों-हाथ।

दस्तबरदार वि० *(फ़ा०)* किसी वस्तु पर से अपना हाथ या अधिकार या स्वत्व हटा लेना।

दस्तबरदारी स्त्री० *(फ़ा०)* किसी काम से हाथ खींच लेना; अलग होना; किसी वस्तु या सम्पत्ति से अपना अधिकार या स्वत्व हटा लेना।

दस्तबुर्द वि० *(फ़ा०)* अनुचित रूप से प्राप्त किया हुआ धन आदि।

दस्तबोस वि० *(फ़ा०)* हाथ को चूमने वाला।

दस्तमाल पु० *(फ़ा०)* रूमाल।

दस्तयाब वि० *(फ़ा०)* सहायक।

दस्तयारी स्त्री० *(फ़ा०)* सहायता।

दस्तरख़ान पु० *(फ़ा० दस्तरख़्वान)* वह चादर जिसको बिछाकर खाना परोसा जाता है।

दस्तरस स्त्री० *(फ़ा०)* पहुँच; सामर्थ्य, शक्ति; हाथ से की जाने वाली क्रिया।

दस्तसाज़ वि० *(फ़ा०)* हाथ से बनाया हुआ।

दस्ता पु० *(फ़ा० दस्तः)* वह जो हाथ में आये या रहे; किसी औज़ार आदि का वह हिस्सा जो हाथ से पकड़ा जाता है; मूठ, बेंट; फूलों का गुच्छा; गुलदस्ता; सिपाहियों का छोटा दल; गारद; किसी वस्तु का उतना गड्डी या पूला, जितना हाथ में आ सके; कागज के 24 तावों (पन्नों) की गड्डी।

दस्ताना पु० *(फ़ा० दस्तानः)* पंजे और हथेली में पहनने का बुना हुआ कपड़ा; हाथ का मोजा।

दस्तार स्त्री० *(फ़ा०)* पगड़ी।

दस्तारबन्द पु० *(फ़ा०)* वह जो पगड़ी बनाकर तैयार करता हो; चीराबन्द।

दस्तावर वि० *(फ़ा० दस्त+आवर = लाने वाला)* जिसके खाने या पीने से दस्त आयें; विरेचक।

दस्तावेज़ स्त्री० *(फ़ा०)* वह काग़ज़ जिसमें कुछ व्यक्तियों के बीच व्यवहार की बात लिखी हो और उस पर व्यवहार करने वालों के हस्ताक्षर हों; व्यवहार सम्बन्धी लेख।

दस्ती वि० *(फ़ा०)* हाथ का। स्त्री० हाथ में लेकर चलने की बत्ती; मशाल; छोटी मूठ; छोटा बेंट; छोटा कलमदान; रूमाल।

दस्तूर पु० *(फ़ा०)* रीति; रस्म; रिवाज़, चाल; प्रथा; नियम; कायदा; विधि।

पदरचना- ***दस्तूरे अदालत-*** *अदालत की प्रथा।* ***दस्तूरे मुक़ामी-*** *देश की प्रथा।*

दस्तूर-उल-अलम स्त्री० *(फ़ा० दस्तूर+अ० उल-अलम)* प्रायः काम में आने वाले नियम या परिपाटी; नियम; दस्तूर; कायदा; शासन-प्रणाली।

दस्तूरी स्त्री० *(फ़ा० दस्तूरः)* वह द्रव्य जो नौकर अपने मालिक का सौदा लेने में दूकानदारों से हक़ के रूप में पाते हैं।

दस्ते-क़ुदरत पु० *(फ़ा०)* प्रकृति का हाथ; सामर्थ्य; शक्ति।

दस्ते-शफ़ा पु० *(फ़ा० दस्ते-शिफ़ा)* वह जिसके हाथ की चिकित्सा से शीघ्र लाभ हो।

दस्तोपा पु० *(फ़ा०)* हाथ और पैर।

दह वि० *(फ़ा०)* दस; नौ और एक।

दहकाँ, दहक़ान पु० *(फ़ा०)* गँवार; देहाती; किसान।

दहकाना स्त्री० *(फ़ा०)* इस रूप में जलाना कि आँच या लपट बाहर निकले; भड़काना; उत्तेजित करना।

दहक़ानियत स्त्री० *(अ० दहक़ान)* गँवारपन; देहातीपन।

दहक़ानी वि० *(फ़ा०)* देहातियों जैसा गँवारू।

दहन पु० *(फ़ा०)* मुख; मुँह।

दहर पु० *(फ़ा० दह्र)* जमाना; समय; युग।

दहरिया पु० *(अ० दह्रियः)* वह जो ईश्वर को न मानकर केवल प्रकृति को ही सब कुछ मानता हो; नास्तिक।

दहलीज़ स्त्री० *(फ़ा०)* द्वार के चौखट ने नीचे वाली लकड़ी जो ज़मीन पर रहती है, देहली।

दहशत स्त्री० *(फ़ा०)* डर; भय; खौफ़।

दहशत-अंगेज़ वि० *(फ़ा०)* डर पैदा करने वाला; भयानक।

दहशतज़दा वि० *(फ़ा० दह्शतजदः)* डरा हुआ; भयभीत।

दहशतनाक वि० *(फ़ा०)* भीषण; डरावना; भयानक।

दहा पु० *(फ़ा० दहः)* मुहर्रम का महीना; मुहर्रम की एक से दस तारीख तक का समय; ताज़िया।

दहान पु० *(फ़ा०)* मुँह; छेद; सुराख; घाव।

दहाना पु० *(फ़ा० दहानः)* चौड़ा मुँह; द्वार; वह स्थान जहाँ एक नदी दूसरी नदी में या समुद्र में गिरती है; मुहाना; मोरी।

दहुम वि० *(फ़ा० सं० दशम)* दसवाँ।

दहे पु० *(फ़ा० दह, सं० दस)* मुहर्रम के दस दिन जिसमें ताजिये बैठाकर मुसलमान हसन तथा हुसेन का मातम मनाते हैं।

दाँ वि० *(फ़ा०)* जानने वाला। जैसे- कद्र दाँ; जबान दाँ।

दाँग स्त्री० *(फ़ा०)* छः रत्ती की एक तौल; किसी चीज का छठाँ भाग; दिशा; ओर; तरफ।

दाइन पु० *(अ०)* ऋण देने वाला; ऋणदाता।

दाइया स्त्री० *(अ० दाइयः)* दावा करने वाली स्त्री। पु० दावा; अभियोग।

दाइरा पु० *(अ० दाइरः)* दायरा; घेरा।

दाई वि० *(अ०)* दुआ माँगने वाला; प्रार्थी।

दाऊद पु० *(अ०)* ईसाई; मुसलमान और यहूदी धर्म के एक पैगम्बर।

दाऊद-ख़ानी पु० *(अ० दाऊद+फ़ा० खानी)* एक तरह का चावल या गेहूँ।

दाख़िल वि० *(अ०)* प्रविष्ट; घुसा हुआ; पैठा हुआ।

दाख़िल-ख़ारिज पु० *(अ० दाख़िल+फ़ा० ख़ारिज)* किसी सरकारी कागज़ पर से किसी जायदाद के पुराने हक़दार का नाम काटकर उस पर उसके वारिस या दूसरे हकदार का नाम लिखना।

दाख़िल-दफ़्तर वि० *(अ०)* बिना किसी निर्णय के अलग किया हुआ आफिस का कागज।

दाख़िला पु० *(अ० दाख़िलः)* प्रवेश; पैठ; संस्था आदि में प्रवेश किये जाने का कार्य।

दाख़िली वि० *(अ०)* भीतरी; सम्बद्ध।

दाग़ पु० *(फ़ा०)* धब्बा; चित्ती; निशान; चिह्न; अंक, कलंक; ऐब; दोष; लांछन; जलने का चिह्न।

दाग़दार वि० *(फ़ा०)* जिस पर दाग या धब्बा लगा हो।

दाग़ना स०क्रि० *(फ़ा० दाग़)* रंग आदि से चिह्न या दाग लगाना; अंकित करना।

दाग़बेल स्त्री० *(फ़ा० दाग़+हि० बेल)* भूमि पर फावड़े या कुदाल से बनाये हुए चिह्न जो सड़क बनाने, नींव खोदने आदि के लिए डाले जाते हैं।

द़ागी वि० *(फ़ा० द़ाग)* जिस पर द़ाग या धब्बा हो, जिस पर सड़ने का चिह्न हो; कलंकित; दोषयुक्त; लांछित; जिसको सजा मिल चुकी हो।

दाज पु० *(अ०)* अन्धकार; अन्धेरा; अन्धेरी रात।

दाद स्त्री० *(फ़ा०)* इंसाफ; न्याय।

मुहा० ***दाद चाहना-*** *किसी अन्याय के प्रतिकार की प्रार्थना करना।* ***दाद देना-*** *प्रशंसा या तारीफ़ करना।*

दादख़्वाह वि० *(फ़ा०)* अन्याय का प्रतिकार चाहने वाला; प्रार्थना करने वाला।

दाददहिश स्त्री० *(फ़ा०)* उदारतापूर्वक देना; दान।

दादनी स्त्री० *(फ़ा० दादन-देना)* वह धन जो अन्न आदि खरीदने के लिए कृषकों को अग्रिम दिया जाता है; कर्ज।

दादरस वि० *(फ़ा०)* अन्याय का प्रतिकार करने वाला।

दादरसी स्त्री० *(फ़ा०)* अन्याय का प्रतिकार; कष्ट का निवारण।

दाद-सितद स्त्री० *(फ़ा०)* लेन-देन; व्यवहार; क्रय-विक्रय।

दायम वि० *(अ०)* सदा रहने वाला; स्थायी।

दायमउल-मर्ज वि० *(अ०)* सदा बीमार रहने वाला।

दायम मुलहब्स पु० *(अ०)* आजीवन कारावास की सजा।

दायर वि० *(अ० दाइर)* फिरता या चलता हुआ; चलता; जारी।

मुहा० ***दायर करना-*** *मुकदमे आदि को चलाने के लिए मामले को प्रस्तुत करना।*

दाया स्त्री० *(अ० दायः)* दाई; धाय; धात्री।

दायागीरी स्त्री० *(फ़ा० दायःगीरी)* धात्री विद्या; धाया का काम करना।

दार[1] स्त्री० *(फ़ा०)* सूली; फाँसी कि० *(फ़ा०)* रखने वाला।

दार[2] पु० (अ०) स्थान; जगह; घर, शाला, मकान।

दारचीनी स्त्री० *(फ़ा०)* एक प्रकार का पेड़ जो दक्षिण भारत और सिंहल द्वीप (श्रीलंका) में होता है।

दार-म-दार स्त्री० *(फ़ा०)* आश्रय; ठहराव; किसी कार्य का किसी पर अवलम्बित रहना।

दारा पु० *(फ़ा०)* राजा; बादशाह; शाहजहाँ का पुत्र।

दाराई स्त्री० *(फ़ा०)* एक प्रकार का रेशमी कपड़ा; दरियाई।

दारुल-अमल पु० *(अ०)* प्रयोगशाला।

दारुल-अमान पु० *(अ०)* अमन या सुख से रहने का स्थान; वह देश जिस पर जिहाद करना धर्म-विरुद्ध हो।

दारुल-आख़िर पु० *(अ०)* परलोक।

दारुल-इमारत पु० *(अ०)* राजधानी।

दारुल-उलूम पु० *(अ०)* विश्वविद्यालय।

दारुल-क़रार पु० *(अ०)* कब्र जहाँ पहुँच कर मनुष्य सुख से रहता है; मुसलमानों के सात बहिश्तों या स्वर्गों में से एक।

दारुल-ख़िलाफ़त पु० *(अ०)* खलीफ़ा के रहने का स्थान; राजधानी।

दारुल-ज़र्ब पु० *(अ०)* वह स्थान जहाँ सिक्के ढलते हैं; टकसाल।

दारुल-फ़ना पु० *(अ०)* वह लोक जहाँ सब चीजें नष्ट हो जाती हैं।

दारुल-बक़ा पु० *(अ०)* परलोक जहाँ पहुँचकर जीव अमर हो जाते हैं।

दारुल-मकाफ़ात पु० *(अ०)* वह स्थान जहाँ कर्मों के फल भोगने पड़ते हैं; संसार।

दारुल-शफ़ा पु० *(अ०)* रोगियों की चिकित्सा का स्थान; अस्पताल।

दारुल-सल्तनत पु०, स्त्री० *(अ०)* राजधानी।

दारुल-सलाम पु० *(अ०)* सुखपूर्वक रहने का स्थान; स्वर्ग।

दारुल-हुकूमत पु०, स्त्री० *(अ०)* राजधानी।

दारुल-हरब पु० *(अ०)* युद्धक्षेत्र।

दारू स्त्री० *(फ़ा०)* दवा; औषध; शराब; बारूद।

दारोग़ा पु० *(फ़ा० दारोग़ः)* देखभाल करने वाला; निरीक्षक; थानेदार।

दारोग़ा जेल पु० *(अ०)* जेलर।

दारोग़ा चुंगी *(अ० दारोग़ा+हि० चुंगी)* चुंगी निरीक्षक।

दारोग़ा-सफ़ाई पु० *(अ० दारोग़ा+फ़ा० सफ़ाई)* सफाई निरीक्षक।

दारोग़ाई स्त्री० *(फ़ा० दारोग़ा+हि० 'आई' प्रत्य०)* दारोगा का काम; दारोगा का पद।

दारोमदार पु० *(फ़ा०)* निर्भरता।

दालान पु० *(फ़ा०)* मकान में छायी हुई वह जगह जो एक दो-तीन ओर से खुली हो; बरामदा; ओसारा।

दावत स्त्री० *(अ० दअवत)* भोज; बुलावा; निमन्त्रण।

दावतनामा पु० *(अ० दअवत+फ़ा० नामः)* निमन्त्रण-पत्र।

दावर पु० *(फ़ा०)* न्यायकर्ता; हाकिम; अधिकारी।

दावरी स्त्री० *(फ़ा०)* न्यायशीलता; न्यायकर्ता का पद या कार्य।

दावा पु० *(अ०)* किसी वस्तु पर अधिकार प्रकट करने का कार्य; किसी चीज का हक प्राप्त करना, स्वत्व, दृढ़तापूर्वक कथन।

पदरचना- ***दावा-ए-मुआवज़ा-*** *क्षतिपूर्ति का दावा।*

दावागीर पु० *(अ० दावा+फ़ा० गीर)* दावा करने वाला; अपना हक बताने वाला।

दावात स्त्री० *(अ० दअवत का बहु०)* लिखने के लिए स्याही रखने का बरतन, मसिपात्र।

दावेदार पु० *(अ० दावे+फ़ा० दार)* दावा करने वाला; अपना हक जताने वाला।

दाश्त स्त्री० *(फ़ा०)* लालन-पालन; देख-रेख; कुम्हार का आवाँ (भट्ठी)।

दाश्ता स्त्री० *(अ०)* उप पत्नी के रूप में रखी हुई स्त्री; रखैली।

दास्तान स्त्री० *(फ़ा०)* वृत्तान्त; कथा; वर्णन।

दास्तानगो पु० *(फ़ा०)* दास्तान या कहानी कहने वाला।

दिक़ वि० *(अ०)* जिसे बहुत कष्ट पहुँचाया गया हो; हैरान; तंग; अस्वस्थ; बीमार। पु० क्षय रोग; तपेदिक।

दिक़्क़त स्त्री० *(अ०)* परेशानी; तकलीफ; तंगी; कठिनता।

दिगर वि० *(फ़ा०)* दूसरा; अन्य।

दिगरगूँ वि० *(फ़ा०)* जिसका रंग बदल गया हो, खराब; शोचनीय स्थिति।

दिमाग़ पु० *(अ०)* सिर का गूदा; मस्तिष्क; भेजा; बुद्धि। **मुहा०** ***दिमाग़ खाना या चाटना-*** *व्यर्थ की बातें कहना; बहुत बकवाद करना।* ***दिमाग़ खाली करना-*** *ऐसे काम करना, जिससे मानसिक*

शक्ति का बहुत अधिक व्यय हो; मगजपच्ची करना। ***दिमाग़ चढ़ना या आसमान पर होना-*** *बहुत अधिक घमण्ड होना।* ***दिमाग़ चल जाना-*** *दिमाग़ खराब हो जाना; पागल हो जाना।* ***दिमाग़ लड़ाना-*** *बहुत अच्छी तरह विचार करना; खूब सोचना।*

दिमाग़दार वि० *(अ० दिमाग़+फ़ा० दार)* जिसकी मानसिक शक्ति बहुत अच्छी हो; बहुत बड़ा समझदार; अभिमानी।

दिमाग़-रौशन स्त्री० *(अ० दिमाग़+फ़ा० रौशन)* सुँघनी; नस्य।

दिमाग़ी वि० *(अ०)* दिमाग़-सम्बन्धी।

दियार पु० *(अ०)* प्रदेश।

दिरम/दिरहम पु० *(अ०)* चाँदी का एक छोटा सिक्का जो प्रायः चवन्नी के बराबर होता था।

दिरमान पु० *(फ़ा०)* इलाज; चिकित्सा।

दिरमानी पु० *(फ़ा०)* इलाज करने वाला; चिकित्सक।

दिरा पु० *(फ़ा०)* कारवाँ के साथ चलने वाला; घड़ियाल; मगरमच्छ।

दिर्रा पु० *(फ़ा० दिर्दः)* चाबुक।

दिल पु० *(फ़ा०)* कलेजा; हृदय; मन; चित्त; जी; साहस; दम; प्रवृत्ति; इच्छा।

मुहा० ***दिल कड़ा करना-*** *हिम्मत बाँधना; साहस करना।* ***दिल का कँवल खिलाना-*** *चित्त प्रसन्न होना; मन में आनन्द होना।* ***दिल का गवाही देना-*** *मन में किसी बात का निश्चय होना।* ***दिल का बादशाह-*** *बहुत बड़ा उदार; मनमौजी।* ***दिल के फफोले फोड़ना-*** *भली-बुरी सुनाकर अपना जी ठण्ढा करना।* ***दिल जमना-*** *किसी काम में चित्त लगना।* ***दिल ठिकाने होना-*** *मन में शान्ति, सन्तोष या धैर्य होना।* ***दिल बुझना-*** *चित्त में किसी प्रकार का उत्साह या उमंग न रह जाना।* ***दिल में फ़रक़ आना-*** *सद्भाव में अन्तर पड़ना; मन-मुटाव होना।* ***दिल से-*** *जी लगा कर; अच्छी तरह; ध्यान देकर।* ***दिल से दूर करना-*** *भुला देना; विस्मरण करना; ध्यान छोड़ देना।* ***दिल ही दिल में-*** *चुपके-चुपके; मन ही मन।*

दिल-आज़ार वि० *(फ़ा०)* दिल को तकलीफ़ पहुँचाने वाला; अत्याचार।

दिलकश वि० *(फ़ा०)* मन को लुभाने वाला; आकर्षक; मनोहर।

दिलकुशा वि० *(फ़ा०)* रमणीक; मनोहर; सुन्दर।

दिलख़राश वि० *(फ़ा०)* दिल तोड़ने या खराश पहुँचाने वाला; हृदय विदारक।

दिलख़्वाह वि० *(फ़ा०)* मन के अनुसार होने वाला; मनोनुकूल।

दिलगीर वि० *(फ़ा०)* उदास; दुखी।

दिलचला वि० *(फ़ा० दिल+हि० चला)* साहसी; हिम्मतवाला; दिलेर।

दिलचस्प वि० *(फ़ा०)* जिसमें जी लगे मनोहर; चित्ताकर्षक।

दिलज़दा वि० *(फ़ा० दिलज़दः)* दुःखी; रंजीदा; खिन्न।

दिलजमई स्त्री० *(फ़ा०)* इत्मीनान; तसल्ली; आवश्वस्त।

दिलजला वि *(फ़ा० दिल+हि० जला)* जिसके दिल को बहुत कष्ट पहुँचा हो।

दिलजान स्त्री० *(फ़ा०)* एक प्रकार का सम्बन्ध जो मुसलमान स्त्रियाँ आपस में सखियों से स्थापित करती हैं।

दिलजोई स्त्री० *(फ़ा०)* किसी का दिल या मन रखना; किसी को प्रसन्न करना; सन्तुष्ट करना।

दिलदार वि० *(फ़ा०)* उदार; दाता; रसिक; प्रेमी; प्रिय।

दिलदारा वि० *(फ़ा० दिलदारः)* जिसने किसी को अपना दिल दिया हो; प्रेमी।

दिलदारी स्त्री० *(फ़ा०)* ढाढ़स; सान्त्वना।

दिलनवाज़ वि० *(फ़ा०)* ढाढ़स बँधाने वाला।

दिलनशीन वि० *(फ़ा०)* जो दिल में जम या बैठ जाये; जो मन को ठीक जँचे।

दिलपज़ीर वि० *(फ़ा०)* मनोहर; मोहक; सुन्दर।

दिलपसन्द वि० *(फ़ा०)* प्रिय; मनोहर; रुचिकर।

दिलफ़रेब वि० *(फ़ा०)* मन को छलने वाला।

दिलफ़रोश पु० *(फ़ा०)* दिल बेचने वाला; प्रेमी; आशिक।

दिलबर वि० *(फ़ा०)* प्यारा; प्रिय।

दिलरुबा पु० *(फ़ा०)* वह जिससे प्रेम किया जाये।

दिलशाद वि० *(फ़ा०) जिसका दिल खुश हो; आनन्दचित्त।*

दिलशिकनी स्त्री० *(फ़ा०)* किसी का दिल तोड़ना; किसी को बहुत दुःखी या निराश करना।

दिलसाज़ वि० *(फ़ा०)* आनन्दित; प्रसन्न।

दिल्लगी स्त्री० *(फ़ा० दिल+हि० गी-लगाना)* दिल लगाने की क्रिया या भाव; ठिठोली; मजाक; मखौल।

दिल्लगीबाज़ पु० *(फ़ा०)* मसखरा; दिल्लगी करने वाला।

दिला पु० *(फ़ा०)* दिल का सम्बोधन; ऐ दिल; हे मन।

दिलाज़ार वि० *(फ़ा०)* सताने वाला।

दिलारा वि० *(फ़ा०)* प्रिय; माशूक।

दिलावर वि० *(फ़ा०)* बहादुर; उत्साही; साहसी।

दिलावरी स्त्री० *(फ़ा०)* दिलावर होने का गुण; बहादुरी।

दिलासा पु० *(फ़ा०)* आश्वासन; सान्त्वना।

दिली वि० *(फ़ा०)* दिल से; दिल की; दिल सम्बन्धी; अभिन्न।

दिलेर वि० *(फ़ा०)* बहादुर; साहसी।

दिलेराना वि० *(फ़ा० दिलेरानः)* वीरों जैसा; वीरोचित।

दिलेरी स्त्री० *(फ़ा०)* बहादुरी; वीरता; साहस।

दिल्लेदार वि० *(हि० दिल्ले+फ़ा० दार)* जिसमें दिल्ले लगे हों।

दिहन्द/दिहन्दा वि० *(फ़ा०)* देने वाला।

दी पु० *(फ़ा०)* बीता हुआ कल।

दीक पु० *(अ०)* मुर्गा।

दिहिश स्त्री० *(फ़ा०)* दान; ख़ैरात।

दीगर वि० *(फ़ा०)* अन्य; दूसरा।

दीद स्त्री० *(फ़ा०)* देखादेखी; दर्शन; दीदार; देखा हुआ।

दीदः-ए-तर पु० *(फ़ा०)* रोती हुई आँख; आँसुओं से भीगी आँख।

दीदः-ए-मिकराज़ पु० *(फ़ा० दीदः-ए+अ० मिक्राज़)* जिनकी अँगुलियाँ कैंची के घेरे में रहती हैं।

दीद-ओ-दानिस्ता अव्य० *(फ़ा० दीद-ओ-दानिस्त)* जानबूझकर; इच्छापूर्वक।

दीदनी अव्य० *(फ़ा०)* देखने योग्य।

दीदबान पु० *(फ़ा०)* वह ऊँची जगह जहाँ से कोई इधर-उधर आने-जाने वालों की चौकसी कर सके।

दीदबानी पु० *(फ़ा०)* किसी ऊँचे स्थान पर बैठकर निगरानी।

दीद-वा-दीद स्त्री० *(फ़ा०)* परस्पर एक-दूसरे की मुलाकात होना।

दीदान पु० *(अ० 'दूदः' का बहु०)* कीड़े।

दीदानुलअमूआ पु० *(अ०)* पेट में कीड़े पड़ने का रोग।

दीदबान पु० *(फ़ा०)* बन्दूक की मक्खी; निगरानी करने वाला व्यक्ति; भेदिया।

दीद-ओ-दानिस्त क्रि०वि० *(अ०)* जानबूझकर।

दीदा[1] पु० *(फ़ा० दीदः)* दृष्टि; नज़र; आँख; नेत्र।

दीदा[2] पु० *(फ़ा० दीदः)* आँख का ढेला; साहस।

मुहा० ***दीदा लगाना-*** *जी लगाना; ध्यान जमना।* ***दीदे का पानी ढल जाना-*** *निर्लज्ज हो जाना।* ***दीदे निकालना-*** *क्रोध की दृष्टि से देखना।* ***दीदे फाड़ कर देखना-*** *अच्छी तरह आँख खोल कर देखना।*

दीदा दिलेर वि० *(फ़ा० दीदःदिलेर)* ढीठ; बेहया; निर्लज्ज।

दीदा दिलेरी स्त्री० *(फ़ा० दीदःदिलेरी)* ढिठाई; धृष्टता; निर्लज्जता; बेहयाई।

दीदाफटी वि० *(फ़ा० दीदा+हि० फटी)* निर्लज्ज स्त्री; बेहया औरत।

दीदाबाज़ वि० *(फ़ा० दीदःबाज़)* नज़र लड़ाने वाला; घूरने वाला; जिसे स्त्रियों को एकटक देखने की आदत हो।

दीदाबाज़ी स्त्री० *(फ़ा०)* आँखें लड़ाने की क्रिया; ताक-झाँक।

दीदारेज़ी स्त्री० *(फ़ा० दीदःरेज़ी)* ऐसा बारीक काम करना जिसमें आँखों पर अधिक जोर डालना पड़े; किसी विषय में बहुत अधिक सोच-विचार करना।

दीदावर वि० *(फ़ा० दीदःवर)* जौहरी; पारखी; किसी चीज़ के गुण-दोष समझने वाला।

दीदावरी स्त्री० *(फ़ा० दीदःवरी)* परख; पहचान; अच्छे बुरे की तमीज़।

दीदार पु० *(फ़ा०)* दर्शन; देखा-देखी।

पदरचना- ***दीदारे-यार-*** *प्रेयसी या प्रेमी का दर्शन।*

दीदार बाज़ वि० *(फ़ा०)* आँखें लड़ाने वाला; रूप देखने का लोलुप।

दीदारू वि० *(फ़ा०)* देखने योग्य; सुन्दर; सुदर्शन।

दीन पु० *(अ०)* धर्म; मत; मज़हब।

दीन-इलाही पु० *(अ०)* बादशाह अकबर का चलाया हुआ एक मजहब जो कुछ समय तक ही चल सका।

दीनदार वि० *(अ० दीन+फ़ा० दार)* अपने धर्म पर विश्वास रखने वाला।

दीन पनाह पु० *(अ० दीन+फ़ा० पनाह)* दीन या धर्म का रक्षक।

दीनार पु० *(फ़ा०+सं०)* स्वर्णाभूषण; सोने का गहना; स्वर्णमुद्रा; मोहर।

दीनी वि० *(अ०)* दीन सम्बन्धी; धार्मिक; धर्मनिष्ठ।

दीनेक़य्यिम पु० *(अ०)* सच्चा धर्म।

दीने हनीफ़ पु० *(अ०)* हज़रत इब्राहिम का धर्म।

दीबा स्त्री० *(फ़ा०)* एक बारीक और चित्रित रेशमी कपड़ा।

दीवाजा पु० *(फ़ा० दीवाजः)* प्रस्तावना; प्राक्कथन।

दीबाचा पु० *(फ़ा० दीबाचः)* भूमिका; प्रस्तावना।

दीमक स्त्री० *(फ़ा०)* चींटी की तरह का एक सफेद कीड़ा जो लकड़ी, काग़ज़ आदि में लग कर उसे खोखला और नष्ट कर देता है; बल्मीक।

दीमक ख़ुरदा वि० *(फ़ा० दीमक खुर्दः)* जिसे दीमक ने चाट लिया हो; दीमक का खाया हुआ।

दीयत स्त्री० *(अ०)* वह धन जो हत्या करने वाला मरे हुए के सम्बन्धियों को क्षतिपूर्ति के रूप में दे।

दीवान पु० *(अ०)* राजा या बादशाह के बैठने की जगह; राजसभा; कचहरी; राज्य का प्रबन्ध करने वाला; मन्त्री; वजीर; प्रधान; गज़लों का संग्रह।

दीवाने-आम पु० *(अ० दीवाने+फ़ा० आम)* घर का वह बाहरी हिस्सा जहाँ बड़े आदमी बैठते और सब लोगों से मिलते हैं।

दीवाने-ख़ास पु० *(अ०)* ऐसी सभा जिसमें राजा मन्त्रियों या चुने हुए प्रधान लोगों के साथ बैठता है; ख़ास दरबार।

दीवानगी स्त्री० *(फ़ा०)* पागलपन; उन्माद।

दीवाना वि० *(फ़ा० दीवानः)* पागल; उन्मादी।

दीवानागर वि० *(फ़ा० दीवानः गर)* पागल बना देने वाला।

दीवानापन पु० *(फ़ा० दीवाना+हि० पन)* पागलपन।

दीवानी वि०, स्त्री० *(फ़ा० दीवानः)* पागल; विक्षिप्त; दीवान (मन्त्री) का पद; वह न्यायालय जो सम्पत्ति सम्बन्धी मुकदमों का निर्णय करे।

दीवाने आला पु० *(फ़ा० दीवाने+अ० आला)* प्रधानमन्त्री।

दीवाने ख़ालिसा पु० *(फ़ा० दीवाने+अ० खालिसः)* वह मन्त्री जिसके पास शाही मुहर रहती है।

दीवाने महशर पु० *(फ़ा० दीवाने+अ० महशर)* वह विभाग जो कयामत के दिन हिसाब-किताब करेगा।

दीवार स्त्री० *(फ़ा०)* पत्थर; ईंट, मिट्टी से निर्मित पर्दा; किसी वस्तु का घेरा जो ऊपर उठा हो।

दीवार-क़हक़हा स्त्री० *(अ० दीवारे क़हक़हः)* एक कल्पित दीवार, कहते हैं, इसे सिकन्दर ने बनवाया था और जो व्यक्ति इस पर चढ़ता था, वह खूब जोर-जोर से हँसते-हँसते मर जाता था; सिद्दे सिकन्दरी; चीन की बड़ी दीवार।

दीवार-गीर पु० *(फ़ा०)* दीपक आदि रखने का आधार जो दीवार में लगाया जाता है।

दीवारगीरी स्त्री० *(फ़ा०)* वह कपड़ा जो दीवारों में सुन्दरता के लिए लगा देते हैं।

दीवार-व-दीवार अव्य० *(फ़ा०)* दीवार से दीवार मिली हुई।

दीवारे ज़िन्दाँ स्त्री० *(फ़ा०)* जेल की दीवार।

दीशब स्त्री० *(फ़ा०)* बीती हुई रात।

दीह पु० *(फ़ा०)* गाँव।

दुआ स्त्री० *(अ०)* प्रार्थना; दरखास्त; विनती; याचना।

मुहा० ***दुआ माँगना-*** *प्रार्थना करना।* ***दुआ लगना-*** *आशीर्वाद का फलीभूत होना।*

दुआइया वि० *(अ० दुआइयः)* दुआ या शुभकामना सम्बन्धी।

दुआ-ए-ख़ैर स्त्री० *(अ०)* किसी की भलाई के लिए ईश्वर से की जाने वाली प्रार्थना; मंगल कामना।

दुआल वि० *(फ़ा० दोआल)* चमड़ा; तस्मा।

दुआली स्त्री० *(अ० दुआल)* चमड़े का वह फीता या रस्सी जिससे कसेरे या बढ़ई खराद घुमाते हैं।

दुई स्त्री० *(अ० सं० द्वौ)* द्वैत; दो का भाव।

पदरचना- ***नक्शे दुई-*** *दो के चिह्न; द्वैतभाव।*

दुकान स्त्री० *(अ०)* वह स्थान जहाँ बेचने के लिए चीजें रखी हों और ग्राहक जाकर उन्हें खरीदते हों; सौदा बेचने का स्थान।

मुहा० ***दुकान बढ़ाना-*** *दुकान बन्द करना।* ***दुकान लगाना-*** *बिक्री के लिए सामान रखना।*

दुकानदार पु० *(फ़ा०)* दुकान पर बैठकर सौदा बेचने वाला; दुकानवाला; वह जिसने अपनी आमदनी के लिए कोई आडम्बर या ढोंग रच रखा हो।

दुख़ान पु० *(अ०)* धुआँ।

दुख़ानी वि० *(अ०)* धुएँ या आग के जोर से चलने वाला जैसे- दुख़ानी जहाज।

दुख़्तर स्त्री० *(फ़ा०, सं० दुहिता)* लड़की; बेटी।

दुख़्तरे-रज स्त्री० *(फ़ा०)* अंगूर की बेटी अर्थात् अँगूरी शराब; मद्य।

दुख़्ते हव्वा स्त्री० *(फ़ा० दुख़्ते+अ० हव्वा)* हज़रत आदम की पत्नी अर्थात् स्त्री जाति।

दुगाना पु० *(फ़ा० दुगानः)* वह फल जिसमें दो फल जुड़े हो।

दुगूना पु० *(फ़ा० दुगूनः)* दो प्रकार का; दो तरह का।

दुचन्द वि० *(फ़ा०)* दूना; दो गुना।

दुचार वि० *(फ़ा०)* आमना-सामना; मुलाक़ात।

दुचोबा पु० *(फ़ा०)* दो बाँसों वाला खेमा।

दुज़बाँ वि० *(फ़ा०)* जिसकी दो जुबानें हो अर्थात् कभी कुछ कहे और कभी कुछ।

दुजहाँ पु० *(फ़ा०)* दोनों लोक; संसार और परलोक।

दुजा पु० *(अ०)* रात की अँधियारी।

दुज़ानू वि० *(फ़ा०)* घुटनों के बल बैठने की मुद्रा।

दुज़्द पु० *(फ़ा०)* चोर।

दुज़्दी स्त्री० *(फ़ा०)* चोरी।

दुज़्दीदा वि० *(फ़ा० दुज़्दीदः)* चोरी का।

दुतरफ़ा वि० *(फ़ा० दुतर्फ़ः)* द्विपक्षीय।

दुनियवी वि० *(अ० दुन्यवी)* दुनिया से सम्बन्ध रखने वाला; सांसारिक; लौकिक।

दुनिया स्त्री० *(अ० दुन्या)* संसार; जगत।

पदरचना- ***दीन-दुनिया-*** *लोक-परलोक।*

मुहा० ***दुनिया के परदे पर-*** *सारे संसार में।* ***दुनिया की हवा लगना-*** *सांसारिक अनुभव होना।* ***दुनिया भर का-*** *बहुत अधिक।*

दुनियाई वि० *(अ० दुन्या)* सांसारिक।

दुनियादार वि० *(अ० दुन्या+फ़ा० दार)* गृहस्थ; व्यवहार कुशल।

दुनियादारी स्त्री० *(अ० दुन्या+फ़ा० दारी)* गृहस्थी का जंजाल; वह व्यवहार जिससे अपना प्रयोजन सिद्ध हो; स्वार्थ-साधन; बनावटी व्यवहार।

दुनियासाज़ वि० *(अ० दुन्या+फ़ा० साज़)* स्वार्थ साधक; चालाक।

दुबारा क्रि०वि० *(फ़ा० दुबारः)* फिर; पुनः।

दुमंज़िला वि० *(फ़ा० दुमंजिलः)* दो तलों वाला; दो खण्ड वाला।

दुम स्त्री० *(फ़ा०)* पूँछ; पुच्छ।

मुहा० ***दुम दबाकर भागना-*** *डरपोक कुत्ते की तरह भागना।* ***दुम हिलाना-*** *कुत्ते की तरह चापलूसी करना।*

दुमची स्त्री० *(फ़ा०)* घोड़े के साज़ में वह तसमा जो पूँछ के नीचे दबा रहता है।

दुमदार वि० *(फ़ा०)* पूँछ वाला; जिसके पीछे पूँछ जैसी कोई वस्तु हो।

दुम्बल पु० *(फ़ा०)* फोड़ा।

दुम्बा पु० *(फ़ा० दुम्बः)* मेढ़ा; मेष; भेड़।

दुम्बाला पु० *(फ़ा० दुम्बालः)* पिछला भाग; दुम; पूँछ; वह सुरमे की लकीर जो आँख के कोये से आगे तक सुन्दरता के लिए बढ़ा ले जाते हैं; पतवार।

दुर पु० *(अ० दुर)* मोती; मुक्ता।

दुर-अफ़शानी स्त्री० *(फ़ा०)* मोती छिड़कना या बिखेरना; सुन्दर और उत्तम बातें कहना।

दुरफ़िशे-काविंयानी पु० *(फ़ा०)* रेशमी या जरी का काम किया हुआ तिकोना कपड़ा जो प्रायः झण्डे के सिरे पर लगाया जाता है।

दुरुस्त[1] वि० *(फ़ा०)* कड़ा; कठोर; खुरदरा।

दुरुस्त[2] वि० *(फ़ा०)* जो अच्छी दशा में हो; जो टूटा-फूटा या बिगड़ा न हो; जिसमें दोष या त्रुटि न हो; उचित; मुनासिब; यथार्थ।

दुरुस्ती स्त्री० *(फ़ा०)* सुधार; संशोधन।

दुरूद स्त्री० *(फ़ा०)* मुहम्मद साहब की स्तुति; दुआ; शुभ कामना।

दुरेश-हवार पु० *(फ़ा०)* बहुत बड़ा और बादशाहों के योग्य मोती।

दुर्र पु० *(अ०)* मोती; कान और नाक में पहनने का वह लटकन, जिसमें मोती लगा हो।

दुर्रा पु० *(फ़ा०+अ०)* चमड़े का चाबुक।

दुर्रानी पु० *(फ़ा०)* कानों में मोती पहनने वाला पठानों का एक फिरका।

दुलदुल स्त्री० *(अ०)* वह खच्चरी जो इसकन्दरिया (मिस्र) के हाकिम ने मुहम्मद साहब को भेंट में

दी थी। प्रायः लोग इसे घोड़ा समझते हैं और मुहर्रम के दिनों में इसी की नकल निकालते हैं; बिना सवार का घोड़ा जो मुहर्रम के आठवें और नवें दिन अब्बास और हुसेन के नाम से निकाला जाता है।

दुलदुल सवार पु० *(अ० दुलदुल+फ़ा० सवार)* हज़रत अली की उपाधि।

दुलमा पु० *(फ़ा० दुलमः)* एक प्रकार का सालन जो बैंगन और गाजर में कीमा व पनीर डालकर पकाते हैं।

दुवल स्त्री० *(अ० दौलत का बहु०)* बहुत से राष्ट्र।

दुवार पु० *(अ०)* सर चकराना।

दुवाल बाज़ वि० *(फ़ा०)* छली; वंचक; ठग।

दुवुम वि० *(फ़ा०)* दूसरा; द्वितीय।

दुवाल *पु०* *(फ़ा०)* चमड़े की रस्सी या फीता; रकाब का फीता; कमर में लपेटने का चमड़े का चौड़ा फीता; चपरास।

दुशम्बा पु० *(फ़ा० दुशम्बः)* सोमवार; पीर।

दुश्त वि० *(फ़ा०)* निकृष्ट; खराब।

दुश्नाम स्त्री० *(फ़ा०)* अपशब्द; गाली।

दुश्नामतराज़ी स्त्री० *(फ़ा०)* गालियाँ देना।

दुश्नामराशी स्त्री० *(फ़ा०)* गालियाँ गढ़ना।

दुश्नामदेही स्त्री० *(फ़ा०)* गालियाँ देना।

दुशवार वि० *(फ़ा० दुश्वार)* कठिन; मुश्किल; दुरूह।

दुशवारी स्त्री० *(फ़ा० दुश्वारी)* कठिनता; मुश्किल; दिक्कत।

दुशाला स्त्री० *(फ़ा० दुशाल सं० द्विशाट)* पश्मीने की चादरों का जोड़ा, जिनके किनारे पर पश्मीने की बेलें बनती हैं।

दुश्नाम स्त्री० *(फ़ा०)* गाली; दुर्वचन; कुवाच्य।

दुश्मन पु० *(फ़ा०)* शत्रु; वैरी।

दुश्मनकाम वि० *(फ़ा०)* वह व्यक्ति जो अपने दुश्मनों की इच्छा के अनुसार आपत्तियों में फँसा हो।

दुश्मनी स्त्री० *(फ़ा०)* वैर; शत्रुता।

दुश्मने जाँ पु० *(फ़ा०)* जानी दुश्मन।

दुश्वारगुज़ार वि० *(फ़ा०)* जहाँ से गुजरना कठिन हो।

दुसर वि० *(फ़ा०)* दो सिरों वाला।

दुसरा पु० *(फ़ा०)* दोनों जहान; दोनों लोक।

दुसाला वि० *(फ़ा० दुसालः)* दो बरस का; द्विवर्षीय।

दुसुख़ना पु० *(फ़ा०)* अमीर खुसरो की पहेलियों का एक ढंग, जिसमें अनेक सवालों का जवाब एक ही होता है।

दुसूमत स्त्री० *(अ०)* घी, तेल या चरबी की चिकनाई।

दुहरफ़ी वि० *(फ़ा० दु+अ० हरफ़ी)* दो अक्षरों वाला; बहुत ही संक्षिप्त।

दुहुल पु० *(फ़ा०)* धौंसा; नक़्क़ारा।

दुहुल ज़न वि० *(फ़ा०)* नक़्क़ारा बजाने वाला।

दुहुल दरीदा वि० *(फ़ा०)* बदनाम।

दुहूर पु० *(अ० दह्र का बहु०)* जमाने; युगों।

दुह पु० *(अ०)* तेल; घी; चरबी।

दूँ वि० *(फ़ा०)* अधम; नीच; कमीना; गुण्डा।

दूँनवाज़ वि० *(फ़ा०)* कमीनों को मुँह लगाने वाला।

दूँपरस्त वि० *(फ़ा०)* गुण्डों की रक्षा करने वाला।

दूँ हिम्मत वि० *(फ़ा०)* हतोत्साह।

दूक पु० *(फ़ा०)* चरख़े का तक़ला।

दूकदान पु० *(फ़ा०)* चरख़ा; सूत कातने का यन्त्र।

दूद पु० *(फ़ा०)* धुआँ।

दूद कश पु० *(फ़ा०)* धुआँ निकलने का सुराख; चिमनी।

दूदी[1] वि० *(फ़ा०)* भाप या स्टील से चलने वाला।

दूदी[2] वि० *(अ०)* वह नाड़ी जो मृत्यु के समय कमजोर होकर चलती है।

दूदमान पु० *(फ़ा०)* खानदान; परिवार; वंश।

दुदूलहरीर पु० *(अ०)* रेशम का कीड़ा।

दूदेआह पु० *(फ़ा०)* आह का धुआँ।

दूदे जिगर पु० *(फ़ा०)* आह।

दूबदू अव्य० *(फ़ा०)* आमने-सामने।

दून वि० *(अ०)* तुच्छ; नीच। क्रि०वि० सिवा; अतिरिक्त।

दूर क्रि०वि० *(फ़ा०सं०)* देश, काल या सम्बन्ध आदि के विचार से बहुत अन्तर।

दूर-अन्देश वि० *(फ़ा०)* बहुत दूर तक की बात सोचने वाला, अग्रसोची; दूरदर्शी।

दूर-दराज़ वि० *(फ़ा०)* बहुत दूर।

दूर-दस्त वि० *(फ़ा०)* बहुत दूर का; पहुँच से बाहर; दुर्गम।

मुहा० दूर करना- *अलग करना; जुदा करना।* ***दूर भागना या रहना-*** *बहुत बचना; पास न जाना; अलग हो जाना।* **दूर की बात-** *बारीक बात; दूर तक सोच वाली बात; गम्भीर बात।*

दूरबीन स्त्री० *(फ़ा०)* दूर की चीजें बड़ी दिखायी देने वाला यन्त्र।

दूरी स्त्री० *(फ़ा० सं०)* दो वस्तुओं के मध्य का स्थान; अन्तर; फासला।

देग स्त्री० *(फ़ा०)* खाना पकाने का चौड़े मुँह और चौड़े पेट का बड़ा बरतन।

देगचा पु० *(फ़ा० देगचः)* छोटा देग।

देर स्त्री० *(फ़ा०)* नियमित, उचित या आवश्यकता से अधिक समय; विलम्ब।

देरपा वि० *(फ़ा०)* देर तक ठहरने वाला; मजबूत; दृढ़।

देरमाँ वि० *(फ़ा०)* स्थायी; दृढ़; मजबूत। स्त्री० दृढ़ता; मजबूती; स्थायित्व।

देरयाज़ पु० *(फ़ा०)* प्राचीन काल; पुराना ज़माना।

देराश्ना वि० *(फ़ा०)* वह व्यक्ति जो बहुत देर में दोस्त बने।

देरीं वि० *(फ़ा०)* पुराना; प्राचीन।

देरीना वि० *(फ़ा० देरीनः)* पुराना; प्राचीन; वृद्ध।

देव पु० *(फ़ा०)* राक्षस; दैत्य; बहुत हृष्ट-पुष्ट और बलवान।

देवज़ाद वि० *(फ़ा०)* देव से उत्पन्न।

देवदार पु० *(फ़ा०)* चीड़ का पेड़।

देवबाद पु० *(फ़ा०)* चक्रवात; बवण्डर।

देवमर्दुम पु० *(फ़ा०)* बनमानुस; अत्याचारी व्यक्ति।

देवमार पु० *(फ़ा०)* अजगर।

देवलाख़ पु० *(फ़ा०)* देवों या असुरों के रहने का स्थान।

देवसार वि० *(फ़ा०)* राक्षसों जैसा।

देवसीरत वि० *(फ़ा० देव+अ० सीरत)* असुर प्रकृति का।

देवसूरत वि० *(फ़ा० देव+अ० सूरत)* राक्षसों जैसी भयानक सूरत वाला।

देह पु० *(फ़ा०)* गाँव; खेड़ा; मौजा। वि० प्रत्यय- देने वाला। जैसे- तकलीफ़ देह।

देहकान पु० *(फ़ा०)* गाँव वाला; किसान।

देहकानियत स्त्री० *(फ़ा०)* गँवारपन; उजड्डपन।

देहकानी पु० *(फ़ा०)* ग्रामवासी, गँवार। वि० ग्रामीण।

देहबन्दी स्त्री० *(फ़ा०)* गाँवों की हदबन्दी।

देहलीज़ स्त्री० *(फ़ा०)* ड्योढ़ी, दरवाजा; द्वार; चौखट।

देहात पु० *(फ़ा० देह का बहु०, वि० देहाती)* गाँव।

देही वि० *(फ़ा०)* ग्रामीण।

देहिश स्त्री० *(फ़ा०)* दानशीलता।

दै पु० *(फ़ा०)* एक ईरानी महीना, जो हिन्दी का माघ होता है; पतझड़ का महीना।

दैजूर स्त्री० *(फ़ा०)* अँधेरी रात; अमावस्या।

दैन पु० *(अ०)* ऋण; कर्ज।

दैने मेहर पु० *(अ० दैने मेह्र)* स्त्री के मेहर का कर्जा।

दैनदार पु० *(अ० दैन+फ़ा० दार)* कर्ज़दार; ऋणी।

दैजूर स्त्री० *(अ०)* अँधेरी रात। वि० घोर अन्धकार।

दैयान पु० *(अ०)* अच्छे-बुरे कर्मों का हिसाब करने वाला; ईश्वर।

दैयूस पु० *(अ०)* वह व्यक्ति जो अपनी पत्नी के पास परपुरुष को भेजकर उसकी कमायी खाता हो।

दैयसी स्त्री० *(अ०)* अपनी स्त्री से वेश्यावृत्ति करना।

दैर पु० *(अ०)* वह स्थान जहाँ पूजा के लिए कोई मूर्ति रखी हो; मन्दिर।

दैरख़राबात पु० *(फ़ा०)* मधुशाला।

दैर मुकाफ़ात पु० *(फ़ा० दैर+अ० मुकाफ़ात)* संसार; दुनिया।

दैरे मुग़ाँ पु० *(फ़ा०)* मधुशाला।

दैहीम पु० *(फ़ा०)* राजमुकुट; ताज।

दो वि० *(फ़ा० सं० द्वि)* एक और एक।

दो-अमला वि० *(फ़ा० दो+अ० अमलः)* जो दो व्यक्तियों के अधिकार में हो।

दो-अमली स्त्री० *(अ० दो+फ़ा० आमली)* द्वैध या दोहरा शासन; अराजकता; अव्यवस्था।

दो-अस्पा पु० *(फ़ा० दो अस्पः)* वह सैनिक जिसके पास दो निजी घोड़े हों; दो घोड़ों की डाक गाड़ी।

दो-आतशा वि० *(फ़ा० दो आतशः)* जो दो बार भभके से खींचा गया या चुआया गया हो।

दो-आब पु० *(फ़ा०)* किसी देश में वह भाग, जो दो नदियों के बीच में हो।

दो-आशियाना पु० *(फ़ा० दो आशियानः)* एक प्रकार का खेमा या तम्बू, जिसमें दो कमरे होते हैं।

मुहा० ***दो एक या दो चार-*** *कुछ; थोड़े।* ***दो-चार होना-*** *भेंट होना; मुलाकात होना।* ***आँखें दो-चार होना-*** *सामना होना।* ***दो दिन का-*** *बहुत ही थोड़े समय का।*

दोकोहा, दोकोहान वि० *(फ़ा०)* दो कूबड़वाला।

दोख़्त स्त्री० *(फ़ा०)* सिलाई; सीवन।

दोख़्ता वि० *(फ़ा०)* सिला हुआ।

दोख़्तालब वि० *(फ़ा० दोख्तःलब)* चुप; अवाक्; मौन।

दो-ख़समी स्त्री० *(फ़ा० दो-ख़समी)* दो पति वाली स्त्री।

दोग़ पु० *(फ़ा०)* मठा; छाछ।

दोग़ला वि० *(फ़ा० दोग़लः, स्त्री० दोग़ली)* वह व्यक्ति जो अपनी माँ के यार से उत्पन्न हुआ हो; जारज; वह जीव जिसके माता-पिता भिन्न-भिन्न जातियों के हों।

दोगाना स्त्री० *(फ़ा० दोगानः)* एक साथ मिली हुई दो चीजें, सखी; सहेली।

दो चन्द वि० *(फ़ा० दुचन्द)* दूना; द्विगुण।

दो चोबा पु० *(फ़ा० दोचोबः)* वह खेमा जिसमें दो चोबें लगती हैं।

दोज़ वि० *(फ़ा०)* सीनेवाला; सिलाई करने वाला। जैसे- खेमादोज़; जर-दोज़; मिला हुआ; सटा हुआ।

दोज़ख़ पु० *(फ़ा०)* नरक; जहन्नुम।

दोज़ख़ी वि० *(फ़ा०)* दोज़ख़ सम्बन्धी; दोज़ख़ का; बहुत बड़ा अपराधी या पापी; नारकी।

दोज़र्बी स्त्री० *(फ़ा० दो ज़र्बी)* दोनाली बन्दूक; दो बार चुआई हुई शराब।

दोज़ानू क्रि०वि० *(फ़ा० दो, सं० जानु)* घुटनों के बल।

दोज़ी स्त्री० *(फ़ा०)* सीने का काम; सिलाई। जैसे- खेमादोज़ी, जरदोज़ी।

दो-तरफ़ा वि० *(फ़ा० दुतर्फ़ः)* दोनों तरफ का; दोनों ओर होने वाला। क्रि०वि० दोनों तरफ; दोनों ओर।

दो तहीं स्त्री० *(फ़ा०)* देशी मोटी चादर; दो सूती।

दोपाया वि० *(फ़ा० दुपायः)* दो पैरों वाला।

दोपारा वि० *(फ़ा० दुपारः)* दो टुकड़े किया हुआ।

दोप्याजा पु० *(फ़ा० दुपियाजः)* वह माँस जो अधिक प्याज मिला कर बनाया जाता है।

दो-बाज़ू पु० *(फ़ा०)* वह कबूतर जिसके दोनों पैर सफेद हों; एक प्रकार का गिद्ध।

दोबारा क्रि०वि० *(फ़ा० दुबारः)* एक बार हो चुकने के बाद पुनः एक बार; दूसरी बार।

दोबाला वि० *(फ़ा० दुबाला)* दूना, दुगुना।

दो-मंजिला वि० *(फ़ा० दो+हि० मंजिला)* दो मंजिल वाला।

दो-महला वि० *(फ़ा० दो+अ० महला)* दो भवनों वाला।

दोयम वि० *(फ़ा०)* दूसरा; पहले के बाद का; दूसरे दरजे का।

दोराहा वि० *(फ़ा०)* जहाँ से दो रास्ते निकलते हैं।

दोरुख़ा वि० *(फ़ा० दुरुख़ः)* जिसके दोनों ओर समान रंग या बेलबूटे हों; जिसके एक ओर एक रंग और दूसरी ओर दूसरा रंग हो।

दो-लाब पु० *(फ़ा०)* पानी खींचने की चरखी; रंहट।

दोश पु० *(फ़ा०)* कन्धा; स्कन्ध।

दोशमाल पु० *(फ़ा०)* कन्धे पर रखने का रुमाल या अँगोछा।

दोशम्बा पु० *(फ़ा० दोशम्बः)* सोमवार।

दोशाखा पु० *(फ़ा० दो शाखः)* वह शमादान जिसमें दो शाखे हों। वि० दो शाखाओं वाला।

दोशाब पु० *(फ़ा०)* अंगूर का शीरा, जिसे पीकर एक-दो दिन गुजर जायें और नशा हो जाये।

दोशीज़गी स्त्री० *(फ़ा०)* दोशीज़ा या कुमारी होने का भाव; कुँआरापन।

दोशीज़ा स्त्री० *(फ़ा० दोशीज़ः)* कुमारी लड़की; अविवाहित।

दोशीदा वि० *(फ़ा० दोशीदः)* दुहा हुआ दुध।

दोशीना वि० *(फ़ा० दोशीनः)* पिछली रात का।

दोसाला वि० *(फ़ा० दो+साल)* दो साल का; दो वर्ष का पुराना।

दोस्त पु० *(फ़ा०)* मित्र; स्नेही।

दोस्ताना पु० *(फ़ा० दोस्तानः)* मित्रता; मित्रता का व्यवहार।

दोस्ती स्त्री० *(फ़ा०)* मित्रता।

दौर पु० *(अ०)* फेरा; चक्कर; घुमाव; समय का फेर; जमाने की गर्दिश; चढ़ाई; आक्रमण; समय; युग; धाक; प्रभाव; पारी। स्त्री० दौड़; आक्रमण; छापामार पुलिस।

पदरचना- ***दौर-दौरा-*** *बोलबाला; चलती।*

मुहा० ***दौर चलना-*** *शराब के प्याले को बारी-बारी से पीने वालों के पास पहुँचाया जाना।*

दौरा पु० *(अ०)* चारों ओर घूमना; गश्त; निरीक्षण के लिए अधिकारी का अपने क्षेत्र में जाना।

पदरचना- ***दौरा-जज-*** *सत्र न्यायालय का मुख्य न्यायाधीश।*

मुहा० ***दौरा करना-*** *निरीक्षण के लिए घूमना।* ***दौरा सुपुर्द करना-*** *विचार या निर्णय के लिए अभियुक्त को सेशन जज के यहाँ भेजा जाना।* ***दौरा/रे पर रहना-*** *निरीक्षण के लिए अधिकारी का अपने कार्यालय से बाहर रहना।*

दौरान पु० *(अ०)* चक्कर; दौरा; जमाना; समय; भाग्य।

दौराने खूँ पु० *(अ० दौराने+ फ़ा० खूँ)* खून का शरीर में दौरा।

दौराने सर पु० *(अ० दौराने+ फ़ा० सर)* सर के चक्कर।

दौरी वि० *(अ०)* जो बारी से पड़ता हो।

दौरे अव्वल पु० *(अ०)* प्रारम्भिक काल।

दौरे आख़िर पु० *(अ०)* अन्तिम काल।

दौलत स्त्री० *(अ०)* धन।

पदरचना- ***दौलते हुस्न-*** *रूप की सम्पत्ति; रूपसी।*

दौलत ख़ाना पु० *(अ० दौलत+ फ़ा० ख़ाना)* निवासस्थान; घर (आदर के रूप में प्रयुक्त)।

दौलत-मन्द पु० *(अ० दौलत+ फ़ा० मन्द)* धनी; सम्पन्न।

दौलत सरा स्त्री० *(अ० दौलत+ फ़ा० सरा)* दौलतख़ाना।

दौलते खुदादाद स्त्री० *(अ० दौलते+ फ़ा० खुदादाद)* ईश्वर का दिया हुआ धन; बहुत अधिक धन।

दौलते ख़्वाबीदा स्त्री० *(अ० दौलते+ फ़ा० ख़्वाबीदा)* बदनसीबी; दुर्भाग्य।

दौलते दारैन स्त्री० *(अ०)* दुनिया और धरम।

दौलते बेदार स्त्री० *(अ० दौलते+ फ़ा० बेदार)* खुशनसीबी; सौभाग्य।

दौलते हुस्न स्त्री० *(अ०)* रूप की दौलत; अत्यधिक सुन्दरता।

दौलाब पु० *(अ०)* रहट जिससे कुएँ से पानी खींचते हैं।

ध

धँधलेबाज़ पु० *(हि० धँधले+ फ़ा० बाज़)* धोखेबाज; ढोंगी।

धँधले बाज़ी स्त्री० *(हि० धँधले+ फ़ा० बाज़ी)* धोखेबाजी; ढकोसले बाज़ी।

धब्बेदार वि० *(हि० धब्बे+ फ़ा० दार)* जिस पर धब्बा लगा हो; कलंकी।

धुआँकश पु० *(हि० धुआँ+ फ़ा० कश)* भाप से चलने वाली नौका; स्टीमर।

धुआँदान पु० *(फ़ा०)* चिमनी।

धोखेबाज़ वि० *(हि० धोखे+ फ़ा० बाज़)* धोखा देने वाला; छली; कपटी।

धोखेबाज़ी स्त्री० *(हि० धोखे+ फ़ा० बाज़ी)* छल; कपट।

धोबी ख़ाना पु० *(हि० धोबी+ फ़ा० ख़ाना)* जहाँ कपड़ा धुलने का काम होता है।

धोबी गिरी स्त्री० *(हि० धोबी+ फ़ा० गिरी)* धोबी का काम।

धोबीख़ाना पु० *(अ० धोबी+ फ़ा० ख़ाना)* कपड़ा धोने का घाट या स्थान।

न

नंग पु० *(फ़ा०)* प्रतिष्ठा; सम्मान; लज्जा; शर्म हया; कलंक का कारण या साधन।

पदरचना- ***नंग व नामूस-*** *लज्जा; शरम।* ***नंग-ए-खानदान-*** *कुल कलंक।*

नंगा वि० *(फ़ा०)* जिसकी देह पर कोई कपड़ा न हो; निरावरण; निर्लज्ज; बेहया।

पदरचना- ***नंगा झोरी/झोली-*** *कपड़ों की तलाशी।* ***नंगानाच-*** *अभद्र आचरण।* ***नंगा बुंगा-*** *नंग धड़ंग।* ***नंगाभूखा-*** *अन्न-वस्त्र की कमी से पीड़ित।* ***नंगा मादरजात-*** *जन्म के समय जैसा नंगा।* ***नंगा लुच्चा-*** *नंगा और लुच्चा।*

नंगे अज्दाद पु० *(फ़ा० नंगे+ अ० अज्दाद)* जो अपने दुराचरण के कारण अपने बाप-दादा के नाम को कलंकित करता है।

नंगे इनसानियत पु० *(फ़ा० नंगे+अ० इंसानियत)* ऐसा कार्य जो मानवता के दृष्टिकोण से लज्जाजनक हो।

नँगियाना स०क्रि० *(फ़ा०)* नंगा करना; सब कुछ ले लेना।

न निपात *(फ़ा० नह; सं० न)* निषेधवाचक शब्द; नहीं; मत।

नअत स्त्री० *(अ०)* प्रशंसा; स्तुति; मुहम्मद साहब की स्तुति।

नअम अव्य० *(अ०)* हाँ; जी हाँ। पु० पशु-चौपाया।

नअश स्त्री० *(अ०)* नाश; बर्बाद।

नआइम स्त्री० *(अ०)* बीसवाँ नक्षत्र; पूर्वाषाढ़ा।

नईक स्त्री० *(अ०)* कौए की आवाज़; काँव-काँव।

नईम स्त्री० *(अ०)* बहिश्त; स्वर्ग; नियामत; पहुँच, इनाम में दी हुई चीज़।

नऊज़ु बिल्लाह अव्य० *(अ०)* हम अल्लाह से पनाह माँगते हैं; ईश्वर हमारी रक्षा करे।

नक़द पु० *(अ० नक़्द)* वह धन जो सिक्कों के रूप में हो; रुपया- पैसा।

पदरचना- *नक़दे-गुल-* *फूलों का मूल्य।* ***नक़दे हयात-*** *जीवनरूपी धन।*

नक़दखाँ पु० *(अ० नक़द+फ़ा० खाँ)* आत्मा; रूह।

नक़द-दम क्रि०वि० *(अ०)* अकेले; बिना किसी को साथ लिये।

नक़दमाल पु० *(अ०)* खरा और बढ़िया माल।

नक़ब स्त्री० *(अ० नक़्ब)* चोरी करने के लिए दीवाल में किया गया छेद; सेंध।

नक़बज़न पु० *(अ० नक़्ब+फ़ा० ज़न)* नक़ब या सेंध लगाने वाला।

नक़ब-ज़नी स्त्री० *(अ० नक़्ब+फ़ा० ज़नी)* नक्ब या सेंध लगाने वाला।

नकबत स्त्री० *(अ० नक्बत)* दुर्दशा; विपत्ति; निर्धनता; दरिद्रता।

नकरा पु० *(अ० नक्रः)* जान-पहचान का अभाव; व्याकरण में जातिवाचक संज्ञा।

नक़ल स्त्री० *(अ० नक़्ल)* किसी दूसरे के ढंग पर या उसी तरह तैयार किया गया अनुकृति; किसी के वेश, हाव-भाव या बातचीत आदि का सम्पूर्ण अनुकरण।

नक़लची पु० *(अ०)* नकल करने वाला।

नक़लनवीस वि० *(अ० नक्ल+फ़ा० नवीस)* मुहर्रिर; प्रतिलिपिकार।

नक़लनवीसी स्त्री० *(अ०)* नकलनवीस का कार्य या पद।

नक़ल बही स्त्री० *(अ०)* वह रजिस्टर जिस पर हुण्डियों की नक़ल की जाये।

नक़ली वि० *(अ० नक़्ली)* जो नक़ल करके बनाया गया हो; कृत्रिम; बनावटी; खोटा; जाली; झूठा। पु० कहानियाँ सुनाने वाला; किस्सा-गो।

नक़लेपरवाना पु० *(अ० नक़ले+फ़ा० परवानः)* साला; पत्नी का भाई।

नक़ले-मज़हब पु० *(अ०)* एक धर्म छोड़कर दूसरा धर्म ग्रहण करना; धर्म-परिवर्तन।

नकसीर स्त्री० *(अ० नक्सीर)* नाक के अन्दर की नसें।

मुहा० *नकसीर फूटना-* *नाक से खून गिरना।*

नकहत स्त्री० *(अ० नक्हत)* सुगन्ध; महक; खुशबू।

नक़ाइस पु० *(अ० नुक़्स का बहु०)* खराबियाँ।

नक़ाब स्त्री० *(अ० निक़ाब)* वह कपड़ा जो मुँह छिपाने के लिए सिर पर से गले तक डाल लिया जाता है; साड़ी या चादर का वह भाग जिससे स्त्रियों का मुँह ढका रहता है; घूँघट।

नक़ाबपोश वि० *(अ० नक़ाब+फ़ा० पोश)* जिसने मुँह पर नक़ाब डाली हो।

नक़ायस पु० *(अ०)* बुराइयाँ; ऐब (नक़्स का बहु०)।

नकारा वि० *(फ़ा०)* निकम्मा; खराब; व्यर्थ।

नक़ावत स्त्री० *(अ०)* पवित्रता; शुद्धता।

नक़ाशना स०क्रि० *(अ० नक़ाश+हि० 'ना' प्रत्य०)* नक्काशी करना।

नक़ाशी स्त्री० *(अ०)* नक़्क़ाशी।

पदरचना- *नक़्क़ाशीदार/नक़्क़ाशी वाला-* *जिस पर नक्काशी किया गया हो।*

नक़ाहत स्त्री० *(अ०)* निर्बलता, विशेषतः रोग के समय की।

नक़ीज़ वि० *(अ०)* तोड़ने या गिराने वाला; विपरीत; उल्टा। स्त्री० अस्तित्व मिटाने की क्रिया; शत्रुता; दुश्मनी।

नक़ीब पु० *(अ०)* चारण; भाट।

नकीर[1] स्त्री० *(अ०)* उन दो फरिश्तों में से एक जो कब्र के मुरदों से प्रश्न करते हैं कि तुम किसके सेवक या उपासक हो (दूसरे फ़रिश्ते का नाम 'मुनकिर' है)।

नक़ीर[2] वि० *(अ०)* बहुत छोटा। पु० नहर।

नकीरैन पु० *(अ० नक़ीर का बहु०)* मुनकिर और नकीर नामक दोनों फरिश्ते या देवदूत जो कब्र के मुरदों से पूछते हैं कि तुम किसके सेवक या उपासक हो।

नक़ीह वि० *(अ०)* विशुद्ध; बढ़िया।

नक़्क़ाद वि० *(अ०)* खरा-खोटा परखने वाला; पारखी; समीक्षक।

नक़्क़ारख़ाना पु० *(फ़ा० नक़्क़ारख़ानः)* वह स्थान जहाँ पर नक़्क़ारा बजता है।

मुहा० *नक्कार खाने में तूती की आवाज कौन सुनता है-* *बड़े-बड़ों के सामने छोटों की कोई नहीं सुनता।*

नक़्क़ारची पु० *(फ़ा० नक़्क़ार+तु० ची)* नगाड़ा बजाने वाला।

नक़्क़ारा पु० *(फ़ा० नक़्क़ारः)* नगाड़ा; डंका; दुन्दुभि।

नक़्क़ाल पु० *(अ०)* वह जो नक़ल करता हो; बहुरूपिया; भाँड।

नक़्क़ाली स्त्री० *(अ० नक़्क़ालः)* नक़ल करने का काम; भाँडपन; भड़ैती।

नक़्क़ाश पु० *(अ०)* वह जो धातु या लकड़ी पर बेलबूटे बनाना।

नक़्क़ाशी स्त्री० *(अ०)* धातु आदि पर खोदकर बेलबूटे बनाने का काम।

नक़्क़ाशे अज़ल पु० *(अ०)* संसार की रचना करने वाला।

नक़्ज़ पु० *(अ०)* भंग करना; तोड़ना (जैसे- नक्ज़े अहद- प्रतिज्ञा तोड़ना)।

नक़्ज़े अमन पु० *(अ० नक़्ज़े अम्न)* शान्ति भंग करना।

नक़्श वि० *(अ०)* जो अंकित या चित्रित किया गया हो; बनाया या लिखा हुआ।

नक़्शबन्दी स्त्री० *(अ० नक़्श+फ़ा० बन्दी)* चित्रकारी; चित्रकला।

नक़्श-व-दीवार वि० *(अ० नक़्शा+फ़ा० दीवार)* दीवार पर बने हुए चित्र के समान; चकित; स्तम्भित।

नक़्शा पु० *(अ० नक़्शः)* रेखाओं द्वारा आकार आदि का निर्देश; चित्र; प्रतिमूर्ति; ढाँचा आदि।

नक़्शानवीस वि० *(अ० नक़्शा+फ़ा० नवीस)* जो नक्शे बनाता हो।

नक़्शे आरब पु० *(अ० नक़्शे+फ़ा० आरब)* पानी पर बनाया हुआ चिह्न जो तुरन्त मिट जाता है; अस्थायी वस्तु।

नक़्शे क़दम पु० *(अ०)* पदचिह्न।

नक़्शे दिल पु० *(फ़ा०)* दिल का चित्र।

नक़्शोनिगार पु० *(अ० नक़्शी+फ़ा० निगार)* फूल-पत्ती; बेलबूटे।

नक़्शे-पा पु० *(अ०)* नक़्शे कदम; पदचिह्न।

नक़्स पु० *(अ०)* भूल; त्रुटि।

नख़ स्त्री० *(फ़ा०)* वह पतला या रेशमी सूती धागा जिससे पतंग उड़ाते हैं; डोर।

नख़चीर पु० *(फ़ा० नख़्वीर)* वे जंगली जानवर जिनका शिकार किया जाता है; शिकार।

नख़चीर गाह स्त्री० *(फ़ा०)* शिकार गाह; आखेट-स्थल।

नख़रा पु० *(फ़ा० नख़रः)* चोंचला; चंचलता; चुलबुलापन।

नख़रीला वि० *(फ़ा० नख़रा+हि० 'ईला' प्रत्य०)* नखरा दिखाने वाला।

नख़रेबाज़ स्त्री० *(फ़ा०)* नख़रा करने वाला; दिखावा करने वाला।

नख़वत स्त्री० *(अ०)* घमण्ड; अभिमान; शेखी।

नख़ास पु० *(अ० नख़्ख़ास)* गुलामों या जानवरों के बिकने का स्थान बाजार।

पदरचना- *नख़ास वाली-* *वेश्या; रण्डी; तवायफ़।*

नखुस्त पु० *(फ़ा०)* आरम्भ; प्रधान।

नख़ूद पु० *(फ़ा०)* चना।

नख़्ल पु० *(अ०)* खजूर या छुहारे का वृक्ष।

नख़्लबन्द पु० *(अ० नख़्ल+फ़ा० बन्द)* माली; बागवान; मोम के वृक्ष और फूल-पत्ते बनाने वाला।

नख़्लिस्तान पु० *(अ० नख़लि+फ़ा० स्तान)* खजूर के वृक्षों का वन, वाटिका, बाग।

नख़्ले-ताबूत पु० *(अ० नख़्ले+फ़ा० ताबूत)* ताबूत या अर्थी की सजावट जो प्रायः किसी वृद्ध के मरने पर की जाती है।

नख़्ले-तूर पु० *(अ०)* तूर पर्वत का वह वृक्ष, जिस पर हज़रत मूसा को ईश्वरीय प्रकाश दिखायी पड़ा था।

नख़्ले मरियम पु० *(अ०)* खजूर का वह सूखा वृक्ष जो मरियम की प्रसव-वेदना के समय, उनके स्पर्श से हरा हो गया था।

नग़मा पु० *(अ०)* गाना; गीत; सुरीली आवाज।

नग़मा संज पु० *(अ० नग़मा+फ़ा० संज)* गवैया।

नगहत स्त्री० *(फ़ा०)* खुशबू।

नगाड़ा पु० *(अ०)* डंका; धौंसा।

नगीं पु० *(फ़ा०)* नगीना; हीरा।

नगीना पु० *(फ़ा० नगीनः)* रत्न; मणि। वि० चिपका या ठीक बैठा हुआ।

नगीना साज़ वि० *(फ़ा०)* वह जो नगीना जड़ता हो।

नग़्ज़ वि० *(अ०)* श्रेष्ठ; उत्तम; बढ़िया।

नग़्ज़क पु० *(अ० नग्सेः)* बहुत उत्तम पदार्थ; बढ़िया चीज।

नग़्मा पु० *(अ० नग्मः)* राग; गीत; सुरीली और बढ़िया आवाज़; मधुर स्वर।

नग़्मात स्त्री० *(अ० नग्मः का बहु०)* गीत; राग; सुन्दर और सुरीले शब्द।

नग़्मासंज वि० *(अ०)* गवैया।

नग़्मासंजी स्त्री० *(अ०)* गीत गाना।

नग़्मासरा पु० *(अ० नग़्मा+फ़ा० सरा)* गायक; सुन्दर स्वर निकालने वाला।

नग़्मासराई स्त्री० *(अ० नग़्मा+फ़ा० सराई)* गाना; अलापना।

नज़अ पु० *(अ० नज़्अ)* मरने के समय साँस तोड़ना।

नज़दीक वि० *(फ़ा० नज़्दीक)* निकट; पास; करीब; समीप।

नज़दीकी वि० *(फ़ा० नज़्दीकी)* निकट का, समीप का।

नजफ़ पु० *(अ०)* ऊँचा टीला; अरब के एक नगर का नाम।

नजम[1] पु० *(फ़ा० नज़्म)* तारा।

नज़म[2] स्त्री० *(फ़ा० नज़्म)* कविता।

नज़र[1] स्त्री० *(अ०, बहु० अनज़ार)* दृष्टि; निगाह। **मुहा०** ***नज़र आना-*** *दिखायी पड़ना।* ***नज़र पर चढ़ना-*** *पसन्द आ जाना; ध्यान में रहन; भला मालूम होना।* ***नज़र बाँधना-*** *जादू या मन्त्र आदि के जोर से किसी को कुछ कर दिखाना।* ***नज़र उतारना-*** *बुरी दृष्टि के प्रभाव को मन्त्र या युक्ति से हटा देना।* ***नज़र लगना-*** *बुरी दृष्टि का प्रभाव पड़ना।*

नज़र[2] स्त्री० *(अ० नज़्र)* भेंट; उपहार; एक रस्म जिसमें राजाओं के सामने प्रजावर्ग आदि नकद या सामग्री के रूप में पेश करते हैं।

नज़र-अन्दाज वि० *(अ० नज़र+फ़ा० अन्दाज)* जिस पर नज़र पड़ी हो, वह नज़र से चूका या गिरा हुआ।

नज़र-गुज़र स्त्री० *(अ० नज़र+फ़ा० गुज़र)* बुरी नज़र; कुदृष्टि।

नज़र-फ़रेब वि० *(अ० नज़र+फ़ा० फ़रेब)* सुन्दर; लुभावना।

नज़रबन्द वि० *(अ० नज़र+फ़ा० बन्द)* कड़ी निगरानी में रखा हुआ। पु० जादू या इन्द्रजाल।

नज़रबाग़ पु० *(अ०)* महलों या बड़े-बड़े मकानों आदि के सामने या चारों ओर का बाग।

नज़र बाज़ वि० *(अ० नज़र+फ़ा० बाज़)* तेज नज़र रखने वाला; ताड़ने वाला; चालाक; नज़र लड़ाने वाला; आँख लड़ाने की क्रिया; ताक-झाँक।

नज़रे-सानी स्त्री० *(अ० नज़रे सानी)* जाँचने के विचार से किसी देखी हुई चीज को फिर से देखना।

नज़राना पु० *(अ० नज़्र+फ़ा० आनः)* भेंट; उपहार।

नज़रीया पु० *(अ० नज़रीयः)* दृष्टिकोण।

नज़रीयात पु० *(अ०)* नज़रीया का बहु०।

नज़ला पु० *(अ० नज़्लः)* एक प्रकार का रोग, जिसमें गरमी के कारण सिर का विकारयुक्त पानी ढल कर भिन्न-भिन्न अंगों की ओर प्रवृत्त होकर उन्हें खराब कर देता है; जुकाम; सरदी।

नज़लाबन्द पु० *(अ० नज़ला+फ़ा० बन्द)* औषधि में तर किया हुआ वह फाहा, जो कनपटियों पर नज़ला रोकने के लिए लगाया जाता है; सोने के वर्क आदि का वह गोल टुकड़ा, जो कुछ स्त्रियाँ शोभा के लिए कनपटियों पर लगाती हैं।

नजस पु० *(अ०)* अपवित्र रहने का भाव; अपवित्रता।

नज़ाकत स्त्री० *(अ० नाजुक से फ़ा०)* नाजुक होने का भाव; सुकुमारता; कोमलता।

नजात स्त्री० *(अ०)* मुक्ति; मोक्ष; छुटकारा; रिहाई।

नज़ाद पु० *(फ़ा०)* मूल; वंश; परिवार।

नजाबत स्त्री० *(अ० निजाबत)* कुलीनता; सज्जनता; शराफत।

नज़ामत स्त्री० *(अ०)* नाज़िम का पद; नाज़िम का विभाग या दफ्तर; प्रबन्ध; इन्तजाम।

नज़ार स्त्री० *(फ़ा०)* दुबला-पतला; निर्धन; गरीब।

नज़ारत स्त्री० *(अ०)* नज़र रखने की क्रिया; देख-भाल, रक्षा; निगरानी; नाजिर का काम, पद व कार्यालय।

नज़ारा पु० *(अ० नज़्ज़ारः)* दृश्य; दृष्टि; तमाशा।

नज़ाराबाजी स्त्री० *(अ० नज़ारः+फ़ा० बाजी)* आँखें लड़ाने की क्रिया।

नजासत स्त्री० *(अ०)* गन्दगी; मैलापन; अपवित्रता।

नजिस वि० *(अ०)* मैला; गन्दा; अपवित्र; अशुद्ध।

नजीब पु० *(अ०)* श्रेष्ठ कुलवाला; कुलीन।

नज़ील पु० *(अ०)* अतिथि; मेहमान।

नज़ीर[1] स्त्री० *(अ०)* उदाहरण; दृष्टान्त; मिसाल।

नज़ीर[2] वि० *(अ०)* डराने वाला; पैगम्बर मुहम्मद साहब की उपाधि।

नजूम पु० *(अ०)* ज्योतिष।

नजूमी पु० *(अ०)* ज्योतिषी।

नजूल पु० *(अ० नुज़ूल)* उतरना; गिरना; आकर उपस्थित होना; नगर की वह भूमि जिस पर सरकार का अधिकार हो।

नज्म पु० *(अ०)* तारा; सितारा।

नज्जार पु० *(अ०)* लकड़ी के सामान बनाने वाला; बढ़ई; तरखान।

नज़्ज़ारगी पु० *(अ० नज़्ज़ार से फ़ा०)* नज़ारा लड़ाने की क्रिया; दीदारबाजी।

नतीजा पु० *(अ० नतीजः)* परिणाम; फल।

नतूल पु० *(अ०)* वह पानी जिसमें दवाएँ खौलायी गयी हों और जिसमें शरीर के किसी अंग पर धार दी गयी हो।

नदामत स्त्री० *(अ०)* शर्मिन्दगी; हलकापन; पश्चाताप।

नदारद वि० *(फ़ा०)* जो मौजूद न हो; गायब; लुप्त।

नदीद वि० *(अ०)* तुल्य; समान।

नदीदा वि० *(फ़ा०)* न देखा हुआ; लालची।

नदीम वि० *(अ०)* पाश्ववर्ती; बगलगीर। पु० साथी, सहचर।

नद्दाफ़ पु० *(अ०)* रूई धुनने वाला; धुनिया।

नद्दाफ़ी स्त्री० *(अ०)* रूई धुनने का काम।

नफ़क़ा पु० *(अ० नफ़कः)* खाने-पीने का खर्च, भरण-पोषण का व्यय।

नफ़र पु० *(अ०)* दास; सेवक; नौकर; व्यक्ति; मजदूर।

नफ़रत स्त्री० *(अ० नफ़्रत)* घृणा।

नफ़रत-आमेज़ वि० *(अ० नफ़्रत+फ़ा० आमेज़)* जिसे देख कर नफ़रत पैदा हो; घृणा उत्पन्न करने वाला।

नफ़रत-ज़दा वि० *(अ० नफ़्रत+फ़ा० जदः)* घृणित।

नफ़री[1] स्त्री० *(फ़ा०)* शाप; बद्दुआ; लानत; धिक्कार।

नफ़री[2] स्त्री० *(फ़ा० नफ़र)* मज़दूरी का दिन।

नफ़ल पु० *(अ० नफ़लः)* विशेष फल के लिए ईश-प्रार्थना।

नफ़स पु० *(अ० नफ़्स)* श्वास-प्रश्वास; साँस।

नफ़स-परवर स्त्री० *(अ० नफ़्स+फ़ा० पर्वर)* मन को प्रसन्न करने वाला; मनोहर।

पदरचना- नफ़से-वापसी- *आखिरी साँस।*

नफ़सानियत स्त्री० *(अ०)* स्वार्थपरता; अभिमान।

नफ़सानी वि० *(अ०)* शारीरिक; कामवासना सम्बन्धी।

नफ़ा पु० *(अ० नफ़्अ)* लाभ; फायदा।

पदरचना- नफ़ा-नुक़सान- *लाभ-हानि।* **नफ़ाबाज़ी-** *अनुचित लाभ।*

नफ़ाइस पु० *(अ० नफ़ीस का बहु०)* उत्तम वस्तुएँ।

नफ़ास पु० *(अ० निफ़ास)* प्रवृत्ति; आँवल; नालखेड़ी।

नफ़ासत स्त्री० *(अ०)* सफाई; स्वच्छता; अच्छाई।

नफ़ासत-पसन्द वि० *(अ० नफ़ासत+फ़ा० पसन्द)* सफाई-पसन्द।

नफ़ी स्त्री० *(अ०)* न होने का भाव; निकालना; दूर करना; इनकार; अस्वीकृति।

नफ़ीर वि० *(अ०)* नफ़रत या घृणा करने वाला। स्त्री० रोना-चिल्लाना; फरियाद; पुकार।

नफ़ीरी स्त्री० *(अ०)* तुरही नामक एक बाजा।

नफ़ीस वि० *(अ०)* उत्तम; बढ़िया; साफ; स्वच्छ; सुन्दर।

नफ़्फ़ार वि० *(अ०)* नफ़रत या घृणा करने वाला।

नफ़्स पु० *(अ०)* आत्मा; रूह; प्राण; वास्तविक तत्त्व सत्ता; पुरुषेन्द्रिय; कामवासना।

नफ़र पु० *(अ०)* व्यक्ति; मजदूर; दास।

नफ़री स्त्री० *(अ० नफ़रः)* मजदूरी।

नफ़्सकुश वि० *(अ० नफ़्स+ फ़ा० कुश)* अपनी इन्द्रियों का दमन करने वाला।

नफ़्सपरस्त वि० *(अ० नफ़्स+फ़ा० परस्त)* वासनाएँ तृप्त करने वाला; इन्दियलोलुप।

नफ़्सानफ़्सी स्त्री० *(अ०)* आपाधापी; अपना ही हित देखना।

नफ़्सानियत स्त्री० *(अ०)* मात्र अपने शरीर की चिन्ता; स्वार्थपरता; अभिमान; घमण्ड।

नफ़्सानी वि० *(अ०)* स्वार्थमय; स्वार्थप्रेरित; भोगेच्छा सम्बन्धी; भोग-विलास सम्बन्धी।

नफ़्से-मतलब पु० *(अ०)* वास्तविक उद्देश्य या तात्पर्य।

नबर्द स्त्री० *(फ़ा०)* युद्ध; समर; लड़ाई।

नबर्द-आज़मा वि० *(फ़ा०)* युद्धक्षेत्र का अनुभवी; वीर योद्धा।

नबर्द-गाह स्त्री० *(फ़ा०)* युद्धक्षेत्र; लड़ाई का मैदान।

नबात स्त्री० *(अ०)* साग-भाजी; तरकारी।

नबाती वि० *(अ०)* वनस्पति सम्बन्धी।

नबी पु० *(अ०)* ईश्वर का दूत; पैगम्बर।

नबीरा पु० *(अ० नबीरः)* पोता; पौत्र।

नबूवत स्त्री० *(अ०)* नबी या पैगम्बर होने का भाव; पैगम्बरी; नबीपन।

नब्ज़ स्त्री० *(अ०)* हाथ की वह रक्तवाहिनी नाड़ी, जिसकी चाल से रोग की पहचान की जाती है। **मुहा०** ***नब्ज़ चलना-*** *नाड़ी में गति होना।* ***नब्ज़ छूटना-*** *प्राण न रह जाना।*

नब्बाज़ पु० *(अ०)* नाड़ी देखने वाला; हकीम; वैद्य।

नब्बाज़ी स्त्री० *(अ०)* नाड़ी देखकर रोग पहचानना; नाड़ी परीक्षा; नाड़ी ज्ञान।

नब्बाश पु० *(अ०)* जो गड़े मुरदे उखाड़ कर उनका कफ़न आदि चुराता हो।

नम वि० *(फ़ा०)* भींगा हुआ, आर्द्र; गीला; तर।

नमक पु० *(फ़ा०)* एक प्रसिद्ध क्षार पदार्थ जिसे भोजन आदि में एक प्रकार का स्वाद उत्पन्न होता है; लवण, कुछ विशेष प्रकार का सौन्दर्य जो अधिक मनोहर या प्रिय हो; लावण्य। **मुहा०** ***नमक अदा करना-*** *स्वामी के उपकार का बदला चुकाना।* ***नमक खाना-*** *किसी के द्वारा पालित होना; किसी का किया हुआ खाना।* ***नमक-मिर्च मिलाना/लगाना-*** *किसी बात को बहुत बढ़ा-चढ़ा कर कहना।* ***नमक फूट कर निकलना-*** *कृतघ्नता का दण्ड मिलना।* ***कटे पर नमक छिड़कना-*** *दुःखी को और भी दुःख देना।*

नमक-ख़्वार वि० *(फ़ा०)* नमक खाने वाला; पालित होने वाला।

नमक-चशी स्त्री० *(फ़ा०)* बच्चे को पहले-पहल नमक खिलाने की रस्म; अन्नप्राशन; चख कर यह देखना कि उसमें नमक है या नहीं; मुसलमानों में मँगनी के बाद होने वाली एक रस्म।

नमक परवर्दा वि० *(फ़ा०)* किसी का पालित नौकर।

नमकसार पु० *(फ़ा०)* वह स्थान जहाँ नमक निकलता या बनता हो।

नमक हराम वि० *(फ़ा० नमक+ अ० हराम)* विश्वासघाती।

नमक हलाल वि० *(फ़ा० नमक+अ० हलाल)* जो नमक का हक अदा करे; स्वामी भक्त।

नमकीं/नमकीन वि० *(फ़ा० भाव० नमकीनी)* जिसमें नमक जैसा स्वाद हो; जिसमें नमक पड़ा हो; सुन्दर, खूबसूरत। पु० वह पकवान आदि, जिसमें नमक पड़ा हो।

नमगीरा पु० *(फ़ा० नमगीरः)* ओस से बचाव के लिए ऊपर ताना जाने वाला मोटा कपड़ा; शामियाना।

नमदा पु० *(फ़ा० नम्दः)* जमाया हुआ ऊनी कम्बल या कपड़ा।

नमदार वि० *(फ़ा०)* गीला; आर्द्र।

नमनाक वि० *(फ़ा०)* गीला; तर; आर्द्र।

नमश स्त्री० *(फ़ा०)* दूध का थोड़ा जमा हुआ फेन जो जाड़े के दिनों में बिकता है; मलैया।

नमाज़ स्त्री० *(फ़ा० सं० नमन)* मुसलमानों की ईश प्रार्थना जो रोज कई बार होती है।

नमाज़े-कुसूफ़ स्त्री० *(फ़ा० नमाज़े+ अ० कुसूफ़)* सूर्य ग्रहण के समय पढ़ी जाने वाली नमाज़।

नमाज़े-खुसूफ़ स्त्री० *(अ० नमाज़े+ फ़ा० खुसूफ़)* चन्द्रग्रहण के समय पढ़ी जाने वाली नमाज़।

नमाज़े-जनाज़ा स्त्री० *(अ० नमाज़े+फ़ा० जनाज़ा)* वह नमाज़ जो किसी के मरने पर उसके शव के पास खड़े होकर पढ़ी जाती है।

नमाज़े-पंचगाना- स्त्री० *(फ़ा०)* नित्य के पाँचों वक्त की नमाज़।

नमाज़े-पेशी स्त्री० *(फ़ा०)* सबेरे की पहली नमाज़।

नमिश स्त्री० *(फ़ा० नमश्क)* एक विशेष प्रकार से तैयार किया हुआ दूध का फ़ेन।

नमी स्त्री० *(फ़ा०)* गीलापन; आर्द्रता।

नमीम पु० *(अ०)* चुग़लखोर।

नमू पु० *(अ०)* वनस्पति; वृद्धि; बाढ़।

नमूद स्त्री० *(फ़ा०)* निकलने या उदित होने की क्रिया; निशान; अस्तित्व; शान-शौकत; प्रसिद्धि, शेखी; घमण्ड।

मुहा० ***नमूद की लेना-*** *शेखी हाँकना।*

नमूदार वि० *(फ़ा०)* प्रकट; जाहिर; सामने आया हुआ।

नमूदारी स्त्री० *(फ़ा०)* प्रकट होना; जाहिर होना।

नमूना पु० *(फ़ा० नमूनः)* अधिक पदार्थ में से निकला वह थोड़ा अंश, जिससे उस मूल पदार्थ के गुण और स्वरूप आदि का ज्ञान होता है।

नयाम पु० *(फ़ा०)* तलवार की म्यान।

नर वि० *(फ़ा० सं० नर पुरुष)* पुरुष वर्ग का प्राणी।

नरग़ा पु० *(यूनानी- नर्ग़ः)* आदमियों का वह घेरा जो पशुओं का शिकार करने के लिए बनाया जाता है; भीड़; जन-समूह; कठिनाई; विपत्ति।

नरगाव पु० *(फ़ा०)* साँड; बैल।

नरगिस स्त्री० *(फ़ा० नर्गिस)* प्याज की तरह का एक पौधा, जिसमें कटोरी के आकार का सफेद फूल लगता है और उर्दू-फ़ारसी के कवि इस फूल से आँख की उपमा देते हैं।

नरगिसी पु० *(फ़ा०)* एक प्रकार का कपड़ा जिस पर नरगिस जैसे फूल बने होते हैं। वि० नरगिस के आकार या रंग का।

नरगिसे-बीमार स्त्री० *(फ़ा०)* प्रेमिका की अधखुली आँख।

नरमेश स्त्री० *(फ़ा०)* बकरी का रंगा हुआ चमड़ा जिससे प्रायः जूते बनते हैं।

नर्दबान स्त्री० *(फ़ा०)* सीढ़ी; जीना।

नरम/नर्म वि० *(फ़ा०)* मुलायम; कोमल; लचकदार; सुस्त; आलसी।

नर्म-ए-गोश स्त्री० *(फ़ा०)* कान की लौ।

नरमाई स्त्री० *(फ़ा० नरम+हि० 'आई' प्रत्य०)* नरमी।

नरमाना अ०क्रि० *(फ़ा० नरम+हि० 'आना' प्रत्य०)* मुलायम होना; शान्त होना।

नरमी/नर्मी स्त्री० *(फ़ा०)* नरम होने का भाव।

नरी स्त्री० *(फ़ा०)* बकरी का चमड़ा।

नवा स्त्री० *(फ़ा०)* संगीत; गाना-बजाना; शब्द; आवाज; सेना; फौज।

पदरचना- ***नवा-ए-दर्द-*** *दर्द का गीत।* ***तलख़ नवा-*** *कटु भाषी।*

नवाज़ वि० *(फ़ा०)* कृपा या दया करने वाला। जैसे- बन्दानवाज़- प्रसन्न या सन्तुष्ट करने वाला। मेहमान नवाज़- मेहमान का स्वागत करने वाला।

नवाज़ना अ०क्रि० *(फ़ा० नवाज़+हि० ना प्रत्य०)* कृपा करना; रहम करना।

नवाज़िश स्त्री० *(फ़ा०)* कृपा; दया; अनुग्रह; मेहरबानी।

नवाज़िश-नामा पु० *(फ़ा० नवाज़िशनामः)* कृपा-पत्र।

नवाब पु० *(अ० नव्वाब)* मुगल बादशाह का प्रतिनिधि जो किसी बड़े प्रदेश का शासक होता था; एक उपाधि जो मुसलमान अमीरों को अँग्रेजी सरकार की ओर से मिलती थी। वि० बहुत शान-शौकत और अमीरी ढंग से रहने वाला।

नवाबज़ादा पु० *(अ० नवाब+फ़ा० ज़ादः)* नवाब का पुत्र; रईसी।

नवाला पु० *(फ़ा० नवालः)* ग्रास; कौर।

नवासा पु० *(फ़ा० नवासः)* बेटी का बेटा; दौहित्र।

नवासी स्त्री० *(फ़ा०)* बेटी की बेटी; नतिनी।

नवाह स्त्री० *(अ०)* आस-पास के प्रदेश।

नविश्त स्त्री० *(फ़ा०)* लिखा हुआ कागज या लेख आदि; दस्तावेज।

नविश्ता वि० *(फ़ा० नविश्तः)* लिखा हुआ; लिखित। भाग्य; तकदीर; प्रारब्ध।

नवी वि० *(फ़ा०)* नया; नवीन।

नवीस वि० *(फ़ा०)* लिखने वाला; लेखक। जैसे- अर्जी नवीस।

नवीसी स्त्री० *(फ़ा०)* लिखने की क्रिया या भाव।

नवेद स्त्री० *(फ़ा०)* शुभ-समाचार; निमन्त्रण-पत्र।

नवैयत स्त्री० *(अ० नौईयत)* प्रकार; किस्म; विशेषता।

नशर वि० *(अ०)* बिखरा हुआ; दुर्दशाग्रस्त।

नशा स्त्री० *(अ० नश्अत)* उत्पन्न करना; बनाना; संसार। पु० *(अ० नश्शः)* वह अवस्था जो शराब अफीम या गाँजा आदि मादक द्रव्य के सेवन से होती है।

मुहा० ***नशा किरकिरा हो जाना-*** *किसी अप्रिय बात के कारण नशे का आनन्द बीच में ही बिगड़ जाना।* ***आँखों में नशा छाना-*** *मस्ती चढ़ना; नशा छाना।* ***नशा जमना-*** *अच्छी तरह नशा होना।* ***नशा हिरन होना-*** *नशे का उतर जाना।* ***नशा उतारना-*** *घमण्ड दूर करना।*

नशाख़ोर पु० *(अ० नश्शः+फ़ा० ख़ोर)* वह जो नशे का सेवन करता हो।

नशात पु० *(अ०)* उत्पत्ति; प्राणी; जीव।

नशान पु० *(फ़ा०)* निशान।

नशास्ता पु० *(फ़ा०)* गेहूँ का सत।

नशीं/नशीन वि० *(फ़ा०)* बैठने वाला; बैठा हुआ।

नशीला वि० *(अ० नश्शः+फ़ा० ईला)* नशा उत्पन्न करने वाला; जिस पर नशे का प्रभाव हो।

मुहा० ***नशीली आँखें-*** *जिन्हें देखकर नशा हो जाये।*

नशेब पु० *(फ़ा० निशेब)* नीची भूमि।

नशेबाज़ वि० *(अ० नश्शः+फ़ा० बाज़)* वह जो हमेशा किसी नशे का सेवन करता हो।

नशेमन पु० *(फ़ा० निशेमन)* विश्राम करने का एकान्त स्थल; पक्षियों का घोंसला; भवन।

नशेमन गाह स्त्री० *(फ़ा०)* विश्राम स्थल; आराम गाह।

नशो पु० *(अ० नश्व)* उत्पन्न होना और बढ़ना; उन्नति।

नशूअत स्त्री० *(अ०)* उत्पत्ति; आविर्भाव।

नश्तर पु० *(फ़ा०)* एक प्रकार का बहुत तेज छोटा-चाकू जिससे फोड़े आदि को चीरते हैं।

नश्र पु० *(अ०)* प्रकट या प्रसिद्ध करना; प्रसार; फैलाव, चिन्ता; मानसिक कष्ट; जीवन; सुगन्धि।

नश्व पु० *(अ०)* उद्भव; विकास।

नश्वा पु० *(फ़ा०)* सुगन्धित; सचेत होना।

नसतालीक़ पु० *(अ० नस्त्अलीक़)* फ़ारसी या अरबी लिपि लिखने का वह ढंग जिसमें अक्षर खूब साफ़ और सुन्दर होते हैं।

नसनास पु० *(अ० नस्नास)* एक प्रकार का कल्पित वनमानुष'। इसका एक हाथ, एक पाँव तथा एक ही कान होता है।

नसब पु० *(अ० नस्ब)* वंश; कुल; खानदान।

नसबनामा पु० *(अ० नस्ब+फ़ा० नामः)* वंशावली; वंशवृक्ष।

नसबी वि० *(अ० नस्बी)* वंश या कुल-सम्बन्धी।

नसरानी पु० *(अ० नस्रानी)* ईसाई।

नसरीन स्त्री० *(फ़ा०)* सेवती।

नसल स्त्री० *(अ०)* वंश; सन्तति।

नसल परस्त पु० *(अ०)* अपने वंश का पक्षधर।

नसल परस्ती स्त्री० *(अ०)* अपने वंश का पक्ष लेना।

नसलवाद पु० *(अ० नस्ल+सं० वाद)* वंशवादी।

नसली वि० *(अ०)* (अच्छी) नसल का।

नसारा पु० *(अ०)* ईसाई लोग।

नसीब पु० *(अ०)* भाग्य; प्रारब्ध।

मुहा० ***नसीब होना-*** *प्राप्त होना; मिलना।* ***नसीब आज़माना-*** *भाग्य भरोसे काम करना।* ***नसीब जागना-*** *भाग्य का उदय होना।* ***नसीब टेढ़ा होना-*** *बुरे दिन आना।* ***नसीब पलटना-*** *भाग्य का परिवर्तन होना।* ***नसीब फूट जाना-*** *तकदीर बिगड़ना।* ***नसीब में लिखा होना-*** *भाग्य में लिखा होना।* ***नसीब लड़ना-*** *भाग्य का साथ देना।*

नसीबवर वि० *(अ० नसीब+फ़ा० वर)* भाग्यवान; सौभाग्यशाली।

नसीम स्त्री० *(अ०)* शीतल, मन्द और सुगन्धित वायु।

पदरचना- ***नसीमे बहार-*** *बसन्त की हवा।* ***नसीमे सहर या नसीमे सहरी-*** *प्रातः की सुन्दर वायु।*

नसीर पु० *(अ०)* सहायक; मददगार; ईश्वर का एक नाम।

नसीहत स्त्री० *(अ०)* उपदेश; सीख; अच्छी सम्मति।

नसीहत-गो पु० *(अ० नसीहत+फ़ा० गो)* उपदेशक; नसीहत देने वाला।

नसूह पु० *(अ०)* वह तौबा जो कभी तोड़ी न जाये। वि० शुद्ध; साफ; निर्मल।

नस्क़ पु० *(अ०)* प्रणाली; दस्तूर; व्यवस्था; इन्तजाम।

नस्ख़ पु० *(अ०)* प्रतिलिपि; नकल।

नस्तरन पु० *(फ़ा०)* सफेद गुलाब; एक तरह का कपड़ा।

नस्तालीक़ वि० *(अ०)* शिष्ट; सभ्य।

नस्र स्त्री० *(अ०)* सहायता; मदद; पक्ष का समर्थन; पु० गिद्ध; उकाब।

नस्ल स्त्री० *(अ०)* सन्तान; वंश; कुलीन।

नस्लदार वि० *(अ० नस्ल+फ़ा० दार)* उत्तम वंश का।

नस्ली वि० *(अ०)* नस्ल या वंश-सम्बन्धी।

नस्साज पु० *(अ०)* जुलाहा।

नहंग पु० *(फ़ा०)* घड़ियाल।

नहर स्त्री० *(फ़ा० नह्र)* वह कृत्रिम जल मार्ग जो खेतों की सिंचाई या यात्रा आदि के लिए तैयार किया जाता है।

नहल स्त्री० *(अ० नह्ल)* शहद की मक्खी; मधुमखी।

नहूस वि० *(अ० नह्स)* अशुभ; मनहूस।

नहूसत स्त्री० *(अ०)* मनहूसियत; मनहूसी।

नहार पु० *(अ०)* दिन; दिवस। वि *(फ़ा० सं० निराहार)* जिसने सबेरे से कुछ खाया न हो; बासी मुँह। **मुहा०** ***नहार मुँह-*** *सबेरे से बिना कुछ खाये-पिये।* ***नहार तोड़ना-*** *जलपान करना।*

नहारी स्त्री० *(फ़ा०)* जलपान; एक प्रकार की शोरबेदार तरकारी जो मास से बनायी जाती है।

नही स्त्री० *(अ० नह्ईड)* निषेध; मनाही।

नहीफ़ वि० *(अ०)* दुबला-पतला।

नहीद पु० *(अ०)* भय; डर; लूटपाट।

नहूसत स्त्री० *(अ०)* उदासीनता; मनहूसी; अशुभ लक्षण।

नह्व पु० *(अ०)* पद्धति।

नह्स वि० *(अ०)* अशुभ; अमांगलिक।

नह्सरू वि० *(अ० नह्स+फ़ा० रू)* मनहूस।

ना प्रत्यय० *(फ़ा० सं०- ना)* एक प्रत्यय जो शब्दों के शुरू में लगकर 'नहीं' या 'अभाव' आदि सूचित करता है, जैसे- ना-इत्तफाकी, ना-चीज; ना-पाक; ना-हक।

ना-अहल वि० *(फ़ा० ना+अ० अहल)* अयोग्य; असभ्य।

ना-आश्ना वि० *(फ़ा०, भाव० आश्नाई)* जिससे प्रेम या जान-पहचान न हो; अनजान; अपरिचित; अनभिज्ञ।

ना-इंसाफ़ वि० *(फ़ा० ना+अ० इंसाफ़)* अन्याय।

ना-इंसाफ़ी स्त्री० *(फ़ा० ना+अ० इंसाफ़ी)* अन्यायी।

ना-इत्तफाक़ी स्त्री० *(फ़ा० ना+अ० इत्तफाक़ी)* अनबन; बिगाड़।

ना-उम्मीद वि० *(फ़ा०)* निराश।

ना-उम्मीदी स्त्री० *(फ़ा०)* निराशा।

नाक वि० *(फ़ा०)* भरा हुआ; पूर्ण (प्रत्यय के रूप में यौगिक शब्दों के अन्त में लगता है) जैसे- ग़मनाक; खौफ़नाक।

ना-कतखुदा वि० *(फ़ा०)* अविवाहित; कुँआरा।

ना-कदखुदाई स्त्री० *(फ़ा०)* अविवाहित अवस्था; कौमार्य।

ना-कन्द पु० *(फ़ा०)* दो वर्ष से कम उम्र का घोड़ा; बछेड़ा; वह जो कम उम्र का हो; कमसिन; बच्चा। वि० नासमझ; अनाड़ी; मूर्ख।

नाक़द्र वि० *(फ़ा० ना+अ० क़द्र)* जो किसी की कद्र न करे; जो गुणों का आदर न करे।

नाक़द्री स्त्री० *(फ़ा० ना+अ० क़द्री)* अवमान; तिरस्कार।

ना क़बूल वि० *(फ़ा० ना+अ० क़बूल)* अस्वीकृत।

ना-करदनी स्त्री० *(फ़ा० ना-कर्दनी)* न करने योग्य, नामुनासिब।

ना-करदा वि० *(फ़ा० ना-कर्दः)* जो किया न हो; बिना किया।

ना-करदाकार वि० *(फ़ा० ना-कर्दःदार)* जिसे अनुभव न हो; अनजान; अनाड़ी।

ना-कस वि० *(फ़ा०, भाव० नाकसी)* नीच; तुच्छ।

नाकसी स्त्री० *(फ़ा०)* नीचता।

नाक़ा स्त्री० *(अ० नाकः)* ऊँटनी; साँड़नी।

नाक़ाबिल वि० *(फ़ा० भाव० नाकाबिलियत)* जो क़ाबिल या लायक न हो; अशिक्षित।

नाकाम वि० *(फ़ा० भाव० नाकामी)* विफल मनोरथ; निराश; नाउम्मीद।

नाकामयाब वि० *(फ़ा०)* विफल; असफल।

नाकारा वि० *(फ़ा० नाकारः)* निकम्मा; निरर्थक; नालायक; अयोग्य।

नाक़ा सवार पु० *(फ़ा० नाकः सवार)* जो ऊँटनी पर सवार हो; पत्रवाहक; हरकारा।

नाक़िल वि॰ *(अ॰)* नकल या अनुकरण करने वाला; प्रतिलिपि करने वाला; वर्णन करने वाला।

नाक़िला पु॰ *(अ॰ नाकिलः)* इतिहास; कथा; कहानी।

नाक़िस वि॰ *(अ॰)* जिसमें कुछ नुक़्स या त्रुटि हो; अधूरा; अपूर्ण; बुरा; निकम्मा।

नाक़िस-उल-अक़्ल वि॰ *(अ॰)* खराब अक्ल वाला; निकृष्ट बुद्धि वाला।

नाक़िस-उल-ख़िल्क़त वि॰ *(अ॰)* जन्म से ही जिसका कोई अंग खराब हो; जन्म से ही विकलांग।

नाकेदार वि॰ *(हि॰ नाके+फ़ा॰ दार)* छेद वाला। पु॰ नाके पर तैनात सिपाही।

नाकेबन्दी स्त्री॰ *(हि॰ नाके+फ़ा॰ बन्दी)* सीमा बन्दी।

नाक़ूस वि॰ *(अ॰)* शंख।

नाख़ुदा पु॰ *(फ़ा॰)* मल्लाह; नाविक।

नाख़ुन पु॰ *(फ़ा॰)* नाखून; नख; पशुओं का खुर; सुम।

मुहा॰ ***अक़्ल के नाख़ुन लेना-*** *बुद्धि से काम लेना; बुद्धिमान बनना।*

नाख़ुनगीर पु॰ *(फ़ा॰)* नाख़ून काटने का औजार; नहरनी।

नाख़ुना पु॰ *(फ़ा॰ नाख़ुनः)* सितार बजाने का मिजराब; आँख का एक रोग।

नाख़ुश वि॰ *(फ़ा॰)* अप्रसन्न।

नाख़ुशी स्त्री॰ *(फ़ा॰)* अप्रसन्नता; नाराज़गी।

नाख़ून पु॰ *(फ़ा॰)* नाखून; नख।

नाख़ूब वि॰ *(फ़ा॰)* बुरा।

नाख़्वादाँ वि॰ *(फ़ा॰ नाख़्वाँदः)* बिना बुलाया हुआ; जो पढ़ा-लिखा न हो; अशिक्षित।

नागवार वि॰ *(फ़ा॰)* जो पचे नहीं; जो अच्छा न लगे; अप्रिय; असह्य।

नागहाँ क्रि॰वि॰ *(फ़ा॰)* अचानक; सहसा; एकाएक।

नागहानी वि॰ *(फ़ा॰)* अचानक होने वाला।

नाग़ा पु॰ *(तु॰ नाग़ः)* दो दिनों के बीच का अन्तर।

नागाह क्रि॰वि॰ *(फ़ा॰)* सहसा; अचानक; एकाएक।

नागुज़ीर वि॰ *(फ़ा॰)* परम आवश्यक; अनिवार्य।

नागुफ़्ता वि॰ *(फ़ा॰ नागुफ़्तः)* जो कहा न गया हो; अकथित।

नाचाक़ वि॰ *(फ़ा॰ ना+तु॰ चाक़)* अस्वस्थ; बीमार; दुबला-पतला; आनन्द रहित।

नाचाक़ी स्त्री॰ *(फ़ा॰ ना+तु॰ चाक़ी)* अस्वस्थता; बीमारी; अनबन।

नाचार वि॰ *(फ़ा॰)* विवश; मजबूर। क्रि॰वि॰ लाचारी की हालत में विवश होकर।

नाचीज़ वि॰ *(फ़ा॰)* तुच्छ; निकृष्ट।

नाज़ पु॰ *(फ़ा॰)* हाव-भाव; नखरा; चोचला; गर्व।

मुहा॰ ***नाज़ उठाना-*** *चोचले सहना।*

नाज़नीं स्त्री॰ *(फ़ा॰)* सुन्दरी।

नाजपर्वर्दा वि॰ *(फ़ा॰ नाज़ पर्वर्दः)* जिसे नाज़ से पाला गया हो; सुकुमार।

नाज़बरदार वि॰ *(फ़ा॰)* नाज़ उठाने वाला। पु॰ आशिक।

नाज़बरदारी स्त्री॰ *(फ़ा॰)* नाज़ उठाना; सेवा करना।

नाज़बालिश पु॰ *(फ़ा॰)* छोटा मुलायम तकिया।

नाजरीन पु॰ *(फ़ा॰ नाजिरीन)* दर्शकगण।

नाज़ाँ वि॰ *(फ़ा॰)* नाज़ या घमण्ड करने वाला; अभिमानी।

नाजायज़ वि॰ *(फ़ा॰ ना+अ॰ जाइज़)* जो नियम के विरुद्ध हो; अनुचित।

नाजिंस वि॰ *(फ़ा॰ ना+अ॰ जिंस)* दूसरे वर्ग या जाति का; अनमेल; अयोग्य; नालायक; कमीना; अशिक्षित; असभ्य।

नाज़िम पु॰ *(अ॰)* वह जो लड़ी बनाता हो; इन्तजाम करने वाला; नज़्म या पद्य बनाने वाला; कवि।

नाज़िर पु॰ *(अ॰)* देखने वाला व्यक्ति; दर्शक; निरीक्षक, वेश्याओं का दलाल।

नाज़िरा क्रि॰वि॰ *(अ॰ नाज़िरः)* ग्रन्थ आदि देखकर पढ़ना। पु॰ देखने की शक्ति; दृष्टि; आँख।

नाज़िरीन पु॰ *(अ॰ नाज़िर का बहु॰)* देखने वाले, लोग; दर्शकगण; पढ़ने वाले लोग।

नाज़िल वि॰ *(फ़ा॰)* उतरने या नीचे आने वाला; गिरने वाला।

मुहा॰ ***नाज़िल होना-*** *ऊपर से नीचे आना।*

नाज़िला पु॰ *(अ॰ नाज़िलः)* विपत्ति; संकट; मुसीबत।

नाज़िश स्त्री॰ *(फ़ा॰)* घमण्ड; इतराहट।

नाज़ुक वि॰ *(फ़ा॰)* कोमल; सुकुमार, पतला; महीन।

पदरचना- ***नाज़ुक मिज़ाज-*** *जो थोड़ा भी कष्ट न सह सके।*

नाज़ुकी स्त्री॰ *(फ़ा॰)* सुकुमारता; कोमलता; गूढ़ता एवं सूक्ष्मता; बारीकपन।

नाज़ेब वि० *(फ़ा०)* भद्दा; बेमेल।

नाज़ेबा वि० *(फ़ा० नाज़ेबः)* अनुचित।

नाज़ो स्त्री० *(फ़ा०)* नाज़-नखरे दिखाने वाली; कोमल और प्यारी स्त्री।

नातमाम वि० *(फ़ा० ना+अ० तमाम)* अपूर्ण; अधूरा।

ना तराश वि० *(फ़ा०)* अनगढ़; असभ्य; उजड्ड।

नातवाँ वि० *(फ़ा० नातुवाँ)* कमजोर; दुर्बल; अशक्त।

नातवानी स्त्री० *(फ़ा० नातुवानी)* कमजोरी; दुर्बलता।

ना-ताक़त वि० *(फ़ा० ना+अ० ताक़त)* दुर्बल; कमजोर।

नातिक़ पु० *(अ०)* बोलने वाला; बुद्धिमान; अक्लमन्द।

नातिक़ा पु० *(अ० नातिक़ः)* बोलने की शक्ति।

नाद-ए-अली स्त्री० *(अ०)* एक मन्त्र जो प्रायः ज़हरमोहरे या चाँदी के पत्तर पर खोद कर बच्चे के गले में पहनाते हैं।

नादान वि० *(फ़ा०, भाव० नादानी)* नासमझ; अनजान; मूर्ख।

नादानिस्तगी स्त्री० *(फ़ा०)* अनजानपन।

नादानिस्ता क्रि०वि० *(फ़ा० नादानिस्तः)* अनजान में।

नादानी स्त्री० *(फ़ा०)* नासमझी; मूर्खता।

नादार वि० *(फ़ा०, भाव० नादारी)* गरीब; दरिद्र।

नादारी स्त्री० *(फ़ा०)* निर्धनता; गरीबी।

नादिम वि० *(अ०, भाव० नदामत)* शर्मिन्दा; लज्जित; पश्चाताप करने वाला।

नादिर वि० *(अ०, बहु० नादिरात, नवादिर)* अनोखा; अद्भुत; विलक्षण; दुष्प्राप्य; बहुत बढ़िया। पु० फ़ारस का एक बादशाह जिसने मुहम्मदशाह के समय भारत पर चढ़ाई की थी।

नादिरी स्त्री० *(फ़ा०)* मुगलकालीन एक प्रकार की सदरी या कुरती।

ना-दिहन्द वि० *(फ़ा०)* जो जल्दी रुपया-पैसा न दे; देने में तरह-तरह के बहाने बनाने वाला।

नादीदा वि० *(फ़ा० नादीदः)* जो देखा न हो; बिना देखा हुआ; जिसने कुछ न देखा हो।

नादुरुस्त वि० *(फ़ा०, भाव० नादुरुस्ती)* जो ठीक न हो; अनुचित।

नान स्त्री० *(फ़ा०)* एक प्रकार की खमीरी रोटी।

नानकार पु० *(फ़ा०)* वह धन या भूमि जो किसी के निर्वाह के लिए दिया जाये।

नानकोर वि० *(फ़ा०)* विश्वासघात करने वाला।

नानख़ताई स्त्री० *(फ़ा०)* टिकिया के आकार की एक प्रकार की सोंधी खस्ता मिठाई।

नान-पाव स्त्री० *(फ़ा० नान+पुर्त० पाव = रोटी)* एक प्रकार की मोटी बड़ी रोटी; पावरोटी।

नानबा/नानबाई पु० *(फ़ा० नान + आबा = शोरबा+ई- प्रत्यय)* रोटी पकाने या बेचने वाला।

नाना पु० *(अ० नअनअ)* पुदीना।

नानेजबीं स्त्री० *(फ़ा०)* जौ की रोटी; गरीबों का रूखा-सूखा भोजन।

नापसन्द वि० *(फ़ा०)* जो पसन्द न हो; जो अच्छा न लगे।

नापाक वि० *(फ़ा०, भाव० नापाकी)* अपवित्र; अशुद्ध।

नापैद वि० *(फ़ा० ना+पैदा)* जो उत्पन्न न हुआ हो; विनष्ट; अप्राप्य।

नाफ़ स्त्री० *(फ़ा० सं० नाभि)* जरायुज जन्तुओं के पेट के बीच का चिह्न; नाभि।

नाफ़रजाम वि० *(फ़ा० नाफ़र्जाम)* जिसका अन्त या परिणाम बुरा हो; अयोग्य; निकम्मा।

नाफ़रमान पु० *(फ़ा० नाफ़र्मान)* एक प्रकार का पौधा जिसके फूल ऊदे या बैंगनी होते हैं। वि० आज्ञा न मानने वाला; उद्दण्ड।

नाफ़रमानी पु० *(फ़ा० नाफ़र्मानी)* एक प्रकार का ऊदा या बैंगनी रंग। स्त्री० आज्ञा न मानना; अवज्ञा।

नाफ़हम वि० *(फ़ा० नाफ़ह्मी)* जिसे समझ न हो; नासमझ।

नाफ़हमी स्त्री० *(फ़ा० नाफह्मी)* नासमझी; मुर्खता।

नाफ़ा पु० *(फ़ा० नाफ़े)* कस्तूरी की थैली जो कस्तूरी मृगों की नाभि से निकलती है।

नाफ़िअ वि० *(अ० नाफ़े)* नफ़ा या लाभ पहुँचाने वाला; लाभदायक।

नाफ़िज वि० *(अ०)* जारी या प्रचलित होने वाला।

नाफ़िर वि० *(अ०)* नफ़रत या घृणा करने वाला।

नाब वि० *(फ़ा०)* खालिस; निर्मल; बे-मेल; शुद्ध; पवित्र; अच्छी तरह भरा हुआ; लबालब; परिपूर्ण।

स्त्री० तलवार पर की वह नाली जो दोनों तरफ एक सिरे से दूसरे सिरे तक होती है। पु० *(अ०)* साँप का जहरीला दाँत।

नाबकार वि० *(फ़ा०)* व्यर्थ का; निरर्थक; अयोग्य; नालायक; दुष्ट; पाजी; अनुचित।

नाबदान पु० *(फ़ा०)* वह नाली जिससे मैला पानी बहता है; पनाला।

नाबलद वि० *(फ़ा०)* गँवार; उजड्ड; मूर्ख; अनाड़ी; अपरिचित; अनजान।

नाबालिग़ वि० *(फ़ा० ना+अ० बालिग़)* जो पूरा जवान न हुआ हो; अल्पवयस्क।

नाबीना वि० *(फ़ा०)* अन्धा।

नाबूद वि० *(फ़ा०)* जिसका अस्तित्व न रह गया हो; बरबाद; नश्वर।

ना मंजूर *(फ़ा० ना+अ० मंजूर)* जो मंजूर न हो; अस्वीकृत।

नाम पु० *(फ़ा० सं० नाम)* वह शब्द जिससे किसी वस्तु या व्यक्ति का बोध हो।

मुहा० ***नाम आसमान पर होना-*** *प्रसिद्धि होना।* ***नाम उछलना-*** *बदनामी होना।* ***नाम उठ जाना-*** *स्मृति तक न रह जाना।* ***नामकमाना-*** *प्रसिद्धि पाना।* ***नाम का कुत्ता पालना-*** *किसी का अत्यन्त अपमान करना।* ***नाम चलना-*** *लोक में धाक बनी रहना।* ***नाम डूबना-*** *मर्यादा नष्ट होना।* ***नाम बेचना-*** *किसी का नाम लेकर काम कराना।* ***नाम (मो) निशान बाकी न रहना-*** *कोई चिह्न न रह जाना।*

नामआवर वि० *(फ़ा०)* नामवर; प्रसिद्ध।

नाम आवरी स्त्री० *(फ़ा०)* प्रसिद्धि; कीर्ति; यश।

नामए-आमाल पु० *(फ़ा० नामए+अ० आमाल)* वह पत्र जिस पर किसी के अच्छे और बुरे सब कार्यों का उल्लेख हो।

नामज़द वि० *(फ़ा०)* प्रसिद्ध, मशहूर; किसी के नाम पर रखा या निकाला हुआ; जिसका नाम किसी विषय में लिखा गया हो, जैसे- तहसीलदारी के लिए चार व्यक्ति नामजद हुए हैं।

नामज़दगी स्त्री० *(फ़ा०)* नामांकन।

नामदार वि० *(फ़ा०)* प्रसिद्ध; नामवर; नामी।

नामर्द वि० *(फ़ा०)* नपुंसक; डरपोक; कायर।

नामर्दी स्त्री० *(फ़ा०)* नपुंसकता; कायरता; क्लीवता।

नामर्दुम वि० *(फ़ा०)* अधम; नीच।

नामर्दुमी स्त्री० *(फ़ा०)* अधमता; नीचता।

नामहदूद वि० *(फ़ा० ना+अ० महदूद)* अपरिचित; अजनबी।

नामहरम वि० *(फ़ा० ना+अ० हरम)* अपरिचित; अजनबी; बाहरी। पु० मुसलमान स्त्रियों के लिए ऐसा पुरुष, जिससे विवाह हो सकता हो और जिसका परदा करना उचित हो।

नाम-व-निशान पु० *(फ़ा०)* नाम और चिह्न; नाम और लक्षण; नाम और पता।

नामा पु० *(फ़ा० नामः)* पत्र; पुस्तक; ग्रन्थ।

नामाक़ूल वि० *(फ़ा० ना+अ० माक़ूल)* अयोग्य; नालायक; अनुचित।

नामानिगार वि० *(फ़ा० नामः+निगार)* समाचार लिखने वाला; समाचार लेखक; संवाददाता; रिपोर्टर।

नामाबर पु० *(फ़ा० नामः+बर)* पत्र वाहक; हरकारा।

नामालूम वि० *(फ़ा० ना+अ० मालूम)* जिसे मालूम न हो; अनजान; अपरिचित; अजनबी; अज्ञात; अप्रसिद्ध।

नामी वि० *(फ़ा०)* नामवाला; प्रसिद्ध; मशहूर।

पदरचना- ***नामी-गरामी-*** *बहुत प्रसिद्ध।*

ना मुआफ़िक़ वि० *(फ़ा० ना+अ० मुआफ़िक़)* जो उपयुक्त न हो; जो अच्छा न लगे।

नामुक़िर वि० *(फ़ा० ना+अ० मुक़िर)* जो स्वीकार न करे।

ना मुबारक वि० *(फ़ा० ना+अ० मुबारक)* अशुभ।

ना-मुनासिब वि० *(फ़ा० ना+अ० मुनासिब)* अनुचित।

नामुमकिन वि० *(फ़ा० ना+अ० मुम्किन)* असम्भव।

ना-मुराद वि० *(फ़ा०)* जिसकी कामना पूरी न हुई हो; विफल मनोरथ; अभागा; बदकिस्मत।

ना-मुलायम वि० *(फ़ा०)* कठोर; कड़ा; अनुचित।

नामूस स्त्री० *(फ़ा०)* प्रतिष्ठा; इज्जत; लज्जा; ग़ैरत।

नामूसी स्त्री० *(फ़ा० नामूस)* बेइज़्ज़ती; बदनामी।

नामेखुदा पद *(फ़ा०)* ईश्वर कुदृष्टि से बचावे; ईश्वर करे नजर न लगे।

ना-मेहरबाँ वि० *(फ़ा० नामेहबाँ)* निर्दय; निष्ठुर।

नामौज़ूँ वि० *(फ़ा०)* जो उपयुक्त न हो; अनुपयुक्त।

नाय पु० *(फ़ा०)* नरकट; बाँसुरी।

नायज़ा पु० *(फ़ा० नायजः)* पुरुष की इन्द्रिय; लिंग।

नायब पु० *(अ० नाइब)* किसी की ओर से काम करने वाला; मुनीब; मुख्तार; सहायक; सहकारी।

नायबत स्त्री० *(अ० नाइबत)* नायब का कार्य या पद।

नायाब वि० *(फ़ा०)* जो जल्दी न मिले; अप्राप्य; बहुत बढ़िया।

नारंगी स्त्री० *(फ़ा० सं० नागरंग)* नीबू की जाति का एक मझोला पेड़ जिसमें मीठे, सुगन्धित व रसीले फल निकलते हैं। वि० पीलापन लिये हुए लाल रंग का।

नारंज पु० *(फ़ा०)* नारंगी; सन्तरा; कमला नींबू।

नार स्त्री० *(अ०)* अग्नि; आग। पु० *(फ़ा० अनार)* यौगिक में 'अनार' का संक्षिप्त रूप, जैसे- गुलनार।

नारजील पु० *(फ़ा०)* नारियल; नारिकेल।

नारवा वि० *(फ़ा०)* अनुचित; नियम आदि के विरुद्ध; अप्रचलित; विफल मनोरथ।

नारसा वि० *(फ़ा०)* जो उचित स्थान पर पहुँच न सके; जिसका कुछ प्रभाव न हो।

नारा पु० *(अ० नअरः)* जोर की आवाज; घोष; युद्ध का विजय घोष; किसी के विरुद्ध जोर की ध्वनि में घोष।

नाराज़ वि० *(फ़ा० ना+अ० राज़)* अप्रसन्न; रुष्ट; नाखुश।

नाराज़न वि० *(फ़ा० नाराज़+अ० 'न' प्रत्य०)* नारा लगाने वाला; जोर से पुकारने या घोष करने वाला।

नाराज़ी स्त्री० *(फ़ा०)* अप्रसन्नता।

नारास्त वि० *(फ़ा०)* जो टेढ़ा हो; जो ठीक न हो।

नारी वि० *(अ०)* अग्नि-सम्बन्धी; अग्नि का; दोज़ख की आग में जलने वाला; नारकीय।

नाल पु० *(फ़ा० सं० नालक)* सूत की तरह का रेशा जो किलिक की कलम से निकलता है; नरसल; नरकट। पु० *(अ० नअल)* घोड़े के खुर की रक्षा के लिए बनाया गया लोहे का कवच; वह रुपया जो जुआरी जूए का अड्डा रखने वाले को देते हैं; लकड़ी के जूते।

नालायक वि० *(फ़ा० ना+अ० लाइक)* अयोग्य; निकम्मा।

नालायकी स्त्री० *(फ़ा० नालायक+अ० 'ई')* अयोग्यता।

नालिश स्त्री० *(फ़ा०)* शिकायत; फरियाद।

नालिशी वि० *(फ़ा०)* नालिश करने वाला।

नालैन पु० *(अ०)* जूतों का जोड़ा।

नाव स्त्री० *(फ़ा० सं० नौ)* नौका; किश्ती।

नावक पु० *(फ़ा० सं० नाविक)* केवट; मल्लाह।

नाश स्त्री० *(अ० नअश)* मृतक की अरथी; लाश; ताबूत; सप्तर्षि।

नाशपाती स्त्री० *(फ़ा०)* सेब के आकार का फल, जिसके फल मीठे होते हैं।

नाशाद वि० *(फ़ा०)* अप्रसन्न; नाखुश; दुःखी; नाराज।

नाशिकेब वि० *(फ़ा०)* अधीर; विकल; बेचैन।

नाशिता पु० *(फ़ा०)* सुबह से भूखा रहना; कुछ न खाना; सबेरे का भोजन; जलपान।

नाशिर पु० *(अ०)* प्रकाशक।

नाशी वि० *(अ०)* नौजवान।

नाशुकर वि० *(फ़ा० नाशुक्र)* कृतघ्न।

नाशुकरी स्त्री० *(फ़ा० नाशुक्री)* कृतघ्नता।

नाशुक्रगुज़ार वि० *(फ़ा० नाशुक्र+अ० गुज़ार)* कृतघ्न।

नाशुक्रगुज़ारी स्त्री० *(फ़ा० नाशुक्र+अ० गुज़ारी)* कृतघ्नता।

नाशुदनी वि० *(फ़ा०)* जो न हो सके; असम्भव; अयोग्य; नालायक; अभागा।

नाश्ता पु० *(फ़ा० नाशितः)* जलपान; कलेवा।

नासबूर वि० *(फ़ा०)* जिसे सब्र न हो; अधीर; बेचैन।

नासह वि० *(अ० नासिह)* नसीहत या उपदेश देने वाला; उपदेशक।

नासाज़ वि० *(फ़ा०)* विरोधी; जो उपयुक्त न हो।

नासिख़ पु० *(अ०)* लिखने वाला; लेखक; नष्ट या रद्द करने वाला।

नासिपास वि० *(फ़ा०)* कृतघ्न; नमकहराम।

नासिया पु० *(फ़ा० नासयः)* मस्तक; माथा।

नासिर वि० *(अ०)* गद्य लेखक; मदद करने वाला; सहायक।

नासूत पु० *(अ०)* मृत्युलोक।

नासूर पु० *(अ०)* घाव; फोड़े आदि के भीतर दूर तक गया हुआ छेद, जिससे बराबर मवाद निकलता रहता है, जिसके कारण घाव जल्दी अच्छा नहीं होता; नाड़ी-व्रण।

मुहा० ***आँखों का नासूर हो जाना-*** *बहुत खटकना।* ***छाती में नासूर डालना-*** *अत्यधिक दुख देना।*

नाहजार वि० *(फ़ा०)* दुश्चरित्र; बदचलन; दुष्ट।

नाहक़ क्रि०वि० *(फ़ा०)* वृथा; व्यर्थ।

नाहक़शनास वि० *(फ़ा० नाहक+अ० शनास)* जो औचित्य या न्याय का ध्यान न रखे; अन्यायी।

नाहमवार वि० *(फ़ा०)* जो समतल न हो; ऊबड़-खाबड़; ऊँचा-नीचा; नालायक।

नाहार वि० *(फ़ा०)* जिसने सुबह से कुछ खाया न हो।

नाहीद पु० *(फ़ा०)* शुक्र ग्रह।

निक़रिस पु० *(अ०)* पैरों में होने वाला एक प्रकार का गठिया का दर्द।

निक़ात पु० *(अ०)* 'नुक्ता' का बहु०।

निक़ाब स्त्री० *(अ०)* मुखावरण; बुर्का; पर्दा।

निकाह पु० *(अ०)* मुसलमानी पद्धति के अनुसार किया गया विवाह।

निकाहनामा पु० *(अ० निकाह+फ़ा० नामः)* वह पत्र जिस पर विवाह की शर्तें लिखी हों।

निकाहे सानी पु० *(अ०)* पुनर्विवाह; दूसरी शादी।

निको वि० *(फ़ा०)* उत्तम; अच्छा; नेक।

निकोहिश स्त्री० *(फ़ा०)* धिक्कार; लानत; डाँट-डपट; धमकी।

निक्नत स्त्री० *(अ०)* कष्ट; पीड़ा; मनोमालिन्य; द्वेष।

निख़रचे क्रि०वि० *(हि० नि+फ़ा० ख़र्चे)* बिना ख़र्च किये।

निख़ालिस वि० *(हि० नि+अ० ख़ालिस)* जिसमें मिलावट न हो।

निगन्दा स्त्री० *(फ़ा० निगन्दः)* एक प्रकार की बढ़िया सिलाई; बखिया।

निगर प्रत्य० *(फ़ा०)* देखने वाला।

निगराँ वि० *(फ़ा०)* रक्षक; प्रतीक्षा करने वाला।

निगरान वि० *(फ़ा०)* देख भाल करने वाला।

निगरानी स्त्री० *(फ़ा०)* देखरेख; निरीक्षण।

निगह स्त्री० *(फ़ा०)* निगाह; दृष्टि।

निगहबान पु० *(फ़ा०)* निगाह रखने या देखरेख करने की क्रिया; रक्षा; हिफाजत।

निगार वि० *(फ़ा०)* चित्र; बेलबूटे बनाने वाला।

निगार ख़ाना पु० *(फ़ा० निगार ख़ानः)* चित्रशाला।

निगारिश स्त्री० *(फ़ा०)* लिखना; लेखन; लेख; लिपि; बेल-बूटे बनाना।

निगारिस्तान पु० *(फ़ा०)* चित्रशाला।

निगारीं वि० *(फ़ा०)* जिसने अपने हाथ-पैरों में मेहंदी लगायी हो; प्रिय; प्यारा।

निगारे-आलम पु० *(फ़ा० निगार+अ० आलम)* वह जो संसार में सबसे अधिक सुन्दर हो।

निगाह स्त्री० *(फ़ा०)* दृष्टि; नजर; देखने की क्रिया; ढंग; कृपादृष्टि; मेहरबानी।

निगूँ वि० *(फ़ा०)* झुका हुआ; नत।

निज़दात स्त्री० *(फ़ा० निज़्द)* जमानत की रकम।

निज़ाअ पु० *(फ़ा०)* झगड़ा; विवाद; शत्रुता।

निज़ाई वि० *(अ० निज़ाअ)* झगड़े का; जिसके सम्बन्ध में झगड़ा हो।

निजाबत स्त्री० *(अ०)* कुलीनता।

निज़ाम पु० *(अ०)* मोतियों या रत्नों की लड़ी; बुनियाद; इन्तजाम; व्यवस्था; हैदराबाद के शासकों की उपाधि।

निज़ामत स्त्री० *(अ०)* व्यवस्था; प्रबन्ध; नाजिम का कार्य, पद या कार्यालय।

निज़ामे-बतलामूस पु० *(अ०)* हकीम बतलामूस का यह सिद्धान्त कि पृथ्वी सारी सृष्टि का केन्द्र है और सभी ग्रह आदि उसी की परिक्रमा करते हैं।

निजाम-शम्सी पु० *(अ०)* सौर चक्र; सूर्य और ग्रहों आदि का क्रम या व्यवस्था।

निज़ार वि० *(अ०)* दुबला; निर्बल; दरिद्र; असमर्थ।

निज्द क्रि०वि० *(फ़ा०)* निकट; पास; सामने; दृष्टि में।

निदा स्त्री० *(अ०सं० नाद)* पुकारने की आवाज या क्रिया; पुकार; हाँक; सम्बोधन का शब्द। जैसे-ऐ, ओ, हे आदि।

निफ़ाक़ पु० *(अ०)* भीतरी वैर या छल-कपट; शत्रुता, विरोध।

निफ़ाक़ता पु० *(अ० निफ़ाक़ से उर्दू)* छल करने वाला।

निफ़ाज़ पु० *(अ०)* प्रचलन।

निब स्त्री० *(अ०)* कलम के होल्डर में खोंसी जाने वाली लोहे आदि की नोकीली वस्तु जिससे लिखा जाता है; जीभी।

निबख़्ता वि० *(हि० नि+फ़ा० बख़्तः)* कम्बख़्त; अभागा।

निमक पु० *(फ़ा०)* नमक।

निमकी स्त्री० *(फ़ा०)* नींबू का अचार।

नियाज़ स्त्री० *(फ़ा०)* कामना; इच्छा; प्रेम-प्रदर्शन; दीनता; मृतक के उद्देश्य से गरीबों को भोजन आदि देना; फातिहा; भेंट; उपहार।

नियाज़मन्द वि० *(फ़ा०)* इच्छा या कामना करने वाला; सेवक; अधीनस्थ।

नियाज़ी पु० *(फ़ा०)* प्रेमी; प्रिय; मित्र।

नियाम पु० *(फ़ा०)* तलवार की म्यान।

नियामत स्त्री० *(अ० नेअमत)* अलभ्य पदार्थ; स्वादिष्ट भोजन; धन-दौलत।

नियामतख़ाना पु० *(फ़ा० नेमतख़ानः)* सम्पन्न गृह।

निर्ख़ पु० *(फ़ा०)* भाव; दर।

निर्ख़बन्दी स्त्री० *(फ़ा०)* किसी वस्तु की दर ठहराने का कार्य।

निवार स्त्री० *(फ़ा०)* मोटे सूत की तीन-चार अंगुल चौड़ी पट्टी।

पदरचना- ***निवार बाफ़-*** *निवार से बुनने वाला।*

निवारी वि० *(फ़ा०)* निवार-सम्बन्धी; निवार से बुना हुआ।

निवाला स्त्री० *(फ़ा० निवालः)* ग्रास; कौर।

निशाख़ातिर स्त्री० *(फ़ा० निशा+अ० ख़ातिर)* मन में होने वाला पूर्ण विश्वास।

निशात स्त्री० *(फ़ा० नशात)* सुख; आनन्द-मंगल।

निशान पु० *(फ़ा०)* वह लक्षण जिससे कोई चीज पहचानी जा सके; किसी पदार्थ से अंकित किया हुआ चित्र; शरीर या किसी पदार्थ का दाग, चिह्न या धब्बा; अनपढ़ व्यक्ति के अँगूठे का निशान (हस्ताक्षर के लिए)।

मुहा० ***निशान देना-*** *पहचान करना।*

निशानची पु० *(फ़ा०)* किसी राजा या दल के आगे झण्डा लेकर चलने वाला व्यक्ति।

निशाना पु० *(फ़ा० निशानः)* जिस पर ताक कर प्रहार किया जाये।

निशाना-अन्दाज़ पु० *(फ़ा०)* वह जो ठीक निशाना लगाता हो।

निशानी स्त्री० *(फ़ा०)* यादगार-चिह्न; स्मृति-चिह्न।

निशास्ता पु० *(फ़ा० निशास्तः)* गेहूँ को भिगो कर उसका जमाया हुआ सत या गूदा; माड़ी; कलफ।

निशीद पु० *(फ़ा०)* गाने-बजाने की आवाज़; संगीत का शब्द।

निसबत स्त्री० *(अ० निस्बत)* सम्बन्ध; लगाव; ताल्लुक; मँगनी; विवाह; तुलना; मुकाबला।

निसबती वि० *(अ० निस्बत)* सम्बन्ध रखने वाला; सम्बन्धी।

पदरचना- ***निसबती भाई-*** *बहनोई; साला।*

निसा स्त्री०, बहु *(अ०)* स्त्रियाँ।

निसाब पु० *(अ०)* मूलधन; पूँजी; दौलत।

निसार पु० *(अ०)* निछावर करने की क्रिया। वि० निछावर किया हुआ।

निसियाँ/निसियान पु० *(अ०)* भूलना; भूल-चूक; गलती।

निस्फ़ वि० *(अ०)* आधा।

निस्फ़-उन्नहार पु० *(अ०)* शीर्ष बिन्दु जहाँ सूर्य ठीक दोपहर के समय पहुँचता हो।

निस्यान पु० *(अ०)* विस्मरण; भूल।

निहाँ वि० *(फ़ा०)* छिपा हुआ।

पदरचना- ***दर्दे निहाँ-*** *आन्तरिक पीड़ा।*

निहाद स्त्री० *(फ़ा०)* मूल; जड़; असल; मन; स्वभाव।

निहानी स्त्री० *(फ़ा०)* छिपाने की क्रिया। वि० गुप्त; छिपा हुआ। जैसे- अन्दाम-निहानी- स्त्री के गुप्त अंग।

निहायत वि० *(अ०)* अत्यन्त; बहुत। स्त्री० हद; सीमा।

निहाल पु० *(फ़ा०)* नया लगाया हुआ वृक्ष या पौधा; तोशक या गद्दा; शिकार। वि० *(फ़ा०)* पूर्णकाम; समृद्ध।

निहालचा पु० *(फ़ा० निहालचः)* तोशक; गद्दा।

निहाली स्त्री० *(फ़ा०)* लिहाफ; रजाई।

निहुफ़्ता वि० *(फ़ा० निहुफ़्तः)* गुप्त; छिपा हुआ।

नीको वि० *(फ़ा०)* अच्छा; बढ़िया; उत्तम; सुन्दर।

नीकोई स्त्री० *(फ़ा०)* अच्छापन; उपकार; भलाई।

नीकोकार वि० *(फ़ा०)* अच्छे या शुभ कर्म करने वाला।

नीज़ योजक *(फ़ा०)* और; भी।

नीम वि० *(फ़ा०)* आधा। पु० बीच; मध्य।

नीमकश वि० *(फ़ा०)* तलवार या तीर आदि जो पूरा खींचा न गया हो बल्कि आधा अन्दर और आधा बाहर हो।

नीमखुर्दा वि० *(फ़ा० नीमखुर्दः)* जूठा; उच्छिष्ट।

नीमगिर्दा पु० *(फ़ा०)* बढ़इयों का एक औजार।

नीमचा पु० *(फ़ा०)* एक प्रकार की छोटी तलवार या कटारी।

नीमजाँ वि० *(फ़ा०)* जिसकी आधी जान निकल चुकी हो; मरणोन्मुख; अधमरा।

नीम-निगाह स्त्री० *(फ़ा०)* आधी या तिरछी नजर; कनखी।

नीमबर पु० *(फ़ा०)* कुश्ती का एक पेंच।

नीमबाज़ वि० *(फ़ा०)* आधा खुला और आधा बन्द। जैसे- नीमबाज आँखें।

नीम-बिस्मिल वि० *(फ़ा०)* जो आधा जबह किया गया हो; घायल।

नीमरज़ा वि० *(फ़ा० नीमरिज़ा)* थोड़ी बहुत रजामन्दी; कुछ सन्तोष या प्रसन्नता।

नीमराज़ी वि० *(फ़ा०)* जो आधा राजी हो गया हो।

नीम वहशी वि० *(फ़ा०)* अर्द्धसभ्य।

नीमा पु० *(फ़ा० नीमः)* बुरका; एक प्रकार का ऊँचा जामा।

नीमास्तीन स्त्री० *(फ़ा० नीम+आस्तीन)* आधी आस्तीन की कुरती।

नीयत स्त्री० *(अ०)* इच्छा; मंशा; आशय।

पदरचना- ***नीयते बद-*** *बुरा इरादा।*

मुहा० ***नीयत डिगना या बद होना-*** *बुरा संकल्प होना।* ***नीयत बदल जाना-*** *बुरी बात की ओर प्रवृत्त होना।* ***नीयत बाँधना-*** *संकल्प करना।* ***नीयत भरना-*** *इच्छा पूरी होना।* ***नीयत में फ़र्क़ आना-*** *बेइमानी या बुराई सूझना।* ***नीयत लगी रहना-*** *जी ललचाया करना।*

नील पु० *(फ़ा० सं० नील)* एक प्रसिद्ध पौधा, जिससे नीला रंग निकलता है।

मुहा० ***नील बिगड़ना या नील का माट बिगड़ना-*** *चाल-चलन बिगड़ना; अशुभ बात होना।* ***नील की सलाई फेरवाना-*** *आँख फोड़वाना।* ***नील ढलना-*** *मरते समय आँखों से जल गिरना।* ***नील जलाना-*** *वर्षा रोकने के लिए टोटका करना।* ***नील का टीका-*** *लांछन; कलंक।*

नीलगर पु० *(फ़ा०)* नील बनाने वाला।

नीलगूँ वि० *(फ़ा०)* नीले रंग का।

नीलफ़ाम वि० *(फ़ा०)* कृष्णवर्ण; साँवला।

नीलम पु० *(फ़ा०+सं० नीलमणि)* नीले रंग का; नील मणि।

नीलाम पु० *(पुर्त० नीलाम)* बिक्री का एक ढंग जिसमें सबसे अधिक बोली लगाने वाले को माल बेचा जाता है।

नीलोफ़र पु० *(फ़ा०+सं० नीलोत्पल)* नीलकमल; कुमुद।

नुकता[1] पु० *(अ० नुक्तः)* गूढ़ बात जिसे सभी न समझ पायें; घोड़े के मुँह पर बाँधा जाने वाला चमड़ा; त्रुटि; ऐब।

नुक़ता[2] पु० *(अ० नुक़्तः)* बिन्दु; बिन्दी।

नुकतागीर/नुकताचीं वि० *(अ० नुक़्ता+फ़ा० गीर/ची)* दोष निकालने वाला।

नुकताचीनी स्त्री० *(फ़ा०)* छिद्रान्वेषण; दोष निकालना।

नुकतापरदाज़ वि० *(अ० नुक्तः पर्दाज)* गूढ़ और उत्तम बातें कहने वाला।

नुक़रा पु० *(अ० नुकरः)* चाँदी; घोड़ों का सफेद रंग। वि० सफेद रंग का घोड़ा।

नुक़राई वि० *(अ०)* चाँदी का; रूपहला; सफेद।

नुक़सान पु० *(अ० नुक़्सान)* कमी; घटी; हानि; घाटा।

मुहा० ***नुक़सान उठाना-*** *हानि सहना।* ***नुक़सान पहुँचाना-*** *हानि करना।* ***नुक़सान भरना-*** *घाटा पूरा करना; हानि की पूर्ति करना।* ***नुक़सान करना-*** *स्वास्थ्य के प्रतिकूल होना।*

नुकीला वि० *(फ़ा० नोक+हि० ईला)* नोंकदार; जिसमें नोक निकली हो; बाँका; तिरछा।

नुक़्ल पु० *(अ०)* वह चीज जो अफ़ीम या शराब आदि के साथ खायी जाये; एक प्रकार की मिठाई; वह मिठाई जो भोजन के बाद खायी जाये।

नुक़्स पु० *(अ०)* दोष; खराबी।

नुज़हत स्त्री० *(अ० नुज़्हत)* प्रसन्नता; खुशी; सुख-योग।

नुज़हतगाह स्त्री० *(फ़ा० नुज़्हत+फ़ा० गाह)* आनन्द भोग या सैर का स्थान।

नुजूम पु० *(अ०)* नज़्म का बहु०, सितारे; ज्योतिषशास्त्र।

नुजूमी पु० *(अ०)* ज्योतिषी; भविष्यवक्ता।

नुत्क़ पु० *(अ०)* बोलने की शक्ति; वाक्शक्ति।

नुतफ़ा/नुत्फ़ा पु० *(अ० नुत्फ़ः)* वीर्य; शुक्र; सन्तान; औलाद।

नुदबा पु० *(अ० नुद्बः)* किसी की मृत्यु पर होने वाला मातम।

नुफ़ूज़ पु० *(अ०)* प्रचलित होना; घुसना; बैठना।

नुफ़ूर वि० *(अ०)* नफ़रत या घृणा करने वाला; भागने या दूर रहने वाला।

नुमा वि० *(फ़ा०)* दिखायी पड़ने वाला। जैसे- रहनुमा; सदृश या समान, जैसे- गुम्बदनुमा।

नुमाइन्दगी स्त्री० *(फ़ा०)* प्रतिनिधित्व।

नुमाइन्दा पु० *(फ़ा० नुमाइन्दः)* दिखाने वाला; प्रतिनिधि।

नुमाइश स्त्री० *(फ़ा०)* दिखावा; प्रदर्शन; अनेक प्रकार की वस्तुओं को एक स्थान पर दिखाया जाना; प्रदर्शनी।

नुमाइश गाह स्त्री० *(फ़ा०)* प्रदर्शनी का स्थान।

नुमाइशी वि० *(फ़ा०)* दिखावटी।

नुमाई स्त्री० *(फ़ा०)* दिखलाने की क्रिया; प्रदर्शन। जैसे- खुदनुमाई।

नुमायाँ वि० *(फ़ा०)* जो स्पष्ट दिखायी पड़े; प्रकट।

नुमूद स्त्री० *(फ़ा०)* आविर्भाव; प्रकटीकरण।

नुमूदार वि० *(फ़ा०)* आविर्भूत; प्रकट; व्यक्त।

नुशूर पु० *(अ०)* कयामत के दिन मुर्दों का जीवित होना।

नुसरत स्त्री० *(अ० नुस्रत)* सहायता; समर्थन; विजय।

नुसार पु० *(अ०)* वह धन जो किसी पर से निछावर करके बाँटा जाये।

नुसेरी पु० *(अ०)* अरब का मुसलमानी सम्प्रदाय।

नुस्ख़ा पु० *(अ० नुस्ख़ः)* लिखा हुआ औषध का कागज; ग्रन्थ आदि की प्रति।

नुहुम वि० *(फ़ा०)* नवाँ; नवम।

नूर पु० *(अ०)* ज्योति; प्रकाश; कान्ति; शोभा।

पदरचना- *नूरे चश्म-* *आँख की रोशनी; लड़का।* ***नूरे जहाँ-*** *संसार को रोशनी देने वाला।* ***नूरे हकीकत-*** *सत्य का प्रकाश।*

मुहा० *नूर का तड़का-* *प्रातःकाल।* ***नूरे हक़ीक़त-*** *सत्य का प्रकाश।*

नूर-उल-ऐन पु० *(अ०)* आँखों की रोशनी; पुत्र।

नूरबाफ़ पु० *(अ० नूर+फ़ा० बाफ़)* कपड़ा बुनने वाला जुलाहा।

नूरा पु० *(अ० नूरः)* वह दवा जिसके लगाने से शरीर के बाल झड़ जाते हैं; कुश्ती का एक दाँव।

नूरानी वि० *(अ०)* प्रकाशमान; चमकीला; रूपवान।

नूरी वि० *(अ०)* ज्योति या प्रकाश सम्बन्धी।

नूह पु० *(अ०)* नौहा करने या रोने वाला; यहूदियों, ईसाइयों और मुसलमानों के एक पैगम्बर जिनके समय में एक बड़ा तूफान और भयंकर बाढ़ आयी थी। उस समय नौका बना कर नूह ने सभी जीवों का एक-एक जोड़ा उस पर रख लिया था। वही नौका बची रही, सारा संसार बाढ़ में डूब गया था। कहते हैं कि नूह उम्र भर रोते रहे थे- इसी से उनका 'नूह' नाम पड़ा।

नेअम-उल-बदल पु० *(अ०)* किसी चीज के बदले में मिलने वाली दूसरी अच्छी चीज।

नेक वि० *(फ़ा०)* उत्तम; भला; शिष्ट। क्रि०वि० थोड़ा; तनिक।

नेक क़दम वि० *(फ़ा० नेक+अ० क़दम)* जिसका आगमन शुभ हो।

नेकख़ू वि० *(फ़ा०)* अच्छे स्वभाव वाला।

नेक ख़्याल पु० *(फ़ा०)* उत्तम विचार।

नेक ख़्वाह वि० *(फ़ा०)* शुभ चिन्तक।

नेक चलन वि० *(फ़ा० नेक+हि० चलन)* अच्छे चाल-चलन वाला; सदाचारी।

नेकतरीन वि० *(फ़ा०)* सबसे अच्छा।

नेक नाम वि० *(फ़ा०)* यशस्वी; अच्छे नाम वाला।

नेक निहाद वि० *(फ़ा०)* सुशील।

नेकनीयत वि० *(फ़ा० नेक+अ० नीयत)* अच्छे विचार वाला।

नेक बख़्त वि० *(फ़ा०)* भाग्यवान; आज्ञाकारी और योग्य।

नेकबीं वि० *(फ़ा०)* अच्छाई देखने वाला।

नेक मंज़र वि० *(फ़ा० नेक+अ० मंज़र)* सुन्दर; खूबसूरत।

नेक पर्द वि० *(फ़ा०)* भला; सज्जन।

नेकी स्त्री० *(फ़ा०)* भलाई; सज्जनता; उत्तम व्यवहार।

नेज़ा पु० *(फ़ा० नेज़ः)* भाला; बरछा; साँग।

नेज़ाबरदार वि० *(फ़ा०)* नेज़ा या भाला रखने वाला।

नेज़ाबाज़ वि० *(फ़ा०)* नेज़ा या भला चलाने वाला।

नेफ़ा पु० *(फ़ा० नेफ़ः)* पायजामे या लहंगे के घेरे में नाड़ा (डोरी) पिरोने का स्थान।

नेमत स्त्री० *(अ०)* ईश्वर की देन; धन; सुख।

नेमतख़ाना पु० *(अ०)* भोजन पदार्थ रखने का कमरा।

नेवजा पु० *(फ़ा०)* चिलगोज़ा।

नेवजी स्त्री० *(फ़ा०)* एक फूल।

नेश पु० *(फ़ा० सं० नेस)* नोक; अनी; जहरीले जानवरों का डंक; काँटा; शूल।

नेशकर पु० *(फ़ा०)* गन्ना।

नेशज़नी स्त्री० *(फ़ा०)* डंक मारना; चुगली करना।

नेश्तर पु० *(फ़ा०)* जख़्म चीरने का औजार।

नेशदुम वि० *(फ़ा०)* बिच्छू।

नेसाँ पु० *(फ़ा०)* बैशाख का महीना।

पदरचना- ***क़तरा-ए-नेसाँ-*** *वर्षा की बूँद।*

नेस्त वि० *(फ़ा०)* जो न हो।

पदरचना- ***नेस्त-नाबूद-*** *नष्ट-भ्रष्ट।*

नेस्ती स्त्री० *(फ़ा०)* न होना; अनस्तित्व; आलस्य; नाश।

नै स्त्री० *(फ़ा०)* बाँस की नली; हुक्के की निगाली; बाँसुरी।

नैयर पु० *(अ०)* बहुत चमकने वाला सितारा।

पदरचना- ***नैयरे असग़र-*** *चन्द्रमा।* ***नैयरे आज़म-*** *सूर्य।*

नैरंग पु० *(फ़ा०)* छल-कपट; धोखा; इन्द्रजाल; विलक्षण बात; चित्रों आदि की रूपरेखा।

नैरंग साज़ वि० *(फ़ा०)* धूर्त; जादूगर।

नैरंगी स्त्री० *(फ़ा०)* धोखेबाज़ी; चालबाज़ी; जादूगरी।

नैसाँ पु० *(फ़ा०)* सीरिया देश का सातवाँ महीना, जो बैशाख के लगभग होता है।

नोक स्त्री० *(फ़ा०)* उस ओर का सिरा जिस ओर कोई वस्तु बराबर पतली पड़ती गयी हो; किसी वस्तु के निकले हुए भाग का पतला सिरा; निकला हुआ कोना।

नोंक-झोंक स्त्री० *(फ़ा०)* चुभने वाली बात; व्यंग्य; छेड़छाड़; ताना।

नोकदार वि० *(फ़ा०)* जिसमें नोक हो; चुभने वाला; पैना।

नोक-पलक स्त्री० *(फ़ा० नोक+हि० पलक)* आँख; नाव आदि चेहरे का नकशा।

नोकेजबाँ स्त्री० *(फ़ा० नोक+जबाँ)* जीभ का अगला भाग। वि० कण्ठस्थ; मुखाग्र।

नोत स्त्री० *(फ़ा०)* चोंच।

नोश वि० *(फ़ा०)* पीने वाला। जैसे- मैनोश- शराब पीने वाला; स्वादिष्ट; रुचिकर; प्रिय।

मुहा० ***नोश जान करना या फरमाना-*** *भोजन करना।* ***नोश-जाँ होना-*** *खाना-पीना शुभ सिद्ध होना।*

नोश-दारू स्त्री० *(फ़ा०)* सर्प का विष नष्ट करने वाला; स्वादिष्ट व पौष्टिक अवलेह।

नोशादुर पु० *(फ़ा०)* नौसादर।

नोशीं[1] वि० *(फ़ा०)* मीठा; मधुर।

नोशी[2] स्त्री० *(फ़ा०)* पीने की क्रिया, जैसे- मैनोशी- मद्यपान।

नौ वि० *(फ़ा० सं० नव)* नया; नवीन।

नौ आबाद वि० *(फ़ा०)* जो अभी हाल में बसा हो; नया बसा हुआ।

नौआमोज़ वि० *(फ़ा०)* नौसिखुआ।

नौईयत स्त्री० *(अ०)* प्रकार; तरह; विशेषता।

नौ-उम्मीद वि० *(फ़ा०)* निराश; नाउम्मीद।

नौ उम्र *(फ़ा० नौ+अ० उम्र)* अल्पवयस्क; किशोर।

नौ उम्री स्त्री० *(फ़ा० नौ+अ० उम्री)* अल्पवयस्कता; किशोरावस्था।

नौकर पु० *(फ़ा०)* सेवक; टहलुआ; वेतन पर काम करने वाला कर्मचारी।

नौकरशाही स्त्री० *(फ़ा० नौकर+अ० शाही)* वह शासन प्रणाली जिसमें सारी राजसत्ता राजकर्मचारियों के हाथ में रहती है।

नौकरानी स्त्री० *(फ़ा० नौकर+हि० 'आनी')* घर का काम-धन्धा करने वाली स्त्री; दासी; सेविका।

नौकरी स्त्री० *(फ़ा० नौकर)* नौकर का काम।

नौकरी पेशा पु० *(फ़ा०)* जिसकी जीविका नौकरी से चलती हो।

नौख़ास्ता वि० *(फ़ा० नौख़ास्तः)* नौजवान।

नौख़ेज वि० *(फ़ा०)* नवोदित।

नौचन्दा पु० *(फ़ा० नौ+हि० चन्दा)* शुक्लपक्ष में पहले-पहल दिखायी देने के बाद दूसरा दिन।

नौचा पु० *(फ़ा० नौचः)* नवयुवक।

नौची स्त्री० *(फ़ा०)* नवयुवती।

नौज पद *(अ० नऊज का अपभ्रंश)* ईश्वर न करे।

नौजवान वि० *(फ़ा०)* नवयुवक या नया ज़वान।

नौजवानी स्त्री० *(फ़ा०)* नवयौवन।

नौ दामाद पु० *(फ़ा०)* दूल्हा; वर।

नौ-दौलत वि० *(फ़ा० नौ+अ० दौलत)* नया अमीर; नया धनिक।

नौनिहाल पु० *(फ़ा०)* नया पौधा; नौउम्र; बच्चा।

नौबत स्त्री० *(फ़ा०)* बारी; पारी; दशा; संयोग; मंगलवाद्य; शहनाई।

मुहा० *नौबत झड़ना/नौबत बजना-* *आनन्द का उत्सव होना; प्रताप या ऐश्वर्य की घोषणा होना।*

नौबत ख़ाना पु० *(फ़ा० नौबत+अ० ख़ानः)* द्वार के ऊपर बना वह स्थान जहाँ बैठ कर नौबत (शहनाई) बजायी जाती है।

नौबती पु० *(फ़ा०)* नौबत (शहनाई) बजाने वाला; द्वार का पहरेदार; बिना सवार का सजा हुआ घोड़ा; बड़ा खेमा या तम्बू।

नौ-ब-नौ वि० *(फ़ा०)* बिलकुल ताजा; नया।

नौबहार स्त्री० *(फ़ा०)* नयी आयी हुई बसन्त ऋतु; बसन्त ऋतु का आरम्भ।

नौ मश्क़ वि० *(फ़ा० नौ+अ० मश्क़)* जो अभी-अभी अभ्यास करने लगा हो; नौसिखुआ।

नौमीद वि० *(फ़ा० नाउम्मीद)* निराश।

नौरोज़ पु० *(फ़ा०)* पारसियों में नये वर्ष का पहला दिन; त्यौहार।

नौवारिद वि० *(फ़ा०)* जो कहीं बाहर से अभी हाल में आया हो।

नौ शहाना वि० *(फ़ा०)* दूल्हे जैसा; दूल्हे की तरह।

नौ शेरवाँ पु० *(फ़ा०)* ईसा की छठी सदी का फ़ारस का एक न्यायप्रिय प्रतापी बादशाह।

नौशा पु० *(फ़ा० नौशः)* दूल्हा; वर।

नौ सफ़र वि० *(फ़ा० नौ+अ० सफ़र)* पहली बार सफ़र पर निकला हुआ।

नौसादर पु० *(फ़ा० नौशादर)* एक तीक्ष्ण झालदार खार या नमक।

नौहा पु० *(अ० नौहः)* किसी के मरने पर किया जाने वाला शोक; रोना-पीटना; रुदन।

नौहागर वि० *(अ० नौहा+फ़ा० गर)* रो-पीटकर मातम करने वाला; शोक मनाने वाला।

नौहागरी स्त्री० *(अ० नौहा+फ़ा० गरी)* रोना-पीटना।

प

पंचक स्त्री० *(फ़ा०)* चरखे की रूई की पोनी, जिसमें से सूत निकलता है।

पंज वि० *(फ़ा० सं० पंच)* पाँच; चार और एक।

पंजगाना वि० *(फ़ा० पंजगानः)* पाँचों समय की नमाज़।

पंजगुश्त पु० *(फ़ा०)* एक वृक्ष; सँभालू।

पंज-तन-पाक पु० *(फ़ा०)* मुसलमानों के अनुसार पाँच पवित्र आत्माएँ- मुहम्मद, अली, फ़ातिमा, हसन और हुसेन।

पंजशम्बा पु० *(फ़ा० पंजशम्बः)* बृहस्पतिवार; जुमेरात।

पंजशाख़ा पु० *(फ़ा० पंजशाख़ः)* पाँच शाख़ाओं वाली वस्तु।

पंजसाला वि० *(फ़ा० पंजसालः)* पचंवर्षीय।

पंजा[1] पु० *(फ़ा० पंज सं० पंचक)* पाँच चीज़ों का समूह; हाथ, पैर या पाँचों अँगुलियाँ; पंजा लड़ाने की कसरत।

मुहा० *पंजे झाड़ कर पीछे पड़ना-* *बुरी तरह पीछे पड़ना।* ***पंजा में-*** *अधिकार में।* ***छक्का-पंजा-*** *दाँव-पेंच; छल-कपट।* ***पंजा मोड़ना-*** *पंजे मिलाने की लड़ाई में प्रतिद्वन्द्वी को हराना।* ***पंजा फैलाना-*** *अधिकार में करने का प्रयास करना।* ***पंजा लड़ाना-*** *बल की परीक्षा करना।* ***पंजा मारना-*** *झपट्टा मारना।* ***पंजों पर चलना-*** *इतराना।*

पंजा[1] पु० *(फ़ा०+पंजः)* अँगुलियों समेत हथेली।

पंजा[2] पु० *(फ़ा०)* नृत्य का एक प्रकार, जिसमें बहुत-सी स्त्रियाँ एक-दूसरे का हाथ पकड़ कर नाचती हैं।

पंजाकश वि० *(फ़ा० पंजःकश)* पंजा लड़ाने वाला। पु० लोहे का पंजा जैसा एक यन्त्र, जिसमें पंजा डालकर जोर किया जाता है।

पंजाकशी स्त्री० *(फ़ा० पंजःकशी)* पंजा लड़ाना; पंजा लड़ा कर बल का जोर करना।

पंजानुमा वि० *(फ़ा० पंजःनुमा)* पंजे के आकार का।

पंजाब पु० *(फ़ा०)* पाँच नदियों का प्रदेश।

पंजाबी वि० *(फ़ा०)* पंजाब का निवासी; पंजाब सम्बन्धी। स्त्री० पंजाब की भाषा।

पंजाह वि० *(फ़ा०)* पचास।

पंजाहम वि० *(फ़ा०)* पचासवाँ।

पंजी स्त्री० *(फ़ा० पंजः)* वह मशाल या लकड़ी जिसमें पाँच बत्तियाँ जलती हों।

पंजुम वि० *(फ़ा०)* पाँचवाँ।

पम्बा पु० *(फ़ा० पम्बः)* रुई; कपास।

पदरचना- पम्बा-बागोश- *बहरा; बधिर।* **पम्बा दहन-** *कम बोलने वाला।*

पम्बा दरगोश वि० *(फ़ा० पम्बः दरगोश)* कानों में रूई भरे हुए अर्थात् किसी की बात न सुनने वाला।

पम्बए ज़ख़्म पु० *(फ़ा०)* घाव पर रखने की रूई।

पम्बकी वि० *(फ़ा०)* रूई से बना हुआ; सूती।

पक्ना वि० *(फ़ा० पक्नः)* मोटा और बौना व्यक्ति।

पख़ स्त्री० *(फ़ा०)* विष्टा; मल; शोर; अशिष्टतापूर्ण बात।

पखिया वि० *(फ़ा० पखः)* व्यर्थ छिद्रान्वेषण करने वाला।

पख़ारी स्त्री० *(फ़ा०)* अच्छा और स्वादिष्ट भोजन।

पगाह स्त्री० *(फ़ा०)* प्रभात; सवेरा।

पगाहतर स्त्री० *(फ़ा०)* बहुत तड़के; ब्राह्म मुहूर्त में।

पचवाक पु० *(फ़ा०)* अनुवाद; उल्था; तर्जुमा।

पज[1] पु० *(फ़ा०)* पर्वत; पहाड़।

पज़[2] पु० *(फ़ा०)* पीप; मवाद; मल; मैल।

पज़न स्त्री० *(फ़ा०)* चील पक्षी।

पज़मुरदगी स्त्री० *(फ़ा०)* कुम्हलाहट।

पज़मुरदा वि० *(फ़ा० पज़मुर्दः)* कुम्हलाया हुआ, उदास।

पज़ाबा पु० *(फ़ा० पज़ाबः)* ईंटें पकाने का आवाँ।

पज़ीर वि० *(फ़ा०)* मानने वाला; ग्रहण करने वाला।

पज़ीरा वि० *(फ़ा० पज़ीरः)* मानने योग्य।

पज़ीराई स्त्री० *(फ़ा०)* मानना; स्वीकृति।

पजोखा पु० *(फ़ा०)* मातम पुरसी।

पज़ोहिन्दा वि० *(फ़ा०)* ढूँढ़ने वाला; जिज्ञासु; खोजी।

पज़ोहिश स्त्री० *(फ़ा०)* खोज; जिज्ञासा; तलाश।

पज़ोहीदा वि० *(फ़ा० पज़ोहीदः)* खोजा हुआ।

पटवार गिरी स्त्री० *(हि० पटवार+ फ़ा० गिरी)* लेखपाल का कार्य।

पतील पु० *(फ़ा०)* चिराग की बत्ती।

पटेबाज़ पु० *(हि० पटे+ फ़ा० बाज़)* पटा (पीढ़ा) हाथ में लेकर लड़ने वाला व्यक्ति; आतिशबाजी। वि० दुश्चरित्र एवं छिनाल; चालाक एवं धूर्त।

पटेबाज़ी स्त्री० *(हि० पटे+ फ़ा० बाज़ी)* पटेबाज का कार्य एवं कौशल; व्यभिचार; धूर्तता।

पट्टेदार पु० *(हि० पट्टे+ फ़ा० दार)* वह व्यक्ति जिसे पट्टा (अधिकार) मिला हो।

पतंग पु० *(फ़ा०)* गवाक्ष; खिड़की; रोशनदान।

पतगीर स्त्री० *(फ़ा०)* छेनी; ठाँकी।

पतर पु० *(फ़ा०)* लोहे का तख़्ता; पत्र।

पतीरा पु० *(फ़ा० पतीरः)* घिनावनी और निकृष्ट वस्तु।

पतील पु० *(फ़ा०)* चिराग़ की बत्ती।

पत्यारा पु० *(फ़ा० पत्यारः)* आपत्ति; मुसीबत; दैवी आपदा; बला।

पद पु० *(फ़ा०)* वह पेड़ जिसमें फल न लगते हों।

पदरख़्ता वि० *(फ़ा० पदरख़्तः)* दुःखित; उदास।

पदीद वि० *(फ़ा०)* प्रकट; ज़ाहिर।

पन्द स्त्री० *(फ़ा०)* उपदेश; नसीहत; परामर्श; राय-मशवरा।

पन्द आमेज़ वि० *(फ़ा०)* नसीहत से भरा हुआ; शिक्षाप्रद।

पन्द सूदमन्द पु० *(फ़ा०)* लाभप्रद उपदेश।

पन्द नामा पु० *(फ़ा० पन्दनामः)* वह काग़ज जिस पर उपदेश लिखे हों; उपदेशों की पुस्तक।

पन्द नियोश वि० *(फ़ा०)* उपदेश सुनने वाला।

पन्दिदा वि० *(फ़ा०)* उपदेशक।

पन्दीदा वि० *(फ़ा०)* जिसे उपदेश दिया गया हो।

पनाह स्त्री० *(फ़ा०)* रक्षा; शरण; आश्रय पाने का स्थल।

पनाहगाह स्त्री० *(फ़ा०)* वह स्थान जहाँ सुरक्षित रहा जा सके; वह स्थान जहाँ से भरण-पोषण हो और सहायता मिले।

पनाह बख़ुदा अव्य० *(फ़ा०)* ईश्वर बचाये।

पनाहे बेकसाँ स्त्री० *(फ़ा०)* निराश्रय लोगों की रक्षा करने वाला।

पनीर पु० *(फ़ा०)* दूध फाड़कर जमाया हुआ छेना।

पनीरी वि० *(फ़ा०)* पनीर का बना हुआ।

पन्नी पु० *(फ़ा०)* पठानों की एक जाति।

पयम्बर पु० *(फ़ा०)* ईशदूत; अवतार; पैगम्बर।

पम्बराना वि० *(फ़ा० पम्बरानः)* अवतारों जैसा; पैगम्बरों जैसा; ईशदूतों जैसा।

पयम्बरे वक़्त पु० *(फ़ा० पयम्बरे+अ० वक़्त)* अपने समय में ऐसे चमत्कारपूर्ण कार्य करने वाला, जिन्हें केवल ईशदूत ही कर सकता है।

पयादा पु० *(फ़ा० पय्यादः)* पैदल चलने वाला व्यक्ति; पैदल सिपाही।

पयाम पु० *(फ़ा०)* सन्देश; समाचार; खबर।

पयामवरी स्त्री० *(फ़ा०)* ख़बर ले जाना; सन्देश पहुँचाना।

पयामबुर्दा वि० *(फ़ा० पयामबुर्दः)* सन्देश या खबर लेकर गया हुआ।

पयामरसाँ वि० *(फ़ा०)* सन्देश या खबर लेकर गया हुआ।

पयाम रसानी स्त्री० *(फ़ा०)* सन्देश या ख़बर पहुँचाना।

पयामी/पयामबर पु० *(फ़ा०)* सन्देश वाहक।

पयामो सलाम पु० *(फ़ा० पयामो+अ० सलाम)* दूसरे के द्वारा दो व्यक्तियों की बातचीत।

पर पु० *(फ़ा०)* चिड़ियों का डैना और उस पर के रोयें; पंख।

मुहा० ***पर कट जाना-*** *अशक्त हो जाना।* ***पर जमना-*** *जो पहले सीधा-सादा हो उसे शरारत सूझना।* ***पर जलना-*** *पहुँच न होना।*

परकार पु० *(फ़ा० पर्कार)* वृत्त या गोलाई खींचने का एक औज़ार।

परकाला पु० *(फ़ा० परकालः)* टुकड़ा; चिनगारी।

मुहा० ***आफ़त का परकाला-*** *विपत्ति करने वाला व्यक्ति।*

परख़ाश स्त्री० *(फ़ा० पर्ख़ाशः)* लड़ाई-झगड़ा।

परगना पु० *(फ़ा० पर्गनः)* वह भू-भाग जिसके अन्तर्गत बहुत-से ग्राम या गाँव हों।

परगना हाकिम पु० *(फ़ा०)* परगने की देख-रेख करने वाला।

परचम[1] पु० *(फ़ा० पर्चम)* झण्डे का कपड़ा; जुल्फ।

परचम[2] पु० *(फ़ा० पर्चम)* जुल्फ़; सुरा गाय की पूँछ।

परचम कुशाई स्त्री० *(फ़ा०)* झण्डा लहराना; झण्डा लहराने का उत्सव या रस्म; ध्वजोत्तोलन।

परअफ़गन्दा वि० *(फ़ा० परअफ़गन्दः)* जिसके पंख झड़ गये हों अर्थात् लाचार; विवश।

परअफ़गन्दगी स्त्री० *(फ़ा०)* पंख झड़ जाना; लाचारी; विवशता।

परक़ाज़ा पु० *(फ़ा० परक़ाज़ः)* चित्रकार की कूची; तूलिका।

परचए इम्तहान पु० *(फ़ा० पर्चए+अ० इम्तिहाँ)* परीक्षा के प्रश्न-पत्र।

परचए-हिसाब पु० *(फ़ा० पर्चए+अ० हिसाब)* बीजक; बही के हिसाब की नकल; परीक्षा में गणित का पर्चा।

परचा पु० *(फ़ा० पर्चः)* टुकड़ा; कागम का टुकड़ा; पत्र; अखबार; पुलिस की रिपोर्ट; प्रश्न-पत्र।

परचानवीस वि० *(फ़ा० पर्चःनवीस)* संवादकारी; अखबार का पत्रकार; गुप्त रिपोर्ट लिखने वाला; जासूस।

परची स्त्री० *(फ़ा० पर्ची)* काँटों या लकड़ियों की बाड़ जो खेत या घर के चारो ओर लगाते है।

परताब पु० *(फ़ा० पर्ताब)* एक प्रकार का बाण जो बहुत दूर तक जाता है; तीर फेंकने और जहाँ गिरता है, उसके बीच का अन्तर।

परताबी वि० *(फ़ा० पर्ताबी०)* तीर चलाने वाला; धनुर्धर; तीरन्दाज़।

परतौ पु० *(फ़ा० पर्तौ)* किरण; प्रतिच्छाया; प्रकाश।

परदगी स्त्री० *(फ़ा० पर्दगी)* परदे में रहने वाली स्त्री।

परदा पु० *(फ़ा० पर्दः)* आड़ कराने वाला कपड़ा; चिक।

मुहा० ***परदा उठाना-*** *भेद खोलना।* ***परदा डालना-*** *गलती छिपाना।* ***परदे में छेद होना-*** *छिप कर व्यभिचार होना।* ***परदे में बैठना/रहना-*** *छिपकर रहना।*

परदाख़्त स्त्री० *(फ़ा०)* बनाना; पूरा करना; देख-रेख करना।

परदाज़ पु० *(फ़ा० पर्दाज़)* सजावट।

परदादार पु० *(फ़ा०)* वह जो आड़ करे; तह; परत; तल।

परदादारी स्त्री० *(फ़ा०)* परदे में रहना।

परदार वि० *(फ़ा०)* जिसके पंख हों।

परदानशीन वि०स्त्री० *(फ़ा० पर्दानशीं)* परदे में रहने वाली स्त्री।

परदा नशीनी स्त्री० *(फ़ा० पर्दा नशीनी)* परदे में रहना।

परदापोशी स्त्री० *(फ़ा०)* किसी दोष को छिपाना।

परदा सरा स्त्री० *(फ़ा० पर्दःसरा)* अन्तःपुर; जनान खाना; खेमा; तम्बू; स्त्रियों के रहने का घर।

परदए इनबी पु० *(फ़ा० पर्दए+अ० इनबी)* आँख के सात परदों में से एक।

परदए इस्मत पु० *(फ़ा० पर्दए+अ० इस्मत)* सतीत्व; सतीपन।

परदए गोश पु० *(फ़ा० पर्दए गोश)* कान की झिल्ली जिससे टकरा कर आवाज सुनायी देती है; श्रवण-पटल।

परदए चश्म पु० *(फ़ा० पर्दए चश्म)* आँख की सात झिल्लियाँ; चक्षु पटल।

परए जम्बूर पु० *(फ़ा० पर्दए जम्बूर)* एक प्रकार का जालीदार बुरका।

परदए जम्बूरी पु० *(फ़ा० पर्दए जम्बूरी)* खिड़कियों वाला घर।

परदए दर पु० *(फ़ा० पर्दए दर)* दरवाज़े पर पड़ा हुआ परदा।

परदए नामूस पु० *(फ़ा० पर्दए+अ० नामूस)* सतीत्व; अस्मत; प्रतिष्ठा; मर्यादा।

परदए बकारत पु० *(फ़ा० पर्दए+अ० बकारत)* वह झिल्ली जो योनि पर होती है और प्रथम सम्भोग में फट जाती है; योनिपटल; योनिच्छद।

परदए बीनी पु० *(फ़ा० पर्दए बीनी)* नाक या दोनों नथुनों के बीच की दीवार।

परदए सीमीं पु० *(फ़ा० पर्दए सीमीं)* सिनेमा का परदा जिस पर चित्र दिखायी देते हैं; चित्रपट।

परदक पु० *(फ़ा० पर्दक)* पहेली; प्रहेलिका।

परदगी स्त्री० *(फ़ा० पर्दगी)* परदे में रहने वाली नायिका; द्वारपाल; दरबान।

परबस्ता वि० *(फ़ा० परबस्तः)* जिसके पुंख बँधे हों।

परवर वि० *(फ़ा० पर्वर)* पालन करने वाला; पालक।

परवरदिगार पु० *(फ़ा० पर्वरदिगार)* पालन करने वाला; ईश्वर।

परवरिश स्त्री० *(फ़ा० पर्वरिश)* पालन-पोषण।

परवा स्त्री० *(फ़ा० पर्वा)* चिन्ता; आशंका; ध्यान; ख्याल।

परवाज़ पु० *(फ़ा० पर्वाज़ी)* उड़ना। वि० उड़ने वाला।

परवाज़ी स्त्री० *(पर्वाज़ी)* उड़ने की क्रिया या भाव।

परवान पु० *(फ़ा०)* प्रमाण; सबूत; सीमा; हद। वि० प्रामाणिक एवं विश्वसनीय।

मुहा० *परवान चढ़ना-* *अत्यधिक उन्नति होना; सफल होना।*

परवानगी स्त्री० *(फ़ा० पर्वानगी)* इजाजत; आज्ञा; अनुमति।

परवाना पु० *(फ़ा० पर्वानः)* आज्ञापत्र; पतंगा; पंखी।

परवानावार वि० *(फ़ा० परवानः+अ० वार)* परवाने की तरह; जैसे पतंगा दीपक की ओर जाता है, ऐसे वेग और उत्साह के साथ।

परवानए गिरफ़्तारी पु० *(फ़ा० गिरिफ़्तारी)* गिरफ़्तारी का वारण्ट।

परवानए राहदारी पु० *(फ़ा०)* पासपोर्ट; पारपत्र।

परवीन पु० *(फ़ा० पर्वीन)* कृत्तिका नक्षत्र; झुमका।

परवेज़ वि० *(फ़ा० पर्वेज़)* विजयी; सम्मानित; प्रतिष्ठित। पु० खुसरो बादशाह जो नौशेरवाँ का पोता था।

परसियावशाँ स्त्री० *(फ़ा०)* हंसराज नामक एक वनस्पति।

परस्त वि० *(फ़ा०)* पूजा करने वाला; पूजक (यौगिक शब्दों के अन्त में, जैसे- आतिशपरस्त- अग्निपूजक)।

परस्तार पु० *(फ़ा०)* पूजा या उपासना करने वाला; दास; सेवक।

परस्तारज़ादा पु० *(फ़ा० परस्तारज़ादः)* दासीपुत्र।

परस्तिन्दा वि० *(फ़ा० परस्तिन्दः)* पूजक; आराधक।

परस्तिश स्त्री० *(फ़ा०)* पूजा; आराधना।

परस्तिशगाह स्त्री० *(फ़ा०)* पूजा या आराधना करने का स्थान।

परहेज़ पु० *(फ़ा० पर्हेज़)* खाने-पीने का संयम; दोषों और बुराइयों से दूर रहना।

परहेज़गार पु० *(फ़ा० पर्हेज़गार)* परहेज करने वाला; संयमी।

परा पु० *(फ़ा० परः)* कतार; पंक्ति।

परागन्दा वि० *(फ़ा० परागन्दः)* दुर्दशाग्रस्त; तितर-बितर।

परागन्दा ख़ातिर वि० *(फ़ा० परागन्दः ख़ातिर)* जिसका मन ठिकाने न हो; व्यस्तचित्त।

परागन्दामू वि० *(फ़ा० परागन्दःमू)* जिसके बाल बिखरे हुए हों; बाल बिखेरे हुए।

परागन्दा रोज़गार वि० *(फ़ा० परागन्दः रोज़गार)* समय जिसके अनुकूल न हो; कालचक्र ग्रसित।

परागन्दा रोज़ी वि० *(फ़ा० परागन्दःरोजी)* जिसकी जीविका निश्चित न हो; अनिश्चित जीविका।

परागन्दा हाल वि० *(फ़ा० परागन्दः+अ० हाल)* दुर्दशा ग्रस्त; हत् भाग्य।

परागन्दगी स्त्री० *(फ़ा०)* अस्त-व्यस्तता।

पराजदा पु० *(फ़ा० पराजदः)* लोई; गुँथे हुए आटे का पेड़ा।

परानिन्दा वि० *(फ़ा० परानिन्दः)* उड़ाने वाला।

परानीदा वि० *(फ़ा० परानीदः)* उड़ाया हुआ।

परापचा पु० *(फ़ा०)* टोपियाँ आदि बेचने वाला।

परिन्द पु० *(फ़ा०)* पक्षी; तलवार; सादा रेशमी कपड़ा; तलवार का जौहर; कृत्तिका नक्षत्र।

परिन्दा पु० *(फ़ा० परन्दः)* पक्षी; चिड़िया।

परिस्तान पु० *(फ़ा०)* परियों का लोक; वह स्थान जहाँ परियाँ हों।

परी स्त्री० *(फ़ा०)* फ़ारस की प्राचीन कथाओं के अनुसार काफ़ नामक पर्वत पर रहने वाली सुन्दर पंख वाली स्त्री; परम सुन्दर स्त्रियाँ।

परी इज़ार वि० स्त्री० *(फ़ा०)* जिसके गाल परियों जैसे हों।

परीख़्वान पु० *(फ़ा०)* परियों व देवों को मन्त्रों से वश में करने वाला।

परीख़्वानी स्त्री० *(फ़ा०)* जादूगरी; भूत-प्रेत उतारना; भूत-प्रेत व आत्माओं को बुलाना।

परीचम वि० *(फ़ा०)* परियों जैसी इठलाती हुई चाल से चलने वाली।

परीचश्म वि० *(फ़ा०)* परियों जैसी सुन्दर आँखों वाली।

परीज़दा वि० *(फ़ा० परीज़दः)* प्रेत-बाधा ग्रस्त।

परीजमाल वि० *(फ़ा० परी+अ० ज़माल)* परियों जैसे सौन्दर्य वाली।

परीज़ादा वि० *(फ़ा० परिज़ादः)* परी की सन्तान; बहुत सुन्दर।

परीदा वि० *(फ़ा० परीदः)* उड़ा हुआ।

परीदारंग वि० *(फ़ा० परीदः रंग)* जिसका रंग उड़ गया हो।

परीदोश स्त्री० *(फ़ा०)* बीती हुई परसों की रात।

परीपैकर वि० *(फ़ा०)* परी के समान सुन्दर चेहरे वाली/वाला।

परीफ़ाम वि० *(फ़ा०)* परियों जैसे गोरे रंग वाली।

परीबन्द पु० *(फ़ा०)* भुजबन्ध; बाँह का एक गहना।

परीरोज़ पु० *(फ़ा०)* बीता हुआ परसों का दिन।

परीवश वि० *(फ़ा०)* परियों जैसी।

परीशब स्त्री० *(फ़ा०)* बीती हुई परसों वाली रात।

परीशाँ वि० *(फ़ा०)* परेशान; व्यग्र; व्याकुल; उद्विग्न।

परीशाँ ख़ातिर वि० *(फ़ा० परीशाँ+अ० ख़ातिर)* व्यग्र चित्त वाला; मन का बेठिकाने होना।

परीशाँ गोई स्त्री० *(फ़ा०)* बकवास; मिथ्यावाद।

परीशाँ नज़र स्त्री० *(फ़ा०)* निगाह का ठिकाने न होना; चंचल निगाह।

परीशाँरू वि० *(फ़ा०)* जिसका मुँह उतरा हुआ हो।

परेशान वि० *(फ़ा०)* अस्त-व्यस्त; व्याकुल; आतुर; दुःखित; चिन्तित; हैरान।

परेशानकुन वि० *(फ़ा०)* परेशान करने वाला।

परेशानी स्त्री० *(फ़ा०)* व्याकुलता; उद्विग्नता; व्यग्रता।

परहुमा पु० *(फ़ा०)* कलगी; तुर्रा; 'हुमा' नामक पक्षी का पंख, जिसकी परछाई पड़ने से मनुष्य राजा हो जाता है।

परोबाल पु० *(फ़ा०)* पक्षियों के डैने और पंख; बल; शक्ति; जोर; सामर्थ्य।

पलंग पु० *(फ़ा०)* एक प्रकार का हिंसक पशु तेन्दुआ। पु० *(सं०)* पर्यक; पलंग।

पदरचना- ***पलंगपोश-*** *पलंग के बिछौने पर की चादर।*

पलंगीना पु० *(फ़ा० पलंगीनः)* एक ऊनी कपड़ा जिसमें तेन्दुए की खाल जैसे निशान होते हैं।

पलक स्त्री० *(फ़ा०)* आँखों के ऊपर का चमड़ा, पपोटा; बरौनी।

मुहा० ***पलकें बिछाना-*** *प्रेम से स्वागत करना।* ***पलक लगना-*** *नींद आना।* ***पलक झपकना-*** *पलक का खुलना-बन्द होना।* ***पलक पसीजना-*** *दयार्द्र होना।* ***पलक पाँवड़े बिछाना-*** *श्रद्धा से स्वागत करना।* ***पलक भाँजना-*** *आँख का संकेत होना।* ***पलक मारना-*** *झपकी लेना।* ***पलक लगना-*** *नींद आना।* ***पलक लगाना-*** *आँख बन्द करना।* ***पलक से पलक न लगना-*** *टकटकी लगी रहना।* ***पलकों से जमीन झाड़ना/पलकों से तिनके चुनना-*** *अति श्रद्धाभाव से सेवा करना।*

पलश्त वि० *(फ़ा०)* मलिन; मैला; अपवित्र; गन्दा।

पला पु० *(फ़ा० पलः)* ढाक का पेड़; पलाश; टेसू।

पलारक पु० *(फ़ा०)* एक प्रकार का बढ़िया लोहा; तलवार; खड्ग।

पलाव पु० *(फ़ा०)* पुलाव।

पलास पु० *(फ़ा०)* ढाक का पेड़; सन का कपड़ा।

पलीता पु० *(फ़ा० पलीतः)* बन्दूक या तोप के रंजक में आग लगाने की बत्ती।

पलीद वि० *(फ़ा०)* अपवित्र; दुष्ट। पु० दुष्टात्मा।

पल्ला पु० *(फ़ा० पल्लः)* तराजू का पलड़ा; सीढ़ी का डण्डा।

पशेमाँ/पशेमान वि० *(फ़ा०)* पछताने वाला; लज्जित; शरमिन्दा।

पशेमानी स्त्री० *(फ़ा०)* पश्चात्ताप; लज्जा।

पश्तो स्त्री० *(फ़ा० पश्तू)* अफगानिस्तान की भाषा।

पश्म स्त्री० *(फ़ा०)* बढ़िया मुलायम ऊन; उपस्थ (शिश्न) पर के बाल; बहुत ही तुच्छ वस्तु। **मुहा०** ***पशम उखाड़ना-*** *कुछ भी नुकसान न कर पाना।* ***पशम तक न उखड़ना-*** *कुछ भी काम न हो सकना।* ***पशम पर मारना-*** *तुच्छ समझना।*

पश्मक स्त्री० *(फ़ा०)* एक मिठाई जो बालों के लच्छे जैसी होती है।

पश्मदीं पु० *(फ़ा०)* एक गाली जो किसी को अपमानित करने के लिए उसके नाम के स्थान पर दी जाती है।

पश्माक़ पु० *(फ़ा०)* अश्व; घोड़ा; वाज़ि।

पश्मीना पु० *(फ़ा० पश्मीनः)* पश्म का बना हुआ कपड़ा।

पश्शा पु० *(फ़ा० पश्शः)* मच्छर।

पसन्द स्त्री० *(फ़ा०)* अभिरुचि।

पस क्रि०वि० *(फ़ा०)* पीछे; अन्त में; आखिर; इसलिए।

पसअन्दाज़ पु० *(फ़ा०)* वृद्धावस्था के लिए बचा कर रखा हुआ धन।

पसकूचा पु० *(फ़ा० पसकूचः)* गली के अन्दर की गली।

पसखुरदा पु० *(फ़ा० पसखुर्दः)* जूठन; जूठन खाने वाला।

पसख़ेज़ पु० *(फ़ा०)* पहलवान का नया-नया शिष्य।

पसख़ैमा पु० *(फ़ा० पसख़ैमः)* सेना की सबसे पिछली पंक्ति; नतीजा; निष्कर्ष।

पसतर वि० *(फ़ा०)* बहुत पीछे; सबसे पीछे।

पसतर फ़रदा पु० *(फ़ा० पस्तर फ़र्दा)* परसों के बाद वाला दिन; नरसों; अगली नरसों।

पसग़ैबत क्रि०वि० *(फ़ा० पस+अ० ग़ैबत)* पीठ पीछे; अनुपस्थिति में।

पसन्दा पु० *(फ़ा० पसन्दः)* कीमा; एक प्रकार का कबाब।

पसन्दीदगी स्त्री० *(फ़ा०)* रुचि; रुझान।

पसन्दीदा वि० *(फ़ा० पसन्दीदः)* पसन्द किया हुआ; चुना हुआ; अच्छा बढ़िया।

पसपा वि० *(फ़ा०)* पीछे हटने वाला; पराजित।

पसफ़रदा पु० *(फ़ा० पसफ़र्दा)* कल के बाद वाला दिन; परसों; अगली परसों।

पसमान्दा वि० *(फ़ा० पस-मान्दः)* जो पीछे रह गया; बाकी बचा हुआ।

पसरौ वि० *(फ़ा०)* पीछे चलने वाला; अनुयायी।

पसोपेश पु० *(फ़ा०)* आगा-पीछा; असमंजस।

पस्त वि० *(फ़ा०)* नीच; कमीना; निम्नकोटि का।

पस्तअन्देश वि० *(फ़ा०)* मन्दबुद्धि; छोटे ख्याल वाला।

पस्तअन्देशी स्त्री० *(फ़ा०)* छोटा खयाली

पस्तक वि० *(फ़ा०)* बहुत अधिक नीचा; बहुत अधिक कमीना।

पस्तक़ामती स्त्री० *(फ़ा० पस्त+अ० कामती)* बौनापन।

पस्त फ़ितरत वि० *(फ़ा० पस्त+अ० फ़ित्रत)* तुच्छ प्रकृतिवाला; कमीना; दुष्टात्मा।

पस्त फ़ितरती स्त्री० *(फ़ा पस्त+अ० फ़ित्रती)* प्रकृति या स्वभाव की नीचता; कमीनापन।

पस्त हिम्मत वि० *(फ़ा० पस्त+अ० हिम्मत)* कम हौसले वाला; हतोत्साह।

पस्त हिम्मती स्त्री० *(फ़ा० पस्त०+अ० हिम्मती)* उत्साहहीनता; उमंग की कमी।

पस्ताक़द वि० *(फ़ा० पस्तः क़द)* छोटे कद का; नाटा।

पस्ती स्त्री० *(फ़ा०)* निचाई; नीचता; कमीनापन। **पदरचना-** ***पस्ती-ए-ज़मीं-*** *ज़मीन की निचाई।*

पह अव्य० *(फ़ा०)* साधु; वाह; धन्य।

पह-पह वि० *(फ़ा०)* वाह-वाह; धन्य-धन्य; साधु-साधु।

पहज़ी वि० *(फ़ा०)* वह खाना जो रोगी को उसकी दशा के अनुसार दी जाये।

पहनक पु० *(फ़ा० पह्नक)* फीता।

पहनचश्म वि० *(फ़ा० पह्नचश्म)* निर्लज्ज; बेहया।

पहनचश्मी स्त्री० *(फ़ा० पह्नचश्मी)* निर्लज्जता; बेहयायी।

पहना वि० *(फ़ा० पह्ना)* विस्तृत; चौड़ा-चकला।

पहनाई स्त्री० *(फ़ा० पह्नाई)* विस्तार; ल०-चौ०; विशालता।

पहरेदार पु० *(हि० पहरे+फ़ा० दार)* चौकीदार; रक्षक।

पहरेदारी स्त्री० *(हि० पहरे+फ़ा० दारी)* चौकीदारी; चौकीदार का कार्य या पद।

पहल[1] पु० *(फ़ा०)* कोरों के बीच का तल; पहलू, बगल; मोटी तह।

पदरचना- *पहलदार-* *परतों वाला; तटों वाला।*

पहल[2] स्त्री० *(फ़ा०)* नये कार्य का आरम्भ।

पहलवान पु० *(फ़ा० पह्लवान)* कुश्ती लड़ने वाला।

पहलू पु० *(फ़ा० पह्लू)* बगल और कमर के बीच का वह भाग, जहाँ पसलियाँ होती हैं; करवट; दिशा, बगल; तरफ।

मुहा० ***पहलू गरम करना-*** *शरीर से सट कर बैठना।* ***पहलू दबाना-*** *आक्रान्त कर देना।* ***पहलू बचाना-*** *बगल से निकल जाना।* ***पहलू में बैठना-*** *सटकर बैठना।* ***पहलू में रहना-*** *बहुत करीब रहना।*

पहलव स्त्री० *(फ़ा० पह्लव)* फ़ारस देश का प्राचीन नाम; वीर; पहलवान।

पहलवी स्त्री० *(फ़ा० पह्लवी)* अति प्राचीन पारसी या जेन्द अवेस्ता की भाषा और आधुनिक फ़ारस के मध्यवर्ती काल की फ़ारस की भाषा।

पहलूतिही स्त्री० *(फ़ा० पह्लूतिही)* उपेक्षा; बचना; अलग रहना।

पहलूनशीं वि० *(फ़ा० पह्लूनशीं)* पास बैठने वाला; सभासद; पार्श्ववर्ती।

पहलूनशीनी स्त्री० *(फ़ा० पह्लूनशीनी)* पास बैठना।

पा पु० *(फ़ा० सं० पाद)* पैर; पाँव।

पा-अन्दाज़ पु० *(फ़ा०)* पैर पोंछने का बिछावन जो दरवाजों पर रखा जाता है।

पा अफ़सार पु० *(फ़ा० पा अफ़्सार)* खड़ाऊँ; पादुका; चट्टी।

पा अलमख्वाँ वि० *(फ़ा०)* वह व्यक्ति जो मुहर्रम के दिनों में अलम (झण्डे) के नीचे खड़े होकर मरसिया पढ़ता है।

पाइन्दा वि० *(फ़ा० पाइन्दः)* हमेशा रहने वाला; अनश्वर; स्थायी; नित्य।

पाइन्दा बाद अव्य० *(फ़ा० पाइन्दःबाद)* एक आशीर्वादात्मक वाक्य; अमर रहो; जिन्दाबाद।

पाइन्दगी स्त्री० *(फ़ा०)* नित्यता; स्थायित्व।

पाईकोह पु० *(फ़ा०)* पहाड़ की तलहटी।

पाईं-बाग़ पु० *(फ़ा०)* घर के साथ लगा हुआ बाग।

पाईज़ पु० *(फ़ा०)* पतझड़ की ऋतु।

पाईदा वि० *(फ़ा० पाईदः)* स्थायी; ठहरा हुआ; दृढ़।

पाईदनी वि० *(फ़ा०)* ठहरने योग्य।

पाईन वि० *(फ़ा०)* पिछला; निचला। पु० पैताना।

पाईना पु० *(तु० पाईनः)* दर्पण; आईना।

पा उफ़्तादा वि० *(फ़ा० पाउफ्तादः)* गिरा हुआ; पतित; लाचार; दुःखित; कष्टग्रस्त।

पाएकार पु० *(फ़ा०)* वह स्थान जहाँ किसी इमारत बनाने का मसाला इकट्ठा हो।

पाएकाश्त पु० *(फ़ा०)* वह कृषक जो किसी अन्य गाँव की ज़मीन जोते।

पाएकुलाग पु० *(फ़ा०)* लेखनी; कलम; बहुत बुरी और टेढ़ी-मेढ़ी लिखावट।

पाएगाह स्त्री० *(फ़ा०)* अश्वशाला; किसी बड़े रईस या अफ़सर का मकान।

पाएचा पु० *(फ़ा० पाएचः)* पाजामे का वह भाग, जो नीचे लटकता है।

पाएजानाँ पु० *(फ़ा०)* प्रेमिका के पैर।

पाएजामा पु० *(फ़ा० पाएजामः)* पाजामा।

पाएतख़्त पु० *(फ़ा०)* राजधानी; शासन-केन्द्र।

पाएतरसा पु० *(फ़ा० पाएतर्सा)* मदिरा का प्याला।

पाएतोग़ पु० *(तु०)* सेना आदि में झण्डा लेकर आगे चलने वाले का पद।

पाएदान पु० *(फ़ा०)* सभा में जूते उतारने का स्थान; गाड़ी; मोटर; रेल आदि के दरवाजे का तख़्ता जिस पर पाँव रखकर चढ़ते हैं।

पाएदार वि० *(फ़ा०)* दृढ़; मज़बूत; स्थायी; अचल।

पाएमाल वि० *(फ़ा०)* पैरों से रौंदा हुआ; पामाल।

पाएरंज पु० *(फ़ा०)* वह पुरस्कार जो पत्रवाहक या अतिथि को विदा करते समय सम्मानार्थ दिया जाये।

पाक वि० *(फ़ा०)* स्वच्छ; निर्मल; पवित्र; शुद्ध; जिसमें कोई मैल न हो; निर्दोष।

पाकजाद वि० *(फ़ा०)* स्वच्छ प्रकृति वाला; शुद्धात्मा।

पाकदामन वि० *(फ़ा०)* पवित्र दामन वाली/वाला।

पाकदामनी स्त्री० *(फ़ा०)* पाकदामन होने का भाव।

पाकदिल वि० *(फ़ा०)* जिसके मन में खोट न हो।

पाकनज़र वि० *(फ़ा० पाक०+अ० नज़र)* वह व्यक्ति जिसकी दृष्टि बुराई पर न पड़े।

पाकनीयत वि० *(फ़ा० पाक+अ० नीयत)* जिसकी नीयत साफ़ हो।

पाकबाज़ स्त्री० *(फ़ा०)* सदाचारी; शुद्ध आचरण वाला।

पाकबाज़ी स्त्री० *(फ़ा०)* सदाचार।

पाकबीनीं स्त्री० *(फ़ा०)* केवल अच्छाई देखना।

पाकरू वि० *(फ़ा०)* सुन्दर मुख वाला/वाली।

पाकसाफ़ वि० *(फ़ा०)* साफ-सुथरा; निर्मल; निर्दोष।

पाकसिरिश्त वि० *(फ़ा०)* शुद्धात्मा; पवित्र आत्मा।

पाकार पु० *(फ़ा०)* तहसील का चपरासी; दास; भंगी; मेहतर; मज़दूर।

पाकी वि० *(फ़ा०)* शुद्धता; पवित्रता; स्वच्छता।

पाकीज़गी स्त्री० *(फ़ा०)* सफाई; शुद्धता; निर्दोषता।

पाकीज़ा वि० *(फ़ा० पाकीज़ः)* पाक-साफ; निर्दोष।

पाकीज़ा ख़याल वि० *(फ़ा० पाकीज़ः+अ० ख़याल)* अच्छे व पवित्र विचारों वाला।

पाकीज़ाखू वि० *(फ़ा० पाकीज़ःखू)* स्वच्छ प्रकृति वाला।

पाकीज़ागौहर वि० *(फ़ा० पाकीज़ः गौहर)* अच्छे वंश वाला; कुलीन।

पाकीज़ातीनत वि० *(फ़ा० पाकीज़ः+अ० तीनत)* पवित्रात्मा; सत्प्रकृति।

पाकीज़ाबूम वि० *(फ़ा० पाकीज़ःबूम)* अच्छे और पुनीत स्थान का रहने वाला।

पाकोब वि० *(फ़ा०)* नाचने वाला; नर्तक; नाचने वाली; नर्तकी।

पाकोबी स्त्री० *(फ़ा०)* नाचना; नृत्य; नर्तन।

पागिरफ़्ता वि० *(फ़ा० गिरिफ़्तः)* ठहरा हुआ; स्थावर।

पागीर स्त्री० *(फ़ा०)* कुश्ती का एक दाँव।

पाग़ुन्दा पु० *(फ़ा० पाग़ुन्दः)* धुनी हुई रूई का गाला।

पाग़ुर पु० *(फ़ा०)* पाँव का एक रोग; फीलपाँव।

पाग़ोश पु० *(फ़ा०)* ग़ोता; डुबकी; निमज्जन।

पाचक पु० *(फ़ा०)* उपला; कण्डा।

पाचंग पु० *(फ़ा०)* गवाक्ष; खिड़की; जूता।

पाचक दस्ती स्त्री० *(फ़ा०)* जंगल में पड़ा हुआ सूखा गोबर जो गोल उपले के आकार का होता है।

पांचाँ पु० *(फ़ा०)* छिड़कता हुआ; बरसाता हुआ।

पाचिला पु० *(फ़ा० पाचिलः)* बरफ़ पर चलने का जूता।

पाज़ाज स्त्री० *(फ़ा०)* धाय; बच्चे पैदा कराने वाली।

पाजी वि० *(फ़ा० पा)* दुष्ट; बदमाश; कमीना।

पाज़ेब स्त्री० *(फ़ा०)* स्त्रियों का एक गहना, जो पैरों में पहना जाता है।

पात पु० *(फ़ा०)* चौकी; तख्त।

पातिला पु० *(फ़ा० पातिलः)* पतीला; चौड़े मुँह का देगनुमा बरतन।

पातुराब वि० *(फ़ा०)* यात्रा के समय इस विचार से कि शुभ-मुहूर्त खण्डित न हो; एक स्थान से दूसरे स्थान पर चले जाना; चाहे वह स्थान थोड़ी ही दूर पर क्यों न हो।

पादंग स्त्री० *(फ़ा०)* धान आदि कूटने की ढेकली।

पादज़हर पु० *(फ़ा० पादज़ह)* विषनाशक एक औषधि।

पा दर हवा वि० *(फ़ा०)* निराधार; बेबुनियाद; ख़याली।

पातुराव पु० *(फ़ा०)* प्रस्थान; यात्रा; सफर।

पाताबा पु० *(फ़ा० पाताबः)* पैरों में पहनने का मोजा।

पादशाह पु० *(फ़ा०)* बादशाह; सम्राट।

पादशाहज़ादा पु० *(फ़ा० पादशाहज़ादः)* राजकुमार।

पादशाही स्त्री० *(फ़ा०)* बादशाही।

पादस्त पु० *(फ़ा०)* हथ उधार; वह धन जो तुरन्त चुकाने के लिए उधार लिया जाये।

पादाम पु० *(फ़ा०)* ज़ाल में बँधा पक्षी आदि।

पादाश स्त्री० *(फ़ा०)* परिणाम; फल।

पान पु० *(फ़ा०)* एक प्रसिद्ध पत्ता, जो कत्था-चूना लगा कर खाया जाता है।

पाना स्त्री० *(फ़ा० पानः)* आरे से लकड़ी चीरते समय उसके दरार में लगाया जाने वाला फच्चर।

पापा पु० *(फ़ा०)* बाप; पिता; ईसाइयों का बड़ा पादरी।

पापाए रोम पु० *(फ़ा०)* रोम का बड़ा पादरी जो सारे संसार के रोमन कैथोलिक पादरियों पर शासन करता है।

पापोश पु० *(फ़ा०)* जूता; उपानह।

पापोशकार वि० *(फ़ा०)* जूते बनाने वाला; मोची।

पापोशकारी स्त्री० *(फ़ा०)* जूते बनाने का काम।

पाप्यादा क्रि०वि० *(फ़ा०)* पैदल; बिना किसी सवारी के।

पाबन्द वि० *(फ़ा०)* बँधा हुआ; नियम का पक्का।

पाबन्दी स्त्री० *(फ़ा०)* पाबन्द होने का भाव; सिद्धान्त पालन की जिम्मेदारी।

पाबज़ंजीर वि० *(फ़ा०)* जिसके पैर में बेड़ियाँ हों।

पाबरिकाब क्रि०वि० *(फ़ा०)* चलने को तैयार।

पाबोस वि० *(फ़ा०)* पैर चूमने वाला।

पाबोसी स्त्री० *(फ़ा०)* बड़ों के पैर चूमना।

पामर्द वि० *(फ़ा०)* सहायक; सहयोगी।

पामर्दी स्त्री० *(फ़ा०)* सहायता; मदद; उत्साह; हिम्मत।

पामाल वि० *(फ़ा०)* पाँव तले रौंदा हुआ; दुर्दशाग्रस्त।

पामाली स्त्री० *(फ़ा०)* पाँव तले रौंदा जाना।

पामाले ग़म वि० *(फ़ा०)* दुःखों के भार से हारा हुआ।

पामोज़ पु० *(फ़ा०)* एक प्रकार का कबूतर जिसके पैरों पर भी बाल होते हैं।

पायँचा पु० *(फ़ा० पाएचः)* पाजामे का वह अंश जिसमें पैर रहते हैं।

पाय पु० *(फ़ा० सं० पाद)* पैर; पाँव; आधार।

पायक पु० *(फ़ा०)* हरकारा; दूत; सन्देश वाहक।

पाया पु० *(फ़ा० पायः)* खम्भा; पद; दरजा; प्रतिष्ठा; इज्जत।

पाया-ब-पाया वि० *(फ़ा० पायः ब पायः)* क्रमशः; धीरे-धीरे।

पायाशनास वि० *(फ़ा० पायःशनास)* किसी की प्रतिष्ठा और इज्जत पहचानने वाला।

पायान पु० *(फ़ा०)* किनारा; अन्त; छोर; पराकाष्ठा।

पायाने कार पु० *(फ़ा०)* आखिरकार; अन्ततः।

पायतख़्त पु० *(फ़ा०)* राजधानी।

पायतराब पु० *(फ़ा०)* यात्रा के पूर्व कुछ दिन दूर तक चलना।

पायदार वि० *(फ़ा० पाएदार)* पक्का; मजबूत; दृढ़।

पायदारी स्त्री० *(फ़ा० पाएदारी)* दृढ़ता।

पायान पु० *(फ़ा०)* अन्त; समाप्ति; तट; किनारा।

पायाब वि० *(फ़ा०)* पैदल पार करने लायक कम पानी।

पायाबी स्त्री० *(फ़ा०)* नदी; ताल आदि का उथलापन।

पार पु० *(फ़ा०)* गतवर्ष; पिछला साल।

पारए नाँ पु० *(फ़ा०)* रोटी का टुकड़ा।

पारगाना पु० *(फ़ा० पारगानः)* तराजू का पासंग।

पारगीं[1] पु० *(फ़ा०)* प्राचीनता; फटा-पुराना।

पारगी[2] स्त्री० *(फ़ा०)* वह बर्तन या कुण्ड जिसमें घर और रसोई आदि का पानी एकत्र होता हो।

पारसाल पु० *(फ़ा०)* पिछला वर्ष; अगला वर्ष।

पारचा पु० *(फ़ा० पार्चः)* कपड़ा; पोशाक।

पारचा फ़रोश वि० *(फ़ा० पार्चःफ़रोश)* बज़ाज।

पारचा फ़रोशी स्त्री० *(फ़ा० पार्चःफ़रोशी)* बज़ाजी का काम।

पारचा बाफ़ वि० *(फ़ा० पार्चःबाफ़)* जुलाहा; कोरी।

पारचा बाफ़ी स्त्री० *(फ़ा० पार्चःबाफ़ी)* जुलाहागीरी।

पारस पु० *(फ़ा०)* फारस देश।

पारसा[1] पु० *(फ़ा० पार्सः)* भिखारी; फकीर; मँगता।

पारसा[2] वि० *(फ़ा० पार्सः)* इन्द्रिय संयमी; सदाचारी।

पारसी पु० *(फ़ा०)* फ़ारस देश का रहने वाला। वि० फ़ारस देश से सम्बन्ध रखने वाला।

पारा पु० *(अ० पारः)* टुकड़ा।

पाराकार वि० *(फ़ा० पारःकारी)* नीच; कमीना; लोफ़र।

पाराकारी स्त्री० *(फ़ा० पारःकारी)* नीचता; कमीनगीं।

पारापारा वि० *(फ़ा० पारःपारः)* टुकड़े-टुकड़े; धज्जी-धज्जी।

पारार पु० *(फ़ा०)* पिछला तीसरा वर्ष।

पारीना वि० *(फ़ा० पारीनः)* पुराना; प्राचीन।

पालगाना पु० *(फ़ा० पालगानः)* तराजू का पासंग; गवाक्ष; दरीच; ख्याति; शोहरत।

पालग़्ज़ पु० *(फ़ा०)* ऐसा स्थान जहाँ पाँव फिसल जाये।

पालहंग पु० *(फ़ा०)* घोड़े की बागडोर।

पाला पु० *(फ़ा०)* कोतल घोड़ा।

पालाइश स्त्री० *(फ़ा०)* साफ करना; सफाई।

पालान पु० *(फ़ा० सं० पर्य्याण)* घोड़े की पीठ पर रखा जाने वाला कपड़ा, जिस पर जीन रखी जाती है।

पालानी वि० *(फ़ा०)* वह घोड़ा जिससे बोझ ढोने का काम लिया जाता है; लद्दू घोड़ा या टट्टू।

पालीदा वि० *(फ़ा० पालीदः)* साफ़ किया हुआ।

पालूना पु० *(फ़ा० पालूनः)* छानने का कपड़ा।

पालेज़ स्त्री० *(फ़ा०)* तरबूज़ या खरबूज़ का खेत।

पालोश पु० *(फ़ा०)* कृत्रिम कपूर।

पावदान पु० *(फ़ा०)* पाँव रखने का स्थान; पैर पोंछने के लिए टाट या बोरे आदि का टुकड़ा।

पावनेदार पु० *(हि० पावने+ फ़ा० दार)* पानेवाला व्यक्ति।

पाश[1] पु० *(फ़ा०)* फटना; टुकड़े-टुकड़े होना; टुकड़ा; खण्ड।

पाश[2] प्रत्य० *(फ़ा०)* छिड़कने वाला, जैसे- गुलाब पाश- गुलाब जल छिड़कने वाला; फैलाने वाला, जैसे- ज़िया पाश- प्रकाश फैलाने वाला।

पाश-पाश वि० *(फ़ा०)* चूर-चूर; टुकड़े-टुकड़े।

पाशाँ वि० *(फ़ा०)* छिड़कता हुआ; फैला हुआ।

पाशा पु० *(तु०)* प्रान्त का शासक; बहुत बड़ा अफसर।

पाशिन्दा वि० *(फ़ा० पाशिन्दः)* छिड़कने वाला; फैलाने वाला।

पाशिकस्ता वि० *(फ़ा० पाशिकस्तः)* जिसके पाँव टूटे हों; जो चलने-फिरने में लाचार हो; विवश।

पाशी स्त्री० *(फ़ा०)* जल छिड़कना।

पदरचना- ***आबपाशी-*** *सिंचाई।*

पाशीदा वि० *(फ़ा० पाशीदः)* छिड़का हुआ; बिखेरा हुआ।

पाशीदनी वि० *(फ़ा०)* छिड़कने योग्य; बिखेरने योग्य।

पाशोया पु० *(फ़ा० पाशोयः)* दवाओं के पानी से रोगी के पाँव धोना अथवा दवाओं का चूर्ण पाँवों पर मलना।

पाश्ना स्त्री० *(फ़ा० पाश्नः)* एड़ी।

पाश्नाकोब वि० *(फ़ा० पाश्नःकोब)* पीछे दौड़ने वाला; पीछा करने वाला।

पासंग पु० *(फ़ा०)* तराजू की डण्डी को बराबर रखने के लिए उठे हुए पलड़े पर रखा हुआ वजन।

पास पु० *(फ़ा०)* लिहाज़; पक्षपात; पहरा; चौकी।

पासक स्त्री० *(फ़ा०)* जम्भाई।

पासदार पु० *(फ़ा०)* रक्षक; पक्ष लेने वाला।

पासदारी स्त्री० *(फ़ा०)* रक्षा; हिफाजत; पक्षपात।

पासबान पु० *(फ़ा०)* चौकीदार; रक्षक। स्त्री० रखेली।

पासबानी स्त्री० *(फ़ा०)* चौकीदारी; पहरेदारी।

पासब्ज़ वि० *(फ़ा०)* जिसका आगमन अशुभ और अनिष्टकर हो; दलाल; एजेण्ट।

पासब्ज़ी स्त्री० *(फ़ा०)* अकल्याण; अमंगल।

पासिन स्त्री० *(फ़ा०)* एड़ी।

पासुख़ पु० *(फ़ा०)* उत्तर; जवाब।

पासे अदब पु० *(फ़ा० पासे+अ० अदब)* किसी की प्रतिष्ठा का ख़याल; प्रतिष्ठा के अनुसार आदर-सत्कार।

पासे अनफ़ास पु० *(फ़ा० पासे+अ० अन्फ़ास)* मुसलमान सूफ़ियों का एक योगाभ्यास, जिसमें उनके प्रत्येक साँस के साथ 'अल्लाह' शब्द उच्चारित होता है।

पासे आबरू पु० *(फ़ा०)* प्रतिष्ठा का ख़याल; सतीत्व रक्षा का ख़याल।

पासे ख़ातिर पु० *(फ़ा० पासे+अ० ख़ातिर)* किसी को रुष्ट न करने के लिए उसका मन रखना।

पासे नमक पु० *(फ़ा०)* नमकहलाली; स्वामिभक्ति।

पासो लिहाज़ पु० *(फ़ा० पासो+अ० लिहाज़)* शील-संकोच।

पास्तान वि० *(फ़ा०)* पुरातन; प्राचीन।

पास्तानी वि० *(फ़ा०)* प्राचीन काल का; पुराने समय का।

पिगाँ स्त्री० *(फ़ा०)* वह कटोरी जो पानी की नाँद में समय बताने के लिए डाली जाती है।

पिज़िश्क पु० *(फ़ा०)* चिकित्सक; वैद्य; डाक्टर; हकीम।

पिज़िश्की वि० *(फ़ा०)* चिकित्सा; उपचार; इलाज़।

पिज़ीर प्रत्य० *(फ़ा०)* स्वीकृत करने वाला।

पिज़ीरफ़्ता वि० *(फ़ा० पिजीरफ़्तः)* स्वीकृत; माना हुआ।

पिज़ीरा वि० *(फ़ा०)* स्वीकार करना; स्वीकृत; मंजूर।

पिज़ीराई स्त्री० *(फ़ा०)* स्वीकृति।

पिज़ोलीदा वि० *(फ़ा० पिज़ोलीदः)* सताया हुआ।

पिन्ददर पु० *(फ़ा०)* सौतेला बाप।

पिन्दार पु० *(फ़ा०)* कल्पना; समझ; बुद्धि, गर्व।

पदरचना- ***पिन्दारे तमन्ना-*** *कामना का गर्व।*

पिन्दारा पु० *(फ़ा० पिन्दारः)* ध्यान; कल्पना; चिन्तन; फिक्र।

पिन्दारिन्दा वि० *(फ़ा० पिन्दारिन्दः)* सोचने वाला; विचारने वाला।

पिन्दाश्तनी वि० *(फ़ा०)* सोचने योग्य; जानने योग्य।

पिन्दाश्ता वि० *(फ़ा० पिन्दाश्तः)* सोचा हुआ; जाना हुआ।

पिदर पु० *(फ़ा०, सं० पितृ)* पिता; जनक; बाप।

पिदराना पु० *(फ़ा० पिदरानः)* बाप जैसा।

पिदरी वि० *(फ़ा०)* पिता का; पैतृक।

पिद्राम वि० *(फ़ा०)* सुसज्जित; विभूषित।

पिद्रद पु० *(फ़ा०)* विदा करना; त्यागना; छोड़ना।

पिनहाँ वि० *(फ़ा० पिन्हाँ)* छिपा हुआ; गुप्त।

पिनहानी वि० *(फ़ा० पिन्हानी)* भीतरी; आध्यात्मिक।

पिनहाँ शिकंज वि० *(फ़ा०)* मन ही मन में सन्तप्त होने वाला; अपने दुःख को प्रकट न करने वाला।

पिनहाँ शिकंज़ी स्त्री० *(फ़ा०)* अपने दुःख को प्रकट न करना।

पियाज़ स्त्री० *(फ़ा०)* प्याज।

पिरिस्तुक स्त्री० *(फ़ा०)* अबाबील; एक पक्षी जो कि खण्डहरों में रहता है।

पिरेज़ीदान पु० *(फ़ा०)* प्रेसीडेण्ट; राष्ट्रपति।

पिरेश वि० *(फ़ा०)* परेशान होने वाला।

पिल्लगाँ पु० *(फ़ा०)* लकड़ी की सीढ़ी।

पिशक स्त्री० *(तु०)* बिल्ली; मार्जारी।

पिशवाज़ स्त्री० *(फ़ा० पेशवाज़)* एक प्रकार का घाघरा जो प्रायः वेश्याएँ नाचने के समय पहनती हैं।

पिशेज़ पु० *(फ़ा०)* सबसे छोटा सिक्का।

पिश्किल स्त्री० *(फ़ा०)* ऊँट या बकरी आदि की मेंगनी।

पिशोइन्दा वि० *(फ़ा० पिशोइन्दः)* अस्त-व्यस्त होने वाला।

पिसन्दर पु० *(फ़ा०)* सौतेला लड़का।

पिसर पु० *(फ़ा०)* आत्मज़; बेटा; पुत्र।

पिसरख़्वाँदा पु० *(फ़ा० पिसरख़्वान्दः)* दत्तक पुत्र।

पिसरज़ादा पु० *(फ़ा०)* बेटे का बेटा; पौत्र; पोता।

पिसरे मुतबन्ना पु० *(फ़ा० पिसर+अ० मुतबन्ना)* दत्तक पुत्र।

पिस्त पु० *(फ़ा०)* आटा; बेसन या सत्तू।

पिस्ता[1] पु० *(फ़ा० पिस्तः)* एक प्रसिद्ध सूखा फल; मेवा।

पिस्ता[2] स्त्री० *(फ़ा०)* पिस्तान का लघुरूप।

पिस्तालब वि० *(फ़ा० पिस्तःलब)* जिसके ओंठ पतले और छोटे हों।

पिस्तान स्त्री० *(फ़ा०)* स्तन; उरोज; कुच; छाती।

पीख़ाल स्त्री० *(फ़ा०)* चिड़ियों का मल; बीट।

पीचीदगी *(फ़ा०)* पेचीलापन; जटिलता।

पीचीदा वि० *(फ़ा० पीचीदः)* जटिल; पेचीला।

पीनक स्त्री० *(फ़ा०)* अफ़ीम के नशे की झोंक।

पीनकी वि० *(फ़ा०)* अफ़ीम के नशे में झूमने वाला।

पीनादोज़ वि० *(फ़ा० पीनःदोज़)* पैबन्द लगाने वाला।

पीनादोज़ी स्त्री० *(फ़ा० पीनःदोज़ी)* पैबन्द लगाना।

पीनू पु० *(फ़ा०)* सुखाया हुआ दही, जिसका पानी छान कर निकाल दिया जाता है।

पीर[1] वि० *(फ़ा०)* वृद्ध; बूढ़ा; बुजुर्ग।

पदरचना- ***पीरे-मुग़ाँ-*** *अग्नि का उपासक।*

पीर[2] पु० *(फ़ा०)* मार्गदर्शक; धर्मगुरु; महात्मा; सिद्ध पुरुष।

पीर[3] स्त्री० *(फ़ा०)* दर्द; वेदना; तकलीफ; दर्द; पीड़ा।

पीर अफ़शानी स्त्री० *(फ़ा०)* बुढ़ापे में जवानों जैसा कार्य करना।

पीरज़न स्त्री० *(फ़ा०)* बूढ़ी स्त्री।

पीरज़ादा पु० *(फ़ा० पीरज़ादः)* किसी पीर का वंशज।

पीर परस्त वि० *(फ़ा०)* अपने पीर को ही सब कुछ समझना; अपने धर्मगुरु का भक्त होना।

पीरभुचड़ी पु० *(फ़ा० पीर+हि० भुचड़ी)* हिंजड़ों के एक कल्पित पीर का नाम।

पीरमर्द पु० *(फ़ा०)* बूढ़ा और सदाचारी व्यक्ति।

पीर साल वि० *(फ़ा०)* वयोवृद्ध; बूढ़ा; वृद्धा; बूढ़ी।

पीराई पु० *(फ़ा०)* बाजा बजाने वाले मुसलमान जो पीरों के गीत गाते हैं।

पीरान स्त्री० *(फ़ा०)* किसी पीर की सेवा में अर्पित की हुई भूमि; पीरों की मदद के लिए किसी मकबरे के साथ बक्फ की हुई जमीन।

पीराना वि० *(फ़ा० पीरानः)* पीरों या बुजुर्गों जैसा।

पीरानी स्त्री० *(फ़ा०)* पीर की पत्नी।

पीराने-पीर पु० *(फ़ा०)* पीरों का पीर; सबसे बड़ा पीर।

पीरी स्त्री० *(फ़ा०)* बुढ़ापा; गुरुआई; ठेका; हुकूमत।

पीरे कनूआँ पु० *(फ़ा० पीर+अ० कनूआ)* हज़रत याकूब जो हज़रत युसुफ़ के पिता थे।

पीरे खराबात पु० *(फ़ा०)* मदिरालय का बूढ़ा प्रबन्धक।

पीरे जमींगीर पु० *(फ़ा०)* बुढ़ापे से कमर का इतना झुक जाना कि सिर धरती से लग जाये।

पीरे तरीक़त पु० *(फ़ा०)* धर्मगुरु; मुर्शिद।

पीरे नाबालिग़ पु० *(फ़ा० पीर+अ० नाबालिग़)* वह बूढ़ा जो बच्चों जैसा आचरण करे।

पीरे फ़लक पु० *(फ़ा० पीर+अ० फ़लक)* शनिग्रह; पुराना आकाश।

पीरे मुगाँ पु० *(फ़ा०)* अग्निपूजकों का धर्मगुरु।

पीरे हरम पु० *(फ़ा० पीर+अ० हरम)* 'काबे' की सेवा करने वाला पूज्य व्यक्ति।

पीरो मुरशिद पु० *(फ़ा० पीर+अ० मुर्शिद)* किसी प्रतिष्ठित वृद्ध के लिए उच्चारण; धर्मगुरु के लिए उच्चारण।

पील पु० *(फ़ा०)* हाथी। वि० बहुत भारी, जैसे पीलतन- हाथी के समान बड़ा और भारी शरीर वाला।

पीलपा पु० *(अ०)* एक रोग जिसमें पैर फूल कर हाथी के पैर की तरह हो जाता है।

पीलपाया पु० *(फ़ा० पीलपायः)* हाथी का पैर; बहुत बड़ा खम्भा।

पीलमाल वि० *(फ़ा०)* हाथी के पाँव के नीचे मसला हुआ; हाथी के पाँव तले कुचलवाना।

पीलमुर्ग़ पु० *(फ़ा०)* एक कल्पित पक्षी जो हाथी को भी अपने पंजों में उठा ले जाता है।

पीलस्ता पु० *(फ़ा० पीलस्तः)* हाथी दाँत।

पीले गर्दूं पु० *(फ़ा०)* हाथी रूपी आकाश जो सबको अपने पाँव तले रौंदता है।

पीलेदमाँ पु० *(फ़ा०)* गुस्से में बिफरा हुआ और चिग्घाड़ता हुआ हाथी।

पीले माल पु० *(फ़ा०)* हाथी पर ढोने लायक माल।

पीलवान पु० *(फ़ा०)* महावत।

पीला पु० *(फ़ा० पीलः)* शतरंज का हाथी।

पीह स्त्री० *(फ़ा०)* चरबी; मेदा; वसा।

पीहे ख़ूक स्त्री० *(फ़ा०)* सूअर की चरबी।

पीहे ग़ूक स्त्री० *(फ़ा०)* मेंढक की चरबी।

पीहे बत स्त्री० *(फ़ा०)* बत्तख की चरबी।

पीहे बुज़ स्त्री० *(फ़ा०)* बकरी की चरबी।

पीहे मार स्त्री० *(फ़ा०)* साँप की चरबी।

पीहे मुर्ग़ स्त्री० *(फ़ा०)* मुर्ग़े की चरबी।

पीहे शेर स्त्री० *(फ़ा०)* सिंह की चरबी।

पीहे सूसमार स्त्री० *(फ़ा०)* गोह की चरबी।

पुख़ पु० *(तु०)* मल; विष्ठा।

पुख़्त स्त्री० *(फ़ा०)* पकने की क्रिया; भोजन पकाने का काम।

पुख़्तगी वि० *(फ़ा०)* पक्कापन; दृढ़ता; पकने का भाव।

पुख़्तनी वि० *(फ़ा०)* पकने योग्य; पकाने योग्य।

पुख़्ता वि० *(फ़ा० पुख़्तः)* पक्का; दृढ़; मजबूत।

पुख़्ता अक्ल वि० *(फ़ा० पुख़्तः+अ० अक्ल)* स्थिर बुद्धि।

पुख़्ताकार वि० *(फ़ा०)* जिसे काम का अनुभव हो।

पुख़्तामिज़ाज वि० *(फ़ा० पुख़्तः+अ० मिज़ाज)* स्थिर; दृढ़ निश्चय।

पुख़्तराए वि० *(फ़ा० पुख़्तः+अ० राए)* जिसकी सलाह उचित और ठीक हो।

पुत्क पु० *(फ़ा०)* लोहा कूटने का हथौड़ा; घन।

पुदीना पु० *(फ़ा०)* एक सुगन्धित पौधा जिसके पत्तों की चटनी बनती है।

पुफ़ स्त्री० *(फ़ा०)* फूँक; फूँक मारना।

पुर वि० *(फ़ा०)* भरा हुआ; पूर्ण।

पुर असर वि० *(फ़ा० पुर+अ० असर)* प्रभाव पूर्ण।

पुरजोर वि० *(फ़ा०)* जोरदार।

पुरजोश वि० *(फ़ा०)* जोश में भरा हुआ।

पुर मज़ाक वि० *(फ़ा० पुर+अ० मज़ाक)* हास्य पूर्ण।

पुर शोर वि० *(फ़ा० पुर+अ० शोर)* कोलाहलपूर्ण।

पुरज़ा पु० *(फ़ा० पुर्ज़ः)* टुकड़ा; खण्ड।

मुहा० ***पुरज़े करना-*** *खण्ड-खण्ड करना।* ***चलता पुरज़ा-*** *चालाक आदमी।*

पुरदर्द वि० *(फ़ा०)* दर्द भरा; दर्दनाक।

पुरदलील वि० *(फ़ा०)* तर्कपूर्ण।

पुरनम वि० *(फ़ा०)* नम; गीला; आर्द्र।

पदरचना- ***चश्मे-पुरनम-*** *सजल नेत्र।*

पुरनूर वि० *(फ़ा०)* प्रकाशमान; ज्योतिर्मय।

पुरफ़न वि० *(फ़ा०)* धूर्त।

पुरफिजा वि० *(फ़ा० पुर+अ० फिजा)* खुला हुआ हवादार; सुन्दर और शोभायुक्त स्थान।

पुरमज़ाक वि० *(फ़ा०)* विनोदी; हँसोड़।

पुरसाँ[1] वि० *(फ़ा० पुर्सा)* पूछने वाला।

पुरसा[2] पु० *(फ़ा० पुर्सः)* किसी के यहाँ शोक प्रकट करने और उसे सान्त्वना देने जाना।

पुरसाने हाल वि० *(अ० पुर्सा+फ़ा० हाल)* हाल पूछने वाला; खबर लेने वाला।

पुरसिन्दा वि० *(फ़ा० पुर्सिन्दः)* पूछने वाला।

पुरसिश स्त्री० *(फ़ा० पुर्सिश)* पूछताछ; आदर-सत्कार।

पुरसीदा वि० *(फ़ा० पुर्सीदः)* पूछा हुआ।

पुरसीदनी वि० *(फ़ा० पुर्सीदनी)* पूछने योग।

पुरी स्त्री० *(फ़ा०)* भरा होना (समास में- जैसे- खाना पुरी)।

पुल पु० *(फ़ा०)* नदी; जलाशय आदि के आर-पार जाने का मार्ग जो नौका, खम्भे आदि पर पटरियाँ पाट कर बनाया जाये।

मुहा० ***प्रशंसा के पुल बाँधना-*** *प्रशंसा की झड़ी लगाना।* ***हवाई पुल बाँधना-*** *उलटी-सीधी कल्पना करना।*

पुलाव पु० *(फ़ा० पलाव)* एक व्यंजन जो माँस और चावल को एक साथ पकाने से बनता है; माँसोदन।

पुलिया/पुली स्त्री० *(फ़ा० पुल+हि० 'इया' प्रत्यय)* छोटा पुल।

पुश्त स्त्री० *(फ़ा०)* पीठ; सहारा; आसरा; पीढ़ी; पूर्वज।

पदरचना- ***पुश्त-दर-पुश्त-*** *पीढ़ी-दर-पीढ़ी।*

पुश्तक पु० *(फ़ा०)* घोड़ों आदि का अपने पिछले पैरों से मारना।

पुश्तख़ार पु० *(फ़ा०)* एक प्रकार का दस्ता, जिससे पीठ खुजाते हैं।

पुश्तपनाह पु० *(फ़ा०)* रक्षा करने वाला; आश्रय स्थान।

पुश्ता पु० *(फ़ा० पुश्तः)* पानी की रोक या मजबूती के लिए दीवार की तरह बना ढालुआँ टीला; बाँध; ऊँची मेड़; किताब की जिल्द के पीछे का चमड़ा; पुठ्ठा।

पुश्तापुश्त अव्य० *(फ़ा०)* अनेक पीढ़ियों से।

पुश्तारा पु० *(फ़ा०)* पीठ पर लादने भर का बोझ; गठरी।

पुश्ती स्त्री० *(फ़ा०)* सहारा; टेक; मदद; किताबों की जिल्द का पुट्ठा; गावतकिया; मसनद।

पदरचना- ***पुश्तीवान-*** *मजबूती के लिए किवाड़ या तख्ते में लगायी गयी लकड़ी थूनी।*

पुश्तैनी वि० *(फ़ा०)* पहले की पीढ़ियों से चला आता हुआ।

पुस स्त्री० *(फ़ा०)* पुत्र; आत्मज; बेटा।

पूज़ पु० *(फ़ा०)* पशुओं की आकृति।

पेख़्ता पु० *(फ़ा० पेख़्तः)* मैदा; बारीक आटा।

पेच पु० *(फ़ा०)* घुमाव; घिराव; चक्कर; कुश्ती का एक दाँव।

मुहा० ***पेच व ताव खाना-*** *मन ही मन कुढ़ना।* ***पेच घुमाना-*** *युक्ति लगाना।*

पेचक स्त्री० *(फ़ा०)* बटे हुए तागे की गुच्छी या गोली।

पेच-दर-पेच वि० *(फ़ा०)* जिसमें पेच के अन्दर और भी पेच हों।

पेचदार वि० *(फ़ा०)* जिसमें कोई पेच या कल हो; कठिन; मुश्किल।

पेचवान पु० *(फ़ा० पेच+अ० वान)* एक प्रकार का हुक्का।

पेचा पु० *(फ़ा० पेचः)* अमर बेल; आकाश बेल।

पेचाँ वि० *(फ़ा०)* घुमावदार; पेचीला।

पेचिश स्त्री० *(फ़ा०)* आँव व मरोड़।

पेचोताब पु० *(फ़ा०)* कुढ़न; गुस्सा।

पेश पु० *(फ़ा०)* अगला भाग; आगे का हिस्सा। क्रि०वि० आगे; सामने।

मुहा० ***पेश आना-*** *आगे आना।*

पेशक़दमी स्त्री० *(फ़ा०)* किसी काम में बढ़ना; नेतृत्व; आक्रमण।

पेशक़ब्ज़ स्त्री० *(फ़ा०)* छोटी कटार।

पेशकश स्त्री० *(फ़ा०)* बड़ों को दी जाने वाली भेंट; प्रस्ताव; प्रार्थना।

पेशकार पु० *(फ़ा०)* हाकिम के सामने कागज-पत्र प्रस्तुत करने वाला कर्मचारी।

पेशकारी स्त्री० *(फ़ा०)* पेशकार का कार्य या पद।

पेशख़ेमा पु० *(फ़ा० पेशख़ैमः)* फ़ौज का वह सामान जो पहले ही आगे भेज दिया जाये; फ़ौज का अगला हिस्सा, हरावल; किसी बात या घटना का पूर्व लक्षण।

पेशगाह स्त्री० *(फ़ा०)* मकान के आगे का खुला भाग; आँगन।

पेशगी वि० *(फ़ा०)* अग्रिम; बयाना; अगाऊ।

पेशगोई स्त्री० *(फ़ा०)* भविष्यकथन।

पेशदन्दाँ पु० *(फ़ा०)* सवेरे का जलपान; नाश्ता।

पेशदस्ती स्त्री० *(फ़ा० पेश+अ० दस्ती)* पहले से व्यवस्था।

पेश नमाज़ पु० *(फ़ा०)* वह धार्मिक नेता जो नमाज़ पढ़ने के समय सबके आगे रहता है।

पेशबन्द पु० *(फ़ा०)* घोड़े के चारजामे का वह बन्द जो घोड़े की गरदन पर से लगकर दूसरी तरफ बाँधा जाता है, जिससे चारजामा खिसक नहीं पाता।

पेशबन्दी स्त्री० *(फ़ा०)* पहले से किया हुआ प्रबन्ध।

पेशबीं वि० *(फ़ा०)* भविष्यद्रष्टा।

पेशरौ पु० *(फ़ा०)* सबसे आगे चलने वाला; मार्गदर्शक।

पेशवा पु० *(फ़ा०)* नेता; सरदार; अगुआ; महाराष्ट्र राज्य के प्रधानमन्त्रियों की उपाधि।

पेशवाई स्त्री० *(फ़ा०)* शिष्टजन का आगे बढ़कर स्वागत; पेशवाओं का शासन।

पेशा पु० *(फ़ा० पेशः)* जीविका के लिए किया गया कार्य; उद्यम; व्यवसाय।

पेशानी स्त्री० *(फ़ा०)* मस्तक; माथा; भाग्य; अगला या ऊपरी भाग।

पेशावर पु० *(फ़ा० पेशःवर)* किसी प्रकार का पेशा करने वाला; व्यवसायी; पाकिस्तान का एक शहर।

पेशीना वि० *(फ़ा० पेशीनः)* पुराना; प्राचीन।

पेशीन गो पु० *(फ़ा०)* भविष्यवक्ता।

पेशीनगोई स्त्री० *(फ़ा०)* भविष्यकथन।

पेशेनज़र पु० *(फ़ा० पेश+अ० नज़र)* दृष्टि के सामने; आँखों के सामने; ध्यान में; खयाल में।

पेशोपस पु० *(फ़ा०)* असमंजस; आगा-पीछा।

पेश्तर क्रि०वि० *(फ़ा०)* पहले; पूर्व।

पेस पु० *(फ़ा०)* सफ़ेद कोढ़; सफ़ेद दाग।

पेसा पु० *(फ़ा०)* जिसके शरीर में सफेद दाग हो।

पै[1] पु० *(फ़ा०)* गुलेल, धनुष आदि में लगायी जाने वाली ताँत।

पै[2] पु० *(फ़ा०)* क़दम; पैर; पैरों के निशान।

पैक पु० *(फ़ा०)* समाचार ले जाने वाला; हरकारा; दूत।

पैकर स्त्री० *(फ़ा०)* चेहरा; मुख।

पदरचना- ***परी-पैकर-*** *जिसका मुख परियों जैसा सुन्दर हो।*

पैकाँ/पैकान पु० *(फ़ा०)* तीर का फल; गाँसी।

पैकार स्त्री० *(फ़ा०)* युद्ध; लड़ाई। पु० पायकार-फुटकर सौदा बेचने वाला।

पैके अजल पु० *(फ़ा० पैक+अ० अजल)* यमदूत; मौत का वाहक।

पैके ख़याल पु० *(फ़ा० पैक+अ० ख़्याल)* कल्पना रूपी दूत।

पैग़म्बर पु० *(फ़ा०)* मनुष्यों के पास ईश्वर का सन्देश लेकर आने वाला। जैसे- ईसा; मुहम्मद।

पैग़ाम पु० *(फ़ा०)* वह बात जो कहला भेजी जाये; सन्देशा।

पैग़ामबर वि० *(फ़ा०)* सन्देश ले जाने वाला; दूत; वार्तावह।

पैग़ाम बरी स्त्री० *(फ़ा०)* सन्देश ले जाने का काम।

पैग़ामे ज़बानी पु० *(फ़ा०)* वह सन्देश जो जबानी ही कही जाये।

पैग़ार पु० *(फ़ा०)* युद्ध; जंग; लड़ाई।

पैगारा पु० *(फ़ा० पैगारः)* डाँट-फटकार; भर्त्सना।

पैग़ूला पु० *(फ़ा० पैगूलः)* कोना; एकान्त।

पैज़ार स्त्री० *(फ़ा०)* जूता; उपानह।

पै-दर-पै क्रि०वि० *(फ़ा०)* क्रमशः; लगातार।

पैदा वि० *(फ़ा०)* उत्पन्न; प्रसूत; आविर्भाव; अर्जित।

पैदाइश स्त्री० *(फ़ा०)* उत्पत्ति।

पैदाइशी वि० *(फ़ा०)* जन्मजात; जन्म से ही।

पैदावार स्त्री० *(फ़ा०)* उपज; उत्पादन।

पैतरेबाज पु० *(हि० पैतरा+फ़ा० बाज)* पैतराबाज का कार्य या भाव।

पैमाइश स्त्री० *(फ़ा०)* जमीन आदि नापने की क्रिया; माप।

पैमान पु० *(फ़ा०)* वचन; वादा; प्रतिज्ञा।

पैमाना पु० *(फ़ा० पैमानः)* मापने का औजार।

पैमानाकश पु० *(फ़ा० पैमानःकश)* शराबी; मद्यप।

पैमानए ग़म पु० *(फ़ा० पैमाना+अ० ग़म)* दुःख की मदिरा का प्याला।

पैमानए मय पु० *(फ़ा०)* शराब का प्याला।

पैमूदा वि० *(फ़ा० पैमूदः)* नापा हुआ।

पैमूदनी वि० *(फ़ा०)* नापने योग्य।

पैमूना पु० *(फ़ा० पैमूनः)* पैमाना।

पैरवी स्त्री० *(फ़ा०)* अनुगमन; पक्ष का मण्डन या खण्डन।

पैरहन पु० *(फ़ा०)* कुर्ता; कमीज; वस्त्र; पोशाक।

पैरा प्रत्य० *(फ़ा०)* सजाने और सँवारने वाला। जैसे- चमन पैरा- बाग़ को सजाने वाला।

पैराइन्दा वि० *(फ़ा० पैराइन्दः)* सजाने वाला; सुसज्जित करने वाला।

पैराइश स्त्री० *(फ़ा०)* सजावट; काट-छाँट करके सजाना।

पैरामून पु० *(फ़ा०)* चारो ओर; इर्द-गिर्द।

पैराया पु० *(फ़ा० पैरायः)* शैली; पद्धति; सजावट।

पैरास्ता वि० *(फ़ा० पैरास्तः)* सजाया हुआ; सुसज्जित।

पैरास्तगी स्त्री० *(फ़ा०)* सजावट; साज-सज्जा।

पैरास्तनी वि० *(फ़ा०)* सज़ाने योग्य।

पैरो वि० *(फ़ा०)* अनुयायी।

पैरोकार पु० *(फ़ा०)* मुकदमे आदि की पैरवी करने वाला।

पैवन्द स्त्री० *(फ़ा०)* कपड़े आदि का छेद बन्द करने का छोटा कपड़ा; चकत्ती; किसी चीज में लगाया हुआ जोड़।

पैवन्दी वि० *(फ़ा० पैबन्दी)* पैबन्द लगाकर पैदा किया हुआ।

पैवस्ता वि० *(फ़ा० पैवस्तः)* मिला हुआ; सम्बद्ध।

पैसा पु० *(फ़ा० पैसः)* ताँबे का एक सिक्का।

पैसिपुर वि० *(फ़ा०)* पददलित; पैरों से कुचला हुआ।

पैसुराक पु० *(तु०)* खच्चर।

पैहम क्रि०वि० *(फ़ा०)* लगातार।

पोइया स्त्री० *(फ़ा० पोइयः)* घोड़े की एक चाल; कदम।

पोक पु० *(फ़ा०)* खेती का अन्न।

पोच वि० *(फ़ा०)* तुच्छ; क्षुद्र; अशक्त; निकम्मा।

पोचगो वि० *(फ़ा०)* व्यर्थभाषी; व्यर्थ की बातें करने वाला।

पोचगोई स्त्री० *(फ़ा०)* बकवास।

पोचबीं वि० *(फ़ा०)* संकुचित दृष्टि; तंग नज़र।

पोचबीनी स्त्री० *(फ़ा०)* तंग नज़री।

पोज पु० *(फ़ा०)* थूथन; थूथनी।

पोजबन्द पु० *(फ़ा०)* पशुओं के मुँह पर चढ़ाने की जाली।

पोज़िश स्त्री० *(फ़ा०)* विवशता; मजबूरी।

पोज़िशपज़ीर वि० *(फ़ा०)* विवशता पर ध्यान देकर क्षमा कर देने वाला।

पोजीदा वि० *(फ़ा० पोजीदः)* जिसने अपनी विवशता प्रकट की हो।

पोत पु० *(फ़ा०)* पेट और सीने में जो कुछ हो- आँतें; तिल्ली; जिगर; हृदय आदि।

पोता पु० *(फ़ा० पोतः)* भण्डार; लगान।

पोतादार पु० *(फ़ा० पोतःदार)* खजांची; कोषाध्यक्ष।

पोया[1] पु० *(फ़ा० पोयः)* घोड़े की एक चाल।

पोयाँ[2] वि० *(फ़ा०)* दौड़ता हुआ।

पोया[3] वि० *(फ़ा०)* दौड़ने वाला।

पोला पु० *(फ़ा० पोलः)* खराब फल।

पोलाब वि० *(फ़ा०)* जो दिखायी दे; दृष्टिगोचर।

पोलाबी वि० *(फ़ा०)* अनुभव होने वाली वस्तु।

पोले सफ़ेद पु० *(फ़ा०)* चाँदी का सिक्का।

पोले सिपाह पु० *(फ़ा०)* ताँबे का सिक्का।

पोश पु० *(फ़ा०)* जिससे कोई चीज ढकी जाये, जैसे- मेज़पोश; तख़्तपोश। वि० पहनने वाला, जैसे- नकाबपोश।

पोशाक स्त्री० *(फ़ा०)* पहनने के कपड़े; वस्त्र; परिधान; पहनावा।

पोशीदगी स्त्री० *(फ़ा०)* पोशीदा होने का भाव; छिपाव; दुराव।

पोशिश स्त्री० *(फ़ा०)* पहनावा; पोशाक।

पोसीदा वि० *(फ़ा० पोसीदः)* जीर्ण; जर्जर; पुराना।

पोस्त स्त्री० *(फ़ा०)* छिलका; बकला; खाल; चमड़ा; अफीम के पौधे का डोडा; अफीम का पौधा।

पोस्तकन्दा वि० *(फ़ा० पोस्तकन्दः)* स्पष्ट; बिलकुल साफ।

पोस्ततख़्त पु० *(फ़ा०)* हिरन या शेर की खाल का साधुओं का बिछौना।

पोस्तमाल पु० *(फ़ा०)* चमड़ी से मढ़ी हुई वस्तु।

पोस्ता पु० *(फ़ा० पोस्तः)* डाकखाना; पोस्ट आफ़िस।

पोस्ती पु० *(फ़ा०)* आलसी; अफ़ीमची।

पोस्तीन स्त्री० *(फ़ा०)* लोमड़ी; समूर आदि; जन्तुओं की खाल से बनाया हुआ कोट, जो शीतप्रधान देशों में पहना जाता है।

पोस्तीने गुर्ग स्त्री० *(फ़ा०)* भेड़िए की खाल।

पोस्तीने शेर स्त्री० *(फ़ा०)* शेर की खाल।

पोस्तीने रोवाह स्त्री० *(फ़ा०)* लोमड़ी की खाल।

प्यादा पु० *(फ़ा० पियादः)* पैदल; दूत; हरकारा।

प्याला पु० *(फ़ा० पियाला)* छोटा कटोरा; शराब पीने का पात्र।

मुहा० *हम प्याला व हम निवाला-* *एक साथ खाने-पीने वाले।*

फ/फ़

फ़क़ वि० *(अ०)* भय आदि के कारण जिससे चेहरे का रंग पीला पड़ जाये, जैसे- चेहरा फक़ हो जाना।

फ़क्क पु० *(अ०)* जबड़ा।

फ़क़त क्रि०वि० *(अ०)* केवल; मात्र; सिर्फ़। वि० खत्म; समाप्त।

फ़क़ार पु० *(अ० फ़िक्र का बहु०)* पीठ के गुरिए।

फ़क़ाह स्त्री० *(अ०)* बुद्धिमत्ता।

फ़क़ाहत स्त्री० *(अ०)* अक्लमन्दी; बुद्धिमत्ता।

फ़क़ीअ स्त्री० *(अ०)* जौ की शराब।

फ़क़ीद वि० *(अ०)* अप्राप्य; नायाब।

फ़क़ीदुन्नज़ीर वि० *(अ०)* अद्वितीय; अनुपम।

फ़क़ीर पु० *(अ० बहु० फ़ुक़रा)* भीख माँगने वाला; साधु; संसार त्यागी; निर्धन।

फ़क़ीर दोस्त वि० *(अ० फ़क़ीर+ फ़ा० दोस्त)* साधु-सन्तों में भक्तिभाव रखने वाला।

फ़क़ीर मनिश वि० *(अ० फ़क़ीर+ फ़ा० मनिश)* साधुओं जैसे सीधे-सादे आचार-व्यवहार वाला।

फ़क़ीरनी स्त्री० *(अ०)* भीख माँगने वाली।

फ़क़ीराना क्रि०वि० *(अ० फ़क़ीर+ फ़ा० आनः)* फ़क़ीरों की तरह। वि० फ़क़ीरों जैसा। पु० वह जमीन जो किसी फ़क़ीर को उसके निर्वाह के लिए दान कर दी गयी हो।

फ़क़ीरी स्त्री० *(अ० फ़क़ीर)* भिखमंगापन; साधुता; निर्धनता।

फ़क़ीह पु० *(अ०)* इस्लामी धर्मशास्त्र का पण्डित।

फ़क्क स्त्री० *(अ०)* दो मिली हुई चीजों को अलग करना; मुक्ति; छुटकारा।

फ़क्क-उल-रेहन पु० *(अ०)* रेहन रखी हुई चीज छुड़ाना।

फक्कड़ पु० *(अ०)* भूखा रह कर भी मस्त रहने वाला; गाली गुफ्ता; उच्छृंखल।

पदरचना- *फक्कड़ बाज़-* *गाली गुप्ता बकने वाला।* ***फ़क्कड़ बाज़ी-*** *गाली-गुप्ता देने की क्रिया।*

फक्कुलरिहन/फक्केरिहन पु० *(अ०)* बन्धक; रखी हुई वस्तु को छुड़ाना।

फ़क्के अस्फ़ल पु० *(अ०)* नीचे का जबड़ा।

फ़क्के आला पु० *(अ०)* ऊपर का जबड़ा।

फ़क्के रहन पु० *(अ०)* बन्धन से छुटकारा।

फ़क्र वि० *(अ०)* दीनता; दरिद्रता; फ़क़ीरी; आवश्यकता से अधिक कामना न करना।

फ़ख़ामत स्त्री० *(अ०)* प्रतिष्ठा; इज्ज़त; श्रेष्ठता।

फ़ख़िज़ स्त्री० *(अ०)* जाँघ।

फ़ख़ीम वि० *(अ०)* प्रतिष्ठावान।

फ़ख़ीर वि० *(अ०)* घमण्ड करने वाला; शेखी मारने वाला।

फ़ख़्र पु० *(अ०)* अभिमान; घमण्ड; शेखी; वह बात जिसके कारण महत्त्व प्राप्त हो या अभिमान किया जा सके।

फ़ख़्र आमेज वि० *(फ़ा० फख़्र+अ० आमेज)* गर्वपूर्ण।

फ़ख़्रन अव्य० *(अ०)* गर्व के रूप में; घमण्ड से।

फ़ख़्री वि० *(अ०)* एक प्रकार का अंगूर।

फ़ख़्रे क़ौम पु० *(अ०)* वह व्यक्ति जिस पर राष्ट्र गर्व करे।

फ़ख़्रे ख़ानदान पु० *(अ० फ़ख़्र+फ़ा० ख़ानदान)* जिससे कुल की मर्यादा बढ़े।

फ़ख़्रे मुल्क पु० *(फ़ा०)* जिससे देश का गर्व बढ़े

फख़्रे कौम पु० *(अ०)* वह जिस पर कौम को गर्व हो।

फख़्रिया क्रि०वि० *(अ०)* फख़्र या अभिमानपूर्वक।

फ़ग़ पु० *(फ़ा०)* मूर्ति; प्रतिमा।

फ़ग़फ़ूर पु० *(फ़ा० फ़ग़्फ़ूर)* चीन के बादशाहों की उपाधि।

फ़ग़फ़ूरी स्त्री० *(फ़ा० फ़ग़्फ़ूरी)* बादशाही; राजसिंहासन।

फ़ज पु० *(अ०)* चौड़ा पहाड़ी रास्ता।

फ़ंजनोश पु० *(फ़ा०)* लोहे का मैल; जंग।

फ़जर स्त्री० *(अ० फ़ज्र)* प्रभात; तड़का; सबेरा; प्रातःकाल सबेरे की नमाज।

मुहा० ***हुई फ़जर चूल्हे पर नज़र-*** *सुबह होते ही पेट की चिन्ता हो जाती है।*

फ़ज़री वि० *(अ० फज़्री)* एक प्रकार का कलमी आम।

फ़ज़ल पु० *(अ०)* कृपा; मेहरबानी।

फ़ज़ले इलाही पु० *(अ० फ़ज़्ले इलाही)* ईश्वर की दया; दैवी अनुकम्पा।

फ़ज़ह स्त्री० *(अ० फज़्ह)* फज़ीहत; बेइज्जती।

फ़ज़ा[1] स्त्री० *(अ०)* वातावरण; खुला या हरा-भरा मैदान; शोभा।

फ़ज़ा[2] पु० *(अ०)* भय; त्रास; डर।

फ़ज़ाइल पु० *(अ० फजीलत का बहु०)* अच्छाइयाँ; खूबियाँ।

फ़ज़ाए चर्ख़ स्त्री० *(अ० फ़ज़ा+फ़ा० चख़्)* वह खाली स्थान जो आकाश और पृथ्वी के बीच में है; शून्य स्थान; अन्तरिक्ष।

फ़ज़ाए ज़हर आलूद स्त्री० *(फ़ा० फ़ज़ाए ज़ह्र आलूद)* दूषित वातावरण; जहरीली आबो हवा।

फ़ज्जार वि० *(अ०)* बहुत अधिक दुराचारी और लम्पट।

फ़ज़ाई वि० *(अ०)* वातावरण-सम्बन्धी।

फ़ज़ाइया पु० *(अ०)* आश्चर्य या खेदसूचक चिह्न, जो इस प्रकार (!) लिखा जाता है।

फ़जिहताई स्त्री० *(अ०)* फ़जीहत कराने वाली बात।

फ़ज़ीअत स्त्री० *(अ०)* पीड़ा; दुर्दशा; दुर्गति।

फ़ज़ीलत स्त्री० *(अ०)* बड़प्पन; श्रेष्ठता; खूबी

मुहा० ***फजीलत की पगड़ी बाँधना-*** *श्रेष्ठता दिखाना।*

फ़ज़ीह वि० *(अ०)* बदनाम करने या नीचे गिराने वाला; निन्दित।

फ़ज़ीहत स्त्री० *(अ०)* अपमान; निन्दा, दुर्दशा।

फ़ज़ीहती स्त्री० *(अ०)* फ़जीहत। वि० फ़ज़ीहत कराने वाला।

फ़जूर वि० *(अ०)* दुराचारी; व्यभिचारी।

फ़जूल वि० *(अ० फ़ुज़ूल)* जरूरत से ज्यादा; व्यर्थ का; निरर्थक।

फ़ज़ूलखर्च वि० *(अ० फ़ज़ूल+फ़ा० खर्च)* अपव्ययी; बहुत खर्च करने वाला।

फ़ज़ूलगो वि० *(अ० फ़ज़ूल+फ़ा० गो)* बकवादी; व्यर्थ की बातें कहने वाला।

फ़ज़्ल पु० *(अ०)* अधिकता; ज्यादती; कृपा; दया; अनुग्रह। जैसे- फ़ज़्ले खुदा- ईश्वर की कृपा।

फ़तवा पु० *(अ० फत्वः)* किसी कर्म के विरुद्ध व्यवस्था देना।

फ़तह स्त्री० *(अ० फ़त्ह)* विजय; सफलता; कामयाबी।

फ़तहनामा पु० *(अ० फत्ह+फ़ा० नामः)* वह पत्र जिस पर किसी विजय का वर्णन हो।

फतहमन्द वि० *(अ० फत्ह+फ़ा० मन्द)* विजयी; विजेता।

फ़तहयाब वि० *(अ० फत्ह+फ़ा० याब)* जिसने विजय प्राप्त की हो।

फ़ता पु० *(अ०)* युवक; तरुण।

फ़तात स्त्री० *(अ०)* युवती; तरुणी।

फ़तानत स्त्री० *(अ०)* बुद्धिमत्ता; अक्लमन्दी।

फतीन वि० *(अ०)* चतुर; बुद्धिमान; सयाना।

फ़तीर वि० *(अ०)* ताजा गुँथा हुआ आटा।

पदरचना- ***फ़तीरी रोटी-*** *ताजे गुँथे आटे की रोटी।*

फ़तीला पु० *(अ० फ़तीलः)* चिराग की बत्ती; भूत और जिन्न उतारने वालों की बत्ती, जिसे चिराग में जलाकर प्रेतबाधाग्रस्त को दिखाते हैं।

फ़तील सोज़ पु० *(अ० फ़तील+फ़ा० सोज़)* धातु का दीयट जिसमें एक या अनेक दीये ऊपर-नीचे बने होते हैं; चौमुखा; दीयट; चिरागदान।

फ़त्क पु० *(अ०)* आँत उतरने का रोग; आन्त्रवृद्धि।

फ़ताँ वि० *(अ०)* पैदा करने वाला।

फ़त्ताह वि० *(अ०)* खोलने वाला; ईश्वर।

फ़तूर पु० *(अ० फुतूर)* विकार; दोष; उपद्रव; खुराफ़ात।

फ़तूरिया वि० *(अ० फ़ुतूर+हि० इया)* उपद्रवी।

फ़तूह स्त्री० *(अ० फतह का बहु०)* जीत का सामान।

फ़तूही स्त्री० *(अ०)* बिना आस्तीन की कुर्ती; सदरी; लड़ाई या लूट में मिला हुआ माल।

फ़न पु० *(अ०)* गुण; खूबी; कला; विद्या।

पदरचना- *हरफ़न मौला- हर काम में होशियार।*

फ़नकार पु० *(अ० फ़न+फ़ा० कार)* कलाकार।

फ़नकारी स्त्री० *(अ० फ़न+फ़ा० कारी)* कलाकारी।

फ़नदाँ पु० *(अ०)* कलाविद।

फ़नदानी स्त्री० *(अ० फन+फ़ा० दानी)* कला जानना; कला का मर्म जानना।

फन्द पु० *(फ़ा०)* छल; कपट; फरेब।

पदरचना- *फन्द व फरेब- छल-कपट।*

फन्दक़ स्त्री० *(अ० फुन्दुक)* लाल रंग का छोटा फल जिसकी उपमा प्रेमिका के होठों व मेंहदी लगी अँगुलियों से दी जाती है।

फ़ना स्त्री० *(अ०)* नाश; बरबादी, मृत्यु। वि० बरबाद।

फ़नाअंजाम वि० *(अ० फ़ना+फ़ा० अंजाम)* जिसका परिणाम मृत्यु हो।

फ़ना आमादा वि० *(अ० फ़ना+फ़ा० आमादः)* जो नष्ट होने के लिए तैयार हो; नाशोन्मुख।

फ़नाईयत स्त्री० *(अ०)* आत्मसात् हो जाना; विलीन हो जाना।

फ़नापिज़ीर वि० *(अ० फ़ना+फ़ा० पिज़ीर)* जिसे अन्त में नाश होना हो; मरणधर्मा।

फ़ना फ़िल्लाह वि० *(अ०)* ब्रह्मलीन; ईश्वर में लीन।

फ़नाफ़िशशैख़ वि० *(अ०)* जो अपने पीर में लीन हो।

फ़नाफी अल्लाह पु० *(अ०)* फ़कीरों के ध्यान की वह अवस्था, जिसमें वे अपना और संसार का अस्तित्व भूल कर ईश्वर-चिन्तन में तन्मय हो जाते हैं।

फ़न्नी वि० *(अ०)* कला-सम्बन्धी।

फ़न्ने किताबत पु० *(अ०)* लिपिकला।

फ़न्ने जर्राही पु० *(अ०)* शल्य-चिकित्सा की कला।

फ़न्ने तामीर पु० *(अ०)* वास्तुकला।

फ़न्ने तीरन्दाजी पु० *(अ० फ़न+फ़ा० तीरन्दाजी)* धनुर्वेद की कला।

फ़न्ने मुसब्बिरी पु० *(अ०)* चित्रकला विद्या।

फ़न्ने मूसीक़ी पु० *(अ०)* संगीत कला; गान विद्या।

फ़न्ने लतीफ़ पु० *(अ०)* ललित कला।

फ़म्म पु० *(अ०)* मुख।

फबती स्त्री० *(अ०)* व्यंग्यात्मक एवं हास्यपूर्ण बात।

फबना अ०क्रि० *(अ०)* शोभा देना; भला लगना।

फ़बिहा अव्य० *(अ०)* ठीक; खूब।

फ़म पु० *(अ०)* मुख; मुँह।

फ़मे मेदा पु० *(अ० मेदः)* आमाशय का मुँह।

फ़मे रहिम पु० *(अ०)* गर्भाशय का मुँह।

फरंगिस्तान पु० *(फ़ा०)* अँग्रेजों का देश इंगलैण्ड।

फरंगी पु० *(फ़ा०)* इंगलैण्ड का निवासी अँग्रेज।

फ़र पु० *(फ़ा०)* सजावट; शोभा; चमक-दमक।

फ़रअ स्त्री० *(अ० बहु० फ़रूऊन)* शाखा; डाल; टहनी।

फ़रऊन पु० *(अ०)* मगर या घड़ियाल; मिस्र के बादशाहों की उपाधि। वि० अत्याचारी; अन्यायी; घमण्डी।

फ़रऊनी स्त्री० *(अ० फ़रऊन से उर्दू- फ़रऊनी)* उद्दण्डता; घमण्ड; पाजीपन; शरारत।

फ़रक़ पु० *(अ० फ़र्क़)* अलगाव; अन्तर; दूरी।

फ़रखुन्दा पु० *(फ़ा० फ़र्खुन्दः)* शुभ; उत्तम; नेक।

फ़रग़ान पु० *(फ़ा०)* फ़रग़ाना का निवासी।

फ़रग़ाना पु० *(फ़ा०)* तुर्किस्तान के उज़बकप्रान्त का एक राज्य जो बाबर का पैतृक राज्य था।

फ़रगुल स्त्री० *(अ०)* रूईदार लबादा या पहनावा।

फरचा वि० *(फ़ा०)* जो जूठा न हो; साफ व शुद्ध।

फ़रज स्त्री० *(अ०)* दरार; शिगाफ; फैलाव। पु० फर्ज।

फ़रजन्द पु० *(फ़ा०)* बेटा।

फ़रजन्दी स्त्री० *(फ़ा०)* बाप-बेटे का नाता।

फ़रजा पु० *(अ० फ़रजः)* दरिद्रता और तंगी से छुटकारा; आर्थिक स्थिति सुधरना।

फ़रजानगी स्त्री० *(फ़ा०)* बुद्धिमानी।

फ़रजाना वि० *(फ़ा०)* बुद्धिमान।

फ़रजाम पु० *(फ़ा०)* अन्त; समाप्ति।

फ़रफन्द पु० *(फ़ा०)* छल-कपट; फरेब; दाँव पेंच; नखरा।

फ़रफन्दी वि० *(फ़ा०)* फरेबी; चालबाज।

फ़रज़ीन पु० *(फ़ा० फ़रजीं)* बुद्धिमान; अक्लमन्द; शतरंज में वजीर नामक मोहरा।

फ़रतूत वि० *(फ़ा०)* बहुत वृद्ध; मूर्ख; निकम्मा; निरर्थक।

फ़रदा क्रि०वि० *(फ़ा० फ़र्दा)* आनेवाला कल; दूसरा दिन।

पदरचना- *फरदाए-क़यामत-* *प्रलय का दिन।*

फ़र-फ़र क्रि०वि० *(फ़ा०)* जल्दी-जल्दी।

फ़रफ़रा स्त्री० *(फ़ा० फ़रफ़रः)* फिरकी।

फ़रबही स्त्री० *(फ़ा० फ़र्बिही)* मोटापा; स्थूल शरीर वाला।

पदरचना- *फरबा अंजाम-* *स्थूल शरीर*

फ़रमाँबरदार वि० *(फ़ा० फ़र्माबरदार)* आज्ञा मानने वाला।

फ़रमाँरवा पु० *(फ़ा० फ़र्मारवा)* आज्ञा देने वाला; बादशाह; शासक।

फ़रमाँरवाई स्त्री० *(फ़ा० फ़र्मारवाई)* बादशाही फरमान जारी करने वाला।

फ़रमाइश स्त्री० *(फ़ा० फ़र्माइश)* किसी वस्तु को लाने के लिए आज्ञा; इच्छा।

फ़रमाइशी वि० *(फ़ा० फ़र्माइशी)* आज्ञा देकर माँगा हुआ।

फ़रमान पु० *(फ़ा०)* राजकीय आज्ञापत्र।

पदरचना- *फ़रमाने-खुदा-* *ईश्वर की आज्ञा।*

फ़रमाना स०वि० *(फ़ा०)* कहना; आज्ञा करना।

फ़रश पु० *(अ० फ़र्श)* धरातल; पक्कीजमीन।

फ़रशी स्त्री० *(फ़ा० फ़र्शी)* हुक्के की गुड़गुड़ी।

फ़रस पु० *(अ०)* घोड़ा।

फ़रसंग पु० *(फ़ा०)* दूरी की एक नाप जो 18 हजार फुट की होती है।

फ़रसूदा वि० *(फ़ा० फ़र्सूदः)* बहुत पुराना और निकम्मा; थका हुआ; शिथिल; दुर्दशाग्रस्त; घिसा हुआ।

फ़रहंग स्त्री० *(फ़ा० फ़र्हंग)* बुद्धिमत्ता; समझ; शब्दकोश।

फ़रह/फ़रहत स्त्री० *(अ०)* आनन्द, प्रसन्नता। वि० प्रसन्न; खुश।

फ़रह अफ़ज़ा वि० *(अ० फ़रह+फ़ा० अफ़ज़ा)* आनन्द बढ़ाने वाला; सुखद।

फ़रहबख़्श वि० *(अ० फ़रह+फ़ा० बख़्श)* खुशी देने वाला; आनन्द देने वाला।

फ़रहमन्द वि० *(अ० फ़रह+फ़ा० मन्द)* आनन्दित; हर्षित।

फ़रहाँ वि० *(फ़ा०)* प्रसन्न।

फ़रहाद पु० *(फ़ा०)* पत्थर काटने वाला; फ़ारस एक प्रसिद्ध प्रेमी जिसने शीरीं नामक राजकुमारी पर प्रेम के लिए अपनी जान दे दी।

फ़राइज़ पु० *(अ० फ़रीज़ का बहु०)* कर्तव्य।

फ़राइज़े कौमी पु० *(अ०)* राष्ट्र हित के लिए आवश्यक कर्तव्य।

फ़राइज़े मनसूबी पु० *(अ० फ़राइज़े मंसूबी)* नौकरी के लिए ज़रूरी कर्तव्य; मानवता के लिए ज़रूरी कर्तव्य।

फ़राइज़े मुल्की पु० *(अ०)* देशवासी के लिए ज़रूरी कर्तव्य।

फ़राख वि० *(फ़ा० फ़राखी)* दूर तक फैला हुआ; विस्तृत।

फ़राख अब्रू वि० *(फ़ा०)* हँसमुख; जिन्दादिल।

फ़राख आस्तीं वि० *(फ़ा०)* मुक्तहस्त दानी।

फ़राख़ चश्म वि० *(फ़ा०)* दिल खोलकर खर्च करने वाला।

फ़राख़ दस्त वि० *(फ़ा०)* खूब लेने-देने वाला; दौलतमन्द।

फ़राख दामन वि० *(फ़ा०)* धन-सम्पन्न।

फ़राख़ पेशानी वि० *(फ़ा०)* हँसमुख; शीलवान्।

फ़राख़ सीना वि० *(फ़ा० फ़राख़ सीनः)* बहादुर।

फ़राख़ हौसला वि० *(फ़ा० फ़राख़+अ० हौसलः)* बहुत उत्साह वाला; उत्साह से भरपूर।

फ़राख़ी स्त्री० *(फ़ा०)* फैलाव; खुशहाली; बहुलता; घोड़े का तंग।

फ़राखुर पु० *(फ़ा०)* योग्य; लायक; सुपात्र।

फ़राग/फ़रागत स्त्री० *(अ०)* छुटकारा; मुक्ति; बेफिक्री, मलत्याग; शौच होना।

फ़राग बाल वि० *(अ० फ़राग+फ़ा० बाल)* सन्तोष और सुख के साथ जीवन व्यतीत करने वाला।

फ़राग़बाली स्त्री० *(अ० फ़राग+फ़ा० बाली)* सुख और बेफ़िक्री से जीवन गुजारना।

फ़राग़े कुल्ली पु० *(अ०)* पूर्ण सन्तोष; पूर्ण इत्मीनान।

फ़राग़े ख़ातिर पु० *(अ०)* मन का सन्तोष; चित्त की एकाग्रता।

फ़राज़ वि० *(फ़ा०)* ऊँचा। पु० ऊँचाई।

फ़राज़िन्दा वि० *(फ़ा० फ़राजिन्दः)* उठाने वाला; ऊँचा करने वाला; उन्नायक।

फ़राज़ोनिशेब पु० *(फ़ा०)* ऊँच-नीच; उतार-चढ़ाव।

फ़रादीस पु० *(अ० फ़िरदौस का बहु०)* स्वर्ग समूह।

फ़रामीन पु० *(फ़ा० फ़रमान का लघु रूप)* राजाज्ञा; राजा का आदेश।

फ़रामोश वि० *(फ़ा०)* भूला हुआ; विस्मृत।

फ़रामोशकार वि० *(फ़ा०)* भुलक्कड़; बहुत भूलने वाला।

फ़रामोशकारी स्त्री० *(फ़ा०)* भुलक्कड़ी।

फ़रामोशी स्त्री० *(फ़ा०)* भूलने की क्रिया।

फ़रार पु० *(अ० फ़िरार)* भागना। वि० भागा हुआ।

फ़रारी वि० *(अ० फ़िरार से फ़ा०)* भागने वाला; भागा हुआ।

फ़राश पु० *(अ०)* पतंगा; परवाना; शलभ।

फरासीस पु० *(फ़ा०)* फ्रांस का रहने वाला; फ्रेंच।

फरासीसी स्त्री० *(फ़ा०)* फ्रांस की भाषा; फ्रेंच।

फ़राहत स्त्री० *(अ०)* चालाकी; होशियारी।

फ़राहम वि० *(फ़ा०)* इकट्ठा।

फ़राहमी स्त्री० *(फ़ा०)* संग्रह।

फ़रियाद स्त्री० *(फ़ा० फ़र्याद)* शिकायत; नालिश; गुहार।

फ़रियादी वि० *(फ़ा०)* फ़रियाद करने वाला।

फ़रिश्ता पु० *(फ़ा० फ़िरिश्तः)* ईश्वर का दूत; देवता। मुहा० ***फ़रिश्ते का कान में फूँकना-*** *घमण्डी होना।* ***फ़रिश्ते की दाल न गलना-*** *किसी की पहुँच न होना।* ***फ़रिश्ता दिखायी देना/फ़रिश्ता नजर आना-*** *मौत करीब होना।* ***फ़रिश्तों को खबर न होना-*** *नितान्त गोपनीय होना।*

फ़रिश्ताख़्वाँ पु० *(फ़ा०)* मन्त्रबल से फ़रिश्तों को वश में करने वाला।

फ़िरिस्तादा वि० *(फ़ा० फ़िरिस्तादः)* भेजा हुआ; रवाना किया हुआ। पु० दूत।

फ़रीक़ पु० *(अ०)* फर्क समझने वाला; समूह; पक्षकार।

फ़रीके-अव्वल पु० *(अ०)* पहला पक्ष; वादी।

फ़रीक़े मुख़ालिफ़ पु० *(अ०)* विरोधी पक्ष।

फ़रीक़े मुतख़ासिम पु० *(अ०)* शत्रुपक्ष; लड़ने वाला पक्ष।

फ़रीके सानी पु० *(अ०)* दूसरा पक्ष; प्रतिवादी।

फ़रीकैन पु० *(अ०)* दोनों पक्ष; वादी और प्रतिवादी।

फ़रीज़ा पु० *(अ० फ़रीजः)* कर्तव्य; फ़र्ज़।

फ़रीज़ए मज़हबी पु० *(अ०)* धार्मिक कृत्य।

फ़रीद वि० *(अ०)* अनुपम; बेजोड़।

फ़रीदु अस्र वि० *(अ०)* अद्वितीय; अनुपम; एकमात्र।

फ़रूग़ पु० *(फ़ा० फ़ुरूग़)* ज्योति; प्रकाश; आशिक; मोहित।

फ़रेफ़्ता वि० *(अ०)* लुभाया हुआ; मुग्ध; आशिक।

फ़रेब पु० *(फ़ा० फ़िरेब)* छल; कपट; चालाकी; धूर्तता।

फ़रेबकार वि० *(फ़ा०)* कपटी; छली।

फ़रेब खुर्दा वि० *(फ़ा० फ़िरेब खुर्दः)* ठगा हुआ।

फ़रेब खुर्दगी स्त्री० *(फ़ा०)* छला जाना; धोखे में आ जाना।

फ़रेब दादा वि० *(फ़ा० फ़िरेबदादः)* फ़रेब का शिकार।

फ़रेब दिही स्त्री० *(फ़ा०)* धोखा देना।

फ़रेब दिहन्दा वि० *(फ़ा० फ़िरेब दिहिन्दः)* धोखा देने वाला; छल करने वाला।

फ़रेबी पु० *(फ़ा०)* कपटी।

फ़रेब अक़्ल पु० *(फ़ा० फ़िरेब+अ० अक़्ल)* अक़्ल का धोखा; बुद्धि का धोखे में पड़ जाना।

फ़रेबे नज़र पु० *(फ़ा० फ़िरेब+अ० नज़र)* निगाह का धोखा; दृष्टि का धोखे में पड़ जाना।

फ़रो क्रि०वि० *(फ़ा० फ़िरो)* नीचे। वि० नीच; तुच्छ; कमीना; शान्त, दबा हुआ, जैसे- गुस्सा फरो करना।

फ़रोकश वि० *(फ़ा० फ़िरो+अ० कशः)* उतरा हुआ।

फ़रोख़्त-फ़रोख़्तगी स्त्री० *(फ़ा० फ़िरोख़्त)* बिक्री-विक्रय।

फ़रोख़्ता स्त्री० *(फ़ा० फ़रोख़्तः)* बेचा हुआ।

फ़रोग़ पु० *(फ़ा० फ़ुरोग़)* प्रकाश; रोशनी।

फ़रोगुज़ाश्त स्त्री० *(फ़ा०)* ध्यान न देना; उपेक्षा; लापरवाही; आगा-पीछा; आना-कानी; टाल-मटोल; त्रुटि; कमी।

फ़रोदगाह स्त्री० *(फ़ा०)* वह स्थान जहाँ कोई पथिक थोड़े दिन ठहरे।

फ़रोतन वि० *(फ़ा०)* दीन; गरीब।

फ़रोद क्रि०वि० *(फ़ा०)* नीचे। पु० ठहरना; टिकना।

फ़रोदगाह स्त्री० *(फ़ा०)* उतरने या ठहरने की जगह।

फ़रोश प्रत्य० *(फ़ा० फ़िरोश)* बेचने वाला; विक्रेता। जैसे- मेवाफ़रोश- मेवा बेचने वाला।

फ़रोशिन्दा वि० *(फ़ा० फ़रोशिन्दः)* बेचने वाला।

फ़रोशीदा वि० *(फ़ा० फ़रोशीद:)* बेची हुई वस्तु।

फ़रोशीदनी अव्य० *(फ़ा०)* बेचने के योग्य; जो वस्तु बेची जा सके।

फ़रोशी स्त्री० *(फ़ा० फ़िरोशी)* विक्रय करना।

फ़र्ज़ स्त्री० *(अ०)* दरार; सन्धि। स्त्री० योनि; भग। पु० कर्तव्य; कर्म; कल्पना; मान लेना।

पदरचना- ***बिलफ़र्ज़-*** *मान लो कि।*

फ़र्ज़न्द पु० *(फ़ा०)* पुत्र; बेटा; लड़का; सन्तान।

फ़र्ज़न्दी स्त्री० *(फ़ा०)* पुत्रत्व; लड़कापन; पुत्र होने का भाव।

मुहा० ***फ़र्ज़न्दी में लेना-*** *गोद या दत्तक लेना; अपना दामाद बनाना।*

फ़र्जजा पु० *(अ० फ़र्जज:)* दवा में भिगो कर योनि या गुदाद्वार में रखने का कपड़ा।

फ़र्ज़न अव्य० *(अ०)* कर्तव्य द्वारा।

फ़र्ज़शनास वि० *(अ० फ़र्ज़+फ़ा० शनास)* कर्तव्य पालक।

फ़र्ज़शनासी स्त्री० *(अ० फ़र्ज़+फ़ा० शनासी)* अपने कार्य को कर्तव्य समझ कर करना।

फ़र्ज़ाद वि० *(फ़ा०)* बुद्धिमान; मेधावी; अकलमन्द।

फ़र्ज़ाना वि० *(फ़ा० फ़र्ज़ानः)* बुद्धिमान; ज्ञानी; विद्वान्।

फ़र्ज़ानाख़ू वि० *(फ़ा० फ़र्ज़ानाख़ू)* बुद्धिमान; चतुर।

फ़र्ज़ानगी स्त्री० *(फ़ा०)* बुद्धिमत्ता; अक्लमन्दी।

फ़र्ज़ाम पु० *(फ़ा०)* अन्त; आखिर; परिणाम; नतीजा। प्रत्य० अन्त या परिणाम वाला। जैसे- नेक फ़र्जाम- जिसका अन्त या परिणाम सुन्दर हो।

फ़र्ज़ी[1] वि० *(अ० फ़र्ज़ से फ़ा०)* कल्पित; माना हुआ।

फ़र्ज़ी[2] पु० *(फ़ा०)* शतरंज का एक मोहरा- वजीर।

फ़र्ज़ी[3] स्त्री० *(फ़ा०)* गाउन; लबादा।

फ़र्ज़े ऐन पु० *(अ०)* मूल कर्तव्य।

फ़र्ज़े किफ़ाया पु० *(अ० फ़र्ज़े किफ़ाय:)* वह कर्तव्य जो किसी व्यक्ति के करने से सबकी ओर से माना जाये। जैसे- किसी सभा में किसी सलाम का जवाब एक आदमी दे दे, तो वह सबकी ओर से सलाम का जवाब हो जाता है।

फ़र्ज़े मनसबी पु० *(अ० फ़र्ज़े मंसबी)* वह कर्तव्य जो किसी के लिए नियत हो। जैसे- पुलिस के लिए रक्षा का कर्तव्य।

फ़र्ज़ेमुहाल पु० *(अ०)* ऐसी बात मान लेना, जो हो ही न सके।

फ़र्त स्त्री० *(अ०)* अधिकता; ज्यादती।

फ़र्तूत वि० *(फ़ा०)* बहुत बूढ़ा।

फ़र्ते ऐश पु० *(अ०)* भोग-विलास और धन-दौलत की अधिकता; अमीरी।

फ़र्ते ग़ज़ब पु० *(अ०)* क्रोध का आवेग।

फ़र्ते ग़म पु० *(अ०)* शोक और दुःख का आधिक्य।

फ़र्ते मसर्रत पु० *(अ०)* हर्ष और आनन्द की प्रचुरता।

फ़र्ते मुहब्बत पु० *(अ०)* प्रेम का आवेग।

फ़र्ते शौक़ पु० *(अ०)* अभिलाषा या इच्छा का जोश।

फ़र्द वि० *(अ०)* एक अकेला; बेजोड़। स्त्री० सूची; फेहरिस्त; चादर; शाल; रजाई के ऊपर का पल्ला। पु० व्यक्ति; अकेला आदमी; गंजीफे का वर्ग।

पदरचना- ***फ़र्दतालीका-*** *कुर्क किये हुए माल की सूची।* ***फ़र्द-बशर-*** *व्यक्ति।* ***फ़र्द-हिसाब-*** *हिस्से का चिट्ठा।*

फ़र्दनू-फ़र्दनू पु० *(अ०)* अलग-अलग हर आदमी से।

फ़र्दा पु० *(फ़ा०)* आने वाला कल।

फ़र्दाए क़ियामत पु० *(फ़ा० फ़र्दाए+अ० कियामत)* प्रलय का दिन, जब सबके हिसाब-किताब होंगे।

फ़र्दे क़रारदादे जुर्म स्त्री० *(फ़ा० फ़र्दे+अ० करारदादे जुर्म)* अभियोग पत्र।

फ़र्दे जुर्म स्त्री० *(फ़ा० फ़र्दे+अ० जुर्म)* अभियोग-पत्र।

फ़र्दे बशर पु० *(अ०)* एक व्यक्ति; एक आदमी।

फ़र्दे बातिल स्त्री० *(फ़ा० फ़र्दे+अ० बातिल)* हिसाब का गलत काग़ज; बीजक; वह काग़ज़ जिस पर कोई लेन-देन या हिसाब उतारा गया हो।

फ़र्दी वि० *(अ०)* जिसमें एक हो।

फ़र्फ़ियून स्त्री० *(अ०)* थूहड़ वृक्ष का सुखाया हुआ दूध जो दवा के काम में आता है।

फ़र्बिही स्त्री० *(फ़ा०)* मोटापा; मोटापन; स्थूलता।

फ़र्बेह वि० *(फ़ा०)* स्थूलकाय; मोटे-ताज़े शरीर का।

फ़र्म स्त्री० *(अ०)* साझे का व्यापार करने वाली कोठी या बड़ी दूकान या संस्था।

फ़र्मा पु० *(अ०)* आज्ञा; शाही आदेश।

फ़र्मा गुज़ार वि० *(फ़ा०)* शासक; हाकिम; राजा।

फ़र्मा गुज़ारी स्त्री० *(फ़ा०)* शासन; हुकूमत; राज्य।

फ़र्मा देही स्त्री० *(फ़ा०)* शासन; हुकूमत; राज्य।

फ़र्मा फ़र्मा वि० *(फ़ा०)* शासक; हुक्म चलाने वाला; राज करने वाला।

फ़र्मा बरदार वि० *(फ़ा०)* आज्ञाकारी; आज्ञापालक।

फ़र्मा बरदारी स्त्री० *(फ़ा०)* आज्ञापालन; हुक्म मानना।

फ़र्मा रवा वि० *(फ़ा०)* शासक; राजा; बादशाह।

फ़र्मा रवाई स्त्री० *(फ़ा०)* शासक; राज; हुकूमत।

फ़र्माइश स्त्री० *(फ़ा०)* माँगना; किसी काम के लिए कहना; कारखाने या दुकान के माल का आर्डर।

फ़र्माइशी वि० *(फ़ा०)* जिसकी माँग की गयी हो।

फ़र्मान पु० *(फ़ा०)* राजादेश; शाही हुक्म; आज्ञा।

फ़र्मूदा वि० *(फ़ा० फ़र्मूदः)* उक्त कहा हुआ।

फ़र्याद स्त्री० *(फ़ा०)* सहायता के लिए पुकार; न्याय याचना; शिकायत; नालिश; दुहाई।

फ़र्याद ख़्वाह वि० *(फ़ा०)* न्याय का याचक।

फ़र्याद ख़्वाही स्त्री० *(फ़ा०)* न्याय की याचना।

फ़र्यादरस वि० *(फ़ा०)* फरियाद सुनने वाला; न्यायकर्ता।

फ़र्यादरसी स्त्री० *(फ़ा०)* न्याय करना।

फ़र्र पु० *(अ०)* रोशनी; ठाट-बाट; शान-शौकत; दबदबा।

फ़र्राटा पु० *(अ०)* तेजी; शीघ्रता।

मुहा० *फ़र्राटा भरना-* *तेजी से दौड़ना।*

फ़र्रार वि० *(अ०)* बहुत तेज भागने वाला या दौड़ने वाला।

फ़र्राश पु० *(अ०)* वह नौकर जिसका काम खेमा गाड़ना, फर्श बिछाना, दीपक जलाना आदि होता है।

फ़र्राशख़ाना पु० *(अ० फ़र्राश+फ़ा० ख़ानः)* वह स्थान जहाँ तोशक, तकिया, चाँदनी आदि रखे जाते हैं; तोशक खाना।

फ़र्राशी वि० *(अ० फर्राश से फ़ा०)* फ़र्श या फ़र्राश के कामों से सम्बन्ध रखने वाला।

फ़र्रूख वि० *(फ़ा०)* शुभ; उत्तम; सुन्दर; मनोहर।

फ़र्रूख़ क़दम वि० *(फ़ा० फ़र्रूख़+अ० कदम)* जिसका आना शुभ हो।

फ़र्रूख़तबार वि० *(फ़ा०)* कुलीन; अच्छे खानदान वाला।

फ़र्रूख़निहाद वि० *(फ़ा०)* अच्छे स्वभाव का।

फ़रोज़ पु० *(फ़ा०)* रोशनी; प्रकाश।

फरवरदीन पु० *(फ़ा० फर्वरदीन)* पहला ईरानी महीना।

फ़र्श पु० *(अ०)* बिछावन; जमीन; धरती।

फ़र्शी स्त्री० *(अ०)* एक प्रकार का बड़ा हुक्का। वि० फर्श सम्बन्धी।

मुहा० *फ़र्शी सलाम-* *जमीन पर झुक कर किया जाने वाला सलाम।*

फ़र्शे आब पु० *(अ० फ़र्शे+फ़ा० आब)* समुद्र या नदी का तल।

फ़र्शे ख़ाक पु० *(अ० फ़र्शे+फ़ा० ख़ाक)* पृथ्वी का तल।

फ़र्शे गुल पु० *(अ० फ़र्शे+फ़ा० गुल)* फूलों का फर्श।

फ़र्शे राह पु० *(अ० फ़र्शे+फ़ा० राह)* रास्ते में बिछा हुआ।

फ़र्सख़ पु० *(अ०)* 4 हजार गज की दूरी; अँग्रेजी हिसाब से लगभग सवा दो मील।

फ़र्स पु० *(अ०)* काटना; फाड़ना; चीरना।

फ़र्सा प्रत्य० *(फ़ा०)* घटाने वाला।

फ़र्सूदा वि० *(फ़ा० फ़र्सूदः)* घिसा हुआ; जीर्ण-शीर्ण।

फ़र्सूदाहाल वि० *(फ़ा० फ़र्सूदःहाल)* जिसकी दशा बहुत खराब हो; क्षीण दशा वाला।

फ़र्सूदगी स्त्री० *(फ़ा०)* घिसा-पिटा होना; बहुत ही पुराना होना।

फ़र्सूदनी वि० *(फ़ा०)* घिसने योग्य।

फ़र्हग स्त्री० *(फ़ा०)* बुद्धि; विवेक।

फ़रहाद पु० *(फ़ा० फ़र्हाद)* शीरी का प्रेमी जिसने शीरीं की इच्छा पर पहाड़ काटा था और एक कुट्टनी के धोखा देने से अपना सिर फोड़ कर मर गया।

फ़लक पु० *(अ०)* आकाश; आसमान।

मुहा० *फ़लक पर चढ़ाना-* *दिमाग बहुत बढ़ा देना।*

फ़लकबोस पु० *(अ० फ़लक+फ़ा० बोस)* गगनचुम्बी।

फ़लक असास वि० *(अ०)* बहुत मज़बूत और बुलन्द।

फ़लक कद्र वि० *(अ०)* बड़े रुतबे और पैरवी वाला।

फ़लकज़दा वि० *(अ० फ़लक+फ़ा० ज़दा)* आपत्ति में फँसा हुआ।

फ़लकजनाब वि० *(अ०)* उच्च प्रतिष्ठा वाला।

फ़लकताज़ वि० *(अ० फ़लक+फ़ा० ताज़)* बहुत बड़ा साहसी।

फ़लकनवर्द वि० *(अ० फ़लक+फ़ा० नवर्द)* गगनचारी।

फ़लकीयान स्त्री० *(अ०)* अन्तरिक्ष विमान।

फ़लाँ पु० *(अ० फुलाँ)* अमुक; सम्बोधन।

फ़लाकत स्त्री० *(अ०)* दरिद्रता; गरीबी; विपत्ति; कष्ट।

फ़लकीयात स्त्री० *(अ०)* अन्तरिक्ष विज्ञान।

फ़लकुलअफ़्लाक पु० *(अ०)* नवाँ आकाश।

फ़लातूँ पु० *(अ०)* अफलातून या प्लेटो नामक यूनानी दार्शनिक।

फ़लान स्त्री० *(अ० फ़लाँ)* अमुक; कोई; अनिश्चित।

फ़लसफ़ा पु० *(अ० फ़लसिफ़ा)* दर्शनशास्त्र; शास्त्र; विज्ञान।

फ़लाह स्त्री० *(अ०)* सफलता; विजय; परोपकार; भलाई।

फ़लाहत स्त्री० *(अ०)* कृषिकर्म; खेती-बारी।

फ़लीता पु० *(अ० फ़लीतः)* बड़ आदि रेशों से बटी हुई रस्सी; पलीता।

फ़लूस पु० *(अ० फ़ुलूस)* ताँबे का सिक्का।

फ़लसफ़ा पु० *(अ० फ़ल्सफ़ः)* दर्शनशास्त्र, शास्त्र, विज्ञान।

फ़वायद पु० *(अ०)* फायदा का बहु०।

फव्वारा पु० *(अ० फव्वारः)* पानी उछालने का जलयन्त्र; फुहारा।

फ़साँ स्त्री० *(फ़ा०)* छुरी आदि पर सान रखने का पत्थर।

फ़साद पु० *(अ०)* विकार; बिगाड़; दंगा; बलवा; झगड़ा; लड़ाई; ऊधम; उपद्रव।

फ़सादज़दा वि० *(अ० फ़साद+फ़ा० जादः)* दंगाग्रस्त; दंगा पीड़ित।

फ़सादी वि० *(अ० फ़साद से फ़ा०)* उपद्रवी; झगड़ालू।

फ़साना पु० *(फ़ा० फ़सानः)* मन से गढ़ा हुआ; कल्पित कहानी।

फ़सानाख़्वाँ वि० *(फ़ा० फ़सानः+ख़्वाँ)* कहानी सुनाने वाला।

फ़सानानवीस पु० *(फ़ा० फ़सानः+नवीस)* उपन्यास कार।

फ़सान ए इश्क पु० *(फ़ा० फ़साना+अ० इश्क)* प्रेम की कहानी; प्रेम में अपने ऊपर बीता हुआ वृत्तान्त।

फ़सान ए ग़म पु० *(फ़ा० फ़साना+अ० ग़म)* प्रेम में दुःख की व्यथा का वृत्तान्त।

फ़साहत स्त्री० *(अ०)* किसी विषय का सुन्दर और उत्तम वर्णन करना; उत्तम भाषण करने की शक्ति।

फ़सील स्त्री० *(अ०)* नगर या बस्ती के चारों ओर का परकोटा या दीवार।

फ़सीहुलबयान वि० *(अ०)* मँजी हुई सरल और सुन्दर भाषा बोलने वाला।

फ़सुर्दगी स्त्री० *(फ़ा० अफ़्सुर्दगी)* उदासी; खिन्नता।

फ़सुर्दा वि० *(फ़ा० अफ़्सुर्दः)* उदास; खिन्न।

फ़सुर्दा ख़ातिर वि० *(फ़ा० फ़सुर्दः+अ० ख़ातिर)* जिसका मन उदास हो; खिन्नमनस्क।

फ़सुर्दा रुख़ वि० *(फ़ा० फ़सुर्दः रुख)* जिसका चेहरा कुम्हलाया हुआ हो।

फ़सुर्दगी स्त्री० *(फ़ा०)* खिन्नता; मलीनता; उदासी।

फ़सूँ पु० *(अ०)* जादू-टोना; मन्त्र; टोटका।

फ़सूँगर वि० *(अ०)* जादू-टोना करने वाला।

फ़स्ख़ वि० *(अ०)* निश्चय बदल देना; तोड़ देना।

फ़स्ख़े अज़ीमत पु० *(अ०)* निश्चय भंग।

फ़स्ख़े निकाह पु० *(अ०)* विवाह-विच्छेद; विवाह टूट जाना।

फ़स्ख़े बैअ पु० *(अ०)* मोल ली हुई वस्तु का वापस हो जाना।

फ़स्द स्त्री० *(अ०)* नस को छेदकर शरीर का दूषित रक्त निकालने की क्रिया।

फ़स्दज़न वि० *(अ० फ़स्द+फ़ा० ज़न)* रगों से खून निकालने वाला।

फ़स्ल स्त्री० *(अ०)* ऋतु; मौसम; खेत की उपज; ग्रन्थ का अध्याय।

फ़स्ल बफ़स्ल अव्य० *(अ० फ़स्ल+फ़ा० बफ़स्ल)* प्रत्येक फ़सल में।

फ़स्लाना पु० *(अ० फ़स्त+फ़ा० आनः)* फ़सल पर दिया जाने वाला नजराना या अधिकार।

फ़स्ली वि० *(अ०)* फ़सल सम्बन्धी। वि० हैजा; विसूचिका।

फ़स्ली सन् पु० *(फ़ा०)* अकबर का चलाया हुआ एक संवत।

फ़स्ले अम्बा स्त्री० *(अ० फस्ल+फ़ा०, सं० अम्बः)* आमों की फसल।

फ़स्ले इस्तादा स्त्री० *(अ० फ़स्ल+फ़ा० इस्तादा)* खड़ी फ़सल, जो अभी काटी न गयी हो।

फ़स्ले ख़रीफ़ स्त्री० *(अ०)* खरीफ़ की फसल।

फ़स्ले ख़िज़ाँ स्त्री० *(अ० फ़स्ल+फ़ा० ख़िज़ाँ)* पतझड़ की ऋतु।

फ़स्ले गर्मा स्त्री० *(अ० फ़स्ल+फ़ा० गर्मी)* गरमी का मौसम या ऋतु।

फ़स्ले गुल स्त्री० *(अ० फ़स्ल+फ़ा० गुल)* बसन्त ऋतु; बहार का मौसम।

फ़स्ले बाराँ स्त्री० *(अ० फ़स्ल+फ़ा० बाराँ)* बरसात का मौसम।

फ़स्ले रबीअ स्त्री० *(अ०)* रबी की फसल।

फ़स्ले सर्मा स्त्री० *(अ० फ़स्ल+फ़ा० समा)* जाड़े का मौसम; हिमऋतु; शीतकाल।

फ़स्ले बहार स्त्री० *(अ० फ़स्ल+फ़ा० बहार)* बसन्त ऋतु।

फ़स्साद पु० *(अ०)* रगों से खून निकालने वाला; जर्राह।

फ़हम[1] स्त्री० *(अ० फह्म)* बुद्धि; समझ; ज्ञान; अक्ल।

फ़हम[2] पु० *(अ० फ़ह्म)* कोयला।

फ़हमाइश स्त्री० *(अ० फह्माइश)* चेतावनी।

फ़हमीद स्त्री० *(फ़ा० फ़ह्मीद)* समझ; बुद्धि; अक्ल।

फ़हमीदा वि० *(फ़ा० फ़ह्मीदः)* समझा हुआ।

फ़हमीदनी अ० *(फ़ा० फ़ह्मीदनी)* समझने योग्य।

फ़हमे नाक़िस स्त्री० *(अ० फ़ह्मे नाकिस)* कच्ची समझ; नासमझी।

फ़हमे सहीह स्त्री० *(अ० फ़ह्मे सहीह)* ठीक समझ।

फ़हल पु० *(अ० फ़ह्ल)* नर; पुलिंग।

फ़हश वि० *(अ० फ़ुहश)* फूहड़; अश्लील।

फ़ह्हाश स्त्री० *(अ०)* अश्लील बातें करने वाला।

फ़ह्हाशी स्त्री० *(अ०)* अश्लीलता।

फ़हीम वि० *(अ०)* समझदार; बुद्धिमान।

फ़ाइक़ वि० *(अ०)* श्रेष्ठ; उत्तम; बढ़िया; जिसे महत्त्व दिया जाये।

फ़ाइक़तर वि० *(अ० फ़ाइक़+फ़ा० तर)* सबसे बढ़िया; सर्वोपरि; सर्वोच्च।

फ़ाइज़[1] वि० *(अ०)* कामयाब; सफल।

फ़ाइज़[2] वि० *(अ०)* लाभ देने वाला।

फ़ाइजुल मराम वि० *(अ०)* सफल मनोरथ।

फ़ाइदा पु० *(अ० फ़ाइदः)* फ़ायदा; लाभ।

फ़ाइल वि० *(अ०)* काम करने वाला; व्याकरण का 'कर्ता'; गुदा मैथुन करने वाला।

फ़ाइले मुख़्तार पु० *(अ०)* वह कार्यकर्ता जिसे पूरे अधिकार प्राप्त हों।

फ़ाइले हक़ीक़ी पु० *(अ०)* ईश्वर; असली काम करने वाला।

फ़ाक़ा पु० *(अ० फ़ाक़ः)* उपवास; गरीबी।

फ़ाक़ाकश वि० *(अ० फ़ाक़ःकश)* भूखा रहने वाला; कंगाल।

फ़ाक़ाज़दा वि० *(अ०)* भूख का मारा।

फ़ाक़ामस्त वि० *(अ०)* बिना खाये मस्त रहने वाला।

फ़ाख़िर वि० *(अ०)* फ़ख्र या घमण्ड करने वाला; अभिमानी।

फ़ाख़िरा वि० *(अ० फ़ाख़िरः)* बहुत बढ़िया; बहुमूल्य।

फ़ाख़्तई वि०, स्त्री० *(अ० फ़ाख़्तः)* एक प्रकार का खाकी रंग। वि० पण्डुक पक्षी के रंग का; ख़ाकी।

फ़ाख़्ता स्त्री० *(अ० फ़ाख़्तः)* पण्डुक नामक पक्षी। **मुहा०** ***फ़ाख़्ता उड़ाना-*** *गुलछर्रे उड़ाना।*

फ़ाजिर पु० *(अ०)* स्त्री० (फ़ाजिरा) व्यभिचारी; पापी।

फ़ाज़िल वि० *(अ०)* आवश्यकता से अधिक। पु० विद्वान्, पण्डित।

फ़ाज़िलबाक़ी वि० *(अ०)* किसी के जिम्मे बाकी निकलने वाला।

फ़ाज़िलात पु० *(अ०)* जमाखर्च के बाद बचा हुआ रुपया।

फ़ाज़िले अजल्ल वि० *(अ०)* बहुत बड़ा विद्वान्।

फ़ातिन वि० *(अ०)* चतुर; दक्ष; बुद्धिमान।

फ़ातिमा स्त्री० *(अ० फ़ातिमः)* वह स्त्री जो बच्चे को स्तनपान कराना जल्दी बन्द कर दे; मुहम्मद साहब की कन्या जो हज़रत अली की पत्नी और हसन-हुसैन की माता थी।

फ़ातिर वि० *(अ०)* सृष्टिकर्ता; ईश्वर।

फ़ातिरुल अक़्ल वि० *(अ०)* पागल; विकृत मस्तिष्क।

फ़ातिरुस्स्मावात वि० *(अ०)* आकाशों की सृष्टि करने वाला।

फ़ातिहा पु०, स्त्री० *(अ० फ़ातिहः)* प्रार्थना; वह चढ़ावा जो मरे हुए लोगों के नाम पर दिया जाये।

फ़ातेह वि० *(अ० फ़ातिह, स्त्री० फ़ातिहा)* आरम्भ करने या खोलने वाला; फ़तह या विजय करने वाला; विजयी; मरने वाला।

फ़ादज़हर पु० *(फ़ा० ज़ह्र)* एक औषधि जो सब विषों का नाशक है; विषहर।

फ़ानी वि० *(अ०)* नष्ट हो जाने वाला; नश्वर; प्राण देने वाला।

फ़ानीज़ पु० *(अ०)* सफ़ेद शक्कर।

फ़ानूस पु० *(फ़ा०)* एक प्रकार बड़ी कन्दील; एक डण्डे में लगे हुए शीशे के कमल या गिलास, जिनमें बत्तियाँ जलती हैं।

फ़ानूसे ख़याल पु० *(अ० फ़ानूसे+फ़ा० ख़याल)* एक प्रकार का काग़ज़ी कण्डील, जिसमें हाथी-घोड़े आदि की तस्वीरें घूमती हैं।

फ़ाम पु० *(फ़ा०)* वर्ण; रंग। वि० रंगवाला; जैसा; समान।

फ़ायक़ वि० *(अ० फ़ाइक़)* श्रेष्ठता रखने वाला; श्रेष्ठ; उच्च; बढ़ा हुआ; अच्छा।

फ़ायज़ वि० *(अ० फ़ाइज़)* पहुँचने या प्राप्त करने वाला; विजयी।

फ़ायदा पु० *(अ० फ़ाइदः)* लाभ; नफ़ा; प्राप्ति; प्रयोजन सिद्ध होना।

फ़ायदामन्द वि० *(अ० फ़ाइदः+फ़ा० मन्द)* लाभदायक।

फ़ायल वि० *(अ० फ़ाइल)* कोई गलत काम करने वाला; बालकों के साथ प्रकृति विरुद्ध सम्भोग करने वाला। पु० व्याकरण में कर्ता।

फ़ायली वि० *(अ०)* क्रियाशील; जो अच्छी तरह कार्य कर सके।

फ़ार पुं० *(अ० फ़ारः का बहु०)* बहुत-से चूहे।

फ़ारा पु० *(अ० फ़ारः)* एक चूहा।

फ़ारख़ती स्त्री० *(अ० फ़ारिग+फ़ा० ख़ती)* चुकता की रसीद; तलाकनामा।

फ़ारस पु० *(फ़ा०)* ईरान या पारस नामक देश।

फ़ारसी स्त्री० *(फ़ा०)* फ़ारस देश की भाषा। वि० फारस सम्बन्धी।

फ़ारसीदाँ वि० *(फ़ा०)* फ़ारसी भाषा जानने वाला।

फ़ारान पु० *(अ०)* एक पहाड़।

फ़ारिक़ वि० *(अ०)* दो चीजों को अलग करने वाला।

फ़ारिग़ वि० *(अ०)* कोई काम खत्म होना; बेफ़िक्री, मुक्त; स्वतन्त्र; आजाद।

फ़ारिग़ख़ती स्त्री० *(अ० फ़ारिग़+फ़ा० ख़ती)* रुपया चुकने की रसीद; तलाक़नामा।

फ़ारिग़ुत्तहसील वि० *(अ०)* स्नातक; जिसने ऊँची डिग्री पा ली हो।

फ़ारिग़ुलख़िदमत वि० *(अ०)* सेवा मुक्त; पेंशनधारी।

फ़ारिग़ुल बाल वि० *(अ०)* जो सब प्रकार से निश्चिन्त और सुखी हो।

फ़ारिस वि० *(अ०)* घुड़सवार।

फ़ारूक़ वि० *(अ०)* भले और बुरे का फर्क बताने वाला; दूसरे ख़लीफ़ा हज़रत उमर की उपाधि।

फ़ारूक़ी वि० *(अ०)* दूसरे ख़लीफ़ा का वंशज।

फ़ाल स्त्री० *(अ०)* पाँसा फेंक कर शुभ-अशुभ बताने की क्रिया।

मुहा० ***फ़ाल खुलवाना-*** *रमल आदि की मदद से शुभाशुभ का पता लगाना।*

फ़ालतू वि० *(अ०)* आवश्यकता से अधिक; बेकार।

फ़ालनामा पु० *(अ० फ़ाल+फ़ा० नामा)* वह ग्रन्थ जिसे देखकर शुभाशुभ का पता लगाया जाता है।

फ़ालसा पु० *(फ़ा०)* गरमी के दिनों में होने वाला एक छोटा फल, जिसके खट्टे और मीठे दो प्रकार होते हैं।

फ़ालिज पु० *(अ०)* एक रोग जिसमें आधा अंग सुन्न हो जाता है; अर्द्धांग; पक्षाघात।

फ़ालीज़ स्त्री० *(फ़ा०)* खेत; बाग; उपवन; वाटिका।

फ़ालूदा पु० *(फ़ा० फ़ालूदः)* पीने के लिए गेहूँ के आटे से बनायी गयी सेवइयाँ।

फ़ालेज पु० *(फ़ा०)* खरबूजे-ककड़ी के खेत।

फ़ाश वि० *(फ़ा०)* खुला हुआ; प्रकट; स्पष्ट।

फ़ाशगो वि० *(फ़ा०)* स्पष्ट वक्ता; साफ़-साफ़ कहने वाला।

फ़ाशगोई स्त्री० *(फ़ा०)* साफ़-साफ़ कह देना।

फ़ासला पु० *(अ० फ़ासिलः)* दूरी; अन्तर।

फ़ासिक़ वि० *(अ०)* पापी; गुनहगार।

फ़ासिक़ा स्त्री० *(अ० फ़ासिकः)* पापिनी; व्यभिचारिणी।

फ़ासिख़ वि० *(अ०)* खराब और नष्ट करने वाला।

फ़ासिद वि० *(अ०)* फ़साद या झगड़ा करने वाला; झगड़ालू; बिगड़ा हुआ; खराब।

फ़ासिदुलअक़ीदा वि० *(अ०)* जिसका धर्म-विश्वास बिगड़ गया हो।

फ़ासिल वि० *(अ०)* बहुत दुश्चरित्र या पाजी; लज्जाजनक।

फ़ासिलए दराज़ पु० *(अ० फ़ासिलए+फ़ा० दराज़)* लम्बीदूरी।

फ़ासिला पु० *(अ०)* दूरी; अन्तर।

फ़ाहा पु० *(फ़ा०)* इत्र या घी में तर की गयी रूई; मरहम लगायी हुई रूई।

फ़ाहिशा स्त्री० *(अ०)* दुश्चरित्र स्त्री।

फ़िक्र स्त्री० *(अ०)* चिन्ता; सोच-विचार।

फ़िक़रा पु० *(अ० फ़िक्रः)* वाक्य; व्यंग्य।

फ़िक़रेबाज़ वि० *(अ० फ़िक्रः+फ़ा० बाज़)* फ़िक़रा कसने का कार्य करने वाला।

फ़िक़ाह पु० *(अ०)* इस्लामी धर्मशास्त्र; मजहबी कानून।

फ़िक्क़ा स्त्री० *(अ०)* चिन्ता; सोच; खटका; प्रयास।

फ़िक्रमन्द वि० *(अ० फ़िक्र+फ़ा० मन्द)* चिन्ताग्रस्त।

फ़िगार वि० *(फ़ा०)* घायल; जख्मी।

फ़िज़ा स्त्री० *(अ० फ़ज़ा)* खुली जमीन; शोभा; बहार; वातावरण; प्रकृति।

फ़िज़ाइन्द वि० *(फ़ा०)* बढ़ाने वाला।

फ़िजाजत स्त्री० *(अ०)* कच्चापन।

फ़िज़्ज़ा स्त्री० *(अ० फ़िज़्ज़ः)* चाँदी।

फ़ितन पु० *(अ० फ़ित्नः का बहु०)* दंगे; गड़बड़ियाँ; हलचलें।

फ़ितनए जहाँ वि० *(अ० फ़ितनए+फ़ा० जहाँ)* सारे संसार में आफ़त मचाने वाला; प्रेमिका का एक विशेषण।

फ़ितना पु० *(अ० फ़ित्नः)* पाप; अपराध; लड़ाई-झगड़ा; एक प्रकार का इत्र; उपद्रव या आफ़त मचाने वाला।

फ़ितना अंगेज़ वि० *(अ० फ़ित्नः+फ़ा० अंगेज)* उपद्रवी; प्रेमिका।

फ़ितरत स्त्री० *(अ० फ़ित्रत)* प्रकृति; स्वभाव; बुद्धिमत्ता, होशियारी; धूर्तता।

फ़ितरतन क्रि०वि० *(अ० फ़ित्रतन)* स्वभावतः।

फ़ितरा पु० *(अ० फ़ित्रः)* चमड़े के वे तस्मे जो घोड़े की जीन के दोनों तरफ सामान बाँधने के लिए रहते हैं।

फ़ितरी वि० *(अ० फित्री)* प्राकृतिक।

फ़ितानत स्त्री० *(फ़ा०)* बुद्धिमत्ता; अक्लमन्दी।

फ़ित्र पु० *(अ० बहु० अफ़्तार)* दिन-भर रोज़ा रखने के बाद सन्ध्या के समय कुछ खाकर रोजा खोलना।

पदरचना- *ईद-उल-फ़ित्र- ईद का त्यौहार।*

फ़ित्रीन वि० *(अ०)* धूर्त; चालाक।

फ़िदवी वि० *(अ० फ़िद्वी)* स्वामिभक्त; आज्ञाकारी। पु० दास (स्त्री० फिदविया)।

फ़िदा वि० *(अ०)* किसी के लिए प्राण देने वाला; आसक्त; मुग्ध।

फ़िदाई स्त्री० *(अ०)* फ़िदा होने या जान देने वाला; प्राण न्यौछावर करने वाला।

फ़िदाए क़ौम वि० *(अ०)* राष्ट्र के लिए समर्पित।

फ़िदाएहक़ वि० *(अ०)* सत्य के लिए बलिदान होने वाला।

फ़िदाकार वि० *(अ० फ़िदा+फ़ा० कार)* भक्त; सेवक।

फ़िन्नार क्रि०वि० *(फ़ा०)* नरक़ की अग्नि।

फ़िरंग पु० *(अ० फ़रांक से फ़ा० फ़रंग)* यूरोप का एक देश; गोरों का देश; गरमी या आतशक का रोग।

फ़िरंगीस्तान पु० *(फ़ा० फ़रंगिस्तान)* यूरोप महादेश।

फ़िरंगी पु० *(फ़ा० फ़रंग)* फ़िरंग (यूरोप) देश में उत्पन्न।

फ़िरऔन पु० *(अ०)* मिश्र के प्राचीन बादशाहों की उपाधि। वि० घमण्डी।

फ़िरक़ा पु० *(फ़ा० फ़िर्कः)* जाति; पन्थ; सम्प्रदाय।

फ़िरक़ा परस्त वि० *(अ० फिरक़ः+फ़ा० परस्त)* साम्प्रदायिक।

फ़िरदौस पु० *(अ० फ़िर्दौस)* वाटिका; बाग; स्वर्ग; बहिस्त।

फ़िराक़ पु० *(अ०)* वियोग; विछोह; चिन्ता; खोज।

फ़िराग़ पु० *(अ०)* मुक्ति; छुटकारा; रिहाई; फुरसत; सन्तोष।

फ़िरावाँ वि० *(फ़ा०)* बहुत अधिक; प्रचुर।

फ़िरासत स्त्री० *(अ०)* बुद्धि की तीव्रता; अक्लमन्दी।

फिलजुमला क्रि०वि० *(अ० फिलजुम्लः)* तात्पर्य यह कि; संक्षेप में; थोड़ा-थोड़ा; ज्योंही।

फ़िलफौर क्रि०वि० *(अ०)* तुरन्त; तत्काल।

फ़िलबदीह क्रि०वि० *(अ०)* बिना पहले सोचे हुए; तुरन्त; तत्काल।

फ़िलमसल क्रि०वि० *(अ०)* उदाहरणस्वरूप।

फ़िलवाक़ा क्रि०वि० *(अ०)* वास्तव में।

फ़िलहाल क्रि०वि० *(अ०)* इस समय; इस अवसर पर।

फ़िलिज़्ज़ पु० *(अ०)* धातु; सोना-चाँदी आदि।

फ़िलिज़्ज़ात पु० *(अ० फ़िलिज़्ज़+फ़ा० ज़ात, फ़िलिज़्ज़ का बहु०)* धातुएँ।

फ़िलिज़्ज़ी वि० *(अ०)* धातु से बना हुआ; खान से निकला हुआ।

फ़िलअसल अव्य० *(अ० फ़िल अस्ल)* मूलतः; यथार्थत; हकीकत में; सचमुच।

फ़िलफ़िलमोया स्त्री० *(अ० फ़िलफ़िल+फ़ा० मोया)* पिपलामूल।

फ़िलफ़िल सफ़ेद स्त्री० *(अ० फ़िलफ़िल+फ़ा० सफ़ेद)* सफेद भूरी मिर्च।

फ़िलफ़िल सुर्ख़ स्त्री० *(अ० फ़िलफ़िल+फ़ा० सुर्ख़)* लाल मिर्च।

फ़िलबदीह वि० *(अ०)* बिना सोचे ठीक; सुन्दर व चमत्कारपूर्ण कोई बात।

फ़िलबदीह गो वि० *(अ० फ़िलबदीह+फ़ा० गो)* आशु कवि; आशु वक्ता।

फ़िलवक़्त वि० *(अ०)* तत्क्षण; तत्काल; उसी समय।

फ़िश अव्य० *(फ़ा०)* धिक्; छीः (तिरस्कार सूचक)।

फ़िशार पु० *(फ़ा०)* मुसलमानों के अनुसार किसी शव को कब्र के चारों ओर से खूब कसकर दण्ड स्वरूप दबाना।

फ़िशाँ प्रत्य० *(फ़ा०)* छिड़कने वाला; बिखेरने वाला।

फ़िशारदा वि० *(फ़ा०)* निचोड़ा हुआ; चुभोया हुआ।

फ़िशारदनी वि० *(फ़ा०)* निचोड़ने योग्य; चुभोने योग्य।

फ़िस वि० *(अ०)* सारहीन; कुछ नहीं।

मुहा० *फ़िस हो जाना-* *बेकार सिद्ध होना।*

फ़िसाल पु० *(अ०)* जुदाई; वियोग; दूध छुड़ाई।

फ़िसोस पु० *(फ़ा०)* खेल; परिहास।

फ़िस्क़ पु० *(अ०)* आज्ञा का उल्लंघन; सन्मार्ग से च्युत होना; अपराध; कसूर; पाप; गुनाह।

फ़िस्क़ो फ़ज़ूर पु० *(अ०)* दुराचार; दुष्कर्म।

फ़िस्तक़ पु० *(अ०)* पिस्ता नामक एक प्रसिद्ध सूखा फल।

फ़ी वि० *(अ०)* प्रत्येक; हर एक। स्त्री० दोष।

फ़ीअमानिल्लाह वि० *(अ०)* ईश्वर रक्षा करे (किसी के विदा के समय का सम्बोधन)।

फ़ीज़मानिना वि० *(अ०)* वर्तमान में उपस्थित।

फ़ीता पु० *(पुर्त० से फ़ा० फ़ीतः)* पतला सूत आदि जो किसी वस्तु को लपेटने आदि के काम आता है।

फ़ीमाबैन क्रि०वि० *(अ०)* दोनों पक्षों के बीच में।

फ़ीरनी स्त्री० *(फ़ा० फ़िर्नी)* एक प्रकार की खीर जो पिसे हुए चावलों से पकायी जाती है।

फ़ीरोज़ स्त्री० *(फ़ा०)* विजयी; सफ़ल; सुखी और सम्पन्न।

फ़ीरोज़ बख़्त वि० *(फ़ा०)* सौभाग्यशाली।

फ़ीरोज़ बख़्ती स्त्री० *(फ़ा०)* भाग्य की सफलता।

फ़ीरोज़ा पु० *(फ़ा० फ़िरोजः)* हरापन लिये नीले रंग का एक नग या बहुमूल्य पत्थर।

फ़ीरोज़ी वि० *(फ़ा०)* फ़ीरोज़ के रंग का; सफलता।

फ़ील पु० *(फ़ा०)* हाथी; हस्ती।

फ़ीलख़ाना पु० *(फ़ा० फ़ीलख़ानः)* वह घर जहाँ हाथी रहते हैं।

फ़ीलपाया पु० *(फ़ा०)* स्तम्भ; खम्भा।

फ़ीलबाराँ स्त्री० *(फ़ा०)* वर्षा ऋतु की अन्तिम बरसात (हस्त नक्षत्र)।

फ़ीलमुर्ग़ पु० *(फ़ा०)* मोर की तरह का एक पक्षी।

फ़ीसदी क्रि०वि० *(अ० फ़ीसद+फ़ा० 'ई')* हर सैकड़े पर; प्रतिशत।

फ़ुआक़ स्त्री० *(अ०)* हिचकी का रोग।

फ़ुआद पु० *(अ०)* हृदय; दिल।

फ़ुक़ाअ स्त्री० *(अ०)* चावल से बनी शराब; प्याला; चषक।

फ़ुक़ाहत स्त्री० *(अ०)* मनोविनोद; मनोरंजन।

फ़ुग़ पु० *(फ़ा०)* मूर्ति; प्रतिमा; बुत।

फ़ुग़ाँ[1] स्त्री० *(फ़ा०)* आर्तनाद; दुहाई।

फ़ुग़ाँ[2] वि० *(फ़ा०)* रोना; चिल्लाना।

फ़ुग़ानी स्त्री० *(फ़ा०)* दुहाई देने वाला; एक ईरानी शायर।

फ़ुज़ला पु० *(अ०)* जूठा या उच्छिष्ट पदार्थ; शरीर से निकलने वाले मल, जैसे- थूक, पसीना, पेशाब, पाखाना आदि।

फ़ुज़ूँ वि० *(फ़ा०)* बढ़ा हुआ; अधिक।

फ़ुज़ूर पु० *(अ०)* पाप; अपराध; दुराचार।

फ़ुतादा वि० *(फ़ा० फ़ुतादः)* गिरा हुआ; पड़ा हुआ।

फ़ुतादनी वि० *(फ़ा०)* गिरने के योग्य।

फ़ुतुव्वत स्त्री० *(अ०)* वीरता; बहादुरी; शील।

फ़ुतूर पु० *(अ०)* विकार; शरारत; उत्पात।

फ़ुतूरे हज़्म पु० *(अ० हज़्म)* मन्दाग्नि; कब्जियत।

फ़ुतूहात स्त्री० *(अ० फ़ुतूह का बहु०)* प्राप्तियाँ; लाभ।

फ़ुतूही स्त्री० *(अ० फ़ुतूही)* बिना बाँहों की बनियान।

फ़ुनून पु० *(अ० फ़न का बहु०)* कलाएँ।

फ़ुनूने लतीफ़ा पु० *(अ० लतीफ़ः)* ललित कलाएँ।

फ़ुतूह स्त्री० *(अ०)* ऊपर से होने वाला अतिरिक्त लाभ; लूट में मिला हुआ माल।

फ़ुतूर पु० *(अ०)* फसाद; शरारत; घटना; खराबी।

फ़ुतूरिया/फ़ुतूरी वि० *(अ०)* शरारत करने वाला।

फ़ुरक़त स्त्री० *(अ० फ़ुर्कत)* वियोग; जुदाई; विछोह। **पदरचना-** ***शबे-फ़ुरक़त-*** *जुदाई की रात।*

फ़ुरक़तज़दा वि० *(अ० फ़ुरक़त+फ़ा० ज़दा)* विरह ग्रस्त; वियोगी।

फ़ुरक़तनसीब वि० *(अ०)* जिसके भाग्य में जीवन पर वियोग ही वियोग हो।

फ़ुरक़ान स्त्री० *(अ० फ़ुर्क़ान)* कुरान शरीफ; मुसलमानों का धर्मग्रन्थ।

फ़ुरजा पु० *(अ०)* अवकाश; छुट्टी; फुरसत।

फ़ुरजाजू वि० *(अ० फ़ुर+फ़ा० जाजू)* छुट्टी का समय तलाश करने वाला।

फ़ुरसत स्त्री० *(अ० फ़ुर्सत)* अवसर; समय; अवकाश।

फ़ुरसत तलब वि० *(अ०)* फ़ुरसत की जरूरत वाला।

फ़ुरसते ज़ीस्त स्त्री० *(अ० फ़ुरसते+फ़ा० ज़ीस्त)* जीवनकाल।

फ़ुरात स्त्री० *(फ़ा०)* इराक़ की नदी, जिसके किनारे हज़रत इमाम हुसेन कर्बला में शहीद हुए थे।

फ़ुरादा वि० *(अ० फ़द का बहु०)* एक-एक करके; अलग-अलग।

फ़ुरुश पु० *(अ० फ़िराश का बहु०)* बिछौने; बिस्तरे।

फ़ुरूअ स्त्री० *(अ०)* शाखाएँ; मूल वस्तु से निकली हुई वस्तुएँ।

फ़ुरोज़ प्रत्य० *(फ़ा०)* प्रकाशित करने वाला।

फ़ुरोजाँ वि० *(फ़ा०)* चमकता हुआ; प्रकाशमान।

फ़ुरोज़िन्दा वि० *(फ़ा०)* प्रकाशक; चमकाने वाला।

फ़ुरोद वि० *(फ़ा०)* निम्न; नीचे।

फ़ुलूस पु० *(अ० फल्स का बहु०)* ताँबे का सिक्का; पैसा।

फ़ुलक़ा पु० *(अ० फ़ुल्कः)* ख़ेमे के बाँसों में लगायी जाने वाली गोल टिकली।

फ़ुल्क स्त्री० *(अ०)* नौका; किश्ती।

फ़ुव्वा पु० *(फ़ा०)* मजीठ; एक लकड़ी जो रंग के काम आती है।

फ़ुशुर्दा वि० *(फ़ा० फ़ुशुर्दः)* निचोड़ा हुआ।

फ़ुशुर्दनी वि० *(फ़ा०)* निचोड़ने लायक।

फ़ुसूँगर वि० *(फ़ा०)* जादूगर; मायावी।

फ़ुसूल स्त्री० *(अ० फसल का बहु०)* ऋतुएँ; पुस्तक के परिच्छेद।

फ़ुसोस पु० *(फ़ा०)* अफ़सोस का संक्षिप्त; पछतावा; पश्चात्ताप।

फ़ुस्तक़ पु० *(अ०)* एक मेवा (पिस्ता)।

फ़ुस्ताक़ पु० *(अ० फ़ासिक का बहु०)* दुराचारी लोग।

फ़ुसहत स्त्री० *(अ० फ़ुस्हत)* मकान की लम्बाई-चौड़ाई।

फ़ूता पु० *(अ० फ़ूतः)* तौलिया; अँगोछा।

फ़ूफ़ल स्त्री० *(अ०)* सुपारी।

फ़ूफ़लतराश पु० *(अ० फ़ूफ़ल+फ़ा० तराश)* सरौता; सुपारी काटने का यन्त्र।

फ़ूम पु० *(अ०)* लहसुन; गेहूँ।

फ़ेज़ पु० *(तु०)* ऊँची दीवार की तुर्की टोपी।

फ़ेल पु० *(अ०)* काम; कर्म; दुष्कर्म।

फ़ेलन अव्य० *(अ०)* अमल और कर्म से।

फ़ेले अबस पु० *(अ०)* व्यर्थ का कार्य; जिस काम से कोई लाभ न हो।

फ़ेले जाइज़ पु० *(अ०)* अच्छा कार्य।

फ़ेले नाक़िस पु० *(अ०)* अपूर्ण क्रिया।

फ़ेले नाजाइज़ पु० *(अ०)* हरामकारी; व्यभिचार।

फ़ेले नाशाइस्ता पु० *(अ० फ़ेले+फ़ा० नाशाइस्ता)* अश्लील कार्य।

फ़ेले मक्रूह पु० *(अ०)* घिनौना कार्य।

फ़ेले मज्हूल पु० *(अ०)* वह क्रिया जिसका कर्ता ज्ञात न हो।

फ़ेले मारूफ़ पु० *(अ०)* वह क्रिया जिसका कर्ता ज्ञात हो।

फ़ेहरिस्त स्त्री० *(फ़ा० फ़हरिस्त)* सूची; तालिका।

फ़ेहरिस्ते मज़ामीन स्त्री० *(अ०)* विषय सूची।

फ़ैज़ पु० *(अ०)* परोपकार; कीर्ति; यश।

फ़ैज़ी पु० *(अ०)* अकबर के दरबार का प्रसिद्ध विद्वान् अबुल फैज 'फैजी' जो अब्दुल फजल का छोटा भाई था और जिसने महाभारत का फ़ारसी में अनुवाद किया था।

फ़ैज़रसाँ वि० *(अ० फ़ैज़+फ़ा० रसाँ)* दानी; यश देने वाला।

फ़ैज़ेआम पु० *(अ०)* जन-साधारण का हित।

फ़ैदम पु० *(अ०)* दूरी नापने की इकाई (छः फुट) जो प्रायः समुद्र की गहराई नापने में काम आती है।

फ़ैयाज़ वि० *(अ०)* बहुत बड़ा दानी; उदार।

फ़ैयाज़ी स्त्री० *(अ०)* दानशीलता; उदारता।

फ़ैलसूफ़ पु० *(यू० से फ़ा०)* विद्वान्, विद्याप्रेमी, धोखेबाज, चालबाज़।

फ़ैलसूफ़ी स्त्री० *(यू० फ़लसफ़ा)* विद्वत्ता; धूर्तता, अपव्यय।

फ़ैसल पु० *(अ०)* फ़ैसला करने वाला; न्यायकर्ता।

फ़ैसला पु० *(अ० फ़ैस्लः)* निर्णय।

फ़ोता पु० *(फ़ा० फ़ोतः)* भूमि का लगान; थैली; कोष; अण्डकोष।

फ़ोताखाना पु० *(फ़ा० फ़ोतःखानः)* खजाना; कोष।

फ़ोतेदार पु० *(फ़ा० फ़ोतःदार)* खजांची, रोकड़िया।

फ़ौक़ वि० *(अ०)* उच्च; श्रेष्ठ; उत्तम।

फ़ौक़ज़्ज़िक्र वि० *(अ०)* जिसका उल्लेख ऊपर हो चुका हो; उपर्युक्त।

फ़ौक़ल आदत वि० *(अ०)* प्रकृति के विरुद्ध।

फ़ौक़ियत स्त्री० *(अ०)* प्रधानता; श्रेष्ठता; बड़प्पन।

फ़ौक़ी वि० *(अ०)* ऊपर वाला; ऊपरी।

फ़ौज़ स्त्री० *(अ०)* झुण्ड; जत्था; सेना; लश्कर।

फ़ौजकशी पु० *(अ० फ़ौज+फ़ा० कशी)* सैनिक आक्रमण; चढ़ाई; हमला।

फ़ौजदार पु० *(अ० फ़ौज+फ़ा० दार)* सेनापति।

फ़ौजदारी स्त्री० *(अ० फ़ौज+ फ़ा० दारी)* लड़ाई-झगड़ा; मारपीट; वह अदालत जहाँ लड़ाई-झगड़े के मुकदमों का निर्णय होता है।

फ़ौजी वि० *(अ० फ़ौज)* सैनिक।

फ़ौज़े अज़ीम पु० *(अ०)* बहुत बड़ी सफलता।

फ़ौजे बर्री स्त्री० *(अ०)* स्थल सेना।

फ़ौजे बहरी स्त्री० *(अ० फ़ौजे बही)* समुद्री (जल) सेना।

फ़ौज़े हवाई स्त्री० *(अ० फ़ौजे+ फ़ा० हवाई)* वायुसेना।

फ़ौज़ो फ़लाह स्त्री० *(अ०)* उन्नति; भलाई।

फ़ौत स्त्री० *(अ०)* मृत्यु; मौत। वि० मरा हुआ; मृत।

फ़ौती स्त्री० *(अ० फ़ौत से फ़ा०)* मरना; मृत्यु।

फ़ौतीनामा पु० *(अ० फ़ौत+फ़ा० नामः)* किसी की मृत्यु का सूचना-पत्र।

फ़ौफ़ल स्त्री० *(अ०)* सुपारी।

फ़ौर पु० *(अ०)* समय; वक्त; जल्दी; शीघ्रता।

फ़ौरन क्रि०वि० *(अ०)* चटपट; तुरन्त।

फ़ौरान पु० *(अ०)* आवेग; जोश; तीव्रता; तेज़ी।

फ़ौरी वि० *(अ०)* शीघ्र; त्वरित; फौरन।

फ़ौदी वि० *(अ०)* अति आवश्यक; अति जरूरी।

फ़ौलाद पु० *(अ०)* एक प्रकार का सख्त व अच्छा लोहा।

फ़ौलादी वि० *(फ़ा०)* फौलाद नामक लोहे का बना हुआ। स्त्री० भाले या बल्लम की लकड़ी।

ब

बंग स्त्री० *(फ़ा०)* भंग; भाँग।

बंगनोश वि० *(फ़ा०)* भाँग पीने वाला; भंगड़।

बंगफ़रोश पु० *(फ़ा०)* भाँग बेचने वाला।

बंगिश पु० *(फ़ा०)* पठानों की एक जाति विशेष।

बंज स्त्री० *(अ०)* अज़वाइन खुरासानी; एक दवा।

बन्द पु० *(फ़ा०)* बाँधने वाली वस्तु; लोहे आदि की लम्बी पट्टी; बाँध; फीता (जैसे- जूताबन्द); बन्धन; निमन्त्रण। वि० चारों तरफ से घिरा हुआ (जैसे- सारा सामान कमरे में बन्द है।); जिसमें रुकावट हो (जैसे- आम जनता के लिए यह मार्ग

बन्द है); सम्पुटित (जैसे- कमल रात में बन्द हो जाता है); स्थगित या रोक दिया हुआ (जैसे- रात में दूकान बन्द रहती है); व्यवहार आदि खत्म होना (जैसे- आपस का लेन-देन बन्द है); कविता का एक अंश; वि० शब्द के अन्त में प्रत्यय रूप में लगने पर जड़ने वाला, बाँधने, लगाने वाला (जैसे- कमरबन्द; नालबन्द)।

बन्दए आज़ाद पु० *(फ़ा०)* सेवायुक्त सेवक।

बन्दए आजिज़ पु० *(फ़ा० बन्दए+अ० आजिज़)* बहुत ही विनीत और विवश सेवक।

बन्दए इश्क़ पु० *(फ़ा० बन्दए+अ० इश्क़)* प्रेम का बन्दा; प्रेमिका का भक्त।

बन्दए ख़ुदा पु० *(फ़ा०)* ईश्वर का बन्दा।

बन्दए ज़र पु० *(फ़ा०)* धन का उपासक।

बन्दए दरगाह पु० *(फ़ा०)* किसी महान् व्यक्ति का परम भक्त।

बन्दए बेज़र पु० *(फ़ा०)* बिन खरीदे दास या भक्त।

बन्दए शिकम पु० *(फ़ा०)* पेट का भक्त; पेट; उदर कृमि।

बन्दए हल्क़ा बगोश पु० *(फ़ा० बन्दए+अ० हल्क़ःबागोश)* वह दास जिसके कानों में दासता का कुण्डल पड़ा हो।

बन्दगी स्त्री० *(फ़ा०)* भक्तिपूर्वक ईश्वर की वन्दना; सेवा; प्रणाम।

बन्दनवीस पु० *(फ़ा०)* कविता का अंश लिखने वाला।

बन्दनी स्त्री० *(फ़ा०)* सिर पर आगे पहना जाने वाला स्त्रियों का एक आभूषण।

बन्दनी माल स्त्री० *(फ़ा०)* घुटनों तक लटकने वाली एक माला।

बन्दर पु० *(फ़ा० बहु० बनादिर)* समुद्र तट का वह स्थान जहाँ जहाज़ रुकते हैं; बन्दरगाह।

बन्दरी वि० *(फ़ा०)* बन्दरगाह सम्बन्धी।

बन्दा[1] पु० *(फ़ा० बन्दः)* सेवक; दास; मनुष्य।

बन्दा[2] पु० *(फ़ा० बन्दः)* दास; गुलाम; अधीन; आज्ञाकारी; उपासक; नम्रता दिखाने के लिए व्यक्ति अपने लिए भी कहता है।

बन्दाज़ादा पु० *(फ़ा० बन्दःज़ादः)* अपना पुत्र।

बन्दानवाज़ पु० *(फ़ा० बन्दःनवाज)* अपने भक्तों व सेवकों पर दया करने वाला; भक्त वत्सल।

बन्दानवाज़ी स्त्री० *(फ़ा० बन्दःनवाज़ी)* अपने सेवकों पर कृपा दृष्टि।

बन्दापरवर वि० *(फ़ा० बन्दःपर्वर)* जो सेवकों का पालन करता हो।

बन्दिश स्त्री० *(फ़ा०)* बाँधने की क्रिया; गाँठ; गिरोह; छन्द की रचना; उपाय; योजना; अभियोग।

बन्दिशे अलफ़ाज़ स्त्री० *(अ० बन्दिशे+फ़ा० अल्फ़ाज़)* गद्य या पद्य में शब्दों का यथास्थान उपयोग तथा शुद्ध और चमत्कार पूर्ण गठन।

बन्दिशे मज़मून स्त्री० *(फ़ा० बन्दिशे+अ० मज़्मून)* किसी प्रबन्ध का प्राकृतिक और मन लगने वाला वक्तव्य।

बन्दी पु० *(फ़ा०)* कैदी; बँधुआ। स्त्री० दासी; सेविका। प्रत्यय- बाँधे जाने की क्रिया या लिपिबद्ध होने की क्रिया। जैसे- जमाबन्दी; जिल्दबन्दी।

बन्दी ख़ाना पु० *(फ़ा० बन्दीख़ानः)* कारागार; जेल।

बन्दूक़ स्त्री० *(अ०)* एक प्रसिद्ध अस्त्र जिसमें गोली रख कर दागी जाती है।

बन्दवान पु० *(फ़ा०)* कैदखाने का प्रधान अधिकारी।

बन्दसाल पु० *(फ़ा०)* कैदखाना।

बन्दूक़ची पु० *(अ०)* बन्दूक चलाने वाला; निशाने बाज।

बन्दूक़ साज़ पु० *(अ० बन्दूक़+फ़ा० साज़)* बन्दूक़ बनाने वाला या मरम्मत करने वाला।

बन्दोबस्ते आरिज़ी पु० *(फ़ा० बन्दोबस्त+अ० आरिज़ी)* कृषि-सम्बन्धी वह प्रबन्ध जो कुछ वर्षों के लिए (अस्थायी) हो।

बन्दोबस्ते दवामी पु० *(फ़ा० बन्दोबस्ते+अ० दवामी)* खेतों और जमीनों का वह प्रबन्ध, जो स्थायी रूप से ही, कभी बदले नहीं।

बन्दोबस्त पु० *(फ़ा०)* प्रबन्ध; इन्तजाम।

ब स्त्री० *(फ़ा०)* एक उपसर्ग जो शब्दों के पहले लगकर 'के साथ', 'से', 'पर' आदि अर्थ देता है। जैसे- बशौक।

ब-अदालत क्रि०वि० *(फ़ा० ब+अ० अदालत)* अदालत में।

ब-आराम क्रि०वि० *(फ़ा०)* आराम से।

ब-इफ़ात क्रि०वि० *(फ़ा० ब+अ० इफ़ात)* अत्यधिक।

ब-इवज़ *(फ़ा० ब+अ० इवज़)* बदले में।

ब-इस्तस्ना क्रि०वि० *(अ०)* छोड़ देने पर भी; न मानने या लेने पर भी।

ब़ईद क्रि०वि० *(अ०)* दूर; फासले पर; अन्तर पर।

ब-ऐनही वि० *(अ०)* ठीक नहीं। क्रि०वि० ठीक उसी तरह।

ब अक़्सात अव्य० *(फ़ा० ब+अ० अक़्सात)* किश्तों में करके।

ब अदब अव्य० *(फ़ा० ब+अ० अदब)* आदरपूर्वक।

ब अलफाज़ेदीगर अव्य० *(फ़ा० ब+अ० अल्फ़ाज़े दीगर)* दूसरे शब्दों में; दूसरे प्रकार से।

ब अहसने वुजूह अव्य० *(फ़ा० ब+अ० अह्सने वुजूह)* बहुत अच्छे प्रकार से।

ब आजादी अव्य० *(फ़ा०)* स्वतन्त्रता के साथ।

ब आबोताब अव्य० *(फ़ा०)* शानो-शौकत के साथ।

ब आराम अव्य० *(फ़ा०)* सुगमता से; सरलता से।

ब इख़्तियारे ख़ुद अव्य० *(फ़ा०)* अपने अधिकार से।

ब इख़्तिसार अव्य० *(फ़ा० ब+अ० इख़्तिसार)* संक्षेप में।

ब इज़्ज़तो एहतिराम अव्य० *(फ़ा० ब+अ० एहतिराम)* पूरे सम्मान के साथ।

ब इत्तिफ़ाक़े राय अव्य० *(फ़ा० ब इत्तिफ़ाक़े+अ० राय)* सबकी सहमति से।

ब इफ़रात अव्य० *(फ़ा० ब+अ० इफ़ात)* अत्यधिक।

ब इवज़ अव्य० *(फ़ा० ब+अ० इवज़)* बदले में।

बईर पु० *(अ०)* ऊँट।

ब उजलत अव्य० *(फ़ा० ब+अ० उज्लत)* शीघ्रतापूर्वक।

ब एहतियात अव्य० *(फ़ा० ब+अ० एहतियात)* सावधानीपूर्वक।

ब क़द्रे जर्फ़ अव्य० *(फ़ा० ब कद्रे+अ० जर्फ़)* जितना बरतन हो उतना; जितनी सामर्थ्य हो उतना।

ब क़द्रे ज़रूरत अव्य० *(फ़ा० ब क़द्रे+अ० जुरूरत)* जितनी आवश्यकता हो उतना।

ब क़द्रे वुसअत अव्य० *(फ़ा० ब-क़द्रे+अ० वुस्अत)* जितनी सामर्थ्य हो उतना।

ब क़द्रे शौक़ अव्य० *(फ़ा० ब क़द्रे+अ० शौक़)* जितनी इच्छा हो उतना।

बन्देग़म पु० *(फ़ा० बन्दे+अ० ग़म)* दुःख का फन्दा; प्रेम का जाल।

बन्दे दस्त पु० *(फ़ा०)* पहुँचा और हाथ की कलाई का जोड़।

बन्दे दाम पु० *(फ़ा०)* जाल का फन्दा।

बन्दे नक़ाब पु० *(फ़ा० बन्दे+अ० निक़ाब)* बुरके की गाँठ।

बन्दो कुशाद पु० *(फ़ा०)* खोलना और बन्द करना; प्रबन्ध; व्यवस्था।

बक़दर क्रि०वि० *(फ़ा० ब+क़द्र)* अमुक हिसाब या दर से; अनुसार। वि० इतना।

बक़र पु० *(अ०)* गौ; बैल।

बक़रईद स्त्री० *(अ०)* मुस्लिम पर्व जिसमें पशु बलि का विधान है।

बक़र क़साब पु० *(अ०)* कसाई।

बक़लमे ख़ुद क्रि०वि० *(फ़ा० बक़लम+अ० ख़ुद)* अपनी कलम से।

बक़सरत क्रि०वि० *(फ़ा० बक़+अ० सरत)* अधिकता से; बहुतायत।

बक़सुआ पु० *(अ० बक़+हि० सुआ)* पीतल आदि का बना चौकोर छलना।

बक़ा स्त्री० *(अ०)* बाकी या बना रहना; शाश्वत या अमर होने का भाव; अमरता।

बक़ाए दवाम स्त्री० *(अ०)* नित्यता; अनश्वरता; जिसका कभी नाश न हो।

ब़काए सालिह स्त्री० *(अ०)* अच्छी वस्तु का शेष रहना।

बकारत स्त्री० *(अ०)* कौमार्य; कुँआरापन; अक्षत योनि।

बक़ावल पु० *(फ़ा०)* भोजन बनाने वाला, शाही बावरची; रसोइया।

बक़ाया वि०, पु० *(अ० बक़ायः)* बाकी बचा हुआ; अवशिष्ट।

बक़ौल क्रि०वि० *(अ०)* किसी के वचन या कहने पर; किसी के कथनानुसार।

बक़्क़म पु० *(अ०)* छोटे आकार का कँटीला पेड़; पतंग।

बक़्क़ाल पु० *(अ०)* तरकारी और अन्न आदि बेचने वाला; बनिया।

बक़्रईद स्त्री० *(अ० बक़्र+ईद)* मुसलमानों का एक त्यौहार जो जिलाहिज मास की 10वीं तारीख को होता है, और जिसमें वे पशुओं की बलि देते हैं।

बक़्रात पु० *(अ० बक़्रात)* एक प्रसिद्ध यूनानी वैज्ञानिक जो हज़रत ईसा से 460 वर्ष पूर्व पैदा हुआ था।

बख़रा पु० *(फ़ा०)* हिस्सा; भाग; टुकड़ा।

बख़िदमत क्रि०वि० *(फ़ा० ब+अ० ख़िदमत)* सेवा में।

बखिया पु० *(फ़ा० बख़्य:)* कपड़े की एक मजबूत सिलाई।

बखियाना स०क्रि० *(फ़ा० बख़िया+हि० 'आना')* बखिया सिलाई करना।

बख़ील वि० *(अ० भाव० बखीली)* कंजूस; कृपण, मक्खीचूस।

बख़ीली स्त्री० *(अ०)* कंजूसी; कृपणता।

बख़ुशी क्रि०वि० *(फ़ा०)* खुशीपूर्वक।

बख़ूबी क्रि०वि० *(फ़ा०)* खूबी के साथ; अच्छी तरह; उचित रूप में।

बख़ूर पु० *(अ०)* सुगन्ध; महक; धूनी।

बखेड़ा पु० *(फ़ा०)* झगड़ा; विवाद; आडम्बर।

बखेड़िया वि० *(फ़ा०)* विवाद करने वाला।

बख़ैर क्रि०वि० *(फ़ा०)* ख़ैरियत के साथ; कुशलतापूर्वक।

बख़ैरियत क्रि०वि० *(फ़ा० ब+अ० ख़ैरियत)* कुशलता से।

बख़्त पु० *(फ़ा०)* भाग्य; किस्मत; तक़दीर।

पदरचना- ***बख़्तेतीरा-*** *बदकिस्मती।* ***बख़्तेबुलन्द-*** *सौभाग्य।*

बख़्तर पु० *(फ़ा०)* एक प्रकार की जिरह या कपड़ा, जो सैनिक युद्ध के समय पहनते हैं।

बख़्तावर वि० *(फ़ा०)* भाग्यवान; खुशकिस्मत।

बख़्तावरी स्त्री० *(फ़ा०)* सौभाग्य; खुशकिस्मती।

बख़्श वि० *(फ़ा०)* माफ करने वाला; प्रदान करने वाला।

बख़्शवाना स०क्रि० *(फ़ा० बख़्शीदन)* बख़्शने की प्रेरणा करना, बख़्शने में प्रवृत्त करना।

बख़्शी पु० *(फ़ा०)* वह कर्मचारी जो लोगों को वेतन बाँटता हो; टैक्स वसूलने वाला कर्मचारी।

बग़रज़ क्रि०वि० *(फ़ा० ब+अ० ग़रज़)* के लिए; के उद्देश्य से।

बग़ल[1] स्त्री० *(फ़ा०)* बाहुमूल के नीचे की ओर गड्ढा, काँख; छाती के दोनों किनारों का भाग।

मुहा० ***बग़ल में दबाना या धरना-*** *अधिकार करना; ले लेना।* ***बग़ले बजाना-*** *बहुत प्रसन्नता प्रकट करना।* ***बग़ले गरम करना-*** *साथ में सोना; सम्भोग करना।* ***बग़ल में मुँह डालना-*** *लज्जित होना; सिर नीचा करना।* ***बग़ले झाँकना-*** *इधर-उधर देखना; भागने का रास्ता खोजना।*

बग़ल[2] पु० *(अ० बग़्ल)* खच्चर।

बग़लक स्त्री० *(फ़ा० बग्लक)* बगल का फोड़ा; कँखौरी

बग़लगीर वि० (फ़ा०) पार्श्ववर्ती; जो गले मिला हो।

बग़ली स्त्री० *(फ़ा०)* वह थैली जिसमें दर्जी सूई-धागा आदि रखते हैं; कुरते आदि में कपड़े का वह टुकड़ा जो कन्धे आदि के नीचे रहता है; कुश्ती का एक दाँव। वि० बग़ल का; बग़ल सम्बन्धी।

बगलौहाँ *(फ़ा० बग़ल+हि० 'औहाँ' प्रत्य०)* बगल की ओर झुका हुआ; तिरछा।

बग़ावत स्त्री० *(अ०)* किसी के विरोध में खड़े होना; विद्रोह।

बग़ीचा पु० *(फ़ा० बाग़च:)* छोटा बाग; वाटिका; फुलवारी।

बग़ैर क्रि०वि० *(अ०)* बिना; छोड़कर; अलग रखते हुए।

बग़ौर अव्य० *(फ़ा० ब+अ० ग़ौर)* ध्यान से; सोच-विचार कर।

बचकाना वि० *(फ़ा० बचकान:)* बच्चों जैसा; बच्चों के योग्य।

बचश्म क्रि०वि० *(फ़ा०)* आँखों से।

बच्चा पु० *(फ़ा० बच्च: सं० वत्स)* किसी प्राणी का शिशु; बालक; लड़का।

बच्चाकश स्त्री० *(फ़ा० बच:कश)* बहु प्रसूता स्त्री; जिसके अधिक बच्चे हों।

बच्चादान पु० *(फ़ा० बच्च:दान)* गर्भाशय।

बच्चए आहू पु० *(फ़ा०)* हिरन का बच्चा; मृग शावक।

बच्चए नौ पु० *(फ़ा०)* नयी घटना; नवजात शिशु।

बच्चए फ़ील पु० *(फ़ा० बच्चाए+अ० फ़ील)* हाथी का बच्चा।

बच्चए मीना पु० *(फ़ा०)* मदिरा; शराब।

बच्चए शुतुर पु० *(फ़ा०)* ऊँट का बच्चा।

ब जबर अव्य० *(अ० ब+फ़ा० ज़बर)* जबरदस्ती; बलपूर्वक।

बज़ला पु० *(अ० बज्लः)* मज़ाक; विनोद; परिहास; ठट्ठा।

बज़रिया अव्यय० *(फ़ा० ब+अ० ज़रिया)* के द्वारा।

बजा वि० *(फ़ा०)* ठीक; दुरुस्त; उचित।

मुहा० ***बजा लाना-*** *पालन करना; पूरा करना। जैसे- आदाब बजा लाना।*

बज़ाज़ पु० *(अ०)* कपड़े का व्यापारी।

बज़ाज़ा पु० *(अ०)* कपड़ों का बाजार।

बज़ाज़ी स्त्री० *(अ०)* बज़ाज़ा का काम; कपड़ा बेचने का व्यवसाय।

बजान क्रि०वि० *(फ़ा०)* जान से।

बजाना सं०क्रि० *(फ़ा०)* पालन करना। जैसे- हुक्म बज़ाना।

बजाआवरी स्त्री० *(फ़ा०)* आज्ञा या कर्तव्य आदि का पालन; हुक्म के अनुसार काम करना।

बजाय क्रि०वि० *(फ़ा०)* किसी जगह पर; बदले में। जैसे- आप कपड़ों के बजाय नक़द दे दीजिये।

बज़ाहिर क्रि०वि० *(फ़ा०)* ज़ाहिर में; ऊपर से देखने पर।

बंजिस क्रि०वि० *(फ़ा०)* ठीक वैसा ही; ज्यों का त्यों।

बज़िद क्रि०वि० *(फ़ा०)* हठपूर्वक।

बजुज़ क्रि०वि० *(फ़ा०)* इसको छोड़कर; अतिरिक्त; सिवाय।

बजूखा पु० *(फ़ा०)* बिजूका; लकड़ी पर टँगा पुतला जो पक्षियों, जानवरों आदि को डराने के काम में आता है।

बज़ोर क्रि०वि० *(फ़ा०)* जोर के साथ; बलपूर्वक; ज़बरदस्ती।

बज़्ज़ पु० *(अ०)* वस्त्र; कपड़ा; सम्मान।

बज़्ज़ाज़ पु० *(अ०)* कपड़ा बेचने वाला; वस्त्र का व्यवसायी; कपड़े का रोजगार।

बज़्ज़ात वि० *(अ०)* बदज़ात; दुष्ट; कमीना।

बज़्म स्त्री० *(फ़ा०)* वह स्थान जहाँ बहुत-से लोग एकत्र हों; सभा।

पदरचना- ***बज़्मे जहाँ-*** *संसार रूपी महफिल।*

बज़्मग़ाह स्त्री० *(फ़ा०)* वह स्थान जहाँ नृत्य, गीत और मद्य पान आदि हो; महफिल।

बट्टेबाज़ पु० *(हि० बट्टे+फ़ा० बाज़)* नजरबन्दी का खेल करने वाला; जादूगर; बहुत बड़ा चालाक एवं धूर्त व्यक्ति।

बड़दुमा पु० *(फ़ा० बड़+हि० दुमा)* लम्बी पूँछ वाला हाथी।

बत स्त्री० *(अ०)* बत्तख; बत्तख के आकार की शराब की सुराही।

बतदरीज क्रि०वि० *(फ़ा० बत+अ० दरीज)* क्रम-क्रम से; क्रमशः।

बतर वि० *(फ़ा०)* बदतर।

बत्तख स्त्री० *(अ० बत)* हंस जाति की पानी की एक चिड़िया।

बतारीख क्रि०वि० *(फ़ा० ब+अ० तारीख)* अमुक तिथि को।

बतौर क्रि०वि० *(फ़ा०)* किसी तरह; के समान।

बद वि० *(फ़ा०)* बुरा; खराब (प्रायः यौगिक में), जैसे- बदचलन।

बद अमनी स्त्री० *(फ़ा० बद+अ० अमनी)* अशान्ति; अव्यवस्था।

बदअमली स्त्री० *(फ़ा० बद+अ० अमली)* बुरा शासन या व्यवस्था; कुप्रबन्ध; अराजकता।

बदकार वि० *(फ़ा०,भाव० बदकारी)* बदचलन; दुराचारी।

बदक़ौम वि० *(फ़ा०)* कमीना।

बदख़त वि० *(फ़ा०)* जिसकी लिखावट खराब हो।

बदगुमान वि० *(फ़ा०)* जिसके मन में किसी के प्रति सन्देह उत्पन्न हुआ हो; असन्तुष्ट।

बदगो वि० *(फ़ा० भाव० बदगोई)* बुरी बातें कहने वाला।

बदचलन वि० *(फ़ा०)* जिसका चाल-चलन अच्छा न हो; दुराचारी।

बद ज़बान वि० *(फ़ा०)* खराब बोलने वाला।

बदज़ात वि० *(फ़ा०)* नीच कुल में उत्पन्न; कमीना; नीच।

बदज़ाती स्त्री० *(फ़ा०)* नीचता।

बदज़ेब वि० *(फ़ा०)* जो देखने में अच्छा न लगे।

बदतमीज़ वि० *(फ़ा०)* अशिष्ट; उजड्ड।

बदतर वि० *(फ़ा०)* ज्यादा खराब (तुलना में)

बददिमाग़ वि० *(फ़ा० बद+अ० भाव० बददिमाग़ी)* दुष्ट विचारों वाला।

बददियानत वि० *(फ़ा० भाव० बददियानती)* जिसकी नीयत खराब हो; बेईमान।

बददुआ स्त्री० *(फ़ा०)* बुरी दुआ; शाप।

बदन पु० *(फ़ा० वि० बदनी)* तन; जिस्म; शरीर; जिस्म का गुप्त अंग।

मुहा० बदन टूटना- *जोड़ों में हलका दर्द होना।* ***बदन ढीला करना-*** *बदन का तनाव दूर होना।* ***बदन तख़्ता होना-*** *बदन अकड़ जाना।* ***बदन दुहरा होना-*** *बदन झुक जाना।* ***बदन में आग लगना-*** *बहुत क्रोध होना।* ***बदन साँचे में ढला होना-*** *प्रत्येक अंग सुन्दर व सही होना।* ***बदन सूख कर काँटा हो जाना-*** *अत्यन्त दुबला हो जाना।* ***बदन हरा होना-*** *शरीर का ताजा होना।*

बदनसीब वि० *(फ़ा०, भाव०)* बदनसीबी; अभागा; कम्बख्त।

बदनाम वि० *(फ़ा०)* जिसकी निन्दा हो रही हो; कलंकित।

बदनामी स्त्री० *(फ़ा०)* लोकनिन्दा; अपवाद।

बदनी वि० *(फ़ा०)* शारीरिक।

बदनीयत वि० *(फ़ा०, भाव० बदनीयती)* जिसकी नीयत खराब हो।

बदनुमा वि० *(फ़ा०, भाव० बदनुमाई)* जो देखने में अच्छा न हो; कुरूप; भद्दा।

बदपरहेज़ वि० *(फ़ा०, भाव० बदपरहेज़ी)* जो ठीक तरह से परहेज न कर सके।

बदफ़ेल पु० *(फ़ा० बद+अ० फ़ेल)* बुरा काम; कुकर्म। वि० बुरे काम करने वाला; कुकर्मी।

बदफ़ेली स्त्री० *(फ़ा० बदफ़ेल)* कुकर्म; बुरा कर्म।

बदबख़्त वि० *(फ़ा० बद+अ० बख़्त)* कम्बख़्त; अभागा।

बदबू स्त्री० *(फ़ा०, वि० बदबूदार)* खराब गन्ध, दुर्गन्ध।

बदमज़गी स्त्री० *(फ़ा०)* स्वाद का अभाव; मनमुटाव; पारस्परिक वैर।

बदमज़ा वि० *(फ़ा० बदमजः)* खराब मज़े या स्वाद वाला; खराब; बुरा।

बदमस्त वि० *(फ़ा० भाव० बदमस्ती)* नशे में चूर; मदमस्त।

बदमाश वि० *(फ़ा० बदमआश, भाव० बदमाशी)* बुरे आचरण वाला; दुराचारी; लुच्चा; लफंगा।

बदमिज़ाज वि० *(फ़ा० बद+अ० मिज़ाज, भाव० बदमिज़ाजी)* खराब स्वभाव वाला।

बदमुआमिला वि० *(फ़ा०, भाव० बदमुआमिलगी)* जिसका व्यवहार या लेन-देन ठीक न हो; चालाक; बेईमान।

बदर क्रि०वि० *(फ़ा०)* दरवाज़े पर (जैसे- दर-बदर भीख माँगना)।

पदरचना- बदरनवीस- *हिसाब की गलतियाँ; न मानने लायक रकमें निकालना।* ***बदरनवीसी-*** *गलती वाला काम।*

बदरंग वि० *(फ़ा०)* जिसका रंग उड़ गया हो; खराब रंग वाला।

बदराह वि० *(फ़ा०)* बुरे रास्ते पर चलने वाला; पथ भ्रष्ट।

बदलगाम वि० *(फ़ा०)* जो लगाम, संकेत या अनुशासन न माने; जो बोलते समय भले-बुरे का ध्यान न रखे।

बदला पु० *(अ० बदलः)* परस्पर लेने व देने का व्यवहार; विनिमय; एक पक्ष के व्यवहार के उत्तर में दूसरे पक्ष के साथ बेरुखा व्यवहार।

मुहा० बदला लेना या चुकाना- *जैसे के साथ तैसा व्यवहार करना।*

बदली स्त्री० *(अ० बदलः)* एक के स्थान पर दूसरी वस्तु की उपस्थिति; एक स्थान से दूसरे स्थान पर नियुक्ति।

बदले में क्रि०वि० *(अ०)* के स्थान पर।

बदशक्ल वि० *(फ़ा० बद+अ० शक्ल)* कुरूप; भोंडा।

बदशऊर वि० *(फ़ा० बद+अ० शऊर)* अशिष्ट; बदतमीज़।

बदसलूकी स्त्री० *(फ़ा०)* बुरा या अनुचित व्यवहार।

बदसूरत वि० *(फ़ा०)* ख़राब सूरत वाला; कुरूप।

बदस्त क्रि०वि० *(फ़ा०)* हाथ से; के द्वारा; मारफ़त।

बदस्तूर क्रि०वि० *(फ़ा०)* नियमानुसार।

बदहज़्मी स्त्री० *(फ़ा०)* अनपच; अपच; अजीर्ण।

बदहवास वि० *(फ़ा०, भाव० बदहवासी)* जिसके होश-वास ठिकाने न हो; बहुत घबराया हुआ।

बदहाल वि० *(फ़ा० बद+अ० हाल, भाव० बदहाली)* जिसका बुरा हाल हो; दुर्दशाग्रस्त।

बदी स्त्री० *(फ़ा०)* बुराई; खराबी; अपकार; अहित।

बदीह वि० *(अ०)* एकाएक मन में आने वाला विचार; स्पष्ट।

बदीही स्त्री० *(अ०)* सहमा मन में आने वाला विचार; स्पष्टता।

बदौलत क्रि०वि० *(फ़ा०)* कृपा से।

बद्दू[1] वि० *(फ़ा० बन्द)* लुच्चा; बदमाश।

बद्दू[2] पु० *(अ०)* अरब में लूटपाट करने वाली एक जाति।

बद्र पु० *(फ़ा०)* पूर्णिमा का चन्द्रमा।

बद्रक पु० *(फ़ा०)* मार्गदर्शक; रक्षक; औषध आदि।

बनफ़शई वि० *(फ़ा०)* नीले रंग का; हलका हरा।

बनफ़शा पु० *(फ़ा० बनफ़्शः)* एक वनस्पति।

बनाम क्रि०वि० *(फ़ा०)* नाम से; नाम पर।

बनिस्बत क्रि०वि० *(फ़ा० ब+अ० निस्बत)* अपेक्षाकृत; तुलना में।

बबर पु० *(अ०)* शेर; सिंह; केसरी; बिल्ली की जाति का बिना पूँछ का एक पशु।

बमूजिब के सम्बन्ध सूचक *(फ़ा०)* के अनुसार।

बमै क्रि०वि० *(फ़ा०)* सहित; साथ।

बयक वक़्त क्रि०वि० *(फ़ा० बयक+अ० वक़्त)* एक समय में; एक साथ।

बयाज़ स्त्री० *(अ०)* सादा कागज या बही आदि।

बयान पु० *(अ०)* वर्णन; जिक्र; हाल।

पदरचना- ***बयान तहरीरी-*** *लिखा हुआ बयान, जो प्रतिवादी अर्जी के जवाब में दाखिल करता है।* ***बयान ताईदी-*** *दूसरे के बयान की पुष्टि करने वाला बयान।* ***बयानदावा-*** *दावे का विवरण।*

बयाना पु० *(अ० बैआनः)* अग्रिम देय राशि; पेशगी; अगाऊ।

बयाबान पु० *(फ़ा०)* निर्जन स्थान; सहारा; उजाड़ और सुनसान जगह।

बयाबानी वि० *(फ़ा०)* जंगली; वनवासी।

बर उप० *(फ़ा०)* ऊपर; पर, जैसे- बर वक्त- समय पर।

मुहा० ***बर आना-*** *मुकाबले में ठहरना।*

बरअंगेख़्ता वि० *(फ़ा० बरअंगेख़्तः)* क्रोध में आया हुआ; क्रुद्ध।

बरअक्स क्रि०वि० *(फ़ा० बर+अ० अक्स)* विपरीत; उलटा।

बरआवुर्द पु० *(फ़ा०)* आँकने या जाँचने की क्रिया; वह पत्र जिस पर वेतन आदि का विवरण लिखा हो।

बरआवुर्दन पु० *(फ़ा०)* बाहर निकालना; ऊपर करना।

बरआवुर्दा वि० *(फ़ा० बरआवुर्दः)* बाहर निकाला या ऊपर लाया हुआ; जिसे आगे ले जायें (हिसाब या रकम)।

बरक़न्दाज़ पु० *(अ० बर्क़+फ़ा० अन्दाज़)* बड़ी लाठी या तोड़ेदार बन्दूक रखने वाला सिपाही।

बरकत स्त्री० *(अ०, बहु० बरकात)* लाभ; धन दौलत; बढ़ती प्रसाद; कृपा; बहुतायत।

मुहा० ***बरकत उठना-*** *पूरा न पड़ना; कमी; अवनति होना।* ***बरकत देना-*** *बढ़ना; वृद्धि करना।* ***बरकत होना-*** *बढ़ना; वृद्धि होना।*

बरकती वि० *(अ०)* जिसमें बढ़त हो; बढ़त हेतु निकाला गया धन।

बरक़रार वि० *(फ़ा०)* भलीभाँति स्थापित किया हुआ; दृढ़; उपस्थित; बना हुआ।

बरख़ास्त वि० *(फ़ा० बरख़्वास्त)* नौकरी से अलग करना; उठना या बन्द होना।

बरख़िलाफ़ वि० *(फ़ा०)* उलटा; विपरीत। क्रि०वि० उलटे; विरुद्ध।

बरखुरदार वि० *(फ़ा० बर्खुरदार, भाव० बर्खुदारी)* सुखी और निश्चिन्त। पु० पुत्र, पुत्री।

बरगश्ता वि० *(फ़ा० बरगश्तः भाव० बरगश्तगी)* पीछे की ओर मुड़ा, उलटा या फिरा हुआ; जो विरोध में खड़ा हो; विद्रोही।

बरगुज़ीदा वि० *(फ़ा० बरगुज़ीदः)* चुना हुआ।

बरछेदार पु० *(फ़ा० बर्छा+अ० दार)* बरछा धारण करने वाला।

बरछैत पु० *(फ़ा०)* बरछा रखने वाला।

बरज़ख पु० *(अ०)* किसी के मरने और कयामत के बीच का समय; दो बातों के बीच का समय या

श्रृंखला; पीर आदि की आत्मा जो किसी पर आये; आकृति; चेष्टा।

बरज़ोर वि० *(फ़ा०)* प्रबल; जबरदस्त; बहुत कठिन।

बरज़ोरी स्त्री० *(फ़ा०)* बल प्रयोग; जबरदस्ती।

बरदा पु० *(तु० बर्दः)* युद्ध में पकड़ कर बनाया गया दास; गुलाम।

बरदाफ़रोश वि० *(फ़ा० भाव० बरदाफ़रोशी)* गुलामों को खरीदने और बेचने का व्यापार करने वाला।

बरदाफ़रोशी स्त्री० *(फ़ा०)* दासों या गुलामों के खरीदने व बेचने का व्यापार।

बरदार वि० *(फ़ा० बर्दार; भाव० बरदारी)* उठाकर ले चलने वाला। जैसे- हुक्का बरदार।

बरदाश्त स्त्री० *(फ़ा०)* सहने की क्रिया; सहनशीलता; जाकड़ या उधार माल लेने की क्रिया।

बरपा वि० *(फ़ा०)* अपने पैरों पर खड़ा हुआ; दृढ़। **मुहा० *बरपा करना-*** *खड़ा करना। जैसे- हज्र बरपा करना-भारी आफ़त खड़ी करना।*

बरफ़ स्त्री० *(फ़ा०)* पानी का ठण्ढ से जमा हुआ रूप।

बरफ़ी स्त्री० *(फ़ा० बर्फ़)* एक प्रकार की मिठाई।

बरबत पु० *(अ०)* एक बाजा; ऊद।

बरबर वि० *(अ० बर्बर)* कठोर; अत्याचारी; जंगली।

बरबरियत स्त्री० *(अ० बरबर्रियत)* जंगलीपन, कठोरता।

बरबरी वि० *(अ० बर्बरी)* जंगलीपूर्ण; कठोरतापूर्ण।

बरबाद वि० *(फ़ा० बर्बाद)* नष्ट; चौपट।

बरबाद कुन वि० *(फ़ा० बर्बादकुन)* नष्ट या चौपट करने वाला।

बरबादी स्त्री० *(फ़ा० बर्बादी)* नाश।

बरबिना क्रि०वि० *(फ़ा० बर+अ० बिना)* के कारण।

बरमला क्रि०वि० *(फ़ा० बर+अ० मला)* खुलेआम; सबके सामने।

बररू क्रि०वि० *(फ़ा०)* मुँह पर; सामने।

बरहक़ वि० *(फ़ा०)* जो हक पर हो; ठीक, उचित; वास्तविक।

बरहना वि० *(फ़ा० बरह्नः, भाव० बरहनगी)* नंगा; नग्न।

बरहम वि० *(फ़ा० बरह्म)* चकराया हुआ; चकित; क्रुद्ध; नाराज।

बराए क्रि०वि० *(फ़ा०)* के वास्ते; के लिए।

बराज़ पु० *(अ०)* मल; पाखाना; मैला।

बराबर वि० *(फ़ा०)* मात्रा; गुण मूल्य आदि के विचार से समान तुल्य; एक-सा; जिसकी सतह समतल हो।

बराबरी स्त्री० *(फ़ा०)* समानता; सादृश्य।

बरामद वि० *(फ़ा० बर+आमद)* ढूँढ़ कर बाहर निकाला हुआ।

बरामदा पु० *(फ़ा० बरआम्दः)* दुकानों, मकानों के बाहर निकला हुआ छायादार अंश; दालान।

बराय क्रि०वि० *(फ़ा०)* लिए; वास्ते।

बरार पु० *(फ़ा०)* कर; चन्दा।

बरखुर्द स्त्री० *(फ़ा० बर-अखुद)* वेतन का चिठ्ठा।

बरिन्दा पु० *(फ़ा० बरिन्दः)* वाहक; गोपनीय ढंग से कोई वस्तु ले जाने वाला।

बरी[1] वि० *(फ़ा०)* बहुत ऊपर का ऊँचा।

बरी[2] वि० *(अ०)* मुक्त; छूटा हुआ। जैसे- इलजाम से बरी।

बरीद पु० *(अ०)* पत्रवाहक; हरकारा।

बरीयत स्त्री० *(अ०)* छुटकारा; रिहाई।

बर्क़ स्त्री० *(अ०)* विद्युत; बिजली। वि० तेज। **पदरचना- *बर्क़ ज़दा-*** *जिस पर बिजली गिरी हो।* ***बर्क़ ताव-*** *बिजली की तरह चमकने वाला।* ***बर्क़दम-*** *बहुत दौड़ना।*

बर्क़ी वि० *(अ०)* विद्युत का; विद्युत की शक्ति से चलने वाला।

बर्ग पु० *(फ़ा०)* वृक्ष आदि पत्ती; लड़ाई का हथियार। **पदरचना- *बर्गे गुल-*** *फूल की पत्ती।*

बर्दाश्त स्त्री० *(फ़ा०)* सहन।

बर्दाश्तिगी वि० *(अ०)* सहनशीलता।

बर्फ़ पु०, स्त्री० *(फ़ा०)* बहुत अधिक ठण्ढ से जमा हुआ पानी; मशीनों आदि के द्वारा कृत्रिम उपायों से जमाया हुआ दूध या फलों का रस। **पदरचना- *बर्फ़ ख़ाना-*** *बर्फ रखने या बनने का स्थान।* ***बर्फ़ फ़रोश-*** *बर्फ़ बेचने वाला।* ***बर्फ़बारी-*** *बर्फ़ गिरना।* ***बर्फ़ हाकी-*** *बर्फ पर खेलने वाली हाकी का खेल।*

बर्फ़ाच्छादित वि० *(फ़ा० बर्फ+सं० आच्छादित)* बर्फ से ढका हुआ।

बर्फ़ानी वि० *(फ़ा०)* जिस पर बर्फ़ हो या जो बर्फ में रहता हो।

बर्फ़ीला वि० *(फ़ा० बर्फ+हि० 'ईला' प्रत्य०)* बर्फ़ के समान ठण्ढा।

बर्र पु० *(अ०)* सूखी जमीन; स्थल; जंगल; वन।

बर्र-ए-आजम पु० *(अ०)* महाद्वीप।

बर्राक़ वि० *(अ०)* चमकता हुआ; शीघ्रगामी; स्वच्छ और सफेद।

बर्स पु० *(अ०)* कोढ़; कुष्ठ रोग।

बलग़म पु० *(अ० बल्ग़म)* कफ; श्लेष्मा।

बलन्द वि० *(फ़ा०)* ऊँचा; श्रेष्ठ।

बलन्दी स्त्री० *(फ़ा०)* ऊँचाई; अभिमान; शेखी।

बलवा पु० *(अ० बल्वा)* दंगा; विप्लव; विद्रोह।

बलवाई पु० *(अ० बल्वा+हि० आई)* उपद्रवी; विद्रोही।

बला स्त्री० *(अ० बहु० बलैयात)* विपत्ति; आफत; दुःख; भूत-प्रेत या उसकी बाधा; रोग; व्याधि। ***मुहा० बला उतरना-*** *दैव कोप होना।* ***बला का-*** *गजब का।* ***मेरी बला जाने-*** *मैं न तो जानता हूँ न जानने की गरज़ है।* ***बला टलना-*** *विपत्ति से छुटकारा मिलना।* ***बला पीछे लगना-*** *बखेड़ा/विपत्ति साथ होना।* ***बला मोल लेना-*** *जान-बूझ कर झंझट में पड़ना।* ***मेरी बला से-*** *कुछ परवाह नहीं।* ***बलाएँ लेना-*** *किसी का संकट अपने ऊपर लेना।*

बलाए-अज़ीम स्त्री० *(अ०)* बहुत बड़ी विपत्ति।

बलाग़त स्त्री० *(अ०)* चमत्कार पूर्ण शैली; युवावस्था; जवानी।

ब-लिहाज क्रि०वि० *(फ़ा० ब+अ० लिहाज)* के विचार से।

बलीग़ पु० *(अ०)* अच्छा वक्ता।

बलीयत स्त्री० *(अ०)* विपत्ति।

बलूत पु० *(अ०)* माजूफल की जाति का एक पेड़।

बलून पु० *(अ०)* बेलन।

बलूला पु० *(अ०)* बुलबुला।

बलैया स्त्री० *(अ० बला+हि० ऐया)* बलिहारी।

बल्कि[1] क्रि०वि० *(फ़ा०)* प्रत्युत; वरन्।

बल्कि[2] योजक *(फ़ा०)* अन्यथा; इसके विरुद्ध, प्रत्युत और अच्छा है; बेहतर है।

बल्ग़मी वि० *(अ० बलग़मी)* जिसकी प्रकृति में बलग़म की अधिकता हो।

बल्दिया स्त्री० *(अ०)* नगर महापालिका।

बल्लेबाज़ पु० *(हि० बल्ला+फ़ा० बाज़)* क्रिकेट के खेल में बल्ले से खेलने वाला।

बल्लेबाज़ी स्त्री० *(हि० बल्ला+फ़ा० बाज़ी)* बल्ले से खेलना।

बवक़्त क्रि०वि० *(फ़ा० ब+अ० वक्त)* समय पर।

बवासीर स्त्री० *(अ०)* गुदा का रोग।

बशर पु० *(अ०, भाव० बशरियत)* मनुष्य।

बशरा पु० *(अ० बशरः)* रूप रंग; आकृति; चेहरा; मुख।

बशरियत स्त्री० *(फ़ा०)* मनुष्यता।

बशर्ते योजक *(फ़ा०)* शर्त यह है कि।

बशारत पु० *(अ० बुशारत)* सुसमाचार; ईश्वरीय प्रेरणा या आभास।

बश्शाश वि० *(अ० बश्शास)* प्रसन्न; खुश।

बशाशत स्त्री० *(अ०)* प्रसन्नता; खुशी।

बशीर वि० *(अ०)* खुश खबरी लाने वाला; सुन्दर; खूबसूरत।

बश्काल स्त्री० *(फ़ा०)* वर्षा ऋतु; बरसात।

बस वि० *(फ़ा०)* प्रयोजन के लिए पूरा; पर्याप्त; भरभूर; सिर्फ; केवल; इतना।

ब-सबब क्रि०वि० *(फ़ा०ब+अ०सब्ब)* कारण से।

बसर पु० *(अ०, भाव० बसारत)* दृष्टि; नज़र; आँख; ज्ञान।

बसर-औक़ात स्त्री० *(फ़ा० बसर+अ० औक़ात)* जीवन यापन।

बसा वि० *(फ़ा०)* बहुत अधिक। क्रि०वि० अकसर; प्रायः।

बसारत स्त्री० *(अ०)* देखने की शक्ति; समझने की शक्ति।

बसीत वि० *(अ०)* विस्तृत; सरल; सादा।

बस्तगी स्त्री० *(फ़ा०)* बँधने या संलग्न होने की क्रिया।

बस्ता पु० *(फ़ा० बस्तः)* कागज़-पत्र या पुस्तकें आदि बाँधने का कपड़ा। वि० बँधा या बाँधा हुआ।

बहबूदी स्त्री० *(फ़ा० बेहबूदी)* भलाई; उपकार; अच्छी बात; शुभ कार्य।

बहम क्रि०वि० *(फ़ा०)* एक साथ; एक-दूसरे के साथ या प्रति।

मुहा० ***बहम पहुँचाना-*** *लाकर देना।*

बहराम पु० *(फ़ा० बहाम)* फ़ारसी ग्यारहवाँ महीना, जो फाल्गुन मास के लगभग पड़ता है।

बहर[1] अव्य० *(फ़ा० बह्र)* वास्ते; लिए।

मुहा० ***बहरे ख़ुदा-*** *ख़ुदा के लिए।*

बहर[2] स्त्री० *(अ०)* वृत्त; छन्द।

बहर[3] पु० *(अ०)* समुद्र; महासागर।

बहरा पु० *(फ़ा० बह्रः)* भाग; अंश; हिस्सा।

बहर क़ैफ़ क्रि०वि० *(फ़ा० बह्र+अ० क़ैफ़)* चाहे जिस तरह हो; किसी हालत में।

बहरिया पु० *(अ० बह्रियः)* जल सेना।

बहरी वि० *(अ० बह्री)* समुद्र की; समुद्र सम्बन्धी।

बहरुलउलूम पु० *(अ० बह्रुलउलूम)* विद्याओं का समुद्र अर्थात् बहुत बड़ा विद्वान्।

बहरुलकाहिल पु० *(अ० बह्रुलकाहिल)* प्रशान्त महासागर।

बहरुसीन पु० *(अ० बह्रुसीन)* चीन का समुद्र।

बहरे अख़ज़र पु० *(अ० बह्रे अख़्ज़र)* कैस्पियन समुद्र।

बहरे अज़रक़ पु० *(अ० बह्रे अज़्रक़)* नील नदी की पूर्वी शाखा जो नौ सौ मील लम्बी है; आकाश।

बहरे अबयज़ पु० *(अ० बह्रे अब्यज़)* रूस के उत्तर में एक छोटा समुद्र; श्वेत सागर।

बहरे अलमास पु० *(अ० बह्रे अल्मास)* वह समुद्र जिसके द्वीपों में बहुमूल्य रत्नों की खाने हों।

बहरे असवद पु० *(अ० बह्रे अस्वद)* कृष्ण सागर। रूस के दक्षिण और अनातूलिया के उत्तर के समुद्र।

बहरे आज़म पु० *(अ० बह्रे आज़म)* महासागर।

बहरे औक़ियानूस पु० *(अ० बह्रे औक़ियानूस)* अतलान्तक महासागर।

बहरे उम्मान पु० *(अ० बह्रे उम्मान)* पूर्वी दक्षिणी अरब का समुद्र।

बहरे काहिल पु० *(अ० बह्रे काहिल)* प्रशान्त समुद्र।

बहरे क़ुलज़ूम पु० *(अ० बह्रे क़ुल्ज़ुम)* अरब और अफ़्रीक़ा के बीच का समुद्र; लाल सागर।

बहरे ख़ुदा अव्य० *(फ़ा० बह्रे ख़ुदा)* ईश्वर के लिए।

बहरे चीन पु० *(अ० बह्र+फ़ा० चीन)* चीनी समुद्र।

बहरे ज़ंग पु० *(अ० बह्र+फ़ा० जंग)* वह समुद्र जो हबश देश के पूर्व में है।

बहरे नदामत पु० *(अ० बह्रे नदामत)* लज्जा का समुद्र; बहुत अधिक लज्जा।

बहरे फ़ना पु० *(अ० बह्रे फ़ना)* मृत्यु का समुद्र।

बहरे बेकराँ पु० *(अ० बह्र+फ़ा० बेकराँ)* वह समुद्र जिसका किनारा न हो, जो अथाह हो।

बहरे मग़रिब पु० *(अ० बह्रे मग़्रिब)* यूरोप का समुद्र।

बहरे मव्वाज पु० *(अ० बह्रे मव्वाज)* मौजे मारता हुआ समुद्र।

बहरे मुंजमिद पु० *(अ० बह्रे मुंजमिद)* वह समुद्र जिसका पानी जमा हुआ हो।

बहरे मुंजमिद जूदबी पु० *(अ० बह्रे मुंजमिद जूदबी)* दक्षिणी ध्रुव के आस-पास का समुद्र जो अधिक ठण्ड के कारण जमा हुआ है।

बहरे मुंजमिद शुमाली पु० *(अ० बह्रे मुंजमिद शुमाली)* उत्तरी ध्रुव का समुद्र जो बहुत अधिक ठण्ड के कारण जमा हुआ है।

बहरे मुरदार पु० *(अ० बह्र+फ़ा० मुरदार)* मृत सागर।

बहरे रवाँ पु० *(अ० बह्र+फ़ा० रवाँ)* नौका; किश्ती।

बहरे रूम पु० *(अ० बह्रे रूम)* रूम सागर।

बहरैन पु० *(अ०)* श्वेत सागर और कृष्ण सागर।

बहर सूरत/बहर हाल क्रि०वि० *(फ़ा० बहर सूरत/बह्र हाल)* हर हालत में; जिस तरह हो; जो हो। जैसे- बहर हाल आप जायें तो सही।

बहरा पु० *(फ़ा० बह्रः)* हिस्सा; भाग; भाग्य; नसीब; तकदीर।

बहरामन्द वि० *(फ़ा० बह्रःमन्द)* भाग्यवान; सम्पन्न; प्रसन्न।

मुहा० ***बहरामन्द होना-*** *लाभ उठाना।*

बहरावर पु० *(फ़ा० बह्रःवर)* जिसका भाग्य अच्छा हो, भाग्यवान।

बहराम पु० *(फ़ा० बह्राम)* मंगल ग्रह।

बहरी वि०, पु० *(अ० बह्री)* समुद्र सम्बन्धी; सागर का; नदी सम्बन्धी।

बहला पु० *(फ़ा० बहलः)* रुपये-पैसे रखने का थैला; चमड़े का वह दस्ताना जो शिकारी हाथ में पहनते हैं।

बहस स्त्री० *(अ०)* तर्क; दलील; विवाद; होड़।

बहसा-बहसी स्त्री० *(अ० बहसा+हि० बहसी)* वाद-विवाद।

बहा पु० *(फ़ा०)* मूल्य; दाम; क़ीमत।

पदरचना- *बेबहा-* *बहुमूल्य।*

बहादुर पु० *(फ़ा०)* वीर योद्धा; बलवान; शक्तिशाली।

बहादुरी स्त्री० *(फ़ा०)* वीरता।

बहाना पु० *(फ़ा० बहानः)* किसी बात से बचने या मतलब निकालने के लिए झूठ बोलना।

बहानेबाज़ वि० *(फ़ा० बहानःबाज़)* बहाने बनाने वाला।

बहानेबाज़ी स्त्री० *(फ़ा० बहानःबाज़ी)* बहाने बनाने की क्रिया या कार्य।

बहार स्त्री० *(फ़ा०)* वसन्त ऋतु; मौज-आनन्द; यौवन का विकास; जवानी का रंग; रौनक; सुहावनापन।

बहाल वि० *(फ़ा०)* ज्यों का त्यों बना हुआ; कायम; बरकरार।

बहाली स्त्री० *(फ़ा०)* बहाल होने की क्रिया; पुनर्स्थापना।

बहिश्त पु० *(फ़ा०)* स्वर्ग; वैकुण्ठ।

बहिश्ती स्त्री० *(फ़ा०)* स्वर्ग का वासी; मशक में पानी पहुँचाने या पिलाने वाला भिश्ती। वि० स्वर्ग का; स्वर्गसम्बन्धी।

बहीर पु० *(फ़ा०)* सैनिक छावनी में रहने वाले सामान्य लोग; छावनी का वह भाग जिसमें सैनिकों की स्त्रियाँ और बच्चे रहते हैं (यह शब्द वास्तव में हिन्दी का है, पर फ़ारसी बना लिया गया है)।

बहुक्म क्रि०वि० *(फ़ा० ब+अ० हुक्म)* हुक्म से।

बाँग स्त्री० *(फ़ा०)* शब्द; आवाज; जोर से पुकार; मुर्ग आदि के बोलने का शब्द। क्रि०वि० देना।

बा उप० *(फ़ा०)* साथ; सहित; सामने; समक्ष।

बा-क़ायदा क्रि०वि० *(फ़ा०) नियमानुसार।*

बा-ज़ाब्ता क्रि०वि० *(फ़ा० बा+अ० ज़ाप्ता)* नियम के अनुरूप।

बा-मुराद वि० *(फ़ा०)* पूर्ण कामना वाला।

बा-मुहावरा वि० *(फ़ा०)* मुहावरा सहित।

बा-असर वि० *(फ़ा० बा+अ० असर)* असरवाला; प्रभावशाली।

बा-आबरू वि० *(फ़ा०)* प्रतिष्ठित।

बा-इख़्तियार क्रि०वि० *(फ़ा० बा+अ० इख़्तियार)* अधिकार पूर्वक।

बाइस पु० *(अ०)* कारण; वजह; मूल संचालक या कर्ता।

पदरचना- *बाइसे जल्वा-* *शोभा का कारण।*

बाक पु० *(फ़ा०)* भय; डर।

पदरचना- *बेबाक-* *निडर; निर्भय।*

बाक़र पु० *(अ०)* बहुत बड़ा विद्वान् या धनवान।

बाक़रख़ानी स्त्री० *(अ०)* एक प्रकार की बढ़िया मुसलमानी रोटी।

बाक़ल पु० *(अ०)* छाल; वल्कल।

बाक़ला पु० *(अ० बाक़लः)* एक प्रकार का बड़ा मटर।

बाक़ली स्त्री० *(अ०)* एक प्रकार का वृक्ष, जिसके पत्ते रेशम के कीड़े खाते हैं।

बाक़िर वि० *(अ०)* बहुत बड़ा पण्डित; बड़ा विद्वान।

बाकिरा स्त्री० *(अ० बाकिरः)* कुँआरी लड़की; कुमारी।

बाक़ियात स्त्री० *(अ०, बाक़ी का बहु०)* अवशिष्ट।

बाक़ी वि० *(अ०)* जो बचा हुआ हो। स्त्री० गणित में दो संख्याओं का अन्तर निकालने की रीति; वह संख्या जो घटाने पर निकले।

बाक़ीदार वि० *(फ़ा० बाक़ी+अ० दार)* जिसके जिम्मे कुछ बाकी हो।

बा-ख़बर वि० *(फ़ा०)* ख़बर रखनेवाला; सतर्क; ज्ञाता, जानकार; जानने वाला।

बाख़्ता वि० *(फ़ा० बाख़्तः)* जो हार चुका हो, जैसे- हवासबाख्ता।

बाग़ पु० *(अ०, बहु० बाग़ात)* उद्यान; उपवन; वाटिका।

मुहा० ***बाग़-बाग़ होना-*** *बहुत अधिक प्रसन्न होना।* ***सब्जबाग़ दिखलाना-*** *झूठ-मूठ बड़ी-बड़ी आशाएँ दिलाना।*

बाग़बान पु० *(फ़ा० बाग़+अ० बान)* बाग की रक्षा और व्यवस्था करने वाला; माली।

बाग़बानी स्त्री० *(फ़ा० बाग़+अ० बानी)* माली का काम।

बागान पु० *(फ़ा०)* बगीचे (विशेषकर चाय के)।

पदरचना- ***बाग़ान मजदूर-*** *चाय के बगीचों के मजदूर।*

बाग़ानी स्त्री० *(अ० बाग़ से फ़ा०)* वह भूमि जो बाग़ लगाने या खेती-बारी के योग्य हो।

बाग़ी वि० *(अ० बाग़)* बाग या उपवन का। पु० *(अ०)* बगावत या विद्रोह करने वाला; विद्रोही।

बाग़ीचा पु० *(फ़ा० बाग़चः)* छोटा बाग; उपवन।

बाज[1] पु० *(फ़ा०)* कर; महसूल।

बाज़[2] वि० *(अ० बआज़)* कोई-कोई; कुछ; थोड़े कुछ; विशिष्ट पु० *(फ़ा०)* एक प्रसिद्ध शिकारी पक्षी। क्रि०वि० *(फ़ा०)* पीछे, उलटे।

मुहा० ***बाज़ आना-*** *लौट आना।* ***बाज़ रखना-*** *रोकना; न करने देना।*

प्रत्यय- *(फ़ा०)* एक प्रत्यय जो शब्दों के अन्त में लग कर कर्ता और शौकीन आदि का अर्थ देता है। जैसे- कबूतरबाज़, पतंगबाज़।

बाज़ औकात क्रि०वि० *(अ०)* कभी-कभी।

बाज़गश्त वि० *(फ़ा०)* वापस आना; लौटना।

मुहा० ***आवाज़ बाज़गश्त-*** *प्रतिध्वनि; आवाज का लौटकर वापस आना।*

बाज़गौर पु० *(फ़ा०)* कर संग्रह करने वाला।

बाज़दावा पु० *(अ०)* दावे का त्याग।

बाज़पुर्स स्त्री० *(फ़ा०)* किसी बात का पता लगाने के लिए पूछताछ करना; जाँच-पड़ताल करना।

बाज़याफ़्त वि० *(फ़ा०)* वापस आया हुआ।

बाज़ाप्ता क्रि०वि० *(अ० बाज़ाबितः)* नियमानुसार।

बाज़ार पु० *(फ़ा०)* वह स्थान जहाँ अनेक प्रकार के पदार्थों की दुकानें हों।

मुहा० ***बाज़ार करना-*** *चीजें खरीदने बाज़ार जाना।* ***बाज़ार गर्म होना-*** *बाज़ार में चीजों या ग्राहकों आदि की अधिकता होना।* ***बाज़ार तेज़ होना-*** *बाजार में किसी चीज की माँग अधिक होना।* ***बाज़ार उतरना या मन्दा होना-*** *किसी वस्तु की माँग कम होना।*

बाज़ारी वि० *(फ़ा०)* बाज़ार-सम्बन्धी; अशिष्ट।

बाज़ारू वि० *(फ़ा० बाज़ार)* मामूली; साधारण; अशिष्ट।

बाज़िन्दा पु० *(फ़ा० बाज़िन्दः)* खिलाड़ी; लोटन कबूतर।

बाज़ी स्त्री० *(फ़ा०)* ऐसी शर्त जिसमें हार-जीत के अनुसार कुछ लेने-देने की बात हो।

मुहा० ***बाज़ी मारना-*** *किसी बात में आगे बढ़ जाना।*

बाज़ीगर पु० *(फ़ा०)* नट; जादूगर।

बाज़ीगरी स्त्री० *(फ़ा०)* कसरत या जादू के खेल।

बाज़ीगाह स्त्री० *(फ़ा०)* खेल की जगह; अखाड़ा।

बाज़ीचा पु० *(भाव० बाज़ीचः)* खिलौना; खिलवाड़।

बाज़ुर्गान पु० *(फ़ा० भाव० बाज़ुर्गानी)* व्यापारी।

बाज़ू पु० *(फ़ा०)* भुजा; बाहु; बाजूबन्द नामक आभूषण; सेना का किसी ओर का पक्ष; वह जो हर काम में बराबर साथ रहे और सहायता दे; पक्षी का डैना; पार्श्व; बगल।

बाज़ूशिकन वि० *(फ़ा०)* बाहें तोड़ने की शक्ति रखने वाला; बलवान।

बातिन पु० *(अ०)* भीतरी भाग; अन्दर का हिस्सा; अन्तःकरण; मन।

बातिनी वि० *(अ०)* भीतरी।

बातिल वि० *(अ०)* झूठा; मिथ्या; व्यर्थ; जिसमें शक्ति का प्रभाव न हो।

बाद क्रि०वि० *(अ०)* अनन्तर; पीछे। वि० अलग किया या छोड़ा हुआ; अतिरिक्त। पु० *(फ़ा०)* हवा; वायु।

पदरचना- ***बादे बहार-*** *बसन्त ऋतु।* ***बादे सहर-*** *सुबह की हवा।*

बादअज़ाँ क्रि०वि० *(अ०)* इसके बाद।

बादकश पु० *(फ़ा०)* पंखा; हवा आने का झरोखा; धौंकनी।

बादगिर्द पु० *(फ़ा०)* बवण्डर; बगूला।

बादफ़रोश पु० *(फ़ा०)* खुशामदी; बकवादी।

बादफ़िरंग स्त्री० *(फ़ा०)* आतशक; गरमी या फिरंग का रोग।

बादबान पु० *(फ़ा०)* जहाज़ का पाल।

बादरफ़्तार वि० *(फ़ा०)* बहुत बड़ा राजा या सम्राट्।

बादशाह पु० *(फ़ा०)* सम्राट; सुलतान; राजा; शतरंज का एक मोहरा; ताश का एक पत्ता; सरदार।

बादशाह ज़ादा पु० *(फ़ा० बादशाह ज़ादः)* राजकुमार।

बादशाह ज़ादी स्त्री० *(फ़ा०)* राजकुमारी।

बादशाही वि० *(फ़ा०)* राजोचित; मनमाना व्यवहार; शासन।

बादशाहत स्त्री० *(फ़ा०)* बादशाह का राज्य।

बादसख़्त स्त्री० *(फ़ा०)* तेज हवा; आँधी; बड़ी आफ़त।

बादा पु० *(फ़ा० बादः)* शराब।

पदरचना- ***दौरे बादा-*** *शराब का दौर।*

बादाख़्वार पु० *(फ़ा०)* शराबी।

बादापरस्त पु० *(फ़ा० बादःपरस्त)* शराबी।

बादाम पु० *(फ़ा०)* मझोले आकार का एक वृक्ष जिसके छोटे-छोटे फल मेवों में गिने जाते हैं। इसके फल के साथ प्रायः नेत्रों की उपमा दी जाती है।

बादामा पु० *(फ़ा० बादामः)* एक प्रकार का रेशमी कपड़ा।

बादामी वि० *(फ़ा०)* बादाम के आकार का, रंग का।

बादिया पु० *(फ़ा०)* एक प्रकार का ताँबे का कटोरा। पु० *(अ०)* जंगल।

बादी वि० *(फ़ा०)* बाद या हवा-सम्बन्धी; हवाई।

बादी-उन्नज़र क्रि०वि० *(अ०)* पहले-पहल देखने में।

बादेसबा स्त्री० *(फ़ा०)* पूरवी हवा।

बान प्रत्यय *(फ़ा०)* रखवाली करने वाला; जैसे- दरबान; हाँकने वाला; जैसे- पीलवान।

बानबा वि० *(फ़ा०)* अच्छी आवाज वाला; समर्थ।

बानी पु० *(अ०)* आरम्भ करने या बनाने वाला; तैयार करने वाला; अधिकार करने वाला; नेता।

पदरचना- ***बानिए-फ़साद-*** *झगड़ा शुरू करने वाला।*

बानीकार वि० *(फ़ा०)* बहुत तेज और चालाक; धूर्त।

बानो स्त्री० *(फ़ा० बानू)* भले घर की महिला।

बाफ़ स्त्री० *(फ़ा०)* बुनने वाला; बुना हुआ।

बाफ़ी स्त्री० *(फ़ा०)* बुनने का काम; बुनाई।

बाफ्ता वि० *(फ़ा० बाफ़्तः)* बुना हुआ। पु० एक प्रकार का रेशमी कपड़ा।

बाब पु० *(अ०)* दरवाजा; अध्याय; प्रकरण।

बाबत स्त्री० *(फ़ा०)* सम्बन्ध; विषय। क्रि०वि० विषय में।

पदरचना- ***बाबत इत्तिला-*** *सूचना के विषय में।*

बाबरी स्त्री० *(अ०)* सिर के लम्बे बाल; जुल्फ।

बाबा पु० *(फ़ा०)* वृद्ध और पूज्य व्यक्ति के लिए सम्बोधन।

बाबुल पु० *(फ़ा० बाबिल)* बेबिलोन शहर का नाम।

बाबूना पु० *(फ़ा० बाबूनः)* एक पौधा जिसके फूलों से तेल बनता है।

बाम पु० *(फ़ा०)* घर की छत; अटारी।

बा-मुहावरा वि० *(अ०)* मुहावरे वाला; मुहावरेदार।

बाया वि० *(अ० बायः)* वय करने वाला; विक्रेता।

बायद क्रि०वि० *(फ़ा०)* जैसा चाहिए; जैसा जरूरी हो।

बार[1] स्त्री० *(फ़ा०)* दफ़ा; मर्तबा (जैसे- पहली बार)।

बार[2] पु० *(फ़ा०)* भार; बोझ।

बार आम पु० *(फ़ा०)* सार्वजनिक राजसभा।

बारकश पु० *(फ़ा०)* बोझ ढोने की गाड़ी।

बारख़्वास पु० *(फ़ा०)* खास व्यक्तियों का दरबार।

बारगाह स्त्री० *(फ़ा०)* शाही महल; राजदरबार; ड्योढ़ी।

बारगीर पु० *(फ़ा०)* बोझ ढोने वाला।

बारजा पु० *(फ़ा० बारजः)* मकान के सामने का बरामदा।

बारदाना पु० *(फ़ा० बारदानः)* सेना आदि की रसद; वह पात्र जिसमें भर कर कोई चीज कहीं भेजी जाये।

बार बरदार पु० *(फ़ा० बारबर्दार)* माल ढोने वाला।

बारयाब वि० *(फ़ा०)* बड़े व्यक्ति से मिलने का सौभाग्य।

बारबर वि० *(फ़ा०)* जिसमें फल लगते हों; गर्भवती।

बारहदरी स्त्री० *(हि० बारह+फ़ा० दरी)* वह कमरा या बैठक जिसके चारों ओर अनेक दरवाजे हों।

बारावफ़ात स्त्री० *(फ़ा०)* मुहम्मद साहब के वे अन्तिम बारह दिन, जिनमें वे बहुत बीमार थे।

बारहा क्रि०वि० *(फ़ा०)* कई बार; प्रायः; बार-बार।

बाराँ पु० *(फ़ा०)* वर्षा; बरसात।

बारान पु० *(फ़ा०)* मेह; वृष्टि; बरसात। वि० बरसने वाला।

बारानी वि० *(फ़ा०)* वह खेत जो वर्षा के जल पर निर्भर हो। पु० वह वस्त्र जिस पर वर्षा का प्रभाव न हो।

बारियाबी स्त्री० *(फ़ा०)* दर्शन की प्राप्ति।

बारिश स्त्री० *(फ़ा०)* वर्षा; बरसात।

बारी पु० *(फ़ा०)* ईश्वर; परमात्मा।

बारीक वि० *(फ़ा०)* महीन; पतला; सूक्ष्म; दुरूह; जो जल्दी समझ में न आये।

बारीकबीं वि० *(फ़ा०)* बारीकी समझने या देखने वाला; सूक्ष्मदर्शी।

बारीक़बीनी स्त्री० *(फ़ा०)* सूक्ष्मदर्शिता।

बारीक़ी स्त्री० *(फ़ा०)* सूक्ष्मता; कठिनता; दुरूहता।

बारी-तआला पु० *(अ०)* ईश्वर जो सबसे बड़ा है।

बारूद स्त्री० *(तु० बारूत)* एक प्रकार का चूर्ण जिसमें आग लगने से तोप-बन्दूक चलती है।

बारूदख़ाना पु० *(फ़ा०)* बारूद तैयार करने या रखने का स्थान।

बारूद गोला पु० *(तु० बारूद+हि० गोला)* बारूद का गोला।

बारूदी स्त्री० *(फ़ा०)* बारूद सम्बन्धी (जैसे- बारूदी सुरंग)।

बारे[1] क्रि०वि० *(फ़ा०)* एक बार; अन्त में।

बारे[2] क्रि०वि० *(फ़ा०)* लेकिन।

बारे में क्रि०वि० *(फ़ा० बार)* विषय में, सम्बन्ध में।

बाल[1] पु० *(फ़ा०)* दरार; चटक।

बाल[2] स्त्री० *(फ़ा०)* कुछ अनाजों का अगला भाग। जैसे- गेहूँ, जौ।

पदरचना- ***बालदार-*** *बाल से युक्त।*

बालंगू पु० *(फ़ा०)* जीरे जैसा एक बीज जो दवा के काम आता है।

बालगीर पु० *(फ़ा०)* साईस।

बालख़ाना पु० *(फ़ा० बालखानः)* मकान का ऊपरी कमरा।

बाला क्रि०वि० *(फ़ा०)* ऊपरी; ऊपर का। स्त्री० दूध की मलाई।

बालादस्त पु० *(फ़ा०)* प्रधान; बलवान; जबरदस्त।

बालानशीन पु० *(फ़ा० बालानशीं)* बैठने का सबसे ऊँचा स्थान।

बालापोश पु० *(फ़ा०)* किसी वस्तु को ढकने वाला कपड़ा।

बालिग़ स्त्री० *(अ०)* वयस्क।

बालिश स्त्री० *(फ़ा०)* तकिया।

बालिश्त पु० *(फ़ा०)* प्रायः 12 अंगुल की नाप।

बाली स्त्री० *(फ़ा०)* तकिया।

बालीदगी स्त्री० *(फ़ा०)* बाढ़; विकास।

बालीदा वि० *(फ़ा० बालीदः)* विकसित; बढ़ा हुआ।

बालूशाही स्त्री० *(हि० बालू+फ़ा० शाही)* एक प्रकार की मिठाई।

बावजूद क्रि०वि० *(फ़ा०)* इतना होने पर भी।

बावफ़ा वि० *(फ़ा०)* वफ़ादार; विश्वास पात्र।

बाबर पु० *(फ़ा०)* विश्वास; मुगल बादशाह हुमायूँ का पिता; अकबर का दादा।

बावर्ची पु० *(फ़ा०)* रसोइया।

बावर्चीखाना पु० *(फ़ा०)* रसोईघर।

बावर्चीगरी स्त्री० *(फ़ा०)* रसोईदारी।

बावस्फ़ क्रि०वि० *(फ़ा०)* इतना होने पर भी। वि० गुणवान।

बाश स्त्री० *(फ़ा०)* होना; रहना; ठहरना। प्रत्य० *(फ़ा०)* रहने वाला, जैसे- खुशबाश- खुश रहने वाला।

बाशा पु० *(फ़ा० बाशः)* एक प्रकार का शिकारी पक्षी।

बाशिन्दा वि० *(फ़ा० बाशिन्दः)* रहने वाला; वासी; निवासी।

बासिरा पु० *(अ० बासिरः)* देखने की शक्ति; दृष्टि; आँख।

बाह स्त्री० *(अ०)* सम्भोग की इच्छा या शक्ति।

बाहम क्रि०वि० *(फ़ा०)* आपस में; परस्पर; साथ; सहित।

बाहमी वि० *(फ़ा०)* आपसी; पारस्परिक।

बाहलफ़ क्रि०वि० *(अ०)* शपथपूर्वक।

बाहोश वि० *(फ़ा०)* सचेत; बुद्धिमान।

बिक्र स्त्री० *(अ०)* लड़कियों का कुँआरापन।

मुहा० ***बिक्र तोड़ना-*** *कुमारी कन्या का कौमार्य भंग करना।*

बिगाना वि० *(फ़ा०)* बेग़ाना; पराया; दूसरा।

बिज़न पु० *(फ़ा०)* बहुत से लोगों की एक साथ हत्या; कत्लेआम।

बिज़ाअत स्त्री० *(अ०)* मूलधन; पूँजी।

बिज़ातिही क्रि०वि० *(अ०)* स्वयं; खुद।

बिदअत स्त्री० *(अ० बिद्अत, कर्ता- बिअदती)* इस्लाम धर्म में ऐसी कोई नयी बात निकालना, जो मुहम्मद साहब के समय में न रही हो, ऐसा आचरण धर्म-विरुद्ध समझा जाता है; अनीति; लड़ाई-झगड़ा।

बिदा स्त्री० *(अ०)* रवाना; रुखसत।

बिदाई स्त्री० *(अ०)* रुखसती; रवानगी।

बिदून क्रि०वि० *(फ़ा०)* बगैर; बिना।

बिन पु० *(अ०)* लड़का; बेटा।

बिना स्त्री० *(अ०)* मकान की नींव; जड़; मूल; आधार; उद्गम; आरम्भ।

पदरचना- ***बिना-ए-दावा-*** *दावे का कारण; आधार।* ***बिना-ए-मुख़ा सिमत-*** *झगड़े या दावे का कारण।*

बिनाबर क्रि०वि० *(फ़ा०)* इस कारण से; इसलिए; अतः।

बियाबान पु० *(फ़ा०)* जंगल; वन; सुनसान।

बियावानी वि० *(फ़ा०)* जंगली; सुनसानी।

बिरंज पु० *(फ़ा० बिरिंज)* चावल; पीतल।

बिरंजारी पु० *(फ़ा० बिरंज+हि० 'आरी')* गल्ले का व्यापारी।

बिरंजी वि० *(फ़ा० बिरिंजा)* पीतल का। स्त्री० छोटी कील।

बिरयाँ वि० *(फ़ा०)* भुना हुआ।

बिरयानी स्त्री० *(फ़ा० बिर्यानी)* एक प्रकार का नमकीन पुलाव जिसमें गोश्त मिला रहता है।

बिरादर पु० *(फ़ा०)* भाई; रिश्तेदार; बिरादरी का आदमी।

बिरादरज़ादा पु० *(फ़ा० बिरादरज़ादः)* भतीजा।

बिरादराना वि० *(फ़ा०)* भाइयों जैसा; भाई चारे का।

बिरादरी स्त्री० *(फ़ा०)* भाईचारा; एक ही जाति के लोगों का समूह।

बिरेज़ पद० *(फ़ा०)* रक्षा करो; त्राहि-त्राहि।

बिल् अव्य० *(अ०)* से; साथ; लिए; द्वारा।

बिलअक्स क्रि०वि० *(अ०)* इसके विपरीत।

बिलइरादा क्रि०वि० *(अ० बिल्इरादः)* जान बूझ कर।

बिलउमूम क्रि०वि० *(अ०)* आमतौर पर; प्रायः।

बिलजब्र क्रि०वि० *(अ०)* जरूर; अवश्य।

बिलजुमला क्रि०वि० *(अ० बिल्-जुम्लः)* कुल मिलाकर।

बिलफ़र्ज़ क्रि०वि० *(अ०)* यह मानकर।

बिलफ़ेल क्रि०वि० *(अ०)* इस समय; इस अवसर पर।

बिलमुक़ाबिल क्रि०वि० *(अ०)* मुकाबले में; तुलना में।

बिलमुक्ता वि० *(अ० बिलमुक्तः)* पूर्व निश्चय के अनुसार होने वाला।

बिला क्रि०वि० *(अ०)* बगैर; बिना।

पदरचना- ***बिला तकल्लुफ-*** *निःसंकोच।* ***बिला नाग़ा-*** *प्रतिदिन।* ***बिला वजह-*** *अकारण।* ***बिला वास्ता-*** *बिना रास्ता या जरिया के।* ***बिलाशर्त-*** *बिना किसी शर्त के।* ***बिला-शिरकत ग़ैर-*** *बिना दूसरे की शिरकत के।*

बिलकुल क्रि०वि० *(अ० बिल्कुल)* नितान्त; सर्वथा।

बिला शक क्रि०वि० *(अ०)* निःसन्देह।

बिल्लौर पु० *(फ़ा० बिल्लूर)* एक स्वच्छ सफेद पारदर्शक पत्थर; स्फटिक; बहुत स्वच्छ शीशा।

बिल्लौरी वि० *(फ़ा० बिल्लूरी)* बिल्लौर का।

बिसात[1] स्त्री० *(अ०)* फैलाव; फैलायी जाने वाली वस्तु।

पदरचना- ***बिसात खाना-*** *बिसाती की दुकान।* ***बिसात बाना-*** *बिसाती की दुकान पर मिलने वाला सामान।*

बिसात[2] स्त्री० *(अ०)* बिछाने की वस्तु। जैसे- बिछौना, चटाई आदि; वह क़ागज़ या कपड़ा, जिस पर शतरंज या चौपड़ खेलने के लिए खाने बने होते हैं।

बिसाती पु० *(अ० बिसात)* सूई, तागा, चूड़ी आदि बेचने वाला।

बिसियार वि० *(फ़ा० बिस्यार)* बहुत अधिक; ढेर।

पदरचना- ***फुर्सते-बिसियार-*** *अत्यधिक फुर्सत।*

बिस्तर पु० *(फ़ा०)* बिछाने की चीज; बिछौना।

बिस्मिल वि० *(अ०)* कुर्बान किया हुआ; घायल; जख्मी (प्रायः प्रेमी के लिए प्रयुक्त होता है)।

बिस्मिल्लाह पद *(अ०)* ईश्वर के नाम से; इस शब्द का प्रयोग कोई कार्य आरम्भ करने के समय होता है।

बिही[1] पु० *(फ़ा०)* एक पेड़ जिसके फल अमरूद जैसे होते हैं।

बिही[2] स्त्री० *(फ़ा०)* भलाई; नेकी।

पदरचना- ***बिही ख़्वाह-*** *भलाई चाहने वाला; हितैषी।*

बिहीदाना पु० *(फ़ा०)* बिही नामक फल का बीज।

बीं[1] वि० *(फ़ा०)* देखने वाला; दर्शक (यौगिक में) जैसे- **बारीक-बीं-** सूक्ष्म दर्शक।

बी[2] स्त्री० *(फ़ा० बीबी)* स्त्री; महिला। इसका प्रयोग प्रायः किसी नाम के साथ होता है, जैसे- बी सलीमा।

बीन वि० *(फ़ा०)* जो देखता हो, जैसे- खुर्दबीन; जिससे देखने में सहायता ली जाये; जैसे- दूरबीन।

बीना वि० *(फ़ा० बीनः)* जिसे दिखायी देता हो। बीनाई- स्त्री० देखने की शक्ति।

बीबी स्त्री० *(फ़ा०)* भले घर की स्त्री; कुलवधू; पत्नी;

भले घर की स्त्रियों के लिए आदरसूचक शब्द।
बीम पु० *(फ़ा०)* डर; भय।
बीमा पु० *(फ़ा० बीमः)* किसी प्रकार की जिम्मेदारी, जो कुछ धन लेकर बदले में उठायी जाती है।
बीमार वि० *(फ़ा०)* रोगी; रोगग्रस्त।
पदरचना- ***बीमारदार-*** *रोगी की देखरेख व सेवा करने वाला।* ***बीमार पुरसी-*** *किसी रोगी का हाल पूछना।*
बीमारी स्त्री० *(फ़ा०)* रोग; व्याधि।
बुक़चा पु० *(फ़ा० बुक़चः)* कपड़ों आदि की गठरी।
बुख़ार स्त्री० *(अ०)* ज्वर; क्रोध आदि का आवेग।
बुख़्ल स्त्री० *(अ०)* कंजूसी; हृदय की संकीर्णता।
बुग़स पु० *(फ़ा०)* एक प्रकार का बड़ा छुरा।
बुग़ारह पु० *(फ़ा०)* बहुत बड़ा छेद।
बुग़्चा पु० *(फ़ा० बुग्चः)* छोटी पोटली।
बुग़्ज़ स्त्री० *(अ०)* मन में रखा जाने वाला द्वेष; भीतरी दुश्मनी।
बुग़दा पु० *(अ०)* एक प्रकार का बड़ा छुरा।
बुज़ स्त्री० *(फ़ा०)* बकरी; छागल।
बुज़दिल वि० *(फ़ा०)* बकरी जैसा डरपोक।
बुज़दिली स्त्री० *(फ़ा०)* कायरता।
बुज़ुर्ग पु० *(फ़ा० भाव० बुज़ुर्गी)* वृद्ध और पूज्य व्यक्ति; पूर्वज; पुरखा।
बुत पु० *(फ़ा० सं० बुद्ध या पुतला)* मूर्ति; प्रेमिका; वह जो बोलता न हो; चुप्पा; बेवकूफ़।
बुतकदा पु० *(फ़ा० बुतकदः)* मन्दिर; प्रेमिका के रहने का स्थान।
बुतख़ाना पु० *(फ़ा० बुतख़ानः)* वह स्थान जहाँ पूजा के लिए मूर्तियाँ रखी जाती हैं; प्रेमिका का निवास।
बुतपरस्त वि० *(फ़ा०)* मूर्तिपूजक।
बुतपरस्ती स्त्री० *(फ़ा०)* मूर्तिपूजा।
बुतशिकन वि० *(फ़ा०)* मूर्तियों को तोड़ने वाला।
बुद पु० *(अ०)* उपाय।
बुन पु० *(अ०)* कहवे का बीज; नींव।
बुनियाद स्त्री० *(फ़ा०)* जड़; मूल; नींव; असलियत।
बुरहान पु० *(अ०)* तर्क; दलील; प्रमाण; सबूत।
बुराक़ पु० *(अ०)* एक कल्पित घोड़ा या खच्चर। कहते हैं कि एक बार हज़रत मुहम्मद इसी पर सवार होकर जरुसलम से स्वर्ग गये थे और वहाँ ईश्वर से मिलकर मक्के लौट आये थे।
बुरादा पु० *(फ़ा० बुरादः)* चूर्ण; चूरा।
बुरीदा वि० *(फ़ा० बुरीदः)* तराशा या काटा हुआ।
बुरूदत स्त्री० *(अ० बुर्दत)* ठण्ढा; ठण्ढक; शीतलता।
बुर्क़ा पु० *(अ० बुर्कः)* एक प्रकार पहनावा जिससे मुस्लिम स्त्रियाँ सिर से पैर तक बदन ढक लेती हैं।
मुहा० ***बुर्क़े में छीछड़े खाना-*** *परदे में कुकर्म करना।*
बुर्क़ा पोश वि० *(अ० बुर्का+ फ़ा० पोश)* जो बुर्का ओढ़े हो।
बुर्ज पु० *(अ०, स्त्री० अल्प० बुर्जी; बहु० बुरूज)* किले आदि की दीवारों में उठा हुआ गोल भाग, जिसके बीच में बैठने आदि का स्थान होता है; मीनार का ऊपरी भाग; गुम्बद; ज्योतिष में घर; राशि।
बुर्द पु० *(फ़ा०)* मुफ्त में मिलने वाली रकम; लाभ।
पदरचना- ***बुर्द मारना-*** *मुफ्त की रकम पाना;* ***बुर्दे देना-*** *नष्ट करना; गँवाना।*
बुर्द बार वि० *(फ़ा०, भाव० बुर्दबारी)* सहनशील; सुशील।
बुर्रा वि० *(अ०)* बहुत तेज धार वाला।
बुलन्द वि० *(फ़ा०)* बहुत ऊँचा (जैसे- बुलन्द दरवाजा)।
बुलन्द इक़बाल वि० *(फ़ा० बुलन्द+अ० इकबाल)* भाग्यवान; सौभाग्यशाली।
बुलन्द हिम्मत वि० *(फ़ा० बुलन्द+अ० हिम्मत)* ऊँची हिम्मत वाला।
बुलन्दी स्त्री० *(फ़ा०)* ऊँचाई; उत्कर्ष।
बुलबुल स्त्री०, पु० *(अ० बुल्बुल)* गाने वाली प्रसिद्ध काली छोटी चिड़िया।
बुलहवस वि० *(अ० बुल्हवस)* हवसी या लोभी।
बुलाक़ स्त्री० *(तु०)* वह लम्बोतरा या सुराहीदार मोती जिसे स्त्रियाँ प्रायः नथ में पहनती हैं।
बुलूग़ पु० *(अ०)* युवावस्था को प्राप्त होना; बालिग होना।
बुलूग़त स्त्री० *(अ०)* बालिग होने की अवस्था।
बुस्तान पु० *(फ़ा०)* बाग-बगीचा; उपवन।
बू स्त्री० *(फ़ा०)* बास; गन्ध; दुर्गन्ध।

बूआ स्त्री० *(देशज)* पिता की बहन; फूफी।

बूक़लमूँ पु० *(अ०)* गिरगिट।

बुक़लमूनी स्त्री० *(फ़ा०)* रंग-बिरंगापन; विचित्रता।

बूग़दान पु० *(फ़ा०)* मदारियों का थैला।

बूग़बन्द पु० *(फ़ा०)* सामग्री रखने की थैली या कपड़ा।

बूज़ना पु० *(फ़ा० बज़्नः)* बन्दर।

बूज़ा पु० *(फ़ा० बूजः)* एक प्रकार की शराब।

बूज़ीख़ाना पु० *(फ़ा० बूज़ी+ख़ानः)* शराबखाना।

बूज़ीना पु० *(फ़ा० बूजीनः)* बन्दर।

बूदगी स्त्री० *(अ०)* अस्तित्व।

बूतात पु० *(अ०)* घर-खर्च का हिसाब।

बूदोबाश स्त्री० *(फ़ा०)* रहन-सहन; निवास।

बूबक पु० *(तु०)* पुराना; बेवकूफ।

बूम पु० *(अ०)* उल्लू पक्षी। पु० *(फ़ा०)* भूमि।

बूरानी स्त्री० *(फ़ा०)* बैंगन का एक पकवान।

बे प्रत्यय *(फ़ा०)* एक प्रत्यय जो शब्दों के पूर्व लगकर निषेधात्मक भाव सूचित करता है। जैसे- बेअसर, बेईमान आदि।

बे-अक़्ल वि० *(फ़ा० बे+अ० अक़्ल)* मूर्ख।

बे-अदब वि० *(फ़ा० बे+अ० अदब)*, भाव० बे-अदबी, अशिष्ट।

बे-असर वि० *(फ़ा० बे+अ० असर)* प्रभाव रहित।

बे-असल वि० *(फ़ा० बे+अ० असल)* मिथ्या; नकली।

बे-आबरू वि० *(फ़ा० भाव० बेवफाई)* बिना इज्जत का।

बे-इन्तज़ामी स्त्री० *(फ़ा० बे+अ० इन्तजामी)* व्यवस्था का अभाव।

बे-इन्तहा वि० *(फ़ा० बे+अ० इन्तहा)* बेहद; असीम।

बे-इंसाफ वि० *(फ़ा० बे+अ०, भाव० बे-इंसाफी)* अन्याय।

बे-इख़्तियार वि० *(फ़ा० बे+अ० इख्तियार)* जिसका अपने ऊपर कोई वश न हो; जिसके हाथ में कोई अधिकार न हो। क्रि०वि० आप; स्वत; सहसा।

बेइज़्ज़त वि० *(फ़ा० बे+अ० इज़्जत, भाव० बेइज्जती)* अपमानित।

बेईमान वि० *(फ़ा० बे+अ० ईमान, भाव० बेइमानी)* बिना ईमान का।

बे-एतबार वि० *(फ़ा० बे+अ० एतबार)* अविश्वसनीय।

बेक़दर वि० *(फ़ा० बे+अ० कद्र)* अप्रतिष्ठा; अपमान।

बे-करार वि० *(फ़ा० बे+अ० करार, भाव० बेकरारी)* व्याकुल; विकल।

बेकल वि० *(फ़ा० बे+हि० कल)* व्याकुल; बेचैन।

बे-क़ुसूर वि० *(फ़ा० बेकुसूर)* निर्दोष।

बे-काबू वि० *(फ़ा०)* अनियन्त्रित।

बे-क़ायदा वि० *(फ़ा० बे+अ० काइदः)* नियम के विरुद्ध।

बेकार वि० *(फ़ा०)* जिसके पास कोई काम न हो; निकम्मा; निठल्ला।

बेकारी स्त्री० *(फ़ा०)* निकम्मापन; बेरोजगारी।

बेकुलाह स्त्री० *(फ़ा०)* बिना टोपी का।

बेकुलाही स्त्री० *(फ़ा०)* नंगा सिर; निर्धनता।

बेख़ स्त्री० *(फ़ा०)* जड़; मूल; उद्गम।

बेख़बर वि० *(फ़ा० बे+अ० खबर, भाव० बेखबरी)* अनजान; बेसुध।

बेख़ुद वि० *(फ़ा०, भाव० बेखुदी)* जो आपे में न हो, संज्ञाशून्य।

बेग पु० *(तु०, स्त्री० बेगम)* सम्पन्न व्यक्ति; अमीर; मुगलकाल की एक उपाधि।

बेगम स्त्री० *(तु०)* रानी; उच्च कुल की महिला।

बेगानगी स्त्री० *(फ़ा०)* परायापन।

बेगाना वि० *(फ़ा० बेगानः)* अजनबी; पराया; दूसरा; गैर।

बेगार स्त्री० *(फ़ा०)* बिना मजदूरी दिये जबरदस्ती कार्य कराना।

बेगुनाह वि० *(फ़ा०)* निरपराध; निर्दोष।

बेग़ैरत वि० *(फ़ा० बे+अ० ग़ैरत)* निर्लज्ज; बेहया।

बेचारा वि० *(फ़ा० बेचारः स्त्री० बेचारी, भाव० बेचारगी)* दीन; निस्सहाय; गरीब; दीन।

बेचूँ वि० *(फ़ा०)* जिसकी कोई उपमा न हो (प्रायः ईश्वर के सम्बन्ध में)।

बेचैन वि० *(फ़ा०, भाव० बेचैनी)* जिसे चैन न हो।

बे-ज़बान वि० *(फ़ा०)* मूक; मूँगा।

बेजा वि० *(फ़ा०)* अनुचित; बेमौके।

बे-ज़ार वि० *(फ़ा०, भाव० बेजारी)* नाराज; दुःखी।

बे-तकल्लुफ़ क्रि०वि० *(फ़ा०)* निःसंकोच।

बे-तरह क्रि०वि० *(फ़ा०)* बुरी तरह से; भीषण या उग्र रूप से।

बेतहाशा क्रि०वि० *(फ़ा० बे+अ० तहाशा)* घबराकर, बिना सोचे-समझे।

बेताब वि० *(फ़ा०)* बेचैनी; व्याकुल।

बेताबी स्त्री० *(फ़ा०)* बेचैनी; व्याकुलता।

बेद स्त्री० *(फ़ा०)* बेंत का पौधा।

बेदख़ल वि० *(फ़ा०)* सम्पत्ति से कब्जा हटाया जाना।

बेदम वि० *(फ़ा०)* अशक्त; निर्बल।

बेदर्द वि० *(फ़ा०)* निर्मम; निर्दय।

बेदर्दी स्त्री० *(फ़ा०)* निर्ममता; निर्दयता।

बेदाग़ वि० *(फ़ा०)* बिना दाग का; निर्दोष।

बेदार वि० *(फ़ा०)* जागता हुआ; जाग्रत।

बेदारी स्त्री० *(फ़ा०)* जागने की अवस्था।

बेनज़ीर वि० *(फ़ा०)* जिसकी कोई उपमा न हो; अनुपम।

बेनवा वि० *(फ़ा०)* दरिद्र; भिखमंगा।

बेनसीब वि० *(फ़ा० बे+अ० नसीब)* अभागा।

बेनूरी स्त्री० *(फ़ा०)* ज्योति का अभाव।

बेपर्दा वि० *(फ़ा० बे-पर्दः)* बिना आवरण का।

बेपर्दगी स्त्री० *(फ़ा०)* परदे का अभाव।

बेपीर[1] वि० *(फ़ा०)* जिसका कोई गुरु या पीर न हो; स्वार्थी और अन्यायी।

बे पीर[2] वि० *(फ़ा०)* बिना पीड़ा का।

बेफ़िक्र वि० *(फ़ा० बे+अ० फ़िक्र)* निश्चिन्त।

बे-बदल वि० *(फ़ा०)* सदा एक जैसा; अपरिवर्तनीय; निश्चित।

बेबस वि० *(फ़ा० बे+हि० बस)* निर्बल; असमर्थ।

बेबहरा वि० *(फ़ा बे+अ० बहः)* अभागा।

बेबहा वि० *(फ़ा०)* बहुमूल्य।

बेबाक वि० *(फ़ा० बे+अ० बाक, भाव० बेबाकी)* चुकाया हुआ; जो बाकी न हो।

बेबुनियाद वि० *(फ़ा० बेबुन्याद)* निराधार; आधारहीन।

बेमज़ा वि० *(फ़ा०)* आनन्दहीन; फीका।

बेमहल वि० *(फ़ा० बे+अ० महल)* असंगत; जो उपयुक्त समय पर न हो।

बेमानी वि० *(फ़ा०)* निरर्थक।

बेमिसाल वि० *(फ़ा० बे+अ० मिसाल)* अनुपम; बेजोड़।

बेमौके क्रि०वि० *(फ़ा० बे+अ० मौक़ा)* असमय; कुसमय।

बेरहम वि० *(फ़ा० बे+अ० रह्म)* निर्दय; निर्मम।

बेल स्त्री० *(फ़ा०)* फावड़ा; कुदाली।

बेलचा स्त्री० *(फ़ा० बेलचः)* छोटी कुदाली।

बेलदार पु० *(फ़ा०)* फावड़ा चलाने वाला; मजदूर।

बेहूदगी स्त्री० *(फ़ा० बेहूदा का भाव०)* असभ्यता।

बेहूदा वि० *(फ़ा० बेहूदः)* असभ्य।

बेहोश वि० *(फ़ा०)* मूर्च्छित; अचेत।

बेहोशी स्त्री० *(फ़ा०)* मूर्च्छा; अचेतनता।

बै स्त्री० *(अ० बैअ)* विक्रय; खरीदना और बेचना।

बैआना पु० *(अ० बैआनः)* बयाना; अग्रिम धन।

बैइयत स्त्री० *(अ० बैअत)* आज्ञाकारिता।

बैज़ पु० *(अ०, बहु०)* पक्षियों आदि के अण्डे; पुरुष का अण्डकोष।

बैज़वी स्त्री० *(फ़ा०)* अण्डे के आकार का; अण्डाकार।

बैज़ा पु० *(फ़ा०)* सूरज। वि० प्रकाशमान।

बैत स्त्री० *(अ०)* कविता; छन्द, मसनवी का कोई शेर। पु० शाला; घर (केवल यौगिक में, जैसे- बैत-उल-हरम; बैत-उत-खला)।

बैल-उल-मुकद्दस पु० *(अ०)* मक्का नामक स्थान।

बैत-उल-हरम पु० *(अ०)* मुसलमानों का पवित्र स्थान-मक्का।

बैत-उल्लाह पु० *(अ०)* खुदा का घर; काबा।

बैन क्रि०वि० *(अ०)* मध्य; बीच।

बैनामा पु० *(अ० बैनामः)* किसी वस्तु के बेचने का उल्लेख पत्र।

बैरक़ पु० *(तु०)* झण्डा; पताका; सैनिकों के रहने का स्थान।

बोग़दान पु० *(फ़ा०)* वह थैला जिसमें कोई चीज रखी जाये।

बोरिया पु० *(फ़ा०)* चटाई।

मुहा० ***बोरिया-बाँधना/ समेटना-*** *प्रस्थान करना।* ***बोरिया सम्हालना-*** *चलने की तैयारी करना।*

बोल पु० *(अ० बौल)* मूत्र; पेशाब।

बोस प्रत्य० *(फ़ा०)* चूमने वाला।

बोसा पु० *(फ़ा० बोसः)* गाल चूमने की क्रिया।

बोस्ताँ पु० *(फ़ा०)* बाग; वाटिका।

बोहतान पु० *(अ०)* झूठा अभियोग।

भ

भठियार ख़ाना पु० *(हि० भठियार+फ़ा० ख़ाना)* भठियारों के रहने का स्थान; असभ्य लोगों की बैठक।

भड़कदार वि० *(हि० भड़क+फ़ा० दार)* चमकीला; चमकवाला।

भरोसेमन्द वि० *(हि० भरोसा+फ़ा० मन्द)* विश्वसनीय।

भसमा पु० *(अ०)* ख़िज़ाब; नील की पत्तियों का चूरा।

भाईबन्दी स्त्री० *(हि० भाई+फ़ा० बन्दी)* भाईचारा; बन्धुत्व।

भागदार पु० *(हि० भाग+फ़ा० दार)* भागीदार; हिस्से का अंशदार।

भागीदारी स्त्री० *(हि० भागी+फ़ा० दारी)* हिस्सेदारी।

भालाबरदार पु० *(हि० भाला+फ़ा० बरदार)* भाला धारण करने वाला।

भोजन ख़र्च पु० *(हि० भोजन+फ़ा० ख़र्च)* भोजन-व्यय।

भोटिया बादाम पु० *(हि० भोटिया+फ़ा० बादाम)* मूँगफली; आलूबुखारा।

म

मंगोल पु० *(अ०)* मनुष्य की चार जातियों में से एक जो मध्य एशिया, तिब्बत, चीन, जापान आदि देशों में बसती है। इनका रंग हलका पीला और नाक चिपटी होती है।

मंज़र पु० *(अ०)* दृश्य।

मंज़रे आम पु० *(अ०)* खुली जगह; सार्वजनिक स्थान।

मंज़िल स्त्री० *(अ०, बहु० मनाज़िल)* यात्रा में ठहरने का स्थान; पड़ाव; मकान का खण्ड।

मंज़िलगाह पु०, स्त्री० *(फ़ा०)* उतरने की जगह।

मंज़िलत स्त्री० *(अ०)* आदर-सत्कार; इज़्ज़त; पदवी।

मंज़िले मक़सूद स्त्री० *(फ़ा०)* असल मुराद; कामना।

मंज़िले हस्ती स्त्री० *(फ़ा०)* ज़िन्दगी।

*मुहा० **मंज़िल उठाना-** मकान बनाना। **मंज़िल भारी होना-** यात्रा करना कठिन होना। **मंज़िल मारना-** यात्रा पूरी करना; मुश्किल हल करना।*

मंज़िला वि० *(अ० मंज़िल+हि० 'आ प्रत्य०')* तल्ले वाला।

मंज़ूअ वि० *(अ०)* निकाला हुआ; किसी वस्तु में से अलग किया हुआ।

मंज़ूम वि० *(अ०)* पद्यात्मक; छन्दोबद्ध; छन्द के रूप में परिवर्तित किया हुआ।

मंज़ूमात स्त्री० *(अ०)* कविताओं का संग्रह; वह संगह जिसमें केवल नज़्में (कविताएँ) हो; ग़ज़ल नहीं।

मंज़ूर वि० *(अ०)* जो मान लिया गया हो; स्वीकृत; देखा हुआ।

मंज़ूरी स्त्री० *(अ० मंज़ूर)* मंज़ूर होने का भाव; स्वीकृति।

मन्द प्रत्यय *(फ़ा०)* वाला; रखनेवाला। जैसे- दौलतमन्द।

मन्दूब पु० *(अ०)* प्रतिनिधि; डेलीगेट।

मन्दूबा स्त्री० *(अ० मन्दूबः)* महिला प्रतिनिधि।

मन्दूबीन पु० *(अ० मन्दूब का बहु०)* प्रतिनिधि मण्डल।

मन्दील स्त्री० *(अ० मिन्दील)* रूमाल; पगड़ी; कमर बाँधने का पटका।

मम्बा पु० *(अ०)* स्रोत; उद्गम।

मम्बित पु० *(अ०)* उगने का स्थान; जहाँ कोई पौधा उगे।

मंशा स्त्री० *(अ०)* इच्छा; इरादा; अभिप्राय; उद्देश्य।

मंशाए इलाही पु० *(अ०)* ईश्वर की इच्छा; खुदा की मर्जी।

मंशाए दिली पु० *(अ० मंशाए+फ़ा० दिली)* मनोकामना; दिली इच्छा।

मंशूर पु० *(अ०)* अस्त-व्यस्त; राजाज्ञा।

मंसक पु० *(अ०)* वह स्थान जहाँ कुरबानी की जाये।

मंसब पु० *(अ०)* पद; ओहदा; कर्तव्य।

मंसबदार पु० *(अ० मंसब+फ़ा० दार)* पदधारी।

मंसूख़ वि० *(अ०)* रद्द किया हुआ; निकम्मा ठहराया हुआ।

मंसूख़ी स्त्री० *(अ० मंसूख़)* रद्द करने या निकम्मा ठहराने की क्रिया।

मंसूब वि० *(अ०)* सम्बन्ध रखने वाला; जिसकी किसी के साथ मँगनी हुई हो।

मंसूबा पु० *(अ०)* इरादा।

मंसूर[1] वि० *(अ०)* जिसे ईश्वरीय मदद मिली हो;

विजयी; एक वली जिन्हें 'अनल हक' कहने पर मार डाला गया।

मंसूर[2] वि० *(अ०)* गद्यात्मक लेख; अनबिंधा मोती।

मंसूरो मुज़फ़्फ़र वि० *(अ०)* प्रशंसनीय विजय।

मंसूस वि० *(अ०)* वह बात जो प्रमाणित हो।

मअन वि० *(अ०)* सहसा; अचानक; तत्काल।

मआज़ वि० *(अ०)* रक्षास्थान; शरणगाह।

मआज़ल्लाह वि० *(अ०)* खुदा की पनाह; ईश्वर बचाये।

मआद स्त्री० *(अ०)* परलोक; होने वाला जन्म।

मआरिज़ वि० *(अ०)* विरोध करने वाला।

मआबिर पु० *(अ०)* नदियों का घाट या पुल।

मआरिक पु० *(अ०)* युद्धक्षेत्र।

मआरिज़ पु० *(अ०)* सीढ़ियाँ।

मआरिफ़ पु० *(अ०)* परिचित लोग।

मआल पु० *(अ०)* परिणाम; निष्कर्ष; प्रतिकार।

मआल अन्देश वि० *(अ० मआल+फ़ा० अन्देश)* परिणाम सोच-समझ कर काम करने वाला।

मआल अन्देशी स्त्री० *(अ० मआल+फ़ा० अन्देशी)* सोच-समझकर काम करना।

मआली पु० *(अ०)* ऊँचाइयाँ; बुलन्दियाँ।

मआले बद पु० *(अ० मआले+फ़ा० बद)* बुरा परिणाम।

मआश स्त्री० *(अ०)* जीविका।

मआशी वि० *(अ०)* जीविका सम्बन्धी।

मआशियात स्त्री० *(अ०)* अर्थशास्त्र।

मआसी पु० *(अ०)* पाप-समूह; गुनाह।

मईब पु० *(अ०)* अवगुण; दोष; ऐब।

मईयत स्त्री० *(अ०)* साथ; हमराही।

मऊनत स्त्री० *(अ०)* सहायता; मदद।

मऊल वि० *(अ)* भरोसा किया हुआ।

मए अंगूर स्त्री० *(फ़ा०)* अंगूर से बनी शराब।

मए अंगबीं स्त्री० *(फ़ा० अंग्बीं)* शहद से बनी शराब; माधवी।

मए आतशी स्त्री० *(फ़ा०)* आग जैसी तेज और लाल मदिरा।

मए पिन्दार स्त्री० *(अ०)* अहंकार की मदिरा।

मए वस्ल स्त्री० *(फ़ा० मए+अ० वस्ल)* सम्भोग; मैथुन; नायिका का सहवास।

मए हराम स्त्री० *(फ़ा० मए+अ० हराम)* वह शराब जिसका पीना धर्म-विरुद्ध है।

मकतब पु० *(अ० मक्तब, बहु० मक़ातिब)* वह स्थान जहाँ लिखना-पढ़ना सिखाया जाता हो; पाठशाला।

पदरचना- *मकतब का यार-* *बचपन का साथी।*

मकतबा पु० *(अ०)* पुस्तकालय; किताबों की दूकान।

मक़तल पु० *(अ० मक़्तल)* वह स्थान जहाँ लोग क़तल किये जाते हों; बध-स्थान; प्रेमिका का क्रीड़ा क्षेत्र।

मक़ता पु० *(अ० मक़्तः)* गज़ल का अन्तिम चरण, जिसमें कवि का नाम होता है।

मक़नातीस पु० *(अ०)* चुम्बक पत्थर; चुम्बक।

मकतूब वि० *(अ० मक्तूब)* लिखा हुआ; लिखित, लेख।

मकतूम वि० *(अ० मक्तूम)* छिपा हुआ।

मक़तूल वि० *(अ० मक़्तूल)* जो क़तल कर दिया गया हो; प्रेमी।

मक़दम पु० *(अ०)* वापस आना; लौटना।

मकदूनिया पु० *(अ०)* बालकन का एक प्रदेश जो पहले यूनान का एक भाग था, सिकन्दर पहले यहीं का राजा था।

मक़दूर पु० *(अ० मक़्दूर)* सामर्थ्य; क्षमता।

मक़ना पु० *(अ० मक़्नः)* एक प्रकार की ओढ़नी या चादर।

मकफ़ूल वि० *(अ०)* बीमा किया हुआ।

मक़बरा पु० *(अ० मक़्बरः)* वह इमारत जिसमें किसी की लाश गाड़ी गयी हो; मज़ार।

मक़बूजा वि० *(अ० मक़्बूजः)* जिस पर कब्जा किया गया हो; अधिकृत।

मक़बूल वि० *(अ० मक़्बूल)* कबूल किया हुआ; चुना हुआ; अच्छा।

मक़बूले-खुदा वि० *(अ०)* खुदा का प्यारा।

मक़बूलियत स्त्री० *(अ०)* कबूल किये जाने का भाव; पसन्द; रुचि; लोकप्रियता; सर्वप्रियता।

मकर पु० *(अ०)* छल-कपट।

मकर-चकर पु० *(अ० मकर+हि० चकर)* धोखाधड़ी।

मक़रूज़ वि० *(अ०)* कर्ज़दार; ऋणी।

मकरूह वि० *(अ०)* घृणित; घृणा उत्पन्न करने वाला; नाजायज काम।

मक़लूब वि० *(अ० मक़्लूब)* उलटा हुआ। पु० वह शब्द या पद जो सीधा या उलटा दोनों ओर से पढ़ने में समान हो, जैसे- दरद।

मक़सद पु० *(अ० मक़्सिद)* उद्‌देश्य; अभिप्राय; कामना।

मक़सूद वि० *(अ०)* अभिप्रेत; उद्‌दिष्ट।

मक़सूम वि० *(अ०)* बाँटा हुआ; विभक्त।

पदरचना- *मक़सूम अलैह*- *भाजक; बाँटने वाला।* ***मक़सूम आज़म*-** *महत्तम समापवर्तक।*

मुहा० *मकसूम का लिखा*- *भाग्य का लिखा; तकदीर।*

मकाइद[1] पु० *(अ०)* छल और फ़रेब।

मक़ाइद[2] पु० *(अ०)* बैठने का स्थान।

मकातिब पु० *(अ०)* प्रारम्भिक पाठशालाएँ।

मक़ाती पु० *(अ०)* चिट्‌ठियाँ; पत्र-समूह।

मक़ादीर स्त्री० *(अ०)* अनुमान।

मक़ादीरे मजहूला स्त्री० *(अ० मक़ादारे मज्हूलः)* वे संख्याएँ जो ज्ञात न हों।

मक़ादीरे मालूमा स्त्री० *(अ०)* वे संख्याएँ जो ज्ञात हों।

मकान पु० *(अ०)* रहने की जगह; घर।

मुहा० *मकान हिला देना*- *बहुत शोरगुल मचाना।*

मकानदार वि० *(अ० मकान+फ़ा० दार)* गृहस्वामी; घर का मालिक।

मकानात पु० *(अ०)* बहुत से घर।

मकाने मस्कूना पु० *(अ० मकाने मस्कूनः)* जिस मकान में कोई रहता हो।

मक़ाबिर पु० *(अ०)* कब्रें; मकबरे; मज़ारें।

मक़ाम पु० *(अ०)* ठहरने की जगह; स्थान।

मक़ामी वि० *(अ०)* ठहरा हुआ; स्थिर।

मक़ाल पु० *(अ०)* वार्तालाप।

मक़ाला पु० *(अ० मक़ालः)* कही हुई बात; निबन्ध।

मक़ूला पु० *(अ० मकूलः)* मसला; कहावत; उक्ति।

मक्का पु० *(अ० मक्कः)* अरब देश का एक प्रसिद्ध नगर जो मुसलमानों का सबसे बड़ा तीर्थस्थान है।

मक्कार वि० *(अ०)* धोखा देने वाला; छली।

मक्कारी स्त्री० *(अ०)* छल; फरेब; धोखा।

मक्की वि० *(अ०)* मक्के का। वि० मक्के का रहने वाला।

मक्र पु० *(अ०)* फरेब; दग़ा।

मख़ज़न पु० *(अ०)* खजाना; भण्डार जमा करने की जगह; गोले-बारूद का भण्डार।

मख़तूल पु० *(अ०)* काला रेशम।

मख़दूम पु० *(अ० मख़्दूम, स्त्री० मख़दूमा)* वह जिसकी सेवा की जाये; मालिक; एक प्रकार के मुस्लिम धर्माधिकारी।

मख़दूश वि० *(अ० मख़्दूश)* जिसमें कोई अन्देशा या डर हो।

मख़मल स्त्री० *(अ० मख़्मल, वि० मखमली)* एक प्रकार का कपड़ा जिसमें चिकने रोयें होते हैं।

मख़मली वि० *(अ०)* मख़मल का बना हुआ।

मख़मसा पु० *(अ० मख़्मस)* विकट प्रसंग या प्रश्न।

मख़मूर वि० *(अ० मख़्मूर)* नशे में चूर; मतवाला

मख़रज पु० *(अ० मख़ज)* मूल या उद्‌गम स्थान; शब्द की व्युत्पत्ति; बोलने की इन्द्रिय; मुख।

मख़लूक़ वि० *(अ० मख़्लूक़)* रचा हुआ; बनाया हुआ।

मख़लूक़ात स्त्री० *(अ० मख़्लूक़ात, मख़्लूक़ का बहु०)* सृष्टि के जीव आदि।

मख़लूत वि० *(अ० मख़्लूत)* मिला-जुला; मिश्रित।

मख़लू तुन्नस्ल वि० *(अ०)* दोगला; वर्णसंकर।

मख़फ़ी वि० *(अ०)* छिपा हुआ; गुप्त।

मख़्सूस वि० *(अ०)* ख़ासतौर पर अलग किया हुआ; विशेष।

पदरचना- *मुक़ाम-मख़्सूस*- *स्त्री या पुरुष की गुप्तेन्द्रिय।*

मख़ाजिन पु० *(अ०)* ख़ज़ाने के ढेर।

मख़ातीम पु० *(अ०)* प्रतिष्ठित जन।

मख़ाफ़ पु० *(अ०)* भय का स्थान; खतरे की जगह।

मख़ाफ़त स्त्री० *(अ०)* भय; त्रास; डर; शंका।

मख़ारिज पु० *(अ०)* शब्द उच्चारण के स्थान।

मख़ाविफ़ पु० *(अ०)* भय के स्थान।

मख़ीज़ पु० *(अ०)* छाछ; मट्‌ठा।

मख़ौल पु० *(अ०)* मजेदार; व्यंग्य पूर्ण बात।

मग़ वि० *(फ़ा०)* गम्भीर; गहरा; छोटी नदी।

मगर अव्य० *(फ़ा०)* परन्तु; लेकिन।

मग़फ़ूर वि० *(अ० मग्फ़ूर)* मृत; स्वर्गीय।
मग़मूम स्त्री० *(अ० मग्मूम)* गम में भरा हुआ; दुःखी।
मग़रिब पु० *(अ० मग्रिब)* पश्चिम दिशा।
मग़रिबी वि० *(अ०)* पश्चिमी। पु० पश्चिम का रहने वाला; यूरोपीय।
मग़रिबी तहज़ीब स्त्री० *(अ०)* पश्चिमी सभ्यता।
मग़रूर वि० *(अ० मग्रूर)* अभिमानी; घमण्डी।
मग़रूरी स्त्री० *(अ० मग्रूरी)* घमण्ड; अभिमान।
मग़लूब वि० *(अ०)* दबा; दबाया हुआ; पराजित।
मगस स्त्री० *(फ़ा०)* मक्खी।
मगसगीर वि० *(फ़ा०)* मक्खी पकड़ने वाला। स्त्री० मकड़ी; लूता।
मग़ाक पु० *(फ़ा०)* गर्त; गड्डा।
मग़ार पु० *(फ़ा०)* गुफा; कन्दरा; पहाड़ की खोह।
मजज़ूब वि० *(अ०)* जज्ब किया हुआ; मस्त; बेसुध। पु० उन मुसलमान फ़कीरों का वर्ग जो नंगे रहते हैं और बेकार की बातें करते हैं।
मग़्ज़ पु० *(अ०)* मस्तिष्क; दिमाग; गूदा; गिरी।
पदरचना- ***मग्ज़ चट-*** *दिमाग चाट जाने वाला; बक्की।* ***मग्ज़पच्ची-*** *माथापच्ची; सिर खपाना।* ***मग्ज़ रोशन-*** *सुँघनी।* ***मग्ज़ सुख़न-*** *बात की तह।*
मग़्ज़ी स्त्री० *(अ० मग्ज)* गोट; किनारा; हासिया।
मज़कूर वि० *(अ० मज़्कूर)* जिसका उल्लेख हुआ हो; उक्त। पु० विवरण; विशेषतः लिखित विवरण।
मज़कूरी पु० *(अ० मज़्कूरी)* सम्मन; तामील करने वाला कर्मचारी।
मज़दूर पु० *(फ़ा० मज़्दूर)* बोझ ढोने वाला; कुली; भोटिया; छोटा-मोटा काम करने वाला।
पदरचना- ***मज़दूर जमात-*** *मज़दूर वर्ग।*
मज़दूरी स्त्री० *(फ़ा० मज़्दूरी)* मजदूर का काम; काम के बदले में मिला हुआ धन।
मजनूँ वि० *(अ० मज्नूँ)* जो प्रेम में दीवाना हो गया हो।
मजनूनियत स्त्री० *(अ० मज्नूनियत)* पागलपन; उन्माद।
मज़बह वि० *(अ० मज़्बह)* जबह करने का स्थान; वध-स्थल।
मज़बूत वि० *(अ० मज़्बूत)* दृढ़; पुष्ट; बलवान।
मज़बूती स्त्री० *(अ० मज़्बूती)* ताकत; बल; साहस।
मजबूर वि० *(अ० मज्बूर)* विवश; लाचार।
मजबूरन क्रि०वि० *(अ०)* विवशतापूर्वक।
मजबूरी स्त्री० *(अ० मज्बूरी)* विवशता; लाचारी।
मज़मज़ा पु० *(फ़ा०)* हिलाना-डुलाना।
मजमा पु० *(अ० मज्मआ)* वह स्थान जहाँ बहुत से लोग एकत्र हों; समूह; भीड़।
मजमूआ पु० *(अ० मज्मूअ:)* बहुत-सी चीजों का समूह; संग्रह। वि० एकत्र किया हुआ।
मजमूई वि० *(अ० मज़्मूई)* एक में मिला हुआ; सब।
मज़मून पु० *(अ० मज़्मून)* वह विषय जिस पर कुछ कहा या लिखा जाये।
मज़मून नवीस पु० *(अ० मज़मून+फ़ा० नवीस)* लेख लिखने वाला; निबन्धकार।
मज़मून नवीसी स्त्री० *(अ० मज़मून +फ़ा० नवीसी)* लेख लिखने का काम।
मज़मून निगार पु० *(अ० मज़मून+फ़ा० निगार)* निबन्धकार।
मज़म्मत स्त्री० *(अ०)* बुराई; निन्दा।
मज़रा पु० *(अ० मज़्रअ)* खेत; छोटा गाँव।
मज़रूअ वि० *(अ० मज़्रूअ)* जोता-बोया गया खेत।
मजरूह वि० *(अ० मज्रूह)* घायल।
पदरचना- ***मजरूहे-उल्फत-*** *घायल प्रेमी।*
मज़र्रत स्त्री० *(अ०)* हानि; नुकसान; चोट; आघात।
मज़ल्लत[1] स्त्री० *(अ०)* तिरस्कार; निन्दा; बदनामी।
मज़ल्लत[2] स्त्री० *(अ०)* पाँव फिसलने का स्थान।
मजल्ला पु० *(अ० मजल्ल:)* पत्रिका; समाचार-पत्र; रिसाला।
मजलिस स्त्री० *(अ० मज्लिस)* सभा; जलसा; समाज।
पदरचना- ***मीर मजलिस-*** *सभापति।*
मजलिसी पु० *(अ०)* मजलिस में आमन्त्रित व्यक्ति। वि० मजलिस सम्बन्धी।
मज़लूम वि० *(अ० मज़्लूम)* जिस पर जुल्म किया गया हो; पीड़ित।
मज़हका पु० *(अ० मज़्हक:)* दिल्लगी; उपहास; मखौल।
पदरचना- ***मज़हका उड़ाना-*** *उपहास करना।*
मज़हब पु० *(अ० मज़्हब)* सम्प्रदाय; पन्थ; मत; धर्म।
मज़हबी वि० *(अ० मज़्हबी)* धार्मिक। पु० मेहतर या भंगी सिख।
मजहूल वि० *(अ० मज्हूल)* सुस्त; निकम्मा।
मज़ा पु० *(फ़ा० मज़:)* स्वाद; लज़्ज़त।

मुहा॰ मज़ा चखाना- किये हुए अपराध का दण्ड देना। मज़ा आ जाना- परिहास का साधन प्रस्तुत होना।

मज़ाक़ पु॰ *(अ॰)* चखने की क्रिया या शक्ति; परिहास; हँसी; ठट्‌ठा।

मज़ाक़न क्रि॰वि॰ *(अ॰)* हँसी या परिहास में।

मज़ाक़िया वि॰ *(अ॰ मज़ाक+हि॰ 'इया' प्रत्य॰)* मजाक पसन्द।

मजाज़ पु॰ *(अ॰)* नियमानुसार मिला हुआ अधिकार या सामर्थ्य।

मजाज़न अव्य॰ *(अ॰)* मानकर; लक्षणा से; नियमानुसार।

मजाज़ी वि॰ *(अ॰)* अवास्तविक; कल्पित; बनावटी; कृत्रिम; सांसारिक; लौकिक (जैसे- मजाज़ीइश्क)।

मज़ार स्त्री॰ *(अ॰)* वह स्थान जहाँ लोग जियारत करने जायें; किसी पीर की कब्र।

मजाल स्त्री॰ *(अ॰)* शक्ति; सामर्थ्य; योग्यता।

मजीद[1] स्त्री॰ *(अ॰)* पवित्र और पूज्य; बड़ा। पु॰ मुसलमानों का धर्मग्रन्थ कुरान।

मज़ीद[2] पु॰ *(अ॰)* ज्यादती; अधिकता। वि॰ बढ़ाया हुआ।

मजूस पु॰ *(फ़ा॰)* जरदुश्त का अनुयायी; अग्निपूजक, पारसी।

मज़ेदार वि॰ *(फ़ा॰ मजःदार)* स्वादिष्ट; जिसमें मज़ा आता हो।

मज़ेदारी स्त्री॰ *(फ़ा॰)* मज़ेदार होने का भाव।

मतब पु॰ *(अ॰)* वह स्थान जहाँ रोगियों के रोग का निदान हो।

मतर पु॰ *(अ॰)* वर्षा; बरसात।

मतअ पु॰ *(अ॰ मताअ)* माल-असबाब।

मतानत स्त्री॰ *(अ॰)* गम्भीरता; संजीदगी।

मताफ़ पु॰ *(अ॰)* परिक्रमा करने का स्थान।

मतीन वि॰ *(अ॰)* गम्भीर; धीर; शान्तचित्त।

मतीर वि॰ *(अ॰)* बरसने वाला बादल।

मतरूक वि॰ *(अ॰)* त्यागा हुआ; परित्यक्त।

मतलब पु॰ *(अ॰)* अभिप्राय; उद्‌देश्य; वास्ता।

मतलबी वि॰ *(अ॰)* अपनी गरज देखने वाला; स्वार्थी।

मतला पु॰ *(अ॰ मत्लअ)* किसी तारे आदि के उदय होने की दिशा; गज़ल के आरम्भिक दो चरण जिसमें अनुप्रास होता है।

मतलूब वि॰ *(अ॰ मत्लूब)* जो तलब या माँगा गया हो; अभीष्ट।

मतलूबा वि॰ स्त्री॰ *(अ॰)* चाही हुई; माशूका।

मता पु॰ *(अ॰ मताअ)* माल-असबाब; सम्पत्ति।

पदरचना- *माल-मता- धन-दौलत। **मता-ए-बाज़ार-** बाज़ार की पूँजी।*

मतानत स्त्री॰ *(अ॰)* परिक्रमा करने का फेरा।

मतीन वि॰ *(अ॰)* दृढ़; पक्का।

मद स्त्री॰ *(अ॰)* विभाग; खाता।

मदक स्त्री॰ *(अ॰)* अफ़ीम के सत् और पान के योग से बना एक नशीला पदार्थ।

मदकची वि॰ *(अ॰ मदक+तु॰ ची)* मदक पीने वाला।

मदकबाज़ वि॰ *(अ॰ मदक+फ़ा॰ बाज़)* मदक का सेवन करने वाला।

मदकूक वि॰ *(अ॰)* कूटा हुआ; क्षय का रोग।

मदद ख़र्च स्त्री॰ *(अ॰ मदद+फ़ा॰ ख़र्च)* सहायता हेतु दिया गया धन, पेशगी।

मददगार पु॰ *(अ॰ मदद+फ़ा॰ गार)* मदद करने वाला; सहायक।

मदफ़न पु॰ *(अ॰ मद्‌फ़न)* वह स्थान जहाँ मुरदे दफ़न किये जाते हैं; कब्रिस्तान।

मदफ़ून वि॰ *(अ॰ मद्‌फ़ून)* गाड़ा हुआ; छिपाया हुआ।

मदयून वि॰ *(अ॰ मद्‌यून)* जिस पर ऋण हो।

मदरसा पु॰ *(अ॰ मद्रिसः)* पाठशाला।

मद व जज़र पु॰ *(अ॰)* समुद्री ज्वार और भाटा।

मदहोश वि॰ *(अ॰ मद्‌होश)* नशे में मस्त; मतवाला; हतबुद्धि।

मदाख़िलत स्त्री॰ *(अ॰)* दखल देना; अधिकार जमाना।

मदाख़िलत नेजा स्त्री॰ *(अ॰ मदाख़िलत+फ़ा॰ नेजा)* अनधिकार प्रवेश।

मदार पु॰ *(अ॰)* भ्रमण मार्ग; आधार; मुसलमानों के एक पीर का नाम; आश्रय।

मदारी पु॰ *(अ॰ मदार)* मदार नामक पीर के अनुयायी; वह जो बन्दर या भालू को नचाता या इन्द्रजाल के खेल करता हो।

मदिया स्त्री॰ *(फ़ा॰ मद+हि॰ इया प्रत्य॰)* मादा पशु।

मद्‌द[1] स्त्री॰ *(अ॰)* आड़ी लकीर जिसे खींचकर नीचे लिखना शुरू करते हैं।

पदरचना- *मद्द फ़ाज़िल- बेकार चीज़। मद्द मुकाबिल- बराबरी का दावेदार; प्रतिस्पर्द्धी।*

मद्द[2] पु० *(अ०)* ज्वार।

पदरचना- *मद्द व जज़र- ज्वार-भाटा।*

मदीद वि० *(अ०)* लम्बा; विस्तृत।

मदीना पु० *(अ० मदीनः)* अरब का एक प्रसिद्ध नगर।

मद्दाह वि० *(अ०)* प्रशंसा करने वाला; प्रशंसक।

मद्दाही स्त्री० *(अ०)* प्रशंसा।

मद्देनज़र वि० *(अ०)* जो नज़र के सामने हो।

मन वि० *(फ़ा०)* मैं।

मनक़ूला वि० *(अ०)* दूसरी जगह ले जाने योग्य।

मनकूहा वि० *(अ० मनकूहः)* स्त्री; विवाहित।

मनज़र पु० *(अ० मंजर)* दृश्य; नज़ारा।

मनज़ूम वि० *(अ० मंज़ूम)* नज्म के रूप में छन्दो बद्ध।

मनफ़ी वि० *(अ० मन्फ़ी)* घटाया या कम किया हुआ।

मनशा स्त्री० *(अ० मंशा)* उद्देश्य; अभिप्राय; कामना।

मनसब पु० *(अ० मंसब)* पद; ओहदा।

मनसबी वि० *(अ० मंसब+फ़ा० बी)* ओहदेदारी।

मनसूख़ वि० *(अ०)* रद्द किया हुआ; काटा हुआ।

मनसूख़ी स्त्री० *(अ०)* रद्द होने का भाव या क्रिया।

मनसूबा पु० *(अ० मंसूबः)* युक्ति; ढंग; इरादा; विचार।

मुहा० *मनसूबा बाँधना- युक्ति सोचना।*

मनसूर/मंसूर पु० *(अ०)* नवीं शती का एक प्रसिद्ध मुसलमान जो 'अनलहक़' (अहं ब्रह्मास्मि) कहा करता था और इस अपराध में ख़लीफा के हुक्म से सूली पर चढ़ा दिया गया।

मनहूस वि० *(अ० मन्हूस)* अशुभ; बुरा; अप्रिय।

मनहूसियत स्त्री० *(अ०)* मनहूस होने की अवस्था; अभागापन; बदकिस्मती।

मना वि० *(अ० मन्ही)* निषिद्ध; वर्जित।

मनाक़िब पु० *(अ०)* धार्मिक महात्माओं के यशोगान।

मनाज़िर पु० *(अ०)* दृश्य समूह।

मनाज़िल स्त्री० *(अ०)* मंजिलें।

मनाज़िले क़मा स्त्री० *(अ०)* नक्षत्र जिनकी संख्या 27 है– 1. शुर्तैन-नतूह (अश्विनी); 2. बुतैन (भरणी); 3. सुरैया (कृत्तिका); 4. दबरानर (रोहिणी); 5. हक़अ (मृगशिरा); 6. हनअः (आर्द्रा); 7. ज़िराअ (पुनर्वसु); 8. नस्रः (पुष्य); 9. तर्फ़ः (श्लेषा); 10. जबहः (मघा); 11. ज़ुब्रः (पूर्वी फाल्गुनी); 12. सर्फ़ः (उत्तरा फ़ा); 13. अव्वार (हस्त); 14. सिमाक (चित्रा); 15. अफ़रः (स्वाती); 16. ज़ुबाना (विशाखा); 17. इक़्लील (अनुराधा); 18. क़ल्ब (ज्येष्ठा); 19. शौलः (मूल); 20. नआइम (पूर्वाषाढ़ा); 21. बल्दः (उत्तराषाढ़ा); 22. सा-देज़ाबेह (श्रवण); 23. बुला (धनिष्ठा); 24. आव्वियः (शतभिषा); 25. सऊद (पूर्व भाद्रपद); 26. मुक़द्दम (उत्तरा भाद्रपद); 27. मुअख़्ख़र (रेवती)। कुछ लोग 28 नक्षत्र मानते हैं। उसका नाम- वैतुलहूत (अभिजित) है।

मनाल पु० *(अ०)* लाभ; सम्पत्ति।

मनाही स्त्री० *(अ०)* न करने की आज्ञा; रोक।

मनिश स्त्री० *(फ़ा०)* प्रकृति; स्वभाव; तबीअत।

मनी स्त्री० *(अ०)* वीर्य। *(फ़ा०)* गर्व; अभिमान।

मनीअ वि० *(अ०)* रोकने वाला; हटाने वाला।

मनीयत स्त्री० *(अ०)* मृत्यु; मरण; मौत।

मनूब वि० *(अ०)* जिसका प्रतिनिधित्व किया जाये।

मन्कूब वि० *(अ०)* गरीब; निर्धन।

मन्तिक़ पु० *(अ०)* तर्कशास्त्र।

मन्तिक़ी पु० *(अ० मन्तिःक)* तर्कशास्त्र का ज्ञाता।

मफ़ऊल पु० *(अ० मफ़ूऊल)* वह जिसके साथ सम्भोग किया जाये; व्याकरण में कर्म।

मफ़क़ूद वि० *(अ० मफ़्कूद)* खोया हुआ; जिसका पता न चले।

मफ़रूज़ वि० *(अ० मफ़्रूज़)* फ़र्ज किया हुआ; माना हुआ।

मफ़रूर वि० *(अ० मफ़्रूर)* भागा हुआ; (अपराधी आदि)।

मफ़लूज वि० *(अ० मफ़्लूज)* जिस पर लकवा गिरा हो; पक्षाघाती।

मफ़लूजूद्दिमाग़ वि० *(अ०)* जिसके दिमाग़ पर फालिज गिरा हो; जो कुछ सोच-समझ न सके।

मफ़्तून वि० *(अ०)* अनुरक्त; आसक्त।

मफ़्तूह वि० *(अ०)* जीता हुआ; विजित।

मबज़ूल वि० *(अ० मब्ज़ूल)* खर्च किया हुआ।

ममात स्त्री० *(अ०)* मृत्यु।

ममालिक पु० *(अ०)* राज्य; राष्ट्र; सल्तनत।

ममालिके ग़ैर पु० *(अ०)* अन्य देश; दूसरे देश।

ममालिके मफ़्तूहा पु० *(अ० ममालिके मफ़्तूहः)* वे देश जो युद्ध में जीते गये हों।

ममालिके मुत्तहदा पु० *(अ० ममालिके मुत्तहदः)* वे देश जो मिलकर एक हो गये हों; संयुक्त देश।

ममालिके मुफ़व्वजा पु० *(अ० ममालिके मुफ़व्वजः)* वह देश जो उसके शासक की ओर से किसी को प्रबन्ध के लिए दे दिये गये हों।

ममालिके महरूसा पु० *(अ० ममालिके महरुसः)* वे देश जो किसी अन्य देश के शासन के अधीन हों।

ममालिके हरीफ़ा पु० *(अ० ममालिके हरीफः)* वे राष्ट्र जो दूसरे राष्ट्र के विरोधी दल में हों।

ममालिके हलीफा पु० *(अ० ममालिके हलीफः)* वे राष्ट्र जो एक-दूसरे राष्ट्र के मित्र और सहायक हों।

ममालीक पु० *(अ०)* गुलाम लोग।

ममोला पु० *(अ०)* एक छोटी चिड़िया।

म्म्बा पु० *(अ० म्म्बः)* पानी का सोता; जल-स्रोत।

मम्लू वि० *(अ०)* भरा हुआ; पूर्ण।

मम्लूक पु० *(अ०)* गुलाम; दास।

मम्लूह वि० *(अ०)* नमकीन।

मय[1] स्त्री० *(फ़ा०)* मदिरा; शराब; मद्य।

पदरचना- ***मयकश-*** *शराबी।* ***मयकशी-*** *शराब पीना; मदिरापान।* ***मयख़ाना-*** *मदिरालय।* ***मयख़्वार-*** *शराबी।* ***मयख़्वारी-*** *शराब पीना।* ***मय परस्त-*** *शराबी।* ***मय परस्ती-*** *मद्यपान।*

मय[2] अव्य० *(अ०)* सहित; समेत।

मयस्सर वि० *(अ०)* मिलता या मिला हुआ।

मरकज़ वि० *(अ०)* वृत्त का केन्द्र; केन्द्रस्थल।

मरकज़ी वि० *(अ०)* केन्द्रीय; प्रधान (कमेटी; हुकूमत)।

मरक़द पु० *(अ० मर्क़द)* शयनागार; कब्र; समाधि।

मरक़ूम वि० *(अ० मर्क़ूम)* लिखा हुआ।

मरग़ूब वि० *(अ० मर्ग़ूब)* जिसकी तरफ रुचि हो।

मरज़[1] पु० *(अ०)* रोग।

मरज[2] पु० *(अ०)* काम का बिगाड़; तबाही; नाश; बरबादी।

मरज़ुल मौत पु० *(अ०)* वह रोग जो मृत्यु का कारण बने।

मरज़े मुतअद्दी पु० *(अ०)* छूत वाला रोग; संक्रामक रोग।

मरज़े मोहलिक पु० *(अ० मर्ज़े मोहिलक)* वह रोग जो प्राण लेकर छोड़े; प्राणघातक रोग।

मरजान पु० *(फ़ा० मर्जान)* मूँगा।

मरजिया पु० *(अ०)* गोताखोर। वि० मर कर जीने वाला; मृतप्राय; मरने-जीने से लापरवाह।

मरज़ी स्त्री० *(अ० मर्ज़ी)* इच्छा; कामना; रुचि।

मरदई स्त्री० *(फ़ा० मरद+हि० 'ई' प्रत्य०)* मर्दानगी, बहादुरी।

मरतूब वि० *(अ० मर्तूब)* गीला; भींगा हुआ; नम।

मरदानगी स्त्री० *(फ़ा० मर्दानगी)* वीरता; साहस।

मरदाना वि० *(फ़ा० मर्दानः)* पुरुषों जैसा; वीरोचित।

मरदूद वि० *(अ० मर्दूद)* रद्द किया हुआ। पु० एक प्रकार की गाली।

मरफ़ा पु० *(फ़ा० मरफ़ः)* ढोल।

मरबूत वि० *(अ० मर्बूत)* क्रमबद्ध; बँधा हुआ।

मरमर पु० *(यू० मर्मर)* एक प्रकार का बढ़िया सफेद और मुलायम पत्थर; संगमरमर।

मरम्मत स्त्री० *(अ०)* किसी वस्तु के टूटे-फूटे अंगों को ठीक करना।

मरम्मती वि० *(अ०)* मरम्मत के लायक।

मरवारीद पु० *(फ़ा०)* मोती।

मरसिया पु० *(अ० मर्सियः)* किसी व्यक्ति के गुणों का कीर्तन; उर्दू भाषा में वह शोक सूचक कविता जो किसी के मृत्यु के सम्बन्ध में बनायी जाती है; मरणशोक; रोना-पीटना।

मरसियाख़्वानी स्त्री० *(अ० मर्सिया+फ़ा० ख़्वानी)* मरसिया पढ़ने की क्रिया।

मरहबा विस्म० *(अ० मर्हबा)* शाबाश; बहुत अच्छे।

मरहम स्त्री० *(अ० मर्हम)* घाव पर लगाने वाला लेप।

मरहला पु० *(अ० मर्हलः)* विकट कार्य; समस्या।

मरहून वि० *(अ०)* रेहन (बन्धक) रखा हुआ।

मरहूना वि०स्त्री० *(अ०)* बन्धक रखी हुई सम्पत्ति।

मरहूम वि० *(अ० मर्हूम)* स्वर्गीय; मरा हुआ।

मराज़अत स्त्री० *(अ०)* दूसरे के बच्चे को स्तनपान कराना।

मरात स्त्री० *(अ०)* स्त्री।

मरातिब पु० *(अ०)* पद; दरजा; पताका; मकान का खण्ड।

मरियम स्त्री० *(अ०)* कुमारी; ईसा मसीह की माता का नाम।
मुहा० ***मरियम का पंजा-*** *एक सुगन्धित घास।*

मरीज़ पु० *(अ०, स्त्री० मरीज़ः)* रोगी; बीमार।

मर्ग पु० *(फ़ा०)* मृत्यु; मौत।
पदरचना- ***उम्मीदे मर्ग-*** *मौत की आस।* ***मर्गे-नागहाँ-*** *अकाल मृत्यु।* ***मर्गे शोक-*** *प्रेम की मृत्यु।* ***शबे मर्ग-*** *मौत की रात।*

मर्ग़ज़ार पु० *(फ़ा०)* हरा-भरा मैदान।

मर्ज़ पु० *(अ०)* रोग; व्याधि।

मर्ज़ी स्त्री० *(अ०)* इच्छा।

मर्जू पु० *(अ०)* धोबी; पीठ मर्द। स्त्री० धोना।

मर्जूह वि० *(अ०)* पराजित।

मर्तबा पु० *(अ० मर्तबः)* बार; दफा; पद।

मर्तबान पु० *(अ०)* मिट्टी का बर्तन जिसमें अचार आदि रखते हैं।

मर्द पु० *(फ़ा०)* पुरुष; साहसी व्यक्ति; पति।

मर्दाना वि० *(फ़ा०)* पुरुषोचित; बहादुर; पुरुषों जैसा।

मर्दी स्त्री० *(फ़ा०)* मर्दानगी; कामशक्ति।

मर्दुम पु० *(फ़ा०)* मनुष्य।

मर्दुआ पु० *(फ़ा०)* तुच्छ पुरुष; गैर मर्द; पति।
पदरचना- ***मर्दुमख़ोर-*** *नरभक्षी।* ***मर्दुम ख़ोरी-*** *मनुष्य भक्षण।* ***मर्दुमशुमारी-*** *जनगणना।*

मर्दूद वि० *(अ०)* निष्कासित।

मर्दुमक पु० *(फ़ा०)* आँख की पुतली।

मर्दुमी स्त्री० *(फ़ा०)* मर्दानगी; पुंसत्व; पौरुष।

मलंग पु० *(फ़ा०)* निश्चिन्त व्यक्ति।

मलक पु० *(अ०, वि० मलकी)* फरिश्ता; देवदूत।

मलक जमाल वि० *(अ०)* दैवीगुण सम्पन्न।

मलक सूरत वि० *(अ०)* देवता जैसा रूप।

मलकात पु० *(अ०)* प्रकृति के गुण।

मलकाते फ़ाज़िला पु० *(अ०)* सत्त्व गुण।

मलकाते रदीया पु० *(अ०)* रजो गुण।

मलकाते मज़मूम पु० *(अ०)* तमोगुण।

मलकुल मौत पु० *(अ०)* मौत का फरिश्ता; यमदूत।

मलका पु० *(अ० मलकः)* बुद्धि की प्रतिभा; मवाद; कूड़ा-करकट।

मलकूत पु० *(अ०)* सत्ता; राज्य; शासन।

मलख़ स्त्री० *(फ़ा०)* टिड्डी; शलभ।

मलज पु० *(अ०)* रक्षास्थान; शरणस्थल।

मला पु० *(अ०)* सज्जन और श्रेष्ठ लोगों की मण्डली।

मलाइन पु० *(अ०)* वे वस्तुएँ जो निन्दित व तिरस्कृत हों।

मलाइब पु० *(अ०)* खेल-कूद।

मलाए आला पु० *(अ०)* देवलोक के रहने वाले।

मलाबिस पु० *(अ०)* पहनने के कपड़े।

मलामत स्त्री० *(अ०)* भर्त्सना; डाँट-फटकार; गन्दगी; दूषित और हानिकर अंश।

मलाल पु० *(अ०, भाव० मलालत)* दुःख; रंज; उदासी।

मलासत स्त्री० *(अ०)* नम्रता; नरमी; स्वच्छता; बराबरी।

मलाहत स्त्री० *(अ०)* साँवलापन; लावण्य; कोमलता।

मलाहिदा पु० *(अ०)* नास्तिक; विधर्मी जन।

मलाही पु० *(अ०)* खेल-कूद; अच्छे कामों से रोकने वाली चीजें।

मलिक पु० *(अ०)* बादशाह; महाराज।

मलिकज़ादा पु० *(अ० मलिक+फ़ा० ज़ादः)* बादशाह का पुत्र।

मलिकुत्तज्जार पु० *(अ०)* व्यापारियों का सरदार; सबसे बड़ा व्यापारी।

मलिकश्शुअरा पु० *(अ०)* दरबार के सर्वश्रेष्ठ कवि को मिलने वाली एक उपाधि।

मलिका स्त्री० *(अ० मलिकः)* बादशाह की पत्नी; महारानी।

मलीदा पु० *(अ० मलीदः)* चूरमा; एक प्रकार का बहुत मुलायम ऊनी कपड़ा। वि० मला हुआ; मर्दित।

मलीह वि० *(अ०)* नमकीन; साँवला।

मलूम वि० *(अ०)* निन्दित; गर्हित।

मलूल वि० *(अ०)* दुःखी; चिन्तित।

मल्लार पु० *(अ०)* एक राग।

मल्लाह पु० *(अ०)* नाव चलाने वाला; नाविक।

मल्लाही स्त्री० *(अ०)* मल्लाह का कार्य या पद; मल्लाह की मजदूरी।

मुवक्किल पु० *(अ०)* वह जो किसी को अपना वकील बनाये।

मवाजिब पु० *(अ०)* नियत समय पर मिलने वाली रक़्म।

मवाज़ी वि० *(अ०)* बराबर; बराबरी का।

मवाद पु० *(अ०)* जख़्म से निकलने वाला पीब; पस।

मवाहिद पु० *(अ०)* वह जो केवल एक ईश्वर को मानता हो; एकेश्वरवादी।

मवालात स्त्री० *(फ़ा०)* मित्रता; प्रेम; सहयोग।

मवाली पु० *(अ०)* यार-दोस्त; संगी-साथी; गुण्डा-बदमाश।

मवालीद पु० *(अ०)* लड़के-बच्चे।

मवालीदे-सलासा पु० *(अ०)* सृष्टि के तीनों वर्ग-प्राणी; वनस्पति और जड़ पदार्थ।

मवाशी पु० *(अ०)* चौपाये; मवेशी।

मवासीक़ पु० *(अ०)* आपस के कौल-करार।

मवेशी पु० *(अ०)* पशु; ढोर; जानवर।

मशक़्क़त स्त्री० *(अ०)* मेहनत; कष्ट।

मशकूर वि० *(अ०)* शुक्रगुजार; कृतज्ञ।

मशग़ला पु० *(अ०)* व्यापार; दिल बहलाव।

मशग़ूल वि० *(अ० मश्ग़ूल)* किसी काम में लगा हुआ।

मशमूल वि० *(अ० मश्मूल)* सम्मिलित।

मशरफ़ पु० *(अ० मश्रफ़)* ऊँची प्रतिष्ठा का स्थान।

मशरिक़ पु० *(अ० मश्रिक़)* पूर्व दिशा।

मशरिक़ी वि० *(अ० मश्रिक़ी)* पूरब का।

मशरूअ वि० *(अ० मश्रूअ)* जो धार्मिक व्यवस्था के अनुकूल हो।

मशरूत वि० *(अ० मश्रूत)* जिसके बारे में शर्तें की गयी हों।

मशरूब पु० *(अ० मश्रूब)* पेय पदार्थ।

मशरूह वि० *(अ०)* जिसकी टीका की गयी हो।

मशवरत स्त्री० *(अ० मश्बुरत)* सलाह; मशवरा।

मशवरा पु० *(अ० मश्वरः)* परामर्श; सलाह; षड्यन्त्र।

मशहूर वि० *(अ० मश्हूर)* प्रख्यात; प्रसिद्ध।

मशाल स्त्री० *(अ० मश्अल)* कपड़ा लपेट कर बनायी गयी मोटी बत्ती, जो जलाने पर अधिक रोशनी देती है।

मशालची पु० *(तु० मश्अलची)* मशाल जलाने वाला।

मशाहीर पु० *(अ०)* मशहूर या प्रसिद्ध लोग।

मशीयत स्त्री० *(अ०)* इच्छा; मरज़ी; खुशी।

मशीख़त स्त्री० *(अ०)* शेख़ी; घमण्ड।

मशीर पु० *(अ०)* सलाहकार; परामर्श दाता।

मश्क[1] स्त्री० *(फ़ा०)* वह खाल जिसमें पानी भर कर रखते या ले जाते हैं; परवाल।

मश्क़[2] स्त्री० *(अ०)* कोई काम बार-बार करना; अभ्यास करना।

मश्कूक वि० *(अ०)* जिसमें कुछ शक हो; सन्दिग्ध।

मश्मूल वि० *(अ०)* जो शामिल किया गया हो; सम्मिलित।

मश्शाक़ वि० *(अ०)* जिसका खूब अभ्यास हो; दक्ष; कुशल।

मश्शाक़ी स्त्री० *(अ०)* दक्षता; कुशलता।

मश्शातगी स्त्री० *(अ०)* शृंगार।

मश्शाता स्त्री० *(अ०)* स्त्रियों का बनाव-शृंगार करने वाली स्त्री; प्रसाधिका।

मस पु० *(अ०)* छूना; स्पर्श करना; सम्भोग; स्त्री गमन।

मसऊद पु० *(अ० मसऊद)* भाग्यवान; प्रसन्न; पवित्र।

मसक़त स्त्री० *(अ०)* अरब देश का एक नगर, जहाँ का अनार प्रसिद्ध है।

मसक़ला पु० *(अ०)* तलवार आदि चमकाने का लोहे का एक उपकरण; तलवार आदि चमकाना।

मसकन पु० *(अ० मस्कन)* मकान; घर।

मसका पु० *(फ़ा०)* मक्खन; नवनीत। जैसे- मसका लगाना- चापलूसी करना।

मसख़रा पु० *(अ०)* जोकर; हँसोड।

मसख़रा पन पु० *(अ० मसख़रा+हि० पन)* मसख़रा होने का भाव।

मसख़री स्त्री० *(अ०)* चुहलबाजी।

मसजिद स्त्री० *(अ० मस्जिद)* नमाज पढ़ने का प्रार्थना गृह।

मसनद स्त्री० *(अ० मस्नद)* बड़ा तकिया; अमीरों के बैठने की गद्दी।

मसनवी स्त्री० *(अ० मस्नवी)* एक प्रकार की कविता जिसमें दो-दो चरण एक साथ रहते हैं और दोनों में तुकान्त मिलाया जाता है।

मसनूअ वि॰ *(अ॰ मस्नूअ)* बना हुआ; निर्मित; कृत्रिम।
मसनूई वि॰ *(अ॰)* बनावटी; कृत्रिम।
मसरूक़ वि॰ *(अ॰ मस्रूक)* चुराया हुआ।
मसरूक़ा वि॰ *(अ॰ मसरूक़ः)* चोरी का।
मसरूफ़ वि॰ *(अ॰ मस्रूफ़)* जो खर्च किया गया हो; काम में लगा हुआ; मशगूल।
मसरूर वि॰ *(अ॰ मस्रूर)* प्रसन्न।
मसलख़ पु॰ *(अ॰ मस्लख़)* वह स्थान जहाँ पशुओं की हत्या की जाती है; बूचड़खाना।
मसल स्त्री॰ *(अ॰)* कहावत; मिसाल।
मसलन क्रि॰वि॰ *(अ॰ मस्लहत)* मिसाल के तौर पर।
मसलहत स्त्री॰ *(अ॰)* हितकर सलाह; भलाई की दृष्टि से।
मसला पु॰ *(अ॰ मसलः)* कहावत; लोकोक्ति; विचारणीय विषय।
मसलूक वि॰ *(अ॰ मस्लूक)* जिसके साथ उपकार किया जाये।
मसलूब वि॰ *(फ़ा॰ मस्लूब)* पकड़ा हुआ; नष्ट-भ्रष्ट किया हुआ; वंचित किया हुआ। वि॰ *(अ॰)* सूली पर चढ़ाया हुआ।
मसविदा पु॰ *(अ॰ मसब्बदः)* काट-छाँट करने और साफ करने के उद्देश्य से पहली बार लिखा हुआ लेख; प्रारूप।
मसह पु॰ *(अ॰ मस्ह)* हाथ से मलना; हाथ फेरना; सम्भोग; नमाज पढ़ने के पूर्व मस्तक, कान और गरदन धोना।
मसाइब पु॰ *(अ॰, मुसीबत का बहु॰)* विपत्तियाँ; कठिनाइयाँ।
मसाइल पु॰ *(अ॰ मस्लः का बहु॰)* समस्याएँ।
मसाना पु॰ *(अ॰ मसानः)* पेट के अन्दर की वह थैली जिसमें पेशाब जमा रहता है; मूत्राशय।
मसाफ़ पु॰ *(अ॰)* युद्ध; युद्ध क्षेत्र।
मसाफ़त स्त्री॰ *(अ॰)* अन्तर; दूरी; फासला; थकावट।
मसालहत स्त्री॰ *(अ॰)* आपस में सन्धि करना; मेलजोल।
मसास पु॰ *(अ॰)* मलना; सम्भोग या प्रसंग करना।
मसाहत स्त्री॰ *(अ॰)* नाप; माप; जमीनों की नाप-जोख।
मसीह पु॰ *(अ॰)* मित्र; दोस्त; ईसाई धर्म के प्रवर्तक ईसा की उपाधि।
मसीहा पु॰ *(फ़ा॰)* मुर्दे को जिला देने की शक्ति रखने वाला।
मसीहाई स्त्री॰ *(अ॰ मसीह)* मसीह का पद या कार्य; मसीह की तरह करामात।
मसीही वि॰ *(अ॰)* ईसा मसीह सम्बन्धी। पु॰ ईसाई।
मस्कीन पु॰ *(अ॰)* निवासी।
मस्कूना वि॰ *(अ॰ मस्कूनः)* आबाद।
मस्क़ूल वि॰ *(अ॰)* प्रकाशमान।
मस्ख़रा पु॰ *(अ॰ मस्ख़रः)* हँसी-मजाक करने वाला; हँसोड़; ठट्ठेबाज; दिल्लगीबाज।
मस्ख़री स्त्री॰ *(अ॰)* हँसी ठट्ठा; मज़ाक।
मस्जूद वि॰ *(अ॰)* पूज्य।
मस्त वि॰ *(फ़ा॰ सं॰ मत्त)* वह जो नशे के कारण मत्त हो; मदोन्मत्त; सदा प्रसन्न रहने वाला; आनन्दित।
मस्तगी स्त्री॰ *(अ॰)* एक वृक्ष का गोंद जो औषध के काम में आता है।
मस्ताना पु॰ *(अ॰ मस्तानः)* वह जो मस्त हो गया हो। क्रि॰वि॰ मस्तों की तरह। अ॰क्रि॰ मस्त होना, मत्त होना।
मस्ती स्त्री॰ *(फ़ा॰)* मस्त होने की क्रिया; वह सब जो कुछ विशेष पशुओं के मस्तक, कान, आँख आदि के पास उनके मस्त होने के समय होता है।
मस्तूरी स्त्री॰ *(अ॰)* दुराव; छिपाव।
मस्तूल पु॰ *(पुर्त॰ मस्टो)* नाव के बीच में खड़ा किया हुआ वह शहतीर, जिसमें पाल बाँधते हैं।
मस्मूअ, मस्मूआ वि॰ *(अ॰ मस्मूअ)* सुना हुआ।
महकमा पु॰ *(अ॰ महकमः)* किसी विशेष कार्य के लिए अलग किया हुआ विभाग।
महकूम वि॰ *(अ॰ महकूम)* जिसके ऊपर आदेश चलाया जाये; अधीनस्थ; आश्रित।
महज़ वि॰ *(अ॰ महज़)* जिसमें किसी अन्य वस्तु का मेल न हो; शुद्ध। क्रि॰वि॰ सिर्फ; केवल।
महज़र पु॰ *(अ॰)* हाजिर होने की जगह, वह साक्ष्यपत्र जिस पर बहुत से लोगों के हस्ताक्षर हों।
महज़रनामा पु॰ *(अ॰ महज़र+फ़ा॰ नामः)* घोषणा पत्र; सूचना पत्र।

महज़ूँ वि० *(अ० मह्ज़ूँ)* दुखी; व्यथित।

महज़ूज़ वि० *(अ० मह्ज़ूज़)* प्रसन्न; खुश।

महताब पु० *(फ़ा० माहताब)* चन्द्रमा; चाँदनी।

महताबी स्त्री० *(फ़ा० माहताबी)* एक प्रकार की आतिशबाजी; चकोतरा नींबू।

महदी पु० *(अ० मह्दी)* ठीक रास्ते पर चलने वाला; बारहवें इमाम जिन्हें शिया मुस्लिम अब तक जीवित मानते हैं।

महदूद वि० *(अ० मह्दूद)* जिसकी हद बाँध दी गयी हो; सीमित; जिसकी ठीक-ठीक व्याख्या कर दी गयी हो।

महदूम वि० *(अ० मह्दूम)* पूर्ण रूप से नष्ट किया हुआ।

महफ़िल स्त्री० *(अ० मह्फ़िल)* सभा; समाज; जलसा; नाच-गाना होने का स्थान।

महफ़ूज़ वि० *(अ० मह्फ़ूज़)* जिसकी अच्छी तरह रक्षा की गयी हो; सुरक्षित।

महबस पु० *(अ० मह्बस)* कारागार; जेल।

महबूब पु० *(अ० मह्बूब)* जिसके साथ प्रेम किया जाये; प्रिय; प्रिय पात्र।

महबूबा स्त्री० *(अ०)* प्रिया; प्रेयसी।

महबूबी स्त्री० *(अ० महबूबी)* प्रेम; इश्क।

महब्बत स्त्री० *(अ०)* प्यार; प्रेम; स्नेह; इश्क।

महमिल पु० *(अ० मह्मिल)* आधार; ऊँट पर कसने का कजावा।

महमूज़ वि० *(अ० मह्मूज)* दूषित; विकृत।

महमूद वि० *(अ० महमूद)* प्रशंसित।

महमूदी स्त्री० *(फ़ा० मह्दूदी)* एक प्रकार की मलमल; चाँदी का एक प्रकार का सिक्का।

महमूम वि० *(अ० मह्मूम)* ज्वर से पीड़ित; सन्तप्त।

महमेज़ स्त्री० *(अ०)* घुड़सवारों के जूते की एड़ी पर लगा हुआ एक तरह का काँटा, जिससे घोड़े को एड़ लगाते हैं।

महर पु० *(अ०)* वह धन या सम्पत्ति जो मुसलमान वर निकाह के समय कन्या को देता है या देने का वचन देता है।

मुहा० ***महर बख़्शवाना-*** *पति का कह-सुन कर पत्नी से महर माफ करा लेना।* ***महर बाँधना-*** *महर की रकम नियत करना।*

महरम पु० *(अ० मह्रम)* जिसके साथ हार्दिक मित्रता हो, अन्तरंग मित्र; वह जो जनान खाने में जा सकता हो या जिसके सामने स्त्रियाँ आ सकती हों। स्त्री०- स्त्रियों की कुरती या अँगिया आदि का वह अंश जिसमें स्तन रहते हैं।

महराब स्त्री० *(अ० मिहराब)* द्वार आदि के ऊपर का अर्द्ध मण्डलाकार भाग।

महराबदार वि० *(अ० मिहरा+फ़ा० दार)* जिसमें महराब हो।

महरू वि० *(फ़ा० मह्रू)* जिसका मुख चन्द्रमा के समान हो; चन्द्रमुखी।

महरूम वि० *(अ० मह्रूम)* वंचित; अभागा; बदनसीब।

महरूमी वि० *(अ०)* बेनसीबी; नाकामी; असफलता।

महरूर वि० *(अ० मह्रूर)* गरम; तप्त।

महरूस वि० *(अ० मह्रूस)* जिसकी देखरेख होती हो।

महरूसा पु० *(अ० मह्रूसः)* अधीन वस्तु या प्रदेश।

महल पु० *(अ०)* बहुत बड़ा भवन; पत्नी; बीबी।

महलसरा स्त्री० *(अ०)* अन्तःपुर।

महली पु० *(अ० महल)* अन्तःपुर का चौकीदार; हिंजड़ा।

महल्ला पु० *(अ० महल्लः)* शहर का कोई भाग, जिसमें कई मकान हों; टोला।

महल्लेदार पु० *(अ० महल्लः+फ़ा० दार)* किसी मुहल्ले का प्रधान व्यक्ति।

महव वि० *(अ० मह्व)* निमग्न; तल्लीन।

महशर पु० *(अ० मह्शर)* मुसलमानी धर्म के अनुसार वह अन्तिम दिन जिसमें ईश्वर सब प्राणियों का न्याय करेगा; महाप्रलय।

महसूब वि० *(अ० मह्सूब)* जिसका हिसाब लगाया गया हो; जो हिसाब में लिखा गया हो।

महसिल पु० *(अ० मुहस्सिल)* वसूल करने वाला।

महसूद वि० *(अ०)* जिससे ईर्ष्या की जा रही हो। पु० वजीरी पठानों की एक शाखा।

महसूर वि० *(अ०)* घेरा हुआ; घेरे में पड़ा हुआ।

महसूल पु० *(अ० मह्सूल)* टैक्स; भाड़ा; किराया।

महसूली स्त्री० *(फ़ा०)* महसूल के योग्य। स्त्री० लगान वाली भूमि।

महसूस वि० *(अ० मह्सूस)* जिसका ज्ञान या अनुभव हुआ हो; जो मालूम किया गया हो।

महाज़ पु० *(अ०)* स्थान; क्षेत्र।

महाज़े जंग पु० *(अ० महाज़े+फ़ा० जंग)* युद्ध क्षेत्र।

महाज़र पु० *(अ०)* शरणार्थी।

महाबत पु० *(अ०)* भय; डर।

महाबा वि० *(अ० महाबः)* भय; डर।

महार स्त्री० *(फ़ा०)* ऊँट की नकेल।

महारत स्त्री० *(अ०)* दक्षता; निपुणता; अभ्यास।

महाफ़िल पु० *(अ०)* गोष्ठियाँ; सभाएँ।

महाब पु० *(अ०)* भय का स्थान; डरावनी जगह।

महाबत स्त्री० *(अ०)* आतंक; रोब; श्रेष्ठता; बुजर्गी।

महामिद पु० *(अ०)* कीर्तियाँ; गुण समूह।

महाला पु० *(अ० महालः)* इलाज; उपाय।

महासिल पु० *(अ०)* आय; आमदनी; लगाव।

महीज़ स्त्री० *(अ०)* स्त्री के रजस्वला होने की अवस्था।

महीन वि० *(अ०)* कमजोर; जीर्ण; तुच्छ।

महीना पु० *(अ० माहीनः)* माह; मास।

महीनेवार क्रि०वि० *(हि० महीने+फ़ा० वार)* मासिक।

महीनेवारी स्त्री० *(हि० महीने+फ़ा० वारी)* मासिक धर्म।

महीब वि० *(अ०)* भयानक; भीषण।

महीबुलऐन वि० *(अ०)* भयानक आँखों वाला।

महू पु० *(अ०)* वह धन जो स्त्री को विवाह के समय ससुराल से मिला हो।

माँ स्त्री० *(फ़ा० सं० मातः)* माता।

माँदगी स्त्री० *(फ़ा० मान्दगी)* बीमारी; रुग्णावस्था।

माँदा वि० *(फ़ा० मान्दः)* बीमार; रोग से पीड़ित।

मा पु० *(अ०)* जल; पानी; रस; तरल सार।

माइल वि० *(अ०)* आकर्षित; आसक्त; झुका हुआ।

माइल-ब-उरूज वि० *(अ० माइल+फ़ा० उरुज़)* उन्नति की ओर धीरे-धीरे बढ़ने वाला।

माइल-ब-ज़वाल वि० *(अ० माइल+फ़ा० ज़वाल)* पतनोन्मुख।

माइल-ब-फ़ना वि० *(अ० माइल+फ़ा० फना)* विनाशोन्मुख।

माई वि० *(अ०)* पानी का।

माईयत स्त्री० *(अ०)* पानीपन; तरी; आर्द्र।

माउलक़र्अ पु० *(अ०)* लौकी का पानी।

माउलजुबन पु० *(अ०)* फटे हुए दूध का पानी जो बीमारों को दिया जाता है।

माउल्लहम पु० *(अ०)* दवाओं में गोश्त डालकर खींचा हुआ एक पुष्टिकर अरक़।

माउलवर्द पु० *(अ०)* गुलाब जल; गुलाब का अर्क।

मा-उल-लहम पु० *(अ०)* एक प्रकार का रस जो माँस और औषधियों के योग से बनाया जाता है और बहुत पौष्टिक माना जाता है।

मउलहयात पु० *(अ० माउलह्यात)* अमृत जल; कीमियागरों की परिभाषा में घी, शहद और सुहागे का मिश्रण, जिसके द्वारा प्रत्येक भस्म धातु फिर से जीवित हो उठती है।

माऊफ़ वि० *(अ०)* विकृत; दूषित; बिगड़ा हुआ।

माऊफ़ुद्दिमाग़ वि० *(अ०)* विकृत मस्तिष्क; जिसके दिमाग में खलल हो।

माए पु० *(अ०)* प्रत्येक बहने वाला तरल पदार्थ।

माए जारी पु० *(अ०)* बहता हुआ पानी।

माए साकिन पु० *(अ०)* ठहरा हुआ पानी।

माकदिर वि० *(अ०)* जो मैला हो; अशुद्ध।

माक़बल क्रि०वि० *(अ० माक़ब्ल)* औंधा; उल्टा; विपरीत।

माकियान स्त्री० *(फ़ा०)* मुर्गी; मुर्गा।

माकिर वि० *(अ०)* छल करने वाला; छली।

माक़ूद वि० *(अ०)* विवाहित।

माकूल[1] वि० *(अ०)* खाया हुआ; खाद्य-पदार्थ।

माक़ूल[2] वि० *(अ० मअकूल)* उचित; वाजिब; लायक।

माक़ूलात[1] स्त्री० *(अ०)* न्यायशास्त्र और विज्ञान की पुस्तकें।

माकूलात[2] स्त्री० *(अ० माअक़ूलात)* खाने-पीने की चीजें।

माक़ूलियत स्त्री० *(अ०)* सम्भावना; इनसानियत।

माक़ूली पु० *(अ०)* न्याय शास्त्र का पण्डित; नैय्यायिक।

माकूस वि० *(अ०)* उलटा; विपरीत।

माख़ज़ पु० *(फ़ा०)* मूल; उद्गम।

माख़ूज़ वि० *(अ०)* जो किसी अभियोग में पकड़ा गया हो।

माज़रत स्त्री० *(अ०)* उज्र या हीला करना; बहाने बाज़ी।

माजरा पु० *(अ०)* घटना; विवरण; हाल।

पदरचना- ***माजराए-दिल-*** *दिल का हाल।*

माजिद वि० *(अ०, स्त्री० माजिदा)* पूज्य; मान्य।

माज़िया क्रि०वि० *(अ० माज़िय:)* इसके पहले; पूर्व में।

माज़ी पु० *(अ०)* गुजरा हुआ; भूतकाल; विगत।

माजू पु० *(फ़ा०)* एक प्रकार का वृक्ष और फल। माजूफल।

माजून स्त्री० *(अ० मअजून)* औषध के रूप में काम आने वाला कोई मीठा अवलेह।

माज़ूर वि० *(अ० मअज़ूर)* असमर्थ; विवश।

माज़ूरी स्त्री० *(अ० मअज़ूरी)* असमर्थता।

माज़ूल वि० *(अ०)* जो पद से हटा दिया गया हो; पदच्युत; अपदस्थ।

माज़ूली स्त्री० *(अ०)* पद से हटाया जाना।

मात स्त्री० *(अ०)* पराजय; हार; मरा हुआ। स्त्री० शतरंज के खेल में बादशाह को मिलने वाली शह।

मातक़ुद्दम वि० *(अ०)* वह चीज जो पहले हो चुकी हो।

मातदिल वि० *(अ० मुअतदिल)* जो न बहुत उग्र हो, न बहुत कोमल।

मातबर वि० *(अ० मुअतबर)* जिसका एतबार किया जाये; विश्वसनीय।

मातबरी स्त्री० *(अ० मुअतबर)* विश्वसनीयता।

मातम स्त्री० *(अ०)* वह दुःख जो किसी के मरने पर किया जाता है; शोक।

मातमकदा स्त्री० *(अ० मातम+फ़ा० कद:)* वह स्थान जहाँ बैठकर लोग मातम करते हैं।

मातमपुरसी स्त्री० *(अ० मातम+फ़ा० पुर्सी)* किसी के मरने पर उसके सम्बन्धियों के प्रति सहानुभूति या संवेदना प्रकट करना।

मातमी वि० *(अ०)* शोक प्रकट करने वाला; शोक सूचक।

मातहत वि० *(अ०)* अधीन या आश्रय में रहने वाला।

मातहती स्त्री० *(अ०)* अधीनता।

मातूफ़ वि० *(अ०)* वह शब्द जो किसी दूसरे शब्द के साथ मिलकर आये। जैसे- राम और लक्ष्मण। इसमें लक्ष्मण 'मातूफ़अल्लैह' है।

मातूब वि० *(अ०)* कोप भाजन।

मादर स्त्री० *(फ़ा० सं० मातृ)* माता; जननी; माँ।

पदरचना- ***मादरे गेती-*** *मातृभूमि।*

मादरख़वाही स्त्री० *(फ़ा०)* माँ की गाली।

मादरज़न स्त्री० *(फ़ा०)* सास।

मादरज़ाद वि० *(फ़ा०)* जन्मजात; पैदाइशी।

मादर-ब-ख़ता वि० *(फ़ा०)* अपनी माँ के साथ भी बुरा काम करने वाला; बहुत बड़ा नीच; दोगला।

मादराना अव्य० *(फ़ा० मादरान:)* माता जैसा।

मादरी वि० *(फ़ा०)* माता से सम्बन्धित; पैदायशी, जन्मसिद्ध।

मादरी ज़बान स्त्री० *(फ़ा०)* वह भाषा जो बालक अपनी माता से सीखता है; मातृ भाषा।

मादरे गीती स्त्री० *(फ़ा०)* मातृ भूमि।

मादरे रिज़ाई स्त्री० *(फ़ा०)* दूध पिलाने वाली धाय।

मादरे वतन स्त्री० *(फ़ा०)* मातृभूमि।

मादरे हक़ीक़ी स्त्री० *(फ़ा०)* वास्तविक माँ।

मादाम वि० *(अ०)* सर्वदा; हमेशा।

मादामलहयात वि० *(अ०)* जिन्दगी भर; आजन्म।

मादिन पु० *(अ०)* खान; कान।

मादिनी वि० *(अ०)* खान से निकला हुआ; खनिज़।

मादीना/मादा[1] स्त्री० *(फ़ा० माद:)* स्त्री जाति का प्राणी।

मादा[2] स्त्री० *(फ़ा०)* भौतिक।

मादारू वि० *(फ़ा० माद:रू)* वह व्यक्ति जिसके दाढ़ी मूँछें न हो।

मादए अस्प स्त्री० *(फ़ा०)* घोड़ी।

मादए आहू स्त्री० *(फ़ा०)* हरिणी।

मादए ख़र स्त्री० *(फ़ा०)* गधी।

मादए ख़ूक स्त्री० *(फ़ा०)* शूकरी।

मादए गाव स्त्री० *(फ़ा०)* गाय।

मादए ताऊस स्त्री० *(फ़ा०)* मोरनी।

मादए फ़ील स्त्री० *(अ० मादए+फ़ा० फ़ील)* हथिनी।

मादए शुतुर स्त्री० *(फ़ा०)* ऊँटनी।

मादए सग स्त्री० *(फ़ा०)* कुतिया।

मादरान्दर स्त्री० *(फ़ा०)* सौतेली माँ।

मादियान स्त्री० *(फ़ा०)* घोड़ी।

मादिलत स्त्री० *(अ०)* न्याय; इंसाफ।

मादिलतगुस्तर वि० *(अ० मादिलत+फ़ा० गुस्तर)* न्यायशील; मुंसिफ मिज़ाज; न्यायनिष्ठ।

मादिह वि० *(अ०)* प्रशंसक।

मादीन स्त्री० *(फ़ा०)* मादा; स्त्री प्राणी।

मादूद वि० *(अ०)* कतिपय; थोड़े; इने-गिने।

मादून अव्य० *(अ०)* अतिरिक्त; अलावा।

मादूम वि० *(अ० मअदूम)* जिसका अस्तित्व न रह गया हो।

माद्दा पु० *(अ० माद्दः)* मूल तत्त्व, योग्यता, काबिलियत; मवाद; पीब।

मादा परस्त वि० *(अ० मादः+फ़ा० परस्त)* वस्तु वादी; भौतिक वादी; प्रकृति वादी।

माद्दी वि० *(अ०)* तत्त्वसम्बन्धी; स्वाभाविक; प्राकृतिक; भौतिक।

मानवी वि० *(अ० मअनवी)* मानी; भीतरी।

माना[1] पु० *(इब०)* एक प्रकार का मीठा रेचक; निर्यास या गोंद।

माना[2] वि० *(फ़ा०)* समान; तुल्य; सहरा।

मानिअ पु० *(अ०)* मनाही; रुकावट; आपत्ति।

मानिन्द वि० *(फ़ा० मानन्द)* समान; तुल्य; ऐसा।

मानी[1] स्त्री० *(अ०)* अर्थ; मतलब; उद्देश्य।

मानी[2] पु० *(फ़ा०)* एक बहुत ही प्रसिद्ध चित्रकार। यह 831 ई० में बाबिल (ईरान) में पैदा हुआ, मदाइन में पढ़ा, जवान होकर इसने नबी होने का दावा किया, जिससे लोग इसके शत्रु हो गये और यह चीन और तुर्किस्तान की ओर चला गया। बीस वर्ष बाद वापस लौटा। 889 ई० में जब इसकी आयु 58 वर्ष की थी, बहराम ने इसे मार डाला। इसने एक नया धर्म चलाया था और बहुत-सी पुस्तकें भी लिखी थीं।

माने वि० *(अ०)* रोकने वाला; बाधक; हस्तक्षेपक।

मानूस वि० *(अ० मुआफ़)* जिसके साथ प्रेम हो गया हो; परिचित।

माफ़ वि० *(अ० मुआफ़)* जिसे क्षमा कर दिया गया हो।

माफ़क़त स्त्री० *(अ०)* अनुकूलता; मेल; मैत्री।

माफ़ात पु० *(अ०)* जो गुज़र चुका हो।

माफ़ीज़्ज़मीर पु० *(अ०)* विचार; इरादा।

माफ़ी स्त्री० *(अ० मुआफ़ी)* क्षमा।

माबक़ा पु० *(अ०)* जो बाक़ी रह गया हो।

माबद पु० *(अ०)* उपासना-गृह।

माबर पु० *(अ०)* नदी आदि पार करने का स्थान; घाट; तट।

माबाद क्रि०वि० *(अ०)* किसी के बाद में।

माबूद पु० *(अ० मअबूद)* परमात्मा।

मामन पु० *(अ०)* सुरक्षित स्थान।

मामला पु० *(अ० मुआमलः)* अभियोग; सम्भोग; झगड़ा।

मामा स्त्री० *(फ़ा०)* दासी; नौकरानी।

मामागरी स्त्री० *(फ़ा०)* दासी का काम या पद।

मामूर वि० *(अ० मअमूर)* भरा हुआ; पूर्ण; नियुक्त किया हुआ।

मामूल वि० *(अ०)* आशान्वित। पु० *(अ०)* रीति-रिवाज। ***मुहा० मामूल के दिन-*** *रजोधर्म का समय।* ***मामूल से होना-*** *ऋतुमती होना।*

मामूली वि० *(अ० मअमूल)* साधारण; सामान्य।

मायल वि० *(अ०)* झुका हुआ; प्रवृत्त; मिश्रित; आसक्त।

माया/मायह स्त्री० *(फ़ा० सं० माया)* सम्पत्ति; धन; पूँजी।

मायूब वि० *(अ० माअयूब)* जिसमें ऐब या दोष हो।

मायूस वि० *(अ०)* जिसकी आशा टूट गयी हो; निराश, उदास।

मायूसकुन वि० *(अ० माय+फ़ा० सकुन)* निराशाजनक।

मायूसी स्त्री० *(अ०)* निराश होने की अवस्था; निराशा।

मार पु० *(फ़ा०)* साँप; सर्प।

मारगज़ीदा वि० *(फ़ा० मारगज़ीदः)* साँप का डसा हुआ।

मारगीर वि० *(फ़ा०)* सँपेरा।

मारगुर्ज़ा पु० *(फ़ा० मारगुर्ज़ः)* फन वाला साँप; काला साँप; नाग।

मारका पु० *(अ० मअरकः)* युद्धक्षेत्र; रणभूमि। ***मुहा० मारके का-*** *महत्त्वपूर्ण।*

मारख़ोर पु० *(फ़ा०)* अफगानिस्तान में बहुत बड़े सींग वाला एक जानवर।

मामगीर पु० *(फ़ा०)* एक तरह का बकरा; सँपेरा।

मारतौल पु० *(पुर्त०)* एक प्रकार का बड़ा हथौड़ा।

मारपेंच पु० *(फ़ा०)* छल-कपट।

मारफ़त-के सम्बन्ध बोधक *(अ० मअरिफ़त)* के द्वारा; ज़रिये से।

मारफ़ीन स्त्री० *(अ०)* अफ़ीम का सत्।

मारमाही स्त्री० *(फ़ा०)* बाम मछली; सर्प मछली।

मारिका पु० *(अ० मारिकः)* मैदान; क्षेत्र; उपद्रव।

मारिका गाह स्त्री० *(अ० मारिकः+फ़ा० गाह)* युद्ध क्षेत्र।

मारिज़ पु० *(अ०)* जाहिर होने की जगह।

मारिफ़ा पु० *(अ० मारिफ़ः)* व्यक्तिवाचक संज्ञा।

मारिफ़त स्त्री० *(अ०)* द्वारा; जरिये; अध्यात्म।

मारे आस्तीन पु० *(फ़ा० मारे आस्तीं)* आस्तीन का साँप; दोस्त बनकर दुश्मनी करने वाला।

मारे दुज़बाँ पु० *(फ़ा०)* जो जीभों वाला साँप; चुगलखोर।

मारे सियाह पु० *(फ़ा०)* काला साँप; नाग।

मारूत पु० *(फ़ा०)* एक फ़रिश्ते का नाम।

मारूज़ वि० *(अ०)* अर्ज किया हुआ; निवेदित। पु० निवेदन; प्रार्थना।

मारूफ़ वि० *(अ० मअरूफ़)* प्रसिद्ध। पु० गणित में ज्ञात राशि।

मार-रे-गंज पु० *(फ़ा०)* खजाने की रक्षा करने वाला।

माल पु० *(अ०, बहु० अमवाल)* सम्पत्ति; कोई बढ़िया वस्तु; सुन्दरी।

मुहा० ***माले मुफ़्त, दिल बेरहम-*** *बिना परिश्रम के अर्जित की हुई सम्पत्ति बहुत लापरवाही से खर्च की जाती है।*

माल-ए-लावारिस पु० *(अ०)* वह माल या वस्तु जिसका वारिस न हो।

माल-ए-वक़्फ़ पु० *(अ०)* किसी धार्मिक कार्य के लिए दान किया गया धन।

मालकियत स्त्री० *(अ०)* स्वामित्व।

मालख़ाना पु० *(अ० माल+फ़ा० ख़ानः)* भण्डार घर।

माल गुज़ार पु० *(अ० माल+फ़ा० गुज़ार)* वह जो सरकार को लगान देता हो।

माल गुज़ारी स्त्री० *(अ० माल+फ़ा० गुज़ारी)* भूमिकर; लगान।

माल ज़ब्ती स्त्री० *(अ०)* सामान की कुर्की और उस पर सरकारी कब्जा।

मालग़ैर मनक़ुला पु० *(अ०)* अचल सम्पत्ति।

मालज़ादा पु० *(अ० माल+फ़ा० ज़ादः, स्त्री० मालज़ादी)* वेश्या का पुत्र; वेश्या के गर्भ से उत्पन लड़का।

माल ज़ामिन पु० *(अ०)* जो किसी के बदले ऋण चुकाने का जिम्मा ले।

मालदार वि० *(अ० माल+फ़ा० दार)* जिसके पास बहुत, सम्पत्ति हो।

मालदारी वि० *(अ० माल+फ़ा० दारी)* सम्पन्नता; अमीरी।

मालोमता पु० *(अ० माल+व० मुताअ)* धन-दौलत; सम्पत्ति।

मालमस्त वि० *(अ० माल+फ़ा० मस्त)* लापरवाह या मस्त रहने वाला।

माल मस्ती स्त्री० *(अ० माल+फ़ा० मस्ती)* धन का घमण्ड।

माल शराकत पु० *(अ०)* वह सम्पत्ति जिस पर सब लोगों का सम्मिलित अधिकार हो।

मालामाल वि० *(अ०)* धन-धान्य से सम्पन्न; समृद्ध; भरपूर।

मालिक पु० *(अ०)* ईश्वर; स्वामी; पति; शौहर।

मालिक अराज़ी पु० *(अ०)* खेत का मालिक; जमींदार।

मालिका स्त्री० *(अ० मालिकः)* स्वामिनी।

मालिकाना वि० *(अ० मालिकानः)* मालिक का; स्वामी का। पु० वह हक या धन जो किसी मालिक को उसके स्वामित्व के बदले में मिलता हो।

मालिकुलमुल्क पु० *(अ०)* देश का स्वामी।

मालिके हक़ीक़ी पु० *(अ०)* सच्चा स्वामी अर्थात् ईश्वर।

मालियत स्त्री० *(अ०)* सम्पत्ति; पूँजी; मूल्य; दाम।

मालिया पु० *(अ०)* मालगुजारी।

मालिश स्त्री० *(फ़ा०)* मलने की क्रिया; रगड़कर चमकीला बनाना।

मुहा० ***जी मालिश करना-*** *जी मिचलाना।*

माली वि० *(अ०)* माल सम्बन्धी; अर्थशास्त्र सम्बन्धी।

माली ख़ूलिया पु० *(यू०)* एक प्रकार का उन्माद जिसमें रोगी बहुत दुःखी और चुपचाप रहता है।

मालीदा वि० *(फ़ा० मालीदः)* मला हुआ; मर्दित।

मालुमात स्त्री० *(अ०)* ज्ञान; जानकारी।

मालूफ़ वि० *(अ०)* सुपरिचित; परम प्रिय।

मालूम वि० *(अ० मअलूम)* जाना हुआ; ज्ञात।

माश पु० *(अ०, सं० माष)* मूँग; उड़द।

मुहा० ***माश मारना-*** *उरद के दानों पर मन्त्र पढ़कर किसी पर फेंकना; जादू करना।*

माशा पु० *(फ़ा० माशः)* लोहारों की सँड़सी; आठ रत्ती की तौल।

माशा-अल्लाह पद *(अ०)* ईश्वर बुरी नजर से बचाये; वाह-वाह।

माशूक़ वि० *(अ० मअशूक़)* जिसके साथ प्रेम किया जाये; प्रेमपात्र; प्रेमिका।

माशूक़ाना वि० *(अ० मअशूक़ानः)* प्रेमपात्रों की भाँति।

माशूक़ी स्त्री० *(अ० मअशूक़)* सुन्दरता; सौन्दर्य।

माशूक़े हक़ीक़ी पु० *(अ०)* वह प्रेमी जिसका सम्बन्ध आत्मा से हो, अर्थात् ईश्वर।

माश्की पु० *(फ़ा० मश्क)* भिश्ती।

मासबक़ वि० *(अ०)* बीता हुआ।

मासियत स्त्री० *(अ० मअसियत)* आज्ञा न मानना; गुनाह।

मासिवा यो० *(अ०)* इसके सिवा; इसके अतिरिक्त।

मासूम/मासूमियत स्त्री० *(अ० मअसूमियत)* निरीहता; शैशवकाल।

माह पु० *(फ़ा०)* चन्द्रमा; मास; महीना।

पदरचना- ***माहे तमाम-*** *पूर्ण चन्द्र।*

माह-ए-क़मरी- पु० *(फ़ा०)* चान्द्रमास।

माह-ए-शम्सी पु० *(फ़ा०)* सौर मास।

माहजबीं वि० *(फ़ा०)* चन्द्रमा के समान मुखवाला; सुन्दर।

माहज़र वि० *(अ०)* उपस्थित; वर्तमान।

माहताब पु० *(फ़ा०)* चाँद; चाँदनी।

माहताबी वि० *(फ़ा०)* चन्द्रमा की चाँदनी में तैयार किया हुआ।

माहदर अक़रब वि० *(फ़ा० माहदर+अ० अक़्रब)* चन्द्रमा का वृश्चिक राशि में प्रवेश, जो बहुत अशुभ होता है।

माहनामा पु० *(फ़ा० माहनामः)* वह पत्रिका जो महीने में एक बार प्रकाशित हो; मासिक-पत्र।

माहपारा वि० *(फ़ा० माहपारः)* चाँद का टुकड़ा; चाँद जैसी सूरत वाली।

माह-ब-माह क्रि०वि० *(फ़ा०)* हर महीने।

माहवश वि० *(अ०)* चन्द्रमा के समान सुन्दर मुख वाला।

माहवार क्रि०वि० *(फ़ा०)* प्रतिमास।

माहवारी वि० *(फ़ा०)* हर मास का। स्त्री० स्त्रियों का मासिक-धर्म।

माहसल पु० *(अ०)* वह जो उत्पन्न और प्राप्त हो।

माहाना वि० *(फ़ा०)* मासिक।

माहियत स्त्री० *(अ०)* भीतरी और वास्तविक तत्त्व; प्रकृति; विवरण।

माहियाना पु० *(फ़ा० माहियानः)* मासिक वेतन।

माहि-ए-बेआब स्त्री० *(फ़ा०)* बिना पानी की मछली; अर्थात् बहुत दुःखी और व्याकुल।

माहिर वि० *(अ०)* अच्छा जानकार; कुशल ज्ञाता।

माहिरे कामिल वि० *(अ०)* किसी कला का पूर्ण पारंगत।

माहिरे ख़ुसूसी वि० *(अ०)* किसी विशेष गुण का पूर्ण जानकार।

माहिरे फ़न वि० *(अ०)* कला मर्मज्ञ; कलाकार।

माही[1] स्त्री० *(फ़ा०)* मछली।

माही[2] वि० *(अ०)* मिटाने वाला; नष्ट करने वाला।

माहीख़्वार पु० *(फ़ा०)* बगुला।

माहीगीर पु० *(फ़ा०)* मछली पकड़ने वाला; मछुआ।

माहीचा स्त्री० *(फ़ा० माहीचः)* सिवइयाँ।

माहीखोर वि० *(फ़ा०)* मछली खाने वाला।

माही पुश्त वि० *(फ़ा०)* जिसकी पीठ या तल ऊपर की ओर उभरा हुआ हो।

माही फ़रोश पु० *(फ़ा०)* मछली बेचने वाला।

माही मरातिब पु० *(फ़ा०)* मुसलमान राजाओं के आगे हाथी पर चलने वाले सात झण्डे जिनपर मछली और ग्रहों आदि की आकृतियाँ होती थीं।

माहीयत स्त्री० *(अ०)* तत्त्व; जौहर; असलीयत।

माहूद वि० *(अ०)* वह बात जो दिल में बैठी हो।

माहूदाना पु० *(फ़ा०)* जमालघोटा।

माहूदे ख़ारिजी पु० *(फ़ा०)* वह जातिवाचक संज्ञा जो कारण विशेष से व्यक्तिवाचक बन जाये। जैसे- 'खलील' एक जातिवाचक संज्ञा है, किन्तु हज़रत इब्राहीम के लिए बोला जाता है।

माहे कनूआँ पु० *(फ़ा० माहे+अ० कनूआ)* हजरत यूसुफ।

माहे क़मरी पु० *(फ़ा० माहे+अ० क़मरी)* चाँद का महीना; चान्द्रमास।

माहे कामिल पु० *(फ़ा० माहे+अ० कामिल)* पूर्ण चन्द्र; चौदहवीं का चाँद।

माहे गिरफ्ता पु० *(फ़ा० माहे गिरिफ्तः)* ग्रहण लगा हुआ चाँद।

माहे नख़्शब पु० *(फ़ा०)* वह चाँद जिसे हकीम इब्ने मुक़न्ना ने बनाया था।

माहे नौ पु० *(फ़ा० माहे+अ० नौ)* नया चाँद; बालचन्द्र।

माहे मुबारक पु० *(फ़ा० माहे+अ० मुबारक)* रमजान का महीना; जिसका हिसाब सूर्य के चक्कर से होता है; ईस्वी महीना।

मिंजल स्त्री० *(अ०)* खेत की फसल काटने का हँसिया।

मिन्तक़ा पु० *(अ० मिन्तक़ः)* कटिबन्ध; सर्दी-गर्मी आदि के दृष्टिकोण से पृथ्वी के खण्ड; हर एक खण्ड मिन्तक़ा कहलाता है; कमर में बाँधने की पेटी।

मिन्तक़ाए वारिदा पु० *(अ० मिन्तक़ाए वारिदः)* शीत कटिबन्ध; वह खण्ड जो बहुत ठण्ढा है।

मिन्तक़ाए मोतदिला पु० *(अ० मिन्तक़ाए मोतदिलः)* सम शीतोष्ण कटिबन्ध।

मिन्तक़ाए हार्रा पु० *(अ० मिन्तक़ाए हार्रः)* उष्ण कटिबन्ध।

मिअयार पु० *(अ०)* कसौटी; सोना-चाँदी तौलने का काँटा या तराजू।

मिक़द स्त्री० *(अ० मिक़अद)* गुदा; मलद्वार।

मिक़दार स्त्री० *(अ० मिक़्दार)* परिमाण; मात्रा।

मिक़ना पु० *(अ० मिक़नअ)* एक प्रकार की ओढ़नी या चादर।

मिक़दास पु० *(अ० मिक़्दास)* अनुमान; कयास।

मिक़राज़ स्त्री० *(अ० मिक्राज़)* कैंची; कतरनी।

मिकराज़ा पु० *(अ०)* गुलगीर; वह तीर जिसके फल में दो गाँसियाँ होती हैं।

मिज़गाँ स्त्री० *(फ़ा० मिज़ह का बहु०)* आँखों की पलकें।

मिज़मार पु० *(अ० मिज़्मार)* बाँसुरी; घुड़दौड़ का मैदान।

मिज़राब स्त्री० *(अ० मिज़्राब)* तार का वह नुकीला छल्ला जिससे सितार आदि बजाते हैं।

मिज़ह, मिज़ा स्त्री० *(फ़ा०, बहु मिजगाँ)* आँख की पलक।

मिज़ाज पु० *(अ०)* किसी पदार्थ का वह मूल गुण जो सदा बना रहे; प्रकृति; स्वभाव; मन की दशा; तबीयत; दिल।

मुहा० ***मिज़ाज खराब होना-*** *मन में अप्रसन्नता होना; अस्वस्थ होना।* ***मिज़ाजपुरसी-*** *यह पूछना कि आप कैसे हैं?* ***मिज़ाज पाना-*** *किसी के स्वभाव से परिचित होना।* ***मिज़ाज पूछना-*** *हाल-चाल पूछना।* ***मिज़ाज न मिलना-*** *घमण्ड के कारण किसी से बात न करना।*

मिज़ाज दाँ वि० *(अ० मिज़ाज+फ़ा० दाँ)* मिज़ाज या प्रकृति पहचानने वाला।

मिज़ाजन क्रि०वि० *(अ०)* प्रकृति या स्वभाव के विचार से।

मिज़ाजी वि० *(अ०)* घमण्डी; मिज़ाज वाला।

मिज़ाजो *(अ० मिज़ाज)* बहुत अभिमान करने वाली।

मिन प्रत्य० *(अ०)* से; का; पर।

मिनक़ार पु० *(अ० मिन्क़ार)* पक्षी की चोंच; लकड़ी में छेद करने का बरमा।

मिनजानिब क्रि०वि० *(अ०)* किसी की ओर से।

मिनजुमला क्रि०वि० *(अ० मिनजुम्मलः)* इन सबमें से।

मिन्दील पु० *(अ०)* कमर में बाँधने का विशेष रूमाल।

मिनहा वि० *(अ० मिन्हा)* घटाया या कम किया हुआ।

मिनहाई स्त्री० *(अ० मिन्हाइ)* कटौती।

मिन्नत स्त्री० *(अ०)* प्रार्थना; विनती; चापलूसी।

मिफ़्ताह स्त्री० *(अ०)* कुंजी।

मिम्बर पु० *(अ०)* मसजिद में वह ऊँचा चबूतरा जिस पर बैठकर मुल्ला आदि उपदेशदेते या खुतबा पढ़ते हैं।

मियाँ पु० *(फ़ा०)* स्वामी; मालिक; पति; खसम; बड़ों के लिए सम्बोधन; महाशय; मुसलमान।

मुहा० ***मियाँ की जूती, मियाँ का सिर-*** *जिसकी वस्तु हो, उसका उसी के विरुद्ध प्रयोग करना।* ***(अपने मुँह) मियाँ मिट्ठू बनना-*** *(अपने मुँह) अपनी प्रशंसा करना।*

मियाद स्त्री० *(अ०)* अवधि; समय-सीमा।

मियादी वि० *(अ० मीयाद)* अवधि सम्बन्धी; समय-सीमा सम्बन्धी।

मियान पु० *(फ़ा०)* किसी चीज का मध्य भाग; कमर; तलवार रखने का चमड़े का खोल।

मियाना वि० *(फ़ा० मियानः)* मझोले आकार का; मध्य भाग; एक प्रकार की पालकी।

मियानी स्त्री० *(फ़ा० मियान)* पाजामे के बीच का भाग। वि० बीच का।

मिरात स्त्री० *(अ०)* दर्पण; शीशा।

मिर्ज़ई स्त्री० *(फ़ा०)* बन्द गले का कुरता; अंगा।

मिर्ज़ा पु० *(फ़ा०)* शुद्ध रूप मीरज़ा या मीरज़ादा; मीर या सरदार का लड़का; मुगलों की एक उपाधि। **पदरचना- *मिर्ज़ाछैला-*** *छैल छबीला; रंगीला व्यक्ति।* ***मिर्जाफ़ोया-*** *दुबला-पतला; नाजुकमिज़ाज।* ***मिरजान-*** *मूँगा।* ***मिरजानी-*** *मूँगे का।*

मिर्ज़ाईस्त्री० *(फ़ा०)* मिर्ज़ा का पद या उपाधि; मिरज़ापन।

मिरीख़ पु० *(अ०)* मंगल ग्रह।

मिल्क स्त्री० *(अ०)* भू-सम्पत्ति; जमींदारी।

मिल्कीयत स्त्री० *(अ०)* भूमि पर स्वामित्व का अधिकार; सम्पत्ति।

मिल्लत[1] स्त्री० *(अ०)* मेलजोल; मिलाप।

मिल्लत[2] स्त्री० *(अ०)* मज़हब; धर्म; मुसलमानी समाज।

मिंशफ़ पु० *(अ०)* तौलिया।

मिंशार पु० *(अ०)* आरा; लकड़ी चीरने का यन्त्र; खबर फैलाने का यन्त्र (लाउडस्पीकर)।

मिआ स्त्री० *(अ०)* आँत।

मिक़स स्त्री० *(अ०)* वह रस्सी जिससे दुहते समय जानवर के पाँव बाँधते हैं।

मिक़तल पु० *(अ० मिक़्तल)* कत्ल करने का आला।

मिक़दार स्त्री० *(अ० मिक़्दार)* मात्रा; वज़न; तौल।

मिकनस स्त्री० *(अ० मिक्नस)* झाड़ू; मार्जनी।

मिक़ना पु० *(अ० मिक़्ना)* दूल्हा के ओढ़ने का महीन कपड़ा, जिस पर सेहरा रहता है; स्त्रियों के ओढ़ने का महीन कपड़ा; ओढ़नी।

मिकयाल पु० *(अ० मिक्याल)* सूखी वस्तु नापने का बरतन।

मिक़यास पु० *(अ० मिक़्यास)* नापने का आला; अनुमान का यन्त्र।

मिक़यासुलमतर पु० *(अ० मिक़्यासुलमतर)* वर्षा का जल मापने का यन्त्र; वर्षामापी यन्त्र।

मिक़यासुलमा पु० *(अ० मिक़्यासुलमा)* पानी का हलका-भारीपन जानने का यन्त्र।

मिक़यासुलमौसिम पु० *(अ० मिक़्यासुलमौसिम)* मौसम का हाल जानने का यन्त्र।

मिक़यासुललबन पु० *(अ० मिक़्यासुललबन)* दूध की मिलावट जानने का यन्त्र।

मिक़यासुलहरारा पु० *(अ० मिक़्यासुलहरारः)* बुखार नापने का यन्त्र; थर्मामीटर।

मिक़यासुलहवा पु० *(अ० मिक़्यासुलहवा)* हवा की गति मापने का यन्त्र; हवामापी यन्त्र।

मिक़राज़ स्त्री० *(अ० मिक़्राज़)* कैंची।

मिक़वल पु० *(अ० मिक़्वल)* जबान; जीभ।

मिक़वा पु० *(अ० मिक़्वा)* दफ्ती; वह वस्तु जिसे कोई चीज पुष्ट या मजबूत की जाये।

मिकवात स्त्री० *(अ० मिक्वात)* शरीर दागने का यन्त्र; कपड़े पर करने की इस्तरी।

मिकहल स्त्री० *(अ० मिक्हल)* सुरमा लगाने की सलाई; अंजन-शलाका।

मिख़लात पु० *(अ० मिख्लात)* घोड़े का तोबड़ा जिसमें उसे दाना खिलाया जाता है।

मिग़फ़र पु० *(अ०)* लोहे की फौजी टोपी।

मिग़रफ़ा पु० *(अ० मिग्रफ़ः)* चमचा; कफ़गीर।

मिजस पु० *(अ०)* रोगी की नाड़ी देखने का स्थान।

मिज़ाज पु० *(अ०)* स्वभाव; आदत; गुण; प्रकृति; अभियान; नाज़-नख़रा।

मिज़ाजदाँ वि० *(अ० मिज़ाज+फ़ा० दाँ)* जो किसी की प्रकृति से परिचित हो; जो स्वभाव पहचान कर उसी के अनुसार बात करता हो।

मिज़ाजदानी स्त्री० *(अ० मिज़ाज+फ़ा० दानी)* मिज़ाज पहचानना; हाँ में हाँ मिलाना।

मिज़ाज पुर्सी स्त्री० *(अ० मिज़ाज+फ़ा० पुर्सी)* रोगी का हाल-चाल जानना; किसी से मिलकर उसका समाचार जानना।

मिज़ाजे मुबारक पु० *(अ०)* मुलाकात के समय कहा जाने वाला वाक्य- आपका मिज़ाजे मुबारक कैसा है?

मिज़दाफ़ पु० *(अ० मिज़्दाफ़)* वह तिकोनी चौड़ी लकड़ी जो नाव में बाँधते हैं और उसी से नाव को दिशा देते हैं; डाँड।

मिज़मर[1] पु० *(अ० मिज़्मर)* एक बाजा; बाँसुरी।

मिज़मार[2] पु० *(अ० मिज़्मार)* घोड़ों को साधने के लिए दौड़ाने का मैदान।

मितरक़ा पु० *(अ० मित्रक़ः)* हथौड़ा; घन।

मितहन स्त्री० *(अ० मित्हन)* आटा पीसने की चक्की।

मिदफ़ा पु० *(अ०)* तोप।

मिदहत स्त्री० *(अ० मिद्हत)* प्रशंसा; तारीफ़।

मिदहतसरा वि० *(अ० मिद्हत+फ़ा० सरा)* प्रशंसक; तारीफ करने वाला।

मिन अव्य० *(अ०)* से।

मिनख़ल स्त्री० *(अ०)* चलनी; छनना।

मिनजानिब अव्य० *(अ०)* ओर से; तरफ़ से।

मिनजुमला अव्य० *(अ० मिनजुम्लः)* सबमें से।

मिना पु० *(अ०)* मक्के का वह स्थान, जहाँ हज के दूसरे दिन हाजी लोग क़ुरबानी करते और हजामत बनवाते हैं।

मिनोअन वि० *(अ०)* पूरा-पूरा; साफ़-साफ़; जैसा का तैसा; ज्यों का त्यों; अक्षरशः।

मिनक़ार स्त्री० *(अ० मिन्क़ार)* चोंच।

मिनबहिना अव्य० *(अ० मिनबहिनः)* एक प्रकार से; एक तरह से।

मिनहा वि० *(अ०)* उन सबमें से; निकाला हुआ; घटाया हुआ; कम किया हुआ।

मिनहाई स्त्री० *(अ०)* कमी; कटौती।

मिनहाज स्त्री० *(अ०)* मार्ग; रास्ता; सड़क।

मिफ़ताह स्त्री० *(अ० मिफ़्ताह)* कुंजी; ताली।

मिबज़ाक़ पु० *(अ० मिब्ज़ाक़)* उगालदान; थूकने का पात्र।

मियांजी पु० *(फ़ा०)* दूत; दूत कर्म।

मियाँतिही वि० *(फ़ा०)* जिसका बीच खाली हो; वह बिछौना जिसके बीच में रूई न हो।

मियाँबन्द पु० *(फ़ा०)* कमर की पेटी; कटिबन्ध।

मियाँबाला वि० *(फ़ा०)* न ठिगना न लम्बा।

मियान वि० *(फ़ा०)* मध्य; बीच। स्त्री० तलवार रखने का खोल।

मियाना पु० *(फ़ा० मियानः)* एक प्रकार की पालकी; वि० बीच का; माध्यमिक।

मियाने राह पु० *(फ़ा०)* रास्ते के बीच में।

मियाने शहर पु० *(फ़ा० मियाने शह्र)* नगर में; नगर का बीच।

मिराक़ पु० *(अ०)* पागलपन।

मिराक़ी वि० *(अ०)* पागल।

मिरआत पु० *(अ० मिर्आत)* आईना; दर्पण।

मिरक़ात पु० *(अ० मिर्क़ात)* सीढ़ी; सोपान; ज़ीना।

मिरफ़क़ स्त्री० *(अ० मिर्फ़क़)* कुहनी।

मिरवहा पु० *(अ० मिर्वहः)* पंखा।

मिरसाद पु० *(अ० मिर्साद)* चौड़ा रास्ता; राजमार्ग।

मिलह पु० *(अ० मिल्ह)* नमक; लवण।

मिश्क पु० *(फ़ा०)* मुश्क; कस्तूरी।

मिश्कात स्त्री० *(अ०)* वह बड़ा ताखा जिसमें चिराग, दीपक, फानूस या कन्दील रखा जाये।

मिश्त स्त्री० *(अ०)* कंघी।

मिस पु० *(फ़ा०, वि० मिसी)* ताँबा।

मिसगर वि० *(फ़ा०)* ताँबे का काम करने वाला; ठठेरा।

मिसदाक़ पु० *(अ०)* वह जिस पर कोई अर्थ घटे; गवाह।

मिसरा पु० *(अ० मिस्रअ)* छन्द का चरण या पद।

मिसरी पु० *(अ० मिस्री)* मिस्र देश का निवासी। स्त्री० मिस्र देश की भाषा; रवेदार चीनी या खाँड़।

मिसल स्त्री० *(अ०)* कहावत।

मिसवाक स्त्री० *(अ०)* दातुन।

मिसाल स्त्री० *(अ०, बहु० मिम्साल)* उपना; तुलना; उदाहरण- कहावत; नमूना।

पदरचना- ***अदीम-उल-मिसाल-*** *अनुपम; बेजोड़।*

मिसालन क्रि०वि० *(अ०)* उदाहरणार्थ।

मिसाली वि० *(अ०)* उदाहरण के रूप में होने वाला।

मिसिल स्त्री० *(अ०)* एक साथ रखे गये काग़ज़-पत्र; फ़ाइल; सिलाई के लिए फरमों को एक साथ लगाया जाना।

मिसिली वि० *(अ० मिसिल+फ़ा० ई)* मिसल सम्बन्धी; सजा प्राप्त; जैसे- मिसिली डाकू।

मिसी वि० *(अ०)* ताँबे का।

मिस्कीं वि० *(अ०)* दीन; असहाय; विनम्र।

मिस्कीं तबअ वि० *(अ०)* बहुत ही सीधा; सरल दिल।

मिस्कीं नवाज़ वि० *(अ० मिस्कीं+फ़ा० नवाज़)* दीन-दुखियों को सहारा देने वाला।

मिस्कीं सूरत वि० *(अ०)* जिसके चेहरे से सीधापन टपकता हो।

मिस्क़ल पु० *(अ०)* एक प्रकार का औजार, जिससे छड़ियाँ और तलवारें साफ करके चमकायी जाती हैं।

मिस्क़ाल पु० *(अ०)* 4 माशे और 3½ रत्ती की एक तौल।

मिस्कीन वि० *(अ०, बहु० मसाकीन)* दीन; दुखी।

मिस्कीनी स्त्री० *(अ०)* दीनता; दरिद्रता।

मिस्तर पु० *(अ०)* पैमाना; स्केल।

मिस्तरी पु० *(पुर्त०)* शिल्पकार।

मिस्बाह पु० *(अ०)* दीपक।

मिस्सार वि० *(अ०, भाव० मिस्सारी)* तोड़ा-फोड़ा और गिराया हुआ।

मिस्र पु० *(अ०)* अफ्रीका के उत्तर-पूर्व का एक प्रसिद्ध देश।

मिस्री[1] पु० *(अ०)* मिस्र देश का निवासी। स्त्री० मिस्र देश की भाषा। वि० मिस्र देश का।

मिस्री[2] स्त्री० *(अ०)* जमाई हुई चीनी।

मिस्ल वि० *(अ०)* समान; तुल्य; बराबर।

मिस्सी स्त्री० *(फ़ा० मिसी- ताँबे का)* एक प्रकार का चूर्ण जिससे स्त्रियाँ दाँत काले करती हैं।

पदरचना- मिस्सी काजल- *शृंगार की सामग्री; वेश्याओं में उस समय की एक रस्म, जब किसी वेश्या का पहले-पहल किसी पुरुष के साथ समागम होता है।*

मिह वि० *(फ़ा०)* बड़ा; महान्; बुजर्ग।

मिहतर पु० *(फ़ा०)* भंगी; नेता। वि० सबसे बड़ा।

मिहमीज़ स्त्री० *(अ० मिह्मीज)* एक प्रकार की लोहे की नाल, जो जूते में एड़ी के पास लगी रहती है और जिसकी सहायता से सवार घोड़े को एड़ लगाता है।

मिहतरी स्त्री० *(फ़ा०)* महत्त्व; बड़ाई; सरदारी।

मिहार स्त्री० *(अ०)* ऊँट की नकेल।

मिहर स्त्री० *(फ़ा० मिह्र)* सूरज; प्रेम; दोस्ती।

मिहरबान स्त्री० *(फ़ा० मिह्रबान)* दयालु; मित्र।

मिहरबानी स्त्री० *(फ़ा० मिह्रबानी)* कृपा; दया।

मीआद स्त्री० *(अ०)* समय; काल; वक्त; निश्चित समय।

मीआद गाह स्त्री० *(अ० मीआद+फ़ा० गाह)* वह स्थान जहाँ मिलने का वादा हो।

मीआदी वि० *(अ०)* अवधि वाला; जो किसी निश्चित समय तक रहे। जैसे- मीआदी बुखार।

मीक़ला स्त्री० *(अ० मीक़लः)* हाँडी; देगची।

मीकाईल पु० *(अ०)* रोज़ी का फरिश्ता या देवता।

मीक़ात स्त्री० *(अ०)* वादे का स्थान; हाजियों के एतराम बाँधने का स्थान।

मीज़ान स्त्री० *(अ०)* तराजू; कई संख्याओं का जोड़।

मीज़ानिया पु० *(अ० मीज़ानियः)* बज़ट; आय-व्ययक; आय-व्यय का सरकारी अनुमान।

मीज़ान पु० *(अ०)* चीजें तौलने का तराजू।

मीज़ाने अदल स्त्री० *(अ० मीज़ाने अद्ल)* सच्ची तराज़ू; कयामत के दिन पाप-पुण्य तौलने का तराजू।

मीज़ाब पु० *(अ०)* वह परनाला, जिससे छन कर पानी आये।

मीना पु० *(फ़ा०)* बहुमूल्य रंगीन पत्थर; शराब रखने का शीशे का पात्र।

मीनाई वि० *(फ़ा०)* शीशे के मद्यपात्र से सम्बद्ध।

मीनाए लाजवर्द पु० *(फ़ा०)* आकाश; गगन; अन्तरिक्ष।

मीनाकार पु० *(फ़ा०)* चाँदी और सोने पर कढ़ाई करने वाला।

मीनाकारी स्त्री० *(फ़ा०)* चाँदी और सोने पर किया हुआ कढ़ाई का काम।

मीनाख़ाना पु० *(फ़ा० मीनाख़ानः)* जहाँ काँच या शीशे का संग्रह हो।

मीनाफ़ाम वि० *(फ़ा०)* नीले रंग वाला।

मीना बाज़ार पु० *(फ़ा०)* सुन्दर और बढ़िया बाज़ार।

मीनार स्त्री० *(अ० मनारः)* गोलाकार ऊँची इमारत।

मीर पु० *(फ़ा० अमीर का संक्षिप्त रूप)* सरदार; प्रधान; नेता; धार्मिक आचार्य; सैयद जाति की उपाधि; वह जो किसी प्रतियोगिता में पहला स्थान प्राप्त करे; ताश के पत्तों में बादशाह।

मीरअर्ज़ पु० *(अ०)* वह व्यक्ति जो लोगों के प्रार्थना-पत्र बादशाह के सामने उपस्थित करना है।

मीरअदल पु० *(फ़ा० मीरे अदल)* प्रधान न्यायधीश।

मीर अरब पु० *(फ़ा०)* अरब के मीर अली।

मीर-अलम पु० *(फ़ा०)* शाही झण्डा लेकर चलने वाला।

मीर आखुर पु० *(फ़ा०)* घोड़ों का बड़ा अफ़सर।

मीरआखुर बाशी पु० *(तु०)* अश्वशाला के दारागाओं का अध्यक्ष।

मीर आब पु० *(अ० मीर+फ़ा० आब)* जल सेना का नायक।

मीर इमारत पु० *(अ०)* शाही इमारतों की देख-रेख करने वाला चीफ़ इंजीनियर।

मीर काफ़िला पु० *(अ० मीर काफ़िलः)* काफ़िले का सरदार।

मीर आतिश पु० *(फ़ा०)* तोपखाने का प्रधान कर्मचारी।

मीरज़ा पु० *(फ़ा०)* शाही खानदान के लोगों की उपाधि; मुगल जाति का व्यक्ति।

मीरज़ाई वि० *(फ़ा०)* सरदारी।

मीरज़ादा पु० *(फ़ा०)* शाहजादा।

मीरज़ामनिश वि० *(फ़ा० मीरज़ा+अ० मनिश)* भलामानस; शरीफ।

मीर तुज़ुक़ पु० *(फ़ा० मीर+तु० तुज़ुक़)* सेना का प्रबन्ध करने वाला नायक; अभियान या जलूस आदि की व्यवस्था करने वाला कर्मचारी।

मीर काफ़िला/कारवाँ पु० *(फ़ा०)* काफ़िले का सरदार।

मीर फर्श पु० *(फ़ा०)* भारी पत्थर जो फर्श को दबाकर रखने के लिए उसके चारों कोनों पर रखे जाते हैं।

मीर बख़्शी पु० *(फ़ा०)* वेतन बाँटने वाला प्रधान कर्मचारी।

मीरबहर पु० *(फ़ा० मीरबह्र)* जहाजी बेड़ों का अफ़सर; नौ-सेनापति।

मीर भुचड़ी पु० *(फ़ा० मीर+हि० भुचड़ी)* हिंजड़ों द्वारा पूजित एक कल्पित वीर पुरुष।

मीर मजलिस पु० *(फ़ा०)* मजलिस का प्रधान; सभापति।

मीर मंजिल पु० *(फ़ा०)* शाही फौज के पहुँचने के पूर्व उस स्थान का प्रबन्ध करने वाला कर्मचारी।

मीर मत्बख़ पु० *(अ०)* बावरची खाने का दारोग़ा।

मीर महफ़िल पु० *(अ०)* सभा का अध्यक्ष।

मीर महल्ला पु० *(अ० मीर महल्लः)* मुहल्ले का मुखिया या चौधरी।

मीर मुशाअरा पु० *(अ० मीर मुशाअरः)* कवि-सम्मेलन का प्रधान।

मीरमुंशी पु० *(फ़ा०)* प्रधान लिपिक।

मीरमैदाँ वि० *(अ० मीर+फ़ा० मैदाँ)* योद्धा; रणबाँकुरा।

मीर शबगीर पु० *(अ० मीर+फ़ा० शबगीर)* शहर का कोतवाल; रात में गश्त करने वाला।

मीरसामाँ पु० *(अ० मीर+फ़ा० सामाँ)* खानसामा; रसोइया; बावरची।

मीराँ पु० *(फ़ा० मीर का बहु०)* बड़े लोग।

मीरहाज पु० *(फ़ा०)* हज करने वालों का सरदार।

मीरास स्त्री० *(अ०)* उत्तराधिकार में प्राप्त होने वाली सम्पत्ति।

मीरासी वि० *(अ० मीरास)* मीरास या उत्तराधिकार सम्बन्धी। पु० एक प्रकार के मुसलमान गवैये जो प्रायः बहुत मसख़रे भी होते हैं।

मीरी स्त्री० *(फ़ा०)* मीर होने का भाव। पु० मीर।

मीरेअर्ज़ पु० *(अ०)* बादशाह के समक्ष प्रार्थना-पत्र पेश करने वाला (पेशकार)।

मीरे शिकार पु० *(अ० मीर+फ़ा० शिकार)* बादशाहों के शिकार का प्रबन्ध करने वाला।

मील पु० *(अ०)* सुरमा लगाने की सलाई; 1760 गज़ का अन्तर या दूरी; दूरी बताने वाला पत्थर।

मीलाद पु० *(अ०)* जन्म समय; हज़रत मुहम्मद के कथा की सभा।

मीलाद ख्वाँ वि० *(अ० मीलाद+फ़ा० ख्वाँ)* हज़रत मुहम्मद का गुणगान करने वाला।

मीलादी वि० *(अ०)* हज़रत मुहम्मद साहब के तिथि से आरम्भ होने वाला वर्ष।

मीलादे मुबारक पु० *(अ०)* मीलाद का जलसा।

मीसाक़ पु० *(अ०)* प्रतिज्ञा; वादा; अभिवचन।

मुंजज़िब वि० *(अ०)* लीन होने वाला; मिल जाने वाला।

मुंज़जिर वि० *(अ०)* अलग या दूर रहने वाला।

मुंजमिद वि० *(अ०)* ठण्ढ से जमी हुई वस्तु।

मुंज़र वि० *(अ०)* खिंचा हुआ; परिवर्तित।

मुंज़ल वि० *(अ०)* नीचे उतरता हुआ; होने वाला।

मुंजली वि० *(अ०)* प्रकाशमान; देश से बाहर जाने वाला।

मुंज़बी वि० *(अ०)* संसार से विरक्त होकर एकान्त में रहने वाला।

मुंज़िज पु० *(अ०)* पकाने वाला; वह दवा जो दूषित धातुओं को पकाकर इस लायक कर दे कि जुलाब देने पर शरीर से सुगमता पूर्वक बाहर निकल जाये।

मुंजिद वि० *(अ०)* सहायक; मददगार।

मुंज़िर वि० *(अ०)* डराने वाला।

मुंजिस वि० *(अ०)* अपवित्र करने वाला।

मुन्तक़िल वि० *(अ०)* स्थानान्तरित; इन्तिकाल करने वाला।

मुन्तक़िली वि० *(अ०)* एक स्थान से दूसरे स्थान पर जाना; नौकर का तबादला।

मुन्तख़बात पु० *(अ०)* पुस्तक के रूप में चुने हुए गद्य और पद्य का संग्रह।

मुन्तख़ब वि० *(अ०)* निर्वाचित।

मुन्तज़िम[1] वि० *(अ०)* इन्तजाम करने वाला; प्रबन्ध कर्ता।

मुन्तज़िम[2] वि० *(अ०)* प्रकाशमान; दीप्त।

मुन्तज़िर वि० *(अ०)* प्रतीक्षा करने वाला; प्रतीक्षारत।

मुन्तफ़ी वि० *(अ०)* बुझनेवाला; बुझने वाली आग या चिराग।

मुन्तबिक़ वि० *(अ०)* चरितार्थ; ठीक-ठीक घटने वाला।

मुन्तबे वि० *(अ०)* छपने वाला; अंकित होने वाला।

मुन्तशिर वि० *(अ०)* इधर-उधर फैला या बिखरा हुआ।

मुन्तसिब वि० *(अ०)* सम्बन्ध रखने वाला; सम्बद्ध।

मुन्तहा वि० *(अ०)* पराकाष्ठा; अन्तिम सीमा।

मुन्तही वि० *(अ०)* चरम सीमा तक पहुँचा हुआ।

मुन्तिज वि० *(अ०)* फल देने वाला; परिणाम देने वाला।

मुन्तिन वि० *(अ०)* बदबूदार; दुर्गन्ध युक्त।

मुन्दमिल वि० *(अ०)* वह घाव जो भर आया हो।

मुन्दरिज वि० *(अ०)* लिखित; प्रविष्ट; अंकित; दर्ज।

मुन्दर्जा ज़ैल वि० *(अ०)* निम्नलिखित; नीचे लिखा हुआ।

मुन्दरिस वि० *(अ०)* फटा-पुराना; शीर्ण-शीर्ण।

मुम्बइस वि० *(अ०)* उठने वाला।

मुम्बसित वि० *(अ०)* प्रसन्न; हर्षित; खुश।

मुंशआत पु० *(अ०)* पत्रों या मजमूनों का संग्रह।

मुंशइब वि० *(अ०)* शाखों में बँटा हुआ; तितर-बितर।

मुंशक़ वि० *(अ०)* फटा हुआ; विदीर्ण।

मुंशरेह वि० *(अ०)* खुलने वाला; खुला हुआ।

मुंशिद वि० *(अ०)* शेर पढ़ने वाला।

मुंशियाना अव्य० *(अ० मुंशी+फ़ा० आनः)* मुंशियों जैसा।

मुंशी वि० *(अ०)* गद्य लेखक (कहानी निबन्ध आदि); क्लर्क; लिपिक; वकील का मुहर्रिर (क्लर्क); कचहरी में अर्जियाँ लिखने वाला।

मुंशीख़ाना पु० *(अ० मुंशी+फ़ा० ख़ानः)* मुंशियों के बैठने का स्थान।

मुंशीगरी स्त्री० *(अ० मुंशी+फ़ा० गिरी)* लिखने का काम; मुहर्रिरी।

मुंशिए फ़लक पु० *(अ०)* बुध ग्रह।

मुंसद वि० *(अ०)* रुका हुआ; अवरुद्ध।

मुंसबिग़ वि० *(अ०)* रंगा हुआ।

मुंसरिफ़ वि० *(अ०)* एक दशा से दूसरी दशा में परिवर्तित होने वाला।

मुंसरिम पु० *(अ०)* प्रबन्ध करने वाला; दीवानी न्यायालय का एक पदधारक।

मुंसलिक पु० *(अ०)* पिरोया हुआ; लड़ी में डाला हुआ।

मुंसिफ़ वि० *(अ०)* न्यायकर्ता; इंसाफ़ करने वाला; दीवानी न्यायालय का एक उच्च पदाधिकारी।

मुंसिफ़ मिज़ाज वि० *(अ०)* जिसके स्वभाव में न्यायप्रियता हो; न्यायनिष्ठ।

मुंसिफ़ाना अव्य० *(अ० मुंसिफ़+फ़ा० आनः)* न्याय पूर्ण; न्यायोचित।

मुंसिफ़ी स्त्री० *(अ०)* न्याय; इंसाफ; मुंसिफ का न्यायालय; मुंसिफ़ का पद।

मुअम्बर वि० *(अ०)* अम्बर की सुगन्ध देने वाला।

मुअक़्क़द वि० *(अ०)* ग्रन्थित; पूज्य; जिम्मेदार; मान्य।

मुअक़्क़िद वि० *(अ०)* गाँठ लगाने वाला।

मुअज़्ज़ज़ वि० *(अ०)* प्रतिष्ठित; सम्मानित।

मुअज़्ज़िन पु० *(अ०)* मस्जिद में अज़ान देने वाला; नमाज़ का बुलावा देने वाला।

मुअज़्ज़िब वि० *(अ०)* पापों का दण्ड देने वाला।

मुअज़्ज़म वि० *(अ०)* पूज्य; बुजुर्ग; महान।

मुअज़्ज़िल वि० *(अ०)* जल्दी करने वाला; उतावला।

मुअत्तर वि० *(अ०)* सुगन्धित; खुशबू में बसा हुआ।

मुअत्तली स्त्री० *(अ०)* निलम्बन।

मुअत्तिश वि० *(अ०)* जिसे खाने से प्यास अधिक लगे; प्यास लगाने वाली चीज़।

मुअद्दब वि० *(अ०)* शिष्ट; सभ्य।

मुअद्दबाना अव्य० *(अ०)* शिष्टता के साथ।

मुअद्दिब पु० *(अ०)* अदब/शिष्टता सिखाने वाला।

मुअद्दल वि० *(अ०)* दो बराबर भागों में बाँटने वाला।

मुअद्दिलन्नुहार पु० *(अ०)* वह वृत्त जिस पर सूर्य के पहुँचने से दिन-रात बराबर होते हैं।

मुअन्वन वि० *(अ०)* किसी के नाम समर्पित की गयी पुस्तक।

मुअद्ददद वि० *(अ०)* गणित; गिना हुआ।

मुअत्तर वि० *(अ०)* जिसमें खूब इत्र लगा हो।

मुअत्तल वि० *(अ०, भाव० मुअत्तली)* जो अपने काम से कुछ समय के लिए हटा दिया गया हो।

मुअद्ददद वि० *(अ०)* जो बड़ों का अदब करे।

मुअन्नस पु० *(अ०)* स्त्रीलिंग; मादा।

मुअम्मा[1] पु० *(अ०)* प्रतियोगिता।

मुअम्मा[2] पु० *(अ० मुअम्मः)* छिपी हुई चीज, पहेली।

मुअम्मर वि० *(अ०)* जिसकी उम्र ज्यादा हो; वृद्ध।

मुअय्यिद वि० *(अ०)* हाँ में हाँ मिलाने वाला; समर्थक; जी-हुजूरी करने वाला।

मुअर्रब वि० *(अ०)* अन्य भाषा का शब्द, जो अरबी बना लिया जाये।

मुअर्रा वि० *(अ०)* विहीन; रिक्त; खाली; वह पुस्तक जिसकी टीका न हो।

मुअय्यन वि० *(अ० मुअयन)* नियत; निश्चित।

मुअर्रिख़ पु० *(अ०, बहु० मुअरिखीन)* इतिहास लेखक।

मुअरिख़ाना अव्य० *(अ० मुअरिख+फ़ा० खानः)* इतिहास-लेखकों जैसा।

मुअर्रिख़े वक़्त पु० *(अ०)* समयरूपी इतिहास लेखक।

मुअल्लफ़ वि० *(अ०)* सम्पादित; रचित।

मुअल्लफ़ात पु० *(अ०)* सम्पादित पुस्तकें; लिखी हुई पुस्तकें।

मुअल्लफ़ा वि० *(अ०)* सम्पादित पुस्तकें।

मुअर्रिफ़ वि० *(अ०)* तारीफ़ करने या लक्षण बताने वाला।

मुअल्ला वि० *(अ० बहु० मआली)* शिक्षक; उस्ताद।

मुअल्लिफा स्त्री० *(अ० मुअल्लिफः)* सम्पादिका; पुस्तक सम्पादित करने वाली।

मुअल्लिफ़ पु० *(अ०)* सम्पादक; संकलन करने वाला।

मुअल्लिम पु० *(अ०)* अध्यापक; पढ़ाने वाला।

मुअल्लिमा स्त्री० *(अ० मुअल्लिमः)* अध्यापिका; पढ़ाने वाली।

मुअल्लिमुल मलकूत पु० *(अ०)* फरिश्तों को पढ़ाने वाला शैतान।

मुअल्लिमी स्त्री० *(अ०)* शिक्षक का कार्य या पद।

मुअस्सिस वि० *(अ०)* नींव रखने वाला; शिलान्यास कर्ता।

मुआदिल वि० *(अ०)* न्यायकर्ता; मुंसिफ; बराबर के दो टुकड़े करने वाला।

मुआनिद वि० *(अ०)* शत्रु; बैरी; दुश्मन।

मुआनिदीन पु० *(अ० मुआनिद का बहु०)* विरोधी लोग।

मुआनिस वि० *(अ०)* मित्र; सखा; दोस्त।

मुआस्सीर वि० *(अ०)* तासीर या असर करने वाला।

मुआइना पु० *(अ०)* निरीक्षण; जाँच।

मुआक़बत स्त्री० *(अ०)* दण्ड।

मुआफ़ वि० *(अ०)* क्षमा प्राप्त।

मुआफ़िक़ वि० *(अ०)* अनुकूल; मनचाहा।

मुआफ़िक़त स्त्री० *(अ०)* अनुकूलता; मेलजोल।

मुआफ़ी स्त्री० *(अ०)* माफ़ी।

मुआफ़ीनामा पु० *(अ० मुआफ़ी+फ़ा० नामः)* वह पत्र जिसमें कोई व्यक्ति अपने अपराध-क्षमा के लिए लिखित प्रार्थना-पत्र दे; माफी-पत्र।

मुआयना पु० *(अ०)* निरीक्षण।

मुआलिज पु० *(अ०)* चिकित्सक।

मुआलिजा पु० *(अ० मुआलिजः)* इलाज; चिकित्सा।

मुआवज़ा पु० *(अ० मुआविजः)* बदले में दी हुई चीज़ या धन; बदला; बदलने की क्रिया।

मुआवदन स्त्री० *(अ०)* लौट आना; वापस आना।

मुआविन पु० *(अ०)* सहायक; मददगार।

मुआविने जुर्म वि० *(अ०)* जो किसी अपराध या षड्यन्त्र में किसी का सहायक हो।

मुआविनत स्त्री० *(अ०)* सहायता; मदद।

मुआहदा पु० *(अ० मुआहदः)* पक्की बातचीत; करार; अनुबन्ध।

मुआहिद वि० *(अ०)* अनुबन्ध करने वाला।

मुआहिदीन पु० *(अ०, मुआहिद का बहु०)* अनुबन्ध करने वाले लोग।

मुईन वि० *(अ०)* सहायक; मददगार।

मुक़ई वि० *(अ०)* जिसके खाने या पीने से कै-उल्टी हो।

मुक़त्तर वि० *(अ०)* कतरा या बूँद करके टपकाया हुआ।

मुक़त्ता वि० *(अ० मुक़त्तआ)* चारों ओर से काट-छाँटकर दुरुस्त किया हुआ।

मुक़द्दम वि० *(अ०)* आगे या पहले आने वाला; प्रधान।

मुक़द्दमा पु० *(अ० मुक़द्दमः)* दो पक्षों के बीच धन या अधिकार रखने वाला या किसी अपराध का मामला, जो न्यायालय में रखा जाये; दावा; नालिश।

मुक़दमेबाज़ पु० *(अ० मुक़दमा+ फ़ा० बाज़)* मुक़दमा लड़ने वाला।

मुक़दमेबाज़ी स्त्री० *(अ० मुक़दमा+ फ़ा० बाज़ी)* मुक़दमा लड़ना।

मुकद्दर[1] वि० *(अ०)* गँदला; क्षुब्ध; असन्तुष्ट।

मुक़द्दर[2] पु० *(अ०)* तक़दीर; भाग्य।

मुक़द्दस वि० *(अ०)* पवित्र; शुद्ध; पाक।

पदरचना- *किताब-ए-मुकद्दस-* पवित्र धर्मग्रन्थ।

मुकन्नित वि० *(अ० मुकन्नित)* कानून जानने वाला; कानून पेशा; वकील; कानून बनाने वाला; विधायक।

मुकन्निता स्त्री० *(अ० मुकन्नितः)* विधानसभा; लेजिस्लेटिव एसेम्बली।

मुक़फ़्फ़ल वि० *(अ०)* जिसमें ताला लगा हो; तालाबन्द।

मुकम्मल वि० *(अ०)* पूरा किया हुआ; पूर्ण।

मुकम्मिल वि० *(अ०)* पूर्ति करने वाला; समाप्ति करने वाला।

मुक़य्यद वि० *(अ०)* जो कैद में हो; जिसमें कोई शर्त लगा दी गयी हो।

मुक़र्रब पु० *(अ०)* घनिष्ट मित्र।

मुकरना क्रि०वि० *(अ०)* हटना; इनकार करना।

मुकरी स्त्री० *(अ०)* एक पद्य जिसमें पहले हाँ कहा जाये, बाद में उसका खण्डन किया जाये।

मुकर्रम वि० *(अ०)* प्रतिष्ठित; पूज्य व्यक्ति। स्त्री० मुकर्रमा।

मुकर्रर[1] क्रि०वि० *(अ०)* दोबारा; फिर से।

मुक़र्रर[2] वि० *(अ०, भाव० मुकर्ररी)* तय किया हुआ; निश्चित; तैनात; नियत; नियुक्त।

मुक़व्वी वि० *(अ०, बहु० मुकव्वियात)* बलवर्द्धक।

मुकव्वीए आसाब वि० *(अ०)* रगों और पट्ठों को शक्ति देने वाली दवा।

मुक़श्शर वि० *(अ०)* जिसका छिलका उतारा गया हो।

मुकस्सर वि० *(अ०)* दो बार गुणा किया हुआ; घन।

मुकाफ़ात स्त्री० *(अ०)* बुरे कामों का फल; पाप का परिणाम।

मुक़ाबा पु० *(अ० मुक़अब)* शृंगारदान।

मुक़ाबिज़त स्त्री० *(अ०)* कब्जा; अधिकार।

मुक़ाबिल क्रि०वि० *(अ०)* सम्मुख।

मुक़ाबिला पु० *(अ० मुक़ाबिलः)* आमना-सामना; मुठभेड़; प्रतियोगिता; लड़ाई।

मुक़ाम पु० *(अ०, बहु० मुकामात)* ठहरने का स्थान; पड़ाव।

मुक़ामी वि० *(अ०)* ठहरा हुआ; स्थानीय।

मुकानरत स्त्री० *(अ०)* एक स्थान पर एकत्र होना; इकट्ठा होना; दो ग्रहों का एक राशि में एकत्र होना।

मुकालमा पु० *(अ० मुकालमः)* वार्तालाप; संवाद; कथोपकथन।

मुकालमानवीस वि० *(अ० मुकालमः+ फ़ा० नवीस)* नाटक आदि में संवाद लिखने वाला; संवाद लेखक।

मुकालमा नवीसी स्त्री० *(अ० मुकालमः+ फ़ा० नवीसी)* लिपिक; संकेत लिपिक।

मुक़िर वि० *(अ०)* इकरार करने वाला; मानने वाला।

मुक़िल पु० *(अ०)* भिक्षुक।

मुक़ीम वि० *(अ०)* ठहरने वाला; ठहरा हुआ।

मुक़ैयद पु०वि० *(अ०)* कैद किया हुआ; बन्दी।

मुकैश पु० *(अ०)* वह चीज जिस पर सोने या चाँदी का तार चढ़ा हो।

मुक़्तज़ा पु० *(अ०)* जरूरत; आवश्यकता।

मुक़्तज़ी वि० *(अ०)* तकाज़ा करने वाला; माँगने वाला।

मुक़्तदा पु० *(अ०)* नेता; अगुआ।

पदरचना- *मुक़्तदा-ए-कौम-* राष्ट्र का नेता।

मुखन्नस वि० *(अ०)* हिंजड़ा; नपुंसक।

मुख़म्मस वि० *(अ०)* पंचकोना। पु० पाँच चरणों का पद्य; वह नज्म जिसमें प्रत्येक बन्द में पाँच-पाँच चरण हों।

मुख़लिस वि० *(अ० मुख़्लिस)* सच्चा; अकेला; अविवाहित।

मुख़लिसी[1] स्त्री० *(अ०)* सच्चाई; अकेला; कुँआरा।

मुख़लिसी[2] स्त्री० *(अ० मुख्लिसी)* छुटकारा; रिहाई।

मुख़ातिब पु० *(अ०)* किसी की ओर देखकर कुछ कहना।।

मुख़ालिफ़ पु० *(अ०)* विरोधी; वि० विरुद्ध; विपरीत।

मुख़ालिफ़त स्त्री० *(अ०)* शत्रुता; विरोध।

मुख़ासमत स्त्री० *(अ० मुख़ासिमत)* शत्रुता; दुश्मनी।

मुख़िल वि० *(अ०)* बाधक; खलल या बाधा डालने वाला।

मुख़ैयर वि० *(अ०)* दानशील; उदार।

मुख़ैयला स्त्री० *(अ० मुख़ैयलः)* विचार शक्ति।

मुख़्तलिफ़ वि० *(अ०)* भिन्न-भिन्न; अलग-अलग।

मुख़्तसर वि० *(अ०)* थोड़े में कहा या किया हुआ; संक्षिप्त।

मुख़्तसरन क्रि०वि० *(अ०)* संक्षेप में; संक्षेपतः।

मुख़्तसर नवीस वि० *(अ० मुख्तसर+फ़ा० नवीस)* संक्षिप्त लिपिक; संकेत लिपिक।

मुख़्तसर नवीसी स्त्री० *(अ० मुख्तसर+फ़ा० नवीसी)* संक्षिप्त संकेत लिपि लिखना; शार्टहैण्ड लिखना।

मुख़्तार पु० *(अ०)* अधिकार प्राप्त प्रतिनिधि; कानूनी सलाहकार; कलक्टरी कचहरी में वकील से कम दर्जे का वकील।

मुख़्तार-ए-आम पु० *(अ०)* वह कार्यकर्ता जिसे मालिक द्वारा सब अधिकार दिये गये हों।

मुख़्तारकार पु० *(अ० मुख़्तार+फ़ा० कार)* प्रधान संचालक या अधिकारी।

मुख़्तारकारी स्त्री० *(अ० मुख़्तार+फ़ा० कारी)* मुख्तार का काम या पद।

मुख़्तारनामा पु० *(अ० मुख़्तार+फ़ा० नामा)* वह पत्र जिसके द्वारा किसी को कोई कार्य करने का अधिकार सौंपा जाये।

मुख़्तारी स्त्री० *(अ०)* मुख़्तार का काम या पेशा; कलक्टरी और तहसील में वकालत का काम, जो वकील के दर्जे से कम होता है।

मुख़्तारे ख़ास पु० *(अ०)* वह मुख़्तार जिसे केवल किसी विशेष काम के लिए रखा गया हो।

मुख़बिर पु० *(अ० मुख़्बिर)* किसी विशेष बात की सूचना देने वाला; गुप्तचर; जासूस।

मुख़बिरी स्त्री० *(अ० मुख़्बिरी)* जासूसी; गुप्त चर्या।

मुख़्बिरे सादिक़ पु० *(अ०)* सच्ची खबर देने वाला; रसूल की उपाधि।

मुख़न्नस वि० *(अ०)* हिजड़ा; नपुंसक।

मुख़फ़्फ़फ़ वि० *(अ०)* घटाया हुआ (जैसे- माह का माह)।

मुख़ातब वि० *(अ०)* जिसे खिताब दिया जाये; जिससे सामने होकर बात की जाये।

मुख़ातिब वि० *(अ०)* खिताब या सम्बोधन करने वाला।

मुग़ पु० *(अ०)* अग्नि-उपासक।

मुग़न्नी पु० *(अ०, स्त्री० मुग़न्निया)* गाने वाला; गायक।

मुग़बचा पु० *(फ़ा० मुगबचः)* उर्दू साहित्य में साक़ी का काम करने वाला; वह सुन्दर लड़का, जो शराब पिलाता है।

मुग़लक़ पु० *(अ०)* मंगोल देश का वासी; मंगोल वंशज जो तातार देश में बस कर मुसलमान हो गये; मुसलमानों के चार वर्गों में से एक; काबुल तथा उसके आस-पास के पठान।

मुग़लक वि० *(अ०)* कठिन अर्थ वाला (शब्द या वाक्य)।

मुग़लाई वि० *(फ़ा० मुग़ल+हि० आई प्रत्यय)* मुग़लों जैसा।

मुग़लानी स्त्री० *(अ० मुग़ल+हि० आनी, प्रत्यय)* दासी; स्त्रियों के कपड़े सीने वाली स्त्री।

मुग़ाँ पु० *(अ० मुग़ का बहु०)* अग्निपूजक।

मुग़ल्लिज़ात स्त्री० *(अ०)* वे दवाएँ जो धातु को गाढ़ा करती हैं।

मुग़ल्लिज़े मनी पु० *(अ०)* वीर्य को गाढ़ा करने वाली ओषधि।

मुग़ायर वि० *(अ०)* भिन्न।

मुग़ायरत स्त्री० *(अ०)* परायापन।

मुग़ालता पु० *(अ० मुग़ालतः)* किसी को भ्रम में डालना; धोखा; भ्रम; भूल।

मुग़ालता दिही स्त्री० *(अ० मुगालतः+फ़ा० दिही)* धोखा देना; वंचना; ठगी।

मुग़ील पु० *(अ०)* बबूल।

मुग़ीस वि० *(अ०)* वादी; जो दावा या अभियोग उपस्थित करे।

मुग़ैयर वि० *(अ०)* बदला हुआ।

मुचलका पु० *(तु० मुचल्कः)* वह प्रतिज्ञापत्र जिसमें अदालत में उपस्थित होने की प्रतिज्ञा की गयी हो।

मुज़क्कर पु० *(अ०)* पुरुष जाति का; पुलिंग।

मुज़क्किर पु० *(अ०)* ज़िक्र करने वाला; याद करने कराने वाला।

मुज़ख़रफ़ पु० *(अ०)* व्यर्थ की बकवाद।

मुज़गा पु० *(अ० मुज़गः)* माँस का टुकड़ा; निवालां; गर्भाशय; बच्चेदानी।

मुजतहिद पु० *(अ० मुज्तहिद)* परिश्रमी; कोशिश करने वाला; धार्मिक विषयों में विवेकपूर्ण निर्णय करने वाला; शिया सम्प्रदाय का आलिम।

मुजद स्त्री० *(फ़ा० मुज्द)* पारिश्रमिक; मजदूरी।

मुज़दा पु० *(फ़ा० मुज्दः)* शुभसूचना; खुशखबरी।

मुज़दाबाद स्त्री० *(फ़ा० मुज्दःबाद)* मुबारक हो; धन्यवाद।

मुज़दगानी स्त्री० *(फ़ा० मुज्दगानी)* शुभसूचना लाने का पुरस्कार।

मुज़दबर वि० *(फ़ा० मुज्दबर)* श्रमिक; मजदूर।

मज़दूर पु० *(फ़ा० मज्दूरी)* पारिश्रमिक; मज़दूरी।

मुज़निब वि० *(अ० मुज़्निब)* पापी; पातकी; गुनहगार।

मुज़बता पु० *(अ० मुज्बतः)* पापी; गुनहगार।

मुजतबा वि० *(अ० मुज्तबा)* चुना हुआ; श्रेष्ठ।

मुजतमअ वि० *(अ० मुज्तमअ)* जो जमा हुए हों; एकत्र।

मुज़तर वि० *(अ० मुज़्तर)* बेचैन; विकल।

मुजतहिद पु० *(अ० मुज्तहिद)* धार्मिक आचार्य।

मुजद्दिद पु० *(अ०)* सुधारक।

मुज़फ़्फ़र वि० *(अ०)* विजय पाने वाला; विजयी।

मुज़बज़ब वि० *(अ०)* असमंजस में पड़ा हुआ।

मुज़मिन वि० *(अ० मुज़्मिन)* पुराना।

मुज़मिर वि० *(अ० मुज्मिर)* छिपा हुआ।

मुजमिल वि० *(अ०)* संक्षेप में कहा हुआ; जिसमें ब्यौरा न हो; इकट्ठा किया हुआ।

मुजल्ला वि० *(अ०)* प्रकाशमान; दीप्त; ज्योतिर्मय।

मुजल्ली वि० *(अ०)* प्रकाशित करने वाला; प्रकाशक।

मुजरा पु० *(अ० मुज्रा)* वह जो जारी किया जाये; किसी बड़े व्यक्ति का अभिवादन करना; वेश्या का बैठकर गाना।

मुज़राई पु० *(अ० मुज्राई)* काटा जाना; कटौती; मरसिया।

मुजरिम वि० *(अ० मुज्रिम)* अपराधी।

मुजरिमाना वि० *(अ० मुज्रिम+ फ़ा० आना)* अपराधियों जैसा।

मुजरिमे आदी पु० *(अ० मुज्रिमे आदी)* अपराध करने का व्यसनी।

मुज़र्रत स्त्री० *(अ०)* हानि; कष्ट।

मुजर्रद वि० *(अ०)* अविवाहित; अकेला; एकाकी।

मुजर्रदी स्त्री० *(अ०)* अकेला रहने वाला।

मुजर्रब वि० *(अ०)* आजमाया हुआ; अनुभूत।

मुजल्लद वि० *(अ०)* जिल्ददार।

मुजव्वज़ा वि० *(अ०)* प्रस्तावित; निर्णीत।

मुजव्विज़ वि० *(अ०)* प्रस्ताव; निर्णायक।

मुजव्विज़ीन पु० *(अ०)* निर्णायक मण्डल।

मुजव्विज़े कानून पु० *(अ०)* कानून बनाने वाला; विधायक

मुजव्वफ़ वि० *(अ०)* अन्दर से खाली।

मुजस्सम वि० *(अ०)* जिस्म वाला; शरीरधारी; मूर्तिमान।

मुजस्समा पु० *(अ०)* मूर्ति; प्रतिमा।

मुज़हिर पु० *(अ० मुज़्हिर)* भेदिया; जासूस।

मुज़ाकरा पु० *(अ० मुजाकरः)* आपस की बातचीत; वार्तालाप।

मुजादला पु० *(अ० मुजादलः)* लड़ाई-झगड़ा; विरोध।

मुज़ाफ़ात स्त्री० *(अ० मुज़ाफ़्तः का बहु०)* बढ़ायी या मिलायी हुई चीज़।

मुजामअत स्त्री० *(अ०)* प्रसंग; सम्भोग।

मुज़ायक़ा पु० *(अ०)* हानि; नुकसान।

मुज़ारा वि० *(अ० मुज़ारे)* समान; तुल्य; बराबर का।

मुजाविर पु० *(अ०)* मज़ार या दरगाह आदि स्थानों पर रहने वाला, जो वहाँ का चढ़ावा आदि लेता हो।

मुजाविरी स्त्री० *(अ०)* मुजाविर का पद या कार्य।

मुज़ाहरा पु० *(अ० मुज़ाहरः)* राज्य से किसी माँग के लिए लोगों का सामूहिक रूप में नारे आदि लगाना और जलूस निकलना; प्रदर्शन करना।

मुजाहिद पु० *(अ०, बहु० मुजाहिददीन)* धर्म की रक्षा के लिए युद्ध करने वाला; धार्मिक योद्धा।

मुजाहिदाना वि० *(अ० मुजाहिदानः)* धर्म योद्धाओं की तरह।

मुजाहिदीन पु० *(अ०, मुजाहिद का बहु०)* मुजाहिद लोग।

मुजाहिम वि० *(अ०)* कष्ट देने वाला; बाधा डालने वाला।

मुज़िर वि० *(अ०)* हानिकारक; बुरा।

मुजीबुद्दावात पु० *(अ०)* दुआएँ स्वीकार करने वाला; ईश्वर।

मुज्तबा वि० *(अ०)* सम्मानित।

मुज़्मल वि० *(अ०)* संक्षिप्त।

मुतंजन पु० *(अ०)* माँस के साथ एक विशेष प्रकार से पकाया हुआ चावल।

मुतअइयन वि० *(अ०)* नियुक्त किया हुआ।

मुतअद्दिद वि० *(अ०)* गिने हुए; अनेक; बहुतेरे।

मुतअद्दी वि० *(अ०)* सीमा का अतिक्रमण करने वाला; संक्रामक रोग।

मुतअफ़्फ़िन वि० *(अ०)* बदबूदार।

मुतअर्रिज़ वि० *(अ०)* एतराज या आपत्ति करने वाला।

मुतअल्लिक वि० *(अ०)* सम्बन्ध रखने वाला।

मुतअस्सर वि० *(अ०)* प्रभावित।

मुतअल्लिका वि० *(अ०)* सम्बद्ध।

मुतअल्लिक़ीन पु० *(अ०)* घर के लोग; बाल-बच्चे।

मुतअल्लिम पु० *(अ०)* ज्ञान सीखने वाला; विद्यार्थी।

मुतल्लिमा स्त्री० *(अ० मुतअल्लिमः)* पाठिका; पढ़ने वाली छात्रा।

मुतअस्सिब वि० *(अ०)* कट्टर पक्षपाती।

मुतअहिद पु० *(अ०)* ठेकेदार।

मुतकार्द्दम पु० *(अ०)* प्राचीन काल का।

मुतकब्बिर वि० *(अ०)* अभिमानी; शेखीबाज़।

मुतकल्लिम पु० *(अ०)* कलाम बोलने वाला; मीमांसक।

मुतकल्लिमीन पु० *(अ०)* मीमांसा जानने वाले; विद्वान् लोग; मीमांसक।

मुतक्का पु० *(अ०)* तकिया लगाने की जगह।

मुतक़ाज़ी पु० *(अ०)* तकाज़ा करने वाला।

मुतख़ल्लिस पु० *(अ०)* नामधारी; विशुद्ध।

मुतख़ासिम पु० *(अ०)* विरोधी।

मुतख़ासिमीन पु० *(अ०)* वादी और प्रतिवादी।

मुतख़ैयलह पु० *(अ०)* विचार-शक्ति; कल्पना।

मुतख़य्यिल वि० *(अ०)* विचार-शक्ति; सोचने की शक्ति; कल्पना-शक्ति।

मुतग़ज़्ज़िल वि० *(अ०)* केवल गज़लें गाने वाला।

मुतज़क्किरए बाला वि० *(अ० मुतज़क्किरए+फ़ा० बाला)* ऊपर कहा हुआ; पूर्वोक्त; पूर्व कथित।

मुतज़र्रर वि० *(अ०)* जिसे हानि पहुँचायी गयी हो।

मुतजल्ली वि० *(अ०)* प्रकाशमान।

मुतज़ाद वि० *(अ०)* परस्पर विरोधी।

मुतदैयिन वि० *(अ०)* दीन या धर्म पर विश्वास रखने वाला।

मुतनफ़्फ़िस पु० *(अ०)* जीव; व्यक्ति।

मुतनफ़्फ़िर वि० *(अ०)* जिसे देखकर नफ़रत हो।

मुतनब्बी वि० *(अ०)* झूठा नबी बनने वाला; नबी बनने का दावा करने वाला; अरब का एक प्रसिद्ध कवि।

मुतनाइम वि० *(अ०)* लाड़-प्यार में पला।

मुतनाक़िज़ वि० *(अ०)* परस्पर विरोधी।

मुतनाक़िस वि० *(अ०)* दोषयुक्त।

मुतनाज़ा पु० *(अ० मुतनाज़अ)* झगड़ा।

मुतफ़न्नी वि० *(अ०)* धूर्त; चालाक।

मुतफ़र्रिक़ वि० *(अ०)* विभिन्न; कई प्रकार का।

मुतफ़र्रिक़ात स्त्री० *(अ०)* फुटकर चीजें; फुटकर खर्ची का मद।

मुतबख़्री पु० *(अ०)* रसोइया।

मुतबन्ना पु० *(अ० मुतबन्नअ)* गोद लिया हुआ लड़का।

मुतबर्रक वि० *(अ०)* मुबारक; पवित्र; स्वर्ग सम्बन्धी।

मुतबहिहर वि० *(अ०)* विद्या का समुद्र; प्रचण्ड विद्वान्।

मुतमैयन वि० *(अ०)* सन्तुष्ट; शान्त; निश्चित।

मुतमौवल वि० *(अ० मुतमव्वल)* धनवान; सम्पन्न।

मुतरज़्मा वि० *(अ० मुतर्जमः)* अनुदित; अनुवाद किया हुआ।

मुतरज्जिम वि० *(अ० मुतर्जिम)* अनुवादक।

मुतरद्दिद वि० *(अ०)* जिसके मन में कोई फिक्र हो; चिन्तित।

मुतरादिफ़ वि० *(अ०)* पर्यायवाची।

मुतरादि फ़ुलमाना वि० *(अ०)* वह शब्द जो एक ही अर्थ रखते हों; पर्यायवाची।

मुतर्जम वि० *(अ०)* अनुदित; तर्जुमा किया हुआ।

मुतरिब पु० *(अ० मुत्रिब)* गायक।

मुतरिबा स्त्री० *(अ० मुत्रिबः)* गायिका।

मुतरिबी स्त्री० *(अ० मुत्रिबी)* संगीत-क्रिया; गाना-बजाना।

मुतलक़ क्रि०वि० *(अ० मुत्तलक़)* जरा भी; तनिक भी। वि० बिलकुल; निपट।

मुतलक़-उल-इनान वि० *(अ०)* परम स्वतन्त्र।

मुतलातम वि० *(अ० मुतलातिम)* तरंगित।

मुतलाशी वि० *(तु०)* तलाश करने वाला; नष्ट; ध्वस्त।

मुतल्लक़ा स्त्री० *(अ० मुतल्लकः)* तलाकशुदा औरत।

मुतल्ला वि० *(अ०)* जिस पर सोने की पालिश हुई हो।

मुतव्वक़ वि० *(अ०)* जो कैद में हो; जिसके गले में कैदियों का पट्टा हो।

मुत्तला वि० *(अ०)* जिसे सूचना दी गयी हो।

मुत्तलिब वि० *(अ०)* हजरत मुहम्मद के दादा का शुभनाम; ढूँढ़ने वाला।

मुत्तले वि० *(अ०)* सूचना देने वाला; सूचक।

मुतवक्किल वि० *(अ०)* सन्तोषी।

मुतव्वज वि० *(अ०)* जिसे ताज पहनाया गया हो।

मुतवज्जह[1] वि० *(अ० मुतवज्जेह)* किसी ओर ध्यान देने वाला।

मुतवज्जह[2] वि० *(अ० मुतवज्जअ)* परेशान; अस्त-व्यस्त।

मुतवत्तिन वि० *(अ०)* निवासी।

मुतवफ़्फ़ी वि० *(अ०)* स्वर्गवासी; मृत।

मुतवल्ली पु० *(अ०)* धार्मिक संस्था की सम्पत्ति का रक्षक।

मुतबर्रअ वि० *(अ०)* संयमी।

मुतवस्सित वि० *(अ०)* बीच का; औसत दरजे का; मामूली।

मुतव्वल वि० *(अ०)* दीर्घ; लम्बा; विस्तृत।

मुतवातिर क्रि०वि० *(अ०)* एक के बाद एक; लगातार।

मुतशाबेह वि० *(अ०)* समान आकृति वाला।

मुतसद्दी पु० *(अ०)* मुंशी; गुमाश्ता।

मुतसद्दी गिरी स्त्री० *(अ० मुतसद्दी+फ़ा० गिरी)* मुंशी या गुमाश्ते का कार्य।

मुतसावी वि० *(अ०)* समान; बराबर; तुल्य।

मुतसिरी स्त्री० *(अ०)* मोतियों की माला।

मुतसौवर वि० *(अ० मुतसव्वर)* जिसका ख़याल किया गया हो।

मुतहक़्क़िक़ वि *(अ०)* प्रमाणित; जो परखने पर ठीक उतरा हो।

मुत्तहदुल उम्र वि० *(अ०)* समवयस्क; बराबर आयु वाले।

मुत्तहदुल ख़याल वि० *(अ०)* समान विचार रखने वाले।

मुत्तहदुल बत्न वि० *(अ०)* एक पेट से उत्पन्न; सहोदर।

मुत्तहदुल मज़हब वि० *(अ०)* सहधर्मी; एक ही धर्म के।

मुत्तहदुल फ़हूम् वि० *(अ०)* एक भाव वाला; जिनका भावार्थ एक हो।

मुत्तहदुलमाना वि० *(अ०)* एक अर्थ वाले; समानार्थक।

मुत्तहदुल वतन वि० *(अ०)* एक देश के रहने वाले।

मुत्तहदुश्शक़्ल वि० *(अ०)* एक जैसी आकृति वाले।

मुतहम्मिल वि० *(अ०)* सहनशील।

मुतहर्रिक वि० *(अ० मुत+फ़ा० हर्रिक)* हरकत करने वाला; गतिशील।

मुतहैयर वि० *(अ०)* अचरज में आया हुआ; चकित।

मुताब वि० *(अ०)* आज्ञापालन।

मुताबअत स्त्री० *(अ०)* आज्ञापालन।

मुताबिक़ वि० *(अ०)* अनुसार। पु० संशोधन के बाद छापी जाने वाली कापी।

मुताबिक़त स्त्री० *(अ०)* अनुकूलता।

मुतालबा पु० *(अ० मुतालबः)* बाकी/उधार वापस माँगना।

मुतालबान पु० *(अ० मुतालबः का बहु०)* माँगें।

मुताला पु० *(अ० मुतालअ)* पढ़ना; अध्ययन।

मुताह पु० *(अ० मुतआह)* शिया मुस्लिमों में होने वाला एक प्रकार का अस्थायी विवाह। स्त्री० मुताही।

मुतीअ वि० *(अ०)* आज्ञाकारी।

मुत्तकअ पु० *(अ०)* सहारा; आश्रय।

मुत्तक़ी पु० *(अ०)* सदाचारी; परहेज़गार; संयमी।

मुत्तफ़िक वि० *(अ०)* एकमत; सहमत।

मुत्तलअ वि० *(अ०)* सूचित किया हुआ।

मुत्तसिल वि० *(अ०)* सम्बद्ध; पास या बगल में रहने वाला।

मुत्तहद वि० *(अ०)* एक में लाये हुए।

मुत्तहम वि० *(अ०)* जिस पर आरोप लगा हो; अभियुक्त।

मुदख़ला वि० *(अ० मुदख़लः)* दाखिल किया हुआ।
मुदब्बिर[1] पु० *(अ०)* परामर्शदाता; मन्त्री।
मुदब्बिर[2] वि० *(अ०)* वह औषधि जो शुद्ध कर ली गयी हो, ताकि हानि न करे।
मुदब्बिराने क़ौम पु० *(अ०)* राष्ट्र के नेता।
मुदम्मिग़ वि० *(अ०)* बहुत दिमागदार; अभिमानी।
मुदरिक वि० *(अ०)* समझदार।
मुदरिका स्त्री० *(अ० मुदरिकः)* विचारशक्ति।
मुदर्रस पु० *(अ०)* विद्यार्थी।
मुदर्रिस पु० *(अ०)* शिक्षक।
मुदर्रिसी स्त्री० *(अ०)* शिक्षक का काम या पद।
मुदल्लल वि० *(अ०)* तर्कसिद्ध; तर्कसंगत।
मुदल्लिल वि० *(अ०)* तार्किक।
मुदव्वन वि० *(अ०)* संग्रहीत; सम्पादित; संकलित; क्रम से जमा किया हुआ।
मुदव्विन वि० *(अ०)* सम्पादक।
मुदहज वि० *(अ०)* गोल; वर्तुलाकार।
मुदव्वर वि० *(अ०)* गोल।
मुदाख़लत स्त्री० *(अ०)* दखल; हस्तक्षेप।
मुदाफ़अत स्त्री० *(अ०)* दूर करने की क्रिया; आत्मरक्षा।
मुदाम क्रि०वि० *(अ०, वि० मुदामी)* निरन्तर; लगातार।
मुदावा पु० *(अ०)* इलाज।
मुद्दआ पु० *(अ०)* उद्देश्य; अभिप्राय।
मुद्दई पु० *(अ०, स्त्री० मुद्दैया)* दावा करने वाला।
मुद्दईया स्त्री० *(अ० मुद्दईयः)* दावा करने वाली स्त्री; वादिनी।
मुद्दत स्त्री० *(अ०)* अवधि; अरसा; मियाद; समय; काल; वक़्त; देर।
मुद्दती वि० *(अ०)* मियाद वाला; सावधि।
मुर्ददतउम्र क्रि०वि० *(अ०)* आजीवन।
मुद्दा पु० *(अ० मुद्दआ)* दावा किया गया; अर्थ; मतलब; उद्देश्य; खुलासा।
मुद्दालैह पु० *(अ० मुद्दआ-अलैह)* जिस पर दावा किया गया हो; प्रतिवादी।
मुद्दाअलैहा स्त्री० *(अ० मुद्दआअलैहा)* वह स्त्री जिसके लिए वाद उपस्थित किया गया हो।
मुद्दते मदीद स्त्री० *(अ०)* लम्बा समय; लम्बा अरसा।
मुद्दते हयात स्त्री० *(अ०)* जीवनकाल; जीने का समय; पूरी आयु।
मुदी आला पु० *(अ०)* प्रधान सम्पादक।
मुदीरे पु० *(अ०)* सम्पादक; समाचार-पत्र का एडीटर।
मुदीरे मुआबिन पु० *(अ०)* सहायक सम्पादक; उप-सम्पादक।
मुदीरा स्त्री० *(अ० मुदीरः)* महिला सम्पादक।
मुद्दैया स्त्री० *(अ० मुदैयः)* मुद्दई का स्त्रीलिंग रूप।
मुदव्वर वि० *(अ०)* गोल; मण्डलाकार।
मुनअकिद वि० *(अ०)* प्रतिबिम्बित।
मुनइम वि० *(अ० मुन्इम)* उदार; दाता। पु० पूँजीपति।
मुनक़ज़ी वि० *(अ०)* गुजरा हुआ; बीता हुआ।
मुनक़ता वि० *(अ०)* समाप्त किया हुआ; चुकता।
मुनक़लिब वि० *(अ०)* परिवर्तित।
मुनकशिफ़ वि० *(अ०)* खुला हुआ; पर्दाफाश।
मुनक़सिम वि० *(अ०)* बाँटा हुआ; विभक्त।
मुनकसिर वि० *(अ० मुन्कसिर)* नम्र; विनयशील।
पदरचना- *मुनकसिर-उल-मिज़ाज- नम्र स्वभाव वाला।*
मुनकरनकीर पु० *(अ० मुन्करनकीर)* दो फरिश्ते जो मुसलमानों के अनुसार क़ब्र में मुरदों से पूछताछ करते हैं।
मुनक़लिबात पु० *(अ०)* वृष, कर्क, तुला और मकर- ये चार राशियाँ, इनमें काम उलटा होता है।
मुनक़ाद वि० *(अ० मुन्क़ाद)* आज्ञाकारी।
मुनकिर वि० *(अ०)* इनकार करने वाला। पु० नास्तिक।
मुनकिराने ख़ुदा पु० *(अ० मुन्किराने+फ़ा० ख़ुदा)* नास्तिक लोग।
मुनकिरे क़यामत वि० *(अ० मुन्किरे क़ियामत)* क़यामत (प्रलय) पर विश्वास न रखने वाले।
मुनकिरे नेमत वि० *(अ० मुन्किर+फ़ा० नेमत)* कृतघ्न; नमकहराम।
मुनक़्क़श वि० *(अ०)* नक्काशी किया हुआ।
मुनक़्क़ा पु० *(अ० मुनक्कः)* एक प्रकार की बड़ी किशमिश।
मुनक़्क़िद वि० *(अ०)* आलोचक; खोटा-खरा बताने वाला।
मुनक़्क़िस वि० *(अ०)* अपमान करने वाला; तिरस्कार करने वाला।
मुनक़्क़ी वि० *(अ०)* पेट साफ़ करने वाला।

मुनज़्ज़म वि० *(अ०)* संगठित।

मुनज्जिम पु० *(अ०)* ज्योतिषी।

मुनफ़अत स्त्री० *(अ०)* नफ़ा; फायदा; लाभ।

मुनफ़इल वि० *(अ०)* लज्जित।

मुनफ़सला वि० *(अ० मुन्फसलः)* जिसका फैसला हुआ हो।

मुनब्बत वि० *(अ०)* जिसमें उभरे हुए बेल-बूटे बने हों।

मुनब्बतकारी स्त्री० *(अ० मुनब्बत+फ़ा० कारी)* उभारदार नक्काशी।

मुनव्वर वि० *(अ०)* प्रकाशमान; प्रज्वलित।

मुनश्शी वि० *(अ०, बहु० मुनश्शियात)* नशा लाने वाला; मादक।

मुनसरिम पु० *(अ० मुन्सरिम)* व्यवस्थापक; प्रबन्धकर्ता।

मुनसिफ़ पु० *(अ० मुन्सिफ़)* इंसाफ या न्याय करने वाला।

मुनसिफ़ी स्त्री० *(अ० मुन्सिफ़)* मुंसिफ का पद या कार्य।

मुनाज़मा वि० *(अ० मुनाजमः)* परस्पर नज़्में सुनाना; वह मुशायरा जिसमें गजलों की जगह नज़्में पढ़ी जायें।

मुनाज़रा पु० *(अ० मुनाजरः)* किसी विषय विशेषतः धार्मिक विषय पर शास्त्रार्थ।

मुनहसिर वि० *(अ०)* आश्रित; अवलम्बित।

मुनाजात स्त्री० *(अ०)* ईश्वर-प्रार्थना; स्तोत्र।

मुनादा वि० *(अ०)* जिसे पुकारा या सम्बोधित किया जाये।

मुनादी स्त्री० *(अ०)* वह घोषणा जो डुग्गी या ढोल आदि बजाते हुए सारे गाँव या शहर में की जाये।

मुनाफ़ा पु० *(अ० मुनाफ़ः)* लाभ; फायदा।

मुनाफ़िक पु० *(अ०)* द्वेष रखने वाला; धर्मद्रोही।

मुनाफ़ी वि० *(अ०)* नष्ट या व्यर्थ करने वाला; विरोधी।

मुनासिब वि० *(अ०)* उचित; वाज़िब; ठीक।

मुनासिबे मौक़ा पु० *(अ०)* अवसर के अनुसार।

मुनासिबे वक़्त पु० *(अ०)* समय के अनुसार।

मुनासिबे हाल पु० *(अ०)* दशा या हालात के अनुसार।

मुनासिबत स्त्री० *(अ० मनासबत)* सम्बन्ध; लगाव; उपयुक्तता।

मुनीब पु० *(अ०)* ईश्वर की ओर अनुरक्त; बही खाता लिखने वाला कर्मचारी।

मुनीर वि० *(अ०)* उज्ज्वल; प्रकाशमान।

मुनीबी स्त्री० *(अ० मुनीब)* बही खाता लिखने का काम या पद।

मुंजमिद वि० *(अ०)* सरदी आदि से जमा हुआ।

मुनफ़क वि० *(अ०)* मुक्त।

मुनफ़रिद वि० *(अ०)* अकेला।

मुनफ़रिदन क्रि०वि० *(अ०)* अकेले।

मुफ़रद वि० *(अ०)* अकेला; एक।

मुफ़र्रस वि० *(अ०)* फ़ारसी बनाया हुआ। पु० दूसरी भाषा का शब्द जो फ़ारसी बना लिया गया हो।

मुफ़र्रह वि० *(अ०)* आनन्द देने वाला; स्वादिष्ट; सुगन्धित और बलवर्द्धक।

मुफ़लिस वि० *(अ०)* निर्धन।

मुफ़लिसी स्त्री० *(अ० मुफलिस)* गरीबी; दरिद्रता।

मुफ़स्सल वि० *(अ०)* ब्योरे के रूप में लाया हुआ; स्पष्ट। पु० बड़े शहर के आस-पास की छोटी बत्तियाँ।

मुफ़सदा पु० *(अ० मुफ़सदः)* बखेड़ा; दंगा।

मुफ़स्सलात पु० *(अ०)* केन्द्रस्थ नगर के इर्द-गिर्द के स्थान।

मुफ़सिद वि० *(अ०, क्रि०वि० मुफसिदान)* झगड़ालू; उपद्रवी।

मुफ़स्सिर पु० *(अ०)* तफ़सीर करने वाला; व्याख्याकार।

मुफ़ाख़रत स्त्री० *(अ०)* फ़ख्र या शेखी करना।

मुफ़ाख़िर वि० *(अ०, स्त्री० मुफ़ाख़रा)* फख्र या अभिमान करने वाला।

मुफ़ाजात वि० *(अ०)* अचानक; सहसा।

पदरचना- ***मर्ग–मुफ़ाजात-*** *अचानक होने वाली मृत्यु*

मुफ़ारक़त स्त्री० *(अ०)* जुदाई; वियोग।

मुफ़ीज़ वि० *(अ०)* उपकार करने वाला।

मुफ़ीद वि० *(अ०)* फायदेमन्द।

मुफ़ीदे ज़िन्दगी वि० *(अ० मुफ़ीद+फ़ा० जिन्दगी)* जीवनोपयोगी।

मुफ़ीदे आम वि० *(अ०)* सबके लिए लाभकारी।

मुफ़ीदे मतलब वि० *(अ० मुफ़ीदे मत्लब)* अपने लाभ के लिए।

मुफ़्त वि० *(अ०)* बिना मूल्य का।

पदरचना- *मुफ़्तख़ोर-मुफ़्त में दूसरों का माल खाने वाला। मुफ़्तख़ोरी- मुफ़्त में खाने की आदत।*

मुफ़्त सिताँ वि० *(फ़ा०)* बिना कीमत चुकाये ले लेने वाला।

मुफ़्तिए आज़म पु० *(अ०)* सबसे बड़ा मुफ़्ती।

मुफ्तरी वि० *(अ०)* झूठा अभियोग लगाने वाला; धूर्त।

मुफ़्तरे वि० *(अ०)* शाखाएँ निकालने वाला।

मुफ़्ती[1] पु० *(अ०)* फतवा या धार्मिक व्यवस्था देने वाला।

मुफ़्ती[2] स्त्री० *(अ०)* वर्दी पहनने वाले सिपाही; अधिकारी और सैनिक आदि के साधारण कपड़े।

मुफ़्ती[3] वि० *(अ०)* मुफ़्त का।

मुफ़्तुल वि० *(अ०)* बटा हुआ तार या डोरी।

मुबद्दल वि० *(अ०)* बदला हुआ; परिवर्तित।

मुबर्रा वि० *(अ०)* पवित्र; साफ़; निरपराध।

मुबतिला वि० *(अ०)* कष्ट में पड़ा हुआ।

मुबलग़/मुबलिग़ वि० *(अ०)* कुल; थोड़ा-सा; खरा; परखा हुआ। पु० मात्रा; रकम; रुपये की संख्या।

मुबलिग़ वि० *(अ०)* खरा किन्तु खोटा न होने वाला।

मुबल्लिग़ वि० *(अ०)* प्रचार करने वाला; धर्म प्रचारक।

मुबव्वब वि० *(अ०)* अध्यायों और परिच्छेदों में बँटी हुई पुस्तक।

मुबाश्शिर पु० *(अ०)* शुभ समाचार लाने वाला।

मुबस्सिर पु० *(अ०)* मर्मज्ञ; पारखी।

मुबहम वि० *(अ० मुब्हम)* अस्पष्ट; सन्दिग्ध।

मुबादला पु० *(अ० मुबादलः)* एक वस्तु लेकर दूसरी देना।

मुबादा क्रि०वि० *(फ़ा०)* कहीं ऐसा न हो कि।

मुबादी स्त्री० *(अ०)* आरम्भ; मूल। वि० प्रकाशित करने वाला।

मुबारक वि० *(अ०)* शुभ; मंगलप्रद।

मुबारक अंजाम वि० *(अ० मुबारक़+फ़ा० अंजाम)* जिसका परिणाम या फल कल्याणकारी हो।

मुबारक क़दम[1] वि० *(अ० मुबारक़+फ़ा० क़दम)* जिसका आगमन शुभदायक हो।

मुबारक क़दम[2] वि० *(अ० मुबारक+फ़ा० कदम)* जिसकी फूँक से बीमार अच्छे हों।

मुबारकबाद वि० *(अ० मुबारक+फ़ा० बाद)* एक-दूसरे की शुभकामना व प्रसन्नता में कहा जाने वाला कथन।

मुबारकी स्त्री० *(अ०)* मुबारकबाद; बधाई।

मुबालग़ा पु० *(अ० मुबालग़ः)* अत्युक्ति।

मुबाशरत स्त्री० *(अ०)* मैथुन; सम्भोग।

मुबाह वि० *(अ०)* विधिसम्मत; जिसके करने की आज्ञा हो।

मुबाहिसा पु० *(अ० मुबाहिसः)* बहस; वाद-विवाद।

मुबाही वि० *(अ०)* अभिमानी; प्रतिष्ठित।

मुबीं वि० *(अ०)* स्पष्ट; चमकता हुआ।

मुबैयन वि० *(अ० मुबायनः)* कहने वाला।

मुब्तदा पु० *(अ०)* आरम्भ; उद्देश्य।

मुब्तदी पु० *(अ०)* नौसिखुआ।

मुब्तला वि० *(अ०)* विपत्ति आदि में फँसा हुआ।

मुब्तसिम वि० *(अ०)* मुस्कुराता हुआ।

मुमकिन वि० *(अ० मुम्किन)* हो सकने योग्य।

मुमताज़ वि० *(अ० मुम्ताज़)* माननीय; प्रतिष्ठित।

मुमलकत स्त्री० *(अ०)* राज्य; सल्तनत।

मुमलूका वि० *(अ० मुमलूकः)* कब्जे में आया हुआ।

मुमसिक वि० *(अ० मुम्सिक)* रोकने वाला; कृपण; वीर्य का स्तम्भन करने वाला।

मुमस्सिल पु० *(अ०)* अभिनेता; अदाकार।

मुमस्सिला स्त्री० *(अ०)* अभिनेत्री; अदाकारा।

मुमानिअत पु० *(अ०)* मनाही; निषेध।

मुमालिक पु० *(अ०)* अनेक देश।

मुमिद वि० *(अ०)* सहायक।

मुम्तहिन वि० *(अ०)* परीक्षा लेने वाला।

मुयस्सर वि० *(अ०)* आसानी से मिलने वाला।

मुरक़्क़ा पु० *(अ० मुरक़्क़ः)* वह पुस्तक जिसमें लेखन कला के सुन्दर नमूने या चित्र संगृहीत हो।

मुरग़ान वि० *(फ़ा०)* तेल या घी में तर-बतर।

मुरग़ाबी स्त्री० *(फ़ा०, मुर्ग़+आबी)* मुरगे की जाति का एक पक्षी; जल-कुक्कुट।

मुरग़ी स्त्री० *(फ़ा०)* मुर्ग़ नामक पक्षी की मादा।

मुरज्जज़ वि० *(अ०)* वह गद्य, जिसके वाक्य परस्पर सन्तुलित और सानुप्रास हो।

मुरतकिब पु० *(अ०)* किसी कर्म का कर्ता; अपराधी।

मुरतद पु० *(अ० मुर्तद)* वह जो इस्लाम के विरुद्ध हो; काफिर।

मुरतहिन पु० *(अ०)* किसी के पास बन्धक रखना; रेहनदार।

मुरत्तब वि० *(अ०)* क्रमबद्ध; व्यवस्थित।

मुरत्तिब पु० *(अ०)* क्रम से लगाने वाला।

मुरदन पु० *(फ़ा० मुर्दन)* मृत्यु को प्राप्त होना; मरना।

मुरदनी स्त्री० *(फ़ा०)* मृत्यु के समय होने वाला आकृति का विकार; शव के साथ उसकी अन्त्येष्टि के लिए जाना।

मुरदा पु० *(फ़ा० मुर्दः बहु० मुर्दागान)* वह जो मर गया हो; मृत। वि० मरा हुआ; जिसमें कुछ भी दम न हो।

मुहा० ***मुरदा उठना-*** *जनाजा उठना।* ***मुरदा उठाना-*** *मुर्दे को दफन या जलाने के लिए ले जाना।* ***मुरदा कर देना-*** *अधमरा कर देना।* ***मुरदे का माल-*** *लावारिस सामान।* ***मुरदे की कब्र या गोर पहचानना-*** *दूसरे की चालाकी पहचानना।* ***मुरदे की नींद सोना-*** *बेखबर होकर सोना।* ***मुरदे से शर्त बाँध कर सोना-*** *ऐसी नींद सोना जो जल्दी टूटे नहीं।*

मुरदार वि० *(फ़ा०)* मृत; मरा हुआ; अपवित्र; अस्पृश्य। पु० मृत शरीर; शव; एक प्रकार की गाली (स्त्रियों द्वारा)।

मुरदारसंग पु० *(फ़ा० मुर्दःसंग)* फुँके हुए सीसे और सिन्दूर से बनी एक औषध।

मुरब्बा पु० *(अ० मुरब्बः)* चीनी या मिसरी आदि की चाशनी में रखा फलों या मेवों आदि का पाक। वि० *(अ०)* मुब्बअ चौकोर। पु० चार-चार चरणों की एक प्रकार की कविता।

मुरब्बी पु० *(अ०)* संरक्षक; पालन-पोषण कर्ता।

मुरम्ममा वि० *(अ० मुरम्ममः)* संशोधित; सुधारा हुआ।

मुरम्मिम वि० *(अ०)* संशोधन करने वाला।

मुरव्वज वि० *(अ०)* जिसका रिवाज या प्रचार हो; प्रचलित।

मुरव्वत स्त्री० *(अ० मुरुव्वत)* शील-संकोच; लिहाज; आदर-इज़्ज़त।

मुरशिद पु० *(अ० मुर्शिद)* उत्तम और शुभ बातें बताने वाला; अध्यात्म का उपदेश देने वाला; शिक्षक।

मुरसिल पु० *(अ० मुर्सिल)* दूत; पैगम्बर।

मुरसिला पु० *(अ० मुर्सिलः)* भेजा हुआ पत्र आदि; प्रेषिका।

मुरस्सा वि० *(अ०)* रत्नजड़ित हार।

मुरस्साकार वि० *(अ० मुरस्सा+फ़ा० कार)* नगीने जड़ने वाला।

मुरस्सा ग़ज़ल स्त्री० *(अ० मुरस्सा+फ़ा० ग़ज़ल)* सम्पूर्ण अलंकृत ग़ज़ल।

मुरस्सानिगार वि० *(अ० मुरस्सा+फ़ा० निगार)* जो बहुत अच्छा लिखना हो; जो लिखने में मानों शब्दों में नगीने जड़ता हो।

मुराक़बा[1] पु० *(अ० मुराक़बः)* आशा करना; रक्षा करना।

मुराक़बा[2] पु० *(अ० मुराक़बः)* संसार से हटकर ईश्वर में ध्यान लगाना; योग व समाधि धारणा।

मुराक़िब वि० *(अ०)* समाधिस्थ।

मुराख़ता पु० *(फ़ा० मुराख़तः)* बैठकर आपस में रेख्ता में कलाम सुनाना; रेख्ता का मुशायरा।

मुराजअत स्त्री० *(अ०)* वापस होना; लौटना।

मुराद स्त्री० *(अ०)* अभिलाषा; कामना; अभिप्राय; मतलब।

मुहा० ***मुराद पाना-*** *मनोरथ पूर्ण होना।* ***मुराद माँगना-*** *मनोरथ पूर्ण होने की प्रार्थना करना।* ***मुरादों के दिन-*** *युवावस्था; जवानी का समय।*

मुरादिफ़ वि० *(अ०)* पर्यायवाची।

मुरादिफ़ुल माना वि० *(अ०)* पर्यायवाची; समानर्थक।

मुरादी वि० *(अ०)* अनुकूल; अपनी इच्छा के अनुसार होने वाला; कामना रखने वाला।

मुराफ़ा पु० *(अ० मुराफ़अ बहु० मुराफ़आत)* ऊँची अदालत में प्रार्थना-पत्र; दावा; अपील।

मुराफ़े वि० *(अ०)* अपील करने वाला; पुनर्वादी; पुनरावेदक।

मुरासलत स्त्री० *(अ०)* पत्र-व्यवहार।

मुरासलात पु० *(अ० मुरासलत का बहु०)* आपसी पत्र-व्यवहार के काग़जात।

मुराहिक़ पु० *(अ०)* वह लड़का जो बालिग होने के करीब हो; अंकुरित यौवन।

मुरीद पु० *(अ०)* चेला; शिष्य; अनुगमन करने वाला।

मुरीदी स्त्री० *(अ०)* शार्गिदी; शिष्यत्व।

मुरव्वज वि० *(अ०)* जारी; प्रचलित।

मुरव्वत स्त्री० *(अ०)* लिहाज; उदारता; दया।

मुर्की स्त्री० *(अ०)* आगे-पीछे के स्वरों को मिलाकर किसी स्वर का उच्चारण (संगीत में) करना।

मुर्ग़ पु० *(फ़ा०)* एक प्रसिद्ध पक्षी जो अनेक रंगों का होता है और इसके सिर पर लाल कलगी होती है।

मुर्ग़ अन्दाज़ पु० *(फ़ा०)* वह निवाला (ग्रास) जिसे बिना चबाये निगल लिया जाये।

मुर्ग़ बाज़ वि० *(अ० मुर्ग़+फ़ा० बाज़)* जो मुर्गों की पाली बदल कर उन्हें लड़ाता है।

मुर्ग़बाज़ी स्त्री० *(फ़ा०)* मुर्गे लड़ाना।

मुर्ग़े आतशख़्वार पु० *(फ़ा०)* आग खाने वाली चिड़िया; चकोर पक्षी; समन्दर।

मुर्ग़े क़फस पु० *(फ़ा०)* पिजड़े में बन्द चिड़िया।

मुर्ग़े क़िब्लानुमा पु० *(फ़ा० मुर्ग़+अ० किब्लानुमः)* कुतुबनुमा की सूई।

मुर्ग़े गिरफ़्तार पु० *(फ़ा० गिरिफ़्तार)* पिजड़े में कैद चिड़िया।

मुर्ग़े दस्तआमेज़ वि० *(फ़ा०)* हाथ पर सधायी जाने वाली चिड़िया।

मुर्ग़े नामाबर पु० *(फ़ा० मुर्ग़े नामःबर)* पत्रवाहक चिड़िया; कबूतर।

मुर्ग़े शानासर पु० *(फ़ा० मुर्ग़ शानःसर)* सिर पर कलगी लगी चिड़िया; हुदहुद चिड़िया।

मुर्ग़े सहर पु० *(फ़ा० मुर्ग़े+फ़ा० सहर)* सवेरे बोलने वाली चिड़िया।

मुर्तकिब वि० *(अ०)* काम में लगाने वाला; दोषी।

मुर्तज़ा वि० *(अ०)* चुना हुआ; बढ़िया; हजरत अली की एक उपाधि।

मुर्ग़ाबी स्त्री० *(फ़ा०)* एक जलपक्षी, जो मुर्गे जैसा होता है; जलमुर्गी।

मुर्तहन वि० *(अ०)* रेहन रखा हुआ।

मुर्तहिन पु० *(अ०)* वह जो दूसरों का सामान बन्धक रखे।

मुर्दन पु० *(फ़ा०)* मृत्यु को प्राप्त होना।

मुर्दनी स्त्री० *(फ़ा०)* मृत्यु के चिह्न जो चेहरे से प्रकट हों; भारी भय या गहरी चिन्ता की छाया।

मुर्दाद पु० *(फ़ा०)* ईरानी पाँचवाँ महीना जो हिन्दी के भाद्रपद माह से मिलता है।

मुर्शिद वि० *(अ०)* धर्मगुरु; पीर; व्यंग्य में- धूर्त; वंचक; चालाक।

मुर्शिद ज़ादा स्त्री० *(अ० मुर्शिद+फ़ा० ज़ादः)* धर्मगुरु का पुत्र; पीर का बेटा।

मुर्शिदे कामिल पु० *(अ०)* पहुँचा हुआ पीर; बहुत बड़ा वली; महायोगी।

मुर्सल वि० *(अ०)* भीगा हुआ; वह पैगम्बर जिस पर कोई इलहामी किताब उतरी हो।

मुर्सलीन पु० *(अ० मुर्सल का बहु०)* वह रसूल जिन पर दिव्य ग्रन्थ उतरे हों।

मुर्सला वि० *(अ० मुर्सलः)* प्रेषित।

मुल स्त्री० *(अ०)* शराब।

मुलक़्क़ब वि० *(अ०)* नाम या उपाधि से युक्त।

मुलख़्ख़स वि० *(अ०)* संक्षिप्त; खुलासा; तत्त्व; सार।

मुलज़्ज़िज़ वि० *(अ०)* आनन्द देने वाला; वह दवा जो लिंगेन्द्रिय पर लगा देने से सम्भोग का आनन्द बढ़ा दे।

मुलज़िम वि० *(अ० मुल्ज़िम, बहु० मुलज़िमान)* जिस पर अभियोग लगा हो; अभियुक्त।

मुलतवी वि० *(अ० मुल्तवी)* स्थगित।

मुलब्बस वि० *(अ०)* मिला हुआ; जिसने लिबास या कपड़े पहने हों।

मुलम्मा पु० *(अ० मुलम्मः)* किसी वस्तु पर चढ़ायी गयी सोने या चाँदी की पतली परत; कलई; ऊपरी और झूठी दिखावट।

मुलम्माकार वि० *(अ० मुलम्मा+फ़ा० कार)* मुलम्मों का काम करने वाला; वह जिसके मुँह पर कुछ हो और पेट में कुछ और हो।

मुलमची पु० *(अ०,तु०)* गिलट करने वाला।

मुलय्यिन वि० *(अ०)* नरमी पैदा करने वाला; हलकी रेचक दवा।

मुलहक़ वि० *(अ० मुल्हक)* पहुँचने या पहुँचाने वाला।

मुलहिक़ वि० *(अ०)* पीछे से आकर मिलने वाला; मिलाया जाने वाला; शामिल।

मुलहिद वि० *(अ० मुल्हिद)* काफ़िर; अधर्मी।

मुलाअबत स्त्री० *(अ०)* खेल-कूद; मनोविनोद; प्यार का खेल।

मुलाक़ात स्त्री० *(अ०)* आपस में मिलना; मेल-मिलाप।
मुलाक़ाती वि० *(अ०)* जिससे मुलाक़ात हो; मित्र; परिचित।
मुलाक़ाते वाज़दीद स्त्री० *(अ० मुलाक़ात+फ़ा० वाज़दीद)* किसी से मिलने के लिए उसके घर जाना।
मुलाक़ी वि० *(अ०)* मिलने वाला; मित्र; संयुक्त।
मुलाज़मत स्त्री० *(अ०)* किसी के पास हमेशा रहना; सेवा; नौकरी; बड़े व्यक्ति की मुलाक़ात।
मुलाज़िम पु० *(अ०, बहु० मुलाजिमान)* नौकर; सेवक।
मुलाज़िमत स्त्री० *(अ०)* नौकरी; सेवा।
मुलाज़िमा स्त्री० *(अ०)* सेविका; परिचारिका।
मुलातफ़त स्त्री० *(अ०)* कृपा; सहृदयता।
मुलायम वि० *(अ०)* हलका; नाजुक; सुकमार; जिसमें कठोरता का अभाव हो।
मुलायमत स्त्री० *(अ०)* मुलायमपन।
मुलाहज़ा पु० *(अ० मुलाहजः)* निरीक्षण; देखभाल; संकोच; लिहाज़।
मुलूक पु० *(अ० मलिक का बहु०)* बादशाह लोग।
मुलूकाना वि० *(अ० मुलूक+फ़ा० आना)* बादशाहों जैसा; शाही।
मुलूल वि० *(अ०)* दुःखी; रंजीदा।
मुलयन वि० *(अ०)* पाखाना लाने वाला; दस्तावर।
मुल्क पु० *(अ०)* राज्य; देश।
पदरचना- ***मुल्क गीर-*** *देश विजय करने वाला।* ***मुल्क गीरी-*** *देश जीतना।* ***मुल्क फ़रोश-*** *गद्दार।*
मुल्की वि० *(अ०)* मुल्क या देश सम्बन्धी; देश का। पु० नागरिक।
मुल्के अदम पु० *(अ०)* यमलोक; जहाँ मरने के बाद जाते हैं।
मुल्के ख़ामोशाँ पु० *(अ० मुल्क+फ़ा० खामोशाँ)* मुर्दों का देश; कब्रिस्तान; श्मशान।
मुल्के फ़ना पु० *(अ०)* नश्वर जगत्।
मुल्के बक़ाँ पु० *(अ०)* वह संसार जहाँ हमेशा ही रहना है; परलोक।
मुल्तजी वि० *(अ०)* शरण चाहने वाला; शरणार्थी।
मुल्तमिस वि० *(अ०)* प्रार्थना करने वाला; प्रार्थी।
मुल्ला पु० *(अ०)* बहुत बड़ा विद्वान; शिक्षक।
मुल्लाए मक्तबी पु० *(अ०)* मकतब (स्कूल) में छोटे बच्चों को पढ़ाने वाला अर्थात् कम जानकार।
मुल्लाना वु० *(अ०)* मुल्ला के लिए प्रयुक्त उपेक्षासूचक शब्द; कट्टर मुसलमान। स्त्री० मुल्लानी।
मुवक्किल पु० *(अ० मुवक्किल)* वह जो किसी को अपना वकील बनाये।
मुवर्रिख़ वि० *(अ०)* इतिहास लिखने वाला; इतिहास लेखक।
मुवर्रिख़ा वि० *(अ० मवर्रिख़ः)* लिखा हुआ; लिखित।
मुवल्लिद पु० *(अ०)* पैदा करने वाला; जनक।
मुवल्लिफ़ पु० *(अ०)* संग्राहक; संकलन कर्ता।
मुवल्लिफ़ा वि० *(अ०)* संग्रहीत; संकलित।
मुवस्सा वि० *(अ०)* जिसे वसीयत की गयी हो।
मुवस्सी वि० *(अ०)* वसीयत करने वाला।
मुवस्सिर वि० *(अ०)* असर करने वाला; कारगर।
मुवाज़ी वि० *(अ०)* तुल्य; समतुल्य।
मुवाफ़िक़ पु० *(अ०)* अनुकूल; अनुसार।
मुवहिद्द (मुवहिद) वि० *(अ०)* जो ईश्वर को मानता है, उसके सब अवतारों या किताबों को नहीं।
मुवाज़रत स्त्री० *(अ०)* मन्त्री का पद ग्रहण करना; मन्त्री बनना; मन्त्री का काम करना।
मुवाहिद वि० *(अ०)* आस्तिक; ईश्वरवादी; एकेश्वरवादी।
मुवाख़ज़ा पु० *(अ० मुवाख़ज़ः)* जवाब माँगना; हरजाना।
मुवाख़ज़ादर पु० *(अ० मुवाख़्ज़ः+फ़ा० दार)* जवाब देह; उत्तरदायी।
मुवय्यिद वि० *(अ०)* समर्थन करने वाला।
मुशख़्ख़स वि० *(अ०)* जाँचा हुआ; परीक्षित।
मुशज्जर वि० *(अ०)* बेल बूटेदार।
मुशफ़िक़ वि० *(अ०)* कृपालु; मेहरबान; दयालु।
मुशब्बह पु० *(अ०)* वह वस्तु जिसे किसी दूसरी वस्तु से उपमा दी जाये; जैसे- मुख की उपमा चन्द्र से, तो चन्द्रमा 'मुशब्बह' अर्थात् उपमान है।
मुशब्बेह वि० *(अ०)* उपमा देने वाला।
मशरब पु० *(अ०)* पानी पीने की जगह; हौज; झरना; झील; मजहब; तौर-तरीका।
मुशर्रफ़ वि० *(अ०)* जिसकी व्याख्या की गयी हो।

मुशरिक़ पु० *(अ०)* खुदा की जात में दूसरे को शामिल करने वाला; ईश्वर के अलावा किसी और को भी पूज्य या उपास्य मानने वाला; काफिर।

मुर्शरह वि० *(अ०)* जिसकी व्याख्या की गयी हो।

मुर्शरिह वि० *(अ०)* व्याख्या करने वाला।

मुशाफ़ह पु० *(अ०)* सामने होकर बातें करना।

मुशाबह वि० *(अ०)* मिलता-जुलता आकार वाला।

मुशायख़ पु० *(अ० शेख का बहु०)* शेख; मुल्ला आदि।

मुशायरा पु० *(अ० मुशाअरः)* वह स्थान जहाँ बहुत-से लोग मिल कर शेर या गज़लें पढ़ें; कवि-सम्मेलन।

मुशाकलत स्त्री० *(अ०)* एकरूपता; एक जैसी शक्ल होना।

मुशाबिद वि० *(अ०)* बाज़ीगर; मायावी; छली।

मुशायअत स्त्री० *(अ०)* किसी के विदा के समय थोड़ी दूर उसके साथ चलना; जनाज़े के साथ जाना।

मुशार वि० *(अ०)* जिसकी ओर संकेत या इशारा किया गया हो।

मुशाहदा पु० *(अ० मुशाहदः)* अवलोकन; देखना।

मुशाहरा पु० *(अ० मुशाहरः)* वेतन; तनख्वाह।

मुशाहिद वि० *(अ०)* देखने वाला।

मुशीर पु० *(अ०)* इशारा या संकेत करने वाला; परामर्श देने वाला; राजा का मन्त्री या अमात्य।

मुश्क पु० *(फ़ा०)* कस्तूरी।

मुश्कबू वि० *(अ०)* जिसमें कस्तूरी की सुगन्ध हो।

मुश्किल वि० *(अ०)* कठिन; दुष्कर। स्त्री० कठिनता; दिक्कत; मुसीबत; विपत्ति।

मुश्किलकुशा पु० *(अ० मुश्किल+फ़ा० कुशा)* वह जो कठिनाइयाँ दूर करे; परमात्मा; परमेश्वर।

मुश्की वि० *(फ़ा०)* जिसमें कस्तूरी की गन्ध हो; एक प्रकार का घोड़ा।

मुश्कें स्त्री० *(देश०)* भुजा या बाँह।

मुहा० ***मुश्के कसना या बाँधना-*** *अपराधी की भुजाएँ पीठ की ओर करके बाँधना।*

मुश्त स्त्री० *(फ़ा०)* हाथ की बँधी हुई मुट्ठी।

मुश्तइल वि० *(अ०)* लपटें निकालने और भड़कने वाला।

मुश्तबह वि० *(अ० मुश्तबेह)* जिसमें शक या शुबहा हो।

मुश्तमिल वि० *(अ०)* जो शामिल हो।

मुश्तरक वि० *(अ०)* सम्मिलित।

मुश्तरका वि० *(अ०)* जिसमें कोई शरीक हो; साझेदार।

मुश्तरिक पु० *(अ०)* हिस्सेदार।

मुश्तरी पु० *(अ०)* खरीदने वाला; ग्राहक; बृहस्पति ग्रह।

मुश्तहर वि० *(अ०)* जिसकी प्रसिद्धि की गयी हो।

मुश्तहिर पु० *(अ०)* इस्तिहार देने वाला; विज्ञापक।

मुश्तही वि० *(अ०)* कामना बढ़ाने वाला; भूख लगाने वाला।

मुश्ताक़ वि० *(अ०)* जिसकी सतह बराबर हो; समतल।

मुसद्दक़ वि० *(अ०)* जिसकी शुद्धता की परीक्षा हो गयी हो।

मुसद्दरा वि० *(अ० मुसद्दरः)* जारी किया हुआ।

मुसद्दस पु० *(अ०)* षट्कोण; छः चरणों वाली एक कविता।

मुसद्दस वि० *(अ०)* छः पहलू वाला। पु० छः फायर वाला तमंचा; नज़्म की एक किस्म जिसमें चार मिसरे एक काफ़िए में और दो मिसरे अलग दूसरे काफ़िए में होते हैं और यह छः मिसरों का एक बन्द कहलाता है। ऐसे बहुत-से बन्दों का समूह 'मुसद्दस' होता है। प्रायः मुसद्दस में कोई उपदेश या किसी घटना का वर्णन होता है। यदि इस मुसद्दस में 'करबला' की शहादत का वर्णन हो, तो 'मरसिना' कहलाता है, यदि अपने प्रेम में त्याग का वर्णन हो, तो 'वासोख्त' कहलाता है और यदि नायिका के नखशिख का वर्णन हो, तो 'सारापा' होता है। 'मुसद्दस' के किसी बन्द का अन्तिम अर्थात् तीसरा शेर 'टीप' कही जाती है।

मुसद्दिक़ वि० *(अ०)* तसदीक करने वाला।

मुसद्दी पु० *(अ०)* लिपिक।

मुसन्ना पु० *(अ०)* लेख आदि की नकल। वि० *(अ० मुसन्नअ)* कृत्रिम; नकली।

मुसन्नफ़ पु० *(अ० मुसन्निफ़)* लेखक; ग्रन्थकार।

मुसन्नफ़ा स्त्री० *(अ० मुसन्निफ़ः)* लेखिका।

मुसफ़्फ़ा वि० *(अ०)* साफ किया हुआ; शुद्ध।

मुसफ़्फ़ी वि० *(अ०)* साफ करने वाला।

मुसब्बा पु० *(अ०)* सात भाग किया हुआ; सात भुजाओं का क्षेत्र; वह नज़्म जिसमें सात मिसरे हों अर्थात् हर 'शेर' के बाद एक मिसरा आया करे, चाहे वह मिसरा एक ही हो या हर बार नया हो।

मुसब्बर पु० *(अ०)* घीकुआर का जमाकर सुखाया हुआ रस जो दवा के काम आता है।

मुसब्बितह स्त्री० *(अ०)* मोहर किया हुआ; मुहर बन्द।

मुसम्मत स्त्री० *(अ०)* एक प्रकार की कविता जिसमें एक ही छन्द और तुकान्त के अलग-अलग कई बन्द होते हैं।

मुसम्मन[1] वि० *(अ०)* आठ कोष्ठ वाला। स्त्री० आठ चरणों की कविता।

मुसम्मन[2] वि० *(अ०)* पक्का; दृढ़ निश्चय।

मुसम्मा वि० *(अ०)* जिसका नाम रखा गया हो; नामी; नामक।

मुसम्मात स्त्री० *(अ०)* एक शब्द जो स्त्रियों के नाम के पहले लगाया जाता है।

मुसम्मी वि० *(अ०)* नाम वाला; नामधारी।

मुसरिफ़ वि० *(अ० मुस्रिफ़)* व्यर्थ और अधिक व्यय करने वाला।

मुसर्रत स्त्री० *(अ०)* खुशी; प्रसन्नता; आनन्द।

मुसल्लमात पु० *(अ०, मुसल्लम का बहु०)* वे बातें जो सर्वमान्य हों।

मुसल्लमश्शाहदत वि० *(अ०)* वह व्यक्ति जिसकी साक्षी मान्य हो; जो साक्षी द्वारा प्रमाणित हो।

मुसलमान पु० *(अ०)* वह जो मुहम्मद साहब के चलाये हुए मजहब या सम्प्रदाय में हो; मुहम्मदी।

मुसलमानी वि० *(अ० मुसलमान)* मुसलमान का। स्त्री० मुसलमानों की रस्म जिसमें छोटे बालक की इन्द्रिय पर का कुछ चमड़ा काट डाला जाता है; सुन्नत।

मुसलिमीन पु० *(अ० मुसलिम का बहु०)* मुसलमान लोग।

मुसलसल वि० *(अ०)* सिलसिलेवार; लगातार या क्रम से लगा।

मुसलिम पु० *(अ० मुस्लिम)* मुसलमान।

मुसलेह पु० *(अ० मुस्लेह)* सुधारक; परामर्श देने वाला; मारक।

मुसल्लम वि० *(अ०)* माना हुआ; साबुत या पूरा रखा हुआ।

मुसल्लस पु० *(अ०)* वह जिसमें तीन कोण या भुजाएँ हों; तीन-तीन पंक्तियों या पदों की एक प्रकार की कविता।

मुसल्लसी वि० *(अ०)* तिकोना।

मुसल्लह वि० *(अ०)* हथियार-बन्द।

मुसल्ला पु० *(अ०)* वह छोटी दरी आदि जिस पर बैठकर नमाज पढ़ते हैं; नमाज़ पढ़ने की जगह।

मुसल्सल क्रि०वि० *(अ०)* निरन्तर; लगातार।

मुसव्वर वि० *(अ०)* बनाया हुआ या अंकित किया हुआ।

मुसव्विर पु० *(अ०)* तसवीर बनाने वाला; चित्रकार।

मुसव्विरी स्त्री० *(अ०)* तसवीरें बनाने का काम; चित्रकला।

मुसहफ़ पु० *(अ० मुस्हफ़)* दस्त लगाने वाली दवा; रेचक।

मुसहिल वि० *(अ०)* दस्त लाने वाला; विरेचक।

मुसाफ़त स्त्री० *(अ०)* दूरी; अन्तर; परिश्रम।

मुसाफ़हा पु० *(अ० मुसाफ़हः)* भेंट होते समय मित्र से हाथ मिलाना।

मुसाफ़ात पु० *(अ०)* मित्रता; दोस्ती।

मुसाफ़िर पु० *(अ०)* सफर करने वाला; यात्री।

मुसाफ़िर खाना पु० *(अ० मुसाफ़िर+फ़ा० खानः)* यात्रियों के ठहरने की जगह।

मुसाफ़िरत स्त्री० *(अ०)* यात्रा करना; विदेश; परदेश।

मुसाफ़िराना वि० *(अ० मुसाफ़िर से फ़ा० मुसाफ़िरानः)* यात्री-सम्बन्धी; यात्रियों का।

मुसावात स्त्री० *(अ०)* बराबरी; समानता।

मुसावी वि० *(अ०)* बराबर; तुल्य।

मुसाहबत स्त्री० *(अ०)* साथ उठना-बैठना।

मुसाहलत स्त्री० *(अ०)* आलस्य; शिथिलता।

मुसाहिब पु० *(अ०)* धनवान या राजा आदि का पार्श्ववर्ती।

मुसिन वि० *(अ०)* तत्पर; उतारू।

मुसीह वि० *(अ०)* सही या ठीक करने वाला; भूल सुधारने वाला।

मुसीन वि० *(अ०)* वयोवृद्ध।

मुसीबत स्त्री० *(अ०, बहु० मसायब)* तकलीफ़; कष्ट; विपत्ति।

मुसीबतज़दा वि० *(अ० मुसीबत+ फ़ा० ज़दा का बहु०)* विपत्तिग्रस्त।

मुस्किर वि० *(अ०)* नशा पैदा करने वाला; मादक।

मुस्किरात पु० *(अ० मुसकिर का बहु०)* मादक द्रव्य आदि।

मुस्तअफ़ी वि० *(अ०)* इस्तीफा या त्यागपत्र देने वाला।

मुस्तअमल वि० *(अ०)* प्रचलित; इस्तेमाल किया हुआ।

मुस्तआर वि० *(अ०)* आने वाला समय; भविष्य।

मुस्तक़िल वि० *(अ०)* दृढ़तार्वूक स्थापित किया हुआ; स्थायी।

पदरचना- *मुस्तकिल मिज़ाज- दृढ़ निश्चयी।*

मुस्तक़ीम वि० *(अ०)* सीधा खड़ा हुआ।

मुस्तग़नी वि० *(अ०)* स्वतन्त्र; बेपरवाह; आज़ाद।

मुस्तग़फ़िर वि० *(अ०)* डूबा हुआ; लीन।

मुस्तग़ास वि० *(अ०)* जिसके पास मुस्तगासा ले जायें; जिससे याचना करें; दण्डाधिकारी; मजिस्ट्रेट।

मुस्तग़ीस पु० *(अ०)* दावेदार; फ़ौजदारी में दावा करने वाला।

मुस्तग़ीसा वि० *(अ०)* इस्तगासा करने वाली स्त्री; न्याय चाहने वाली; फ़ौजदारी में दावा करने वाली।

मुस्तज़ाद वि० *(अ०)* बढ़ाया हुआ; अधिक किया हुआ। पु० एक प्रकार का छन्द जिसके प्रत्येक चरण के अन्त में कोई अन्य पद लगा रहता है।

मुस्तज़ाब वि० *(अ०)* स्वीकृत; माना हुआ; कबूल।

मुस्तजार वि० *(अ०)* जिससे रक्षा की प्रार्थना की जाये।

मुस्ततील पु० *(अ०)* वह चौकोर क्षेत्र जो लम्बा अधिक और चौड़ा कम हो; समकोण आयत।

मुस्तदई वि० *(अ०)* प्रार्थी।

मुस्तदीर वि० *(अ०)* गोलाकार।

मुस्तनद वि० *(अ०)* जो सनद या प्रमाण के रूप में माना जाये।

मुस्तफ़ा वि० *(अ०)* जो साफ किया गया हो। पु० जिसमें मनुष्यों का कोई दुर्गुण न हो।

मुस्तफ़ीज वि० *(अ०)* लाभ या उपकार की आशा रखने वाला।

मुस्तफ़ीद वि० *(अ०)* लाभ का इच्छुक।

मुस्तरक़[1] वि० *(अ०)* चुराया हुआ।

मुस्तरक[2] वि० *(अ०)* बन्दी बनाया हुआ।

मुस्तरद वि० *(अ०)* रद्द किया हुआ; दोहराया हुआ।

मुस्तबी वि० *(अ०)* समतल।

मुस्तलहा वि० *(अ०)* वह शब्द जो परिभाषिक रूप में आ गया हो; पारिभाषिक।

मुस्तलहात पु० *(अ०)* पारिभाषिक शब्दावली।

मुस्तल्ज़िम वि० *(अ०)* कोई चीज अपने ऊपर ले लेने वाला पात्र; योग्य।

मुस्तल्ज़िमे सज़ा वि० *(अ०)* सज़ा के योग्य; दण्डनीय।

मुस्तशार वि० *(अ०)* जिससे सलाह ली जाये; परामर्शदाता; सलाह ली हुई बात।

मुस्तशफ़ा वि० *(अ० मुस्तश्फ़ा)* अस्पताल।

मुस्तशफ़ी वि० *(अ० मुस्तशफ़ी)* रोग से मुक्ति चाहने वाला।

मुस्तश्रिक़ वि० *(अ०)* दीप्त; ज्वलन्त; वह गैर एशियाई व्यक्ति जिसे एशियाई भाषाओं या विद्याओं का पूरा-पूरा ज्ञान हो और उसने इन विषयों पर काफ़ी अनुसन्धान किया हो।

मुस्तसना वि० *(अ०)* अलग किया हुआ।

मुस्तस्ना वि० *(अ०)* जिस पर कोई शर्त, कानून और पाबन्दी उठा ली गयी हो।

मुस्तहक़ वि० *(अ०)* जिसको हक़ हासिल हो; पास।

मुस्तहक़्क़ीन वि० *(अ० मुस्तहक़ का बहु०)* हक़दार लोग; योग्य लोग।

मुस्तहक़्क़ेतरिका पु० *(अ० मुस्तहक़्क़ेतरिक़:)* हक़दार; दायाधिकारी।

मुस्तहक़्क़े रहम पु० *(अ०)* दया का सच्चा पात्र।

मुस्तह कम वि० *(अ०)* पक्का; दृढ़; ठीक; उचित।

मुस्ताजिर पु० *(अ०)* ठीकेदार; कृषक; खेतिहार।

मुस्ताजिराना वि० *(अ० मुस्ताजिर+ फ़ा० आना)* ठेकेदारों जैसा।

मुस्ताजिरी वि० *(अ०)* ठेकेदारी; एकाधिकार।

मुस्ताफ़ी स्त्री० *(अ०)* जिसने त्यागपत्र दे दिया हो।

मुस्तामर वि० *(अ०)* नया बसा हुआ।

मुस्तैद वि० *(अ० मुस्तअद; भाव० मुस्तैदी)* तत्पर; चालाक।

मुस्तैदी स्त्री० *(अ०)* तत्परता; चुस्ती; तेजी; सावधानी।

मुस्तौजिब वि० *(अ०)* योग्य पात्र।

मुस्तौजिबे सज़ा वि० *(अ०)* दण्डनीय।

मुस्तौफ़ी वि० *(अ०)* व्यापक; गृहीत; हेड मुनीम।

मुस्तौजिरी स्त्री० *(अ०)* ठेकेदारी।

मुस्तौफ़ी पु० *(अ०)* आय-व्यय परीक्षक; मुनीम।

मुस्बत वि० *(अ०)* लिखा हुआ; प्रमाणित। पु० जोड़; धन।

मुस्लिम पु० *(अ०)* मुसलमान पुरुष।

मुस्लिमा स्त्री० *(अ० मुस्लिमः)* मुसलमान स्त्री।

मुस्लिमात स्त्री० *(अ० मुस्लिमः का बहु०)* मुसलमान स्त्रियाँ।

मुस्लिमीन पु० *(अ० मुस्लिम का बहु०)* मुसलमान मर्द।

मुस्लेह वि० *(अ०)* राजनीतिक, आर्थिक या सामाजिक सुधार करने वाला; शरीर की धातुओं का दोष दूर करने वाली दवा।

मुस्लेहे क़ौम पु० *(अ०)* जातीय सुधार करने वाला।

मुहकम वि० *(अ० मुह्कम)* मजबूत; पक्का।

मुहज़्ज़ब वि० *(अ०)* तहजीबदार; शिष्ट; सभ्य।

मुहतमिम पु० *(अ०)* प्रबन्धक। वि० प्रबन्ध करने वाला।

मुहतमल वि० *(अ० मुह्तमल)* अस्पष्ट; सन्दिग्ध।

मुहतशिम पु० *(अ० मुह्तशिम)* जिसके पास बहुत धन और नौकर-चाकर हों।

मुहताज वि० *(अ०)* दरिद्र; गरीब।

मुहन्दिस पु० *(अ०)* गणितज्ञ; इंजीनियर।

मुहद्दिस पु० *(अ०)* वह जो हदीस (इस्लामी धर्मशास्त्र) का ज्ञाता हो; व्याख्याता।

मुहन्नद वि० *(अ०)* वह शब्द जो किसी दूसरी भाषा का हो, किन्तु उसे हिन्दी का बना लिया गया हो। जैसे- 'जारूब' से झाड़ू; भारत में लोहे की बनी तलवार जो काट में प्रसिद्ध होती थी।

मुहब्बत स्त्री० *(अ०)* प्रेम; प्यार; मित्रता; दोस्ती।

पदरचना- ***मुहब्बतनामा-*** *प्रेम पत्र।* ***मुहब्बत परस्त-*** *प्रेम पुजारी।*

मुहा० मुहब्बत उछलना- *प्रेम का आवेश होना।* ***मुहब्बत की निगाह/नजर-*** *प्रेमसूचक दृष्टि।* ***मुहब्बत का दम मारना-*** *स्पष्ट रूप से प्रेम का बखान करना।*

मुहब्बतआमेज़ वि० *(अ० मुहब्बत+ फ़ा० आमेज़)* जिसमें मुहब्बत मिली हो; प्रेमपूर्ण।

मुहब्बती वि० *(अ०)* प्रेमी; स्नेहशील।

मुहम्मद वि० *(अ०)* जिसकी बहुत अधिक प्रशंसा हो। पु० इस्लाम के प्रवर्तक अरब के प्रसिद्ध पैगम्बर।

मुहम्मदी वि० *(अ०)* मुहम्मद का; मुसलमान।

मुहरकुन पु० *(अ०)* मुहर खोदने या बनाने वाला।

मुहर्रफ़ वि० *(अ०)* बदला और बिगाड़ा हुआ।

मुहर्रम[1] पु० *(अ०) हिजरी वर्ष का पहला महीना जिसमें हुसेन की मृत्यु हुई थी और मुसलमान लोग शोक मनाते हैं; शोक; मातम।*

मुहर्रम[2] वि० *(अ०)* हराम ठहराया हुआ; निषिद्ध।

मुहर्रमी वि० *(अ०)* मुहर्रम-सम्बन्धी।

मुहर्रिक वि० *(अ०)* हरकत रोकने या हिलाने वाला।

मुहर्रिर पु० *(अ०)* लेखक; लिखिक; लिपिक।

मुहर्रिरी स्त्री० *(अ०)* मुहर्रिर का पेशा या काम।

मुहर्रिरीन पु० *(अ० मुहर्रिर का बहु०)* मुहर्रिर लोग।

मुहल्लल वि० *(अ०)* वसलू किया हुआ।

मुहल्लिल वि० *(अ०)* वसूल करने वाला।

मुहव्वल वि० *(अ०)* हवाला (उल्लेख दिया हुआ)।

मुहव्वलए बाला वि० *(अ० मुहव्वल+ फ़ा० बाला)* जिसका उल्लेख हासिये पर किया गया हो; टिप्पणी।

मुहव्विस वि० *(फ़ा०)* कीमियागर; रसायन विद।

मुहसिन पु० *(अ०)* भलाई करने वाला; परोपकारी; सहायक।

मुहाकमा पु० *(अ०)* न्याय के लिए हाकिम के पास जाना।

मुहाकात स्त्री० *(अ०)* वार्तालाप; बातचीत; कथोपकथन।

मुहाज़रात स्त्री० *(अ०)* देश छोड़ कर विदेश में रहना।

मुहाजिरात स्त्री० *(अ० मुहाजिर का बहु०)*।

मुहाजरत स्त्री० *(अ०)* अलग होना।

मुहाफिज वि० *(अ०)* हिफ़ाज़त करने वाला; रक्षक। पु० अभिभावक; संरक्षक।

मुहाफ़िज़त पु० *(अ०)* हिफाजत; रक्षा।

मुजाहिर पु० *(अ०, बहु० मुहाजिरीन)* हिजरत करने वाला; शरणार्थी।

मुज़ाहिरा स्त्री० *(अ० मुजाहिरः)* शरणार्थी स्त्री।

मुहाज़ पु० *(अ०)* सामने वाला भाग।

मुहाफ़ज़त स्त्री० *(अ०)* हिफ़ाजत; रक्षा।

मुहाबा पु० *(अ०)* भय; चिन्ता; संकोच।

मुहार स्त्री० *(अ०)* ऊँट आदि पशु की नकेल; नथना।

मुहारबा पु० *(अ० मुहारबः)* लड़ाई-झगड़ा; युद्ध।

मुहाल वि० *(अ०)* असम्भव; नामुमकिन; कठिन।

मुहावरा पु० *(अ० मुहावरः बहु० मुहावरात)* लक्षणा या व्यंजना द्वारा सिद्ध वाक्य प्रयोग जो किसी एक भाषा में प्रचलित हो और जिसका अर्थ प्रत्यक्ष (अभिधेय) अर्थ से विलक्षण हो; रोजमर्रा; बोलचाल; अभ्यास।

मुहाश्शा वि० *(अ०)* हाशिये पर लिखा हुआ।

मुहासबा पु० *(अ० मुहासबः)* हिसाब; लेखा; पूछताछ।

मुहासरा पु० *(अ० मुहासरः)* किले या शत्रु की सेना को चारो ओर से घेरना; घेरा।

मुहिब पु० *(अ०)* प्रेमी; मित्र।

मुहिबुलवतन पु० *(अ०)* देशभक्त।

महिबुलवतनी स्त्री० *(अ०)* देशभक्ति।

मुहिम स्त्री० *(अ०)* फौज की चढ़ाई।

मुहीब वि० *(अ०)* भयानक; डरावना।

मुहैया वि० *(अ०)* एकत्र; उपलब्ध।

मू पु० *(फ़ा०)* बाल; रोम।

मूए ज़िहार पु० *(फ़ा० मूए+अ० ज़िहार)* नाभि के नीचे के बाल; गुप्तांगों के बाल।

मूक़लम पु० *(फ़ा०)* चित्रकार की कूची; तूलिका।

मूजिद वि० *(अ०)* इजाद करने वाला।

मूज़ी वि० *(अ०)* सतानेवाला; अत्याचारी; दुष्ट; जालिम।

मूतराश वि० *(फ़ा०)* बाल बनाने का उस्तरा।

मूनिस पु० *(अ०)* मित्र; दोस्त।

मूबाफ़ पु० *(फ़ा०)* बालों में बाँधने का फीता।

मूबिद पु० *(फ़ा०)* अग्निपूजकों का पुरोहित; वैज्ञानिक; ज्ञानी; आलिम।

मूरिस वि० *(अ०)* पूर्वज; वंश-प्रवर्तक।

मूरिसे अव्वल वि० *(अ०)* वंश-प्रवर्तक जिससे पहला वंश चला हो।

मूरिसे फ़ासिद पु० *(अ०)* नाना; मातामह।

मूश पु० *(फ़ा०, सं० मूषक)* चूहा; मूसा।

मूशक स्त्री० *(फ़ा०)* चुहिया; छोटा चूहा; छछून्दर।

मूशकदवानी स्त्री० *(फ़ा०)* लगाई-बुझाई।

मूशदान पु० *(फ़ा०)* चूहा फसाने का पिंजरा।

मूशिगाफ़ी स्त्री० *(अ० मूशि+फ़ा० गाफ़ी)* बाल की खाल निकालना।

मूशेकोर पु० *(फ़ा०)* छछूँदर; वेश्म; नेवला।

मूशे खुर्मा स्त्री० *(फ़ा०)* गिलहरी।

मूशे दश्ती पु० *(फ़ा०)* जंगली चूहा, जो खेतों को खा जाता है।

मूशे पर्रा पु० *(फ़ा०)* चमगादड़; चर्म चरक।

मूस पु० *(फ़ा०)* चूहा।

मूसदानी स्त्री० *(फ़ा०)* चूहा फ़ँसाने का पिंजरा।

मूसा[1] पु० *(अ०)* एक पैग़म्बर जिन्होंने फिरऔन को मारा था।

मूसा[2] वि० *(अ०)* वसीयत किया गया।

मूसा इलैह वि० *(अ०)* जिसके नाम वसीयत लिखी गयी हो।

मूसाई पु० *(अ०)* हज़रत मूसा के धर्म को मानने वाला; यहूदी। वि० मूसा सम्बन्धी।

मूसिर[1] पु० *(अ०)* स्वार्थ त्याग करने वाला।

मूसिर[2] वि० *(अ०)* शक्तिशाली; धनाढ्य।

मूसी वि० *(अ०,स्त्री० मूसियः)* वसीयत करने वाला।

मूसीक़ार पु० *(फ़ा०)* एक कल्पित पक्षी जो बहुत अच्छा गाता है; गड़ेरियों की एक प्रकार की बाँसुरी; संगीतज्ञ।

मूसीक़ी स्त्री० *(अ०)* संगीत विद्या।

मूसीलहु पु० *(अ०)* वसीयत भोगी।

मेअराज पु० *(अ०)* ऊपर चढ़ने की सीढ़ी; मुहम्मद साहब का स्वर्ग में खुदा के पास जाना और वहाँ से लौटकर आना।

मेख़ स्त्री० *(फ़ा०)* कील; काँटा।

मेख़चू पु० *(फ़ा०)* हथौड़ा।

मेख़ी वि० *(फ़ा०)* कील से किया गया छेद।

मेग़ पु० *(फ़ा०)* मेघ; बादल; घटा।

मेज़ स्त्री० *(फ़ा०)* टेबल।

मेज़पोश पु० *(फ़ा०)* मेज़ पर बिछाने का कपड़ा।

मेज़बान पु० *(फ़ा०)* आतिथ्य करने वाला गृहस्थ।

मेजबानी स्त्री० *(फ़ा०)* मेहमानदारी; अतिथि का सत्कार।

मेदा पु० *(अ० मेअदः)* पेट; उदर।

मेमार पु० *(अ० मेअमार)* मकान बनाने वाला राजगीर।

मेमारी स्त्री० *(अ०)* मेमार का काम।

मेवा पु० *(फ़ा० मेवः)* किशमिश; बादाम आदि सूखे फल।

मेवा फ़रोश पु० *(फ़ा०)* सूखे फल बेचने वाला।

मेश स्त्री० *(फ़ा०,सं० मेष)* भेड़।

मेहतर पु० *(फ़ा० मिहतर)* बहुत बड़ा आदमी; महापुरुष; सरदार; नायक; एक प्रकार के भंगी।

मेहतरानी स्त्री० *(फ़ा० मेहतर+हि० आनी)* भंगिन; मेहतर की पत्नी।

मेहनत स्त्री० *(अ० मिहनत बहु० मेहन)* श्रम; प्रयास।

मेहनताना पु० *(अ० मिहनतानः)* परिश्रम के बदले मजदूरी।

मेहनती वि० *(अ० मिहनत)* मेहनत या परिश्रम करने वाला।

मेहमान पु० *(फ़ा० मेह्मान)* अतिथि; पाहुना।

मेहमान खाना पु० *(फ़ा० मेह्मान ख़ानः)* मेहमानों के रुकने की जगह।

मेहमानदार पु० *(फ़ा० मेह्मानदार)* जिसके यहाँ मेहमान आये।

मेहर स्त्री० *(फ़ा० मेह्र)* सहानुभूति; सम्पन्नता, सूरज; एक प्रकार का सौर मास जो कार्तिक माह में पड़ता है।

मेहरबान पु० *(फ़ा० मेह्रबान)* दयालु; मित्र।

मेहरबानी स्त्री० *(फ़ा० मेह्रबानी)* कृपा; दया; अनुग्रह।

मेहराब स्त्री० *(अ०)* दरवाजे के ऊपर बना अर्द्ध मण्डलाकार भाग; डाटवाला गोल दरवाजा।

मेहराबी वि० *(अ०)* मेहराबदार।

मै स्त्री० *(फ़ा०)* शराब; मद्य।

मैकदा पु० *(फ़ा० मैकदः)* शराब खाना।

मैकश वि० *(फ़ा०)* शराब पीने वाला; मद्यप।

मैकशी स्त्री० *(फ़ा०)* शराब पीना; मद्यपान।

मैख़ाना पु० *(फ़ा० मैखानः)* मधुशाला; शराबखाना।

मैख़ुश वि० *(फ़ा०)* खट-मीठा।

मैता पु० *(अ० मैतः)* मरा हुआ; मृतक; मुर्दा।

मैदा पु० *(फ़ा० मैदः)* बहुत महीन आटा।

मैदान पु० *(फ़ा०)* सपाट व लम्बा-चौड़ा स्थान।

मुहा० ***मैदान छोड़ना-*** *रणक्षेत्र से भागना।* ***मैदान जाना-*** *शौच हेतु बाहर जाना।* ***मैदान जीतना/मारना-*** *लड़ाई जीतना।* ***मैदान में उतरना-*** *अखाड़े में आना; कार्य क्षेत्र में आना।* ***मैदान साफ़ कर देना-*** *विघ्न-बाधाओं को दूर करना; सबको मार भगाना।* ***मैदान हाथ रहना-*** *युद्ध में विजय पाना।*

मैदाने-जंग पु० *(फ़ा०)* रणभूमि।

मैदाने हश्र पु० *(फ़ा० मैदान+अ० हश्र)* कयामत का मैदान, जहाँ मरी हुई आत्माओं का हिसाब होगा।

मैमना पु० *(अ० मैमनः)* वह सेना जो दायें ओर रहती है।

मैमन्त स्त्री० *(अ०)* सम्पन्नता; सुख।

मैमूँ पु० *(फ़ा०)* बन्दर। वि० भाग्यवान।

मैयत स्त्री० *(अ०)* मौत; शव; मृतक का अन्तिम संस्कार।

मैयार पु० *(अ०)* नापने-तौलने का उपकरण; कसौटी।

मैल पु० *(अ०)* प्रवृत्ति; झुकाव; अनुराग; सुरमा लगाने की सलाई।

मैसरा पु० *(अ० मैसरः)* वह सेना जो बायें ओर रहती है।

मोजज़ा पु० *(अ० मोअजिजः)* चमत्कार; करामात।

पदरचना- ***मोजज़ाए दस्त-*** *हाथ का चमत्कार।*

मोज़ा पु० *(फ़ा० मोज़ः)* पायताबा; जुर्राब।

मोजिज़ा पु० *(अ० मोजिज़ः)* अलौकिक चमत्कार।

मोजिज़ निगार वि० *(अ० मोजिज़+फ़ा० निगार)* ऐसा अच्छा लेखक, जो आश्चर्य में डाल दे।

मोतक़िद वि० *(अ०)* धर्म-विश्वास रखने वाला; श्रद्धालु; श्रद्धावान्।

मोतकिफ़ वि० *(अ०)* एक कोने में बैठकर ईश्वराधना करने वाला।

मोतज़ला पु० *(ब० मोतजलः)* एक सम्प्रदाय जो कहता है कि ईश्वर दिखायी नहीं दे सकता और आदमी जो कुछ करता है स्वयं करता है, ईश्वर कुछ नहीं करता।

मोतज़िली वि० *(अ०)* मोतजलः सम्प्रदाय का अनुयायी।

मोतदिल वि० *(अ०)* जिसमें गरमी-सरदी बराबर हो; समशीतोष्ण।

मोतबर वि० *(अ०)* एतबार; भरोसेमन्द; विश्वसनीय।

मोताद स्त्री० *(अ० मुअताद)* भजन करने वाला; पूजक।

मोम पु० *(फ़ा०,वि० मोमी)* वह चिकना नरम पदार्थ जिससे शहद की मक्खियाँ छत्ता बनाती हैं।

पदरचना- मोमजामा- *मोम का रोगन चढ़ाया हुआ कपड़ा।* ***मोमढाल-*** *मोम जामा।* ***मोमबत्ती-*** *मोटे धागों पर मोम चढ़ाकर बनायी गयी बत्ती।* ***मोम रोग़न-*** *मोम और तेल का मिश्रण।*

मुहा० मोम की नाक- *अस्थिर चित्त, बे-पेन्दी का लोटा।* ***मोम की मरियम-*** *अत्यन्त सुकुमार स्त्री।* ***मोम होना-*** *द्रवित होना; दयालु होना।*

मोमिन पु० *(अ०)* इस्लाम और ख़ुदा पर ईमान लाने वाला; मुसलमान जुलाहा; धर्मनिष्ठ मुसलमान।

मोमना वि० *(फ़ा०)* मोम जैसा।

मोमिना स्त्री० *(अ० मोमिन, बहु० मोमिनात)* मुस्लिम स्त्री।

मोमिया स्त्री० *(फ़ा०)* मसाला लगाकर रखी गयी लाश।

मोमियाई स्त्री० *(फ़ा०)* शिलाजीत।

मोमी वि० *(फ़ा०)* मोम का; मोम सम्बन्धी।

मोर पु० *(फ़ा०)* चिउँटी; पिपीलिका।

मोरचा[1] पु० *(फ़ा० मोरचः)* नगर या किले की रक्षा के लिए व्यवस्था करना।

मुहा० मोरचा बन्दी करना- *गढ़ के चारों ओर सेना नियुक्त करना।* ***मोरचा मारना या जीतना-*** *शत्रु के मोरचे पर अधिकार करना।* ***मोरचा बाँधना-*** *मोरचा बन्दी करना।* ***मोरचा लेना-*** *युद्ध करना; सामना करना।*

मोरचा[2] पु० *(फ़ा०)* ज़ंग (जैसे- लोहे में मोरचा/जंग लगना।)

मोहतरम वि० *(अ० मुह्तरम)* श्रीमान्; महोदय; पूज्य; श्रद्धेय; मान्य; श्रेष्ठ; बुज़ुर्ग आदि।

मोहतरमा स्त्री० *(अ० मुह्तरमः)* श्रीमती; महोदया; देवी; मान्या; वरिष्ठ आदि।

मोहतरमात स्त्री० *(अ० मुह्तरमात- मुह्तरम का बहु०)* देवियाँ; वरिष्ठाओं आदि।

मोहतरमीन पु० *(अ० मुह्तरम का बहु०)* सज्जनों आदि।

मोहमिल वि० *(अ० मुह्मिल)* निरर्थक।

मोहर स्त्री० *(फ़ा० मुह्)* ठप्पा; स्वर्णमुद्रा।

मोहरा पु० *(फ़ा० मुहः)* किसी बर्तन का खुला मुँह; सेना की अगली पाँत; शतरंज खेलने की गोटी।

मोहलत स्त्री० *(अ०)* फुरसत; छुट्टी।

मोहलिक वि० *(अ० मुह्लिक)* मार डालने वाला; घातक रोग।

मोहसिन वि० *(अ० मुह्सिन)* उपकार करने वाला।

मोहसिन कुश वि० *(अ० मोहसिन+फ़ा० कुश)* एहसान मानने वाला।

मौइदत स्त्री० *(अ०)* वचन; वादा।

मौऊद वि० *(अ०)* जिसके बारे में वचन दिया गया हो।

मौक़ा पु० *(अ० मौक़अ, बहु० मवाक़अ)* घटनास्थल की जगह; देश; स्थान; अवसर; समय।

पदरचना- मौक़ा परस्त- *अवसरवादी।* ***मौक़ा परस्ती-*** *अवसर वादिता।* ***मौक़ाबाज़*** *मौका परस्त।* ***मौक़ा बाज़ी-*** *मौका परस्ती।*

मुहा० मौक़ा तकना/देखना- *घात में रहना।* ***मौक़ा देना-*** *अवकाश देना; मोहलत देना।* ***मौक़े पर-*** *ठीक समय पर।* ***मौक़े से-*** *उचित समय से।*

मौक़ूफ़ वि० *(अ०)* रोका हुआ; नौकरी से अलग किया हुआ।

मौक़ूफ़ी स्त्री० *(अ०)* मौकूफ़ होने का भाव।

मौक़े-बेमौक़े क्रि०वि० *(अ० मौके+फ़ा० बेमौके)* समय-कुसमय।

मौज स्त्री० *(अ० मौजः, बहु० अमवाज)* पानी लहर; उमंग।

मौज़ा पु० *(अ० मौज़:, बहु० मवाज़अ)* खेत; गाँव।

मौजी वि० *(अ०)* मनमाना करने वाला; सुख भोगने वाला।

मौज़ूँ वि० *(अ० भाव- मौज़ूनियत)* ठीक; उचित।

मौजूद वि० *(अ०)* उपस्थित; हाजिर।

मौजूदा वि० *(अ० मौजूद:)* इस समय का; वर्तमान काल का।

मौजूदात स्त्री० *(अ०)* सृष्टि की सब वस्तुएँ और प्राणी; सेना आदि की हाजिरी।

मौत स्त्री० *(अ०, बहु० अमवात)* मृत्यु।

मुहा० ***मौत आना-*** *आफ़त आना।* ***मौत का घर देख आना-*** *मरते-मरते बचना; बार-बार मौत की आशंका होना।* ***मौत का ढलका-*** *मृत्यु का समय।* ***मौत का तमाचा-*** *मौत की याद दिलाने वाली बात।* ***मौत का सामना-*** *भयानक मुसीबत का सामना।* ***मौत का सिर पर खेलना-*** *मौत करीब आना।*

मौताद स्त्री० *(फ़ा०)* मात्रा; खुराक़।

मौरूसी वि० *(अ०)* पैतृक (जैसे- मौरूसी जायदाद; मौरूसी बीमारी)।

मौलवी वि० *(अ०)* इस्लाम धर्म का आचार्य।

मौला पु० *(अ०)* स्वामी; मित्र; ईश्वर।

मौलाना पु० *(अ०)* बहुत बड़ा विद्वान्।

मौलिद वि० *(अ०)* जन्मस्थान।

मौलूद पु० *(अ०)* नवजात शिशु; मुहम्मद साहब के जन्म का उत्सव।

मौसिम पु० *(अ०)* ऋतु।

मौसिमी वि० *(अ०)* ऋतु-सम्बन्धी।

मौसिमे गरमा पु० *(अ० मौसिम+फ़ा० गर्मा)* गरमी का मौसम।

मौसिमे ख़िज़ा पु० *(अ० मौसिम+फ़ा० खज़ा)* पतझड़ की ऋतु।

मौसिमे गुल पु० *(अ० मौसिम+फ़ा० गुल)* वसन्त ऋतु; बहार का समय।

मौसिमे बहार पु० *(अ० मौसिम+फ़ा० बहार)* वसन्त ऋतु।

मौसिमे सर्मा स्त्री० *(अ० मौसिम+फ़ा० समा)* ठण्ढी।

मौसूफ़ वि० *(अ०)* जिसकी तारीफ की जाये; उल्लिखित।

मौसूम वि० *(अ०)* नामधारी; नामक।

मौसूल वि० *(अ०)* मिला हुआ; सम्बद्ध।

मौहूबा वि० *(अ० मौहूब:)* दान में दिया हुआ।

मौहूब लहू पु० *(अ०)* दान ग्रहण करने वाला।

मौहूम वि० *(अ०)* कल्पित।

य

यंग पु० *(फ़ा०)* विधान; कानून; परम्परा; रिवाज। वि० प्रकाशमान; रौशन; समान; तुल्य।

यंगा स्त्री० *(फ़ा०)* भाई की पत्नी; भाभी; चाची; नाइन।

यआफ़ीर पु० *(अ० याफ़ूर का बहु०)* बहुत से हिरन।

यआबीब पु० *(अ० याबूब का बहु०)* तेज चलने वाले घोड़े; तेज बहने वाली नदियों के धारे।

यआमिर पु० *(अ० 'या मूर' का बहु०)* बकरी के बच्चे।

यआमिल पु० *(अ० 'यामल' का बहु०)* खूब काम करने वाले ऊँट।

यक वि० *(फ़ा०+सं० एक)* एक।

मुहा० ***यकअंगूर सद ज़म्बूर-*** *थोड़ी-सी चीज और बहुत से चाहने वाले।* ***यक जान दो कालिब-*** *अभिन्न मित्र।* ***यकन शुद दो शुद-*** *एक बला तो थी ही, दूसरी और पीछे पड़ी।* ***यके बाद दीगरे-*** *एक के बाद दूसरा।* ***यक सर हज़ार सौदा-*** *एक जान और हज़ारों झंझट।*

यआलील पु० *(अ० 'यालूल' का बहु०)* पानी के बुलबुले; मनुष्यों के लिंग।

यआसीब पु० *(अ० 'यासूब' का बहु०)* शहद की मक्खियों का राजा; जाति के सर्वश्रेष्ठ व्यक्ति।

यऊक़ पु० *(अ०)* घोड़े के आकार की एक मूर्ति जिसे हजरत नूह के अनुयायियों ने पूजा था।

यऊस वि० *(अ०)* निराश; हताश; नाउम्मीद।

यकअस्पा वि० *(फ़ा० याकअस्प:)* एक घोड़ा।

यक़क़ वि० *(अ०)* बहुत अधिक सफेद।

यकक़लम वि० *(फ़ा० यक+अ० क़लम)* एक सिरे से सब; पूरा। क्रि०वि० एक बारगी; एक ही बार।

यकगूना वि० *(अ० यक+फ़ा० गून:)* किंचित; किसी कदर; थोड़ा।

यकचन्द वि० *(फ़ा०)* किंचित; थोड़ा।

यकचश्म वि० *(फ़ा०)* काना; एक रुख का।

यकचश्मी वि० *(फ़ा०)* सबको एक निगाह से देखने वाला।

यकचोबा पु० *(फ़ा०)* एक लकड़ी पर टँगा छोटा शामियाना।

यकजद्दी वि० *(फ़ा०)* एक दादा की औलाद।

यकज़बाँ वि० *(फ़ा०)* सहमत; एक राय।

यकज़बानी स्त्री० *(फ़ा०)* सहमति; इत्तेफ़ाक़।

यकज़रबी वि० *(फ़ा०)* एकनाली बन्दूक।

यक जहत वि० *(फ़ा०, भाव० यकजहती)* एकमत; सहमत।

यकजाँ वि० *(फ़ा०)* घनिष्ठ; दिली।

यकजा क्रि०वि० *(फ़ा०)* एक ही स्थान में इकट्ठा; एकत्र।

यकजाई वि० *(फ़ा०)* जो सब मिलकर एक ही स्थान में हों या रहते हों; एक स्थान पर मिले हुए।

यकजिंसी स्त्री० *(फ़ा०)* एक ही वंश या नसल का होना; एक उम्र का होना; एक प्रकृति का होना।

यकजिलौ वि० *(फ़ा०)* तेज चलने वाला घोड़ा।

यकतना स्त्री० *(फ़ा० यकतन:)* अकेला; एकाकी।

यकतरफा वि० *(फ़ा० यक+अ० तरफा)* एक ओर का पक्षपाती; एक ओर का।

यकता वि० *(फ़ा०)* जिसके जोड़ का और कोई न हो, अनुपम; अद्वितीय।

यकताई स्त्री० *(फ़ा०)* एक होने का भाव।

यकदिगर क्रि०वि० *(फ़ा०)* एक-दूसरे को; परस्पर।

यक पिदरी वि० *(फ़ा०)* एक पिता की सन्तान।

यक फ़न्नी वि० *(फ़ा०)* किसी एक कला में निपुण।

यक फ़सली वि० *(फ़ा० यक+अ० फ़सल)* वह भूमि जिसमें एक फ़सल पैदा होती है।

यकफ़ीसदी वि० *(फ़ा० यक+अ० फ़ीसदी)* सौ में एक।

यकबयक/यकबारगी क्रि०वि० *(फ़ा०)* एक बारगी; अचानक; सहसा।

यकमंजिला वि० *(फ़ा० यक+अ० मंजिल:)* वह मकान जिसमें एक ही मंजिल हो।

यक मादरी वि० *(फ़ा०)* एक माता की सन्तान।

यकमुश्त क्रि०वि० *(फ़ा०)* एक ही बार में; एक साथ।

यकरंग वि० *(फ़ा०, भाव० यकरंगी)* अन्दर और बाहर एक जैसा।

यक रक़ीब पु० *(फ़ा०)* ईश्वर; खुदा।

यक राँ पु० *(फ़ा०)* असली और कुलीन घोड़ा।

यकरुख़ी वि० *(फ़ा०)* एक पक्षीय; किसी पक्ष की तरफ़दारी।

यकरू वि० *(फ़ा०)* एक दिल; घनिष्ठ; सच्चा दोस्त।

यकरोज़ा वि० *(फ़ा०)* वह कार्य जो एक दिन में समाप्त हो जाये; जो एक दिन के लिए हो।

यकशम्ब पु० *(फ़ा०)* रविवार; इतवार।

यकशम्बा वि० *(फ़ा०)* जो रात भर में समाप्त हो जाये।

यकसर क्रि०वि० *(फ़ा०)* एक-सा; एक ही तरफ का; समान।

यकसानियत स्त्री० *(अ०)* समानता।

यकसू वि० *(फ़ा०, भाव० यकसूई)* जो एक ही तरफ हो; ठहरा हुआ; स्थिर।

यकायक क्रि०वि० *(फ़ा०)* अचानक; सहसा।

यक़ीन पु० *(अ०)* विश्वास; एतबार।

मुहा० *यक़ीन लाना- विश्वास करना।*

यक़ीनन क्रि०वि० *(अ०)* निश्चित रूप से; अवश्य।

यक़ीनी वि० *(अ०)* बिलकुल निश्चित; असन्दिग्ध।

यक़ीने कामिल पु० *(अ०)* दृढ़ विश्वास; पूरा भरोसा।

यकुम वि० *(फ़ा०)* प्रथम; पहला; पहली तारीख।

यक बा दीगरे वि० *(फ़ा० यक+अ० दीगर)* एक के बाद एक; उत्तरोत्तर।

यक्का वि० *(फ़ा० यक्क:)* एक से सम्बन्ध रखने वाला; अकेला; एकाकी; बेजोड़। पु० एक घोड़ा जुता हुआ एक प्रकार एक्का।

यक्कताज़ वि० *(फ़ा०)* जो अकेला ही शत्रुओं का सामना करने को तैयार हो।

यक्कुम वि० *(फ़ा०)* प्रथम; पहला; महीने की पहली तारीख।

यक़्तीन स्त्री० *(अ०)* वह बेल जो जमीन पर फैलती हैं। जैसे- लौकी, कद्दू, तोरई, करैला आदि।

यख़ पु० *(फ़ा०)* जमा हुआ पाला या बरफ। वि० बरफ की तरह ठण्ढा; बहुत ठण्ढा।

यख़चा पु० *(फ़ा० यख़च:)* ओला; हिमोपल

यख़दर बिहिस्त पु० *(फ़ा० यख़र्द:+अ० बिहिस्त)* एक प्रकार का हलवा।

यख़दान पु० *(फ़ा०)* खाना रखने की आलमारी।

यख़पर्वर्दा वि० *(फ़ा० यख़पर्वर्द:)* जो बर्फ में लगातार ठण्ढा किया गया हो।

यख़ाच पु० *(अ०)* हजरत ईसा का चित्र जो गिरजाघर में रखा जाता है।

यख़्त पु० *(फ़ा०)* वह नौका जिस पर नदी में सैर करते हैं और वह निजी होती है।

यख़्नी स्त्री० *(फ़ा०)* अन्न या धन की आवश्यकता पड़ने पर काम आने के लिए जो संचित किया जाये, वह जख़ीरा या भण्डार।

यख़्नी स्त्री० *(फ़ा०)* उबले हुए माँस का शोरबा।

यग़मा पु० *(फ़ा० यग़म:)* लूट; डाका; तुर्किस्तान का एक शहर जहाँ के निवासी बहुत सुन्दर होते हैं।

यग़माई स्त्री० *(फ़ा०)* डाकू; लुटेरा।

यगाँ क्रि०वि० *(फ़ा०)* अकेले।

यगान स्त्री० *(फ़ा०)* रिश्तेदारी; सम्बन्ध; अनोखापन; एक होने का भाव; अकेले।

यगानगी स्त्री० *(फ़ा०)* आत्मीयता; समीपता।

यगाना वि० *(फ़ा०)* आत्मीय; अकेला; अद्वितीय।

यग़ूस पु० *(अ०)* सिंह के आकार की एक मूर्ति, जिसकी पूजा इस्लाम से पूर्व अरब में होती थी।

यज़क पु० *(तु०)* सेना का अग्र भाग जो आगे चलता है और शत्रु की सेना का समाचार देता है।

यज़दान पु० *(फ़ा० यज्दान)* ईश्वर का एक नाम; नेकी का खुदा; अग्निपूजकों (ईरान के पुराने अग्निपूजक जो जरथुस्त के अनुयायी थे) के अनुसार नेकी का खुदा; वे लोग दो खुदा मानते हैं- एक नेकी का, दूसरा बदी का, जिसे 'अहरमन' कहते हैं।।

पदरचना- *यज़दान परस्ती-* *ईश्वर की उपासना।*

यज़दानी वि० *(फ़ा० यज्दानी)* ईश्वर-सम्बन्धी; ईश्वरीय। पु० अग्निपूजक; पारसी।

यज़ीद पु० *(अ०)* एक प्रसिद्ध व्यक्ति माबिया का लड़का; उम्मिया वंश का दूसरा खलीफ़ा।

यज़्द पु० *(फ़ा०)* ईरान का एक प्रसिद्ध नगर; ईश्वर।

यज़्दाँपरस्त वि० *(फ़ा०)* ईश्वर को मानना; ईश्वर परस्ती।

यज़्ना पु० *(फ़ा० यज़्न:)* बहन का पति; बहनोई।

यताक़ पु० *(तु०)* पहरा; चौकी; देखभाल; निगरानी।

यताक़ी वि० *(तु०)* पहरेदार; चौकीदार।

यतामा पु० *(अ० यतीम का बहु०)* वे बच्चे जिनके पिता मर गये हों; अनाथ।

यतीम पु० *(अ०)* वह बालक जिसका पिता मर गया हो; अनाथ।

यतीमख़ाना पु० *(अ० यतीम+ फ़ा० खान:)* अनाथालय।

यतीमी स्त्री० *(अ०)* अनाथ होने की दशा या भाव।

यतीमोयसीर पु० *(अ०)* वह बालक जिसके माता-पिता दोनों मर गये हों।

यत्तूअ पु० *(अ०)* वह पेड़ जिसमें दूध होता है। जैसे- आक; थूहड़ आदि।

यत्न पु० *(अ०)* वह बालक जो उलटा पैदा हुआ हो अर्थात् जिसके पाँव पहले निकले हों।

यद पु० *(अ०)* हस्त; हाथ।

यदक पु० *(फ़ा०)* कोतल घोड़ा।

यदुल्लाह पु० *(अ०)* ईश्वर का हाथ अर्थात् ईश्वर की सहायता।

यदे क़ुदरत पु० *(अ० यदे क़ुद्रत)* कुदरत का हाथ अर्थात् दैवीमाया।

यदेतूला पु० *(अ०)* बहुत लम्बा हाथ; दक्षता; प्रवीणता।

यदेबैज़ा पु० *(अ०)* बहुत चमकता हुआ गोरा हाथ; हजरत मूसा का वह हाथ, जो आग में जल गया था और जिसमें ईश्वरीय प्रकाश आ गया था।

यदैन पु० *(अ०)* दोनों हाथ।

यनपलू स्त्री० *(फ़ा०)* मण्डी जहाँ चारों ओर से सामान बिकने आता है; यात्रीदल; काफ़िला।

यनाबीअ पु० *(अ० यंबूअ का बहु०)* नदियाँ; सोते; चश्मे।

यफ़्ता पु० *(फ़ा० यफ़्त:)* साइनबोर्ड; नामपट्टिका।

यब वि० *(फ़ा०)* बूढ़ा; वृद्ध।

यम पु० *(फ़ा०)* नदी; दरिया।

यमन पु० *(अ०)* अरब के एक प्रसिद्ध देश का नाम।

यमनी वि० *(अ०)* यमन देश का; यमन सम्बन्धी।

यमानी पु० *(अ०)* यमन देश का निवासी। स्त्री० यमन देश की भाषा। वि० यमन देश का।

यमाम पु० *(अ०)* जंगली कबूतर।

यमामा पु० *(अ०)* कबूतरी; अरब की एक नीली आँखों वाली स्त्री जो मैदान में 40-50 मील तक की वस्तु देख लेती थी।

यमीन पु० *(अ०)* दाहिना हाथ; सौगन्ध; बल; ताकत। वि० दाहिना।

यमीना पु० *(अ० यमीना)* आमाशय; पक्वाशय।

यक्सू पु० *(तु०)* बारूद; अग्निचूर्ण।

यरक़ान पु० *(अ०)* पाण्डुरोग; पीलिया।

यरक़्क़ी वि० *(अ०)* इराक देश का; इराकी।

यरक़ानी पु० *(अ०)* पाण्डुरोग से पीड़ित।

यराक़ पु० *(तु०)* अस्त्र-शस्त्र; युद्ध सामग्री।

यरग़माल पु० *(फ़ा० यर्ग़माल)* जमानत।

यराग़ पु० *(तु०)* डाक का घोड़ा।

यर्ग़ा पु० *(तु०)* तेज घोड़ा; तेज़ चलने वाला व्यक्ति; आक्रमण; हमला।

यल पु० *(फ़ा०)* शूर; बहादुर; मल्ल; पहलवान।

यल्ग़ार स्त्री० *(तु०)* आक्रमण; चढ़ाई; धावा।

यल्दा स्त्री० *(फ़ा०)* अँधेरी और लम्बी रात।

यल्मान पु० *(फ़ा०)* तलवार; खड्ग।

यल्सब पु० *(अ०)* वह व्यक्ति जो विवाह-सम्बन्धी सारे संस्कार की पूर्ति करे।

यल्लले अव्य० *(फ़ा०)* वह शब्द जो मस्ती और खुशी के समय बोलते हैं। जैसे- अहा हा, उहो हो।

यवाक़ीन पु० *(अ० याकूत का बहु०)* बहुत से याकूत।

यश्क पु० *(फ़ा०)* नुकीले और बड़े दाँत; हाथी के बाहर निकले हुए दाँत; शेर आदि के लम्बे दाँत; कुत्ते के नुकीले दाँत।

यश्कुर पु० *(अ०)* एक पैगम्बर का नाम।

यश्ब पु० *(अ०)* एक हरा और कठोर पत्थर जो दवा के काम आता है।

यश्माक़ पु० *(तु०)* स्त्रियों के सिर का रूमाल।

यसरा पु० *(अ० यसरः)* वे लिपियाँ जो उलटे हाथ की ओर से लिखी जाती हैं। जैसे- हिन्दी, अँग्रेजी आदि।

यसल पु० *(अ०)* सेना की पंक्ति; फौज की कतार।

यसाक़ पु० *(तु०)* लड़ाई की तैयारी; राजसभा।

यशम/यशब पु० *(फ़ा० यश्ब)* एक प्रकार का हरा पत्थर जिसकी नादली बनती है।

यसार पु० *(अ०)* बायाँ हाथ; स्वतन्त्रता; अमीरी। वि० अभागा।

यसारत स्त्री० *(अ०)* धनाढ्यता; अमीरी; रईसी।

यसिर वि० *(अ०)* सुगम; सरल।

यहिया पु० *(अ०)* ज़कारिय्या का बेटा, जो ईसा का पूर्ववर्ती एक पैगम्बर था और ईसा के पैदा होने का समाचार लाया था। इसका वध कर दिया गया

यहूद पु० *(इब्रा० यहूदी का बहु०)* पु० वह देश जहाँ ईसा पैदा हुए थे।

यहूदा पु० *(इब०)* याकूब का चौथा लड़का, जिसके नाम से कौम का नाम 'यहूदी' पड़ा।

यहूदी पु० *(इब्रा०)* यहूद देश का निवासी; एक सामी जाति; धन पिशाच।

याँ क्रि०वि० *(अ०)* यहाँ का संक्षिप्त रूप।

यहूदिन स्त्री० *(इब०)* यहूदी की स्त्री।

यहूदिया पु० *(इब०)* फिलीस्तीन और कलन, वस्तुतः कलन का दक्षिणी भाग।

यहूयह पु० *(अ०)* कबूतर की एक जाति।

या योजक *(अ०)* अथवा; वा। विस्मय *(अ०)* एक प्रकार का सम्बोधन; है; या ख; या खुदा।

याक़ पु० *(अ०)* कंगन।

याक़िस्मत अव्य० *(फ़ा० या+अ० क़िस्मत)* हाय रे बुरे भाग्य।

याक़ूत पु० *(अ०)* लाल नामक रत्न (इसकी उपमा प्रायः प्रेमिका के होंठों से दी जाती है)।

याक़ूत रक़म वि० *(अ०)* बहुत अच्छा लिपिकार।

याक़ूती वि० *(अ०)* याक़ूत या लाल सम्बन्धी। स्त्री० एक प्रकार की बहुत पौष्टिक औषध; नोश दारू; खीर की तरह का एक व्यंजन।

याक़ूते जिगरी पु० *(अ० याकूत+फ़ा० जिगरी)* कलेजी के रंग का याकूत।

याक़ूते खाँ पु० *(अ० याकूत+फ़ा० खाँ)* तरल और बहता हुआ याकूत अर्थात् लाल मदिरा।

याक़ूते रुम्मानी पु० *(अ०)* अनार के दानों जैसा गुलाबी याकूत।

याक़ूब पु० *(अ०)* हज़रत यूसुफ के पूज्य पिता जो उनके विरह में अन्धे हो गये थे; चकोर पक्षी।

याग़ी पु० *(तु०)* देशद्रोही।

याज़ा पु० *(अ०)* अँगड़ाई; जँभाई।

याजूज पु० *(अ०)* उपद्रवी; शरारती; फ़सादी; एक दुष्ट व्यक्ति जो याफिस का बेटा और नूह का पोता माना जाता है। इसका एक भाई माजूज था और ये दोनों बहुत उपद्रवी थे; उत्तरी ध्रुव में रहने वाले एस्किमो लोग।

याजू जो माजूज पु० *(अ०)* याजूज और माजूज नामक दो प्राचीन जातियाँ, जिनके आक्रमण से बचने के लिए चीन की दीवार बनायी गयी थी।

याज़्दा वि० *(फ़ा० याज़्दः)* ग्यारह।

याज़्दहुम वि० *(फ़ा०)* ग्यारहवाँ।

याद स्त्री० *(फ़ा०)* स्मरण शक्ति; स्मृति; स्मरण करने की क्रिया।

यादअय्याम स्त्री० *(फ़ा०)* भूतकालिक दशा की याद।

याद अल्ला स्त्री० *(फ़ा०)* खुदा की याद; फकीरों का सलाम; खुदा की इबादत।

याद आवरी स्त्री० *(फ़ा०)* याद आना; स्मरण होना; किसी को स्मरण करके उससे मिलना या कुशल-मंगल पूछना।

यादगार स्त्री० *(फ़ा०)* स्मृति-चिह्न।

यादगारे ज़माना पु० *(फ़ा० यादगारे जमानः)* ऐसी वस्तु या व्यक्ति जो लोगों को बहुत दिनों तक याद रहे।

याददाश्त स्त्री० *(फ़ा०)* स्मरणशक्ति; स्मृति; स्मरण रखने के लिए लिखी हुई कोई बात।

याददिहानी स्त्री० *(फ़ा०)* याद दिलाना; स्मरण करना।

याददिही स्त्री० *(फ़ा०)* स्मरण रखना।

याद फ़रामोश वि० *(फ़ा०)* जिसे बात याद न रहती हो।

यादफ़र्माई स्त्री० *(फ़ा०)* याद करना; पास बुलाना।

यादबूद स्त्री० *(फ़ा०)* स्मृति-चिह्न; निशानी।

यादर पु० *(फ़ा०)* ईरानी माह की बारहवीं तारीख।

यादश बख़ैर अव्य० *(फ़ा० यादश+अ० बख़ैर)* किसी व्यक्ति की चर्चा होने पर उसके लिए किया जाने वाला सम्बोधन।

यादे ऐय्याम स्त्री० *(फ़ा० याद+फ़ा० ऐय्याम)* पिछले अच्छे दिनों का स्मरण।

याना पु० *(तु०)* ओर; तरफ; दिशा।

यानी क्रि०वि० *(अ० यअनी)* अर्थात्; मतलब यह कि।

यानीचे अ० *(अ० यानी+फ़ा० चे)* इसका क्या अर्थ है?

याफ़्त स्त्री० *(फ़ा०)* पाने की क्रिया; पाना; आय।

याफ़्तनी स्त्री० *(फ़ा०)* किसी के जिम्मे बाकी रकम; प्राप्य धन।

याफ़्ता वि० *(फ़ा०)* पाया हुआ।

याफ़ूर पु० *(अ०)* मृग; हरिण।

याफ़े पु० *(अ०)* लम्बे डील-डौल का जवान।

याब प्रत्य० *(फ़ा०)* पाने वाला (यौगिक शब्दों के अन्त में जैसे- कामयाबी; फतहयाबी)।

याबू पु० *(फ़ा०)* छोटा घोड़ा; टट्टू।

याम पु० *(अ०)* हजरत नूह का एक पुत्र।

यामा पु० *(फ़ा०)* डाक की चौकी।

यामरा पु० *(अ० यामरः)* बकरा जो सिंह के शिकार के लिए पेड़ से बाँधा जाये।

यामला स्त्री० *(अ० यामलः)* तगड़ी और लद्दू ऊँटनी।

यामी वि० *(फ़ा०)* रोगी; बीमार।

यामूर पु० *(अ०)* बकरी या भेड़ का बच्चा।

या या अव्य० *(फ़ा०)* शिकारी चिड़िया।

यार पु० *(फ़ा०)* सहायक; साथी; मददगार; उपपति; जार; प्रिय; प्रेमी या प्रेमिका।

यारक़न्द पु० *(तु०)* चीनी तुर्किस्तान का एक शहर; कालीन का एक प्रकार का बेल बूटा।

यारबाज़ वि०,स्त्री० *(फ़ा०,भाव० यारबाज़ी)* दुश्चरित्र; पुंश्चल। वि०,पु० यार-दोस्तों में ही अपना समय व्यतीत करने वाला।

यारनी स्त्री० *(फ़ा०)* महिला दोस्त।

यारफ़रोश वि० *(फ़ा०,भाव० यारफ़रोशी)* खुशामदी; चापलूस।

यारमन्द वि० *(फ़ा०)* दोस्ती निभाने वाला।

यारमार वि० *(फ़ा० यार का बहु०)* मित्रों के साथ विश्वासघात करने वाला।

याराँ पु० *(फ़ा० यार का बहु०)* मित्रलोग; मित्र-मण्डली।

यारा पु० *(फ़ा०)* सामर्थ्य।

याराई स्त्री० *(फ़ा०)* सहायता; मदद; उपचार।

याराए ज़ब्त पु० *(फ़ा० याराए+अ० ज़ब्त)* सहन करने की शक्ति।

याराए सब्र पु० *(फ़ा० याराए+अ० सब्र)* धैर्य शक्ति।

याराना क्रि०वि० *(फ़ा० यारानः)* यार या मित्र की तरह। वि० मित्रों जैसा। पु० मित्रता; स्नेह; प्रेम।

यारी स्त्री० *(फ़ा०)* मित्रता; स्त्री-पुरुष का अनुचित प्रेम।

यारेग़ार पु० *(अ० यारे+फ़ा० ग़ार)* पहले खलीफा अबूबक़ सिद्दिक जिन्होंने एक गुफा तक में मुहम्मद साहब का साथ दिया था; सब प्रकार की विपत्तियों में साथ देने वाला सच्चा मित्र।

यारेजानी वि०,पु० *(फ़ा०)* परम मित्र; दिली दोस्त।

याल स्त्री० *(तु०)* गरदन; घोड़े; शेर आदि की गरदन पर के बाल; अयाल।

यावर पु० *(फ़ा०)* सहायक; हिमायती; मित्र।

यावरी स्त्री० *(फ़ा०)* सहायता; मदद।

यावा वि० *(फ़ा० यावः)* बेसिर-पैर का या ऊटपटाँग।

यावागो वि० *(फ़ा०,भाव० यावागोई)* व्यर्थ की ऊटपटाँग बातें करने वाला; बकवादी।

यास स्त्री० *(अ०)* निराशा।

यासज पु० *(फ़ा०)* वह बाण जिसमें फल हो; बाण का वह फल जिसमें दुहरी धार हो; भाला; बरछी; दुःखी की हाय।

यासमन पु० *(फ़ा०)* चमेली।

यासमन/यासमीन स्त्री० *(फ़ा०)* चमेली का फूल।

यासीन स्त्री० *(अ०)* कुरान की एक आयत या मन्त्र जो पढ़ कर सुनाया जाता है कि उसका परलोक सुधर जाये।

यासीन ख्वाँ वि० *(अ० यासीन+फ़ा० ख्वाँ)* मरते समय मरने वाले को यासीन सुनाने वाला।

यासूब पु० *(अ०)* शहद की मक्खियों का राजा; अपनी जाति का सर्वश्रेष्ठ व्यक्ति जिसकी आज्ञा का पालन सभी करें।

याह याह अव्य० *(अ०)* ऊँट हाँकते समय बोला जाने वाला शब्द।

याहू[1] पु० *(फ़ा०)* एक कबूतर जो याहू-याहू बोलता है।

याहू[2] पद *(अ०)* हे ईश्वर। पु० एक प्रकार का कबूतर जिसका शब्द याहू के समान होता है।

यिमा स्त्री० *(तु०)* भोजन; खुराक।

यिरलीग़ पु० *(तु०)* राजाज्ञा; फर्मान।

यील पु० *(तु०)* वर्ष; साल।

यीलाक़ पु० *(तु०)* ग्रीष्म काल में ठण्ढा स्थान।

यीलान पु० *(तु०)* सर्प; साँप।

युक़ वि० *(तु०)* समीप; निकट।

युमन पु० *(अ०)* सौभाग्य; खुशकिस्मती; सफलता।

यूनान पु० *(ग्रीक- आयोमिया)* यूरोप का एक देश।

यूनानी पु० *(ग्रीक- आयोमिया)* यूनान का नागरिक। स्त्री० यूनान की भाषा; यूनान की शिक्षा प्रणाली; हकीमी; वि० यूनान देश का; यूनान समबन्धी।

यूनुस/यूनस पु० *(इब्रा०)* खम्भा; एक पैगम्बर का नाम।

युलमा पु० *(तु० युल्मः)* पशुओं को नाद में खिलायी जाने वाली वस्तु।

यूज़[1] पु० *(फ़ा०)* चीता; खोज; जिज्ञासा।

यूज़[2] वि० *(तु०)* एक सौ।

यूज़क पु० *(फ़ा०)* चीते का बच्चा।

यूज़बाशी पु० *(तु०)* सौ सवारों का अध्यक्ष।

यूराश पु० *(फ़ा०)* प्रस्थान; कूच; रवानगी; ध्यान।

यूरिश स्त्री० *(तु०)* आक्रमण; चढ़ाई; धावा।

यूरेनस पु० *(ग्रीक)* एक ग्रीक देवता; ग्रह विशेष।

यूरेशियन पु० *(अ०)* यूरोप और एशिया का संकर व्यक्ति।

यूलची वि० *(तु०)* पथ-प्रदर्शक; रास्ते में बैठकर भीख माँगने वाला।

यूसुफ़ पु० *(इब्रा०)* हजरत याकूब के पुत्र (जो परम सुन्दर थे और जिन्हें भाइयों ने ईर्ष्यावश बेच डाला था। आगे चलकर इन पर मिस्र की जुलेखा

नामक स्त्री आसक्त हो गयी थी। इन्होंने बहुत दिनों तक मिस्र पर राज्य किया था।)

यूह पु० *(अ०)* सूर्य; रवि; सूरज।

यूहा पु० *(अ०)* एक प्रकार का कल्पित साँप (कहते हैं कि जब यह एक हजार वर्ष का हो जाता है, तब इसमें एक ऐसी शक्ति आ जाती है कि यह इच्छा रूपधारी हो जाता है।)

येलाक़ पु० *(तु० यीलाक़)* वह स्थान जहाँ गरमी के दिनों में भी ठण्ढक रहती है।

योग़ पु० *(फ़ा०)* बैल की गरदन पर रखा जाने वाला जुआ।

योया पु० *(फ़ा० योयः)* इच्छा; इरादा; संकल्प।

योम/यौम पु० *(अ०,बहु० ऐयाम)* दिवस; दिन।

यौमउलहिसाब पु० *(अ०)* मुसलमानों के अनुसार वह अन्तिम दिन, जब प्रत्येक मनुष्य से उसके कामों का हिसाब माँगा जायेगा।

यौमुल अर्बआ पु० *(अ०)* बुधवार।

यौमुल अहद पु० *(अ०)* रविवार।

यौमुल इसनैन पु० *(अ०)* सोमवार; पीर।

यौमुल क़यामत पु० *(अ० यौमुल क़ियामत)* वह दिन जब मुर्दे कब्रों से निकलकर उठ खड़े होगें। वे एक मैदान में एक कतार में खड़े होंगे और उनके कर्मों के अनुसार उन्हें फल मिलेगा।

यौमिया पु० *(अ० यौमियः)* एक दिन की मजदूरी। वि० प्रतिदिन का; दैनिक।

र

रंग पु० *(फ़ा०, सं० रंग)* आकार से भिन्न किसी दृश्य या पदार्थ का वह गुण जो केवल आँखों से अनुभव होता है। जैसे- लाल, काला; वह पदार्थ जिसका उपयोग किसी वस्तु को रंगने में होता है; बदन और चेहरे की रंगत; वर्ण। **मुहा०** ***चेहरे का रंग उड़ना या उतरना-*** *भय या लज्जा से चेहरे की रौनक जाते रहना; कान्तिहीन होना।* ***रंग निखरना-*** *चेहरा साफ और चमकदार होना।* ***रंग बदलना-*** *क्रुद्ध होना; नाराज होना।* ***रंग चूना या टपकना-*** *युवावस्था का पूर्ण विकास होना।* ***रंग जमना-*** *प्रभाव या असर पड़ना, गुण या महत्त्व का प्रभाव; धाक।* ***रंग जमाना या बाँधना-*** *प्रभाव या गुण दिखलाना।* ***रंग रलना-*** *आमोद-प्रमोद करना।* ***रंग में भंग पड़ना-*** *आनन्द में विघ्न पड़ना।* ***रंग मारना-*** *बाजी जीतना।*

रंगअन्दाज़ वि० *(फ़ा०)* रंग डालने वाला; रंग छिड़कने वाली।

रंग अन्दाज़ी स्त्री० *(फ़ा०)* रंग छिड़कना।

रंग अफ़्शाँ वि० *(फ़ा०)* रंग फैलाने वाला/वाली।

रंग-अफ़शानी स्त्री० *(फ़ा०)* रंग छिड़कना।

रंगआमेज़ वि० *(फ़ा०)* रंग भरने वाला; अर्थात् चित्रकार।

रंगआमेज़ी स्त्री० *(फ़ा०)* चित्रकर्म; नक्काशी।

रंगत स्त्री० *(हिन्दी-रंग+ त प्रत्य०)* रंग का भाव; मजा; आनन्द; हालात; दशा।

रंगतरा पु० *(फ़ा० रंगतरः)* सन्तरा; मीठी नारंगी।

रंगदार वि० *(फ़ा०)* रंगा हुआ; रंजित।

रंग-बिरंगा वि० *(फ़ा० रंग+ हि० बिरंगा)* अनेक रंगों का; रंगीन।

रंगपरीदा वि० *(फ़ा० रंगपरीदः)* उड़े हुए रंग वाला; जिसका रंग लज्जा या भय से उड़ गया हो।

रंगपरीदगी स्त्री० *(फ़ा०)* उड़े हुए रंग वाला; लज्जा या भय से चेहरे का रंग उड़ जाना।

रंगपाश वि० *(फ़ा०)* रंग छिड़कने वाला/वाली।

रंगपाशी स्त्री० *(फ़ा०)* होली का उत्सव।

रंगफ़रोश वि० *(फ़ा०)* रंग बेचने वाला।

रंगफ़रोशी स्त्री० *(फ़ा०)* रंग बेचने का काम।

रंगबरंग वि० *(फ़ा०)* चित्र-विचित्र; रंगारंग।

रंग बस्त वि० *(फ़ा०)* पक्का रंग।

रंगमहल पु० *(फ़ा० रंग+अ० महल)* भोग-विलास करने का स्थान।

रंगमार पु० *(फ़ा०)* ताश का एक खेल।

रंग शिकस्ता वि० *(फ़ा० रंगशिकस्तः)* जिसके चेहरे का रंग उड़ गया हो या फीका पड़ गया हो।

रंगरेली/रंगरली स्त्री० *(फ़ा० रंग, हि० रलना)* आमोद-प्रमोद।

रंगरेज़ पु० *(फ़ा०)* वह जो कपड़े रंगने का कार्य करता हो।

रंगसाज़ वि० *(फ़ा०, भाव० रंगसाजी)* रंग बनाने वाला।
रंगसाज़ी स्त्री० *(फ़ा०)* रंगसाज़ का काम।
रंगामेज़ी स्त्री० *(फ़ा०)* तरह-तरह के रंग भरने का काम; अपनी तरफ़ से कुछ बातें बढ़ाना।
रंगी अन्दाम वि० *(फ़ा०)* गौर वर्ण।
रंगी अदा वि० *(फ़ा०)* सुन्दर अदाओं वाला/वाली।
रंगी जमाल वि० *(फ़ा० रंग+अ० जमाल)* गोरे रंग वाला।
रंगी तकल्लुम वि० *(फ़ा० रंगी+अ० तकल्लुम)* जिसकी बातचीत बहुत ही सुन्दर और कर्णप्रिय हो।
रंगी तबस्सुम वि० *(फ़ा० रंगी+अ० तबस्सुम)* जिसकी मुस्कराहट से फूल झड़ते हों।
रंगीला वि० *(फ़ा० रंग+हि० ईला प्रत्य)* रसिया; प्रेमी।
रंगीन वि० *(फ़ा०)* रंगा हुआ; आमोदप्रिय और विलासी।
रंगीनी स्त्री० *(फ़ा०)* रंगीन (आनन्दप्रिय) होना।
रंज पु० *(फ़ा०)* मनमुटाव; शत्रुता; दुःख; शोक।
रंजक स्त्री० *(फ़ा०)* तोप की बारूद की प्याली; गाँजा; तम्बाकू का दम।
रंजिश स्त्री० *(फ़ा०)* वैमनस्य; नाराजगी।
रंजीदगी स्त्री० *(फ़ा०)* नाराज़गी; अनबन।
रंजीदा वि० *(फ़ा० रंजीदः भाव० रंजीदगी)* दुःखित; नाराज।
रंजीदा ख़ातिर वि० *(अ० रंजीदः+फ़ा० ख़ातिर)* जिसका मन दुखी हो गया हो।
रंजोग़म पु० *(फ़ा०)* व्यथा और दुःख।
रन्दा पु० *(फ़ा० रन्दः सं० रदन)* एक औजार जिससे लकड़ी की सतह चिकनी की जाती है।
रअद पु० *(अ०)* मेघों का गर्जन; बादलों की गड़गड़ाहट।
रअना वि० *(अ०)* बनाव-शृंगार करके रहने वाला; एक प्रकार का फूल जो अन्दर से लाल और बाहर से पीला होता है। वि० बहुत सुन्दर; दुरंगा।
रअनाई स्त्री० *(अ०)* बनाव; शृंगार; सुन्दरता।
रअय्यत स्त्री० *(अ०)* रिआया; प्रजा।
पदरचना- ***रअय्यत-आज़ार-*** *प्रजा को पीड़ा देने वाला।* ***रअय्यत आज़ारी-*** *प्रजा पर अत्याचार करना; उत्पीड़न।* ***रअय्यत दार-*** *हाकिम; शासक।* ***रअय्ययत दारी-*** *हुकूमत।* ***रअय्यत निवाज़-*** *प्रजा की रक्षा करने वाला।* ***रअय्यत परवरी-*** *प्रजा की रक्षा; सहायता।* ***रअय्यतवारी-*** *बन्दोबस्त; प्रबन्ध।*
रअशा पु० *(अ० रअशः)* काँपने या थरथराने की क्रिया। एक प्रकार का रोग जिसमें हाथ-पैर काँपते रहते हैं।
रईस पु० *(अ०)* जिसके पास रियासत या इलाका हो; बड़ा आदमी; धनी; अमीर।
पदरचना- ***रईस-उल-बहर-*** *जल सेनापति।* ***रईस खुद मुख़्तार-*** *वह सरदार जो किसी के अधीन न हो।* ***रईस ज़ादा-*** *रईस का लड़का।*
रईसी स्त्री० *(अ० रईस)* रईस होने का भाव; रईसपन।
रऊनत स्त्री० *(अ०)* अभिमान; घमण्ड।
रऊफ़ वि० *(अ०)* बहुत अधिक दया करने वाला। पु० ईश्वर का एक नाम।
रकअत स्त्री० *(अ०)* वक्रता; टेढ़ापन; झुकाव; नमाज का आधा या चौथाई भाग; प्रसिद्धि।
रक़बा पु० *(अ० रक़बः)* भूमि आदि का क्षेत्रफल।
पदरचना- ***रक़ब-ए-आराज़ी-*** *भूमि का क्षेत्रफल।*
रक़म स्त्री० *(अ०)* लिखने की क्रिया या भाव; धन-सम्पत्ति; दौलत; प्रकार।
रक़मवार वि० *(अ० रक़म+फ़ा० वार)* ब्योरेवार।
रक़मी वि० *(अ०)* लिखा हुआ।
रक़ाक़ पु० *(अ०)* नरम चौरस जमीन। वि० गरम दिन।
रकान स्त्री० *(अ०)* ढंग; तरीका; लगाम।
रकाब स्त्री० *(अ० रिकाब)* घोड़ों की काठी का पायदान जिससें बैठने में सहारा लेते हैं।
मुहा० ***रकाब में पैर रखना-*** *चलने के लिए तैयार होना।*
रक़ाबत स्त्री० *(अ०)* प्रतिद्वन्द्वी होने का भाव।
रक़ाबदार पु० *(अ० रक़ाब+फ़ा० दार)* हलवाई; खानसामा; साईस।
रक़ाबा पु० *(फ़ा०)* बड़ी परात।
रक़ाबी स्त्री० *(फ़ा० रिकाबी)* एक प्रकार की छिछली छोटी थाली।
रक़ाबी मजहब पु० *(फ़ा० रक़ाबी+अ० मजहब)* बेपेन्दी का लोटा।
रक़ीक़[1] वि० *(अ०)* दुर्बल; तुच्छ।
रक़ीक़[2] वि० *(अ०)* पानी की तरह पतला; कोमल; नरम; दयालु।
रक़ीक़-उल-क़ल्ब वि० *(अ०)* कोमल हृदय। पु० गुलाम।

रकीक़ा स्त्री० *(अ०)* बाँदी; दासी; सेविका।

रक़ीब पु० *(अ०)* प्रेमिका का दूसरा प्रेमी; प्रेम का प्रतिद्वन्द्वी।

रकीबाने दस्त, हफ़्त बाम पु० *(अ०)* सात सितारे; सप्तर्षि।

रक़ीमा पु० *(अ० रकीमः)* चिट्ठी; पत्र।

रक़ीम-ए-नियाज़ वि० *(अ० रक़ीम+फ़ा० नियाज़)* आवेदन-पत्र।

रक़्क़ास पु० *(अ०,स्त्री० रक्कासा)* नाचने वाला; नर्तक।

रक़्स पु० *(अ०)* नृत्य।

पदरचना- ***रक़्से ताऊस-*** *मोर की तरह का नाच।*

रक़्क़ामे फ़लक पु० *(अ०)* शुक्र ग्रह।

रक़्स कुनाँ वि० *(अ० रक़्स+फ़ा० कुना)* नाचता हुआ।

रक़्सगाह स्त्री० *(अ० रक़्स+फ़ा० गाह)* नाचघर।

रक़्स पसन्द वि० *(अ० रक़्स+फ़ा० पसन्द)* जिसे नाचना या नाच देखना पसन्द हो।

रक्साँ वि० *(अ०)* नाचता हुआ; नृत्य करता हुआ।

राक्सेन्दा वि० *(अ०)* नाचने वाला।

रक़्से पैहम पु० *(अ० रक़्स+फ़ा० पैहम)* ऐसा नाच जो खत्म न हो।

रक़्से फ़ानूस पु० *(अ० रक़्से+फ़ा० फ़ानूस)* कन्दील के अन्दर तस्वीरों का नाच।

रक़्से बिस्मिल पु० *(अ० रक़्से+फ़ा० बिस्मिल)* आधा वध किये हुए प्राणी का जमीन पर तड़पना और लौटना।

रख़ना पु० *(फ़ा० रख़नः)* दीवार का मोखा; छोटी खिड़की; बाधा; दोष ढूँढना; ऐब; तलाक दी हुई स्त्री को फिर से अपने पास रखना।

रख़ना-अन्दाज वि० *(फ़ा०,भाव० रख़ना अन्दाजी)* बाधा डालने वाला; खराबी पैदा करने वाला।

रख़्त पु० *(फ़ा०)* माल; पोशाक; जूते का चमड़ा; सजधज; ठाट-बाट।

रख़ल पु० *(फ़ा०)* सूराख; छेद; नक़ब; हड्डी का टूटना; तलवार का निशान; फितना; फसाद।

रख़्श पु० *(फ़ा०)* सफेद-लाल मिश्रित रंग; घोड़ा; रुस्तम का घोड़ा।

रख़ावत स्त्री० *(अ०)* शिथिलता; मन्दता; सुस्ती।

रख़ीम वि० *(अ०)* जिसका स्वर धीमा हो; संयमी।

रख़ीस वि० *(अ०)* मन्दा; सस्ता; कम मूल्य का।

रख़्न पु० *(फ़ा०)* छिद्र; सूराख; हस्तक्षेप; बाधा।

रख़्न अन्दाज़ स्त्री० *(फ़ा०)* हस्तक्षेप करने वाला।

रख़्न अन्दाज़ी स्त्री० *(फ़ा०)* हस्तक्षेप करना।

रख़्शाँ वि० *(फ़ा०)* चमकता हुआ; प्रकाशमान।

रख़्शिन्दा वि० *(फ़ा० रख़्शिन्दः)* चमकने वाला।

रख़्शिन्दगी स्त्री० *(फ़ा०)* चमक; आभा; प्रकाश।

रख़्शीदा वि० *(फ़ा० रख़्शीदः)* प्रकाशित; प्रज्वलित।

रग स्त्री० *(फ़ा०)* नस; नाड़ी।

मुहा० ***रग दबना-*** *दबाव या प्रभाव में होना।* ***रग फड़कना-*** *शरीर में अधिक उत्साह के आवेग का लक्षण प्रकट होना।* ***रग-रग में-*** *सारे शरीर में।* ***रग उतरना-*** *ज़िद दूर होना।* ***रग खड़ी होना-*** *नस फूल जाना।* ***रग चढ़ना-*** *क्रोध आना।* ***रग पहिचानना-*** *भेद जानना।* ***रग-रग से वाक़िफ़ होना-*** *पूरी तरह से जानना।* ***रगें निकल जाना-*** *अत्यन्त दुबला-पतला होना।*

रगज़न पु० *(फ़ा०)* नश्तर से खून निकालने वाला।

रगज़नी स्त्री० *(फ़ा०)* रगों से खून निकालना।

रगदार वि० *(फ़ा०)* जिसमें रगें या रेशे हों।

रग बन्द वि० *(फ़ा०)* जख्म पर बाँधने का कपड़ा या पट्टी।

रगपट्टा स्त्री० *(फ़ा० रग+हि० पट्टा)* असल नस्ल आदि का पता होना।

रगरेशा पु० *(फ़ा०)* शरीर के भीतरी अंश।

रग़ीफ़ स्त्री० *(अ०)* बड़ी टिकिया; रोटी।

रग़ीब वि० *(अ०)* लोभी; लालची; इच्छुक।

रगे अब्र स्त्री० *(फ़ा०)* बादल की स्याह धारी।

रगे गरदन स्त्री० *(अ० गर्दन)* गरदन वाली खून की रग; अहंकार; घमण्ड; अभिमान।

रगे ग़ैरत स्त्री० *(फ़ा० रग+अ० ग़ैरत)* स्वाभिमान; खुद्दारी।

रगे जाँ स्त्री० *(फ़ा०)* सबसे बड़ी खून की रग, जो दिल में जाती है।

रगे तम्बूर स्त्री० *(फ़ा०)* सितार का तार।

रगो पै पु० *(फ़ा०)* सारा शरीर; नस और पट्ठे।

रगोरेशा पु० *(फ़ा०)* स्वभाव; प्रकृति; भीतरी हालात।

रग़बत स्त्री० *(अ०)* इच्छा; अभिलाषा; दिलचस्पी।

रज़ स्त्री० *(फ़ा०)* अंगूर।

रजअत स्त्री० *(अ०)* वापस आना; लौटना; तलाक दी हुई स्त्री को फिर से ग्रहण करना।

रजब पु० *(अ०)* हिजरी चान्द्र वर्ष का सातवाँ महीना जो आश्विन मास के लगभग पड़ता है।

रजबी वि० *(अ०)* इमाम मूसा अली रज़ा से सम्बन्ध रखने वाला या उनका अनुयायी।

रज़ा स्त्री० *(अ० रिज़ा)* मरजी; इच्छा; रुख़सत; छुट्टी; आज्ञा; स्वीकृति।

पदरचना- रज़ाकार- *स्वयं सेवक।* **रज़ाजोई-** *दूसरे को खुश कने की चेष्टा।* **रज़ापट्टी-** *वर्ष की छुट्टियों की सूची।* **रज़ामन्द-** *सहमति होना।*

रज़ाअत स्त्री० *(अ०)* बच्चों को स्तनपान कराना।

रज़ाई स्त्री० *(सं० रज़क कपड़ा या अ० रज़ा)* एक प्रकार का रूईदार ओढ़ना; लिहाफ़। कि रज़ाअत।

रज़ामन्द वि० *(अ० रज़ा+फ़ा० मन्द, भाव० रजामन्दी)* जो प्रसन्न या राजी हो गया हो।

रज़ामन्दी स्त्री० *(अ० रज़ा+फ़ा० मन्दी)* सहमति।

रज़िया बेगम स्त्री० *(अ०)* गुलाम वंश की द्वितीय सुलतान इल्तुतमिश की बेटी जिसने 1236 से 1240 तक दिल्ली के तख्त पर शासन किया।

रज़ीअ पु० *(अ०)* दूधशरीक भाई।

रज़ीया स्त्री० *(अ० रजीयः)* राज़ी की गयी।

रज़ील पु० *(अ०)* नीच; कमीना; छोटी जात का।

रजुल पु० *(अ०)* मनुष्य; आदमी।

रज़अत पसन्द वि० *(अ० रजूअत+फ़ा० पसन्द)* प्रतिक्रियावादी, जिसे तरक्कीपसन्द विचार अच्छे नहीं लगते।

रज़अत पसन्दी स्त्री० *(अ० रजूअत+फ़ा० पसन्दी)* विचारों में प्रगतिशीलता का अभाव।

रज़अते क़हक़री स्त्री० *(अ०)* अवनति।

रज़्ज़ाक़ स्त्री० *(अ०)* रोज़ी देने वाला; ईश्वर।

रज़्ज़ाक़ी स्त्री० *(अ० रज़्ज़ाक़)* रोजी देना; पालन-पोषण करना।

रज़्फ़ा पु० *(अ० रज़्फ़ः)* भूकम्प; भूचाल।

रज़्म स्त्री० *(फ़ा०)* युद्धक्षेत्र; लड़ाई का मैदान।

रज़्मल लिल गैब अव्य० *(अ०)* तीर या तुक्का; अटकल पच्चू।

रज़्मे शयातीन पु० *(अ०)* शैतान को पत्थर मारना; हज का एक संस्कार।

रतीब पु० *(अ०)* ताज़ा खजूर।

रज़्मिया वि० *(फ़ा० रज़्मियः)* युद्ध-सम्बन्धी।

रतल स्त्री० *(अ०)* शराब का प्याला; एक तौल।

रतूबत स्त्री० *(अ०)* नमी; तरी।

रत्ब वि० *(अ०)* सूखा; खुश्क; बुरा; खराब।

रदीफ़ स्त्री० *(अ०)* वह जो घोड़े पर किसी सवार के पीछे बैठे; गज़ल आदि में वह शब्द जो हर शेर के अन्त में काफ़िये के बाद बार-बार आता है, जैसे- 'अच्छे-बुरे का हाल खुले क्या नक़ाब में' में 'नक़ाब' काफिया और 'में' रदीफ़ है।

रदीफ़वार वि० *(अ० रदीफ़+फ़ा० वार)* अक्षर क्रम से लगा हुआ।

रदीफ़ो क़ाफ़िया पु० *(अ० रदीफ़ो क़ाफ़ियः)* ग़ज़ल का क़ाफिया और उसके बाद की रदीफ़।

रद्द वि० *(अ०)* जो काट-छाँट; तोड़ या बदले में किया गया हो; खराब या निकम्मा हो गया हो। स्त्री० वमन; कै।

रद्दे ख़ल्क़ वि० *(अ०)* पूरे संसार से ठुकराया हुआ।

रद्दे दख़त स्त्री० *(अ०)* किसी भोज का निमन्त्रण स्वीकार न करना।

रद्दे बला पु० *(अ०)* आपत्ति का निवारण; आयी हुई बला का टल जाना।

रद्दे सलाम पु० *(अ०)* नमस्कार का उत्तर न देना।

रद्दे सवाल पु० *(अ०)* किसी की माँग ठुकरा देना।

रद्दोबदल पु० *(अ०)* परिवर्तन; उलट-फेर।

रद्दी वि० *(अ० रदी)* निकम्मा; बेकार; निष्प्रयोजन।

रफ़ पु० *(अ०)* मचान; मंच; दरवाज़े का बड़ा ताख़ा।

रफ़अत स्त्री० *(फ़ा०)* बुलन्दी।

रफ़्ता-रफ़्ता क्रि०वि० *(फ़ा०)* धीरे-धीरे।

रफ़रफ़ पु० *(अ०)* वह सवारी जिस पर मुहम्मद साहब ईश्वर के पास गये और वहाँ से वापस आये थे।

रफ़ा वि० *(अ० रफ़अ)* दूर किया हुआ; निवृत्त; शान्त; निवारित। पु० ऊँचाई; छोड़ना; अलग रहना।

रफ़ाक़त स्त्री० *(अ० रिफ़ाकत)* रफ़ीक़ या साथी होने का भाव; मेल-जोल; निष्ठा।

रफ़ाक़ते सफ़र स्त्री० *(अ०)* यात्रा-पर्यटन में साथ रहना।

रफ़ाह स्त्री० *(अ० रिफ़ाह)* सुख-आराम; परोपकार।
पदरचना- ***रफ़ाहे आम-*** *जन साधारण के उपकार का काम।*
रफ़ाहियत स्त्री० *(अ० रिफ़ाहियत)* आराम; सुख।
रफ़ीअ वि० *(अ०)* ऊँचा; बुलन्द।
रफ़ीक़ पु० *(अ०, बहु० रुफ़क़ा)* साथी; संग; सहायक; मददगार; मित्र।
पदरचना- ***रफ़ीक़े-जुर्म-*** *सह अपराधी।*
रफ़ीक़ए हयात स्त्री० *(अ०)* जीवन संगिनी।
रफ़ीक़े सफ़र पु० *(अ०)* सहयात्री।
रफ़ीक़ा स्त्री० *(अ० रफ़ीकः)* सखी; सहेली।
रफ़ीदा पु० *(अ०)* पुराने कपड़े जो इकट्ठे सिले हों; गद्दी जिस पर जीन कसते हैं।
रफ़ू पु० *(अ०)* फटे हुए कपड़े के छेद में तागे भरकर उसे बराबर करना।
रफ़ूगर वि० *(अ० रफ़ू+फ़ा० गर, भाव० रफ़ूगरी)* रफ़ू करने का व्यवसाय करने वाला।
रफ़ूचक्कर वि० *(अ० रफ़ू+हि० चक्कर)* चम्पत; गायब।
रफ़्त वि० *(फ़ा०)* गया हुआ; गत; रवानगी।
पदरचना- ***रफ़्त व गुज़श्त-*** *गया-बीता; जिसकी ओर कुछ ध्यान न दिया जाये।*
रफ़्तगाँ वि० *(फ़ा०)* बीता हुआ; पुराना।
रफ़्तगी स्त्री० *(फ़ा० रफ़्तन)* जाने की क्रिया; गमन।
मुहा० ***रफ़्तगी निकालना-*** *आगे जाने का सिलसिला शुरू करना।*
रफ़्तनी स्त्री० *(फ़ा०)* जाने की क्रिया या भाव; माल का बाहर जाना; निर्यात।
रफ़्तार स्त्री० *(फ़ा०)* चलने की क्रिया या भाव; चाल।
पदरचना- ***रफ़्तार व गुफ़्तार-*** *चाल-ढाल और बातचीत।* ***रफ़्तारे जमाना-*** *जमाने की गति; चाल।* ***रफ़्तारे मस्ताना-*** *मस्तानी चाल; झूम-झूम कर चलना; नखरा करते हुए चलना।*
रफ़्ता-रफ़्ता क्रि०वि० *(फ़ा० रफ्तः रफ्तः)* धीरे-धीरे।
रफ़्रफ़ पु० *(अ०)* एक बहुत तेज़ चाल का घोड़ा।
रफ़्राफ़ पु० *(अ०)* शुतुरमुर्ग।
रब पु० *(अ०)* वह जो पालन-पोषण करता हो; ईश्वर।
रबात स्त्री० *(अ०)* मुसाफिरखाना; सराय।
रबाब पु० *(अ०)* सारंगी की तरह एक बाजा।
रबाबी पु० *(अ०)* वह जो रबाब बजाता हो।
रबी स्त्री० *(अ० रबीअ)* बसन्त ऋतु; वह फसल जो बसन्त ऋतु में काटी जाती हो।
रबी-उल-अव्वल पु० *(अ०)* हिजरी वर्ष का तीसरा महीना।
रबी-उल-आख़िर पु० *(अ०)* हिजरी वर्ष का चौथा महीना।
रबीब पु० *(अ०, स्त्री० रबीबा)* पाला-पोसा हुआ दूसरे का लड़का; स्त्री के पहले पति का लड़का।
रब्त पु० *(अ०)* अभ्यास; मश्क; मुहावरा; सम्बन्ध; मेल।
पदरचना- ***रब्त-ज़ब्त-*** *मेल-जोल।*
रब्बा पु० *(फ़ा०)* तोपख़ाने की गाड़ी।
रब्बानी वि० *(अ०)* ईश्वरीय या दैवी।
रब्बुलरबाब पु० *(अ०)* पालकों का प्रतिपालक; ईश्वर।
रबून पु० *(अ०)* बयाना; अग्रिम धन; एडवांस।
रबूबीयत स्त्री० *(अ०)* स्वामित्व; मालकीयत; ईश्वरत्व; खुदाबन्दी।
रम पु० *(फ़ा०)* दूर रहने या बचने की प्रवृत्ति; भागना।
रमक़ स्त्री० *(अ०)* बची-खुची थोड़ी-सी जान; अन्तिम साँस; हलका प्रभाव। वि० थोड़ा-सा।
रमक़ा स्त्री० *(अ० रम्कः)* घोड़ी।
रमज़ पु० *(अ० रम्ज़)* संकेत; रहस्य; भेद; राज़।
रमज़आशना वि० *(अ० रम्ज़+फ़ा० आशना)* भेद जानने वाला; मर्मज्ञ; रहस्यवेत्ता।
रमज़ान पु० *(अ० रम्ज़ान)* हिजरी वर्ष का एक महीना जिसमें मुसलमान रोज़ा रखते हैं।
रमज़ानी वि० *(अ० रम्ज़न)* रमज़ान सम्बन्धी; रमज़ान में उत्पन्न; अकाल का मारा; भुक्खड़; पेटू।
रमद पु० *(अ०)* आँखों की एक बीमारी जिसमें आँखें लाल हो जाती हैं।
रमल पु० *(अ०)* एक प्रकार का फलित ज्योतिष जिसमें पाँसे फेंककर शुभाशुभ जाना जाता है।
रम्माज़ वि० *(अ०)* संकेत से बात करने वाला; छायावादी।
रम्माल पु० *(अ०)* रमल फेंकने वाला।
रमीदंगी स्त्री० *(फ़ा०)* बचने और हटे रहने की प्रवृत्ति; घृणा।

रमीम वि० *(अ०)* पुराना और सड़ा-गला।

रमूज़ स्त्री० *(अ०)* कटाक्ष; इशारा; संकेत।

रम्ज़ स्त्री० *(अ०,बहु० रुमूज़)* आँखों आदि का संकेत; ऐसी पेचीली बात जो जल्दी समझ में न आये; रहस्य; व्यंग्य; आवाज़।

रया स्त्री० *(अ० रिया)* जाहिरदारी; दिखावा; बनावट।

रवाँ वि० *(अ०, भाव० रवानी)* बहता हुआ; चलता हुआ; प्रचलित। पु० तेजी के साथ बढ़ने की क्रिया।

रवा वि० *(फ़ा०)* उचित; वाजिब।

रवाज स्त्री० *(अ० रिवाज)* परिपाटी; प्रथा; चाल; चलन।

रवानगी स्त्री० *(फ़ा०)* रवाना/(चलने) होने की क्रिया।

रवाना वि० *(फ़ा० रवानः)* जो कहीं से चल पड़ा हो; भेजा हुआ।

रवानी स्त्री० *(फ़ा०)* बहाव; प्रवाह; तेजी।

रवायत स्त्री० *(अ०)* दूसरे की कही हुई बात जो उद्धृत की जाये, कथानक; कहावत।

रवारवी स्त्री० *(फ़ा०)* सरसरी; जल्दी; शीघ्रता; चल-चलाव; प्रस्थान की शीघ्रता।

रविश स्त्री० *(फ़ा०)* गति; रंग-ढंग; विधि; बाग की क्यारियों के बीच का छोटा मार्ग।

रविशे आम स्त्री० *(फ़ा० रविश+अ० आम)* सामान्य लोगों का तरीका।

रविशे ख़ास स्त्री० *(फ़ा० रविश+अ० खास)* विशेष लोगों का तरीका।

रवीया पु० *(अ० रवीयः)* नियम; आचार-व्यवहार।

रवेदार वि० *(हि० रवा+फ़ा० दार)* रवे (दाने) के रूप में होने वाला।

रवैयत स्त्री० *(अ० रुयत)* दिखायी देना; दर्शन।

रवैया पु० *(फ़ा० रवैयः)* चाल-चलन; रंग-ढंग; तौर-तरीका।

रशाद पु० *(अ०)* सुमार्ग; सदाचार।

रशीद वि० *(अ०)* जो उपदेश से सीधे मार्ग पर लाया गया हो; शिक्षित और सभ्य।

रश्क पु० *(फ़ा०)* ईर्ष्या; डाह; शत्रुता; प्रेमिका के दूसरे प्रेमी से होने वाली ईर्ष्या।

रश्की वि० *(फ़ा०)* ईर्ष्यालु।

रश्केपरी वि०,स्त्री० *(फ़ा० रश्के+अ० परी)* जिसका रूप देख कर परी भी ईर्ष्या करे; परम सुन्दरी।

रश्के माह स्त्री० *(फ़ा०)* चाँद की प्रभा को मन्द करने वाली नायिका।

रशहए क़लम पु० *(अ०)* लेख; निबन्ध; कविता।

रशहए फ़िक्र पु० *(अ०)* विचारों का प्रवाह।

रस वि० *(फ़ा०)* पहुँचाने वाला; पद के अन्त में लगने वाला; जैसे- दाद-रस- न्यायकर्ता; फरियाद-रस- फरियाद सुनने वाला। पु० वह जिसके पास कोई पहुँचे।

रसद स्त्री० *(फ़ा०)* बाँट; बखरा; खाद्य-सामग्री; अनाज।

पदरचना- ***रसद खाना-*** *खाद्य भण्डार।* ***रसद-पानी-*** *दाना, पानी, भोजन।* ***रसदबन्दी-*** *खाद्य-सामग्री का प्रबन्ध।*

मुहा० ***हिस्सा रसद-*** *बँटने पर अपने-अपने हिस्से के अनुसार लाभ; कच्चा अनाज जो पकाया न गया हो; नक्षत्रों की गति आदि देखने की क्रिया या यन्त्र।*

रसदगाह स्त्री० *(अ० रसद+फ़ा० गाह)* नक्षत्रों की गति आदि देखने का स्थान; खाद्य-सामग्री का भण्डार।

रसद-रसानी स्त्री० *(फ़ा०)* सेना आदि में रसद पहुँचाना।

रसदी वि० *(अ०)* हिस्से के अनुसार होने वाला।

रसन स्त्री० *(फ़ा०)* रस्सी।

पदरचना- ***हल्क़ा-ए-रसन-*** *रस्सी का घेरा।*

रसमसा वि० *(हि०)* नम।

रसा/रसाँ वि० *(फ़ा०)* पहुँचाने वाला।

रसाइल पु० *(अ० रिसालः का बहु०)* पत्रिकाएँ; रिसाले।

रसाई स्त्री० *(फ़ा०)* पहुँचने की क्रिया या भाव; पहुँच।

रसास पु० *(अ०)* सीसा; एक धातु जिससे बन्दूक की गोलियाँ बनती हैं; राँगा।

रसीद स्त्री० *(फ़ा०, भाव० रसीदगी)* किसी चीज के पहुँचने या प्राप्त होने की क्रिया; किसी चीज के पहुँचने के प्रमाण रूप में लिखा हुआ पत्र।

रसीदा वि० *(फ़ा० रसीदः)* पहुँचा हुआ।

रसीदी वि० *(फ़ा०)* रसीद सम्बन्धी; रसीद का।

रसूम पु० *(अ० रुसूम, रस्म का बहु०)* नियम; कानून; वह धन जो किसी प्रचलित प्रथा के अनुसार दिया जाता है; नेग।

रसूल पु० *(अ०)* ईश्वर की ओर से आया हुआ पैगम्बर; मुहम्मद साहब की उपाधि; मार्गदर्शक।

रसूली स्त्री० *(अ०)* एक प्रकार का गेहूँ या जौ; एक प्रकार की काली मिट्टी।

रस्ताख़ेज स्त्री० *(फ़ा०)* महाप्रलय।

रस्म[1] स्त्री० *(अ०, बहु० रस्मियात)* रीति; परिपाटी; परम्परा।

रस्म[2] स्त्री० *(फ़ा०)* परिपाटी; प्रथा; बर्ताव; बात-व्यवहार।

पदरचना- ***रस्म अदायगी-*** *रस्म निभाना।* ***रस्म रिवाज-*** *बात-व्यवहार; परम्परा।*

रस्मी वि० *(अ०)* साधारण; मामूली।

रस्मे निकाह स्त्री० *(अ०)* विवाह-संस्कार।

रस्मे बद स्त्री० *(अ०)* बुरी परम्परा।

रस्मे मुल्क स्त्री० *(अ०)* किसी देश की परम्परा।

रस्मो राह स्त्री० *(अ० रस्म+फ़ा० राह)* मेलजोल।

रस्मो रिवाज़ स्त्री० *(अ०)* रूढ़ि और परम्परा।

रस्साम वि० *(अ०)* चित्रकार; नक्काश।

रहगीर पु० *(फ़ा०)* पथिक।

रहगुज़र स्त्री० *(फ़ा० राह गुज़र का लघु)* आम रास्ता; राजमार्ग; सड़क।

रहनुमा वि० *(फ़ा, भाव० रहनुमाई)* पथ-प्रदर्शक।

रहबर वि० *(फ़ा०, भाव० रहबरी)* रास्ता दिखलाने वाला; पथ-प्रदर्शक।

पदरचना- ***तलाशे-दस्ते-रहबर-*** *मार्गदर्शक के हाथ की तलाश।*

रहबानियत स्त्री० *(अ० रह्बानियत)* संयम; ब्रह्मचर्य।

रहम पु० *(अ० रह्म)* दया; अनुग्रह; क्षमा; करुणा। पु० *(अ० रिहम)* स्त्री का गर्भाशय; बच्चेदानी।

रहमत स्त्री० *(अ० रह्मत)* दया; मेहरबानी; वर्षा; वृष्टि।

रहम दिल वि० *(अ० रह्म+फ़ा० दिल)* दयालु।

रहमान वि० *(अ० रह्मान)* दया करने वाला। पु० ईश्वर का एक नाम।

रहमानी वि० *(अ० रह्मानी)* ईश्वर-सम्बन्धी; ईश्वरीय।

रहमोकरम पु० *(अ०)* दया-माया।

रहरी वि० *(फ़ा० राह)* पथिक।

रहल स्त्री० *(अ०)* दराज़दार छोटी चौकी।

रहवार पु० *(फ़ा०)* क़दम चलने वाला अच्छा घोड़ा।

रहिम पु० *(अ०)* गर्भाशय।

रहीब वि० *(अ०)* पेटू।

रहीम वि० *(अ०)* रहम या दया करने वाला।

राँ प्रत्य० *(फ़ा०)* चलाने वाला। जैसे- हुक्मराँ- शासन चलाने वाला।

राँदा वि० *(फ़ा० राँद:)* निकाला हुआ; व्यक्त; बहिष्कृत।

रा अव्य० *(फ़ा०)* लिए; वास्ते; को।

राइक़ वि० *(अ०)* अनाहार; अनशन; साफ और स्वच्छ वस्तु।

राइज वि० *(अ०)* प्रचलित; चालू।

राइजुलवक़्त वि० *(अ०)* समय के चलन के अनुसार; जो किसी समय-विशेष में प्रचलित हो।

राइद वि० *(अ०)* जिसके जिम्मे मकानों का प्रबन्ध हो; मीर मंजिल।

राइल इबाद पु० *(अ०)* जनता की देख-रेख करने वाला; प्रजापालक।

राई वि० *(अ०)* चरवाहा; गड़ेरिया; शासक।

राक़िब वि० *(अ०)* प्रतीक्षा करने वाला।

राक़िम वि० *(अ०)* लिखने वाला; लेखक।

राक़िमुलहुरूफ़ वि० *(अ०)* पत्र लेखक; चिट्ठी लिखने वाला।

राक़िमा स्त्री० *(अ० राकिम:)* चिट्ठी लिखने वाली।

राक़ी पु० *(अ०)* अभिचारक; जन्त्र-मन्त्र करने वाला।

राग़िब वि० *(अ०)* रग़बत करने या प्रवृत्ति रखने वाला; इच्छुक; ख्वाहिश मन्द।

राज़ पु० *(फ़ा०)* रहस्य; भेद।

पदरचना- ***राज़ या नियाज़-*** *प्रेमी और प्रेमिका के नख़रे-चोंचले।*

राजगीर पु० *(हि० राज+फ़ा० गीर)* मकान बनाने वाला कारीगर।

राजगीरी स्त्री० *(हि० राज+फ़ा० गीरी)* राजगीर का काम।

राज़दाँ पु० *(फ़ा०)* राज़दार; रहस्य जानने वाला।

राज़दार पु० *(फ़ा०)* रहस्य या भेद की बात जानने वाला; संगी; साथी।

राज़दारी स्त्री० *(फ़ा०)* रहस्य या भेद जानना।

राज़िआ स्त्री० *(अ० राज़िअ:)* दूध पीने वाली बच्ची।

राज़िक पु० *(अ०)* रोजी देने वाला; जीविका लगाने वाला ईश्वर।

राज़ी वि० *(अ०)* कही हुई बात मानने को तैयार; नीरोग; चंगा; सुखी; प्रसन्न और सन्तुष्ट।

राज़ीनामा पु० *(फ़ा० राज़ीनामः)* वह लेख जिसके द्वारा वादी और प्रतिवादी परस्पर मेल कर लें।

रातिब पु० *(अ०)* नित्य प्रति का साधारण और बँधा हुआ भोजन; पशुओं का भोजन।

रातिबा पु० *(अ० रातिबः)* वेतन या वृत्ति आदि।

राद पु० *(अ०)* बिजली की कड़क; बादलों का फरिश्ता।

रान स्त्री० *(फ़ा०)* जंघा; जाँघ।

राना वि० *(अ०)* सुन्दर; प्रिय।

रानाई स्त्री० *(फ़ा०)* सुन्दरता; हुस्न; रूप।

रानी स्त्री० *(फ़ा०)* चलाने का काम, जैसे- जहाज़रानी।

राफ़िज़ी पु० *(अ०)* वह सेना जो अपने सरदार को छोड़ दे; शिया मुसलमानों का वह दल जिसने हज़रत अली के बेटे सैद का साथ छोड़ दिया था; शिया मुसलमान (इस अर्थ में सुन्नी लोग शियाओं के लिए इस शब्द का व्यवहार उपेक्षा रूप से करते हैं)।

राबता पु० *(अ० राबितः)* मेल-जोल; रिस्तेदारी।

राबित पु० *(अ०)* संयोजक।

राम विं० *(फ़ा०)* सेवक; अनुचर; आज्ञाकारी।

रामिज़ वि० *(अ०)* इशारा करने वाला।

रामिश पु० *(फ़ा०)* आनन्द; संगीत; गवैया।

राय स्त्री० *(अ०)* परामर्श; विचार; मत; वोट।

राय बहादुर पु० *(अ० राय+फ़ा० बहादुर)* अँग्रेजों के भक्त हिन्दुओं की उपाधि।

राय शुमारी स्त्री० *(अ० राय+फ़ा० शुमारी)* मत गणना।

राय सहाब पु० *(अ०)* राय बहादुर।

रायगॉ वि० *(अ०)* व्यर्थ; निकम्मा; बेकार।

रायज वि० *(अ०)* जिसका रिवाज हो; प्रचलित।

पदरचना- ***रायज-उल-वक्त-*** *वर्तमान में प्रचलित।*

रावी वि० *(अ०)* कोई बात कह सुनाने वाला; कथा आदि का लेखक या वक्ता।

राश पु० *(फ़ा०)* अन्न का ढेर; राशि।

राशा पु० *(अ०)* अंग काँपने का रोग।

राशिद पु० *(अ०)* ठीक मार्ग पर चलने वाला; धार्मिक।

राशी वि० *(अ०)* रिश्वत देने वाला; रिश्वत लेने वाला।

रास पु० *(अ०)* ऊपरी भाग; सिरा। स्त्री० *(फ़ा०)* रास्ता; घोड़े की बाग; राहु ग्रह।

मुहा० ***रास आना-*** *अनुकूल होना; ठीक होना।*

रासिख़ वि० *(अ०)* दृढ़; पक्का। पु० नौसादर और गन्धक की सहायता से फूँका हुआ ताँबा।

रासिद वि० *(अ०)* ज्योतिषी; प्रहरी; चौकीदार।

रासुलजदी पु० *(अ०)* राशि चक्र में मकर राशि पर वह बिन्दु जहाँ बाइस दिसम्बर को सूर्य पहुँचता है और दिन सबसे छोटा होता है।

रासुल माल पु० *(अ०)* मूलधन।

रासुस्सरतान पु० *(अ०)* राशि चक्र में कर्क राशि पर वह बिन्दु जहाँ 21 जून को सूर्य पहुँचता है और वर्ष का सबसे बड़ा दिन होता ।

रासू पु० *(फ़ा०)* नेवला।

रासो ज़नब पु० *(अ०)* राहु और केतु।

रास्त वि० *(फ़ा०)* दुरुस्त; सही; अनुकूल; दाहिना।

मुहा० ***रास्त आना-*** *अनुकूल रहना; विरोध छोड़ना।*

रास्तगो वि० *(फ़ा०)* सत्यवादी।

रास्तबाज़ वि० *(फ़ा०)* सच्चा; ईमानदार।

रास्त बाज़ी स्त्री० *(फ़ा०)* सच्चाई; ईमानदारी।

रास्तरवी स्त्री० *(फ़ा०)* सन्मार्ग; सदाचार।

रास्ता स्त्री० *(फ़ा० रास्तः)* मार्ग; उपाय; तरकीब।

मुहा० ***रास्ता कटना-*** *रास्ता तय होना; मंजिल पर आ पहुँचना।* ***रास्ता काटना-*** *चलते राही के सामने से निकल जाना (जैसे- बिल्ली द्वारा रास्ता काटना); रास्ता में चलते-चलते मुकाम पर पहुँचना।* ***रास्ता देखना-*** *प्रतीक्षा करना।* ***रास्ता बताना-*** *टालना; उचित मार्ग पर लाना।*

राह स्त्री० *(फ़ा०)* रास्ता; मार्ग।

मुहा० ***राह ताकना/देखना-*** *प्रतीक्षा करना।* ***राह पड़ना-*** *डाका पड़ना।* ***राह लगाना-*** *काम देखना।*

राहख़र्च पु० *(फ़ा०)* रास्ते में होने वाला खर्च; मार्ग व्यय।

राहगीर पु० *(फ़ा०)* रास्ता चलने वाला; मुसाफिर; यात्री।

राहगुज़र पु० *(फ़ा०)* रास्ता; मार्ग; सड़क।

राहज़न पु० *(फ़ा०)* डाकू; बटमारी।

राहत स्त्री० *(अ०)* सुख; आराम; चैन।

पदरचना- ***राहते जान-*** *मन को प्रसन्न करने वाली वस्तु।*

राहत कदा पु० *(अ० राहत+फ़ा० कदा)* सुख का स्थान।

राहदार पु० *(फ़ा०)* वह जो किसी रास्ते की रक्षा करता या आने-जाने वालों से महसूल वसूलता हो।

राहदारी स्त्री० *(फ़ा०)* चुंगी; महसूल।

राहनुमा वि० *(फ़ा०)* रास्ता दिखाने वाला।

राहबर वि० *(फ़ा०)* मार्गदर्शक।

राह-रविश स्त्री० *(फ़ा०)* रंग-ढंग; तौर तरीका; चाल-चलन।

राहिन पु० *(अ०)* रेहन या गिरवी रखने वाला।

राहिब पु० *(अ०)* संसार को छोड़कर एकान्त में रहने वाला ईसाई।

राहिबा स्त्री० *(अ० राहिबः)* वह ईसाई स्त्री जो सांसारिक वासनाओं को छोड़ चुकी हो।

राहिम वि० *(अ०)* रहम करने वाला।

राहिला पु० *(अ० राहिलः)* यात्रियों का गिरोह; काफिला।

राही पु० *(फ़ा०)* रास्ता चलने वाला; मुसाफिर; यात्री।

राहेरब्त स्त्री० *(अ० राहे+फ़ा० रब्त)* मेलजोल; पारस्परिक व्यवहार।

राहेरास्त पु० *(फ़ा०)* सीधा रास्ता; सच्चा रास्ता।

राहेशौक़ पु० *(फ़ा०)* प्रेम का मार्ग।

रिन्द पु० *(फ़ा०)* धार्मिक बन्धनों को न मानने वाला पुरुष; मनमौजी व्यक्ति। वि० मतवाला; मस्त।

रिन्द पेशा वि० *(फ़ा०)* बेहूदा और बेढब आदमी; वाहियात और शरारती।

रिन्दाना वि० *(फ़ा० रिन्दानः)* बेहूदों जैसा; लुच्चापन; शोहदापन; धूर्तता।

रिआयत स्त्री० *(अ०)* कोमल और दयापूर्ण व्यवहार; नरमी; न्यूनता; कमी।

रिआयती वि० *(अ०)* जिसमें कुछ नरमी हो।

रिआया स्त्री० *(अ०)* प्रजा; जनता।

रिक़्क़ स्त्री० *(अ०)* दासता; गुलामी; सेवा।

रिक़ाअ पु० *(अ० रुक़्अः का बहु०)* चिट्ठियाँ।

रिकाज़ पु० *(अ०)* भूमिगत धन।

रिक़ाब[1] पु० *(अ० रक़बः का बहु०)* दासगण; गुलाम।

रिकाब[2] स्त्री० *(अ०)* घोड़े की काठी का पायदान, जिसमें पाँव रखकर चढ़ते हैं; सवारी के ऊँट।

रिकाब[3] स्त्री० *(फ़ा०)* नौका; नाव; आठकोण का प्याला।

रिकाबी स्त्री० *(फ़ा०)* प्लेट; तश्तरी; रकाबी।

रिक़्क़त स्त्री० *(अ०)* कोमलता; मुलायमिअत; रोना-धोना; अनुकम्पा; दिल भर आना; पतलापन; वीर्य पतला होना।

रिक़्क़ते क़ल्ब स्त्री० *(अ०)* चित्त की कोमलता; दयाभाव।

रिक़्क़ते मनी स्त्री० *(अ०)* वीर्य का पतला होना।

रिक्वा पु० *(अ० रिक्वः)* छागल; बहुत छोटी मशक।

रिख़्वा पु० *(अ०)* ढीलापन; शिथिलता; एक दर्द।

रिख़्व पु० *(अ०)* ढीला; शिथिल।

रिग़्वा पु० *(अ०)* झाग; फेन; कफ।

रिज़वाँ पु० *(अ०)* मुसलमानों के अनुसार एक देवदूत जो फिरदौस या स्वर्ग का दरबान या दारोग़ा है।

रिज़ाअ स्त्री० *(अ०)* बालक के दूध पीने की अवस्था।

रिजाल पु० *(अ० रजुल का बहु०)* मनुष्य समूह।

रिज़ाला पु० *(अ० रिज़ालः)* कमीना; तुच्छ; नीच; दुष्ट; पाजी।

रिजालुलग़ैब पु० *(अ०)* देवता; फरिश्ते; अलौकिक शक्तियाँ।

रिज़्मा स्त्री० *(अ० रिज़्मः)* कपड़े टाँगने की रस्सी।

रिज़्क़ पु० *(अ०)* नियत का भोजन; रोजी; जीविका।

रिजल पु० *(अ० रिज़्ल)* पंख; चरण; पैर।

रिजलैन पु० *(अ० रिज़्लैन)* दोनों पाँव।

रिज़्वान पु० *(अ० रिज़्वान)* बहिश्त; स्वर्ग; बहिश्त का दारोगा; बरकत; रजा।

रिजीली स्त्री० *(अ० रजीली)* निर्लज्जता।

रिदा स्त्री० *(अ०)* ओढ़ने की चादर।

रिदाए कुहना स्त्री० *(अ० रिदाए+फ़ा० कुह्नः)* फटी-पुरानी चादर।

रिदापोश वि० *(अ०)* चादर ओढ़ने वाला।

पदरचना- ***रिफ़अते-फ़लक-*** *आकाश की ऊँचाई।*

रिफ़ाक़ पु० *(अ० रफ़ीक का बहु०)* मित्रगण; दोस्त लोग।

रिफ़ादा पु० *(अ० रिफ़ादः)* घाव पर बाँधने की पट्टी।

रिफ़ाह स्त्री० *(अ० रफ़्ह या रिफ़्ह का बहु०)* भलाइयाँ।

रिफ़ाहे आम स्त्री० *(अ०)* लोकहित; जनहित।

रिफ़्ज़ पु० *(अ०)* धर्मद्रोह; अधार्मिकता।

रिब्अ पु० *(अ०)* चौथे दिन आने वाला ज्वर; चौथिया।

रिब्ह पु० *(अ०)* व्यापारिक ब्याज या लाभ।

रिमाया पु० *(अ० रिमायः)* तीरन्दाज़ी; बाण मारना।

रिया[1] पु० *(अ० रियः)* फेफड़ा।

रिया[2] स्त्री० *(अ०)* पाखण्ड; आडम्बर; दिखावा; बाण मारना।

रियह पु० *(अ०)* फेफड़ा; फुफ्फुस।

रियाई वि० *(अ०)* धूर्त; मक्कार।

रियाकार वि० *(अ० रिया+फ़ा० कार, भाव० रियाकारी)* धोखा देने वाला।

रियाज़ पु० *(अ० रौज़ा का बहु०)* वाटिकाएँ; बाग़। पु० (रियाज़ः) वह मेहनत जो किसी अभ्यास या बारीक काम में होता है; मेहनत; तपस्या; अभ्यास।

रियाज़त स्त्री० *(अ०)* परिश्रम; कष्ट-सहन; अभ्यास।

रियाज़त कश वि० *(अ० रियाज़त+फ़ा० कश)* परिश्रम करने वाला; मेहनती।

रियाज़ी स्त्री० *(अ०)* विज्ञान के तीन विभागों में से एक जिसमें सब प्रकार के गणित; ज्योतिष; संगीत आदि विद्याएँ सम्मिलित हैं।

रियाजी दाँ वि० *(अ० रियाजी+फ़ा० दाँ)* रियाज़ी का ज्ञाता।

रियाल पु० *(अ०)* एक सिक्का।

रियासत स्त्री० *(अ०)* अध्यक्षता; स्वामित्व; शासन; हुकूमत; जागीर।

रियासती वि० *(अ०)* रियासत का।

रियाह स्त्री० *(अ० रेह का बहु०)* शरीर के अन्दर की वायु; बाई।

रियाही वि० *(अ०)* वात-विकार से उत्पन्न रोग आदि।

रिवाज़ पु० *(अ०)* प्रथा; परम्परा; परिपाटी; चलन।

रिवायत स्त्री० *(अ०, बहु० रिवायात)* पुनर्कथन; सुनी-सुनायी बात।

रिवायतन वि० *(अ०)* किसी दूसरे से सुनने के तौर पर।

रिशा स्त्री० *(अ०)* छब्बीसवाँ नक्षत्र; उत्तरा भाद्रपद।

रिश्तए उम्र पु० *(अ०)* साल गिरह की गाँठ जो डोरे में बाँध कर गले में पहनते है।

रिश्तए-ख़ूँ पु० *(अ० रिश्ता+फ़ा० ख़ूँ)* रक्त सम्बन्ध; एक वंश का होना।

रिश्तए जाँ पु० *(फ़ा०)* प्राणसूत्र; साँस।

रिश्तए पेचाँ पु० *(फ़ा०)* बल खाने वाला साँप।

रिश्तए हलवा पु० *(फ़ा० रिश्ता+अ० हलवा)* सिवइयाँ।

रिश्ता पु० *(फ़ा० रिश्तः)* नाता; सम्बन्ध।

रिश्तेदार पु० *(फ़ा० रिश्तःदार)* सम्बन्धी।

रिश्तेदारी स्त्री० *(फ़ा०, रिश्तः+दारी)* सम्बन्ध; नाता।

रिश्तेमन्द पु० *(फ़ा०)* रिश्तेदार; सम्बन्धी।

रिश्वत स्त्री० *(अ०)* घूस; उत्कोच।

रिश्वतख़ोर वि० *(अ० रिश्वत+फ़ा० खोर, भाव० रिश्वतखोरी)* रिश्वत या घूस खाने वाला।

रिश्वत दिहिन्दा वि० *(अ० रिश्वत+फ़ा०, दिहिन्दः)* रिश्वत देने वाला।

रिश्वत दिही स्त्री० *(अ० रिश्वत+फ़ा० दिही)* रिश्वत देने का काम।

रिश्वत सतानी स्त्री० *(अ० रिश्वत+फ़ा० सतानी)* रिश्वत खाना।

रिश्वती पु० *(अ०)* रिश्वतखोर।

रिसालत स्त्री० *(अ०)* रसूल होने का भाव; पैगम्बरी।
परचना- ***रिसालत-पनाह-*** *मुहम्मद साहब का एक नाम।*

रिसालदार पु० *(फ़ा० रिसालःदार)* घुड़सवार सेना का एक अफ़सर।

रिसालत स्त्री० *(अ०)* सन्देश; खबर; दूतकर्म; पैगम्बरी।

रिसालत पनाह वि० *(अ० रिसालत+फ़ा० पनाह)* रसूल; पैगम्बर; ईशदूत।

रिसाला पु० *(अ० रिसालः)* घुड़सवारों की सेना; सामरिक पत्रिका; पत्र।

रिहल स्त्री० *(अ० रिहिल)* काठ की वह चौकी जिस पर पुस्तक रखकर पढ़ते हैं।

रिहलत स्त्री० *(अ०)* प्रस्थान; रवानगी; मृत्यु।

रिहा वि० *(फ़ा०,अ० रिहाई)* बन्धन या बाधा से मुक्ति।

रिहाइश स्त्री० *(फ़ा०)* निवास-स्थान; रहन-सहन।

रिहाई स्त्री० *(फ़ा०)* छुटकारा; मुक्ति।

रीक़ पु० *(अ०)* थूक; मुखस्राव।

रीख़ स्त्री० *(फ़ा०)* पक्षियों की बीट; पतला पाखाना।

रीचार पु० *(फ़ा०)* अचार; मुरब्बा।

रीबा पु० *(अ० रीबः)* सन्देह में डालने वाली वस्तु; आरोप; लांछन।

रीम स्त्री० *(फ़ा०)* मवाद; पीब।

रीमगीं वि० *(फ़ा०)* पीब से भरा हुआ।

रीमिया स्त्री० *(अ०)* एक विद्या जिसके द्वारा मनुष्य जहाँ चाहे क्षण भर में पहुँच सकता है।

रीमिया दाँ वि० *(अ० रीमिया+फ़ा० दाँ)* रीमिया की विद्या जानने वाला।

रीवास पु० *(फ़ा०)* एक खट्टा-मीठा मेवा।

रीश स्त्री० *(फ़ा०)* ठोढ़ी पर के बाल।

रीशपुबाद पु० *(फ़ा०)* अहंकार; अभिमान।

रीशबाबा पु० *(फ़ा०)* अंगूर की एक किस्म।

रीशरबन्द पु० *(फ़ा०)* तीन प्रकार के हास्यों में से एक; परिहास या मुस्कुराहट के समय की हँसी।

रीशेक़ाज़ी स्त्री० *(अ० रीशे+फ़ा० क़ाज़ी)* भंग या शराब आदि छानने का कपड़ा।

रीह स्त्री० *(अ०)* वायु; हवा; अपान वायु; शरीर के अन्दर की वायु।

रुकूअ पु० *(अ०)* नम्रतापूर्वक झुकना; नमाज़ में घुटनों पर हाथ रखकर झुकना; कुरान का एक प्रकरण।

रुक़्क़ा पु० *(अ० रुक़अः बहु० रुक्क़आत)* छोटा पत्र या चिट्ठी; पुरजा।

रुक्न पु० *(अ०, बहु० अरकान)* खम्भा; प्रधान कार्यकर्ता (जैसे- रुक्ने-सलतनत) साम्राज्य के प्रधान कार्यकर्ता या स्तम्भ।

रुक्ने आज़म पु० *(अ०)* सबसे बड़ा खम्भा, जिस पर इमारत का बोझ अधिक रहता है; ख़ास सदस्य।

रुक्ने मजलिस पु० *(अ० मज्लिस)* किसी सभा या संस्था का सदस्य।

रुक्ने रकीन पु० *(अ०)* मुख्य सदस्य।

रुक्ने सल्तनत पु० *(अ०)* राष्ट्र का प्रमुख अधिकारी।

रुक्बा पु० *(अ०)* जानु; घुटना।

रुख़ पु० *(फ़ा०)* कपोल; गाल; मुख; आकृति।

रुख़दार पु० *(फ़ा०)* बाजार भाव।

रुख़सत स्त्री० *(अ० रुख़्सत)* रवानगी; प्रस्थान; विदा।

रुख़सताना पु० *(अ० रुख़सत+फ़ा० आना)* विदाई के समय दिया जाने वाला धन।

रुख़सती स्त्री० *(अ० रुख़्सत)* विदाई।

रुख़सार पु० *(फ़ा० रुख़्सार)* कपोल; गाल।

रुख़सारा पु० *(फ़ा० रुख़सारः)* कपोल या गाल का ऊपरी भाग।

रुख़ाम पु० *(फ़ा०)* संगमरमर।

रुजू वि० *(अ० रुजूअ)* जिसका मन किसी ओर लगा हो। स्त्री० अनुरक्ति; लौटना; पुनर्विचार।

रुजूआत स्त्री० *(अ०)* प्रवृत्ति।

रुजूलियत स्त्री० *(अ०)* विषय या सम्भोग शक्ति; पुंसत्व।

रुझान पु० *(अ०)* झुकाव; रुचि।

रुतबा पु० *(अ० रुतबः)* ओहदा; पद; इज्जत।

रुबा प्रत्य० *(फ़ा०)* ले भागने वाला; उड़ा ले जाने वाला; जैसे- 'दिलरुबा' अर्थात् दिल उड़ा ले जाने वाला, अर्थात् माशूक।

रुबाई स्त्री० *(अ०)* चार चरणों का पद्य।

रुब्ब पु० *(अ०)* पकाकर गाढ़ा किया हुआ रस।

रुश्द पु० *(अ०)* गुरु की शिक्षा और दीक्षा; पीर की हिदायत।

रुसवा वि० *(फ़ा० रुस्वा)* अपमानित; बदनाम।

रुसवाई स्त्री० *(फ़ा० रुस्वाई)* अप्रतिष्ठा; बदनामी।

रुसूख़ पु० *(अ०, भाव० रसूवियत)* दृढ़ता; विश्वास।

रुसूल पु० *(अ०)* खुदा की तरफ से पैगाम लाने वाला; पैगम्बर।

रुस्त स्त्री० *(फ़ा०)* जो उगे; जहाँ कोई चीज़ उगे।

रुस्तम पु० *(फ़ा०)* फ़ारस का एक प्रसिद्ध पहलवान; महान् वीर।

पदरचना- ***छिपा रुस्तम-*** *ज़ो देखने में सीधा-सादा हो, पर वास्तव में बहुत वीर हो।*

रुस्तमी स्त्री० *(फ़ा० रुस्तम)* बहादुरी; वीरता; जबरदस्ती।

रुस्तमे ज़माँ पु० *(फ़ा० रुस्तम+अ० जमाँ)* अपने समय का सबसे बड़ा योद्धा।

रुस्तमे हिन्द पु० *(फ़ा०)* भारत का श्रेष्ठ पहलवान।

रू पु० *(फ़ा०)* मुख; चेहरा। स्त्री० कारण; आशा।

रूईदगी स्त्री० *(फ़ा०)* वनस्पति।

रूए स्त्री० *(अ०)* आकृति; कारण।

रूए ज़मीं स्त्री० *(फ़ा०)* धरातल; पृथ्वी की सतह।

रूए दाद स्त्री० *(फ़ा०)* वृत्तान्त; कथा; कार्यवाही।

रूए सुख़न पु० *(फ़ा०)* बात का लक्ष्य; जिसे लक्ष्य करके बात की जाये।

रूओ रिआयत स्त्री० *(फ़ा० रुओ+अ० रिआयत)* शील; संकोच।

रूकश वि० *(फ़ा०, भाव० रूकशी)* प्रतिद्वन्द्वी; लज्जित।

रूगरदाँ वी० *(फ़ा०)* पीछे की तरफ मुड़ा या उलटा हुआ।

रूद पु० *(फ़ा०)* नदी; नाला; साज का तार; सुन्दर युवक; गीत; आनन्द; पंखनुचा पक्षी।

रूदबार पु० *(फ़ा०)* बड़ा और चौड़ा जल-डमरू मध्य; बड़ी झील; जलपूर्ण देश।

रूदाद स्त्री० *(फ़ा० रुएदाद)* समाचार; वृत्तान्त; दशा; अदालत की कार्रवाई।

रूदादे ग़म स्त्री० *(फ़ा० रूदादे+अ० ग़म)* प्रेम व्यथा का वृत्तान्त; प्रेम की कहानी।

रूनास स्त्री० *(फ़ा०)* मजीठ की लकड़ी जो दवा और रंग बनाने के काम आती है।

रूनुमा वि० *(फ़ा०)* मुँह दिखाने वाला।

रूनुमाई स्त्री० *(फ़ा०)* मुँह दिखलाने की क्रिया; मुँह दिखायी।

रूपाक पु० *(फ़ा०)* रूमाल; मुँह पोंछने का कपड़ा।

रूपोश वि० *(फ़ा०, भाव० रूपोशी)* जिसने अपना मुँह छिपा लिया हो; भागा हुआ।

रूपोशी स्त्री० *(फ़ा०)* मुँह छिपाने का भाव।

रूब आस्माँ पु० *(फ़ा०)* आकाश की ओर मुँह उठाये हुए।

रूबन्द पु० *(फ़ा०)* मुँह ढकने का वस्त्र; घूँघट; बुर्का।

रूबकार पु० *(फ़ा०)* अदालत का हुक्म; आज्ञापत्र।

रूबकारी स्त्री० *(फ़ा०)* मुकदमे की पेशी; सुनवाई।

रूबराह वि० *(फ़ा०)* प्रस्तुत; तैयार; दुरुस्त या ठीक किया हुआ।

रू-ब-रू क्रि०वि० *(फ़ा०)* सम्मुख; आमने-सामने।

रूबाहबाज़ी स्त्री० *(फ़ा०)* धूर्तता; चालाकी।

रूम पु० *(फ़ा०)* तुर्की देश का एक नाम।

रूमानी वि *(अ०)* रोमांटिक।

रूमाल पु० *(फ़ा०)* कपड़े का वह चौकोर टुकड़ा जिससे हाथ-मुँह पोंछते हैं; चौकोना शाल या दुपट्टा।

रूमी वि० *(फ़ा०)* रूम देश सम्बन्धी। पु० रूम देश का वासी।

रू-रिआयत स्त्री० *(फ़ा० रू+ अ० रिआयत)* पक्षपात और तरफदारी।

रू-शनास वि० *(फ़ा०, भाव० रू-शनासी)* जान-पहचान का।

रू-सफ़ेद वि० *(फ़ा०)* यशस्वी; कीर्तिशाली।

रू-सियाह वि० *(फ़ा० भाव० रूसियाही)* काले मुँह वाला; पापी; अपराधी; अपमानित; जलील।

रूसी वि० *(फ़ा०)* रूस देश का; रूस देश का सम्बन्धी; रूस देश में उत्पन्न।

रूह स्त्री० *(अ०)* प्राणवायु।

रूह अफ़ज़ा वि० *(अ०)* चिन्त को प्रसन्न करने वाला।

रूह परवर वि० *(अ० रूह+फ़ा० परवर)* प्राणों का पालने और उनकी रक्षा करने वाला।

रूहानियाँ पु० *(अ० रूहानी+फ़ा० याँ)* देवतागण; फरिश्ते।

रूहानियात स्त्री० *(अ० रूहानी+फ़ा० यात)* अध्यात्मवाद।

रूहानी वि० *(अ०)* रूह या आत्मा-सम्बन्धी।

रूहे तबई स्त्री० *(अ०)* प्राणवायु का वह अंश जो यकृत में रहकर खाद्य-पदार्थों को पचाता और शरीर के सारे अंगों को गिजा तक पहुँचाता है।

रूहे तूतिया स्त्री० *(अ० रूह+फ़ा० तूतिया)* एक धातु; जस्ता।

रूहे नफ़्सानी स्त्री० *(अ०)* प्राणवायु का वह अंश जो मस्तिष्क में रहता है, इन्द्रियों का संचालन करता है तथा उन्हें शक्ति प्रदान करता है।

रूहे नवाती स्त्री० *(अ०)* वनस्पति के अन्दर संचार करने वाला प्राणवायु या उसकी जीवनीशक्ति।

रूहे रवाँ स्त्री० *(अ० रूह+फ़ा० रवाँ)* प्राणवायु; वह रूह जो रगों में संचरित रहती है।

रूहे हैवानी स्त्री० *(अ०)* वह प्राणवायु जो शिराओं के द्वारा सारे शरीर में संचार करता है और यकृत में जाकर अन्न पचाता तथा बाँटता एवं मस्तिष्क में जाकर इन्द्रियों को शक्ति देता है और सारे अंगों को जीवन प्रदान करता है, उन्हें पालता एवं विकसित करता है तथा उनकी शक्ति को बढ़ाता है।

रेख़्ता वि० *(फ़ा० रेख़्तः)* गिरा या टपका हुआ; बिना बनावट के स्वयं जबान से निकला हुआ; दिल्ली

की ठेठ उर्दू भाषा; अरबी-फ़ारसी मिश्रित हिन्दी कविता।

रेख़्ती स्त्री० *(फ़ा०)* स्त्रियों की बोली में की गयी कविता।

रेग स्त्री० *(फ़ा०)* रेत।

रेगज़ार पु० *(फ़ा०)* मरुस्थल; रेगिस्तान।

रेगदान पु० *(फ़ा०)* रेत रखने का पात्र, जो स्याही सुखाने के काम आता है।

रेगबूम स्त्री० *(फ़ा०)* रेगिस्तान; जिसमें कुछ भी पैदा न हो।

रेगमाल पु० *(फ़ा०)* सरेस काग़ज।

रेगमाही स्त्री० *(फ़ा०)* साँडे या गोह की तरह एक छोटा जानवर, जो प्रायः रेगिस्तान में रहता है।

रेगिस्तान पु० *(फ़ा०)* बालू का मैदान; मरुदेश।

रेगिस्तानी वि० *(फ़ा०)* रेगिस्तान का निवासी; रेगिस्तान में उत्पन्न होने वाला।

रेगे रवाँ वि० *(फ़ा०)* उड़ने वाला। पु० उड़ता हुआ बालू या रेत।

रेज़ स्त्री० *(फ़ा०)* पक्षियों का चहचहाना; कलरव; गिराना; बहाना। वि० गिराने या बहाने वाला।

रेज़गी/रेज़गारी स्त्री० *(फ़ा०)* छोटे सिक्के।

रेज़ा पु० *(फ़ा० रेज़ः)* बहुत छोटा टुकड़ा; सूक्ष्म।

रेज़ाकार वि० *(फ़ा० रेज़ःकार)* बहुत महीन काम करने वाला।

रेज़ाख़्वाँ वि० *(फ़ा० रेज़ःख़्वाँ)* गाने वाला; गायक।

रेज़ाचीं वि० *(फ़ा० रेज़ःची)* गिरी पड़ी चीजें बीनने वाला; विद्या आदि का लाभ प्राप्त करने वाला।

रेज़िश स्त्री० *(फ़ा०)* सरदी; जुकाम; नजला।

रेवन्द पु० *(फ़ा०)* हिमालय पर मिलने वाला एक पहाड़ी पेड़ जिसकी जड़ और लकड़ी रेवन्दचीनी के नाम से बिकती और औषध के काम आती है।

रेवन्द ख़ताई स्त्री० *(फ़ा०)* जिगर के लिए एक औषधि।

रेव पु० *(फ़ा०)* छल; कपट; फरेब।

रेव फ़न वि० *(फ़ा०)* जो छल में बहुत निपुण हो।

रेश पु० *(फ़ा०)* जख़्म; घाव।

रेशम पु० *(फ़ा०)* 'अबरेशम' का संक्षिप्त रूप; एक प्रकार का महीन चमकीला और मजबूत तन्तु जिसे कोश में रहने वाले एक प्रकार के कीड़े तैयार करते हैं।

रेशमी पु० *(फ़ा० रेशःदार)* रेशम का बना हुआ।

रेशा पु० *(फ़ा० रेशः)* तन्तु या महीन सूत जो पौधों की छाल आदि से निकलता है।

रेहन पु० *(फ़ा० रह्न)* महाजन से कर्ज लेकर अपनी जायदाद इस शर्त पर रखना कि जब रुपया अदा हो जायेगा तब माल या जायदाद वापस कर देगा; बन्धक; गिरवी।

रेहनदार पु० *(फ़ा० रह्नदार)* वह जिसके पास कोई सम्पत्ति बन्धक रखी हो।

रेहननामा पु० *(अ० रह्न+फ़ा० नामः)* वह काग़ज जिस पर रेहन की शर्तें लिखी हों।

रेहान पु० *(अ०)* तुलसी की तरह एक सुगन्धित पौधा; एक प्रकार की सुगन्धित घास; एक प्रकार की अरबी लेख-प्रणाली।

रैआन पु० *(अ०)* अनुष्ठान; उठान; यौवनारम्भ।

रैआने जवानी पु० *(अ० रैआन+फ़ा० जवानी)* जवानी की शुरुआत।

रैब पु० *(अ०)* सन्देह; आशंका; दुर्घटना।

रैबुल मनून पु० *(अ०)* सांसारिक दुर्घटनाएँ।

रैहान पु० *(अ०)* एक सुगन्धित घास।

रैहाना स्त्री० *(अ० रैहानः)* सुगन्धित घास बोने की भूमि।

रैहानी वि० *(अ०)* जिसमें रैहान की सुगन्ध हो।

रोई वि० *(फ़ा०)* काँसे का बना हुआ।

रोईतन वि० *(फ़ा०)* जिसका शरीर धातु की तरह मजबूत हो; लौहपुरुष।

रोईदा वि० *(फ़ा० रोईदः)* उगा हुआ; अंकुरित।

रोईदगी स्त्री० *(फ़ा०)* उत्पत्ति; उगने की क्रिया।

रोईदनी वि० *(फ़ा०)* उगने योग्य; अंकुरित होने योग्य।

रो वि० *(फ़ा०)* उगने वाला। जैसे- खुद-रो- स्वयं उगने वाला।

रोग़न पु० *(फ़ा० रौग़न)* तेल; चिकनाई; वह पतला लेप जिसे किसी वस्तु पर पोतने से चमक आये; पालिश; वारनिश।

रोग़नी वि० *(फ़ा० रौग़नी)* रोग़न किया हुआ।

रोग़ने-काज़ पु० *(फ़ा०)* राजहंस की चरबी जो बहुत चिकनी और चमकीली होती है।

मुहा० ***रोग़ने काज़ मलना-*** *चिकनी-चुपड़ी बातें करना या खुशामद करना; अपने अनुकूल बनाना।*

रोग़ने-ज़र्द पु० *(फ़ा०)* घी; घृत।

रोग़ने-तल्ख़ पु० *(फ़ा०)* सरसो का तेल; कड़ुआ तेल।

रोगने-सियाह पु० *(फ़ा०)* तेल।

रोज़ पु० *(फ़ा०)* दिन; दिवस।

पदरचना- ***रोज़े-हिसाब-*** *हिसाब का दिन; प्रलय का दिन।* ***रोज़ो शब-*** *दिन और रात।*

रोज़-अफ़ज़ूँ वि० *(फ़ा०)* नित्य बढ़ने वाला।

रोज़गार पु० *(फ़ा०)* जीविका या धन कमाने के लिए हाथ में लिया गया काम; व्यवसाय; पेशा; व्यापार।

रोज़गारी पु० *(फ़ा०)* व्यवसायी; व्यापारी।

रोज़नामचा पु० *(फ़ा० रोजनामचः)* वह किताब जिस पर प्रतिदिन का किया हुआ कार्य लिखा जाता है; डायरी।

रोज़-ब-रोज़ क्रि०वि० *(फ़ा० रोजमर्रः)* नित्य के व्यवहार में आने वाली भाषा।

रोज़ा पु० *(फ़ा० रोजः)* व्रत-उपवास; वह उपवास जो मुसलमान रमजान के महीने में करते हैं।

मुहा० ***रोज़ा-अफ़्तार करना-*** *रोज़ा खोलना।* ***रोज़ा खाना-*** *नियत रोज़ों में कोई न रखना।* ***रोज़ा खोलना-*** *दिनभर के व्रत के बाद सन्ध्या को कुछ खाना।* ***रोज़ा टूटना-*** *व्रत खण्डित होना।*

रोज़ा कुशाई स्त्री० *(फ़ा०)* दिन भर रोज़ा रखने के बाद कुछ खाकर रोज़ा खोलना या तोड़ना।

रोज़ाख़ोर पु० *(फ़ा०)* वह जो रोज़ा न रखता हो।

रोज़ादार पु० *(फ़ा०)* वह जो रोज़ा रखता हो; उपवास करने वाला।

रोज़ाना क्रि०वि० *(फ़ा० रोज़ानः)* नित्य; प्रतिदिन।

रोज़ी स्त्री० *(फ़ा०)* नित्य का भोजन; जीवन-निर्वाह का अवलम्ब; जीविका।

पदरचना- ***रोज़ीदार-*** *रोज़ी में लगा हुआ।* ***रोज़ी बिगाड़-*** *लगी रोज़ी बिगाड़ने वाला।* ***रोज़ी-रोटी-*** *आजीविका।*

रोज़ीना पु० *(फ़ा० रोज़ीनः)* एक दिन की मज़दूरी; मासिक वेतन या वृत्ति आदि।

रोज़ीनादार वि० *(फ़ा०, भाव० रोज़ीनादारी)* वृत्ति आदि पाने वाला।

रोज़ीरसाँ पु० *(फ़ा०)* रोजी पहुँचाने वाला; जीविका की व्यवस्था करने वाला; ईश्वर।

रोज़े क़ियामत पु० *(फ़ा० रोज़ा+ अ० क़ियामत)* कयामत का दिन, जब अच्छे व बुरे कर्मों का हिसाब किताब होगा।

रोज़े जंग पु० *(फ़ा०)* युद्ध का दिन।

रोज़े-जज़ा पु० *(फ़ा० रोज़े+ अ० जज़ा)* कयामत का दिन जब जीवों को उनके शुभ-अशुभ कर्मो का फल मिलेगा।

रोज़े पर्सी पु० *(फ़ा०)* मरने का दिन।

रोज़े बद पु० *(फ़ा०)* मनहूस और अशुभ दिन।

रोज़े-रौशन पु० *(फ़ा०)* प्रातःकाल; सबेरा; दिन का समय।

रोज़े-सियह पु० *(फ़ा०)* विपत्ति या दुर्भाग्य का दिन।

रोदा पु० *(फ़ा०)* धनुष की डोर; प्रत्यंचा; सूक्ष्म ताँत।

रोब पु० *(अ० रुअब)* बड़प्पन की धाक; आतंक; दबदबा।

मुहा० ***रोब जमाना-*** *आतंक उत्पन्न करना।* ***रोब में आना-*** *आतंक के कारण कोई ऐसी बात कर जाना जो न की जाती हो।*

रोबकार पु० *(फ़ा०)* सरकारी काग़ज़; आदेश-पत्र।

रोबकारी स्त्री० *(फ़ा०)* कार्रवाई; मुकदमे आदि की पेशी।

रोब-दाब पु० *(अ०)* आतंक और त्रास।

रोबदार वि० *(अ० रोब+ फ़ा० दार)* रोब वाला; प्रभावशाली।

रोबाह स्त्री० *(फ़ा०)* लोमड़ी।

रोबाह ख़स्लत वि० *(फ़ा० रोबाह+ अ० ख़स्लत)* मक्कार; छली; धूर्त।

रोबाह मिज़ाज़ वि० *(फ़ा० रोबाह+ अ० मिज़ाज़)* जिसकी प्रकृति में छल और धूर्तता हो।

रोबीला वि० *(अ०)* रोबदार।

रोयात स्त्री० *(अ० रुयत)* देखना; दर्शन।

रोयते हिलाल स्त्री० *(अ० रुयते हिलाल)* नवचन्द्र दर्शन; नया चाँद देखना।

रोया पु० *(अ०)* स्वप्न।

रोशन वि० *(फ़ा०)* जलता हुआ; प्रकाशित; चमकदार; प्रसिद्धि; प्रकट।

रोशन-ख़याल वि० *(फ़ा० रोशन+ अ० ख़याल)* ऊँचे विचार वाला।

रोशन-चौकी स्त्री० *(फ़ा० रोशन+हि० चौकी)* शहनाई।

रोशन-ज़मीर वि० *(फ़ा० रोशन+अ० ज़मीर)* बुद्धिमान; समझदार।

रोशनदान पु० *(फ़ा०)* प्रकाश आने का छिद्र; गवाक्ष।

रोशन-दिमाग़ पु० *(फ़ा०)* वह जिसका दिमाग़ बहुत अच्छा और ऊँचा हो।

रोशनाई स्त्री० *(फ़ा०)* लिखने की स्याही; रोशनी।

रोशनी स्त्री० *(फ़ा०)* उजाला; दीपक; दीपमाला का प्रकाश।

रौंस स्त्री० *(फ़ा०)* गति; चाल; रंग-ढंग।

रौ[1] स्त्री० *(फ़ा०)* गति; चाल; प्रवाह; झोंका; किसी बात की धुन।

रौ[2] वि० *(फ़ा०)* चलने वाला।

रौअत स्त्री० *(अ०)* भय; त्रास; डर।

रौग़न पु० *(फ़ा०)* सूराख; छोटी खिड़की; झरोखा।

रौग़न गर वि० *(अ० रौग़न+फ़ा० गर)* तेल पेरने वाला; तेली।

रौग़न ज़बानी स्त्री० *(अ० रौग़न+फ़ा० ज़बानी)* चाटुकारिता; खुशामद; वाचालता।

रौग़न जोश वि० *(अ० रौग़न+फ़ा० ज़ोश)* एक प्रकार का पका हुआ गोश्त।

रौग़न दाग़ वि० *(अ० रौग़न+फ़ा० दाग़)* घी से छौंका हुआ।

रौग़न फ़रोश पु० *(अ० रौग़न+फ़ा० फ़रोश)* तेल बेचने वाला।

रौग़नी वि० *(फ़ा०)* तेल में बना हुआ।

रौग़ने क़ाज़ पु० *(अ० रौग़ने+फ़ा० क़ाज़)* चापलूसी।

रौग़ने कुंजद पु० *(अ० रौग़ने+फ़ा० कुंजद)* तिल का तेल।

रौग़ने गाव पु० *(अ० रौग़ने+फ़ा० गाव)* गाय का घी।

रौग़ने ज़र्द पु० *(अ० रौग़ने+फ़ा० ज़र्द)* घी; घृत।

रौग़ने तल्ख़ पु० *(अ० रौग़ने+फ़ा० तल्ख़)* सरसो का तेल; कड़वा तेल।

रौग़ने शीरीं पु० *(अ० रौग़ने+फ़ा० शीरीं)* तिल का तेल।

रौग़ने सर्शफ़ पु० *(अ० रौगने+फ़ा० सर्शफ़)* सरसो का तेल।

रौग़ने सियाह पु० *(अ० रौग़ने+फ़ा० सियाह)* सरसो का तेल।

रौज़ा पु० *(अ० रौज़ः)* वाटिका; बाग; किसी बड़े महात्मा या व्यक्ति की कब्र; मकबरा।

रौज़ाख्वाँ पु० *(अ० रौज़ा+फ़ा० ख्वाँ)* मरसिया पढ़ने वाला; किसी मकबरे पर नियमित रूप से दुआ पढ़ने वाला।

रौज़ए जन्नत पु० *(अ०)* स्वर्ग की वाटिका; जन्नत का बाग।

रौज़ए मुबारक पु० *(अ०)* पवित्र रोज़ा।

रौज़ए रयाहीन पु० *(अ०)* स्वर्ग; जन्नत।

रौज़ए रिज़वाँ पु० *(अ०)* स्वर्ग; जन्नत।

रौज़न पु० *(अ०)* छिद्र; छेद; विवर; सूराख।

रौज़ने दर पु० *(अ० रौज़ने+फ़ा० दर)* दीवार का छेद।

रौज़ात पु० *(रौजा का बहु०)* उद्यान समूह।

रौज़े-रिज़वाँ पु० *(अ०)* स्वर्ग की वाटिका।

रौनक स्त्री० *(अ०)* वर्ण और आकृति; रूप; चमक-दमक; शोभा; छटा; सुहावनापन।

रौनक़-अफ़ज़ा वि० *(अ० रौनक़+फ़ा० अफ़ज़ा)* रौनक या शोभा बढ़ाने वाला।

रौनक़-अफ़रोज़ वि० *(अ० रौनक़+फ़ा० अफ़्रोज़)* किसी स्थान पर उपस्थित होकर वहाँ की शोभा बढ़ाने वाला।

रौनक़दार वि० *(अ० रौनक़+फ़ा० दार)* रौनक या शोभा वाला; सुन्दर और सजा हुआ।

रौनक़े ख़ाना स्त्री० *(फ़ा०)* घर की रौनक़; गृहदीप्ति; पत्नी; भार्या; बीबी।

रौनक़े चेहरा स्त्री० *(फ़ा० रौनक़े चेहरः)* चेहरे की शोभा; मुखकान्ति।

रौनक़े बज़्म/महफ़िल स्त्री० *(फ़ा०)* सभा की रौनक; सभा का भूषण।

रौशन वि० *(अ०)* दीप्त; प्रकाशित; उज्ज्वल; स्पष्ट; चमकदार; ज्योतिर्मय।

रौशन गुहर वि० *(फ़ा०)* कुलीन; उच्च वंश।

रौशन जबीं वि० *(फ़ा०)* चमकदार माथे वाला।

रौशन ज़मीर वि० *(अ० रौशन+फ़ा० ज़मीर)* दूसरों के हृदय की बात जानना।

रौशन तब्अ वि० *(अ०)* तीव्र बुद्धि।

रौशनतर वि० *(अ० रौशन+फ़ा० तर)* बहुत अधिक चमकदार।

रौशनदान पु० *(फ़ा०)* घर में प्रकाश आने के लिए छोटी खिड़की।

रौशन दिमाग़ वि० *(अ०)* तीक्ष्ण बुद्धि।

रौशन दिमाग़ी स्त्री० *(अ०)* बुद्धि की तेजी; प्रतिभा।

रौशन निगाह वि० *(अ० रौशन+फ़ा० निगाह)* तेज़ निगाह; दूरदर्शी।

रौशन राए वि० *(अ०)* जिसकी सलाह बहुत अच्छी हो; जो कूटनीति में निपुण हो।

रौशन सवाद वि० *(अ०)* जो अच्छी तरह लिख-पढ़ सके; शिक्षित।

रौशनाई स्त्री० *(फ़ा०)* उजाला; प्रकाश; आँख की तेज़ी; स्याही; मसि।

रौशनी स्त्री० *(फ़ा०)* प्रकाश; नूर; आभा; चमक।

रौह स्त्री० *(अ०)* सुगन्ध; खुशबू; ताज़गी; सुख; आरम्भ।

रौहात स्त्री० *(अ० रौह का बहु०)* सुख-चैन; ठण्ढी हवाएँ; सुगन्धियाँ।

ल

लंग वि० *(फ़ा०)* जिसका पैर टूटा हो; लँगड़ा।

लंगर पु० *(फ़ा०)* लोहे का एक प्रकार का बड़ा काँटा, जिसकी सहायता से जहाज़ या नाव को जल में एक स्थान पर स्थिर रखते हैं; कोई लटकने या हिलने वाली भारी चीज़; बड़ा रस्सा या लोहे की भारी जंजीर; पहलवानों का लँगोट; कपड़े की कच्ची सिलाई या दूर पड़े हुए बड़े टाँके; वह स्थान जहाँ दरिद्रों को भोजन बँटता है।
मुहा० ***लंगर उठाना-*** *रुके हुए जहाज़ का रवाना होना।* ***लंगर करना-*** *जहाज़ का ठहरना।* ***लंगर डालना-*** *जहाज़ का लंगर समुद्र में फेंकना; जहाज़ खड़ा करना।* ***लंगर बाँधना-*** *पहलवानी करना; ब्रह्मचर्य धारण करना; लड़ने को प्रस्तुत करना।*

लंगर अन्दाख़्ता वि० *(फ़ा० लंगर अन्दाख्तः)* ठहरा हुआ; एक स्थान पर रुका हुआ।

लंगर अन्दाज़ वि० *(फ़ा०)* समुद्र में ठहरा हुआ जहाज़।

लंगर अन्दाज़ी स्त्री० *(फ़ा०)* लंगर द्वारा समुद्र में जहाज़ का ठहरना।

लंगर ख़ाना पु० *(फ़ा० लंगर ख़ानः)* वह स्थान जहाँ गरीबों को प्रतिदिन खाना बाँटा जाता है।

लंगरगाह स्त्री० *(फ़ा०)* वह स्थान जहाँ जहाज़ लंगर डाल कर खड़े किये जाते हैं।

लंगरी पु० *(फ़ा०)* लंगर से सम्बन्धित; एक प्रकार का बड़ा प्याला; बड़ी थाली; परात।

लंगिन्द वि० *(फ़ा०)* लँगड़ा कर चलने वाला।

लंगीदा वि० *(फ़ा० लंगीदः)* लँगड़ा कर चला हुआ।

लंगेपा पु० *(फ़ा०)* पाँव का लँगड़ापन।

लंज पु० *(फ़ा०)* इठलाते हुए चलना।

लन्तरानी स्त्री० *(अ०)* बहुत बढ़-बढ़ कर की जाने वाली बातें; शेखी; डींग।

लअन-तअन स्त्री० *(अ०)* गालियाँ और ताने; अपशब्द और व्यंग्य।

लअब पु० *(अ०)* खेल।

लअल अव्य० *(अ०)* शायद; कदाचित्।

लअस पु० *(अ०)* होठों की लालिमा।

लआली पु० *(अ० लूलू का बहु०)* मुक्तावली; बहुत से मोती।

लअ्आब वि० *(अ०)* बाज़ीगर; मदारी।

लइब पु० *(अ०)* खेल; क्रीड़ा; खेल-कूद।

लईक़ वि० *(अ०)* योग्य; काबिल; शिष्ट; तमीजदार।

लईन वि० *(अ०)* जिस पर लानत भेजी जाये; जिसे शाप दिया जाये या दुर्वचन कहा जाये।

लईम वि० *(अ०)* वह कंजूस जो न तो खाये, न ही दूसरे को खिलाये।

लईमुत्तअ वि० *(अ०)* जिसकी प्रकृति बहुत कंजूसी की हो।

लऊक पु० *(अ०)* चाटकर खायी जाने वाली औषध; अवलेह; चटनी।

लउम्रक अव्य० *(अ० लिउम्रिक)* शपथ का एक ढंग; तुम्हारे प्राणों की शपथ।

लक[1] पु० *(अ०)* कूटना; चूरा करना; मारना-पीटना।

लक[2] पु० *(फ़ा०)* मूर्ख; बेवकूफ; लाख; एक प्रसिद्ध गोंद।

लक़[3] पु० *(अ०)* सफाचट बालों वाला।

लक़त वि० *(अ०)* भूमि पर पड़ी हुई वस्तु; बीती हुई; चुनी हुई।

लकद[1] स्त्री० *(फ़ा०)* लात; दुलत्ती।

लकद[2] पु० *(अ०)* मैल जमना।

लकद कोब वि० *(फ़ा०)* दुलत्ती मारने वाला।

लक़दक़ पु० *(फ़ा०)* चटियल मैदान; वीरान-बंजर; वह मैदान जहाँ पेड़-पौधे और घास न हो। वि० साफ़-सुथरा; उज्ज्वल; स्वच्छ; चिकना।

लकन पु० *(अ०)* हकलाकर बात करना।

लक़फ़ पु० *(अ०)* दीवार का गिरना।

लक़ब पु० *(अ०)* उपनाम; उपाधि; खिताब।

लक़म पु० *(अ०)* मार्ग का बीच।

लक़लक़ पु० *(अ०)* सारस पक्षी; धनेस। वि० बहुत दुबला-पतला; क्षीण।

लक़लक़ा पु० *(अ० लक़लक़ः)* सारस की बोली; साँपों आदि के बार-बार जीभ हिलाने की क्रिया; उच्चाकांक्षा; प्रभाव दबदबा; रोब।

लक़स पु० *(अ०)* हृदय की व्याकुलता और घबराहट; नाश; तबाही।

लक़ह पु० *(अ०)* गर्भवती होना।

लक़ा पु० *(अ० लक़अ)* चेहरा; आकृति; शक्ल।

पदरचना- *माहे लक़ा-* *जिसका मुख चन्द्रमा के समान हो; एक प्रकार का कबूतर जिसकी दुम मोर की दुम की तरह होती है।*

लक्क़ व दक्क़ वि० *(अ०)* उजाड़; सुनसान; जिसमें बहुत आडम्बर और शान-शौकत हो।

लकिन वि० *(अ०)* हकलाकर बोलने वाला।

लक़िस वि० *(अ०)* आपस में फूट डालने वाला।

लक़ीता वि० *(अ० लक़ीतः)* वह बच्चा जो रास्ते में पड़ा मिले और जिसे पाला जाये।

लक़्अ[1] पु० *(अ०)* आँख झपकना; पलक झपकाना।

लक़्अ[2] पु० *(अ०)* शरीर पर मैल जमना; साँप का डँसना; पशु-शावक का दूध पीते समय थनों को हिलाना।

लक्ज़ पु० *(अ०)* छाती पर लात मारना।

लक़्त पु० *(अ०)* गिरी हुई वस्तु को उठाना।

लक़्न पु० *(अ०)* ताड़ना; जाँचना-परखना।

लक्म[1] पु० *(अ०)* घूँसा मारना; घूँसेबाजी करना।

लक़्म[2] पु० *(अ०)* मार्ग बन्द कर देना।

लक्लक पु० *(अ०)* एक जलीय पक्षी जो साँप और मछली खाता है।

लक़्लक़ा पु० *(अ०)* लकलक पक्षी की जोरदार आवाज।

लकवा पु० *(अ० लक्वः)* पक्षाघात; जिसमें मुँह एक ओर को फिर जाता है; फ़ालिज।

लकवाज़द वि० *(अ० लक्वः+फ़ा० ज़द)* जिसे पक्षाघात हो गया हो।

लकीर स्त्री० *(फ़ा०)* कागज़ स्लेट आदि पर खींचा हुआ लम्बा निशान।

मुहा० *लकीर का फ़क़ीर-* *पुरानी रीतियों पर आँख मूँद कर चलने वाला।* ***लकीर पर चलना-*** *पुराने तरीके पर चलना।* ***लकीर पीटना-*** *पुरानी प्रथाओं पर चलना; पछताना।*

लक्का पु० *(फ़ा० लक़ा)* चील; गिद्ध; एक कबूतर जिसकी पूँछ पंखे की तरह और ऊपर उठी हुई होती है तथा गरदन पीछे को झुकी होती है।

लक्का कबूतर पु० *(फ़ा०)* नाच की एक मुद्रा जिसमें नर्तक कमर के बल झुककर सिर को जमीन के समीप तक ले जाता है।

लख़न पु० *(अ०)* मैला होना।

लख़्वा पु० *(फ़ा० लख़्वः)* स्फुलिंग; चिनगारी; अंगार; अंगारा; ज्वाला।

लख़्त पु० *(फ़ा०)* टुकड़ा; खण्ड।

पदरचना- *लख़्ते जिगर या लख़्ते दिल-* *सन्तान; औलाद।* ***यक लख़्त-*** *एकदम से; बिलकुल।*

लख़्ते वि० *(फ़ा०)* थोड़ा-सा; ज़रा-सा; तनिक-सा।

लख़्ते जिगर पु० *(फ़ा०)* जिगर का टुकड़ा (पुत्र के लिए कहते हैं)।

लख़्ते दर पु० *(फ़ा०)* दरवाज़े के किवाड़ या पल्ले।

लख़्शाँ वि० *(फ़ा०)* फिसलता हुआ; वह वस्तु जिस पर पाँव फिसले।

लख़्शिन्दा वि० *(फ़ा०)* फिसलने वाला।

लख़्शीदा वि० *(फ़ा०)* फिसला हुआ।

लख़लख़ा पु० *(फ़ा० लखलख़ः)* कोई सुगन्धित द्रव्य जिसका व्यवहार मूर्च्छा दूर करने के लिए होता है।

लग़ज़िश स्त्री० *(फ़ा०)* फिसलने या रपटने की क्रिया; भूल; गलती; जबान का लड़खड़ाना।

लग़ात पु० *(अ०)* कोलाहल; शोर; आवाज़; पुकार।

लगन[1] पु० *(फ़ा०)* ताँबे की एक प्रकार की बड़ी थाली या परात।

लगन[2] पु० *(फ़ा०)* व्याह की एक रीति जिसमें विवाह के पूर्व वर के यहाँ मिठाइयाँ भेजी जाती हैं।

लगलग वि० *(फ़ा०)* अत्यन्त सुकुमार।

लगाम स्त्री० *(फ़ा०)* लोहे का वह ढाँचा जो घोड़े के मुँह में लगाया जाता है; नियन्त्रण में रखने वाली चीज।

मुहा० ***लगाम कड़ी करना-*** *नियन्त्रण करना।* ***लगाम ढीली करना-*** *नियन्त्रण छोड़ देना।* ***लगाम लिये फिरना-*** *पीछा करना।* ***लगाम हाथ में लेना-*** *संचालन-सूत्र हाथ में लेना।*

लगामी स्त्री० *(फ़ा० लगाम+हि० 'ई' प्रत्य०)* घोड़े, बैल आदि पशुओं के मुँह पर बाँधी जाने वाली जाली।

लग़ायत क्रि०वि० *(अ०)* साथ में लिये हुए; पर्यन्त।

लग़ी वि० *(अ० लग्व)* व्यर्थ की या वाहियात बात।

लगूना पु० *(फ़ा० लगून:)* मुखचूर्ण।

लग़्ज़िश स्त्री० *(फ़ा०)* फिसलन; लड़खड़ाहट।

लग़्ज़िशे-पा स्त्री० *(फ़ा०)* पाँव फिसलना; डगमगा जाना।

लग़्ज़िशे बेजा स्त्री० *(फ़ा०)* अनुचित भूल या गलती।

लग़्जीदा वि० *(फ़ा० लग़्ज़ीदः)* फिसला हुआ; रपटा हुआ।

लग़्म पु० *(अ०)* किसी को ऐसी बात बताना, जिसका उसे विश्वास न हो।

लग़्व वि० *(अ०)* अनर्थ; असत्य; झूठ; फ़िज़ूल।

लग़्वकार वि० *(अ० लग्व+फ़ा० कार)* अनर्थकारी; बिना परिणाम के काम करने वाला।

लग़्वकारी स्त्री० *(अ० लग्व+फ़ा० कारी)* व्यर्थ के कार्य करना।

लग़्वगो वि० *(अ० लग्व+फ़ा० गो)* बकवासी; मिथ्यावादी।

लग़्वियत स्त्री० *(अ०)* असत्यता; झूठापन।

लग़्वियत पसन्द वि० *(अ० लग़्वियत+फ़ा० पसन्द)* जिसे व्यर्थ की बातें पसन्द हों।

लग़्वियात स्त्री० *(अ०)* व्यर्थ की; वाहियात या झूठी बातें।

लचक पु० *(तु०)* कामदार ओढ़नी या रूमाल।

लजन पु० *(अ०)* बहुत-से व्यक्तियों का पानी भरने के लिए कूएँ पर इकट्ठा होना; किसी कार्य के लिए बहुत-से लोगों का एकत्र होना।

लज़न स्त्री० *(फ़ा०)* कीचड़।

लजफ़ पु० *(अ०)* कूएँ के पास का गड्ढा जिसमें पशु पानी पीते हैं।

लज़ा स्त्री० *(अ०)* नरक; दोज़ख; भड़काने वाली आग।

लज़ाइज़ पु० *(अ० लज्जत का बहु०)* मज़े; स्वादें।

लज़ाइज़े दुनियावी पु० *(अ०)* सांसारिक सुख।

लज़ाइज़े नफ़्सानी पु० *(अ०)* ऐन्द्रिय सुख; भोग-विलास।

लज़ाइज़े रूहानी पु० *(अ०)* आत्मा को सुख देने वाले स्वाद; जप-तप आदि से प्राप्त सुख; मानसिक सुख।

लजाज पु० *(अ०)* युद्ध; लड़ाई; जंग; समर।

लजाजत स्त्री० *(अ०)* लड़ाई-झगड़ा; अत्युक्ति।

लजाजत आमेज़ वि० *(अ० लजाजत+फ़ा० आमेज़)* गिड़गिडाहट और खुशामद के साथ।

लज़िज़ वि० *(अ०)* चिपकने वाली वस्तु।

लज़िब वि० *(अ०)* चिपकने वाला।

लज़ीज वि० *(अ०)* जिसमें लज्ज़त हो; बढ़िया स्वादवाला; स्वादिष्ट।

लजूज वि० *(अ०)* युद्ध करने वाला।

लज़ूअ पु० *(अ०)* जलन; ईर्ष्या; डाह।

लज़ूम पु० *(अ०)* आवश्यक होना।

लज्ज पु० *(अ०)* चिपकना; फिसलना।

लज़्ज़त स्त्री० *(अ०)* स्वाद; जायका; आनन्द।

लज़्ज़त आमेज़ वि० *(अ० लज़्ज़त+फ़ा० आमेज़)* जिसमें स्वाद हो।

लज़्ज़त आशना वि० *(अ० लज़्ज़त+फ़ा० आश्ना)* जो किसी पदार्थ के स्वाद से परिचित हो।

लज़्ज़त चश वि० *(अ० लज़्ज़त+फ़ा० चश)* स्वाद चखने वाला; आनन्द लेने वाला।

लज़्ज़त चशी स्त्री० *(अ० लज़्ज़त+फ़ा० चशी)* स्वाद चखना; आनन्द लेना।

लज़्ज़ते तक़रीर स्त्री० *(अ०)* बातचीत की मधुरता।

लज़्ज़ाअ वि० *(अ०)* जलन या डाह या ईर्ष्या पैदा करने वाला।

लज़्लाज़ वि० *(अ०)* जो हकला कर बात करे।

लत्त पु० *(अ०)* चिमकना; किसी का हक न देना; कोई काम लगातार करना।

लत पु० *(फ़ा०)* लात; पाँव; उदर; पेट; टुकड़ा; खण्ड; अलसी के तार का कपड़ा; बुरी आदत।

लतत पु० *(अ०)* दाँत गिरना; दाँतों का इतना घिस जाना कि केवल उसकी जड़ें रह जायें।

लतफ़ पु० *(अ० लुत्फ़)* उपकार करना; भलाई करना; दान; बख़्शीश; पुरस्कार।

लतयात पु० *(अ० 'लत्त' का बहु०)* तमाचे; थप्पड़।

लतह स्त्री० *(अ०)* भूख; क्षुधा।

लताइफ़ पु० *(अ० लतीफ़ का बहु०)* लतीफ़े; हँसी की बातें।

लताइफ़ुलहियल पु० *(अ०)* ऐसे बहाने जो बनावटी जान पड़ें।

लताइफ़े ग़ैबी पु० *(अ०)* वे दिव्य प्रकाश जो शुद्ध आत्माओं के हृदय पर पड़ें।

लताइफ़ो ज़राइफ़ पु० *(अ०)* हँसाने और दिल बहलाने वाली बातें।

लताफ़त स्त्री० *(अ०)* सूक्ष्मता; कोमलता; उत्तमता।

लताफ़ते क़ल्ब स्त्री० *(अ०)* हृदय की कोमलता व मृदुलता।

लताफ़ते मिज़ाज स्त्री० *(अ०)* स्वभाव की पवित्रता और कोमलता।

लतीफ़ वि० *(अ०)* मजेदार; स्वादिष्ट; अच्छा; कोमल।

पदरचना- *फ़नूने लतीफ़-* *ललित कलाएँ।*

लतीफ़ा पु० *(अ० लतीफ़ः)* चुटकुला।

लतीफ़ागो पु० *(अ० लतीफ़ः+फ़ा० गो)* लतीफ़ा कहने वाला।

लतीफ़ुस्सौत वि० *(अ०)* जिसका स्वर मधुर, कोमल और मृदुल हो।

लतीम वि० *(अ०)* थप्पड़ खाया हुआ।

लतूख़ पु० *(अ०)* मालिश की दवा।

लत्‌अ पु० *(अ०)* चाटना; पीठ पर ठोकर मारना।

लत्ख़ पु० *(अ०)* लिप्त होना; बुराई में डालना।

लत्म[1] पु० *(अ०)* थप्पड़ मारना; चाँटा मारना।

लत्म[2] पु० *(अ०)* छाती पर मारना।

लत्मा पु० *(अ० लत्मः)* थप्पड़; चाँटा; पाद प्रहार।

लत्स पु० *(अ०)* पाँव से खूब मलना।

लत्ह पु० *(अ०)* पीठ थपथपाना; किसी वस्तु को ज़मीन पर पटकना।

लद्‌द पु० *(अ०)* युद्ध करना; लड़ना; शत्रुता करना।

लदद पु० *(अ०)* बहुत अधिक शत्रुता करना।

लदम पु० *(अ० लादिम का बहु०)* वे व्यक्ति जिनसे स्त्रियाँ परदा नहीं करतीं।

लदीग़ वि० *(अ०)* जिसे साँप ने काटा हो।

लदीद पु० *(अ०)* घाटी का किनारा; मुँह और होठों पर बुरकने वाली औषधि।

लदीम पु० *(अ०)* पैबन्द लगा हुआ वस्त्र।

लदुन पु० *(अ०)* हलका भाला; समीप; पास; कोयल; हर वस्तु।

लदुन्नी वि० *(अ०)* बिना साधन व बिना प्रयास के मिली हुई वस्तु।

लदूद वि० *(अ०)* झगड़ालू; फसादी; मुँह पर छिड़कने की दवा।

लद्‌ग़ा पु० *(अ०)* डंक; दंश; डंक मारना।

लद्‌म पु० *(अ०)* धमाका; भारी वस्तु के गिरने का शब्द; कपड़े या जूते में पैबन्द लगाना; स्त्री का किसी के शोक में छाती पीटना।

लनतरानी अव्य० *(अ०)* 'तू मुझे नहीं देख सकता' यह उस आकाशवाणी के शब्द हैं, जब हज़रत मूसा ने ईश्वर का प्रकाश देखने की प्रार्थना की थी, अब इस वाक्य को शेखी बधारने या बड़बोले पन के अर्थ में बोला जाता है।

लफ़ंग पु० *(फ़ा०)* दुश्चरित्र; बदमाश; लफंगा।

लफ़्फ़ पु० *(अ०)* लपेटना; तह करना।

लफ़ीफ़ पु० *(अ०)* लिपटी हुई वस्तु।

लफ़्च पु० *(फ़ा०)* बिना हड्डी का माँस; मोटा होंठ।

लफ़्चन पु० *(फ़ा०)* वह व्यक्ति जिसके होंठ बड़े-बड़े और मोटे हों।

लफ़्ज़ पु० *(अ०)* शब्द।

लफ़्ज़न वि० *(अ०)* शब्दों द्वारा; शब्दों से।

लफ़्ज़न-लफ़्ज़न वि० *(अ०)* एक-एक शब्द करके; अक्षरशः; सारा; सब।

लफ़्ज़ फ़रोश वि० *(अ० लफ़्ज+फ़ा० फ़रोश)* बातूनी; चपल; वाचाल।

लफ़्ज़ी वि० *(अ०)* केवल शब्द से सम्बन्ध रखने वाला; शाब्दिक।

लफ़्ज़े इस्तिलाही पु० *(अ०)* पारिभाषिक शब्द।

लफ़्ज़े बेमानी पु० *(अ० लफ़्ज+फ़ा० बेमानी)* वह शब्द जो निरर्थक हो; अव्यक्त।

लफ़्ज़े मुफ़्रद पु० *(अ०)* वह शब्द जो किसी शब्द से बना न हो, न उससे कोई शब्द बने।

लफ़्ज़े मुरक्कब पु० *(अ०)* वह शब्द जो दो या अधिक शब्दों से मिलकर बना हो; यौगिक।

लफ़्त पु० *(अ०)* घुमाना और फिराना।

लफ़्तरा वि० *(फ़ा०)* अधम; नीच; कमीना।

लफ़्ह पु० *(अ०)* आग; लपट; गरमी से जलना; तलवार मारना।

लफ़्फ़ाज़ वि० *(अ०)* शेखी या डींग हाँकने वाला।

लफ़्फ़ाज़ी स्त्री० *(अ० लफ़्फ़ाज़)* डींग हाँकना।

लब पु० *(फ़ा०)* होंठ; थूक; किनारा; पार्श्व।

लब कुशा वि० *(फ़ा०)* बात करने वाला; बात करता हुआ।

लबकुशाई स्त्री० *(फ़ा०)* बात करने के लिए होंठ खोलना।

लब खुश्क वि० *(फ़ा०)* जिसके होंठ प्यास से सूख गये हों; बहुत प्यासा।

लब गज़िन्दा वि० *(फ़ा० लब गज़ीन्दः)* पछताने वाला; कुपित होने वाला।

लब गज़ीदा वि० *(फ़ा० लब गज़ीदः)* जो पछताया हो; जो कुपित हो।

लब गीर पु० *(फ़ा०)* तम्बाकू पीने का पाइप।

लब चरा पु० *(फ़ा०)* वह मेवा या चना आदि जो मित्र लोग परस्पर बातें करते समय उठा-उठा कर खाते जाते हैं।

लबचश पु० *(फ़ा०)* स्वाद चखना; वह चाशनी जो स्वाद के लिए चखी जाये।

लबज़दा वि० *(फ़ा०)* चुप; मौन; ख़ामोश; बोलने वाला; बातें करने वाला।

लबन पु० *(अ०)* क्षीर; खीर; दूध।

लबबन्द वि० *(फ़ा०)* जिसके होंठ बन्द हों; जो कुछ कह या बोल न सके।

लबरेज़ वि० *(फ़ा०)* ऊपर तक या मुँह तक भरा हुआ; लबालब।

लबरेज़े मय वि० *(फ़ा०)* शराब से भरा हुआ।

लबलबा पु० *(फ़ा० लब्लबः)* पशुओं आदि के पेट के नीचे की एक गाँठ जिसमें से लसदार स्राव निकलता है।

लब-व-लहजा पु० *(फ़ा०)* बोलने का ढंग या प्रकार।

लबाचा पु० *(फ़ा० लबाचः)* कुरते आदि के ऊपर पहनने का वस्त्र।

लबाद पु० *(फ़ा०)* बरसात में पहनने का कोट; बरसाती।

लबादा पु० *(फ़ा० लबादः)* ओढ़ने या पहनने का एक प्रकार का वस्त्र।

लबादापोश वि० *(फ़ा० लबादः पोश)* लबादा पहने हुए।

लबान पु० *(अ०)* वक्षस्थल; छाती; लोहबान।

लबाब वि० *(अ०)* खालिस; बेमेल। पु० सारांश; खुलासा; गूदा; मग्ज।

लबाबत स्त्री० *(अ०)* चतुर होना; बुद्धिमान होना।

लबालब वि० *(फ़ा०)* मुँह तक भरा हुआ।

लबिन स्त्री० *(अ०)* कच्ची ईंट।

लबीक़ वि० *(अ०)* बुद्धिमान; प्रतिभावान; वाचाल।

लबून वि० *(अ०)* दूध देने वाला।

लबूस पु० *(अ०)* कवच; वस्त्र।

लबे खुश्क पु० *(फ़ा०)* सूखे हुए होंठ।

लबेग़ोर वि० *(फ़ा०)* गोर या कब्र के किनारे तक पहुँचा हुआ; मरणासन्न।

लबे जू पु० *(फ़ा०)* नदी का किनारा।

लबे तर पु० *(फ़ा०)* गीले होंठ; पानी पिये हुए होंठ।

लबे नोशी पु० *(फ़ा०)* वे होंठ जिनसे रस टपकता हो।

लबे फ़रियाद पु० *(फ़ा० लबे फ़र्याद)* अत्याचार से दुहाई देने वाले होंठ।

लबे फ़र्श पु० *(फ़ा०)* सभा आदि में बिछे हुए फर्श का किनारा।

लबेदरिया पु० *(फ़ा०)* नदी का किनारा; नदी का तट।

लबेशा पु० *(फ़ा०)* रस्सी का एक फन्दा जो लकड़ी में लगा होता है।

लबो दन्दाँ पु० *(फ़ा०)* योग्यता; काबिलीयत।

लबो लहजा पु० *(फ़ा० लब+अ० लह्जः)* बात करने का ढंग; तरीका।

लब्न पु० *(अ०)* दूध पिलाना; छड़ी से पीटना।

लब्बान वि० *(अ०)* ईंटें पाथने वाला।

लब्स[1] पु० *(अ०)* कपड़े पहनना।

लब्स[2] पु० *(अ०)* देर करना।
लबे शीरीं पु० *(फ़ा०)* मधुर होंठ।
लम्स पु० *(अ०)* स्पर्श; छूना; सहवास।
लम्हा पु० *(अ० लम्हः)* पल; क्षण (बहु० लम्हात)।
लरज़ना अ०क्रि० *(फ़ा० लरजः)* काँपना; थरथराना।
लरज़ाँ वि० *(फ़ा० लज़ी)* काँपता हुआ।
लरज़ा/लरज़िश पु० *(फ़ा० लर्ज़ः)* काँपने या थरथराने की क्रिया; भूकम्प; भूचाल।

पदरचना- ***तपे लरज़ा-*** *जाड़ा देकर आने वाला बुखार।*

लवाज़िम पु० *(अ०)* साथ में रहने वाली आवश्यक सामग्री।
लवानत स्त्री० *(अ०)* गुदा-मैथुन।
लवाश स्त्री० *(तु०)* गेहूँ की पतली रोटी; फुलका; चपाती।
लवास पु० *(अ०)* चखने योग्य।
लवाहिक़ पु० *(अ० लवाहिक़)* सम्बन्धी; रिस्तेदार।
लश्कर पु० *(फ़ा०)* सेना; फ़ौज।

पदरचना- ***लश्कर-कशी-*** *सेना एकत्र करना; सेना के ठहरने की जगह।*

लश्कर गाह स्त्री० *(फ़ा०)* सेना ठहरने की छावनी।
लश्करी वि० *(फ़ा०)* लश्कर या सेना से सम्बन्ध रखने वाला; सैनिक; उर्दू भाषा; जहाज़ के खलासियों की बोली।

पदरचना- ***लश्करी बोली-*** *वह बोली जिसमें अनेक भाषाओं के शब्द मिले हों।*

लस्सान वि० *(अ०)* अच्छा वक्ता; बहुत बोलने वाला।
लसिन वि० *(अ०)* भाषाविद्; भाषा-विज्ञान में निपुण; बहुत शुद्ध और सरल भाषा बोलने वाला।
लहजा पु० *(अ० लह्जः)* बोलने में स्वरों का उतार-चढ़ाव या ढंग; स्वर; शैली।

पदरचना- ***लब-व-लहज़ा-*** *बोलने का ढंग।*

लहद स्त्री० *(अ०)* वह गड्ढा जिसमें लाश गाड़ी जाती है; क़ब्र।
लहन स्त्री० *(अ०)* प्रतिभा; होशियारी; स्वर; आवाज़।
लहम पु० *(अ०)* माँस।
लहमी वि० *(अ०)* गोश्तवाला।
लहास पु० *(अ०)* आपत्ति; कष्ट; मुसीबत।
लहिम वि० *(अ०)* माँस भक्षक।
लहीद वि० *(अ०)* थका हुआ ऊँट।
लहीम वि० *(अ०)* मोटा; स्थूल; माँसल।
लहीस वि० *(अ०)* तंग; संकीर्ण।
ला उपसर्ग *(अ०)* एक अव्यय जो शब्दों के आरम्भ में लगकर निषेध या को अभाव सूचित करता है, जैसे- लाचार- जिसका वश न चले, ला-जवाब- जिसका जोड़ या जवाब न हो।

पदरचना- ***ला-इलाज-*** *जिसका कोई इलाज या प्रतिकार न हो।* ***ला-इल्म-*** *अज्ञान।* ***ला-इल्मी-*** *अज्ञानता।* ***ला-उम्मती-*** *वह जो किसी धर्म को न माने।* ***ला-कलाम-*** *जिसमें कुछ भी कहने-सुनने की शक्ति न रह गयी हो; बिलकुल ठीक; निश्चित।*

लाइक़ वि० *(अ०)* योग्य; विद्वान; पात्र।
लाइजा वि० *(अ० लाइजः)* जलाने वाला।
लाइब वि० *(अ०)* खेलने वाला; खिलाड़ी।
लाइम वि० *(अ०)* भर्त्सना करने वाला।
लाइमा पु० *(अ० लाइमः)* थूहड़ के प्रकार का एक वृक्ष, जिसका दूध बहुत विषैला और घातक होता है।
ला इलाज़ वि० *(अ०)* जिसकी चिकित्सा न हो सके।
लाइल्म वि० *(अ०)* नावाफ़िक; अशिक्षित; अनपढ़।
लाइल्मी स्त्री० *(अ०)* अज्ञानी; जो पढ़ा-लिखा न हो।
लाईदा वि० *(फ़ा०)* डींग मारा हुआ।
लाईदनी वि० *(फ़ा०)* डींग मारने योग्य।
लाउबाली वि० *(अ०)* निश्चिन्त; बेफिक्र; निस्पृह।
लाएह वि० *(अ०)* चमकने वाला; उत्पन्न होने वाला।
लाक पु० *(फ़ा०)* लकड़ी का प्याला।
लाक पुश्त पु० *(फ़ा०)* कच्छप; कछुआ।
लाक़ीस पु० *(अ०)* एक पिशाच जो नमाज़ पढ़ते समय लोगों के हृदय में अनेक प्रकार के विचार उत्पन्न करता है।
लाख़ पु० *(फ़ा०)* स्थान; जगह। जैसे- संगलाख़, देवलाख़।
लाख़िराज़ वि० *(अ०)* जिस पर टैक्स न लगता हो।
लाग़ पु० *(फ़ा०)* परिहास; ठिठोल; मज़ाक।
लाग़र वि० *(फ़ा०)* दुबला-पतला।
लाग़री स्त्री० *(फ़ा०)* दुबलापन; क्षीणता।

लाग़ी वि० *(अ०)* झूठा; शेख़ीबाज़।

लाचार वि० *(अ०)* जिसका कुछ वश न चले; असमर्थ।

लाचारी स्त्री० *(अ०)* असमर्थता; विवशता।

लाचीन पु० *(तु०)* बाजपक्षी; श्येन।

लाज़बान वि० *(अ० ला०+फ़ा० ज़बान)* जो कुछ बोल न सकता हो। स्त्री० गाली।

लाजवर्द वि० *(फ़ा०)* एक प्रकार का कीमती पत्थर।

लाजवर्दी वि० *(फ़ा०)* लाजवर्द का बना हुआ; आसमानी।

लाजवाब वि० *(अ०)* अनुपम; बेजोड़; जो उत्तर न दे सके।

लाज़वाल वि० *(अ०)* सदा एक-सा बना रहने वाला; अमर।

लाज़िम वि० *(अ०)* आवश्यक और उचित।

लाज़िमन क्रि०वि० *(अ०)* निश्चित रूप से।

लाज़िमी वि० *(अ०)* जिसका होना आवश्यक हो; अनिवार्य।

लात पु० *(अ०)* एक मूर्ति जिसे हजरत शुएब के अनुयायियों ने पूजा था।

लातादाद वि० *(अ०)* बेशुमार; अनगिनत।

लातीनी स्त्री० *(अ०)* रूमियों की प्राचीन भाषा; लैटिन।

लातुअद वि० *(अ०)* जो गिना न जा सके; अगणित।

लाद पु० *(फ़ा०)* दीवार की चिनाई का एक रद्दा।

लादवा वि० *(अ०)* जिसकी कोई दवा या इलाज न हो।

लादावा वि० *(अ०)* जिसका स्वत्वाधिकार न रह गया हो।

लादिग़ वि० *(अ०)* डसने वाला; एक पीड़ा जिसमें ऐसा अनुभव होता है कि त्वचा को कोई काट रहा है।

लादिना पु० *(फ़ा० लादिनः)* सन; सन का पेड़।

लादिम वि० *(अ०)* पैबन्द लगाने वाला।

लान पु० *(फ़ा०)* अज़र बेज़ान, सं० आर्याणां बीजानां का एक पहाड़, जहाँ के तुर्क बहुत ही सुन्दर होते हैं।

लानत स्त्री० *(अ०, वि० लानती)* धिक्कार; फटकार। **मुहा०** ***लानत का तौक़ गले में पड़ना***- *बदनाम होना।* ***लानत का मारा***- *घृणित; अभागा।* ***लानत की बौछार***- *अत्यधिक भर्त्सना।* ***लानत बरसना***- *मनहूस होना।*

लानत ज़दा वि० *(अ० लानत+फ़ा० जदः)* जिस पर लानत या फटकार की गयी हो।

लाना पु० *(फ़ा० लानः)* शहद का ऐसा छत्ता जिसमें शहद न हो; घोसला।

लानुसल्लिम अ०क्रि० *(फ़ा०)* मैं नहीं मानता; यह मेरे लिए मान्य नहीं है।

लानती वि० *(अ०)* लानत के योग्य।

लापता वि० *(अ० ला+हि० पता)* खोया हुआ; बिना पते का।

लापरवाह वि० *(अ० ला+फ़ा० परवाह)* बेफ़िक्र; असावधान।

लापरवाही स्त्री० *(अ० ला+फ़ा० परवाही)* बेफिक्री; असावधानी।

लाफ़ स्त्री० *(फ़ा०)* शेख़ी; गप्प।

लाफ़गो वि० *(फ़ा०)* गप्पी; बकवादी।

लाफ़ानी वि० *(अ०)* अनश्वर; अविनाशी; जो कभी नष्ट न हो; शाश्वत।

लाफ़िजा स्त्री० *(अ० लाफ़िज़ः)* नदी; बकरी; चक्की; मुर्गी।

लाफ़ेह वि० *(अ०)* आग; गरमी या लपट से जलने वाला।

लाफ़ो गुज़ाफ़ स्त्री० *(फ़ा०)* खुराफ़ात; बकवास।

लाब पु० *(अ०)* लार टपकना।

ला-बर-ला वि० *(फ़ा०)* परत दर परत।

लाफ़जनी स्त्री० *(फ़ा०)* अपने बारे में शेखी हाँकना।

लाफ़-व-गिज़ाफ़ पु० *(फ़ा०)* गाली गलौज; दुर्वचन।

लाफ़ानी वि० *(अ०)* अनश्वर; अमर; शाश्वत।

लाबत स्त्री० *(अ०)* ज्वालामुखी से निकलने वाला लावा।

लाबा[1] पु० *(फ़ा० लाबः)* चाटुकारिता; खुशामद; छल; कपट; वंचना; फ़रेब।

लाबा[2] पु० *(अ० लाबः)* पहाड़ी व पथरीली भूमि।

लाबाकार वि० *(फ़ा० लाबःकार)* चापलूस; चाटुकार।

लाबिन वि० *(अ०)* दूध पिलाने वाला; दूधवाला।

लाबिस वि० *(अ०)* देर करने वाला; ढील डालने वाला।

लाबुद वि० *(अ०)* जरूरी; आवश्यक; निश्चित।

लाम[1] पु० *(अ० लामः का बहु०)* कवच समूह; एक अक्षर; अलक; जुल्फ।

लाम[2] पु० *(फ़ा०)* ऊन की एक मोटी टोपी, जो प्रायः भिखारी पहनते हैं।

ला मज़हबीयत स्त्री० *(अ०)* नास्तिकता।

ला महाला वि० *(अ० ला महालः)* अन्ततः; आखिकार; विवशतापूर्वक; लाचारी से।

लामान पु० *(फ़ा०)* छल; कपट; कृतघ्नता; गड्ढा; गर्त।

लामिसा स्त्री० *(अ० लामिसः)* स्पर्शशक्ति।

लामुत नाही स्त्री० *(अ०)* जिसका ओर-छोर न हो; अपार; असीम।

लामे वि० *(अ०)* चमकीला; प्रकाशवान।

लामेआ वि० *(अ० लामेअः)* चमकने वाली वस्तु।

ला-मकान वि० *(अ०)* जिसके कोई मकान न हो।

ला-मज़हब वि० *(अ०)* जो धर्म को न मानना हो।

ला-महदूद वि० *(अ०)* असीमित; अपरिमित।

लायक़ वि० *(अ०)* योग्य; काबिल; उपयुक्त।

लायक़न अव्य० *(अ०)* शायद; सम्भवतः।

लायनहेल वि० *(अ०)* जो हल न हो; अत्यन्त जटिल।

लायक़ मन्द वि० *(अ०)* अच्छे गुणों वाला।

लायज़ाल वि० *(अ०)* शाश्वत; स्थायी।

लायमूत वि० *(अ०)* जो कभी न मरे; अमर।

लायाक़िल वि० *(अ०)* जो कुछ न समझता हो; अज्ञानी; अनभिज्ञ।

लायानी वि० *(अ०)* जिसका अर्थ न हो; व्यर्थ।

लायालम वि० *(अ०)* जो कुछ नहीं जानता।

ला-रैब क्रि०वि० *(अ० ला+ रैब)* बिना किसी शक के; निस्सन्देह।

लालंग वि० *(फ़ा०)* बचा हुआ उच्छिष्ट भोजन।

लाल पु० *(फ़ा० लअल)* लाल रंग का प्रसिद्ध रत्न; माणिक।

पदरचना- *लाले-बेबहा- बहुमूल्य रत्न।*

मुहा० ***लाल उगलना-*** *मुँह से बहुत अच्छी बात कहना।*

लालाज़ार पु० *(फ़ा०)* अफ़ीम का खेत।

लालबेग पु० *(फ़ा०)* भंगियों और चमारों के एक पीर का नाम।

लालबेगिया पु० *(फ़ा०)* लाल बेग का अनुयायी।

लाला पु० *(फ़ा० लालः)* पोस्ते का फूल जो लाल होता है।

लालाफ़ाम वि० *(फ़ा०)* लाल रंग का।

लालारुख़ वि० *(फ़ा०)* जिसका मुख लाल हो; बहुत सुन्दर।

ला-बवाली स्त्री० *(अ०)* विचारशीलता का अभाव; अविचार।

लाव-लश्कर पु० *(फ़ा०)* सेना और उसके साथ रहने वाले लोग।

लावल्द वि० *(अ०)* जिसकी कोई औलाद न हो; निःसन्तान।

लावारिस स्त्री० *(अ०)* जिसका कोई वारिस न हो।

लावारिसी स्त्री० *(अ०)* वह सम्पत्ति जिसका वारिस न हो।

लाश स्त्री० *(तु०)* शव।

लाशए बेगोरो कफ़न पु० *(फ़ा०)* ऐसा शव जिसे कफ़न न मिला हो न कब्र मिला हो; लावारिस लाश।

लाशा पु० *(फ़ा०)* अति दुर्बल; क्षीणकाय; मृतदेह।

लास पु० *(फ़ा०)* बहुत ही खराब किस्म का रेशम।

लासानी वि० *(अ०)* जिसका जोड़ न हो; अनुपम।

लासिम वि० *(अ०)* चूमने वाला; चुम्बक; वह व्यक्ति जो अपना मुँह बन्द रखता है; मितभाषी।

लाह पु० *(अ०)* अल्लाह।

लाहक़ वि० *(अ०)* मिला हुआ; सम्बद्ध; आश्रित; निर्भर।

लाहिज़ वि० *(अ०)* कनखियों से देखने वाला।

लाहिजाब वि० *(अ०)* बेपरदा; बिना परदे का।

लाहिब वि० *(अ०)* लपट मारने वाला; धधकने वाला।

लाहिम वि० *(अ०)* गोश्त खिलाने वाला या बेचने वाला।

लाहासिल वि० *(अ०)* जिसमें कुछ हासिल न हो; निरर्थक।

लाहिक़ पु० *(अ०, बहु० लवाहिक)* रिश्तेदार; आश्रित।

लाहिक़ा[1] वि० *(अ० लाहिकः)* संयुक्त; संलग्न।

लाहिक़ा[2] पु० *(अ०)* वह अक्षर या शब्द-विशेष जो किसी शब्द के अन्त में अर्थ-परिवर्तन के लिए लाया जाता है; प्रत्यय।

लाही वि० *(अ०)* अचेत; बेसुध।

लाहूत पु० *(अ०)* संसार।

लाहूता पु० *(अ०)* संसार में रहने वाला प्राणी।

ला-हौल पद *(अ०)* ईश्वर के अलावे कोई शक्ति नहीं।
मुहा० ***लाहौल पढ़ना या भेजना-*** *घृणा आदि रचित करना।*

लिंग पु० *(फ़ा०)* पिण्डली; पूरी टाँग।

लिंग बरा पु० *(फ़ा० लिंगबरः)* एक खाद्य पदार्थ; गेहूँ के आटे की लोई की रस्सी-सी बटकर उसके छोटे-छोटे टुकड़े करके, घी में भूनकर गोश्त में पकाये जाते है।

लिंगा पु० *(फ़ा० लिंगः)* पूरी टाँग; अँगुलियों से पिण्डली (रान) की जड़ तक का अवयव।

लिआन पु० *(अ०)* एक-दूसरे को धिक्कारना।

लिक़ा स्त्री० *(अ०)* दर्शन; दीदार; साक्षात्कार; भेंट; मुलाकात।

लिक़ाह पु० *(अ०)* गर्भ धारण करना।

लिख़ाफ़ पु० *(अ०)* पतले और सफेद पत्थर।

लिग़ाम पु० *(अ०)* पशुओं का मुँह बन्द करने की जाली।

लिताम पु० *(अ०)* एक-दूसरे को तमाचा मारना।

लिदाम पु० *(अ०)* कपड़े में पैबन्द लगाना।

लिफ़ (फ़्फ़) पु० *(अ०)* वह पेड़ जो दूसरे पेड़ में गुँथा हुआ हो।

लिफ़ाअ पु० *(अ०)* चादर।

लिफ़ाफ़ पु० *(अ०)* मुरदे का सबसे ऊपर वाला कपड़ा, जिससे उसे ढका जाता है।

लिफ़्क़ पु० *(अ०)* छोर; किनारा; दरार; दराज़।

लिफ़्त पु० *(अ०)* शलज़म; एक शाक।

लिफ़ाफ़ा पु० *(अ० लिफ़ाफ़ः)* कागज की थैली जिसमें पत्र आदि भेजे जाते हैं; दिखावा; आडम्बर।

लिफ़ाफ़िया वि० *(अ० लिफ़ाफ़ः)* केवल ऊपरी आडम्बर रखने वाला।

लिब (ब्ब) पु० *(अ०)* वह व्यक्ति जो कोई कार्य बराबर करता हो; किसी कार्य-विशेष का पाबन्द।

लिबास पु० *(अ०)* पहनने के कपड़े; वस्त्र; वेश।

लिबासात पु० *(अ०)* चापलूसी; चाटुकारिता।

लिबासे अरूसी पु० *(अ०)* विवाह में दूल्हा और दुल्हन के पहनने के कपड़े।

लिबासे तक़्वा पु० *(अ०)* लज्जा; शर्म; साधुओं के पहनने का वस्त्र।

लिबासे रियाई पु० *(अ०)* धोखा देने वाले वस्त्र।

लिबासे शहख़्वाबी पु० *(अ०)* रात में सोते समय पहनने के वस्त्र; नाइट गाउन।

लिबासी वि० *(अ०)* नकली; भीतरी रूप छिपाने के लिए आवरण रखने वाला।

लिम स्त्री० *(अ०)* कारण। अव्य० क्यों; किसलिए।

लिमा (म्मा) पु० *(अ०)* वे बाल जो कनपटी के नीचे लटक आयें।

लिम्मी वि० *(अ०)* न्याय परिभाषा में एक तर्क।

लियाक़त स्त्री० *(अ०)* कार्य करने की योग्यता; लायक होने का भाव; किसी विषय का अच्छा ज्ञान।

लियाज़ पु० *(अ०)* आश्रय लेना; पनाह खोज़ना।

लियाम पु० *(अ० लईम का बहु०)* मक्खीचूस लोग।

लियामत स्त्री० *(अ०)* भर्त्सना; निन्दा; फटकार।

लियास वि० *(अ०)* अपनी स्त्री की कमाई खाने वाला।

लियाह वि० *(अ०)* सफ़ेद; धवल; श्वेत। स्त्री० जंगली गाय।

लिल्लाह क्रि०वि० *(अ०)* अल्लाह या खुद के नाम पर; ईश्वर के लिए।

लिवा पु० *(अ०)* पताक़ा; ध्वज; झण्डा।

लिवाए हक़्क़ पु० *(अ०)* सत्यता का झण्डा।

लिवाज़ पु० *(अ०)* एक-दूसरे की रक्षा करना।

लिस (स्स) वि० *(अ०)* चोर; तस्कर।

लिसान स्त्री० *(अ०)* जुबान; जिह्वा; जीभ; भाषा; बोली।

लिसानी वि० *(अ०)* भाषा-सम्बन्धी।

लिसानियात स्त्री० *(अ०)* भाषा-विज्ञान; भाषाओं का ज्ञान।

लिसानुल अस्र पु० *(अ०)* अपने समय का अनुभवी।

लिसानुल क़ौम पु० *(अ०)* अपने राष्ट्र का अनुभवी विद्वान्।

लिसानुल गैब पु० *(अ०)* भविष्य की बातें जानने वाला।

लिसामुल महल स्त्री० *(अ०)* एक वनौषधि-बारतंग।

लिस्सा पु० *(अ०)* मसूढ़ा।

लिहा स्त्री० *(अ०)* वल्कल; छाल; बकला।

लिहाज़ पु० *(अ०)* आदर; ख़्याल; शील; मुरव्वत; लज्जा; संकोच।

लीक़ा पु० *(अ० लीक़ः)* दावात में डालने का एक कपड़ा।

लीग वि० *(फ़ा०)* उदास; मलिन; बुज़दिल।

लीन स्त्री० *(अ०)* कोमलता; नरमी; मुलायमपन।

लीना पु० *(अ० लीनः)* खजूर के पेड़ का तना।

लीफ़ा पु० *(अ०)* खजूर का रेशा।

लिहाज़ा क्रि०वि० *(अ०)* अतः; इसलिए।

लिहाफ़ पु० *(अ०)* जाड़े में रात को ओढ़ने का रूईदार ओढ़ना; रज़ाई।

लुंग पु० *(फ़ा०)* जाँघिया; लँगोट।

लुंज पु० *(फ़ा०)* होंठ; अधर; ओष्ठ।

लुंगी स्त्री० *(फ़ा०)* अँगोछे की तरह का एक कपड़ा जो प्रायः कमर में धोती की जगह लपेटा जाता है; तहमद।

लुआब पु० *(अ०)* थूक; लार; लस; लसी; लेप।

लुआबदार वि० *(अ० लुआब+फ़ा० दार)* लसदार; चिपचिपा।

लुक वि० *(तु०)* मोटी, भारी और बेढंगी वस्तु।

लुक़नत स्त्री० *(अ० लुक्नत)* हकलाना।

लुक़मा पु० *(अ० लुक्मः)* एक ग्रास या कौर।

लुक़मान पु० *(अ० लुक़्मान)* एक प्रसिद्ध हकीम और विद्वान् दार्शनिक।

लुग़ज़ स्त्री० *(अ०)* प्रहेलिका; जंगली चूहे का बिल जो बहुत टेढ़ा-मेढ़ा होता है।

लुग़त पु० *(अ०)* शब्द; शब्दकोश; भाषा; जुबान।

लुग़त दाँ वि० *(अ० लुग़त+फ़ा० दाँ)* किसी भाषा-विशेष के बहुत अधिक शब्द जानने वाला।

लुग़त नवीस वि० *(अ० लुग़त+फ़ा० नवीस)* शब्दकोश लिखने वाला।

लुक़ाता वि० *(अ०)* बहुत ही घटिया वस्तु।

लुक्का पु० *(फ़ा० लुक्कः)* धब्बा; दाग़; टुकड़ा; खण्ड।

लुक्कए अब्र पु० *(फ़ा०)* बादलों के टुकड़े।

लुक़्क़ाआ वि० *(अ० लुक़्क़ाअः)* बहुत ही बातूनी; प्रत्युत्पन्न मति।

लुक्नत आमेज़ वि० *(अ० लुक्नत+फ़ा० आमेज़)* हकलाहट के साथ; हकलाते हुए।

लुक़्मा पु० *(अ० लुक़्मः)* ग्रास; निवाला।

लुक़्मए-अजल पु० *(अ०)* मृत्यु के मुँह का निवाला अर्थात् मृत।

लुक़्मए हराम पु० *(अ०)* हराम की कमाई।

लुक़्मए हलाल पु० *(अ०)* मेहनत की कमाई।

लुग़ज़ स्त्री० *(अ०)* प्रहेलिका; जंगली चूहे का बिल जो बहुत टेढ़ा-मेढ़ा होता है।

लुग़त पु० *(अ०)* शब्द; शब्दकोश; भाषा; जुबान।

लुग़त दाँ वि० *(अ० लुग़त+फ़ा० दाँ)* किसी भाषा-विशेष के बहुत अधिक शब्द जानने वाला।

लुग़त नवीस वि० *(अ० लुग़त+फ़ा० नवीस)* शब्दकोश लिखने वाला।

लुग़ात स्त्री० *(अ० लुग़त का बहु०)* शब्दों और उनके अर्थों का संग्रह; शब्दकोश।

लुग़ूब पु० *(अ०)* दुःख; क्लेश; रोग; बीमारी।

लुग्वी वि० *(अ०)* शब्दों का पहला या सामान्य अर्थ।

लुच वि० *(तु०)* नग्न; नंगा; लम्पट; लोफ़र।

लुचन वि० *(तु०)* कुलटा; व्यभिचारिणी; फ़ाहिशा।

लुजज पु० *(अ० लज्जः का बहु०)* गहरी नदियाँ।

लुग्ज़ पु० *(अ०)* पहेली; समस्या।

लुत्फ़ पु० *(अ०)* मज़ा; आनन्द; रोचकता; जायका; स्वाद।

लुत्फ़ी वि० *(अ०)* दत्तक पुत्र।

लुद पु० *(अ० अलद का बहु०)* झगड़ा करने वाले।

लुफ़ाज़ा पु० *(अ० लुफ़ाजः)* मुँह से निकली हुई वस्तु।

लुफ़्फ़ाह स्त्री० *(अ०)* लक्ष्मण बूटी।

लुब पु० *(अ०)* सार; तत्त्व; आत्मा।

लुलूब पु० *(अ०)* एक प्रकार का अवलेह।

लुब्बे-लुआब पु० *(अ०)* सार; भाव; तत्त्व।

लुर वि० *(फ़ा०)* बेवकूफ़; मूर्ख; ईरानी नस्ल की एक पहाड़ी जाति जो उजड्डपन के लिए प्रसिद्ध है।

लुसात पु० *(अ०)* नयी उगी हुई घास।

लुसुन पु० *(अ० लसिन का बहु०)* भाषा-विशेष के विद्वान् लोग; बहुत ही मधुर और अच्छी भाषा बोलने वाले।

लसूक़ पु० *(अ०)* चिपकना।

लुसूस पु० *(अ० लिस का बहु०)* चोर लोग।

लूका[1] पु० *(अ० लूकः)* ताज़ा घी; ताज़ा मक्खन।

लूका[2] पु० *(अ०)* यूनान का एक प्रसिद्ध वैज्ञानिक।

लूख़ पु० *(फ़ा०)* पानी के किनारे उत्पन्न होने वाली एक घास जिससे चटाइयाँ बनती हैं।

लूच वि० *(तु०)* नग्न; नंगा।

लूत[1] वि० *(फ़ा०)* नग्न; नंगा।

लूत[2] पु० *(अ०)* एक पैग़म्बर जो इब्राहिम के भतीजे थे और उनके द्वारा प्रवर्तित सम्प्रदाय। कुरान के अनुसार वे पुरुष-मैथुन के पाप से ईश्वर का कोप भाजन होकर नष्ट हो गये।

लूती पु० *(फ़ा०)* वह जो अस्वाभाविक रूप से मैथुन करे; बालकों के साथ गुदा-मैथुन करने वाला।

लूबा पु० *(अ० लूबः)* पथरीली व पहाड़ी भूमि जहाँ पानी का अभाव हो।

लूलू पु० *(फ़ा०)* बच्चों को डराने के लिए एक जीव का नाम, हौवा; पागल। पु० *(अ०)* मोती।

लूलुएलाला पु० *(अ०)* बहुत बढ़िया और चमकदार मोती।

लूशा पु० *(अ०)* यूनानी वैज्ञानिक।

लेक अव्य० *(फ़ा०)* लेकिन का लघु रूप।

लेकिन योज० *(अ०)* परन्तु; किन्तु; पर।

लेज़म स्त्री० *(फ़ा०)* एक प्रकार की कमान जिसमें लोहे की जंजीर और झाँझें लगी रहती हैं और जिसका उपयोग व्यायाम के लिए होता है।

लेमू पु० *(फ़ा०)* नीबू।

लेस प्रत्य० *(फ़ा०)* चाटने वाला। जैसे- कासःलेस-रिकाबी चाटने वाला।

लेसाँ वि० *(फ़ा०)* चाटता हुआ।

लै पु० *(अ०)* रस्सी आदि बटना; जबान का लड़खड़ाना; जाल में फड़फड़ाना।

लैअ पु० *(अ०)* डरना; भय खाना; जी उचाट होना।

लैत अव्य० *(अ०)* ईश्वर ऐसा करता!

लैतक पु० *(फ़ा०)* दासी पुत्र।

लैतोलअल स्त्री० *(अ०)* टाल-मटोल; बहानाबाज़ी।

लेमू निचोड़ पु० *(फ़ा०)* वह आदमी जो हर एक के साथ खाने में शामिल हो जाये

लैमून वि० *(अ०)* नींबू।

लैमूनी वि० *(अ०)* नींबू- सम्बन्धी।

लैल पु० *(अ०)* रात।

लैलतुल क़द्र स्त्री० *(अ०)* रमज़ान के महीने में एक रात्रि, जिसमें जप-तप करना बहुत अच्छा माना गया है।

लैलतुलबद्र स्त्री० *(अ०)* पूर्णिमा; पूर्णमासी।

लैलतुल बरात स्त्री० *(अ०)* शबे बरात; 'शाबान' मास की चौदहवीं रात।

लैलतुल मेराज स्त्री० *(अ०)* वह रात जिसमें मुसलमानों के अनुसार हज़रत मुहम्मद साहिब आसमान पर गये थे।

लैला स्त्री० *(फ़ा०)* मजनूँ (क़ैस) की प्रेमिका; सुन्दरी; प्रेयसी; श्यामा।

लैस पु० *(अ०)* सिंह; शेर।

लैह पु० *(अ०)* छिप कर सो जाना।

लोक पु० *(फ़ा०)* लद्दू ऊँट जो दुर्बलता और रोग के कारण घिसट-घिसट कर चले। जैसे- बच्चे चलते हैं; दीन; लाचार; असहाय।

लोकाँ वि० *(फ़ा०)* घुटनों के बल चलता हुआ; घुटनों के बल चलने वाला।

लोखन्द पु० *(फ़ा०)* बाढ़ के कारण बना हुआ गड्ढा।

लोत पु० *(फ़ा०)* अच्छे-अच्छे भोजन; बिना दाढ़ी मूँछ का लड़का।

लोत-पोत पु० *(फ़ा०)* अच्छे, स्वादिष्ट भोजन।

लोदी पु० *(फ़ा०)* पठानों की एक जाति।

लोबत स्त्री० *(अ०)* गुड़िया; खिलौना।

लोबत बाज़ पु० *(अ०)* कठपुतलियों का तमाशा करने वाला।

लोबान पु० *(अ०)* एक प्रकार का सुगन्धित गोंद, जो प्रायः जलाने या औषध के काम में आता है।

लोबानी वि० *(अ०)* जिसमें लोबान हो या जिससे लोबान निकले।

लोबानी-ऊद पु० *(अ०)* एक प्रकार का सफेद ऊद।

लोबिया पु० *(फ़ा०)* एक प्रकार का फल जिसकी सब्जी बनती है।

लोर पु० *(फ़ा०)* रूई धुनकने की कमान; वह भूमि जो बाढ़ के पानी से कट जाये; एक नौका विशेष।

लोरा पु० *(फ़ा०)* पतली लपसी; दलिया।

लोरियाँ पु० *(फ़ा० लोरी का बहु०)* कमीने और अधम लोग।

लोरी पु० *(फ़ा०)* एक असभ्य जाति जो नाचने-गाने का पेशा करती है; कंजर।

लोल वि० *(फ़ा०)* चंचल; चपल।

लोला पु० *(फ़ा० लोल:)* भुने हुए अन्न का आटा; सत्तू।
लोली स्त्री० *(फ़ा०)* रण्डी; तवायफ़।
लोश वि० *(फ़ा०)* कीचड़; पंक; बेखबर; कोढ़ी।
लोशाक वि० *(फ़ा०)* कीचड़ मिला हुआ; गँदला।
लोस पु० *(फ़ा०)* चापलूसी; चाटुकारिता।
लोसाना पु० *(फ़ा० लोसान:)* खुशामदी; चाटुकार।
लोहजा पु० *(अ० लोहज:)* नाश्ता; सबेरे का जलपान।
लोहना पु० *(अ० लोहन:)* वह थोड़ा खाना जो मेहमान के सामने रख दिया जाये ताकि खाना तैयार होने तक का समय मिल जाये।
लोहमा पु० *(अ०)* बाज़ के शिकार का गोश्त; कपड़े की चौड़ाई का तार।
लौ पु० *(फ़ा०)* ऊँचाई; पित्त।
लौअ स्त्री० *(अ०)* प्रेम की व्याकुलता और जलन।
लौक पु० *(अ०)* चबाना; खाना।
लौज[1] पु० *(अ०)* बचाव के लिए पनाह ढूँढ़ना; घाटी का किनारा।
लौज़[2] पु० *(अ०)* बादाम; एक प्रकार की मिठाई।
लौज़ई वि० *(अ०)* बुद्धिमान; मेधावी; प्रतिभाशाली।
लौज़ीना पु० *(फ़ा० लौजीन:)* बादाम का हलवा।
लौन पु० *(अ०)* रंग; वर्ण।
लौना पु० *(अ० लौन:)* मुँह पर मलने का पाउडर।
लौने ग़ामिक़ पु० *(अ०)* गहरा रंग।
लौने फ़ातेह पु० *(अ०)* हलका रंग।
लौने मातम पु० *(अ०)* न बहुत हलका न बहुत गहरा।
लौम स्त्री० *(अ०)* कृपणता; कंजूसी।
लौलोराम पु० *(फ़ा०)* एक पुल विशेष।
लौस पु० *(अ०)* मिलावट; मेल; सम्पर्क; सम्बन्ध।
लौमे दुनिया पु० *(अ०)* सांसारिक बन्धन; अनुराग।
लौह स्त्री० *(अ०)* लकड़ी का तख्ता; काठ की तख़्ती जिस पर लिखते हैं; पुस्तक का मुख्य पृष्ठ।
लौहे तिलिस्म स्त्री० *(अ०)* किसी जादू के मकान में रखी हुई वह तख़्ती, जिस पर जादू तोड़ने की विधि लिखी होती है।
लौहे नाख़्वाँदा स्त्री० *(अ०)* ईश्वर प्रदत्त विद्या।
लौहे पेशानी स्त्री० *(अ० लौह+फ़ा० पेशानी)* भाग्य; तकदीर; माथा; ललाट पटल।
लौहे मज़ार स्त्री० *(अ०)* वह पत्थर की तख़्ती जो किसी के मरने की तारीख आदि लिखते हैं।
लौहे महफ़ूज स्त्री० *(अ०)* आसमान पर एक स्थान जहाँ संसार में होने वाली सारी घटनाओं का उल्लेख है और जिसे कोई पढ़ नहीं सकता।
लौहो क़लम पु० *(अ०)* तख़्ती और उस पर लिखने की क़लम, अर्थात् वह तख़्ती जिस पर भविष्य में होने वाली सारी घटनाएँ लिखी हुई हैं और वह लेखनी जिसने यह सब कुछ ईश्वर की आज्ञा से लिखा है।

वइल्ला क्रि०वि० *(अ०)* नहीं तो; वरना।
वईद स्त्री० *(अ०)* बुरा-भला कहना; धमकी।
वक़अत पु० *(अ०)* शक्ति; ताकत; ऊँचाई; महत्त्व।
वक़ार पु० *(अ० वक़्र)* भार; शील; ठाट-बाट; वैभव।
वक़ाए पु० *(अ० वक़ीयअ का बहु०)* घटनाएँ या उनके समाचार।
वक़ाए नवीस वि० *(अ० वक़ाए+फ़ा० नवीस)* इतिहासकार; समाचार लेखक; संवादकार।
वक़ाए नवीसी स्त्री० *(अ० वक़ाए+फ़ा० नवीसी)* इतिहास लिखना; संवाद या समाचार देना।
वक़ाए निगार वि० *(अ० वक़ाए+फ़ा० निगार, भाव० वक़ायानिग़ारी)* समाचार आदि लिखने वाला; संवाददाता।
वक़ाए निगारी स्त्री० *(अ० वक़ाए+फ़ा० निगारी)* इतिहास लिखना; संवाद देना।
वकालत स्त्री० *(अ०)* दूतकर्म; किसी की ओर से उसके अनुकूल बातचीत करना; वकील का पेशा या काम।
वकालतन क्रि०वि० *(अ०)* वकील के द्वारा।
वकालतनामा पु० *(अ० वकालत+फ़ा० नामा)* वह अधिकार-पत्र जिसके द्वारा कोई वकील को मुकदमें में बहस करने के लिए तय करता है।
वकालत पेशा वि० *(अ० वकालत+फ़ा० पेश:)* जो वकालत करता हो।
वक़ाह वि० *(अ०)* निर्लज्ज; बेशर्म; उजड्ड; उदण्ड।
वक़ीद पु० *(अ०)* पतला ईंधन जिससे आग सुलगायी जाती है।

वक़ाहत स्त्री० *(अ०)* निर्लज्जता; बेहयाई; उद्दण्डता।

वक़ीअ वि० *(अ०)* मज़बूत; पक्का।

वकील पु० *(अ०)* दूत; प्रतिनिधि; वह व्यक्ति जो वकालत की परीक्षा पास हो और जो अदालत में वादी या प्रतिवादी की तरफ से बहस करे।

वकीले मुत्लक़ पु० *(अ०)* ऐसा वकील जिसे मुवक्किल के पूरे अधिकार प्राप्त हों।

वकीले सरकार पु० *(अ० वकील+फ़ा० सरकार)* सरकारी मुकदमों की पैरवी करने वाला वकील।

वक़ूअ पु० *(अ०)* घटना; दुर्घटना।

वकूआ पु० *(अ० वुकूअ)* ज्ञान; अक्ल; शऊर।

वक़ूफ़ पु० *(अ०)* जानकारी; बुद्धि; ढंग; सलीका।

वक़ूर वि० *(अ०)* प्रतिष्ठित।

वक़ूल वि० *(अ०)* वह लाचार व्यक्ति जो अपना काम दूसरों पर छोड़ दे।

वक़्त पु० *(अ० औक़ात)* समय; अवसर; फुरसत।

पदरचना- वक़्ते ख़ुश- *अच्छा समय।*

मुहा० *वक़्त आ जाना-* *मौत की घड़ी आ जाना; नियत समय आ जाना।* ***वक़्त गुज़ारना-*** *दिन काटना; समय नष्ट करना।* ***वक़्त तंग होना-*** *समय का प्रतिकूल होना।* ***वक़्त देना-*** *किसी से मिलने का समय देना; किसी की मदद के लिए समय देना।* ***वक़्त पड़ना-*** *मुसीबत आना; कठिनाई में पड़ना।* ***वक़्त पड़ने पर-*** *मौके पर; गाढ़े वक्त पर।* ***वक़्त-बे-वक़्त काम आना-*** *जरूरत के समय काम आना।*

वक़्तन-फ़वक़्तन क्रि०वि० *(अ० वक़्त से)* कभी-कभी; बीच-बीच में; समय-समय पर।

वक़्ता पु० *(अ० औक़ात)* समय; अवसर; फुरसत।

वक़्ती वि० *(अ०)* वक़्त का; सामयिक।

वक़्ते अजल पु० *(अ०)* मरने का समय।

वक़्ते आख़िर पु० *(अ०)* मृत्युकाल।

वक़्ते इआनत पु० *(अ०)* सहायता का अवसर।

वक़्ते एहसान पु० *(अ०)* उपकार का समय या अवसर।

वक़्ते ख़्वाब पु० *(अ० वक़्त+फ़ा० नाजुक)* सावधान व सम्हल कर रहने का समय।

वक़्ते ज़रूरत पु० *(अ०)* आवश्यकता का समय।

वक़्ते नाजुक पु० *(अ० वक़्त+फ़ा० नाजुक)* सावधान व सम्हलकर रहने का समय।

वक़्ते फ़राग़त पु० *(अ०)* छुट्टी का समय; समृद्धि का समय; सहायता का अवसर।

वक़्ते बद पु० *(अ० वक़्त+फ़ा० बद)* आपत्तिकाल; मुसीबत का समय।

वक़्ते मदद पु० *(अ०)* सहायता का अवसर।

वक़्ते मरदानगी पु० *(अ० वक़्त+फ़ा० मर्दानगी)* साहस दिखाने का अवसर।

वक़्ते मुलाक़ात पु० *(अ०)* मिलने का समय।

वक़्ते रवानगी पु० *(अ० वक़्त+फ़ा० रवानगी)* प्रस्थान का समय; रवाना होने का समय।

वक़्फ़[1] पु० *(अ०)* वह सम्पत्ति जो धर्मार्थ दान कर दी गयी हो; किसी के लिए कोई चीज़ छोड़ देना।

वक़्फ़[2] पु० *(अ०)* बरसात में छत आदि का टपकना; किसी चीज़ से पानी टपकना।

वक़्फ़ अलल औलाद पु० *(अ०)* वह सम्पत्ति जो अपनी सन्तान के लिए हो।

वक़्फ़ अल्लाह पु० *(अ०)* वह सम्पत्ति जो धार्मिक कार्यों के लिए दान हो।

वक़्फ़नामा पु० *(अ० वक़्फ़+फ़ा० नामा)* वह पत्र जो कोई सम्पत्ति दान करने के सम्बन्ध में लिख देता है।

वक़्फ़ा पु० *(अ० वक़्फ़ः)* ठहराव; स्थिरता; थोड़ी-सी देर।

वक़्फ़ी वि० *(अ०)* धर्मार्थ दान किया हुआ।

वक़्र पु० *(अ०)* बड़ाई; सम्मान।

मुहा० *वक़्र खोना-* *मान प्रतिष्ठा गँवाना।*

वगरना योज० *(फ़ा० वगरनः)* नहीं तो।

वग़ैरह क्रि०वि० *(अ०)* इत्यादि।

वज़अ स्त्री० *(अ०)* बनावट; सज-धज; रीति; मुजरा।

वजउलक़ल्ब पु० *(अ०)* हृदय की पीड़ा।

वजउल मफ़ासिल पु० *(अ०)* जोड़ों का दर्द; सन्धिवात।

वजउलमेदा पु० *(अ० वजउलमेदः)* उदर पीड़ा।

वजउलवरिक पु० *(अ०)* चूतड़ का दर्द; श्रोणि पीड़ा।

वज़ग़ा पु० *(अ०+)* मेढ़क; छिपकली; गिरगिट।

वजब पु० *(अ०)* बारह अंगुल की माप; बालिश्त।

वजर पु० *(अ०)* भय; त्रास; डर।

वज़न पु० *(अ०)* भार; मान-मर्यादा; गौरव।

वज़न कश पु० *(अ० वज़न+फ़ा० कश)* तौलने वाला।

वज़न कशी स्त्री० *(अ० वज़न+फ़ा० कशी)* तौलाई।

वज़नी वि० *(अ०, वज़न से फ़ा०)* भारी।

वजह स्त्री० *(अ० वज्ह)* कारण; सूरत; तौर-तरीका; आमदनी का साधन या द्वार।

वजह-तस्मियह स्त्री० *(अ०)* नामकरण का कारण।

वजा[1] पु० *(अ० वजअ)* पीड़ा; टीस; दर्द।

वज़ा[2] स्त्री० *(अ० वज़अ)* बनावट; दशा; प्रणाली।

पदरचना- *वज़ादार-* *सुन्दर बनावट वाला; सजधज से युक्त।* ***वज़ादारी-*** *सजावट का उत्तम ढंग; वस्त्र आदि पहनने का सुन्दर ढंग; फैशन।*

वज़ाअत स्त्री० *(अ०)* पवित्रता; सुन्दरता; निर्दोष।

वज़ाइफ पु० *(अ० वजीफ़ः का बहु०)* छात्रवृत्तियाँ।

वज़ारत स्त्री० *(अ० विज़ारत)* वजीर का भाव; वजीर का कार्यालय।

वज़ाहत स्त्री० *(अ०)* खोल कर कहना; विस्तार से बताना।

वज़ीअ वि० *(अ०)* कमीना; नीच।

वज़ीफ़ा पु० *(अ० वज़ीफ़ः)* वृत्ति या आर्थिक सहायता।

वज़ीफ़ा दार वि० *(अ० वजीफः+फ़ा० दार)* वृत्तिधारी।

वज़ीर पु० *(अ०, बहु० वुज़रा)* मन्त्री; अमात्य; शतरंज की एक गोटी।

वज़ीरे-आज़म पु० *(अ०)* देश का प्रधानमन्त्री।

वज़ीरे आबकारी पु० *(अ० वजीर+फ़ा० आबकारी)* आबकारी मन्त्री।

वज़ीरे आबपाशी पु० *(अ० वजीर+फ़ा० पाशी)* सिंचाई मन्त्री।

वज़ीरे आबादकारी पु० *(अ० वज़ीर+फ़ा० आबादकारी)* पुनर्वास मन्त्री।

वज़ीरे आला पु० *(अ०)* मुख्यमन्त्री।

वज़ीरे इंसाफ़ पु० *(अ०)* न्याय मन्त्री।

वज़ीरे इत्तिलाआत पु० *(अ०)* सूचना मन्त्री।

वज़ीरे उमूरे मज़हबी पु० *(अ०)* धर्म-मन्त्री।

वज़ीरे ख़ारिजा पु० *(अ० वजीरे ख़ारिजः)* परराष्ट्रमन्त्री।

वज़ीरे ग़िज़ा पु० *(अ०)* खाद्यमन्त्री।

वज़ीरे जंग पु० *(अ० वज़ीर+फ़ा० जंग)* युद्धमन्त्री।

वज़ीरे ज़िराअत पु० *(अ०)* कृषिमन्त्री।

वज़ीरे तरक़्क़ीयात पु० *(अ०)* विकासमन्त्री।

वज़ीरे तामिरात पु० *(अ०)* निर्माणमन्त्री।

वज़ीरे तालीम पु० *(अ०)* शिक्षामन्त्री।

वज़ीरे तिजारत पु० *(अ०)* व्यापारमन्त्री।

वज़ीरे दाख़िला पु० *(अ० वज़ीर+फ़ा० दाख़िलः)* गृहमन्त्री।

वज़ीरे दिफ़ाअ पु० *(अ०)* रक्षामन्त्री।

वज़ीरे नौआ बादियात पु० *(अ० वज़ीरे+फ़ा० नौआ वादियात)* उप-निवेश मन्त्री।

वज़ीरे बल्दियात पु० *(अ०)* स्थानीय स्वशासन मन्त्री।

बज़ीरे बहालीयात नु० *(अ०)* पुनर्वास मन्त्री।

वज़ीरे मफ़ादे आम्मा पु० *(अ०)* लोकहित मन्त्री।

वज़ीरे माल पु० *(अ०)* अर्थमन्त्री; मालमन्त्री।

वज़ीरे वस्लो रसाइल पु० *(अ०)* यातायात मन्त्री।

वज़ीरे सनअतो हिरफ़त पु० *(अ०)* उद्योग मन्त्री।

वज़ीरे सेहत पु० *(अ०)* स्वास्थ्य मन्त्री।

वज़ीरे हुकूमत पु० *(अ०)* राज्यमन्त्री।

वज़ीरिस्तान पु० *(फ़ा०)* वजीरी कबीले का प्रदेश।

वज़ीरी स्त्री० *(अ० वज़ीर)* वजीर का काम या पद। पु० घोड़े की एक जाति; सरहदी पठानों का एक कबीला।

वजीह वि० *(अ०)* सुन्दर; भव्य आकृति; सम्मानित।

वज़ू पु० *(अ० वुज़ू)* नमाज पढ़ने के पूर्व हाथ-पाँव धोना।

वजूद पु० *(अ० वुजूद)* अस्तित्व; मौजूदगी; सृष्टि।

वजूर पु० *(अ०)* गले के भीतर टपकाने वाली पतली दवा।

वजूहात स्त्री० *(अ० वुजूहात- वजह का बहु०)* वजहें; कारण।

वज्द पु० *(अ०)* आनन्दातिरेक; आत्म-विस्मृति।

मुहा० *वज्द में आना-* *आनन्दतिरेक में घूमने लगना।*

वतन पु० *(अ०)* मातृभूमि; जन्मभूमि।

वतन कुश वि० *(अ० वतन+फ़ा० कुश)* देशद्रोही।

वतन कुशी स्त्री० *(अ० वतन+फ़ा० कुशी)* देशद्रोह।

वतन दोस्त वि० *(अ० वतन+फ़ा० दोस्त)* देशप्रेमी।

वतन दोस्ती स्त्री० *(अ० वतन+फ़ा० दोस्ती)* देश प्रेम।

वतन परस्त वि० *(अ० वतन+फ़ा० परस्त)* देश को मानने वाला; देशभक्त।

वतन परस्ती स्त्री० *(अ० वतन+फ़ा० परस्ती)* देश से अत्यधिक प्रेम।

वतन फ़रोश वि० *(अ० वतन+फ़ा० फ़रोश)* देश को बेच देने वाला गद्दार।

वतन फ़रोशी स्त्री० *(अ० वतन+फ़ा० फ़रोशी)* देश को बेच देना।

वतनी वि० *(अ०)* अपने वतन का; देश भाई।

वतनीयत स्त्री० *(अ०)* देशभक्ति; वतनपरस्ती।

वतने आबाई पु० *(अ०)* बाप-दादाओं का देश।

वतने क़दीम पु० *(अ०)* पूर्वजों का देश।

वतने जदीद पु० *(अ०)* नया देश जहाँ वर्तमान में रहना शुरू किया है।

वतने मालूफ़ पु० *(अ०)* वह देश जिससे प्रेम हो।

वतर पु० *(अ०)* कमान का चिल्ला; बाजे के तार।

वतीरा पु० *(अ० वतीर)* रंग-ढंग; तौर-तरीका।

वदाए जाँ स्त्री० *(अ० वदाए+फ़ा० जाँ)* प्राणों का कूच करना; मरना।

वदाए रूह स्त्री० *(फ़ा०)* आत्मा का गमन; मृत्यु।

वदाद पु० *(अ०)* इच्छा; आकांक्षा; कामना।

वदीद/वदूद वि० *(अ०)* मित्र; सखा।

वदीयत स्त्री० *(अ०)* धरोहर; अमानत।

वफ़ा स्त्री० *(अ०)* वादा पूरा करना; बात निबाहना।

वफ़ा आशना वि० *(अ० वफ़ा+फ़ा० आश्ना)* वफादार।

वफ़ाए अहद स्त्री० *(अ०)* प्रतिज्ञा का पालन।

वफ़ात स्त्री० *(अ०)* मृत्यु।

वफ़ादार वि० *(अ० वफ़ा+फ़ा० दार)* कर्तव्य का पालन करने वाला; विश्वासपात्र।

वफ़ादारी स्त्री० *(अ० वफ़ा+फ़ा० दारी)* स्वामी या मित्र का तन, मन, धन से साथ देना।

वफ़ापरस्त वि० *(अ० वफ़ा+फ़ा० परस्त)* वफ़ादार।

वफ़्द पु० *(अ०)* प्रतिनिधि मण्डल।

वबा स्त्री० *(अ०)* फैलने वाला भयंकर रोग; जैसे- हैजा, चेचक।

वबाल पु० *(अ०)* बोझ; भार; विपत्ति।

वबाले गरदन पु० *(अ० वबाल+फ़ा० गर्दन)* गरदन के लिए बोझ अर्थात् पाप का बोझ।

वबाले जाँ पु० *(अ० वबाल+फ़ा० जाँ)* प्राणों के लिए मुसीबत; जी का जंजाल।

वर प्रत्य० *(फ़ा०)* एक प्रत्यय जो शब्दों के अन्त में लगाकर 'वाला' का अर्थ देता है। जैसे- हुनरवर, जानवर आदि। वि० श्रेष्ठ, बढ़ कर। क्रि०वि० की दृष्टि से। पु० वक्षस्थल; सीना। स्त्री० ताप; गरमी।

वरअ स्त्री० *(अ०)* सदाचार; संयम; इन्द्रिय निग्रह।

वरक़ पु० *(अ०, बहु० औराक़)* पत्र; पुस्तकों का पन्ना; सोने-चाँदी आदि के पतले पत्तर।

वरक़ साज़ वि० *(अ० वरक़+फ़ा० साज़, भाव० वरक़साज़ी)* चाँदी-सोने आदि का बरक बनाने वाला।

वरक़ा पु० *(अ० वर्क़ः)* कागज; पत्र; चिट्ठी।

वरग़लाना सं०क्रि० *(फ़ा० वरग़ला+हि० 'ना' प्रत्य०)* बहकाना; गुमराह करना।

वरक़ी पु० *(अ०)* वरक़ वाला; परतदार।

वरक़ुल ख़याल पु० *(अ०)* भाँग।

वरजिद वि० *(फ़ा०)* स्वीकार करने वाला; अभ्यासी।

वरज़िश वि० *(फ़० वर्ज़िश)* व्यायाम; कसरत।

वरज़िशी वि० *(फ़ा० वर्ज़िशी)* वर्जिश या व्यायाम सम्बन्धी।

वरदी वि० *(अ० वर्दी)* गुलाबी। स्त्री० *(अ०, वर्दी)* वह पहनावा जो किसी विभाग के सब कर्मचारियों के लिए निश्चित होता है।

वरना योज० *(फ़ा० वर्नः)* यदि ऐसा नहीं हुआ तो; नहीं तो।

वरम पु० *(अ०)* शरीर के किसी अंग का सूज जाना।

वरमे जिगर पु० *(अ० वरम+फ़ा० जिगर)* यकृत शोथ; जिगर में सूजन।

वरल पु० *(अ०)* गोह; गोथिका।

वरसा पु० *(अ० वर्सः)* उत्तराधिकार से प्राप्त धन।

वरा वि० *(अ०)* परे; पीछे; आगे; दूर; अलावा। पु० संसार; विश्व।

वरा-ए-नज़र *(अ०)* दृष्टि से दूर।

वराज पु० *(अ०)* सूकर; वाराह।

वरासत स्त्री० *(अ० विरासत)* उत्तराधिकारी होने का भाव।

वरासतन क्रि०वि० *(अ० विरासतन)* उत्तराधिकार के रूप में।

वरासतनामा पु० *(अ० विरासत+फ़ा० नामः)* उत्तराधिकार-पत्र।

वरिक पु० *(अ०)* नितम्ब; चूतड़; कटि भाग।

वरीद वि० *(अ०)* बाग़वान; मालिक; गुलकन्द बनाने वाला।

वर्क़ा स्त्री० *(अ०)* फाख़्ता; पण्डुक पक्षी।

वर्क़ाक पु० *(अ०)* चिड़ीमार; बहेलिया।

वर्ज़िश गाह स्त्री० *(फ़ा०)* व्यायामशाला।

वर्ज़िदा वि० *(फ़ा०)* ग्रहण किया हुआ; कबूल किया हुआ; अभ्यस्त।

वर्द पु० *(अ०)* गुलाब का फूल।

वर्ता पु० *(अ० वर्तः)* भँवर; जलावर्त; जान जोखिम का स्थान; प्राणघातक स्थल।

वर्तए-हलाकत पु० *(अ०)* ऐसा भँवर जिसमें पड़कर मरने से भी छुटकारा न हो सके।

वर्दी वि० *(अ०)* गुलाब के फूल जैसा।

वर्दक पु० *(फ़ा०)* फूस और बाँस की बनी छाजन; छप्पर।

वर्दे मुरब्बा पु० *(अ०)* गुलकन्द; शक्कर और गुलाब के फूलों का समिश्रण।

वरना अव्य० *(फ़ा० वर्नः)* अन्यथा; नहीं तो।

वरीद वि० *(अ०)* माली; गुलाब के फूलों से अरक या गुलकन्द बनाने वाला।

वलद पु० *(अ० वल्द)* पुत्र; बेटा; लड़का।

वलद-उज़्ज़िना वि० *(अ० वल्द उज़्ज़िना)* हराम का पैदा; हरामी; वर्णसंकर; दोगला।

वलद-उल-हलाल वि० *(अ० वल्द उल हलाल)* विवाहित स्त्री से उत्पन्न; औरस।

वलदीयत स्त्री० *(अ० वल्दीयत)* पिता के नाम का परिचय।

वलवला पु० *(अ० वल्वलः)* शोरगुल; उमंग; आवेश।

वलादत स्त्री० *(अ० विलादत)* जन्म; उत्पत्ति।

वली पु० *(अ०)* उत्तराधिकारी; शासक; साधु।

वली-अल्लाह पु० *(अ०)* ईश्वर तक पहुँचा हुआ साधु।

वली-अहद पु० *(अ०)* राज्य का उत्तराधिकारी; युवराज।

वली-नेयत पु० *(अ०)* मालिक।

वलीमा पु० *(अ० वलीमः)* विवाह-सम्बन्धी भोज।

वले योज० *(फ़ा०)* लेकिन; मगर।

वलेक/वलेकिन योज० *(फ़ा०)* लेकिन; परन्तु; पर।

वल्लाह अव्य० *(अ०)* ईश्वर की शपथ है।

वल्लाह-आलम-पद *(अ०)* ईश्वर अच्छी तरह जानता है; ईश्वर जाने, मैं नहीं जानता।

वश प्रत्य० *(फ़ा०)* एक प्रत्यय जो शब्दों के अन्त में लग कर समान या तुल्य का अर्थ देता है।

वसअ/वसअत स्त्री० *(अ० वुसअत)* विस्तार; फैलाव; क्षेत्रफल; रकबा।

वसन पु० *(अ०)* मूर्ति; प्रतिमा।

वसवसा/वसवास पु० *(अ०)* सन्देह; आशंका; डर; भय; आनाकानी।

वसवासी वि० *(अ०)* जो जल्दी कुछ निश्चय न कर सके; शक्की।

वसातत स्त्री० *(अ०)* मध्यस्थता।

वसी वि० *(अ०)* जिसके लिए वसीयत की गयी हो।

वसीअ वि० *(अ०)* विस्तृत; फैला हुआ; चौड़ा-चकला।

वसीक़ वि० *(अ०)* दृढ़; पक्का।

वसीक़ा पु० *(अ० वसीक़ः)* वह धन जो इस उद्देश्य से सरकारी खजाने में जमा किया जाये कि उसका सूद जमा करने वाले के सम्बन्धियों को मिला करे।

वसीक़ादार पु० *(अ० वसीक़ा+फ़ा० दार)* जिसे किसी तरह का वसीक़ा (खर्चा) मिलता हो।

वसीत वि० *(अ०)* जो कुल में उच्च श्रेणी का न हो, किन्तु पद में उच्च श्रेणी का हो।

वसीम वि० *(अ०)* सुन्दर; मनोहर।

वसीयत स्त्री० *(अ०, बहु० वसाया)* अपनी सम्पत्ति के बँटवारे और प्रबन्ध आदि के बारे में की हुई वह अवस्था, जो मरने के समय कोई मनुष्य लिख जाता है।

वसीयत नामा पु० *(अ० वसीयत+फ़ा० नामः)* वह लेख जिसमें व्यक्ति मरने के पूर्व अपनी सम्पत्ति किसी के नाम लिख जाता है।

वसीला पु० *(अ० वसीलः)* सम्बन्ध; आश्रय; जरिया।

वसूक़ पु० *(अ० वुसूक़)* दृढ़ता; विश्वास; अध्यवसाय।

वसूल पु० *(अ० वुसूल)* पहुँचना; प्राप्ति। वि० जो पहुँच या मिल गया हो; प्राप्त।

वसूल-बाक़ी पु० *(अ०)* प्राप्त और प्राप्य धन।

वसूली स्त्री० *(अ०)* जो धन वसूल होने को हो।

वस्क़ पु० *(अ०)* ताक़त; दृढ़ विश्वास।

वस्त पु० *(अ०)* बीच का भाग; मध्य का।

वस्फ़ पु० *(अ०, बहु० औसाफ़)* गुण; विशेषता; खूबी।

वस्मा पु० *(फ़ा० वस्मः)* नील की पत्ती जिसका पहले ख़िज़ाब बनता था।

वस्फ़ी वि० *(अ०)* जिसमें गुण बतलाये गये हों।

वस्या पु० *(अ० वस्यः)* नील के पत्तों का खिजाब जो प्रायः मुसलमान बालों में लगाते हैं; उबटन।

वस्ल पु० *(अ०)* दो चीज़ों का मेल; मृत्यु।

वस्ला पु० *(अ०)* मिलन; जोड़; पैबन्द।

वसिख़ वि० *(अ०)* गन्दा; मैला।

वहक़ पु० *(अ०)* कमन्द; रस्सी।

वहल स्त्री० *(अ०)* कीचड़।

वहदत स्त्री० *(अ०)* एक होने का भाव।

पदरचना- वहदत ख़ाना- *एकान्त वास की जगह।* ***वहदते-वुजूद-*** *सृष्टि के समस्त पदार्थों को ब्रह्म की ही अभिव्यक्ति मानना।* ***वहदत-परस्त-*** *अद्वैत वादी।* ***वहदत-परस्ती-*** *अद्वैतवाद।*

वहदानी वि० *(अ०)* एक से सम्बद्ध; अद्वैतवादी।

वहदानियत/वहदानीयत वि० *(अ०)* अकेला होना; अद्वैत होना।

वहद स्त्री० *(अ० वह्द)* एक होने का भाव।

वहबी वि० *(अ० वह्बी)* दिया हुआ; ईश्वर-प्रदत्त।

वहम पु० *(अ०, वह्म)* भ्रम; व्यर्थ की शंका।

वहमी वि० *(अ०, वह्मी)* वहम करने वाला।

वहल स्त्री० *(अ०)* कीचड़; ध्यान बँटना।

वहश पु० *(अ०, वह्श)* जंगली जानवर।

वहशत पु० *(अ०, वह्शत)* जंगलीपन; भीषणता।

वहशत-अंगेज़ वि० *(अ० वह्शत+ फ़ा० अंगेज़)* भयावह; विकट।

वहशत ज़दा वि० *(अ० वह्शत+फ़ा० ज़दा)* घबराया हुआ।

वहशियाना क्रि०वि० *(अ०, वह्शियानः)* वहशियों की तरह।

वहशी वि० *(अ०, वह्शी)* जंगली; चंचल।

वहाब वि० *(अ०, वह्हाब)* बहुत क्षमा करने वाला। पु० ईश्वर।

वहाबी पु० *(अ०, वह्हाबी)* अब्दुल वहाब नज्दी का चलाया हुआ मुसलमानों का एक सम्प्रदाय; इस सम्प्रदाय का अनुयायी।

वही स्त्री० *(अ०)* ईश्वर की वह आज्ञा जो उसके किसी दूत या पैगम्बर के पास पहुँचे।

वहइ स्त्री० *(अ० वह्इ)* ईश्वर की ओर से आया हुआ पैगम्बर के लिए आदेश।

वहदे लिसानी स्त्री० *(अ०)* भाषा के दृष्टिकोण से एकता; सबकी भाषा एक होना।

वहीद वि० *(अ०)* अनुपम; बेजोड़; निराला।

वा वि० *(फ़ा०)* खुला या फैला हुआ।

वाइज़ पु० *(अ०)* धर्मोपदेश करने वाला; बाज़ पक्षी।

वाइद वि० *(अ०)* वादा करने वाला।

वाई वि० *(अ०)* निरीक्षक; निगहबान।

वाए स्त्री० *(फ़ा०)* हाय; हाय।

वाए क़िस्मत स्त्री० *(अ० वाए+फ़ा० क़िस्मत)* हाय रे भाग्य; हाय रे तकदीर।

वाए बरहाल स्त्री० *(फ़ा०)* हालत पर अफ़सोस।

वाक़ई वि० *(अ० वाक़िई)* सच; वास्तविक। क्रि०वि० सचमुच; यथार्थ में।

वाक़फ़ियत स्त्री० *(अ० वाक़िफ़ियत)* जानकारी; ज्ञान।

वाक़ा वि० *(अ० वाक़िअ)* होने या घटने वाला; स्थित।

वाक़िफ़ वि० *(अ०)* जानने वाला; सब बातों से परिचित।

वाक़िया पु० *(अ० वाक़िअ)* घटना; वृतान्त; समाचार।

वाक़िया-नवीस पु० *(अ० वाक़िया+फ़ा० नवीस)* वह जो घटनाओं आदि के समाचार लिख कर कहीं भेजता हो; संवाददाता।

वाक़िया तलब वि० *(अ० वाकिअः तलब)* जिसका सारा वृत्तान्त जानना आवश्यक हो।

वाक़ियाए हायला पु० *(अ० वाकिअए हायिलः)* बहुत ही प्रचण्ड दुर्घटना।

वाक़ियात पु० *(अ० वाकिअः का बहु०)* दुर्घटनाएँ।

वाक़िआती वि० *(अ०)* घटनाओं से सम्बन्धित।

वाक़िआते हाज़िरा पु० *(अ०)* वर्तमान समय की घटनाएँ।

वाक़िआतो हालात पु० *(अ०)* घटनाएँ और उनका विस्तारपूर्ण वर्णन।

वाक़िफ़ वि० *(अ०)* अभिज्ञ; जानकार; परिचित; अनुभवी।

वाक़िफ़े कार वि० *(अ० वाक़िफ़+फ़ा० कार)* कार्य विशेष का जानकार; अनुभवी।

वाक़िफे हाल वि० *(अ०)* किसी दशा से ठीक-ठीक परिचित।

वाक़िफ़े हालात वि० *(अ०)* सारी घटनाओं और घटना के सारे वृत्तान्त का जानकार।
वाक़ी वि० *(अ०)* निरीक्षक; निगरानी करने वाला।
वाक़े वि० *(अ०)* घटित होने वाला; जो हो चुका हो।
वाख़िन्दा वि० *(फ़ा० वाख़िन्दः)* धुनकने वाला।
वाख़ीदा वि० *(फ़ा०)* धुनका हुआ।
वाख़ुर्दा वि० *(फ़ा० वाखुर्दः)* जिसने मुलाकात की हो।
वाख़्वास्त पु० *(फ़ा०)* हिसाब माँगना।
वागीर पु० *(फ़ा०)* पहलवानों की जोर करने की एक पद्धति, जिसमें वे दोनों हाथ दीवार से टेक कर एक हाथ की ओर छाती पर जोर देते हैं, इस तरह उनकी छाती चौड़ी होती है।
वागुज़श्त वि० *(फ़ा०)* छूटा हुआ।
वाज़[1] पु० *(अ०)* उपदेश; शिक्षा। वि० *(फ़ा०)* स्पष्ट; प्रकट।
वाज़[2] वि० *(फ़ा०)* औंधा; अधोमुख; अशुभ।
वाज़गो वि० *(अ० वाज़+फ़ा० गो)* धर्मोपदेशक।
वाज़िआने क़ानून पु० *(अ०)* विधान बनाने वाले; विधायक गण।
वाज़ा वि० *(अ०)* ज्ञात; विदित।
वाजिद वि० *(अ०)* प्राप्तकर्ता; आविष्कार।
वाज़िब वि० *(अ०)* मुनासिब; ठीक; उचित।
वाजिबात पु० *(अ०)* वाजिब का बहु०।
वाज़िबी वि० *(अ०)* उचित; मुनासिब; जरूरी।
वाजिबुल अदा वि० *(अ०)* जिसको अदा करना जरूरी हो।
वाजिबुल अर्ज़ पु० *(अ०)* शर्तें।
वाजिबुल-क़त्ल वि० *(अ०)* कत्ल करने योग्य।
वाज़ूँ वि० *(अ०)* उल्टा; अधोमुख।
वाज़ेह वि० *(अ०)* स्पष्ट; जाहिर।
वादा पु० *(अ० वअदः)* प्रतिज्ञा; इकरार।
वादा ख़िलाफ़ी स्त्री० *(अ०)* वचन भंग।
वादा फ़रामोश वि० *(अ०)* वादा भूल जाने वाला।
वादिए ऐमन स्त्री० *(अ०)* वह घाटी जहाँ हज़रत मूसा ने ईश्वर का प्रकाश देखा था।
वादी स्त्री० *(अ०)* पहाड़ की घाटी; नदी के किनारे का मैदान।
वादीगर्द वि० *(अ० वादी+फ़ा० गर्द)* घाटियों व जंगलों में मारा-मारा फिरने वाला।
वादी नशीं वि० *(अ० वादी+फ़ा० नशीं)* जंगल में रहने वाला।
वान प्रत्य० *(फ़ा०)* वाला, जैसे- दरवान; दरवान।
वापस वि० *(फ़ा०)* जिधर से आया हो उधर।
वापस आमदा वि० *(फ़ा०)* वापस लौटा हुआ; प्रत्यागत।
वापस दादा वि० *(फ़ा० वापिस दादः)* वापस दिया हुआ; प्रतिदत्त।
वापसीं[1] वि० *(फ़ा०)* अन्तिम; आखिरी।
वापसी[2] स्त्री० *(फ़ा०)* प्रत्यागम; लौटना; प्रतिदान; लौटाना; फेरना; वापस देना।
वाफ़िद पु० *(अ०)* प्रतिनिधि; दूत; पत्रवाहक; नुमाइन्दा।
वाफ़िर वि० *(अ०)* बहुत अधिक।
वाफ़िरे हस्ब वि० *(अ०)* जो व्यक्ति विद्या और दूसरे गुणों से सम्पन्न हो।
वाफ़ी वि० *(अ०)* यथेष्ट; पूरा; सच्चा; निष्ठ।
वाबस्ता वि० *(फ़ा० वाबस्तः)* आबद्ध; बँधा हुआ; सम्बद्ध; सम्बन्धित; संलग्न; आत्मीय; रिश्तेदार।
वाबस्तगाँ पु० *(फ़ा० वाबस्तः का बहु०)* बँधे हुए लोग।
वाबस्तगी स्त्री० *(फ़ा०)* लगाव; सम्बन्ध; प्रेम।
वाम[1] पु० *(फ़ा०)* उधार; वर्ण; रंग।
वाम[2] अव्य० *(फ़ा०)* हा, हाय (दुःख की व्यंजना में प्रयुक्त)।
वामख़्वाह वि० *(फ़ा०)* कर्जदार; कर्ज से दबा हुआ।
वामाँदा वि० *(फ़ा०)* पीछे छूटा हुआ; बचा हुआ; लाचार।
वामिक़ पु० *(अ०)* मित्र; दोस्त; आशिक।
वायदा पु० *(अ०)* वचन।
वाया पु० *(फ़ा०)* मनोकामना; अफ़ीम आदि की रोज़ की मात्रा।
वार पु० *(अ०)* आघात; प्रहार।
वारदात स्त्री० *(अ० वारिदात)* कोई भीषण काण्ड; दुर्घटना; मारपीट; दंगा-फ़साद।
वारदाते क़ल्ब पु० *(अ० वारिदाते क़ल्ब)* मन में आने वाली विचारधाराएँ।

वारफ़्तगी स्त्री० *(फ़ा०)* आपे से बाहर होने की अवस्था; तल्लीनता; रास्ता भूलना।

वारफ़्ता वि० *(फ़ा० वारफ़्तः)* आपे से बाहर; तल्लीन; भटका हुआ; बेसुध।

वारस्तगी स्त्री० *(फ़ा०)* मुक्ति; छुटकारा; स्वच्छन्दता; स्वेच्छाचारिता।

वारस्ता वि० *(फ़ा० वारस्तः बहु० वारस्तगान)* स्वच्छन्द; स्वेच्छाचारी; स्वतन्त्र।

वारिद वि० *(अ०)* आगन्तुक; पु० मेहमान; पत्रवाहक।

वारिस पु० *(अ०, बहु० वारिसान्; वुरसा)* वह व्यक्ति जो किसी के मरने के बाद उसकी सम्पत्ति का अधिकारी बने।

वारिसे तख़्तो ताज़ पु० *(अ०)* युवराज; गद्दी का उत्तराधिकारी।

वाल स्त्री० *(फ़ा०)* एक सिन्नेदार मछली।

वाला[1] वि० *(फ़ा०)* उच्च; श्रेष्ठ जैसे- जनाबे आला।

वाला[2] वि० *(फ़ा० वालः)* एक रेशमी बारीक कपड़ा।

वालाक़द्र वि० *(फ़ा०)* उच्चपदस्थ; माननीय।

वालाजाह वि० *(फ़ा०)* उच्च पद वाला।

वालिए अक़्रब पु० *(अ०)* मंगल ग्रह, जो वृच्छिक राशि का स्वामी है।

वालिए तख़्तो ताज वि० *(अ० वालिए+फ़ा० तख्तो ताज)* युवराज; राज्य का उत्तराधिकारी।

वालिए मुल्क पु० *(अ०)* किसी राष्ट्र का शासक; राजा; बादशाह।

वालिए रियासत पु० *(अ०)* किसी रियासत का मालिक; रईस; राजा।

वालिद पु० *(अ०)* पिता।

पदरचना- *वालिदे माजिद-* *पूज्य पिताजी।*

वालिदा स्त्री० *(अ० वालिदः)* माता; माँ।

वालिदए मोहतरमा स्त्री० *(अ० वालिदए मोहतरमः)* पूज्य माता।

वालिदैन पु० *(अ०)* माता-पिता।

वालिहाना वि० *(अ० वालिह+फ़ा० आना)* प्रेमियों जैसा; प्रेमपूर्वक।

वाली पु० *(अ०)* मालिक; बादशाह; सहायक; संरक्षक।

पदरचना- *वाली-वारिस-* *स्वामी; रक्षक और सहायक।*

वालेह वि० *(अ०)* मुग्ध; आसक्त।

वावैला पु० *(अ०)* विलाप; रोना-पीटना; शोरगुल।

वाशी वि० *(अ०)* झूठा; निन्दक।

वाशुद स्त्री० *(फ़ा०)* प्रफुल्लता; प्रसन्नता।

वाशुदा वि० *(फ़ा०)* विकसित; प्रफुल्ल।

वासिक़ वि० *(अ०)* पक्का; दृढ़।

वासित पु० *(अ०)* मध्य भाग; मध्यस्थ।

वासिफ़ वि० *(अ०)* प्रशंसा करने वाला।

वासिल वि० *(अ०, बहु० वासिलात)* मिलने वाला; वसूल या प्राप्त होने वाला; पहुँचा हुआ।

वासिल-बाक़ी-नवीस पु० *(अ०+फ़ा०)* वह कर्मचारी जो वसूल और बाकी लगान आदि का हिसाब रखता है।

वासिलता स्त्री० *(अ० वासिल का बहु०)* रियासत या जमींदारी आदि की वसूल होने वाली रकमें।

वासोख़्त पु० *(फ़ा०)* घृणा; वह कविता जो प्रेमिका के दुर्व्यवहारों से दुःखी होकर प्रेम आदि की निन्दा के सम्बन्ध में लिखी जाये।

वासोख़्तगी स्त्री० *(फ़ा०)* दिल की जलन; मनस्ताप; कुढ़न।

वासोज़ पु० *(फ़ा०)* जलन; आवेश।

वास्ता पु० *(अ० वासितः)* लगाव; ताल्लुक; सरोकार; पाला।

वास्ते, के- सम्बन्ध बोधक *(अ० वासितः)* के लिए; के निमित्त; के हेतु; के सबब।

वाह विस्मय *(फ़ा०)* प्रशंसासूचक शब्द; आश्चर्य सूचक शब्द; घृणासूचक शब्द; धन्य।

वाहिद वि० *(अ०)* एक; अकेला। पु० ईश्वर।

पदरचना- *वाहिद-शाहिद-* *ईश्वर साक्षी है।*

वाहिदुलऐन वि० *(अ०)* एक आँख वाला; एकाक्ष।

वाहिदिया पु० *(अ०)* मुसलमानों का एक सम्प्रदाय।

वाहिब वि० *(अ०)* दान देने वाली।

वाहियात वि० *(अ० वाही+फ़ा० इयात प्रत्यय)* व्यर्थ; बेकार; बुरा; निरर्थक।

वाहिम वि० *(अ०)* वहम करने वाला; कल्पना करने वाला।

वाहिमा स्त्री० *(अ०)* कल्पना-शक्ति।

वाही वि० *(अ०)* सुस्त; निकम्मा; मूर्ख; आवारा।

वाही-तबाही वि० *(अ०)* बेहूदा; बे-सिर पैर का। स्त्री० अण्ड-बण्ड बातें; गाली-गलौज।

विक़ाअ पु० *(अ०)* युद्ध; सहवास; मैथुन।

विक़ाया पु० *(अ० विकायः)* रक्षा; देखरेख।

विज़ार पु० *(अ०)* बिजूका; भेड़िया।

विज़ारत स्त्री० *(अ०)* मन्त्री का पद; मन्त्रित्व; मन्त्री का काम।

विज़ारत ख़ाना पु० *(अ० विज़ारत+ फ़ा० ख़ानः)* मन्त्रालय; मन्त्री का कार्यालय।

विज़ारते उज़्मा स्त्री० *(अ०)* प्रधान मन्त्री का पद।

विज़ारते खारिजा स्त्री० *(अ० विज़ारते ख़ारिजः)* विदेशी कामों की देख-रेख करने वाली मन्त्रिपरिषद।

विज़ारते दाख़िला स्त्री० *(अ० विज़ारते दाखिलः)* देश के भीतरी विषयों की देख-रेख करने वाला गृह मन्त्रित्व।

विज्द पु० *(अ०)* शक्तिशाली होना।

विज्दान पु० *(अ०)* खोये हुए को पाना; सहृदयता; काव्य रसज्ञता।

विदा स्त्री० *(अ० विदाअ, सं० विदाय)* प्रस्थान; कहीं से चलने की अनुमति।

विदाई वि० *(अ०)* विदा या प्रस्थान-सम्बन्धी।

विफ़ाक़ पु० *(अ०)* मेल; मित्रता; अनुकूलता।

विरासत स्त्री० *(अ०)* उत्तराधिकार।

विरासतन क्रिंवि० *(अ०)* उत्तराधिकार में।

विर्द स्त्री० *(अ०, बहु० औराद)* नित्य का कार्य।

मुहा० ***विर्दे ज़ुबान होना-*** *जबान पर बार-बार आना।*

विला स्त्री० *(अ०)* प्रेम-मुहब्बत; आस्था; भक्ति।

विलादत स्त्री० *(अ०)* उत्पत्ति; जन्म; पैदाइश।

विलायत स्त्री० *(अ०)* पराया देश; दूर का देश; इंगलैण्ड।

विलायती वि० *(अ०)* विलायत का; विदेशी; दूसरे देश में बना हुआ।

विसाल पु० *(अ०)* मिलाप; प्रेमी और प्रेमिका का मिलाप; संयोग; मिलना; मृत्यु।

विसादा पु० *(अ०)* मसनद; बड़ी तकिया।

वीराँ वि० *(फ़ा०)* वीरान; सुनसान।

वीरांगर वि० *(फ़ा०)* वीरान करने वाला; डाकू; लुटेरा।

वीरान वि० *(फ़ा०)* उजड़ा हुआ; जिसमें आबादी न हो; श्रीहीन।

वीराना स्त्री० *(फ़ा० वीरानः)* उजाड़; जंगल।

वीरानी स्त्री० *(फ़ा०)* उजाड़पन।

वुक़ूअ पु० *(अ०)* घटित होना; प्रकट होना; (पक्षी का नीचे उतरना)।

वुक़ूआ पु० *(फ़ा०)* घटना; वारदात; झगड़ा; मारपीट।

वुक़ूफ़ पु० *(अ०)* जानना; ज्ञान; बुद्धि।

वुज़रा पु० *(अ० वज़ीर का बहु०)* वज़ीर लोग; मन्त्रिगण।

वुज़ू पु० *(अ०)* चेहरे को साफ़ करना; नमाज़ के लिए नियमपूर्वक हाथ-पाँव, मुँह को धोना।

वुजूद पु० *(अ०)* अस्तित्व; उपस्थिति; मौजूदगी; देह; जिस्म।

वुरूद पु० *(अ०)* ऊपर से नीचे आना; आगमन।

वुलूअ पु० *(अ०)* लालच; लोभ।

वुलूग़ पु० *(अ०)* कुत्ते का चपड़-चपड़ करने पानी पीना; कुत्ते का पानी में मुँह डालना।

वुलूज पु० *(अ०)* एक चीज का दूसरे में प्रवेश।

वुस्ता पु० *(फ़ा०)* पारसियों के धर्मग्रन्थ 'जेन्द' का भाष्य।

वुसूक़ पु० *(अ०)* दृढ़ता; मजबूती; भरोसा।

वुसूल वि० *(अ०)* प्राप्त। पु० प्राप्ति।

वुसूली स्त्री० *(अ०)* प्राप्ति।

वैल पु० *(अ०)* हाय-हाय; अफ़सोस; आपत्ति; रोना-धोना; दोज़ख (नरक) का एक तल।

पदरचना- ***वैलकश-*** *शत्रुता निबाहने वाला; बदी का बदला देने वाला।*

वैस पु० *(अ०)* धिक्कार; लानत।

वैह पु० *(अ०)* साधु; अहो; खूब।

श

शंग वि० *(फ़ा०)* चपल; चंचल; शोख; लुटेरा; चोर।

शंगर्फ़ पु० *(फ़ा०)* ईगुंर; एक प्रसिद्ध पदार्थ।

शंगरफ़/शंजरफ़ पु० *(फ़ा०)* ईंगुर। वि० शंजरफ़ी।

शंगुल वि० *(फ़ा०)* छली; चालाक।

शअफ़ पु० *(अ०)* प्रेम; स्नेह; अनुराग; मुहब्बत।

शआइर पु० *(अ० शईरः का बहु०)* आराधनाएँ; इबारतें; पशुओं की बलि; कुर्बानियाँ।

शआफ़ पु० *(अ०)* उन्माद; पागलपन।

शआर स्त्री० *(अ०)* रंग-ढंग; तौर-तरीका; आदत; अभ्यास।

शईरा स्त्री० *(अ०)* पशुबलि; कुर्बानी; आराधना; इबादत; आँख की गुहांजनी।

शऊर पु० *(अ०)* काम करने की योग्यता; बुद्धि; काम का ढंग जानने वाला।

शऊर दार वि० *(अ० शऊर+फ़ा० दार, भाव० शऊर दारी)* जिसे बुद्धि हो।

शए जाइद स्त्री० *(अ०)* वह वस्तु जो अधिक हो; जो ज़रूरत से ज़्यादा हो।

शए मक़्फ़ूल स्त्री० *(अ०)* वह वस्तु जो बन्धक या गिरवी हो।

शए मबीआ स्त्री० *(अ०)* बेची हुई वस्तु।

शए लतीफ़ स्त्री० *(अ०)* प्रतिभा; दक्षता; कुशलता

शक[1] पु० *(अ० शक़्क़)* फटना; विदारण; फटा हुआ।

शक[2] पु० *(अ०)* शंका; सन्देह। वि० फटा हुआ; दरार।

शक आफ़रीं वि० *(अ० शक+फ़ा० आफ़्रीं)* शक पैदा करने वाला; शंकाजनक।

शकर स्त्री० *(फ़ा०)* खाँड; शर्करा; चीनी।

शकर कन्द पु० *(फ़ा० शकर+हि० कन्द)* एक प्रकार का मीठा कन्द (जड़)।

शकर ख़न्दा पु० *(अ० शकरख़न्दः)* मीठी हँसी; मुस्कराहट।

शकर ख़श पु० *(फ़ा०)* नमूना; बानगी; निदर्शन।

शकरख़ वि० *(फ़ा०)* मधुर भाषी।

शकरख़ोर पु० *(फ़ा०)* एक प्रकार का पक्षी; वह जो हमेशा अच्छी चीजें खाता हो।

शकर-ख़्वाब पु० *(फ़ा०)* मीठी नींद सोना। स्त्री० शकरख्वाबी- मीठी नींद सोने वाला।

शकर गुफ़्तार वि० *(फ़ा०)* मीठी बातें करने वाला।

शकर-ज़ुबान वि० *(फ़ा०)* मधुर भाषी।

शकरतरी स्त्री० *(फ़ा०)* चीनी; शक्कर।

शकर-पीटन पु० *(फ़ा०)* एक कँटीली झाड़ी।

शकर-फ़रोश वि० *(फ़ा०)* शक्कर विक्रेता; मिष्ट भाषी।

शकर-बादाम पु० *(फ़ा०)* खूबानी।

शकररेज़ पु० *(फ़ा०)* वर-वधू पर न्यौछावर; खुशी का रोना।

शकर-सफ़ेद स्त्री० *(फ़ा०)* पक्की चीनी।

शकर-हर्फ वि० *(फ़ा०)* मिष्ट भाषी।

शकरपारा पु० *(फ़ा० शकर+पारः)* एक प्रकार का फल जो नींबू से कुछ बड़ा होता है; आटे या मैदे का बना हुआ एक पकवान; शकरपारे के आकार की चौकोर सिलाई।

मुहा० शकर से मुँह भरना- *खुशखबरी सुनाने वाले को मिठाई खिलाना।*

शकररेज़ स्त्री० *(फ़ा०)* न्योछावर; वह वस्तु जो व्याह के दिन दुल्हन और दूल्हा के सिर पर से न्योछावर करते हैं।

शकरलंग वि० *(फ़ा०)* हलकी लँगड़ाहट।

शकरंजी स्त्री० *(फ़ा०)* मित्रों से होने वाला मनमुटाव।

शकरलब वि० *(फ़ा०)* मीठी बातें कहने वाला।

शकराना पु० *(फ़ा०)* चीनी मिला हुआ भात।

शकराब स्त्री० *(फ़ा०)* मनोमालिन्य; मनमुटाव।

शकरी स्त्री० *(फ़ा०)* एक प्रकार का मीठा फल (फालसा)।

शकल स्त्री० *(अ० शक्ल)* मुख की बनावट; आकृति; रूप।

शक़िर पु० *(फ़ा०)* जंगली लाले का फूल।

शक़ी वि० *(अ०)* निष्ठुर; निर्दय; भाग्यहीन।

शक़ीक़ा पु० *(अ०)* कनपटी; आधासीसी का दर्द।

शक़ी उलक़ल्ब वि० *(अ०)* जिसका हृदय बहुत ही कठोर हो; पाषाण हृदय।

शक़ीक़ पु० *(अ०)* खण्ड; टुकड़ा; सगा भाई; सहोदर।

शक़ील वि० *(अ०)* सुन्दर; रूपवान; हसीन।

शक़ीला स्त्री० *(अ० शकीलः)* सुन्दरी; रूपवती; हसीना।

शक़ीस वि० *(अ०)* साझीदार; शरीफ; अच्छी चाल का घोड़ा।

शक़ीह पु० *(अ०)* कुरूप; भद्दा; निकृष्ट।

शकूक वि० *(अ०)* शक्की; शब्द करने वाला।

शकूर वि० *(अ०)* शुक्र करने वाला; कृतज्ञ; आभारी।

शकोह पु० *(फ़ा०)* महत्त्व; रोबदाब; आतंक।

शक़्क़ वि० *(अ०)* बीच में फटा हुआ।

पदरचना- शक़्क़-उल-क़मर- चाँद का फट कर दो टुकड़े हो जाना। (कहते हैं कि मुहम्मद साहब ने अपनी करामात दिखाने के लिए चाँद के दो टुकड़े कर दिये थे)।

शक्कर स्त्री॰ *(फ़ा॰,सं॰ शर्करा)* चीनी; कच्ची चीनी।

शक्ल स्त्री॰ *(अ॰)* रूप; आकृति; चेहरा।

पदरचना- ***शक्ल (ले) मिसाली-*** *नमूना।* ***शक्ल (लो) शबाहत-*** *डील डौल।*

मुहा॰ ***अपनी शक्ल तो देखिए-*** *अपनी योग्यता व सामर्थ्य तो देखो।* ***शक्ल दिखाना-*** *सामने आना।* ***शक्ल देखते रह जाना-*** *मुग्ध हो जाना।* ***शक्ल न दिखाना-*** *मुँह छिपाना।* ***शक्ल पकड़ना-*** *रूप-आकार ग्रहण करना।* ***शक्ल पहचानना-*** *चेहरा देखकर पहचान लेना।* ***शक्ल बनाना-*** *शक्ल बिगाड़ना।*

शक्की वि॰ *(अ॰)* जो सन्देह करता हो; जिसके स्वभाव में सन्देह करना हो।

शक्लोश माइल स्त्री॰ *(अ॰)* रूप और गुण; आकृति और स्वभाव।

शक़्वाए जौर पु॰ *(अ॰)* अनीति और अत्याचार की शिकायत।

शख़ वि॰ *(फ़ा॰)* पुष्ट; दृढ़; मजबूत। पु॰ पहाड़; धरती; पहाड़ का दामन। स्त्री॰ डाली; शाखा।

शख़क़माँ वि॰ *(फ़ा॰)* शक्तिशाली; जोरावर; जिसका धनुष दूसरा न चला सके।

शख़ूदा वि॰ *(फ़ा॰ शख़ूदः)* नख़ से खरोंचा हुआ।

शख़्स पु॰ *(अ॰)* मनुष्य का शरीर; व्यक्ति।

शख़्सियत स्त्री॰ *(अ॰)* व्यक्तित्व।

शख़्सी वि॰ *(अ॰)* व्यक्ति सम्बन्धी; व्यक्तिगत।

शख़्से ग़ैर पु॰ *(अ॰)* अन्य पुरुष; दूसरा व्यक्ति।

शख़्से वाहिद पु॰ *(अ॰)* एक आदमी; अकेला मनुष्य।

शग़ पु॰ *(फ़ा॰)* जानवर की सींग जो बीच में पोली हो।

शग़फ़ पु॰ *(अ॰)* रुचि; दिलचस्पी।

शग़ब पु॰ *(अ॰)* कोलाहल; शोरगुल।

शगर पु॰ *(फ़ा॰)* काली भिड़ (ततैया/बर्र) जिसका विष तेज होता है।

शग़ल पु॰ *(अ॰ शग़्ल)* काम-धन्धा; मनोविनोद।

शग़ाद पु॰ *(फ़ा॰)* रुस्तम का भाई, जिसने रुस्तम को कुएँ में धोखे से गिरा कर मारा था।

शगाफ़ पु॰ *(अ॰)* हृदय के ऊपर की झिल्ली; हृदय पर काला तिल।

शग़ाल पु॰ *(अ॰, सं॰ शृगाल)* गीदड़; सियार।

शगुफ़्तगी स्त्री॰ *(फ़ा॰ शिगुफ़्तगी)* खिले होने का भाव।

शगुफ़्ता वि॰ *(फ़ा॰ शिगुफ़्तः)* प्रफुल्लित; प्रसन्न।

शगून पु॰ *(सं॰ शकुन से फ़ा॰)* शुभलक्षण; मुहूर्त।

शगूनिया पु॰ *(फ़ा॰ शगून)* शकुनों का विचार करने वाला ज्योतिषी।

शगूफ़ा पु॰ *(अ॰ शिगूफ़ः)* बिना खिला हुआ फूल; कली; कोई नयी और विलक्षण घटना।

शजर पु॰ *(अ॰)* वृक्ष।

शजरदार वि॰ *(फ़ा॰)* जिस पर बेल-बूटे बने हों।

शजरा पु॰ *(अ॰ शज्रः)* वृक्ष; वंशवृक्ष; पटवारी का खेतों का नक्शा।

शजरा-व-कुल्ला पु॰ *(फ़ा॰)* पीरों का शजरा और टोपी जो भक्तों को प्रसाद रूप में दिये जाते हैं।

शजरे कलीम पु॰ *(अ॰)* वह पेड़ जिस पर हजरत मूसा को ईश्वर का प्रकाश दिखायी पड़ा था।

शजरे ममनूआ पु॰ *(अ॰)* गेहूँ का पौधा, जिसे ईश्वर ने आदम के लिए निषिद्ध का दिया था; ऐसी चीज जिसके पास जाना मना हो।

शजाअत स्त्री॰ *(अ॰)* वीरता; रणकौशल।

शजीअ वि॰ *(अ॰)* शूरवीर; बहादुर।

शतरंज स्त्री॰ *(फ़ा॰, शत्रंज सं॰ चतुरंग)* चौसठ खानों का एक खेल, जो बिसात पर खेला जाता है।

शतरंज बाज़ वि॰ *(फ़ा॰ शत्रंज बाज़, भाव॰ शत्रंज बाज़ी)* शतरंज खेलने वाला।

शतरंजी स्त्री॰ *(फ़ा॰ शत्रंजी)* वह दरी जो कई प्रकार के रंग बिरंगे सूतों से बनी हो; शतरंज खेलने की बिसात; शतरंज का अच्छा खिलाड़ी।

शत्ताह वि॰ *(अ॰)* निर्लज्ज और उद्दण्ड; धर्म के विरुद्ध बातें करने वाला।

शदीद वि॰ *(अ॰)* कठिन; दृढ़; कठोर; घात।

शद्द स्त्री॰ *(अ॰)* किसी अक्षर को दो बार पढ़ना।

शद्दा पु॰ *(अ॰ शद्दः)* आक्रमण; वह झण्डा जो मुहर्रम में ताजियों के साथ निकलता है।

शद्दाद पु० *(अ०)* मिस्र का एक काफिर बादशाह जो स्वयं को ईश्वर कहता था और जिसने बेबिलोन में (इराक) बहिश्त या स्वर्ग के जोड़ का एक कृत्रिम बाग बनवाया था, जिसे सात आश्चर्यों में एक कहा जाता है।

शनवा वि० *(फ़ा०)* सुनने वाला। स्त्री० सुनवाई।

शनाअत स्त्री० *(अ०)* बुराई; निकृष्टता।

शनाख़्त स्त्री० *(फ़ा०)* पहचान।

शनावर वि० *(फ़ा०)* तैरने वाला; तैराक।

शनावरी स्त्री० *(फ़ा०)* तैरना; तैराकी।

शनास वि० *(फ़ा० शिनास)* पहचानने वाला।

शनासा वि० *(फ़ा०)* परिचित; जानकार।

शनासाई स्त्री० *(फ़ा०)* जान-पहचान; परिचय; जानकारी।

शनीअ वि० *(अ०)* बुरा; दुष्ट।

शनीआ पु० *(अ० शनीअः)* खराब काम या बात।

शनीद वि० *(फ़ा०)* सुना हुआ। स्त्री० सुनने की क्रिया।

शनीदनी वि० *(फ़ा०)* सुनने के काबिल; सुनने योग्य।

शनीदा वि० *(अ० शनीदः)* सुना हुआ।

शप्पर पु० *(फ़ा०)* चमगादड़।

शपुश स्त्री० *(फ़ा०)* सिर और कपड़े का जूँ।

शप्पर/शप्परा पु० *(फ़ा०)* चमगादड़।

पदरचना- ***शप्पर/शप्परा चश्म-*** *जिसे दिन में दिखायी न दे।*

शफ़क़ स्त्री० *(अ०)* प्रातःकाल या सन्ध्या के समय आकाश की लाली। वि० बहुत सुन्दर।

मुहा० ***शफ़क खिलना या फूलना-*** *लालिमा का प्रकट होना।*

शफ़क़त स्त्री० *(अ०)* कृपा; मेहरबानी।

शफ़त पु० *(अ०)* होंठ; अधर।

शफ़तैन वि० *(अ०)* दोनों होंठ।

शफ़वी वि० *(अ०)* होंठ के सहारे उच्चरित होने वाला अक्षर।

शप्लक़ पु० *(तु०)* चाँटा; थप्पड़; तमाचा।

शफ़तालू पु० *(फ़ा०)* एक प्रकार का फल; सतालू।

शफ़ही वि० *(अ०)* होंठ वाला; होंठ से उच्चरित अक्षर।

शफ़ा[1] स्त्री० *(अ० शफ़अ)* आरोग्य; तन्दुरुस्ती।

शफ़ा[2] पु० *(अ०)* तट; किनारा; प्रत्येक वस्तु का किनारा; जीवन का अन्तिम भाग।

शफ़ाअत स्त्री० *(अ०)* कामना; किसी के मोक्ष के लिए की जाने वाली शिफ़ारिश।

शफ़ा अतगर वि० *(अ० शफ़ा+ फ़ा० अतगर)* कयामत के दिन अपने अनुयायियों के मोक्ष की सिफ़ारिश करने वाला पैगम्बर।

शफ़ाख़ाना पु० *(अ० शफ़अः+ फ़ा० ख़ानः)* औषधालय; चिकित्सालय।

शफ़ी वि० *(अ० शफ़ीअ)* सिफ़ारिश करने वाला; बीच में पड़कर अपराध क्षमा करने वाला।

शफ़ीअ वि० *(अ०)* स्वास्थ्य का हक रखने वाला; कयामत के दिन मोक्ष दिलाने वाला।

शफ़ीक़ वि० *(अ०)* मेहरबानी करने वाला; दयालु।

शफ़्तल वि० *(अ०)* दुष्ट; बदमाश।

शफ़तालू पु० *(फ़ा०)* एक प्रकार का बड़ा आडू का फल।

श्फाफ़्फ़ाफ़ वि० *(अ०, भाव० शफ़्फ़ाफ़ी)* स्वच्छ; पारदर्शी।

शफ़्फ़ाक स्त्री० *(अ०)* अनुग्रह; मेहरबानी; प्रेम; मुहब्बत।

शब स्त्री० *(अ०)* रात्रि।

शबका पु० *(अ०)* तारों का बना जाल।

शबकोर वि० *(फ़ा०, भाव० शबकोरी)* रतौंधी का रोगी।

शबख़ूँ पु० *(फ़ा०)* रात के समय शत्रु पर छापा मारना।

शबख़्वाबी स्त्री० *(फ़ा०)* रात को सोना; सोते समय का वस्त्र।

शबगीर पु० *(फ़ा०)* रात के समय गाने वाला पक्षी; बुलबुल; तड़का; प्रभात; भोर।

शबगूँ वि० *(फ़ा०)* रात की तरह अँधेरा या काला।

शब-चिराग़ पु० *(फ़ा०)* एक प्रकार का लाल रत्न। (कहते हैं कि रात के समय वह बहुत चमकता है)।

शबताज़ वि० *(फ़ा०)* रात में आक्रमण करने वाला; रात के अँधेरे में छापा मारने वाला।

शबताज़ी स्त्री० *(फ़ा०)* रात में अचानक हमला करना।

शबदेग स्त्री० *(फ़ा०)* वह माँस जो किसी विशेष क्रियाओं से रात-भर पका कर तैयार किया जाता है।

शबदेज़ पु० *(फ़ा०)* मुश्की रंग का काला घोड़ा।

शबनम स्त्री० *(फ़ा०)* ओस; एक बहुत महीन कपड़ा।

शबनमी स्त्री० *(फ़ा०)* ओस जैसा; मसहरी; मच्छरदानी।

शब-बरात स्त्री० *(फ़ा०)* मुसलमानों का एक त्योहार जिसमें आतिशबाजी छोड़ी जाती है और मिठाई आदि बाँटी जाती है। कहते हैं इस दिन रोज रात को देवदूत लोगों को जीविका और आयु देते हैं।

शबबाश वि० *(फ़ा०, भाव० शबबासी)* रात को ठहर कर विश्राम करने वाला; सहवास करने वाला।

शबबेदार वि॰ *(फ़ा॰, भाव॰ शबबेदारी)* रात भर जागने वाला।

शबयार पु॰ *(फ़ा॰)* एक दवा जो रात में पेट साफ़ करने के लिए खायी जाती है।

शबरंग वि॰ *(फ़ा॰)* काले रंग का; कृष्ण वर्ण का।

शबरौ वि॰ *(फ़ा॰)* रात्रि चर।

शबह[1] पु॰ *(अ॰)* पीतल नामक एक धातु।

शबह[2] पु॰ *(अ॰)* शरीर; देह; जिस्म।

शबान पु॰ *(फ़ा॰)* चरवाहा।

शबाना वि॰ *(फ़ा॰ शबानः)* रात का।

शबानी स्त्री॰ *(फ़ा॰)* चरवाहे का काम; चरवाही।

शबाब पु॰ *(अ॰)* यौवन काल; जवानी; सौन्दर्य।

मुहा॰ ***शबाब फट पड़ना-*** *जवानी का जोर पर होना; पूरी तरह खिल उठना।*

शबाब आवर वि॰ *(अ॰ शबाब+फ़ा॰ आवर)* फिर से जवान बना देने वाला।

शबाशब क्रि॰वि॰ *(फ़ा॰)* रातों-रात।

शबाहत स्त्री॰ *(अ॰)* आकृति; सूरत; शक्ल।

शबिस्ताँ पु॰ *(फ़ा॰)* रात को रहने का स्थान; शयनागार।

शबीना वि॰ *(फ़ा॰ शबीनः)* रात का; रात का बचा हुआ बासी; रमजान माह में रात में खत्म होने वाला कुरान का पाठ। पु॰ वह जो रात भर कराया जाये।

शबीह स्त्री॰ *(अ॰)* तसवीर; चित्र।

शबे आशूरा स्त्री॰ *(फ़ा॰ शबे+फ़ा॰ आशूरा)* मुहर्रम के महीने की दसवीं तारीख।

शबे-इन्तज़ार स्त्री॰ *(अ॰ शबे+फ़ा॰ इन्तज़ार)* प्रतीक्षा की रात।

शबेक़द्र स्त्री॰ *(फ़ा॰ शबे+अ॰ क़द्र)* रमज़ान माह की 27वीं रात (कहते हैं कि इस दिन आसमान की खिड़की खुलती है और अल्लाह मियाँ आकर देखते हैं कि कौन-कौन लोग मेरी उपासना कर रहे हैं)।

शबे-ज़फ़ाफ़ स्त्री॰ *(फ़ा॰)* वर और वधू के प्रथम मिलन की रात; सुहाग रात।

शबे-जवानी स्त्री॰ *(अ॰ शबे+फ़ा॰ जवानी)* युवावस्था का उन्माद।

शबे दैजूर स्त्री॰ *(फ़ा॰ शबे+अ॰ दैजूर)* अमावस्या की काली रात।

शबे माह स्त्री॰ *(फ़ा॰)* चाँदनी रात।

शबे मेराज स्त्री॰ *(फ़ा॰ शबे+अ॰ मेराज)* वह रात जिसमें हज़रत पैगम्बर आसमान पर ईश्वर से मिलने गये थे।

शबे वस्ल स्त्री॰ *(फ़ा॰ शबे+अ॰ वस्ल)* नायक-नायिका के मिलने की रात।

शबे वादा स्त्री॰ *(फ़ा॰ शबे+अ॰ वादः)* वादानुसार नायक-नायिका के मिलने की रात।

शब्बर पु॰ *(अ॰)* हजरत इमाम हुसैन।

शब्बी स्त्री॰ *(फ़ा॰)* रजनीगन्धा।

शब्बीर पु॰ *(अ॰)* हज़रत इमाम हसन, जो इमाम हुसैन के बड़े भाई थे।

शबेतार स्त्री॰ *(फ़ा॰)* अँधेरी रात।

शबेमाह स्त्री॰ *(फ़ा॰)* चाँदनी रात।

शबे-यल्दार स्त्री॰ *(फ़ा॰)* अँधेरी और मनहूस रात।

शब्बो स्त्री॰ *(फ़ा॰)* रजनीगन्धा नामक पौधा या उसका फूल; गुलशब्बो।

शबोरोज़ अव्य॰ *(फ़ा॰)* रात-दिन; हर समय; लगातार।

शमला पु॰ *(अ॰ शम्लः)* एक प्रकार की पगड़ी; शाल जो कन्धों पर डाली जाये।

शमशाद पु॰ *(फ़ा॰ शम्शाद)* प्रेमिका या प्रेमी के क़द की उपमा देने वाला एक वृक्ष।

शमशीर स्त्री॰ *(फ़ा॰ शम्शीर)* तलवार; खाँड़ा।

पदरचना- ***शमशीर ज़न-*** *तलवार चलाने वाला।* ***शमशीर ज़नी-*** *तलवार की लड़ाई।* ***शमशीर दम-*** *तलवार की काट करने वाला।* ***शमशीर (शेर) जंग-*** *तलवार का धनी।* ***शमशीर-वक़फ़-*** *खड़ग हस्त।*

शमा स्त्री॰ *(अ॰ शमअ)* मोम; मोमबत्ती।

शमादान पु॰ *(फ़ा॰)* वह आधार जिसमें लगाकर मोमबत्ती जलाते हैं।

शमायल पु॰ *(अ॰ शमाल का बहु॰)* आदतें।

शमा-रू वि॰ *(अ॰ शमा+फ़ा॰ रू)* जिसका चेहरा प्रकाशमान हो।

पदरचना- ***शमा-ए-मज़ार-*** *मज़ार का दीया।* ***शमा-ए-अंजुमन/महफ़िल-*** *जिससे महफिल की*

*शोभा हो। **शमा-ए-काफ़ूरी-** सफेद मोमबत्ती। **शमा-ए-मन/तूर-** सभा में जलने वाला दीपक; प्रेमिका की गोष्ठी का चिराग। **शमा-ए-शब अफ़ोज़-** चन्द्रमा। **शमा-ए-सहरी-** प्रभात का, जल्दी बुझने वाला दीया। **शमा-ए-रुख़/रुखसार-** सुन्दर, जिसका मुखमण्डल दीप्तिमान हो। **शमा-रू-** सुन्दर। **शमा व परवाना-** दीपक और पतंग; प्रेमी और प्रेमिका।*

शम्ला पु० *(अ० शम्लः)* पगड़ी का सिरा जो पीछे लटकता है; एक छोटी शाल जिसे लपेटते हैं।

शम्बा पु० *(फ़ा० शम्बः)* शनिवार।

शमामा पु० *(अ०)* खुशबू।

शम्मा पु० *(अ० शम्मः)* थोड़ी या हलकी सुगन्ध। वि० बहुत थोड़ा; तनिक।

शम्मास पु० *(अ०)* सूर्य का उपासक; सूर्योपासक।

शम्स पु० *(अ०)* सूर्य।

शम्सा पु० *(अ० शम्सः)* वह फुँदना जो माला में बीच-बीच में लगा रहता है; रोशनदान।

शमीम स्त्री० *(अ०)* सुगन्ध।

शमीला स्त्री० *(अ०)* स्वभाव; प्रकृति; आदत।

शमीदा वि० *(फ़ा०)* सूँघा हुआ; मूर्च्छित; उद्विग्न।

शमशीरे अजल स्त्री० *(फ़ा० शम्शीर+अ० अजल)* मौत की तलवार।

शमशीरे आबदार स्त्री० *(फ़ा०)* तेज धार वाली तलवार।

शमशीरे हिलाली स्त्री० *(फ़ा० शम्शीर+अ० हिलाली)* नव चन्द्ररूपी टेढ़ी तलवार।

शमशीरो सिनाँ स्त्री० *(फ़ा० शम्शीरो सिनाँ)* तीर और तलवार; युद्ध सामग्री।

शम्सी वि० *(अ०)* सूर्य का; सूर्य से सम्बन्धित; सूर्य के चक्र के हिसाब से। जैसे- शम्सी साल- सौर वर्ष।

शम्सीया स्त्री० *(अ० शम्सीयः)* छतरी; धूप से बचने का छाता।

शम्सुल उलमा पु० *(अ०)* विद्वानों में सूर्य के समान; आलिमों को दी जाने वाली एक उपाधि।

शय स्त्री० *(अ०)* वस्तु; द्रव्य; पदार्थ; चीज।

शयातीन पु० *(अ० शैतान का बहु०)* शैतानों का गिरोह।

शय्याद वि० *(अ०)* छली; धूर्त।

शरअ स्त्री० *(अ०, वि० शरई)* कुरान में की हुई आज्ञा; मजहब; दस्तूर; मुसलमानों का धर्मशास्त्र।

शरअन क्रि०वि० *(अ०)* शरअ या इस्लाम के कानूनों के अनुसार।

शरअ-मुहम्मदी स्त्री० *(अ०)* इस्लाम का नियम/कानून।

शरंगेज़ वि० *(फ़ा०)* फूट डालने वाला; उपद्रवी।

शरई वि० *(अ०)* जो शरअ या इस्लाम के कानून के अनुसार हो।

शरग़ा पु० *(अ०)* वह घोड़ा जिसका सारा शरीर बादामी रंग का हो।

शरतैन स्त्री० *(अ०)* पहला नक्षत्र; अश्विनी।

शरफ़ पु० *(अ०)* बड़प्पन; बुजुर्गी; खूबी।

मुहा० *शरफ़ ले जाना-* *गुण आदि में किसी से बढ़ जाना।*

शरफ़े ज़ियारत पु० *(अ०)* देखने का सौभाग्य।

शरफ़े मुलाक़ात पु० *(अ०)* साक्षात्कार का सौभाग्य।

शरफ़े हज्जोज़ियारत पु० *(अ०)* हज करने और मदीना जाने का सौभाग्य।

शरबत पु० *(अ० शर्बत)* रस; वह पानी जिसमें शक्कर या खाँड़ घुली हुई हो।

मुहा० *शरबत पिलाना-* *व्याह के पूर्व बरातियों को शरबत पिलाने की रस्म।* ***शरबत के प्याले पर निकाह करना-*** *बिना खर्च व्याह करना।*

शरबती[1] वि० *(अ० शर्बती)* शरबत के रंग का; रसदार या रस से भरा।

शरबती[2] पु० *(अ० शरबत)* हल्का पीला रंग; एक प्रकार का नींबू; मलमल की तरह एक बढ़िया कपड़ा।

शरम स्त्री० *(फ़ा० शर्म)* लज्जा; हया; लिहाज; संकोच।

मुहा० *शरम से गड़ जाना/पानी-पानी होना-* *बहुत लज्जित होना।*

शरमगाह स्त्री० *(फ़ा० शर्मगाह)* स्त्री की जननेन्द्रिय; योनि।

शरमनाक वि० *(फ़ा० शर्मनाक)* लज्जाशील; लज्जा जनक।

शरमसार वि० *(फ़ा० शर्मसार)* लज्जित; शर्मिन्दा।

शरमसारी स्त्री० *(फ़ा०)* शर्मिन्दगी; पश्चात्ताप; पछतावा।

शरमाऊ अ०क्रि० *(फ़ा० शरम+हि० 'आऊ' प्रत्यय)* शरमीला।

शरमाना क्रि०वि० *(फ़ा० शर्म)* शर्मिन्दा होना; लज्जित होना। स० क्रि० शर्मिन्दा करना; लज्जित करना।

शर्मिन्दगी स्त्री० *(फ़ा०)* शर्मिन्दा होने का भाव।

शरमिन्दा वि० *(फ़ा०)* लज्जित।

शरमीला वि० *(फ़ा० शर्म+हि० प्रत्य० ईला)* लज्जाशील।

शरमो हया स्त्री० *(फ़ा० शर्म+अ० हया)* लाज और शर्म।

शरर पु० *(अ०)* आग की चिनगारी।

शरह स्त्री० *(अ०)* टीका; भाष्य; व्याख्या; दर; भाव।

शरह बन्दी स्त्री० *(अ० शरह+फ़ा० बन्दी)* दर या भाव की सूची।

शरा स्त्री० *(अ०)* पित्ती; एक रोग जिसमें सारे शरीर में लाल दाने पड़ जाते हैं।

शराए पु० *(अ० शरीअत का बहु०)* धर्मशास्त्र।

शराकत स्त्री० *(अ० शिरकत)* साझा; हिस्सेदारी।

शराकतनामा पु० *(अ० शिरकत+फ़ा० नामः)* जिस पर साझे की शर्तें लिखी जायें।

शराफ़त स्त्री० *(अ०)* सज्जनता; साधुता।

शराब स्त्री० *(अ०)* मदिरा।

शराब ख़ाना पु० *(अ० शराब+फ़ा० ख़ाना, भाव० शराब ख्वारी)* शराब पीने वाला; मद्यप; शराबी।

शराबी वि० *(अ०)* शराब पीने वाला।

शराबे जौ स्त्री० *(अ० शराब+फ़ा० जौ)* जौ की शराब।

शराबे-तहूर स्त्री० *(अ०)* वह पवित्र शराब जो लोगों को बहिश्त में मिलती है।

शराबोर वि० *(अ०)* तर-बतर; नहाया हुआ; बुरी तरह भीगा हुआ।

शरायत स्त्री० *(अ० शर्त का बहु०)* शर्तें।

शरार पु० *(अ०)* पाजीपन; दुष्टता; बदमाशी।

शराराख़ेज वि० *(अ० शरारःखेज)* जिससे चिनगारियाँ निकलें।

शरारा बार वि० *(फ़ा० शरारःबार)* अग्निवर्षक; आग बरसाने वाला।

शरारती वि० *(अ०)* दुष्ट।

शरारतन क्रि०वि० *(अ०)* शरारत या पाजीपन से।

शरारा पु० *(अ० शरारः)* चिनगारी; स्फुलिंग।

शरीअत स्त्री० *(अ०)* स्पष्ट और शुद्ध मार्ग; मनुष्यों के लिए बनाये गये ईश्वरीय नियम; मुसलमानों का धर्मशास्त्र।

शरीक वि० *(अ०)* शामिल; सम्मिलित; मिला हुआ। पु० साथी; सहायक; हिस्सेदार।

शरीकदार वि० *(अ० शरीक+फ़ा० दार)* साझीदार; भागीदार।

शरीके ख़ानदान वि० *(अ० शरीक+फ़ा० ख़ानदान)* जो किसी वंश के अन्तर्गत हो; जो किसी वंश में सम्मिलित हो।

शरीके ग़ालिब वि० *(अ० शरीक+फ़ा० ग़ालिब)* भागीदारों में सबसे बड़ा भागीदार।

शरीके ज़िन्दगी वि० *(अ० शरीक+फ़ा० ज़िन्दगी)* अर्द्धांगिनी; जिन्दगी की साथी अर्थात् पत्नी।

शरीके जुर्म वि० *(अ०)* जो किसी अपराध में अपराधी का सहायक हो।

शरीके दर्द वि० *(अ० शरीक+फ़ा० दर्द)* विपत्ति में साथ देने वाला।

शरीके रंजोराहत वि० *(अ० शरीक+फ़ा० रंजोराहत)* हर्ष और विपत्ति दोनों में साथ देने वाला।

शरीके राय वि० *(अ०)* जो किसी परामर्श या सलाह में सम्मिलित हो।

शरीके सोहबत वि० *(अ०)* पास बैठने वाला; संसर्ग में रहने वाला।

शरीजा पु० *(अ० शरीजः)* कबूतरों का दड़बा।

शरीफ़ पु० *(अ०, बहु० शुरफ़ा)* कुलीन व्यक्ति; सभ्य पुरुष; भला मानुस।

शरीफ़ जादा वि० *(अ० शरीफ़+फ़ा० जादः)* कुलीन का पुत्र।

शरीफ़तबूअ वि० *(अ०)* स्वभाव से सज्जन और शिष्ट।

शरीफ़ सूरत वि० *(अ०)* देखने में शरीफ़ और शिष्ट।

शरीफ़ाना वि० *(अ० शरीफ+फ़ा० आना)* सज्जनतापूर्ण।

शरीर वि० *(अ०, भाव० शरारत)* पाजी; नटखट; चंचल।

शरीर तबूअ वि० *(अ०)* जिसके स्वभाव में शरारत हो; धूर्त, फ़सादी, जो चिढ़ाने के लिए शरारत करता हो।

शरअ स्त्री० *(अ०)* धर्मशास्त्र।

शरई वि० *(अ०)* धर्मशास्त्र-सम्बन्धी; धार्मिक।

शर्क़ पु० *(अ०)* सूर्योदय; पूर्व दिशा।

मुहा० ***शर्क़ से ग़र्ब तक-*** *पूरब से पश्चिम तक।*

शर्क़ी वि० *(अ०)* पूरब का; पूरबी।

शर्क़ो ग़र्ब पु० *(अ०)* पूरब-पच्छिम अर्थात् सारा जगत्; संसार।

शर्ज़ा पु० *(अ० शर्जः)* बहुत अधिक गुस्से वाला।

शर्ज़िमा पु० *(अ० शर्जिमः)* खण्ड; टुकड़ा; थोड़े मनुष्यों का समूह; थोड़े से फलों का ढेर।

शजा पु० *(अ०)* अत्यधिक क्रोधी।

शर्त स्त्री० *(अ०, बहु० शरायत)* वह बाजी जिसमें हार-जीत के अनुसार कुछ लेन-देन भी हो।

पदरचना- ***बशर्ते कि-*** *शर्त यह है कि।*

शर्तनामा पु० *(अ० शर्त+फ़ा० नामा)* अनुबन्ध-पत्र।

शर्तबन्ध/शर्तबन्धा वि० *(अ० शर्त+हि० बन्ध)* शर्त में बँधा हुआ।

शर्तिया क्रि०वि० *(अ० शर्तियः)* शर्त बोलकर; बहुत ही निश्चय या दृढ़तापूर्वक। वि० बिलकुल ठीक।

शर्ती वि० *(अ०)* जिसमें कोई शर्त हो; निश्चयपूर्वक।

शर्म स्त्री० *(फ़ा०)* लज्जा; हया; लाज; लिहाज; खयाल।

पदरचना- ***शर्मगाह-*** *गोपनीय अंग; योनि।* ***शर्मनाक-*** *लजाने लायक।*

मुहा० ***शर्म आना-*** *लाज आना।* ***शर्म करना-*** *लज्जित होना।* ***शर्म की बात-*** *लज्जाजनक कार्य।* ***शर्म खाना-*** *लज्जा अनुभव करना।* ***शर्म से गठरी हो जाना-*** *अत्यन्त लज्जित होना।*

शर्मिन्दगी स्त्री० *(फ़ा०)* शर्मिन्दा होना।

शर्मिन्दा वि० *(फ़ा०)* लजाया हुआ; लज्जित।

शर्र पु०,स्त्री० *(फ़ा०)* शरारत; झगड़ा।

शरह स्त्री० *(अ० शर्हः)* व्याख्या; स्पष्टता; विस्तार; टीका; किसी मूल ग्रन्थ का विस्तार पूर्वक वर्णन।

शरह नवीस वि० *(अ० शर्ह+फ़ा० नवीस)* किसी मूल ग्रन्थ की टीका-टिप्पणी करने वाला; टीकाकार; भाष्यकार।

शरहे माआनी स्त्री० *(अ० शर्हे माआनी)* कठिन शब्दों का अर्थ।

शर्रो-फ़साद पु० *(फ़ा०)* झगड़ा-फसाद।

शलूका पु० *(फ़ा०)* कमर तक का एक पहनावा।

शल्फ़ स्त्री० *(फ़ा०)* कुलटा; व्यभिचारिणी।

शरहे मतालिब स्त्री० *(अ० शर्हमतालिब)* कठिन भावार्थ की व्याख्या।

शरहे सूद स्त्री० *(अ० शर्ह+फ़ा० सूद)* ब्याज

शलज़म पु० *(फ़ा० शल्जम)* गाजर की तरह का एक कन्द।

शल्लाक़ पु० *(तु०)* युद्ध; लड़ाई; कलह; झगड़ा।

शल्तूक पु० *(फ़ा०)* धान; भूसी सहित चावल।

शल्लाक़ पु० *(तु०)* कोड़े या छड़ी से मारना; चंचल; थप्पड़ मारना।

शलवार पु० *(फ़ा० शल्वार)* पायजामे के नीचे पहनने की जाँघिया; एक प्रकार का पेशावरी पायजामा।

शलीता पु० *(देश०)* एक प्रकार का मोटा कपड़ा।

शलूका पु० *(फ़ा० शलूकः)* आधी बाँह की कुरती।

शल्ल वि० *(अ०)* शिथिल या सुन्न (हाथ-पैर आदि)।

शल्लक स्त्री० *(तु०)* बन्दूकों या तोपों की बाढ़।

शव्वाल पु० *(अ०)* इस्लामी वर्ष का दसवाँ महीना।

शश वि० *(फ़ा०,सं० षष्ठ)* छः।

शश जिहत स्त्री० *(फ़ा० शश+अ० जिहत)* उत्तर-दक्षिण; पूरब-पश्चिम; ऊपर और नीचे की छः दिशाएँ; सारा संसार।

शशदरा पु० *(फ़ा० शशदरः)* वह मकान जिसमें छः दरवाजे हों। वि० चकित; हक्का-बक्का।

शशदाँग वि० *(फ़ा०)* कुल; समस्त; पूरा।

शश पहलू वि० *(फ़ा०)* षट् कोण।

शशपा वि० *(फ़ा०)* छः पैर वाला; खट्पद।

शशपाया वि० *(फ़ा०)* जिस इमारत में छः खम्भे हों।

शशमाहा वि० *(फ़ा० शशमाहः)* छः माह की आयु का।

शशमाही वि० *(फ़ा०)* छमाही; अर्द्धवार्षिक।

शशसरी पु० *(फ़ा०)* शुद्ध सोना; कुन्दन।

शशुम वि० *(फ़ा०)* छठा; षष्ठ।

शशपंज पु० *(फ़ा०)* दुविधा।

शस्त वि० *(फ़ा०)* साठ।

शस्तक पु० *(फ़ा०)* गुदा मैथुन कराने वाले व्यक्तियों का लिंग की आकृति का एक अस्त्र या उपकरण जिससे वे अपनी खुजली मिटाते हैं।

शस्तगीर वि० *(फ़ा०)* धनुर्धर।

शस्तमीर वि० *(फ़ा०)* धनुर्विद्या में निपुण।

शस्तुम वि० *(फ़ा०)* साठवाँ।

शशा पु० *(फ़ा०)* शव्वाल माह के शुरुआती 6 दिन, जिनमें रोजा रखते है।

शस्त स्त्री० *(फ़ा०)* अँगूठा; मछली पकड़ने का काँटा; सितार आदि बजाने की मिज़राब; निशाना; लक्ष्य।

शहंशाह पु० *(फ़ा०)* वह बादशाह जिसके अधीन अनेक बादशाह हों; सम्राट; चक्रवर्ती; राजाधिराज।

शहंशाही स्त्री० *(फ़ा०)* साम्राज्य; बादशाहों पर बादशाही।

शह पु० *(फ़ा० शाह का संक्षिप्त रूप)* बादशाह; दूल्हा। स्त्री० किसी को गोपनीय ढंग से भड़काना। वि० श्रेष्ठतर।

शहकार पु० *(अ०)* महानतम कृति।

शहकारा स्त्री० *(फ़ा०)* बदचलन औरत; पुंश्चली औरत।

शहज़ादा पु० *(फ़ा०)* राजकुमार।

शहज़ादी स्त्री० *(फ़ा०)* राजकुमारी।

शहज़ोर वि० *(फ़ा०)* बलवान; शक्तिशाली।

शहज़ोरी स्त्री० *(फ़ा०)* शक्ति प्रदर्शन; बल प्रयोग।

शहतीर पु० *(फ़ा०)* लकड़ी का बड़ा लट्ठा।

शहतूत पु० *(फ़ा०)* एक प्रकार का मीठा फल व उसका वृक्ष।

शहद पु० *(अ०)* शीरे की तरह एक मीठा तरल पदार्थ जो मधुमक्खियाँ फूलों के पराग से बनाती हैं। **मुहा०** ***शहद लगाकर चाटना-*** *किसी निरर्थक पदार्थ को व्यर्थ लिये रहना।*

शहद आमेज़ वि० *(फ़ा०)* जिसमें शहद मिला हो; मीठा।

शहद गुफ़्तार वि० *(फ़ा०)* जिसकी बातें मीठी हों; मिष्टभाषी; मधुरभाषी।

शहदगुफ़्तारी स्त्री० *(फ़ा०)* बातों की मिठास।

शहन पु० *(अ०)* भरना; हाँकना; चलाना; दूर करना।

शहबा स्त्री० *(फ़ा० शहबः)* बूढ़ी स्त्री।

शहबरा स्त्री० *(फ़ा० शह्बरः)* बूढ़ी स्त्री; वृद्धा।

शहना पु० *(अ० शिहनः)* शासक; कोतवाल; चौकीदार; कर-संग्रह करने वाला चपरासी।

शहनशीं स्त्री० *(फ़ा०)* बैठने के लिए बनी पक्की ऊँची जगह।

शहनाई पु० *(फ़ा०)* नफीरी बाजा।

शहबा स्त्री० *(अ०)* वह घोड़ी या ऊँटनी, जिसका रंग सफेदी मिला काला हो और सफेदी अधिक हो।

शहबाज़ पु० *(फ़ा०)* एक प्रकार का बड़ा बाज़ पक्षी।

शहबाला पु० *(फ़ा० शाह+बाला)* वह छोटा बालक जो विवाह के समय दूल्हे के साथ जाता है।

शहम स्त्री० *(अ० शह्म)* चरबी; मोटाई; स्थूलता; फल का गूदा; मगज़।

शहमा पु० *(अ० शह्मः)* थोड़ी-सी चरबी; कान की लौ।

शहमे हज़ल पु० *(अ०)* इन्द्रायण; एक प्रसिद्ध कड़वा फल, जो कफ़ का रेचक है।

शहर[1] पु० *(अ० शह्र)* मास; महीना; चाँद।

शहर आशोब पु० *(फ़ा० शह्र आशोब)* नज्म की एक किस्म, जिसमें राज्य की कुव्यवस्था, शासकों की अकर्मण्यता और प्रजा की दुर्गति का वर्णन होता है।

शहरताश वि० *(फ़ा० शह्र+तु० ताश)* एक ही नगर के निवासी; हम नगर।

शह-मात स्त्री० *(फ़ा०)* शतरंज के खेल में एक प्रकार की मात।

शहर[2] पु० *(फ़ा० शह्र)* मनुष्यों की बड़ी बस्ती; नगर।

शहरग स्त्री० *(फ़ा० 'शाहरग' का लघु)* शरीर की सबसे बड़ी रग जो हृदय में मिलती है।

शहर पनाह स्त्री० *(फ़ा० शह्रपनाह)* शहर की चार दीवारी।

शहरयार पु० *(फ़ा०)* अपने समय का बहुत बड़ा बादशाह; अपने नगरवासियों की रक्षा करने वाला।

शहरयारी स्त्री० *(फ़ा०)* शासन।

शहरबन्द वि० *(फ़ा० शह्रबन्द)* दुर्ग; किला; कारागार; जेल; किसी अवसर पर नगर की सजावट।

शहर बदर वि० *(फ़ा० शह्रबदर)* नगर से निकाला हुआ।

शहरियत स्त्री० *(फ़ा० शहर)* नागरिकता; शहरीपन।

शहरे खामोशाँ पु० *(फ़ा० शह्र ख़मोशाँ)* मूक लोगों का शहर अर्थात् कब्रिस्तान।

शहरे ग़रीबाँ पु० *(फ़ा० शह्र ग़रीबाँ)* परदेसियों का नगर; अपरिचितों का नगर।

शहरे नाबीना पु० *(फ़ा० शह्र नाबीना)* अन्धों का नगर; जहाँ गुण-दोष परखने वाला न हो।

शहरे वर पु० *(फ़ा० शह्रेवर)* ईरान का एक महीना जो हिन्दी वालों की गणित से आश्विन मास में पड़ता है।

शहराती वि० *(फ़ा० शह्र+अ० आती)* शहर में रहने वाला।

शहरी वि० *(फ़ा०)* शहर-सम्बन्धी; शहर में रहने वाला।

शहला स्त्री० *(अ० शह्ला)* वह स्त्री जिसकी आँखें भेड़ की तरह काली भूरी हों; एक प्रकार की नरगिस जिसके फूल से आँखों की उपमा दी जाती है।

शहवत स्त्री० *(अ० शह्वत)* सम्भोग की इच्छा; काम वासना।

शहवत-अंगेज़ वि० *(अ० शह्वत+फ़ा० अंगेज)* कामवासना बढ़ाने वाला।

शहवत परस्त वि० *(अ० शह्वत+फ़ा०, भाव० शहवत परस्ती)* कामुक।

शहसवार पु० *(फ़ा०)* अच्छा घुड़सवार।

शहसवारी स्त्री० *(फ़ा०)* घोड़े पर बहुत अच्छी तरह बैठना।

शहा प्रत्य० *(फ़ा०)* हे राजा! ऐ बादशाह; शाह का सम्बोधन।

शहादत स्त्री० *(अ०)* गवाही; प्रमाण देना; शहीद होना।

शहादतगाह स्त्री० *(अ० शहादत+फ़ा० गाह)* शहीद होने का स्थान; बलिदान होने या किये जाने की जगह।

शहादतनामा पु० *(अ० शहादत+फ़ा० नामः)* प्रमाणपत्र; वह ग्रन्थ जिसमें किसी के शहीद होने का वर्णन हो।

शहादते इमाम स्त्री० *(अ०)* हज़रत इमाम हुसैन की शहादत।

शहादते उज़्मा स्त्री० *(अ०)* बहुत बड़ी शहादत; सबसे बड़ा बलिदान; हजरत इमाम हुसैन का वध।

शहादते हक़्क़ा स्त्री० *(अ०)* सच्ची गवाही; सत्य के लिए बलिदान; सच्चा बलिदान।

शहाना पु० *(फ़ा० शाहानः)* एक जाति का राग। वि० *(फ़ा०)* शाही; राजसी; बहुत बढ़िया; उत्तम।

शहाब पु० *(फ़ा०)* एक प्रकार का गहरा लाल रंग।

शहाब[2] पु० *(अ०)* कुत्ते का पिल्ला; वह दूध जिसमें दो भाग पानी मिला हो।

शहाबी वि० *(फ़ा०)* लाल; सुर्ख; रक्त; शोणित; लहू।

शहामत स्त्री० *(अ०)* बड़प्पन; महत्त्व; वीरता।

शही स्त्री० *(फ़ा० शाही का लघु रूप)* राजाओं का; राजाओं जैसा।

शहीक़ स्त्री० *(अ०)* गधे की वह भारी आवाज़, जो अन्त में निकलती है। गधे की आरम्भिक आवाज़ 'जज़ीर' है।

शहीद वि० *(अ०)* ईश्वर या धर्म के लिए प्राण देने वाला; निहत; मारा गया।

शहीदे आज़म पु० *(अ०)* सबसे बड़ा शहीद; हजरत इमाम हुसैन की उपाधि।

शहीदे इश्क़ पु० *(अ०)* प्रेम के मार्ग में जान देने वाला; प्रेमिका को प्राण अर्पण करने वाला।

शहीदे वतन पु० *(अ०)* देश की आज़ादी और उन्नति के लिए युद्ध या परिश्रम में मरने वाला।

शहीम वि० *(अ०)* अधिक चरबी वाला।

शहीर वि० *(अ०)* प्रसिद्ध; मशहूर।

शहीह वि० *(अ०)* कृपण; कंजूस।

शहून वि० *(अ०)* शक्तिशाली; पूज्य; श्रेष्ठ; बुजुर्ग।

शाइक़[1] वि० *(अ०)* इच्छुक; उत्कण्ठित; व्यसनी।

शाइक[2] वि० *(अ०)* काँटेदार।

शाइबा पु० *(अ० शाइबः)* किंचित्मात्र; बहुत थोड़ा; मिश्रण; मिलावट।

शाइर पु० *(अ०)* शायर; कवि।

शाइरा स्त्री० *(अ०)* शाइरा; कवियित्री।

शाइरात स्त्री० *(अ० शाइरः का बहु०)* शायर स्त्रियाँ।

शाइराना वि० *(अ० शाइर+फ़ा० आना)* शायरों जैसा।

शाइरी स्त्री० *(अ०)* कविता या शेर कहना।

शाइरीन पु० *(अ० शाइर का बहु०)* कविगण; शायर लोग।

शाइस्तगी स्त्री० *(फ़ा०)* शिष्टता; सभ्यता।

शाइस्ता वि० *(फ़ा० शाइस्तः)* शिष्ट; सभ्य; विनीत।

शाए वि० *(अ० शाइअ)* प्रकट; व्यक्ति; प्रमाणित।

शाएकर्दा वि० *(अ० शाए+फ़ा० कर्दः)* प्रकाशित किया हुआ; छापा हुआ।

शाए कुनिन्दा वि० *(अ० शाए+फ़ा० कुनिन्दः)* प्रकाशक; छापने वाला।

शाएगाँ वि० *(फ़ा०)* उत्तम; विस्तृत; चौड़ा।

शाक़[1] वि० *(अ०)* मुश्किल; कठिन; दुखी; अप्रिय।

शाक[2] पु० *(अ०)* सिपाही; शक करने वाला।

शाक़िर वि० *(अ०)* धन्यवाद देने वाला; उपकार मानने वाला।

शाकिए जौर पु० *(अ०)* अनीति और अत्याचार की शिकायत करने वाला।

शाक़ी वि० *(अ०)* शिकायत करने वाला; अपना दुख सुनाने वाला; चुगलखोर।

शाकूल पु० *(फ़ा०)* राजगीरों का साहुल नामक औजार जिससे दीवार की सीध नापी जाती है।

शाक़्क़ा वि० *(अ० शाक़्क़ः)* कठिन; मुश्किल; कठोर।

शाख़ स्त्री० *(फ़ा०,सं० शाखा)* टहनी; डाल; शाखा।

पदरचना- ***शाख़े नाज़ुक-*** *कोमल शाखा।*

मुहा० ***शाख़ निकालना-*** *दोष या ऐब निकालना।*

शाख़चा पु० *(फ़ा० शाख़चः)* छोटी शाखा; टहनी।

शाख़ बदीवार पु० *(फ़ा०)* अभिमानी; घमण्डी।

शाख़ शाख़ वि० *(फ़ा०)* टुकड़े-टुकड़े; खण्ड-खण्ड।

शाख़ शाना पु० *(फ़ा० शाख़शानः)* बाधा; अड़चन।

शाख़साजा पु० *(फ़ा० शाख़+साजः)* लड़ाई; हुज्जत; कलंक; अभियोग; सन्देह; ढकोसला।

शाख़सार पु० *(फ़ा०)* वाटिका; डाल; शाखा।

शाख़ा पु० *(फ़ा०)* टहनी; सींग; सींग की आकृति का प्याला; वह लकड़ी जिसमें अपराधी का सिर और हाथ देकर उसे दण्ड देते हैं। वि० (समास में) शाखाओं वाला।

शाख़िस वि० *(अ०)* जिसकी आँखे खुली रह गयी हों; जो टकटकी बाँधकर रह गया हो।

शाख़ुल पु० *(फ़ा०)* एक प्रसिद्ध अन्न जिसकी दाल बनती है; अरहर।

शाख़े आरज़ू स्त्री० *(फ़ा०)* इच्छा रूपी वृक्ष की शरण अर्थात् इच्छा।

शाख़े आहू स्त्री० *(फ़ा०)* धनुष; कमान; झूठा वादा; हिरन की सींग।

शाख़े गवज़्न स्त्री० *(फ़ा०)* बारहसिंगे की सींग।

शाख़े गाव स्त्री० *(फ़ा०)* बैल या गाय की सींग।

शाख़े दरिया स्त्री० *(फ़ा० शाख़े दर्या)* किसी नदी से निकली हुई शाखा।

शाख़े नवात स्त्री० *(फ़ा०)* बाँस की वे छोटी तीलियाँ जो मिश्री जमाते समय कूज़े में लगा दी जाती हैं।

शाख़े सुस्त स्त्री० *(फ़ा०)* कमज़ोर डाली जिस पर घोंसला बनाने में उसके टूटने का भय हो। अर्थात् संसार।

शाख़े ग़ज़ाल स्त्री० *(फ़ा०)* हिरन की सींग; धनुष; द्वितीया का चाँद।

शाख़े ज़ाफ़रान वि० *(फ़ा० शाखे+अ० जाफ़रान)* विलक्षण; अद्भुत; अनोखा।

शागिर्द पु० *(फ़ा०)* सेवक; टहलुआ; शिष्य।

शागिर्द-पेशा पु० *(फ़ा० शागिर्द+अ० पेशा)* दफ्तर में काम करने वाला।

शागिर्दाना वि० *(फ़ा०)* शिष्योचित; शागिर्द की तरह। पु० गुरुदक्षिणा।

शागिर्दी स्त्री० *(फ़ा०)* शिष्यत्व; सेवाकार्य।

शाग़िल वि० *(अ०)* जो किसी शग़ल या काम में लगा हो; सदा ईश्वर-चिन्तन करने वाला।

शाज़ वि० *(अ०)* अकेला; अनुपम; नियम विरुद्ध; अनोखा; क्रि०वि० *(अ०)* कभी-कभी।

शाज़ो नादिर क्रि०वि० *(अ०)* कभी-कभी।

शात स्त्री० *(अ०)* अजा; बकरी।

शातिन वि० *(अ०)* दुराचारी।

शातिर पु० *(अ०)* शतरंज का खिलाड़ी; धूर्त; चालाक; पत्रवाहक; दूत।

शातिराना वि० *(अ० शातिर+फ़ा० आनः)* शातिरों जैसा; धूर्ततापूर्ण।

शाती पु० *(अ०)* नदी का किनारा।

शातू पु० *(तु०)* सोपान; सीढ़ी।

शाद वि० *(फ़ा०)* प्रसन्न; सुखी।

शादबाश विस्मय० *(फ़ा०)* प्रसन्न रहो; शाबाश।

शादमान वि० *(फ़ा०)* प्रसन्न; हर्ष।

शादमानी स्त्री० *(फ़ा०)* प्रसन्नता; हर्ष।

शादाब वि० *(फ़ा०,भाव० शादाबी)* हरा-भरा।

शादाबी स्त्री० *(अ०)* हरा-भरा होना।

शादियाना वि० *(फ़ा० शादियानः)* प्रसन्नता के समय बजने वाले बाजे; मंगलवाद्य; वह उपहार जो जमींदार के घर शादी-व्याह के समय किसान लोग देते हैं।

शादवर्द पु० *(फ़ा०)* चन्द्रमण्डल।

शादाबी स्त्री० *(फ़ा०)* हरियाली; प्रफुल्लता।

शादिन पु० *(फ़ा०)* मृगशावक; हिरन का बच्चा।

शादियाना पु० *(फ़ा० शादियानः)* बधाई; खुशी के समय का बजने वाला बाजा।

शादी स्त्री० *(फ़ा०)* खुशी; आनन्दोत्सव; विवाह।

शादीमर्ग वि० *(फ़ा० शादी+मर्ग)* जो अधिक आनन्द से मर गया हो। स्त्री० ऐसी मृत्यु जो आनन्द की अधिकता से हो।

शादीशुदा वि० *(फ़ा० शादीशुदाः)* विवाहित।

शान स्त्री० *(अ०)* तड़क-भड़क; गर्वीली चेष्टा; ठसक; प्रतिष्ठा।

शानदार वि० *(अ० शान+फ़ा० दार)* जिसमें शान या शोभा हो।

शाना पु० *(फ़ा० शानः)* कंघी; कन्धा; भुजमूल।

मुहा० *शाने से शाना छिलना-* *इतनी भीड़ होना कि कन्धे से कन्धे छिले।*

शानाबीनी स्त्री० *(फ़ा० शानःबीनी)* सगुन विचारना।

शानासर पु० *(फ़ा० शानःसर)* हुदहुद नामक पक्षी।

शानो-शौकत स्त्री० *(अ०)* ठाट-बाट; सजावट।

शाफ़ई पु० *(अ०)* सुन्नी सम्प्रदाय के चार इमामों में से एक।

शाफ़ा पु० *(अ० शाफ़ः)* दवा की वह बत्ती जो जख्म या गुदा आदि में रखी जाती है।

शाफ़ी वि० *(अ०)* नीरोग करने वाला; सीधा; साफ़।

शाब[1] पु० *(अ०)* 24 से 40 वर्ष तक की अवस्था का पुरुष।

शाब[2] पु० *(अ०)* गर्त; खोह; कन्दरा; कुल; खानदान।

शाबदा पु० *(अ० शाबदः)* इन्द्रजाल; दृष्टिबन्ध; टोना-टोटका; छल-फरेब।

शाबदागर वि० *(अ० शाबदः+फ़ा० गर)* मायावी; छली; फरेबी।

शाबदागरी स्त्री० *(अ० शाबदः+फ़ा० गरी)* मायाकर्म; जादूगरी।

शाबान पु० *(अ० शअबान)* मुस्लिम वर्ष का आठवाँ चान्द्रमास, जो रजब के बाद पड़ता है।

शाबाश विस्मय० *(अ०)* एक प्रशंसासूचक शब्द; खुश रहो; वाह-वाह।

शाबाशी स्त्री० *(फ़ा० शाबाश)* प्रशंसा; वाहवाही। क्रि०वि० देना; मिलना।

शाम[1] स्त्री० *(फ़ा०)* सूर्यास्त का समय; सन्ध्या।

पदरचना- *शामे-ब-महर-* *ऐसी शाम जिसकी सुबह न हो।*

शाम[2] पु० *(अ०)* सीरिया नामक देश।

शामगाह स्त्री० *(फ़ा०)* सांयकाल; सन्ध्या समय।

शामत स्त्री० *(अ०)* दुर्भाग्य; विपत्ति; आफ़त; दुर्दशा।

मुहा० *शामत का घेरा या मारा-* *दुर्दशा का मारा हुआ।* ***शामत सवार होना या सिर पर खेलना-*** *दुर्दशा का समय आना।*

शामतज़दा वि० *(अ० शामत+फ़ा० जदः)* शामत का मारा; विपत्तिग्रस्त।

शामते-आमाल स्त्री० *(अ०)* किये हुए कुकृत्यों का फल।

शामियाना पु० *(फ़ा०)* एक प्रकार का बड़ा तम्बू।

शामिल वि० *(अ०)* जो साथ में हो; सम्मिलित।

शामिल-हाल वि० *(अ०)* सभी अवस्थाओं में साथ रहने वाला। क्रि०वि० मिलकर; एक साथ।

शामिलात स्त्री० *(अ० शामिल का बहु०)* हिस्सेदारी; साझा।

शामी वि० *(अ०)* शाम देश सम्बन्धी। पु० शाम देश का निवासी। स्त्री० शाम देश की भाषा।

शामे-ग़रीबाँ स्त्री० *(फ़ा०)* यात्रियों की सन्ध्या जो प्रायः निर्जन और भीषण स्थानों में पड़ती है।

शामो-सहर क्रि०वि० *(फ़ा० शामो+अ० सहर)* दिन-रात; हर समय।

शाम्मा पु० *(अ० शाम्मः)* सूँघने की शक्ति।

शायक़ वि० *(अ०, बहु० शायकीन)* शौकीन; प्रेमी।

शायद क्रि०वि० *(फ़ा०)* कदाचित; सम्भव है।

शायर पु० *(अ० शाइर)* वह जो शेर या उर्दू-फ़ारसी की कविता लिखता हो; कवि।

शायरा स्त्री० *(अ० शायरः)* स्त्री कवि; कवियित्री।

शायरी स्त्री० *(अ० शाइरी)* कविताएँ लिखना; काव्य रचना।

शायाँ वि० *(फ़ा०)* उपयुक्त; अभीष्ट।

शाया वि० *(अ० शाइअ)* प्रकट; जाहिर; प्रसिद्ध किया हुआ; छपा हुआ; प्रकाशित।

शार[1] स्त्री० *(फ़ा०)* नगर; बस्ती; साड़ी।

शार[2] स्त्री० *(फ़ा०)* बाल; केश।

शारअ पु० *(अ० शारिअ)* बड़ी सड़क; राजमार्ग।

शारक स्त्री० *(फ़ा०,सं० सारिका)* मैना पक्षी।

शारमार पु० *(फ़ा०)* बड़ा साँप; अजगर।

शारह पु० *(अ०)* सूर्य।

शारिस्तान पु० *(फ़ा०)* वह बस्ती जिसके चारों ओर बाग हो।

शारुलजिन पु० *(अ०)* हंसराज नामक एक घास जो दवा के काम आती है।

शारे वि० *(अ०)* इस्लामी शरीअत बनाने वाला अर्थात् हज़रत पैगम्बर मुहम्मद; शरीअत का विद्वान् जानकार।

शारेह वि० *(अ०)* भाष्यकार; टीकाकार; शरह लिखने वाला।

शाल स्त्री० *(फ़ा०)* बढ़िया ऊनी चादर; दुशाला।

शालंग स्त्री० *(फ़ा०)* वह व्यक्ति जो किसी भागे हुए व्यक्ति की जगह पकड़ा जाये।

शालदोज़ वि० *(फ़ा०, भाव० शालदोज़ी)* शाल पर बेल बूटे बनाने वाला।

शाल-बाफ़ वि० *(फ़ा०,भाव० शालबाफ़ी)* शाल बनाने वाला। पु० एक प्रकार का लाल रेशमी कपड़ा।

शाली वि० *(फ़ा०)* रूमाल।

शाशा पु० *(फ़ा० शाशः)* पेशाब; मूत्र।

शाह पु० *(फ़ा०)* जड़; मूल; मालिक; बादशाह; मुसलमान फ़कीरों की उपाधि; दूल्हा। वि० बड़ा; महान।

शाहकार पु० *(फ़ा०)* किसी कलाकार की सर्वोत्तम कृति।

शाहगाम स्त्री० *(फ़ा०)* घोड़े की एक चाल।

शाहज़ादा पु० *(फ़ा० शाहजादः स्त्री० शाहज़ादी)* बादशाह का लड़की; लड़का।

शाहतरा पु० *(फ़ा० शाहतरः)* एक प्रकार का साग जो दवा के काम आता है।

शाहदरा पु० *(फ़ा० शाहदरः)* राजमार्ग; आमरास्ता।

शाहदाना पु० *(फ़ा० शाहदानः)* एक बीज जो दवा के काम में आता है।

शाहनशीं स्त्री० *(फ़ा०)* बैठने की ऊँची जगह; राजगद्दी।

शाह-दरिया पु० *(फ़ा०)* स्त्रियों का एक कल्पित भूत या प्रेत।

शाहनामा पु० *(फ़ा० शाहनामः)* राजाओं का इतिहास; एक प्रसिद्ध ऐतिहासिक ग्रन्थ; जिसमें फारस के बादशाहों का इतिहास है।

शाहपर पु० *(फ़ा०)* पक्षियों का डैना।

शाहंशाह पु० *(फ़ा०)* बादशाहों का बादशाह; सम्राट।

शाहंशाही स्त्री० *(फ़ा०)* शाहंशाह का पद या कार्य।

शाह-बरहना पु० *(फ़ा०)* स्त्रियों का एक कल्पित भूत।

शाह-बलूत पु० *(फ़ा० शाह+अ० बलूत)* माजूफ़ल की तरह एक बड़ा वृक्ष।

शाहबाज़ पु० *(फ़ा०)* बड़ा बाजपक्षी; शूरवीर योद्धा।

शाहबाज़ी स्त्री० *(फ़ा०)* शूरवीरता; बहादुरी।

शाहबैत स्त्री० *(फ़ा० शाह+अ० बैत)* गज़ल का वह शेर जो सबसे अच्छा हो।

शाहराह स्त्री० *(फ़ा०)* राजमार्ग; बड़ी सड़क।

शाहवार वि० *(फ़ा०)* बादशाहों या राजाओं के योग्य।

शाह सवार वि० *(फ़ा०)* घुड़सवार।

शाहिद पु० *(अ०, बहु० शाहिदान)* साक्षी; गवाह। वि० बहुत सुन्दर।

पदरचना- ***शाहिदे हाल-*** *प्रत्यक्ष साक्षी।*

शाहिद बाज़ वि० *(अ० शाहिद+फ़ा० बाज़, भाव० शाहिद बाजी)* सौन्दर्य का प्रेमी या उपासक।

शाहिदी स्त्री० *(अ०)* शहादत; गवाही।

शाहिदे आदिल वि० *(अ०)* सच्चा गवाह।

शाहिदे ग़ैब वि० *(अ०)* परोक्ष ज्ञाता अर्थात् ईश्वर।

शाहिदे बाज़ारी स्त्री० *(अ० शाहिद+फ़ा० बाज़ारी)* गणिका; रूपजीवा; वेश्या; रण्डी; तवायफ।

शाहिदे रोज़ स्त्री० *(अ० शाहिद+फ़ा० रोज़)* सूर्य; सूरज।

शाहिदे शब पु० *(अ० शाहिद+फ़ा० शब)* चन्द्रमा; राकेश; चाँद।

शाहीं पु० *(फ़ा०)* श्येन; बाज़; तराजू की डण्डी।

शाहीं दुज़्द पु० *(फ़ा०)* डण्डी मारने वाला; तोल कम तौलने वाला।

शाही बचा पु० *(फ़ा० शाहीं बचः)* बाज़ का बच्चा; सूर व्यक्ति का पुत्र।

शाही वि० *(फ़ा०)* बादशाहों जैसा; राजकीय। स्त्री० शासन; राज्य।

शाहीन पु० *(फ़ा०)* एक सफेद शिकारी पक्षी; बाज; तराजू का काँटा।

शाहे खखर पु० *(फ़ा०)* पूरब का बादशाह अर्थात् सूर्य; सूरज।

शाहे नजफ़ पु० *(अ० शाह+फ़ा० नजफ़)* हज़रत अली।

शाहे नहल पु० *(अ० शाह+फ़ा० नहल)* शहद की मधुमखियों का बादशाह।

शाहे मग़रिब पु० *(अ० शाह+फ़ा० मगरिब)* चन्द्रमा।

शाहे मशरिक़ पु० *(अ० शाह+फ़ा० मश्रिक)* सूर्य; सूरज।

शाहे वक़्त पु० *(अ० शाहे+फ़ा० वक़्त)* वर्तमान कालीन शासक।

शाहे हिजाज़ पु० *(अ० शाहे+फ़ा० हिजाज़)* मक्के और मदीने का शासक हज़रत मुहम्मद।

शिआर पु० *(अ०)* वह कपड़ा जो अन्दर पहना जाता है; पोशाक।

शिकंजा पु० *(फ़ा० शिकंजः)* दबाने या कसने का यन्त्र; एक यन्त्र जिससे जिल्दबन्द किताबें दबाते और उसके पन्ने काटते हैं; अपराधियों को दण्ड देने का एक प्राचीन यन्त्र जिसमें उनकी टाँगें कस दी जाती थीं।

मुहा० *शिकंजे में खिंचवाना*- *घोर यन्त्रणा दिलाना।* ***शिकंजे में आना*-** *पकड़ में आना।*

शिक़ स्त्री० *(अ०)* आधा भाग; ओर; तरफ।

शिकन स्त्री० *(फ़ा०)* सिकुड़ने से पड़ी हुई सिलवट।

शिकनी पु० *(फ़ा०)* तोड़ने या भंग करने की क्रिया।

शिकम पु० *(फ़ा०)* पेट।

शिकम-परवर वि० *(फ़ा०, भाव० शिकम-परवरी)* स्वार्थी; पेटू।

शिकम-सेर वि० *(फ़ा०)* जिसका पेट अच्छी तरह भर गया हो।

शिकमी वि० *(फ़ा०)* पेट-सम्बन्धी; जन्म-सम्बन्धी; पैदायशी; भीतरी; अन्तर्गत।

शिकमी-काश्तकार पु० *(फ़ा०)* वह काश्तकार जिसे दूसरे काश्तकार से खेत जोतने को मिला हो।

शिकमेमादर पु० *(फ़ा०)* माँ का पेट; मातृयोनि।

शिकरा पु० *(फ़ा० शिकरः)* एक प्रकार का बाज पक्षी।

शिकवा-गुज़ार पु० *(फ़ा०, भाव० शिकवा गुजारी)* शिकवा या शिकायत करने वाला।

शिकस्त स्त्री० *(फ़ा०)* पराजय; हार; टूटने-फूटने की क्रिया।

शिकस्तगी स्त्री० *(फ़ा०)* टूटने की क्रिया या भाव।

शिकस्ता वि० *(फ़ा० शिकस्तः)* टूटा-फूटा; घसीट।

शिकस्ता नवीस वि० *(फ़ा० शिकस्तः नवीस)* घसीट कर लिखने वाला।

शिकस्ता नवीसी स्त्री० *(फ़ा० शिकस्तः नवीसी)* घसीट कर लिखना।

शिकस्ता हाल वि० *(अ० शिकस्तः+फ़ा० हाल)* जिसकी आर्थिक दशा खराब हो गयी हो।

शिकस्ता हिम्मत वि० *(अ० शिकस्तः+फ़ा० हिम्मत)* जिसकी हिम्मत टूट गयी हो।

शिकायत स्त्री० *(अ०, वि० शिकायती)* बुराई करना; चुगली; उपालम्भ; उलाहना।

शिकायत कुनाँ वि० *(अ० शिकायत+फ़ा० कुनाँ)* शिकायत करता हुआ।

शिकायत कुनिन्दा/शिकायत गर वि० *(अ० शिकायत+फ़ा० कुनिन्दा)* शिकायत करने वाला।

शिकायतन वि० *(अ०)* शिकायत के रूप में।

शिकायतनामा पु० *(अ० शिकायत+फ़ा० नामः)* वह पुस्तक जिसमें शिकायतें लिखी जाती हों; परिवाद पुस्तिका।

शिकायात स्त्री० *(अ० शिकायत का बहु०)* शिकायतें।

शिकार पु० *(फ़ा०)* जंगली पशुओं को मारने का कार्य; आखेट।

शिकारगाह स्त्री० *(फ़ा०)* शिकार खेलने का स्थान।

शिकारबन्द पु० *(फ़ा०)* तस्मा (फीता) जो घोड़े की पीठ या पीछे की ओर इसलिए बँधा रहता है कि उसमें शिकार किया हुआ जानवर या कोई चीज लटकायी जा सके।

शिकारा पु० *(फ़ा०)* एक तरह की बड़ी नाव; हाउस बोट।

शिकारी पु० *(फ़ा०)* शिकार करने वाला। वि० शिकार में काम आने वाला।

शिकाल[1] पु० *(अ०)* एक या तीन सफेद टाँगों वाला घोड़ा, जो ऐबी माना जाता है।

शिकाल[2] पु० *(फ़ा०)* छल; धोखा; फरेब।

शिकेब पु० *(फ़ा०)* धैर्य; सहनशीलता।

शिकेबा वि० *(फ़ा०)* सहनशील।

शिख़ाब पु० *(अ०)* ताज़ा निकला हुआ दूध।

शिख़ार स्त्री० *(अ०)* क्षार।

शिखोलीदा स्त्री० *(फ़ा० शिखोलीदः)* कुम्हलाया हुआ; खिन्न।

शिगाफ़ पु० *(फ़ा०)* चीरा; नश्तर; दरार; छेद।
शिगाल पु० *(फ़ा०,सं० शृगाल)* गीदड़; सियार।
शिगिफ़्त पु० *(फ़ा०)* आश्चर्य; अचम्भा।
शिगुफ्ता वि० *(फ़ा० शिगुफ्तः)* विकसित; प्रसन्न।
शिताब क्रि०वि० *(फ़ा०)* जल्दी से; झटपट।
शिताबकार वि० *(फ़ा०, भाव० शिताबकारी)* जल्दी काम करने वाला; जल्दबाज़।
शिताबी स्त्री० *(फ़ा०)* शीघ्रता; जल्दबाजी।
शितुरग़ू पु० *(तु०)* एक बाज़ा।
शिद्दत स्त्री० *(अ०)* तेजी; कठोरता; सख्ती; बल प्रयोग।
शिना स्त्री० *(फ़ा०)* तैरने का कार्य।
शिनावर पु० *(फ़ा०)* तैराक।
शिनावरी स्त्री० *(फ़ा०)* तैराकी का काम।
शिनास वि० *(फ़ा०, भाव० शिनासी)* पहचानने वाला।
शिनासा वि० *(फ़ा० शिनासः)* पहचानने वाला।
शिनासाई स्त्री० *(फ़ा० शिनासाई)* पहचान; परिचय।
शिपिश स्त्री० *(फ़ा०)* बालों में पड़ने वाला जूँ।
शिफ़ा स्त्री० *(अ०)* स्वास्थ्य; आरोग्य।
पदरचना- ***शिफ़ा ख़ाना-*** *चिकित्सालय।*
शिफ़ाए कामिल स्त्री० *(अ०)* पूरे तौर से रोगमुक्ति।
शिफ़ाख़्वाह वि० *(अ० शिफ़ा+फ़ा० ख़्वाह)* रोगमुक्त होने का इच्छुक।
शिफ़ायाब वि० *(अ० शिफ़ा+फ़ा० याब)* जिसने रोग से मुक्ति पा ली हो।
शिफ़ायाबी स्त्री० *(अ० शिफ़ा+फ़ा० याबी)* रोग से छुटकारा पाना।
शिबित पु० *(अ०)* सोया नामक एक साग।
शिब्क पु० *(अ०)* चरख़े का तकला।
शिब्र स्त्री० *(अ०)* बारह अंगुल की एक नाप; वालिश्त।
शिब्ल पु० *(अ०)* शेर का बच्चा।
शिब्ली पु० *(अ०)* एक बड़े मुसलमान महात्मा।
शिमा स्त्री० *(फ़ा० शिमः)* क्षीर सागर।
शिमाल स्त्री० *(अ०)* उत्तर दिशा।
शिमाल रूया वि० *(अ० शिमाल+फ़ा० रूयः)* जिसका मुँह उत्तर की ओर हो।
शिमाली वि० *(अ०)* उत्तरी; उत्तर दिशा का।
शिम्र पु० *(अ०)* हज़रत इमाम हुसैन को शहीद करने वाले का नाम।
शियाफ़ पु० *(अ० शीम का बहु०)* जौ के आकार की एक बटी जो घिसकर आँखों में लगाते हैं।
शिरा पु० *(अ०)* मोल लेना; खरीदना।
शिराअ पु० *(अ०)* नाव का पाल।
शिराक पु० *(अ०)* चप्पल; जूते या खड़ाऊ की डोरी।
शिराके नालैन पु० *(अ०)* जूतों की डोरी।
शिया/शीया पु० *(अ०)* मुसलमानों का एक सम्प्रदाय।
शिरकत स्त्री० *(अ० शिर्कत)* साझा; सहयोग; शरारत।
शिरयान स्त्री० *(अ०,सं० शिरा)* छोटी नस; नाड़ी; शिरा।
शिर्क पु० *(अ०)* किसी अन्य (देवी-देवताओं) को भी ईश्वर के साथ सृष्टि का आदि कर्ता मानना, जो इस्लाम की दृष्टि से कुफ्र (अधर्म) है।
शिलंग पु० *(फ़ा०)* कदम; छलाँग।
शिलांग पु० *(देश०)* दूर-दूर की जाने वाली मोटी सिलाई।
शिल्लिक पु० *(तु०)* बहुत-सी बन्दूकों या तोपों का एक साथ दगना।
शिवा वि० *(फ़ा०)* भुना हुआ; भ्रष्ट।
शिस्त स्त्री० *(फ़ा०)* निशाना; मछली पकड़ने का काँटा।
पदरचना- ***शिस्तबाज़-*** *मछलीमार; निशानेबाज।*
शिहना पु० *(अ० शिह्न)* कोतवाल; नगर की कोतवाली का निरीक्षक और संरक्षक।
शिहनगी स्त्री० *(अ० शिह्न+फ़ा० गी)* कोतवाल का पद; कोतवाल का काम; कोतवाली।
शिहाब पु० *(अ०)* आग की लपट; आकाश से टूटने वाला तारा।
शीआ पु० *(अ० शीअः)* सहायक; वह सम्प्रदाय जिसने हज़रत अली और उनके वंशजों का साथ दिया था। (इस दल के अनुयायी मुसलमानों में 'राफ़िजी' नामक एक स्वतन्त्र सम्प्रदाय है)।
शीई वि० *(अ०)* शिया सम्प्रदाय का व्यक्ति।
शीदी पु० *(अ०)* हब्शी; हबश देश का रहने वाला।
शीन पु० *(अ०)* अरबी वर्णमाला का तेरहवाँ अक्षर और उर्दू लिपि का अठारहवाँ अक्षर।
मुहा० ***शीनक़ाफ़ दुरुस्त होना-*** *बोलने में फ़ारसी; अरबी आदि के शब्दों का उच्चारण ठीक होना।*
शीम स्त्री० *(अ०)* सौरी मछली।
शीमा स्त्री० *(अ०)* प्रकृति; स्वभाव; आदत।
शीर पु० *(फ़ा०,सं० क्षीर)* दूध; खीर।

शीरन्दाज़ पु० *(फ़ा०)* मनुष्य या पशु का स्तन जिसमें दूध भरा हो।

शीरअफ़्ज़ा वि० *(फ़ा०)* दूध बढ़ाने वाला।

शीरख़िश्त स्त्री० *(अ०)* एक गोंद जो दवा के काम में आता है और अच्छा रेचक है।

शीरख़ुरमा पु० *(फ़ा०)* दूध में भींगे हुए छुहारे।

शीर-ख़िश्त स्त्री० *(फ़ा०)* एक प्रकार की दस्तावर दवा जो वृक्षों और पत्थरों पर दूध की तरह जमी हुई मिलती है।

शीर-गरम वि० *(फ़ा०)* साधारण गरम; गुनगुना गरम।

शीरदान पु० *(फ़ा०)* दूध रखने का बर्तन।

शीरबिरंज स्त्री० *(फ़ा०)* खीर।

शीरमाल स्त्री० *(फ़ा०)* मैदे की खमीरी रोटी।

शीर-व-शकर वि० *(फ़ा०)* दूध और चीनी की तरह मिले हुए।

शीरा पु० *(फ़ा० शीरः)* रक्त की छोटी नाड़ी; पानी का सोता; चीनी आदि को पका कर गाढ़ा किया हुआ रस; चाशनी।

शीराज़ पु० *(फ़ा०)* फ़ारस का एक प्रसिद्ध नगर, जहाँ बहुत बड़े-बड़े कवि हुए हैं। हाफ़िज़ और सादी वहाँ के सर्वोत्तम कवि हैं।

शीराज़ा पु० *(फ़ा० शीराज़ः)* पुस्तकों की सिलाई में वह डोरा या फीता, जो जिल्द के पुट्ठों से सटा रहता है; व्यवस्था।

शीराज़ी वि० *(फ़ा०)* शीराज़ नगर का। पु० एक प्रकार का कबूतर।

शीरी वि० *(फ़ा०)* मीठा; प्रिय।

शीरीं अदा वि० *(फ़ा०)* जिसके हाव भाव दिल को लुभाने वाली हों।

शीरीन स्त्री० *(फ़ा०)* मिठास; मिठाई।

शीरीनी स्त्री० *(फ़ा०)* मिठास; मिठाई बाँटना; चढ़ाना।

शीश-ए-साइत पु० *(फ़ा० शीश+अ० साइत)* बालू घड़ी।

शीश महल पु० *(फ़ा० शीश+अ० महल)* शीशे का बना मकान; शीशा जड़ा कमरा।

मुहा० *शीशे का कुत्ता*- *पागल/बावला व्यक्ति।*

शीशा पु० *(फ़ा० शीशः)* काँच; दर्पण।

शीशागर पु० *(फ़ा०, भाव० शीशागरी)* शीशा की वस्तुएँ बनाने वाला।

शीशाबाज़ वि० *(फ़ा० शीशः बाज़)* धूर्त; मक्कार।

शीशाबाज़ी स्त्री० *(फ़ा० शीशः बाज़ी)* धूर्तता; मक्कारी।

शीशी स्त्री० *(फ़ा० शीशः)* शीशे का छोटा पात्र जिसमें तेल आदि रखते हैं।

मुहा० *शीशी सुँघाना*- *दवा सुँघाकर बेहोश करना।*

शीस पु० *(अ०)* आदम का तीसरा बेटा, जिसे मुसलमान अपना पैगम्बर मानते हैं।

शुअरा पु० *(अ० शाइर का बहु०)* शायर लोग।

शुआअ स्त्री० *(अ०,वि० शुआई)* सूर्य की किरण; रश्मि।

शुअर पु० *(अ०)* शिष्टता; तमीज।

शुकराना पु० *(फ़ा० शुक्र)* शुक्रिया; धन्यवाद के रूप में दिया जाने वाला धन।

शुकोह पु० *(फ़ा०)* दबदबा; प्रताप; आतंक।

शुक़्क़ा पु० *(अ० शुक़्क़ः)* वह पत्र जो बादशाह की ओर से किसी अमीर या सरदार के नाम लिखा जाये।

शुक्र पु० *(अ०)* कृतज्ञता; धन्यवाद।

मुहा० *शुक्र बजा लाना*- *कृतज्ञता प्रगट करना।*

शुक्र गुज़ार वि० *(अ० शुक्र+फ़ा० गुजार, भाव० शुक्रगुजारी)* एहसान मानने वाला; आभारी; कृतज्ञ।

शुक्रिया पु० *(अ०)* धन्यवाद; एक शब्द जो कृतज्ञता प्रकट करने के लिए बोलते हैं।

शुगुन पु० *(फ़ा०, सं०)* सकुन; शगुन।

शुजाअ वि० *(अ०)* वीर; बहादुर।

शुजाअत स्त्री० *(अ०)* वीरता; बहादुरी।

शुतरी वि० *(फ़ा०)* शुतुर या ऊँट के बालों से बनाया हुआ। पु० ऊँट की पीठ पर रखकर बजाया जाने वाला नक्कारा या धौंसा।

शुतुर पु० *(फ़ा० शुत्र, सं० उष्ट्र)* ऊँट नामक पशु।

पदरचना- *शुतुर-बे-महार*- *बिना नकेल का ऊँट।*

शुतुर ग़मज़ा पु० *(फ़ा०)* छल; नखरा।

शुतुर-गाव पु० *(फ़ा०)* जिराफ़ नामक पशु।

शुतुर दिल वि० *(फ़ा०)* डरपोक; कायर।

शुतुर नाल स्त्री० *(फ़ा०)* ऊँट पर रखकर चलायी जाने वाली तोप।

शुतुरबान वि० *(फ़ा०)* एक बहुत बड़ा पक्षी, जिसकी गर्दन ऊँट की तरह बहुत लम्बी होती है; शुतुरमुर्ग।

शुद वि० *(फ़ा०)* गया-बीता। पु० किसी कार्य का आरम्भ।

पदरचना- *शुद-बुद- किसी विषय का अल्प ज्ञान।*

शुदनी स्त्री० *(फ़ा०)* होने वाली बात; भावी।

शुदबुद स्त्री० *(फ़ा०)* किसी वस्तु का अल्प ज्ञान।

शुदा वि० *(फ़ा०)* जो हो या बीत चुका हो। जैसे- पास शुदा।

शुदामद स्त्री० *(फ़ा०)* परम्परा; प्रथा।

शुफ़ा पु० *(अ०, शफ़अ)* पड़ोस; पार्श्ववर्ती।

शुबहा/शुभा पु० *(अ० शुब्हः)* सन्देह; वहम।

शुमार पु० *(फ़ा०)* संख्या; गिनती; लेखा; हिसाब।

शुमार-कुनिन्दा वि० *(फ़ा०)* गिनती करने वाला।

शुमारी स्त्री० *(फ़ा०)* गिनने की क्रिया। जैसे- मर्दुम शुमारी।

शुमाल स्त्री०, पु० *(अ०)* उत्तर दिशा।

शुमाली वि० *(अ०)* सम्पूर्ण।

पदरचना- *ब-शुमालियत- सहयोग से।*

शुरक़ा/शुरफ़ा पु० *(अ० शरीफ़ का बहु०)* शरीफ़ लोग।

शुरू पु० *(अ० शुरूअ)* आरम्भ।

शुरूआत स्त्री० *(अ०)* प्रारम्भ; आरम्भ।

शुर्ब पु० *(अ०)* पीना।

शुवात पु० *(फ़ा०)* चकवा।

शुस्त-ब-शू स्त्री० *(फ़ा०)* नहाना-धोना; पवित्र होना।

शुस्ता वि० *(फ़ा० शुस्तः)* धोया हुआ; साफ व स्वच्छ।

शुहदा पु० *(अ० शोहदा)* गुण्डा; बदमाश; बदचलन।

शुहरत स्त्री० *(अ०)* ख्याति; प्रसिद्धि।

शुहरा पु० *(अ० शुहरः)* प्रसिद्धि।

शुहूद पु० *(अ०)* मन की वह अवस्था जिसमें संसार की सब चीजों में ईश्वर ही ईश्वर दिखायी देता है।

शूम वि० *(फ़ा०, भाव० शूमिअत)* मनहूस; अभागा।

शूम क़दम वि० *(अ० शूम+फ़ा० क़दम)* जिसका आगमन अशुभ हो।

शूमी स्त्री० *(फ़ा०)* अभागापन। वि० अनिष्ट; कृपणता।

शूरा पु० *(अ०)* परामर्श; विचार।

शेख़ पु० *(अ० शैख़, बहु० मशायख़)* पैगम्बर मुहम्मद के वंशजों की उपाधि; मुसलमानों के चार वर्गों में से सबसे पहला वर्ग; इस्लाम धर्म का आचार्य।

शेख़-उल-इस्लाम पु० *(अ०)* अपने समय का इस्लाम का सबसे बड़ा नेता और धर्माधिकारी।

शेख़चिल्ली पु० *(अ० शैख़+फ़ा० चिल्ली)* कल्पित; मूर्ख व्यक्ति; बड़े-बड़े मंसूबे बाँधने वाला व्यक्ति।

शेख़ी स्त्री० *(अ०)* गर्व; अहंकार।

मुहा० ***शेख़ी बघारना/हाँकना/मारना-*** *बढ़-चढ़कर बातें करना।*

शेफ़्तगी स्त्री० *(फ़ा०)* आशिकी।

शेफ़्ता वि० *(फ़ा० शेफ्त)* आसक्त।

शेर पु० *(फ़ा०)* बिल्ली की जाति का एक हिंसक जन्तु; व्याघ्र; अत्यन्त वीर और साहसी पुरुष। पु० *(अ० शेअर)* उर्दू कविता के दो चरण।

मुहा० ***शेर की नज़र-*** *क्रोध भरी दृष्टि से देखना।* ***शेर के मुँह में जाना-*** *जान जोख़िम में डालना।* ***शेर के मुँह से शिकार लेना-*** *जबरदस्ती छीन लेना।* ***शेर-बकरी का एक घाट का पानी पीना-*** *एक-सा व्यवहार होना।* ***शेर होना-*** *हौसला बढ़ना।*

शेरआबी स्त्री० *(फ़ा०)* घड़ियाल; मगर।

शेर-ख़्वानी स्त्री० *(अ० शेअर+फ़ा० ख़्वानी)* शेर या कविता पढ़ना।

शेरगो वि० *(अ० शेर+फ़ा० गो)* कवि; शायर।

शेरगोई स्त्री० *(अ० शेर+फ़ा० गोई)* शेर पढ़ना; कविता कहना।

शेर दिल वि० *(फ़ा०)* शेर जैसा वीर।

शेरफ़हमी स्त्री० *(अ०)* काव्यमर्मज्ञता।

शेर बचा पु० *(फ़ा० शेर बचः)* सिंह का बच्चा।

शेरमाही स्त्री० *(फ़ा०)* एक बहुत बड़ी मछली।

शेरसवार वि० *(फ़ा०)* शेर पर चढ़ने वाला।

शेर दही वि० *(फ़ा०)* जिसका मुँह शेर जैसा हो; वह मकान जो आगे चौड़ा और पीछे सँकरा हो।

शेरपंजा पु० *(फ़ा० शेर+पंजः)* बघनखा।

शेर-बबर पु० *(फ़ा०)* सिंह।

शेर मर्द वि० *(फ़ा०,भाव० शेरमर्दी)* बहुत बहादुर।

शेरनी स्त्री० *(फ़ा० शेर+हि० 'नी' प्रत्य०)* शेर की मादा।

शेरवानी स्त्री० *(अ०)* एक तरह का अँगरखा।

शेरी वि० *(अ०)* शेर का काव्य।

शेरीयत स्त्री० *(अ०)* शेरपन; काव्यकला का रस।

शेरे क़ालीं पु० *(फ़ा०)* क़ालीन पर बना हुआ शेर का चित्र।

शेरे ख़ुदा पु० *(फ़ा०)* हजरत अली की उपाधि।

शेरे ख़ुश्क पु० *(अ० शेर+फ़ा० ख़ुश्क)* ऐसा 'शेर' जिसमें कोई रस न हो।

शेरो-सुख़न पु० *(अ० शेरो+फ़ा० सुखन)* कविता; काव्य; साहित्य।

शेवा[1] पु० *(फ़ा० शेवः)* शैली; पद्धति; परिपाटी।

शेवा[2] वि० *(फ़ा०)* भाषण में कुशल।

शेवए ज़ुल्म पु० *(फ़ा० शेवए+फ़ा० ज़ुल्म)* अत्याचार करने का ढंग।

शेवन पु० *(फ़ा०)* रोना-चिल्लाना; रोकर दुःख प्रकट करना।

शै स्त्री० *(अ०)* वस्तु; पदार्थ; भूत-प्रेत।

शैए मरहूना स्त्री० *(अ० शैए मर्हूनः)* वह चीज जो रेहन अर्थात् बन्धक हो।

शैए लतीफ़ स्त्री० *(अ०)* प्रतिभा; प्रवीणता।

शैख़े-तरीक़त पु० *(अ०)* धर्मगुरु; पीर; मुर्शिद।

शैखुर्रईस पु० *(अ०)* रईसों का सरदार।

शैखुल जामिआ पु० *(अ०)* विश्वविद्यालय का कुलपति।

शैख़े कामिल पु० *(अ०)* पहुँचा हुआ पीर।

शैख़े वक़्त पु० *(अ०)* अपने समय का सबसे बड़ा धर्मगुरु।

शैतनत स्त्री० *(अ०)* शैतानी; दुष्टता।

शैतान पु० *(अ०, बहु० शयातीन)* जो मनुष्य को बहका कर धर्म से भ्रष्ट करे; दुष्ट व्यक्ति।
मुहा० ***शैतान की आँत-*** *बहुत लम्बी वस्तु।*

शैतानी स्त्री० *(अ० शैतान)* दुष्टता; बदमाशी। वि० शैतान सम्बन्धी; शैतान का।

शैद पु० *(अ०)* छल; धोखा।

शैदा वि० *(फ़ा०)* आशिक होने वाला; आसक्त।

शैदाई पु० *(फ़ा०)* जो किसी पर आशिक हो; आशिक होने का भाव।

शैदाए इल्म वि० *(फ़ा० शैदाए+अ० इल्म)* विद्या प्राप्त करने का अत्यधिक अभिलाषी।

शैदाए वतन वि० *(फ़ा० शैदाए+अ० वतन)* देशभक्त।

शैदी वि० *(अ०)* धूर्त; वंचक।

शैब पु० *(अ०)* बुढ़ापा।

शो प्रत्य० *(फ़ा०)* धोने वाला, जैसे- मुर्दःशो- मुरदे को धोने वाला या नहलाने वाला। पु० शौहर; स्वामी; पति; भर्ता।

शोख़ वि० *(फ़ा०, भाव० शोखी)* नटखट; चंचल; गहरा और चमकदार।

शोख़ चश्म वि० *(फ़ा०)* निर्लज्ज; बेहया।

शोख़ी स्त्री० *(फ़ा०)* ठिठाई; चंचलता; शरारत; रंग आदि की चमक।

शोब पु० *(फ़ा०)* धुलाई।

शोबदा पु० *(अ० शुअबदः)* जादू; धोखा; इन्द्रजाल।

शोबए तस्नीफ़ोतालीफ़ पु० *(अ०)* वह विभाग जिसका सम्बन्ध पुस्तकें लिखने और सम्पादन करने से हो।

शोबदागर/शोबदाबाज़ पु० *(फ़ा०)* जादूगरी; धोखेबाजी।

शोबा पु० *(अ० शुअबः)* समूह; शाखा; नहर।

शोर पु० *(फ़ा०)* हल्ला; कोलाहल।

शोरबख़्त वि० *(फ़ा०)* अभागा; कमबख्त।

शोरबा पु० *(फ़ा० शोर्बः)* उबली वस्तु का रस; जूस।

शोरबेदार वि० *(फ़ा०)* शोरबा से युक्त।

शोरा पु० *(फ़ा० शोरः)* एक प्रकार का क्षार जो मिट्टी से निकलता है; जिससे बारूद बनता है।

शोरापुश्त वि० *(फ़ा० शोरपुश्त, भाव० शोरपुश्ती)* उद्दण्ड; झगड़ालू।

शोराबूम स्त्री० *(फ़ा० शोरःबूम)* ऊसर; वह जमीन जिसमें रेह हो; जहाँ कुछ पैदा न हो।

शोराबा पु० *(फ़ा० शोराबः)* खारा पानी।

शोरिश स्त्री० *(फ़ा०)* शोरगुल; हुल्लड़; खलबली।

शोरीदनी स्त्री० *(फ़ा०)* व्याकुलता।

शोरीदा वि० *(फ़ा० शोरीदः)* व्याकुल; उद्विग्न।

शोरीदा-सर वि० *(फ़ा०, भाव० शोरीदासरी)* पागल; विक्षिप्त।

शोला पु० *(अ० शुअल)* आग की लपट।

शोला-ख़ू वि० *(अ० शुअल+फ़ा० ख़ू)* उग्र स्वभाव वाला।

शोलाज़बाँ वि० *(अ० शुअल+फ़ा० ज़बाँ)* आग उगलने वाला।

शोलाज़ादा वि० *(अ० शोला+फ़ा० ज़ादा)* अग्नि से उत्पन्न एक योनि विशेष; देव; परी; जिन्न; शैतान।

शोला-रू वि० *(अ० शअल+फ़ा० रू)* बहुत ही सुन्दर।

शोशा पु० *(फ़ा० शोशः)* अद्भुत या अनोखी बात; निकली हुई नोक; व्यंग्यपूर्ण बात।

शोहदा पु० *(फ़ा० शुहदा)* व्यभिचारी; लम्पट; गुण्डा।

शोहरत स्त्री० *(अ० शुहरत)* प्रसिद्धि; ख्याति।

शोहरा पु० *(अ० शुहरः)* प्रसिद्धि; ख्याति।

शौक़ पु० *(अ०)* अभिलाषा; लालसा।

मुहा० शौक़ करना- *भोग करना।* **शौक़ चर्राना-** *इच्छा का तीव्र होना।* **शौक़ से-** *खुशी से; निःसंकोच।* **शौक़ फ़रमाना-** *पसन्द करना।*

शौकत स्त्री० *(अ०)* ताकत; आतंक; रौब; शान।

पदरचना- ***शान-शौकत-*** *ठाट-बाट।*

शौकतुलअक्रब पु० *(अ०)* बिच्छू का डंक।

शौकते शाही स्त्री० *(अ० शौकत+फ़ा० शाही)* बादशाहों का ठाट-बाट।

शौका पु० *(अ० शौकः)* काँटा।

शौक़िया वि० *(अ० शौकियः)* शौक़ से भरा हुआ; शौक़ वाला। क्रि०वि० शौक़ से।

शौक़ीन पु० *(अ०)* शौक़ करने वाला; सदा बना-ठना रहने वाला।

शौक़े आराइश पु० *(अ० शौक़+फ़ा० आराइश)* बनने सँवरने का शौक़।

शौक़े इबादत पु० *(अ०)* जप-तप का शौक।

शौक़ीनी स्त्री० *(अ० शौक)* शौकीन होने का भाव।

शौला पु० *(अ०)* मूल नक्षत्र।

शौहर पु० *(फ़ा०)* स्त्री का पति; स्वामी; मालिक।

शौहर कुश वि० *(फ़ा०)* पति की हत्या करने वाली।

शौहरख़्वाह वि० *(फ़ा०)* जिसे पति की चाह हो।

शौहर परस्त स्त्री० *(फ़ा०)* पतिव्रता।

शौहरा पु० *(फ़ा० शौहरः)* वर के सिर पर बाँधा जाने वाला सेहरा।

स

संग पु० *(फ़ा०)* पत्थर; बोझ।

संग अन्दाज़ पु० *(फ़ा०)* पत्थर फेंकने वाला; किले के सूराख़ जिनसे बन्दूक चलायी जाती है; गोफ़न जिससे ढेला फेंकते हैं।

संगख़ुर्दा वि० *(फ़ा० संगख़ुर्दः)* जिसे पत्थर की चोट लगी हो।

संगचा पु० *(फ़ा० संगचः)* ओला।

संगज़दा वि० *(फ़ा० संगज़दः)* जिसे पत्थर से मारा गया हो।

संगज्वराहत पु० *(फ़ा०)* एक सफेद पत्थर, जो घाव भरने के काम आता है; सिंघा।

संगजीं वि० *(फ़ा०,भाव० संगज़ानी)* जिसके प्राण कठिनाई से निकले; निर्दयी।

संगतरा पु० *(फ़ा०)* सन्तरा।

संगतराश पु० *(फ़ा०)* वह जो पत्थर तराशता हो।

संगतराशी स्त्री० *(फ़ा०)* पत्थरतराशी का काम।

संगदाना पु० *(फ़ा०)* पक्षी का पेट जिसमें से प्रायः कंकड़-पत्थर भी निकलते हैं।

संगदिल वि० *(फ़ा०)* निर्दय; बे-रहम।

संगदिली स्त्री० *(फ़ा०)* निर्दयता; बेरहमी।

संग पारस पु० *(फ़ा० संग+हि० पारस)* पारस पत्थर।

संग पुश्त पु० *(फ़ा०)* कछुआ।

संग बसरी पु० *(अ० संग+फ़ा० बसरी)* एक प्रकार का सफेद पत्थर जो दवा के काम आता है।

संगमरमर पु० *(फ़ा० संगमर्मर)* एक प्रकार का मुलायम बढ़िया पत्थर।

संगमरमरी वि० *(फ़ा०)* संगमरमर जैसा।

संगमूसा पु० *(फ़ा०)* एक प्रकार का काला मुलायम पत्थर।

संगयशब पु० *(फ़ा०)* एक प्रकार का नीले, हरे, सफेद रंग का कीमती पत्थर।

संगर पु० *(फ़ा०)* खाई; दीवार; मोर्चाबन्दी।

संगरेज़ा पु० *(फ़ा० संगरेज़ः)* कंकड़; रोड़ा।

संगलाख़ पु० *(फ़ा०)* पथरीला या पहाड़ी स्थान। वि० कठोर।

संगसाज़ वि० *(फ़ा०, भाव० संगसाजी)* वह जो लीथो या पत्थर के छापे में अक्षर आदि बना कर अशुद्धियाँ दूर करता है।

संगसार पु० *(फ़ा०)* इस्लामी धर्मशास्त्र के अनुसार एक प्रकार का दण्ड, जिसमें व्यभिचारी को जमीन में कमर तक गाड़ कर, उसके सिर पर पत्थर बरसा कर उसके प्राण ले लेते थे।

संगिस्तान पु० *(फ़ा०)* पथरीला प्रदेश।

संगी वि० *(फ़ा०)* पत्थर का। पु० एक प्रकार का रेशमी कपड़ा।

पदरचना- ***संगी जिगर***- *कठोर हृदय*। ***संगी दस्त***- *कामचोर*। ***संग दिल***- *पाषाण हृदय*। ***संग दिली***- *कठोरता*।

संगीन पु० *(फ़ा०)* लोहे का एक नुकीला हथियार जो बन्दूक के सिरे पर लगाया जाता है। वि० पत्थर का बना हुआ।

संगीन दिल वि० *(फ़ा०)* कठोर हृदय।

संगीनी स्त्री० *(फ़ा०)* मज़बूती; गुरुता; भारीपन।

संगे असवद पु० *(फ़ा० संगे+अ० असवद)* काबे में रखा हुआ वह काला पत्थर जिसे मुसलमान पवित्र समझते हैं और हज करते समय चूमते हैं।

संगे आस्ताँ पु० *(फ़ा०)* देहलीज का पत्थर।

संगे ख़ारा पु० *(फ़ा०)* एक प्रकार का नीला पत्थर।

संगेमज़ार पु० *(फ़ा० संगे+अ० मज़ार)* कब्र पर लगा पत्थर, जिस पर मृतक का नाम और मृत्यु तिथि अंकित होता है।

संगेमसाना पु० *(अ० संगे+फ़ा० मसानः)* पथरी जो मूत्राशय में हो।

संगे माही पु० *(फ़ा०)* एक पत्थर जो एक विशेष मछली के सिर में से निकलता है।

संगे मिक़नातीस पु० *(अ० संगे+फ़ा० मिक़नातीस)* चुम्बक पत्थर।

संगे यशब पु० *(फ़ा०)* हरे रंग का एक पत्थर, जिसके टुकड़े हृदय-सम्बन्धी रोग दूर करने के लिए गले में पहनते हैं।

संगेराह पु० *(फ़ा०)* रास्ते में पड़ा हुआ पत्थर; जिससे ठोकर लगे।

संगेलरजाँ पु० *(फ़ा०)* एक प्रकार का लचीला पत्थर, जो हिलाने से लचकता है।

संगेलोह पु० *(फ़ा०)* कब्र पर लगा पत्थर जिस पर मृतक का नाम व मृत्यु-तिथि लिखी होती है।

संगेशजर पु० *(फ़ा० संगे+अ० शजर)* नदियों या समुद्र में से निकलने वाला एक प्रकार का सफेद पत्थर।

संगे सीना पु० *(फ़ा०)* छाती पर का पत्थर; अप्रिय वस्तु या बात।

संगे सुरमा पु० *(फ़ा०)* सुरमे की डली।

संगे सुर्ख़ पु० *(फ़ा०)* लाल रंग का पत्थर।

संगे सुलेमानी पु० *(फ़ा० संगे+अ० सुलेमानी)* एक प्रकार का दोरंगा पत्थर, जिसकी माला मुसलमान गले में पहनते हैं।

संज वि० *(फ़ा०)* समझने या जानने वाला।

संजर पु० *(फ़ा०)* बादशाह।

संजा पु० *(फ़ा०)* तराजू; वजन; पासंग।

संजाफ़ी वि० *(फ़ा०)* झालरदार; गोटदार।

संजाब पु० *(फ़ा०)* नेवले की प्रजाति का एक जानवर या उसकी खाल, जिससे पोस्तीन बनाते हैं; एक प्रकार का घोड़ा।

संजीदगी स्त्री० *(फ़ा०)* गम्भीरता; सौम्यता।

संजीदा[1] वि० *(फ़ा० संजीदः)* तौलने वाला।

संजीदा[2] वि० *(फ़ा० संजीदः, भाव० संजीदगी)* नपा या तुला हुआ; धीर-गम्भीर।

संजीदामिज़ाज वि० *(फ़ा० संजीदः+अ० मिज़ाज)* गम्भीर प्रकृतिवाला।

संजुक़ पु० *(तु०)* पताका; ध्वज; झण्डा; कमरबन्द।

सन्दल पु० *(अ०, सं० चन्दन)* चन्दन।

सन्दली वि० *(फ़ा०)* चन्दन का बना हुआ। स्त्री० चोटी।

सन्दूक़ पु० *(अ०)* लकड़ी आदि का बना चौकोर बक्सा।

सन्दूक़चा पु० *(फ़ा० सन्दूक़चः)* छोटा सन्दूक।

सन्दूके मुरदा पु० *(अ० सन्दूक+फ़ा० मुर्दः)* शव रखने का सन्दूक जैसा पात्र।

सम्बोसा पु० *(फ़ा०)* समोसा।

सन्दूक़ी वि० *(अ० सन्दूक़)* सन्दूक़ की तरह।

सअद पु० *(अ०)* सौभाग्य; खुशकिस्मती।

सअब वि० *(अ०)* कठिन; कठोर; अप्रिय।

सआदत स्त्री० *(अ०)* सौभाग्य; नेकी; भलाई।

सआदत-मन्द वि० *(अ० सआदत+फ़ा० मन्द)* भाग्यवान; आज्ञाकारी और सुयोग्य।

सई स्त्री० *(अ०)* दौड़-धूप; परिश्रम; कोशिश।

सईद वि० *(अ०)* शुभ; मुबारक; भाग्यवान।

साऊद पु० *(अ०)* ऊँचाई; यातना; ऊपर चढ़ने वाला।

सक़त पु० *(अ० सक़्त)* पशु का मरना।

सकता पु० *(अ० सक्तः)* एक प्रकार की मूर्च्छा; मिरगी; स्तम्भित होने की अवस्था।

सक़नकूर पु० *(तु०)* गोह की तरह का एक जानवर।

सक़मूनिया पु० *(यूनानी)* एक प्रकार की यूनानी दवा।

सक़र स्त्री० *(अ०)* जहन्नुम; दोज़ख; नरक।

सकरात स्त्री० *(अ०)* बेहोशी; प्राणान्त के समय की छटपटाहट।

सकरान वि० *(अ०)* मतवाला; नशे में चूर।

सक़ालत स्त्री० *(अ०)* भार; बोझा; गरिष्ठता।

सकीनत स्त्री० *(अ०)* चैन; आराम।

सक़ीम वि० *(अ०)* बीमार; रोगी; दूषित।

सक़ील वि० *(अ०, भाव० सकालत)* वज़नी; जल्दी न पचने वाला; गरिष्ठ।

सकूत पु० *(अ०)* चुप्पी; सन्नाटा।

सकून पु० *(अ० सुकून)* ठहरना; मन की शान्ति।

सकूनत स्त्री० *(अ०)* निवासस्थान।

सक़्क़ा पु० *(अ०)* मशक में पानी भरकर लाने वाला भिश्ती।

मुहा० *सक़्क़े की बादशाहत-* *दो-चार दिन की हुकूमत। (निजाम नामक भिश्ती ने हुमायूँ को डूबने से बचाकर 2½ दिन की बादशाहत ईनाम में पाया और इसी बीच राज्य में चमड़े का सिक्का चलाया)।*

सक़्क़ाई स्त्री० *(अ०)* पानी पिलाने का काम; भिश्ती का काम।

सक्काक वि० *(अ०)* लुहार; सिक्के के ऊपर ठप्पा लगाने वाला।

सक़्क़ावा पु० *(अ० सक़्क़ा)* पानी रखने का हौज।

सक्ता पु० *(अ०)* मूर्च्छा रोग; स्वर में यतिभंग; छन्द दोष।

सक़्फ़ पु० *(अ०)* मकान की छत या ऊपरी भाग; कोष्ठा।

सख़त पु० *(अ०)* क्रोध; गुस्सा।

सख़ा स्त्री० *(अ०)* दानशीलता।

सख़ावत स्त्री० *(अ०)* उदारता; दानशीलता।

सख़ाफ़त स्त्री० *(अ०)* तुच्छता; ओछापन; मूर्खता।

सख़ी वि० *(अ०)* दानी; उदार।

सख़ीन वि० *(अ०)* गाढ़ा; गफ़; दृढ़; मजबूत; कठोर।

सख़्त वि० *(फ़ा०)* कठोर; भारी; मुश्किल; निर्दय। क्रि०वि० बहुत अधिक।

सख़्त जान वि० *(फ़ा०,भाव० सख़्तजानी)* कठोर-हृदय; निर्दय।

सख़्त दिल वि० *(फ़ा०,भाव० सख़्त दिली)* कठोर; निर्दय।

सख़्त मीर वि० *(फ़ा०)* जिसके प्राण कठिनता से निकलें।

सख़्तिए-नज़अ स्त्री० *(फ़ा० सख़्त+फ़ा० नज़्अ)* यम यातना; मरते समय का कष्ट।

सख़्ती स्त्री० *(फ़ा०)* कठोरता; कड़ापन।

सग़[1] पु० *(अ०)* छोटापन।

सग[2] पु० *(फ़ा०)* कुत्ता।

पदरचना- *सगजाँ-* *लोभी; लालची; निर्दयी।*

सगज़ादा पु० *(फ़ा०)* कुत्ते का बच्चा (गाली)।

सग गज़ीदा वि० *(फ़ा० सगगज़ीदः)* जिसे कुत्ते ने काटा हो।

सगजानी स्त्री० *(फ़ा०)* लोभ; निर्दयता।

सगबान वि० *(फ़ा०)* कुत्ते का रखवाला।

सगबानी स्त्री० *(फ़ा०)* कुत्ते की रखवाली।

सग (गे) पु० *(फ़ा०)* बाजारी लावारिस कुत्ता।

सगसार वि० *(फ़ा०)* कुत्ते की तरह निकृष्ट और अपवित्र व्यक्ति।

सग़ीरा वि० *(अ० सगीरः)* छोटी कम उम्र की। पु० छोटा पाप।

सजदा पु० *(फ़ा० सज्दः)* माथा टेकना; सिर झुकाना।

सजा[1] पु० *(अ० सज़अ)* पक्षियों का कलरव; ऐसा वाक्य या पद जिसका कुछ अर्थ भी हो और जिससे किसी व्यक्ति का नाम सूचित हो; कविता; छन्द।

सज़ा[2] स्त्री० *(फ़ा०)* दण्ड।

सज़ाए आमाल स्त्री० *(फ़ा० सज़ाए+अ० आमाल)* कर्मों का दण्ड; कर्मफल।

सज़ा-ए-क़त्ल स्त्री० *(अ० सज़ाए+फ़ा० कत्ल)* प्राणदण्ड।

सज़ाए क़ैद स्त्री० *(फ़ा० सज़ाए+अ० क़ैद)* कारावास का दण्ड।

सज़ाए ताज़याना स्त्री० *(फ़ा०)* कोड़े मारने का दण्ड।

सज़ाए महज़ स्त्री० *(फ़ा०)* सादी क़ैद जिसमें मेहनत न करनी पड़े।

सज़ा-ए-मौत स्त्री० *(अ० सज़ाए+फ़ा० मौत)* प्राणदण्ड।

सज़ाएसख़्त स्त्री० *(फ़ा०)* वह कारावास जिसमें कड़ी मेहनत ली जाये।

सजायाफ़्ता वि० *(फ़ा० सज़ा+याफ़्तः)* वह जो सज़ा पा चुका हो।

सज़ायाब वि० *(फ़ा०)* जिसे सज़ा हो गयी हो।

सज़ायाबी स्त्री० *(फ़ा०)* सज़ा होना; सज़ा पाना।

सज़ावार वि० *(फ़ा०)* उचित; शुभ फल देने वाला।

सजावुल पु० *(तु०)* सरकारी रुपया वसूल करने वाला; तहसीलदार।

सज्जाद वि० *(अ०)* सिजदा करने वाला; आराधक।

सज्जादा पु० *(अ० सज्जादः)* वह कपड़ा जिस पर बैठ कर नमाज़ पढ़ते हैं; पीर या फ़कीर की गद्‌दी।

सज्जादा-नशीन पु० *(अ० सज्जादः+फ़ा० नशीं)* वह जो किसी पीर या फ़कीर की गद्‌दी पर बैठा हो।

सज़ीदा वि० *(फ़ा०)* योग्य; लायक।

सजीह पु० *(फ़ा०)* प्रकृति; स्वभाव; मिजाज।

सट्‌टेबाज़ पु० *(हि० सट्‌टा+फ़ा० बाज़)* अधिक लाभ के लिए बिना जोखिम उठाये सौदा करने वाला।

सट्‌टेबाज़ी स्त्री० *(हि० सट्‌टा+फ़ा० बाज़ी)* सट्‌टेबाज़ का काम।

सतर[1] स्त्री० *(अ०, बहु० सतूर)* कतार; लकीर; रेखा; कुपित।

पदरचना- ***सतर बन्दी-*** *कतार में रहना।*

सतर[2] स्त्री० *(अ० सत्र)* मनुष्य की गुह्येन्द्रिय; परदा।

पदरचना- ***सतरपोश-*** *तन ढकने वाला।*

सतर[3] पु० *(फ़ा० अस्तर का लघु)* खच्चर।

सतवन स्त्री० *(फ़ा०)* बाँझ स्त्री।

सतह पु० *(अ० सत्‌ह)* हर वस्तु का ऊपरी भाग; तल।

सतही वि० *(अ० सत्‌ही)* ऊपरी; जिस पर ध्यान न दिया गया हो; जो ऊपरी मन से हो।

सतहे आब स्त्री० *(अ० सत्‌ह+फ़ा० आब)* पानी का तल।

सतहे ज़मीं स्त्री० *(अ० सत्‌ह+फ़ा० ज़मीं)* जमीन की सतह; धरातल।

सतहे मुतवाज़िन स्त्री० *(अ०)* समानान्तर सतह या तल।

सतहे मुस्तवी स्त्री० *(अ०)* समतल; जिसके तल बराबर हों।

सताइश स्त्री० *(फ़ा० सिताइश)* प्रशंसा; तारीफ।

सत्तार पु० *(अ०)* परदा डालने वाला; दोष ढकने वाला।

सत्र[1] स्त्री० *(अ०)* कापी या किताब की लकीर; रेखा; पंक्ति।

सत्र[2] पु० *(अ०)* छिपाव।

सत्रबन्दी स्त्री० *(अ० सत्र+फ़ा० बन्दी)* लकीरें भरना।

सत्रे औरत पु० *(अ०)* शरीर का वह भाग जिसका छिपाना जरूरी है।

सत्‌वत स्त्री० *(अ०)* धाक; आतंक; दबदबा; तेज; जलाल।

सतून पु० *(फ़ा० सुतून)* खम्भा।

पदरचना- ***सुतूनेदार-*** *फाँसी का खम्भा।*

सद[1] स्त्री० *(अ०)* परदा; ओट; दीवार; बाधा।

मुहा० ***सद्‌दे राह होना-*** *किसी के मार्ग में बाधा होना।*

सद[2] वि० *(फ़ा०)* एक सौ; शत।

सद आफ़री वि० *(फ़ा० सदआफ़रीं)* सौ सौ धन्यवाद।

सदक़ा पु० *(अ०, सदकः)* खैरात; निछावर; उतारा।

मुहा० ***सदक़ा (के) का-*** *न्योछावर किया हुआ।* ***सदक़ा का कौआ-*** *वह कौआ जो किसी पर न्योछावर करके छोड़ दिया जाये।* ***सदक़ा का चौराहा-*** *वह चौराहा जहाँ न्यौछावर की हुई वस्तुएँ रखी जायें।* ***सदक़ा का पुतला-*** *वह पुतला जो न्यौछावर की वस्तुओं के साथ चौराहे पर रख दिया जाता है।*

सदक़ात पु० *(अ० 'सदकः' का बहु०)* सदक़े की वस्तुएँ।

सदचाक वि० *(फ़ा०)* जो बहुत जगह से फटा हो; जो टुकड़े-टुकड़े हो।

सदफ़ स्त्री० *(अ०)* वह सीपी जिसमें से मोती निकलता है।

सदबर्ग पु० *(फ़ा०)* गेन्दे का फूल।

सदमा पु० *(अ० सद्‌मः)* आघात; धक्का; चोट; रंज।

सदर[1] पु० *(अ० सद्र)* छाती; कलेजा; मुख्य; प्रधान।

सदर[2] पु० *(अ० सद्र)* सभापति; अध्यक्ष; केन्द्रीय स्थान; मुख्य; खास; महा; बड़ा।

सदरे दफ़्तर पु० *(अ० सद्रे दफ़्तर)* वह बड़ा कार्यालय जिसके अधीन अनेक कार्यालय हों।

सदरे नशीं वि० *(अ० सद्रे नशीं)* सभापति; प्रतिष्ठित; अग्रगण्य।

सदरे बाज़ार पु० *(अ० सद्रे+फ़ा० बाज़ार)* छावनी का बाज़ार; उर्दू बाज़ार; बड़ा बाज़ार; खास बाज़ार।

सदरे मुकाम पु० *(अ० सद्रे मुक़ाम)* किसी उच्च पदाधिकारी का मुख्यालय; शासन केन्द्र; राजधानी।

सदरे मुदर्रिस पु० *(अ० सद्रे मुदर्रिस)* सब अध्यापकों का नायक; मुख्य अध्यापक; हेड मास्टर।

सदरे मुहासिब पु० *(अ० सद्रे मुहासिब)* सबसे बड़ा एकाउण्टेण्ट; महालेखापाल; गणनाध्यक्ष।

सदरे स्सुदूर पु० *(अ० सद्रे स्सुदूर)* चीफ़ जस्टिस; सबसे बड़ा जज।

सदरे अमीन पु० *(अ०)* दूसरे दरजे का जज; सबार्डिनेट जज।

सदरे जामिआ पु० *(अ० सद्रे जामिअः)* विश्वविद्यालय का कुलपति (चांसलर)।

सदरे दीवान पु० *(अ० सद्रे+फ़ा० दीवान)* मुख्यमन्त्री; महाकोषाध्यक्ष।

सदरे मजलिस पु० *(अ० सद्रे मज्लिस)* सभापति; सभाध्यक्ष।

सदरे मुशाअरा पु० *(अ० सद्रे मुशाअरः)* कवि-सम्मेलन का सभापति।

सदरे-आज़म पु० *(अ० सद्रे आज़म)* प्रधानमन्त्री।

सदर-आला पु० *(अ० सद्रे-आला)* जज के नीचे का हाकिम; छोटा जज।

सदरे-जहान पु० *(अ० सद्रे+फ़ा० जहान)* एक कल्पित जिन्न या प्रेत जिसे स्त्रियाँ पूजती हैं।

सदरे नशीन पु० *(अ० सद्रे+फ़ा० नशीन)* सभापति; प्रधान।

सदरे नशीनी स्त्री० *(अ० सद्रे+फ़ा० नशीनी)* सभापति।

सदर-सदूर पु० *(अ० सद्रे सदूर)* प्रधान न्यायकर्ता।

सदवार स्त्री० *(फ़ा०)* सौ बार।

सदयक वि० *(फ़ा०)* एक प्रतिशत।

सद रहमत वि० *(फ़ा० सद+अ० रहमत)* ईश्वर की बहुत-बहुत कृपाएँ; शाबाश; धन्य-धन्य।

सदरी स्त्री० *(अ०)* बिना आस्तीन की एक कुर्ती।

सदहा वि० *(फ़ा०)* सैकड़ों; बहुत।

सदा स्त्री० *(अ०)* गूँजने की आवाज़; प्रतिध्वनि; पुकार।

सदाए अर्श स्त्री० *(अ०)* ईश्वर की आवाज़; आकाशवाणी।

सदाए बर नख़ास्त वि० *(फ़ा०)* कोई आवाज़ नहीं; मौन; खामोशी; सन्नाटा।

सदाक़त स्त्री० *(अ०)* सत्यता; गवाही।

सदारत स्त्री० *(अ०)* सभापतित्व।

सदारती वि० *(अ०)* सभापति से सम्बन्धित।

सदारते अंजुमन स्त्री० *(अ० सदारत+फ़ा० अंजमन)* किसी समिति, संस्था आदि का सभापतित्व।

सदारते जलसा स्त्री० *(अ० सदारते जल्सः)* किसी सभा की अध्यक्षता।

सदारस वि० *(अ० सदा+फ़ा० रस)* वह स्थान जहाँ तक आवाज पहुँचे।

सद्दा पु० *(अ०)* ईरानियों का एक उत्सव।

पदरचना- *सद्दा (द्दे) राह-* *रास्ते की रोक।* ***सद्दा (द्दे) सिकन्दर-*** *अजेय दीवार।*

सद्र पु० *(अ०)* छाती; सीना; सर्वोच्च स्थान।

सदी स्त्री० *(फ़ा०)* सौ वर्ष; शती; शताब्दी। स्त्री० स्तन।

सदीद पु० *(अ०)* मवाद।

सद्दे सिकन्दर स्त्री० *(अ० सद्दे+फ़ा० सिकन्दर)* चीन की दीवार जो सिकन्दर की बनवायी हुई मानी जाती है। कहा जाता है कि सिकन्दर ने एक बहुत मजबूत और लम्बी दीवार बनवायी थी, किन्तु यह बात असत्य सिद्ध हो गयी है। कुछ लोग उसे बहुत बड़ी मूर्ति जो पत्थर की है और जिब्राल्टर की दो पहाड़ियों के बीच समुद्र में खड़ी है तथा इतने बृहत आकार की है कि उसके बीच में से जहाज़ निकल जाते हैं उसे मानते हैं। कुछ लोग चीन की दीवार को बताते हैं, किन्तु वह बहुत पहले की बनी सिद्ध हो चुकी है। कुछ विद्वान् यूराल पर्वत और अल्ताई पर्वत के बीच में बताते हैं, जो एस्किमों और मंगोलों से ख़्वारिज्म वालों को बचाने के लिए बनी थी, किन्तु उसका कोई प्रमाण नहीं है। कुछ भी हो फ़ारसी और उर्दू साहित्य में अब भी यह एक अजेय और अटूट दीवार के रूप में प्रसिद्ध है।

सन् पु० *(अ०)* साल; वर्ष; संवत।

सनअत स्त्री० *(अ० सन्अत)* कारीगरी; शिल्प कौशल।

सनअतगर वि० *(अ० सन्अत+फ़ा० गर)* शिल्पकार।

सनअतगरी स्त्री० *(अ० सन्अत+फ़ा० गरी)* शिल्पकारी।

सन-जुलूस पु० *(अ०)* राज्यारोहण का संवत।

सनद स्त्री० *(अ०)* प्रामाणिक; आदर्श; प्रमाण-पत्र।

पदरचना- *सनद-ए-फजीलत-* *किसी विषय में पारंगत होने की उपाधि।* ***सनद-ए-मुआफ़ी-*** *माफी जमीन का प्रमाण-पत्र।* ***सनद-ए-विरासत-***

उत्तराधिकारी होने का प्रमाण-पत्र।

मुहा॰ ***सनद गरदानना-*** *भरोसा करना।* ***सनद जानना-*** *सही व प्रामाणिक मानना।*

सनदन क्रि॰वि॰ *(अ॰)* सनद के रूप में।

सनदयाफ़्ता वि॰ *(अ॰ सनद+ फ़ा॰ याफ़्तः)* उपाधिधारी।

सनदात स्त्री॰ *(अ॰ सनद का बहु॰)* सनदें।

सनदी वि॰ *(अ॰)* प्रमाणित।

सनदे फ़ज़ीलत स्त्री॰ *(अ॰)* किसी विषय में पारंगत होने की उपाधि।

सनदे मुआफ़ी स्त्री॰ *(अ॰)* किसी को माफ़ी जमीन दिये जाने का प्रमाण-पत्र।

सनदे विरासत स्त्री॰ *(अ॰)* किसी के स्थान पर उपस्थित होने या उत्तराधिकारी होने का प्रमाण-पत्र।

सनम पु॰ *(अ॰)* मूर्ति; प्रियतम; प्रेयसी।

सनम कदा पु॰ *(अ॰ सनम+ फ़ा॰ कदः)* मूर्तिगृह; मन्दिर।

सनमख़ाना पु॰ *(अ॰ सनम+ फ़ा॰ ख़ानः)* मन्दिर।

सनम परस्त वि॰ *(अ॰ सनम+ फ़ा॰ परस्त)* पूर्तिपूजक; साकारोपासक।

सनवात पु॰ *(अ॰ 'सन्' का बहु॰)* बरसों; सालों।

सनवी वि॰ *(अ॰)* वर्ष का; वार्षिक; सालाना।

सनहकी स्त्री॰ *(अ॰)* मुसलमानों के काम आने वाला बड़ी तश्तरी जैसा मिट्टी का एक बर्तन।

सना स्त्री॰ *(अ॰)* प्रशंसा; स्तुति; सनाय नामक पत्ती।

सनाए मानवी पु॰ *(अ॰)* अर्थालंकार जिससे अर्थ की विशेषता दिखायी जाये।

सनाए लफ़्जी पु॰ *(अ॰)* शब्दालंकार जिसमें शब्दों में साहित्यिक चमत्कार पैदा हो।

सनागर पु॰ *(अ॰ सना+ फ़ा॰ गर)* स्तुति करने वाली।

सनाया पु॰ *(अ॰ सनीयः का बहु॰)* अगले चार दाँत, दो ऊपर के, दो नीचे के।

सनून पु॰ *(अ॰)* दाँतों का मंजन।

सने इसवी पु॰ *(अ॰)* वह सन् जो ईसा मसीह के समय से चलता है।

सने वफ़ात पु॰ *(अ॰)* मरने का वर्ष; जिस वर्ष किसी व्यक्ति की मृत्यु हुई हो।

सने विदालत पु॰ *(अ॰)* पैदा होने का वर्ष।

सजे हिजरी पु॰ *(अ॰ हिज्री)* वह सन् जो हज़रत मुहम्मद साहब के मक्का छोड़कर मदीना जाने के दिन से चलता है; इस्लामी वर्ष।

सनोवर पु॰ *(अ॰)* चीड़ का पेड़।

सन्नाअ पु॰ *(अ॰)* बहुत बड़ा कारीगर।

सुन्नाई स्त्री॰ *(अ॰)* शिल्प; शिल्प कर्म।

सपुर्द वि॰ *(फ़ा॰ सिपुर्द)* सौंपा हुआ।

सपुर्दगी स्त्री॰ *(फ़ा॰ सिपुर्दगी)* सौंपे जाने की क्रिया।

सपेद वि॰ *(फ़ा॰,सं॰ श्वेत)* उज्ज्वल; सफेद; श्वेत।

सपेदी स्त्री॰ *(फ़ा॰)* सफ़ेदी।

सपेदए-सुबह पु॰ *(फ़ा॰ सपेदए+ अ॰ सुबह)* प्रातः काल का उजाला।

सफ़ स्त्री॰ *(अ॰, बहु॰ सफ़ूफ़)* पंक्ति; कतार।

मुहा॰ ***सफ़ उलट देना-*** *सैनिकों की पाँत छिन्न-भिन्न या अस्त-व्यस्त कर देना।* ***सफ़ें साफ कर देना-*** *सैन्य पंक्तियों का सफाया कर देना।*

सफ़आरा वि॰ *(अ॰,बहु॰ सफ़ूफ़)* युद्ध के लिए सेनाओं की पंक्तियाँ निर्धारित करने वाला।

सफ़जंग स्त्री॰ *(अ॰ सफ़+ फ़ा॰ जंग)* व्यूह रचना।

सफ़दर पु॰ *(अ॰ सफ़+ फ़ा॰ दर)* वीर योद्धा।

सफ़न पु॰ *(अ॰)* मछली या मगर का खुरदरा चमड़ा जो तलवार की मूठ पर लगाते हैं, ताकि मूठ पर हाथ की पकड़ मजबूत रहे।

सफ़बन्दी स्त्री॰ *(अ॰)* पाँत बाँधना।

सफ़बस्ता वि॰ *(अ॰)* पंक्तिबद्ध।

सफ़र पु॰ *(अ॰)* प्रस्थान; यात्रा; इस्लामी माह का दूसरा चान्द्रमास जो मुहर्रम के बाद पड़ता है।

सफ़रनामा पु॰ *(अ॰ सफ़र+ फ़ा॰ नामः)* यात्रा-विवरण।

सफ़रा पु॰ *(अ॰ सफ़रः)* पित्त।

सफ़रावी वि॰ *(अ॰)* पित्त से उत्पन्न रोग आदि।

पदरचना- ***सफ़रावी मिजाज-*** *पित्त प्रधान प्रकृति।*

सफ़री वि॰ *(फ़ा॰)* सफ़र में का; सफ़र में काम आने वाला। पु॰ यात्री; राहखर्च।

सफ़ शिकन वि॰ *(अ॰)* पाँत तोड़ने वाला; वीर।

सफ़रे आख़िरत पु॰ *(अ॰)* महाप्रस्थान; परलोक यात्रा।

सफ़रे बहरी पु॰ *(अ॰ सफ़रे बही)* जहाज़ की यात्रा।

सफ़रे हवाई पु॰ *(अ॰)* वायुयान से यात्रा।

सफ़वी पु॰ *(अ॰)* फ़ारस (ईरान) का एक राजवंश जो 'सफ़ी' नामक एक फ़क़ीर से चला था।

सफ़वीया वि० *(अ० सफ़वीयः)* शाह सफ़ी की सन्तान वाले।

सफ़शिकन वि० *(अ० सफ़+फ़ा० शिकन)* युद्ध में पंक्तिबद्ध सेना को चीर डालने वाला महारथी।

सफ़शिकनी स्त्री० *(अ० सफ़+फ़ा० शिकनी)* सेना की पंक्तियों में दरार डाल देना।

सफ़हा पु० *(अ० सफ़्हः)* ऊपर या सामने पड़ने वाला अंश; पृथ्वी तल; विस्तार; पृष्ठ; पन्ना।

सफ़ा वि० *(अ०)* पवित्र; साफ़; चमकीला।

मुहा० सफ़ा कर देना- *साफ़ कर देना; कुछ भी रहने न देना।* ***सफ़ा कहना-*** *बेलाग व खरी कहना।*

सफ़ाई स्त्री० *(अ०)* स्वच्छता; निर्मलता; कूड़ा-करकट हटाने की क्रिया।

सफ़ाचट वि० *(अ० सफ़ा+हि० चट)* एकदम स्वच्छ।

सफ़ाया पु० *(अ० सफ़ा)* पूरी सफाई; पूर्ण विनाश।

सफ़ी वि० *(अ०)* शुद्ध; पवित्र। पु० फ़ारस के एक प्रसिद्ध फ़क़ीर का नाम; जिससे वहाँ का सफ़वी नामक राजवंश चला था।

सफ़ीना पु० *(अ० सफ़ीनः)* किश्ती; वह काग़ज जिस पर स्मरणार्थ कोई बात लिखी जाये; इत्तिलानामा।

सफ़ीया स्त्री० *(अ०)* शुद्ध अन्तःकरण वाली; हज़रत मुहम्मद की एक पत्नी।

सफ़ीर[1] पु० *(अ०)* राजदूत।

सफ़ीर[2] स्त्री० *(अ०)* पक्षियों का कलरव; वह सीटी जो पक्षियों आदि को बुलाने के लिए बजायी जाती है।

सफ़ीह वि० *(अ०)* नीच; कमीना; मूर्ख।

सफ़ूफ़ पु० *(अ० सुफ़ूफ़)* पिसी या कुटी हुई सूखी चीज़; चूर्ण।

सफ़ेद वि० *(फ़ा०)* चूने के रंग का; कोरा; सादा।

पदरचना- *सफ़ेद कोह-* *अफगानिस्तान का एक पहाड़।* ***सफ़ेद चश्म-*** *निर्लज्ज।* ***सफ़ेद झूठ-*** *ऐसा झूठ जो ऊपर से देखने पर ही झूठ जान पड़े।* ***सफेद दाग़-*** *श्वेत कुष्ठ (जिसमें शरीर पर सफेद चकत्ते पड़ जाते है)।* ***सफ़ेद पलका-*** *वह कबूतर जिसका रंग सफ़ेद, पेट काला और दुम तथा पंख कुछ काले, कुछ सफेद होते हैं।* ***सफ़ेद बख़्त-*** *भाग्यशाली।* ***सफ़ेद मुहरा-*** *एक प्रकार की सीप।* ***सफ़ेद रेश-*** *जिसकी दाढ़ी सफ़ेद हो गयी हो; बूढ़ा।*

मुहा० *स्याह-सफ़ेद-* *भला-बुरा; इष्ट-अनिष्ट।*

सफ़ेद-पोश-वि० *(फ़ा०,भाव० सफेदपोशी)* साफ कपड़े पहनने वाला; शिष्ट (व्यंग्य में विपरीत अर्थ में)।

सफ़ेदा पु० *(फ़ा० सफ़ेदः)* जस्ते का चूर्ण या भस्म; एक प्रकार के आम की जाति; खरबूजे का एक भेद।

सफ़ेदी स्त्री० *(फ़ा०)* धवलता; पोताई; चूनाकारी।

मुहा० *सफ़ेदी आना-* *बुढ़ापा आना।*

सफ़े-मातम स्त्री० *(अ० सफ़े+फ़ा० मातम)* वह चटाई या फर्श जिस पर मातम करने के लिए बैठते हैं।

सफ़्फ़ा वि० *(अ० सफ़ः)* साफ; विनष्ट; बरबाद।

सफ़्फ़ाक वि० *(अ०, भाव० सफ़्फ़ाकी)* कातिल।

सबक़ पु० *(अ०)* शिक्षा; उपदेश।

सबक़त स्त्री० *(अ०)* किसी काम में आगे बढ़ जाना।

सबद स्त्री० *(फ़ा०)* टोकरी; डलिया।

सबब स्त्री० *(फ़ा०)* कारण; वजह; हेतु।

सबल पु० *(अ०)* आँखों का एक रोग।

सबलत स्त्री० *(अ०)* मूँछ।

सबहा पु० *(अ० सबहः)* माला के दाने या मनके।

सबा[1] वि० *(अ०)* सात; सप्त।

पदरचना- *सबा सैयारा-* *सप्तर्षि; प्रभात के समय चलने वाली पूरवी हवा।*

सबा[2] पु० *(अ०)* यमन का एक शहर जो हजरत सुलेमान को दहेज में मिला था; अब्दुल्ला का पिता; यह अब्दुल्ला इब्ने सफा के नाम से प्रसिद्ध है, जिसने एक नया धर्म बनाकर लोगों को ठगा था।

सबात स्त्री० *(अ०)* स्थिरता; स्थायित्व; दृढ़ता।

पदरचना- *सबात (ते) अक़्ल-* *बुद्धि की स्थिरता।*

सबाह स्त्री० *(अ०)* सुबह; प्रातःकाल; गोरा; सुन्दर।

सबाहत स्त्री० *(अ०)* गोरापन; सौन्दर्य।

सबील स्त्री० *(अ०)* सड़क; प्याऊ; उपाय।

सबीह वि० *(अ०)* गोरा; सुन्दर।

सबूसाज़ वि० *(फ़ा०)* कुम्भकार; कुम्हार।

सबआ वि० *(अ० सबअः)* सात; एक संख्या।

सब्ज़ वि० *(फ़ा०)* कच्चा और ताज़ा (फल-फूल आदि)।

मुहा० *सब्ज बाग़ दिखलाना-* *बड़ी-बड़ी आशाएँ दिलाना।*

सब्ज़क पु० *(फ़ा०)* नीलकण्ठ।

सब्ज़ क़दम पु० *(अ० सब्ज़+फ़ा० कदम)* मनहूस।

सब्जए खुदरो पु० *(फ़ा०)* अपने आप जमने वाली घास।

सब्ज़ बख़्त वि० *(फ़ा०)* भाग्यवान; किस्मतवर।

सब्जपोश वि० *(फ़ा०)* हरे रंग के कपड़े पहनने वाला।

सब्ज़ा पु० *(फ़ा० सब्ज़ः)* हरियाली; घोड़े का रंग जिसमें सफेदी के साथ कुछ कालापन भी होता है।

सब्ज़ी स्त्री० *(फ़ा०)* वनस्पति; हरी तरकारी; भाँग।

सब्ज़ी फ़रोश वि० *(फ़ा०)* साग-सब्जी बेचने वाला कुँजड़ा।

सब्त[1] स्त्री० *(अ०)* खुले हुए बाल।

सब्त[2] वि० *(अ०)* लिखना; लिखित।

सब्त[3] पु० *(अ०)* शनिवार।

सब्बाक वि० *(अ०)* स्वर्णकार; सुनार।

सब्बाग़ वि० *(अ०)* रँगने वाला; रंगरेज।

सब्बागी स्त्री० *(अ०)* रंगने का कार्य।

सब्बाग़े ज़मीं पु० *(अ० सब्बाग़े+फ़ा० जमीं)* रवि; सूरज, क्योंकि सभी जीवों को रंग सूरज से ही मिलता है।

सब्बाब स्त्री० *(अ०)* तर्जनी अँगुली।

सबुक वि० *(फ़ा०)* फुर्तीला; चुस्त।

पदरचना- ***सबुक दस्ता-*** *हाथ का काम करने में कुशल।*

सबुईयत स्त्री० *(अ०)* बेरहमी; भेड़ियापन।

सबू पु० *(फ़ा०)* घड़ा; मटका।

सबूचा पु० *(फ़ा० सबूचः)* छोटा घड़ा; मटकी।

सबूत पु० *(अ०)* प्रमाण; दृढ़ता; स्थिरता।

सबूर वि० *(अ०)* सब्र करने वाला; क्षमाशील।

सबूरा पु० *(अ० सब्र)* लिंग के आकार का कपड़े का बनाया हुआ पदार्थ, जिससे कुछ स्त्रियाँ अपनी काम-वासना तृप्त करती हैं। स्त्री० सबूरी।

सबूस स्त्री० *(फ़ा०)* चोकर; भूसी।

सबूह स्त्री० *(अ०)* सबेरे पी जाने वाली शराब।

सबूही स्त्री० *(अ०)* सबेरे के समय शराब की बोतल।

सब्र पु० *(अ०)* सन्तोष; धीरज; सहनशीलता।

मुहा० ***किसी का सब्र पड़ना-*** *किसी की आह का प्रतिफल होना।* ***सब्र का फल मीठा होना-*** *धैर्य का परिणाम अच्छा होना।*

सब्र तलब वि० *(अ०)* जिसमें धैर्य की जरूरत हो।

सम पु० *(अ० सम्म)* विष।

समअ पु० *(अ०)* कान।

समअ-ख़राशी स्त्री० *(अ० समअ+फ़ा० ख़राशी)* दिमाग़ चाटना; व्यर्थ की बातें करना।

समक स्त्री० *(अ०)* मछली।

समखी वि० *(अ०)* आकाशी; दैवी।

समद पु० *(अ०)* ईश्वर। वि० नित्य; अनश्वर।

समन पु० *(अ०)* अदालत का आज्ञापत्र। स्त्री० *(फ़ा०)* चमेली।

समन-अन्दाम वि० *(फ़ा०)* जिसका शरीर चमेली-सा गोरा हो।

समन्द पु० *(फ़ा०)* बादामी रंग का घोड़ा।

समन्दर पु० *(फ़ा०)* एक प्रकार का कल्पित चूहा जिसकी उत्पत्ति आग से मानी जाती है; दरिया; समुद्र।

समर[1] पु० *(अ०)* नतीजा; लाभ; धन-सम्पत्ति; सन्तान।

समर[2] पु० *(अ०)* कथा; किस्सा; कहानी; कथन; बात।

समरक़न्द पु० *(तु०)* तुर्किस्तान का एक प्रसिद्ध नगर जो तैमूर लंग की राजधानी था और अब उजबक (रूस) के अन्तर्गत है।

समरक़न्दी वि० *(तु०)* समरकन्द का।

समरा पु० *(अ० समरः)* फल; लाभ; परिणाम; बदला।

समसाम स्त्री० *(अ० सम्साम)* नंगी तलवार।

समाँ पु० *(अ०)* दृश्य।

समा पु० *(अ०)* आकाश।

समाअ पु० *(अ०)* सुनना; गीत आदि सुनना।

समाअत स्त्री० *(अ०)* सुनने की क्रिया; श्रवणशक्ति।

समाई वि० *(अ०)* सुना हुआ; दूसरों का कहा हुआ।

समाक़ पु० *(अ०)* एक प्रकार का संगमरमर (पत्थर)।

समाजत स्त्री० *(अ०)* लज्जा; विनय; खुशामद।

समावी वि० *(अ०)* ऊपर से आया हुआ; आकाशीय; जैसे- समावी आफ़त।

समानिया वि० *(अ० समानियः)* अष्ट; आठ।

समानीन वि० *(अ०)* अस्सी।

समावात पु० *(अ० 'समा' का बहु०)* आकाश-समूह।

समावार पु० *(फ़ा०)* चाय बनाने या गरम करने का एक टोटीदार बरतन।

समाहत स्त्री० *(अ०)* दानशीलता; फ़ैयाजी।

समीअ वि० *(अ०)* सुनने वाला; ईश्वर का एक नाम।

समीज़ स्त्री० *(अ०)* मैदे की एक रोटी।

समीन वि० *(फ़ा०)* मूल्यवान।

समूद पु० *(अ०)* हज़रत नूह की चौथी पीढ़ी में एक व्यक्ति। उसके 'वंशज' बनी 'समूद' कहलाये और हज़रत सालेह के अनुयायी थे। इन्होंने हज़रत सालेह के साथ गुस्ताखी की थी, जिससे सब तबाह हो गये।

समूम स्त्री० *(अ०)* जहरीली हवा; गरम हवा; लू।

समूर पु० *(अ०)* लोमड़ी की शकल का एक जानवर, जिसकी खाल से वस्त्र भी बनते हैं।

सम्त स्त्री० *(अ०)* ओर; तरफ; दिशा।

पदरचना- ***चहार सम्त-*** *चारों ओर।* ***सम्त-उल-रास-*** *शीर्ष बिन्दु; उन्नति की चरम सीमा।*

सम्पुर्रास स्त्री० *(अ०)* आकाश का वह बिन्दु जो मनुष्य के और चन्द्रमा के ठीक सामने पड़े; शीर्ष बिन्दु।

सम्ते जुनूब स्त्री० *(अ०)* दक्षिण की दिशा।

सम्ते मग़्रिब स्त्री० *(अ०)* पश्चिम की दिशा।

सम्ते मुख़ालिफ स्त्री० *(अ०)* विरोधी दल।

सम्ते शिमाल स्त्री० *(अ०)* उत्तर दिशा।

सम्बुल पु० *(अ० सुम्बुल)* जटामासी नामक एक सुगन्धित वनस्पति।

सम्म पु० *(अ०)* ज़हर; विष।

पदरचना- ***सम्मे क़ातिल-*** *घातक विष।*

सम्ल स्त्री० *(अ०)* घी; घृत।

सम्मी वि० *(अ०)* विषाक्त; जहरीला।

सम्मीयत स्त्री० *(अ०)* जहरीलापन; विषाक्तता।

सम्मे क़ातिल पु० *(अ०)* बहुत तीक्ष्ण विष।

सय्यादे अज़ल पु० *(अ०)* मौत का शिकारी।

सय्याफ़ वि० *(अ०)* जल्लाद; बधिक।

सय्याल वि० *(अ०)* तरल; बहने वाला पदार्थ।

सय्यार वि० *(अ०)* घूमने वाला। पु० ग्रह।

सय्याश वि० *(अ०)* राजनीति में निपुण; राजनीतिज्ञ।

सय्याह पु० *(अ०)* पर्यटक; देश-विदेश घूमने वाला।

सय्याही स्त्री० *(अ०)* पर्यटन; देशाटन।

सरंगुस्त स्त्री० *(फ़ा०)* अँगुली का पोर।

सरंजाम पु० *(फ़ा०)* अन्त; पूर्ति; परिणाम; प्रबन्ध; बन्दोबस्त; सामग्री; सामान।

सर पु० *(फ़ा०)* सिर; शीर्ष; सामने।

मुहा० ***सर पर कफन बाँधना-*** *मरने के लिए तैयार होना।*

सर-अंजाम पु० *(फ़ा०)* कार्य की समाप्ति; सामग्री।

सर-आमद वि० *(फ़ा०)* समाप्त करने वाला; पूर्ण; श्रेष्ठ।

सरकश वि० *(फ़ा०,भाव० सरकशी)* विद्रोही; बागी; उद्दण्ड; घमण्डी।

सरकशी स्त्री० *(फ़ा०)* विद्रोह; अवज्ञा।

सरका पु० *(अ० सारिकः या सर्कः)* चोरी; डाका।

सरकार स्त्री० *(फ़ा०,वि० सरकारी)* राज्य; संस्था; शासन सत्ता।

सरकारी वि० *(फ़ा० सर+अ० कोब)* सरकार या राज्य का; राजकीय।

पदरचना- ***सरकारी काग़ज-*** *राज्य के दफ्तर का काग़ज।*

सरकोब वि० *(फ़ा०)* सिर कुचलने वाला; दमन करने वाला।

सरकोबी स्त्री० *(फ़ा० सर+अ० कोब)* सिर कुचलना; दण्ड देना; पराभूत करना।

सरख़त पु० *(फ़ा०)* वेतन आदि के हिसाब का काग़ज़।

सरख़ुश वि० *(फ़ा०)* हलके नशे में मस्त।

सरख़ुशी स्त्री० *(फ़ा०)* हलका नशा।

सरखेल पु० *(फ़ा०)* वंश या जाति का प्रधान।

सरग़ना पु० *(फ़ा० सरग़नः)* सरदार; मुखिया।

सरगर दाँ वि० *(फ़ा०)* घबराया और स्तम्भित।

सरगरम वि० *(फ़ा० सरगर्मी)* तत्पर; सन्नद्ध।

सिरगिराह पु० *(फ़ा०)* जाति या समूह का नेता; मुखिया।

सरगोशी स्त्री० *(फ़ा०)* कान से मुँह मिलाकर चुपके-चुपके बातें करना; कानाफूँसी।

सरचंग पु० *(फ़ा०)* थप्पड़; चाँटा मारना।

सरगश्ता वि० *(फ़ा० सरगश्तः)* घबराया हुआ; विकल।

सरगिराँ वि० *(फ़ा०,भाव० सरगिरानी)* जिसका सिर नशे आदि के कारण भारी हो; अप्रसन्न; नाराज़।

सरगुज़श्त स्त्री० *(फ़ा०)* सिर पर बीती हुई बात; जीवन चरित्र।

सरगोशी स्त्री० *(फ़ा०)* कानाफूसी; शिकायत।
सरचश्मा पु० *(फ़ा० सरेचश्मः)* नदी आदि का स्रोत।
सरजंग पु० *(फ़ा०)* सेनापति; सलाहकार।
सरज़द वि० *(फ़ा०)* घटित।
सरज़न वि० *(फ़ा०)* उद्दण्ड; बदमाश।
सरज़निश स्त्री० *(फ़ा०)* डाँट-फटकार।
सरज़नी स्त्री० *(फ़ा०)* अवज्ञा।
सरज़मीं स्त्री० *(फ़ा०)* देश; बलवान; जबरदस्त।
सरतराश वि० *(फ़ा०)* नाई।
सरतराशी स्त्री० *(फ़ा०)* नाई का काम।
सरताज़ पु० *(अ० सर+फ़ा० ताज)* बहुत श्रेष्ठ; परम पूज्य।
सरतान पु० *(अ०)* केकड़ा; कर्क राशि।
सर-ता-पा क्रि०वि० *(फ़ा०)* सिर से पैर तक।
सरताब वि० *(फ़ा०)* उद्दण्ड; घमण्डी।
सरताबी स्त्री० *(फ़ा०)* विद्रोह; उद्दण्डता।
सरदवाल स्त्री० *(फ़ा०)* घोड़े के मुँह का वह साज़ जिसमें लगाम अटकी रहती है; मोहरा; नुक़ता।
सरदा पु० *(फ़ा० सर्दः)* एक प्रकार का बढ़िया खरबूजा।
सरदाबा पु० *(फ़ा० सर्दआबः)* ठण्ढे पानी का स्नान; तहख़ाना।
सरदार पु० *(फ़ा०)* नायक; अगुआ; श्रेष्ठ; शासक।
सरदारी स्त्री० *(फ़ा०)* सरदार का पद या भाव।
सरनविश्त स्त्री० *(फ़ा०)* भाग्य का लेख; भाग्य।
सरनाम वि० *(फ़ा०)* प्रसिद्ध।
सरनामा पु० *(फ़ा० सरनामः)* पत्र के ऊपर लिखा पता।
सरनिगूँ वि० *(फ़ा०)* औंधा; शरमिन्दा।
सरपंच पु० *(फ़ा० सर+अ० पंच, भाव० सरपरस्ती)* संरक्षक।
सरपरदा स्त्री० *(फ़ा० सरपर्दः)* शाही दरबार या खेमा; वह ऊँची कनात जो ख़ेमे के चारों ओर परदे के लिए लगायी जाती है।
सरपेच पु० *(फ़ा०)* पगड़ी के ऊपर लगाने का जड़ाऊ गहना।
सपपोश पु० *(फ़ा०)* ढकना।
सरफ़राज वि० *(फ़ा०,भाव० सरफराज़ी)* प्रतिष्ठित; वेश्या, जिसके साथ प्रथम समागम हो।
सरफ़रोश वि० *(फ़ा०)* जान की बाज़ी लगा देने वाला।
सरफ़रोशी स्त्री० *(फ़ा०)* जान की बाज़ी लगा देना।
सरब मुहर वि० *(फ़ा०)* जिस पर मोहर लगी हो; सम्पूर्ण।
सरबराह पु० *(फ़ा०)* प्रबन्ध कर्ता; मजदूरों का सरदार।
सरबराहकार पु० *(फ़ा०)* प्रबन्ध करने वाला।
सरबराही स्त्री० *(फ़ा०)* प्रबन्ध; व्यवस्था।
सरबरार क्रि०वि० *(फ़ा०)* एक सिरे से; बिलकुल; सरासर।
सरबस्ता वि० *(फ़ा०)* मुँह बन्द; गुप्त।
सरमद वि० *(अ०)* सदा रहने वाला; नित्य; एक प्रसिद्ध सूफ़ी सन्त।
सरमस्त वि० *(फ़ा०,भाव० सरमस्ती)* मतवाला; मस्त।
सरमा पु० *(फ़ा० समा)* जाड़े में पहनने के कपड़े।
सरमाया पु० *(फ़ा० सरमायः)* मूलधन; कारण।
सरमायादार पु० *(फ़ा० सरमायःदार)* पूँजीपति।
सरमायादारी स्त्री० *(फ़ा० सरमायःदारी)* पूँजीपति।
सरमुख क्रि०वि० *(फ़ा० सर+हि० मुख)* सामने।
सररिश्ता पु० *(फ़ा० सररिश्तः)* विभाग; महकमा।
सरलश्कर वि० *(फ़ा०)* सेनापति; सिपहसालार।
सरवत स्त्री० *(अ० सर्वत)* सम्पन्न; वैभव।
सरवर पु० *(फ़ा०)* नेता; नायक। स्त्री० बराबरी।
सरवरे-कायनात पु० *(फ़ा० सरवरे+अ० कायनात)* सारी सृष्टि का प्रधान; मुहम्मद साहब की एक उपाधि।
सरशफ़ पु० *(फ़ा०सं० सर्षप)* सरसो।
सरशार वि० *(फ़ा०)* छलकता हुआ; उन्मत्त; मस्त।
सरसब्ज़ वि० *(फ़ा०,अ० सरसब्ज़ी)* हरा-भरा; प्रसन्न और सन्तुष्ट।
सरसर स्त्री० *(अ०)* आँधी; तेज हवा।
सरसरी क्रि०वि० *(फ़ा०)* जल्दी में; मौटे तौर पर।
सरसाम पु० *(फ़ा०)* सन्निपात नामक रोग।
सरसोज़न पु० *(फ़ा०)* सूई की नोक।
सरहंग पु० *(फ़ा०)* सेनानायक; पहलवान; कोतवाल; सिपाही।
सरहंगज़ादा पु० *(फ़ा०)* सैनिक का पुत्र।
सरहतन क्रि०वि० *(अ०)* स्पष्ट रूप से; खुल्लम खुल्ला।
सरहद स्त्री० *(फ़ा० सर+अ० हद)* सीमा।
सरहदी वि० *(फ़ा० सर+अ० हदी)* सीमान्त।
सरा पु० *(अ०)* ज़मीन के नीचे की मिट्टी।
सराई स्त्री० *(फ़ा०)* गाने की क्रिया।

सरापा क्रि०वि० *(फ़ा०)* सिर से पैर तक।

सराफ़ पु० *(अ० सर्राफ़)* सोने-चाँदी का व्यापारी।

सराफ़ा पु० *(अ० सर्राफ़ः)* सराफ़ी का काम।

सराफ़ी स्त्री० *(अ० सर्राफ़ी)* लेन-देन का रोज़गार।

सराब पु० *(अ०)* मृग तृष्णा; धोखा; छल।

सरामत स्त्री० *(अ०)* श्रेष्ठता; वीरता; फुर्ती।

सराय स्त्री० *(अ०)* यात्रियों के ठहरने का स्थान।

सरायत स्त्री० *(फ़ा०)* प्रवेश करना; प्रभाव; असर।

सरासर अव्य० *(फ़ा०)* एक सिरे से दूसरे सिरे तक; साक्षात्।

सरासरी स्त्री० *(फ़ा०)* तेजी; फुरती; शीघ्रता; मोटे तौर पर।

सरासीमा वि० *(फ़ा० सरासीमः)* चकित; भौचक्का।

सराहत स्त्री० *(अ०)* व्याख्या; टीका; स्पष्टता।

सरिश्क पु० *(फ़ा०)* बिन्दु; अश्रुबिन्दु।

सरिश्त पु० *(फ़ा०)* प्रकृति; स्वभाव; गुण। वि० मिश्रित।

सरिश्ता पु० *(फ़ा० सरिश्तः)* रस्सी; अदालत; नौकर-चाकर; सम्बन्ध; मेलजोल; कचहरी।

सरिश्तेदार पु० *(फ़ा० सरश्तिःदार)* किसी विभाग का कर्मचारी।

सरिश्तेदारी स्त्री० *(फ़ा० सरिश्तःदारी)* सरिश्तेदार का पद या उसका कार्यालय।

सरीअ वि० *(अ०)* जल्दी करने वाला; जल्दबाज। पु० एक प्रकार का छन्द।

सरीर पु० *(अ०)* राज-सिंहासन। स्त्री० वह शब्द जो लिखते समय कलम से तथा खोलते व बन्द करते समय किवाड़ों से निकलता है।

सरीर-आरा वि० *(अ० सरीर+फ़ा० आरा)* सिंहासन की शोभा बढ़ाने वाला।

सरीरत स्त्री० *(अ०)* भेद; रहस्य; मर्म।

सरीह वि० *(अ०)* प्रकट; स्पष्ट।

सरीहन क्रि०वि० *(अ०)* स्पष्ट रूप से; साफ़-साफ़।

सरूँ पु० *(फ़ा०)* सींग; शृंग।

सरूँ गाह स्त्री० *(फ़ा०)* कनपटी; पशु के सींग निकलने का स्थान।

सरूर पु० *(अ०)* हल्का और सुखद नशा; खुमार; आनन्द।

सरे तनहा पु० *(फ़ा०)* अकेला; एकांकी।

सरे नौ वि० *(फ़ा०)* नये सिरे से।

सरे पा स्त्री० *(फ़ा०)* ठोकर। पु० पाँव का सिरा; पंजा।

सरे बज़्म पु० *(फ़ा०)* भरी सभा में।

सरे बाज़ार पु० *(फ़ा०)* बीच बाज़ार में; खुलमखुल्ला।

सरे बाम पु० *(फ़ा०)* अटारी पर; छत पर।

सरे बालीं पु० *(फ़ा०)* सिरहाने।

सरेमू पु० *(फ़ा०)* बाल की नोक के बराबर; किंचिन्मात्र।

सरे राह पु० *(फ़ा०)* रास्ते में; चलते हुए।

सरे शाम पु० *(फ़ा०)* सूरज डूबते समय।

सरेदस्त क्रि०वि० *(फ़ा०)* इस समय; तुरन्त।

सरेनौ क्रि०वि० *(फ़ा०)* नये सिरे से; बिलकुल आरम्भ से।

सरेभू वि० *(फ़ा०)* बाल की नोक के बराबर; बहुत थोड़ा।

सरेशरम स्त्री० *(फ़ा०)* सन्ध्या। क्रि०वि० सन्ध्या होते ही।

सरेश/सरेस पु० *(फ़ा० सरेश)* एक लसदार वस्तु जो ऊँट, भैंस आदि के चमड़े या मछली के पोटे को पका कर निकालते हैं।

सरो पु० *(फ़ा०)* एक सीधा पेड़ जो बगीचों की शोभा बढ़ाने के लिए लगाया जाता है; बनझाक।

सरोकार पु० *(फ़ा०)* प्रयोजन; लगाव।

सरोकारी वि० *(फ़ा०)* प्रयोजन रखने वाला।

सरो-चिरागाँ पु० *(फ़ा०)* शीशे का एक झाड़ जिसमें बहुत-सी मोमबत्तियाँ जलती हैं।

सरोद पु० *(फ़ा० सुरोद, अ० स्वरोदय)* एक वाद्य जिसमें तार लगे होते हैं; राग; कथन।

सरोश पु० *(फ़ा० सुरोश)* शुभ-सन्देश लाने वाला देवदूत।

सरो-सामान पु० *(फ़ा० सर व सामान)* आवश्यक सामग्री।

सर्अ स्त्री० *(अ०)* अपस्मार; मिर्गी रोग।

सर्क़ा पु० *(अ०)* चोरी; भाव आदि की चोरी।

सर्तान पु० *(अ०)* कर्क; केकड़ा, कर्कराशि।

सर्द वि० *(फ़ा०)* ठण्ढा; सुस्त; ढीला; नपुंसक।

सर्द मिज़ाज वि० *(फ़ा०, भाव० सर्दमिज़ाजी)* जिसका मन मुरझाया हुआ हो; कठोर हृदय।

सर्दमेहर वि० *(फ़ा०, भाव० सर्दमेहरी)* निर्दय; कठोर हृदय।

सर्दा पु० *(फ़ा०)* खरबूजे का एक भेद, जो बढ़िया और अधिक मीठा होता है।

सर्दाबा स्त्री० *(फ़ा० सर्दाबः)* शीतलता; जुकाम।

सर्दाव पु० *(फ़ा०)* ठण्ढा पानी या बर्फ रखने की जगह; बर्फखाना।

सर्दाबा पु० *(फ़ा०)* वह क़ब्र जो कोई अपने जीवन काल में ही खुदवा कर रखे।

सर्दी स्त्री० *(फ़ा०)* ठण्ढ; शीत; जाड़ा।

सर्फ़ पु० *(अ०)* व्यय; वह शास्त्र जिसमें वाक्यों की शुद्धता का विवेचन रहता है; व्याकरण; अपव्यय।

सर्फ़ा पु० *(अ० सर्फ़ः)* अधिकता; मितव्यय।

सर्फी वि० *(अ०)* व्याकरण जानने वाला; वैय्याकरण।

सर्मक पु० *(अ०)* एक साग बथुआ।

सर्मा पु० *(फ़ा०)* शीतकाल।

सर्माई वि० *(फ़ा०)* जाड़े में पहनने के कपड़े।

सर्माए गुल पु० *(फ़ा०)* गुलाबी जाड़ा।

सर्माए तल्ख़ पु० *(फ़ा०)* कड़ा जाड़ा।

सर्माज़दा वि० *(फ़ा० सर्माज़दः)* जिसे पाला मार गया हो।

सर्रा पु० *(फ़ा०)* गराड़ी की छुरी।

सर्माया पु० *(फ़ा०)* पूँजी।

सर्मायेदार स्त्री० *(फ़ा०)* पूँजीपति।

सर्राफ़ पु० *(अ०)* सोने-चाँदी का व्यापारी।

सर्राफ़ा पु० *(अ०)* सर्राफ़ों का बाजार; सर्राफ़ का पेशा।

सर्राफ़ी स्त्री० *(अ०)* सर्राफ़ का व्यवसाय; जो महाजनी लिखे।

सलतनत स्त्री० *(अ० सल्तनत)* राज्य; बादशाहत; साम्राज्य।

सलफ़ वि० *(अ०, बहु० असलफ़)* गुजरा हुआ। पु० पुराने जमाने के लोग।

सलब पु० *(अ०)* दूर करना; तोप; हरण; छीन लेना; इनकार करना।

सलबात स्त्री० *(अ०)* खुदा की रहमत; किसी चीज से बाज आना।

सलम स्त्री० *(अ०)* शान्ति; सलाम।

सलवात स्त्री० *(अ०)* शुभकामनाएँ; दुर्वचन।

सलसल-बोल पु० *(अ०)* मधुमेह नामक रोग।

सला स्त्री० *(अ०)* नियन्त्रण; आवाहन।

सलाए आम स्त्री० *(अ०)* सबका बुलावा; सार्वजनिक निमन्त्रण।

सलाक स्त्री० *(फ़ा०)* सोने या चाँदी की सलाई।

सलाख़ स्त्री० *(फ़ा०)* छड़; सरिया।

सलात स्त्री० *(अ०)* नमाज।

सलातीन पु० *(अ०)* सुल्तान का बहु०।

सलाबत स्त्री० *(अ०)* दृढ़ता; मजबूती; आतंक। पु० मुसलमान बादशाहों की ओर से फ़ौजी अफसरों को दी जाने वाली एक उपाधि।

सलाम पु० *(अ०)* प्रणाम करने की क्रिया।

मुहा० ***दूर से सलाम करना-*** *किसी के पास न जाना।* ***सलाम लेना-*** *प्रणाम का उत्तर देना।* ***सलाम देना-*** *प्रणाम करना।*

सलाम-अलैकुम स्त्री० *(अ०)* सलाम; बन्दगी।

सलामत वि० *(अ०)* कुशलतापूर्वक; रक्षित।

सलामत-रौ वि० *(अ० सलामत+फ़ा० रौ)* मध्यम मार्ग पर चलने वाला; मितव्ययी।

सलामती स्त्री० *(अ० सलामत)* रक्षा; बचाव; कुशल-क्षेम; एक प्रकार का मोटा कपड़ा।

सलामी स्त्री० *(अ० सलाम+हि० ई प्रत्यय)* प्रणाम करने की क्रिया; सैनिकों की प्रणाम करने की प्रणाली।

मुहा० ***सलामी उतारना-*** *स्वागत में बन्दूक या तोप दागना।*

सलासत स्त्री० *(अ०)* समतल होने का भाव; नरमी; सुगमता।

सलासिल स्त्री० *(अ०, सिलसिला का बहु०)* बेड़ियाँ; शृंखलाएँ।

सलासी स्त्री० *(अ०)* तिकोना।

सलाह स्त्री० *(अ०)* सम्मति; परामर्श; मन्त्रणा; राय; मशवरा।

सलाहकार पु० *(अ० सलाह+फ़ा० कार)* परामर्श देने वाला।

सलाहियत स्त्री० *(अ०)* भलाई; समझदारी।

सलाही पु० *(अ०)* परामर्श देने वाला।

सलीक़ा पु० *(अ० सलीकः)* काम करने का ढंग; तमीज; शिष्टता; तहजीब।

सलीक़ामन्द वि० *(अ० सलीकः+फ़ा० मन्द)* तमीजदार; सभ्य।

सलीक़ा मन्दी स्त्री० *(अ० सलीकः+फ़ा० मन्दी)* शिष्टता; सभ्यता; तहज़ीब।

सलीब स्त्री० *(अ०)* सूली; उस सूली का चिह्न जिस पर चढ़ाकर ईसा के प्राण लिये गये।

सलीब स्त्री० *(अ०)* सूली; हजरत ईसा को सूली पर चढ़ाने की टिकरी, जो चौपारे के आकार की थी, वह चौपारा ईसाइयों का धर्मचिह्न है; क्रास।

सलीबी वि० *(अ०)* सलीब के आकार का; ईसाई धर्म सम्बन्धी।

सलीम वि० *(अ०)* शुद्ध हृदय; गम्भीर; सहनशील; जहाँगीर के युवराज काल का नाम।

पदरचना- ***सलीम चिश्ती-*** *अकबर के समकालीन एक सूफ़ी सन्त जो फतेहपुर सीकरी में रहते थे।* ***सलीम शाही-*** *दिल्ली में बनने वाली एक प्रकार की सुन्दर, मुलायम जूती।*

सलीस वि० *(अ०)* सहज; सुगम; मुहावरेदार और चलती हुई भाषा।

सलूक पु० *(अ०)* व्यवहार; आचरण; बरताव।

सल्ख पु० *(अ०)* खींचना; कृष्ण पक्ष की अन्तिम रात।

सल्जूक़ पु० *(तु०)* एक व्यक्ति जिससे सल्जूक़ी वंश चला है। इसी की चौथी पुश्त में तुगरुल बेग सलजूक़ नामक व्यक्ति हुआ।

सल्जूक़ी पु० *(तु०)* सलजूक़ का वंश।

सल्ले अला स्त्री० *(अ०)* वाह-वाह, क्या कहना।

सल्तनत स्त्री० *(अ०)* राज्य; राष्ट्र; शासन; हुकूमत।

सल्तनते जम्हूरी स्त्री० *(अ०)* जनता का राज; गणतन्त्र; जनतन्त्र।

सल्तनते शख़्सी स्त्री० *(अ० सल्तनत+फ़ा० शख्सी)* व्यक्तिगत राज्य; साम्राज्य।

सलमान पु० *(अ० सल्मान)* ईरान का एक शायर।

सल्ख़ स्त्री० *(अ०)* खाल खींचने की क्रिया; शुक्ल पक्ष की द्वितीया।

सल्लाख़ स्त्री० *(अ०)* खाल उतारने वाला जल्लाद।

सल्लाख़ी स्त्री० *(अ०)* खाल उतारना (पुराने जमाने में सज़ा के रूप में जिन्दा आदमी की खाल उतार दी जाती थी और इस तरह वह बड़े कष्ट से मारा जाता था। यह काम 'सल्लाखी' नामक जल्लाद करता था)।

सल्ब वि० *(अ०)* नष्ट; बरबाद।

सवाद पु० *(अ०)* कालिमा; स्याही; समझदारी।

सवानह पु० *(अ०, बहु० सानहा)* जीवन-चरित्र; घटनाएँ; समाचार।

सवानह-निगार वि० *(अ० सवानह+फ़ा० निगार)* संवाददाता।

सवाब पु० *(अ०)* सत्यता; शुभ कर्म का फल। वि० ठीक।

मुहा० ***सवाब-कमाना-*** *पुण्य संचित करना।* ***सवाब बख़्शना-*** *दूसरे को पुण्यफल देना।*

सवाब-अन्देशा वि० *(अ० सवाब+फ़ा० अन्देश, भाव० सवाब-अन्देशी)* ठीक बात सोचने वाला; परोपकारी।

सवाबित पु० *(अ०, बहु०)* आकाश के वे पिण्ड जो सदा एक ही स्थान पर स्थित रहते हैं; स्थिर तारे।

सवार पु० *(फ़ा०)* अश्वारोही। वि० किसी चीज पर बैठा हुआ।

सवारी स्त्री० *(फ़ा०)* किसी चीज पर चढ़ने व चलने की क्रिया।

सवाल पु० *(अ० सुआल)* पूछने की क्रिया।

सवाल ख़्वानी स्त्री० *(अ० सवाल+फ़ा० ख़्वानी)* अदालत में आम अर्जियाँ लेने की पुकार।

सवालनामा पु० *(अ० सवाल+फ़ा० नामः)* प्रश्नावली पत्र; वह पर्चा जिसमें किसी सभा आदि में पूछने के सवाल लिखे हों।

सवालात पु० *(अ०)* सवाल का बहु०।

सवालिया वि० *(अ० सवाल+हि० 'इया' प्रत्य०)* प्रश्नवाचक।

सवाली वि० *(अ०)* माँगने वाला; भिक्षुक; सवाल करने वाला।

सहन पु० *(अ०)* मकान के बीच या सामने का मैदान; आँगन एक प्रकार का बढ़िया रेशमी कपड़ा।

सहनक स्त्री० *(अ० सह्नक)* छोटा सहन; छोटी रकाबी; मुहम्मद साहब की कन्या बीबी फ़ातिमा के नाम की नियाज़ या फातिहा, जिसमें सच्चरित्रा सुहागिनों को भोजन कराया जाता है।

सहनची स्त्री० *(अ० सहन से फ़ा०)* दालान के इधर-उधर वाली छोटी कोठरी।

सहनदार वि० *(अ० सहन+फ़ा० दार)* जिसमें सहन या आँगन हो।

सहबा स्त्री० *(अ०)* एक प्रकार की अँगूरी शराब।

सहम पु० *(फ़ा०, सह्म)* भय; डर; खौफ़। पु० *(अ०)* तौर; भाग; अंश।

सहमना अ०क्रि० *(फ़ा० सहम+हि० 'ना' प्रत्य०)* भयभीत होना; संकोच करना।

सहमाना स०क्रि० *(फ़ा० सहम+हि० 'आना' प्रत्य०)* डराना; भयभीत करना।

सहर स्त्री० *(अ० सह्र, वि० सहरी)* प्रातःकाल।

सहरख़ेज़ वि० *(अ० सह्र+फ़ा० ख़ेज)* प्रातः उठकर लोगों का सामान उड़ाकर ले जाने वाला उचक्का।

सहरगही स्त्री० *(अ०, सहर+फ़ा० गह)* वह भोजन जो निर्जल व्रत करने के दिन बहुत तड़के किया जाता है।

सहरनुमा वि० *(अ० सह्र+फ़ा० नुमा)* प्रातःकाल की सूचना देने वाला।

सहरा पु० *(अ० सह्रा)* खाली मैदान; जंगल।

सहराई वि० *(अ० सह्राई)* जंगली।

सहरी वि० *(अ० सही)* प्रातःकाल का; रमजान के दिनों में कुछ रात रहते ही भोजन करना, जिसे खाकर रोजा रखा जाता है; सहरगही।

सहाराए आजम पु० *(अ० सह्राए आज़म)* अफ्रीका सहारा रेगिस्तान, जो विश्व में सबसे बड़ा है।

सहराए-कयामत पु० *(अ० फ़ा०)* कयामत का मैदान, जिसमें सारे मुरदे एकत्र होंगे।

सहल वि० *(अ० सह्ल)* आसान; सरल।

सहाब पु० *(अ०)* मेघ; बादल।

सहाबत स्त्री० *(अ०)* मित्रता; दोस्ती।

सहाबा पु० *(अ० सहाबः)* मित्र; साथी; मुहम्मद साहब के घनिष्ठ मित्र।

सहाबी पु० *(अ०)* मुहम्मद साहब के घनिष्ठ मित्र और उनके वंशज।

सहाम पु० *(अ०)* भाग; खण्ड; तीर।

सहायफ़ पु० *(अ० सहीफ़ः का बहु०)* ग्रन्थ आदि के पृष्ठ।

सहारा पु० *(अ० सह्रा का बहु०)* बड़े-बड़े जंगल।

सही वि० *(अ० सहीह)* सत्य; प्रामाणिक; ठीक; हस्ताक्षर।

सहीफ़ा पु० *(अ० सहीफः)* पुस्तक; पाठ; पेज।

सहीफ़ए आसमानी पु० *(अ० सहीफ़+फ़ा० आस्मानी)* आसमान से उतरी हुई किताब, जो किसी पैगम्बर पर उतरी हो।

सही-सलामत वि० *(अ०)* भला-चंगा; ठीक-ठाक।

सहीह वि० *(अ०)* स्वस्थ; दोषरहित।

सही-सालिम वि० *(अ०)* ठीक और पूरा; ज्यों का त्यों।

सहीहुलनसब वि० *(अ०)* जिसका कुल निर्दोष हो।

सहीहुल अक्ल वि० *(अ०)* जिसकी अक्ल दुरुस्त हो।

सहीहुल मिज़ाज वि० *(अ०)* जिसका मिजाज ठीक हो।

सहूर स्त्री० *(अ०)* शऊर।

सहूलत/सहूलियत वि० *(अ०)* आसानी; अदब-कायदा।

सहूलियत स्त्री० *(अ०)* आसानी; सुगमता।

सस्व पु० *(अ०)* भूल-चूक; प्रमाद।

सस्वन् अव्य० *(अ०)* भूल से; गलती से।

सहो पु० *(अ० सस्व)* भूल-चूक; गलती।

सहरागर्द वि० *(अ० सह्रा+फ़ा०)* जंगलों में मारा-मारा फिरने वाला।

साअत स्त्री० *(अ०)* मुहूर्त; क्षण; समय।

साआत स्त्री० *(अ० साअत का बहु०)* मुहूर्त।

साइक़ा स्त्री० *(अ० साइक़ः)* विद्युत; बिजली।

साइन स्त्री० *(अ० साअत)* मुहूर्त; लग्न।

साइद पु० *(अ०)* बाँह; कलाई; पहुँचा।

साँ वि० *(फ़ा०)* तुल्य; समान (जैसे- यक साँ)।

साँई पु० *(फ़ा०)* स्वामी; मालिक; ईश्वर; पति; मुसलमान फकीर।

साइब वि० *(अ०)* पहुँचाने वाला; दुरुस्त; ठीक।

साइमा स्त्री० *(अ० साइमः)* वह स्त्री जो रोजा रखती हो।

साइल पु० *(अ०)* प्रार्थी।

साइला स्त्री० *(अ० साइल)* प्रार्थिनी।

साई पु० *(अ०)* प्रयत्न करने वाला। स्त्री० *(अ०)* साअत- वह धन जो अग्रिम दिया जाये।

साईस पु० *(फ़ा० सईस)* घोड़ों की देखभाल करने वाला।

साईसी स्त्री० *(अ०)* साईस का काम।

साक़ स्त्री० *(अ०)* घुटने के नीचे का भाग।

साका पु० *(अ०)* सेना का वह भाग जो पीछे रहता है।

साकित[1] वि० *(अ०)* चुप; मौन।

साकित[2] वि० *(अ०)* गिरा हुआ; पतित।

साकिन वि० *(अ०)* गतिहीन। पु० रहने वाला; निवासी।

साक़िन उल आखिर वि० *(अ०)* वह शब्द जिसका अन्तिम अक्षर हलन्त् हो; जैसे- हलक्।

साक़िन उल औसत वि० *(अ०)* वह शब्द जिसका बीच वाला अक्षर हलन्त हो; जैसे।

साक़िन उल औव्वल वि० *(अ०)* वह शब्द जिसका पहला अक्षर हलन्त् हो। अरबी या फ़ारसी में ऐसा शब्द नहीं है।

साक़िब वि० *(अ०)* प्रकाशमान।

साक़िया पु० *(अ०)* शराब पिलाने वाली स्त्री; छोटी नदी।

साक़ी पु० *(अ०)* शराब पिलाने वाला व्यक्ति/स्त्री।

पदरचना- ***साक़ी-ए-कौसर-*** *मुहम्मद साहब।* ***साक़ी-ए-दर्यादिल-*** *दिल खोलकर शराब पिलाने वाला।* ***साक़ी-ए-महशर-*** *कयामत के दिन बहिस्त की शराब पिलाने वाला; हज़रत मुहम्मद।*

साक़ूल पु० *(तु०)* दीवार की सीध नापने का यन्त्र।

साख़्त स्त्री० *(फ़ा०)* मनगढ़न्त बात।

साख़्ता वि० *(फ़ा० साख़्त:)* गढ़ा हुआ; नकली।

सागर पु० *(अ०)* प्याला; शराब पीने का कटोरा।

मुहा० ***सागर चलना-*** *मद्यपान होना।*

साग़री स्त्री० *(तु०)* गुदा; मलद्वार।

सागू पु० *(अ०)* ताड़ की जाति का एक पेड़, जिसके तने के भीतर के पदार्थ से सागूदाने बनाये जाते हैं।

साचक़ स्त्री० *(तु०)* मुसलमानों में विवाह की एक रस्म, जिसमें विवाह के एक दिन पहले वधू के यहाँ फल-फूल आदि भेजे जाते हैं।

साज़[1] पु० *(फ़ा०,सं० सज्जा)* सजावट का काम।

साज़[2] पु० *(अ०)* साखू का पेड़; साल वृक्ष।

साज़गर वि० *(फ़ा०)* बाजा बनाने वाला।

साज़गरी स्त्री० *(फ़ा०)* बाजा बनाने का काम।

साज़-बाज़ पु० *(फ़ा०)* तैयारी।

साजिद वि० *(अ०)* सिज़दा या प्रणाम करने वाला।

साजिन्दा पु० *(फ़ा० साजिन्द:)* बाजा बजाने वाला।

साजिन्दी स्त्री० *(फ़ा०)* बाजा बजाने का काम।

साज़िश स्त्री० *(फ़ा०)* षड्यन्त्र; कुचक्र।

साज़िशी वि० *(फ़ा०)* षड्यन्त्री; कुचक्री।

साझेदार पु० *(हि० साझा+फ़ा० दार)* साझा करने वाला।

साझेदारी स्त्री० *(हि० साझा+फ़ा० दारी)* हिस्सेदारी।

सातर्गी पु० *(फ़ा०)* प्रेयसी; माशूका; शराब का प्याला।

सादगी स्त्री० *(फ़ा०)* सादापन; श्रेष्ठ जन।

सादा वि० *(फ़ा०)* सरल; बिना सजावट का; कोरा।

सादात स्त्री० *(अ०, सादत का बहु०)* श्रेष्ठ जन; सैयद जाति जिसकी उत्पत्ति हज़रत अली और बेगम फ़ातिमा से हुई थी।

सादापन पु० *(फ़ा० सादा+हि० पन)* सरलता; सादगी।

सादा-रू वि० *(फ़ा०)* जिसके चेहरे पर दाढ़ी-मूँछ न हो।

सादिक़ वि० *(अ०, भाव० सादिक़ी)* सत्यनिष्ठ।

सादिर वि० *(अ०)* बाहर निकलने वाला; जारी किया हुआ; निस्तब्ध; चकित; उद्विग्न।

सादिस वि० *(अ०)* छठा; षष्ठ।

सादुस्सऊद पु० *(अ०)* बृहस्पति ग्रह; चौबीसवाँ नक्षत्र शतभिषा।

सादे अकबर पु० *(अ०)* बृहस्पति।

सादे कूफ़ी पु० *(अ०)* नागरमोथा नामक औषधि।

सादे ज़ाबेह पु० *(अ०)* बाईसवाँ नक्षत्र 'श्रवण'।

सादैन पु० *(अ०)* शुक्र और बृहस्पति।

सान वि० *(फ़ा०)* समान; तुल्य। पु० छुरी पर धार लगाने का पत्थर।

सानिअ पु० *(अ०)* बनाने वाला; रचयिता।

सानिया पु० *(अ० सानिय:)* पल; क्षण।

सानिहा वि० *(अ० सानिह:)* दुर्घटना।

सानी वि० *(अ०)* दूसरा; मुकाबले का।

साने वि० *(अ०)* निर्माता; स्रष्टा; कारीगर।

पदरचना- ***साने कुदरत-*** *प्रकृति; ईश्वर; स्रष्टा।*

साने हकीकी/साने मुल्लक पु० *(अ०)* ईश्वर।

साने रमा वि० *(अ०)* बनाने वाला; निभाने वाला।

साफ़ वि० *(अ०)* जिसमें किसी प्रकार का मल न हो; स्वच्छ; निर्मल; निर्दोष।

पदरचना- ***साफ़-गो-*** *स्पष्ट वक्ता।* ***साफ़ गोई-*** *स्पष्ट वादिता।* ***साफ़ जवाब-*** *दो टूक जवाब।* ***साफ दिली-*** *स्वच्छ मन वाला।* ***साफ़ दीदा-*** *ढीठ; निर्लज्ज।*

मुहा० ***साफ़ छूटना-*** *निर्दोष होकर रिहाई पाना।* ***साफ़ बचना-*** *साधुता का ढोंग करना।* ***साफ़ मैदान पाना-*** *विघ्न-बाधा न होना; एकान्त मिलना।*

साफ़ा पु० *(अ० साफ़ः)* पगड़ी।

साफ़िन स्त्री० *(अ०)* पिण्डली की एक रग।

साफ़िर वि० *(अ०)* सफर करने वाला। पु० दुबला घोड़ा।

साफ़ी पु० *(अ०)* रूमाल; भाँग छानने का कपड़ा।

साबिक़ वि० *(अ०)* पहले का; पिछला; बीना हुआ।

साबिक़ा पु० *(अ० साबिक़ः)* मुलाकात; भेंट; वास्ता; सरोकार।

साबित वि० *(अ०)* प्रामाणिक।

साबिर वि० *(अ०)* सन्तोषी; सहनशील।

साबिरा स्त्री० *(अ०)* हर हाल में ईश्वर पर निर्भर रहने वाली स्त्री।

साबूत वि० *(अ०)* अखण्ड; समूचा।

साबूदाना पु० *(फ़ा०)* सागूदाना।

साबुन/साबून पु० *(अ० साबून)* एक पदार्थ जिससे कपड़े धोये जाते हैं।

साबूनी वि० *(अ०)* एक प्रकार की मिठाई।

साबेअ वि० *(अ०)* सातवाँ; सप्तम।

साम[1] पु० *(फ़ा०)* शोथ; सूजन; पीड़ा; रुस्तम के पिता का नाम।

साम[2] पु० *(अ०)* एशिया का एक देश (सीरिया); नूह का बड़ा बेटा।

सामा पु० *(अ० सामिअ)* सुनने वाला; श्रोता।

सामान पु० *(फ़ा०)* माल; असबाब।

सामिईन पु० *(अ०)* सुनने वाले; श्रोतागण।

सामित वि० *(अ०)* मौन; चुप।

सामिन वि० *(अ०)* आठवाँ; अष्टम।

सामिरी पु० *(अ०)* सामरा नगर का एक प्रसिद्ध जादूगर, जिसने मूसा की उम्मत में गाय की पूजा प्रचलित की।

सामिरीफ़न वि० *(अ०)* जादूगर; मायावी; छली; वंचक।

सामिरीयत स्त्री० *(अ०)* इन्द्रजाल; जादूगरी।

सामी[1] पु० *(फ़ा०)* साम (श्याम); अरब; असीरिया; बेवी लोन आदि भू-भाग के निवासी; उस प्रदेश की भाषा।

सामी[2] वि० *(फ़ा०)* ऊँचा; श्रेष्ठ।

सामे वि० *(अ०)* श्रोता; सुनने वाला। स्त्री० छिपकली; मोह।

सायाजदा वि० *(फ़ा० सायःजदः)* प्रेतबाधा ग्रस्त।

सायबान पु० *(फ़ा० सायःबान)* मकान के आगे का छाजन।

सायर वि० *(अ० साइर)* सैर करने वाला।

सायल पु० *(अ० साइल)* प्रश्नकर्ता; फ़क़ीर; आकांक्षी।

साया पु० *(फ़ा० सायः सं० छाया)* छाया; परछाही। **मुहा०** ***साये में रहना-*** *शरण में रहना।* ***साया उठना-*** *संरक्षक का मर जाना।* ***साया उतरना-*** *प्रेतबाधा दूर होना।* ***साया पड़ना-*** *असर होना।* ***साये की तरह साथ-साथ घूमना-*** *हर वक्त साथ लगे रहना।* ***साया से भी बच कर चलना-*** *बहुत दूर-दूर रहना।* ***साया से भी भागना-*** *नफरत या घृणा करना; समीपता से भी डरना।*

सायादार वि० *(फ़ा०)* छायादार।

सार पु० *(फ़ा०)* ऊँट। प्रत्यय- *(फ़ा०)* एक प्रत्यय जो शब्दों के अन्त में लगकर- वाला, समान, पूर्ण और साधन आदि का अर्थ देता है- जैसे- शर्मसार; खाक़सार आदि।

सारबान पु० *(फ़ा०)* ऊँट हाँकने वाला; ऊँट पर सवारी करने वाला।

सारिक़ पु० *(अ०)* चोर; तस्कर।

सारिक़ा स्त्री० *(अ० सारिकः)* स्त्री चोर (चोरनी)।

साल पु० *(अ०)* वर्ष; बरस।

सालखुर्दा वि० *(फ़ा० साल खुर्दः)* बहुत दिनों का; बुड्ढा।

सालगिरह स्त्री० *(फ़ा०)* जन्मदिवस; वर्षगाँठ।

साल तमाम पु० *(फ़ा०)* वर्ष का अन्तिम भाग; वर्ष की समाप्ति।

साल नामा पु० *(फ़ा० साल नामः)* वार्षिक अंक।

साल ब साल वि० *(फ़ा०)* प्रतिवर्ष।

साल-मिसरी स्त्री० *(अ० सअलब मिस्री)* एक प्रकार के पौधे का कन्द जो पौष्टिक होता है और दवा के काम आता है; सुधा मूली; वीर कन्दा।

सालहा-साल क्रि०वि० *(फ़ा०)* बहुत वर्षों तक।

साला वि० *(फ़ा० सालः)* साल या वर्ष का; वर्षीय। जैसे- दो साला- दो वर्ष का।

सालाना वि० *(फ़ा० सालानः)* साल का; वार्षिक।

सालार पु० *(फ़ा०)* मार्गदर्शन; प्रधान नेता; सेनापति।

सालारे क़ौम पु० *(फ़ा० सालार+अ० क़ौम)* राष्ट्र का नेता; किसी जाति विशेष का नेता।

सालार जंग पु० *(फ़ा०)* सेनापति। स्त्री० स्त्री का भाई (साला)।

सालिक पु० *(अ०)* यात्री; धर्म और नीतिपूर्वक आचरण करने वाला।

सालिका स्त्री० *(अ०)* कवच।

सालिम वि० *(अ०)* सम्पूर्ण; तन्दुरुस्त।

सालिमन क्रि०वि० *(अ०)* पूरी तरह।

सालियाँ पु० *(फ़ा० 'साल' का बहु०)* बरसों।

सालियाना वि० *(फ़ा० सालियानः)* वार्षिक; सालाना। पु० वह हक या इनाम जो प्रतिवर्ष दिया जाता है।

सालिस वि० *(अ०, भाव० सालिसी)* तीसरा। पु० दो पक्षों में समझौता आदि करने वाला तीसरा व्यक्ति; पंच।

सालिसनामा पु० *(अ० सालिस+ फ़ा० नामः)* पंचनामा।

सालिस बिलख़ैर पु० *(अ०)* बिना पक्षपात निर्णय देने वाला।

सालिसी स्त्री० *(अ०)* पंचायत; दो पक्षों में समझौते का कार्य।

सालिह वि० *(अ०)* नेक; साधु चरित्र।

सालिहा स्त्री० *(अ०)* साध्वी; नेक और सचरित्र स्त्री।

साली वि० *(फ़ा०)* जीर्ण; पुराना।

साले आइन्दा पु० *(फ़ा० सालेआइन्दः)* आगामी वर्ष।

साले ईसवी पु० *(फ़ा० साले+अ० ईसवी)* वह सवत्सर जो ईसा के फाँसी पाने के समय में चला है।

साले कबीसा पु० *(फ़ा० साल+अ० कबीसः)* लौंद का वर्ष, वह वर्ष जिसमें लौंद वर्ष पड़े; वह ईसवी वर्ष जिसमें फरवरी 29 दिन का हो।

साले क़मरी पु० *(फ़ा० साल+अ० क़मरी)* वह वर्ष जिसके महीनों का हिसाब चाँद की घटा-बढ़ी से हो।

साले गुज़श्ता पु० *(फ़ा० गुज़श्तः)* गत वर्ष।

साले जलाली पु० *(फ़ा० साल+अ० जलाली)* जलालुद्दीन मलिक सलजूक़ी का चलाया हुआ वर्ष, जो 365 दिन और 6 घण्टों का होता था, और वही हिसाब अब भी जारी है।

साले तमाम पु० *(फ़ा० साल+अ० तमाम)* पूरा वर्ष।

साले पैवस्ता पु० *(फ़ा०)* बीता हुआ वर्ष।

साले फ़सली पु० *(फ़ा० साल+अ० फ़सली)* किसानों का वर्ष, जिसके हिसाब से वे लगान देते हैं।

साले विक्रमी पु० *(फ़ा० साल+सं० विक्रमी)* राजा विक्रमदित्य का चलाया हुआ संवत जो भारत का मुख्य संवत्सर है।

साले माल पु० *(फ़ा०)* वह वर्ष जो इस समय चल रहा है; वर्तमान वर्ष।

साले शम्सी पु० *(फ़ा० साल+अ० शम्सी)* वह वर्ष जिसमें सूर्य के चारों तरफ पृथ्वी का चक्कर पूरा होने पर दिन-रात का हिसाब होता है और 365 दिन से कुछ अधिक समय पूरा वर्ष गिना जाता है।

साले हिज़री पु० *(फ़ा० साल+अ० हिज्री)* मुसलमानों का वर्ष, जो हज़रत मुहम्मद के मक्का छोड़कर जाने की तारीख से शुरू होता है और उसका हिसाब चन्द्र की घटा-बढ़ी से है, जो शम्सी वर्ष से 10-11 दिन छोटा होता है।

सालो माह पु० *(फ़ा०)* वर्ष और महीने।

साले-क़बीसा पु० *(फ़ा० साले कबीसः)* वह वर्ष जिसमें अधिक मास पड़े; लौंद वर्ष।

सालेह वि० *(अ० सालिह, स्त्री० सालेहा)* नेक; भला; सदाचारी; भाग्यवान।

साले-हाल पु० *(फ़ा० साले+अ० हाल)* प्रचलित वर्ष।

सासान पु० *(फ़ा०)* बहमन का पुत्र, जो अपनी बहन के डर से भाग गया था और संन्यास धारण कर लिया था। 'सासानी' लोग उसी वंश के हैं।

सासानी वि० *(फ़ा०)* 'सासान' के वंशज।

साहब वि० *(अ० साहिब; बहु० साहबान)* वाला; रखने वाला। पु० साहिब; स्त्री० साहिबा- मित्र; मालिक; महाशय; एक सम्मानसूचक शब्द।

साहबज़ादा पु० *(अ० साहिब+फ़ा० ज़ादः, स्त्री० साहबज़ादी)* भले व्यक्ति का बेटा।

साहब-सलामत स्त्री० *(अ०)* परस्पर अभिवादन।

साहबाना वि० *(अ० साहिबी)* साहबों की तरह।

साहबी वि० *(अ० साहिबी)* साहब का; साहब होने का भाव; प्रभुता; बड़ाई; बड़प्पन।

साहबे-आलम पु० *(अ०)* दिल्ली के मुगल शाहजादों की उपाधि।

साहबे-किरान पु० *(अ०)* वह व्यक्ति जिसके जन्म के समय बृहस्पति और शुक्र एक ही राशि में हों। कहते हैं- ऐसा व्यक्ति बहुत बड़ा बादशाह होता है; तैमूरलंग और शाहजहाँ का एक नाम।

साहबे-ख़ाना पु० *(अ० साहबे+फ़ा० ख़ानः)* घर का मालिक।

साहिबा स्त्री० *(अ०)* महोदया।

साहिबी पु० *(अ० साहिब)* साहब का भाव; स्वामित्व।

साहिबुल जरीदा पु० *(अ०)* अखबार का मालिक।

साहिबे क़लम वि० *(अ०)* जो अच्छे किस्म का लेखक हो।

साहिबे ज़बाँ वि० *(अ० साहिब+फ़ा० ज़ुबाँ)* जो किसी भाषा का अच्छा जानकार हो।

साहिबे ज़िला पु० *(अ०)* जिलाधिकारी; जिले का हाकिम; कलक्टर।

साहिबे ज़ुका वि० *(अ०)* कुशाग्र बुद्धि।

साहिबे ज़ौक वि० *(अ०)* रसिक; काव्यमर्मज्ञ; जिसे साहित्य से प्रेम और उसके गुण-दोष की परख हो।

साहिबे तख़्त/साहिबे तख़्तो ताज वि० *(अ० साहिब+फ़ा० तख़्त)* शासक; राजा; बादशाह; नरेश।

साहिबे तदबीर वि० *(अ०)* नीतिज्ञ; बुद्धिमान।

साहिबे दीवान वि० *(अ०)* वह शायर जिसका दीवान (काव्यग्रन्थ) पूरा हो गया हो या छप गया हो।

साहिबे नज़र वि० *(अ०)* गुण-दोष को पहचानने वाला।

साहिर पु० *(अ०, स्त्री० साहिरा, भाव० साहिरी)* जादूगर।

साहिल पु० *(अ०)* समुद्र, नदी आदि का किनारा।

सिंगर पु० *(फ़ा०)* छोटा नेज़ा या तलवार।

सिअत स्त्री० *(अ०)* विस्तार; लम्बाई-चौड़ाई-फैलाव।

सिआयत स्त्री० *(अ०)* चुगलखोरी।

सिंज़ाफ़ पु० *(फ़ा० सिजाफ)* वह घोड़ा जो आधा सब्जा और आधा सफ़ेद हो।

सिंजाब पु० *(फ़ा०)* एक पशु जिसकी खाल से पोस्तीन बनती है।

सिकंज बीन स्त्री० *(फ़ा०)* सिरके या नींबू के रस में पका हुआ शरबत।

सिकन्दर पु० *(फ़ा०)* एक प्रसिद्ध यूनानी सम्राट जो चन्द्रगुप्त मौर्य का समकालीन था और जिसने भारत पर आक्रमण करके अनेक सीमान्त राज्यों को जीता था; अलेकजेण्डर (जो सबकी रक्षा करे)।

सिकन्दर सौलत वि० *(फ़ा० सिकन्दर+अ० सौलत)* सिकन्दर जैसा रोब-दाब रखने वाला।

सिकन्दरा पु० *(फ़ा०)* रेल का सिगनल।

सिकन्दरी वि० *(फ़ा०)* सिकन्दर का।

सिकन्दरे आजम पु० *(फ़ा० सिकन्दर+अ० आजम)* शेख़ रूमी की उपाधि।

सिक्र पु० *(फ़ा०)* सिरका।

सिक्रबा पु० *(फ़ा०)* एक व्यंजन जो गेहूँ के दलिये और गोश्त में सिरका व किशमिश आदि डालकर बनता है।

सिक़ली स्त्री० *(अ० सिकल+फ़ा० ई)* हथियार माँज कर तेज करना।

पदरचना- *सिकलगर- चमक लाने वाला कारीगर।*

सिक़ा पु० *(अ० सिकः)* विश्वसनीय व्यक्ति।

सिक़ात पु० *(अ० सिक़ का बहु०)* श्रेष्ठ और विश्वस्त लोग।

सिक्कए-कल्ब पु० *(अ०)* जाली या नकली सिक्का।

सिक्का पु० *(अ० सिक्कः)* टकसाल में ढली मुद्रा; रुपया-पैसा; मुद्रा; छाप; मुहर; धाक; रोब; पद्धति; तर्ज।

मुहा० ***सिक्का बैठना या जमना-*** *अधिकार स्थापित होना।*

सिक्काज़न वि० *(अ० सिक्कः+फ़ा० जन)* सिक्का ढालने वाला; टकसालिया।

सिक्कए क़ासिद पु० *(अ०)* जाली सिक्का; वह सिक्का जो टकसाली न हो; खोटा।

सिक्कए राइज पु० *(अ०)* वह सिक्का जो चलन में हो, जिसका लेन-देन हो।

सिक़ाया पु० *(अ० सिकायः)* पानी का हौज या टंकी, जो मसजिद आदि में होती है।

सिक़ायत स्त्री० *(अ०)* पानी पिलाना।

सिकालिश स्त्री० *(फ़ा०)* ध्यान; ख्याल; चिन्ता; परामर्श।

सिकीजा पु० *(फ़ा० सिकीजः)* छलांग मारना; कूदना; दुलत्ती मारना।

सिक्कीन स्त्री० *(अ०)* छुरी; बड़ा चाकू।

सिक्कीर वि० *(अ०)* जो हर समय नशे में धुत रहे।

सिक़्त पु० *(अ०)* मरा हुआ बच्चा पैदा होना।

सिक्का-रायज-उल-वक़्त पु० *(अ०)* सिक्का जो वर्तमान में प्रचलित हो; प्रचलित सिक्का।

सिक़्ल पु० *(अ०)* बोझ; गरिष्ठता।

सिक़्लात पु० *(तु०)* एक कीमती ऊनी वस्त्र।

सिक़्ले बत्न पु० *(अ०)* पेट का भारीपन; अपच।

सिक़्ले समाअत पु० *(अ०)* बहरापन।

सिख़्न पु० *(अ०)* मोटाई।

सिग़र पु० *(अ०)* छोटापन।

सिग़र सिन वि० *(अ०)* अल्पवयस्क।

सिग़र सिनी स्त्री० *(अ०)* अल्पवयस्कता।

सिग़ार पु० *(अ०)* कम उम्र के लड़के-लड़कियाँ।

सिग़ारो किबार पु० *(अ०)* छोटे और बड़े, जवान व बूढ़े सभी।

सिग़ाल स्त्री० *(फ़ा०)* चिन्ता; फिक्र; ख़याल।

सिग़ालिन्दा वि० *(फ़ा० सिग़ालिन्दः)* सोचने वाला।

सिग़ालिश स्त्री० *(फ़ा०)* चिन्ता; फिक्र।

सिग़ालीदा वि० *(फ़ा० सिग़ालीदः)* सोचा हुआ; विचारा हुआ।

सिग़ालीदनी वि० *(फ़ा०)* सोचने-विचारने योग्य।

सिजंजल पु० *(अ०)* दर्पण; आईना।

सिजदा पु० *(अ० सिज्दः)* प्रणाम; नमस्कार; दण्डवत्।

सिजदा गाह स्त्री० *(अ० सिजदा+फ़ा० गाह)* सिजदा करने का स्थान; लकड़ी या मिट्टी की वह गोल टिकिया जिस पर शिया लोग नमाज़ पढ़ते समय सिजदा करते हैं।

सिजाफ़ स्त्री० *(फ़ा०)* गोर; संजाफ।

सिजिल (ल्ल) वि० *(अ०)* दस्तावेज़ जो रजिस्ट्रार की मुहर और दस्तख़त आदि से ठीक हो गयी हो; बैनामा; विक्रय-पत्र।

सिज्न पु० *(अ०)* ज़ेलखाना।

सिजिस्तान पु० *(फ़ा०)* अफगानिस्तान का प्रदेश, जो ईराक के पूरब में है।

सितम पु० *(फ़ा०)* अनर्थ; जुल्म; अत्याचार।
मुहा० ***सितम टूटना-*** *अनर्थ होना।* ***सितम ढाना-*** *अत्याचार करना।*

सितमगर वि० *(फ़ा०)* अत्याचारी।

सितमगरी स्त्री० *(फ़ा०)* अत्याचार करना।

सितम ज़दा वि० *(फ़ा० सितमजदः)* अत्याचार से पीड़ित।

सितमज़रीफ वि० *(फ़ा० सितम+अ० ज़रीफ)* हँसी-हँसी में ही भारी अत्याचार करने वाला।

सितम शिआर वि० *(फ़ा० सितम+अ० शिआर)* बराबर अत्याचार करने वाला।

सितार पु० *(फ़ा० सेह+तार, सं० सप्त+तार)* एक वाद्य जो तारों को अँगुली से झनकारने पर बजता है।

सिताँ पु० *(फ़ा०)* स्थान; वह देश जहाँ किसी वस्तु की अधिकता हो। वि० लेने वाला; पकड़ने वाला; छीनने वाला।

सितारा पु० *(फ़ा० सितारः)* तारा; नक्षत्र; भाग्य; चाँदी या सोने के पत्तर की बनी हुई बिन्दी जो शोभा के लिए चीज़ों पर लगायी जाती है।
मुहा० ***सितारा चमकना या बुलन्द होना-*** *भाग्योदय होना; अच्छी किस्मत होना।*

सितारा दाँ वि० *(फ़ा० सितारः दाँ)* ज्योतिष; नजूमी।

सितारा परस्त वि० *(फ़ा० सितारः परस्त)* सितारों की पूजा करने वाला।

सितारा पेशानी वि० *(फ़ा० सितारः पेशानी)* वह घोड़ा जिसके माथे पर सफेद छोटा चिह्न हो। ऐसा घोड़ा अशुभ समझा जाता है।

सितारा-शनास पु० *(फ़ा०)* ज्योतिषी।

सितारिया वि० *(फ़ा० सितार+हि० 'इया' प्रत्य०)* सितार बजाने वाला।

सितारे-हिन्द पु० *(फ़ा० सितार-ए-हिन्द)* एक उपाधि जो ब्रिटिश सरकार की ओर से भारतीयों को दी जाती थी।

सिती स्त्री० *(फ़ा०)* साध्वी; सती स्त्री।

सित्ता वि० *(अ० सित्तः)* छः; षट्।

सित्ताअशर वि० *(अ० सित्तःअशर)* सोलह।

सित्र पु० *(अ०)* परदा; छिपाव।

सित्रा पु० *(अ० सित्रः)* कोट; बड़ा कोट।

सितूदा वि० *(फ़ा०)* सराहा हुआ; प्रशंसनीय।

सितून पु० *(फ़ा० सुतुन)* खम्भा; मीनार।

सितेज़/सितेज़ा पु० *(फ़ा०)* युद्ध; शत्रुता; प्रतिकूलता।

सिद्क़ पु० *(अ०)* सत्यता।

सिद्दीक़ वि० *(अ०)* बहुत ही सच्चा; परम सत्यनिष्ठ।

सिद्दीक़े अकबर पु० *(अ० सिद्दीक़े अकबर)* इस्लाम धर्म के पूर्व खलीफ़ा हज़रत अबूबकर की उपाधि।

सिद्रा पु० *(अ० सिद्रः)* स्वर्ग के सबसे ऊँचे स्थान पर बेर का एक पेड़।

सिद्रतुलमुन्तहा पु० *(अ०)* बेर का एक पेड़ जो सातवें आसमान पर है और जहाँ तक किसी की पहुँच नहीं है, केवल जिब्रील जा सकते हैं।

सिन पु० *(अ०)* उमर; अवस्था।

सिन-बुलूगत पु० *(अ०)* वयस्क होने की अवस्था; जवानी।

सिन-रसीदा वि० *(अ० सिन+फ़ा० रसीदा)* वृद्ध; बुज़ुर्ग।

सिनदान स्त्री० *(फ़ा०)* निहाई; अहरन।

सिने तमीज़ पु० *(अ०)* अच्छे-बुरे में विवेक करने की आयु; प्रौढ़ावस्था।

सिने बुलूग़ पु० *(अ०)* बालिग होने की उम्र; युवावस्था।

सिने शबाब पु० *(अ०)* जवानी की अवस्था।

सिने शैख़ूख़त पु० *(अ०)* बुढ़ापा।

सिन्नौर स्त्री० *(अ०)* बिल्ली।

सिनान स्त्री० *(फ़ा०)* तीर या बरछी आदि की नोक।

सिपर स्त्री० *(फ़ा०)* ढाल; ओट।

पदरचना- ***सिपरदारी-*** *हिफ़ाजत करना।* ***सिपर अन्दाख्ता-*** *हार मान लेने वाला।* ***सिफर अन्दाजी-*** *हार मान लेना।*

मुहा० ***सिपर डाल देना/फेंक देना-*** *हार मान लेना।* ***सिपर मुँह पर लेना-*** *हिफ़ाजत के लिए ढाल उठाना।*

सिपरी वि० *(फ़ा०)* समाप्त; खत्म।

सिपस्ताँ पु० *(फ़ा०)* लिसोढ़ा नामक फल।

सिपह स्त्री० *(फ़ा० सिपाह का अल्प रूप)* सेना।

सिपहगरी स्त्री० *(फ़ा०)* सैनिक का पेशा।

सिपहदार पु० *(फ़ा०)* सेनानायक; फौज़ का अफ़सर।

सिपहबद/सिपहबुद पु० *(फ़ा०)* सेनानी; सेनापति; सेनाध्यक्ष; कमाण्डर।

सिपहसालारी स्त्री० *(फ़ा०)* सेनापति का कार्य या पद।

सिपहर पु० *(फ़ा०)* गोला; आकाश।

सिपह सालार पु० *(फ़ा०)* सेनापति।

सिपानाख़ स्त्री० *(फ़ा०)* पालक नामक एक साग।

सिपारिन्दा वि० *(फ़ा० सिपारिन्दः)* सौंपने वाला; हस्तान्तरण करने वाला।

सिपारा पु० *(फ़ा० सीपारः)* कुरान के तीस विभागों में से कोई एक अध्याय।

सिपारी स्त्री० *(फ़ा०)* सुपारी।

सिपास स्त्री० *(फ़ा०)* धन्यवाद; प्रसन्नता।

सिपासगुज़ार वि० *(फ़ा०)* कृतज्ञता; एहसान मन्दी।

सिपास-गुज़ारी स्त्री० *(फ़ा०)* कृतज्ञता प्रकट करना।

सिपाह नामा पु० *(फ़ा० सिपाहनामः)* अभिनन्दन-पत्र।

सिपाह स्त्री० *(फ़ा०)* सेना।

सिपाह गिरी स्त्री० *(फ़ा०)* सिपाही का पेशा।

सिपाहियाना वि० *(फ़ा० सिपाहियानः)* सिपाहियों की तरह।

सिपाही पु० *(फ़ा०)* सैनिक; कांस्टेबल।

सिपाहीबचा पु० *(फ़ा० सिपाही बचः)* सैनिक पुत्र; जिसके वंश में अन्य लोग भी सिपाही हों।

सिपेद वि० *(फ़ा०)* सफेद।

सिपेदए शफ़क़ पु० *(फ़ा० सिपेद+अ० शफ़क़)* सबेरे की सफ़ेदी।

सिफ़त स्त्री० *(अ० सिफ़ात)* लक्षण; स्वभाव।

सिफ़ाक़ स्त्री० *(अ०)* आँतों पर चढ़ी हुई एक बारीक झिल्ली।

सिफ़ात अ० *(पु०+स्त्री० सिफ़त का बहु०)* तारीफें।

सिफ़र पु० *(अ०)* खाली होने का भाव; शून्य।

सिफ़लगी स्त्री० *(अ० सिफ़्लगी)* नीचता; कमीनापन।

सिफ़ला वि० *(अ० सिफ़्लः)* नीच; कमीना।

सिफ़ली वि० *(अ० सिफ़्ली)* घटिया; छोटे दरज़े का।

सिफ़ाती वि० *(फ़ा०)* सिफ़त या गुण सम्बन्धी।

सिफ़ारत स्त्री० *(फ़ा०)* दूत का पद।

सिफ़ारिश स्त्री० *(फ़ा० सुफारिश)* अनुशंसा; पैरवी।

सिफ़ारिशी वि० *(फ़ा०)* जिसमें सिफारिश हो; जिसकी सिफ़ारिश की गयी हो।

सिफ़ाल पु० *(फ़ा०)* मिट्टी का बरतन; ठीकरा।

सिफ़ाला वि० *(फ़ा०)* खपरैला।

सिफ़ाह स्त्री० *(अ०)* व्यभिचार।

सिफ़्ल वि० *(फ़ा०)* मोटा; घना।

सिब्त पु० *(अ०)* वंशज; सन्तान; औलाद; दौहित्र; पुत्री का बेटा; नवासा।

सिबते नबी पु० *(अ०)* पैगम्बर मुहम्मद का नवासा; हज़रत फ़ातिमा का पुत्र।

सिब्तैन पु० *(अ०)* मुहम्मद साहिब के दोनों नाती/नवासे- हसन और हसैन।

सिमाउ पु० *(अ०)* गाना सुनना; सूफ़ीयाना हाल (भाव-उन्माद) आना।

सिमाक़ पु० *(अ०)* चौदहवाँ नक्षत्र; चित्रा।

सिमाक़े आज़ल पु० *(अ०)* चौदहवें नक्षत्र का एक सितारा जिसके पास दूसरा तारा नहीं है।

सिमाके रामाह पु० *(अ०)* चौदहवें नक्षत्र का एक तारा, जिसके पास एक तारा और भी है।

सिमाख़ पु० *(अ०)* कान का छेद।

सिमात स्त्री० *(अ०)* चराई; पंक्ति; कतार।

सिमाम पु० *(अ०)* मुँहबन्द बोतल।

सिम्त स्त्री० *(अ०)* दिशा।

सिम्सिम स्त्री० *(अ०)* एक प्रसिद्ध बीज तिल, जिससे तेल निकलता है। 'तेल' शब्द सं० के तिल से ही बना है।

सियर स्त्री० *(अ० सीरत का बहु०)* जीवन चरित्र।

सियहजर्दा वि० *(फ़ा०)* काले चमड़े वाला; हबशी।

सियह बादाम वि० *(फ़ा०)* वह सुन्दर स्त्री, जिसकी आँखे काली हों।

सियाक़ पु० *(अ०)* हाँकना; चलाना; बाज़ पक्षी के पाँव की डोर; गणित; हिसाब।

सियादत स्त्री० *(अ०)* प्रतिष्ठा; बुजुर्गी; सरदारी।

सियानत स्त्री० *(अ०)* संरक्षण; निगरानी।

सियाम पु० *(अ०)* रोज़ों के दिन; रोज़ों के महीने।

सियापा पु० *(फ़ा०)* मातम।

सियासत स्त्री० *(अ०)* राजनीति।

सियासतगर वि० *(अ० सियासत+फ़ा० गर)* सज़ा देने वाला।

सियासतगाह स्त्री० *(फ़ा०)* सज़ा देने का स्थान।

सियासत दाँ वि० *(अ० सियासत+फ़ा० दाँ)* राजनीति जानने वाला; राजनीतिज्ञ।

सियासतदानी स्त्री० *(अ० सियासत+फ़ा० दानी)* राजनीति जानना।

सियासते मुदन स्त्री० *(अ०)* नगर का प्रबन्ध।

सियासती पु० *(अ०)* राजनीतिज्ञ।

सियासी वि० *(अ०)* राजनीति सम्बन्धी।

सियासीयात स्त्री० *(अ०)* राजनीति की बातें।

सियाह[1] वि० *(फ़ा०)* काला; अशुभ।

सियाह[2] पु० *(अ०)* जोर की आवाज; चीख; पुकार।

सियाहक़लम वि० *(फ़ा० सियाह+अ० क़लम)* वह चित्र जो बिलकुल काला बनाया जाये; साँवले रंग का प्रेमी।

सियाह क़ल्ब वि० *(फ़ा० सियाह+अ० क़ल्ब)* पापी; पापात्मा; कठोर हृदय; बेरहम।

सियाह काम वि० *(फ़ा०)* नाकाम; बदक़िस्मत।

सियाहकार वि० *(फ़ा०)* पाप या दुष्कर्म करने वाला।

सियाहगोश पु० *(फ़ा०)* बन बिलाव।

सियाहज़बाँ पु० *(फ़ा०)* कलजिह्वा; जिसके मुँह से निकली अशुभ बात फलीभूत हो जाती है।

सियाहत स्त्री० *(अ०)* यात्रा; पर्यटन; सैर।

सियाह दिल वि० *(फ़ा०)* पापी।

सियाह पोश वि० *(फ़ा०)* मातम के काले कपड़े पहनने वाला।

सियाहफ़ाम वि० *(फ़ा०)* साँवला।

सियाहबख़्त वि० *(फ़ा०)* अभागा; कमबख्त।

सियाहबख़्ती स्त्री० *(फ़ा०)* अभागापन।

सियाह-बातिन वि० *(अ० सियाह+फ़ा० बातिन)* जिसका दिल साफ न हो; कलुषित हृदय।

सियाहस्त वि० *(फ़ा०)* बहुत मतवाला; नशे में चूर।

सियाही स्त्री० *(फ़ा०)* कालिमा; स्याही; काजल।

सिकंजबीन स्त्री० *(फ़ा०)* सिरके का बनाया हुआ शरबत।

सिर पु० *(अ०)* भेद; रहस्य; राज।

मुहा० ***सिर की बात कहना-*** *रहस्य खोलना।*

सिरका पु० *(फ़ा० सिर्क:)* धूप में पका कर खट्टा किया हुआ ईख आदि का रस।

सिरका कश पु० *(फ़ा०)* अर्क खींचने का एक यन्त्र।

सिराज पु० *(अ०)* सूर्य; दीपक; चिराग।

सिराजी पु० *(अ०)* शीराज का घोड़ा।

सिरात स्त्री० *(अ०)* सीधी सड़क।

सिरायत स्त्री० *(अ० सरायत)* घुसना; प्रवेश; जज्ब करना; सोख लेना।

सिर्फ़ क्रि०वि० *(अ०)* केवल; मात्र; महज। वि० अकेला; खालिस; केवल।

सिरिश्क पु० *(फ़ा०)* आँसू।

सिरिस्त स्त्री० *(फ़ा०)* स्वभाव; प्रकृति।

सिरिस्ता पु० *(फ़ा० सिरिश्तः)* गूँथा हुआ।

सिरेश स्त्री० *(फ़ा०)* एक चिपकने वाला पदार्थ, जो ऊँट, गाय, भैंस आदि के कच्चे चमड़े से बनता है और लकड़ी आदि जोड़ने के काम आता है।

सिरेशम माही पु० *(फ़ा०)* एक विशेष मछली का बना हुआ सिरेश जो दवा के काम आता है और राज़रोग अर्थात् टी.बी. की बहुत अच्छी दवा है।

सिल स्त्री० *(अ०)* तपेदिक रोग।

सिलबची स्त्री० *(फ़ा० सैलाबची)* हाथ-मुँह धोने का एक प्रकार का बर्तन; चिलमची।

सिलसिला पु० *(अ० सिल्सिलः)* क्रम; परम्परा।

सिलसिलेवार वि० *(अ० सिलसिल+फ़ा० वार)* क्रम के अनुसार; क्रम से।

सिलह पु० *(अ०)* हथियार; अस्त्र-शस्त्र; औज़ार।

सिलहख़ाना पु० *(अ० सिलह+फ़ा० खानः)* शस्त्रागार।

सिलहपोश वि० *(अ० सिलह+फ़ा० पोश)* हथियार बन्द।

सिला पु० *(अ० सिलः)* फल या पुरस्कार; बदला।

सिलाह पु० *(अ०)* युद्ध करने का अस्त्र।

सिलाहख़ाना पु० *(अ० सिलाह+फ़ा० ख़ाना)* शस्त्रागार।

सिलाहबन्द वि० *(अ० सिलाह+फ़ा० बन्द)* जो हथियार लिये हुए हो।

सिलाहसाज़ वि० *(अ० सिलाह+फ़ा० साज़)* हथियार बनाने वाला।

सिलाबी वि० *(अ० सिलाब+फ़ा० बी)* तर; नम; आर्द्र; गीला।

सिल्क पु० *(अ०)* मोतियों आदि की लड़ी; पंक्ति; सिलसिला।

सिल्की वि० *(अ०)* तार या डोरे से सम्बन्धित।

सिल्के कहरुबाई *स्त्री०+पु० (अ०)* बिजली का तार; बिजली के तार की लाइन।

सिल्के मर्वारीद स्त्री० *(अ०)* मोतियों की लड़ी।

सिल्ला पु० *(अ०)* तेज़; तीव्र; लम्बा; दीर्घ।

सिल्म स्त्री० *(अ०)* लकड़ी की बनी लिखने की तख्ती।

सिलसिला पु० *(अ० सिल्सिलः)* शृंखला; पंक्ति; क्रम; कतार।

सिलसिलावार वि० *(अ० सिल्सिलः+फ़ा० वार)* क्रम से, क्रमशः; एक के बाद एक; एक-एक करके।

सिलसिलए कलाम पु० *(अ० सिल्सिलः कलाम)* बातों का सिलसिला।

सिलसिलए कोह पु० *(अ० सिलसिला+फ़ा० कोह)* पहाड़ों का सिलसिला; पर्वतश्रेणी।

सिलसिलए ख़यालात पु० *(अ० सिल्सिलः ख़्यालात)* विचारों का सिलसिला।

सिलसिलए नसब पु० *(अ० सिल्सिलः+फ़ा० नसब)* वंशानुक्रम; वंशावली।

सिलसिलए हादिसात पु० *(अ० सिल्सितः हादिसात)* एक के बाद दूसरी घटना; घटना का सिलसिला; घटनाचक्र; घटनाक्रम।

सिवा-के सम्बन्ध *(अ०)* के अतिरिक्त।

सिवुम वि० *(फ़ा०)* तृतीय; तीसरा; मरने वाले मुसलमान के तीजे का फातिहा।

सिह वि० *(फ़ा०)* तीन।

सिहगूना वि० *(फ़ा० सिहगूनः)* तीन गुना; तिगुना।

सिहगोशा वि० *(फ़ा० सिहगोशः)* तीन कोनों वाला; त्रिकोण।

सिहचन्द वि० *(फ़ा०)* तीन गुना; त्रिगुण।

सिहज़मानी वि० *(फ़ा० सिह+अ० जमानी)* तीनों कालों से सम्बन्ध रखने वाला; त्रैकालिक।

सिहनिकाती वि० *(फ़ा० सिह+अ० निकाती)* तीन उसूलों वाला; त्रिसूत्री।

सिह पहलू वि० *(फ़ा०)* तीन कोनों वाला; त्रिकोण; त्रिपार्श्व; तीनपहलू।

सिह मंज़िला वि० *(फ़ा० सिंह+अ० मंज़िलः)* तीन खण्डों वाला घर; जिसमें तीन मंज़िले हों।

सिहमाहा वि० *(फ़ा० सिहमाहः)* तीन महीने में होने वाला; त्रैमासिक; तीन माह की आयु का।

सिहरंगी वि० *(फ़ा०)* तीन रंगों वाला; त्रैवर्णिक।

सिहशम्बा पु० *(फ़ा० सिह शम्बः)* मंगलवार; मंगलवार का दिन।

सिहसाला वि० *(फ़ा० सिहसालः)* तीन वर्षों में होने या पड़ने वाला; त्रैवार्षिक; तीन वर्ष की आयु का।

सिद्दहत स्त्री० *(अ०)* स्वास्थ्य।

पदरचना- ***सिद्‌दहत अफ़ज़ा-*** *स्वास्थ्यवर्धक।* ***सिद्‌दहत खाता-*** *शौचालय।* ***सिद्‌दहत मन्द-*** *स्वास्थ्य।*

सिहत स्त्री० *(अ०)* सेहत; स्वास्थ्य।

सिहर पु० *(अ०)* अभिचार; टोना-टोटका।

सिहाम पु० *(अ० सहम का बहु०)* बहुत से बाण; हिस्से; अंश; भाग।

सिहाह पु० *(अ० सहीह का बहु०)* स्वस्थ और निरोग लोग। स्त्री० हदीस का एक प्रसिद्ध ग्रन्थ।

सी वि० *(फ़ा०)* तीस; तीस की संख्या।

सीकनक वि० *(तु०)* आहिस्ता; धीरे; हौले।

सीख़ स्त्री० *(फ़ा०)* लोहे का लम्बा-पतला छड़।

सीख़चा पु० *(फ़ा० सीख़चः)* लोहे की वह सींक जिस पर माँस लपेट कर भूनते हैं।

सीख़पर पु० *(फ़ा०)* चिड़िया का वह बच्चा जिसके अभी पंख न निकले हों।

सीख़पा वि० *(फ़ा०)* पिछले पैरों पर खड़ा हुआ घोड़ा।

सीख़े जारोब स्त्री० *(फ़ा०)* झाडू की सींक।

सीग़ा[1] पु० *(अ० सीगः)* साँचे में ढालने की क्रिया।

सीग़ा[2] पु० *(अ० सीगः)* शियाओं का विवाह; विभाग; महकमा।

सीग़ए ग़ाइब पु० *(अ०)* प्रथम पुरुष, जिसके विषय में बात की जाये।

सीग़ए मुतकल्लिम पु० *(अ०)* उत्तम पुरुष, जो बात करने वाला है।

सीग़ए राज़ पु० *(अ० सीग़ए+फ़ा० राज़)* गोपनीय; छिपायी जाने वाली बात।

सीग़ए हाज़िर पु० *(अ०)* मध्यम पुरुष; जिससे सामने होकर बात की जाये।

सीत स्त्री० *(अ०)* चर्चा; ज़िक्र; ख्याति; शोहरत।

सीना पु० *(फ़ा० सीनः)* छाती; वक्षस्थल; स्तन।

मुहा० ***सीना तान कर चलना-*** *निर्भीक होकर चलना; घमण्ड में रहना।* ***सीना ताने खड़े होना-*** *मुकाबले में पीछे न हटना।* ***सीने पर पत्थर रखना-*** *बहुत कठोर बनना।* ***सीने पर साँप लोटना-*** *ईर्ष्या से भर जाना।* ***सीने पर सिल धरना-*** *हृदय कठोर करना।* ***सीने पर हाथ रखना-*** *स्तब्ध रह जाना।* ***सीने में जगह देना-*** *प्यार करना।* ***सीने में साँस समाना-*** *शक्ति मिलना।* ***सीने से लगाना-*** *प्यार करना।* ***सीने पर हाथ मारना-*** *छाती पीटना।*

सीनाकावी स्त्री० *(फ़ा०)* बहुत कठोर परिश्रम।

सीना क़ोबी स्त्री० *(फ़ा०)* छाती पीटकर शोक मनाना।

सीनाज़न पु० *(फ़ा०)* जो मुहर्रम में छाती पीटने का काम करता हो।

सीना ज़ोर वि० *(फ़ा० सीनःजोर)* अत्याचारी; जबरदस्त।

सीना ज़ोरी स्त्री० *(फ़ा० सीनःजोरी)* अत्याचार; उदण्डता; जबरदस्ती।

सीना बन्द पु० *(फ़ा०)* चोली; अँगिया।

सीना-सिपर क्रि०वि० *(फ़ा०)* सीना सामने करके; मुकाबले में।

सीनी स्त्री० *(फ़ा०)* ताँबे या पीतल की एक प्रकार की थाली; किश्ती।

सिपारा पु० *(फ़ा०)* तीस टुकड़ों में बँटा हुआ; कुरान के तीस खण्डों में से एक।

सीम स्त्री० *(फ़ा०)* चाँदी; सम्पत्ति।

सीमतन वि० *(फ़ा०)* चाँदी की तरह सफेद या गोरा।

सीमाब पु० *(फ़ा०)* पारा।

सीमाबी[1] वि० *(फ़ा०)* पारे के रंग का।

सीमाबी[2] पु० *(फ़ा०)* एक प्रकार का कबूतर।

सीमिया स्त्री० *(अ०)* वह विद्या जिससे मनुष्य अपना शरीर छोड़ कर दूसरे के शरीर में प्रवेश कर जाता है; परकाया प्रवेश विद्या; ऐसी वस्तुओं को देखना जो वास्तविक में न हों।

सीमीं वि० *(फ़ा०)* चाँदी का।

सीमुर्ग पु० *(फ़ा०)* एक कल्पित विशालकाय पक्षी।

सीर पु० *(फ़ा०)* लहसुन।

सीरत स्त्री० *(अ० बहु० सियर)* स्वभाव; आदत।

सीरतन अव्य० *(अ०)* स्वभाव की दृष्टि या विचार से।

सीरते पाक स्त्री० *(अ० सीरत+फ़ा० पाक)* पवित्र; स्वभाव; पवित्र जीवन चरित्र।

सीली स्त्री० *(फ़ा०)* चारों अँगुलियों को खड़ा करके किसी की गरदन पर मारना, पहले यह एक सज़ा भी थी।

सीस्तान पु० *(फ़ा०)* दक्षिणी ईरान का एक प्रदेश।

सुआद स्त्री० *(अ०)* अरब की एक सुन्दरी।

सुआल[1] स्त्री० *(अ०)* खाँसी।

सुआल[2] पु० *(अ०)* प्रश्न; सवाल।

सुऊद[1] पु० *(अ०)* ऊपर जाना; ऊपर उठना।

सुऊद[2] पु० *(अ० 'साद' का बहु०)* शुभ ग्रह, जैसे- बृहस्पति; शुक्र और चन्द्र।

सुऊबत स्त्री० *(अ०)* कठिनता; व्यथा; पीड़ा; तकलीफ।

सुक (क्क) पु० *(अ०)* एक सुगन्धित पदार्थ जो अनेक सुगन्धित पदार्थों से मिलकर बनता है।

सुकुम स्त्री० *(अ०)* रोग; बीमारी।

सुकूत[1] पु० *(अ०)* चुप्पी; खामोशी।

सुक़ूत[2] पु० *(अ०)* गिरना; च्युत होना।

सुकूते कामिल पु० *(अ०)* पूर्ण सन्नाटा; बिलकुल खामोशी।

सुकूते महज़ पु० *(अ०)* पूरा सन्नाटा।

सुकून पु० *(अ०)* मन की शान्ति।

सुकूनत स्त्री० *(अ०)* निवास।

सुकूनत पिज़ीर वि० *(अ० सुकूनत+फ़ा० पज़ीर)* निवासी।

सुकूनती वि० *(अ०)* रहने योग्य, जैसे- सुकूनती मकान।

सुकूने अबदी पु० *(अ०)* मौत; मरण; हमेशा के लिए शान्ति और आराम।

सुकूने आरिज़ी पु० *(अ०)* थोड़े दिनों की शान्ति।

सुकूरा पु० *(फ़ा०)* मिट्टी का छोटा प्याला; कटोरा।

सुक्कान पु० *(अ०)* नाव की पतवार।

सुकैना स्त्री० *(अ० सुकैनः)* हज़रत सकीना का शुभ नाम, जो हज़रत इमाम हुसैन की पुत्री थीं।

सुक्कर स्त्री० *(अ०)* चीनी; शक्कर।

सुक्कान पु० *(अ० साकिन का बहु०)* निवासी गण।

सुक्काने समावात पु० *(अ०)* आसमान में रहने वाले फरिश्ते।

सुक्ता पु० *(अ० सुक्तः)* किसी चीज का गिरा हुआ टुकड़ा; बादल का टुकड़ा।

सुक्ब पु० *(अ० सुक्बः का बहु०)* छिद्र-समूह।

सुक्बए इनबीया पु० *(अ०)* आँख का एक परदा।

सुक्र पु० *(अ०)* मद; अभिमान; मादकता; नशा।

सुख़न पु० *(फ़ा०)* वार्ता; बात; कथन; शब्द; ध्वनि; वार्तालाप; बातचीत; वादा; संविदा; कविता; काव्य; शेर; शायरी।

सुख़न आफ़री वि० *(फ़ा० सुख़न आफ़्री)* कवि; शायर।

सुख़न आफरीनी स्त्री० *(फ़ा० सुख़न आफ़्रीनी)* कविता; काव्य रचना; शायरी।

सुख़न आरा वि० *(फ़ा०)* कवि; शायर।

सुख़न आराई स्त्री० *(फ़ा०)* काव्य रचना; शायरी।

सुख़न गुस्तर वि० *(फ़ा०)* कवि; शायर; काव्यमर्मज्ञता।

सुख़न गुस्तरी स्त्री० *(फ़ा०)* कविता कहना; कविता का गुण-दोष समझना।

सुख़न गो वि० *(फ़ा०)* कवि; शायर।

सुख़न तकिया पु० *(फ़ा० सुखन+अ० तकियः)* वह शब्द या वाक्य जो किसी की जुबान पर चढ़ जाये और बातों में उसका प्रयोग बार-बार करे, चाहे उसकी ज़रूरत हो या न हो।

सख़ुन-दाँ वि० *(फ़ा०,भाव० सखुनदानी)* उक्तियों का मर्म समझने वाला; कवि; शायर।

सख़ुनपरवर वि० *(फ़ा० सुखनपर्वर)* अपने वचन का पालन करने वाला; हठी।

सुक्ना पु० *(अ०)* निवास; निवासी।

सुगरा स्त्री० *(अ०)* छोटी कन्या; छोटी वस्तु।

सुगाचा पु० *(फ़ा० सुगाचः)* एक रोग जिसमें ऐसा जान पड़ता है कि कोई काला देव गला दबा रहा है।

सुग़द स्त्री० *(फ़ा०)* नीची ज़मीन जहाँ बरसात का पानी इकट्ठा होता है; समरकन्द के पास एक नगर।

सुग़दी स्त्री० *(फ़ा०)* ईरान की सात भाषाओं में से एक भाषा।

सुग्रा स्त्री० *(अ०)* छोटी स्त्री; प्रत्येक छोटी वस्तु जो स्त्रीलिंग हो।

सुग्राक़ पु० *(तु०)* बड़ा प्याला।

सुजनी स्त्री० *(फ़ा०)* बड़ी और मोटी एक बिछाने की चादर।

सुतुर्ग वि० *(फ़ा०)* ज्येष्ठ; बड़ा; श्रेष्ठ।

सुतुर्दा वि० *(फ़ा० सुतुर्दः)* मूँड़ा हुआ; मुण्डित।

सुतुलीब पु० *(फ़ा०)* ग्रहों, तारों आदि के नापने का एक यन्त्र।

सुतूदा वि० *(फ़ा० सुतूदः)* प्रशंसित; सराहा हुआ; जिसकी तारीफ़ की गयी हो।

सुतूदाँ पु० *(फ़ा०)* अग्निपूजकों अर्थात् पारसियों का कब्रिस्तान या समाधि-स्थान।

सुतून पु० *(फ़ा०)* खम्भा; मीनार; लाट; स्तम्भ।

सुतूने जराइद पु० *(फ़ा० सुतून+अ० जराइद)* अखबार का कालम या स्तम्भ।

सुतूर पु० *(फ़ा०)* चौपाया (जैसे- घोड़ा; खच्चर; गधा)।

सुतूरे ज़ैल स्त्री० *(अ०)* लेख के नीचे की पंक्तियाँ।

सुतूरे बाला स्त्री० *(अ० सुतूर+फ़ा० बाला)* लेख के ऊपर की पंक्तियाँ।

सुतूह स्त्री० *(अ० सतह का बहु०)* सतहें।

सुतोर पु० *(फ़ा०)* गाय; वृष; बैल; ऊँट; घोड़ा।

सुतोहू वि० *(फ़ा०)* दुःखी; पीड़ित।

सुतून पु० *(फ़ा०)* स्तम्भ।

सुदद पु० *(अ० सुद्दः का बहु०)* ग्रन्थियाँ; गाँठें; मल या मवाद की गाँठें।

सुदाअ पु० *(अ०)* सिरदर्द।

सुदाद पु० *(अ०)* एक रोग, जिसमें नाक और सीने के रास्ते बन्द हो जाते हैं।

सुदाब स्त्री० *(फ़ा०)* तितली।

सुदुस वि० *(अ०)* छठा; षष्ठ।

सुदूर पु० *(फ़ा० सद्र का बहु०)* जारी होना।

सुद्दा पु० *(अ० सुद्दः)* पेट के अन्दर जमा सूखा मल।

सुनन स्त्री० *(अ० सुन्नत का बहु०)* सुन्नतें।

सुनाई वि० *(अ०)* दो अक्षर वाला; आगे के दो दाँत वे ऊपर के हो या नीचे के।

सुनान स्त्री० *(अ०)* बग़ल की दुर्गन्ध; एक रोग जिसमें बग़ल से दुर्गन्ध आती है।

सुनूअ स्त्री० *(अ०)* बनाना; पैदा करना; शिल्प; कारीगरी।

सुन्नत स्त्री० *(अ०)* प्रणाली; मुसलमानों की वह प्रथा जिसमें बालक के लिंग का ऊपरी चमड़ा काटा जाता है; मुसलमानी, ख़तना।

सुन्नी पु० *(अ०)* मुसलमानों का एक भेद जो चारों ख़लीफाओं को प्रधान मानता है।

सुपुर्ज़ स्त्री० *(फ़ा०)* प्लीहा; तिल्ली; शरीर के भीतर का एक विशेष अवयव।

सुपुर्द वि० *(फ़ा०)* सौंपा हुआ; दिया हुआ।

सुपुर्दगी स्त्री० *(फ़ा०)* किसी को सौंपना; देना।

सुपुर्दार पु० *(फ़ा०)* वह व्यक्ति जिसके सुपुर्द किसी कुर्की का सामान हो।

सुपुर्दा वि० *(फ़ा० सुपुर्दः)* सौंपा हुआ; दिया हुआ।

सुपुश स्त्री० *(फ़ा०)* जूँ; वह कीड़ा जो बालों में पड़ जाता है।

सुपेदा पु० *(फ़ा० सपेदः)* जस्ते या राँगे का चूर्ण।

सुफ़रा[1] पु० *(अ० सुफ़्रः)* खाद्य-पदार्थ रखने का बर्तन।

सुफ़रा[2] पु० *(फ़ा० सुफ़्रः)* गुदा।

सुफ़ाल पु० *(फ़ा०)* मिट्टी का बरतन; ठीकरा।

सुफ़ालीं वि० *(फ़ा०)* मिट्टी का बना हुआ।

सुफुन पु० *(अ० सफीनः का बहु०)* नौकाएँ; किश्तियाँ।

सुबह स्त्री० *(अ० सुबह)* प्रातःकाल; सवेरा।

मुहा० ***सुबह का निकला शाम को आना-*** *आवारागर्दी करना।* ***सुबह की पूछो शाम की कहना-*** *बदहवास होना।* ***सुबह-शाम करना-*** *टाल मटोल करना।*

सुबहा स्त्री० *(अ० सुब्हः)* छोटी जपमाला; सुमिरनी।

सुबहान वि० *(अ०)* पवित्र; स्वतन्त्र।

पदरचना- ***सुबहान अल्ला-*** *मै पवित्रता पूर्वक ईश्वर का स्मरण करता हूँ; आश्चर्य या हर्ष प्रकट करने वाला अव्यय।*

सुबही वि० *(अ०)* सुबह का।

सुबुक वि० *(फ़ा०)* हल्का; सुन्दर।

सुबुक दस्त वि० *(फ़ा०)* फुरतीला।

सुबुक पोश वि० *(फ़ा०)* जिसके कन्धे पर कोई वार न हो।

सुबुकी स्त्री० *(फ़ा०)* हलकापन।

सुबू स्त्री० *(अ०)* सुबह; सबेरा। पु० *(फ़ा०)* घड़ा; मटका।

सुबूत पु० *(अ०)* प्रमाण।

सुबाई स्त्री० *(अ०)* एक नज्म, जिसमें सात मिसरे होते हैं; सात ग्रहों का समूह; सातों आकाश।

सुबात पु० *(अ०)* समय; काल; स्वप्न; नींद; एक रोग जिसमें रोगी बहुत सोता है।

सुबुकतिगीं पु० *(तु०)* सुलतान महमूद के पिता का नाम।

सुबू पु० *(फ़ा०)* पानी आदि का घड़ा।

सुबूचा पु० *(फ़ा०)* छोटा घड़ा; ठिलिया; गागर; मटकी।

सुबूत पु० *(अ०)* प्रमाण; तर्क; दलील; साक्ष्य; उदाहरण; मिसाल।

सुबूदान पु० *(फ़ा०)* घड़ा रखने का पाया।

सुम पु० *(फ़ा०)* चौपाये का खुर; घोड़े की टाप।

सुमफटा पु० *(फ़ा०+हि०)* घोड़ों के खुर में होने वाला एक रोग।

सुम्बा पु० *(फ़ा०)* बढ़इयों का लकड़ी में छेद करने का बरमा; तोप में बारूद भरने का गज़।

सुम्बुला पु० *(अ० सुम्बुल)* गेहूँ या जौ आदि की बाल; कन्या राशि।

सुम्माक़ पु० *(अ०)* एक प्रकार की दवा।

सुरअत स्त्री० *(अ०)* शीघ्रता; फुरती।

सुरख़ा पु० *(फ़ा० सुर्ख़ः)* वह सफेद घोड़ा, जिसकी दुम लाल हो; लाल रंग का कबूतर; शराब।

सुरख़ाब पु० *(फ़ा०)* चकवा।

मुहा० ***सुरख़ाब का पर लगना-*** *कोई विशेषता होना।*

सुरफा पु० *(फ़ा० सुर्फः)* खाँसी रोग।

सुरमई वि० *(फ़ा०)* सुरमे के रंग का।

सुरमा पु० *(फ़ा० सुर्मः)* आँखों में लगाने वाला एक प्रकार का अंजन।

सुरमीला वि० *(फ़ा० सुरमा+हि० ईला)* सुरमेवाला।

सुमुन वि० *(अ० सुम्न)* आठवाँ अंश।

सुमना पु० *(फ़ा० सुम्नः)* चिरौंजी नामक मेवा।

सुम्माक़ पु० *(अ०)* दवा के काम आने वाला एक खट्टा फल।

सुराक़ा पु० *(अ० सुराकः)* चोरी का माल; कुरैश वंश (अरब) का एक प्रतिष्ठित व्यक्ति।

सुराग़ पु० *(तु०)* पाँव का चिह्न; खोज; पता; निशान; ठिकाना; अनुसन्धान; तलाश।

सुराग़ रसाँ वि० *(तु० सुराग़+फ़ा० रसाँ)* खोज़ करने वाला; खोज़ी; गुप्तचार; जासूस।

सुराग़ सानी स्त्री० *(तु० सुराग़+फ़ा० सानी)* खोज़ करना; तलाश करना; जासूसी।

सुरादिक़ पु० *(अ०)* बड़ा तम्बू; शामियाना।

सुराह वि० *(अ०)* सार; तत्त्व; निष्कर्ष; निचोड़; एक अरबी शब्दकोश।

सुराही स्त्री० *(अ०)* पानी रखने का एक विशेष मिट्टी का पात्र; जल की कुम्भी।

सुरूर पु० *(अ०)* हर्ष; आनन्द; नशा।

सुरूर अंग़ेज वि० *(अ० सुरूर+फ़ा० अंग़ेज)* नशा पैदा करने वाला; मादक।

सुरैया स्त्री० *(अ०)* तीसरा नक्षत्र कृत्तिका; कान में पहनने का झुमका; प्रकाश की झालर।

सुरैया बाम वि० *(अ०)* जिसका महल सुरैया जितनी ऊँचा हो, जहाँ किसी की पहुँच न हो।

सुरोद पु० *(फ़ा०)* गीत; गान।

सुरोद संज वि० *(फ़ा०)* गाने की कला का माहिर।

सुरोदी वि० *(फ़ा०)* गायक; गवैया।

सुरोश पु० *(फ़ा०)* जिब्रील; फरिश्ता जो अच्छा और शुभ सन्देश लाये।

सुर्ख़ वि० *(फ़ा०)* लाल रंग।

सुर्ख़रू वि० *(फ़ा०)* सम्मानित; इज्जत किया गया; सफल; कामयाब।

सुर्ख़ रूई स्त्री० *(फ़ा०)* सम्मान; इज्जत; सफलता।

सुख़ेब पु० *(फ़ा०)* एक जलपक्षी चकवा जिसके बारे में प्रसिद्ध है कि इसका जोड़ा रात में जुदा हो जाता है और दिन भर साथ रहता है।

सुर्खिए शफ़क स्त्री० *(फ़ा० सुर्ख़ी+अ० शफ़क)* ऊषा की लालिमा; सबेरे या शाम को आकाश की लाली।

सुलह फ़ात पु० *(अ०)* कछुआ।

सुलाला पु० *(अ० सुलालः)* निष्कर्ष; निचोड़; नवजात शिशु।

सुलस वि० *(अ०)* तीसरा भाग; तृतीयांश।

सुलूक पु० *(अ०)* रास्ता चलना; व्यवहार।

सुलूके नेक पु० *(अ० सुलूक+फ़ा० नेक)* अच्छा व्यवहार।

सुलतान पु० *(अ० सुल्तान)* शासक; बादशाह।

सुलतानी वि० *(अ० सुलतानी)* शासन; बादशाही।

सुलबीया पु० *(अ० सुल्बीयः)* आँख का सातवाँ परदा।

सुलह स्त्री० *(अ० सुल्ह)* मेल-मिलाप; सन्धि।

सुस्त वि० *(फ़ा०)* अशक्त; कमजोर; ढीला-ढाला; शिथिल; मन्द।

सुस्ती स्त्री० *(फ़ा०)* आलस्य; शिथिलता; ढीलापन।

सुहा पु० *(फ़ा०)* एक बहुत छोटा तारा, जो सप्तर्षि मण्डल के तीन तारों में से बीच का है।

सुहैब पु० *(अ०)* एक सिहाबी जो रूम देश से आकर मुसलमान हुए थे।

सुहैल पु० *(अ०)* एक प्रसिद्ध तारा जो यमन देश में दिखायी देता है, उसके प्रभाव से चमड़े में सुगन्ध पैदा होती है और कीड़े मर जाते हैं।

सोहबत स्त्री० *(अ० सुह्‌बत)* संगत; पास बैठना; दोस्ती; महफिल; गोष्ठी।

सोहबते सालेह स्त्री० *(अ० सुह्‌बते सालेह)* अच्छे व्यक्तियों की संगत।

सोहरा वर्दी वि० *(फ़ा० सुह्रःवर्दी)* इराक का निवासी।

सोहराब पु० *(फ़ा० सुह्राब)* रुस्तम का बेटा जिसे रुस्तम ने अनजाने में मार दिया था और बाद में पहचानकर बहुत पश्चात्ताप किया था।

सू[1] स्त्री० *(तु०)* मदिरा; शराब। पु० पानी; जल।

सू[2] वि० *(अ०)* निकृष्ट; दूषित; खराब।

सूए अदब पु० *(अ०)* धृष्टता; गुस्ताखी।

सूए अमल पु० *(अ०)* दुराचार; दुर्व्यवहार।

सूक़ी वि० *(अ०)* बाजारी; बाजार का; निकृष्ट।

सूची पु० *(तु०)* पानी पिलाने वाला।

सूद पु० *(फ़ा०)* लाभ; नफ़ा; ब्याज।

सूद ख़ोर पु० *(फ़ा०)* ब्याज खाने वाला।

सूद ख़ोरी स्त्री० *(फ़ा०)* ब्याज खाना; ब्याज का कारोबार करना।

सूद दर सूद पु० *(फ़ा०)* ब्याज में मूलधन जोड़ कर उस पर भी ब्याज लगाना; चक्रवृद्धि ब्याज।

सूफ़[1] स्त्री० *(अ०)* विज्ञान।

सूफ़[2] पु० *(अ०)* ऊन; एक प्रकार का ऊनी कपड़ा; बकरी या भेड़ के बाल।

सूफ़िया पु० *(अ० सूफ़ी का बहु०)* सूफ़ी लोग।

सूफ़ियाना वि० *(अ० सूफ़ी+फ़ा० आना)* सूफ़ियों जैसा; हलके रंग का।

सूफ़िस्ता स्त्री० *(अ०)* एक विचारधारा जिसमें सारी संसार की वस्तुओं को काल्पनिक मानते हैं।

सूफ़ीस्ताई वि० *(अ०)* सूफ़िस्ता मत को मानने वाला कि सारा जगत एक कल्पना है और इसकी प्रत्येक वस्तु कल्पित है।

सूफ़ी पु० *(अ०)* ब्रह्मज्ञानी; अध्यात्मवादी; सारे धर्मों से प्रेम करने वाला।

सूफ़ी मनिश पु० *(अ० सूफ़ी+फ़ा० मनिश)* जो किसी धर्म से वैर न रखे; सबको समान समझने वाला।

सूबा पु० *(अ० सूबः)* प्रान्त; प्रदेश; किसी देश का वह भाग जिसमें बहुत-से जिले हों और एक गवर्नर के शासन में हों।

सूबादार/सूबेदार पु० *(अ० सूबः+फ़ा० दार)* राज्यपाल का पद; गवर्नरी; सूबेदार का पद।

सूबावारान वि० *(अ० सूबः+फ़ा० वारान)* प्रान्तों के अनुसार; प्रान्तों के हिसाब से।

सूबाई वि० *(अ०)* प्रान्तीय।

सूम पु० *(अ०)* लहसुन।

सूर पु० *(अ०)* वह तुरही जो प्रलय (कयामत) के दिन हज़रत इसराइल फूँकेंगे (बजायेंगे)।

सूरए इख़लास स्त्री० *(अ०)* कुरान की एक सूरत।

सूरए फ़ातिहा स्त्री० *(अ० सूरत ए फ़ातिहः)* कुरान की सर्वप्रथम सूरत।

सूरए यासीन स्त्री० *(अ०)* कुरान की एक सूरत जो मरते समय सुनायी जाती है।

सूरा पु० *(अ० सूरः)* कुरान की सूरत (मन्त्र); क़ुरान में कुल 114 सूरते हैं।

सूरत स्त्री० *(अ०)* रूप; आकृति; शक्ल; दशा; हालत; तस्वीर; उपाय; रूपरेखा।

सूरत गर वि० *(अ० सूरत+फ़ा० गर)* सूरत बनाने वाला; चित्रकार; ईश्वर।

सूरत गरी स्त्री० *(अ० सूरत+फ़ा० गरी)* सूरत बनाना; चित्रकारी; सृष्टि करता।

सूरत परस्त वि० *(अ० सूरत+फ़ा० परस्त)* मूर्ति पूजक; अच्छे रूप का पुजारी; ऊपरी; ऊपरी टीप-टाप देखने वाला।

सूरत परस्ती स्त्री० *(अ० सूरत+फ़ा० परस्ती)* मूर्ति पूजना; अच्छे रूप को पूजना।

सूरत बाज़ वि० *(अ० सूरत+फ़ा० बाज़)* नक़्क़ाल; बहुरूपिया।

सूरत बाज़ी स्त्री० *(अ० सूरत+फ़ा० बाज़ी)* नक़्क़ाली; बहुरूपियापन।

सूरते हाल स्त्री० *(अ०)* मौजूदा हालत; वर्तमान स्थिति।

सूराख़ पु० *(फ़ा०)* छिद्र; विवर; छेद; रन्ध्र।

सूराख़दार वि० *(फ़ा०)* छेद वाला; छेददार।

सूरिनजान पु० *(अ०)* सिंघाड़े के आकार की औषधि।

सूरिया पु० *(अ०)* शाम देश (सीरिया) जो अरब में है।

सूस पु० *(अ०)* रेशम के कपड़े को रखा जाने वाला कीड़ा; मुलैठी का पेड़।

सूसमार पु० *(फ़ा०)* गोह; गोधा।

सेज़दा वि० *(फ़ा०)* तेरह।

सेज़दहम वि० *(फ़ा०)* तेरहवाँ।

सेहत स्त्री० *(अ०)* स्वास्थ्य; तन्दुरुस्ती; शुद्धि।

सेहत मन्द वि० *(अ० सेहत+फ़ा० मन्द)* स्वस्थ; तन्दुरुस्त; उत्तम; श्रेष्ठ; बेहतर।

सैद पु० *(अ०)* आखेट; शिकार; मृगया; शिकार किया हुआ पशु।

सैद अफ़गन वि० *(अ० सैद+फ़ा० अफ़्गन)* शिकारी; व्याध; आखेटक।

सैदेहरम पु० *(अ०)* वह जानवर जो मक्के के आस-पास पूर्व-पश्चिम 48 मील और उत्तर-दक्षिण 72 मील के भीतर रहते हैं और उनका वध करना धर्मानुसार हराम है।

सैफ़ स्त्री० *(अ०)* तलवार।

सैफ़ी[1] स्त्री० *(अ०)* एक अभिचार (तन्त्र) जिससे शत्रु का मारण करते हैं।

सैफ़ी[2] वि० *(अ०)* गरमी का मौसम।

सैयाद पु० *(अ०)* हिरन आदि का शिकार करने वाला; चिड़िया पकड़ने वाला; बहेलिया।

सैयादी स्त्री० *(अ०)* सैयाद का काम; निदर्यता; बेरहमी।

सैयादे अज़ल पु० *(अ०)* मौत का शिकारी; यमराज; मृत्यु

सैयाफ़ी स्त्री० *(अ०)* तलवार चलाना; मारकाट करना; तलवार से कत्ल करना; जल्लादी।

सैयाफ़ी वि० *(अ०)* खड्गजीवी; जल्लाद; बधिक।

सैयारा स्त्री० *(अ०)* वह तारा जो एक जगह न रहे, बल्कि गतिमान हो।

सैयार दाँ वि० *(अ० सैयार+फ़ा० दाँ)* ज्योतिषी।

सैयाह वि० *(अ०)* यात्री; मुसाफिर; पर्यटक; देश-देश घूमने वाला।

सैयाही स्त्री० *(अ०)* यात्रा; सफ़र; देश-देश घूमना।

सैयद पु० *(अ० सैयिद)* हजरत इमाम हुसैन का वंशज; पुरुष।

सैयदा स्त्री० *(अ० सैयिदः)* सैयद वंश की स्त्री; हज़रत इमाम हुसैन की वंशजा।

सैर स्त्री० *(अ०)* पर्यटन; घूमना-फिरना।

सैर गाह स्त्री० *(अ० सैर+फ़ा० गाह)* सैर करने का स्थान।

सैर क़मर स्त्री० *(अ०)* चाँद की सैर; चन्द्रलोक की सैर करना।

सैल पु० *(अ०)* पानी का बहाव।

सैलानी वि० *(अ०)* पर्यटक; जिसे पर्यटन का शौक हो; बहाव से सम्बन्धित।

सैलाब पु० *(अ० सैल+फ़ा० आब)* जल-प्लावन; नदी आदि के पानी की बाढ़।

सैलाबी वि० *(फ़ा०)* बाढ़ से सम्बन्धित।

सैले अरिम पु० *(अ०)* जोर की बाढ़; प्रचण्ड बाढ़।

सैले अश्क पु० *(अ० सैल+फ़ा० अश्क)* आँसुओं की बाढ़।

सैल-हवादिस पु० *(अ०)* दुर्घटनाओं और आपत्तियों की बाढ़; आपत्तिरूपी नदी की बाढ़।

सोक पु० *(फ़ा०)* दुःख; विषाद; रंज।

सोख्ता वि० *(फ़ा० सोख्तः)* जला हुआ; दग्ध।

सोग पु० *(फ़ा०)* किसी के मरने का दुःख; मातम।

सोगनामा पु० *(फ़ा० सोगनामः)* मातमपुर्सी का पत्र; शोक करने का पत्र।

सोगवार वि० *(फ़ा०)* शोकग्रस्त।

सौगन्द स्त्री० *(फ़ा०)* शपथ; कसम।

सौग़ात स्त्री० *(अ०)* उपहार; भेंट; तोहफ़ा।

सौत[1] पु० *(अ०)* ध्वनि; आवाज; नाद।

सौत[2] पु० *(अ०)* कोड़ा; चाबुक; कशा।

सौते हमीर स्त्री० *(अ०)* गधे की रेंक।

सौदा पु० *(अ०)* शरीर की एक धातु; वात; मस्तिष्क-विकार; प्रेम; इश्क; बेचने का सामान

सौदाई वि० *(अ०)* विक्षिप्त; पागल; प्रेमी; इश्क; आशिक।

सौदाए-ख़ाम पु० *(फ़ा० सौदा+अ० खाम)* पागल पन।

सौदागर पु० *(फ़ा०)* सौदा बेचने वाला; वणिक।

सौदागरी स्त्री० *(फ़ा०)* सौदा बेचना; वाणिज्य।

सौदान पु० *(अ०)* काले रंग का मनुष्य।

सौदावियत स्त्री० *(अ०)* वात रोग का विकार; पागलपन।

सौदावी वि० *(अ०)* वात प्रकोप से उत्पन्न रोग।

सौबान पु० *(अ०)* प्रत्यागमन; वापस लौटना।

सौम पु० *(अ०)* व्रत; रोजा।

सौर पु० *(अ०)* वृष; बैल; साँड।

सौरा पु० *(अ० सौरः)* उपद्रव; राजद्रोह; बगावत।

सौरान पु० *(अ०)* खून का जोश; दंगा; फ़साद।

सौलत स्त्री० *(अ०)* आतंक; रोब; दबदबा।

सौलते शाही स्त्री० *(अ० सौलत+फ़ा० शाही)* राज्य का आतंक; शाही दबदबा। **सुबहदम** क्रि०वि० *(अ० सुबह+फ़ा० दम)* बहुत सबेरे; तड़के।

सुराख़ पु० *(फ़ा०)* छेद।

सुराग़ पु० *(तु०)* टोह; तलाश; ढूँढ़ने की क्रिया।

सुरागरसाँ वि० *(तु० सुराग+फ़ा० रसाँ)* टोह लगाने वाला।

सुराही स्त्री० *(अ०)* पानी रखने का मिट्टी का एक पात्र।

सुराहीदार वि० *(अ०)* सुराही की तरह गोल व लम्बा।

सुरीन पु० *(फ़ा०)* चूतड़; पुट्ठा।

सुरूर पु० *(फ़ा०)* आनन्द; हलका नशा।

सुरैया पु० *(अ०)* झुमका; कृतिका नक्षत्र; फानूस।

सुरोश पु० *(फ़ा०)* शुभ समाचार लाने वाला देवदूत; हज़रत जिब्राल का एक नाम।

सुर्ख़ वि० *(अ०)* लाल वर्ण।

सुर्ख़बेद स्त्री० *(फ़ा०)* बेद मँजनू नामक वृक्ष।

सुर्ख़रू वि० *(फ़ा०)* तेजस्वी; कान्तिवान।

सुर्ख़ाब पु० *(फ़ा०)* चकवा-चकई।

पदरचना- ***सुर्खाब का पर-*** *अनोखी बात।*

सुर्ख़ी स्त्री० *(फ़ा०)* लाली।

सुर्रा[1] पु० *(अ० सुर्रः)* रुपये रखने की थैली।

सुर्रा[2] स्त्री० *(फ़ा०)* नाभि।

सुलतान पु० *(अ० सुल्तान)* बादशाह; राजा।

सुलताना स्त्री० *(अ० सुल्तानः)* सुलतान की पत्नी।

सुलफ़ा पु० *(फ़ा० सुल्फ़ः)* वह तम्बाकू जो चिलम में बिना तवा रखे, भर कर पिया जाता है; चरस।

सुलह स्त्री० *(अ०)* मेल मिलाप; सन्धि।

पदरचना- ***सुलहनामा-*** *सन्धिपत्र।*

सुलूक पु० *(अ०)* व्यवहार; बर्ताव।

सुलेमान पु० *(अ०)* यहूदियों का एक प्रसिद्ध बादशाह जो पैगम्बर माना जाता है; एक पहाड़ जो बलूचिस्तान और पंजाब के बीच में है।

सुलेमानी पु० *(अ०)* वह घोड़ा जिसकी आँखें सफेद हों; एक प्रकार का दो रंगा पत्थर।

सुल्ब पु० *(अ०)* रीढ़ की हड्डियाँ; सन्तान।

सुल्बी वि० *(अ०)* सहोदर; हक़ीक़ी।

सुबैदा पु० *(अ०)* एक कल्पित काला बिन्दु जो दिल पर माना जाता है।

सुस्त वि० *(फ़ा०)* आलसी; धीमा।

सुस्ती स्त्री० *(फ़ा०)* सुस्त होने का भाव; आलस्य।

सुहराब पु० *(फ़ा०)* रुस्तम का बेटा जो उसी के हाथों युद्ध में मारा गया।

सुहूलत स्त्री० *(अ०)* सुगमता; सरलता।

सुहेल पु० *(अ०)* एक कल्पित तारा जिसके बारे में प्रसिद्ध है कि यह यमन देश में दिखायी देता है और उसके उदित होने पर चमड़े में सुगन्धि आ जाती है।

सू[1] वि० *(अ०)* बुरा; खराब। स्त्री० बुराई; खराबी।

सू[2] स्त्री० *(फ़ा०)* दिशा; ओर; तरफ।

सूए-ज़न पु० *(अ०)* किसी के बारे में द्वेष रखना।

सूए-मिज़ाजी स्त्री० *(अ०)* रुग्णावस्था।

सूए-हज़्मी स्त्री० *(अ०)* बदहज़्मी।

सूची पु० *(तु०)* शराब बेचने वाला।

सूचीख़ाना पु० *(तु० सूची+फ़ा० खानः)* शराब खाना।

सूज़ाक पु० *(फ़ा०)* लिंग का एक दाहयुक्त रोग।

सूद पु० *(फ़ा०)* लाभ; ब्याज; वृद्धि।

सूदख़ोर पु० *(फ़ा०)* सूद खाने वाला।

सूदख़ोरी स्त्री० *(फ़ा०)* सूद खाना।

सूदी वि० *(फ़ा०)* सूद पर लिया या दिया जाने वाला।

सूफ़ पु० *(अ०)* ऊन; ऊनी कपड़ा; एक प्रकार का पश्मीना, वह कपड़ा जो स्याही की दावात में रखा जाता है।

सूफ़पोश पु० *(अ० सूफ़+फ़ा० पोश)* एक प्रकार के फ़कीर जो कम्बल ओढ़ते हैं।

सूफ़ार पु० *(फ़ा०)* तीर का वह छेद जो पीछे की ओर होता है; सूई का छेद या नाका।

सूफ़ियाना वि० *(अ० सूफ़ी से फ़ा० सूफियानः)* सूफियों जैसा- हलका; बढ़िया; सुन्दर।

सूफ़ी पु० *(अ०)* वह जो कम्बल या पश्मीना ओढ़ता हो; बहुत उदार विचारों वाले मुसलमानों का एक सम्प्रदाय।

सूबा पु० *(अ० सूबः)* किसी देश का कोई भाग; प्रान्त; प्रदेश।

सूबेदार पु० *(अ० सूबः+फ़ा० दार)* किसी सूबे का शासक।

सूबेदारी स्त्री० *(अ० सूबः+फ़ा० दारी)* सूबेदार का पद।

सूरंजान पु० *(फ़ा०)* एक प्रकार की जड़ी; जंगली सिंघाड़ा।

सूर[1] पु० *(अ०)* नरसिंहा नामक बाजा, जो फूँक कर बजाया जाता है; मुसलमानों के अनुसार वह नरसिंहा जो हज़रत इज़राइल क़यामत के दिन सब मुरदों को जीवित करने के लिए बजायेंगे।

सूर[2] पु० *(फ़ा०)* खुशी; आनन्द; लाल रंग; घोड़े; ऊँट आदि का वह खाक़ी रंग जो कुछ कालापन लिये हुए होता है।

सूर-ए-इख़लास स्त्री० *(अ०)* कुरान का एक अध्याय जो उस समय पढ़ा जाता है, जब किसी को मृत्यु के समय विशेष कष्ट होता है।

सूरत स्त्री० *(अ०)* रूप; आकृति; शक्ल; अवस्था; दशा।

मुहा० ***सूरत बिगड़ना-*** *चेहरे की रंगत फीकी पड़ना।* ***सूरत बनाना-*** *रूप बदलता; वेश बदलना।* ***सूरत दिखाना-*** *सामने आना।*

सूरतदार वि० *(अ० सूरत+ फ़ा० दार)* सुन्दर; खूबसूरत।

सूरतन क्रि०वि० *(अ०)* देखने में; ऊपर से।

सूरतपरस्त वि० *(अ० सूरत+फ़ा० परस्त, भाव० सूरत परस्ती)* केवल रूप की उपासना करने वाला; मूर्तिपूजक; सौन्दर्योपासक।

सूरत हराम वि० *(अ० सूरत+फ़ा० हराम)* देखने में अच्छा पर भीतर से बेकार।

सूरा पु० *(अ० सूरः)* कुरान का कोई अध्याय।

सूराख़ पु० *(फ़ा०)* छेद।

सूस पु०स्त्री० *(अ०)* मुलेठी।

सेगा अ० *(अ०)* विभाग; शाखा।

सेज़दह वि०,पु० *(फ़ा०)* तेरह।

सेज़ दहम वि० *(फ़ा०)* तेरहवाँ।

सेनी स्त्री० *(फ़ा०)* तश्तरी; रकाबी; रक्काशीदार छोटी थाली।

सेब पु० *(फ़ा०)* एक प्रसिद्ध बढ़िया फल जो देखने में अमरूद की तरह, पर उससे बढ़िया होता है।

सेबे-जनख़दाँ संज्ञा- पु० *(फ़ा०)* छोटी और सुन्दर ठोढ़ी।

सेर वि० *(फ़ा०)* जिसका पेट भरा हो; जिसकी इच्छा पूरी हो गयी।

सेरचश्म वि० *(फ़ा० भाव० सेरचश्मी)* जो सब कुछ देख चुका हो; उदार; दाता।

सेर हासिल वि० *(अ० सेर+फ़ा० हासिल)* उपजाऊ; उर्वरा।

सेराब वि० *(फ़ा०, भाव० सेराबी)* पानी से सींचा हुआ; हरा-भरा; फला-फूला।

सेरी स्त्री० *(फ़ा०)* तसल्ली; इतमीनान।

सेह वि० *(फ़ा० सिह)* तीन।

पदरचना- ***सेह खाना-*** *तिमंजिला मकान।* ***सेह हजारी-*** *मुसलमानों के शासन काल में दरबारियों को दी जाने वाली एक उपाधि। ऐसे लोग तीन हजार सैनिक रख सकते थे।*

सेहत स्त्री० *(अ० सिहत)* आरोग्य; सही करना।

सेहत ख़ाना पु० *(अ० सिहत+ फ़ा० खानः)* शौचालय।

सेहतमन्द वि० *(अ० सिहत+ फ़ा०)* स्वस्थ; तन्दुरुस्त।

सेह-मंजिला वि० *(फ़ा० सिह-मंजिलः)* तीन खण्ड का मकान।

सेहमाही वि० *(फ़ा०)* त्रैमासिक।

सेहर पु० *(अ० सिहर)* जादू-टोना; इन्द्रजाल।

सेहरबयाँ वि० *(अ० सेहर+ फ़ा० बयाँ)* जिसकी बातों में जादू जैसा असर हो।

सेहशम्बा पु० *(फ़ा० सिह शम्बः)* मंगलवार।

सैक़ल पु० *(अ०)* हथियारों को साफ करने और उन पर सान चढ़ाने का काम।

सैद पु० *(अ०)* शिकार; कबूतर बाजों का दूसरों के कबूतर पकड़ कर अपने यहाँ बन्द रखना।

सैदानी स्त्री० *(अ० सैयद)* सैयद जाति की स्त्री।

सैफ़ स्त्री० *(अ०)* तलवार। पु० गरमी का मौसम।

सैफ़ज़बाँ वि० *(अ० सैफ़+फ़ा० ज़बाँ)* जिसकी बातों में विशेष प्रभाव हो; मुँह फट।

सैफ़ा पु० *(फ़ा० सैफ़ः)* एक प्रकार का बड़ा चाकू।

सैफ़ी स्त्री० *(अ०)* एक प्रकार का यन्त्र जो पढ़ कर नंगी तलवार की पीठ पर इसलिए फूँकते हैं कि शत्रु मर जाये। वि० ग्रीष्मकालीन।

सैयद पु० *(अ०)* नेता; सरदार; मुहम्मद साहब के नाती हुसैन साहब के वंशज; मुसलमानों के चार वर्गों में से एक।

सैयदज़ादा संज्ञा *(अ० सैयद+फ़ा० ज़ादा)* हुसैन का वंशज; सैयद।

सैयदानी स्त्री० *(अ०)* सैयद जाति की स्त्री०।

सैयाद पु० *(अ०, भाव० सैयादी)* शिकारी; कविता में प्रेमी या प्रेमिका के लिए प्रयुक्त होने वाला शब्द।

सैयादी स्त्री० *(अ०)* शिकार; बेरहमी; निर्दयता।

सैयाफ़ वि० *(अ०)* बधिक; जल्लाद; खड्गजीवी।

सैयार पु० *(अ०)* जो खूब सैर करता हो।

सैयारा पु० *(अ०)* चलने वाला तारा या नक्षत्र।

सैयाल वि० *(अ०)* बहने वाला; पानी की तरह तरल।

सैयाह वि० *(अ०)* यात्री।

सैयाही स्त्री० *(अ०)* यात्रा।

सैर स्त्री० *(अ०)* मन-बहलाने के लिए घूमना।

सैरबी पु० *(अ० सैर+फ़ा० बी)* दृश्यदर्शी उपकरण।

सैरगाह स्त्री० *(अ० सैर+फ़ा० गाह)* सैर करने का स्थान।

सैल पु० *(अ०)* पानी का बहाव।

सैलानी पु० *(अ०)* पर्यटक।

सैलाब पु० *(अ० सैल+फ़ा० आब)* नदी का प्रवाह; जल-प्लावन।

सैलाबी वि० *(फ़ा०)* बाढ़ सम्बन्धी।

सोख्त पु० *(फ़ा०)* सूजन; एक जुआ। वि० निकम्मा।

सोख़्तगी स्त्री० *(फ़ा०)* कष्ट; पीड़ा; खेद; दुख।

सोख्तनी स्त्री० *(फ़ा०)* जलने या जलाने योग्य।

सोख़्ता वि० *(फ़ा० सोख्तः)* जला हुआ। पु० एक प्रकार का खुरदरा काग़ज जो स्याही सोख लेता है; बारूद में रंगा हुआ वह कपड़ा जिस पर चकमक रगड़ने से बहुत जल्दी आग लग जाती है।

सोग़ पु० *(फ़ा० सं० शोक)* किसी के मरने का दुःख; मानसिक कष्ट।

सोगवार वि० *(फ़ा०)* दुःखी।

सोगवारी स्त्री० *(फ़ा०)* किसी के मरने का शोक।

सोगी वि० *(फ़ा०)* शोकाकुल; दुःखित।

सोज़ पु० *(फ़ा०)* जलन; कष्ट; वह पद्य जो मरसिया आरम्भ होने के पूर्व पढ़े जाते हैं; मरसिया पढ़ने का ढंग।

पदरचना- *सोजख़्वाँ-* *इस ढंग से मरमिया पढ़ने वाला।*

सोज़न स्त्री० *(फ़ा०)* कपड़ा सीने की सूई।

सोज़नकारी स्त्री० *(फ़ा०)* सुई का काम।

सोज़नाक वि० *(फ़ा०)* जलता हुआ।

सोज़नी स्त्री० *(फ़ा०)* वह कपड़ा जिस पर सूई से बारीक काम किया गया हो।

सोज़ाँ वि० *(फ़ा०)* जलता हुआ।

सोज़ाक पु० *(फ़ा०)* लिंगेन्द्रिय सम्बन्धी एक रोग।

सोज़िश स्त्री० *(फ़ा०)* जलन; मानसिक कष्ट।

सोसन पु० *(फ़ा० सौसन)* फ़ारस का एक प्रसिद्ध फूल का पौधा।

सोसनी वि० *(फ़ा० सौसनी)* लाली लिये नीला।

सोहबत स्त्री० *(अ० सुह्बत)* संग; साथ; सम्भोग; स्त्री प्रसंग।

मुहा० *सोहबत उठाना-* *अच्छे लोगों की संगति में कुछ सीखना।*

सोहबतदारी स्त्री० *(अ० सुह्बत+फ़ा०)* सम्भोग; स्त्री प्रसंग।

सोहबती वि० *(अ० सुह्बत)* साथी।

सोहान पु० *(फ़ा०)* रेती नामक औजार।

सौगन्द स्त्री० *(फ़ा० हि० सौगन्ध)* शपथ; कसम।

सौग़ात स्त्री० *(तु०)* वह वस्तु जो परदेश से इष्ट-मित्रों के लिए लायी जाये; भेंट; उपहार।

सौग़ाती वि० *(तु०)* सौग़ात या उपहार के रूप में भेजने योग्य।

सौदा वि० *(अ०)* काला; स्याह। पु० शरीर के अन्दर का रस। पु० *(फ़ा०)* पागलपन का रोग; प्रेम; धुन पु० *(तु०)* क्रय-विक्रय की वस्तु; क्रय-विक्रय का व्यापार।

सौदाई वि० *(अ०)* पागल; बावला।

सौदागर स्त्री० *(फ़ा०)* व्यापारी; व्यवसायी।

सौदागरी स्त्री० *(फ़ा०)* व्यापार; व्यवसाय।

सौदावी वि० *(अ०)* सौदाकृत। स्त्री० वात रोग।

सौदेबाज़ी स्त्री० *(अ० सौदे+फ़ा० बाजी)* मोलभाव करना।

सौर पु० *(अ०)* बैल या साँड।

सौलत स्त्री० *(अ०)* आतंक।

सौसन स्त्री० *(फ़ा०)* लाली लिये नीले रंग का फूल।

स्तान पु० *(फ़ा०,सं० स्थान)* स्थान; जगह; यौगिक शब्दों के अन्त में। जैसे- हिन्दोस्तान; बोस्तान आदि।

स्यापा पु० *(फ़ा०)* मृत्यु-शोक में रोना-पीटना।

स्याह वि० *(फ़ा०)* काला।

पदरचना- ***स्याह कार-*** *बदचलन।* ***स्याह पोश-*** *शोक की काली पोशाक पहने हुए।* ***स्याह बख़्त-*** *बदनसीब।* ***स्याह बख़्ती-*** *बदनसीबी।* ***स्याह-सफेद-*** *काला और सफेद; अच्छा-बुरा।*

स्याही स्त्री० *(फ़ा०)* कालापन; कालिमा।

पदरचना- ***स्याही चट-*** *सोख़्ता।* ***स्याही दान-*** *दवात।* **मुहा०** ***स्याही जाना-*** *उम्र ढलना।* ***स्याही दौड़ना-*** *काला पड़ जाना।* ***स्याही धो जाना-*** *दुर्भाग्य या दोष दूर होना।* ***स्याही लगना-*** *बदनामी होना।* ***स्याही लगाना-*** *मुँह काला करना; बदनाम करना।*

ह

हंग पु० *(फ़ा०)* भारीपन; विचार; शक्ति; ताकत; बुद्धिमत्ता; सेना।

हंगाम पु० *(फ़ा०)* समय; काल; मौसम।

हंगामी वि० *(फ़ा०)* सामयिक; वक्ती; क्षणिक; आवश्यक।

हंगामे नज़अ पु० *(फ़ा० हंगामा+अ० नज़्अ)* प्राण निकलने का समय।

हंगामए कारज़ार पु० *(फ़ा०)* लड़ाई का हंगामा।

हंगामए क़यामत पु० *(फ़ा० हंगामा+अ० क़ियामत)* प्रलय की भीड़भाड़; प्रलय का शोरगुल।

हंगामए बग़ावत पु० *(फ़ा० हंगामा+अ० बग़ावत)* राजद्रोह का शोरगुल।

हंगामए मर्ग पु० *(फ़ा०)* मौत का शोरगुल।

हक़[1] **(क़्क)** पु० *(अ०)* सत्य; सच; यथार्थ; यथोचित; स्वत्व; अधिकार; ईश्वर।

हक़[2] **(क्क)** पु० *(अ०)* खुरचना; छीलना; काटना।

हक़ अन्देश वि० *(अ० हक़+फ़ा० अन्देश)* सच्ची बात सोचने वाला; भलाई चाहने वाला।

हंगामा पु० *(फ़ा० हंगामः)* जन-समूह; भीड़-भाड़; लड़ाई-झगड़ा; हो-हल्ला।

हंगामा-आरा वि० *(फ़ा०,भाव० हंगामा-आराई)* हंगामा करने वाला।

हंगाम गीर वि० *(फ़ा० हंगामःगीर)* भीड़ इकट्ठा करने वाला; मजमा लगाने वाला।

हंगामा गीरी स्त्री० *(फ़ा० हंगामःगीरी)* भीड़ इकट्ठा करना; मजमा लगाना।

हंजार पु० *(फ़ा०)* रास्ता; रंग-ढंग; चलना; गति।

हइयात स्त्री० *(अ०)* बनाया जाना; तैयार किया जाना; आकृति; बनावट; ज्योतिष।

हक[1] पु० *(अ०)* खुरचना; छीलना।

हक्क़/हक़[2] पु० *(अ०,बहु० हुकूक)* लेने का अधिकार; स्वत्व।

पदरचना- ***हक़ तलफ़ी-*** *हक़ का मारा जाना; अन्याय।* ***हक़ ताला-*** *ईश्वर।* ***हक़ नाहक़-*** *अकारण; योंही।* ***हक़ परस्त-*** *ईश्वर को मानने वाला; आस्तिक।* ***हक़-आग़ाह-*** *सत्यनिष्ठ; महात्मा।* ***हक़-आसाइश-*** *पड़ोसी की जमीन पर रास्ता आदि पाने का अधिकार।* ***हक़-गो-*** *न्याय की बात कहने वाला।* ***हक़दार-*** *हक का अधिकारी।* ***हक़ नाशनास-*** *कृतघ्न; जो ईश्वर और सत्य को न पहचाने।* ***हक़ अदा करना-*** *फर्ज पूरा करना।* ***हक़ को पहुँचना-*** *न्याय पाना।* ***हक़ पर होना-*** *न्याय का पक्ष लेना।* ***हक़ मारना-*** *अधिकार न देना।*

हक़आ पु० *(अ० हकअः)* पाँचवाँ नक्षत्र मृगशिरा।

हक़गो वि० *(अ० हक़+फ़ा० गो)* सच्ची बात कहने वाला।

हक़गोई स्त्री० *(अ० हक़+फ़ा० गोई)* सच्ची बात कहना।

हक़ तआला पु० *(अ०)* ईश्वर; परमात्मा।

हक़ तलफ़ी स्त्री० *(अ०)* किसी का अधिकार मारा जाना।

हक़दार वि० *(अ० हक़+फ़ा० दार)* अधिकारी; पात्र; पाने का अधिकारी।

हक़शनास वि० *(अ० हक़+फ़ा० शनास)* जो सत्य को न पहचाने; कृतघ्न; एहसान फरामोश।

हक़ शनासी स्त्री० *(अ० हक़+फ़ा० शनासी)* कृतघन्ता; एहसान फरामोशी।

हकम पु० *(अ०)* न्यायकर्ता।

हकबकाना अ०क्रि० *(अ०)* भौंचक रह जाना।

हक़रसी स्त्री० *(अ० हक+फ़ा० रसी)* न्याय; इंसाफ।

हक़शफ़ा पु० *(अ० हक़ शअफ़अ)* किसी मकान या जायदाद को खरीदने का वह अधिकार, जो

उसके पड़ोसी होने के कारण औरों से पहले प्राप्त होता है।

हक़-शिनास वि० *(अ० हक़+फ़ा० शिनास)* गुण ग्राहक; न्यायशील।

हक़ाइक पु० *(अ०)* हक़ीकत का बहु०।

हक़ारत स्त्री० *(अ०)* घृणा; नफरत; अप्रतिष्ठा।

हकारत आमेज़ वि० *(अ० हकारत+फ़ा० आमेज़)* तिरस्कार पूर्ण।

हक़ीक़त स्त्री० *(अ०)* तत्त्व; सच्चाई; असलियत; तथ्य। **पदरचना-** ***हक़ीक़त में-*** *वास्तव में।* **मुहा०** ***हक़ीक़त खुलना-*** *असल बात का पता लगना।*

हक़ीकतन क्रि०वि० *(अ०)* वास्तव में।

हक़ीकत बयानी स्त्री० *(अ०)* सच्ची बात कहना।

हक़ीकते हाल स्त्री० *(अ०)* सच्चा हाल; वास्तविकता।

हक़ीक़ी वि० *(अ०)* असली; सम्बन्ध में।

हक़ीम पु० *(अ०)* यूनानी चिकित्सा करने वाला; बुद्धिमान।

हकीमाना वि० *(अ० हकीम+फ़ा० आना)* विज्ञान पूर्ण; हकीमों जैसा।

हकीमी पु० *(अ० हकीम)* यूनानी चिकित्सा।

हक़ीयत स्त्री० *(अ०)* हक़दार या अधिकारी होने का भाव।

हक़ीर वि० *(अ०)* दुबला-पतला; तुच्छ।

हक्का पद *(अ०)* ईश्वर की सौगन्ध।

हक्क़ाक़ पु० *(अ०)* नगों आदि पर अक्षर खोदने वाला।

हक्क़ानियत स्त्री० *(अ०)* अध्यात्म; सच्चाई।

हक्क़ियत स्त्री० *(अ०)* हक का भाव; हक़दारी।

हक़ूक़ पु० *(अ०)* हक़ का बहु०।

हक्क़ुलइबाद पु० *(अ०)* जनता का हक़; सार्वजनिक अधिकार।

हक्क़ुत्तहसील पु० *(अ०)* वह हक़ जो मालगुजारी देने पर नम्बरदार को मिलता है।

हक्क़ुलयक़ीन पु० *(अ०)* अनुभवजन्य ज्ञान।

हक़्के-तसनीफ़ पु० *(अ० हक़्के+फ़ा० तस्नीफ़)* लेखक का वह अधिकार जो उसकी लिखित पुस्तक या लेख आदि पर होता है; कापीराइट।

हक़्के-चहारुम पु० *(अ० हक्के+फ़ा० चहारुम)* चौथाई हिस्सा या प्राप्य अंश।

हज[1] पु० *(अ०)* मुसलमानों का काबे के दर्शन के लिए मक्का की यात्रा करना।

हज़/हज्ज पु० *(अ०)* सौभाग्य; आनन्द; मज़ा; स्वाद।

हज़द पु० *(फ़ा०)* पानी का एक जानवर ऊदबिलाव।

हज़फ़ पु० *(अ०)* दूर करना; निकलना; हटाना।

हजम[1] पु० *(अ०)* मोटाई; आकार।

हज़म[2] पु० *(अ०)* पाचन क्रिया; तहसील; गबन; चोरी। **मुहा०** ***हज़म कर जाना/करना-*** *पचा जाना; हड़प कर लेना।* ***हज़म होना-*** *पच जाना; गबन कर लेना।*

हजर[1] पु० *(अ०)* पत्थर; प्रस्तर।

हज़र[2] पु० *(फ़ा०)* बचाव; उपेक्षा; परहेज़; भय; त्रास।

हज़र-उल-यहूद पु० *(अ०)* एक प्रकार का पत्थर जो दवा के काम में आता है।

हज़रत पु० *(अ०)* बादशाहों; महात्माओं आदि की उपाधि; सामीप्य।

हज़रत-सलामत पु० *(अ०)* श्रीमान; हुजूर।

हज़रात पु० *(अ०)* हज़रत का बहु०।

हज़रे-असवद पु० *(अ०)* एक बड़ा काला पत्थर जो मक्के की दीवार में लगा हुआ है, जिसे हज करने वाले यात्री चूमते हैं।

हजरी वि० *(अ०)* पाषाण का; पत्थर का।

हजरुल बक़र पु० *(अ०)* गोरोचन नामक एक पत्थर जो गाय या बैल के मूत्राशय में बनता है।

हज़ल पु० *(अ० हज़्ल)* भद्दा परिहास; फूहड़ दिल्लगी।

हज़ला पु० *(अ० हजलः)* दुल्हन का कमरा।

हज़ा सर्व० *(अ० हाज़ा)* यह।

हज़ाजिर पु० *(अ०)* बिज्जू; एक मृतभोजी जन्तु जो विशेषतः कब्रिस्तान में मुर्दे खाता है।

हजामत स्त्री० *(अ०)* बाल बनाना; हज्जाम का कार्य। **मुहा०** ***हजामत बनाना-*** *दाढ़ी या सिर के बाल काटना या छीलना; धन लूटना; मारना-पीटना।*

हज़ार वि० *(फ़ा०)* दस सौ; हजार की संख्या; सहस्र।

हज़ार आवाज़ वि० *(फ़ा०)* बहुत से स्वर निकालने वाला। पु० बुलबुल।

हज़ार ख़ाना पु० *(फ़ा० हज़ार खाना)* बकरी या भेड़ के पेट की थैली; पक्वाशय।

हज़ार गाईदाँ स्त्री० *(फ़ा० हज़ार गाईदः)* बहुत ही व्यभिचारिणी; अति कुलटा।

हज़ार चन्द वि० *(फ़ा०)* हज़ार गुना; बहुत अधिक।
हज़ार-चश्म केकड़ा।
हज़ार-चश्मा पीठ पर होने वाला एक बड़ा फोड़ा।
हज़ार दास्ताँ पु० *(फ़ा०)* एक गाने वाली प्रसिद्ध चिड़िया बुलबुल।
हज़ार पा पु० *(फ़ा०)* कनखजूरा; शतपाद।
हज़ार सुतून पु० *(फ़ा०)* वह भवन जिसमें हज़ार खम्भे हों।
हजारहाँ/हजाराँ वि० *(फ़ा०)* हज़ारों; सहस्रों।
हज़ारा पु० *(फ़ा० हजारः)* एक प्रकार का बड़ा गेंदे का फूल; सीमा प्रान्त की एक जाति का नाम; पौधों को सींचने की बाल्टी।
हज़ारी पु० *(फ़ा०)* एक हजार सैनिकों का सेनापति।
हज़ारी-बाज़ारी वि० *(फ़ा०)* साधारण लोगों में बैठने वाला; कमीना।
हज़ारी-रोज़ा पु० *(फ़ा०)* रज्ज़ब मास की सताईसवीं तारीख का रोजा।
हजारों वि० *(फ़ा०)* सहस्रों; हजारहाँ।
मुहा० ***हजारों घड़े पानी पड़ जाना-*** *बहुत ही लज्जित होना।* ***हजारों में-*** *बहुतों में।*
हज़ीन वि० *(अ०)* दुःखी चिन्तित।
हज़ीमत स्त्री० *(अ०)* पराजय; हार।
हजूम पु० *(अ०)* जमघट; भीड़भाड़।
हज़ी स्त्री० *(अ०)* निन्दा; शिकायत; बुराई।
हज़ीन[1] वि० *(अ०)* अधम; नीच; कमीना; दोगला; वर्ण संकर।
हज़ीन[2] वि० *(अ०)* दुःखित; पीड़ित।
हज़ीना[1] वि० *(अ० हजीनः)* दुःखी स्त्री; पीड़िता।
हज़ीना[2] पु० *(अ० हजीनः)* बीबी-बच्चों का खर्च; कोष; खजाना। वि० नित्य; हमेशा।
हजीमा पु० *(अ० हजीमः)* मौत का खाना।
हज़ीमत[1] स्त्री० *(अ०)* पराजय; हार; हार कर सेना का तितर-बितर हो जाना।
हज़ीमत[2] स्त्री० *(अ०)* अत्याचार; अनीति; जुल्म; कोप; क्रोध; गुस्सा।
हज़ीमत खुर्दा वि० *(अ० हज़ीमत+फ़ा० खुर्दः)* पराजित; परास्त; हारा हुआ।
हज़ीर[1] वि० *(अ०)* डरपोक; भीरु; वस्त्र।
हज़ीर[2] स्त्री० *(अ०)* दोपहर की गरमी। पु० बड़ा हौज।
हजीर[3] वि० *(अ०)* बुद्धिमान; मेधावी; अक्लमन्द।
हजून वि० *(अ०)* आलसी; काहिल; सुस्त।
हजूल वि० *(अ०)* व्यभिचारिणी; कुलटा।
हज्ज पु० *(अ०)* संकल्प करना; मक्के जाना।
हज़्ज़त स्त्री० *(अ०)* आनन्द; भोग-विलास; ऐश।
हज़्ज़ात वि० *(अ०)* बहुत अधिक बोलने वाला; हुज्जती।
हज्जाम नु० *(अ०)* हजामत बनाने वाला; नाई।
हज्जामी स्त्री० *(अ० हज्जाम)* हज्जाम का काम या पेशा।
हज्जे अकबर पु० *(अ० हज्जे अक्बर)* वह हज जिसमें दिन शुक्रवार पड़े।
हज्जे रूहानी पु० *(अ०)* आत्मा-सम्बन्धी सुख-जप, तप, आराधना का सुख।
हज्जे-असग़र पु० *(अ०)* छोटा या साधारण हज जो शुक्रवार को छोड़कर किसी और दिन पड़े।
हज़्दा वि० *(फ़ा० हज्दः)* अठारह; अष्टादश।
हज़्दाहज़ार वि० *(फ़ा० हज्दःहज़ार)* अठारह हजार।
हज़्द हुम वि० *(फ़ा०)* अठारहवाँ।
हज़्न पु० *(अ०)* बच्चों का पालन-पोषण; चिड़ियों का अण्डे सेना।
हज़्फ़ पु० *(अ०)* विच्छेद; अलग कर देना; किसी शब्द से एक अक्षर कम कर देना।
हज़्म[1] पु० *(अ०)* मोटाई।
हज़्म[2] वि० *(अ०)* पेट में पचा हुआ; बेईमानी या अनुचित रीति से अधिकार किया हुआ।
हज़्म[3] पु० *(अ०)* दक्षता; कुशलता; सावधानी; चौकसी।
हज़्म[4] पु० *(अ०)* सेना का तितर-बितर हो जाना; परास्त होकर सेना का भागना।
हज्मा पु० *(अ०)* चालीस ऊँटों से अधिक का गल्ला।
हज़्र[1] पु० *(अ०)* बकवास; मुखरता।
हज़्र[2] पु० *(अ०)* काँख; बग़ल; कोड़; गोद; आगोश।
हज़्र[3] पु० *(अ०)* वियोग; जुदाई; दोपहर; रोगी की बकवास।
हज़्र[4] पु० *(अ०)* खेत में पड़े अनाज का अनुमान।
हज़रत पु० *(अ० हज़्रत)* किसी बड़े व्यक्ति के नाम से पहले सम्मानार्थ लगाया जाने वाला शब्द। व्यंग्य में- धूर्त; चालाक; पाखण्डी; ऐयार; बदमाश।

हज़रत सलामत पु० *(अ० हज़्रत सलामत)* प्रतिष्ठित जनों के लिए सम्बोधन।

हज़रते वाइज़ पु० *(अ० हज़्रते वाइज)* उर्दू साहित्य में वह धार्मिक व्यक्ति जो बुरे कामों व शराब न पीने को नाजायज़ मानता है और इसके पक्ष में धार्मिक दलीले देता है।

हज़रते शैख़ पु० *(अ० हज़्रते शैख़)* उर्दू साहित्य में वह धार्मिक व्यक्ति जो बुरे कामों से रोकता और शराब से मना करता है और नमाज़ आदि का पाबन्द होने के पक्ष में समझाता है।

हज़रात पु० *(अ० हज्रात का बहु०)* अनेक व्यक्ति; लोगों।

हज़ल[1] पु० *(अ० हज़्ल)* अश्लीलता; अश्लील कविता।

हज़ल[2] पु० *(अ०)* पहाड़ों के बीच की नीची भूमि।

हजलगोई/हज़लगो वि० *(अ० हज़्ल+ फ़ा० गो)* अश्लील और हँसाने वाली कविता करना।

हज़लपसन्द वि० *(अ० हज़ल+ फ़ा० पसन्द)* जो अश्लील कविता पसन्द करे।

हज़लीयात स्त्री० *(अ० हज़्लीयात)* अश्लील काव्य-संग्रह।

हज़्व स्त्री० *(अ०)* ऐसी कविता जिसमें किसी की निन्दा की जाये।

हज़्व गोई स्त्री० *(अ०)* ऐसी कविता जिसमें किसी की निन्दा की जाये।

हज़्वीयात स्त्री० *(अ०)* दूसरों की निन्दा में की गयी कविताओं का संग्रह।

हतक स्त्री० *(अ० हत्क)* हेठी; बेइज्जती।

हतक-इज्जत स्त्री० *(अ० हत्क इज्जत)* मानहानि; अप्रतिष्ठा।

हत्ता योज० *(अ०)* जहाँ तक कि; जब तक।

हत्ताब पु० *(अ०)* लकड़हारा।

हतन पु० *(अ० हत्न)* गरमी का तीखापन।

हतफ़[1] पु० *(अ० हत्फ़)* मृत्यु; निधन; मौत।

हतफ़[2] पु० *(अ० हत्फ)* आवाज़; स्वर; शब्द।

हतम पु० *(अ० हत्म)* दृढ़ता; मजबूती।

हतल पु० *(अ० हत्ल)* वर्षा का बराबर होना; आँसुओं की झड़ी लगना।

हत्तुल-इमकान क्रि०वि० *(अ०)* यथा साध्य।

हद स्त्री० *(अ० हद्द)* किसी वस्तु की लम्बाई, चौड़ाई या ऊँचाई या गहराई की सबसे अधिक पहुँच; सीमा; मर्यादा।

मुहा० ***हद बाँधना-*** *सीमा निर्धारित करना।* ***हद से ज्यादा-*** *बहुत अधिक।* ***हद व हिसाब नहीं-*** *बहुत अधिक।* ***हद कर देना-*** *अति करना।* ***हद से गुज़रना-*** *अति हो जाना।* ***हद से ज्यादा-*** *सीमा से अधिक।*

हदक़ पु० *(अ० हदक़ः का बहु०)* आँख की पुतलियाँ; बैंगन; भण्टा।

हदक़ा पु० *(अ० हदक़ः)* आँख का कालापन।

हदफ़ पु० *(अ०)* लक्ष्य; निशाना; वह गोलाई जिस पर निशाना सीखने के लिए गोलियाँ या बाण मारते हैं।

हदफ़े तीर पु० *(अ० हदफ़+ फ़ा० तीर)* तीर का निशाना मारने का स्थान; जिस पर तीर मारे जायें।

हद बन्दी स्त्री० *(अ० हद+ फ़ा० बन्दी)* दो जमीनों के बीच ऐसा निशान, जो दोनों की सीमा निर्धारित करे।

हद शिकनी स्त्री० *(अ०)* सीमा का उल्लंघन।

हदिया पु० *(फ़ा० हदियः, बहु० हदाया)* भेंट; उपहार; नजर; वह उत्सव जो किसी विद्यार्थी के कुरान का अध्ययन समाप्त करने पर होता है और गुरु को पीले कपड़े आदि भेंट में दिये जाते हैं।

हदस स्त्री० *(अ०)* भय; डर; खौफ।

हदसना अ०क्रि० *(अ० हदस+हि० 'ना' प्रत्य०)* डर जाना; खौफ़ खाना।

हदीस स्त्री० *(अ०, बहु० अहादीस)* नयी बात; मुसलमानों के लिए मुहम्मद साहब के वचन और कार्य।

मुहा० ***हदीस खींचना-*** *शपथ लेना।*

हदूद स्त्री० *(अ० हुदूद)* हद का बहु०।

हनज़ल पु० *(अ० हंज़ल)* इन्द्रायन का फल।

हनाफ़ी वि० *(अ०)* सच्चा। पु० सुन्नियों का एक सम्प्रदाय।

हनीफ़ वि० *(अ०)* सत्यनिष्ठ; इब्राहिम का अनुयायी।

हनूद पु० *(अ०)* हिन्दू का बहु० हिन्दू लोग।

हनोज़ क्रि०वि० *(फ़ा०)* अभी तक; अब तक; इस समय तक।

हफ़-नज़र पद *(फ़ा०)* ईश्वर करे नज़र न लगे।

हफ़्त वि० *(फ़ा०, सं० सप्त)* सात।

हफ़्त-अकलीम स्त्री० *(फ़ा० हफ़्त+अ० अकलीम)* सातों देश; सारा संसार।

हफ़्त अख़्तर पु० *(फ़ा०)* सातों सितारे; सातों ग्रह।

हफ़्त औरंग पु० *(फ़ा०)* सप्तर्षि; बनातुन्नाश।

हफ़्त कलम वि० *(फ़ा० हफ़्त+अ० कलम)* अरबी-फ़ारसी की सातों लिपियाँ लिखने वाला।

हफ़्त ख्वाँ पु० *(फ़ा०)* वे सातों मंजिलें जो रुस्तम को पार करनी पड़ी थीं।

हफ़्त गुम्बद पु० *(फ़ा०)* सातों आकाश।

हफ़्त ज़ुबाँ वि० *(फ़ा०)* जो सात भाषाएँ जानता हो।

हफ़्त जोश पु० *(फ़ा०)* सातों धातुओं का योग।

हफ़्त तबक़ पु० *(फ़ा० हफ़्त+अ० तबक़)* पृथ्वी के सातों तल।

हफ़्त दह वि० *(फ़ा०)* सतरह; सप्तदश।

हफ़्त दोज़ख़ पु० *(फ़ा०)* नरक के सातों भाग।

हफ़्त पर्दा पु० *(फ़ा०)* सातों आकाश।

हफ़्त पुश्त स्त्री० *(फ़ा०)* सात पीढ़ियाँ।

हफ़्त पैकरा पु० *(फ़ा० हफ्त पैकरः)* सातों सितारे; सप्त ग्रह।

हफ़्त मंजिल स्त्री० *(अ० हफ्त+फ़ा० मंजिल)* सातों तल; सात मंजिलों का भवन।

हफ़्त रंग वि० *(फ़ा०)* सात रंगों वाला।

हफ़्त रोजा वि० *(फ़ा० हफ़्त रोजः)* साप्ताहिक; सात दिन में पड़ने या होने वाला; साप्ताहिक-पत्र; साप्ताहिक अखबार।

हफ्तसाला वि० *(फ़ा० हफ़्तसालः)* सातवर्षीय।

हफ़्त हज़ारी पु० *(फ़ा०)* मुगल राजकाल की एक प्रतिष्ठित पदवी; इस पदवी का अधिकारी।

हफ़्त हैकल स्त्री० *(फ़ा० हफ़्त+अ० हैकल)* जीव रक्षा की सात दुआएँ।

हफ़्ताद वि० *(फ़ा०)* सत्तर।

हफ़्तादोदो वि० *(फ़ा०)* बहत्तर।

हफ़्तुम वि० *(फ़ा०)* सातवाँ।

हफ़्त-इमाम पु० *(अ० हफ़्त+फ़ा० इमाम)* इस्लाम के सात बड़े इमाम।

हफ़्त-क़लम पु० *(अ० हफ़्त+फ़ा० क़लम)* अरबी की सात प्रकार की लेख प्रणालियाँ।

हफ़्त-ज़बान वि० *(फ़ा०)* सात भाषाएँ जानने वाला।

हफ्त-दोज़ख पु० *(फ़ा० हफ़्त+अ० दोज़ख)* मुसलमानों के अनुसार सात नरक।

हफ़्तम वि० *(फ़ा०,सं० सप्तम)* गिनती में पड़ने वाला सातवाँ।

हफ्ता पु० *(फ़ा० सं० सप्तम)* सप्ताह।

हफ़्ताद वि० *(फ़ा०)* सत्तर; साठ और दस।

हफ्तावारी वि० *(फ़ा०)* साप्ताहिक।

हफ़्दा वि० *(फ़ा० हफ़्दः)* सतरह; सप्तदस।

हफ़्दहुम वि० *(फ़ा०)* सतरहवाँ।

हफ़्स पु० *(अ०)* शेर का बच्चा; सिंह शावक।

हब (ब्ब) स्त्री० *(अ०)* गोली; बटिका; बटी।

हब पु० *(अ०)* दाना; बीज।

हबज़ा अव्य० *(अ०)* वाह-वाह; धन्य-धन्य।

हबन्नक़ वि० *(अ०)* बेवकूफ़।

हबल पु० *(अ०)* मक्के की एक प्राचीन मूर्ति का नाम।

हबश पु० *(अ०)* हबशियों के रहने का देश; पूर्वी अफ्रीका का देश।

हबशा पु० *(अ०)* हबश देश का निवासी, जो बहुत ही काला होता है।

हबशिन स्त्री० *(अ०)* काली-कलूटी हबशी की स्त्री; शाही महल की चौकीदारी करने वाली स्त्री।

हबशी पु० *(अ०)* हबशी जाति का व्यक्ति।

हबाब पु० *(अ०)* पानी का बुलबुला; सजावट के लिए लगाया हुआ शीशे का गोला।

हबाबी वि० *(अ०)* हबाब जैसा- क्षण भंगुर; निःसार।

हबीब पु० *(अ०)* दोस्त; प्रिय; ज्यारा।

हबूब पु० *(अ० हब का बहु०)* दानें; गोलियाँ। पु० हवा का चलना; वायु प्रवाह।

हब्बबूत पु० *(अ०)* ऊपर से नीचे आना; अवतरण।

हबब पु० *(अ०)* गोली; बटिका; दाना; बीज।

हब्बा पु० *(अ० हब्बः)* अन्न का दाना।

हब्बा-डब्बा पु० *(अ०)* पसली चलने का रोग।

हब्स पु० *(अ०)* बन्द या कैद में रहने की अवस्था; कारागार; वह गरमी जो हवा न चलने के कारण होती है।

हब्सदम पु० *(अ० हब्स+फ़ा० दम)* दमा या श्वास नामक रोग; प्राणायाम।

हब्स बेजा पु० *(अ० हब्स+फ़ा० बेजा)* अनुचित रूप से किसी को कहीं बन्द रखना।

हम क्रि०वि० *(फ़ा०)* भी; आपस में; परस्पर। *(फ़ा०,सं० सम)* एक प्रत्यय जो शब्दों के साथ लगकर साथी या शरीक का अर्थ देता है– जैसे- हमदर्द- विपत्ति में साथ देने वाला।

हम अस्त वि० *(फ़ा० हम+अ० अस्त)* समकालीन।

हमअहद वि० *(फ़ा० हम+अ० अहद)* समकालीन।

हम-आग़ोश वि० *(फ़ा०, भाव० हम आगोशी)* गले से लगा हुआ; साथ मिलकर बोलने वाला।

हम-आवर्द वि० *(फ़ा०)* प्रतिपक्षी; प्रतिद्वन्द्वी।

हम-आवाज़ वि० *(फ़ा०)* साथ में मिलकर शब्द निकालने वाला।

हम-उम्र वि० *(फ़ा० हम+अ० उम्र)* समवयस्क।

हम क़दम पु० *(फ़ा०)* सहचर।

हमक़दह वि० *(फ़ा हम०+अ० क़दह)* एक प्याले में शराब पीने वाले।

हमकलाम वि० *(फ़ा० हम+अ० कलाम)* साथ में बातें करने वाला।

हमकलामी स्त्री० *(फ़ा० हम+अ० कलामी)* बातचीत।

हमकीमत वि० *(फ़ा० हम+अ० कीमत)* जिनकी कीमत समान हो।

हम क़ौम वि० *(फ़ा०)* सजातीय; एक ही जाति के।

हमख़ाना वि० *(फ़ा० हम+खानः)* घर में एक साथ ही रहने वाला।

हम चश्म वि० *(फ़ा०, भाव० हमचश्मी)* बराबरी का दरजा रखने वाला।

हमज़बान वि० *(फ़ा०)* बोलने या सम्मति में साथ देने वाला।

हमजलीस वि० *(फ़ा० हम+अ० जलीस)* घनिष्ठ मित्र।

हमज़ात वि० *(फ़ा० हम+अ० ज़ात)* सजातीय।

हमज़ुल्फ़ पु० *(फ़ा०)* साढू; साली का पति।

हम जोली वि० *(फ़ा०)* समवयस्क।

हमता वि० *(फ़ा०, भाव० हमताई)* समान; तुल्य।

हमदम वि० *(फ़ा०)* प्राण रहने तक साथ देने वाला।

हमदर्द वि० *(फ़ा०, भाव० हमदर्दी)* सहानुभूति रखने वाला।

हमदस्त वि० *(फ़ा०)* बराबरी का; साथी।

हमदिगर क्रि०वि० *(फ़ा०)* आपस में।

हमदोश वि० *(फ़ा०)* कन्धे से कन्धा मिलाकर चलने वाला।

हमनफ़्स वि० *(फ़ा० हम+अ० नफ़्स)* साथी; मित्र।

हमनशीन वि० *(फ़ा०, भाव० हमनशीनी)* साथ में उठने-बैठने वाला।

हम नस्ल वि० *(फ़ा० हम+अ० नस्ल)* एक ही खानदान या नस्ल का।

हम निवाला वि० *(फ़ा० हम निवालः)* साथ में बैठकर खाने वाला।

हम पल्ला वि० *(फ़ा० हमपल्लः)* बराबरी या जोड़ का।

हम पहलू वि० *(फ़ा०)* बगल में बैठा हुआ साथी।

हम पेशा वि० *(फ़ा० हमपेशः)* सह व्यंवसायी।

हम प्याला वि० *(फ़ा० हम प्यालः)* एक ही प्याले में खाने या पीने वाला।

हम बिस्तर वि० *(फ़ा०, भाव० हम बिस्तरी)* एक ही बिस्तर पर साथ में सोने वाला; सम्भोग करने वाला।

हम-मकतब वि० *(फ़ा० हम+अ० मकतब)* सहपाठी।

हम-मज़हब वि० *(फ़ा० हम+अ० मज़हब)* सहधर्मी।

हम रंग वि० *(फ़ा०)* समान रंग-रूप वाला।

हमराज़ वि० *(फ़ा०)* राज़ या रहस्य जानने वाला; ऐसा व्यक्ति जो घनिष्ठ हो और सारे रहस्य जानता हो।

हमराह वि० *(फ़ा०, भाव० हमराही)* रास्ते में साथ चलने वाला; सहयात्री।

हम वतन वि० *(फ़ा० हम+अ० वतन)* अपने देश का निवासी।

हमवार वि० *(फ़ा०)* समतल; चौरस। क्रि०वि० सदा; नित्य।

हमवारा क्रि०वि० *(फ़ा० हमवारः)* सदा; निरन्तर।

हमशक्ल स्त्री० *(फ़ा० हम+अ० शक़्ल)* एक जैसे रूप वाले; एकरूप।

हम शकली स्त्री० *(फ़ा० हम+अ० शक़्ली)* रूप की समानता; रूप-सादृश्य।

हम शीरा स्त्री० *(फ़ा० हमशीरः)* भगिनी; बहन; सहोदरा।

हमशीर ज़ादा पु० *(फ़ा० हमशीरजादः)* बहन का बेटा; भानजा।

हम-शुमा वि० *(हि० हम+फ़ा० शुमा)* हमारे-तुम्हारे जैसे सामान्य लोग।

हम शोए स्त्री० *(फ़ा०)* एक शौहर वाली स्त्रियाँ; वे स्त्रियाँ जिनके शोहर एक हों।

हमशीर/हमशीरा स्त्री० *(फ़ा० हम+शीरः)* बहन।

हमसफ़र वि० *(फ़ा० हम+अ० सफ़र)* सहयात्री।

हमसफ़ीर वि० *(फ़ा० हम+अ० सफ़ीर)* एक ही प्रकार की बोली बोलने वाले पक्षी आदि।

हमसाज़ पु० *(फ़ा०)* मित्र।

हम सायगी स्त्री० *(फ़ा०)* पड़ोसी होने का भाव।

हमसाया पु० *(फ़ा०, हमसायः, स्त्री० हमसाई)* पड़ोसी।

हम सिन पु० *(फ़ा० हम+अ० सिन)* समवयस्क।

हमल पु० *(अ० हम्ल)* भार; बोझ; गर्भ; मेष राशि।

पदरचना- *इस्काते हमल-* *गर्भपात।*

हमला पु० *(अ० हमलः)* आक्रमण; चढ़ाई; धावा।

हमलागीरी स्त्री० *(अ० अम्लः+फ़ा० गीरी)* शत्रु के आक्रमण को सहन करना।

हमला-वर वि० *(अ० हम्लः+फ़ा० वर)* आक्रमणकारी; चढ़ाई करने वाला।

हमलावरी स्त्री० *(अ० हम्लः+फ़ा० वरी)* चढ़ाई करना; धावा करना; आक्रमण करना।

हमा वि० *(फ़ा० हमः)* कुल; सब; वही; वह।

हमातन क्रि०वि० *(फ़ा० हम+तनः)* सिर से पैर तक; कुल; सब।

हमादाँ वि० *(फ़ा०,भाव० हमादानी)* सर्वज्ञ।

हमाम पु० *(अ०)* कपोत; कबूतर।

हमामा पु० *(अ० हमामः)* जिस कबूतर के गले में कण्ठी बँधी हो।

हमामत स्त्री० *(अ०)* वीरता; शौर्य; बहादुरी।

हमायल स्त्री० *(अ० हिमायल)* वह परतला जो गले में पहना जाता है और जिसमें तलवार लटकती है; यज्ञोपवीत या इसी प्रकार की कोई वस्तु जो गले में पहनी जाये; बहुत छोटे आकार का वह कुरान जो गले में ताबीज की तरह पहना जाये।

हमासत स्त्री० *(अ०)* वीरता; शौर्य; बहादुरी।

हमीं वि० *(फ़ा०)* यही; यह।

हमीद वि० *(अ० हमीद)* सदाचारी; प्रशंसनीय।

हमीदा वि० *(अ०)* साध्वी; पवित्र स्त्री; पूज्या।

हमीम वि० *(अ०)* गरम; गरम पानी; ज्वर; रिश्तेदार।

हमेल स्त्री० *(अ०)* धातु आदि के गोल सिक्कों से बनी माला।

हमेशगी स्त्री० *(फ़ा०)* हमेशा बने रहने का भाव।

हमेशा क्रि०वि० *(फ़ा० हमेशः)* सदा; नित्य।

हम्मैयत स्त्री० *(अ०)* प्रसिद्धि; इज्जत; लज्जा; शर्म।

हम्द स्त्री० *(अ०)* ईश्वर की स्तुति; तारीफ़।

हम्माम पु० *(अ०)* नहाने का स्थान या हौज; नहान घर।

हम्मामी पु० *(अ०)* वह जो हम्माम में लोगों को स्नान कराता हो।

हम्माल पु० *(अ०, भाव० हम्माली)* मजदूर; कुल्ली।

हया स्त्री० *(अ०)* लज्जा; शर्म।

हयात स्त्री० *(अ०)* जीवन; जिन्दगी; प्राण। वि० जीवित।

हयाते फ़ानी स्त्री० *(अ०)* नष्ट होने वाला जीवन; नश्वर जीवन।

हयाते मुस्तआर स्त्री० *(अ०)* थोड़े दिनों का जीवन।

हयातो ममात स्त्री० *(अ०)* जीवन-मरण; मौत और जिन्दगी।

हयादार वि० *(अ० हया+फ़ा० दार, भाव० हयादारी)* लज्जाशील; शर्म वाला।

हयूला पु० *(अ०)* 'हइयते उल्ला' का संक्षिप्त रूप; किसी वस्तु का वास्तविक तत्त्व या प्रकृति।

हर[1] वि० *(फ़ा०)* प्रत्येक।

पदरचना- *हर कहीं-* *हर जगह/प्रत्येक स्थान।* ***हर चन्द-*** *कितना ही।* ***हर जाई-*** *आवारागर्द।* ***हर दम-*** *हमेशा।*

हर[2] स्त्री० *(अ०)* गरमी; उष्णता; ताप; हरारत।

हर आँकि अव्य० *(फ़ा०)* जो कोई; जो व्यक्ति।

हर आँचे अव्य० *(फ़ा०)* जो चीज़।

हर-आइना- क्रि०वि० *(फ़ा०)* अलबत्ता; अवश्य।

हरक़ पु० *(अ०)* अग्नि; आग।

हरकत स्त्री० *(अ०, बहु० हरकात)* गति; चाल; चेष्टा।

हरकात स्त्री० *(अ० हरक़त का बहु०)* मात्राएँ।

हरकारा/हरकाला पु० *(फ़ा० हरकारः)* चिट्ठी-पत्री ले जाने वाला; डाकिया।

हरगाह क्रि०वि० *(फ़ा०)* जिस अवस्था में; जबकि; चूँकि।

हरगिज़ क्रि०वि० *(फ़ा०)* यद्यपि; अगरचे।

हरचन्द अव्य० *(फ़ा०)* जितना कुछ; जिस कदर; कितना भी; कितना ही; यद्यपि।

हरचे अव्य० *(फ़ा०)* जो कुछ।

हरज पु० *(अ०)* हानि; क्षति; देर; समय नाश; काम में होने वाली रुकावट।

हरजा[1] वि० *(फ़ा०)* हर जगह; हर स्थान।

हरज़ा[2] वि० *(फ़ा० हरजः)* निरर्थक; व्यर्थ का; नुकसान।

हरजाई वि० *(फ़ा०)* आवारा; इधर-उधर प्रेम करने वाला। स्त्री० दुश्चरित्र स्त्री।

हरजाना पु० *(अ० हर्ज+ फ़ा० प्रत्यय अनः)* हानि का बदला क्षतिपूर्ति।

हरज़ागर्द वि० *(फ़ा०)* व्यर्थ इधर-उधर घूमने वाला।

हरज़ागो/हरज़ासरा वि० *(फ़ा०)* व्यर्थ की बातें करने वाला।

हरदम वि० *(फ़ा०)* सबका प्रिय; हर समय; निरन्तर; हमेशा।

हरदम ख़याल वि० *(फ़ा०)* ऐसा व्यक्ति जो समय-समय पर अपना विचार बदले।

हर दिल अज़ीज़ वि० *(फ़ा० हर दिल+अ० अज़ीज़)* जिसे सब पसन्द करें; सबको प्रिय।

हर दो वि० *(फ़ा०)* दोनों; उभय।

हर दोसरा स्त्री० *(फ़ा०)* दोनों लोक; संसार और परलोक।

हर नफ़स वि० *(फ़ा० हर+अ० नफ़स)* हरदम; हर समय।

हर नौई वि० *(फ़ा० हर+अ० नौई)* हर प्रकार का; हर तरह का।

हरफ़ पु० *(अ० हर्फ़)* वर्ण माला का अक्षर; हाथ की लिखावट; दोष।

मुहा० *हरफ़ आना-* *दोष लगना।*

हरफ़गीर पु० *(अ० हर्फ़+ फ़ा० गीर)* दोष निकालने वाला।

हरब पु० *(अ०)* बहुत अधिक दुःख; पलायन।

हरबा पु० *(अ० हर्बः)* लड़ाई का हथियार; युद्ध का साधन।

मुहा० *हरबा- हथियार से लैस हो जाना-* *शस्त्र सहित तैयार हो जाना।*

हरबाबी वि० *(फ़ा०)* प्रत्येक समय।

हरबावी वि० *(अ०)* सर्वज्ञ।

हरम[1] पु० *(अ०)* काबे की चारदीवारी; अन्तःपुर; रखेली स्त्री।

हरम[2] पु० *(अ०)* प्राचीन इमारत; गुम्बद; बुढ़ापा; रोग।

हरमगाह स्त्री० *(अ० हरम+ फ़ा० गाह)* बड़े आदमियों का जनानखाना; अन्तःपुर।

हरमज़दगी स्त्री० *(अ० हरम+फ़ा० ज़दगी)* दुष्टता; पाजीपन; शरारत।

हरमज़ी स्त्री० *(अ० हिरमिज़ी)* एक प्रकार की लाल मिट्टी जो कपड़े आदि रंगने के काम आती है।

हरम सरा स्त्री० *(अ०)* अन्तःपुर; जनानखाना।

हरयक वि० *(फ़ा०)* हर एक; हर कोई।

हर लमहा वि० *(फ़ा० हर+अ० लम्हः)* प्रतिक्षण।

हर शबा वि० *(फ़ा०)* हर रात का; हर रात को होने वाला।

हरस पु० *(अ०)* शाही जनानखाने का संरक्षक; बहुत अधिक समय।

हरसू क्रि०वि० *(फ़ा०)* चारों तरफ़।

हरहफ़्त स्त्री० *(फ़ा०)* औरतों के शृंगार की वस्तुएँ।

हराज पु० *(अ०)* नीलाम।

हराम वि० *(अ०)* निषिद्ध; अनुचित; विधि-विरुद्ध; स्त्री-पुरुष के अनुचित सम्बन्ध का सूचक।

मुहा० *(कोई बात) हराम करना-* *किसी बात का होना कठिन कर देना।* ***कोई बात हराम होना-*** *किसी बात का कठिन हो जाना।* ***हराम का-*** *मुफ्त या बेईमानी से प्राप्त।* ***हराम का खाना-*** *बिना मेहनत किये खाना।* ***हराम का जना-*** *व्यभिचार के फलस्वरूप जनमा।* ***हराम का पिल्ला-*** *दोगला।* ***हराम का पेट-*** *व्यभिचार से रह जाने वाला गर्भ।* ***हराम की कमाई-*** *बेईमानी से कमाया हुआ धन।* ***हराम की मौत मरना-*** *आत्मघात से मरना।*

हरामकार वि० *(अ० हराम+ फ़ा० कार)* व्यभिचारी।

हरामकारी स्त्री० *(अ० हराम+ फ़ा० कारी)* व्यभिचार; परस्त्रीगमन।

हरामख़ोर वि० *(अ० हराम+ फ़ा० ख़ोर, भाव० हरामखोरी)* पाप की कमाई खाने वाला; मुफ्तखोर; निकम्मा।

हरामज़ादा वि० *(अ० हराम+ फ़ा० ज़ादः स्त्री० हरामजादी)* दोगला; वर्णसंकर; दुष्ट; बदमाश।

हराम मग्ज़ पु० *(अ०)* रीढ़ की हड्डी।

हरामी वि० *(अ०)* व्यभिचार से उत्पन्न; दोग़ला।

हरामीपन पु० *(अ० हरामी+हि० पन)* दुष्टता; पाजीपन।

हरारत स्त्री० *(अ०)* हलका ज्वर।

हरारते ग़रीज़ी स्त्री० *(अ०)* शरीर के भीतर की वह गरमी जिससे शरीर के सारे कल-पुरजे ठीक-ठीक काम करते हैं; प्राणग्नि।

हरारते ग़ैर तबई स्त्री० *(अ०)* शरीर के भीतर की अप्राकृतिक गरमी। जैसे- ज्वर आदि।

हरारते तबई स्त्री० *(अ०)* प्राकृतिक गरमी।

हरावल पु० *(तु०)* सेना की अग्रिम पंक्ति; ठगों का मुखिया।

हरास[1] वि० *(अ०)* किसान; काश्तकार।

हरास[2] पु० *(फ़ा०)* भय; आशंका; खटका; नाउम्मीदी।

हरिक़ वि० *(अ०)* दग्ध; जला हुआ; ताप; जलन।

हरिम पु० *(अ०)* वृद्ध; बूढ़ा।

हरीफ़ पु० *(अ०)* समान व्यवसाय करने वाला; प्रतिद्वन्द्वी; एक नायिका के दो प्रेमी।

हरीफ़े मुक़ाबिल पु० *(अ०)* जिससे मुकाबला हो।

हरीम पु० *(अ०)* घर की चारदीवारी; प्राचीर; घर; मकान; भवन; प्रासाद।

हरीमे कीब्रिया पु० *(अ०)* अर्श; वह स्थान जहाँ ईश्वर का सिंहासन है।

हरीर पु० *(अ०)* रेशम; रेशमी कपड़ा।

हरीरा पु० *(अ० हरीरः)* एक प्रकार का पतला हलुआ जो प्रसूता को खिलाया जाता है।

हरीरी वि० *(अ०)* रेशमी।

हरीस वि० *(अ०)* लोभी; ईर्ष्यालु; भुक्खड़।

हरूफ़ पु० *(अ०)* हर्फ का बहुवचन।

हरेक वि० *(फ़ा० हर+हि० एक)* हर एक; प्रत्येक।

हरेवा पु० *(फ़ा०)* हरी बुलबुल।

हर्ज पु० *(अ०)* हानि; बाधा; गड़बड़ी।

हर्जा पु० *(फ़ा०)* व्यर्थ; अनमेल।

हर्जाना पु० *(अ०)* क्षतिपूर्ति; मुआवजा।

हरफ/हर्फ पु० *(अ०)* वर्णमाला का अक्षर।

हर्फ़-ब-हर्फ़ क्रि०वि० *(अ०)* अक्षरशः।

हर्फ़-इख़्तसास पु० *(अ०)* वह अक्षर जो शब्दों में किसी प्रकार की विशेषता उत्पन्न करने के लिए लगाया जाये।

हर्ब पु० *(अ०)* युद्ध।

हर्बा पु० *(अ० हर्बः)* हथियार; शस्त्र।

हर्राफ़ वि० *(अ०, स्त्री० हर्राफ़ा)* धूर्त; चालाक।

हर्राफ़ा स्त्री० *(अ० हर्राफ़ः)* बातूनी; भ्रष्ट; कुलटा; धूर्त।

हल पु० *(अ०)* समस्या की मीमांसा का निराकरण।

हलक़ पु० *(अ०)* गला; गले की नली; कण्ठ।

मुहा० *हलक पर छुरी फेरना-* *गर्दन काटना; अत्याचार करना।* ***हलक से उतरना-*** *मन में बैठना।*

हलक़ा पु० *(अ० हल्क़ः)* कुण्डल; घेरा; मण्डली; दल; गाँवों या कसबों का समूह; थोड़ा; मामूली।

पदरचना- *हलकापन-* *ओछापन।* ***हलका-फुलका-*** *बहुत हलका; कमजोर।* ***हलका करना-*** *अपमानित करना।* ***हलका पड़ना-*** *मान-सम्मान कम होना।* ***हलका होना-*** *अप्रतिष्ठित होना।*

हलकान वि० *(अ० हल्कान)* अधमरा; शिथिल; परेशान।

हल्का-ब-गोश पु० *(अ० हलक+फ़ा० गोश)* जिसके कानों में गुलामी का कुण्डल पड़ा हो।

हलफ़ पु० *(अ० हल्फ़)* शपथ; सौगन्ध; कसम।

मुहा० *हलफ़ उठाना-* *शपथ खाना।* ***हलफ़ देना-*** *शपथ खिलाना।*

हलफ़न क्रि०वि० *(अ० हल्फ़न)* शपथपूर्वक।

हलफ़ा पु० *(अ० हलफ़ः)* लहर; हिलोर; तेज साँस।

हलफ़ी वि० *(अ०)* शपथ लेकर कहा हुआ।

हलब पु० *(अ०)* ताज़ा दुहा हुआ दूध; एक प्रसिद्ध नगर (शाम देस)।

हल्बबी वि० *(अ०)* बहुत बड़ा; भारी और मोटा।

हलवा पु० *(अ० हल्वा)* एक मीठा और मुलायम व्यंजन; सूजी या आटे को भूनकर शक्कर में पकाया गया एक पकवान।

मुहा० *हलवा निकल जाना-* *कचूमर निकल जाना।* ***हलवा निकाल देना-*** *पीट कर दुर्गति बना देना।*

हलवाई पु० *(अ० हल्वाई)* मिठाई बनाने और बेचने वाला।

हलवा-ए-मर्जी पु० *(अ० हल्वा+फ़ा० मर्जी)* जिस हलवे में अधिक मेवे पड़ते हैं।

हलवा-ए-मर्ग पु० *(अ० हलवा+फ़ा० मर्ग)* किसी के मरने पर कराया जाने वाला भोजन; कड़वी खिचड़ी।

हलवान पु० *(अ० हुल्लान या हुल्लाम)* बकरी या भेड़ का छोटा बच्चा; ऐसे बच्चे का मुलायम गोश्त।

हलाक वि० *(अ०)* मारा हुआ; हत।

हलाकत स्त्री० *(अ०)* नष्ट करना; वध करने की क्रिया।

हलाकू पु० *(तु०)* चंगेज खाँ का पोता जो बड़ा ही जालिम और हत्यारा था। वि० अत्याचारी; हत्यारा।

हलाल वि० *(अ०)* जो शरअ या मुसलमानी धर्म पुस्तक के अनुकूल हो; जायज। पु० वह पशु जिसका माँस खाने की आज्ञा इस्लामी धर्म पुस्तक में हो।

मुहा० *हलाल करना-* *गला रेत कर पशु को मारना।* ***हलाल का-*** *ईमानदारी से प्राप्त।*

हलाला पु० *(अ०)* तलाक़ की एक किस्म जिसमें स्त्री को दूसरे व्यक्ति से व्याह करना पड़ता है और उसके तलाक़ देने पर दूसरे पति से व्याह कर सकती है।

हलाल ख़ोर पु० *(अ० हलाल+फ़ा० खोर)* मेहतर; भंगी।

हलायत स्त्री० *(अ०)* मधुरता; स्वाद; सुख; आराम।

हलाहल पु० *(फ़ा०,सं० हलाहल)* घातक विष; ज़हर। वि० बहुत ही कड़वा।

हल्लाक वि० *(अ०)* नाई; मूँडने वाला।

हल्लाज पु० *(अ०)* धुनिया; रूई धुनने वाला।

हल्लाफ़ वि० *(अ०)* शपथ लेने का अभ्यस्त।

हलीफ़ वि० *(अ०)* जिसने किसी के साथ किसी बात की शपथ ली हो; मित्र; दोस्त।

हलीम वि० *(अ०)* सहनशील; गम्भीर। पु० *(अ० लहीम)* हसन और हुसैन के लिए पकाया जाने वाला माँस।

हलील पु० *(अ०)* पति; स्वामी; शौहर; पड़ोसी।

हलूका स्त्री० *(अ०)* वमन या कै का उतना अंश जो एक बार में बाहर निकले।

हलेला पु० *(फ़ा०)* हरड़; हर्रे।

हवलदार पु० *(फ़ा०)* एक छोटा सैनिक अफ़सर।

हवस[1] स्त्री० *(अ०)* एक प्रकार का पागलपन।

हवस[2] स्त्री० *(फ़ा०)* कामना; इच्छा; कामवासना; दिल की इच्छा।

हवसनाक वि० *(अ० हवस+फ़ा० नाक)* लालची; कामुक।

हवसपरस्त वि० *(अ० हवस+फ़ा० परस्त)* लालची; लोभी।

हवा स्त्री० *(अ०)* इन्द्रियों को तृप्त करने की वासना; कामना; इच्छा; वह सूक्ष्म प्रवाहरूप पदार्थ जो भूमण्डल को चारों ओर से घेरे हुए है; वायु; पवन।

पदरचना- *हवाकश-* *रोशनदान।* ***हवाखोरी-*** *टहलना।* ***हवाख्वाही-*** *मंगलकामना।* ***हवागीर-*** *आतिशबाजी।* ***हवा चक्की-*** *हवा से चलने वाली चक्की।* ***हवा-पानी-*** *आबोहवा।* ***हवा-सा-*** *बहुत हल्का।*

मुहा० *हवा उड़ना-* *खबर फैलना।* ***हवा के घोड़े पर सवार-*** *बहुत उतावली में।* ***हवा खाना-*** *वायु सेवन के लिए टहलना।* ***हवा बताना-*** *टाल देना।* ***हवा बाँधना-*** *शेखी बघारना।* ***हवा पलटना या फिरना या बदलना-*** *हालात बदलना।* ***हवा बिगड़ना-*** *बुरे विचार फैलना।* ***हवा से बातें करना-*** *बहुत तेज दौड़ना।* ***किसी की हवा लगना-*** *भाग जाना।* ***हवा उड़ाना-*** *अफवाह फैलाना।* ***हवा का गुजर न होना-*** *किसी का रहना मुश्किल होना।* ***हवा उखड़ना-*** *बाजार में साख न रहना।* ***हवा का रुख जानना-*** *परिस्थिति को जान लेना।* ***हवा का रुख देखना-*** *जमाने का हाल देख कर काम करना।* ***हवा के घोड़े पर आना-*** *बहुत तेज आना।* ***हवा के बबूले फोड़ना-*** *ख़याली पुलाव पकाना।* ***हवा के मुँह पर जाना-*** *हवा की गति में जाना।* ***हवा खिलाना-*** *किसी को असफल बनाना।* ***हवा गाँठ में बाँधना-*** *असम्भव कार्य के लिए प्रयास करना।* ***हवा छोड़ना-*** *अपान वायु छोड़ना।* ***हवा पर गिरह लगाना-*** *चालाकी करना।* ***हवा पी कर रहना-*** *उपवास करना।* ***हवा बन्दी करना-*** *छोटी बातें मशहूर करना।* ***हवा बिगड़ना-*** *वायुमण्डल दूषित होना।*

हवाई वि० *(फ़ा०)* हवा सम्बन्धी, जैसे हवाई जहाज; व्यर्थ इधर-उधर घूमना। स्त्री० एक प्रकार की आतिशबाजी; वह कतरा हुआ मेवा जो शरबत या मिठाई के ऊपर डाला जाता है।

मुहा० *चेहरे पर हवाइयाँ उड़ना-* *चेहरे का रंग फीका पड़ जाना।*

हवाज़दगी स्त्री० *(अ० हवा+फ़ा० ज़दगी)* जुकाम; सरदी।

हवादार वि० *(अ० हवा+फ़ा० दार)* चाहने वाला; प्रेमी; जिसमें हवा आती हो; खुला हुआ। पु० एक प्रकार की सवारी जिसे कहार उठा कर ले चलते हैं।

हवादिस पु० *(अ० हादिसः का बहु०)* दुर्घटनाएँ।
हवा परस्त वि० *(अ० हवा+फ़ा० परस्त, भाव० हवा परस्ती)* केवल इन्द्रियों का सुख-भोग चाहने वाला; इन्द्रियलोलुप।
हवाबाज पु० *(फ़ा०)* हवाई जहाज़ चलाने वाला; पायलट। स्त्री० हवाबाजी।
हवाम पु० *(अ०)* ज़मीन के भीतर रहने वाले प्राणी; जैसे- साँप; बिच्छू; चूहे; चूँटी आदि।
हवामिल स्त्री० *(अ० 'हामिल' का बहु०)* गर्भवती स्त्रियाँ।
हवारी पु० *(अ०)* ईसा मसीह के मित्र और साथी।
हवाल पु० *(अ०)* समाचार; अवस्था; दशा; फल; परिणाम।
हवालगी स्त्री० *(अ०)* सुपुर्दगी।
हवाला पु० *(अ० हवालः)* प्रमाण का उल्लेख; उदाहरण दृष्टान्त; मिसाल; सुपुर्दगी; जिम्मेदारी।
मुहा० ***(किसी के) हवाले करना-*** *सौंपना।* ***बड़े पुत के हवाले करना-*** *मृत्यु के हाथ सौंप देना।*
हवालात स्त्री० *(अ० हवालः का बहु०)* वह घर जिसमें अभियुक्त रखे जाते हैं।
हवालाती वि० *(अ०)* जो हवालात में रखा गया हो।
हवाली स्त्री० *(अ०)* आस-पास के स्थान; उपनगर।
हवाशी पु० *(अ० हाशियः का बहु०)* टिप्पणियाँ; फुट नोट्स।
हवास पु० *(अ०)* पाँच ज्ञानेन्द्रिया; पाँच कर्मेन्द्रियाँ; होश; ज्ञान।
हवासे ख़म्सा पु० *(अ० हवासे खम्सः)* पाँचों इन्द्रियाँ।
हवासे ज़ाहिरी पु० *(अ०)* बाहरी अर्थात् दिखायी देने वाली इन्द्रियाँ- स्पर्श; श्रवण; घ्राण; स्वाद और दृष्टि।
हवासे बातिनी पु० *(अ०)* भीतरी इन्द्रियाँ- स्मरण; विचार; कल्पना।
होश-बोख्ता वि० *(अ० होश+फ़ा० बोख़्ता)* हक्का-बक्का।
हवासिल स्त्री० *(अ० हौसला का बहु०)* एक सफेद जलपक्षी।
हवेली स्त्री० *(अ० हवाली)* पक्का बड़ा मकान।
हव्वा स्त्री० *(अ०)* हज़रत आदम की पत्नी जो मनुष्य जाति की माता मानी जाती है। पु० भीषण आकार का एक कल्पित व्यक्ति जिसका नाम बच्चों को डराने के लिए लिया जाता है।
हशफ़ा पु० *(अ० हशफः)* लिंगेन्द्रिय की सुपारी।
हशम पु० *(अ०)* नौकर-चाकर।
हशमत स्त्री० *(अ०)* सेवकों का समूह; सम्पत्ति; शान-शौकत।
हशरत पु० *(अ०)* छोटे-छोटे कीड़े-मकोड़े।
हशरा पु० *(अ०)* जमीन में सुराख करके रहने वाला कीड़ा।
हशरात पु० *(अ० हशरा का बहु०)* छोटे-छोटे कीड़े जो बरसात में निकल आते हैं या पैदा हो जाते हैं।
हशा पु० *(अ०)* जो कुछ पेट और सीने के भीतर है- आतें आदि।
हशाशत स्त्री० *(अ०)* प्रसन्नता; प्रफुल्लता।
हश्त वि० *(फ़ा, सं० अष्ट)* आठ; अष्टम।
हस्त गंज पु० *(फ़ा०)* खुसरो परवेज की आठ निधियाँ।
हस्त गोशा वि० *(फ़ा० हस्त गोशः)* आठ कोनों वाला; अष्टकोण।
हस्तनिकाती वि० *(फ़ा० हस्त+अ० निकाती)* आठ सिद्धान्तों वाला; अष्टसूत्री।
हश्त-पहलू वि० *(फ़ा० हश्त+अ० पहलू)* अठकोना; अष्टकोण।
हश्त-बहिश्त पु० *(फ़ा०)* मुसलमानों के अनुसार आठों बहिश्त।
हस्तबुस्ताँ पु० *(फ़ा०)* आठों बाग अर्थात् आठों स्वर्ग।
हस्त मंजर पु० *(फ़ा०)* आठों स्वर्ग।
हश्तुम वि० *(फ़ा०, सं० अष्टम)* आठवाँ।
हस्तुमीं वि० *(फ़ा०)* आठवाँ।
हश्र पु० *(अ०)* कयामत; अधिक शोर; परिणाम।
मुहा० ***हश्र बरपा करना-*** *शोर करके आफ़त मचाना।* ***हश्र टूटना-*** *आफत मचाना।*
हश्शाश वि० *(अ०)* बहुत ही प्रसन्न और हँसता हुआ।
हश्रोनश्र पु० *(अ०)* महाप्रलय; कयामत; मुर्दों का जीवित हो जाना और हर तरफ फैल जाना।
हसद पु० *(अ०)* ईर्ष्या; डाह।
हसन वि० *(अ०)* अच्छा; उत्तम। पु० उत्तमता; भलाई; सौन्दर्य; मुसलमानों के दूसरे इमाम, जिन्हें जहर मिला पानी देकर हत्या कर दी गयी।
हसनी वि० *(अ०)* इमाम हसन से सम्बन्ध रखने वाले; उनके अनुयायी; वंशज।

हसनैन पु० *(अ०)* दो हसन अर्थात् हसन और हुसैन।

हसब[1] क्रि०वि०, पु० *(अ०)* ननिहाल की ओर का वंश।

हसब[2] पु० *(अ०)* गणना; शुमार; अनुमान; श्रेष्ठता।

हसब[3] स्त्री० *(अ०)* ईंधन जलाने की लकड़ी आदि।

हसबा पु० *(अ० हसबः)* खसरा; छोटे-छोटे लाल दाने जो बच्चों को निकल आते हैं; चेचक।

हसरत स्त्री० *(अ० हस्रत)* किसी वस्तु के न मिलने पर होने वाला दुःख; कामना।

पदरचना- ***हसरत मन्द-*** *लालसाओं से भरा हुआ।*

मुहा० ***हसरत करना-*** *इच्छा करना; चाहना।* ***हसरत टपकना-*** *इच्छा जाहिर करना।* ***हसरत निकलना-*** *लालसा पूरी होना।* ***हसरत निकालना-*** *अरमान निकालना।* ***हसरत बरसना-*** *निराशा प्रकट होना।* ***हसरत बाकी रहना-*** *अरमान पूरा न होना।*

हसीन[1] वि० *(अ०)* सुदृढ़; सुस्थिर; अविचल।

हसीन[2] वि० *(अ०)* सुन्दर; ख़ूबसूरत।

हसीना[1] स्त्री० *(अ०)* ख़ूबसूरत स्त्री।

हसीना[2] वि० *(अ० हसीनः)* मजबूत और दृढ़ वस्तु।

हसीब वि० *(अ०)* हिसाब करने वाला; ईश्वर; पूज्य।

हसीर पु० *(अ०)* चटाई।

हसूर वि० *(अ०)* वह पुरुष जो स्त्री की ओर आकृष्ट न होता हो, यद्यपि वह नपुंसक न हो।

हस्त स्त्री० *(फ़ा०, सं० अस्ति)* वर्तमान होने की अवस्था; अस्तित्व; जीवन।

पदरचना- ***हस्त-ब-ममात-*** *जीवन और मृत्यु।*

हस्तिए चन्दरोजा स्त्री० *(फ़ा० हस्तिए चन्दरोजः)* थोड़े दिनों का जीवन; क्षणिक जीवन।

हस्तिए जाविदाँ स्त्री० *(फ़ा०)* ऐसा जीवन जिसका कभी नाश न हो।

हस्तिए मौहूम स्त्री० *(फ़ा० हस्तिए+अ० मौहूम)* वह जीवन जो देखने में तो जीवन हो, किन्तु उसका कोई अस्तित्व न हो।

हस्ती स्त्री० *(फ़ा०)* अस्तित्व; जीवन; सम्पत्ति।

हस्तोनेस्त पु० *(फ़ा०)* उत्पत्ति और विनाश।

हस्तो बूद स्त्री० *(फ़ा०)* है और था।

हस्ना स्त्री० *(अ०)* अत्यन्त रूपवती स्त्री।

हस्ब क्रि० *(अ०)* अनुसार; मुताबिक।

हस्बे आदत वि० *(अ०)* स्वभाव के अनुसार।

हस्बे इंसाफ़ वि० *(अ०)* न्याय के अनुसार।

हस्बे एलान वि० *(अ०)* घोषणा के अनुसार।

हस्बे कायदा वि० *(अ० हस्बे काइदः)* कानून के अनुसार।

हस्बे ज़ैल वि० *(अ०)* जो नीचे दिया हुआ हो; निम्नलिखित।

हस्बे तम्बीह वि० *(अ०)* चेतावनी के अनुसार।

हस्बे फ़राइज वि० *(अ०)* ड्यूटी, फ़र्ज या कर्तव्य के अनुसार।

हस्बे रिवाज़ वि० *(अ० हस्बे रवाज़)* परम्परा, रीति और रस्म के अनुसार।

हसर स्त्री० *(अ० हस्रत)* अभिलाषा; इच्छा; निराशा; नाउम्मीदी।

हस्साद वि० *(अ०)* किसान; खेती काटने वाला।

हस्सान वि० *(अ०)* अत्यन्त सुन्दर।

हाँ अव्य० *(फ़ा०)* सावधान! खबरदार! देखो!

हा प्रत्यय *(फ़ा०)* एक प्रत्यय जो शब्दों के अन्त में लगकर बहुवचन का सूचक होता है। जैसे- मुर्ग़ से मुर्गहा।

हाइक़ पु० *(अ०)* कपड़ा बुनने वाला।

हाइज़ स्त्री० *(अ०)* वह स्त्री जो बालिग हो गयी हो।

हाइज़ा स्त्री० *(अ०)* वह स्त्री जो ऋतुमती हो।

हाइत स्त्री० *(अ०)* दीवार।

हाइब वि० *(अ०)* डरने वाला।

हाइम वि० *(अ०)* आसक्त; बहुत प्यासा।

हाइर वि० *(अ०)* स्तब्ध; चकित; उद्विग्न; हैरान।

हाइल[1] वि० *(अ०)* बीच में आने वाला; आड़ बनने वाला।

हाइल[2] वि० *(अ०)* भयंकर; भीषण; खौफ़नाक।

हाए अव्य० *(फ़ा०)* कराहने की ध्वनि।

हाक़ वि० *(अ०)* बीचोबीच; मध्य।

हाकिम पु० *(अ०, बहु० हुक्काम)* हुकूमत करने वाला; शासक; बड़ा अफ़सर।

हाकिमाना वि० *(अ०)* हाकिम जैसा।

हाकिमी स्त्री० *(अ० हाकिम)* हाकिम का काम; हुकूमत।

हाक़िमे आला पु० *(अ०)* उच्चाधिकारी; बड़ा अफ़सर।

हाक़िमे बाला पु० *(अ० हाकिम+फ़ा० बाला)* अफ़सर से ऊपर का अफ़सर।

हाक़िमे हक़ीक़ी पु० *(अ०)* ईश्वर; परमात्मा।

हाकी वि० *(अ०)* वार्तालाप करने वाला; कहानी सुनाने वाला।

हाक़्क़ा स्त्री० *(अ० हाक़्क़ः)* महाप्रलय; कयामत।

हाज (ज्ज) वि० *(अ०)* हज करने वाला; हाजी।

हाजत स्त्री० *(अ०, बहु० हाजात)* इच्छा; आवश्यकता; जेल।

पदरचना- ***हाज़त ख्वाह-*** *मुहताज।* ***हाजतखाई-*** *जरूरत पूरी करना।*

मुहा० ***हाजत रफ़ा करना-*** *आवश्यकता पूरी करना; मल त्याग करना; पुलिस या जेल की हवालात।*

हाजतमन्द वि० *(अ० हाज़त+फ़ा० मन्द)* हाजत या इच्छा रखने वाला; दरिद्र।

हाजती स्त्री० *(अ० हाजत)* वह बर्तन जिसमें रोगी चारपाई पर पड़े-पड़े मल-मूत्र त्याग करता है।

हाजमा पु० *(अ० हाज़िमः)* पाचन-शक्ति।

हाजर स्त्री० *(अ०)* हज़रत इस्माईल की माता का नाम।

हाज़िक़ वि० *(अ०)* दक्ष; प्रवीण; वह चिकित्सक जो अपने फ़न में माहिर हो।

हाजिब वि० *(अ०)* द्वारपाल; प्रहरी; भू; भौंह।

हाजित स्त्री० *(अ०)* वह नाबालिग स्त्री, जिसका विवाह हो गया हो।

हाजिर[1] वि० *(अ०)* हिजरत करने वाला; अपना देश छोड़कर दूसरे देश में जा बसने वाला; मक्का शहर में जाकर निवास करने वाला।

हाज़िर[2] वि० *(अ०, बहु० हाज़िरीन)* सम्मुख; उपस्थित; मौजूद; विद्यमान।

हाज़िर जवाब वि० *(अ०,भाव० हाज़िर जवाबी)* चटपट जवाब देने में कुशल; प्रत्युत्पन्न मति।

हाज़िरबाश वि० *(अ० हाज़िर+फ़ा० बाश)* बड़े व्यक्ति के पास उठने-बैठने वाला।

हाज़िरात स्त्री० *(अ०)* वह क्रिया जिससे भूत-प्रेत या जिन्न आदि कुछ प्रश्नों के उत्तर के लिए बुलाये जाते हैं।

हाज़िरातो पु० *(अ०)* जिनों और भूतों को किसी पुरुष या स्त्री पर बुलाने वाला।

हाजिराई पु० *(अ०)* ओझा; जादूगर।

हाज़िरी स्त्री० *(अ०)* उपस्थिति; अँग्रेजों का दोपहर के समय का भोजन; न्यायालय में वारण्ट या समन द्वारा प्रतिवादी तथा गवाहों आदि की उपस्थिति।

हाज़िरीन पु० *(अ० हाज़िर का बहु०)* हाजिर लोग।

हाजी पु० *(अ०)* निन्दक; वह जो हज करके आया हो।

हाजूम स्त्री० *(अ०)* अन्नपाचक औषध।

हाज़्ज़ा स्त्री० *(अ० हाज्जः)* हज करने वाली स्त्री।

हातिफ़ पु० *(अ०)* आकाशवाणी; फरिश्ता; देवदूत।

हातिम[1] पु० *(अ० हातम)* यमन देश का एक सरदार जो बड़ा उदार और दानशील था, बनीतय गोत्र में होने के कारण 'ताई' कहलाता था।

हातिम[2] पु० *(अ०)* न्यायाधीश; जज।

मुहा० ***हातिम की कब्र पर लात मारना-*** *उदारता या परोपकार का काम करना।*

हातिल वि० *(अ०)* वह घटा जो घनघोर बरसे।

हाद[1] **(द्द)** पु० *(अ०)* वह जोरदार आवाज, जो नदी या समुद्र से उठती है और किनारे तक सुनायी देती है।

हाद[2] **(द्द)** वि० *(अ०)* तीव्र; प्रचण्ड; तेज़; सख़्त।

हादसा पु० *(अ० हादिसः)* दुर्घटना; नयी बात या घटना।

हादिम वि० *(अ०)* तोड़ने या नष्ट करने वाला; नाशक।

हादिस वि० *(अ०)* नवीन; नश्वर।

हादिसा पु० *(अ०)* दुर्घटना; विपत्ति।

हादी पु० *(अ०)* हिदायत करने वाला; मार्गदर्शक; मुखिया; ऊँट वाला।

हादी अशर वि० *(अ०)* ग्यारहवाँ।

हानिस वि० *(अ०)* शपथ तोड़ने वाला।

हाफ़िज़ पु० *(अ०)* धार्मिक मुसलमान जिसे कुरान कण्ठस्थ हो।

हाफिज़ा पु० *(अ० हाफिजः)* स्मरणशक्ति।

हाफ़िद वि० *(अ०)* मित्र; सेवक; पोता; नाती।

हाफ़ी वि० *(अ०)* नंगे पाँव चलने वाला; न्यायकर्ता; काज़ी।

हाबी स्त्री० *(अ०)* क़ब्र की मिट्टी।

हाबील पु० *(अ०)* हजरत आदम के बेटे, जिसे काबील ने मार डाला था।

हाम पु० *(अ०)* हज़रत नूह का एक बेटा।

हामान पु० *(अ०)* फरऊन के प्रधानमन्त्री का नाम; जो बहुत अत्याचारी था।

हामिद वि० *(अ०)* प्रशंसा करने वाला।

हामिल वि० *(अ०)* भार ढोने वाला।

हामिला वि०स्त्री० *(अ० हामिलः)* जिसे गर्भ हो।

हामिले मत्न वि० *(अ०)* वह पुस्तक जिसमें टीका के साथ उसका मूल भी हो।

हामिश पु० *(अ०)* हाशिया; किनारा।

हामी वि० *(अ०)* सहायक। स्त्री० स्वीकारोक्ति।

मुहा० ***हामी भरना-*** *स्वीकार करना।*

हामीकार वि० *(अ० हामी+फ़ा० कार)* हिमायती; मददगार।

हामूँ पु० *(अ०)* उजाड़ मैदान।

हामूँ-नवर्क वि० *(अ० हामूँ+फ़ा० नवर्क)* जंगलों और उजाड़ स्थानों पर मारा-मारा फिरने वाला।

हायल वि० *(अ०)* भयानक; भीषण; बीच में आड़ करने वाला।

हार[1] पु० *(अ०)* गरम; तप्त।

हार[2] पु० *(फ़ा०)* माला; पुष्पमाला।

हारिज़ वि० *(अ०)* गड़बड़ी करने वाला; हर्ज करने वाला।

हारिश स्त्री० *(फ़ा०)* अपने को बना-ठना दिखलाने का शौक।

हारिस[1] पु० *(अ०)* व्याघ्र; शेर; किसान।

हारिस[2] वि० *(अ०)* संरक्षक; देख-रेख करने वाला।

हारिस[3] वि० *(अ०)* लोभी; लालची।

हारूँ पु० *(अ०)* दुष्ट और उदण्ड घोड़ा; किसी फिरके का सरदार; हजरत मूसा के बड़े भाई; बगदाद के एक खलीफा जो हारूँ-रशीद के नाम से प्रसिद्ध थे।

हारूत पु० *(अ०)* जौहर के प्रेमी; उन दो फरिश्तों में से एक जो बाबुल के कुएँ में कोप के कारण अब औंधे लटके हुए माने जाते हैं।

हारूरत-फ़न पु० *(अ०)* जादूगर।

हारूती स्त्री० *(अ०)* जादू; इन्द्रजाल।

हारून पु० *(अ० हारूँ से फ़ा०)* निगहबानी। वि० दुष्ट; उदण्ड।

हाल पु० *(अ०, बहु० हालात)* दशा; अवस्था; परिस्थिति; समाचार; ब्यौरा; आख्यान; चरित्र; विवरण।

मुहा० ***हाल में-*** *थोड़े दिन हुए।* ***हाल का-*** *नया ताजा; इस समय; अभी।*

हालत स्त्री० *(अ०)* दशा; अवस्था; आर्थिक परिस्थिति।

हाल तनेजा स्त्री० *(अ०)* मृत्यु के समय की अवस्था।

हालाँकि क्रि०वि० *(अ० हाल+फ़ा० आँकि)* यद्यपि।

हाला पु० *(अ० हालः)* कुण्डल; मण्डल; चन्द्रमा के चारों तरफ दिखायी देने वाली आभा।

हालात पु० *(फ़ा० हाल का बहु०)* परिस्थिति; समाचार; वृत्त।

हालाते मौजूद पु० *(अ० हालाते मौजूदः)* आजकल के समाचार; वर्तमान समय के समाचार।

हालिया वि० *(अ० हालियः)* उपस्थित समय का; ताजा; नया।

हाली वि० *(अ०)* तत्काल का; आधुनिक।

हावन स्त्री० *(फ़ा०)* लोहे की ऊखली जिसमें दवा कूटते हैं; खरल।

हाविया पु० *(अ० हावियः)* दोजख़ का सबसे नीचे का सातवाँ तल।

हावी वि० *(अ०)* चारों ओर से वश में रखने वाला।

हाशा क्रि०वि० *(अ०)* कदापि; हरगिज; मगर।

हाशिम वि० *(अ०)* हज़रत मुहम्मद साहब के वंश-प्रवर्तक; प्याले में रोटी मलने वाला।

हाशिया पु० *(अ० हाशियः)* किनारा; पाड़; गोट।

पदरचना- ***हाशिया आराई-*** *गोट चढ़ाना।* ***हाशिया नशीन-*** *आसपास बैठने वाले लोग।*

मुहा० ***हाशिए का गवाह-*** *वह गवाह जिसका नाम किसी दस्तावेज के किनारे दर्ज हो।* ***हाशिया चढ़ना-*** *मनोरंजन आदि के लिए कुछ और बात भी जोड़ना।*

हासिद वि० *(अ०)* हसद या डाह करने वाला; ईर्ष्यालु।

हासिल पु० *(अ०)* उपज; प्राप्ति; लाभ।

पदरचना- ***हासिल-कलाम-*** *तात्पर्य यह कि; सारांश यह कि।* ***हासिल-जमा-*** *जोड़; कुल जमा; वस्तु का अवशेष।* ***हासिल ज़रब-*** *गुणनफल।* ***हासिल-तकसीम-*** *भागफल।* ***हासिल-तकरीफ़-*** *घटाने से बचने वाली संख्या; शेषफल।* ***हासिल मसदर-*** *क्रिया से बनने वाली भाव वाचक संज्ञा।*

हासिलात स्त्री० *(अ०)* प्राप्ति।

हिन्द पु० *(फ़ा०)* भारत वर्ष; यह 'सिन्धु' शब्द का फ़ारसी और परिवर्तित रूप है।

हिन्दवी स्त्री० *(फ़ा०)* उर्दू-फ़ारसी और कुछ प्राचीन हिन्दी लेखकों द्वारा प्रयुक्त हिन्दी का पुराना नाम।

हिन्दसा-दाँ वि० *(फ़ा०)* गणितज्ञ।
हिकमत स्त्री० *(अ०)* विद्या; युक्ति; हकीमी; वैद्यक।
हिकमत अमली स्त्री० *(अ०)* नीति; चतुराई; चाल; जोड़-तोड़।
हिकमती वि० *(अ० हिकमत)* दार्शनिक; चतुर; चालाक; जोड़-तोड़ लगाने वाला।
हिकायत स्त्री० *(अ०)* कहानी; किस्सा।
हिकायत गर वि० *(अ०)* कहानी कहने वाला।
हिकारत स्त्री० *(अ०)* नफरत; घृणा।
हिक्का स्त्री० *(अ०)* दाद-खाज; खुजली।
हिजरत स्त्री० *(अ०)* अपना देश छोड़कर दूसरे देश में बसना।
हिजरी स्त्री० *(अ०)* हज़रत मुहम्मद का मक्का छोड़ कर मदीने जाना; वह सन् जो हज़रत मुहम्मद के मक्का छोड़ने की तिथि से चला था।
हिजा स्त्री० *(अ०)* निन्दा; अपवाद; बुराई; अक्षरों का मात्रा के साथ उच्चारण।
हिजाज़ पु० *(अ०)* अरब देश का एक भाग।
हिजाब पु० *(अ०)* परदा; ओट; लज्जा; शरम। **मुहा०** ***हिजाब उठना-*** *परदा उठा देना; निर्लज्ज रहना।*
हिज्जे पु० *(अ०)* किसी शब्द के संयोजक अक्षरों को अलग-अलग उनका सम्बन्ध बताते हुए कहना।
हिज्र पु० *(अ०)* विछोह; जुदाई।
हिज्र नसीब वि० *(अ०)* जिसके नसीब में वियोग ही वियोग हो।
हिद्दत स्त्री० *(अ०)* तेजी; तीव्रता; गरमी; क्रोध।
हिदायत स्त्री० *(अ०)* मार्गदर्शन।
हिदायत नामा पु० *(अ० हिदायत+फ़ा० नामा)* जिसमें हिदायतें लिखी हो।
हिना स्त्री० *(अ०)* मेंहदी।
हिनाई वि० *(अ० हिना)* जिसमें मेहंदी लगी हो। स्त्री० मेहंदी के रंग का।
हिना बन्दी स्त्री० *(अ० हिना+फ़ा० बन्दी)* मुसलमानों में व्याह से पहले एक रस्म।
हिफ़ाज़त स्त्री० *(अ०)* रक्षा; सावधानी; बचाव।
हिफाज़त-खुद-इख़्तियारी स्त्री० *(अ०)* आत्मरक्षा।
हिफ़ाज़ती वि० *(अ०)* रक्षा करने वाला।
हिफ़्ज़ वि० *(अ०)* कण्ठस्थ। पु० हिफाजत; अदब; लिहाज।
हिफ़्ज़ान पु० *(अ०)* रक्षा; संरक्षण।
हिफ़्ज़े-मरातिब पु० *(अ०)* बड़े मर्यादा का ध्यान।
हिफ़्ज़े-माता कदुम पु० *(अ०)* विपत्ति से बचने के लिए पहले ही किया गया प्रबन्ध।
हिफ़्ज़े-सेहत पु० *(अ०)* सेहत या स्वास्थ्य की रक्षा।
हिब्बा पु० *(अ० हिब्बः)* पुरस्कार; दान।
हिब्बानामा पु० *(अ० हिब्बः+फ़ा० नामः)* दान-पत्र; वह पत्र, जिसमें किसी वस्तु के, किसी को दान दिये जाने का उल्लेख हो।
हिमयानी स्त्री० *(अ० हिमयान)* एक प्रकार की पतली थैली जो कमर में बाँधी जाती है; बसनी।
हिमाकत स्त्री० *(अ०)* मूर्खता; बेवकूफी; साहस।
हिमायत स्त्री० *(अ०)* पक्षपात; मदद; कारण; रक्षा।
हिमायती वि० *(अ०)* तरफदारी; पक्षपाती।
हिमायतगर वि० *(अ० हिमायत+फ़ा० गर)* पक्षपाती; रक्षक; निगहबान।
हिम्मत स्त्री० *(अ०)* साहस; बहादुरी; पराक्रम। **मुहा०** ***हिम्मत हारना-*** *साहस छोड़ना।* ***हिम्मत पड़ना-*** *साहस होना।*
हिम्मतवर वि० *(अ० हिम्मत+फ़ा० वर)* साहसी; वीर।
हिम्मत शिकन वि० *(अ०)* उत्साह भंग करने वाला।
हिम्मती स्त्री० *(अ०)* साहसी; बहादुर; वीर; पराक्रमी।
हिरफ़त स्त्री० *(अ०)* हस्त कौशल; कारीगरी; विद्या; धूर्तता।
हिरफ़ा पु० *(अ० हरफ़ः)* शिल्प।
हिरमिजी स्त्री० *(अ०)* एक प्रकार की लाल मिट्टी।
हिरास स्त्री० *(फ़ा०)* भय; डर; निराशा।
हिरासत स्त्री० *(अ०)* पहरा; कैद; नजरबन्दी।
हिरासाँ वि० *(फ़ा०)* भयभीत; डरा हुआ; निराश।
हियातत स्त्री० *(अ०)* चौकसी; सावधानी; एहतियात।
हिर्ज़ पु० *(अ०)* शरण लेने का स्थान; यन्त्र; ताबीज।
हिर्म वि० *(अ०)* खान-पान के लिए निषिद्ध पदार्थ।
हिर्माँ पु० *(अ०)* निराशा; दुर्भाग्य।
हिर्माँज़दा वि० *(अ०)* अभागा; निराश।
हिर्मास पु० *(अ०)* शेर; सिंह।
हिर्साहा वि० *(अ०)* लालची।

हिर्साहिर्सी अव्य० *(अ०)* दूसरों की देखादेखी।

हिर्सी वि० *(अ०)* लालची।

हिलाल पु० *(अ०)* द्वितीया का चन्द्रमा (इसकी उपमा नायिका के नाख़ूनों और भौंहों से दी जाती है)।

हिलाली वि० *(अ०)* हिलाल या द्वितीया के चन्द्रमा से सम्बन्ध रखने वाला। पु० एक प्रकार का तीर।

हिल्म पु० *(अ०)* सहनशीलता; स्वभाव की कोमलता।

हिस स्त्री० *(अ०)* इन्द्रिय के द्वारा अनुभव करना; गति; हरकत।

हिसाब पु० *(अ०)* गिनती; गणित; लेन-देन या आमदनी; खर्च; ब्यौरा; लेखा।

पदरचना- ***हिसाब-किताब-*** *आर्थिक व्यवहार का ब्यौरा।* ***हिसाब चोर-*** *वह जो हिसाब करने में कोई रकम दबा ले।* ***हिसाब-दाँ-*** *हिसाब जानने वाला; गणितज्ञ।* ***हिसाब दार-*** *हिसाब रखने वाला।* ***हिसाब बही-*** *वह बही जिसमें आमदनी व खर्च का ब्यौरा रखा जाये।*

मुहा० ***हिसाब चुकाना या चुकता करना-*** *जिसके जिम्मे जो निकलता हो, वह दे देना।* ***हिसाब देना-*** *जमा-खर्च का ब्यौरा बताना।* ***बे-हिसाब-*** *बहुत अधिक।* ***हिसाब बैठना-*** *सुभीता होना; जैसा चाहिए वैसा प्रबन्ध होना।* ***हिसाब-से-*** *संयम से।* ***टेढ़ा हिसाब-*** *मुश्किल काम।* ***हिसाब करना/देना-*** *पावना चुकता करना।* ***हिसाब तलब करना-*** *हिसाब माँगना।* ***हिसाब देना-*** *हिसाब समझाना।* ***हिसाब न होना-*** *गिनती न होना।* ***हिसाब पर चढ़ना-*** *बही या खाते में लिखा जाना।* ***हिसाब पाक करना-*** *देना-लेना चुका देना।* ***हिसाब बेबाक करना-*** *खाते में कुछ बाकी न रहने देना।* ***हिसाब से-*** *किफायत से।* ***हिसाब से चलना-*** *नाप-तौल पर काम करना।*

हिसाबिया पु० *(अ०)* हिसाब (गणित) का अच्छा जानकार।

हिसाबी वि० *(अ० हिसाब)* हिसाब जानने वाला; गणितज्ञ; जो नियम के अनुसार हो; कायदे का।

हिसाबो-किताब पु० *(अ०)* लेने-देन का कार्य; लिखा-पढ़ी।

हिसार पु० *(अ०)* नगर का परकोटा; किला; गढ़।

हिसार बन्द वि० *(अ०)* किले में बन्द होकर बैठने वाला; मन्त्र की कुण्डली के भीतर बैठने वाला।

मुहा० ***हिसार करना-*** *घेरा डालना।* ***हिसार बाँधना-*** *घेरा बाँधना।*

हिस्सा पु० *(अ० हिस्सः)* भाग; अंश; खण्ड; टुकड़ा; साझा।

हिस्सा-रसद क्रि०वि० *(अ० हिस्सा+फ़ा० रसद)* हिस्से के मुताबिक।

हिस्सेदार वि० *(अ० हिस्से+फ़ा० दार)* किसी हिस्से का मालिक।

हिस्से-मुश्तरक स्त्री० *(अ०)* वह भीतरी शक्ति जो इन्द्रियों के अनुभव का ज्ञान कराती है।

हिस्न पु० *(अ०)* रक्षास्थल; किला; दुर्ग।

हिस्ने मुअल्लक़ पु० *(अ०)* आकाश; अम्बर; आसमान।

हीज़ वि० *(फ़ा०)* क्लीब; नपुंसक; नामर्द।

हीन अव्य० *(अ०)* समय; काल; वक़्त।

हीन हयात पु० *(अ०)* जीवनकाल; जिन्दगी भर।

हीन-हयाती वि० *(अ०)* जिन्दगी भर के लिए अधिकार।

हीमिया स्त्री० *(अ०)* जादू; इन्द्रजाल।

हीमिया गर/दाँ वि० *(अ०)* जादूगर।

हीन पु० *(अ०)* समय; काल।

हील स्त्री० *(फ़ा०)* इलायची।

हीलतन क्रि०वि० *(अ०)* छलपूर्वक।

हीला पु० *(अ० हीलः)* बहाना।

पदरचना- ***हीला-हवाला-*** *बहाना बनाना।*

हीलाज पु० *(अ०)* जन्मपत्री; जन्मकुण्डली।

हीले कलाँ स्त्री० *(फ़ा०)* बड़ी इलायची।

हीले खूर्द स्त्री० *(फ़ा०)* छोटी इलायची।

हीले सफ़ेद स्त्री० *(फ़ा०)* छोटी इलायची।

हीलाबाज़ वि० *(अ० हीला+फ़ा० बाज़, भाव० हीलाबाज़ी)* बहाना करने वाला; चालाक; फरेबी।

हुक़्ना पु० *(अ० हुकनः)* दस्त लाने के लिए मलद्वार से पिचकारी द्वारा कोई दवा चढ़ाना; वस्तिकर्म।

हुकूमत स्त्री० *(अ०)* प्रभुत्व; शासन; राजनीतिक आधिपत्य।

हुक्का पु० *(अ० हुक्कः)* तम्बाकू पीने का नलयन्त्र।

हुक्काम पु० *(अ०)* हाकिम का बहु०।

हुक्म पु० *(अ०)* बड़े का वचन; जिसका पालन कर्तव्य हो; आज्ञा; आदेश।

पदरचना- ***हुक्म की तामील-*** *आज्ञा का पालन।* ***हुक्म क़तई-*** *अन्तिम निर्णय।* ***हुक्म गश्ती-*** *वह आज्ञा जो सब जगह घुमायी जाये।* ***हुक्म दरमियानी-*** *वह आज्ञा जो अन्तिम निर्णय या क़तई हुक्म के पहले दी जाये।* ***हुक्म बरदारी-*** *आज्ञा का पालन।*

मुहा० ***हुक्म चलाना या जारी करना-*** *आज्ञा देना।* ***हुक्म तोड़ना-*** *आज्ञा भंग करना।* ***हुक्म मानना-*** *आज्ञा पालन करना।* ***हुक्म में होना-*** *आज्ञा के अधीन होना।*

हुक्म-अन्दाज वि० *(अ० हुक्म+ फ़ा० अन्दाज़)* अचूक निशाने बाज।

हुक्मनामा पु० *(अ० हुक्म+ फ़ा० नामा)* वह पत्र जिसमें कोई आज्ञा लिखी हो।

हुक्म-बरदार वि० *(अ० हुक्म+ फ़ा० बरदार)* आज्ञाकारी।

हुक्मदाँ वि० *(अ० हुक्म+ फ़ा० दाँ)* हुक्म देने वाला। वि० शासक; राजा।

हुक्मरानी स्त्री० *(अ० हुक्म+ फ़ा० रानी)* शासन; हुकूमत।

हुक्मी वि० *(अ०)* आज्ञाकारी।

हुक़ूक़ पु० *(अ० 'हक' का बहु०)* अधिकार समूह।

हुक़ूक़े शहरीयत पु० *(अ० हुक़ूक+ फ़ा० शहीयत)* वह अधिकार जो नगरवासियों को प्राप्त है।

हुक्मे इम्तिनाई पु० *(अ०)* वह आदेश जो मुकदमे के बीच किसी कार्य-विशेष को रोकने के लिए दिया जाये; निषेधाज्ञा।

हुक्मे गश्ती पु० *(अ० हुक्म+ फ़ा० गश्ती)* विभागों में भेजा जाने वाला आदेश; परिपत्र; सरकुलर।

हुक्मे ज़हरी पु० *(अ० हुक्मे ज़ही)* वह आदेश जो प्रार्थना-पत्र की पीठ या पीछे के पृष्ठ पर लिखा जाये।

हुक्मे हाक़िम पु० *(अ०)* हाकिम का आदेश; राज्यादेश।

हुज़न पु० *(अ०)* रंज; दुख।

हुजरा पु० *(अ० हुजूरः)* कोठरी; छोटा कमरा; मजजिद की वह कोठरी जिसमें लोग एकान्त में बैठकर ईश्वर की आराधना करते हैं।

हुजूअ पु० *(अ०)* निद्रा; स्वप्न; शान्ति; सुख।

हुजूद पु० *(अ०)* रात्रि-जागरण।

हुजूर पु० *(अ०)* बड़े लोगों के लिए आदर का सम्बोधन; हाजिर होना।

हुजूरवाला पु० *(अ०)* श्रीमान्।

हुजूरी स्त्री० *(अ०)* समीपता; हाजिरी; शाही दरबार। पु० खास नौकर; दरबारी।

हुज्जत स्त्री० *(अ०)* व्यर्थ का तर्क; विवाद; झगड़ा।

हुज्जती वि० *(अ०)* झगड़ालू।

हुज़्न पु० *(अ०)* दुःख; शोक; सन्ताप; खेद।

हुदहुद पु० *(अ०)* कठफोड़वा नामक पक्षी।

हुदा पु० *(अ०)* सीधा रास्ता; मोक्ष का मार्ग।

हुदूद स्त्री० *(अ० हद का बहु०)* सीमाएँ।

हुदूद-अरबा स्त्री० *(अ० हुदूद-अर्बअ)* चारों ओर की सीमाएँ।

हुनर पु० *(फ़ा०)* कला; कारीगरी; गुण; कौशल; युक्ति।

हुनरमन्द वि० *(फ़ा०)* हुनर जानने वाला।

हुनूद पु० *(अ० हिन्दू का बहु०)* हिन्दू लोग।

हुब पु० *(अ०)* प्रेम; प्रीति; मुहब्बत; दोस्ती; इच्छा।

पदरचना- ***हुब का अमल-*** *वह क्रिया या मन्त्र जिससे किसी के मन में प्रेम उत्पन्न किया जाये।*

हुबूर पु० *(अ०)* बुद्धिमान लोग; हर्ष; प्रसन्नता।

हुबल पु० *(अ०)* मक्के की एक प्राचीन मूर्ति, जो वहाँ इस्लाम का प्रचार होने के पूर्व पूजी जाती थी।

हुबाब पु० *(अ०)* पानी का बुलबुला; हाथ में पहनने का एक गहना; शीशे का वह गोला जो सजावट के लिए छत में लटकाया जाता है।

हुब्ब पु० *(अ०)* प्रेम; मुहब्बत; आकांक्षा।

हुब्ब-उल-वतन पु० *(अ०)* देशप्रेम।

हुमक़ पु० *(अ०)* मूर्खता।

हुमा पु० *(फ़ा०)* एक कल्पित पक्षी जो केवल माँस खाता है और जिसके सिर पर इसकी छाया पड़ जाये वह राजा हो जाता है।

हुमाई वि० *(अ०)* हुमा सम्बन्धी; भाग्यशाली।

हुमायूँ वि० *(फ़ा०)* शुभ; मुबारक; सफल-मनोरथ। पु० मुगल बादशाह बाबर का पुत्र और अकबर का पिता।

हुम्मा पु० *(अ०)* ज्वर; ताप।

हुरमत स्त्री० *(अ० हुर्मत)* प्रतिष्ठा; इज्जत।

हुरमत वाला वि० *(फ़ा०)* प्रतिष्ठित; इज्जतदार।

हुरमुज़ पु० *(फ़ा०)* सौर मास का प्रथम दिन। इस दिन यात्रा करना और नये वस्त्र पहनना शुभ माना जाता है।

हुरूफ़ पु० *(फ़ा० हर्फ़ का बहु०)* अक्षरमाला।

मुहा० *हुरमत उतारना-* *इज्जत बिगाड़ना।*

हुरूफ़ शनास वि० *(फ़ा०)* कम पढ़ा-लिखा; केवल अक्षर पहचानने वाला।

हुर्रा पु० *(फ़ा०)* कोलाहल; शोर; भयानक शब्द; डरावनी आवाज।

हुर्रीयत स्त्री० *(अ०)* स्वाधीनता; आज़ाजी।

हुर्रीयत पसन्द वि० *(अ०)* आजादी चाहने वाला।

हुलाफ़ा पु० *(अ० हलीफ़ का बहु०)* वह लोग या राष्ट्र जिन्होंने परस्पर मित्र रहने की सन्धि की हो।

हुलिया पु० *(अ० हुलियः)* रूपरेखा; चेहरे की बनावट।

मुहा० *हुलिया होना-* *सेना में नाम लिखा जाना।* ***हुलिया लिखाना-*** *भागे हुए व्यक्ति या अपराधी की रूपरेखा पुलिस या अन्य को लिखाना।* ***हुलिया बताना/बयान करना-*** *शक्ल सूरत का बयान करना।* ***हुलिया बिगड़ना-*** *बुरी हालत होना।* ***हुलिया बिगड़ना या बिगाड़ देना-*** *मुँह पर ऐसा मारना कि सूरत बिगड़ जाये।*

हुलूका पु० *(अ०)* विनाश।

हुवैदा वि० *(फ़ा०)* प्रकट; स्पष्ट।

हुसूल वि० *(फ़ा०)* फ़ायदा; लाभ।

हुसेन/हुसैन पु० *(अ०)* मुसलमानों के तीसरे इमाम जो यजीद की आज्ञा से करबला नामक स्थान पर हुए युद्ध में मारे गये। मुहर्रम इन्हीं की मृत्यु के शोक में मनाया जाता है।

हुसैन-बन्द पु० *(अ० हुसैन+फ़ा० बन्द)* चाँदी की बिना नगीने की दो अँगूठियाँ जो शिया लोग अपने बच्चों के हाथों में पहनाते हैं।

हुसैनी पु० *(अ०)* एक तरह का चमड़े का पात्र; एक तरह का अंगूर; एक रागिनी।

हुसैनी काँगड़ा पु० *(अ०)* एक राग।

हुस्न पु० *(अ०)* सौन्दर्य; खूबसूरती; खूबी; शोभा।

हुस्न तलब पु० *(अ०)* सुन्दर वस्तु पाने की इच्छा करना।

हुस्नदान पु० *(अ० हुस्न+फ़ा० दान)* एक छोटा पानदान।

हुस्न-परस्त वि० *(अ० हुस्न+फ़ा० परस्त, भाव० हुस्नपरस्ती)* सौन्दर्य की उपासना करने वाला।

हुस्न फ़रोश स्त्री० *(अ० हुस्न+फ़ा० फ़रोश)* वैश्या; रण्डी।

हुस्न शिनास वि० *(अ०)* सौन्दर्य का उपासक।

हुस्ने ख़ुदादाद पु० *(अ०)* सहज सौन्दर्य।

हुस्नो दमक स्त्री० *(अ० हुस्नो+फ़ा० दमक)* सौन्दर्य और कान्ति।

हुना स्त्री० *(अ०)* अत्यन्त सुन्दर स्त्री।

हुस्नियात स्त्री० *(अ० हुस्ना का बहु०)* सुन्दर स्त्री।

हुस्ने-मतला पु० *(अ० हुस्ने मतलअ)* गज़ल में ऐसा शेर जो मतले या शेर के बाद मतले की तरह हो और जिसके दोनों चरणों में अनुप्रास हो।

हुस्ने-महफ़िल पु० *(अ०)* एक प्रकार का हुक्का।

हू पु० *(अ०)* अल्लाह हू का संक्षिप्त रूप; ईश्वर का नाम जो प्रायः ग्रन्थों या पृष्ठों के ऊपर शुभ मानकर लिखा जाता है; डर या भय।

हूत स्त्री० *(अ०)* मछली; मीन राशि।

हूदा वि० *(अ० हूदः)* ठीक; दुरुस्त।

पदरचना- *बेहूदा-* *जो ठीक न हो।*

हू-ब-हू वि० *(अ० हू+फ़ा० हू)* जैसा या वैसा ही; पूर्ववत्।

हूर स्त्री० *(अ०)* स्वर्ग की परी या अप्सरा; गौर वर्ण की वह स्त्री जिसकी आँख की पुतलियाँ और सिर के बाल बहुत काले हों। वि० बहुत अधिक सुन्दर।

हूश वि० *(फ़ा०)* जाहिल; उजड्ड; आचार-व्यवहार से अपरिचित।

हू-हक़ पु० *(अ०)* ईश्वर भजन; शोरगुल।

मुहा० *हू-हक़ हो जाना-* *नष्ट हो जाना।*

हेच वि० *(फ़ा०)* तुच्छ; हीन; घृणित।

हेचकस वि० *(फ़ा०)* निकम्मा; निरर्थक।

हेचदाँ वि० *(फ़ा०)* मूर्ख।

हेचमदाँ वि० *(फ़ा०)* अनभिज्ञ; अज्ञान।

हेमा स्त्री० *(फ़ा० हेमः)* जलाने की लकड़ी; ईंधन।

हैअत स्त्री० *(अ०)* रूप; आकृति; ज्योतिर्विद्या; आकाशीय पदार्थों की विद्या; खगोल विद्या।

हैयत दाँ वि० *(अ० हैअत+फ़ा० दाँ)* खगोल विद्या का जानने वाला; ज्योतिषी।

हैकल स्त्री० *(अ०)* वह मूर्ति जो किसी ग्रह के नाम पर बनायी जाये; मन्दिर; यन्त्र; ताबीज; चिह्न; लक्षण।

हैज़ पु० *(अ०)* स्त्रियों का मासिक धर्म।

हैज़ापु० *(अ० हैज़ः)* दस्त और कै की बीमारी; विसूचिका।

हैज़ान पु० *(अ०)* आवेश; जोश; तेज़ी; वेग।

हैज़ी वि० *(अ० हैज़)* हरामी; दोगला; वर्णसंकर; दुष्ट।

हैजुम स्त्री० *(फ़ा०)* जलाने की सूखी लकड़ी; ईंधन।

हैदर पु० *(अ०)* शेर।

हैदर अली पु० *(अ०)* दक्षिण भारत का एक प्रसिद्ध मुसलिम शासक, टीपू सुलतान का पिता।

हैफ़ पु० *(अ०)* अफ़सोस; दुःख; जुल्म।

हैबत स्त्री० *(अ०)* डर; भय; आतंक; रोब; धाक।

हैबतज़दा वि० *(अ० हैबत+ फ़ा० ज़दा)* भयभीत; डरा हुआ।

हैबतनाक वि० *(अ० हैबत+ फ़ा० नाक)* भयानक; भीषण; डरावना।

मुहा० ***हैबत छा जाना-*** *भय हो जाना।* ***हैबत दिलाना-*** *डरा देना।* ***हैबत मचना-*** *घबड़ाहट होना।* ***हैरत-अंगेज़-*** *विस्मयजनक।*

हैमा पु० *(अ०)* बिना पानी का जंगल; बियाबान।

हैमीया स्त्री० *(फ़ा० हैमीयः)* जलाने की सूखी लकड़ी।

हैया पु० *(अ० हैयः)* साँप।

हैयात पु० *(अ० हैयः का बहु०)* बहुत-से साँप।

हैयाल वि० *(अ०)* बहुत बड़ा छली।

हैयिज़े खाकी पु० *(अ० हैयिज़+ फ़ा० खाकी)* मर्त्यलोक; संसार; दुनिया।

हैयुल आलम पु० *(अ०)* एक बूटी जो सदा हरी-भरी रहती है।

हैरत स्त्री० *(अ०)* आश्चर्य; विस्मय; अचम्भा।

हैरत ज़दा वि० *(अ० हैरत+ फ़ा० ज़दः)* चकित; विस्मित।

हैरान वि० *(अ०, भाव० हैरानी)* आश्चर्य से स्तब्ध; भौंचक्का।

हैरानी स्त्री० *(अ०)* हैरान होने का भाव।

हैल स्त्री० *(अ०)* शक्ति; बल; ताकत।

हैवान पु० *(अ०)* प्राणी; जीव; पशु; मूर्ख व्यक्ति।

हैवान-नातिक़ पु० *(अ०)* बोलने वाला पशु अर्थात् आदमी।

हैवान-मुतलक पु० *(अ०)* पूरा पशु; बहुत बड़ा मूर्ख।

हैवानात पु० *(अ० हैवान का बहु०)* चौपाये पशु।

हैवानियत स्त्री० *(अ०)* पशुता; मूर्खता; बेवकूफी।

हैवानी वि० *(अ०)* पशुओं जैसा।

हैस स्त्री० *(अ०)* युद्ध; कलह।

हैस-बैस स्त्री० *(अ०)* लड़ाई-झगड़ा; तकरार।

हैसियत स्त्री० *(अ०)* योग्यता; सामर्थ्य; शक्ति; बिसात; श्रेणी; धन-दौलत।

हैसियत-उरफ़ी स्त्री० *(अ०)* बाहरी और बनी हुई प्रतिष्ठा।

हैहाल विस्मय *(अ०)* दूर हो; हाय; अफ़सोस।

होज़ वि० *(फ़ा०)* चकित; हैरान; त्रस्त; डरा हुआ।

होजाँ वि० *(फ़ा०)* प्रफुल्ल; विकसित। स्त्री० नरगिस का फूल।

होर पु० *(फ़ा०)* रवि; सूर्य; सूरज।

होरमुज़्द पु० *(फ़ा०)* बृहस्पति ग्रह।

होशंका पु० *(फ़ा०)* ईरान का एक प्राचीन राजा।

होश पु० *(फ़ा०)* बोध या ज्ञान की वृत्ति; चेतना; चेत।

पदरचना- ***होश बाख्ता-*** *जिसका दिमाग ठिकाने न हो।* ***होश मन्द-*** *बुद्धिमान।* ***होश मन्दी-*** *बुद्धिमानी; समझदारी।* ***होश रूबा-*** *होश उड़ा देने वाला।* ***होश वाला-*** *अनुभवी; समझदार।* ***होश हवास-*** *सुधबुध।*

मुहा० ***होश उड़ना या जाता रहना-*** *भय या आशंका से चित्त व्याकुल होना।* ***होश करना-*** *सचेत होना।* ***होश दंग होना-*** *चकित होना।* ***होश सँभालना-*** *सयाना होना।* ***होश में आना-*** *चेतना प्राप्त करना।* ***होश ठिकाने होना-*** *भ्रान्ति या मोह दूर होना।* ***होश दिलाना-*** *याद दिलाना।* ***होश आना-*** *समझ आना।* ***होश काफ़ूर होना-*** *होश उड़ जाना।* ***होश खोना-*** *होश से बाहर होना।* ***होश गुम होना-*** *होश उड़ना।* ***होश ठिकाने रहना-*** *होश-हवास ठीक रहना।* ***होश दिलाना-*** *याद दिलाना।* ***होश न रहना-*** *खबर न रहना।* ***होश पकड़ना-*** *सयाना होना।* ***होश के पैंतरे होना-*** *होश उड़ जाना।* ***होश में आना-*** *तमीज सीखना।* ***होश से बाहर होना-*** *चेतनाहीन होना।* ***होश हिरन होना-*** *होश उड़ जाना।*

होशियार वि० *(फ़ा०)* चतुर; समझदार; निपुण; सावधान; चालाक; धूर्त।

होशियारी स्त्री० *(फ़ा०)* समझदारी; निपुणता; सावधानी।

होशो हवास पु० *(फ़ा०)* चेतना; सुधि।

हौज़ पु० *(अ०)* पानी जमा करने का बड़ा बर्तन।

हौज़ा पु० *(फ़ा०)* हौदा; हाथी की अम्मारी।

हौदा पु० *(अ०)* हाथी की पीठ पर रखी जाने वाली अम्मारी; ऊँट की पीठ पर रखा जाने वाला कजावा।

हौल पु० *(अ०)* डर; भय; विकलता; घबराहट।

हौल ज़दा वि० *(अ० हौल+फ़ा० ज़दा)* डरा हुआ; घबराया हुआ।

हौलनाक वि० *(अ० हौल+फ़ा० नाक)* भयानक; भीषण; डरावना।

हौलाजौली स्त्री० *(अ०)* जल्दी; हड़बड़ी।

हौलिगी वि० *(अ० हौल+फ़ा० इगी)* त्रस्त; भयभीत; व्याकुल।

हौली स्त्री० *(अ०)* मदिरालय।

हौवा स्त्री० *(अ०)* आदम की पत्नी; ईसाई-यहूदियों के अनुसार मनुष्य जाति की माता।

हौसला पु० *(अ० हौसलः)* साहस; हिम्मत; सामर्थ्य।

हौसलामन्द वि० *(अ० हौसलः+फ़ा० मन्द)* साहसी; धैर्यवान।

□□□

परिशिष्ट

साहित्यिक

अंगार पु० *(फ़ा०)* उपन्यास; कहानी; लेख।

अजनबी वि० *(फ़ा०)* नवलेखन में प्रचलित शब्द जो व्यक्ति की अपनी विशेषता के कारण, उसे वर्तमान समाज में अपरिचित बना देती है।

अदब पु० *(अ०)* साहित्यशास्त्र, वाङ्मय।

अदबियत स्त्री० *(अ०)* साहित्यिकता।

अदबी वि० *(अ०)* साहित्यिक।

अदबीयत स्त्री० *(अ०)* साहित्यिक प्रवाद।

अदबीयात स्त्री० *(अ०)* साहित्य-सम्बन्धी पुस्तकें आदि।

अदीब वि० *(अ०)* साहित्यकार; कलाकार।

अफ़सा पु० *(फ़ा० अफ्सा)* आख्यायिका; कहानी।

अफ़सान गो पु० *(फ़ा० अफ्सानः गो)* कहानियाँ कहने वाला।

अफ़साना नवीस वि० *(फ़ा० अफ्सानः नवीस)* कहानियाँ लिखने वाला; उपव्यास लेखक।

अफ़साना निगार वि० *(फ़ा० अफ्सानः निगार)* उपन्यास या कहानी लेखक।

अफ़साना पु० *(फ़ा०)* कहानी, आख्यान; उपन्यास।

अबयात स्त्री० *(अ०* अब्यात, बैत का बहु०) शेरों या कविताओं का समूह; फ़ारसी कविता का एक छन्द।

अब्जद पु० *(अ०)* अरबी वर्णमाला के 25 वर्ण; अरबी वर्णमाला; वर्णों से अंकों का काम लेने की प्रणाली।

अरकान पु० *(अ०)* उर्दू छन्दों के मात्रा रूप अक्षर।

अरूज़ पु० *(अ०)* पिंगल; छन्द शास्त्र।

अरूज़ी वि० *(अ०)* जो छन्दशास्त्र का अच्छा ज्ञाता हो।

अर्बाबे अक़्ल पु० *(अ०)* पढ़े लिखे लोग।

अर्बाबे इल्म पु० *(अ०)* विद्यावाले।

अर्बाबे कमाल पु० *(अ०)* गुणवान लोग।

अर्बाबे क़लम पु० *(अ०)* लेखकगण; साहित्यकार वर्ग।

अल्लामा वि० *(अ०)* बड़ा आलिम; महापण्डित।

अहदे हाज़िर पु० *(अ०)* आधुनिककाल।

आउर्द/आवर्द पु० *(फ़ा०)* 'आमद' का उल्टा, (कविता में) सोचकर लाया जानेवाला भाव; कठिन कल्पना।

आगही स्त्री० *(फ़ा०)* ज्ञान; ज्ञानकारी।

आरी पु० *(अ०)* वह गद्य जिसमें न अनुप्रास हो और न शब्द; सब एक वजन के हों।

आलिम वि० *(अ०)* इल्मवाला; विद्वान्; पण्डित।

आलिमे बाअमल पु० *(अ०)* ऐसा विद्वान् जिसका आचार व्यवहार विद्वानों जैसा हो, उसने जो कुछ पढ़ा हो, उसी के अनुसार उसका आचरण हो।

आलिमे बेअमल पु० *(अ० आलिमे+फ़ा० बेअमल)* ऐसा विद्वान् जिसका आचरण विद्वानों के आचरण के विरुद्ध हो।

आवर्द स्त्री० *(फ़ा०)* आमद का उलटा, वह विचार जो कविता में सोचकर लाया गया हो, मस्तिष्क में तत्काल न आया हो।

इंशा स्त्री० *(अ०)* लेख आदि लिखना; लेखन क्रिया; लेखनशैली।

इंशाद पु० *(अ०)* कविता सुनाना; शेर पढ़ना।

इंशा-परदाज़ पु० *(अ० इंशा+फ़ा० परदाज)* लेखक।

इंशा-परदाज़ी स्त्री० *(अ० इंशा+फ़ा० परदाज़ी)* लेख आदि लिखने की क्रिया।

इक़्तबास पु० *(अ०, इक्तिबास)* प्रज्वलित करना; किसी का लेख बिना अनुमति के उद्धृत करना।

इक्तसार पु० *(अ० इक़्तिसार)* ऐसी इबारत लिखना जिसमें शब्द बहुत हों और अर्थ कम।

इबारत स्त्री० *(अ०)* लेख; मजमून; लेखशैली।

इबारत-आराई स्त्री० *(अ०)* शब्दचित्रण।

इरक़ान पु० *(अ०, इक़ान)* लेखन कार्य।

इल्तबास पु० *(अ०, इल्तिबास)* दो शब्दों का उच्चारण तो एक जैसा होना, किन्तु अर्थ भिन्न-भिन्न होना।

इल्मे-अदब पु० *(अ०)* साहित्य।

इल्मे-उरूज़ पु० *(अ०)* छन्द शास्त्र।

इस्तआरा पु० *(अ०, इस्तआरः)* रूपक नाम का अर्थालंकार।

इस्तिलाह स्त्री० *(अ०, बहु० इस्तिलाहत)* किसी शब्द का साधारण अर्थ से भिन्न और विशेष अर्थ में प्रयुक्त होना; परिभाषा।

इस्तिलाही वि० *(अ० इस्तिलाह)* परिभाषा सम्बन्धी; पारिभाषिक।

इस्लाह स्त्री० *(अ०)* किसी लेख, काव्य या इसी प्रकार के दूसरे कार्यों में किया जाने वाला सुधार।

ईकाल पु० *(अ०)* आलोचना करना।

ईजाज़ पु० *(अ०)* संक्षिप्त करना; बड़े लेख को छोटा करना।

उदबा पु० *(अ० अदीब का बहु०)* साहित्य सेवी लोग।

उनवान पु० *(अ०, उन्वान)* शीर्षक; प्रस्तावना; भूमिका।

उर्यांनवीस वि० *(अ० उर्यी+फ़ा० नवीस)* अश्लील लेख लिखने वाला।

उस्तूरा पु० *(अ० उस्तूरः)* कहानी; आख्यायिका।

उह्दूसा पु० *(अ० उह्दूसः)* कहानी; आख्यान; किस्सा।

क़लमकश वि० *(अ० क़लम+फ़ा० कश)* कलम से लिखने वाला; लेखक।

क़लमदस्त वि० *(अ० क़लम+फ़ा० दस्त)* लेखक; चित्रकार।

क़सीदा[1] पु० *(अ०, क़सीदः)* वह कविता या ग़ज़ल जिसमें किसी की प्रशंसा या निन्दा, उपदेश या ऋतु का वर्णन हो।

कसीरुलमाना वि० *(अ०)* वह शब्द, वाक्य या शेर जिसके बहुत से अर्थ हों।

क़ातिब पु० *(अ०)* लिखने वाला; लेखक।

क़िता पु० *(अ०, कित्अः)* एक प्रकार की कविता जिसमें दो चरणों से कम न हों, मतला न हो और सम चरणों में अनुप्रास हो।

किताब स्त्री० *(अ०)* ग्रन्थ; पुस्तक।

किताबत स्त्री० *(अ०)* लिखना।

किताबा पु० *(अ०, किताबः)* लेख।

किताबी वि० *(अ०)* किताब या पुस्तक सम्बन्धी; पुस्तक जैसा।

क़िस्सा पु० *(अ०, किस्सः)* कथा; कहानी; आख्यान; वृत्तान्त; समाचार; हाल।

क़िस्साख्वाँ पु० *(अ० क़िस्सा+फ़ा० ख्वाँ)* वह जो लोगों को किस्से-कहानियाँ सुनाता हो।

क़िस्साख्वानी स्त्री *(अ० क़िस्सा+फ़ा० ख्वानी)* दूसरों को किस्से-कहानियाँ सुनाने का कार्य।

कुतबा पु० *(अ०, कुत्बः)* लेख।

कुतुब पु० *(अ०, किताब का बहु०)* किताबें।

कुतुबख़ाना पु० *(अ० कुतुब+फ़ा०, खानः)* किताबों की दुकान; पुस्तकालय।

कुतुब फ़रोश पु० *(अ० कुतुब+फ़ा० फ़रोश)* पुस्तक विक्रेता।

कुतुब फ़रोशी स्त्री० *(अ० कुतुब+फ़ा० फ़रोशी)* पुस्तक बेचने वाला।

कुल्लियात पु० *(कुल्लियत का बहु०)* किसी ग्रन्थकार या कवि की समस्त कृतियों का संग्रह।

ख़म्सा पु० *(अ०, खम्सः)* पाँच चरणों की एक प्रकार की कविता।

ख़याल आराई स्त्री० *(अ० ख्याल+फ़ा० आराई)* कविता रचने के लिए मजमून की तलाश; चिन्तन।

ख़याल बन्दी स्त्री० *(अ० ख़्याल+फ़ा० बन्दी)* अनेक कल्पनाएँ करना; कविता की रचना करना।

ग़ज़ल स्त्री० *(अ०, बहु० ग़ज़लियात)* फ़ारसी और उर्दू में एक प्रकार की कविता, जिसमें एक ही वज़न और काफ़िए के अनेक शेर होते हैं और प्रत्येक शेर का विषय प्रायः एक-दूसरे से स्वतन्त्र होता है।

ग़ज़ल गो वि० *(अ० ग़ज़ल+फ़ा० गो)* वह शायर जो गज़ल पढ़ता है।

ग़ज़लगोई स्त्री० *(अ० ग़ज़ल+फ़ा० गोई)* ग़ज़ल कहना।

ग़ज़लसरा वि० *(अ०+फ़ा०)* ग़जल सुनाने वाला।

ग़ुरेज़[2] स्त्री० *(फ़ा०)* कविता में एक विषय छोड़कर दूसरे विषय का वर्णन करने लगना।

चामा पु० *(फ़ा० चामः)* कविता; काव्य; शेर; गजल।

चामागो वि० *(फ़ा० चामःगो)* कविता करने वाला; कवि; शायर।

जराफ़त निगार वि० *(अ० जराफ़त+फ़ा० निगार)* हास्य लेखक।

जराफ़त निगारी स्त्री० *(अ० जराफ़त+फ़ा० निगारी)* हास्य लेख लिखना।

ज़राफ़त पसन्द वि० *(अ० ज़राफ़त+फ़ा० पसन्द)* परिहास प्रिय।

ज़र्ब-उल-मसल स्त्री० *(अ०)* कहावत; लोकोक्ति।

ज़िब्र स्त्री० *(अ०)* पुस्तक; किताब।

ज़िब्रा स्त्री० *(अ०)* एक पुस्तक।

जी उप० *(अ०)* एक उपसर्ग जो संज्ञा से पहले आकर 'वाला' का अर्थ देता है, जैसे- जीअक्ल- अक्ल वाला।

ज़ी-इस्तेदाद वि० *(अ०)* विद्वान्।

ज़ीज स्त्री० *(फ़ा०)* ज्योतिष की पुस्तक।

जूदगो वि० *(फ़ा०)* आशुकवि।

जूदगोई स्त्री० *(फ़ा०)* आशु कविता करने की क्रिया।

जूमानी वि० *(अ० जुलमानैन)* दो अर्थ रखने वाला; द्वयर्थक; श्लेषात्मक।

ज़ेरे तनक़ीद वि० *(फ़ा० ज़ेरे+अ० तन्क़ीद)* जिस पर आलोचना लिखी जा रही हो।

ज़ेरे तालीफ़ वि० *(फ़ा० ज़ेरे+अ० तालीफ़)* जिसका सम्पादन हो रहा हो; जो लिखा जा रहा हो।

तंज निगार वि० *(अ० तंग+फ़ा० निगार)* व्यंग्यपूर्ण लेख लिखने वाला।

तंज निगारी स्त्री० *(अ० तंज+फ़ा० निगारी)* व्यंग्यपूर्ण लेख लिखना।

तख़ल्लुस पु० *(अ०)* कवियों का वह उपनाम जो वे अपनी कविताओं में रखते हैं। जैसे- रघुपति सहाय 'फिराक'।

तख़्मीस स्त्री० *(अ०)* उर्दू शायरी की परिभाषा में शेर के दो मिसरों में तीन मिसरे और जोड़कर पाँच कर देना।

तख़्रिज़ा पु० *(अ० तख्रिजः)* उर्दू काव्य परिभाषा में किसी तारीखे मिसरे में से कोई कम करना ताकि मिसरे से ठीक अर्थ निकल सके।

तख़्लीत स्त्री० *(अ०)* किसी मूल ग्रन्थ में कुछ इधर-उधर का जोड़ देना।

तग़ज़्ज़ुल पु० *(अ०)* ग़ज़ल का रंग।

तजनीस स्त्री० *(अ०)* एक शब्दालंकार जिसमें किसी 'शेर' में एक जैसे शब्द लगाये जाते हैं, यमक।

तनक़ीद स्त्री० *(अ०)* समीक्षा; आलोचना।

तरकीब-बन्द पु० *(अ० तरकीब+फ़ा० बन्द)* एक प्रकार की कविता।

तरक़्क़ी पसन्द वि० *(अ० तरक्की+फ़ा० पसन्द)* एक साहित्यिक दल जो साम्यवाद को मानता है।

तरज़ुमा स्त्री० *(अ० तर्जुमः)* अनुवाद; भाषान्तर; उल्था।

तरज़ुमान पु० *(अ० तर्ज़ुमान)* अनुवाद या उल्था करने वाला।

तरजुमानी स्त्री० *(अ०)* अनुवादकला।

तलमी स्त्री० *(अ०)* लेखक का अपने ग्रन्थ में किसी कथानक, पारिभाषिक शब्द या कुरान की आयत का उल्लेख करना।

तशरीह स्त्री० *(अ० तश्रीह)* व्याख्या; टीका।

तसनीफ़ स्त्री० *(अ०)* ग्रन्थ रचना; साहित्यिक कृति।

तसरीह स्त्री० *(अ० तस्रीह)* प्रकट या स्पष्ट करना, व्याख्या।

तहज्जी स्त्री० *(अ०)* वर्तनी का अच्छा-उच्चारण।

तहती वि० *(अ० तहत)* निम्नलिखित।

तहरीर स्त्री० *(अ० तह्रीर)* लिखावट; लिखी हुई बात; लेखशैली।

तहरीरी वि० *(अ०)* लिखा हुआ; लिखित।

तादीब स्त्री० *(अ०)* भाषा और साहित्य की शिक्षा।

तालीफ़ स्त्री० *(अ०)* ग्रन्थ की रचना का संकलन।

तालीमे जदीद स्त्री० *(अ०)* नयी शिक्षा; आधुनिक शिक्षा।

तालीमे निस्वाँ स्त्री० *(अ०)* नारी शिक्षा।

तालीमे बालिगाँ स्त्री० *(अ०)* प्रौढ़ों की शिक्षा।

तितिम्मा पु० *(अ० तितिम्मः)* परिशिष्ट; पूरक अंश।

दबीर पु० *(फ़ा०)* लिपिक; लेखक।

दास्तान स्त्री० *(फ़ा०)* वृत्तान्त; कथा; वर्णन।

दास्तानगो पु० *(फ़ा०)* दास्तान या कहानी कहने वाला।

दीवाजा पु० *(फ़ा० दीवाजः)* प्रस्तावना; प्राक्कथन।

दीबाचा पु० *(फ़ा० दीबाचः)* भूमिका; प्रस्तावना।

दीवान पु० *(अ०)* गज़लों का संग्रह।

दुसुख़ना पु० *(फ़ा०)* अमीर खुसरो की पहेलियों का एक ढंग, जिसमें अनेक सवालों का जवाब एक ही होता है।

नक़ली पु० *(अ० नक़्ली)* कहानियाँ सुनाने वाला; किस्सा-गो।

नग़्मा पु० *(अ० नग्मः)* राग; गीत; सुरीली और बढ़िया आवाज़; मधुर स्वर।

नग़्मात स्त्री० *(अ० नग्म का बहु०)* गीत; राग; सुन्दर और सुरीले शब्द।

नज़्म[2] स्त्री० *(फ़ा० नज़्म)* कविता।

नाक़िला पु० *(अ० नाकिलः)* इतिहास; कथा; कहानी।

नाज़िम पु० *(अ०)* नज्म या पद्य बनाने वाला; कवि।

नामा पु० *(फ़ा० नामः)* पत्र; पुस्तक; ग्रन्थ।

नाक़िल पु० *(अ०)* लिखने वाला; लेखक।

नासिर वि० *(अ०)* गद्य लेखक।

पचवाक पु० *(फ़ा०)* अनुवाद; उल्था; तर्जुमा।

फ़साना पु० *(फ़ा० फ़सानः)* मन से गढ़ा हुआ; कल्पित कहानी।

फ़सानख्वाँ वि० *(फ़ा० फ़सानः+ख्वाँ)* कहानी सुनाने वाला।

फ़सानानवीस पु० *(फ़ा० फ़सानः+नवीस)* उपन्यास कार।

फ़सान ए इश्क पु० *(फ़ा० फ़साना+अ० इश्क)* प्रेम की कहानी; प्रेम में अपने ऊपर बीता हुआ वृत्तान्त।

फ़सान ए ग़म पु० *(फ़ा० फ़साना+अ० ग़म)* प्रेम में दुःख की व्यथा का वृत्तान्त।

फ़सीदुलबयान वि० *(अ०)* मँजी हुई सरल और सुन्दर भाषा बोलने वाला।

फ़िलबदीह गो वि० *(अ० फ़िलबदीह+फ़ा० गो)* आशु कवि; आशु वक्ता।

बन्दनवीस पु० *(फ़ा०)* कविता का अंश लिखने वाला।

बन्दिश स्त्री० *(फ़ा०)* छन्द की रचना।

बन्दिशे अलफ़ाज़ स्त्री० *(अ० बन्दिशे+फ़ा० अल्फ़ाज़)* गद्य या पद्य में शब्दों का यथास्थान उपयोग तथा शुद्ध और चमत्कार पूर्ण गठन।

बहर स्त्री० *(अ०)* वृत्त; छन्द।

बा-मुहावरा वि० *(अ०)* मुहावरे वाला; मुहावरेदार।

बैत स्त्री० *(अ०)* कविता; छन्द, मसनवी का कोई शेर।

मंज़ूम वि० *(अ०)* पद्यात्मक; छन्दोबद्ध; छन्द के रूप में परिवर्तित किया हुआ।

मंज़ूमात स्त्री० *(अ०)* कवितओं का संग्रह; वह संगह जिसमें केवल नज्में (कविताएँ) हो; गज़ल नहीं।

मंसूर[2] वि० *(अ०)* गद्यात्मक लेख।

मक़ता पु० *(अ० मक़्तः)* गज़ल का अन्तिम चरण, जिसमें कवि का नाम होता है।

मक़तूब वि० *(अ० मक़्तूब)* लिखा हुआ; लिखित, लेख।

मक़लूब पु० *(अ० मक़्लूब)* वह शब्द या पद जो सीधा या उलटा दोनों ओर से पढ़ने में समान हो, जैसे-दरद।

मक़ाला पु० *(अ० मक़ालः)* कही हुई बात; निबन्ध।

मक़ूला पु० *(अ० मकूलः)* मसला; कहावत; उक्ति।

मज़मून नवीस पु० *(अ० मज़मून+फ़ा० नवीस)* लेख लिखने वाला; निबन्धकार।

मज़मून नवीसी स्त्री० *(अ० मज़मून +फ़ा० नवीसी)* लेख लिखने का काम।

मज़मून निगार पु० *(अ० मज़मून+फ़ा० निगार)* निबन्धकार।

मतला पु० *(अ० मत्लअ)* गज़ल के आरम्भिक दो चरण जिसमें अनुप्रास होता है।

मनज़ूम वि० *(अ० मंज़ूम)* नज्म के रूप में छन्दो बद्ध।

मरसिया पु० *(अ० मर्सियः)* उर्दू भाषा में वह शोक सूचक कविता जो किसी के मृत्यु के सम्बन्ध में बनायी जाती है।

मसनवी स्त्री० *(अ० मस्नवी)* एक प्रकार की कविता जिसमें दो-दो चरण एक साथ रहते हैं और दोनों में तुकान्त मिलाया जाता है।

मसल स्त्री० *(अ०)* कहावत; मिसाल।

मसविदा पु० *(अ० मसब्बदः)* काट-छाँट करने और साफ करने के उद्देश्य से पहली बार लिखा हुआ लेख; प्रारूप।

मिसरा पु० *(अ० मिस्रअ)* छन्द का चरण या पद।

मिसाल स्त्री० *(अ०, बहु० मिम्साल)* उपना; तुलना; उदाहरण- कहावत; नमूना।

मिसालन क्रि०वि० *(अ०)* उदाहरणार्थ।

मिसाली वि० *(अ०)* उदाहरण के रूप में होने वाला।

मुन्तख़बात पु० *(अ०)* पुस्तक के रूप में चुने हुए गद्य और पद्य का संग्रह।

मुंशआत पु० *(अ०)* पत्रों या मजमूनों का संग्रह।

मुंशी वि० *(अ०)* गद्य लेखक (कहानी निबन्ध आदि)।

मुअर्रिख़ पु० *(अ०, बहु० मुअर्रिखीन)* इतिहास लेखक।

मुअर्रिख़े वक़्त पु० *(अ०)* समयरूपी इतिहास लेखक।

मुअल्लफ़ वि० *(अ०)* सम्पादित; रचित।

मुअल्लफ़ात पु० *(अ०)* सम्पादित पुस्तकें; लिखी हुई पुस्तकें।

मुअल्लफा वि० *(अ०)* सम्पादित पुस्तकें।

मुअल्लिफा स्त्री० *(अ० मुअल्लिफ़ः)* सम्पादिका; पुस्तक सम्पादित करने वाली।

मुकरी स्त्री० *(अ०)* एक पद्य जिसमें पहले हाँ कहा जाये, बाद में उसका खण्डन किया जाये।

मुकालमानवीस वि० *(अ० मुकालमः+फ़ा० नवीस)* नाटक आदि में संवाद लिखने वाला; संवाद लेखक।

मुख़म्मस पु० *(अ०)* पाँच चरणों का पद्य; वह नज्म जिसमें प्रत्येक बन्द में पाँच-पाँच चरण हों।

मुतरज़मा वि० *(अ० मुतर्जमः)* अनुदित; अनुवाद किया हुआ।

मुतरज्जिम वि० *(अ० मुतर्जिम)* अनुवादक।

मुतरादिफ़ वि० *(अ०)* पर्यायवाची।

मुतरादि फ़ुलमाना वि० *(अ०)* वह शब्द जो एक ही अर्थ रखते हों; पर्यायवाची।

मुतर्जम वि० *(अ०)* अनुदित; तर्जुमा किया हुआ।

मुतर्जमा वि० *(अ०)* अनुवाद की हुई पुस्तक।

मुतर्जिम वि० *(अ०)* अनुवादकर्ता; अनुवादक।

मुत्तहदुल फ़हूम् वि० *(अ०)* एक भाव वाला; जिनका भावार्थ एक हो।

मुत्तहदुलमाना वि० *(अ०)* एक अर्थ वाले; समानार्थक।

मुदव्वन वि० *(अ०)* संग्रहीत; सम्पादित; संकलित; क्रम से जमा किया हुआ।

मुनक़्क़िद वि० *(अ०)* आलोचक।

मुनाज़मा वि० *(अ० मुनाजमः)* परस्पर नज़में सुनाना; वह मुशायरा जिसमें गजलों की जगह नज़में पढ़ी जायें।

मुबव्वब वि० *(अ०)* अध्यायों और परिच्छेदों में बँटी हुई पुस्तक।

मुरक़्क़ा पु० *(अ० मुरक़्क़ः)* वह पुस्तक जिसमें लेखन कला के सुन्दर नमूने या चित्र संगृहीत हो।

मुरज्जज़ वि० *(अ०)* वह गद्य, जिसके वाक्य परस्पर सन्तुलित और सानुप्रास हो।

मुरब्बा पु० *(अ० मुरब्बः)* चार-चार चरणों की एक प्रकार की कविता।

मुरस्साअ ग़ज़ल स्त्री० *(अ० मुरस्सा+फ़ा० ग़ज़ल)* सम्पूर्ण अलंकृत ग़ज़ल।

मुरस्सानिगार वि० *(अ० मुरस्सा+फ़ा० निगार)* जो बहुत अच्छा लिखना हो; जो लिखने में मानों शब्दों में नगीने जड़ता हो।

मुराख़ता पु० *(फ़ा० मुराखतः)* बैठकर आपस में रेख्ता में कलाम सुनाना; रेख्ता का मुशायरा।

मुरादिफ़ वि० *(अ०)* पर्यायवाची।

मुरादिफ़ुल माआना वि० *(अ०)* पर्यायवाची; समानर्थक।

मुवज्जह वि० *(अ०)* इतिहास लिखने वाला; इतिहास लेखक।

मुवल्लिफ़ पु० *(अ०)* संग्राहक; संकलन कर्ता।

मुवल्लिफ़ा वि० *(अ०)* संग्रहीत; संकलित।

मुशब्बह पु० *(अ०)* वह वस्तु जिसे किसी दूसरी वस्तु से उपमा दी जाये; जैसे- मुख की उपमा चन्द्र से, तो चन्द्रमा 'मुशब्बह' अर्थात् उपमान है।

मुशर्रफ वि० *(अ०)* जिसकी व्याख्या की गयी हो।

मुशर्रह वि० *(अ०)* जिसकी व्याख्या की गयी हो।

मुशर्रिह वि० *(अ०)* व्याख्या करने वाला।

मुशायरा पु० *(अ० मुशाअरः)* वह स्थान जहाँ बहुत-से लोग मिल कर शेर या गज़लें पढ़ें; कवि-सम्मेलन।

मुसद्दस पु० *(अ०)* छः चरणों वाली एक कविता।

मुसद्दस पु० *(अ०)* नज़्म की एक किस्म जिसमें चार मिसरे एक काफ़िए में और दो मिसरे अलग दूसरे काफ़िए में होते हैं और यह छः मिसरों का एक बन्द कहलाता है।

मुसन्ना पु० *(अ०)* लेख आदि की नकल।

मुसन्नफ़ पु० *(अ० मुसन्निफ़)* लेखक; ग्रन्थकार।

मुसन्नफ़ा स्त्री० *(अ० मुसन्निफ़ः)* लेखिका।

मुसब्बा पु० *(अ०)* वह नज़्म जिसमें सात मिसरे हों अर्थात् हर 'शेर' के बाद एक मिसरा आया करे, चाहे वह मिसरा एक ही हो या हर बार नया हो।

मुसम्मत स्त्री० *(अ०)* एक प्रकार की कविता जिसमें एक ही छन्द और तुकान्त के अलग-अलग कई बन्द होते हैं।

मुसम्मन स्त्री० *(अ०)* आठ चरणों की कविता।

मुसल्लस पु० *(अ०)* तीन-तीन पंक्तियों या पदों की एक प्रकार की कविता।

मुस्तलहा वि० *(अ०)* वह शब्द जो परिभाषिक रूप में आ गया हो; पारिभाषिक।

मुस्तलहात पु० *(अ०)* पारिभाषिक शब्दावली।

मुहाकात स्त्री० *(अ०)* वार्तालाप; बातचीत; कथोपकथन।

मोजिज़ निगार वि० *(अ० मोजिज़+ फ़ा० निगार)* ऐसा अच्छा लेखक, जो आश्चर्य में डाल दे।

यसरा पु० *(अ० यसरः)* वे लिपियाँ जो उलटे हाथ की ओर से लिखी जाती हैं। जैसे- हिन्दी, अँग्रेंजी आदि।

रदीफ़ स्त्री० *(अ०)* गज़ल आदि में वह शब्द जो हर शेर के अन्त में काफ़िये के बाद बार-बार आता है, जैसे- 'अच्छे-बुरे का हाल खुले क्या नक़ाब में' में 'नक़ाब' काफिया और 'में' रदीफ़ है।

रदीफ़वार वि० *(अ० रदीफ़+ फ़ा० वार)* अक्षर क्रम से लगा हुआ।

रदीफ़ो क़ाफ़िया पु० *(अ० रदीफ़ो क़ाफ़ियः)* ग़ज़ल का क़ाफिया और उसके बाद की रदीफ़।

रम्माज़ वि० *(अ०)* संकेत से बात करने वाला; छायावादी।

रवायत स्त्री० *(अ०)* दूसरे की कही हुई बात जो उद्धृत की जाये, कथानक; कहावत।

रशहए क़लम पु० *(अ०)* लेख; निबन्ध; कविता।

रावी वि० *(अ०)* कोई बात कह सुनाने वाला; कथा आदि का लेखक या वक्ता।

रुबाई स्त्री० *(अ०)* चार चरणों का पद्य।

रूए दाद स्त्री० *(फ़ा०)* वृत्तान्त; कथा।

रेख़्ता वि० *(फ़ा० रेख़्तः)* गिरा या टपका हुआ; बिना बनावट के स्वयं जबान से निकला हुआ; दिल्ली की ठेठ उर्दू भाषा; अरबी-फ़ारसी मिश्रित हिन्दी कविता।

रेख़्ती स्त्री० *(फ़ा०)* स्त्रियों की बोली में की गयी कविता।

लफ़्ज़े इस्तिलाही पु० *(अ०)* पारिभाषिक शब्द।

लफ़्ज़े मुफ़रद पु० *(अ०)* वह शब्द जो किसी शब्द से बना न हो, न उससे कोई शब्द बने।

लफ़्ज़े मुरक्कब पु० *(अ०)* वह शब्द जो दो या अधिक शब्दों से मिलकर बना हो; यौगिक।

लश्करी वि० *(फ़ा०)* उर्दू भाषा।

लश्करी बोली वह बोली जिसमें अनेक भाषाओं के शब्द मिले हों।

लसिन वि० *(अ०)* भाषाविद्; भाषा-विज्ञान में निपुण; बहुत शुद्ध और सरल भाषा बोलने वाला।

लहज़ा पु० *(अ० लह्जः)* बोलने में स्वरों का उतार-चढ़ाव या ढंग; स्वर; शैली।

लाहिका[2] पु० *(अ०)* वह अक्षर या शब्द-विशेष जो किसी शब्द के अन्त में अर्थ-परिवर्तन के लिए लाया जाता है; प्रत्यय।

लिसान स्त्री० *(अ०)* जुबान; जिह्वा; जीभ; भाषा; बोली।

लिसानी वि० *(अ०)* भाषा-सम्बन्धी।

लिसानियात स्त्री० *(अ०)* भाषा-विज्ञान; भाषाओं का ज्ञान।

लुग़त पु० *(अ०)* शब्द; शब्दकोश; भाषा; जुबान।

लुग़त दाँ वि० *(अ० लुग़त+ फ़ा० दाँ)* किसी भाषा-विशेष के बहुत अधिक शब्द जानने वाला।

लुग़त नवीस वि० *(अ० लुग़त+ फ़ा० नवीस)* शब्दकोश लिखने वाला।

वासोख़्त पु० *(फ़ा०)* वह कविता जो प्रेमिका के दुर्व्यवहारों से दुःखी होकर प्रेम आदि की निन्दा के सम्बन्ध में लिखी जाये।

शरह स्त्री० *(अ० शर्हः)* व्याख्या; स्पष्टता; विस्तार; टीका; किसी मूल ग्रन्थ का विस्तार पूर्वक वर्णन।

शरह नवीस वि० *(अ० शर्ह+ फ़ा० नवीस)* किसी मूल ग्रन्थ की टीका-टिप्पणी करने वाला; टीकाकार; भाष्यकार।

शरहे माआनी स्त्री० *(अ० शर्हे माआनी)* कठिन शब्दों का अर्थ।

शरहे मतालिब स्त्री० *(अ० शर्हमतालिब)* कठिन भावार्थ की व्याख्या।

शहर आशोब पु० *(फ़ा० शह्र आशोब)* नज्म की एक किस्म, जिसमें राज्य की कुव्यवस्था, शासकों की अकर्मण्यता और प्रजा की दुर्गति का वर्णन होता है।

शाइर पु० *(अ०)* शायर; कवि।

शाइरा स्त्री० *(अ०)* शाइरा; कवियित्री।

शाइरात स्त्री० *(अ० शाइरः का बहु०)* शायर स्त्रियाँ।

शाइराना वि० *(अ० शाइर+फ़ा० आना)* शायरों जैसा।

शाइरी स्त्री० *(अ०)* कविता या शेर कहना।

शाइरीन पु० *(अ० शाइर का बहु०)* कविगण; शायर लोग।

शायर पु० *(अ० शाइर)* वह जो शेर या उर्दू-फ़ारसी की कविता लिखता हो; कवि।

शायरा स्त्री० *(अ० शायरः)* स्त्री कवि; कवियित्री।

शायरी स्त्री० *(अ० शाइरी)* कविताएँ लिखना; काव्य रचना।

शाया वि० *(अ० शाइअ)* प्रकट; जाहिर; प्रसिद्ध किया हुआ; छपा हुआ; प्रकाशित।

शारेह वि० *(अ०)* भाष्यकार; टीकाकार; शरह लिखने वाला।

शाहनामा पु० *(फ़ा० शाहनामः)* राजाओं का इतिहास; एक प्रसिद्ध ऐतिहासिक ग्रन्थ; जिसमें फारस के बादशाहों का इतिहास है।

शाहबैत स्त्री० *(फ़ा० शाह+अ० बैत)* गज़ल का वह शेर जो सबसे अच्छा हो।

शुअरा पु० *(अ० शाइर का बहु०)* शायर लोग।

शेअर पु० *(अ०)* उर्दू कविता के दो चरण।

शेर-ख्वानी स्त्री० *(अ० शेअर+फ़ा० ख्वानी)* शेर या कविता पढ़ना।

शेरगो वि० *(अ० शेर+फ़ा० गो)* कवि; शायर।

शेरगोई स्त्री० *(अ० शेर+फ़ा० गोई)* शेर पढ़ना; कविता कहना।

शेरफ़हमी स्त्री० *(अ०)* काव्यमर्मज्ञता।

शेरी वि० *(अ०)* शेर का काव्य।

शेरीयत स्त्री० *(अ०)* शेरपन; काव्यकला का रस।

शेरे ख़ुश्क पु० *(अ० शेर+फ़ा० ख़ुश्क)* ऐसा 'शेर' जिसमें कोई रस न हो।

शेरो-सुख़न पु० *(अ० शेरो+फ़ा० सुख़न)* कविता; काव्य; साहित्य।

शोबए तस्नीफ़ोतालीफ़ पु० *(अ०)* वह विभाग जिसका सम्बन्ध पुस्तकें लिखने और सम्पादन करने से हो।

सक़्ता पु० *(अ०)* स्वर में यतिभंग; छन्द दोष।

सखुन *(फ़ा० सुखन)* कथन; उक्ति; वादा; कविता; कहावत।

सखुन-तकिया पु० *(फ़ा० सुखन-तकीयः)* वह शब्द या वाक्यांश जो कुछ लोगों के मुँह से प्रायः निकला करता है (तकिया कलाम)।

सखुन-दाँ वि० *(फ़ा०,भाव० सुख़नदानी)* उक्तियों का मर्म समझने वाला; कवि; शायर।

सजा[1] पु० *(अ० सज़अ)* ऐसा वाक्य या पद जिसका कुछ अर्थ भी हो और जिससे किसी व्यक्ति का नाम सूचित हो; कविता; छन्द।

समर[2] पु० *(अ०)* कथा; किस्सा; कहानी; कथन; बात।

सर्फ़ पु० *(अ०)* वह शास्त्र जिसमें वाक्यों की शुद्धता का विवेचन रहता है; व्याकरण।

सलीस वि० *(अ०)* सहज; सुगम; मुहावरेदार और चलती हुई भाषा।

साक़िन उल आखिर वि० *(अ०)* वह शब्द जिसका अन्तिम अक्षर हलन्त् हो; जैसे- हलक्।

साक़िन उल औसत वि० *(अ०)* वह शब्द जिसका बीच वाला अक्षर हलन्त हो; जैसे- नज़्म।

साक़िन उल औवल वि० *(अ०)* वह शब्द जिसका पहला अक्षर हलन्त् हो। अरबी या फ़ारसी में ऐसा शब्द नहीं है।

साहिबे क़लम वि० *(अ०)* जो अच्छे किस्म का लेखक हो।

साहिबे ज़बाँ वि० *(अ० साहिब+फ़ा० ज़ुबाँ)* जो किसी भाषा का अच्छा जानकार हो।

साहिबे ज़ौक़ वि० *(अ०)* रसिक; काव्यमर्मज्ञ; जिसे साहित्य से प्रेम और उसके गुण-दोष की परख हो।

साहिबे दीवान वि० *(अ०)* वह शायर जिसका दीवान (काव्यग्रन्थ) पूरा हो गया हो या छप गया हो।

सुख़न पु० *(फ़ा०)* कविता; काव्य; शेर; शायरी।

सुख़न आफ़री वि० *(फ़ा० सुख़न आफ़्री)* कवि; शायर।

सुख़न आफरीनी स्त्री० *(फ़ा० सुख़न आफ़्रीनी)* कविता; काव्य रचना; शायरी।

सुख़न आरा वि० *(फ़ा०)* कवि; शायर।

सुख़न आराई स्त्री० *(फ़ा०)* काव्य रचना; शायरी।

सुख़न गुस्तर वि० *(फ़ा०)* कवि; शायर; काव्यमर्मज्ञता।
सुख़न गुस्तरी स्त्री० *(फ़ा०)* कविता कहना; कविता का गुण-दोष समझना।
सुख़न गो वि० *(फ़ा०)* कवि; शायर।
सुख़न तकिया पु० *(फ़ा० सुखन+अ० तकियः)* वह शब्द या वाक्य जो किसी की जुबान पर चढ़ जाये और बातों में उसका प्रयोग बार-बार करे, चाहे उसकी ज़रूरत हो या न हो।
सुतूरे जैल स्त्री० *(अ०)* लेख के नीचे की पंक्तियाँ।
सुतूरे बाला स्त्री० *(अ० सुतूर+फ़ा० बाला)* लेख के ऊपर की पंक्तियाँ।
सुबाई स्त्री० *(अ०)* एक नज्म, जिसमें सात मिसरे होते हैं।
सुराह वि० *(अ०)* एक अरबी शब्दकोश।
सैयाद पु० *(अ०, भाव० सैयादी)* शिकारी; कविता में प्रेमी या प्रेमिका के लिए प्रयुक्त होने वाला शब्द।
हक़्के-तसनीफ़ पु० *(अ० हक़्के+फ़ा० तस्नीफ़)* लेखक का वह अधिकार जो उसकी लिखित पुस्तक या लेख आदि पर होता है; कापीराइट।
हज़रते वाइज़ पु० *(अ० हज़्रते वाइज)* उर्दू साहित्य में वह धार्मिक व्यक्ति जो बुरे कामों व शराब न पीने को नाजायज़ मानता है और इसके पक्ष में धार्मिक दलीले देता है।
हज़रते शैख़ पु० *(अ० हज़्रते शैख़)* उर्दू साहित्य में वह धार्मिक व्यक्ति जो बुरे कामों से रोकता और शराब से मना करता है और नमाज़ आदि का पाबन्द होने के पक्ष में समझाता है।
हजलगोई/हज़लगो वि० *(अ० हज़्ल+फ़ा० गो)* अश्लील और हँसाने वाली कविता करना।
हज़लपसन्द वि० *(अ० हज़ल+फ़ा० पसन्द)* जो अश्लील कविता पसन्द करे।
हज़लीयात स्त्री० *(अ० हज़्लीयात)* अश्लील काव्य-संग्रह।
हज़्व स्त्री० *(अ०)* निन्दा।
हज़्व गोई स्त्री० *(अ०)* ऐसी कविता जिसमें किसी की निन्दा की जाये।
हज्वीयात स्त्री० *(अ०)* दूसरों की निन्दा में की गयी कविताओं का संग्रह।
हफ़्त कलम वि० *(फ़ा० हफ़्त+अ० कलम)* अरबी-फ़ारसी की सातों लिपियाँ लिखने वाला।
हफ़्त जुबाँ वि० *(फ़ा०)* जो सात भाषाएँ जानता हो।
हफ़्त-क़लम पु० *(अ० हफ़्त+फ़ा० क़लम)* अरबी की सात प्रकार की लेख प्रणालियाँ।
हफ़्त-ज़बान वि० *(फ़ा०)* सात भाषाएँ जानने वाला।
हामिले मत्न वि० *(अ०)* वह पुस्तक जिसमें टीका के साथ उसका मूल भी हो।
हिन्दवी स्त्री० *(फ़ा०)* उर्दू-फ़ारसी और कुछ प्राचीन हिन्दी लेखकों द्वारा प्रयुक्त हिन्दी का पुराना नाम।
हिकायत स्त्री० *(अ०)* कहानी; किस्सा।
हिकायत गर वि० *(अ०)* कहानी कहने वाला।
हिज्जे पु० *(अ०)* किसी शब्द के संयोजक अक्षरों को अलग-अलग उनका सम्बन्ध बताते हुए कहना।
हुस्ने-मतला पु० *(अ० हुस्ने मतलअ)* गज़ल में ऐसा शेर जो मतले या शेर के बाद मतले की तरह हो और जिसके दोनों चरणों में अनुप्रास हो।

पत्रकारिता

अख़बार पु० *(अ०)* समाचार-पत्र।
अख़बारी वि० *(अ०+फ़ा०)* समाचार-पत्र सम्बन्धी।
अहवाल पु० *(अ०)* वृत्तान्त; समाचार, हाल (हाल का बहु०)।
इदारत स्त्री० *(अ०)* सम्पादन।
इदारिया पु० *(अ० इदारियः)* सम्पादकीय लेख।
इफ़्तताहिया पु० *(अ० इफ़्तिताहियः)* सम्पादकीय लेख; अग्रलेख; एडीटोरियल।
कवाइफ़ पु० *(अ० क़ैफ़ियत का बहु०)* हालात; समाचार; घटनाएँ; समस्याएँ।
ख़बर स्त्री० *(अ०)* समाचार; वृत्तान्त; हाल; सूचना; जानकारी; पता; खोज।
ख़बरगीर वि० *(अ० ख़बर+फ़ा० गीर, भाव०, खबरगीरी)* जासूस; भेदिया; संरक्षक।
ख़बर दिहन्द वि० *(फ़ा०)* सूचना देने वाला।
ख़बर-रसाँ पु० *(अ० ख़बर+फ़ा० रसाँ)* खबर पहुँचाने

वाला, हरकारा।

ख़ुफ़ियानवीस वि० *(अ० ख़ुफ़िया+फ़ा० नवीस, भाव०, ख़ुफ़ियानवीसी)* गुप्त रूप से समाचार लिखकर भेजने वाला।

जराइद पु० *(अ० जरीदः का बहु०)* समाचार-पत्र।

जरीदा पु० *(अ० जरीदः)* समाचार-पत्र।

जरीदानिगार वि० *(अ० जरीदा+फ़ा० निगार)* पत्रकार; अखबार नवीस।

जरीदा निगारी स्त्री० *(अ० जरीदः निगारी)* पत्रकारिता।

नामानिगार वि० *(फ़ा० नामः+निगार)* समाचार लिखने वाला; समाचार लेखक; संवाददाता; रिपोर्टर।

नाशिर पु० *(अ०)* प्रकाशक।

पयाम पु० *(फ़ा०)* सन्देश; समाचार; खबर।

पयामवर वि० *(फ़ा०)* ख़बर ले जाने वाला; सन्देश वाहक।

पयामवरी स्त्री० *(फ़ा०)* ख़बर ले जाना; सन्देश पहुँचाना।

पयामबुर्दा वि० *(फ़ा० पयामबुर्दः)* सन्देश या खबर लेकर गया हुआ।

पयामरसाँ वि० *(फ़ा०)* सन्देश या खबर लेकर गया हुआ।

पयाम रसानी स्त्री० *(फ़ा०)* सन्देश या ख़बर पहुँचाना।

पयामी/पयामबर पु० *(फ़ा०)* सन्देश वाहक।

परचा पु० *(फ़ा० पर्चः)* टुकड़ा; कागम का टुकड़ा; पत्र; अखबार; पुलिस की रिपोर्ट।

परचानवीस वि० *(फ़ा० पर्चःनवीस)* संवादकारी; अखबार का पत्रकार; गुप्त रिपोर्ट लिखने वाला; जासूस।

मज़ल्ला पु० *(अ० मजल्लः)* पत्रिका; समाचार-पत्र; रिसाला।

माहनामा पु० *(फ़ा० माहनामः)* वह पत्रिका जो महीने में एक बार प्रकाशित हो; मासिक-पत्र।

माहवार क्रि०वि० *(फ़ा०)* प्रतिमास।

माहाना वि० *(फ़ा०)* मासिक।

मुअल्लिफ़ पु० *(अ०)* सम्पादक; संकलन करने वाला।

मुजल्ली वि० *(अ०)* प्रकाशित करने वाला; प्रकाशक।

मुदव्विन वि० *(अ०)* सम्पादक।

मुदीर पु० *(अ०)* सम्पादक; समाचार-पत्र का एडीटर।

मुदीरे आला पु० *(अ०)* प्रधान सम्पादक।

मुदीरे मुआविन पु० *(अ०)* सहायक सम्पादक; उप-सम्पादक।

मुदीरा स्त्री० *(अ० मुदीरः)* महिला सम्पादक।

रूदाद स्त्री० *(फ़ा० रुएदाद)* समाचार; वृत्तान्त।

वक़ाए नवीस वि० *(अ० वक़ाए+फ़ा० नवीस)* समाचार लेखक; संवादकार।

वक़ाए नवीसी स्त्री० *(अ० वक़ाए+फ़ा० नवीसी)* संवाद या समाचार देना।

वक़ाएनिगार वि० *(अ०+फ़ा०, भाव० वक़ायानिग़ारी)* समाचार आदि लिखने वाला; संवाददाता।

वक़ाए निगारी स्त्री० *(अ० वक़ाए+फ़ा० निगारी)* इतिहास लिखना; संवाद देना।

वाक़िया पु० *(अ० वाक़िअ)* घटना; वृतान्त; समाचार।

वाक़िया-नवीस पु० *(अ० वाक़िया+फ़ा० नवीस)* वह जो घटनाओं आदि के समाचार लिख कर कहीं भेजता हो; संवाददाता।

वाक़िया तलब वि० *(अ० वाकिअः तलब)* जिसका सारा वृत्तान्त जानना आवश्यक हो।

वाक़ियाए हायला पु० *(अ० वाकिअए हायिलः)* बहुत ही प्रचण्ड दुर्घटना।

वाक़ियात पु० *(अ० वाकिअः का बहु०)* दुर्घटनाएँ।

वाक़िआती वि० *(अ०)* घटनाओं से सम्बन्धित।

वाक़िआते हाज़िरा पु० *(अ०)* वर्तमान समय की घटनाएँ।

वाक़िआतो हालात पु० *(अ०)* घटनाएँ और उनका विस्तारपूर्ण वर्णन।

वाक़िफे हालात वि० *(अ०)* सारी घटनाओं और घटना के सारे वृत्तान्त का जानकार।

शाएकर्दा वि० *(अ० शाए+फ़ा० कर्दः)* प्रकाशित किया हुआ; छापा हुआ।

शाए कुनिन्दा वि० *(अ० शाए+फ़ा० कुनिन्दः)* प्रकाशक; छापने वाला।

साल नामा पु० *(फ़ा० साल नामः)* वार्षिक अंक।

हवाल पु० *(अ०)* समाचार।

हालात पु० *(फ़ा० हाल का बहु०)* समाचार; वृत्त।

हालाते मौजूद पु० *(अ० हालाते मौजूदः)* आजकल के समाचार; वर्तमान समय के समाचार।

न्याय (विधि)

अदालत पज़ोह वि० *(अ० अदालत+फ़ा० पज़ोह)* न्यायनिष्ठ; न्यायप्रिय।

अदालते आलिया स्त्री० *(अ० अदालते आलियः)* उच्च न्यायालय; हाईकोर्ट।

अदालते खफ़ीफ़ा स्त्री० *(अ० अदालते खफ़ीफ़ः)* अल्प वाद न्यायालय; स्माल काज़ कोर्ट।

अदालते दीवानी स्त्री० *(अ० अदालते+फ़ा० दीवानी)* व्यवहारालय; लेन-देन और रुपये-पैसे के न्याय से सम्बन्धित न्यायालय; व्यवहार न्यायालय।

अदालते-फौज़दारी स्त्री० *(अ० अदालते+फ़ा० फौज़दारी)* दण्ड न्यायालय; वह न्यायालय जहाँ अपराधों के इस्तिगासे होते हैं।

अदालते मातहृत स्त्री० *(अ०)* अधीन न्यायालय।

अदालते माल स्त्री० *(अ०)* राजस्व न्यायालय; माल गुजारी, लगान और खेती सम्बन्धी न्यायालय।

अदालते-मुजाज स्त्री० *(अ०)* अधिकृत न्यायालय, जिसे किसी मामले के सुनने और निर्णय करने का अधिकार हो।

अदालते मुराफ़आ स्त्री० *(अ० अदालते मुराफ़अः)* पुनर्विचारालय; अदालते अपील।

अर्बाबे हुज्जत पु० *(अ०)* न्यायशास्त्र जानने वाले; नैय्यायिक।

अमानतदार वि० *(अ० अमानत+फ़ा० दार)* जिसके पास कोई धरोहर रखी हो; न्यासधारी; सत्यनिष्ठ; ईमानदार।

अमानत स्त्री० *(अ०)* धरोहर थाती; थाती रखना।

अमानतनामा पु० *(अ० अमानत+फ़ा० नामः)* वह पत्र जिस पर लिखा हो कि अमुक वस्तु, अमुक व्यक्ति को अमानत के तौर पर दी गयी है।

अरजी स्त्री० *(अ०)* अरज करने वाला; प्रार्थी।

अरीज़ा पु० *(अ० अरीजः)* प्रार्थना पत्र; दरख्वास्त।

अरीज़ा गुज़ार वि० *(अ० अरीजः+फ़ा० गुजार)* प्रार्थना करने वाला; प्रार्थना-पत्र देने वाला; प्रार्थी; पत्र भेजने वाला।

अरीज़ा निगार वि० *(अ० अरीज़ः+फ़ा० निगार)* पत्र लिखने वाला; पत्र लेखक।

अर्ज़ पु० *(अ०)* निवेदन; प्रार्थना; चौड़ाई।

अर्ज़ी स्त्री० *(अ०)* प्रार्थना-पत्र; दरखास्त।

अर्ज़ी नालिश/अर्ज़ीपरम्मत- आवेदन पत्र की कोई भूल ठीक करने या कोई बात बढ़ाने के लिए दिया जाने वाला प्रार्थना-पत्र।

अर्दली पु० *(अ०)* चपरासी।

अर्बाबे हुज्जत पु० *(अ०)* न्यायशास्त्र जानने वाले; नैय्यायिक।

असीलत स्त्री० *(अ०)* पैतृक अधिकार; मौरूसी कब्जा।

आईन पु० *(अ०)* विधान; कानून; नियम; परम्परा; तरीका; पद्धति।

आईन दाँ वि० *(फ़ा०)* कानून जानने वाला; विधानज्ञ; वकील।

आईन साज़ वि० *(फ़ा०)* विधान बनाने वाला।

आदिल वि० *(अ०)* अदल या न्याय करनेवाला; न्यायशील।

इन्तसाफ़ पु० *(अ० इन्तिसाफ़)* न्याय पाना; न्याय के अनुसार काम होना।

इन्दराज पु० *(अ०, इन्दिराज)* प्रविष्टि।

इम्फ़िसाल पु० *(अ०)* मुकदमे का फैसला; निर्णय।

इंसाक पु० *(अ०)* नियम और दस्तूर बनाना; किसी वस्तु को नियम के अन्तर्गत लाना।

इंसाफ़ पु० *(अ०)* न्याय; फैसला; निर्णय।

इंसाफन वि० *(अ०)* न्यायतः; न्याय के अनुसार।

इंसाफ पसन्द वि० *(अ० इंसाफ+फ़ा० पसन्द)* न्याय की बात कहने वाला; न्यायप्रिय।

इसंदादे जुर्म पु० *(अ० इंसिदादे जुर्म)* जुर्मों का रुक जाना, चोरियाँ डकैतियाँ आदि न होना।

इक़बाली वि० *(अ० इक़्बाली)* अपराध स्वीकार करने वाला।

इक़बाले जुर्म पु० *(अ० इक़्बाले जुर्म)* अपराध करने और दोषी होने की स्वीकारोक्ति।

इक़रारनामा पु० *(अ०, इक़्रार+फ़ा०, नामः)* वह पत्र या कागज जिस पर किसी प्रकार का इक़रार और उसकी शर्तें लिखी हों; प्रतिज्ञापत्र।

इक़रारी वि० *(अ०, इक़्रारी)* इक़रार सम्बन्धी; इक़रार करने वाला; अपना अपराध स्वीकार करने वाला।

इख़्तियारे समाअत पु० *(अ०)* मुकदमा सुनने का अधिकार।

इख़्फ़ाए जुर्म पु० *(अ०)* अपराध करके उसे छिपाना।

इज़हार[1] पु० *(अ० इज़्हार)* प्रकट होना; न्यायालय में वादी-प्रतिवादी का बयान।

इजरा स्त्री० *(अ०, इज्रा)* जारी करना; प्रचलित करना; कार्य का निष्पादन।

इजलास पु० *(अ०, इज्लास)* न्यायालय; कचहरी; अधिवेशन; सभा; कचहरी का काम करने के लिए बैठना।

इजाज़त स्त्री० *(अ०)* अनुमति; आदेश; स्वीकृति।

इजाज़तनामा पु० *(अ० इजाज़त+ फ़ा० नामा)* आज्ञापत्र; अनुमति पत्र।

इत्तला स्त्री० *(अ० इत्तिलः)* सूचना।

इत्तलाई वि० *(अ० इत्तिलाई)* सूचना से सम्बद्ध।

इत्तलाअन क्रि०वि० *(अ०)* सूचना के तौर पर।

इत्तलानामा पु० *(अ०, इत्तिला+ फ़ा० नामः)* वह पत्र जिसके द्वारा कोई सूचना दी जाये; सूचना-पत्र।

इत्तिलाकुनिन्द वि० *(अ०)* सूचना देने वाला।

इनसाफ पु० *(अ० इन्साफ़)* न्याय।

इबरानामा पु० *(अ० इब्रः+ फा० नामः)* वह पत्र जिसके अनुसार कोई छोड़ा या बरी किया जाये।

अपीले इब्तिदा पु० *(अ०)* आरम्भिक अपील; उद्गम।

इम्तनाई वि० *(अ०, इम्तिनाई)* मनाही से सम्बन्ध रखने वाला। जैसे- **हुक्म इम्तनाई-** मनाही की आज्ञा।

इलतजा स्त्री० *(अ०, इल्तिजा)* प्रार्थना; विनय; निवेदन।

इश्तहार स्त्री० *(अ०, इश्तिहार)* विज्ञापन; सूचना; नोटिस।

इस्तग़फार पु० *(अ०, इस्तिग़फ़ार)* दया या क्षमा के लिए प्रार्थना करना; त्राण चाहना।

इस्तग़ासा पु० *(अ०, इस्तिग़ासः)* फरियाद; न्याय की प्रार्थना; अभियोग; दावा।

इस्तदलाल पु० *(अ०, इस्तिदलाल)* दलील; तर्क।

इस्तदुआ स्त्री० *(अ०, इस्तिदुआ)* विनती; निवेदन; प्रार्थना।

उज़्रदार स्त्री० *(अ० उज़्र+ फ़ा० दार)* आपत्तिकर्ता; क़ानूनी आपत्ति करने वाला।

उज़्रदारी वि० *(अ० उज़्र+ फ़ा० दारी)* आपत्तिकर्ता; किसी के मुकाबले अपने हक के लिए प्रार्थना करना।

उदूलहुक्मी स्त्री० *(अ०)* आज्ञा न मानना; अवज्ञा करना।

उम्रकैद पु० *(अ०)* आजीवन कारावास।

क़दग़न पु० *(तु०)* मनाही का हुक्म; प्रतिबन्ध, निषेधाज्ञा।

क़दग़नची पु० *(तु०)* रोकने वाला; मना करने वाला।

क़ज़िया पु० *(अ०, कजीयः)* विवादास्पद विषय; झगड़ा; मुक़दमा; व्यवहार।

क़तल पु० *(अ०, क़त्ल)* हत्या; वध।

क़तील वि० *(अ०)* जो कत्ल कर दिया हो या मार डाला गया हो।

क़त्ताल वि० *(अ०)* बहुत से लोगों को मार डालने वाला।

क़त्ल पु० *(अ०)* हत्या; वध।

क़त्लेआम पु० *(अ०)* सर्वसाधारण का वध; जनसंहार।

क़त्लेअम्द पु० *(अ०)* सोच-विचार कर किया हुआ वध।

क़फ़ालत स्त्री० *(अ०)* जमानत; जिम्मेदारी।

क़फ़ालत नामा पु० *(अ० क़फ़ालत+ फ़ा०, नामः)* जमानतनामा।

क़फ़ील पु० *(अ०)* जमानत करने वाला; ज़ामिन।

कबाबा पु० *(अ० कबाबः)* जमानत करना; बिक्री का काग़ज़।

कबूली स्त्री० *(अ०, क़बूलः)* स्वीकार करने की क्रिया या भाव।

क़ब्ज़-उल-वसूल पु० *(अ०)* प्राप्ति का सूचक पत्र; रसीद।

कब्जादारी स्त्री० *(अ० कब्जा+ फ़ा० दारी)* कब्जा होने की अवस्था।

क़वायद पु० *(अ० कायदा का बहु०)* कायदे; नियम; व्यवस्था।

कवायद दाँ वि० *(अ० कवाइद+ फ़ा० दाँ)* किसी कार्य के नियमों से परिचित।

क़सूरमन्द वि० *(अ० क़सूर+ फ़ा० मन्द)* दोषी; अपराधी।

क़सूरवार वि० *(अ०, क़ुसूर + फ़ा०, वार)* दोष या अपराध करने वाला।

काग़ज़ात पु० *(अ०, काग़जः का बहु०)* काग़ज-पत्र।

काग़ज़ेज़र पु० *(अ०+फ़ा०)* प्रामेसरी नोट; काग़ज़ की मुद्रा (नोट)।

क़ातिल वि० *(अ०)* क़त्ल या हत्या करने वाला; हत्यारा।

क़ातिलाना वि० *(अ० कातिल+फ़ा० आना)* जानलेवा हमला।

क़ानूनदाँ पु० *(अ० कानून+फ़ा० दाँ)* कानून जानने वाला; विधिवेत्ता।

क़ानूनदानी स्त्री० *(अ० कानून+फ़ा० दानी)* कानून का ज्ञान।

क़ानूनन क्रि०वि० *(अ०)* कानून के अनुसार; विधानतः।

क़ानून शिकनी स्त्री० *(अ० कानून+फ़ा० शिकनी)* कानून को न मानना।

क़ानून साज़ वि० *(अ० कानून+फ़ा० साज़)* कानून बनाने वाला।

क़ानूने ताज़िरात पु० *(अ०)* सज़ा का कानून; दण्ड विधान।

क़ानूने विरासत पु० *(अ०)* उत्तराधिकारी का कानून।

क़ानूने शहादत पु० *(अ०)* गवाही लिये जाने का कानून; साक्षी-विधान।

क़ानूने हिसस पु० *(अ०)* किसे कितना मिले, इसका कानून।

क़ानूनी वि० *(अ०)* कानून-सम्बन्धी; कानून का।

कानूनियाँ वि० *(अ०)* कानून छाँटने वाला; हुज्जत करने वाला।

क़ाबिज़ वि० *(अ०)* अधिकार रखनेवाला; जिसका कब्जा हो।

क़ायज़ा पु० *(अ०, क़ायजः)* नियम; विधि; विधान।

क़ायदा दाँ वि० *(अ० क़ायदा+फ़ा० दाँ)* नियम-कानून जानने वाला।

कारपरदाज़ पु० *(फ़ा० कारपर्दाज़)* काम करने वाला, प्रबन्धकर्ता; कारिन्दा।

कारपरदाज़ी स्त्री० *(फ़ा० कारपर्दाज़ी)* अच्छा काम करके दिखलाना; कारिन्दा का काम या पद।

कारिन्दा पु० *(फ़ा०, कारिन्दः)* दूसरे की ओर से कार्य करने वाला कर्मचारी; गुमाश्ता।

कारिस्तानी/कारस्तानी स्त्री० *(फ़ा०)* कृत्य; कार्रवाई; चालबाजी।

क़ार्रवाई स्त्री० *(फ़ा०)* काम; कृत्य; कार्य तत्परता।

कुल-मुख़्तार पु० *(फ़ा०)* वह जिसे सब बातों का पूरा अधिकार दिया गया है।

क़ुसूर स्त्री० *(अ०, कस्र का बहु०)* खता; गलती; जुर्म।

क़ैद स्त्री० *(अ०)* बन्धन; अवरोध; कारावास।

क़ैदखाना पु० *(अ० क़ैद+फ़ा०, खानः)* कारागार; बन्दीखाना।

क़ैदतनहाई स्त्री० (अ०) वह कैद जिसमें क़ैदी एक कोठरी में अकेला रखा जाता है; कालकोठरी की सज़ा।

क़ैद-बा-मुशक्कत स्त्री० (अ०) सपरिश्रम कारावास; कड़ी सज़ा।

क़ैद-सख़्त स्त्री० (अ०) कड़ी सजा।

क़ैद-महज़ स्त्री० (अ०) सादी सज़ा।

क़ैदी पु० (अ०) जिसे कैद की सज़ा दी गयी हो; बन्दी।

ख़ता स्त्री० *(अ०, ख़िता)* कसूर; अपराध; भूल; गलती।

ख़तापोश वि० *(अ० ख़ता+फ़ा० पोश)* किसी के पाप व अपराध पर परदा डालने वाला।

ख़तापोशी स्त्री० *(अ० ख़ता+फ़ा० पोशी)* अपराधों पर परदा डालने वाला, छिपाने वाला।

ख़तावार पु० *(अ० ख़ता+फ़ा० वार)* अपराधी; दोषी।

ख़ानातलाशी स्त्री० *(फ़ा० ख़ानः तलाशी)* किसी खोयी हुई वस्तु या चुरायी हुई चीज के लिए घर के अन्दर छानबीन करना।

ख़ारिज वि० *(अ०)* अस्वीकृत; जिस मुकदमे की सुनवाई न हो।

ख़ियानत स्त्री० *(अ०)* ग़बन; अपहरण।

ख़ियानते मुजरिमान स्त्री० *(अ० ख़ियानते+फ़ा० मुज्रिमान)* चालाकी से किसी का धन हथिया लेना।

ख़िलाफ़गोई स्त्री० *(अ० ख़िलाफ+फ़ा० गोई)* झूठ बोलना; मिथ्यावादिता।

ख़िलाफ़-वर्जी स्त्री० *(अ० ख़िलाफ़+फ़ा० वर्जी)* आज्ञा आदि की अवहेलना; अवज्ञा।

ख़िलाफ़े क़ाइदा पु० *(अ० ख़िलाफ़े क़ाइदः)* नियम विरुद्ध; अवैध।

ग़लतबयानी स्त्री० *(अ०)* किसी की बात ग़लत ढंग से बताना।

गवाह पु० *(फ़ा० गुवाह)* वह व्यक्ति जिसने किसी घटना को साक्षात् देखा हो।

गवाही स्त्री० *(फ़ा० गुवाही)* साक्षी का प्रमाण; साक्षी।

गवाहे ऐनी पु० *(अ० गवाहे+फ़ा० ऐनी)* वह गवाह जिसके समक्ष कोई घटना घटी हो; चश्मदीद गवाह।

गवाहे हासिया पु० *(अ० गवाहे+फ़ा० हासियः)* वह गवाह जिसके हस्ताक्षर किसी गवाही के दस्तावेज पर हों।

गुज़ारिश स्त्री० *(फ़ा०)* निवेदन; प्रार्थना।

गुज़ारिशनामा पु० *(फ़ा० गुज़ारिश नामः)* प्रार्थना-पत्र; दरख़्वास्त।

गुज़ारिशपिज़ीर वि० *(फ़ा०)* प्रार्थना स्वीकार करने वाला।

गुनाहगार वि० *(फ़ा०)* गुनाह करने वाला; अपराधी।

गुनाहगारी स्त्री० *(फ़ा०)* पापकर्म।

ग़ैर आईनी वि० *(अ० ग़ैर+फ़ा० आईनी)* अवैध; कानून के विरुद्ध।

ज़ब्त वि० *(अ०)* वह जिसे सरकार ने अपने कब्जे में किया हो।

ज़ब्ती स्त्री० *(अ०)* ज़ब्त होने की क्रिया या भाव।

ज़मानत स्त्री० *(अ०)* वह जिम्मेदारी जो जबानी या कोई कागज लिखकर या कुछ रुपया जमा करके ली जाती है।

ज़मानतदार पु० *(अ० ज़मानत+फ़ा० दार)* वह जो किसी की जमानत ले।

ज़मानतन क्रि०वि० *(अ०)* जमानत के रूप में।

ज़मानतनामा पु० *(अ० ज़मानत+फ़ा० नामा)* वह पत्र जिस पर किसी की जमानत का उल्लेख हो।

ज़रायम पु० *(अ० 'जुर्म' का बहु०)* अनेक प्रकार के अपराध।

ज़रायम-पेशा पु० *(अ० जरायम+फ़ा० पेशा)* वे लोग जो चोरी-डाके आदि से अपनी जीविका चलाते हों।

ज़रे जामिनी पु० *(फ़ा०)* जमानत में रखा हुआ धन।

ज़रे मुआवज़ा पु० *(फ़ा० ज़रे+अ० मुआवजः)* मुकदमे आदि में डिग्री का उचित रुपया।

जर्र पु० *(अ०)* खींचना; अपराधी को पकड़ कर न्यायालय में ले जाना।

जल्लाद पु० *(अ०)* वधिक; क्रूर व्यक्ति; दण्डित व्यक्ति को फाँसी देने वाला कर्मचारी।

जल्लादी वि० *(अ०)* वध करने वाला। स्त्री० जल्लाद का पेशा।

जवाब सवाल पु० *(अ०)* प्रश्नोत्तर; बहस।

जानिबदार वि० *(अ० जानिब+फ़ा० दार)* पक्षपाती; तरफदार।

जानिब दारी स्त्री० *(अ० जानिब+फ़ा० दारी)* तरफदारी; पक्षपात।

जानिबैन पु० *(अ०)* दोनों पक्ष; उभय पक्ष।

जानी[1] वि० *(अ०)* पापी; गुनहगार-मुजरिम; दोषी।

ज़ाब्ता पु० *(अ० ज़ाबितः)* नियम; कायदा; व्यवस्था; कानून।

ज़ाब्ता-दीवानी पु० *(फ़ा०)* सर्व साधारण के परस्पर आर्थिक व्यवहार से सम्बन्ध रखने वाला कानून।

ज़ाब्ता फौजदारी पु० *(अ०)* दण्डनीय अपराधों से सम्बन्ध रखने वाला कानून।

जामातलाशी स्त्री० *(फ़ा०)* पहने हुए कपड़ों की तलाशी।

ज़ामिन पु० *(अ०)* वह जो किसी की जमानत करे।

जालसाज़ पु० *(अ० ज़्आल+फ़ा० साज़)* वह जो दूसरों को धोखा देने के लिए किसी प्रकार की झूठी कार्रवाई करे।

जालसाज़ी स्त्री० *(अ० ज़्आल+फ़ा० साजी)* नकली दस्तावेज बनाना।

जुर्म पु० *(अ० बहु० जरायम)* वह कार्य जिसके दण्ड का विधान राजनियम में हो; अपराध।

जुर्माना पु० *(फ़ा० जुर्मानः)* वह दण्ड जिसके अनुसार अपराधी को कुछ धन देना पड़े; अर्थदण्ड।

जुल्मी वि० *(अ० ज़ुल्म)* जुल्म करने वाला; जालिम; अत्याचारी।

तक़सीर स्त्री० *(अ०)* कसूर; अपराध; गुनाह; दोष; भूल।

तलबनामा पु० *(अ० तलब+फ़ा० नामः)* सम्मन।

तलबाना पु० *(फ़ा० तलबानः)* वह खर्च जो गवाहों को तलब करने के लिए अदालत में दाखिल किया जाता है।

तलबी स्त्री० *(अ०)* न्यायालय में सम्मन द्वारा बुलावा।

तलाक़ पु० *(अ० तिलाक़)* पति-पत्नी का सम्बन्ध टूटना।

तलाक़े बाइन स्त्री० *(अ०)* वह तलाक जिसमें तलाक शुदा स्त्री जब तक दूसरे आदमी से विवाह न कर ले और उसके साथ सहवास न हो जाये, तब तक पहला आदमी उससे विवाह नहीं कर सकता है।

तलाक़े मुग़ल्लज़ा स्त्री० *(अ०)* वह तलाक जिसमें तलाक लिया हुआ पुरुष पुनः तलाक शुदा स्त्री से विवाह नहीं कर सकता।

तलाक़े रजई स्त्री० *(अ०)* वह तलाक जिसमें पुरुष स्त्री से पुनः विवाह कर सकता है।

ताज़ीर स्त्री० *(अ०)* दण्ड; सज़ा।

ताज़ीरात स्त्री० *(अ० तू आज़ीरात ताज़ीर का बहु०)* सजाएँ, दण्ड।

ताज़ीरी वि० *(अ०)* दण्ड-सम्बन्धी। जैसे- ताजीरी पुलिस।

तामील स्त्री० *(अ० तूअमील)* आज्ञा का पालन।

तामीली स्त्री० *(अ० तअमीली)* आज्ञापालन।

दस्तख़त पु० *(फ़ा०)* अपने हाथ से लिखा हुआ अपना नाम।

दस्तख़ती वि० *(फ़ा०)* हाथ का लिखा हुआ; हस्ताक्षर किया हुआ; हस्ताक्षरित।

दस्तावेज़ स्त्री० *(फ़ा०)* वह काग़ज़ जिसमें कुछ व्यक्तियों के बीच व्यवहार की बात लिखी हो और उस पर व्यवहार करने वालों के हस्ताक्षर हों; व्यवहार सम्बन्धी लेख।

दायम मुलहब्स पु० *(अ०)* आजीवन कारावास की सजा।

दायर वि० *(अ० दाइर)* फिरता या चलता हुआ; चलता; जारी।

दावर पु० *(फ़ा०)* न्यायकर्ता; हाकिम; अधिकारी।

दावरी स्त्री० *(फ़ा०)* न्यायशीलता; न्यायकर्ता का पद या कार्य।

दावा पु० *(अ०)* किसी वस्तु पर अधिकार प्रकट करने का कार्य; किसी चीज का हक प्राप्त करना, स्वत्व, दृढ़तापूर्वक कथन।

दावागीर पु० *(अ० दावा+फ़ा० गीर)* दावा करने वाला; अपना हक बताने वाला।

दावेदार पु० *(अ० दावे+फ़ा० दार)* दावा करने वाला; अपना हक जताने वाला।

दीवानी वि०, स्त्री० *(फ़ा० दीवानः)* वह न्यायालय जो सम्पत्ति सम्बन्धी मुकदमों का निर्णय करे।

नालिश स्त्री० *(फ़ा०)* शिकायत; फरियाद।

नालिशी वि० *(फ़ा०)* नालिश करने वाला।

पेशकार पु० *(फ़ा०)* हाकिम के सामने कागज-पत्र प्रस्तुत करने वाला कर्मचारी।

पेशकारी स्त्री० *(फ़ा०)* पेशकार का कार्य या पद।

पैरवी स्त्री० *(फ़ा०)* अनुगमन; पक्ष का मण्डन या खण्डन।

पैरोकार पु० *(फ़ा०)* मुकदमे आदि की पैरवी करने वाला।

फ़रार पु० *(अ० फ़िरार)* भागना। वि० भागा हुआ।

फ़रारी वि० *(अ० फिरार से फ़ा०)* भागने वाला; भागा हुआ।

फ़रियाद स्त्री० *(फ़ा० फर्याद)* शिकायत; नालिश; गुहार।

फ़रियादी वि० *(फ़ा०)* फरियाद करने वाला।

फ़रीक़े-अव्वल पु० *(अ०)* पहला पक्ष; वादी।

फ़रीक़े मुख़ालिफ़ पु० *(अ०)* विरोधी पक्ष।

फ़रीक़े मुतख़ासिम पु० *(अ०)* लड़ने वाला पक्ष।

फ़रीके सानी पु० *(अ०)* दूसरा पक्ष; प्रतिवादी।

फ़रीकैन पु० *(अ०)* दोनों पक्ष; वादी और प्रतिवादी।

फ़र्ज़ी वि० *(अ० फर्ज़ से फ़ा०)* कल्पित; माना हुआ।

फ़र्दे क़रारदादे जुर्म स्त्री० *(फ़ा० फ़र्दे+अ० करारदादे जुर्म)* अभियोग पत्र।

फ़र्दे जुर्म स्त्री० *(फ़ा० फ़र्दे+अ० जुर्म)* अभियोग-पत्र।

फ़र्मान पु० *(फ़ा०)* राजादेश; आज्ञा।

फ़र्याद स्त्री० *(फ़ा०)* सहायता के लिए पुकार; न्याय याचना; शिकायत; नालिश; दुहाई।

फ़र्याद ख़्वाह वि० *(फ़ा०)* न्याय का याचक।

फ़र्याद ख़्वाही स्त्री० *(फ़ा०)* न्याय की याचना।

फ़र्यादरस वि० *(फ़ा०)* फरियाद सुनने वाला; न्यायकर्ता।

फ़र्यादरसी स्त्री० *(फ़ा०)* न्याय करना।

फ़ैसल पु० *(अ०)* फ़ैसला करने वाला; न्यायकर्ता।

फ़ैसला पु० *(अ० फैस्लः)* निर्णय।

फ़ौजदारी स्त्री० *(अ० फ़ौज+फ़ा० दारी)* लड़ाई-झगड़ा; मारपीट; वह अदालत जहाँ लड़ाई-झगड़े के मुकदमों का निर्णय होता है।

बन्दी पु० *(फ़ा०)* कैदी; बँधुआ।

बन्दी ख़ाना पु० *(फ़ा० बन्दीखानः)* कारागार; जेल।
बन्दसाल पु० *(फ़ा०)* कैदखाना।
ब-अदालत क्रि०वि० *(फ़ा० ब+अ० अदालत)* अदालत में।
बरामद वि० *(फ़ा० बर+आमद)* ढूँढ़ कर बाहर निकाला हुआ।
बरी[2] वि० *(अ०)* मुक्त; छूटा हुआ। जैसे- इलजाम से बरी।
बरीयत स्त्री० *(अ०)* छुटकारा; रिहाई।
बहाल वि० *(फ़ा०)* ज्यों का त्यों बना हुआ; कायम; बरकरार।
बहाली स्त्री० *(फ़ा०)* बहाल होने की क्रिया; पुनर्स्थापना।
बा-क़ायदा क्रि०वि० *(फ़ा०) नियमानुसार।*
बा-ज़ाप्ता क्रि०वि० *(फ़ा० बा+अ० ज़ाप्ता)* नियम के अनुरूप।
बाज़ाप्ता क्रि०वि० *(अ० बाज़ाबितः)* नियमानुसार।
बोहतान पु० *(अ०)* झूठा अभियोग।
मंसूख वि० *(अ०)* रद्द किया हुआ; निकम्मा ठहराया हुआ।
मंसूखी स्त्री० *(अ० मंसूख)* रद्द करने या निकम्मा ठहराने की क्रिया।
मज़लूम वि० *(अ० मज़्लूम)* जिस पर जुल्म किया गया हो; पीड़ित।
मदाख़िलत स्त्री० *(अ०)* दखल देना; अधिकार जमाना।
मदाख़िलत नेजा स्त्री० *(अ० मदाख़िलत+फ़ा० नेजा)* अनधिकार प्रवेश।
मनसूख़ वि० *(अ०)* रद्द किया हुआ; काटा हुआ।
मनसूखी स्त्री० *(अ०)* रद्द होने का भाव या क्रिया।
मसालहत स्त्री० *(अ०)* आपस में सन्धि करना; मेलजोल।
मादिलत स्त्री० *(अ०)* न्याय; इंसाफ।
मादिलतगुस्तर वि० *(अ० मादिलत+फ़ा० गुस्तर)* न्यायशील; मुंसिफ मिज़ाज; न्यायनिष्ठ।
माफ़ वि० *(अ० मुआफ़)* जिसे क्षमा कर दिया गया हो।
माफ़ी स्त्री० *(अ० मुआफ़ी)* क्षमा।
मामला पु० *(अ० मुआमलः)* अभियोग।
मिसिल स्त्री० *(अ०)* एक साथ रखे गये कागज़-पत्र; फ़ाइल।
मीरअर्ज़ पु० *(अ०)* हाकिम के समक्ष प्रार्थना-पत्र पेश करने वाला (पेशकार)।
मुंसरिम पु० *(अ०)* प्रबन्ध करने वाला; दीवानी न्यायालय का एक पदधारक।
मुंसिफ़ वि० *(अ०)* न्यायकर्ता; इंसाफ़ करने वाला; दीवानी न्यायालय का एक उच्च पदाधिकारी।
मुंसिफ़ मिज़ाज वि० *(अ०)* जिसके स्वभाव में न्यायप्रियता हो; न्यायनिष्ठ।
मुंसिफ़ाना अव्य० *(अ० मुंसिफ़+फ़ा० आनः)* न्याय पूर्ण; न्यायोचित।
मुंसिफ़ी स्त्री० *(अ०)* न्याय; इंसाफ; मुंसिफ का न्यायालय; मुंसिफ़ का पद।
मुआफ़ी स्त्री० *(अ०)* माफ़ी।
मुआफ़ीनामा पु० *(अ० मुआफ़ी+फ़ा० नामः)* वह पत्र जिसमें कोई व्यक्ति अपने अपराध-क्षमा के लिए लिखित प्रार्थना-पत्र दे; माफी-पत्र।
मुआयना पु० *(अ०)* निरीक्षण।
मुआवज़ा पु० *(अ० मुआविज़ः)* बदले में दी हुई चीज़ या धन; बदला; बदलने की क्रिया।
मुआविने जुर्म वि० *(अ०)* जो किसी अपराध या षड्यन्त्र में किसी का सहायक हो।
मुआहिद वि० *(अ०)* अनुबन्ध करने वाला।
मुआहिदीन पु० *(अ०, मुआहिद का बहु०)* अनुबन्ध करने वाले लोग।
मुकद्दमा पु० *(अ० मुकद्दमः)* दो पक्षों के बीच धन या अधिकार रखने वाला या किसी अपराध का मामला, जो न्यायालय में रखा जाये; दावा; नालिश।
मुक़दमेबाज़ पु० *(अ० मुक़दमा+फ़ा० बाज़)* मुक़दमा लड़ने वाला।
मुक़दमेबाज़ी स्त्री० *(अ० मुक़दमा+फ़ा० बाज़ी)* मुक़दमा लड़ना।
मुकन्नित वि० *(अ० मुकन्नित)* कानून जानने वाला; कानून पेशा; वकील; कानून बनाने वाला; विधायक।
मुक़र्रर वि० *(अ०, भाव० मुकर्ररी)* तय किया हुआ; निश्चित; तैनात; नियत; नियुक्त।
मुक़ैयद पु०वि० *(अ०)* कैद किया हुआ; बन्दी।
मुख़लिसी[2] स्त्री० *(अ० मुख़्लिसी)* छुटकारा; रिहाई।

मुख़ालिफ़ पु० *(अ०)* विरोधी; वि० विरुद्ध; विपरीत।
मुख़ालिफ़त स्त्री० *(अ०)* शत्रुता; विरोध।
मुख़ासमत स्त्री० *(अ० मुख़ासिमत)* शत्रुता; दुश्मनी।
मुख़्तार पु० *(अ०)* अधिकार प्राप्त प्रतिनिधि; कानूनी सलाहकार; कलक्टरी कचहरी में वकील से कम दर्जे का वकील।
मुख़्तार-ए-आम पु० *(अ०)* वह कार्यकर्ता जिसे मालिक द्वारा सब अधिकार दिये गये हों।
मुख़्तारकार पु० *(अ० मुख़्तार+फ़ा० कार)* प्रधान संचालक या अधिकारी।
मुख़्तारकारी स्त्री० *(अ० मुख़्तार+फ़ा० कारी)* मुख़्तार का काम या पद।
मुख़्तारनामा पु० *(अ० मुख़्तार+फ़ा० नामा)* वह पत्र जिसके द्वारा किसी को कोई कार्य करने का अधिकार सौंपा जाये।
मुख़्तारी स्त्री० *(अ०)* मुख़्तार का काम या पेशा; कलक्टरी और तहसील में वकालत का काम, जो वकील के दर्जे से कम होता है।
मुख़्तारे ख़ास पु० *(अ०)* वह मुख़्तार जिसे केवल किसी विशेष काम के लिए रखा गया हो।
मुचलका पु० *(तु० मुचल्क:)* वह प्रतिज्ञापत्र जिसमें अदालत में उपस्थित होने की प्रतिज्ञा की गयी हो।
मुजरिम वि० *(अ० मुज्रिम)* अपराधी।
मुजरिमाना वि० *(अ० मुज्रिम+फ़ा० आना)* अपराधियों जैसा।
मुज़रिमे आदी पु० *(अ० मुज़्रिमे आदी)* अपराध करने का व्यसनी।
मुतख़ासिमीन पु० *(अ०)* वादी और प्रतिवादी।
मुद्दई पु० *(अ०)* दावा करने वाला।
मुद्दईया स्त्री० *(अ० मुद्दईय:)* दावा करने वाली स्त्री; वादिनी।
मुद्दालेह पु० *(अ० मुद्दआ-अलैह)* जिस पर दावा किया गया हो; प्रतिवादी।
मुद्दा पु० *(अ० मुद्दआ)* दावा किया गया।
मुद्दाअलैहा स्त्री० *(अ० मुद्दआअलैहा)* वह स्त्री जिसके लिए वाद उपस्थित किया गया हो।
मुफ्तरी वि० *(अ०)* झूठा अभियोग लगाने वाला; धूर्त।
मुबाहिसा पु० *(अ० मुबाहिस:)* बहस; वाद-विवाद।
मुमानिअत पु० *(अ०)* मनाही; निषेध।
मुराफ़ा पु० *(अ० मुराफ़अ बहु० मुराफ़आत)* ऊँची अदालत में प्रार्थना-पत्र; दावा; अपील।
मुराफ़े वि० *(अ०)* अपील करने वाला; पुनर्वादी; पुनरावेदक।
मुलज़िम वि० *(अ० मुल्ज़िम, बहु० मुलज़िमान)* जिस पर अभियोग लगा हो; अभियुक्त।
मुसम्मात स्त्री० *(अ०)* एक शब्द जो स्त्रियों के नाम के पहले लगाया जाता है।
मुस्तक़िल वि० *(अ०)* दृढ़तार्वूक स्थापित किया हुआ; स्थायी।
मुस्तग़ास वि० *(अ०)* जिसके पास मुस्तगासा ले जायें; जिससे याचना करें; दण्डाधिकारी; मजिस्ट्रेट।
मुस्तग़ीस पु० *(अ०)* दावेदार; फ़ौजदारी में दावा करने वाला।
मुस्तग़ीसा वि० *(अ०)* इस्तगासा करने वाली स्त्री; न्याय चाहने वाली; फ़ौजदारी में दावा करने वाली।
मुस्तदई वि० *(अ०)* प्रार्थी।
मुस्तरक वि० *(अ०)* बन्दी बनाया हुआ।
मुस्तल्ज़िमे सज़ा वि० *(अ०)* सज़ा के योग्य; दण्डनीय।
मुस्तस्ना वि० *(अ०)* जिस पर कोई शर्त, कानून और पाबन्दी उठा ली गयी हो।
मुस्तहक़ वि० *(अ०)* जिसको हक हासिल हो; पास।
मुस्तहक़्क़ीन वि० *(अ० मुस्तहक का बहु०)* हक़दार लोग; योग्य लोग।
मुस्तहक़्क़ेतरिका पु० *(अ० मुस्तहक़्क़ेतरिक:)* हक़दार; दायाधिकारी।
मुस्तहक़्क़े रहम पु० *(अ०)* दया का सच्चा पात्र।
मुस्तौजिबे सज़ा वि० *(अ०)* दण्डनीय।
मुहर्रिर पु० *(अ०)* लिपिक।
मुहर्रिरी स्त्री० *(अ०)* मुहर्रिर का पेशा या काम।
मुहर्रिरीन पु० *(अ० मुहर्रिर का बहु०)* मुहर्रिर लोग।
मुहाकमा पु० *(अ०)* न्याय के लिए हाकिम के पास जाना।
मूसा[2] वि० *(अ०)* वसीयत किया गया।

मूसा इलैह वि० *(अ०)* जिसके नाम वसीयत लिखी गयी हो।

मूसी वि० *(अ०,स्त्री० मूसियः)* वसीयत करने वाला।

मूसीलहु पु० *(अ०)* वसीयत भोगी।

मोहलत स्त्री० *(अ०)* फुरसत; छुट्टी।

रक़ीम-ए-नियाज़ वि० *(अ० रक़ीम+फ़ा० नियाज़)* आवेदन-पत्र।

रज़ामन्द वि० *(अ० रज़ा+फ़ा० मन्द, भाव० रजामन्दी)* जो प्रसन्न या राजी हो गया हो।

रज़ामन्दी स्त्री० *(अ० रज़ा+फ़ा० मन्दी)* सहमति।

रज़ीया स्त्री० *(अ० रजीयः)* राजी की गयी।

राज़ीनामा पु० *(फ़ा० राजीनामः)* वह लेख जिसके द्वारा वादी और प्रतिवादी परस्पर मेल कर लें।

रिहाई स्त्री० *(फ़ा०)* छुटकारा; मुक्ति।

रूबकार पु० *(फ़ा०)* अदालत का हुक्म; आज्ञापत्र।

रूबकारी स्त्री० *(फ़ा०)* मुकदमे की पेशी; सुनवाई।

वकालत स्त्री० *(अ०)* किसी की ओर से उसके अनुकूल बातचीत करना; वकील का पेशा या काम।

वकालतन क्रि०वि० *(अ०)* वकील के द्वारा।

वकालतनामा पु० *(अ० वकालत+फ़ा० नामा)* वह अधिकार-पत्र जिसके द्वारा कोई वकील को मुकदमें में बहस करने के लिए तय करता है।

वकालत पेशा वि० *(अ० वकालत+फ़ा० पेशः)* जो वकालत करता हो।

वकील पु० *(अ०)* वह व्यक्ति जो वकालत की परीक्षा पास हो और जो अदालत में वादी या प्रतिवादी की तरफ से बहस करे।

वकीले मुत्लक़ पु० *(अ०)* ऐसा वकील जिसे मुवक्किल के पूरे अधिकार प्राप्त हों।

वकीले सरकार पु० *(अ० वकील+फ़ा० सरकार)* सरकारी मुकदमों की पैरवी करने वाला वकील।

वाज़ेह वि० *(अ०)* स्पष्ट; जाहिर।

शरअ स्त्री० *(अ०, वि० शरई)* कुरान में की हुई आज्ञा; मजहब; दस्तूर; मुसलमानों का धर्मशास्त्र।

शरअन क्रि०वि० *(अ०)* शरअ या इस्लाम के कानूनों के अनुसार।

शरअ-मुहम्मदी स्त्री० *(अ०)* इस्लाम का नियम/कानून।

शरई वि० *(अ०)* जो शरअ या इस्लाम के कानून के अनुसार हो।

सज़ा स्त्री० *(फ़ा०)* दण्ड।

सज़ा-ए-क़त्ल स्त्री० *(अ० सज़ाए+फ़ा० क़त्ल)* प्राणदण्ड।

सज़ाए क़ैद स्त्री० *(फ़ा० सज़ाए+अ० क़ैद)* कारावास का दण्ड।

सज़ाए महज़ स्त्री० *(फ़ा०)* सादी क़ैद जिसमें मेहनत न करनी पड़े।

सज़ा-ए-मौत स्त्री० *(अ० सज़ाए+फ़ा० मौत)* प्राणदण्ड।

सज़ाएसख़्त स्त्री० *(फ़ा०)* वह कारावास जिसमें कड़ी मेहनत ली जाये।

सजायाफ़्ता वि० *(फ़ा० सज़ा+याफ़्तः)* वह जो सज़ा पा चुका हो।

सज़ायाब वि० *(फ़ा०)* जिसे सज़ा हो गयी हो।

सज़ायाबी स्त्री० *(फ़ा०)* सज़ा होना; सज़ा पाना।

सदरे स्सुदूर पु० *(अ० सद्रे स्सुदूर)* चीफ़ जस्टिस; सबसे बड़ा जज।

सदरे अमीन पु० *(अ०)* दूसरे दरजे का जज; सबार्डिनेट जज।

सदर-आला पु० *(अ० सद्रे-आला)* जज के नीचे का हाकिम; छोटा जज।

सदर-सदूर पु० *(अ० सद्रे सदूर)* प्रधान न्यायकर्ता।

समन पु० *(अ०)* अदालत का आज्ञापत्र।

सम्ते मुख़ालिफ स्त्री० *(अ०)* विरोधी दल।

सुपुर्द वि० *(फ़ा०)* सौंपा हुआ; दिया हुआ।

सुपुर्दगी स्त्री० *(फ़ा०)* किसी को सौंपना; देना।

सुपुर्दार पु० *(फ़ा०)* वह व्यक्ति जिसके सुपुर्द किसी कुर्की का सामान हो।

सुपुर्दा वि० *(फ़ा० सुपुर्दः)* सौंपा हुआ; दिया हुआ।

सुबूत पु० *(अ०)* प्रमाण।

सुलह स्त्री० *(अ० सुलह)* मेल-मिलाप; सन्धि।

हक़दार वि० *(अ० हक़+फ़ा० दार)* अधिकारी; पात्र; पाने का अधिकारी।

हकम पु० *(अ०)* न्यायकर्ता।

हक़रसी स्त्री० *(अ० हक+फ़ा० रसी)* न्याय; इंसाफ।

हक़-शिनास वि० *(अ० हक़+फ़ा० शिनास)* गुण ग्राहक; न्यायशील।

हरजाना पु० *(अ० हर्ज+ फ़ा० प्रत्यय अनः)* हानि का बदला क्षतिपूर्ति।

हवालात स्त्री० *(अ० हवालः का बहु०)* वह घर जिसमें अभियुक्त रखे जाते हैं।

हवालाती वि० *(अ०)* जो हवालात में रखा गया हो।

हस्बे इंसाफ़ वि० *(अ०)* न्याय के अनुसार।

हस्बे कायदा वि० *(अ० हस्बे काइदः)* कानून के अनुसार।

हाज़िर[2] वि० *(अ०, बहु० हाजिरीन)* सम्मुख; उपस्थित; मौजूद; विद्यमान।

हुक्मे इम्तिनाई पु० *(अ०)* वह आदेश जो मुकदमे के बीच किसी कार्य-विशेष को रोकने के लिए दिया जाये; निषेधाज्ञा।

माल, राजस्व, तहसील

अबवाब पु० *(अ०)* मालगुजारी या लगान पर लगने वाला अतिरिक्त कर; गाँव के व्यापारी आदि से जमींदार को मिलने वाला कर।

अमलदारी स्त्री० *(अ० अमल+ फ़ा० दारी)* राज; राजक्षेत्र।

अमानी स्त्री० *(अ०)* लगान की वह वसूली जिसमें फसल के विचार से रियायत हो; वेतन पर नौकरों से काम कराना।

अमीन वि० *(अ०)* अमानत रखने वाला; विश्वसनीय।

अरायज़ नवीसी स्त्री० *(अ० अरायज़+ फ़ा० नवीसी)* कचहरी के लिए अर्जी लिखना।

आईमा पु० *(अ०)* दान में मिली हुई भूमि जिसका कर न देना पड़े।

आबकारी स्त्री० *(फ़ा०)* शराबखाना; मादक वस्तुओं से सम्बन्ध रखने वाला सरकारी विभाग।

आराज़ी स्त्री० *(अ०, अर्ज़ का बहु०)* जमीन; भूमि; वह भूमि जिस पर कृषि कार्य होता है।

इन्तक़ाले अराज़ी पु० *(अ० इन्तिक़ाले अराज़ी)* जमीन का हक दूसरे के पास चले जाना।

इन्तख़ाब पु० *(अ०, इन्तिख़ाब)* पटवारी के खाते की नकल जिसमें खेत के मालिक और जोतने वाले का विवरण रहता है।

इनामदार पु० *(अ० इनाम+ फ़ा० दार)* वह जिसे माफ़ी की ज़मीन मिली हो।

इंक़िसाम पु० *(अ० इन्क़िसाम)* बँटवारा; विभाजन।

इमलाक पु० *(अ०, इम्लाक)* सम्पत्ति; जायदाद; भू-सम्पत्ति।

इस्तहक़ाक़ पु० *(अ०, इस्तिहक़ाक़)* हक; अधिकार; स्वत्व।

ईरास पु० *(अ०)* अपना उत्तराधिकारी बनाना।

क़बाला पु० *(अ०, क़बालः)* वह दस्तावेज जिसके द्वारा कोई सम्पत्ति दूसरे के अधिकार में चली जाये, विक्रयपत्र।

क़बूलियत स्त्री० *(अ०)* वह दस्तावेज जो पट्टे की स्वीकृति में ठेका लेने वाले या पट्टा लिखने वाले को लिख दे; कबूलनामा।

क़रज़, क़रज़ा पु० *(अ०, क़र्ज़)* ऋण; उधार।

क़र्ज़दार वि० *(अ० क़र्ज़+ फ़ा० दार)* कर्ज/ऋण लेने वाला।

कस्सी स्त्री० *(अ०)* ज़मीन नापने की रस्सी; ज़मीन की नाप।

क़ाबिले अदा वि० *(अ०)* जिसका चुकाया जाना जरूरी हो।

क़ाबिले इन्तकाल वि० *(अ० क़ाबिले इन्तिकाल)* वह सम्पत्ति और जायदाद जो बेची या हस्तान्तरित हो सके।

क़ाबिले इन्तखाब वि० *(अ० क़ाबिले इन्तिखाब)* वे मज़मून आदि जो किसी पुस्तक में सम्मिलित करने के लिए चुने जा सकें।

काश्तकार पु० *(फ़ा०)* किसान; खेतिहर।

काश्तकारी स्त्री० *(फ़ा०)* खेती-बारी; किसानी; किसान का हक़।

काश्तनी वि० *(फ़ा०)* कृषि योग्य भूमि।

क़िता पु० *(अ०, कित्अः)* खण्ड; टुकड़ा; जमीन का टुकड़ा; ऐसी जमीन पर बना हुआ मकान।

क़िराया पु० *(अ०, किरायः)* वह दाम जो दूसरे की कोई वस्तु काम में लाने के बदले उसके मालिक को दिया जाये; भाड़ा।

किरायानामा पु० *(अ०, किरायः+ फ़ा०, नामः)* किरायेदार

और मकान मालिक के बीच लिखा हुआ पत्र या दस्तावेज।

किस्त स्त्री० *(अ०, बहु० अक़सात)* कई बार करके ऋण देना या चुकाने का भाव।

किस्तबन्दी स्त्री० *(अ० किस्त+फ़ा० बन्दी)* थोड़ा-थोड़ा करके कई बार में रुपया अदा करने का ढंग।

क़िस्तवार क्रि०वि० *(फ़ा०)* किस्तों में; हर किस्त पर।

कुरसीनामा पु० *(अ०, कुर्सी+फ़ा०, नामः)* लिखी हुई वंश परम्परा; वंशवृक्ष।

कुर्क़ वि० *(अ०)* जब्त।

कुर्क़-अमीन पु० *(अ०)* वह सरकारी कर्मचारी जो अदालत की आज्ञानुसार जायदाद की कुर्की करता है।

कुर्क़ी स्त्री० *(तु०)* किसी डिग्री आदि में जायदाद आदि की जब्ती।

ख़िराज पु० *(अ०)* लगान; राजस्व।

ख़ित्ता पु० *(अ०, ख़ित्तः)* जमीन का टुकड़ा; प्रदेश।

ख़िराज़ *(अ०)* राज-कर; राजस्व।

ख़िराजी वि० *(अ०, ख़िराज़ से फ़ा०)* राजस्व-सम्बन्धी; जिस पर राजस्व कर लगता हो या जो लगान देता हो।

गज़ पु० *(फ़ा०)* लम्बाई नापने की एक नाप जो सोलह गिरह या तीन फुट की होती है।

ग़बन पु० *(अ०)* किसी दूसरे के सौंपे हुए माल को खा लेना।

ज़मींदार पु० *(फ़ा०)* ज़मीन का मालिक; भूमि का स्वामी।

ज़मींदारी स्त्री० *(फ़ा०)* ज़मींदार की वह ज़मीन, जिसका वह मालिक हो; ज़मींदार का पद।

ज़मीनी वि० *(फ़ा०)* ज़मीन या भूमि सम्बन्धी।

ज़रख़ेज़ वि० *(फ़ा०)* उर्वर; उपजाऊ (भूमि)।

ज़रख़ेज़ी स्त्री० *(फ़ा०)* जमीन का उपजाऊ होना।

ज़राअत स्त्री० *(अ० ज़िराअत)* खेती-बारी; कृषिकर्म।

ज़राअत पेशा पु० *(अ० जिराअत+फ़ा० पेशः)* खेती बारी से जीविका निर्वाह करने वाला; खेतिहर।

जराअती वि० *(अ० ज़िराअती)* जोता-बोया गया खेत; फसल; पैदावार।

ज़रीब स्त्री० *(अ०)* खेत या जमीन को नापने की जंजीर।

ज़रीबकश वि० *(अ० जरीब+फ़ा० कशी)* वह जो जमीनों को नापता-जोखता हो।

ज़रीबकशी स्त्री० *(अ० ज़रीब+फ़ा० कशी)* जमीन को नापने की क्रिया; पैमाइश।

ज़रीबी वि० *(अ०)* ज़रीब से नापा हुआ।

जाएदाद स्त्री० *(फ़ा०)* भू-सम्पत्ति।

जाएदादे ग़ैर मनक़ूल स्त्री० *(फ़ा० जाएदादे+अ० मन्कूल)* स्थावर सम्पत्ति।

जाएदारे ग़ैर मरहूना स्त्री० *(फ़ा० जाएदादे+अ० मर्हूनः)* गिरवी रहित सम्पत्ति।

जाएदादे मकफ़ूलास्त्री० *(फ़ा० जाएदादे+अ० मक्फ़ूलः)* बन्धक या गिरवी सम्पत्ति।

जाएदादे मनक़ूला स्त्री० *(फ़ा० जाएदादे+अ० मन्कूलः)* वह सम्पत्ति जो इधर-उधर हटायी जा सके।

जाएदादे मौक़ूफ़ा स्त्री० *(फ़ा०+अ० मौक़ूफः)* किसी विशेष कार्य के लिए उत्सर्गित सम्पत्ति।

जागीर स्त्री० *(फ़ा०)* राज्य की ओर से मिली हुई भूमि या प्रदेश सरकार की ओर से मिला ताल्लुका।

जागीरदार पु० *(फ़ा०)* वह जिसे जागीर मिली हो; जागीर का मालिक; अमीर; रईस।

जायदाद स्त्री० *(फ़ा०)* भूमि; धन या सामान आदि जिस पर किसी का अधिकार हो; सम्पत्ति।

तक़सीम स्त्री० *(अ०)* बाँटना; बँटवारा।

तक़सीमी वि० *(अ०)* बँटवारे का; भाग देने का।

तक़ावी स्त्री० *(अ०)* वह धन जो किसानों को बीज खरीदने, कुआँ आदि बनाने के लिए कर्ज़ दिया जाये।

तबनियत स्त्री० *(तब्नियत)* दत्तक ग्रहण; गोद लेने का कार्य।

तबनियतनामा पु० *(अ० तब्नियत+फ़ा० नामः)* वह पत्र जो किसी को दत्तक लेने के सम्बन्ध में लिखा जाता है।

तबन्नी स्त्री० *(अ०)* दत्तक लेने की क्रिया; दत्तक ग्रहण।

तहसील स्त्री० *(अ० तह्सील)* लोगों से रुपया वसूल करने की क्रिया; वसूली; उगाही; वह आमदनी जो लगान वसूल करने से इकट्ठी हो; तहसीलदार का आफिस या कचहरी।

तहसीलदार पु० *(अ० तह्सील+फ़ा० दार)* टैक्स वसूलने वाला; माल के छोटे मुकदमों फैसला करने वाला।

तहसीलदारी स्त्री० *(अ० तह्सील+फ़ा० दारी)* तहसीलदार का पद; तहसीलदार की कचहरी।

तहसीलना स०क्रि० *(अ० तहसील+हि० 'ना' प्रत्यय)* वसूल करना; उगाही करना।

ताल्लुक़ा पु० *(अ०)* इलाका; क्षेत्र।

ताल्लुक़ेदार पु० *(अ० ताल्लुके+फ़ा० दार)* जमींदार।

ताल्लुक़ेदारी स्त्री० *(अ० ताल्लुके+फ़ा० दारी)* जमींदारी।

दवामी-बन्दोबस्त पु० *(फ़ा० दवामी+अ० बन्दोबस्त)* ज़मीन का वह बन्दोबस्त जिसमें सरकारी माल गुजारी एक ही बार हमेशा के लिए निश्चित हो।

दाख़िल-ख़ारिज पु० *(अ० दाख़िल+फ़ा० ख़ारिज)* किसी सरकारी कागज़ पर से किसी जायदाद के पुराने हक़दार का नाम काटकर उस पर उसके वारिस या दूसरे हकदार का नाम लिखना।

दाख़िल-दफ़्तर वि० *(अ०)* बिना किसी निर्णय के अलग किया हुआ आफिस का कागज।

नक़लनवीस वि० *(अ० नक्ल+फ़ा० नवीस)* मुहर्रिर; प्रतिलिपिकार।

नक़लनवीसी स्त्री० *(अ०)* नकलनवीस का कार्य या पद।

नक़ल बही स्त्री० *(अ०)* वह रजिस्टर जिस पर हुण्डियों की नक़ल की जाये।

नज़ूल पु० *(अ० नुज़ूल)* नगर की वह भूमि जिस पर सरकार का अधिकार हो।

पैदावार स्त्री० *(फ़ा०)* उपज; उत्पादन।

पैमाइश स्त्री० *(फ़ा०)* जमीन आदि नापने की क्रिया; माप।

फ़स्ल स्त्री० *(अ०)* ऋतु; मौसम; खेत की उपज।

फ़स्ल बफ़स्ल अव्य० *(अ० फस्ल+फ़ा० बफ़स्ल)* प्रत्येक फ़सल में।

फ़स्लाना पु० *(अ० फ़स्त+फ़ा० आनः)* फ़सल पर दिया जाने वाला नजराना या अधिकार।

फ़स्ली वि० *(अ०)* फ़सल सम्बन्धी।

फ़स्ली सन् पु० *(फ़ा०)* अकबर का चलाया हुआ एक संवत।

फ़स्ले ख़रीफ़ स्त्री० *(अ०)* खरीफ़ की फसल।

फ़ोता पु० *(फ़ा० फ़ोतः)* भूमि का लगान; थैली; कोष; अण्डकोष।

आउर्द पु० *(फ़ा०)* (कविता में) सोचकर लाया जानेवाला भाव; कठिन कल्पना।

बन्दोबस्ते आरिज़ी पु० *(फ़ा० बन्दोबस्त+अ० आरिज़ी)* कृषि-सम्बन्धी वह प्रबन्ध जो कुछ वर्षों के लिए (अस्थायी) हो।

बन्दोबस्ते दवामी पु० *(फ़ा० बन्दोबस्ते+अ० दवामी)* खेतों और जमीनों का वह प्रबन्ध, जो स्थायी रूप से ही, कभी बदले नहीं।

बन्दोबस्त पु० *(फ़ा०)* प्रबन्ध; इन्तजाम।

बख़्शी पु० *(फ़ा०)* वह कर्मचारी जो लोगों को वेतन बाँटता हो; टैक्स वसूलने वाला कर्मचारी।

बाग़ानी स्त्री० *(अ० बाग से फ़ा०)* वह भूमि जो बाग़ लगाने या खेती-बारी के योग्य हो।

बाज[1] पु० *(फ़ा०)* कर; महसूल।

बाज़गौर पु० *(फ़ा०)* कर संग्रह करने वाला।

बेदख़ल वि० *(फ़ा०)* सम्पत्ति से कब्जा हटाया जाना।

बैआना पु० *(अ० बैआनः)* बयाना; अग्रिम धन।

बैनामा पु० *(अ० बैनामः)* किसी वस्तु के बेचने का उल्लेख पत्र।

मज़रा पु० *(अ० मज्रअ)* खेत; छोटा गाँव।

मज़रूअ वि० *(अ० मज्रूअ)* जोता-बोया गया खेत।

मद स्त्री० *(अ०)* विभाग; खाता।

मदयून वि० *(अ० मद्यून)* जिस पर ऋण हो।

मसाहत स्त्री० *(अ०)* नाप; माप; जमीनों की नाप-जोख।

महसूली स्त्री० *(फ़ा०)* महसूल के योग्य। स्त्री० लगान वाली भूमि।

माल-ए-लावारिस पु० *(अ०)* वह माल या वस्तु जिसका वारिस न हो।

मालकियत स्त्री० *(अ०)* स्वामित्व।

मालख़ाना पु० *(अ० माल+फ़ा० खानः)* भण्डार घर।

माल गुज़ार पु० *(अ० माल+फ़ा० गुज़ार)* वह जो सरकार को लगान देता हो।

माल गुज़ारी स्त्री० *(अ० माल+फ़ा० गुज़ारी)* भूमिकर; लगान।

माल ज़ब्ती स्त्री० *(अ०)* सामान की कुर्की और उस पर सरकारी कब्जा।

मालग़ैर मनकुला पु० *(अ०)* अचल सम्पत्ति।

माल ज़ामिन पु० *(अ०)* जो किसी के बदले ऋण चुकाने का जिम्मा ले।

माल शराकत पु० *(अ०)* वह सम्पत्ति जिस पर सब लोगों का सम्मिलित अधिकार हो।

मालिक अराज़ी पु० *(अ०)* खेत का मालिक; जमींदार।

मालिकाना वि० *(अ० मालिकानः)* मालिक का; स्वामी का। पु० वह हक या धन जो किसी मालिक को उसके स्वामित्व के बदले में मिलता हो।

मालियत स्त्री० *(अ०)* सम्पत्ति; पूँजी; मूल्य; दाम।

मालिया पु० *(अ०)* मालगुजारी।

माली वि० *(अ०)* माल सम्बन्धी; अर्थशास्त्र सम्बन्धी।

मिल्क स्त्री० *(अ०)* भू-सम्पत्ति; जमींदारी।

मिल्कीयत स्त्री० *(अ०)* भूमि पर स्वामित्व का अधिकार; सम्पत्ति।

मीरासी वि० *(अ० मीरास)* मीरास या उत्तराधिकार सम्बन्धी। **मुर्तहन** वि० *(अ०)* रेहन रखा हुआ।

मुर्तहिन पु० *(अ०)* वह जो दूसरों का सामान बन्धक रखे।

मौरूसी वि० *(अ०)* पैतृक (जैसे- मौरूसी जायदाद)।

मौहिब पु० *(अ०)* दान।

मौहूबा वि० *(अ० मौहूबः)* दान में दिया हुआ।

मौहूब लहू पु० *(अ०)* दान ग्रहण करने वाला।

रक़बा पु० *(अ० रक़बः)* भूमि आदि का क्षेत्रफल।

रक़म स्त्री० *(अ०)* धन-सम्पत्ति; दौलत।

रक़बा पु० *(अ० रक़बः)* भूमि आदि का क्षेत्रफल।

रक़ाक़ पु० *(अ०)* नरम चौरस जमीन।

रासुल माल पु० *(अ०)* राअसुल; मूलधन।

राहदारी स्त्री० *(फ़ा०)* चुंगी; महसूल।

राहिन पु० *(अ०)* रेहन या गिरवी रखने वाला।

रेहन पु० *(फ़ा० रह्न)* महाजन से कर्ज लेकर अपनी जायदाद इस शर्त पर रखना कि जब रुपया अदा हो जायेगा तब माल या जायदाद वापस कर देगा; बन्धक; गिरवी।

रेहनदार पु० *(फ़ा० रह्नदार)* वह जिसके पास कोई सम्पत्ति बन्धक रखी हो।

रेहननामा पु० *(अ० रह्न+फ़ा० नामः)* वह काग़ज जिस पर रेहन की शर्तें लिखी हों।

लावल्द वि० *(अ०)* जिसकी कोई औलाद न हो; निःसन्तान।

लावारिस स्त्री० *(अ०)* जिसका कोई वारिस न हो।

लावारिसी स्त्री० *(अ०)* वह सम्पत्ति जिसका वारिस न हो।

वक़्फ़[1] पु० *(अ०)* वह सम्पत्ति जो धर्मार्थ दान कर दी गयी हो; किसी के लिए कोई चीज़ छोड़ देना।

वक्फ़ अलल औलाद पु० *(अ०)* वह सम्पत्ति जो अपनी सन्तान के लिए हो।

वक्फ़ अल्लाह पु० *(अ०)* वह सम्पत्ति जो धार्मिक कार्यों के लिए दान हो।

वक़्फ़नामा पु० *(अ० वक़्फ़+ फ़ा० नामा)* वह पत्र जो कोई सम्पत्ति दान करने के सम्बन्ध में लिख देता है।

वरासत स्त्री० *(अ० विरासत)* उत्तराधिकारी होने का भाव।

वरासतन क्रि०वि० *(अ० विरासतन)* उत्तराधिकार के रूप में।

वरासतनामा पु० *(अ० विरासत+फ़ा० नामः)* उत्तराधिकार-पत्र।

वलदीयत स्त्री० *(अ० वल्दीयत)* पिता के नाम का परिचय।

वली-नेयत पु० *(अ०)* मालिक।

वसी वि० *(अ०)* जिसके लिए वसीयत की गयी हो।

वसीक़ा पु० *(अ० वसीक़ः)* वह धन जो इस उद्देश्य से सरकारी खजाने में जमा किया जाये कि उसका सूद जमा करने वाले के सम्बन्धियों को मिला करे।

वसीक़ादार पु० *(अ० वसीक़ा+ फ़ा० दार)* जिसे किसी तरह का वसीक़ा (खर्चा) मिलता हो।

वसीयत स्त्री० *(अ०, बहु० वसाया)* अपनी सम्पत्ति के बँटवारे और प्रबन्ध आदि के बारे में की हुई वह अवस्था, जो मरने के समय कोई मनुष्य लिख जाता है।

वसीयत नामा पु० *(अ० वसीयत+फ़ा० नामः)* वह लेख जिसमें व्यक्ति मरने के पूर्व अपनी सम्पत्ति किसी के नाम लिख जाता है।

वसूल पु० *(अ० वुसूल)* पहुँचना; प्राप्ति। वि० जो पहुँच या मिल गया हो; प्राप्त।

वसूल-बाक़ी पु० *(अ०)* प्राप्त और प्राप्य धन।

वामख़्वाह वि० *(फ़ा०)* कर्जदार; कर्ज से दबा हुआ।

वारिस पु० *(अ०, बहु० वारिसान्; वुरसा)* वह व्यक्ति जो किसी के मरने के बाद उसकी सम्पत्ति का अधिकारी बने।

वालिद पु० *(अ०)* पिता।

वालिदा स्त्री० *(अ० वालिदः)* माता; माँ।

वालिदए मोहतरमा स्त्री० *(अ० वालिदए मोहतरमः)* पूज्य माता।

वालिदे माजिद पु० *(अ०)* पूज्य पिता।

वालिदैन पु० *(अ०)* माता-पिता।

वासिल वि० *(अ०, बहु० वासिलात)* मिलने वाला; वसूल या प्राप्त होने वाला; पहुँचा हुआ।

वासिल-बाकी-नवीस पु० *(अ०+फ़ा०)* वह कर्मचारी जो वसूल और बाकी लगान आदि का हिसाब रखता है।

वासिलता स्त्री० *(अ० वासिल का बहु०)* रियासत या जमींदारी आदि की वसूल होने वाली रकमें।

विरासत स्त्री० *(अ०)* उत्तराधिकार।

विरासतन क्रि०वि० *(अ०)* उत्तराधिकार में।

शराकत स्त्री० *(अ० शिरकत)* साझा; हिस्सेदारी।

शराकतनामा पु० *(अ० शिरकत+फ़ा० नामः)* जिस पर साझे की शर्तें लिखी जायें।

शरायत स्त्री० *(अ० शर्त का बहु०)* शर्तें।

शरीअत स्त्री० *(अ०)* मुसलमानों का धर्मशास्त्र।

शरीके जुर्म वि० *(अ०)* जो किसी अपराध में अपराधी का सहायक हो।

शर्तनामा पु० *(अ० शर्त+फ़ा० नामा)* अनुबन्ध-पत्र।

शर्तबन्ध/शर्तबन्धा वि० *(अ० शर्त+हि० बन्ध)* शर्त में बँधा हुआ।

शिकमी वि० *(फ़ा०)* जन्म-सम्बन्धी; पैदायशी।

शिकमी-काश्तकार पु० *(फ़ा०)* वह काश्तकार जिसे दूसरे काश्तकार से खेत जोतने को मिला हो।

सनदे मुआफ़ी स्त्री० *(अ०)* किसी को माफ़ी जमीन दिये जाने का प्रमाण-पत्र।

सनदे विरासत स्त्री० *(अ०)* किसी के स्थान पर उपस्थित होने या उत्तराधिकारी होने का प्रमाण-पत्र।

सपुर्द वि० *(फ़ा० सिपुर्द)* सौंपा हुआ।

सपुर्दगी स्त्री० *(फ़ा० सिपुर्दगी)* सौंपे जाने की क्रिया।

साले फ़सली पु० *(फ़ा० साल+अ० फ़सली)* किसानों का वर्ष, जिसके हिसाब से वे लगान देते हैं।

सिजिल (ल्ल) वि० *(अ०)* दस्तावेज़ जो रजिस्ट्रार की मुहर और दस्तख़त आदि से ठीक हो गयी हो; बैनामा; विक्रय-पत्र।

हक़्क़ुत्तहसील पु० *(अ०)* वह हक़ जो मालगुजारी देने पर नम्बरदार को मिलता है।

हद बन्दी स्त्री० *(अ० हद+फ़ा० बन्दी)* दो जमीनों के बीच ऐसा निशान, जो दोनों की सीमा निर्धारित करे।

हद शिकनी स्त्री० *(अ०)* सीमा का उल्लंघन।

हिस्सेदार वि० *(अ० हिस्से+फ़ा० दार)* किसी हिस्से का मालिक।

प्रशासन

अफ़सर पु० *(फ़ा० अफ़्सर)* प्रधान अधिकारी; हाकिम।

अफ़सरी स्त्री० *(फ़ा० अफ़्सरी)* अफ़सर के पद पर कार्य करना; अधिकार।

आमिर वि० *(अ०)* हुक्म देनेवाला। पु० हाकिम; अधिकारी।

अर्काले दौलत पु० *(अ०)* राज्य के प्रमुख पदाधिकारी; बड़े-बड़े ओहदेदार।

आमिर वि० *(अ०)* हुक्म देनेवाला। पु० हाकिम; अधिकारी।

उहदेदार पु० *(अ० उहदे+फ़ा० दार)* पदधारी; पदाधिकारी।

कुरसी नशीं वि० *(अ० कुर्सी+फ़ा० नशीं)* पदस्थ; पदासीन।

कोतवाल पु० *(अ०)* नगर का पुलिस अधिकारी।

कोतवाली स्त्री० *(अ०)* कोतवाल का दफ़्तर; कोतवाल का पद।

ख़ानाशुमारी स्त्री० *(फ़ा०)* किसी बस्ती के घरों या मकानों की गणना।

चपरास स्त्री० *(फ़ा० चप व रास्त)* दफ्तर या मालिक का नाम खुदे पीतल आदि की वह छोटी पेटी जो चौकीदार, अरदली आदि पहनते हैं; बिल्ला; बैज।

चपरासी पु० *(फ़ा०)* चपरास धारण करने वाला, अर्दली।

ज़िला[2] पु० *(अ०)* जनपद।

ज़िलादार वि० *(अ० ज़िला+फ़ा० दार)* किसी ज़िले का अफसर या प्रधान कर्मचारी।

ज़िलाधिकारी पु० *(अ० ज़िला+सं० अधिकारी)* जिला मजिस्ट्रेट।

ज़िलेदारी स्त्री० *(अ० ज़िला+फ़ा० दारी)* जिलेदार का काम या पद।

ज़ैलदार स्त्री० *(अ० ज़ैल+फ़ा० दार)* एक निम्नकोटि का राज कर्मचारी।

दफ़्तर-निगार पु० *(अ० दफ़्तर+फ़ा० निगार)* आफिस में काम करने वाला कर्मचारी; लिपिक; क्लर्क।

दफ़्तरी स्त्री० *(फ़ा०)* वह कर्मचारी जो दफ़्तर के काग़ज़ आदि दुरुस्त करता है और रजिस्टर पर लकीरें खींचता हो; जिल्दसाज़; जिल्ददाब।

दारोग़ा पु० *(फ़ा० दारोग़ः)* देखभाल करने वाला; निरीक्षक, थानेदार।

दारोग़ा जेल पु० *(अ०)* जेलर।

दारोग़ा चुंगी *(अ० दारोग़ा+हि० चुंगी)* चुंगी निरीक्षक।

दारोग़ा-सफ़ाई पु० *(अ० दारोग़ा+फ़ा० सफ़ाई)* सफाई निरीक्षक।

दारोग़ाई स्त्री० *(फ़ा० दारोग़ा+हि० 'आई' प्रत्य०)* दारोगा का काम; दारोगा का पद।

फ़र्मान पु० *(फ़ा०)* राजादेश; शाही हुक्म; आज्ञा।

बद अमनी स्त्री० *(फ़ा० बद+अ० अमनी)* अशान्ति; अव्यवस्था।

बदअमली स्त्री० *(फ़ा० बद+अ० अमली)* बुरा शासन या व्यवस्था; कुप्रबन्ध; अराजकता।

बर्ख़ास्त वि० *(फ़ा०)* कार्य से मुक्त या हटाया हुआ।

मनसब पु० *(अ० मंसब)* पद; ओहदा।

मनसबी वि० *(अ० मंसब+फ़ा० बी)* ओहदेदारी।

वालाक़द्र वि० *(फ़ा०)* उच्चपदस्थ; माननीय।

वालाजाह वि० *(फ़ा०)* उच्च पद वाला।

विज़ारत स्त्री० *(अ०)* मन्त्री का पद; मन्त्रित्व; मन्त्री का काम।

विज़ारत ख़ाना पु० *(अ० विज़ारत+फ़ा० खानः)* मन्त्रालय; मन्त्री का कार्यालय।

विज़ारते उज़्मा स्त्री० *(अ०)* प्रधान मन्त्री का पद।

विज़ारते ख़ारिजा स्त्री० *(अ० विज़ारते खारिजः)* विदेशी कामों की देख-रेख करने वाली मन्त्रिपरिषद।

विज़ारते दाख़िला स्त्री० *(अ० विज़ारते दाखिलः)* देश के भीतरी विषयों की देख-रेख करने वाला गृह मन्त्रित्व।

शिहना पु० *(अ० शिह्न)* कोतवाल; नगर की कोतवाली का निरीक्षक और संरक्षक।

शिहनगी स्त्री० *(अ० शिह्न+फ़ा० गी)* कोतवाल का पद; कोतवाल का काम; कोतवाली।

सदरे दफ़्तर पु० *(अ० सद्रे दफ्तर)* वह बड़ा कार्यालय जिसके अधीन अनेक कार्यालय हों।

सदरे मुकाम पु० *(अ० सद्रे मुक़ाम)* किसी उच्च पदाधिकारी का मुख्यालय; शासन केन्द्र; राजधानी।

सदरे मुहासिब पु० *(अ० सद्रे मुहासिब)* सबसे बड़ा एकाउण्टेण्ट; महालेखापाल; गणनाध्यक्ष।

सदरे दीवान पु० *(अ० सद्रे+फ़ा० दीवान)* मुख्यमन्त्री; महाकोषाध्यक्ष।

सदरे-आज़म पु० *(अ० सद्रे आज़म)* प्रधानमन्त्री।

सरकार स्त्री० *(फ़ा०,वि० सरकारी)* राज्य; संस्था; शासन सत्ता।

सरकारी वि० *(फ़ा० सर+अ० कोब)* सरकार या राज्य का; राजकीय।

सरहंग पु० *(फ़ा०)* कोतवाल; सिपाही।

सल्तनत स्त्री० *(अ०)* राज्य; राष्ट्र; शासन; हुकूमत।

सल्तनते जम्हूरी स्त्री० *(अ०)* जनता का राज; गणतन्त्र; जनतन्त्र।

सल्तनते शख़्सी स्त्री० *(अ० सल्तनत+फ़ा० शख्सी)* व्यक्तिगत राज्य; साम्राज्य।

सिज्न पु० *(अ०)* ज़ेलखाना।

सूबा पु० *(अ० सूबः)* प्रान्त; प्रदेश; किसी देश का वह भाग जिसमें बहुत-से ज़िले हों और एक गवर्नर के शासन में हों।

सूबादार/सूबेदार पु० *(अ० सूबः+फ़ा० दार)* राज्यपाल का पद; गवर्नरी; सूबेदार का पद।

सूबावारान वि० *(अ० सूबः+फ़ा० वारान)* प्रान्तों के अनुसार; प्रान्तों के हिसाब से।

सूबाई वि० *(अ०)* प्रान्तीय।

सूबा पु० *(अ० सूबः)* किसी देश का कोई भाग; प्रान्त; प्रदेश।

सूबेदार पु० *(अ० सूबः+फ़ा० दार)* किसी सूबे का शासक।

सूबेदारी स्त्री० *(अ० सूबः+फ़ा० दारी)* सूबेदार का पद।

हाकिमाना वि० *(अ०)* हाकिम जैसा।

हाकिमी स्त्री० *(अ० हाकिम)* हाकिम का काम; हुकूमत।

हाक़िमे आला पु० *(अ०)* उच्चाधिकारी; बड़ा अफ़सर।

हाक़िमे बाला पु० *(अ० हाकिम+फ़ा० बाला)* अफ़सर से ऊपर का अफ़सर।

हुक्काम पु० *(अ०)* हाकिम का बहु०।

हुक्मनामा पु० *(अ० हुक्म+फ़ा० नामा)* वह पत्र जिसमें कोई आज्ञा लिखी हो।

हुक्म-बरदार वि० *(अ० हुक्म+ फ़ा० बरदार)* आज्ञाकारी।

हुक्मदाँ वि० *(अ० हुक्म+ फ़ा० दाँ)* हुक्म देने वाला। वि० शासक; राजा।

हुक्मरानी स्त्री० *(अ० हुक्म+फ़ा० रानी)* शासन; हुकूमत।

हुक्मी वि० *(अ०)* आज्ञाकारी।

हुक़ूक़ पु० *(अ० 'हक' का बहु०)* अधिकार समूह।

हुक्मे गश्ती पु० *(अ० हुक्म+फ़ा० गश्ती)* विभागों में भेजा जाने वाला आदेश; परिपत्र; सरकुलर।

हुक्मे ज़हरी पु० *(अ० हुक्मे ज़ही)* वह आदेश जो प्रार्थना-पत्र की पीठ या पीछे के पृष्ठ पर लिखा जाये।

हुक्मे हाक़िम पु० *(अ०)* हाकिम का आदेश; राज्यादेश।

❑❑❑